A TRAMA DAS TENSÕES DISCURSIVAS

E os (des)caminhos das narrativas entre as (in)certezas da escrita da História e da Literatura no século XX

Diogo Roiz

A TRAMA DAS TENSÕES DISCURSIVAS

E os (des)caminhos das narrativas entre as (in)certezas da escrita da História e da Literatura no século XX

alameda

CAPES

CNPq
Conselho Nacional de Desenvolvimento
Científico e Tecnológico

CEDHAL

Grafia atualizada segundo o Acordo Ortográfico da Língua Portuguesa de 1990, que entrou em vigor no Brasil em 2009.

Edição: Haroldo Ceravolo Sereza e Joana Monteleone
Projeto gráfico, diagramação e capa: Ana Júlia Ribeiro
Assistente acadêmica: Tamara Santos
Imagem da capa: Pixabay

CIP-BRASIL. CATALOGAÇÃO NA PUBLICAÇÃO
SINDICATO NACIONAL DOS EDITORES DE LIVROS, RJ

R644t

Roiz, Diogo
A trama das tensões discursivas : e os (des)caminhos das narrativas entre as (in)certezas da escrita da história e da literatura no século XX / Diogo Roiz. - 1. ed. - São Paulo : Alameda, 2023.
752 p. ; 23 cm.

Inclui bibliografia
ISBN 978-65-5966-156-5

1. Literatura - História e crítica - Séc. XX. 2. História e literatura. 3. Criação (Literária, artística, etc.). I. Título.

23-87489 CDD: 801.95
CDU: 82.09

Gabriela Faray Ferreira Lopes - Bibliotecária - CRB-7/6643

Esta obra recebeu auxílio publicação, da Coordenação de Aperfeiçoamento de Pessoal de Nível Superior (Capes), por meio do Edital n. 013/2015 – Memórias Brasileiras: Biografias, que contemplou o projeto: "Biografias intelectuais: trajetórias de pesquisadoras pioneiras nos estudos históricos brasileiros", com vigência entre Nov./2016 e Nov./2019, auxílio n. 2003/2016, processo n. 88881.130669/2016-01

Alameda Casa Editorial
Rua 13 de Maio, 353 – Bela Vista
CEP 01327-000 – São Paulo, SP
Tel. (11) 3012-2403
www.alamedaeditorial.com.br

Como as portas (do mundo) se abrem para as pessoas?

Por que começar pelo poético, um tanto estético, impreciso e subjetivo, ao invés do prosaíco, tido como muito mais direto, racional, objetivo e preciso?

Castrolomante I[1]

Deixe que a vida te leve ao encontro do inesperado;
E com ele te faça ver aquilo que está além das palavras, dos gestos e do toque;
E escondido no invisível as conexões mais profundas te faça perceber um novo mundo que se abre ao seu redor;
E no abstrato percurso dos dias consiga ver e sentir as marcas e as cicatrizes que nos faz ser o que somos;
E no amedrontador sussurar das noites lhe traga os sonhos mais sublimes;
Porque é em todas essas experiências sutis que se encontra a aventura avassaladora que é a vida;
E com ela a encantadora surpresa, quase ao sabor do acaso, de fazer com que dois corações inesperadamente se encontrem e se unam e suas almas jamais se separem;
Porque as coisas mais belas da vida não se encontram na busca frenética pela perfeição, mas sim nas sutilezas dos pequenos e aparentes detalhes e imperfeições, pois é lá onde se escondem os segredos mais importantes a serem (re)descobertos…!

(autor desconhecido, texto encontrado em uma caixa com o código c12b, ao que tudo indica, feito no final dos anos 1990)[2]

1 Significado: "o que pratica a suposta adivinhação a partir da leitura de imagens formadas em bolas de cristal, espelhos etc." Arte de advinhar o futuro, e de conectar o passado, o presente e o futuro. Forma pela qual se advinha os significados ocultos em garrafas, xícaras de café, espelhos ou bolas de cristal. Para outros significados do termo, o leitor poderá consultar o *Dicionário Aurélio*, ou outro de sua preferência. Mas, ainda assim, restará a dúvida: o que tem haver o título com o conteúdo do texto?

2 Para entender melhor a questão e tentar desvendar esse mistério, sempre contido no literário, mas na maioria das vezes ausente em uma obra de história, sugere-se a leitura do capítulo 14 deste livro.

Isso não passa de um jogo de palavras, seus usos e significados, pela conquista (não descoberta) do conhecimento, que cria labirintos, e só você (leitor e leitora) poderá tentar descobrir as respostas...! Mas, se assim o fizer, o que tudo isso lhe trará de novo?[3]

Para P. que desejou a escrita de um romance, mas fez surgir singelas anotações sobre eles...[4]

3 A partir do início do século XIX, e ao longo do século XX, consolidou-se a ideia de que o conhecimento era uma dádiva fornecida pelo Ocidente europeu, no qual os locais e espaços que tiveram processos de colonização na origem de seus Estados-nacionais deveriam ser plenamente agradecidos pela colonialidade em que foram submetidos durante séculos. Apenas no último quarto do século passado tal assertiva começou a ser veementemente questionada. Autores como Enrique Dussel, Anibal Quijano e Walter Mignolo viram as estratégias de dominação do Ocidente sobre as Américas e a África; assim como David Graeber e David Wengrow, com O despartar de tudo, viram a necessidade de contarem uma nova história da humanidade, congregando tais questionamentos, em uma história global concectada e descolonial na qual nem a Europa ou os Estados Unidos fossem o centro de produção do saber, do poder e dos tipos de ser a serem incutidos sobre as outras nações, etnias e grupos socioculturais.

4 Ver, especialmente, o capítulo 9 deste livro.

Sumário

PARTE II – Da História à Literatura?

PARTE III – Literatura e História

Apresentação

História: independência ou morte

O século XX viu estremecimentos e renascimentos da História como ciência e como historiografia. Esses episódios têm momentos marcantes no século. A dúvida "existencial" da História, supostamente refém da oposição – quantas vezes reconhecida como meramente aparente – entre ciência e arte, foi intensa no debate acerca das ciências da cultura na virada do Oitocentos para o Novecentos. Essa oscilação conceitual da História parece repetir-se ao longo do século XX, malgrado o êxito notável da opção metódica e teórica do formato científico da investigação e da argumentação historiográfica. Já se abandonou, há muito, a crença ingênua de que uma especialidade, para ser ciência, ou copia as práticas das "ciências naturais", "duras", ou o conhecimento em questão não é ciência.

Diogo Roiz traz, no presente livro, um panorama atual dos debates sobre uma pseudo-oposição entre História e Literatura, que alimentou não poucos autores, desde as reações céticas do século XIX quanto à cientificidade da História, dentre as quais se destaca a de Nietzsche. Roiz tem o mérito da erudição e do equilíbrio na apresentação dessas polêmicas. Indica os principais pontos de referência da discussão contemporânea e suas raízes na tradição filosófica. Roiz aponta para o dilema da História, enquanto contraposta ou aliada à Literatura, que submete à reflexão do leitor: ou manter-se como especialidade independente, ou morrer diluída em outros campos.

É intrigante que volte sempre à baila essa dúvida quanto à identidade epistemológica da História, quando o século XIX a construiu e o século XX a consolidou. Possivelmente deve-se essa circunstância ao fato de que muitos ou mesmo todos consideram poder abordar a História e a tratar como um patrimônio coletivo impessoal. Uma História sem perfil, por ajustar-se quem sabe ao perfil de qualquer um. Ou ainda, por outro lado, como se a História estivesse encastelada em uma torre de marfim, distante de todos e desse mesmo qualquer um, constituindo como um bastião a ser varrido pelo assédio de outras especialidades que, elas, se considerariam autônomas e consagradas, como a Teoria Literária, a Linguística, a Antropologia, a Sociologia, a Filosofia e tantas mais.

A leitura de Roiz tem o mérito de mostrar os equívocos que estão por trás das falsas oposições entre a História e as demais ciências humanas e sociais. Conduz o leitor a percorrer as vias centrais do debate, utilizando como fio condutor o embate entre virada linguística e produção historiográfica. Se é certo que a historiografia não se deve comprazer em ensimesmar-se, tampouco parece correto dissolver-se nas especialidades que a ela recorrem ou dela se servem.

A expressão historiográfica decisiva do trabalho reflexivo de transformar a experiência vivida em História é a narrativa. A narrativa é um recurso retórico-estilístico cuja síntese dá voz atual à investigação metódica que a ciência da História faz de um tempo passado, transformando-o em História. Como demonstram as detalhadas exposições que Roiz faz dos autores examinados na primeira parte, História tem autonomia e consistência. E isso se mantém, mesmo se, a cada geração de historiadores, uma forma de autoafirmação renovada parece necessária, como lembra Roiz, com a provocativa repetição de questões como: "(a) qual a função da retórica no discurso histórico?; (b) o historiador pode provar alguma coisa, já que, diferentemente de outros tipos de ciência, a História não permitiria o mesmo tipo de validação, de experimentação, portanto, de confirmação?; (c) não seria mais adequada a constatação de que o que os historiadores fazem é evidenciar os indícios do passado e a partir disso elaborar o seu testemunho na forma de uma narrativa?"; ou ainda "(1) qual a utilidade da(s) Teoria(s) da História para os historiadores?, (2) e qual a importância das teorias, para os historiadores comporem a sua escrita, mesmo que sob a forma de uma narrativa?".

Roiz apresenta, na segunda parte do livro[1], alguns exemplos da solução estratégica que expôs na primeira: a investigação é metódica, as fontes são qualificadas pelo olhar perscrutador do historiador, a elaboração crítica e interpretativa das fontes e da historiografia precedente conduz à transformação da experiência do tempo em História pensada, obras literárias (como quaisquer outras, diga-se de passagem) podem ser e amiúde são fontes e, enfim, a História é independente.

1 Na presente versão é a terceira parte do livro.

A leitura desses cuidadosos exercícios de hermenêutica histórica contemporânea, efetuados por Roiz, faz entender que (e porque) a História consolidou dois grandes traços de seu perfil. O primeiro é a vitória contra o ceticismo metódico. A História do século XX tornou-se, indiscutivelmente, ciência histórica. Seus procedimentos metódicos, suas práticas de pesquisa e seus resultados satisfazem os critérios de confiabilidade, verossimilhança e controlabilidade. Seu produto – a historiografia – é submetido ao crivo intersubjetivo da comunidade profissional. Para alcançar esse grau de desenvolvimento epistêmico, a História firmou caráter argumentativo e demonstrativo. O segundo traço está na circunstância de que o conhecimento e a ciência histórica aplicam-se a toda e qualquer ação humana, individual ou coletiva, de forma pessoal e consciente. Ciência do tempo, a História é um componente indispensável de toda a atividade humana no tempo. O século XX confortou o historiador na tarefa de transformar a história (*res gestae*) de fardo – como dizia Hegel – em uma consciência crítica (história *rerum gestarum*) que faça do conhecimento do passado um meio de independência.

As análises críticas historiográficas abrem ao leitor uma bela janela sobre a paisagem da História praticada hoje, no Brasil e alhures. Bom proveito!

Estevão C. de Rezende Martins
Professor titular de Teoria da História
Universidade de Brasília (UnB)

Prefácio à nova edição

A escrita da história e o enredo dos romances

> [...] criticar é julgar ou decidir, e me pergunto se algum artista, crítico, teórico ou historiador poderá alguma vez escapar aos juízos de valor. (FOSTER, 2017, p. 209).

Ao ver como a literatura parecia se tornar uma missão para os romancistas brasileiros, Euclides da Cunha e Lima Barreto, nas décadas iniciais do século passado, Nicolau Sevcenko constatava que procedente "nas suas raízes, da Filologia e da escola histórica alemã, houve no século XX um reconhecimento categórico de que a linguagem está no centro de toda atividade humana" (SEVCENKO, 2003, p. 27, itálico nosso), talvez até como o último paradigma a ser (re)descoberto. Quando observava a formação de uma "civilização do espetáculo", a se definir a partir dos anos 1960, Mario Vargas Ilosa destacou que é "provável que nunca na história tenham sido escritos tantos trabalhos, ensaios, teorias e análises sobre a cultura como em nosso tempo" (ILOSA, 2020, p. 11, itálico nosso). Para Pedro Castilho, "a Teoria pós-colonial se debruça sobre temas relacionados à alteridade, ao encontro de culturas e suas consequências, à memória, à identidade e à linguagem que se reivindica em culturas híbridas" (CASTILHO, 2019, p. 16, itálico nosso). De acordo com Harold Lasswell, a linguagem sempre esteve presente nas relações de poder, em compasso com o convencimento advindo pela retórica; mas, a partir do século XX, a linguagem passou a fazer parte de todas as questões humanas e investigações sociais, inclusive fazendo emergir uma linguagem da política, nas tramas do poder instituído como legítimo, inaugurando diferentes tipos de "culturas políticas". (LASSWELL, 1982). Não foi por acaso, que Nancy Fraser, nos Debates Feministas (2018), tenha chegado à seguinte constatação:

> É impressionante como muitas das questões debatidas aqui se preocupam com significação e discurso. O que começou como um debate sobre feminismo e pós-modernismo tornou-se em grande parte uma discussão sobre como interpretar melhor a virada linguística. Essa evolução não é surpreendente. Feministas, como outros teóricos, trabalham hoje em um contexto marcado pela problematização da linguagem. Para mim, esta é a maneira mais produtiva de entender o pós-modernismo: uma transformação histórica na filosofia e na teoria social de uma problemática epistemológica, na qual a mente é concebida como refletindo ou espelhando a realidade, para uma problemática discursiva, em que significados sociais culturalmente construídos ganham densidade e peso. Tal mudança carrega com ela a condição diagnosticada por Jean-François Lyotard. A crença em metanarrativas filosóficas tende a diminuir com a virada linguística, já que conferir densidade e peso a processos significantes também é levantar suspeitas sobre a possibilidade de uma matriz neutra permanente para a investigação. (FRASER, 2018, p. 233).

Todas essas evidências, que surgem como constações até surpreendentes, mostravam como a "linguagem" e o estudo detido das "culturas" passaram a centralizar as discussões das ciências humanas e sociais ao longo do século XX, especialmente depois dos anos 1960. Mas por que essas questões ganharam tamanha notoriedade no século passado, principalmente depois dos anos 1960?

Em 1968 as pessoas em todo mundo assistiram perplexas as reivindicações dos movimentos sociais e estudantis, que em suas utopias comunitárias sonhavam novos mundos possíveis para todos e todas, trabalhadores e pessoas comuns. Mais de cinquenta anos se passaram e aquelas utopias não foram transformadas em realidade, mas deixaram um forte legado teórico e prático para a posteridade. (ROSS, 2018). Pior, em lugar das utopias, vivemos em um período de intensas distopias, isto é, em lugar de sonhar novas possibilidades de convivência social e novos sistemas socioeconômicos, mantemo-nos instigados pelas drásticas possibilidades de extinção, que, aliás, não se reduzem apenas em direcionar seu olhar sobre o futuro, mas também em repensar o próprio transcurso do passado para o presente, sob outras expectativas, igualmente distópicas, porque o fim da espécie humana é o ponto comum em todas elas. (BENTIVOGLIO, 2017). Enquanto as distopias nos deixam em constante perplexidade, entorpecidos diante de seus diagnósticos finalistas, por outro lado, o neoliberalismo sutilmente nos faz crer que estamos no melhor dos mundos possíveis, inviabilizando outras alternativas, ao mesmo tempo em que impõe em cada um e em todos nós a perspectiva de total liberdade de ação, em nosso agir, de tal forma que nossas falhas, frustrações, desilusões profissionais e amorosas, fracassos e arrependimentos são de nossa inteira responsabilidade e não do sistema socioeconômico que nos desumaniza diariamente, em suas sutis formas de dominção de corações e mentes humanas.

As ideias de fim dos tempos e da espécie humana sobrecarregam nosso cotidiano. De tão comuns que se tornaram até deixamos de sonhar com outros caminhos possíveis, que é o que fazem as utopias.[1] A linguagem tomou a forma da realidade e com ela de tudo aquilo que estaria "fora-do-texto" ficou reduzido ao uso das palavras e aos significados que eram e são dados as palavras, "dentro-dos-textos", como se uma revolução estivesse apenas caucada sob uma "guerra de discursos", meras narrativas, e nada mais. (JABLONKA, 2020). O protesto nas ruas tomou o caminho da indignação apenas entre os textos, no interior dos próprios textos, em um jogo arredio de palavras e poder de dizer a "verdade", que controlados pelos fluxos de informações simultâneas na Internet e nas redes sociais, por meio de algoritmos e da inteligência artificial, impedem a proliferação da rebeldia, da indignação, e a partir delas das revoluções. Se até 1989 estávamos às voltas com as possibilidades dos projetos ilumista(s), positivista(s) e marxista(s), e depois deste período Francis Fukuyama chegou até a alegar um possível "fim da História", com a permanência apenas do projeto liberal, na sua concepção hegeliana, em contraposição àquelas filosofias da história, nem por isso, chegou-se ao fim anunciado pela sua

1 Em um processo diário e cada vez mais intenso, como muitos estudiosos tem percebido sua ação dos anos 1980 para cá, em um grau cada vez maior de projeção e sofisticação nos seus processos de dominação sociocultural dos sujeitos. É o que se questiona, por exemplo, Fredric Jameson, desde a publicação de seu: *Pós-modernismo: a lógica do Capitalismo tardio*, no início dos anos 1990. Desde os anos 1980, Jameson tem procurado em livros, como: *A virada cultural*, *A cultura do dinheiro*, *Espaço e imagem*, ou até em *As marcas do visível*, inquirir os mecanismos de dominação produzidos pelo capitalismo e intensificados pela projeção inaudita até então do neoliberalismo. Ao refletir a produção literária e cultural de seu tempo, nos livros: *As sementes do tempo* e *O inconsciente político*, Jameson nos apresentava outras questões fundamentais para a compreensão das ações dos grupos dirigentes sobre as camadas populares. Até, por isso, o seu repensar das formas utópicas de projeção de alternativas para a humanidade, em *Arqueologias do futuro: o desejo chamado Utopia e outras ficções científicas*, nos faz (re)pensar não apenas as heranças deixadas pelos projetos políticos e sociais do passado, mas também inquirir novas formas de criar e projetar alternativas para o nosso presente histórico.

"profecia secular". (FUKUYAMA, 1992; ANDERSON, 1992; ROUSSO, 2016). Nem mesmo o prenúncio de um retorno das filosofias religiosas da história manteve-se de pé, diante do impacto das crises econômicas do final dos anos 1990 e do início do século XXI (especialmente entre 2008 e 2009), que colocaram em xeque a perspectiva liberal (do neoliberalismo político e econômico) ao redor de todo mundo. (MANOEL, 2004; CASARA, 2021). De todas essas tradições intelectuais, a única que até aqui parece se manter de pé (apenas em suas aparências ilusórias) é o neoliberalismo, amparado pela voracidade do capitalismo financeiro e informacional, com seus magnatas e especuladores de plantão, mas infelizmente suas consequências tem sido aterradoras e imensamente traumáticas para a maioria das pessoas em todo mundo, para manter a sobrevivência do próprio sistema político e socioeconômico, em oposição as vidas, empregos e as liberdades da grande maioria da humanidade. (MILANOVIC, 2020). Fragilizados por sistemas de controles sutis em nossas escolhas cotidianas, desde o que consumimos até o que sonhamos, tem feito com que os movimentos (sociais e intelectuais em todas as partes do mundo) se desorganizassem, ou no mínimo se redirecionassem, atomizados em reivindicações identitárias tão específicas aos grupos, que o que há de "comum" entre nós se perdeu nesse turbilhão. (HARDT, NEGRI, 2005; HAN, 2021b). Deixamos de ver com maior atenção que dos anos 1980 para cá o acúmulo de riquezas se tornou ainda mais desigual em todo mundo, e um contingente cada vez maior de pessoas se encontram nos limites absolutos da miséria, da probreza e da fome, marginalizados de tal forma que perderam toda a sua "condição humana" (ARENDT, 2016), enquanto um número reduzidíssimo de seres humanos acumula os bens, serviços e capital produzidos pela grande maioria da humanidade. (PIKETTY, 2014, 2020). Isso é o que faz o neoliberalismo: maximiza a exploração da grande maioria da humanidade, fazendo com que os bens, serviços e os capitais produzidos no mundo sejam transferidos para um número reduzidíssimo de indivíduos, em suas corporações, enquanto o restante da humanidade é desumanizada, descartada, tornada supérflua e passível aos mais diversos tipos e formas de exploração, em formas de governo que se amparam em um tipo de necropolítica, na qual decidem "quem vive e quem deve morrer".[2] Deixamos de ver, com isso, que o neoliberalismo nos adoeceu de uma for-

---

2 As ideias de "fim da História" tem se tornado tão intensas em nossa contemporaneidade, que no campo da produção literária elas também tem se alastrado, e não somente na produção de ficção científica. Tome-se o caso de Lydia Davis, que em *O fim da história* (de 1995), demonstra-nos os percalços de uma escritora de que não sabemos o nome, nas suas perembulações diárias, em enfermarias, bibliotecas e livrarias, até se deparar

ma inimaginável até então, por controlar sutilmente nossas decisões e nos fazer crer que o sucesso ou o fracasso faz parte tão somente das decisões individuais de cada um, mas não dos percalços produzidos pelo próprio sistema socioeconômico, que fez com que nunca fosse tão grande o consumo de medicamentos e entorpecentes, como nos últimos 30 anos, na mesma medida em que a geração de frustrações cresceu exponencialmente ao redor do mundo. (HAN, 2015, 2020, 2021a).

Tornando-nos "escravos de si mesmos" deixamos de ver o que verdadeiramente nos escraviza, nos descarta, nos desfaz como seres humanos, é o sistema político e socioeconômico (neoliberal e capitalista) que nos manipula, nos seduz, nos cega, diante de uma realidade tão avassaladora, por aparentar não ter outra saída possível para os nossos "destinos comuns". (HAN, 2017, 2020). Já se tornou lugar comum dizer que precisamos ser capazes de voltar a sonhar outros caminhos, com a fundação de novas utopias e possibilidades de alteração do sistema socieconômico em vigor. (FRASER, 2020; WRIGHT, 2019). Mas o mundo não é mais o da geração de 1968, e se esse ano ainda não acabou (como muitos ainda pensam e preferem assim se localizar e viver seu tempo), seus caminhos se entrelaçaram com os sistemas de dominação no poder e permitiram a criação de estratégias ainda mais sutis de opressão, controle, dominação e submissão dos indivíduos – ao demonstrarem, em suas críticas, as fragilidades do próprio sistema em meados dos anos 1960, que se refez e se aperfeiçoou desde então, com um grau de sofisticação até aquele momento inimaginável nas teorias sociais. Em um mundo que nos controla pelas redes sociais que fazemos parte, como base em algaritmos de controle de dados, mesmo que em muitos casos sequer saibamos como isso é feito, como voltar a sonhar outros mundos possíveis? O que as filosofias, as literaturas e as histórias do passado podem nos ensinar? Como pensar o que há de "comum" entre nós, que nos faça sermos capazes de nos organizar em níveis local, regional e mundial? Como a produção literária poderia nos auxiliar a sonhar novos mundos possíveis? De que formas a escrita da história poderia contribuir para

nos rastros fugidios de arquivos, cuja meta em seu percurso é tantar escrever um romance, sem o qual jamais alcançaríamos o fim da história. Para Eugene Webb, de *A pomba escura*, as tensões entre o sagrado e o secular sempre fizeram parte da produção da literatura moderna, não sendo apenas um fenômeno peculiar aos anos 1980 e 1990. Com caráter explicitamente híbrido em sua narrativa, Eduardo Giannetti aproveitou, em *O anel de Giges*, para refletir na "longa duração" o itinerário e a herança crítica da fábula de Giges, presente em *A república* de Platão, e observar como a presença da certeza da impunidade moldaria o caráter e a alma de cada um, por que: "Nem só de gratificação narcísica irrefletida e de descaso pelos direitos, integridade e bem-estar alheios é feito o animal humano liberto das amarras da moral e das leis" (GIANNETTI, 2020, p. 220).

pensarmos crítica e históricamente o passado, de tal modo que nos permita refletir e buscar saídas alternativas para o nosso presente neste início de século XXI?

É certo que as histórias de amor sempre fascinaram os seres humanos. No passado, assim como no presente, os sentimentos e as emoções foram sempre expressos com o maior e o melhor explendor nos romances, nas poesias e nos contos (de amor, sexo e sedução). Os romances impregnaram com suas criações imaginárias as mentes e os corações humanos em quase todas as sociedades, nos mais divertos espaços e temporalidades. (PUCHNER, 2019). Desde as suas primeiras experiências narrativas num passado remoto, na antiguidade Greco-romana, na China ou em partes da África, até sua consolidação a partir do século XVII na Europa, os romances sempre seduziram, emocionaram e formaram todo um conjunto de sentimentos que interligavam as possibilidades reais da existência humana, com as vontades imaginárias dos seres vivos, em particular, a dos próprios romancistas. (LIMA, 2009; BRANDÃO, 2005, 2015; MANZANO, 2008, 2011, 2020; FUKS, 2021). Foi com esse jogo complexo e arredio contidos nas narrativas dos romances, que se definiram códigos morais, sistemas de valores, controle social, além de divisões sexuais e de relações de gênero, em meio aos enredos que descreviam as histórias de amor, as tragédias, as comédias e os dramas vividos, ou que poderiam ter sido vividos, senão ao menos imaginados, por homens e mulheres e pelas sociedades de um passado remoto, distante, ou até mesmo próximo de nós.[3] No entanto, os romances

3 Para Luiz Costa Lima (2009) este processo decorreu de um intenso controle do imaginário (político e religioso), com o qual o discurso romanesco teve que tencionar, por meio de uma aproximação com a narrativa histórica, sem a qual não teria cotejado tais fundamentos. Mas foram em meio a elas que as narrativas e os enredos dos romances foram paulatinamente ganhando autonomia entre os séculos XVIII e XIX. Esse movimento marcou as disputas entre o campo da escrita da história e a produção dos romances, marcando indelevelmente o século XIX, como o momento em que ambos os campos ganhavam sua autonomia de produção e representação. (LIMA, 2018, p. 41-106). As inevitáveis contendas que fundamentaram as discussões a respeito da cientificidade ou não da pesquisa histórica, entre os séculos XIX e XX, também estiveram atreladas aos meios pelos quais os romances foram construindo, por intermédio de *mimeses*, suas representações sociais sobre as sociedades, ainda que em certos casos contornando os controles aos quais estavam imersos. (LIMA, 2019). Entender tais debates constitui um dos caminhos para se analisar as incertezas e os dilemas da produção narrativa entre a História e a Literatura no século passado. (LIMA, 1989). Não obstante tais questões, permite-nos também avançar sobre as relações, aproximações e distanciamentos, que passaram a se estabelecer entre o discurso histórico e o discurso literário. Ver também: ABREU, 1999, 2008; ABREU, SCHAPOCHNIK, 2005.

(especialmente, o de caráter burguês, de formação do heroi) que experimentou seu auge entre meados do século XIX e as décadas iniciais do século XX, adentraram em uma fase de crises constantes, quase ininterruptas, a partir do último quarto do século passado, de modo a serem conjecturadas, inclusive, o seu provável desaparecimento. (FEHÉR, 1997; MORETTI, 2014, 2019; MAZZARI; MARKS, 2020; MANZANO, 2020). É claro que, nesse ínterim, várias alternativas foram experimentadas na produção romanesca. (RANCIÈRE, 2017, 2021). Mas, o que levou há uma provável decadência do romance (burguês) ao longo do século XX, mas não do capitalismo que amparava seus agentes sociais? Por que a criação imaginária, as histórias de amor, os romances e os sentidos dos enredos se tornaram tão frívolos aos olhares de seus consumidores contemporâneos no início do século XXI, cuja preferência tem se detido muito mais nos filmes, séries e nas redes sociais? O que favoreceu a mutação do ato de ler para o ato de ver e ouvir, especialmente com a criação do cinema e da TV, intensificadas depois com a criação da Internet, das redes sociais e plataformas interativas (como o Facebook ou o Instagram), além das mudanças proporcionadas pelas trocas constantes de mensagens (via Whatsapp) e os meios de comunicação de massa, e que vieram a acirrar as perspectivas sobre o fim dos romances, assim como de nossas interações interpessoais, "próximas" e "reais", nas sociedades atuais?

Nada poderia, a princípio, estar mais distante dos romances do que a escrita da História. A escrita da história era entendida como fria, dura, seca, objetiva e imparcial até o final do século XIX, quando foi consolidada uma "ciência da história", e tudo indicava que era o extremo oposto da criação imaginativa dos romancistas, mesmo dos romances históricos – apesar de suas íntimas constelações (homens e mulheres, e as sociedades) e aproximações diretas com a crônica, a retórica e os romances até o final do século XVIII.[4] A nítida distinção entre a História ser o dis-

4 Note-se, como já havia destacado Ivan Jablonka (2020), que o período de 1870 até 1980 foi marcadamente compreendido como um momento de distanciamento dos estudos históricos em relação aos arranjos literários. No entanto, antes de 1870 é perceptível intensos diálogos entre história e literatura, cujas raízes poderiam ser averiguadas desde Homero e Heródoto. Depois de 1980, as tensões não arrefeceram entre história e literatura, mas como observa Jablonka: "A pesquisa em ciências sociais também é uma pesquisa sobre suas próprias formas. Ela serve para desestabilizar gêneros, instilar a dúvida, deslocar as linhas, derrubar o que estava bem organizado. A verdadeira pluridisciplinaridade é um elogio ao híbrido – uma forma instável, um texto não definido, que pode ser ao mesmo tempo investigação, testemunho, documento, observação, narrativa de viagem, história dos desaparecimentos e história dos filhos espirituais que somos.

curso verdadeiro sobre a dinâmica dos eventos produzidos por homens e mulheres do passado ao longo do tempo, enquanto os romances adentrariam naquilo que poderia ter sido (daí a importância da liberdade total da construção imaginativa), deixou sinais ainda mais incisivos sobre suas oposições irremediáveis, a partir do século XIX. A crença afinada dos estudiosos da história de que só era possível proceder à pesquisa e a sua escrita a partir de uma análise circunstanciada das fontes documentais, para assim se conduzir uma pesquisa cientificamente, fez-se ainda presente no distanciamento sobre a escrita dos romancistas, mesmo entre aqueles que se pautavam sobre o ocorrido, por meio de fontes documentais ou se inspirando nas experiências da realidade em que viveram, mas nem por isso deixavam sua fórmula principal, que era pautarem-se em criações imaginativas sobre o passado, os homens e as mulheres, ou até mesmo sobre sociedades e nações, culturas e civilizações. No entanto, ao longo do século XX, as fronteiras rígidas que se criaram entre a escrita da história e os enredos dos romances, opondo até mesmo em situações aparentemente paradoxais objetividade e subjetividade, ciência e arte, documentação e imaginação, real e imaginário, vivido e provável, e que tornou esses dois tipos de expressão sobre o vivido de outrora tão distantes um do outro, veio a ser não somente questionado, vislumbrando muito mais suas aproximações, ao longo do século XX; mas igualmente a demonstrar que as fronteiras fixas são frágeis, as distinções nítidas são tênues, as oposições inexoráveis são fluidas, os objetivos tão acertados e opostos, não eram mais do que construções impostas e injustificáveis, por um tipo de conceito de ciência e de prática científica que prevaleceu até o final dos anos 1930.[5] Esses fatores levaram não somente a se questionar a função dos historiadores na sociedade, cujo papel até então era o de construir identidades sociais para formar os cidadãos de um dado Estado-nação, e o próprio estado nacional (ao auferir elaborar um tipo de história para a integração de sua sociedade civil), como também redirecionou os olhares para todos os fundamentos da escrita da história e

Dentro de algumas regras, esquecemos aquilo que aprendemos a fazer." (JABLONKA, 2020, p. 392). Além disso, o "pesquisador pode se fazer ouvir enquanto escritor; e o escritor pode dizer algo verdadeiro enquanto pesquisador" (JABLONKA, 2020, p. 405).

5 A obra de Edmund Husserl (1859-1938) acrescenta vários pontos a este debate, ao inquirir a crise das ciências européias, ao indagar as crises e possíveis renovações vividas pela Europa no período entre-guerras, ou ainda ao refletir as meditações cartesianas por caminhos distintos aos que haviam sido pensados por Descartes no século XVII. (HUSSERL, 2012, 2013, 2014). Para maior detalhamento desta questão, ver ainda: TOSH, 2011; WOOLF, 2014.

as bases que lhe alçavam a ser considerada uma ciência, mesmo que peculiar, como um conjunto de prescrições sempre frágeis e insustentáveis a respeito da realidade de outrora. Tais mudanças levaram ainda a se questionar as fronteiras estabelecidas entre verdade e falsidade, fato e ficção, ciência e arte, realidade e imaginação, objetividade e subjetividade, sujeito e objeto.[6] Como os historiadores passaram a escrever suas histórias diante das críticas aos fundamentos de suas pesquisas, escritas e constatações sobre o passado, por meio de seus indícios documentais, eles próprios já construções interpretativas e imaginativas de outrora? Como procuraram responder as críticas que foram feitas ao seu ofício profissional, por parte dos céticos pós-modernos, e internas ao campo disciplinar vindas de outros historiadores profissionais? Quais as mudanças que ocorreram na escrita da história a partir dos anos 1960, mediante tais questionamentos e dúvidas a respeito de ser possível uma pesquisa cientificamente conduzida no campo dos estudos históricos? Que tipo de relações, aproximações e distanciamentos passaram a ocorrer e a serem identificados entre a narrativa histórica e a narrativa dos romances? Como os historiadores passaram a escrever as suas histórias após as críticas que receberam do estruturalismo, do pós-estruturalismo, da virada linguística e do pós-modernismo?

As oposições entre a escrita dos romances e a escrita da história, que marcaram a fortuna crítica de ambas no decorrer do tempo acabaram por fazer com que se aproximassem de tal forma ao longo do século XX, que as oposições incontornáveis passaram a ser vistas, muitas vezes, como complementares para ambos os casos, em um processo de enriquecimento mútuo comum, mas que nem por isso arrefeceu suas autonomias como campos especializados do saber, embora tenham feito surgir formas híbridas de narrativas para apresentar todo agir humano no tempo. (JABLONKA, 2020). Nada parecia mais salutar do que pensar os "(des)caminhos das narrativas entre as (in)certezas da escrita da História e da Literatura" ao longo do século XX, e com esse problema em mente foi que esse livro surgiu em sua primeira edição há quase dez anos. Não como uma resposta definitiva, mas como um conjunto de reflexões articuladas e complementares, que procuraram pensar as associações e as oposições entre o discurso histórico e o romanesco, e o que daí resultava nas distinções entre: verdade e falsidade, fato e ficção, ciência e arte, objetividade e subjetividade, documentos e suposições, realidade e imaginação. O que parecia uma simples demonstração de especificidades construídas no tempo e no espaço acabou por ser uma fascinante, embora incompleta, história do discurso

6 Para maior aprofundamento do tema, ver: LIMA, 2006, 2009, 2012, 2019; MALERBA, 2013.

histórico e do discurso romanesco, e as variadas experiências que passaram a ter a prática narrativa de ambos os estilos de pensar os homens, as mulheres e as sociedades no tempo, a partir do século XX. Muito embora a pesquisa histórica tenha se prendido mais a reflexão sobre os *níveis da temporalidade* (para apreender tanto o *evento* fugidio quanto as *estruturas* percebidas como perenes e suas inevitáveis tensões e mudanças no transcurso do tempo) e o romance na *experimentação narrativa* (com a finalidade de construir novas formas de criar um enredo para os mundos literários e suas construções imaginativas), nem por isso os questionamentos se encerraram, e as possibilidades reflexivas foram todas elas experimentadas e analisadas, entre o discurso histórico e as narrativas presentes nos romances.[7] Contar um pouco dessa história foi o que tentamos fazer aqui. E só você leitor poderá ver o resultado!

E foi seguindo um pouco desses indícios, que cada capítulo foi planejado; ainda que seja desnecessário acrescentar, que querendo se aproximar da totalidade, o que alcançamos, quando muito, foram pequenas frações dos fragmentos de uma história instigante, que ainda aguarda ser contada com maior detalhamento. A preferência didática por se apresentar alguns quadros panorâmicos se opunha certamente à profundidade de análise necessária em vários momentos; mas essa escolha não foi casual, deveu-se a preocupação de mostrar especialmente ao iniciante como certas discussões teóricas se formavam em um dado tempo e espaço, para depois serem reajustadas as especificidades de cada contexto sociocultural, no qual eram aclimatadas e recebidas, metamorfoseando-se no caminho, inclusive, sob outras formas teóricas, conceituais e metodológicas. Foi assim com o estruturalismo francês, que aclimatou as teorias russas, a partir dos anos 1950; assim com a chegada do estruturalismo e do pós-estruturalismo nos Estados Unidos, que se aclimatou entre as universidades norte-americanas, dando ensejo a produção da virada linguística, a partir do final dos anos 1960 e início dos anos 1970.[8] Construir um panorama, ainda que em muitos pontos esquemático e incompleto, cobrava o preço de deixar de lado a tentativa de aprofundamento necessário de pontos específicos da análise

7 Veja-se ainda sobre a questão, as análises propostas por José Guilherme Merquior (1975, 2015, 2021), Luiz Costa Lima (2006, 2012, 2018, 2019) e por Fredric Jameson (1985, 2006b, 2007).

8 Para maior detalhamento desta questão, ver: SOKAL, BRICMONT, 2006; COUSSET, 2008; JAMESON, 2006a, 2006b, 2007; BLOOM, 2017; WILLIAMS, 2012; TODOROV, 2019; HICKS, 2021.

proposta em nosso estudo.[9] Mas esse é o preço a ser pago em qualquer tipo de escolha interpretativa!?

Não há dúvida que um único romance de Franz Kafka, Italo Calvino, Umberto Eco e Milan Kundera seriam passíveis da elaboração de várias teses e interpretações, o que dirá tentar sintetizar suas obras em poucas páginas? Certamente o mesmo vale para o caso de Carlo Ginzburg, Hayden White, Peter Gay, Natalie Zemon Davis, Robert Darnton, François Dosse, Roger Chartier, Josep Fontana, Jörn Rusen, Reinhart Koselleck, Eric Hobsbawm, Terry Eagleton, Jacques Rancière, ou mesmo Domenico Losurdo, em que cada um deles participou ativamente das "tramas de tensões" que percorreram especialmente a segunda metade do século XX. Ou de Alfredo Ellis Jr., Sérgio Buarque de Holanda, Antonio Candido, Roberto Schwarz e Luiz Costa Lima, cujo papel exercido por eles foi fundamental para a consolidação da escrita da história e da crítica literária, como uma prática também efetuada por profissionais formados nas universidades brasileiras, a partir da primeira metade do século XX, e cujas obras já despertaram uma grande quantidade de análises e interpretações. O desafio histórico e historiográfico era justamente o de tentar ajustar didaticamente panoramas, que sintetizando os debates, não se sujeitassem a descaracterizá-los, nem tampouco vulgarizá-los, nos processos de análise. E por que sínteses e painéis como esses são tão importantes nesse momento? Apoiando-nos aos legados de Paulo Freire (1921-1997) e Jörn Rusen, nunca foi tão relevante a formação de um pensamento crítico em nossas sociedades, para contornarmos as crises existenciais do presente causadas pelo neoliberalismo, por meio de análises circunstanciadas a respeito do passado, com a função de formar criteriosamente meios que assegurem as tomadas de decisão dos indivíduos no presente histórico, com vistas a possibilitar reflexões críticas sobre as relações entre passado e presente, cuja criticidade das observações nos possibilitem ainda questionar os sistemas socioeconômicos que nos submetem de tal forma, que reduzem nossa "condição humana" a um processo constante de desumanização permanente. Doravante a ação dos professores, com atitudes críticas e conscientes, em seu trabalho didático diário, cumpre um papel relevante e fundamental nesse momento, ao descartarem as "práticas ingênuas" e as "práticas astutas", e se manterem fortemente ligados as "práticas críticas" no exercício de seu papel social e profissional, como tantas vezes

9 Razão pela qual em muitos momentos do texto são indicados em notas de rodapé possibilidades para o aprofundamento de temas, debates e questões; bem como são sugeridos caminhos para se avançar no estudo deste ou de outros temas, ou até instigar, quem sabe, a produção de novas pesquisas na área.

lembrou Paulo Freire em sua obra. Daí a importância de dedicar cada capítulo a um profissional (homem ou mulher), que dedicaram ou dedicam suas vidas à formação de pessoas para o exercício consciente da cidadania e de seu papel na sociedade, como seres humanos, cujo respeito mútuo, a liberdade e a igualdade sempre serão o norte de suas vidas. A gratidão por uma prática crítica, que desperta a necessidade das utopias!

A primeira edição deste livro saiu em 2012 e se esgotou nos anos seguintes. O livro despertou certa discussão no meio acadêmico e foi alvo de algumas resenhas, comentários, críticas e sugestões.[10] Entre elas, a de Eduardo Salgueiro[11] na qual observava que o autor:

> [...] demonstrou em mais uma produção de sua autoria que o campo da Teoria da História e os debates epistemológicos sobre a disciplina precisam ser feitos incessantemente, haja vista as diversas transformações ocorridas nesse campo disciplinar. Merece destaque a variada bibliografia utilizada pelo autor, demonstrando grande conhecimento e maturidade sobre o tema. Esse livro, no entanto, exige certo nível de conhecimento por parte do leitor, especialmente no debate em torno das crises que perturbaram as Ciências Humanas e especialmente a História após os anos de 1960, pois é bastante denso e profundo em seu conteúdo, especialmente a primeira parte da obra. No segundo momento, certamente será útil para aqueles que fazem uso da "companhia" da Literatura nos seus estudos históricos. (SALGUEIRO, 2012, p. 745).

A análise proposta por Karina Anhezini[12], em sua resenha, buscou observar a construção de meios para a delimitação de saberes entre a História e a Literatura, pois:

---

10 Para a alegria de seu autor, o livro também esteve durante anos na lista de títulos a serem estudados para a prova escrita do processo seletivo do mestrado e do doutorado no programa de pós-graduação em História da Universidade Federal do Paraná (UFPR), local em que o autor fez seu doutorado e estágio de pós-doutorado. Nada mais gratificante para um ex-aluno do programa do que ter seu livro na lista de leituras para o processo seletivo. Se a leitura foi enriquecedora, entretanto, apenas seus leitores e leitoras poderiam dizer. Mas isso já é outra história, e quem sabe um dia possa também ser compartilhada...

11 SALGUEIRO, E. História e Literatura: discussões teóricas e possibilidades de estudo. *Diálogos* (Maringá. Online), v. 17, n.2, p. 739-746, mai.-ago./2013. Link: http://www.periodicos.uem.br/ojs/index.php/Dialogos/article/view/36029/18642. Acesso em março/2020.

12 ANHEZINI, K. Em busca da delimitação de saberes: história e literatura. *História da*

> A relação entre História e Literatura é o tema central do livro [...]. Com o intuito de esquadrinhar muitos dos questionamentos que marcam as delimitações contemporâneas desses saberes, o texto [...] nos convida a visitar e revisitar autores que se dedicaram a refletir a respeito da narrativa histórica, seus entrecruzamentos e limites. As publicações do autor indicam tratar-se de um pesquisador preocupado com as delimitações do próprio ofício. Na obra em apreço, a intenção de oferecer aos leitores um mapeamento de autores e o caminho dos embates, por vezes difíceis de se compreender, especialmente nos anos iniciais de formação, mostra uma generosidade e um cuidado em desatar alguns nós e apresentar uma vasta bibliografia que, cabe repetir, cria um sumário das questões que enredam o tema da relação entre história e literatura. (ANHEZINI, 2013, p. 188).

A escrita da história, não por acaso, continuava sendo a "arte de inventar o passado", que nas palavras de Durval Albuquerque Jr. (2007), constituem os novos fundamentos da pesquisa histórica, para a difícil tarefa de quem se dedica a estudar o passado das sociedades e as relações entre homens e mulheres, que definem no percurso tenso e dinâmico do tempo, todos os tipos, formas e características do agir humano.[13] Não bastava se atingir as estruturas profundas do inconsciente coletivo, das dinâmicas culturais dos povos, mas sim era necessário se alcançar o âmago dos sentimentos, afetos e emoções de homens e mulheres do passado nas pesquisas históricas, de tal modo que se atingissem "carne" e "ossos", "corações" e "mentes", nos mais diferentes casos e situações no tempo e no espaço. (ALBUQUERQUE Jr., 2007, 2019).

No anseio de apresentar tais questões aos iniciantes do ofício de historiador, como a todo interessado em conhecer melhor as peculiaridades da escrita da história, e suas incontornáveis relações com a produção literária e os procedimentos científicos, que deu base a formação de um ambiente propício para a formulação de indagações a respeito das ligações entre História e Literatura, presente no sur-

---

Historiografia, n. 14, 2014, p. 187-191. Link: https://www.historiadahistoriografia.com.br/revista/article/view/651/459. Acesso em março/2020.

13 Outras resenhas se pautaram pela discussão das relações e tensões entre História e Literatura, como a que é apresentada por: ROIZ, S. História e Literatura: discussões e abordagens teóricas. *Entretextos*, Londrina, v.14, n.1, p. 304 - 306, jan./jun.2014. Link: http://www.uel.br/revistas/uel/index.php/entretextos/article/view/15077/15234. Acesso em março/2020.

gimento da primeira edição deste livro. Em sua versão original esteve dividido em duas partes, com seis capítulos; nessa nova versão, revista e ampliada, além de consideravelmente reformulado, o livro conta com três partes e catorze capítulos. Para muitos parecerá um novo livro – e de certa forma é mesmo! E, de fato, ele traz muito de novo; mas não deixa de carregar um princípio unificador que foi iniciado em sua forma original, isto é, a análise das tensões e relações entre história e literatura, ou entre ciência e arte – o que não nos impediu, por outro lado, de alterar o título, tornando-o mais preciso a respeito de nossas "intenções", para usar um termo muito caro a Quentin Skinner. As correções e acréscimos, obviamente, devem-se ao aprofundamento dos debates e dos dilemas que mantiveram as "incertezas" latentes na constituição dos princípios (e efeitos de realidade) e dos postulados a respeito da construção das narrativas, e suas inevitáveis tensões entre a escrita da História (cujos métodos, conceitos e teorias estão em constantes mudanças, revisões e aprofundamentos) e o enredo dos romances (presentes na Literatura) nessas décadas iniciais do século XXI. (JABLONKA, 2020).

A herança teórica das discussões epistemológicas que cercearam a ação dos movimentos sociais e o papel exercido pelos intelectuais nos anos 1960 e 1970, que coadunaram na "virada linguística" e na "pós-modernidade", depois de mais de cinquenta anos ressurgem sob novos ângulos e perspectivas nas décadas iniciais do século XXI, em meio à Pandemia da Covid-19, crises econômicas, guerras, revoltas sociais e crises existenciais, que repercutem no retorno crítico ao passado para a (re)construção de novas interpretações que fundamentem a formação de um olhar atento sobre o presente, de modo a dar subsídios e amparar o agir humano e as tomadas de decisão no transcorrer do tempo. (RUSEN, 2015; ROSS, 2018; JAPPE, 2020). Na medida em que se buscava flagelar todo tipo de preconceito, discriminação e racismos contidos nas sociedades, por meio de reflexões sobre os entrelaçamentos entre raça, sexo e classe social, nos intertícios da interseccionalidade, novos atores sociais se apresentavam para fazerem frente ao contexto sociocultural, que clamava pela sua presença, em meio aos silenciamentos e esquecimentos aos quais estavam até então enclausurados. (BONILLA-SILVA, 2020). Esse foi um dos traços deixados desde os anos 1960, que marcaram as críticas a todo tipo de pensamento canonizado e essencialista, todo tipo de lista padronizada, seja de livros históricos ou teóricos, seja mesmo de romances e textos filosóficos a serem lidos nos cursos universitários, em todas as partes do mundo. (CUSSET, 2008; BARBOSA, 2012; BLOOM, 2010, 2017). O mundo já não era tão somente Europa ou Estados Unidos. Mas, se de um lado houve um acréscimo significativo de olhares sobre as formações sociais que enriqueceram nossas maneiras de ver o mundo, os homens e as mulheres, e as sociedades; de outro, coadunou com um acirramento de tensões proporcionadas pelo capitalismo e pelo neoliberalismo em nosso cotidiano. Havia certamente globalização econômica, mas até então não propriamente uma conexão e circulação das diferentes culturas presentes em nosso mundo – até porque, em função das "relações de força" no mercado mundial e editorial, intentava-se manter um direcionamento no mundo, a partir das ideias, projetos e vontades (entendidas como) soberanas da Europa e dos Estados Unidos, que almejavam manter as amarras e domínios sobre a produção do saber, do poder e do ser. (MIGNOLO, 2003; QUIJANO, 2010). A revelia dessas intenções, o conhecimento e as culturas começavam a ser propagados de várias formas e lugares, feito por homens e mulheres (de diferentes etnias), que clamavam por um mundo melhor, mais justo, mais humano e respeitoso, e, por isso mesmo, muito mais digno para ser vivido e apreciado por "todes". Entretanto, as consequências trazidas com a pós-verdade foram inevitáveis!

Esse questionamento começou a se manifestar concomitantemente com a produção de interpretações que reavaliavam a centralidade da Europa, ou dos Estados Unidos, para o mundo. De forma pioneira, no final dos anos 1990, Kenneth Pomeranz (2013), procurou pensar *a grande divergência*, entre a China e a Europa na construção da economia mundial moderna. Ainda que vendo sucundariamente as contribuições de Pomeranz para o debate, em uma lógica evidente de continuidade de expropriações epistemológicas na produção do conhecimento, Jack Goody (2008, 2011) apresentava outras evidencias importantes para se entender como foi construída a identidade européia, por meio do roubo indevido de ideias, produtos e culturas vindas do Oriente, desde, pelo menos, o período do Renascimento europeu, cuja própria tentativa de forjar a sua singularidade, já era em si uma forma evidente de expropriação indevida de inovações trazidas de povos e culturas orientais e africanas. Na mesma linha argumentativa, John Darwin (2018) buscava mostrar de que maneira ocorriam à ascensão e a queda dos impérios globais, entre 1400 e 2000, evidenciando as estratégias construídas historicamente pela Europa vir a intentar criar uma hegemonia política, cultural e econômica em relação ao restante do mundo. Foi com esse tipo de preocupação em mente, que Jack Goldstone (2010) se debruçou para escrever uma história global da ascensão do Ocidente, entre 1500 e 1850, com a meta de destrinçar suas principais estratégias políticas e epistemológicas. Com vistas a averiguarem a condição política pós-moderna, já em fins dos anos 1980, Agnes Heller e Ferenc Fehér (1998) buscavam caracterizar em perspectiva histórica os principais traços da falência do "projeto civilizacional europeu" para o mundo. Em todas essas interpretações, buscava-se repensar novas conexões para a história mundial, na qual a redução linear e escatológica de reflexões sobre o transcurso da história em direção aos povos europeus não fosse o centro da argumentação, que tinha sempre na Europa, ou nos Estados Unidos, o direcionamento do saber, do poder e das formas de ser para o restante do mundo, mas um mundo agora interligado em conexões e direcionamentos múltiplos.

E foi justamente partindo da constatação sobre as "transferências culturais" na historiografia brasileira, ao pensarmos as leituras e apropriações que foram feitas a respeito do movimento dos *Annales* no Brasil (ROIZ, SANTOS, 2012), que foi possível pensar criticamente a "colonialidade do poder" que subjulgava os padrões e as formas de construção e divulgação do saber, do ser e do poder nas sociedades, constituindo-se em verdadeiros fundamentos para a elaboração de formas sutis e pouco perceptíveis de dominação sociocultural e intelectual entre os países do Sul global, por parte do Norte global. (SANTOS, 2019). Isso acarretava em certos tipos de escrita da história que se prendiam demasiadamente em modismos vindos "de fora" (o que não quer dizer que não houvessem estudos, mesmo a margem desses cânones, sendo feitos sob outras perspectivas, com grande originalidade, e "de dentro", por parte dos povos originários e afrodescendentes, ou mesmo por outros pesquisadores e pesquisadoras), o que tornava sua apreensão sempre complexa em cada sociedade e historiografia. A onda da história econômica, serial e quantitativa dos anos 1960 e 1970, ou da "história das mentalidades" nos anos 1980, ou mesmo da "nova história cultural" a partir do final dos anos 1990, são exemplos marcantes na história da historiografia brasileira. (ROIZ, SANTOS, 2012). Ao levar adiante esses questionamentos nos foi possível refletir, por meio do estudo da história e da cultura africana e afro-brasileira e os meio pelos quais estas estavam sendo ensinadas em sala de aula (no ensino fundamental e médio), rever os mecanismos forjados pela "colonialidade do poder" e refletir os meios pelos quais historicamente foi se definindo um "racismo estrutural", para Silvio Almeida, ou de um "racismo multidimensional", para Jessé Souza, na sociedade brasileira; e por meio deles se fixava um tipo de história palatável aos descendentes das "elites do poder", ao mesmo tempo em que se fazia plenamente como um mecanismo de congelamento da ação e do pensamento crítico, perante as massas anônimas, as "pessoas comuns", além de projetar a submissão aos afrodescendentes e aos indígenas, as mulheres e aos pobres em geral, submetidos constantemente a processos de desumanização, de modo a congelar seu agir e suas expectativas socioculturais – como vimos em: *A construção social da cidadania em uma sociedade intercultural*. (ROIZ, SANTOS, 2020).

Diantes dessas constatações foi que concomitantemente procuramos repensar a escrita da história do Brasil, por meio do estudo das contribuições que as mulheres tiveram, a partir dos anos 1930, não somente na renovação da escrita da história, na fundação de cursos e programas de pós-graduação, institutos e centros de pesquisa, aos fundamentos do ofício de historiador, mas também na formação de novas gerações de pesquisadores e pesquisadoras, que passaram a ser produtores de novos saberes e formadores de novas gerações – na trilogia de estudos que compõe: *As historiadoras e o(s) gênero(s) na escrita da história*. Entender quais questões elas apresentavam e o papel que desempenharam homens e mulheres na construção das interpretações sobre a história do Brasil, deu-nos margem ainda para pensar criticamente uma história decolonial, fora dos padrões europeus ou norte-americanos, com movimentos e sujeitos múltiplos e fora da linearidade escatológica e teleológica de um progresso único e contínuo (cujo eixo era sempre a Europa e/ou os Estados Unidos), enfim, uma história global e conectada, tendo como centro o Sul global, e não o Norte global, mas sem deixar, com isso, suas interações e relações. (ROIZ, GONTIJO, ZIMMERMANN, 2021a, 2021b, 2021c). O surgimento desta nova edição faz parte desse novo contexto de discussões gerais e particulares em que seu autor se localizava no tempo e no espaço.

Além disso, ela aparece em um momento em que todos os "lugares de fala" devem ser pensados criticamente. (SOUZA, 2021). Se como indicou Antonio Risério (2020), no seu livro *Em busca da nação*, passamos de uma "velha história oficial do Brasil" (em que uma voz ativa era negada aos indígenas e afrodescendentes, no processo de escrita da história) para uma "nova história oficial" (em que essas vozes encontraram seus "lugares de fala") é preciso que ultrapassemos esta *tese* e esta *antítese* para podermos chegar a novas *sínteses* a respeito da história do Brasil, onde todos possam ser ouvidos, pensados e discutidos. Mais do que isso, somente quando todos os temas, inclusive os mais polêmicos, puderem ser estudados e discutidos por "todes", independentemente de cor, sexo ou classe social, é que poderemos encontrar caminhos mais frutíferos para pensar a construção de uma sociedade mais justa, igualitária e democrática. Em outras palavras, a abertura de caminhos se faz com a conscientização de nossos preconceitos, seja naquilo que deve ser lido, ensinado ou discutido; seja na forma como as pessoas devem ser igual e justamente tratadas e respeitadas; seja ainda na maneira como pensamos os usos que são feitos do passado, pode e deve ser escrita a história, assim como é preciso que seja ensinada nas escolas. A quebra dessas amarras se constitui em uma das possibilidades de se tratar das "relações de gênero" (não como ideologia, ou formadora de um "kit gay", muito mais imaginado do que presentificado nas escolas, mas como uma forma de conscientização sobre as escolhas de papeis sociais para crianças e adolescentes), da construção de todos os tipos de "racismos" e fazer com que todas as formas de "estar", "pertencer" e "ser" no mundo sejam igualmente respeitadas por suas escolhas, num movimento de empatia para com o "outro" – que não deixa de ser também uma forma de respeito de "si próprio", ao se respeitar as escolhas do "outro". Mas, quando alcançaremos essas metas e sonhos?

Essa é uma das razões que nos levaram a pensar criticamente os processos de "expropriações epistemológicas"[14] que historicamente fizeram parte da formação de nosso conhecimento histórico, especialmente o que foi produzido em nossas instituições universitárias, assim como os tipos de histórias ensinadas em sala de aula. Daí porque levar em consideração certos autores europeus e norte-americanos, em contraposição a possibilidade de outros latino-americanos e africanos, ou mesmo asiáticos; ou mais precisamente, dar especial atenção aos autores mais lidos e discutidos em nossas instituições educacionais para poder pensar criticamente suas obras, e a forma pela qual os debates a respeito do estruturalismo, do pós-estruturalismo, da virada linguística e da pós-modernidade foram introduzidos e recebidos na história da historiografia brasileira. Esse também é um "movimento dialético" que a obra procurou fazer em suas três partes. Primeiro, analisando como foram discutidos esses movimentos intelectuais na Europa e nos Estados Unidos, e os caminhos que levaram as respostas de historiadores, cientistas sociais, filósofos e críticos literários. Um movimento do Norte global, para o Sul global é o percurso que se segue na segunda parte; isto é, toma-se como ponto de partida a discussão que foi feita na historiografia brasileira e o acirrado processo de institucionalização de nossa crítica literária, assim como das escolhas do mercado editorial, para indagar como a História foi pensada nos romances, de tal sorte que a literatura refazia a "realidade extratextual" em suas tramas narrativas, com a criação de seus "mundos literários", para conjecturar aquilo que indiscutivelmente estava "fora-do-texto". Por fim, indaga-se como a literatura, assim como outras fontes históricas, podem ser úteis para a "oficina dos historiadores" confeccionarem suas pesquisas históricas.

---

14 No sentido de retirar um conhecimento original de circulação silenciosamente sem que seus agentes sociais se dêem conta deste processo de controle e usurpação, e em seu lugar recebam um saber externamente produzido e instituído, com a finalidade de se manter o domínio do poder, do ser e também do saber entre as populações nativas e escravizadas, assim como da sociedade que daí se formou neste percurso histórico. (SANTOS, MENEZES, 2010; QUIJANO, 2010, 2019; MIGNOLO, 2003, 2017).

Evidentemente, os avanços que foram alcançados, por meio de trabalhos individuais e coletivos, tiveram a sua origem em análises sobre o curso de Geografia e História da Faculdade de Filosofia, Ciências e Letras da Universidade de São Paulo (FFCL/USP) e a constituição de um campo disciplinar para a escrita e o estudo da História em São Paulo, a partir da década de 1930, e aos tipos, formas e peculiaridades das discussões provenientes dos letrados do período, que formaram as primeiras gerações de historiadores e historiadoras profissionais em nosso país. (ROIZ, 2020, 2021). O ambiente em que surge esta nova edição, mais complexo e distinto do anterior, nutre a esperança de propiciar novas discussões e debates na história da historiografia brasileira (e quem sabe também na internacional). E aqui, como antes, o autor novamente agradece a confiança que lhe foi depositada desde o início por Estevão Martins (da UnB) e por Jurandir Malerba (da UFRGS), cujos textos introdutórios reaparecem em sua forma original nesta edição, assim como a Julio Bentivoglio (da UFES) que assinou o texto das orelhas da capa. O autor agradece ainda ao apoio recebido pela Capes, por meio do edital, *Memórias Brasileiras: Biografias*, assim como ao Cedhal, especialmente, por parte de seu atual diretor Horacio Gutierrez (da USP). Naturalmente, as limitações ainda presentes no livro são de inteira responsabilidade de seu autor, que espera, contudo, poder instigar novos debates a respeito deste tema – e, porque não, igualmente tentar fomentar diálogos sobre outros caminhos para as narrativas presentes na escrita da história e no enredo e nas tramas dos romances.[15]

15 Escolha instigante para a qual Ivan Jablonka (2020), em *A história é uma literatura contemporânea*, indicou alguns frutos, resultados de narrativas híbridas, que passaram a ser mais comuns nas demonstrações das ciências humanas e sociais a partir dos anos 1980. Por sua vez, desde a publicação de *Culturas híbridas* (2008), no final dos anos 1980, Néstor Canclini tem procurado pensar as circulações e transferências culturais, assim como o papel das narrativas híbridas para a conscientização de homens e mulheres e as mudanças sociais e culturais das sociedades. Nota-se tal preocupação em *Pistas falsas* (2020), onde analisa uma ficção antropológica, como em *O mundo inteiro como lugar estranho* (2016), no qual se volta para experimentações narrativas de caráter híbrido, para refletir o mundo e as sociedades.

Prefácio

Jurandir Malerba[1]
Professor da Pontifícia Universidade Católica
do Rio Grande do Sul (PUC/RS)

O tópico "Literatura e História" lastreou o conhecimento histórico, enquanto campo disciplinar, desde o advento da virada linguística, lá pelos idos dos anos 1960. As pretensões de uma história científica, pranteadas desde os inícios do século XIX, foram definitivamente impugnadas, junto com determinadas proposiçoes realistas extremas, materializadas em tradições empiristas ou no marxismo vulgar. A objeção central apoia-se na alegada impossibilidade de articulação referencial entre o quê (o acontecimento que) apresenta o historiador (a partir de pesquisa documental) e a forma (narrativa) como enreda tal acontecimento. Diluem-se assim as fronteiras entre história e literatura. O arco amplo de proposições que vem constituindo esse debate inseriu o tema da escrituração da história no cerne do debate epistemológico do conhecimento praticado pelos historiadores, particularmente nos circuitos acadêmicos.

A dificuldade crônica de entendimento jaz, ao que parece, na própria solubilidade dos termos em questão: história e literatura. A história refere-se (este é o termo técnico) à experiência vivida pelos homens no tempo ou ao que escrevem os historiadores sobre ela? E o que dizer então do termo mais amorfo "literatura"? Neste caso, a abordagem mais óbvia no contexto atual é defini-la como a escrita que não se arroga "verdadeira", mas é, ao invés disso, ficcional, imaginativa, criativa. Contudo, encontramos muitos fatos "verdadeiros" nas obras literárias e muita ficção em obras históricas. Outra abordagem, proposta pelo crítico francês Roland Barthes, é a de não se concentrar no conteúdo, mas na forma do texto e, especificamente, na voz autoral. Assim, Barthes afirmou que, embora o discurso ficcional se caracterize pela

1 Atualmente professor titular livre na Universidade Federal do Rio Grande do Sul (UFRGS).

presença autoral, no "discurso da história" uma voz neutra prevalece. Mas, como Philippe Carrard demonstrou, a alegação de Barthes é falsa: os historiadores não são, na verdade, ausentes de seus textos. Além disso, Carrard, Lionel Grossman e outros também demonstraram convincentemente que a história é um campo heterogêneo, e consequentemente que não existe *um* discurso histórico. Em suma, a incerteza da definição surge em ambos os lados do binômio: literatura/história.

Debate cruento aquele, tendente mais à dispersão que à confluência, gerou soluções pontuais mais do que consensuais. Pela incapacidade de o pesquisador dispor o passado a sua frente, como referente direto de suas afirmações, sua reconstituição estaria fadada a ser uma construção *simpliciter*, uma invenção do passado. O produto de seu labor, um gênero de literatura. Se não temos certezas mais sobre nosso campo de ofício, como podemos tê-lo sobre o do outro, a literatura? Em qual conceito de literatura estão os historiadores se baseando para (re)formular o estatuto de sua disciplina? (Quem procurar bem encontrará aqui um *gap* anacrônico nesse debate; pois, nos estudos literários hoje se levanta um velho novo veto ao entendimento de literatura tal como pleiteado pelos pós-estruturalistas, reclamando a rearticulação da literatura com seu referente histórico, os famigerados "contexto" e autoria. Ironicamente, essa inflexão vem sendo promovida por notáveis pós-estruturalistas, como é exemplo modelar *A literatura em perigo*, de Tzvetan Todorov).

Para complicar a operação (epistemológica), temos que, como contraponto ao uso da história na construção de narrativas literárias por escritores de ficção, muitos historiadores desde há muito tempo utilizam-se de fontes literárias ou têm a própria literatura como campo de investigação para a (re)construção histórica do passado. Sérgio Buarque de Holanda disse certa vez que a história não seria a mesma se não se pintasse com as cores emprestadas da literatura e das crônicas. O desafio na mesa é como nós historiadores podemos fazer bom uso da literatura, tanto como objeto quanto como fonte?

Rusen notou que, desde o advento do pós-estruturalismo, nunca os historiadores pensaram e escreveram tanto sobre seu ofício. Uma grande contribuição trazida pelo movimento do *linguistic turn* foi insuflar a dúvida pirrônica nos historiadores sobre o processo e o produto de seu conhecimento. O que fazem, como fazem e o que resulta do trabalho dos historiadores quando esses fazem pesquisa teórica e metodologicamente orientada por algum grau de racionalização?

A partir do advento do pós-estruturalismo os historiadores perderam sua inocência. Deve fazer parte de sua formação o pensar autorreflexivo permanente da prática do seu ofício. Pelo menos assim deveria ser – embora, infelizmente, essa ainda não tenha sido a regra. Definitivamente, este não é o caso do presente livro de Diogo Roiz. Este deixa transparecer imediatamente ao leitor as dúvidas motivadoras, os caminhos de busca de respostas, as conclusões (sempre provisórias) a que o Autor chega neste momento germinal de sua formação. Como qualquer outra, não se trata de uma obra "definitiva" sobre o tópico literatura/história e é possível que o próprio Autor reveja no futuro algumas de suas posições atuais. Mas, indiscutivelmente, trata-se de um trabalho sério, que traz uma contribuição importante ao debate, ao oferecer, na segunda parte,[2] o "por em prática" de suas reflexões teórico-metodológicas com suas pesquisas sobre as relações entre escravos e senhores nas peças teatrais dos séculos XVIII e XIX, sobre leitores e leituras dos textos de Franz Kafka e sobre o tratamento de fontes literárias realizado por Georges Duby em sua vasta obra.

Ademais, trata-se de um trabalho que tem como méritos, entre outros, o ser atual (ao trazer um equilíbrio interessante no uso das obras clássicas, indispensáveis ao debate, e obras recentíssimas, que demonstram o profissionalismo do Autor) e o ser honesto, ao não ter medo de posicionar-se, sempre respeitosamente, no debate. Qualidade infelizmente ainda rara no meio acadêmico brasileiro, e principalmente no nosso meio historiográfico, ainda visceralmente marcado por certa *cordialidade*, onde muito acontece de se tomar a crítica a ideias, obras e autores como crítica *ad homini*, dando vezo à formação de enfadonhas confrarias.

Berlim, 29 de maio de 2012.

2 Nessa versão, na terceira parte do livro.

Introdução e agradecimentos

> *Nas últimas décadas, os historiadores discutiram muito sobre os ritmos da história [tendo a obra de Fernand Braudel (1902-1985) como base]; [mas] pouco ou nada, o que é significativo, sobre os ritmos da narração histórica (GINZBURG, 2007, p. 321).*

A você leitor ou leitora, curiosos com o título deste livro, que se depararam ao chegar nesta livraria e folhear aleatoriamente alguns títulos, mas arredio com o seu volume de 700 páginas, digo-lhe gentilmente que ele não ficou tão extenso assim, em função da complexidade e das infindáveis tramas de que o(s) tema(s) tratado(s) pode(riam) dispor, pois, se o fosse teria tido três vezes essa extensão; ainda que se saiba que para as expectativas dos leitores contemporâneos o ideal é que ele fosse dez vezes menor. Eu entendo que você está muito mais disposto a ler um livro do Byung Chul-Han, encontrado nesta mesma livraria, em versão de bolso e com pouco mais de 70 páginas, e certamente lhe trará muitas contribuições, para uma leitura de três horas. Mas não se aquiete em suas dúvidas, ou medo de iniciar a leitura por temor da extensão do volume que tem em mãos; e se me permite uma sugestão, caso não seja de seu agrado discussões teóricas, que percorrem a introdução e a primeira parte deste trabalho – como já dizia Antonio Candido na introdução de sua *Formação da literatura brasileira*, publicado em 1959, com quase 800 páginas, em 2 volumes –, deixe-as por um instante e tente começar direto pelos capítulos 9, ou o 11, ou até mesmo o 13, cuja soma simples que dá 4, misticamente ligada ao trabalho, quem sabe não lhe provoque a imaginação e os pensamentos para dar início a uma leitura promissora e produtiva. Se lê-los nessa sequência, sutilmente sugerida, quem sabe não tenha uma surpresa no final! Embora não pareça, a princípio, possível uma outra opção seria começar só pelos capítulos im*pares* (1, 3, 5, 7, 9,

11 e 13), e depois seguir apenas os capítulos *pares* (2, 4, 6, 8, 10, 12 e 14), você verá novidades, em qualquer que seja a sua decisão. Isso não somente sugere que o livro pode ser lido da forma como melhor lhe agradar, como também tem possibilidades como estas, ditas há pouco, ou seguindo até o formato comum de início, meio e fim – ainda que árdua, eu bem sei disso, certamente, possa lhe comover no processo de aprendizagem que o percurso da leitura atenta lhe trará no final desta aventura.

Como não posso saber qual foi a sua escolha, sigo ainda assim com o meu percurso, e sob outros meios dar início a esta viagem pelo mundo da escrita, da pesquisa e, porque não, também da imaginação investigativa que levou a produção de narrativas históricas e literárias, especialmente durante o século XX, e cujo desenlace certamente lhe instigará a fazer outras leituras e investigações, e quem sabe até lhe sugira sugestões interessantes para uma pesquisa a ser feita, outros livros a serem lidos, caminhos, enfim, para serem ainda percorridos por você em sua jornada pela vida e pelo conhecimento.

Não é sem sentido, por isso mesmo, começar por informar a "trama de tensões"[1] que passou a circunscrever a escrita da história, a partir do final do século XIX, quando esta área do saber procurou se tornar também uma ciência, e foi ainda mais constante ao longo de todo o século passado – o que não quer dizer que antes deste período não existissem, mesmo que em menor proporção e impacto para os historiadores e seu ofício.[2] Quando, em meados do século XIX, formava-se a ciência da história na

1 O título deste livro é também uma singela homenagem a historiadora Ilana Blaj (1951-1999), que faleceu precocemente no final dos anos 1990 e foi uma grande estudiosa da história de nossas "tensões" socioeconômicas e culturais. A sua tese de doutorado – *A trama das tensões: o processo de mercantilização de São Paulo (1681-1721)* –, assim como o texto inacabado do que deveria ser a sua livre-docência – *Tensões e mediações: elite agrária e comerciantes na área paulistana (1700-1748)* – mostram a preocupação da autora em salientar os meios pelos quais foram sendo historicamente construídas as "tramas de tensões" na história econômica e social do Brasil colonial, especialmente em São Paulo. (BLAJ, 2002). Ao buscarmos visualizar as "tramas de tensões" que percorreram tanto a escrita da história, como a dos romances, esperamos poder, ao menos, possibilitar um texto didático e útil, como sempre fez a professora e pesquisadora que partiu muito precocemente. Aos mais atentos poderá parecer um movimento das estruturas para as superestruturas, mas não é só isso. Aqui também, espera-se que esta trama possa mostrar as tensões entre o material e o imaterial, a base estrutural e a superestrutura cultural e ideológica, entre a ação na prática cotidiana e o pensamento abstrato, a fala e a escrita, a realidade e a imaginação, que formam dialeticamente nosso estar no mundo.

2 Como demonstrou Ivan Jablonka (2020) em seu livro: *A história é uma literatura contemporânea*.

Alemanha e depois na França, esta passava a se distanciar da literatura para efetuar tal percurso (TOSH, 2011, p. 177-210; WOOLF, 2014, p. 371-422). A escrita literária que havia se aproximado da história para coibir o controle do imaginário religioso e político (estatal), para que o romance pudesse se afirmar a partir do século XVIII se vê as voltas com um discurso histórico, que ao longo do século XIX, para se firmar entre uma das ciências procurou se afastar paulatinamente da crônica e do romance, assim como da chave persuasiva da retórica, ao mesmo tempo em que passava a seguir os princípios de uma pesquisa cientificamente conduzida, para compor as regras do método para a análise das fontes documentais e restrigir seu discurso a apontar nos fatos e acontecimentos as suas causas e efeitos, assim como as consequências, de forma imparcial, objetiva e racional (LIMA, 2009, 2018). Foi nos anos 1870 e 1880 que Friedrich Nietzsche (1844-1900) começou a observar as limitações da narrativa histórica produzida nas universidades alemãs como um tipo específico de ciência, pautada pelas regras do método histórico. Ainda que as suas críticas não conseguissem obscurecer o *status* que então se encontrava alcançadas pela ciência da história, em função do papel que lhe era atribuído, arregimentada pelos estados-nacionais para a escrita da história das nações e a formação de seus cidadãos (FREITAS, 2021).

Ao longo do século XX, porém, as observações de Nietzsche ganharam um novo patamar, com a importância que passaram a ter os estudos culturais e a filosofia da linguagem; mas para se chegar a isso foi preciso rever todo seu itinerário teórico, conceitual e metodológico. Nos anos 1920 e 1930, por exemplo, essas questões começavam a aflorar diretamente nas obras de Ernst Cassirer (1874-1945), Martin Heidegger (1889-1976), Ludwig Wittgenstein (1889-1951) e Walter Benjamin (1892-1940), que para Wolfram Eilenberger (2019) fizeram parte de um "tempo de mágicos" no campo dos estudos filosóficos, ao trazerem inovações marcantes para o estudo da linguagem, das culturas e da própria Filosofia.[3] Mas, sem dúvida alguma, foi a partir dos anos 1960 que essas questões atigiram seu auge com as discussões do estruturalismo, do pós-estruturalismo, da virada linguística e da pós-modernidade. (TOSH, 2011; WOOLF, 2014; CUSSET, 2008; FERRY, RENOUT, 1988).

Quando a 'linguagem' e a 'cultura' entraram em cena, nas discussões da Filosofia, das Ciências Sociais e da Teoria Literária francesa (a partir da década de 1950) e norte-americana (a partir da década de 1960), com o 'estruturalismo' e, depois, com o 'pós-estruturalismo', os *princípios do conhecimento histórico* (a saber: o princípio de *realidade* e de *verdade*, com base na *ciência*, que a partir de *méto-*

3 Para maior detalhamento da questão, ver: GIANNOTTI, 2011, 2020.

dos deduzia formas de apreender os resquícios do passado, armazenados sob os *documentos*, e que vinham a permitir ao historiador *ingressar nos vestígios de uma realidade extratextual das sociedades de outrora*), mais uma vez, passaram a ser veementemente questionados (CARDOSO, 1988; CARDOSO, VAINFAS, 1997, 2012). Como quase sempre acontece, os historiadores, de início, mantiveram-se avessos a questão lançada por esses movimentos e, depois, de modo ainda mais enfático pela 'virada linguística' ao seu ofício profissional, avaliando e respondendo aos desdobramentos daqueles debates tardiamente, quando já não havia mais espaço para o silêncio, a partir da década de 1980 – se deixarmos de considerar, evidentemente, alguns poucos exemplos esparsos, ainda que muito significativos, como foi o caso de Arnaldo Momigliano, Moses Finley, Quentin Skinner e Peter Gay, que já em meados dos anos de 1960 e 1970 haviam notado a importância de tais questões, e daí a necessidade de respondê-las.[4]

4 De imediato, deve-se ressaltar que, apesar da imensa importância que tiveram muitos trabalhos produzidos por historiadores, cientistas sociais e críticos literários brasileiros, estes não foram analisados ao longo deste livro, com a ressalva de algumas poucas análises esporádicas que nem de longe demonstram a especificidade destas pesquisas, como podem ser encontradas nos estudos seminais de Antonio Candido (2010a, 2010b, 2011, 2012), e que tiveram desdobramentos, complementos e inovações nas obras de Roberto Schwarz (1987, 1997, 1999, 2000a, 2000b, 2008, 2012) e de Alfredo Bosi (1992, 1999, 2000, 2006, 2010). E que, aliás, muitas delas pensavam a relação entre História e Literatura, e algumas das questões que serão aqui expostas, já em meados da década de 1970. Desde aquele período os avanços são notáveis, como podem ser facilmente mensuráveis pelas análises das obras de Luiz Costa Lima (1989, 1993, 2006, 2007, 2009, 2018, 2019), Ciro Flamarion Cardoso (1988, 2005), Nicolau Sevcenko (1992, 1993, 2003), Sidney Chalhoub (1990, 2003), Walnice Galvão (1999), Mônica Velloso (1996), Antonio Celso Ferreira (1996a, 1996b, 2002); ou nos trabalhos organizados por Marcia Abreu (2000, 2008), ou por Sandra Pesavento (2003, 2004, 2005), para ficarmos em pouquíssimos exemplos, ainda que muito significativos. Caminhos sugestivos sobre essa questão, na historiografia brasileira, também podem ser encontrados em: ABREU, SCHAPOCHNICK, 2005; LOPES, VELLOSO, PESAVENTO, 2006; MAIA, 2010. Vejam-se ainda os textos publicados do 1º e 2º Colóquio da UERJ, que tratam dessas questões. No primeiro, sob a organização de Dirce Côrtes Riedel (1988), discutiram-se as tramas narrativas e suas relações com a ficção e a história; e no segundo, sob a organização de Roberto Romano e Antônio Candido (1990), discutiram-se os níveis e os modelos de interpretação. Desse modo, embora a temática seja muito rica em nossa historiografia, não a contemplamos neste trabalho, em função de demandar uma pesquisa específica, que, aliás, não realizamos para essa finalidade – como os capítulos 6 e 7 mostram muito bem que uma pesquisa como essa demandaria muito mais tempo, de que aqui não dispúnhamos. Caso

Curiosamente, todos eles fizeram isso às voltas com os questionamentos que pairavam sobre a *história intelectual*, por se assemelhar demasiadamente com a história das ideias, a história da filosofia, a história do pensamento e a história da cultura; mas sem, com isso, apresentar um conjunto de procedimentos operacionais, e ao mesmo tempo, tentando lhe conferir uma identidade própria, e indicando a sua propriedade para perscrutar todo *o agir humano no tempo* e seus respectivos projetos de mudança (ou permanência da ordem vigente e) sociocultural. Mais precisamente, eles repensaram os estudos históricos, mais instados pelos dilemas *internos* ao campo de estudos, do que propriamente o fazendo em função dos questionamentos que lhe foram dirigidos *externamente* por outras áreas do saber e até por outros historiadores de oficio. O que, evidentemente, não quer dizer que ao fazerem tal exercício teórico-metodológico também não estivessem preocupados com as reviravoltas produzidas no estudo da História, pelo impacto gerado pelas indagações efetuadas pelo estruturalismo, pelo pós-estruturalismo e a virada linguística, e, depois, pelo pós-modernismo, tanto a pesquisa como ao ofício dos historiadores (SILVA, 2002; DOSSE, 2007b; BARBOSA, 2012).

Ao procurarem perscrutar como a *linguagem* e a(s) *cultura*(s) redimensionavam o entendimento da existência de uma "realidade extratextual" nas fontes documentais, indicadas primeiramente pelo estruturalismo e o pós-estruturalismo, tais movimentos conduziram a um verdadeiro inquérito sobre a função e a necessidade dos estudos históricos para a sociedade, bem como dos historiadores. Por sua vez, estas indagações foram depois norteadas pela "virada linguística" como as bases de ingresso as representações de homens e mulheres e das sociedades no tempo; e essas objeções a uma possível "realidade extratextual", naquilo que poderia estar "fora do texto", mas cujo alcance já era impossível sem o artifício da linguagem, puderam proporcionar um questionamento direto sobre a possibilidade de elaboração de um conhecimento histórico, porque também até então entendido como *científico*, e, desse modo, inquirir a própria função social do ofício de historiador para as sociedades.[5]

Nos anos de 1950 e 1960, a filosofia, a linguística e a crítica literária francesa estiveram às voltas com essas questões e esses dilemas (BARBOSA, 2012; KRISTIN, 2018; MARTINS, 2021). Tornou-se lugar comum observar que Michel Foucault

---

seja possível dar continuidade a esses estudos, esse poderá ser um horizonte de análise a ser mais bem cotejado e interpretado nos anos vindouros.

5 Veja-se a respeito dessa temática: DOSSE, 2007, 2v; DELACROIX, DOSSE, GARCIA, OFFENSTADT, 2010, 2v; GIANNATTACIO, IVANO, 2011.

(1926-1984) deparou-se com os paradoxos da razão ocidental ao estudar a loucura; Roland Barthes (1915-1980) viu as fragilidades da ciência histórica e suas inevitáveis ligações com o campo artístico e literário, e seus efeitos de realidade, nada mais eram do que certo tipo de imaginação controlada, que servia para assegurar a trama dos enredos das histórias contadas pelos historiadores; Jacques Lacan (1901-1981) viu a importância da linguagem para a formação do indivíduo, inclusive, para a compreensão de seu inconsciente, seus traumas e dilemas interpessoais; Gilles Deleuze (1925-1995) e Félix Guattari (1930-1992) descortinaram alguns dos estratagemas do Capitalismo, ao verem como intervinha diretamente na criação de esquizofrenias e na formação das subjetividades humanas; Jacques Derrida (1930-2004) oferecia um caminho para pensar a construção e a desconstrução de textos teóricos e literários; e Cornelius Castoriadis (1922-1997) observava a importância do imaginário social para a própria constituição da sociedade.[6] Não há dúvida que a crítica efetuada por Claude Lévi-Strauss (1908-2009), iniciada pioneiramente no final dos anos 1940, abriu caminho para o estruturalismo francês conjecturar de forma sistemática as fragilidades do discurso histórico – ao se fixar em um campo científico para a apresentação de seus dados –, a partir dos anos 1960. Mas, para se firmar no campo intelectual francês, o estruturalismo teve que primeiro evidenciar as fragilidades da obra de Jean-Paul Sartre (1905-1980), cuja interpretação da sociedade, dos homens e mulheres, e sua defesa do existencialismo marcaram gerações de estudiosos e estudantes até o final dos anos 1950. Evidentemente, a lista poderia ser alongada. Contudo, com os exemplos indicados já nos é possível indagar: se houve um distanciamento da política, do humanismo, da economia, do marxismo e da mudança social (e revolucionária) em seus textos, não é menos certo que instigaram novas reflexões sobre o poder, a autoridade, o racional e o irracional, a consciência (histórica) e o inconsciente (coletivo e individual), a cultura, a linguagem, as construções teóricas e o controle social e do imaginário (FERRY; RENAUT, 1988; PEETERS, 2013; DOSSE, 2021). Mais ainda, se foram igualmente críticos as obras de Marx, Weber e Sartre, não é ingênuo, ou menos correto, verificar a importância que tiveram Nietzsche, Freud e Heidegger para a formulação de suas interpretações e a reconstrução das teorias sociais que eles promoveram (FERRY; RENAUT, 1988). Além disso, não é menos certo, o impacto que

6 Vê-se sobre essas questões argumentos que cingem as mais extremas posições, como pode ser facilmente aferível entre as indagações de Mark Lilla (2017, 2018b), em *A mente imprudente* ou *A mente naufragada*, e as posições de Jean Sévillia (2009), em *O terrorismo intelectual*. Para maior detalhamento do tema, ver: DOSSE, 2021; ARANTES, 2021; NASCIMENTOS, 2015; BARING, 2019; MIDDELAAR, 2015.

causaram em várias partes do mundo, especialmente nos Estados Unidos, a partir dos anos 1960 (CUSSET, 2008).

Foi justamente tendo em vista o contexto de produção dessas ideias e questões ao ofício dos historiadores e a maneira com que conduziam a pesquisa e a escritura da história, que visamos apresentar algumas ideias, movimentos, obras e autores, e que estiveram cerceando essas contendas. Evidentemente, a riqueza e a complexidade do tema – como já haviam notado Jurandir Malerba (2011, 2016, 2018) e Luiz Costa Lima (2018, 2019) –, juntamente com as limitações de quem os apresenta, tornou inevitável a escolha de certos caminhos (e não de outros, igualmente promissores), para abordar essa temática tão instigante e arredia para o ofício dos historiadores nessas últimas décadas.[7]

Nesse sentido, enquanto na primeira parte deste livro destacamos o diálogo entre *História e Literatura*, buscando delinear de que maneira os historiadores procuraram responder as interrogações que foram efetuadas sobre seu ofício profissional (em especial, pelas obras de Nietzsche, Foucault e White); na segunda, *Da História à Literatura* procuramos pensar alguns dos caminhos que levaram os estudos históricos a se aproximarem da produção literária, ao longo do século passado, e a incluírem como parte de seu *corpus documental* na análise das sociedades de outrora; e, na terceira parte, empreendemos uma análise entre *Literatura e História*, destacando como as fontes literárias podem ser promissoras para a execução da pesquisa histórica (ao experimentarmos usar peças teatrais dos séculos XVIII e XIX, repensarmos a trajetória de um empresário teatral, visualizarmos os leitores e suas respectivas leituras da obra de Franz Kafka e inquirirmos como Georges Duby procurou usar fontes literárias em suas pesquisas, ou como as narrativas híbridas começaram a se projetar para o público de leitores e de leitoras, especialmente, a partir dos anos 1990). Como procuraremos demonstrar, apesar dos caminhos e descaminhos desses diálogos serem tensos, conflituosos e, em certos momentos, contraditórios, tanto a História quanto a Crítica e a Teoria Literária obtiveram ganhos extraordinários com eles; além de ser inevitável para os profissionais, de ambas as áreas, terem que refletir tais questões, para o bom andamento de suas pesquisas e a produção de seus textos históricos ou literários (EAGLETON, 2005; MALERBA, 2011; BERBERT Jr., 2012).

Daí a importância dos questionamentos: como Quentin Skinner respondeu ao desafio do 'linguistic turn' ao contextualismo linguístico inglês? De que maneira os

7 Veja-se ainda sobre essa questão: REIS, 2003; GINZBURG, 2007; DELACROIX, DOSSE, GARCIA, OFFENSTADT, 2010, 2v; SEABRA, 2011.

historiadores se posicionaram, quando, a partir dos anos 1960, se tornou mais corriqueira a evidência de uma relação ambígua no campo dos estudos históricos, ao ser situado entre a 'ciência histórica' e a 'arte narrativa'? Ao mesmo tempo, como os historiadores responderam as indagações lançadas, de um modo mais sistemático, pela 'virada linguística', e pela obra de Hayden White, as suas estratégias de reconstituição do passado, aos seus princípios de realidade, as suas assertivas quanto à verdade e ao uso que faziam das fontes textuais para interpretarem as peculiaridades e as características de um dado contexto histórico? Além disso, como romancistas e críticos literários observaram essas questões para a produção de seus romances? Como cientistas sociais e filósofos participaram desses acirrados debates?

Por outor lado: como as fontes literárias podem ser utilizadas na pesquisa histórica? Como o estudo da trajetória de um empresário teatral poderia acrescentar ao esclarecimento e aprofundamento dessas questões? Como a obra de um romancista (a exemplo de Franz Kafka) poderia servir de base para a análise de um ou vários contextos, e que relações se formariam entre texto e contexto? Como os historiadores (a exemplo de Georges Duby) fizeram uso das fontes literárias? Como as narrativas híbridas têm contribuído para a produção de textos históricos e também literários?

Mas, antes de chegar a tais indagações, é preciso refletir uma questão crucial: por que a mudança do *tripé* verdade, utopia e sentido, que asseguravam as reflexões sobre as práticas sociais e as escrituras das histórias no Ocidente entraram em um verdadeiro paradoxo, ao ser questionado suas atribuições de sentido a realidade social e em seu lugar vigorar a pós-verdade, a distopia e o caos?

Essas foram algumas das indagações que nortearam a elaboração de cada um dos capítulos propostos a seguir. Mas, antes de adentrarmos neles, é preciso que se faça um rápido painel do contexto que circunstanciou o aparecimento dessas indagações ao ofício dos historiadores e as escrituras da História, especialmente depois dos anos 1960.

I

Não são recentes os questionamentos sobre a procedência e a utilidade dos estudos históricos para o exercício da "vida prática" e para o armazenamento e a análise da memória coletiva dos homens e mulheres e das sociedades no tempo (FINLEY, 1989; MACMILLAN, 2010). Já em Aristóteles (1959, 2011) tal indagação se fazia, ao perscrutar em seu tratado sobre a *Poética*, de que maneira a História seria muito mais limitada do que a Poesia Épica (e a Filosofia), porque tão somente se prestava a inquirir o que havia acontecido, de modo a se resumir ao particular. Tal assertiva serviu de base para que os estudos históricos fossem, quase sempre, situados em um campo de pesquisa de menor valor, quando não, inviável para ser incluído verdadeiramente como uma *ciência*, a partir do século XIX, dado que não conseguia prescrever leis, axiomas, nem tampouco reproduzir laboratorialmente suas descobertas ou indagações sobre as sociedades do passado, ou ainda, alcançava circunstanciar os resultados de suas pesquisas, por meio de um discurso objetivo, racional, imparcial e preciso.[8]

Contemporâneo de Aristóteles, Políbio já tentaria naquela época formular uma história universal para demonstrar ao filósofo a propriedade dos estudos históricos no campo do universal, não se limitando apenas ao particular (HARTOG, 2011). De modo semelhante, em meados do século XIX, Georg Gottfried Gervinus (1805-1871), ao pensar quais os fundamentos de uma teoria para a História, procurava indicar que além de ser útil para pensar tanto o particular quanto o universal, os estudos históricos também poderiam se utilizar dos mais diversos tipos de fontes para executar suas análises; que, aliás, era um meio de responder as indagações de Aristóteles sobre as limitações da História perante a Poética, cujo teor era de abranger ao geral, por indagar como poderia ter sido o passado, ao passo que a História estaria restrita sempre ao particular, por postular apenas aquilo que foi (e não, também, como poderia ter sido). Para ele, em seus *Fundamentos de Teoria da História* (2010), escrito durante a década de 1830, a tarefa da teoria é pensar o material histórico, definindo os melhores meios para proceder a sua análise sistemática, cujos resultados são expostos numa narrativa; pois, tão logo "o historiador considere o devir e o desenvolver de tais ideias como o fio para sua obra histórica, estará dada a ela a mais bela unidade" (GERVINUS, 2010, p. 71-72).

Por sua vez, Ginzburg (2002) procuraria responder aos usos que foram feitos deste tratado de Aristóteles, para desvalorizar a propriedade dos estudos históricos, contrapondo-o com o seu tratado sobre a *Retórica* (2010), no qual Aristóteles voltaria a refletir o campo e as especificidades da História, comparando-a com a investigação judiciária e suas premissas de elaboração e uso das fontes e dos fatos – como indicaremos no segundo e no terceiro capítulo. É de se notar que o ambiente em que a obra de Aristoteles foi revista por Ginzburg nos anos 1990, era muito mais denso que o visto pelos filósofos do século XIX. Além disso, outras questões surgiram com as indagações de Nietzsche, Foucault e White ao ofício dos historiadores. Não por acaso, Ginzburg (2007) notaria que nas "últimas décadas, os historiadores discutiram muito sobre os ritmos da his-

8 Para maior detalhamento desta questão, ver: REIS, 1999, 2003, 2011; GADDIS, 2003; ARÓSTEGUI SÁNCHEZ, 2006; TOSH, 2011; HARTOG, 2011; JABLONKA, 2020.

tória; [mas] pouco ou nada, o que é significativo, sobre os ritmos da narração histórica" (GINZBURG, 2007, p. 321).

De certa forma, indagação semelhante já havia feito Paul Ricoeur (1913-2005) em meados dos anos 1970. Em *A metáfora viva* (2005), obra de 1975, Ricoeur observava que nem por estarem cerceados em "figuras de linguagem", os diferentes tipos de discurso que propõem perscrutar a realidade deixariam de estarem articulados numa realidade extratextual, apesar de esta não ser, evidentemente, aquela que havia se passado outrora, mas uma representação. Nestes termos, o autor procurava refletir sobre a possibilidade de "edificar sobre a diferença reconhecida entre modalidades de discurso uma teoria geral das intersecções entre esferas do discurso *e* propor uma interpretação da ontologia implícita aos postulados da referência metafórica que satisfaça a essa dialética das modalidades de discurso" (RICOEUR, 2005, p. 453-54). Ao retomar essas indagações em meados dos anos 1980, em *Tempo e narrativa* (2010a, 2010b, 2010c), o autor destacaria que "a problemática última tanto da identidade estrutural da função narrativa como da exigência de verdade de toda obra narrativa é o caráter *temporal* da experiência humana". Desse modo, "o tempo se torna tempo humano na medida em que está articulado de maneira narrativa" e a "narrativa é significativa na medida em que desenha as características da experiência temporal" (RICOEUR, 2010a, v.1, p. 9); isto é, "é a narrativa que torna acessível a experiência humana do tempo, [e] o tempo só se torna humano através da narrativa" (RICOEUR, 2010a,p. XI), como resumiria Hélio Salles Gentil, na introdução da obra. Se nestas duas obras, as indagações sobre as teses de Aristóteles e os usos que delas foram feitas ao longo do tempo (como nas obras de Santo Agostinho, Kant, Hegel, Nietzsche e de Heidegger) aparecem de forma explícita, com relação aos pressupostos de Barthes (2004), Foucault (1997, 2002) e White (1994, 1995), Ricoeur só iria se referir implicitamente na segunda (REIS, 2011). Contudo, em *A memória, a história, o esquecimento* (2008), ao se voltar para "uma problemática comum" que corre "através da fenomenologia da memória, da epistemologia da história e da hermenêutica da condição histórica" (RICOEUR, 2008, p. 18), em que rastrearia como se formam as representações do passado, Ricoeur seria muito mais enfático em suas críticas a obra de Hayden White (como de outros críticos da possibilidade de (re)configuração do conhecimento histórico). Para ele:

> Não se trata de uma contribuição para a epistemologia do conhecimento histórico, mas de uma poética cujo tema é a imaginação, mais precisamente a imaginação histórica. A este título, mostra-se fiel ao espírito da época e ao chamado *linguistic turn*, na medida em que

> essa imaginação é apreendida nas estruturas do discurso. É, portanto, de artefatos verbais que se tratará. Tal observação não diminui em nada a abrangência do escopo. De fato, soltam-se duas amarras. A primeira rege a relação da história com a ficção. Consideradas sob o ângulo da imaginação da linguagem, narrativa histórica e narrativa de ficção pertencem a uma única e mesma classe, a das 'ficções verbais'. Todos os problemas ligados à dimensão referencial do discurso histórico serão abordados a partir dessa nova classificação. A segunda amarra rege a distinção entre historiografia profissional e filosofia da história, pelo menos a parte da filosofia da história que assume a forma de grandes narrativas em escala global. [...] A problemática comum a todos eles é dar à imaginação histórica a forma de discurso, de um modo que leve em conta a retórica e, mais precisamente, a retórica dos tropos (RICOEUR, 2008, p. 263-64).

No entanto, segue Ricoeur em seu argumento, "lamento o impasse no qual se fechou H. White ao tratar das operações de composição da intriga como modos explicativos, tidos, na melhor das hipóteses, como indiferentes para os procedimentos científicos do saber histórico, na pior, como substituíveis por esses últimos" (RICOEUR, 2008, p. 266). Além disso, na "medida em que é legítimo tratar as estruturas profundas do imaginário como matrizes comuns à criação de intrigas romanescas e à de intrigas historiadoras, como atesta seu entrecruzamento na história dos gêneros no século XIX, torna-se urgente especificar o momento referencial que distingue a história da ficção" (RICOEUR, 2008, p. 266), e a qual White não faz.[9]

9 Apesar da sintonia da crítica de Paul Ricoeur a obra de Hayden White, ela se situa especialmente em *Meta-história* (de 1973) e *Trópicos do discurso* (de 1978), obras pelas quais White parecia observar indistintamente as narrativas históricas e as narrativas literárias, mas cujo foco de suas interpretações foi paulatinamente sendo revisto ao longo dos anos 1980 e 1990, principalmente em função das críticas que a sua obra foi recebendo; porém, esse movimento dinâmico e difícil de ser observado em toda a sua complexidade, que quase sempre não aparece nos críticos a sua obra. Argumento semelhante vale para a interpretação proposta por Carlo Ginzburg, e outros autores, a respeito da obra de White. Com *O conteúdo da forma* (de 1987), na qual analisava o discurso narrativo e a representação histórica, White avançava em seus argumentos, dando novos contornos as suas evidências a respeito da construção do discurso histórico e literário. No entanto, foi com *A ficção da narrativa* (de 2010) e em *O passado prático* (de 2014), que White redimensionava sua percepção a respeito da elaboração do discurso histórico e literário. Ainda que reavalie as indistinções sobre as quais era acusado pela maioria dos críticos,

Por outro lado, exagera a "relatividade inexpugnável" de toda representação dos fenômenos históricos, como já havia notado Ginzburg (2002) em *Relações de força*.

Desde que publicou *Olhos de madeira*, *Relações de força* e *Nenhuma ilha é uma ilha*, que Carlo Ginzburg vem, cada vez mais, avançando em sua crítica ao desafio cético, sobre o aspecto construtivo do texto histórico; que ao ser apresentado como um discurso narrativo, a crítica pós-moderna o assemelhou ao texto literário, desfazendo, com isso, as distinções até então em voga e que calcavam no primeiro a pretensão à verdade (em função da utilização de fontes documentais, com as quais os historiadores presumiriam reconstituir o passado), e ao segundo a liberdade de criação imaginativa. Em *O fio e os rastros* (2007), o autor acrescenta os seguintes pontos: a) contar e narrar, servindo-se dos rastros do passado, para escrever histórias verdadeiras continua a ser um dos princípios do ofício dos historiadores; b) as relações entre as narrações históricas e as narrações ficcionais, ora se aproximando, ora se distanciando, é uma contenda que constitui, ao longo do tempo, uma disputa pela representação da realidade, na qual historiadores e romancistas mais se dis-

---

White manteve-se coerente com suas principais teses, procurando evidenciar que a escrita da história era antes de tudo uma construção narrativa em prosa, sobre a qual a imaginação historiadora era mais circunscrita e palpável do que as análises documentais, igualmente construções narrativas, que faziam do passado uma constatação abstrata e não uma concretude que existiu e já não há mais no presente, além dos resquícios que deixou e a força que ainda mantém sobre os corações e as mentes das pessoas do presente. De fato, havia algo "fora do texto" que embasava a construção das interpretações dos historiadores, mas aquilo que se encontrava "dentro dos próprios textos" não atingia esta realidade passada, da qual já não existia no presente. Além de destacar em *O passado prático*, que em toda sua vida esteve interessado em estudar as relações entre história e literatura, White mostra que a percepção do passado feita pelos historiadores é muito mais inventada imaginativamente para eximir as lacunas evidentes nas fontes documentais e nas tramas construídas a respeito do que foram outrora aquelas sociedades, do que um retorno direto sobre aquele passado que não volta mais. Não há dúvida que houve um movimento dinâmico entre a percepção das obras de White, por parte de seus críticos, e as revisões que daí resultou em seu pensamento e análise das narrativas históricas e literárias. Na sua análise da questão, em *A história segundo a nova filosofia da história* (de 2008), Veronica Tozzi destaca como a obra de White foi fundamental para redimensionar as discussões teóricas e conceituais dos historiadores a partir dos anos 1970. Ao situar a obra deste autor, em comparação com as contribuições de Arthur Danto, Louis Mink e Frank Ankersmit, a autora evidencia o impacto da virada linguística para os processos de escritura da História, que proporcionaram tanto uma renovação das teorias da história, quanto uma revisão criteriosa a respeito das filosofias da história, que respaldavam a (re)construção das narrativas históricas até meados dos anos 1960.

tanciaram do que aproximaram suas narrativas; c) a imposição da tese que descarta a possibilidade de as narrativas históricas apresentarem (ou falarem de) uma realidade, daquilo que poderia estar "fora do texto", mas sim de quem deixou os indícios que são utilizados como fontes, desperceberia o caráter profundo mantido nos documentos (mesmo os não autênticos) sobre "a mentalidade de quem escreveu esses textos" (GINZBURG, 2007, p. 10); d) por isso, ler os testemunhos do passado a contrapelo, como sugeria Walter Benjamin, até para levar em consideração aquilo que não intencionavam expor quem os redigiu "significa supor que todo texto inclui elementos incontrolados" (GINZBURG, 2007, p. 11); e) e, diante das relações entre ficção e realidade, se estabeleceria um espaço representado pelo falso, "o não-autêntico – o fictício que se faz passar por verdadeiro" (GINZBURG, 2007, p. 13), que, de fato, confirmaria à existência de uma realidade exterior ao próprio texto; f) nesse sentido, "destrinchar o entrelaçamento de verdadeiro, falso e fictício que é a trama do nosso estar no mundo" (GINZBURG, 2007, p. 14), não deixaria de ser uma das pretensões do ofício dos historiadores (quanto ainda de outros profissionais, mesmo que o façam de formas análogas) em seus processos de escrituras das histórias.

E foi seguindo as pistas deixadas pela obra póstuma de Marc Bloch, *Apologia da história ou ofício de historiador* (2001), que o autor de *O queijo e os vermes* procurou entrelaçar em seus textos uma nova defesa da História e de sua escrita. De Lucien Febvre (1878-1956), que figurava constantemente em sua obra *Relações de força* (que é um debate aberto contra a crítica pós-moderna ao ofício de historiador), a Marc Bloch (1886-1944), que aparece neste texto como figura chave, os elos que se estabeleceram durante a trajetória do autor se apresentam de uma forma mais direta com a historiografia francesa. Mas não só com ela, pois, em função de suas origens familiares e educacionais na Itália, o autor manterá um débito direto com Arsenio Frugoni (1914-1970), Erich Auerbach (1892-1957), Walter Benjamin (1892-1940) e Arnaldo Momigliano (1908-1987). Além de uma exposição minuciosa sobre o desenvolvimento do ofício dos historiadores e suas contendas, este livro apresenta também o entrelaçamento e os débitos de Ginzburg para com os autores arrolados acima, que marcaram sua própria escrita da história.

Já nos comentários feitos (no apêndice deste livro) à obra *O retorno de Martin Guerre*, de Natalie Zemon Davis, o autor aproveita para fazer de modo sutil, e até inesperado, uma revisão crítica aos apontamentos expostos por Hayden White, a partir de seu ensaio *O fardo da história* (publicado em 1966), ao ofício dos historiadores. Mas, ao invés de refazer simplesmente o caminho pelo qual White sugeriu os contornos da divergência entre cientistas sociais e críticos literários aos historiadores, quando estes propunham que sua narrativa estaria em um nível médio, epistemologicamente neutro, de a história que escreviam estar entre a ciência e a arte; Ginzburg propôs seu ajuste de contas, demonstrando as relações instáveis que mediariam às trocas recíprocas, nas estratégias narrativas utilizadas tanto por historiadores, quanto por romancistas (e filósofos), a partir do século XV. E ainda, como sugeriu o autor, o leitor poderá ver nestes ensaios produzidos a partir da década de 1980, a gênese do projeto intelectual que deu origem aos textos reunidos neste livro – voltaremos a discutir essa questão no terceiro capítulo. Por isso, não será por acaso, que se encontre desenvolvida entre os ensaios a proposta de mostrar "como resumos de fatos de crônica mais ou menos extraordinários e livros de viagem a países distantes contribuíram para o nascimento do romance e – através desse intermediário decisivo – da historiografia moderna" (GINZBURG, 2007, p. 319). Um intento justificado ainda pelo fato de o século XX vislumbrar de modo exemplar "a mistura de realidade e ficção, de verdade e possibilidade", e que esteve "no cerne das elaborações artísticas deste século" (GINZBURG, 2007, p. 334).

Por outro lado, a divergência apontada por White não era recente. Ginzburg demonstra que desde que o gênero histórico surgiu há pouco mais de dois milênios, que as divergências entre discurso histórico, literário e filosófico são recorrentes. Por implicarem (cada qual a seu modo) representações da realidade, filósofos e romancistas acabaram dando pouca atenção ao trabalho preparatório da pesquisa elaborada pelos historiadores; e estes, por sua vez, dedicaram pouca atenção ao caráter construtivo de seu ofício, o qual é demarcado por uma escrita, que é mediada por uma forma narrativa (ainda que peculiar) de apresentar seus dados. De acordo com ele, nas "últimas décadas, os historiadores discutiram muito sobre os ritmos da história [tendo a obra de Fernand Braudel (1902-1985) como base]; [mas] pouco ou nada, o que é significativo, sobre os ritmos da narração histórica" (GINZBURG, 2007, p. 321), com a qual se avolumaram críticas internas (dos próprios historiadores, hávidos por responderem aos céticos) e externas (vindas de críticos literários e filósofos). Por isso, a "crescente predileção dos historiadores por temas (e, em parte, por formas expositivas) antes reservados aos romancistas [...] nada mais é que um capítulo de um longo desafio no terreno do conhecimento da realidade" (GINZBURG, 2007, p. 326). Nesse sentido, Ginzburg responderá a indagação de White (e de François Hartog) se apoiando em Arnaldo Momigliano, ao dizer que:

> A recusa, essencialmente relativista, de descer a esse terreno faz da categoria 'realismo', usada por White, uma fórmula carente de conteúdo. Uma verificação das pretensões de verdade inerente às narra-

> ções historiográficas como tais implicaria a discussão dos problemas concretos, ligados às fontes e às técnicas da pesquisa, a que os historiadores tinham se proposto em seu trabalho. Se esses elementos são desdenhados, como faz White, a historiografia se configura como puro e simples documento ideológico" (GINZBURG, 2007, p. 327).

O que ressaltará Ginzburg, lembrando Arnaldo Momigliano (1908-1987), de que os historiadores trabalham com fontes, "descobertas ou a serem descobertas", e as ideologias contribuem "para impulsionar a pesquisa, mas [...] depois deve ser mantida à distância" (GINZBURG, 2007, p. 328), para que seja firmado o princípio de exposição da realidade, que está na encruzilhada entre a busca da verdade e a criação imaginativa, a quê os historiadores estariam, de certo modo, "enclausurados". Esse princípio condicionaria a interligação de todos os momentos do trabalho historiográfico ("da identificação do objeto à seleção dos documentos, aos métodos de pesquisa, aos critérios de prova, à apresentação literária"), aos quais a redução "unilateral desse entrelaçamento tão complexo à ação imune a atritos do imaginário historiográfico, proposta por White [em *Meta-história*, de 1973] e por Hartog [em *O espelho de Heródoto*, de 1980], parece redutiva e, no fim das contas, improdutiva". Foi precisamente graças aos atritos suscitados pelo princípio de realidade "que os historiadores, de Heródoto em diante, acabaram apesar de tudo se apropriando amplamente do 'outro', ora em forma domesticada, ora, ao contrário, modificando de forma profunda os esquemas cognoscitivos de que haviam partido" (GINZBURG, 2007, p. 328). Não por acaso, para ele, a "questão da prova permanece mais que nunca no cerne da pesquisa histórica, mas seu estatuto é inevitavelmente modificado no momento em que são enfrentados temas diferentes em relação ao passado, com a ajuda de uma documentação que também é diferente" (GINZBURG, 2007, p. 334) – questão, aliás, que não deixará de aparecer também nas obras de Jörn Rusen, Josep Fontana, Quentin Skinner e Eric Hobsbawm, como veremos no segundo e terceiro capítulos.

II

> A história da Itália é uma história policêntrica, e são disso testemunho, entre outros, as séries documentárias conservadas nos arquivos da península. Pensamos que as pesquisas micro-históricas constituem, hoje [1979], a via mais adequada para desfrutar esta extraordinária acumulação de matéria-prima. Mais adequada e mais acessível também a métodos artesanais de exploração.

> Neste sentido talvez seja lícito prever, nos próximos anos, uma troca entre historiografia italiana e historiografia francesa menos desigual do que no passado, de modo a poder consolidar-se ulteriormente a cooperação (GINZBURG, 1991, p. 178).

Duas décadas depois, mostrou-se certeira a análise esboçada por Carlo Ginzburg, em fins da década de 1970, sobre as trocas desiguais entre o mercado historiográfico francês e italiano, em vista da importância que ganhou a 'micro-história italiana', não apenas na França, como também em várias partes do mundo. (LIMA, 2006). De modo semelhante foi o que ocorreu entre a historiografia francesa e a norte-americana (DARNTON, 1995, 2005), ou ainda, entre a historiografia francesa e a inglesa (HOBSBAWM, 1998; BURKE, 2005).

Contudo, até a década de 1960, a importância da historiografia francesa para outros países era inquestionável, diante das proporções então tomadas pelo movimento dos *Annales* na historiografia internacional. (BURKE, 1997; DOSSE, 2003). Mas entre o auge do movimento estruturalista francês nas décadas de 1950 e 1960 (DOSSE, 2007a, 2007b), e o aparecimento do pós-estruturalismo na década de 1970, parece ter acontecido mais do que uma mudança de ênfase e de debates, tanto no 'campo intelectual' francês, quanto no próprio movimento dos *Annales*. (DOSSE, 2001, 2003). A saída de Fernand Braudel (1902-1985), em 1968, da liderança de diferentes postos de comando do movimento dos *Annales* na França, em longo prazo, também demarcaria o início de uma derradeira queda de relevância na hegemonia obtida pelo movimento, durante décadas, na historiografia internacional (DOSSE, 2001).

Por certo, assim como outras historiografias nacionais, a historiografia norte-americana manteve, durante décadas, uma relação desigual no mercado historiográfico internacional, com a historiografia francesa. Isso não quer dizer que a historiografia norte-americana, como qualquer outra, fosse meramente receptora de inovações no campo historiográfico, haja vista que as transferências culturais são sempre dinâmicas, as relações que se estabelecem não são estáticas, e o que se recebe e é apropriado de um lugar para outro, sempre ganha proporções diferentes, algumas vezes distorcidas, em outras inovadoras, com relação a seu lugar de origem. O que indica, portanto, que os contextos sociais em que autores, obras e movimentos são apropriados (em diferentes lugares), são consideravelmente distintos dos contextos que os deram origem (SILVA, 2010).

Se até a década de 1960 as transferências culturais entre a historiografia norte-america e a francesa foram desiguais, mais demonstrando uma relação de dependência, do que uma troca recíproca, da primeira com a segunda, a partir da década de 1970, quando o estruturalismo francês passa a ser veementemente criticado, e em seu lugar ganha espaço o pós-estruturalismo, em ambos os países, parece que tais relações também ganharam novos contornos (BARBOSA, 2012). Primeiro, porque o movimento dos *Annales* muda significativamente suas orientações, com a saída de Fernand Braudel dos cargos dirigentes, inclusive do periódico. Segundo, também em função deste primeiro ponto, a historiografia francesa se torna mais aberta a intercâmbios com outras historiografias, que até então se estabelecia numa relação desigual no mercado historiográfico, em função da importância atribuída à história econômica e social, preconizada por Braudel e seus herdeiros naquele período, ou das assertivas de Labrousse e Vilar para a escrita da história. Terceiro, o próprio mercado historiográfico se tornou mais dinâmico e aberto a outros tipos de escrita da história, fazendo com que o diálogo entre diferentes historiografias fossem aí intensificados. Quarto, com esta movimentação se deu base e voz as histórias da historiografia italiana, alemã, inglesa, norte-americana e latino-americana, que passaram a escrever não somente histórias (mais) conectadas, mas também pensar outras formas de analisar e representar o vivido em suas narrativas, refazendo as articulações das histórias das historiografias e seus lugares de projeção (REIS, 1994; SILVA, 2002; ROIZ, SANTOS, 2012).

Além disso, se crise e inovação andam juntas quando o assunto diz respeito às formas de escrita da história e aos projetos sociais dos historiadores, no século passado essas metamorfoses foram, quase sempre, constantes. A partir dos anos 1960, em vista dos questionamentos do 'estruturalismo' e, depois, do 'pós-estruturalismo' e da 'virada (ou guinada) linguística', houve verdadeiramente um movimento global, embora não totalmente articulado, de reflexões sobre a 'escritura da história'; de questionamentos sobre os fundamentos da pesquisa histórica, quanto à verdade, a prova, a comprovação, a objetividade, as fontes e os métodos; e que, invariavelmente, proporcionaram um acirrado debate sobre a função social desempenhada pelo próprio historiador no interior das sociedades. (BERBERT Jr., 2012). Em função desta "crise de consciência histórica" daí resultante, as formas de apresentação do passado, além de serem revisitadas, também proporcionaram inovações sobre a maneira de inquirir os objetos, que tanto à 'História das Mentalidades' (e a 'Nova História Cultural') francesa, a 'Micro-história' italiana, a 'Nova História Social' britânica, a 'Antropologia Histórica' norte-americana e a 'História do Cotidiano' alemã proporcionaram exemplos emblemáticos (CARDOSO, VAINFAS, 1997; LIMA, 2006; TOSH, 2011).

É justamente no interior desses debates que se inscreve o texto de José Antônio Vasconcelos (2005), ao estudar a 'ameaça do pós-modernismo na historiografia americana', por meio de uma análise pormenorizada da revista *American Historical Review* nos anos de 1980, quando houve o auge dessas discussões em suas páginas, nas quais participaram ativamente David Harlan (mas nem por isso foi menos importante as contribuições, que apareceram em menor proporção, de Hayden White, Dominick LaCapra, Lawrence Stone e Carlo Ginzburg), com um texto de 1989 que inspirou parte destes debates, com as respostas de David Hollinger, Joyce Appleby, Allan Megill, Russell Jacoby, entre outros, contrários as críticas de Harlan a pesquisa histórica, e a forma como o pós-modernismo e o pós-estruturalismo, utilizados por este, lhe serviram de base para questionar a possibilidade de produção do 'conhecimento histórico' e da 'verdade', dos 'testemunhos' e das 'provas' inerentes as demonstrações efetuadas pelo historiador em sua escrita da história. De imediato, vale destacar que apesar de demonstrar todos os pontos desse intenso diálogo, Vasconcelos também se mostrará contrário a maior parte dos argumentos de Harlan, e as posições do 'pós-modernismo', do 'pós-estruturalismo' e do 'novo históricismo' a pesquisa e a escrita da história.

Nesse sentido, o autor move-se entre a difícil tensão empreendida pelos debates contemporâneos, para os quais os fundamentos de um contexto, de uma realidade histórica 'extratextual' fixada no passado, portanto, aquilo que estaria "fora do texto", não passariam de um engodo, no qual os historiadores se pautariam para conduzirem sua narrativa; e que, na verdade, 'inventariam os enredos', dando novos sentidos para o contexto histórico passado, a partir de uma construção mais 'imaginativa', do que 'científicamente conduzida'. E é precisamente sobre essa assertiva, que o autor esmiuçaria duas tendências pós-modernistas, "a submersão da história na literatura e o apagamento da diferença entre texto e contexto" (VASCONCELOS, 2005, p. 14), e as quais têm efetuado críticas mais contundentes ao ofício dos historiadores e a forma como estes escrevem a(s) (suas) história(s). Para demonstrar seu argumento, o autor retomaria o caminho que daria base ao texto de Harlan em 1989. Não é por acaso, que revê os textos de William Bowsma de 1980, de John Toews de 1987 e de David Harlan de 1989. Para ele, além de voltar aos pontos dos textos anteriores, com o apoio das interpretações de Roland Barthes, Michel Foucault, Jacques Derrida e Gilles Deleuze, Harlan iria criticar o 'contextualismo linguístico' inglês[10] de John Pocock e

10 O 'contextualismo' é normalmente visto como uma linha investigativa que daria maior atenção ao contexto, do que ao texto, e aos seus processos de produção, que mais estariam imersos à época, do que a originalidade e inovações dos autores. Na Inglaterra,

Quentin Skinner (voltaremos nesse ponto no primeiro capítulo), e os usos que foram feitos desses autores na historiografia norte-americana. De igual modo, sua análise também provocou as indagações de David Hollinger, Joyce Appleby, Russel Jacoby, Allan Megill, entre outros, e que foram publicadas nas páginas da *American Historical Review*[11], suscitando um intenso debate sobre essas questões nos anos de 1980 nos EUA – e, depois, também em várias partes do mundo.

Para demarcar melhor essas questões, o autor resume alguns momentos da história da historiografia norte-americana do século XX, com vistas a definir o contexto de produção das obras e dos debates, que para ele:

> [...] contrariamente a muitas interpretações hostis à obra de White, este jamais negou enfaticamente que História e Literatura fossem campos distintos. Pelo contrário [...]. Mas o fato é que, em suas análises White realmente tornou imprecisas as fronteiras que distinguem *fato* histórico e *ficção* literária, além de confundir os leitores não familiarizados com o vocabulário específico da Teoria Literária. Outros autores, porém, como é o caso de Dominick LaCapra, censuram-no exatamente pelo contrário, por ele não ter avançado o suficiente em sua crítica aos padrões tradicionais da escrita Historiográfica (VASCONCELOS, 2005, p. 56-7).

Por outro lado:

> Embora Hayden White e Dominick LaCapra sejam provavelmente os historiadores americanos mais representativos dentre aqueles que buscaram teorizar o impacto da virada linguística no âmbito da História nos anos 1980, sua influência fora de seu campo de especia-

---

seus principais representantes são Quentin Skinner e John Pocock, que a partir dos anos de 1960 começaram a produção de suas principais obras. Para maior detalhamento desta questão, ver: POCOCK, 2003; SKINNER, 2005.

11 Criada, em 1884, pela Associação Histórica Americana (AHA), esta revista além de se confundir "com a própria história da profissionalização do historiador nos Estados Unidos"(*Idem*, p. 53) e ter um cunho de pesquisas eminentemente empíricas em suas páginas, nos anos 1980 houve uma verdadeira virada em seu direcionamento, ao ser palco também de discussões teóricas, que até então se centravam mais na revista *History and theory* – o que, para o autor, justificaria duplamente a escolha do objeto. Primeiro, em função do impacto que os debates 'pós-modernos' produziram sobre a publicação rotineira de seus textos. Depois, pela própria especificidade com que o periódico sintetizou parte daquelas discussões, efetuadas nos Estados Unidos.

> lidade – a História Intelectual – foi relativamente modesta. A maioria dos periódicos nos quais figuram textos desses autores, como *History and theory*, *New Literary History*, *Diacritics* e *Critical Inquiry*, pertencem às áreas de Filosofia e de estudos literários, não de historiografia. A publicação de uma série de textos teóricos de historiadores intelectuais na *American Historical Review*, publicação periódica da mais importante associação de profissionais de História nos Estados Unidos, ao final da década de 1980, representou, portanto, uma notável ruptura em relação à situação de marginalização a que, até então, a História Intelectual estava sendo relegada dentro da disciplina histórica (VASCONCELOS, 2005, p. 60-1).

Dentre as questões mais relevantes que o 'pós-modernismo' trouxe para os debates evidenciados nas páginas desse periódico, estiveram: a) "a *narrativa* como entrecruzamento das disciplinas História, Literatura e Filosofia"; b) "a relação texto/contexto, e, intimamente associada a esta"; c) e "o problema da referência histórica [os fragmentos do passado, suas fontes e sua produção e usos], seu alcance, seus limites e sua relevância para o trabalho do historiador" (VASCONCELOS, 2005, p. 74). Mas o que foi o 'pós-modernismo'? Não deixando de lado essa indagação, Vasconcelos procurou identificar suas principais características, normalmente ligadas com a crítica às 'metanarrativas' (tal como a entendeu Jean-François Lyotard, como projetos e filosofias da história que pretendiam programar os caminhos a serem seguidos pela humanidade, e que na Modernidade tem suas raízes nos ideais iluministas de progresso linear e contínuo em direção ao futuro); sem deixar de lado as aproximações que são dele feitas com o 'pós-estruturalismo', a 'antropologia cultural' e o 'novo historicismo', mas com o objetivo de demarcar suas diferenças e as especificidades de cada um, em relação as suas críticas à pesquisa e a escrita da história. Para ele, o pós-estruturalismo, ao rever a ideia de sujeito teria demonstrado o potencial das estruturas sobre sua ação individual e coletiva, dirimindo as inevitáveis forças da inércia sobre as tentativas de mudança social (e revolucionária) das sociedades. A antropologia cultural revisitou a ideia de cultura e os seus processos de formação, esmiuçando as diferenças não somente entre Ocidente e Oriente, mas também entre homens e mulheres, e negros, brancos e indígenas, demonstrando as complexas relações entre sexo, raça e classe social, em suas tensas interseccionalidades. E o novo historicismo reagiu à ideia de documento e aos usos 'tradicionais' que a pesquisa histórica fez dele, apresentando os níveis de representação e de interpretação do passado, cujos nexos com o presente eram muito mais uma construção retrospectiva do historiador, do que uma premissa do processo histórico, por ele estudado e apresentado em suas narrativas.

Dito isto, o autor passou a verificar qual a leitura que David Harlan fez da obra de Jacques Derrida, e tendo em vista sua abordagem 'desconstrutivista' sobre texto e contexto, Harlan acabou efetuando uma verdadeira reconstrução desta abordagem para compor suas críticas ao uso do contexto, na abordagem 'contextualista', e aos seus usos nos Estados Unidos. Diante do que, o autor também reconstruiu a forma como Harlan entendeu o 'pós-modernismo', o 'pós-estruturalismo', a 'antropologia cultural' e o 'novo historicismo', em seu artigo de 1989: *A História Intelectual e o retorno da Literatura*; e de que maneira seu texto foi recebido e interpretado. Para ele:

> [...] os críticos de Harlan e das vertentes pós-moderna e pós-estruturalista, como Hollinger, Appleby, Himmelfarb e Jacoby, por mais que tenham seus momentos de aguçada sensibilidade, não são capazes de dar respostas diretas e substantivas às questões teóricas levantadas no artigo de Harlan. É possível que tais respostas nem mesmo existam ou possam ser concebíveis. Mas creio que o maior entrave na análise desses autores seja seu apego a uma concepção cientificista da pesquisa histórica que é colocada em xeque pelos pós-modernistas e pós-estruturalistas (VASCONCELOS, 2005, p. 222).

De acordo com o autor, ainda que consideremos a abordagem de Harlan substancial em alguns pontos, seus contornos levam a identificar suas fragilidades, seja no uso dos procedimentos e da exposição, seja nas conclusões subordinando a História à Literatura, e do 'contexto' mais como uma construção imaginativa, do que como uma realidade 'extratextual', daquilo que se encontraria "fora do texto". Por outro lado:

> O contato de historiadores com autores pós-modernistas, pós-estruturalistas, antropólogos e críticos literários certamente trouxe grandes desafios aos modelos tradicionais de escrita historiográfica. Tais desafios têm sido tratados com seriedade, mesmo por muitos historiadores avessos a essas tendências, que encaram as discussões teóricas como uma oportunidade de reavaliar os procedimentos metodológicos de sua disciplina. Entretanto, os problemas que têm sido levantados nessas discussões ultrapassam em muito qualquer solução derivada da prática de pesquisa. As questões no debate em torno do artigo de Harlan, por exemplo, remetiam-se à natureza do aconteci-

> mento histórico e apontavam para a possibilidade de obscurecimento da distinção entre História e Literatura. Era a própria identidade do profissional de História – e com ela os graus acadêmicos e posições de prestígio – que estava sendo colocada em xeque por um lado, e, de outro, defendida ardorosamente [por seus opositores, em suas respostas] (VASCONCELOS, 2005, p. 235).

Desse modo, ele apresenta os diferentes momentos deste debate na historiografia norte-americana, por meio da apreensão das discussões efetuadas nas páginas da *American Historical Review* na década de 1980. A partir das contribuições de David Harlan, o autor demonstra quais as principais características do 'pós-modernismo', e suas diferenças e aproximações com o 'estruturalismo', o 'pós-estruturalismo', a 'antropologia cultural', o 'novo historicismo' e a 'guinada linguística'. Mais do que apenas recompor os diferentes contextos e debates, o autor estabelece os contatos estabelecidos entre os textos, de acordo com as predisposições teóricas, conceituais e metodológicas, apresentadas por seus respectivos autores(as).

Neste aspecto, é importante frisar como demonstrou as leituras de Harlan sobre as obras de Foucault, Barthes, Derrida e Deleuze, instrumentalizando-as para criticar a abordagem 'contextualista' produzida na Inglaterra (especialmente por Quentin Skinner e John Pocock) e a sua recepção nos Estados Unidos. Mais importante do que informar as respostas que o texto recebeu, principalmente dos historiadores, veio a ser o modo mais complexo e criativo com que historiadores e cientistas sociais passaram a observar a produção e a relação entre 'texto' e 'contexto', além de redefinirem as fronteiras entre História e Literatura[12] – como procuraremos refletir melhor na terceira parte deste livro.

12 No entanto, o que o livro ganha em análise teórica e interpretativa dos 'textos', perde em informação pormenorizada dos 'contextos', em meio aos quais, um diálogo com a obra de François Cusset (2008), que trata da *Filosofia Francesa*, teria sido consideravelmente oportuna e enriquecedora em sua abordagem do tema, na medida em que Cusset demonstra como houve a recepção da 'filosofia francesa' nos Estados Unidos, com destaque para o 'estruturalismo' e o 'pós-estruturalismo', nas universidades, departamentos, revistas e nas traduções de obras e autores. Este detalhe, contudo, não diminui a contribuição do autor para a compreensão deste debate ainda muito atual na historiografia norte-americana, e mais oportuno na brasileira, em função de grande parte dos autores comentados não terem suas obras aqui traduzidas e serem muito pouco conhecidos entre nós. De igual modo, resume as contendas entre a historiografia francesa e a norte-americana, no período em destaque, e quais as leituras que foram efetuadas do estruturalismo e do pós-estruturalismo. Ver também: BERBERT Jr., 2012.

Diante do que foi exposto acima, espera-se que este livro seja do interesse tanto do leitor 'culto' e dos iniciantes dos cursos de História, Letras, Pedagogia, Geografia e de Ciências Sociais, bem como de outras áreas das Humanidades, a quem o livro foi dirigido mais diretamente; quanto para o pesquisador profissional e especialista na área, com quem esperamos possa vir a contribuir também, sugerindo novos caminhos para o debate, ao averiguar situações para pensarmos a trama de tensões que figurou tanto a escrita da história, quanto o enredo dos romances, no século XX.

III

Os textos que compõem este livro foram produzidos entre 2007 e 2019, e foram revistos ao longo de 2020 e de 2021, durante o traumático período de isolamento e distanciamento social causado pela Covid-19. Foram fruto tanto do trabalho docente que desenvolvo, desde 2005, na Universidade Estadual de Mato Grosso do Sul (UEMS), nos cursos de História e de Ciências Sociais, da unidade de Amambai, e a quê apreveito para agradecer aos meus alunos e alunas os diálogos produtivos, bem como a meus colegas de trabalho; quanto aos cursos de Pedagogia e Ciências Sociais, da unidade de Paranaiba, que passei a fazer parte a partir de 2016. Eles também foram fruto das disciplinas que cursei nos programas de doutorado dos cursos de História, Educação e Sociologia da Universidade Federal do Paraná (UFPR), em Curitiba, a partir de 2009.

O desenvolvimento de uma parte dos textos, que fazem parte deste livro, foram, portanto, sendo elaborados concomitantemente com a pesquisa que deu base a tese de doutoramento, desenvolvida e apresentada no programa de pós-graduação em História da UFPR, na qual estudamos os projetos de escrita da história de Alfredo Ellis Jr. e Sérgio Buarque de Holanda, e foi defendida em 8 de março de 2013. Por essa razão, também aproveito a ocasião para agradecer ao Prof. Dr. Magnus Pereira, a Prof.ª Dr.ª Joseli Mendonça, ao Prof. Dr. José Roberto Portella, a Prof.ª Dr.ª Marcella Lopes Guimarães, ao Prof. Dr. Renato Lopes Leite, ao Prof. Dr. Renan Friguetto, a Prof.ª Dr.ª Fátima Fernandes, a Prof.ª Dr.ª Renata Garraffoni, a Prof.ª Dr.ª Marionilde Magalhães, a Prof.ª Dr.ª Martha Hameister, ao Prof. Dr. Euclides Marchi, a Prof.ª Dr.ª Rosane Kaminski, ao Prof. Dr. Luiz Geraldo Silva, ao Prof. Dr. Carlos Eduardo Vieira e ao Prof. Dr. Alexandro Dantas Trindade, que muito contribuíram com o desenvolvimento de alguns destes textos – mas, evidentemente, as falhas ainda remanecentes (e, quase sempre, inevitáveis) são de inteira responsabilidade do autor. A Prof.ª Dr.ª Helenice Rodrigues da Silva (*in memoriam*) devo mais do que um agradecimento pelos seus comentários, que contribuíram para a elaboração de alguns desses textos, porque, além disso, orientou de forma exemplar a pesquisa que desenvolvi para o doutoramento. A ela meu muito obrigado por tudo que me ensinou durante o período em que fiz o doutorado e fui seu aluno. Espero vivamente que o livro reflita esse aprendizado em seus textos, orientações e exemplo de vida.

Ao mesmo tempo cumpre salientar a importância que tiveram as disciplinas e as orientações que ministrei nos programas de pós-graduação em Educação e ao PROFHISTÓRIA da UEMS, e ao programa de pós-graduação em História da UFGD, do qual fiz parte de seu quadro docente (2013-2018). Durante o período de 2013 a 2015 fiz um estágio de pós-doutorado na UFPR, com a supervisão do professor Renato Lopes Leite, a quem aproveito aqui para agradecer mais uma vez os diálogos produtivos.

Durante esses anos, alguns desses textos foram apresentados, em versões parciais, em vários eventos e congressos nacionais. Algumas versões anteriores de capítulos do livro foram publicadas nas revistas: *Métis: Historia & Cultura* (UCS), *História da Historiografia* (UFOP); *Diálogos* (UEM), *Esboços* (UFSC), *Signum* (ABREM) e *História Social* (Unicamp), às quais agradeço aos pareceres anônimos recebidos, que ajudaram a enriquecer o trabalho. Todos os textos aparecem aqui revistos e ampliados, de modo a estarem articulados com os problemas levantados pela pesquisa.

Agradeço ainda aos meus familiares – Faustino e Ivanir Roiz, meus pais; Denis Roiz, meu irmão e sua família; assim como aos meus avós Diogo e Carmen Roiz (*in memoriam*) – por darem às condições essenciais, e sem, com isso, deixarem de lado o indispensável afeto. E, em especial, a Sofia e ao Guilherme Roiz, meus filhos queridos, meus portos seguros, e a quem dedico este trabalho, com todo o amor de um pai afetuoso. Também sou grato ao meu amigo Jonas Rafael dos Santos, que leu e comentou quase todas as versões anteriores dos capítulos que fazem parte deste livro. Agradeço ainda a Marcella Guimarães (UFPR) e a Manuela Areias (UEMS) pelos comentários e sugestões em capítulos deste livro.

Por fim, mas não menos importante, gostaria de agradecer a Capes e ao CNPq, que em momentos distintos tornaram possível também a execução desta pesquisa – que foi sendo feita concomitantemente as orientações de iniciação científica, o doutorado e o estágio de pós-doutorado, bem como a nossas orientações de alunos e alunas em seus mestrados. A Capes cabe ainda meu agradecimento ao apoio recebido, por meio do auxílio publicação vindo do edital: *Memórias Brasileiras: Biografias*; assim como ao apoio institucional do Cedhal, nosso agradecimento, na pessoal de seu atual diretor, o professor Horacio Gutierrez (da USP). A Alameda Casa Editorial nosso agradecimento na pessoa de Joana Monteleone, coordenadora editorial, por acreditar no projeto desde o início e vencer a concorrência e as solicitações do edital.

1. As tensões nos tripés (ou trindades) da História e de suas escrituras no Ocidente: verdade, utopia e sentido versus pós-verdade, distopia e caos

Para Francisco Falcon pioneiro no estudo das ideias e da história luso-brasileira.

A constatação das coisas verdadeiras e dignas de valor parece que deu lugar, quando muito, às verdades relativas, parciais, temporalmente produzidas e espacialmente redutoras as suas comunidades de origem, e fundamentadas pelas suas vontades de poder e saber, em historicidades delimitadas e espacialmente constituídas.

A morte de Deus, anunciada por Nietzsche no final do século XIX, é tão recorrente quanto os retornos dos cultos religiosos na vida cotidiana no início do século XXI, anunciando o retorno do messias e do reencontro do homem com Deus.[1]

O desaparecimento do homem como sujeito do conhecimento, tal como foi sugerido na filosofia francesa dos anos 1960, especialmente pelo estruturalismo e pelo texto impactante de Michel Foucault, *As palavras e as coisas* (de 1966), se tornou tão comum como o ar que respiramos, em função de um dado alarmante: as estruturas socioculturais preponderam sobre as ações e decisões humanas, ou melhor, impõe sutilmente seus processos de dominação aos sujeitos, sem que estes notem a eficiência e a eficácia de tais efeitos em suas tomadas de decisão diárias e em suas vidas cotidianas.

A política parece que não faz mais sentido para homens e mulheres comuns, assim como a democracia entrou em um momento de crise estrutural de seus princípios norteadores nas sociedades ocidentais, porque o choque de ideias e ações sociais, os conflitos e as disputas, que eram palco das tramas de tensões entre estado

---

1 Para maior detalhamento da questão, ver: ASSMANN, 2021.

e sociedade civil, deram espaço ao conflito de interpretações gerado pelas guerras de narrativas.

Tudo isso parece caminhar junto com uma mudança sociocultural, uma verdadeira mudança civilizacional (ROIZ, GOMES, SANTANA, 2018), que nos trouxe os desdobramentos do século passado, dissolvendo essencialismos excludentes para dar espaço aos processos de inclusão, com todas as questões ligadas ao gênero, à raça e a condição socioeconômica dos indivíduos, e vieram a solapar as compreensões a respeito da verdade, da utopia, do sentido, do progresso material, da técnica e da ciência. Além disso, no percurso desse processo, parece que as ações sociais deram lugar às palavras, e com elas as revoluções se transfiguraram em reformas políticas e econômicas, fazendo com que ficássemos presos às estruturas que governam nossos espaços sociais, limitados aos "conflitos de interpretações" (RICOEUR, 1978), e com elas às palavras, seus usos e significados, em um labirinto no qual não se encontra nenhuma saída possível, nem tampouco um "discurso verdadeiro" (PALTI, 2010; MARTINS, 2021).

O sentido para o qual Immanuel Kant (1724-1804) dava às filosofias da história, como o transcurso do processo histórico em direção a um futuro melhor, porque a humanidade caminhava em direção a um progresso material constante e linear, reformulado depois por Hegel, Comte e por Marx no século XIX, direcionou-se para uma encruzilhada na qual passado e futuro parecem sempre estarem estagnados em um presente perpétuo e imutável, donde a ilusão de parecer estarmos no melhor dos mundos possíveis, condição a qual o capitalismo e o neoliberalismo destacam como certo.[2]

As utopias deram assim lugar para as distopias, e os sonhos de futuro caminharam em direção a perspectivas finalistas, todas elas apocalípticas, em um percurso sombrio para o qual parece que a humanidade não tem mais volta, sentido, destino (senão o já prescrito escatologicamente pelas religiões), além de um desaparecimento inevitável em um futuro próximo, cuja única alternativa viável é a realização da *parúsia*, isto é, o reencontro de homens e mulheres com Deus.[3]

Ao mesmo tempo, o capitalismo e o neoliberalismo compactuam anseios comuns, ao subjugarem vontades coletivas e individuais para a maximização do consumo e do lucro, com o acúmulo incontrolado de capitais nas mãos de alguns poucos eleitos, na falsa promessa de que vivemos no melhor dos mundos possíveis,

---

2 Para detalhamento desta questão, ver: KOSELLECK, 2006; HARTOG, 2013.

3 Para maior detalhamento desta questão, ver: MANOEL, 2004; MCGINN, 2012; BOURETZ, 2011.

e cujos nossos destinos dependem exclusivamente de nossas iniciativas e não pelas limitações postas pelo sistema para cada um de nós.[4]

Ao lado de todos esses enunciados cataclísmicos, projetam-se formulações corriqueiramente que negam a ciência, a razão, a verdade e a pesquisa, teses e princípios longamente construídos, com as teorias e as práticas sociais do passado, em prol de outras verdades, igualmente frágeis, mas sustentadas por enunciados inventados, quando não "notícias falsas", somente pautadas em mentiras sistemáticas, que geram perplexidade, comoção e estranhamento nas pessoas ao redor do mundo, em função de suas falsidades tomarem o lugar do verdadeiro; e porque parece não haver mais lugar para "o discurso verdadeiro", fracionado pela infinidade de olhares múltiplos e diversificados, além da gigantesca quantidade de falsidades que permeiam a produção desses vários discursos, e mergulharem suas possíveis verdades em dúvidas iminentes, por causa do irracionalismo que envolvem a construção de suas hegemonias.

Por que parece que todas as verdade são indigestas nesse tempo de negações abissais? Como combater diagnósticos tão hostis para a existência humana digna e compartilhada? O que causou todas essas cismas, negações e projeções catastróficas e apocalípticas? Por que deixamos de agir, pensar e propor alternativas para o nosso presente histórico? Por que a escrita da história deixou a sensação de aderir a trindades?

Evidentemente, um texto como esse não passa de uma simples reflexão, cujas respostas não passam de constatações provisórias, parciais, limitadas e, por isso mesmo, traz consigo o "princípio esperança"[5] de pensar outros caminhos para os nossos "destinos comuns".

Quando ainda tínhamos verdades para acreditar...

É curioso que em nossa herança cultural e intelectual sobre a verdade, e o "discurso verdadeiro", pairem na filosofia ateniense e na tradição judaico-cristã seus momentos fundadores, e que definiram a história ocidental desde então.[6]

---

4 Como sugere Mark Fisher (2020), em *Realismo capitalista*, no qual mostra que é mais fácil imaginar o fim do mundo do que o fim do capitalismo, por causa das tramas que se formaram com a pós-verdade, as distopias e o caos, subjulgado vontades e escolhas individuais e coletivas.

5 Tal como apresentou Ernst Bloch (2007), em sua trilogia sobre *O princípio esperança*.

6 É o que prescrevem, por exemplo, Bruno Snell (2012), em *A cultura grega e as origens do pensamento europeu*, ou Christopher Dawson (2010, 2012, 2016), nos seus livros: *Dinâmicas da História do mundo*, *Criação do Ocidente*, e *Progresso e religião*.

De um lado, Sócrates toma o discurso verdadeiro como fundamento de sua inocência diante das acusações e calúnias que recebeu de seus detratores, sob o olhar de Platão, fixado em sua *Apologia*, apesar de não se negar a obedecer ao veredicto que lhe fora imposto, ainda que sob essa perspectiva, totalmente indevido. De outro, séculos depois, o testemunho de Jesus Cristo diante de Pilatos, firmado em outro julgamento, que precederia sua crucificação, no qual a verdade também fazia parte da legitimidade da inocência, conforme aparece nos quatro evangelhos canonizados, no qual: seu "reino não é deste mundo".[7] A verdade se entrelaçava com a inocência dos "homens justos".

Mas, desde aqueles momentos, o discurso verdadeiro coexistia com as tentativas de falsificação e a perpetuação de disfarces sobre aquilo que não era uma representação plausível da "realidade concreta", ainda que as fronteiras estabelecidas entre verdades e mentiras fossem aí firmadas em uma lógica de força do poder e do saber, que conferia ao conhecimento instituído como legítimo, a prescrição do discurso verdadeiro, pela razão e a especulação filosófica, ou pela fé e a crença no além celestial.

No discurso filosófico, a especulação retórica feita em um diálogo franco e sincero alcançaria a verdade dos fatos, por meio da disputa de ideias e posicionamentos políticos, nos quais a moral e a conduta ética do herói, do guerreiro e do filósofo sempre iriam prevalecer sobre as falsas opiniões dos incautos. No discurso religioso, a fé irretorquível, baseada na crença pela palavra consagrada nas escrituras, alcançaria sempre a verdade celestial sobre a mundanidade terrena, seus pecados e falsidades corriqueiras. A verdade era encontrada pela palavra legítima e pela fé irrestrita.

Porém, a afirmação da ciência moderna sobre a filosofia e a religião, a partir do século XVII, estabeleceu-se sem questionar os meios pelos quais se definia o discurso verdadeiro naquelas áreas do saber sacro e mundano, mas dando ênfase a sua maior propriedade de alcançar o verdadeiro, a partir daí aferido pela comprovação dos fatos, das experiências e da observação acurada, que pela demonstração empírica (e depois também laboratorial) estabeleciam um tipo de conhecimento seguro e aceito por todos os iniciados no ofício.[8] A verdade era alcançada pela objetividade dos fatos e experiências laboratoriais, reproduzíveis por meio de procedimentos científicos seguros.

---

7 Note-se que todo tipo de reducionismo é limitador, seja na filosofia, na religião ou mesmo na ciência. Tome-se como exemplo a análise de Jan Assmann (2021), ao demonstrar *o preço do monoteísmo* para nossas sociedades.

8 Para maior detalhamento da questão, ver: KUHN, 2017, 2018.

O movimento da ilustração na França do século XVIII se firmou em meio a tais indagações, sem que com isso se questionasse as ciências físicas e matemáticas em processo de amplo desenvolvimento, mas fazendo com que o próprio discurso filosófico seguisse um caminho para aprimorar seu encontro da verdade, por meio das probabilidades e estatísticas, ao matematizar o pensamento e o raciocínio lógicos.[9] A verdade poderia ser alcançada por intermédio da matematização do discurso filosófico e pelo domínio de um saber formulado na Europa e propagado para o mundo.

Quando ocorreu a Revolução Francesa no final do século XVIII, não houve dúvida: as ideias verdadeiras poderiam ser comprovadas no próprio processo revolucionário, no qual a antiga ordem era posta em xeque, e com ela uma nova ordem se fazia presente no transcurso do tempo. A verdade poderia ser encontrada pela experiência dos acontecimentos do passado próximo ou remoto. Foi em meio à distensão entre a especulação filosófica e a experimentação científica, que Immanuel Kant firmou o encontro da verdade entre suas três críticas, amparadas sobre a Razão prática e instrumental: *A crítica da razão pura* (de 1781), *A crítica da razão prática* (de 1788) e *A crítica da faculdade de julgar* (de 1790). A verdade também poderia ser encontrada a partir da pesquisa científica e da especulação filosófica permantentes.

Não é nada casual que, especialmente, Hegel e depois Marx expressaram sua crítica ao sistema kantiano para avançarem em sua percepção da realidade sociocultural, com a caracterização de um discurso verdadeiro amparado pelo testemunho dos fatos e da análise da dinâmica dos processos históricos, com a "ciência da história", legítima herdeira dessa tradição intelectual do Ocidente (PALTI, 2010). A verdade estava na dedução legítima dos fatos históricos. Contudo, até aí, o discurso verdadeiro mantinha a sua legitimidade, com níveis variados de relações de força, entre a *filosofia*, a *religião* e a *ciência* – especialmente, com a preponderância desta última, que firmou as bases da Modernidade no Ocidente. A verdade era um atributo legítimo do homem ocidental.

O *segundo movimento* de amplo alcance desta tese (que sustentou a história ocidental), para se entender os processos que levaram a crítica do "discurso verdadeiro", porque aliado ao poder e ao saber legitimamente consagrados, é o de observar como *A república* de Platão, reinterpretada pelo Renascimento italiano entre os séculos XIII e XV, fundamentou a moderna ideia de utopia. Ao expressar sua crença no poder da palavra, digna dos filósofos, para quem deveria ser concedida a administração do espaço

9 Para uma análise da pluralidade do movimento da Ilustração na França e do Iluminismo na Europa, ver: SOUZA, 2001; ISRAEL, 2009, 2013; HIMMELFARB, 2011; COPLESTON, 2022.

público, por intermédio da política na *polis*, porque dos sábios provinham às decisões corretas e mais adequadas para a sociedade, deu base a Thomas Morus (1480-1535) ver nessas ações e condutas o caminho para se firmar a cidade perfeita em sua *Utopia*, com a sua crítica a sociedade inglesa do período. Só a utopia revelava a vontade verdadeira.

A partir daí diversas utopias foram projetadas para as sociedades ocidentais, com a meta de remediar os processos de dominação de minorias sobre maiorias, asseguradas pelo poder, pelo saber e pela concepção de um tipo de ser, que davam credibilidade à afirmação de seu "discurso verdadeiro", e com ele de seus critérios de submissão das massas anônimas, sujeitadas as suas vontades repressoras, mas legitimadas por tais critérios de se alcançar o verdadeiro.

O *terceiro movimento*, articulado aos dois primeiro, é o sentido para o qual se definia para a humanidade em cada momento histórico. Ao sentido cíclico amparado pelos deuses da antiguidade Greco-romana, a tradição judaico-cristã direcionou um sentido linear amparado por Deus para interpretar o transcurso do tempo, concebendo o caminho a ser seguido pela humanidade no andamento desse percurso, isto é, do pecado original para um reencontro do homem com Deus (MANOEL, 2004; DAWSON, 2014a, 2014b). Com Kant, o sentido religioso ganhou a secularização dos fatos, e com eles os processos históricos deveriam ser direcionados pela própria humanidade em amplo processo de progresso material e civilizacional, na direção de uma sociedade perfeita.

O quê, de certa forma, não destoaria do que reivindicaria Hegel, com o sentido firmado pelo espírito universal, capitado pelos "grandes homens", no processo de pleno desenvolvimento do Estado-nacional burguês; ao passo que com Marx, o sentido dos processos históricos seriam firmados pela dinâmica das lutas de classes, cuja ação revolucionária se daria pela afirmação da classe operária sobre a burguesia, que viria a fundamentar a revolução sobre o sistema capitalista e o estado burguês, definindo uma sociedade de plena igualdade, liberdade e sem classes em disputas constantes.

Igualmente, contornando a religião, ao firmar uma nova religião, com a ciência dos "fatos sociais", oferecida pela sociologia, recém-criada no século XIX, foi que Auguste Comte (1798-1857) projetou (entre os estados metafísico, religioso e científico) o desenvolvimento de uma sociedade plenamente avançada e provida pela ciência, à técnica e o progresso material e espiritual da humanidade.

Nesses termos, *verdade*, *utopia* e *sentido* foram durante séculos os marcos reguladores, melhor dizendo, os pilares para a elaboração do "discurso verdadeiro", firmado pelas relações de poder e saber construídas entre as sociedades ocidentais, cujos critérios aí estabelecidos definiam o tipo de história que era contada, tendo como principal agente social os homens brancos europeus vencedores dos conflitos políticos e socioculturais diante dos ditos "primitivos", "selvagens", "sem Deus"; e por isso mesmo deveriam passar por um processo civilizacional, amparado pelas catequizações, para fazerem parte das nações e terem a sua própria história, o direito de serem contadas e escritas, de acordo com o direcionamento do homem branco europeu (ONFRAY, 2019).

Mas, por que os pilares da história ocidental foram amplamente questionados ao longo do século XX vindo, para muitos, a ruírem a partir do final do século passado?

Quando passamos a deixar de lado nossas convicções...

A partir do início do século XX, entretanto, a construção do discurso verdadeiro passou a ser amplamente questionado, especialmente depois da revolução russa de 1917 e das guerras mundiais das décadas iniciais daquele século.[10]

As verdades do Ocidente civilizado sobre as outras nações (muitas delas caracterizadas como "primitivas" e "selvagens") passaram a ser alvo direto de críticas.

Afinal, quem era o civilizado e quem era o selvagem? Por que a história deveria ser escrita apenas pelo vencedor? Por que apenas os homens eram os sujeitos dessas histórias, coibindo a participação e a ação das mulheres?

Além do mais, não era qualquer "homem": tinha que ser o homem branco europeu, o que limitava a ação de sujeitos vindos da África, da Ásia ou das Américas. Até aquele momento, o discurso verdadeiro trazia consigo, portanto, o patriarcalismo, o escravismo, o capitalismo, o preconceito étnicorracial e de gênero do homem branco europeu no processo de afirmação de suas verdades. Nesse sentido era um tipo de verdade, não a única verdade possível de ser alcançada nos processos históricos. Assim, todo discurso de caráter essencialista começava a se mostrar limitado para a compreensão dos processos históricos e para a análise de todo agir humano no tempo.

10 Para Arno Mayer (1987), em *A força da tradição*, somente com o desfecho da grande guerra de trinta anos do século passado foi que verdadeiramente houve uma mudança de regime político e econômico na Europa, e não com a Revolução Francesa. Para ele, somente no século XX foi que o Antigo Regime, de fato, ruiu em função dos conflitos sociais, dos rápidos processos de urbanização e finaceirização das sociedades, expandindo o sistema capitalista por todo o globo terrestre. Por outro lado, Philippe Ariès (2013), em *O tempo da história*, nos indica ainda como a partir das décadas iniciais do século XX, passou-se a questionar todo tipo de "filosofia da história", e com elas todas as formas de progresso linear, científico, material e até mesmo espiritual.

A grande "tese" ocidental, cujos princípios estavam alicerçados sobre a *verdade*, a *utopia* e o *sentido* que se dava para a humanidade, passou a vivenciar a "antítese" do processo, a partir das décadas iniciais do século XX (HADDAD, 2022).

De um lado, porque nenhuma filosofia da história (seja ela religiosa ou secular) alcançava plenamente sua afirmação nas práticas sociais cotidianas: 1. O homem não se redimia com Deus e o julgamento final não acontecia; 2. Apesar de a revolução russa de 1917 ter mostrado o alcance prático da teoria marxista, não se via a chegada da revolução mundial contra o capitalismo e o estado burguês, antes estava em constante tensão com as sociedades capitalistas;[11] 3. Não havia o pleno desenvolvimento do estado burguês, mas diferentes formas de estado eram postas em prática, como o estado de bem-estar social após a segunda guerra mundial; não havia o pleno desenvolvimento científico e civilizacional, porque o extermínio e a barbárie estavam sendo fruto do próprio avanço científico e civilizacional proposto pelo Ocidente (ONFRAY, 2019).

De outro, porque o sentido firmado a partir da realização de certas utopias se esvaia pelo ar tão rapidamente quanto eram postas em prática: 1. A revolução russa foi, a partir de 1922, redirecionada para um tipo de regime autoritário e ditatorial, que rompia todos os sonhos projetados inicialmente pela população e pelos revolucionários; a revolução cubana de 1959, não trouxe o ar da divina graça aos povos americanos, mas foi sucumbida pela ação do capitalismo norte-americano, inviabilizando qualquer tipo de comércio com a ilha; 2. O sonho do socialismo parece ter ruído, a partir dos anos 1990, e em seu lugar parece que as utopias foram saindo de cena, para a constituição de distopias, do caos, da desesperança e do ódio pelas esquerdas, ou sobre qualquer tipo de projeto de mudança sociocultural das estruturas políticas e econômicas de nosso mundo. Até o final dos anos 1950, o discurso verdadeiro construído pelos europeus para traçarem os momentos decisivos da história mundial manteve plenamente sua hegemonia, como destacam as interpretações de Simms (2015) e Scruton (2020), ao destacarem a luta pela supremacia europeia, no processo de consolidação da cultura moderna no Ocidente e pelo mundo, ou as críticas de Onfray (2019) sobre esse modelo interpretativo. O que estava acontecendo no Ocidente e no mundo? Por que o ápice do progresso material das sociedades

11 E é o que demonstra Enzo Traverso (2021), ao mostrar as melancolias das esquerdas mundiais no decorrer do século XX, nas quais se firmaram a cultura da derrota, assombradas pelos passados desprovidos de utopias, nas quais as projeções positivas de um futuro melhor e glorioso se desmanchavam sutilmente no ar, em função de uma realidade dura, árida e sombria.

ocidentais estava esbarrando sempre em retrocessos abruptos e muitas vezes até inesperados? O que teria dado errado no projeto europeu?

Foi em 1922, que Lucien Lévy-Bruhl (1857-1939), com *A mentalidade primitiva*, mostrava as limitações das comparações entre civilizado e selvagem, razão e emoção, Europa e mundo, cujos contrastes até então aceitos apenas destacavam a hegemonia que a Europa queria manter com o restante do mundo, na afirmação de um tipo de saber, de ser e de poder de produzir o discurso verdadeiro para as sociedades.

Em 1930, José Ortega y Casset (1883-1955), no seu *A rebelião das massas*, destacava a importância de se entender os movimentos de massa para se compreender as ações das multidões, do povo, dos até então marginalizados ou deixados a margem das sociedades.[12] Mas não apenas isso. Em 1949, Simone de Beauvoir (1908-1986), em seu *O segundo sexo*, chamava a atenção de toda sociedade europeia, ao dizer que não se nascia mulher, mas se tornava mulher no próprio processo da vivência humana, sucumbida pelos anseios masculinos, durante seus momentos formativos.

Em 1954, Albert Camus (1913-1960), no seu *O homem revoltado*, mostrou em face dos extremos das guerras e das revoluções, as desilusões humanas com respeito à metafísica, a religião, a história, a política, ao progresso e a transformação social – questionando todos os tipos de sentido firmados pelas filosofias da história e pondo em xeque as ditaduras de esquerda e de direita, assim como seus governos autoritários, repressivos em seus silenciamentos recorrentes e até nocivos em seus extremismos com as camadas da população mais pobre, cujo direito ao conhecimento lhe era negado.[13]

De fato, começávamos a ter o vislumbre do selvagem apagado pela história reavendo sua própria ação e mostrando aos europeus as suas verdades; os vencidos buscavam reaver sua participação na História, e as multidões encontravam seu lugar entre reis, príncipes, guerreiros e religiosos; a mulher reivindicava seu papel

---

12 Dois textos contemporâneos ao de Ortega y Casset foram os de Gustave Le Bon (1841-1931), com o seu *A psicologia das massas*, e o de Wilhelm Reich (1897-1957), em *Psicologia de massas do fascismo*, que ampliaram os questionamentos relacionados às revoltas populares, as revoluções e ao controle das massas, por parte de governos autoritários e repressivos, com a manipulação das grandes mídias.

13 Já no início dos anos 1930, Robert Musil (1880-1942) começa a publicar *O homem sem qualidades*, cujo norte era refletir a sociedade, o homem, a vida e suas escolhas diárias, em um momento de conflitos mundiais e drásticas transformações sociais, econômicas, políticas e até culturais. Tendo como norte indagação semelhante, inspirando-se até no título, décadas depois Robson de Oliveira (2020) procurava refletir os caminhos que as sociedades e os homens seguiram desde então, sucumbidas nestes paradoxos.

na sociedade, até então silenciado e esquecido pelos homens; as pessoas não viam mais sentido na filosofia, na religião e até a ciência ocidental começava a ser questionada a respeito de suas ambições e resultados caóticos e brutais para a espécie humana – que no limite poderia levar até a sua extinção. Como destacavam Graeber e Wengrow (2022) era preciso despertar das prisões cristalizadas pelos europeus e formular uma nova história para a humanidade. A verdade, a partir desse momento, fazia parte de um "conflito de interpretações", e sua trindade (ou tripé) começava a ruir inexoravalmente.

Em suma, o "outro" não se aquietava mais no processo de reconhecimento de suas "limitações", postas em cena pelo europeu, mas buscava reaver as suas qualidades e seu lugar na História, ansiava por ter liberdade para falar, liberdade para escolher, liberdade para lutar por seus próprios direitos, culturas e histórias (THEODORO, 2022). Enfim, como mostravam Quijano (2019) e Mignolo (2017) finalmente havia chegado o momento de transpor a colonialidade do poder que subjugava as formas pelas quais eram construídos o saber, o poder e os tipos de ser a serem colocados em prática.

Ao longo dos anos 1960 e 1970, os questionamentos lançados sobre a verdade, a utopia e o sentido do direcionamento dos caminhos a serem seguidos pela humanidade (entre as filosofias religiosas e seculares da história) foram ainda mais corriqueiros. Primeiro, por causa dos movimentos sociais do período, em torno do feminismo, das questões étnicas, raciais e sexuais, mas também por parte dos movimentos trabalhistas e estudantis. Depois, porque no campo da filosofia, o estruturalismo e o pós-estruturalismo, com as suas críticas a verdade, ao poder, ao sujeito e as mudanças sociais e revolucionárias, deram ainda maior ênfase sobre a historicidade dos mecanismos de produção da verdade, do poder e do saber, sempre amparados pelos grupos no poder político e econômico, cujos alicerces estruturais fracionavam as ações sociais e as revoltas populares, ao estacionarem a percepção dos sujeitos sobre as mudanças, em função das continuidades estruturais dos sistemas de dominação.[14]

Muito embora esse período tenha sido marcante para as críticas aos modelos essencialistas de conceber o homem e a mulher, o verdadeiro e o falso, a ciência e a razão, a sexualidade e o gênero, e tenha propiciado duras críticas sobre as compreensões que até então se fazia a respeito da verdade, da utopia e do sentido, certa-

14 Para maior detalhamento da questão, ver: CUSSET, 2008; MIDDELAAR, 2015; ROSS, 2018.

mente foi a partir dos anos 1980 que se viu endurecer ainda mais tais perspectivas e diagnósticos.[15]

Com a queda do muro de Berlim em 1989 e o fim da URSS no início dos anos 1990, as tensões entre capitalismo e socialismo, deram lugar a certos retornos (religiosos e seculares), ainda que passageiros, a concepções filosóficas, como a hegeliana, que na interpretação de Francis Fukuyama, em *O fim da história e o último homem*, notadamente ansiava por estabelecer a realização daquela filosofia da história, com o pleno desenvolvimento do estado nacional burguês. Não foi preciso mais do que uma década, nem da crítica de Perry Anderson, para se ver as fragilidades de tal análise, uma vez que as crises periódicas do sistema capitalista no final dos anos 1990, e, depois, ainda mais estrutural e cataclísmica entre 2008 e 2009, viu-se que não se chegava ao melhor dos mundos, como promulgavam aquelas interpretações liberais.

Por sua vez, o momento desta *antítese* possibilitou se dar maior atenção as questões etnicorraciais, socioeconômicas e de gênero em nossas sociedades. Na medida em que a verdade não tinha mais um cunho essencialista, outras verdades poderiam fazer parte do processo e vislumbrar as expectativas daqueles que haviam sido até então silenciados e apagados nas interpretações históricas: mulheres, negros e indígenas, lésbicas e homossexuais, trabalhadores e estudantes, pobres e indigentes.

Porém, em qual tipo de *síntese* se chegou? Como a verdade, a utopia e o sentido têm sido tratados em nossas sociedades no início do século XXI? Quais as alternativas que foram projetadas em seu lugar?

Quando as verdades passaram a ser reféns das "notícias falsas"?

A partir do momento em que a *verdade*, a *utopia* e o *sentido* dos processos históricos que eram projetados para a humanidade deixaram de ser o fundamento explicativo para a ação e o agir humano no tempo propostas pelas sociedades ocidentais para o restante do mundo, foi-se construindo outros pilares, que muito rapidamente se mostraram igualmente frágeis: a *pós-verdade*, a *distopia* e o *caos*. Mas, fundamentalmente, o que mudava? Quais as nações que construíram tais alternativas?

Diferentemente da *verdade* que mantinha seus fundamentos na filosofia, na religião e na ciência, nas tramas de construção de seus discursos, a *pós-verdade* se insere na dúvida, por entre o falso e o provável, mas não constatável, eximindo-se de qualquer tipo de comprovação especulativa ou racional, pela crença ou pela experimenta-

15 Sobre tal questão, ver: ROUSSO, 2016.

ção científica. A pós-verdade é sorrateira, guia-se por caminhos que não a ligam diretamente a nenhum tipo de ética ou códigos morais (DUNKER, 2017), firma-se em meio à desonestidade e enganação na vida cotidiana (KEYES, 2018), fortalece-se por intermédio do conflito das interpretações e das guerras discursivas contra a comprovação dos fatos, com a proliferação das notícias falsas, das "fake news" (D'ANCONA, 2018); e mantendo-se em meio às guerras narrativas (BARBOSA, 2019), funda seus discursos entre a verdade e a mentira, nos espaços da dúvida, que anseiam pela crença irracional (SANTAELLA, 2019), eximindo-a da necessidade de qualquer tipo de comprovação, veracidade, ou ligação direta com a realidade social. Na edição comemorativa de 10 anos de *Sapiens*, Harari (2021, p. 9, itálico no original) mostrava que "*aprendemos que as fake news podem ser mais poderosas que as notícias verdadeiras, que o FBI pode eleger um presidente, que o Facebook pode moldar eleições, que um bilionário pode se tornar presidente gastando menos dinheiro que seu oponente, que um país pode ser dividido em dois campos conflitantes sem que cada qual nem mais ouça o que o outro diz*", isto é, "*a capacidade única da espécie humana de criar ordens imaginadas em larga escala está se voltando contra nós.*"

As *distopias*, ao contrário das *utopias*, não são uma projeção do que poderia vir a se tornar uma realidade ideal nas práticas sociais cotidianas, dando origem a uma nova realidade, mas a fixação de um futuro já dado, inexorável para a humanidade, onde não há qualquer tipo de possibilidade de mudança ou salvação (FISHER, 2020; APPADURAI, 2019). Todas elas revolvem-se sobre um único tipo de possibilidade: o fim da humanidade é certo, só resta apenas saber quando ocorrerá no futuro próximo. Daí o grande paradoxo: se estamos no melhor dos mundos possíveis, por que o fim é certo e nossa única expectativa é o extermínio e a aniquilação da espécie humana?

O capitalismo se funda na exploração massiva do meio ambiente e na aquisição desleal do trabalho humano (por meio do "mais-valor" não pago aos trabalhadores), e o neoliberalismo projetou a plena maximização do uso da natureza, da vontade humana, para a obtenção de lucros e o acúmulo de bens, capital e serviços nas mãos de menos de dez porcento da população mundial.[16] Como os recursos naturais são limitados e o crescimento populacional é vertiginoso, apesar da moderação das últimas décadas, as distopias prolongam as expectativas de que o resultado certo dessa conta é o caos, a destruição, logo, a extinção da espécie humana na Terra. O que se pode fazer para mudar tudo isso? Esse é o ponto comum para as

16 Para maior detalhamento desta questão, ver: PIKETTY, 2014, 2020; MILANOVIC, 2020a, 2020b; SCHEIDEL, 2020; SOUZA, 2018.

distopias: não há nada o quê se possa fazer, por isso viva "feliz" enquanto a destruição certa não chega! E essa fixação no fim da humanidade faz com que as pessoas deixem de reagir, deixem de sonhar outros mundos possíveis, e vivam entorpecidas e medicamentadas "no melhor dos mundos possíveis" que o capitalismo e o neoliberalismo lhes promoveram! E aqui o nó do paradoxo está feito. Estaríamos, nesse caso, dentro do que Byung Chul-Han chama de sociedade do *cansaço*, da *transparência* e *paliativa*; isto é, uma sociedade fadada ao cansaço físico diário e incontornável, onde a liberdade de ação é fragilizada pela exclusão do sistema, na qual os medicamentos, drogas e paliativos de todos os gêneros são a única possibilidade válida de evasão, por meio do entorpecimento cotidiano dos seres humanos.[17] Na medida em que os modelos interpretativos da realidade entraram em crise, e com eles se desgastaram todos os tipos de utopia, acenou-se para um momento de "crises de paradigmas", a partir do final dos anos 1990, no qual a palavra tomava o lugar da ação, e a retórica engessava a revolta e a revolução, mediadas pelos movimentos sociais e os protestos populares (BERBERT Jr., 2012; PALTI, 2012).

O *caos* social, o caos projetado para o futuro, é o resultado deste tipo de perspectiva fatalista, finalista e inexorável, que revirou todos os tipos de sonhos vindouros, até então estabelecidos pelos sentidos que eram dados para a humanidade por parte das utopias, em um "mundo de ponta-cabeça". O caos gera a desordem, a falta de expectativas e a apatia social. O caos condiciona a violência gratuita, o irracionalismo religioso e a revolta popular, induzida pelas classes dirigentes no poder. O caos dá sentido aos conflitos, as guerras e aos discursos inflamados de ódio, preconceito e de retorno as tradições do passado, que buscam nostalgicamente refigurar e até resgatar uma "época de ouro", que foi perdida em nosso presente histórico, mas que na verdade nunca existiu no passado (STARLING, LAGO, BIGNOTTO, 2022).

É no passado, um passado simbólico e até ilusório, caricatural e no limite totalmente inventado, que a extrema direita busca ufanamente fazer ressurgir, fazer renascer, com a expectativa de trazer a tona nossos maiores preconceitos, nossos maiores dilemas, com a falsa justificativa de defesa da moral e dos bons costumes, da família e da comunhão com Cristo, asseguradas pelos "homens de bem", a nostalgia de um mundo que, de fato, nunca existiu (STARLING, LAGO, BIGNOTTO, 2022).

17 Byung Chun-Han (2022) aprofunda tais questões no livro *Infocracia*, onde mostra como os algoritmos, a inteligência artificial e o controle das informações tomaram o lugar da categoria trabalho no processo de produção de bens e acúmulo de capitais nas grandes corporações mundiais. Ver também: ZUBOFF, 2021.

E é o que Timothy Snyder (2019) definiu como um estado de coisas que caminha na "contramão das liberdades", porque houve uma guinada autoritária nas democracias contemporâneas. Para ele, isso tudo possibilitou o ressurgimento da extrema direita na Europa e nas Américas, com a falsa justificativa de repor a ordem sobre a desordem, o progresso sobre as regressões, o sentido diante do caos, a segurança sobre a anarquia e a violência diária. Para compreender a dinâmica dos "tripés" (que funcionam próximos a uma *trindade*, porque não almejavam apenas a objetividade dos fatos, mas atingir vontades): veja-se o quadro abaixo que sintetiza seus alinhamentos e proposições entre verdade, utopia e sentido *versus* a pós-verdade, a distopia e o caos:

Quadro n. 1: Distribuição dos tripés que embasam a produção do discurso verdadeiro

Foco e alinhamentos	Forma de discurso	Forma de projeção	Forma de expectativa
Sentido do processo	*Positivo na proposição*	*Positivo na proposição*	*Positivo na proposição*
Modernidade ocidental	**Verdade**	**Utopia**	**Sentido**
Sentido do processo	*Negativo na proposição*	*Negativo na proposição*	*Negativo na proposição*
Pós-modernidade mundial	**Pós-verdade**	**Distopia**	**Caos**

Fonte: Elaboração do autor.

Note-se que as formas de discurso, projeção e expectativas alinhadas sobre a verdade, à utopia e o sentido, expressos na Modernidade ocidental, mantinham sempre uma proposição positiva, porque alicerçada nas possibilidades de mudanças sociais, apesar dos processos de opressão, dominação e violência persistirem por causa dos processos de submissão impostos pelas camadas dirigentes a totalidade da população.

Porém, a pós-verdade, a distopia e o caos, da pós-modernidade mundial, tornaram-se avessas as expectativas das "grandes narrativas" projetadas pelas filosofias da história,[18] por isso sua proposição é negativa e se volta para as dúvidas do presente, quanto às possibilidades de se construir um futuro melhor, ou, em outras palavras, de sequer haver um futuro possível para a humanidade desfrutar do "melhor dos mundos". Mas, como se movimentam a pós-verdade, as distopias e o

18 Para maior detalhamento da questão, ver: LYOTARD, 2008.

caos nesse ambiente de crítica da verdade, das utopias e do sentido a se seguir pela humanidade?

No Brasil, por exemplo, a crise do lulismo e do discurso do partido dos trabalhadores (o PT),[19] conduziu ao florescimento do bolsonarismo, a partir de 2013, como resultado das manifestações de Junho (NOBRE, 2022). Para Paulo Chiraldelli Jr. (2019), o bolsoranismo surgiu como resposta ao discurso do "politicamente correto", as "liberdades de escolha sexual", as lutas em defesa dos "direitos humanos" e aos "processos de inclusão social", nos quais a defesa de uma sociedade heteronormativa, patriarcal e da família tradicional, pertencentes aos "homens de bem", foi à contra-resposta direta a tais expectativas. A exacerbação da ignorância e do ódio foi o lampejo que se exprimiu diante de tamanha desfaçatez, onde se projetam falsidades diárias e estas são vistas como verdades irretorquíveis. Vive-se a "república de chinelos", nas palavras de Luciana Villas-Bôas (2022), porque todo tipo de discurso institucional e postura ética na política partidária é tomada como de total insensatez, em um ambiente de corrupção estrutural, alianças político-partidárias e desmonte do estado de direitos.[20]

É por isso que para Idelber Avelar (2021) fomos tomados pela retórica do falseamento total dos discursos, nos quais as mentiras geram verdades, e o verdadeiro é tomado como falso, induzindo as massas a seguirem um "falso messias". Nesse paradoxo, do discurso e da ação política, foi que, para João Cezar de Castro Rocha (2021), estabeleceram-se na sociedade brasileira as guerras culturais geradas pelas retóricas do ódio, da exclusão e da violência gratuita. Para Marcos Nobre (2020), é muito simples ver nessas questões a proliferação incontrolada do irracionalismo sociocultural, e com ele a insensatez do chefe de estado, que pode ser facilmente visto como "burro" e/ou "louco", mas isso "não ajuda em nada a entender o que estamos vivendo", e, pior, "é uma maneira de dizer que não há nada para entender, é uma maneira de desobrigar de pensar", porque "desobrigar de pensar é um dos grandes objetivos do projeto autoritário de Bolsonaro" (NOBRE, 2020, p. 9). O aparente amadorismo com a política e a máquina governamental foi, segundo Nobre, o

---

19 Não há como detalharmos neste texto o surgimento, desenvolvimento e crise do lulismo. Para a discussão desta questão, ver: SINGER, 2012, 2018. Para uma análise do contexto que deu base ao aparecimento do lulismo, ver: NOBRE, 2013.

20 Há uma quantidade impressionante de textos sobre o bolsonarismo e para uma apreciação da questão, ver: BIGNOTTO, 2020, 2021; NOBRE, 2022; SANTOS, 2022. Vejam-se, ainda sobre essa questão, as proposições de Jessé Souza (2022), em *A herança do golpe*, e de Christian Lynch e Paulo Cassimiro (2022), em *O populismo reacionário*.

disfarce perfeito para colocar em prática o desmonte sistemático da ciência, da cultura, da educação, da política e da economia, que é alicerçada pelo irracionalismo, pelos negacionismos sistemáticos da ciência e do conhecimento, que se dizendo ser democrático em seu processo de persuasão retórica é totalmente autoritário e excludente em suas ações, em seus discursos e em suas práticas.[21]

A proliferação da *pós-verdade*, das *distopias* e do *caos* é, por outros caminhos, uma forma de construção do consenso, da hegemonia política e econômica, que tem nos Estados Unidos, na China e em parte da Europa ocidental seus atores centrais, que fortalecem suas posições no mercado mundial, ampliando suas fronteiras sutis de dominação sociocultural pelo mundo.[22] Não há dúvida que *verdade*, *utopia* e *sentido* geraram processos de dominação e exclusão, com a centralidade da Europa no mundo; mas não é menos certo que a *pós-verdade*, a *distopia* e o *caos* geraram igualmente outros processos de dominação, com o falso discurso de inclusão, das liberdades totais nos processos democráticos, que escondem sutilmente as medidas autoritárias e os processos de submissão das massas, que fazem com que a maioria das pessoas sejam reféns das decisões tomadas por uma minoria que está no poder, e não dá brechas para a proposição de alternativas, ou a construção de novas utopias, nem revoltas ou mesmo revoluções (FINCHELSTEIN, 2019; SILVA, 2022). E é justamente nessa condição de *síntese*, igualmente excludente como a sua *tese* original, que temos que voltar a pensar alternativas para a nossa época e definir novos caminhos para a humanidade.

Foi instada pelos dilemas de sua época, que Ellen Wood (1942-2016), baseando-se em uma análise minuciosa sobre "as origens do capitalismo" veio a formular caminhos para a reconstrução do socialismo. Para ela, é justamente porque o "império do capital" se tornou globalizado que é preciso buscar alternativas para os seus processos de dominação sociocultural, política e econômica. Em uma atmosfera de crise das democracias é preciso caminhar em defesa das democracias, porque agem contra os processos de dominação propostos pelo capitalismo e pelo

21 Para maior detalhamento dessa questão, ver: NICOLAU, 2020; MOTTA, 2021; PEREIRA, 2022; NOBRE, 2022. A relação entre desordem e caos no governo Bolsonaro é analisada por: AMADO, 2022.

22 É importante destacar as interpretações pioneiras de Milton Santos, Octavio Ianni e Renato Ortiz a respeito dos processos de exclusão social causados pela globalização dos mercados, pela intensa tentativa de homogeneização das culturas, em uma mundialização perversa, que a todo custo buscava subtrair as especificidades locais e regionais.

neoliberalismo (WOOD, 2001, 2004, 2014). A verdade está para a liberdade, que dá base à emancipação social.

Não basta, contudo, fazer ressurgir os projetos utópicos. Como salientou Noam Chomsky (2013), as relações entre mídia, poder, política e economia se consolidaram ao longo do século XX, de modo a inviabilizar outros tipos de discurso, ou outras alternativas, porque a propaganda política se firmou no processo de manipulação das massas, mesmo ao preço de o fazer a partir de mentiras sórdidas. Foi o que percebeu habilmente Gayatri Spivak (2022), em sua *Crítica da razão pós-colonial*, no final dos anos 1990, ao propor uma história do presente fugidio e recolocar a posição dos subalternos, criando meios para voltarem a ter a sua voz ativa como sujeitos de suas próprias histórias. Daí também a reivindicação de Peter Sloterdijk (2012), em *Crítica da razão cínica*, não por acaso lançada duzentos anos depois de a *Crítica da razão pura* de Kant, ao mostrar que o cinismo tomou o lugar da razão, e com ele a sociedade se depara com o caos social permanente. Para ele, o cinismo tomou conta das mais diversas instâncias: militar, estatal, sexual, médica, religiosa, ou mesmo do saber instituído. Para ele, na "modernidade colapsam os parênteses que no pensamento clássico mantinham juntas a reflexão e a vida" (2012, p. 699), promovendo a miséria evidente da moderna filosofia prática, especialmente, a partir do século XX. No entanto, cada "segundo consciente aplaca o que se deu de maneira desesperançada e se torna o primeiro passo de uma outra história" (2012, p. 712), a ser coletivamente construída pelas sociedades. É preciso lutar pelas verdades, porque sem elas somos fadados a viver sobre mentiras!

Quase quarenta anos depois da análise de Sloterdijk, Ricardo Souza (2020) nos apresenta uma projeção ainda mais alarmante, ao visualizar sua "crítica a razão idolátrica". Para ele, a idolatria prosperou com a volta a inclinação para a ancestralidade e a tradição, adoecendo a linguagem, a vida e até a percepção da morte, porque veio a projetar totalidades nas quais a devoração e a submissão do "outro" continua a ser o centro de suas ambições. O medo do "outro" e a idolatria a todo tipo de materialidade vem seguida com o abismo dos códigos de conduta e dos sistemas de ética. Com isso, a potência pelo negativo vem amparada por uma vontade de construir um certo discurso verdadeiro, que sacrifica todo tipo de racionalidade, em prol de negacionismos sistemáticos, do irracionalismo doentio, do falso que toma o lugar do verdadeiro. Não é por acaso que a "*idolatria é uma doença do intelecto*", e a "racionalidade idolátrica, endêmica na história ocidental ao longo de todas as suas épocas, torna-se epidêmica a partir dos processos de desagregação de um projeto de Totalidade que entra em crise ao longo dos últimos duzentos anos." (2020, p. 285, itálico no original).

Em certa medida, Achille Mbembe (2018), com a *Crítica da razão negra*, viu que mais do que cinismo e idolatria eram os contínuos processos de dominação das massas que estavam em jogo. De forma radical, ele assevera que a condição do negro cativo submetido as mais severas atrocidades por parte dos europeus, em um processo que foi comum na história moderna e forjou a formação da Europa, por meio da escravidão, tornou-se ao longo do século XX, a condição comum de todo cidadão pobre e à margem da sociedade; isto é, o substantivo "negro" é a descrição não mais de um grupo específico que foi escravizado, mas sim de todo indivíduo que vive nos limites da manutenção de sua subsistência para existir. Razão pela qual vivemos um momento de brutalidades, asseveradas pelas políticas de inimizade. Não é por acaso que a "história não é apenas uma questão de força, é também uma questão de verdade", e:

> A verdade é que a Europa nos tirou coisas que nunca poderá restituir. Nós aprendemos a viver com essa perda. Ela, por sua vez, terá que assumir seus atos, essa parte sombria da nossa história comum, da qual ela tenta se desvencilhar. O risco é que, ao devolver nossos objetos sem se explicar, ela conclua com isso que esta nos privando do direito de lembrá-la da verdade. Ninguém está pedindo a ela que se arrependa. Mas, para que novos laços sejam forjados, ela deve honrar a verdade, pois a verdade é a professora da responsabilidade. Essa dívida de verdade é, por princípio, indelével. Ela há de nos assombrar até o fim dos tempos. Honrá-la exige um empenho para reparar a trama e a face do mundo (MBEMBE, 2021, p. 249).

Talvez por estarmos em uma época de extremismos latentes, a prescrição de Nancy Fraser (2020, 2022) de que "o velho está morrendo e o novo não pode nascer", sintetiza a condição paradoxal em que nos encontramos, isto é, mesmo sabendo que o capitalismo e o neoliberalismo não nos construíram o melhor dos mundos possíveis e estão fadados ao fracasso, não somos capazes de colocar em prática, alternativas condizentes com as necessidades da maioria da população mundial (FISHER, 2020). E isso, de certa forma, é o que deixa a "justiça interrompida", porque a redistribuição e o reconhecimento que deveriam caminhar juntos no processo de alinhamento das desigualdades sociais se mantém dispersos e dissolvidos, em meio à dominação dos grupos dirigentes no poder. É preciso redescobrir os processos de busca das verdades!

Mas, se a *síntese* que se alcançou nesse longo processo histórico não foi capaz de corrigir as limitações da *tese* original, como fazer para dar novo impulso a dinâmica do transcurso do tempo e fazer com que outras alternativas possam fazer parte de nossa realidade e estejam presentes em nossa época?

Considerações finais

Ao que tudo indica a pós-verdade, a distopia e o caos tomaram o lugar da verdade, da utopia e do sentido para o firmamento do discurso verdadeiro, ou pretensamente verdadeiro, nas sociedades ocidentais e ao redor do mundo no início do século XXI. Como resposta para as limitações redutoras provenientes dos esssencialismos causados pelo tripé: verdade, utopia e sentido, tampouco a *crítica pela crítica* dos anos 1960 e 1970 encontrou saídas ou alternativas viáveis para aqueles essencialismos limitadores, mas deu base ao surgimento, décadas depois, da pós-verdade, da distopia e do caos, outro tripé igualmente redutor, essencialista e autoritário.

É certo que os ganhos são irrefutáveis, em função dos esquecimentos e silenciamentos que desde então tem sido combatidos, no que diz respeito às mulheres, aos negros, índios e as homo-afetividades. Como igualmente certa é a reconsideração dos papeis exercidos pelas Américas, pela África e pela Ásia na formação do mundo moderno, ao rever o lugar da Europa no mundo e de seus processos de dominação sociocultural. As vozes dos excluídos são reconsideradas no processo de produção do conhecimento humano; assim como africanos e povos originários são também sujeitos históricos de suas próprias histórias locais e nacionais. O próprio conhecimento não é mais uma exclusividade europeia em relação ao saber, ao ser e ao poder até então emanados para o mundo, mas um circuito dinâmico de manifestações que leva em consideração as conexões e proposições de todas as nações, sujeitos e épocas.

No entanto, a passagem do tripé: verdade, utopia e sentido para o da pós-verdade, distopia e caos, tampouco eximiu os processos de dominação de certas nações sobre o restante do mundo. Muito mais certa é a constatação de que passamos de uma hegemonia europeia, para um entrelaçamento de poder, sob condições variadas de relações de força, entre Estados Unidos, China e parte da Europa ocidental.

Como resultado desses fatores, manteve-se, ainda que sutilmente, formas de dominação social pelo mundo, que coexistem com outras formas de poder e dominação locais, mas todas elas amparadas por um discurso que se pauta na pós-verdade, nas distopias e no caos social, encobrindo o(s) discurso(s) verdadeiro(s), com a fabricação desproporcional de mentiras sistemáticas (NOBRE, 2022; SNYDER, 2019).

A falsa impressão de um mundo aberto as oportunidades, assim como a liberdade total de pensamento e ação, nada mais é do que a cortina de fumaça ambientada pelo capitalismo financeiro e pelo neoliberalismo, que condicionam uma situação ainda mais nefasta a maioria dos seres humanos, por estarem excluídos dos processos decisórios, e com isso dos meios de produção, acumulação e lucro. Como meras engrenagens do sistema, a eficácia ou não dos sujeitos está na mesma medida em que consomem e geram lucro para o domínio e manutenção do capital, imediatamente se tornando descartáveis ao deixarem de o ser (SCHEIDEL, 2020; PIKETTY, 2020).

A necropolítica nada mais é do que a maximização dos ganhos, descartando sistematicamente aqueles que não geram lucro, nem consomem, nem tampouco trabalham incansavelmente para o favorecimento do enriquecimento desigual das populações mundiais, fracionadas pelas grandes corporações que detém o domínio do capital mundial, fazendo com que cada vez mais a geração de pobreza, fome, caos e desigualdades aumentem e imperem em todo planeta. (MILANOVIC, 2020b).

A própria dinâmica dos processos históricos nos impõe voltarmos a sonhar outros mundos possíveis, e com eles nos levarem a formulação de novas formas de convivências sociais mais dignas, humanas, igualitárias, democráticas, livres e justas. Vive-se um momento histórico em que *a crítica da crítica crítica* é novamente fundamental para pensarmos alternativas para a nossa época. Mas, como não ficarmos limitados *a crítica pela crítica* formulada nos anos 1960 e 1970, que levaram a produção de sínteses ineficazes, e sem a resolução dos problemas daquele (e de nosso) tempo? Como não sair de um tipo de reducionismo para entrar em outro igualmente excludente? Como fazer com que a ação social volte a ter presença constante nos debates de nosso tempo, amplamente arraigados nos conflitos de interpretações, gerados pelas guerras de narrativas? As verdades de outrora, nem do agora, podem ser silenciadas, mas devem fazer parte de uma busca constante em nossas vidas cotidianas!

A resposta para tais dilemas é o "princípio esperança" que nos faz persistir a voltar a sonhar outros mundos possíveis, com a criação de "novas utopias", mas sem o amparo dos *tripés* anteriores, que apenas serviram para ampliar os processos de dominação mundial, das classes dirigentes sobre o restante da população. Quem sabe esse não seja o princípio que forme o manifesto de uma nova geração a procura de sentidos para o seu agir e a construção de outros caminhos para o futuro da humanidade.

No entanto, para se chegar a tal finalidade, antes de qualquer coisa, é preciso inquirir com maior propriedade os fundamentos das críticas efetuadas, ao longo dos anos 1960 até o final dos anos 1990, pelo estruturalismo, pelo pós-estruturalismo, pela virada linguística e pela pós-modernidade, sobre a verdade, a utopia e aos sentidos que se davam para os caminhos que deveriam ser seguidos pela humanidade. Apesar de essas críticas serem importantes, pontuais e adequadas em muitas circunstâncias, não trouxeram alternativas viáveis aos problemas enfrentados pelas sociedades nos anos 1960 e 1970, mas, ao contrário, fundamentaram o aparecimento, décadas depois, de um *tripé*, ainda mais sórdido e limitador, que foi a pós-verdade, a distopia e o caos. Entender melhor quais as críticas que foram feitas pelo estruturalismo, pelo pós-estruturalismo, pela virada linguística e a pós-modernidade, aos fundamentos da verdade, da utopia e do sentido, assim como ao poder de quem fala, a escrita da história e a narrativa dos romances, será o que passaremos a fazer nos próximos capítulos.

Parte I

História e Literatura

2. Linguagem e cultura:
o desafio do *linguistic turn* ao contextualismo linguístico inglês[1]

Em homenagem a Márcia Mansor D'Aléssio, mestra da conversão do "erro" em "acertos" em sala de aula.

No final dos anos 1960 começava a ser notado na Europa e nas Américas o impacto do estruturalismo e do pós-estruturalismo para a redefinição de caminhos para a escrita da história, a pesquisa e o tratamento dado as fontes. A história econômica, serial e quantitativa, que viveram seu auge com Fernand Braudel (1902-1985), ao lado de Ernest Labrousse (1895-1988) e Pierre Vilar (1906-2003), nos anos 1940 e 1950, pareciam não terem o mesmo caráter explicativo e capacidade de verificação científica para analisarem as sociedades, e os homens e as mulheres do passado, em função dos questionamentos que se propagavam com as manifestações operárias e estudantis, a partir da década de 1960, e lançavam outros proplemas para se entender o passado, o presente e o (próprio) futuro das sociedades. As inovações dos anos 1950 pareciam se focilizar na medida em que se canonizaram nos anos 1960 nas pesquisas que eram desenvolvidas nas universidades europeias e americanas. Era o que parecia identificar François Furet (1927-1997), em sua análise da escrita da história, efetuada pelos historiadores, em meados dos anos 1970. Em suas palavras:

1 A primeira versão deste capítulo foi apresentada como trabalho de conclusão da disciplina: *Tópicos especiais em sociologia II: História das Ideias e História Intelectual*, ministrada pelo Prof. Dr. Alexandro Dantas Trindade, no curso de doutorado em Sociologia da UFPR; e, depois, foi publicada uma primeira versão revista em: ROIZ, 2010d.

> [...] o problema colocado pela evolução recente da história [até 1975], e em particular pela utilização de procedimentos rigorosos de demonstração, não é saber se a história como tal pode tornar-se ciência: *dada a indeterminação do seu objecto, a resposta a esta pergunta é indubitavelmente negativa.* O problema está em conhecer os limites no interior dos quais esses procedimentos podem ser úteis a uma disciplina que fundamentalmente não é científica. Do facto de esses limites serem evidentes não se deve deduzir que a história deve regressar à sua função antiga de contadora de excelentes aventuras. Devemos antes aceitar a redução das ambições pouco razoáveis da história total, para utilizar ao máximo, dentro do nosso conhecimento do passado, as descobertas sectoriais e os métodos de algumas disciplinas, assim como as hipóteses conceptuais que nascem dessa grande embrulhada contemporânea chamada ciências do homem. *O preço a pagar, para essa reconversão, é o estilhaçar da história em histórias*, a renúncia do historiador a um magistério social. *Mas o ganho em conhecimento merece talvez essas abdicações: a história oscilará provavelmente sempre entre a arte da narrativa, a inteligência do conceito e o rigor das provas; mas se essas provas forem mais seguras, os conceitos mais explicitados, o conhecimento ganhará com isso e a arte da narrativa nada perderá* (FURET, 1985, p. 98, grifo meu no original).

A avaliação esboçada por Furet sobre o ofício de historiador e a escrita da história, no início da década de 1970, como um dos porta-vozes do movimento dos *Annales*, na França, estava circunscrita a mutação *da história-narrativa* à *história-problema*. E aos questionamentos vindos da Antropologia, bem como da Teoria Literária, da Filosofia e das Ciências Sociais (FURET, 1982, p. 37-72), quanto à possibilidade de a pesquisa histórica (que tinha a sua demonstração efetuada por meio de uma narrativa, mesmo que peculiar), também poder se constituir em moldes reconhecidamente *científicos*. Ainda que a história "seja filha da narrativa" e a sua predisposição estivesse relacionada com "contar uma história", pois, contar era, na verdade, dizer "aquilo que aconteceu", e os seus modelos estivessem centrados na narrativa biográfica dos "grandes homens", diz o autor, que no século XX houve uma verdadeira reviravolta quanto a essa questão e as formas pelas quais a história era narrada pelos pesquisadores.

De acordo com ele, passou-se da 'história-narrativa' a 'história-problema', porque o "historiador renunciou à imensa indeterminação do objecto do seu saber: o tempo", deixando a pretensão de contar o que se passou, já que estaria consciente de que fazia escolhas ao recortar, selecionar e interpretar seu objeto e as fontes de seu estudo. Ao romper com a narrativa, "o historiador rompe igualmente com o seu material tradicional: o acontecimento singular", passando a integrá-los numa rede de significações e, "por conseguinte, torná-los, se não idênticos, pelo menos compatíveis num dado período de tempo". Por isso, o historiador teria passado a organizar e selecionar conscientemente as suas fontes (num *corpus* coerente, ou numa série regular), e "a análise quantitativa e os processos estatísticos, desde que adaptados ao problema e judiciosamente conduzidos" estariam "entre os métodos mais rigorosos de 'testagem' dos dados". Com isso, semelhante ao papel que as fontes oficiais e os fatos exerceram sobre a escrita da história política e diplomática no século XIX e início do XX, dando a história um caráter científico e sendo a construtora de identidades sociais para a afirmação do estado nacional entre as universidades (produtoras do saber) e as escolas (formadora dos cidadãos); coube aos números e estatísticas que conduziam a análise das fontes seriais e quantitativas, o papel de servir novamente ao Estado para a elaboração de políticas públicas e a afirmação das identidades sociais, com a história econômica e social produzida a partir dos anos 1930.

Mas a questão que estava posta, contudo, era "em que medida, ao tomar de empréstimo, ao integrar algumas dessas aquisições [vindas de outras áreas], ela [a história] terá instituído um conhecimento do passado que se possa classificar como científico" (FURET, 1985, p. 88). Para ele, não bastaria à imediata passagem da história-narrativa para a história problema, para convertê-la num domínio científico demonstrável; mesmo que seja inegável que a 'história-problema' (ou 'conceitualizante') seja "superior, do ponto de vista do conhecimento, à história-narrativa porque substitui a inteligibilidade do passado em nome do futuro por elementos de explicação explicitamente formulados, porque descobre e constrói factos históricos destinados a dar apoio à explicação proposta e alarga assim consideravelmente o domínio da história propriamente dita, ao recortá-lo e especificá-lo" (FURET, 1985, p. 96). Naquele momento, notadamente, o autor estava pouco preocupado, com o impacto da 'virada linguística' (MUNSLOW, 2009) no campo dos estudos históricos, que começava a ser sentida nos Estados Unidos (CUSSET, 2008), e muito mais inclinado a notar como as mutações então recentes da pesquisa histórica feitas na Europa contribuiriam para sua maior inteligibilidade entre as Ciências Humanas e Sociais, tendo em vista que "*a história oscilará provavelmente sempre entre a arte da narrativa, a inteligência do conceito e o rigor das provas; mas se essas provas forem mais seguras, os conceitos mais explicitados, o conhecimento ganhará com isso e a arte da narrativa nada perderá*" (FURET, 1985, p. 98, grifo meu no original).

Poucos anos depois, em 1979, Lawrence Stone (1919-1999), com base nas 'mutações' que estava notando na historiografia inglesa, francesa, norte-americana e italiana, em artigo que se tornaria emblemático, destacaria justamente o efeito inverso, ou seja, o do 'retorno da narrativa', no campo dos estudos históricos (STONE, 1991, p. 13-37). Para ele, a narrativa estava sendo entendida como "a organização de materiais numa ordem de sequência cronológica e a concentração do conteúdo numa única estória coerente, embora possuindo sub-tramas" (STONE, 1991, p. 13). Mas antes de constatar como o gênero havia ressurgido, o autor destacou alguns modelos de 'história científica', e que passaram, cada vez mais, a se distanciar do 'gênero narrativo' de exposição dos dados. O primeiro (ainda que em proporções bem menores que os seguintes) "foi formulado por Ranke no século XIX, e se baseava no estudo de novas fontes", e permaneceu com grande influência até o fim da Segunda Guerra Mundial (1939-1945). Quando então se consagrariam outros três tipos de 'história científica', "correntes na profissão, todos baseados não em novos dados, mas em novos modelos ou novos métodos: o modelo econômico marxista, o modelo ecológico-demográfico francês e a metodologia 'cliométrica' americana" (STONE, 1991, p. 15).

Contudo, a partir da década de 1960, passou a haver, de forma cada vez mais generalizada, uma desilusão "com o modelo determinista econômico de explicação histórica e essa tríplice disposição hierárquica dele originada", o que fez com que o 'determinismo econômico' e 'demográfico' sofresse "um enfraquecimento devido ao reconhecimento das ideias, da cultura e mesmo da vontade individual como variáveis independentes". Além disso, verificou-se que a mera disposição quantitativa dos dados eram insuficientes para se compreender todo agir humano no tempo, ao presumir apenas regularidades, e não constatar as variantes de ação e de conduta das pessoas, e a sua ressonância para a cultura e a sociedade, para a economia e a política. Daí os historiadores terem que se voltar para o 'princípio da indeterminação', apreenderem os resultados descritivos dos dados vindos da 'antropologia culturalista', em especial na obra de Clifford Geertz (1926-2006) – que foram sintetizados no campo dos estudos históricos franceses com 'o estudo das mentalidades' –, e darem maior atenção a forma de divulgação de dados para um público mais amplo. Para ele, esses fatores foram fundamentais para o 'ressurgimento da narrativa' entre os 'novos historiadores'. Mas:

> Há, porém, cinco diferenças entre suas estórias e as estórias dos historiadores narrativos tradicionais. [...] estão todos, quase sem exceção, interessados nas vidas, sentimentos e comportamentos dos pobres e

> obscuros, ao invés dos grandes e poderosos [...] a análise continua a ser tão essencial em seus métodos quanto a descrição, de modo que seus livros tendem a passar, um pouco canhestramentte, de uma modalidade para outra [...] estão abrindo novas fontes [...] frequentemente, contam suas estórias de maneira diferente da de Homero, Dickens ou Balzac. Sob a influência do romance moderno e das ideias freudianas, eles exploram escrupulosamente o subconsciente, ao invés de se aferrarem aos fatos em si. E sob a influência dos antropólogos, tentam utilizar o comportamento para revelar sentidos simbólicos. Em quinto lugar, eles contam a estória de uma pessoa, um julgamento ou um episódio dramático, não por ele mesmo, mas para lançar luz ao funcionamento interno de uma cultura e uma sociedade do passado (STONE, 1991, p. 31-2).

Enfim, o autor deduz que se está certo nesta constatação do 'retorno da narrativa' junto aos 'novos historiadores', tal movimento marcaria o fim de uma era, "o fim da tentativa de criar uma explicação científica coerente sobre a transformação no passado". Marcando, com isso, tanto o declínio do determinismo econômico e demográfico, quanto do estruturalismo e do funcionalismo, em fins da década de 1970. E a:

> [...] razão fundamental para a passagem da modalidade analítica para a modalidade descritiva, entre os 'novos historiadores', é uma grande mudança na postura quanto ao que constitui o tema central da história. [...] Portanto, agora os historiadores estão se dividindo em quatro grupos: os velhos historiadores narrativos, basicamente biógrafos e historiadores políticos; os cliometristas, que continuam a agir como dopados em estatísticas; os obstinados historiadores sociais, ainda preocupados em analisar estruturas impessoais; e os historiadores da *mentalité*, agora perseguindo ideais, valores, quadros mentais e padrões de comportamento pessoal íntimo – quanto mais íntimo, melhor (STONE, 1991, p. 34).

Mas isso não quer dizer que 'os novos historiadores', inclusive os das *mentalité* (mentalidades), também não tenham 'problemas' em sua(s) abordagem(ns), ao adotarem a narrativa minuciosa e descritiva de grupos ou indivíduos, em suas pesquisas. Para ele, primeiro, é a escolha dos exemplos analisados, que "é filosoficamente inconvincente, um recurso retórico e não uma *prova* científica". Segundo, "é como distinguir entre o normal e o excêntrico". Terceiro, "é que, se consegue entrar, o narrador vai precisar de toda a habilidade, experiência e conhecimento adquiridos na prática da história analítica da sociedade, economia e cultura, se quiser oferecer uma explicação plausível sobre algumas das coisas estranhíssimas que é capaz de encontrar". Quarto, "é que o ressurgimento da narrativa pode levar a uma volta ao puro antiquarismo, ao contar estórias por elas mesmas" (STONE, 1991, p. 34).

Um ano depois, em 1980, Eric Hobsbawm (1917-2012) elaborou alguns comentários sobre a análise de Lawrence Stone, quanto ao 'retorno da narrativa'. (HOBSBAWM, 1991, p. 39-46). O autor observa que Stone não efetuou uma análise quantitativa de seus dados, para poder constatar adequadamente o quanto representativo era tal mudança, ou se era apenas um movimento secundário e de pouco impacto para o campo dos estudos históricos internacionais. De acordo com o autor, não houve um abandono abrupto dos modelos de 'fazer história' até então aplicados, substituídos por uma apresentação narrativa dos dados, sob novas perspectivas. Nem tampouco desapareceu a preocupação pelos questionamentos, 'os grandes *porquês*'. Talvez fosse mais sensato, segundo ele, pensar o aparecimento de um 'novo' discurso narrativo, que tem se apropriado dos modelos quantitativos e analíticos de interpretação. Tal discurso estaria inserido no campo da História Social, com o qual o autor se debruçou em um outro texto, para demonstrar a sua ascensão, em especial, após a Segunda Guerra Mundial (HOBSBAWM, 1998, p. 83-105). E mais:

> Deixando de lado os problemas da apresentação e da síntese, também pode se sugerir duas razões mais substanciais para uma mudança. A primeira é o próprio sucesso dos 'novos historiadores' nas décadas do pós-guerra. Ele foi alcançado por uma deliberada simplificação metodológica, a concentração sobre o que era tido como a base e os determinantes sócio-econômicos da história, às expensas da história narrativa tradicional – por vezes, como na luta francesa contra a 'história factual', em confronto direto com ela (HOBSBAWM, 1991, p. 43).

Além disso, o próprio sucesso de autores destacadamente praticantes da história sócio-econômica, como Fernand Braudel (1902-1985), deu margem para os 'novos historiadores' pensarem temas e objetos abandonados, ou mesmo desconhecidos, na pesquisa histórica. Para ele, não há nada de novo na mudança de escala, do macrossocial para o microssocial, e a 'história das mentalidades' e a (nova) 'história cultural', em suas interpretações das sociedades e das fontes do passado, são mais complementares, do que adversas, a história sócio-econômica até então praticada pelos historiadores profissionais. Em ambos os aspectos, "elas mostram que é possível explicar boa parte de seu levantamento como a continuação dos empreendimentos históricos do passado por outros meios, e não como prova de sua falência". Com isso, o autor indica "que é uma pena, não porque eu discorde dele sobre 'o princípio da indeterminação' e a generalização histórica, mas sim porque, se o argumento é equivocado, o diagnóstico das 'transformações do discurso histórico' feito segundo os termos desse argumento também há de ser impróprio" (HOBSBAWM, 1991, p. 45).

Surpreendentemente, pouco mais de dez anos após a crítica de Hobsbawm, Stone (1991, p. 217-18; 1992, p. 187-94) voltaria a se pronunciar sobre a questão, em dois momentos, mas sem a preocupação de responder as críticas e comentários ao seu texto (que o fez momentos após a receber), mas com uma avaliação totalmente diferente da exposta em seu artigo de 1979. Ainda que nos textos de 1991 e 1992, um com pouco mais de uma página e o outro com oito, o autor não se alongue pormenorizadamente em seus comentários, coloca-se de modo consideravelmente agressivo, e apreensivo, quanto à 'Linguística', a 'Antropologia' e ao 'Novo Historicismo', por presumir que, cada qual a seu modo, ameaçariam a própria identidade e autonomia dos estudos históricos.

Neste mesmo ano, Peter Burke (1992, p. 327-48) buscou avaliar 'a história dos acontecimentos e o renascimento da narrativa'. Ao resumir as críticas que foram efetuadas sobre a história dos acontecimentos nas primeiras décadas do século XX e as análises de Stone e Hobsbawm, o autor passa a demonstrar as características da 'narrativa tradicional' e da 'narrativa moderna'. Na primeira, a preocupação com os acontecimentos, o estudo da política e dos 'grandes homens', a análise 'objetiva' das 'fontes oficiais', compõem os aspectos principais de seu enredo. Na segunda, o olhar sobre 'as massas anônimas', com outras modalidades de discurso, abordagem e interpretação das fontes seriam seu fundamento, e crítica a 'narrativa tradicional'.[2]

Contudo, em ambos os casos, a crítica da chamada 'virada linguística' ao uso do texto e do contexto, como forma de a pesquisa histórica se diferenciar dos textos literários, mostrar-se-iam insuficientes tanto para lhe creditar um patamar adequado de 'cientificidade', quanto de dizer 'aquilo que, de fato, aconteceu'. Por isso, ao mostrar parte desses argumentos, o autor ressalta que a pesquisa histórica poderia ganhar, e não perder, ao tentar se aprimorar, utilizando-se dos modernos recursos da crítica literária. Primeiro, porque se poderiam tornar mais inteligíveis vários tipos de inter-

2 O autor detalha melhor esta questão na apresentação desta obra: BURKE, 1991, p. 7-37.

pretações sobre as guerras e sobre as sociedades.[3] Segundo, porque ao perceber que não reproduz o 'que realmente aconteceu', mas o faz de um ângulo também particular, o historiador pode tornar isso claro ao leitor, desfazendo as amarras da 'objetividade' e da 'imparcialidade'. Terceiro, "um novo tipo de narrativa poderia, melhor que as antigas, fazer frente às demandas dos historiadores estruturais, ao mesmo tempo em que apresenta um sentido melhor do fluxo do tempo do que em geral o fazem suas análises" (BURKE, 1992, p. 338). Daí a importância em se rever as contribuições da antropologia, da crítica literária e da micro-história, pois:

> Resumindo, tenho tentado argumentar que historiadores como Tawney e Namier, Febvre e Braudel, foram justificados em sua rebelião contra uma forma tradicional de narrativa histórica que era mal adaptada à história estrutural que eles consideravam importante. A escrita da história foi imensamente enriquecida pela expansão de seu tema, e também pelo ideal da 'história total'. Entretanto, muitos estudiosos atualmente consideram que a escrita da história também tem sido empobrecida pelo abandono da narrativa, estando em andamento uma busca de novas formas de narrativa que serão adequadas às novas histórias que se movimentam para frente e para trás, entre os mundos público e privado, ou apresentam os mesmos acontecimentos a partir de pontos de vista múltiplos (BURKE, 1992, p. 347).

Por isso, o que muitos historiadores franceses e ingleses definiram como a passagem da 'história-narrativa' para a 'história-problema', nas primeiras décadas do século XX, e da 'história-problema' para uma volta a (uma 'nova') 'história-narrativa', entre as décadas de 1960 e 1970, constituiria uma mudança profunda no conhecimento histórico, e que se desdobraria também pelas Ciências Humanas e Sociais, configurando novas investigações, problemas e interpretações, mesmo que de forma peculiar para a construção das narrativas históricas (MUNSLOW, 2009; ROIZ, 2009b)[4] – voltaremos a essa questão no segundo e no terceiro capítulo. Nesse

---

3 Como é o caso do instigante texto de Daniel Schönpflug, ao estudar o fim da Primeira Guerra Mundial e o limiar de um novo mundo em *A era do cometa* (SCHÖNPFLUG, 2018).

4 E que no período em que expuseram suas avaliações, nas décadas de 1970 e 1980, deram pouca atenção as mudanças que perfaziam outras áreas do conhecimento, e que estavam intimamente relacionadas às próprias mudanças do conhecimento histórico, por eles destacada. Foi somente, a partir da década de 1990, que os historiadores começaram a dar maior atenção a essa questão, como indica o texto de Peter Burke, e a reação de

sentido, objetivo deste capítulo será discutir as 'transferências culturais' no mercado historiográfico internacional, entre os anos de 1960 e 1980, em especial, no 'campo intelectual' inglês, com ênfase para a maneira como ocorreu à recepção e as apropriações do estruturalismo e do pós-estruturalismo na pesquisa histórica. Toma-se como base as estratégias que Quentin Skinner encontrou para contornar tal problema, com o uso do contexto linguístico para explorar as intenções e motivações dos autores ao escreverem seus textos. Antes de discutirmos isso, evidentemente, é necessário que resumamos os principais pontos da virada linguística no campo da escrita da história, que teve como base as questões lançadas pelo estruturalismo e o pós-estruturalismo francês.

A 'virada linguística' e a escrita da história: uma introdução ao debate

Num resumo extremo, a frase/questionamento: *a linguagem representa o acontecido ou o acontecimento já se encontraria na própria linguagem* (?), destacaria as variantes dos pólos de um debate que centrou as discussões entre História, Ciências Sociais, Filosofia, Linguística e Teoria Literária no século XX.

O primeiro momento da frase circunstanciaria, na relação texto-contexto, a importância da história vivida, da "realidade" extratextual que dá forma ao *acontecimento* e a sua (re)configuração no interior de uma *narrativa*, cujo princípio metodológico se consolidou na historiografia oitocentista, canonizando-se, entre o final do século XIX e as primeiras décadas do XX, como fundamento da escrita da história, em bases *científicas*. Em vista da necessidade de constituição de procedimentos de pesquisa, que forjassem o *corpus* documental necessário a regulação do discurso histórico em bases científicas, a quê tanto a História quanto a Ciências Humanas tiveram que se submeter para se institucionalizarem como áreas independentes do conhecimento nas universidades europeias a partir do século XIX (Cf. DORTIER, 2007), seguindo aos mesmos cânones inaugurados pelas Ciências Exatas (Matemática, Física) e Biológicas (Química, Genética), que o historicismo alemão e a historiografia metódica francesa compuseram as regras do método histórico, visando dar forma científica a pesquisa e a narrativa histórica (Cf. REIS, 2003). Entre seus principais fundamentos estava o de que *a linguagem representaria o acontecido na forma de uma narrativa, pautada em fontes documentais, que comprovariam o que foi o vivido no passado, isto é, a ação de homens e mulheres no tempo*. Nesse aspecto, diferente da escrita da história praticada na Antiguidade Clássica e Tardia Greco-romana, que fundamentava a representação

Stone entre 1991 e 1992.

do acontecido, por meio de uma narrativa "vivaz" sobre o passado, tendo em vista as técnicas e as regras da "retórica", a historiografia oitocentista se aproximou mais dos antiquários do período moderno, que passariam a se pautar em documentos (não tanto na simples *vivacidade do discurso*), regras e procedimentos, cujo objetivo era formular uma análise crítica das fontes, onde efetuariam a mediação entre passado e presente via *prova documental*, e não em fundamentos puramente retóricos ou literários – o que fez com que a pesquisa histórica viesse a romper com a retórica clássica e a se distanciar das crônicas e dos romances, a partir do século XIX (Cf. GINZBURG, 2007).

Já o segundo momento expressaria uma alteração profunda na relação texto-contexto, cujo fundamento em uma "realidade" extratextual, isto é, naquilo que se encontrava "fora dos textos", perderia parte de sua fundamentação e credibilidade, a partir do final dos anos de 1920, haja vista que esta não seria alcançável ou sintetizada pelo discurso, expresso pela narrativa histórica, ou, antes, pela fonte documental.[5] Ainda assim, o discurso traria consigo o produto de uma representação, os fundamentos de uma interpretação a respeito da realidade de outrora, mas não a própria realidade que se foi, que indicaria que a 'história como tal' não existiria, mas sim interpretações, versões sobre o passado e não o 'passado como tal'. Pois, *o acontecimento se encontraria na própria linguagem, que é o produto de 'relações de força', mediadas por 'representações simbólicas', com as quais os grupos e os indivíduos, por intermédios culturais, representariam a 'si' e aos 'outros', tanto no presente quanto no passado*. Com a expansão da análise estrutural, amparada na linguística e na teoria literária, a partir dos anos de 1950, com o sucesso alcançado pelo estruturalismo francês, os fundamentos e as regras do método histórico além de serem amplamente questionados, também foram restringidos a formas literárias, que pouco ou nada tinham de científica. (Cf. DOSSE, 2007, 2v; MUNSLOW, 2009). Essa percepção se tornou ainda mais salutar com o desenvolvimento da virada linguística norte-americana, a partir dos anos 1960, que passou não somente a questionar os fundamentos da narrativa e da pesquisa histórica, mas igualmente assemelhando-a as tramas narrativas dos romances. (PALTI, 2012). Tal assertiva foi várias vezes retomada por Hayden White (1928-2018), que em seu texto *Posmodernisme et histoire*, assim a sintetiza:

5 Note-se que os questionamentos apresentados pela filosofia da linguagem e pelo formalismo russo a respeito dos significados inerentes as palavras e as tramas textuais foram revistos e ampliados, a partir dos anos 1920, pelo círculo de Viena, conforme analisa François Schmitz (2019).

> Le récit historique ne peut pas ne pas dramatiser les actions qui se sont réellement passéess en un lieu réel. Mais ce lieu réel, à son tour, doit être transformé en une "scène" avant que le lecteur puisse le reconnaitre comme lieu ou ces actions ont pu se passer (WHITE, 2010b, p. 844).[6]

Em resumo, da relação: *contexto – realidade – acontecimento – documento textual – narrativa histórica*, passou-se a dar cada vez maior atenção *aos processos de produção do texto* seja do documento, seja mesmo da narrativa histórica, demonstrando-se que cada qual se limitava a certos aspectos do passado e nunca a sua totalidade, e, além disso, a quantidade de versões possíveis a serem feitas sobre o mesmo acontecimento o dizimava numa profusão de possibilidades, tanto quanto de probabilidades, que o próprio acontecimento se tornava inalcançável na sua plenitude. A verdade e o discurso verdadeiro que até então pareciam ser aferíveis pela analise criteriosa dos documentos, medindo seus níveis de autenticidade, passaram a ser vistos como técnicas limitadas, imprecisas e questionáveis, uma vez que o próprio testemunho a respeito do passado, mantido nos resquícios documentais (textuais, pictóricos ou imagísticos), não passava de uma versão, cujo norte estava limitado a perspectiva do observador, e, por isso mesmo, não passava de uma mera possibilidade, um fragmento, que dava ensejo a outras interpretações, cuja totalidade do que foi nunca era atingida.

Contudo, a tese de redução do contexto ao texto, e da 'realidade' à narrativa levou aos extremos a própria existência de uma 'realidade' extratextual, "fora-dos-textos", que daria base tanto a produção dos documentos sobre o passado, quanto à narrativa histórica que faria uso deles para interpretar e analisar a ação dos homens e das mulheres e das sociedades de outrora. De imediato, desqualificando-os por não serem produtos objetivos, diretos, imediatos, puros e imparciais sobre os "fatos" e "acontecimentos" que circunstanciavam, e no caso da narrativa histórica nem tampouco científica, porque os instrumentos de que fazia uso não serviam nem para estudar o passado (inalcançável), nem tampouco para descrever os eventos que se inscrevem nas fontes, já que estas foram produtos de uma construção discursiva subjetiva, que fez, por sua vez, suas próprias escolhas, cortes, silenciamentos

---

6 Tradução livre: "A narrativa histórica não pode dramatizar as ações que realmente aconteceram em um lugar real. Mas esse lugar real, por sua vez, deve ser transformado em uma "cena" antes que o leitor possa reconhecê-lo como um lugar onde essas ações poderiam ter acontecido." (WHITE, 2010b, p. 844).

e esquecimentos, além de objeções sobre o acontecimento narrado (Cf. WHITE, 1995, 1994, 2017; VASCONCELOS, 2005; MUNSLOW, 2009; BERBERT Jr., 2012).

Por outro lado, não é menos certo que *a centralização da percepção das coisas e dos acontecimentos às formas linguísticas e semânticas definidoras de sua presença e significados* não esteve limitada a uma mudança epistemológica perceptível somente entre a História, a Linguística e a Teoria Literária, mas fincou raízes profundas sobre as próprias maneiras de se conceber a produção artística e literária, a pesquisa antropológica, e mesmo o trabalho filosófico, cuja centralização na produção de conceitos foi amplamente questionada no século passado (EAGLETON, 1997, 2005; LIMA, 2006).[7] Por essas razões, a *linguistic turn*, a 'virada (ou guinada) linguística', que passou a identificar a 'linguagem' e a 'cultura' como definidoras dos padrões de percepção e de representação da 'realidade' de outrora, deve ser vista como um questionamento profundo sobre a própria forma de se conceber a ciência e praticar a pesquisa entre as Humanidades, assim como prescrever o discurso verdadeiro.

---

7 No campo da Filosofia e das Ciências Sociais francesas, François Cusset (2008) e François Dosse (2003) notaram questões semelhantes. Para o primeiro, enquanto nos anos de 1960 a 80 havia um surto impressionante nos EUA para com autores como Foucault, Derrida e Deleuze, em debates, congressos, revistas especializadas e nas universidades, na França havia um verdadeiro movimento de contestação às ideias desses autores – fato alterado, segundo ele, apenas nos últimos anos. François Dosse, em seu livro *O império dos sentidos*, demarcou de forma mais geral essas questões, e o impacto que tiveram no 'pensamento francês', a partir dos anos de 1980, quando houve a introdução de diversas teorias (muitas delas norte-americanas), como: o cognitivismo, o pragmatismo, a filosofia analítica e da linguagem e a etno-metodologia. Nesse sentido, tanto a história quanto a filosofia francesas estiveram, a partir dos anos de 1980, em vista do que foi acima resumido, mais aberta a outros 'paradigmas'. Foi o que aconteceu no que diz respeito à 'micro-história' italiana, de um lado, e quanto à 'virada linguística' e ao 'cognitivismo' norte-americano, de outro. Se até a década de 1960 as 'transferências culturais' entre a historiografia norte-americana e a francesa foram desiguais, mais demonstrando uma relação de dependência, do que uma troca recíproca, da primeira com a segunda, a partir da década de 1970, quando o estruturalismo francês passa a ser veementemente criticado, e em seu lugar ganhava espaço o pós-estruturalismo, em ambos os países, parece que tais relações também ganhavam novos contornos. Primeiro, por que o movimento dos *Annales* muda significativamente suas orientações, com a saída de Fernand Braudel dos cargos dirigentes, inclusive do periódico. Segundo, também em função deste primeiro ponto, a historiografia francesa se torna mais aberta a intercâmbios com outras historiografias, que até então se estabelecia numa relação desigual no 'mercado historiográfico', em função da importância atribuída à história econômica e social, preconizada por Braudel e seus herdeiros naquele período (DOSSE, 2001).

Para Jacques Derrida (2009), essas questões também foram cruciais, e não muito diferente de Foucault (2002), sua atenção foi encaminhada para um questionamento sobre a Razão e a organização do pensamento ocidental no que diz respeito à verdade, a utopia, ao sentido e as formas de representação do poder. Para ele, repensar a forma como estava constituída a escrita e o pensamento eram de fundamental importância para se revelar significados ocultos, diferenças pouco notadas, características e formas muitas vezes deixadas de lado. Normalmente definido como 'desconstrução' do texto e de seus significados, esse procedimento serviu de base para que ele revisse a própria estruturação lógica de um texto (histórico, literário, filosófico, etc). Em Gilles Deleuze, tais questões também não passaram despercebidas. Além de escrever um conjunto de monografias (sobre Hume, Kant, Nietzsche, Kafka, entre outros), o autor teve grande preocupação com a formulação de conceitos (que, segundo ele, era o objetivo primeiro do ofício de um filósofo), como diferença (diferança), sentido, evento etc. (Cf. MACHADO, 2009). Para ele, esse exercício permitia delimitar melhor certas questões, e expor seus pormenores por meio da linguagem e da escrita. De forma muito resumida, portanto, esses autores foram fundamentais para demonstrarem certas fragilidades do pensamento ocidental, que tinha sua base fundamentada na Razão (desenvolvida pelo racionalismo clássico do século XVII e consolidada pelo movimento das Luzes no século XVIII) – que por sua vez se amparava na verdade dos fatos, na projeção de utopias e no sentido para o qual se dava para a humanidade no transcurso do tempo –, a qual os autores foram consideravelmente críticos (Cf. DOSSE, 2007a, 2007b). Essa é uma das razões de serem considerados também 'pensadores rebeldes', insubmissos aos cânones estabelecidos ou as verdades perenes (CUSSET, 2008).

Para Jurgen Habermas (2004), a 'virada linguística' se conformaria em torno de um debate típico do campo da história da filosofia e da filosofia da linguagem, compreendendo diferenças de posturas entre o passado e o presente, entre a filosofia antiga e a moderna, e a moderna e a contemporânea, destacando uma 'virada epistemológica', 'linguística' e 'linguística-pragmática'. Em vista disto:

> As dúvidas contextualistas a respeito da intuição realista e universal associada a conceitos como verdade, saber e razão, são a consequência de uma virada linguística que situa o critério da objetividade do conhecimento não mais na certeza privada de um sujeito da experiência, mas na práxis pública da justificação de uma comunidade de comunicação. Há hoje um amplo consenso sobre o fato de que a linguagem e a realidade se interpenetram de uma maneira indissolú-

> vel para nós. Só podemos explicar o que é um fato recorrendo a um enunciado factual, e o que é real apenas recorrendo ao que é verdadeiro. Visto que a verdade de opiniões e proposições pode, por sua vez, ser fundamentada ou refutada apenas com auxílio de outras opiniões e proposições, nós – como sujeitos que refletem – não podemos escapar à ascendência da linguagem (HABERMAS, 2004, p. 281).

Ainda que concordemos com o autor sobre a centralização destas questões ao campo dos estudos filosóficos, não há como negar que seus desdobramentos foram sentidos em todas as áreas das Humanidades. (Cf. DORTIER, 2007, 2010). Por sua vez, se o auge desses debates esteve entre os anos de 1950 e 1970, suas raízes, em geral, são alocadas ao século XIX, quando se passou a questionar, de forma mais direta, o "racionalismo clássico". Vinculado a essas indagações, Friedrich Nietzsche (1844-1900), não apenas é agrupado pela maioria dos filósofos dos anos de 1950 e 60, como o autor chave no interior dessas discussões, mas também foi um dos pioneiros a questionar a produção do saber, a ideia de verdade, ciência e objetividade, e a relação entre linguagem e representação da 'realidade'. Já em fins da década de 1880, quando se encontrava com maior debilidade de saúde (física e mental), Nietzsche se expressaria em seus aforismos (publicados postumamente) de forma mais contunde ainda sobre alguns desses temas. No que se refere à produção do conhecimento histórico, ressaltará que: "Contra o positivismo, que fica no fenômeno 'só há fatos', eu diria: não, justamente não há fatos, só interpretações [...]. Não podemos verificar nenhum fato 'em si': talvez seja um absurdo querer tal coisa", uma vez que "Tudo é *subjetivo*", e "já isso é *interpretação*" (NIETZSCHE, 2007, p. 260, itálico no original). Tal assertiva, que se encontra em seu aforismo 481, no livro *A vontade de poder*, além de questionar o sujeito do conhecimento, indaga a própria existência de uma "realidade" extratextual e a possibilidade de representá-la por meio de um discurso narrativo (ou mesmo filosófico).

Por analisar a estruturação da linguagem, a partir de uma teoria diferencial dos *signos* (na relação *significado* e *significante*), Ferdinand de Saussure (1857-1913) é considerado o fundador da linguística moderna, e, não por acaso, agrupado ao lado de Nietzsche, no interior dessas discussões. Suas anotações, reunidas por alunos, em seu *Curso de linguística geral* foi fundamental por ter inspirado a escola de Moscou (1911-1930), o círculo de Viena e o círculo de Praga, que em 1929 lançou um manifesto em prol de um *novo espírito cientifico* (contra o espírito *especulativo* e *metafísico*). Por sua vez, a escola de Moscou marcará profundamente a linguística e a semiologia no século XX, principalmente, no momento de ascensão do estruturalismo, por proporem o estudo em detalhe da estruturação da obra, dos personagens, dos enredos e das tramas literárias. É importante destacar, nesse processo, que as guerras mundiais além de trazerem consigo a destruição de lugares, pessoas, culturas e histórias, também possibilitaram a circulação de pessoas e ideias, e a formação inesperada de intercâmbios intelectuais, favoráveis a elaboração de obras de diversas áreas, como na filosofia, na linguística e nos estudos literários. (EILENBERGER, 2019; SCHÖNPFLUG, 2018; LOWE, 2017). Roman Jakobson (1896-1982), especialista em contos e fábulas eslavas, e um dos líderes do movimento russo, irá para os Estados Unidos nos anos de 1920, em função das consequências da revolução bolchevique de 1917 e do final da primeira Guerra Mundial, onde terá grande aceitação e impacto no pensamento filosófico e na crítica literária. Por outro lado, Tzvetan Todorov (1939-2017), que migrará para a França no início dos anos 1960, e será um dos introdutores das discussões empreendidas em Moscou e em São Petersburgo naquele país, aclimatando as ideias russas em solo francês (Cf. DORTIER, 2010; TODOROV, 2019).

Se, como vimos, houve a passagem de um extremo ao outro, no que diz respeito à linguagem representar *o acontecido ou o acontecimento já se encontrar na própria linguagem*, há que se ressaltar que também existem tentativas de se avançar sobre essa *tese* e essa *antítese*, num movimento dialético em busca de novas *sínteses* (Cf. COSTA, 1994). Mas como tal, esse movimento é diversificado, fragmentado e arredio. (Cf. REIS, 2003, 2019). Numa tentativa didática, talvez pudéssemos resumi-lo: a) em posições mais *conservadoras*, por se voltarem à historiografia oitocentista, serem severamente críticos com relação à 'virada linguística', primarem pela relação texto-contexto, nas diferenças entre história e romance, e na possibilidade de produção do conhecimento histórico em moldes eminentemente 'científicos', como se encontra na obra de Peter Gay (1990, 2010), E. P. Thompson (2021) e Eric Hobsbawm (1998, 2011) – que retomaremos no próximo capítulo; b) em posições mais *radicais*, por criticarem ambos os extremos, reivindicarem um projeto político articulado as ações intelectuais, e retomarem a função da escrita da história para a sociedade e o papel desempenhado pelo historiador nesse processo, como aparece na obra de Josep Fontana (1998, 2004, 2005) – que veremos melhor no quarto capítulo; c) e posições mais *conciliadoras*, por observarem a contribuição de ambos os momentos do debate, e ora indicarem a precisão metodológica a serviço das provas, para se destacar a importância do conhecimento histórico para as sociedades do passado e do presente, como aparece na obra de Carlo Ginzburg (2002, 2004, 2007); ora demonstrando-se a função das teorias na escrita da história e o papel que desempenham na fundamentação da 'história como ciência', isto é, uma 'história ciência' porque amparada em métodos, como se apresenta na obra de Jörn Rusen (2001, 2007a, 2007b) – que veremos no terceiro e no quarto capítulo. Mas, neste capítulo, não iremos nos deter sobre esse tópico (que será visto nos próximos), e sim na maneira que Quentin Skinner procurou refletir tal problemática em sua obra.

Contextualismo linguístico e história intelectual na obra de Quentin Skinner

Desde os anos de 1960, Quentin Skinner tem se preocupado de maneira sistemática em organizar instrumentais operacionais para o estudo da história intelectual, tendo em vista que a análise do contexto linguístico de produção das obras, pode vir a ser também promissor para inquirir as intenções dos autores. Nessa perspectiva, um texto expunha não somente teorias e interpretações, mas apresentava também os movimentos de interesse, os jogos de linguagem e os tipos de ação, já intencionados pela escrita dos respectivos autores.[8] Se, evidentemente, tal abordagem tem sofrido severas críticas quanto à viabilidade de se reconstituir precisamente quais as intenções e as motivações que os autores tinham em seus textos, ela também despertou intenso interesse por demonstrar a íntima relação entre contexto linguístico e condições socioculturais de produção dos textos (Cf. PALLARES-BURKE, 2000).

Em *Visões da política*, organizado em três volumes (SKINNER, 2005, 2002b, 2002c), dos quais apenas o primeiro conta com tradução portuguesa, Skinner além de reunir textos dispersos produzidos desde os anos de 1960, que resume o corpo teórico e metodológico de suas propostas, também visariam rebater as críticas, que seus textos foram recebendo no transcorrer do tempo. O primeiro volume se atem fundamentalmente sobre as questões metodológicas, enquanto os outros dois intercalam também partes de seus resultados de pesquisa, sobre autores como Maquiavel e Hobbes, assim como sobre movimentos como o Renascimento, a Reforma e a Contrarreforma, e em conceitos como o de liberdade, liberalismo, contratualismo (Cf. SKINNER, 2002b, 2002c).

Além disso, o último ensaio (deste primeiro volume) também intenciona oferecer uma síntese do conjunto, resumindo as aproximações e diferenças entre sua abordagem e a história conceitual praticada por Reinhart Koselleck na Alemanha

8 Não há dúvida que o conhecimento pormenorizado do contextualismo linguístico inglês passa pela análise da obra de John Pocock, que junto com Quentin Skinner, são os expoentes desta linha investigativa. Para se observar as contribuições de Pocock para o debate é importante se analisar seus livros *Cidadania, historiografia e res publica* e *Pensamiento político e historia*, que reúnem a maioria dos ensaios teóricos e metodológicos deste autor (POCOCK, 2013, 2011).

– que retomaremos no próximo capítulo. Para Diogo Ramada Curto, que escreve uma nota de apresentação da coletânea:

> Acerca desta espécie de súmula de um trabalho individual, mas desde logo com largas implicações no interior de vários círculos académicos de historiadores e não só, importa notar que ela é atravessada por uma enorme tensão: por um lado, o autor afigura-se parte integrante das tendências qualificadas como sendo da ordem do 'linguistic turn', ou seja, das perspectivas pós-modernas (relativistas, ambíguas, fluidas etc.), das realidades diluídas no estatuto de meras representações, bem como de discursos potenciadores de múltiplos significados; por outro lado, a sua obra define uma preocupação em estabelecer a validade de um cânone de autores do pensamento político Ocidental, muito em particular durante a primeira modernidade (SKINNER, 2005, p. XIV).

Assim, tendo em vista os postulados de Wittgenstein, Austin e John Searle, Skinner irá formar todo um cabedal teórico-metodológico para interpelar os autores que formaram a história do pensamento político Ocidental; vislumbrando, com isso, um cânone de autores e obras, que além de sintetizarem os jogos de linguagem de uma época, também expunham as principais intenções vinculadas em sua escrita, como um projeto de ação, com vistas à mudança, às vezes apenas a crítica, de sua época. Em vista disso, se o "que pretendemos é uma história da filosofia feita com um espírito genuinamente histórico, devemos ter como uma de nossas principais tarefas a contextualização intelectual dos textos em estudo de forma a que possamos dar sentido ao que os seus autores estavam a fazer quando os escreviam". No entanto, seu "intuito não é apenas penetrar nos processos mentais de pensadores há muito desaparecidos" pois, "trata-se apenas de utilizar as técnicas básicas da investigação histórica de forma a captar os seus conceitos, seguir as suas distinções, apreciar as suas crenças e, tanto quanto possível, ver as coisas tal como elas são" (SKINNER, 2005, p. 4). Contudo, ao "refletir sobre a ideia de que o discurso traduz igualmente uma acção, cheguei à conclusão de que a teoria dos actos discursivos pode ter algo a dizer-nos sobre a filosofia da acção em geral e, em particular, acerca do papel da causalidade na explicação do comportamento". Portanto, a "tese que tento defender centra-se na convicção de que, mesmo aceitando que os motivos funcionam como causas, podem existir explicações não causais da acção" (SKINNER, 2005, p. 5), e a moverem também as intenções dos autores quando escrevem seus respectivos textos. Não por acaso:

> Um dos meus objectivos principais é chamar a atenção para a utilidade e importância desta tendência da filosofia pós-analítica no que diz respeito à interpretação dos textos e ao estudo das mudanças conceptuais. Quando procuro clarificar os conceitos faço-o por intermédio não dos supostos 'significados' dos termos que usamos para os expressar mas antes perguntando o que é que pode ter feito com eles e analisando a relação entre uns e outros bem como as ligações com as redes mais alargadas de crenças. Na minha opinião, aquilo que é racional acreditar depende em grande medida da natureza de nossas outras crenças. Tento por isso interpretar crenças específicas situando-as no contexto de outras crenças, ao mesmo tempo que procuro analisar os sistemas de crenças enquadrando-os em meios intelectuais alargados (SKINNER, 2005, p. 6).

E uma apreciação pontual dessa questão foi feita no quarto ensaio, produzido nos anos de 1960, onde Skinner lançaria seu programa de pesquisa. Para ele, "minha contribuição limita-se ao estudo de um tipo particular de técnicas retóricas, as quais dizem respeito ao exame do poder das palavras para fortalecer ou enfraquecer a construção do nosso mundo social" (SKINNER, 2005, p. 7). Daí sua preocupação inicial em abordar a prática da história e o culto do fato. Ao expor sua leitura e crítica à obra de Geoffrey Elton (1921-1994), ele indicará o que o motivou a pensar a prática da história, como um conjunto de procedimentos para averiguar a conformação dos fatos, sem, com isso, articulá-los com os contextos de produção, pois, seria "muito mais seguro insistir que na vida só contam os factos" (SKINNER, 2005, p. 38). Em sua abordagem da obra de Charles Taylor, voltará a seu argumento, no qual "os tipos de explicação que damos para crenças que consideramos racionalmente sustentadas têm uma natureza diferente dos tipos de explicação que nos sentimos obrigados a dar quando duvidamos da racionalidade de uma determinada crença"; porque equiparar "a adopção de crenças falsas a lapsos de racionalidade implica assim excluir um tipo de explicação à custa de outro, sem antes termos a certeza se tal se justifica" (SKINNER, 2005, p. 47).

Após expor o conjunto de procedimentos (sistematizados no quarto ensaio), para perscrutar a história do pensamento político Ocidental, na primeira modernidade dos séculos XVI ao XVIII, dá atenção aos motivos e intenções que se cruzam sobre as interpretações dos autores em suas obras. Do mesmo modo, parte da estratégia de tomar alguns autores como exemplos, para desenvolver seus comentários, críticas, e, a partir deles, demonstrar a importância de sua abordagem, para inquirir as ideias em seus contextos de produção. Para desenvolver seus comentários sobre a compreensão dos atos discursivos, novamente toma por base a obra de Wittgenstein e de Austin, pois, "cada um à sua maneira, lembram-nos que, caso queiramos compreender uma afirmação, devemos procurar captar algo que esteja além do sentido dos termos utilizados para a exprimir" (SKINNER, 2005, p. 146). Disto também resultaria a descoberta das estratégias que deram propensão a formação da ação social, cujo mérito deste procedimento estaria em encontrar certos padrões que norteariam tais escolhas, sugerindo explicações ao seu significado social.

Depois de demonstrar o contorno dos problemas e procedimentos que perfazem os caminhos de seu método de análise da história do pensamento político Ocidental, passa a expor alguns exemplos de análise da linguagem. Com isso, procura pensar a ideia de um léxico cultural, ao comentar a obra de Raymond Williams (1921-1988), especialmente seu *Keywords* (2007). Para ele, ao se estudar um conjunto de termos, que dão base a um léxico cultural, é possível alcançar "conhecimentos sobre as teorias e convicções sociais em mutação; sobre a consciencialização e as percepções sociais em mudança; e sobre os valores e atitudes sociais em mutação" (SKINNER, 2005, p. 240). Donde a importância de se estudar a retórica e a mudança conceitual dos termos no tempo, circunstanciando seus contextos de produção, seus jogos de linguagem, os círculos de debates e as intenções e motivações dos autores em seus textos. Nesse sentido, enquanto "Koselleck está interessado, nada mais nada menos, do que em analisar todo o processo de mudança conceptual; eu estou principalmente interessado em estudar uma das técnicas que está na origem dessa mudança" (SKINNER, 2005, p. 262). Contudo, tanto "Koselleck como eu próprio defendemos que é necessário encarar os nossos conceitos normativos não tanto como afirmações acerca do mundo mas, acima de tudo, como instrumentos e armas de debate ideológico" (SKINNER, 2005, p. 248). Nesse ponto, Skinner indicaria os débitos que acredita que ambos tiveram com as obras de Nietzsche e de Foucault, porque em ambos os casos elas possibilitaram avanços expressivos para o campo da pesquisa histórica, em função de suas críticas ao "fazer história" de então, suas limitações conceituais e de análise das fontes documentais.

Destarte, a análise deste volume não seja suficiente para demonstrar a importância do conjunto, que circunscreve os três volumes de *Visões da política*, apreendidas por Skinner ao longo de sua trajetória, na qual formou um conjunto de procedimentos para inquirir os motivos e as intenções dos autores ao formarem suas explicações dos acontecimentos, e, ao fazerem isso, também plasmarem certos tipos de ação, no contexto da história do pensamento político Ocidental. Mas, isso não quer dizer que, ao sintetizarmos esse volume que trata das questões metodológicas, não tenhamos chamado a atenção do leitor para conhecer de perto o percurso teórico e metodológico dos procedimentos de Skinner, tanto quanto de seus exercícios de pesquisa. Não há dúvida que esta obra, ao recolher parte significativa dos textos que Skinner veio produzindo desde os anos de 1960, venha a se tornar uma referência para o estudo da história das ideias, da história intelectual e do pensamento político Ocidental.[9]

Desse modo, a obra de Quentin Skinner está entre aquelas que, desde os anos de 1960, tem se debruçado com afinco sobre essas questões, agrupando-se junto ao que ficou definido como contextualismo linguístico inglês, esforçando-se para a criação de procedimentos adequados para a história intelectual ser, entre outras coisas, um instrumento apropriado para o estudo do pensamento e da ação política no tempo (SKINNER, 1996). Estudioso da história moderna, ele se preocupou com a investigação do pensamento renascentista, reformista, contrarreformista, liberal e conservador, e a maneira como estabeleceriam relações com seu contexto (imediato de produção). Para ele, somente ao se agrupar o contexto de produção das obras é que se torna possível visualizar os jogos linguísticos usados pelos letrados e políticos do período; reconstituir como agem e se movimentam no campo de produção das obras e da ação política; estabelecer os nexos de ação do grupo e do indivíduo; analisar os discursos e as estratégias de ação; além de permitir definir quais as intenções dos agentes sociais em sua escrita, por já formar nela uma ação política, com desdobramentos sociais profundos, ao ser apropriada na(s) sociedade(s) por seus consumidores.

9 A história intelectual tem buscado forjar padrões de análise que a convertam num campo de estudo estabelecido e fixado como outros já consagrados, a exemplo da história política, da econômica e social, e da cultural. Por suas íntimas aproximações com a história filosófica e com a história das ideias, definir seguramente suas fronteiras teórico-metodológicas e seu alcance interpretativo do objeto, assim como seu *corpus* documental, torna-se, senão um problema tenso e contraditório, um desafio para o estudioso da temática. Se mesmo entre os lugares principais de produção, a história intelectual é ao mesmo tempo ambígua, sem necessariamente construir procedimentos de pesquisa comuns, como se observa entre os Estado Unidos, a França, a Inglaterra, a Alemanha e a Itália, como então dever-se-ia proceder ao seu estudo e a sua apropriação? Esse é um questionamento que tem perpassado pela maioria dos autores que abordam o tema, inclusive Skinner (Cf. DOSSE, 2007b), como vimos tratando até aqui.

Evidentemente, a proposta analítica do autor é consistente e articulada, o que não quer dizer que seja isenta de fragilidades. O ponto, talvez, mais criticado em sua proposta é justamente a de agrupar e definir as intenções dos agentes sociais, por meio do estudo de seus escritos, como vimos acima. Outro ponto, é o de certa forma reduzir o texto ao seu contexto imediato de produção. Por certo, em várias ocasiões, Skinner (2005) procurou rebater as críticas e demonstrar as vantagens (e desvantagens) de suas propostas. Em textos como *Liberdade antes do liberalismo* (1999b) ou em *El artista y la filosofía política* (2009), Skinner se move pela análise de termos chave para a história moderna e contemporânea, assim como o de avaliar os governos republicanos e a definição de seu poder, valores e experiências históricas. Se o acompanharmos de *Razão e retórica na filosofia de Hobbes* (1999) até *Hobbes e a teoria clássica do riso* (2002), veremos uma parte dessa dinâmica, entre os avanços e continuidades metodológicos, teóricos e interpretativos que estas apresentavam ao longo do tempo.

Com a publicação de *Hobbes e a liberdade republicana*, oferece-se mais uma boa oportunidade para se revisitar a proposta do autor e analisar seus procedimentos. Sua principal intenção com esta obra foi "contrastar duas teorias rivais sobre a natureza da liberdade humana" (SKINNER, 2010, p. 9), que estariam em tensão na Inglaterra do período, mas também estariam intimamente relacionadas ao movimento interno das obras de Hobbes.[10] De *Os elementos da lei natural e política*, sua obra mais antiga que circula desde 1640; a *Do cidadão*, que reformula parte dos argumentos desse texto inicial e data de 1642; até o *Leviatã*, cuja edição inglesa data de 1651 e a latina revisada de 1668, para Skinner, as metamorfoses em seus argumentos seriam evidentes e facilmente circunstanciados, por meio da comparação e estudo sistemático das obras.[11] Por esse motivo, a "análise de Hobbes da liberdade

10 Vale ressaltar que após os atentados as Torres Gêmeas nos EUA, em 2001, e ataques terroristas em várias partes do mundo, especialmente, na Europa, houve uma intensa redescoberta da obra de Hobbes, como mostra o historiador italiano Carlo Ginzburg. Para ele, desde 11 de setembro de 2001, "nos comentários sobre atentados que ocorrem com sinistra frequência em várias partes do mundo, repete-se o nome de Hobbes, o autor do *Leviatã*." (GINZBURG, 2014, p. 14).

11 Muitos outros autores já observaram o movimento que perfaz os três livros de Hobbes. É o caso da análise de Michael Hardt e Antonio Negri (2005), que observaram: "Consideramos o movimento de um livro para outro, de *Império* para *Multidão*, como o inverso do que foi feito por Thomas Hobbes de *De cive* (publicado em 1642) para *Leviatã* (1651). A evolução em sentido inverso fala da profunda diferença entre dois movimentos históricos. Na aurora da modernidade, Hobbes definia em *De cive* a natureza

no *Leviatã* representa não uma revisão mas um repúdio ao que ele havia anteriormente argumentado, e que esse desenvolvimento reflete uma mudança substancial no caráter de seu pensamento moral" (SKINNER, 2010, p. 14). Nesse sentido, "eu abordo a teoria política de Hobbes não simplesmente como um sistema geral de ideias, mas também como uma intervenção polêmica nos conflitos ideológicos de seu tempo", e para "entender e interpretar seus textos, sugiro que precisamos reconhecer a força da máxima segundo a qual as palavras também são atos" (SKINNER, 2010, p. 15) – como já havia indicado Wittgenstein, a quem o autor se apoia.

Para ele, embora estudos mais recentes tenham apontado as mudanças argumentativas de Hobbes, no que tange a liberdade, de uma obra para a outra, estes não se questionaram porque houve essa transformação. Vale notar ainda que, para Skinner, Hobbes foi o "mais formidável inimigo da teoria republicana da liberdade, e seus esforços para desacreditá-la constituem um momento que faz época na história do pensamento político de língua inglesa" (SKINNER, 2010, p. 13).

Para demonstrar seus argumentos, o autor explora, além das obras acima indicadas, as correspondências trocadas no período e o "catálogo da biblioteca Hardwick", a qual Hobbes foi um constante leitor e pesquisador de seus textos. Ao refazer parte das leituras que Hobbes teria feito, ele acredita ser possível reconstituir alguns dos momentos de produção dos textos, e as reviravoltas em seus argumentos. Destarte ser este um ponto alto no texto, também esta tentativa tem lá suas fragilidades, porque como o próprio autor observará, não há como reconstituir todos os momentos de produção do texto, nem tampouco suas mudanças de roteiro, interpretação e análise, efetuadas ao longo da vida. Por outro lado, não há como sugerir adequadamente todas as suas intenções, porque os atos a serem visados são vários, e o que predispõem a mudança analítica pode muito bem ser aquele menos provável. Nisso também o texto de Skinner é rico em hipóteses e sugestões de caminhos de análise.

---

do corpo social e as formas de cidadania adequadas à nascente burguesia. A nova classe não era capaz por si só de garantir a ordem social; precisava de um poder político que se posicionasse acima dela, uma autoridade absoluta, um deus na Terra. No *Leviatã*, Hobbes descreve o tipo de soberania que haveria de desenvolver-se subsequentemente na Europa, sob a forma do Estado-nação. Hoje, no alvorecer da pós-modernidade, tentamos inicialmente, em *Império*, delinear uma nova forma global de soberania; e agora, neste livro, tentamos entender a natureza da formação da emergente classe global, a multidão. Enquanto Hobbes se delocava da nascente classe social para a nova forma de soberania, nosso percurso é o inverso – caminhamos da nova forma de soberania para a nova classe global." (HARDT, NEGRI, 2005, p. 16-17).

Daí ser tão complexo o itinerário escolhido, ao passar em revistas as obras: *Os elementos da lei natural e política*, *Do cidadão* e o *Leviatã*; assim como a maneira que sugere comparar o contexto linguístico e sociocultural da Inglaterra (e indiretamente também da Europa), de 1630 a 1660, com as possíveis formas de apropriação escolhidas por Hobbes para a elaboração de seus textos.

Não há dúvida que foi um leitor voraz e tradutor dos clássicos gregos e romanos, e que Hobbes não apenas conhecia os debates de sua época, como também sabia de que maneira estavam sendo usados os autores antigos. De acordo com Skinner, apesar de "seu alto prestígio, a *História* de Tucídides desempenhou provavelmente um papel marginal na difusão das ideias gregas sobre os Estados livres na Inglaterra do início do século XVII", mas importância "muito maior teve a *Política* de Aristóteles, especialmente depois de sua primeira tradução completa para o inglês, em 1598" (SKINNER, 2010, p. 76-77). Daí, para o autor, a importância dos debates sobre escravidão e servidão no período, cuja finalidade não passaria de um ressentimento aristocrático. E foi justamente na década de 1640, quando aumentariam as tentativas de insurreição, que Hobbes "tomou subitamente consciência do fato de que suas próprias ideias sobre a soberania absoluta poderiam colocá-lo em perigo grave" (SKINNER, 2010, p. 93), em função destas circunstâncias revolucionárias. Se ele teve a oportunidade de ler, senão todos, ao menos parte dos panfletos que circulavam no período, apenas isso não seria o suficiente para responder a sua 'súbita tomada de consciência'. Mas, "refletindo sobre o que poderia lhe acontecer se tais opiniões [contidas nos *Elementos*] se tornassem públicas, deixou-se tomar pelo pânico" (SKINNER, 2010, p. 94), e esse deve ter sido um dos motivos das reformulações que fará no texto, convertendo-o em partes dos capítulos d'*O cidadão*, quando este seria publicado em meados de 1642. Não por acaso:

> Hobbes começa indicando que o que esteve ausente em sua discussão, e o que a seguir propõe fornecer, é uma abrangente definição do conceito geral de liberdade. Como sua análise subsequente deixa imediatamente claro, o que ele procura é uma definição suscetível de englobar não apenas a liberdade dos que deliberam, com base na liberdade característica do estado de natureza, mas ao mesmo tempo a liberdade dos corpos naturais tais como (para citar seu próprio exemplo) os volumes de água e sua capacidade de se mover sem impedimento. [...] portanto [...] o conceito de liberdade humana precisa ser tratado essencialmente como uma subespécie da ideia mais geral do movimento não entravado (SKINNER, 2010, p. 110-11).

Porque, entre outras coisas, *a liberdade era entendida como a ausência de impedimento ao movimento*. Daí ele se voltar "para o mundo da liberdade humana, continuando a tratar as ações humanas essencialmente como movimentos físicos que podemos executar à vontade ou sermos impedidos de fazê-lo por obstáculos externos" (SKINNER, 2010, p. 112). O que o teria feito reformular seus argumentos dos *Elementos* para d'*O cidadão*, nesse caso, esteve relacionado tanto com o contexto tenso e revolucionário da Inglaterra do período, quanto suas novas leituras e informações, bem como seu medo sobre o desenrolar daqueles acontecimentos, que poderiam lhe colocar em risco (inclusive de perder a vida). Por essas evidências, ficam-se parcialmente indicadas as razões de tomar partido com um estilo mais conciliador, do que inflamado, ao tratar da defesa da soberania absoluta. Mas, uma ausência entre esses textos foi a de estabelecer uma "perspectiva clara sobre a relação entre possuir liberdade de agir e possuir o poder de executar a ação em causa" (SKINNER, 2010, p. 129). Por isso:

> Quando, em *Do cidadão*, definira o conceito de liberdade, havia argumentado que a liberdade humana pode ser tirada quer por impedimentos absolutos que nos impossibilitavam exercitar nosso poder à vontade, quer, também, por impedimentos arbitrários que inibem a própria vontade. Mas no *Leviatã* o conceito de um impedimento arbitrário é silenciosamente abandonado. Os únicos impedimentos que tiram a liberdade, é-nos dito agora, são os que têm o efeito de deixar um corpo fisicamente impotente (SKINNER, 2010, p. 126-27).

Assim, "enquanto os impedimentos intrínsecos tiram o poder, somente os impedimentos externos tiram a liberdade" (SKINNER, 2010, p. 130). Mas, ao fazer esse movimento, Hobbes teria deixado alguns pontos desamarrados, entre os quais, o "equívoco aparente [...] sobre a questão de saber se é preciso distinguir entre agir sob compulsão e agir voluntariamente" (SKINNER, 2010, p. 131). Além disso, para impor suas posições Hobbes foi obrigado a elaborar sua interpretação, com a "consciência de que precisava enfrentar os teóricos da liberdade republicana em seu próprio território" (SKINNER, 2010, p. 143), tendo em vista que:

> [...] o que esses autores não conseguem é fornecer uma explicação sobre o que há de precisamente errado na afirmação republicana do simples fato de a dependência tirar a liberdade do homem livre. Quem consegue fornecê-la é Hobbes, no *Leviatã*, tornando-a um marco na evolução das teorias modernas da liberdade. Antes dele, ninguém havia oferecido uma definição explícita sobre o que significa ser homem livre

> em competição direta com a definição avançada pelos pensadores da liberdade republicana e suas referências clássicas. Mas Hobbes estabelece tão claramente quanto possível que ser um homem livre nada tem a ver com o ter que viver [...] ou o ter que viver independentemente da vontade de outrem; isso significa simplesmente não estar incapacitado por impedimentos externos a agir segundo vontade e poderes próprios. Ele é, portanto, o primeiro a responder aos teóricos republicanos oferecendo uma definição alternativa na qual a presença da liberdade é inteiramente construída como ausência de impedimento e não como ausência de dependência (SKINNER, 2010, p. 149).

Desse modo, ser "livre é simplesmente estar desimpedido para mover-se de acordo com os próprios poderes naturais, de tal sorte que agentes humanos carecem de liberdade de ação se, e somente se, algum impedimento externo tornar impossível a eles executar uma ação que, não fosse isso, estaria em seus poderes" (SKINNER, 2010, p. 193).

Constituindo-se, portanto, numa análise pormenorizada dos desdobramentos do conceito de liberdade operado na obra de Hobbes, entre os anos de 1640 e 1660, dos *Elementos* para o *Do cidadão*, e destes até o *Leviatã*, este livro também nos oferece uma bela e interessante aplicação do método proposto por Skinner, desde os anos de 1960. Para reformular seus pressupostos, além de conhecer profundamente os clássicos do pensamento político grego e romano e seus contemporâneos, Hobbes o iria fazer em contraposição as pressões políticas de sua época e aos debates dos republicanos.

Ao dar subsídios para a compreensão das metamorfoses que se operaram sobre o conceito de liberdade em Hobbes, Skinner também supõem dar maior consistência aos seus pressupostos teóricos e metodológicos, amplamente enraizados numa interpretação linguística e contextualista das obras e autores, para as quais os atos e as intenções de um autor podem muito bem serem rastreadas em seus escritos. Se há fragilidades nesse tipo de análise (qual não possui?), por não ser possível de se verificar todas as condições de produção, leituras e apropriações que são feitas por um autor, nem tampouco alcançar todos os motivos que o levaram a ter certas intenções e não outras; não quer dizer que tais procedimentos não forneçam contribuições significativas ao entendimento de autores, obras e épocas, como já demonstrou a própria obra de Skinner. Nem muito menos que tal abordagem não seja um instrumento a mais para que a história intelectual possa forjar suas bases, para um estudo sistemático da história dos ideários e do pensamento político moderno na Europa (e, quem sabe, se aferidos adequadamente, também para outros períodos e espaços). Além disso, esta ainda permite que se verifique de que maneira o contextualimo linguístico praticado por Skinner, procurou responder ao desafio imposto pela 'virada linguística', sobre a narrativa e a escrita da história (Cf. PALLARES-BURKE, 2000).

Considerações Finais

Após nos debruçarmos sobre as discussões a respeito da 'história problema' e da 'história narrativa', demonstrando como esses debates estiveram intimamente articulados as críticas da 'virada linguística' sobre a escrita da história; detivemos-nos no contextualismo linguístico inglês, e a maneira que Skinner, um de seus principais praticantes desde os anos de 1960, preocupou-se em responder ao desafio cético, quanto às imprecisões do método histórico, as insuficiências da narrativa e as fragilidades da História, ao se colocar também como uma *ciência.*

Na medida em que circunscrevemos os principais momentos de produção de seus procedimentos, dando ênfase à forma como abordou o pensamento de Hobbes, como exemplo de estudo da história do pensamento ocidental moderno, procurou-se além de ressaltar os passos de sua proposta de investigar o contexto linguístico de produção das obras, de modo a identificar as motivações que plasmaram as intenções dos autores em sua escrita, também sugerir os limites que tal abordagem carrega.

Nesse aspecto, ao vislumbrarmos de que modo a linguagem e a cultura cercearam o desafio lançado pela 'virada linguística' ao contextualismo linguístico inglês, por questionarem as relações entre texto e contexto, e a própria existência de um espaço extratextual produtor dos textos, vimos que respostas Skinner forneceu e como converteu esse desafio, num mecanismo de questionamento e análise de autores e obras, em seus contextos de produção, dando ênfase aos jogos de linguagem, assim como as motivações e intenções dos autores ao escreverem seus textos.

Com base nessas reflexões é preciso avançar no debate questionando como ocorreram as discussões em relação às tensões de a escrita da história estar entre a *arte* (retórica e literária da escrita) e a *ciência* (demonstrativa das provas documentais, por meio de procedimentos precisos de análise das fontes). Como se posicionaram os historiadores de ofício, conscientes e perplexos com as críticas que lhes eram feitas de "dentro" e de "fora" do campo disciplinar da história? Quais as alternativas que encontraram para escreverem as suas histórias? Como as teorias da história foram repensadas nesse processo? Esses são alguns dos pontos que farão parte das análises que faremos nos próximos capítulos.

3. O ofício dos historiadores: entre a "ciência histórica" e a "arte narrativa"[1]

Para Estevão Martins, estudioso das teorias da história no Brasil.

O que faz da ciência ciência é sua incessante pressão pela objetividade e suas proposições verificáveis; o que a define não é sua capacidade de criar leis, mas sua fundamentação em leis ao apresentar suas explicações, leis estas que, na verdade, podem ser tomadas de empréstimo a outras disciplinas [...]. Em todas essas características definidoras, a história é – quase – uma ciência. Para empregar a definição de Lévi-Strauss, ela é uma ciência do concreto (GAY, 1990, p. 193).

No início dos anos 1960 começava a arrefecer uma contenda entre historiadores e filósofos e críticos literários, quanto às formas e possibilidades de se escrever a história, por meio de uma pesquisa cientificamente conduzida, que tinha por base as regras do método para inquirir e analisar as fontes documentais. O ponto central do debate, todavia, estava em evidenciar se a história era um tipo específico de ciência ou uma forma peculiar de arte mais próxima da literatura, da retórica e das belas letras – e, portanto, da retórica, dos romances e das crônicas.

O que muitos historiadores franceses e ingleses, portanto, definiram como a passagem da 'história-narrativa' para a 'história-problema', nas primeiras décadas do século XX, e da 'história-problema' para uma volta a (uma 'nova') 'história-narrativa', entre as décadas de 1960 e 1970 (FURET 1982, 1985; STONE 1991a, p. 13-

1 A primeira versão deste capítulo foi apresentada como trabalho de conclusão da disciplina: *Seminários de Tese em Cultura e Poder I*, ministrada pelo Prof. Dr. Renato Lopes Leite, no curso de doutorado em História da UFPR; e, depois, foi publicada em: ROIZ, 2010a.

37; 1991b, p. 217-18; 1992, p. 187-94; HOBSBAWM 1991, p. 39-46, 1998, p. 83-105; BURKE 1992, p. 7-37, p. 327-48; REVEL, 2009), constituiria uma mudança profunda no conhecimento histórico, e que se desdobraria também pelas Ciências Humanas e Sociais, configurando novas investigações, problemas e interpretações, mesmo que de forma peculiar, a respeito do vivido de outrora (MUNSLOW 2009; CHARTIER, 2009, 2011) – como vimos no capítulo anterior.

Foi somente a partir da década de 1990, que os historiadores começaram a dar maior atenção a essa questão, como indica o texto de Peter Burke (1992, p. 327-48), e a reação de Stone entre 1991 e 1992 (1991b, p. 217-18; 1992, p. 187-94). Nesse sentido, inquirir parte destes debates, e os contornos que tiveram entre a História e a Teoria Literária, será o principal objetivo deste capítulo, ao procurar demonstrar como esses questionamentos (de os estudos históricos estarem entre a 'ciência' e a 'arte') contribuíram diretamente para que fossem repensadas as 'teorias' na pesquisa histórica, a partir da década de 1970 – tema, aliás, que retomaremos no próximo capítulo.

O problema da 'ciência' e a reconsideração da 'arte narrativa': a avaliação de Roland Barthes e Hayden White

A década de 1870 foi o momento de unificação da Alemanha, em um percurso que seguiu um caminho complexo, no processo de afirmação de uma história em comum para formar as identidades nacionais. A formação do estado-nacional contou com o auxílio da ciência histórica em consolidação com o historicismo, cuja busca, preservação e análise das fontes documentais, fazia-se concomitantemente com a escrita de uma história que procurasse integrar a sociedade alemã, por meio de costumes, culturas, tradições e histórias comuns para o seu povo, e dar sentido ao processo de unificação, com o sentimento nacional e patriótico formado nas escolas e a produção do conhecimento nas universidades. A construção de identidades sociais se fazia tão presente, quanto a vontade de fundar lugares de memória, que ofuscassem as escolhas pelos tipos de esquecimentos e os silenciamentos que deveriam ser feitos no processo. Os museus e os arquivos, assim como a publicação sistemática de documentos manuscritos, que davam o percurso da formação do estado nacional, faziam-se necessários para o processo de preservação de um tipo de memória oficial a ser assegurada para a posteridade. A escrita da história feita pelos homens de letras, saia-se dos veios da crônica e da literatura, assim como das estratégias retóricas, para adentrar pelos caminhos da ciência, por meio do estudo sistemático das fontes documentais, e notadamente estar em sintonia com os anseios sociais e as exigências estatais de se alicerçar a preservação do patrimônio nacional, com a formação de uma identidade comum para os povos que fariam da Alemanha uma nação.[2]

Ao se fixar em um novo cânone, o da cientificidade do século XIX, a escrita da história feita nas universidades coincidia com um paulatino processo de afastamento das construções imaginativas, em função da preservação de sua aporia com a verdade, expressa por meio das provas documentais e dos métodos de pesquisa. De certa forma indignado com a soberba dos sábios eruditos das academias, com seu demasiado apego a cientificidade de seus textos, foi que Friedrich Nietzsche (1844-1900) começou a apresentar suas indagações na *II consideração intempestiva sobre a utilidade e os inconvenientes da História para a vida*. Emblemático em suas posições, o texto de Nietzsche, pautava-se em Goethe, para poder deslindar suas críticas ao tipo de história científica que então, nos anos 1860 e 1870, se praticava nas universidades alemãs. Para ele:

> [...] a razão por que devemos, segundo a fórmula de Goethe, detestar profundamente a instrução que não estimula a vida, o saber que paralisa a atividade, os conhecimentos históricos que são somente um luxo dispendioso e supérfluo: porque aqui ainda nos falta o estritamente necessário e porque o supérfluo é o inimigo do necessário. Certamente, temos a necessidade de história, mas, ao contrário, não temos necessidade dela do modo como tem o ocioso refinado dos jardins do saber, por mais que este olhe com altaneiro desdém os nossos infortúnios e as nossas privações prosaicas e sem atrativo. Temos a necessidade dela para viver e para agir, não para nos afastarmos comodamente da vida e da ação e ainda menos para enfeitar uma vida egoísta e as ações despresíveis e funestas. Não queremos servir à história senão na medida em que ela sirva à vida. Mas, logo que se abusa da história ou que lhe atribuímos muito valor, a vida se estiola e se degenera; e este fenômeno do qual é agora preciso, por mais doloroso que possa ser, tomar consciência, examinando alguns sintomas muito evidentes da nossa época (NIETZSCHE, 2005a, p. 68).

A aproximação com a produção literária de sua época, especialmente Goethe, não era casual, era também uma via para demonstrar as fragilidades da prática científica que pautava a escrita da história acadêmica em procedimentos metodológi-

2 Para maior aprofundamento da questão, ver: LIMA, 2018.

cos. Nietzsche procurava não apenas demonstrar os inconvenientes da história para a vida, deixados pela história científica, porque se "um excesso de conhecimento histórico prejudica os seres vivos, é também absolutamente necessário compreender que a vida tem necessidade do serviço da história", haja vista que os homens "perseguem um fim, porque eles conservam e veneram o que foi", e também "porque eles sofrem e têm necessidade de libertação" (NIETZSCHE, 2005a, p. 82). Mas, a história científica, ensimesmada em seus próprios cânones advindos da ciência, monumentalizando, traçando apenas vias tradicionais de caracterizar as sociedades de outrora, sem serem necessariamente críticas a respeito do passado, essa escrita da história seca, fria, vazia, objetiva e dura, recusava-se a alegria, a abertura, aos arrebatamentos e aos infortúnios da vida, e a vivacidade que sua aproximação com a literatura e as crônicas, assim como a retórica, sempre a fez ver o que havia de mais profundo na natureza humana: os sentimentos, os afetos e as emoções. Além disso, o povo estava ausente dessas históricas, sincronizadas com as ações de reis, príncipes, guerreiros e religiosos. Se, por outro lado, a escrita da história como uma mistura de gêneros, em especial, o da *história tradicional*, o da *história monumental* e o da *história crítica*, para superar, em sua opinião, a decadência que pairava sobre a história científica então praticada, era a resposta a ser buscada nas academias, tampouco sua alternativa foi aceita pelos estudiosos de seu tempo. Para ele:

> Todas as coisas que duram muito tempo de tal modo se impregnam aos poucos de razão que a origem que tiram da desrazão se torna inverossímil. A história exata de uma origem não é quase sempre sentida como paradoxal e sacrílega? O bom historiador não está, no fundo, incessantemente em *contradição* com seu meio? (NIETZSCHE, 2008a, p. 21)

A análise de Nietzsche, em seu livro *Aurora* (que foi originalmente publicado em 1881), sobre a questão das origens das atitudes morais e culturais na religião e entre a sociedade, e quanto ao papel do historiador em descrever tais panoramas, não estaria em desacordo com as suas críticas à historiografia oitocentista, que foi primeiramente exposta em seu texto: *II consideração intempestiva sobre a utilidade e os inconvenientes da História para a vida*, em 1874 (2005a, p. 67-178), no qual demonstraria seu desacordo com o Historicismo e a Filosofia da História, principalmente, a de Hegel (1770-1831).[3] A partir de seu livro *Aurora*, Nietzsche demonstra-

3 Para maior detalhamento da questão, ver a apresentação de Noéli Sobrinho em: NIETZSCHE 2005a, p. 7-58.

ria a preocupação por questões, que havia iniciado uma análise na década de 1870, mas que só se debruçaria mais detidamente na década seguinte (SOCHODOLAK, 2009), tanto em *Além do bem e do mal* (de 1886), quanto em *A genealogia da moral* (de 1887). Já em *Aurora*, o autor observava que:

> Homens vaidosos valorizam mais um fragmento do passado, a partir do momento que conseguem revivê-lo em si próprios (sobretudo quando isso é difícil); querem mesmo, se possível, despertá-lo de entre os mortos. Como os vaidosos são sempre inúmeros, o perigo dos estudos históricos, quando uma época inteira a eles se dedica, efetivamente não é pequeno: demasiada energia é desperdiçada em todo tipo de ressurreição dos mortos. Talvez se possa compreender melhor, desse ponto de vista, todo o movimento do Romantismo (NIETZSCHE, 2008b, p. 118-19).

Em *Além do bem e do mal*, o autor prolongaria sua interpretação sobre a constituição dos princípios morais, como uma forma de dominação pela vontade de poder, em que a verdade se tornaria um alicerce fundamental para tal assertiva, seja na religião ou na filosofia (MACHADO, 1999). O modo como a religião e a metafísica utilizavam-se da verdade, quase que como uma crença na oposição de valores, em que o 'bem' e o 'mal' se equilibravam num código de conduta a ser aplicado aos homens e as sociedades, ficaria ainda mais bem exposto em: *A genealogia da moral*, na qual o termo genealogia sintetizava o método, amplamente enraizado na filologia, de rastreamento da origem e de análise das mudanças semânticas das palavras (e dos conceitos) no tempo, e as suas formas de utilização, para fins de dominação pela vontade de poder. Para ele: "A verdade é precisamente o oposto do que se afirma: a ciência hoje [em 1886] não tem absolutamente *nenhuma* fé em si, e tão pouco um *ideal* acima de si – e onde é ainda paixão, amor, ardor, *sofrer*, não é o oposto desse ideal ascético, mas antes *a sua forma mais recente e mais nobre*" (NIETZSCHE, 2006, p. 136, itálico no original). Mas não se deve aqui perder de vista que a genealogia, para o autor, não era o estudo das origens, pura e simplesmente, mas sim uma crítica a elas, por meio de um exame detalhado sobre sua formação e usos ao longo do tempo, por parte dos grupos dirigentes das comunidades (MACHADO, 1999). Para François Dosse, "Nietzsche apresenta-se assim, em pleno século historicista, como o partidário radical de uma dissolução da categoria do novo, como o pensador do fim da história" (DOSSE, 2007, p. 464).

Pode-se bem verificar isso, quando o autor expôs sua crítica aos modelos de escrita da história praticados naquela época, em que "despede a história e exonera a dialética da razão" (DOSSE, 2007, p. 461), além de denunciar "o caráter brutal e violento que a filosofia do Iluminismo revelou, com seu desfecho na Revolução Francesa" (DOSSE, 2007, p. 462). Em seus aforismos póstumos, reunidos sob o título de *A vontade de poder* (2007), Nietzsche retornaria a questão, destacando (no aforismo 481) que "não há fatos, mas sim apenas interpretações". Talvez em função desta questão primordial, a que se debruçou em toda sua obra, tivesse sido tão contrário a ideia de que a pesquisa histórica poderia reconstituir "o que realmente havia acontecido", mas apenas apresentar "representações" sobre o passado, e não "o passado como tal" (BLACKBURN 2006, p. 127-74; MOSÉ 2005; FERNÁNDEZ-ARMESTO 2000).

Nas décadas iniciais do século XX, a obra de Nietzsche foi lida e apropriada pelas principais correntes filosóficas na Europa. No início dos anos 1930, Karl Jaspers (1883-1969) notava a importância de introduzir a obra filosófica de Nietzsche para a comunidade acadêmica alemã. Depois de apresentar sintética e brevemente os principais momentos da vida deste autor, Jaspers passava a enfocar seus principais temas, como: o homem, a verdade, o atual, o passado, a história, a grande política e o mundo por vir. Ao situar a história e sua importância para o homem na obra de Nietzsche, Jaspers mostra que o "homem deixaria de ser homem sem história", assim este precisaria da história para se debruçar nos grandes exemplos e sobre as tradições, e ressalta que Nietzsche não "é contra o método científico como tal e não contra a lembrança histórica, mas *contra os historiadores supostamente científicos de uma maneira pura* que se volta" a sua ira, porque "eles pretendem estar de posse de um saber, que eles de modo algum possuem." (JASPERS, 2015, p. 331, itálico no original). Durante o período de 1937 até 1946, Martin Heidegger (1889-1976), também se inspirando na análise esboçada por Jaspers, fez inúmeras preleções sobre a obra de Nietzsche, que serviram de base para sua volumosa obra sobre este autor, que foi publicada no início dos anos 1960 (HEIDEGGER, 2007, 2015). Nos seus seminários, dos anos 1930 e 1940, Heidegger dedicava-se a discussão do niilismo, da verdade, do ser, da ciência e da natureza presentes na interpretação de Nietzsche (HEIDEGGER, 2015). Em sua biografia filosófica publicada nos anos 1960, Heidegger aprofunda seu olhar sobre essas questões e recolocava outros pontos para investigar a filosofia de Nietzsche, ao indagar a vontade de poder como arte, ou o eterno retorno do mesmo, ou ainda a vontade de poder como conhecimento (HEIDEGGER, 2007).

Ao lado de Karl Marx (1818-1883), Nietzsche foi dos autores mais lidos e interpretados ao longo do século passado, gerando, por isso mesmo, uma imensa gama de distorções, paradoxos e dúvidas entre seus críticos e intérpretes.[4] Na sua biografia de 1944 sobre Nietzsche, Daniel Halévy mostrava como seus escritos ainda estavam cheios de imprecisões e dúvidas em função da maneira como sua irmã, herdeira de seu espólio, havia publicado seus textos póstumos da década de 1880, quando iniciou seu colapso mental (HAVÉLY, 1989). Em meados dos anos 1960, Hollingdale ainda chamava a atenção para essas questões, e justificava a revisão do texto, 35 anos depois, em função do início das edições críticas da obra de Nietzsche, uma vez que os "acontecimentos mais importantes no campo do estudo de Nietzsche desde que este livro foi publicado pela primeira vez, em 1965, foram a publicação das edições Colli-Montinari das obras e cartas de Nietzsche e o grande aumento do interesse por ele dentro e fora do mundo acadêmico" (HOLLINGDALE, 2015, p. 291).[5] A presença de Nietzsche foi tão marcante para as discussões filosóficas do século XX, que em 2010, Julian Young ainda procurava retratar sua filosofia, em um amplo painel biográfico (YOUNG, 2013).[6]

De certo modo, impressiona a maneira com que Nietzsche foi lido e apropriado nas décadas de 1960 e 1970, pelos filósofos franceses. Mas se observarmos como Terry Eagleton procurou demonstrar a forma que Michel Foucault (1926-1984) e Jacques Derrida (1930-2004) se apropriaram de Friedrich Nietzsche, ao pensarem

4 Para uma apreciação a respeito das inúmeras biografias e tentativas de interpretação da obra de Karl Marx, veja-se: MACLELLAN, 1990; NETTO, 2020.

5 Veja-se que questões similares ainda estavam presentes nas análises propostas por: JANZ, 2016; ANDLER, 2016. Além de serem contemporâneos aos autores arrolados acima, estes também buscavam avaliar os precursores de Nietzsche, como foi sua infância, de que maneira chegou à vida adulta, como foram seus relacionamentos e atividades profissionais, de que maneira começou a formular a sua obra, como foi seu colapso físico e mental, e o que ficou para a posteridade.

6 O mesmo raciocínio poderia ser alocado à obra de Marx, conforme demonstra: NETTO, 2020. Para o caso de Nietzsche ainda é digno de nota a sua constante presença na pesquisa histórica e filosófica brasileira, como mostra o sucesso do importante trabalho realizado por Noéli Correia de Melo Sobrinho, com seus *Escritos sobre História*, *Escritos sobre Educação*, *Escritos sobre Política*, *Escritos sobre Direito* e *Escritos sobre Psicologia*, que articulam tematicamente a obra de Nietzsche e foram publicados entre 2005 e 2013. É de se notar igualmente o trabalho dirigido por Christian Niemeyer (2014), com a finalidade de produzir um léxico para a compreensão da obra de Nietzsche, e recentemente traduzido no país. Destaque-se ainda o importante trabalho organizado por André Martins, Homero Santiago e Luis César Oliva (2011), cuja pretensão era esmiuçar "as ilusões do eu" entre Spinoza e Nietzsche. Para maior detalhamento dessas questões, ver: MOSÉ, 2005, 2018.

que o mundo é inteiramente feito de 'diferenças', e "que temos que forjar identidades se quisermos sobreviver" (EAGLETON, 2005a, p. 29), tal impressão não se apresentará de forma tão estranha. Primeiro, porque em ambos os casos houve uma crítica à organização da sociedade e suas estruturas políticas e culturais. Segundo, a crítica à pesquisa histórica, como modo adequado e 'científico' de reconstituir o passado 'tal qual havia sido' impôs, em ambos os períodos, reflexões sobre a própria possibilidade (e utilidade) do conhecimento histórico ser adequadamente produzido e utilizado entre os homens e as sociedades. Terceiro, se no primeiro caso a base da contestação de Nietzsche estava sobre os alicerces que fundavam a religião e a filosofia em sua época, no caso dos filósofos franceses dos anos 1960, esta base se encontrava na maneira com que alguns segmentos da sociedade se utilizavam ainda destes fundamentos para excluir, diferenciar, julgar e alicerçar suas críticas aos grupos que acreditavam manter 'atitudes' tidas como 'anormais' e fora das 'regras de conduta'. Quarto, também em ambos os casos, houve uma crítica contundente à Modernidade e à Razão, a verdade, as utopias, aos poderes, ao progresso e ao sentido dos processos históricos, muito embora não fossem dadas nem alternativas, nem elaborados 'novos' projetos de 'transformação social', ficando aí marcado como um discurso 'irracionalista' (ou 'niilista', como alguns preferiram). Por fim, mas não menos importante, em ambos os momentos houve uma busca por novos 'temas', para melhor identificar o que 'era' e 'é' o 'Outro', em relação e/ou oposição ao 'Eu'.[7]

Note-se que em 1962, quando Gilles Deleuze lançou seu texto, *Nietzsche e a filosofia*, este já chamava-nos a atenção a respeito da importância que a genealogia tinha na obra deste autor, porque o "projeto mais geral de Nietzsche consiste em introduzir na filosofia os conceitos de sentido e de valor", e para a consecussão deste projeto a análise genealógica era fundamental. Para Deleuze, a genealogia "quer dizer ao mesmo tempo valor da origem e origem dos valores", ela se refere a "origem ou nascimento, mas também diferença ou distância na origem" (DELEUZE, 2018, p. 10-11). E essa é uma das razões de sua filosofia só poder ser compreendida quando se observa seu "pluralismo essencial". Além disso, a "genealogia não só interpreta, ela avalia" (DELEUZE, 2018, p. 15), e, por isso, o procedimento está em constante tensão com seu objeto de análise. Daí o motivo de Deleuze destacar que o "método de dramatização apresenta-se assim como o único adequado ao projeto de Nietzsche e à forma das questões que ele põe: método diferencial, tipológico e genealógico." (DELEUZE, 2018, p. 103). Pouco mais de dez anos depois, em 1978,

7 Para maior detalhamento desta questão, ver: FERRY; RENAUT 1988; EAGLETON 1997; NOVAES, 1996, 2004; REIS 2006.

foi à vez de Jacques Derrida, em *Esporas: os estilos de Nietzsche*, pensar a obra deste autor, em compasso com os desdobramentos do movimento feminista na França, em particular, e na Europa e nos Estados Unidos, em geral. Para Derrida, semelhante à observação de Deleuze sobre o seu pluralismo:

> A heterogeneidade do texto manifesta-o bem. Nietzsche não se dava a ilusão, mas, ao contrário, analisava-os, de saber o que eram os efeitos nomeados mulher, verdade, castração, ou os efeitos *ontológicos* de presença ou ausência. Ele se guardou bem da denegação precipitada que consistia em elevar um discurso simples contra a castração e contra seu sistema (DERRIDA, 2013, p. 69).

No caso de Michel Foucault,[8] tais apontamentos alicerçaram algumas de suas indagações, feitas nos anos 1970, em parte inspiradas nas suas leituras da obra de Nietzsche, já iniciada na década anterior (MUNSLOW 2009, p. 163-86). Para ele, a 'genealogia' não se oporia a (algumas formas de) história, mas "ao desdobramento meta-histórico das significações ideais e das indefinidas teleologias", sendo contrária diretamente à pesquisa sobre as 'origens', pois:

> De fato, o que Nietzsche não parou de criticar desde a segunda das *Considerações Extemporâneas* é esta forma histórica que reintroduz (e supõe sempre) o ponto de vista supra-histórico: uma história que teria por função recolher em uma totalidade bem fechada sobre si mesma a diversidade, enfim reduzida, do tempo; uma história que nos permitiria nos reconhecermos em toda parte e dar a todos os deslocamentos passados a forma da reconciliação; uma história que lançaria sobre o que está atrás dela um olhar de fim de mundo. Essa história dos historiadores constrói um ponto de apoio fora do tempo; ela pretende tudo julgar segundo uma objetividade apocalíptica; mas

8 A importância da leitura de Foucault da obra de Nietzsche está também no impacto que a obra de Foucault causou em seus intérpretes, após sua morte nos anos 1980. As impressões iniciais de Maurice Blanchot (2011, p. 111-159) ou de Paul Veyne (1998, 2011) mostram como a obra de Foucault, em sua polissemia, permitia diferentes entradas, como outrora haviam notado os intérpretes da obra de Nietzsche. Em sintonia com essas apreciações, Antonio Negri (2016) e Roberto Machado (2017) apresentavam como e quando começaram a ler Foucault e as suas respectivas impressões da obra deste autor. Ver também: MURICY, 2020.

> é que ela supôs uma verdade eterna, uma alma que não morre, uma consciência sempre idêntica a si mesma (FOUCAULT, 2005, p. 26).

Por isso mesmo, Nietzsche atribuía, segundo o autor, significativa importância a "história 'efetiva' [ao fazer ressurgir] o acontecimento no que ele tem de único e agudo", no jogo complexo de suas determinações, em oposição à 'história tradicional', que o congelava nas descrições dos 'eventos', pura e simplesmente, deixando de caracterizar seu processo de produção, porque seu enfoque nos grandes homens deixava de considerar a condição e as atitudes das massas anônimas.[9] Nesse sentido, a "história tem mais a fazer do que ser serva da filosofia e do que narrar o nascimento necessário da verdade e do valor; ela tem que ser o conhecimento diferencial das energias e desfalecimentos, das alturas e desmoronamentos, dos venenos e contravenenos", porque ela "tem que ser a ciência dos remédios" (FOUCAULT, 2005, p. 30). Com isso:

> Em certo sentido a genealogia retorna às três modalidades da história que Nietzsche reconhecia em 1874. Retorna a elas, superando objeções que ele lhes fazia então em nome da vida, de seu poder de afirmar e criar. Mas retorna a elas, metamorfoseando-as: a veneração dos monumentos torna-se paródia; o respeito às antigas continuidades torna-se dissociação sistemática; a crítica das injustiças do passado pela verdade que o homem detém hoje torna-se destruição do sujeito de conhecimento pela injustiça própria da vontade de saber (FOUCAULT, 2005, p. 37).

---

9 Note-se que o teor dessas questões estava em rediscutir o papel da verdade para as sociedades. Nos anos 1870 foi Nietzsche que colocou em jogo o papel da verdade na constituição da ciência histórica. Nos anos 1920 e 1930 foi à vez de Cassirer, Heidegger e outros notarem as fragilidades no conceito e na função da verdade para as sociedades e na constituição das ciências humanas e sociais. A partir dos anos 1960 essas questões foram recolocadas em pauta por autores como Foucault, Derrida, Deleuze, Lacan, Castoriadis, ao relacionarem verdade e ciência, e arte e ciência, na comprovação dos processos sociais. A partir do início do século XXI, tais dilemas não se fixavam tão somente no papel da verdade para a constituição científica das áreas do saber, mas em poder ao menos distinguir verdade e falsidade, no jogo produzido pelas fake news, as notícias falsas, que passaram a inundar nosso cotidiano diariamente. Para maior detalhamento da questão, ver: REIS, 2003; JENKINS 2004; VASCONCELOS, 2005; ALBUQUERQUE Jr. 2007; BERBERT Jr., 2012; DOSSE, 2021.

Por essa via, Foucault acabou abordando mais detidamente as 'práticas discursivas', conformadas num jogo de poder e de especialização, em que a formação e a organização do conhecimento estava inserido, desde o século XVI (FOUCAULT, 1997, 2002, 2007). Mas foi justamente com os desdobramentos 'severos', 'brutais' e até 'inesperados' dos anos 1960 (ARTIÈRES 2008, p. 133-44), que marcariam diretamente a produção de Michel Foucault, na medida em que se apresentou a oportunidade de olhar e analisar temas e objetos, com abordagens inovadoras, que o autor relembrará em 1977:

> Posso dizer que certamente houve uma incapacidade que estava sem dúvida ligada a situação política em que nos achávamos. [...] Ninguém se preocupava com a forma com que ele [o poder] se exercia concretamente e em detalhe, com sua especificidade, suas técnicas e suas táticas. Contentava-se em denunciá-lo no 'outro', no adversário, de uma maneira ao mesmo tempo polêmica e global [...]. Só se pôde começar a fazer este trabalho depois de 1968, isto é, a partir das lutas cotidianas e realizadas na base com aqueles que tinham que se debater nas malhas mais finas da rede do poder. Foi aí que apareceu a concretude do poder e ao mesmo tempo a fecundidade possível destas análises do poder, que tinham como objetivo dar conta destas coisas que até então tinham ficado à margem do campo da análise política (FOUCAULT, 2005, p. 6).

Como o exercício do poder estava em todo lugar, e ao mesmo tempo em lugar algum (definido e centrado, pura e unicamente, em um ser, instituição ou lugar), destacar os mecanismos de seu funcionamento era fundamental para se entender não apenas seus alicerces, mas também as suas redes de organização e propagação pela sociedade, e entre as instituições (MACHADO, 2006, 2005). Com isso, não apenas para esse autor, mas para quase todos os filósofos franceses dos anos 1960 e 1970, que debateram diretamente tais questões, foi primordial voltar-se criticamente para a herança do pensamento 'Iluminista', em que os alicerces comuns, por eles observados, estavam enraizados na obra de Immanuel Kant (1724-1804) (FERRY; RENAUT, 1988; MARTINS, 2021). Como destacou Pierre Bourdieu, na "ordem do pensamento, não existe, como lembrava Nietzsche, concepção imaculada" (BOURDIEU, 2001, p. 12), visto que:

> Estando privada de qualquer delegação temporal, a filosofia [de Kant] encontra-se portanto constrangida a fazer da necessidade histórica uma virtude teórica: ao recusar o fundamento apoiado na razão so-

> cial que sequer lhe foi concedido, ela pretende fundar-se a si mesma em razão (pura), ao preço de uma acrobacia teórica digna do barão de Munchausen, e oferecer assim às demais faculdades o único fundamento válido a seus olhos, ou seja, ao ver da razão, o qual estaria dramaticamente ausente nas demais faculdades (BOURDIEU, 2001, p. 55).

Em Foucault, a crítica se detém mais diretamente ao texto de Kant sobre 'O que é 'Esclarecimento'? – que foi sua resposta, publicada em 1784, ao questionamento oferecido pelo jornal *Berlinische Monatsschrift*, alguns meses antes, na qual Kant dirá que: "Esclarecimento (*Aufklärung*) é a saída do homem de sua menoridade, da qual ele próprio é o culpado. A *menoridade* é a incapacidade de [o homem] fazer uso de seu entendimento sem a direção de outro indivíduo" (KANT, 2009, p. 63, itálico no original). Para Foucault, em seu texto: *O que são as Luzes?* (FOUCAULT, 2006, p. 335-351), a herança do Iluminismo, sintetizada no texto de Kant, chegaria ao século XX sem as mesmas capacidade e qualidade explicativas, porque o progresso contínuo e o sentido histórico projetado numa perspectiva teleológica não subsistiriam mais 'intactas', após os contrastes 'bárbaros' das primeiras décadas daquele século, demonstrados pelas guerras e pelos conflitos sociais e culturais. Ao perceber o Iluminismo não como um período histórico estático, mas como uma herança em movimento, dinâmica, na qual a ideia de universalismo deveria ser repensada para se almejar uma 'ética' adequada àquelas transformações, Foucault relê o texto de Kant demonstrando sua crítica ao Iluminismo, ao mesmo tempo em que reavaliava a possibilidade de sua execução sob 'novas' bases. Com respeito a esses debates, além de Nietzsche, outro pensador, comum a maioria dos filósofos franceses dos anos 1960, foi Martin Heidegger (1889-1976), que para François Dosse "terá separado radicalmente o Ser da realidade empírica, da mesma maneira que terá consumado o fim da história", pois:

> Se o estruturalismo se alimenta desse anti-historicismo, ele também encontra em Nietzsche e Heidegger uma crítica radical do humanismo que permite fazer desaparecer a figura do homem com um rosto de areia nos limites do mar. Reencontra-se, na origem, a fratura que Nietzsche inaugurou com a morte de Deus, a qual desestabiliza a ideia do domínio de um homem identificável, definível, no âmago da história. Nietzsche denuncia a divinização do homem, que tomou o lugar da religião na época do Iluminismo e prosseguiu no século XIX. [...]

> Essa crítica do humanismo é retomada e radicalizada por Heidegger (DOSSE, 2007a, v. 1, p. 466-67).

Diante do exposto, não seria desnecessário acrescentar que as discussões do período não estiveram limitadas apenas à debater essas questões e esses autores, como o próprio François Dosse (2007a, 2007b) mostrou em seu livro *História do estruturalismo*, ainda que estas fossem essenciais para muitos debates e obras produzidos no período. Se a observarmos na obra de Roland Barthes (1915-1980), veremos que seus desdobramentos foram peculiares (BARTHES, 2004a, 2004b). Embora inserido neste contexto de debates, sua obra voltou-se mais para a semiologia, o que não o impediu de formular, desde a década de 1950, críticas contundentes à escrita da história. (DOSSE, 2007a, v. 1, p. 117-124). Primeiro, sobre a constituição das 'metáforas' na formulação dos discursos, em seu exame minucioso da obra de Jules Michelet (1798-1874), na qual "busquei apenas descrever uma unidade, e não explorar suas raízes na história ou na biografia" (BARTHES, 1991, p. 9). Depois, em seu célebre ensaio *O discurso da história*, de 1967, no qual indagaria se: "a narrativa dos acontecimentos passados, submetida comumente, em nossa cultura, desde os gregos, à sanção da 'ciência' histórica, colocada sob a caução imperiosa do 'real', justificada por princípios de exposição 'racional', essa narração difere realmente, por algum traço específico, por uma pertinência indubitável, da narração imaginária, tal como se pode encontrar na epopeia, no romance, no drama?" (BARTHES, 2004a, p. 163-64). De acordo com Paul Ricoeur, o 'discurso da história' "para Roland Barthes constitui o alvo privilegiado desse tipo de crítica desconfiada", e apoiando-se "na exclusão do referente no campo linguístico, o autor critica a história-narrativa por instalar a ilusão referencial no cerne da historiografia" (RICOEUR, 2008, p. 262). Por isso, para responder a tal indagação, Barthes se reportou à análise da obra de autores 'clássicos', como: Heródoto, Maquiavel, Bousset e Michelet, concluindo que:

> Por recusar assumir o real como significado [...], compreende-se que a história tenha chegado, no momento privilegiado em que tentou constituir-se em gênero, isto é, no século XIX, a ver na relação 'pura e simples' dos fatos a melhor prova desses fatos, e instituir a narração como significante privilegiado do real. [...] [mas] a estrutura narrativa, elaborada no cadinho das ficções (através dos mitos e das primeiras epopeias), torna-se, a uma só vez, signo e prova da realidade. Assim, compreende-se que o apagamento (se não o desaparecimento) da narração na ciência histórica atual, que procura falar das estruturas

> mais do que das cronologias, implica muito mais do que uma simples mudança de escola: uma verdadeira transformação ideológica; a narração histórica morre porque o signo da História é doravante menos o real do que o inteligível (BARTHES, 2004a, p. 179-80).

A controvérsia sobre a credibilidade da pesquisa e da escrita da história, como parâmetros adequadamente consistentes, para expor a 'realidade' de outrora, com base num discurso 'científico', por ser também entendido como 'verdadeiro', e manifestada tanto na Filosofia e nas Ciências Sociais, quanto na Teoria Literária, aqui resumida ao extremo, não se fixou apenas na historiografia francesa dos anos 1960 e 70, que marcou o desgaste ininterrupto do 'estruturalismo' e o aparecimento do 'pós-estruturalismo', mas se prolongou justamente de onde as manifestações 'estudantis de maio de 1968', na França, tiveram forte inspiração: na 'contracultura' norte-americana dos anos 1950 e 60 – como apontamos rapidamente no capítulo anterior.

Não é aqui necessário circunstanciar a importância da '*French Theory*' para a historiografia norte-americana produzida neste período, a partir de sua introdução subterrânea pela Filosofia e pela Teoria Literária, que a foi recebendo em seus congressos, revistas e traduções de obras. Como destacou François Cusset (2008), foi "a década de suas tentações contraculturais, de seu florescimento anárquico entre revistas alternativas e concertos de *rock*, mas também a década dos primeiros usos acadêmicos da teoria francesa, ainda que como instrumento de uma subversão totalmente discursiva da instituição universitária" (CUSSET, 2008, p. 59).

Em muitos pontos, esse debate foi resumido e prolongado pela obra de Hayden White (1928-2018), que nos anos 1960 e 70 levou ao extremo a crítica às pretensões do conhecimento histórico poder se constituir 'cientificamente', já que este, ao contrário, estava mais próximo da 'arte' (MUNSLOW, 2009, p. 187-215). Foi justamente por se mostrar "fiel ao espírito da época e ao chamado *linguistic turn*, na medida em que essa imaginação é apreendida nas estruturas do discurso", dirá Paul Ricoeur (2008, p. 263), a respeito da obra de White. Para Hans Ulrich Gumbrecht:

> Nos anos 60, Michel Foucault começou a usar o conceito de 'genealogia' de Nietzsche para sublinhar a tese de que as suas próprias reconstruções de sistemas discursivos do passado e suas transformações não pressupunham a existência de leis que governassem esta mudança e, portanto, não pretendiam ter qualquer função de prognóstico [...]. Quando Hayden White e outros começaram a problematizar a distinção tradicional entre os textos ficcionais (especialmente os ro-

> mances) e a historiografia, eles o fizeram com base na observação de que a escrita dos historiadores era orientada não somente (e, talvez, não principalmente) por estruturas do mundo real, mas, numa larga medida, por problemas intrínsecos da organização e da composição discursivas, estilísticas e poéticas (GUMBRECHT, 1999, p. 462-63).

Nascido em 1928, Hayden White graduou-se pela universidade de Wayne em 1951, e fez o mestrado (1952) e o doutorado (1956) na universidade de Michigan.[10] Foi professor na cadeira de história da consciência na universidade da Califórnia, e foi professor de literatura comparada na universidade de Stanford. Embora seja amplamente reconhecida a importância de seu trabalho *Meta-história* (de 1973), no qual estudou a imaginação histórica europeia do século XIX (MEDEIROS, 2006; MELLO, 2009b), por meio da interpretação das 'urdiduras de enredo', consignadas na obra de historiadores (como Michelet, Ranke, Tocqueville e Burckhardt) e de 'filósofos da história' (como Hegel, Marx, Nietzsche e Croce), e conformada num quadro 'tropológico', em que circunstanciaria a 'estrutura verbal' de cada uma (WHITE, 1995); nos deteremos aqui em três artigos, em que o autor expõe mais detidamente suas críticas à escrita da história. De *O fardo da história* (1966), a *O texto histórico como artefato literário* (1974), até *A questão da narrativa na teoria contemporânea da história* (de 1984), houve uma verdadeira reviravolta sobre as próprias análises de White a respeito da história e de sua escrita (WHITE, 2010a, 2010b). O primeiro e o último texto apareceram na revista *History and Theory*, que foi fundada no início da década de 1960, e concentrou um importante volume de textos, de filósofos e críticos literários, sobre essa questão – como vimos na introdução deste livro.[11]

Em *O fardo da história*, White dirá que sendo a história "uma estrutura verbal na forma de um discurso narrativo em prosa", ela teria se utilizado, desde o século XIX, de uma 'tática fabiana' para responder às críticas que então lhe eram efetuadas tanto por 'cientistas sociais', quanto por 'literatos'. Em ambos os casos, os historiadores contornavam a questão, ora ressaltando que "a história jamais reivindicou o *status* de ciência pura, que ela depende tanto dos métodos intuitivos quanto analíticos

10 Durante este período o autor debruçou-se sobre a obra de B. Croce e de G. Vico. Suas pesquisas se concentravam sobre a Idade Média, sua produção literária e filosófica. Para uma maior sistematização sobre a produção do autor, ver: GINZBURG, 2007; MEDEIROS, 2006.

11 Para um detalhamento dessa questão, e a maneira como o tema foi tratado na *American Historical Review* nos anos 80, ver: VASCONCELOS, 2005. Ver também: BERBERT Jr., 2012.

e que os juízos históricos não deveriam, portanto, ser avaliados a partir de modelos críticos que só podem ser aplicados com propriedade às disciplinas matemáticas e experimentais" (WHITE, 1994, p. 39); ora destacando uma volta à "concepção de que a história é, afinal de contas, uma semiciência, de que os dados históricos não se prestam à 'livre' manipulação artística e de que a forma das suas narrativas não é uma questão de escolha, mas é exigida pela natureza da própria matéria histórica" (WHITE, 1994, p. 39). Com isso, o autor destaca que os historiadores, desde àquele período, não se deram conta das inovações que marcariam tanto a ciência, quanto a literatura, e a escritura da história então praticada foi, cada vez mais, tornando-se antiquada, enfadonha e frágil. Ao demarcar os avanços da literatura e da ciência, a partir do século XIX, e demonstrar as críticas que eram efetuadas à escrita da história por Nietzsche e pela crítica literária, este dirá que:

> O historiador não presta nenhum bom serviço quando elabora uma continuidade especiosa entre o mundo atual e o mundo que o antecedeu. Ao contrário, precisamos de uma história que nos eduque para a descontinuidade de um modo como nunca se fez antes; pois a descontinuidade, a ruptura e o caos são o nosso destino. Se, como disse Nietzsche, 'temos a arte para não precisar morrer pela verdade', temos também a verdade para escapar à sedução de um mundo que não passa de uma criação de nossos anseios. A história é capaz de prover uma base em que possamos buscar aquela 'transparência impossível' que Camus exige para a humanidade ensandecida da nossa época. Só uma consciência histórica pura pode de fato desafiar o mundo a cada segundo, pois somente a história serve de mediadora entre o que é e o que os homens acham que deveria ser, exercendo um efeito verdadeiramente humanizador. Mas a história só pode servir para humanizar a experiência se permanecer sensível ao mundo mais geral do pensamento *e* da ação da qual procede e ao qual retorna. E, enquanto se recusar a usar os olhos que *tanto* a arte moderna *quanto* a ciência moderna lhe podem dar, ela haverá de permanecer cega – cidadã de um mundo em que 'as pálidas sombras da memória em vão se debatem com a vida e com a liberdade do tempo presente' (WHITE, 1994, p. 63).

Quase dez anos depois, em *O texto histórico como artefato literário*, White indicaria de modo ainda mais direto, que as 'narrativas históricas' manifestamente são "ficções verbais cujos conteúdos são tanto *inventados* quanto *descobertos* e cujas formas têm mais em comum com os seus equivalentes na literatura do que com os seus correspondentes na ciência" (WHITE, 1994, p. 98). Por isso mesmo, para ele:

> [...] a história enquanto disciplina vai mal atualmente [1974] porque perdeu de vista as suas origens na imaginação literária. No empenho de *parecer* científica e objetiva, ela reprimiu e negou a si própria sua maior fonte de vigor e renovação. Ao fazer a historiografia recuar uma vez mais até à sua íntima conexão com a sua base literária, não devemos estar apenas nos resguardando contra distorções *simplesmente* ideológicas; devemos fazê-lo no intuito de chegar àquela 'teoria' da história sem a qual não se pode de maneira alguma considerá-la 'disciplina' (WHITE, 1994, p. 116).

Em seu ensaio: *A questão da narrativa na teoria contemporânea da história*, escrito no início dos anos 1980, o autor indicará que "é precisamente porque a narrativa é um modo de representação tão natural à consciência humana, está tão integrada à fala cotidiana e ao discurso comum, que o seu uso em qualquer campo de estudo que aspire à condição de ciência deve ser questionado" (WHITE, 1991, p. 47). E, por isso, "para muitos que desejariam transformar os estudos históricos em ciência, o uso continuado por historiadores do modo narrativo de representação é um indício de falha tanto metodológica quanto teórica" (WHITE, 1991, p. 48), o que não quer dizer, contudo, que a narrativa deva ser descartada como forma de exposição de dados, no campo dos estudos históricos. Para ele, o que "distingue os relatos 'históricos' dos 'ficcionais' são sobretudo os seus *conteúdos*, mais do que a sua *forma*" de apresentá-los, pois, o "conteúdo dos relatos históricos são acontecimentos reais, coisas que realmente ocorreram, e não acontecimentos imaginários, inventados pelo narrador" (WHITE, 1991, p. 49). Descoberto na pesquisa histórica, mais que construído imaginativamente, pela forma expositiva dos dados na escrita. De acordo com ele, nas últimas décadas, as discussões sobre a narrativa estiveram centradas em quatro posições interpretativas.[12] Ao lado destas posições, o autor

12 "a primeira, representada por certos filósofos analíticos anglo-americanos [...] que procuram estabelecer o estatuto epistêmico da narratividade, considerada como um *tipo de explanação* especialmente apropriada para a explicação dos acontecimentos e processos históricos [...]. A segunda, a de certos historiadores orientados para as ciências sociais, entre os quais podem ser considerados exemplares os membros do grupo francês dos *Annales* [...] [que] considera a historiografia narrativa como uma *estratégia representacional* não científica e mesmo *ideológica*, cuja extirpação era necessária para a trans-

acrescenta uma quinta, em que "veem a narrativa como um modo respeitável de 'fazer história' [...] ou de praticá-la", mas este grupo não representaria uma posição teórica como os outros, e "sim encarna uma atitude tradicional de ecletismo em termos de estudos históricos", na qual a teoria seria mesmo um empecilho a prática adequada da investigação histórica "concebida como *empírica*". Alonga-se em debater cada uma das posições, detendo-se na obra de Paul Ricoeur por colocar a discussão sobre a narrativa em novos patamares. Reconsidera tanto as interpretações de Nietzsche, quanto a de Roland Barthes, que havia se apoiado e elogiado nos ensaios anteriores, apesar de continuar acreditando que "todas as discussões teóricas sobre historiografia se veem enredadas na ambiguidade contida na noção de 'história'"; e que não deriva "do fato de que o termo 'história' refere-se tanto a um objeto de estudo quanto a um relato sobre esse objeto, mas do fato de que o próprio objeto de estudo pode ser concebido apenas com base em um equívoco", que estaria contido "na noção de um passado *humano* geral que se divide em duas partes, uma supostamente 'histórica', a outra 'não-histórica'" (WHITE, 1991, p. 86). Portanto:

> O fato de que a narrativa é o modo de discurso comum tanto às culturas 'históricas' quanto às 'não-históricas' e de que ela predomina tanto no discurso mítico quanto no ficcional torna-a suspeita enquanto maneira de falar sobre eventos 'reais'. A maneira de falar não-narrativa comum às ciências físicas parece mais apropriada para a representação de eventos 'reais'. Porém, aqui a noção do que constitui um evento 'real' desloca-se não para a distinção entre 'verdadeiro' e 'falso' (que é uma distinção que pertence à ordem dos discursos, não à ordem dos eventos), mas para a distinção entre 'real' e 'imaginário' (que pertence tanto à ordem dos eventos quanto à ordem dos discursos). Pode-se produzir um discurso imaginário sobre acontecimentos reais que pode não ser menos 'verdadeiro' só por ser 'imaginário'. Tudo de-

---

formação dos estudos históricos em ciência genuína. A terceira, a de certos teóricos da literatura e filósofos 'semiologicamente orientados' [...], os quais estudam a narrativa em todas as suas manifestações e encaram-na simplesmente como um 'código' discursivo entre outros, que poderia ou não ser adequado para a representação da 'realidade', dependendo apenas do objetivo *pragmático* que aquele que fala tem em vista ao proferir o discurso. E, finalmente, a de certos filósofos orientados para a hermenêutica, como Gadamer e Ricoeur, que encaravam a narrativa como a *manifestação no discurso* de um tipo específico de consciência ou estrutura temporal" (WHITE, 1991, p. 55-56).

> pende de como se interpreta a função da faculdade da imaginação na natureza humana (WHITE, 1991, p. 89).

A essa questão, ele acrescentaria, com um ensaio do início dos anos 1990 (*Teoria literária e escrita da história*), que: "a relevância da moderna teoria literária para a nossa compreensão das questões que estão sendo debatidas entre os teóricos do pensamento, da pesquisa e da escrita da história", está em "que a moderna teoria literária tem necessariamente de ser uma teoria da história, da consciência histórica, do discurso histórico e da escrita da história", além de sob muitos aspectos ser "elaborada a partir da necessidade de dar sentido ao modernismo literário, determinando sua especificidade histórica e sua significação como movimento cultural, e inventando uma prática crítica adequada a seu objeto de estudo" (WHITE, 1994, p. 48).

Diante dessas questões, tão bem formuladas pela filosofia e pela teoria literária dos anos 1960 e 70, como foi pensado o 'ofício dos historiadores' e a questão da 'narrativa histórica'?

Uma reconciliação possível: 'arte narrativa' e 'ciência histórica' em Peter Gay

Na década de 1970, o historiador Peter Gay (1923-2015)[13] não deixou de lado essas questões, mas seu caminho seguiu um rumo também peculiar. Em suas obras: *O estilo na História: Gibbon, Ranke, Macaulay, Burckhardt* (de 1974); *Arte e ação: as causas na história Manet, Gropius, Mondrian* (de 1976), e *Freud para historiadores* (de 1985), além de 'pagar seu tributo à historiografia', com uma trilogia não planeja-

13 Ao nascer em 1923, na Alemanha, viveu com a família as circunstancias que tornaram possível a ascensão do nazismo, vindo, entre o final dos anos 30 e início dos anos 40, a se refugiarem primeiro em Cuba, e, depois, nos Estados Unidos. Neste país estudou na universidade de Denver, e depois na de Columbia, onde fez seus estudos de pós-graduação, concluindo seu PhD (doutoramento) em 1951 (GAY, 1998). Desde os anos 50 demonstrou grande interesse pela 'história intelectual', ao pesquisar a obra de Voltaire, o Iluminismo francês e seus desdobramentos, principalmente, nos Estados Unidos. Nos anos 60, além de estudar a cultura de Weimar (GAY, 1978), interessa-se também pela obra de Sigmund Freud (1856-1939), que marcará profundamente o autor nas décadas seguintes, ao tentar aplicar os métodos da psicologia (e da psicanálise) na pesquisa histórica (GAY 1989a, 1989b). Seu maior empreendimento, nesse sentido, foi seu estudo sobre a 'Era Vitoriana' na Inglaterra do século XIX, publicado, em vários volumes – *O coração desvelado, O cultivo do ódio, A educação dos sentidos, Guerras do prazer* e *A paixão terna* –, entre os anos de 1980 e 90. Contudo, interessa-nos aqui seus estudos sobre o 'método' e a 'escrita da história'.

da, o autor também revisou o campo dos estudos históricos, ao propor articular novamente 'arte' e 'ciência' na escrita da história, em uma abordagem inovadora sobre o estudo da 'historia social das ideias', utilizando-se das contribuições da psicologia (em especial, da psicanálise de Freud), para entender os homens e as mulheres, e as sociedades do passado.

Ao publicar, em 1974, *O estilo na história*, ele não destacava especial apreço, ou atenção, sobre as discussões a respeito da 'virada linguística', proporcionada pela recepção do 'estruturalismo' e do 'pós-estruturalismo' francês nos Estados Unidos. Como ele próprio indicava no livro, destinava maior consideração aos trabalhos de Friedrich Nietzsche (1844-1900), Ferdinand de Saussure (1857-1913), Claude Lévi-Strauss (1908-2008) e Erich Auerbach (1892-1957). Principalmente o último, que o marcou profundamente, ao ler seu livro: *Mimesis: a representação da realidade na literatura ocidental*, de 1946. Ao tratar da composição do 'estilo' presente nas obras de cinco historiadores: Edward Gibbon (1737-1794), Leopold von Ranke (1795-1886), Thomas Macaulay (1800-1859), Jacob Burckhardt (1818-1897) e Theodor Mommsen (1817-1903), discutido na conclusão do livro, acentuaria de modo sutil sua crítica a Roland Barthes (1915-1980). Primeiro, porque o 'estilo' não se encontrava apenas no campo da escrita, mas na sua interação com o escritor, sua época e seu meio; as relações entre texto e contexto que fixariam naquilo que está fora do texto à apreensão de um estilo autoral de narrar bem às histórias. Segundo, porque as 'metáforas' que lhe seriam inerentes não inviabilizavam a representação do 'princípio de realidade', naquilo que está fora do texto, antes a destacaria com maior sensibilidade e profundidade. Além disso, como nos informa o autor de *O estilo na História*:

> [...] observar e refletir são, ao mesmo tempo, agir; o historiador estuda o passado para poder influir, da maneira mais modesta que seja, sobre o mundo em torno e dentro de si. O controle que busca talvez não seja mais do que um autocontrole, uma sensação tranquilizadora de familiaridade ou esperança num ambiente desconcertante ou ameaçador. Mas suas indagações históricas, como todas as indagações, são sempre a resposta a uma necessidade, sempre voltadas para alguma finalidade; o interesse está embutido em seus atos mais primários de percepção, e aparece sob convenientes disfarces em suas mais polidas apresentações. E as provas dessa posição são inúmeras e parecem irrefutáveis: relatos diversos das mesmas realidades, diferentes interpretações dos mesmos acontecimentos e, como sempre, esti-

> los vários [para descreverem os mesmos fenômenos sócio-culturais] (GAY, 1990, p. 176-177).

Isso porque, ao ser 'o próprio homem', como o definiu Georges-Louis Leclerc (1707-1778), (mais conhecido como) o conde de Buffon, o 'estilo' demarcaria a 'matéria', a 'retórica', a 'maneira' e as 'estratégias' da escrita; mas, ao ser também mais do que ele, o homem, como destacou Peter Gay, o 'estilo' "nem sempre é o homem, decerto não o homem por inteiro", mostraria sua relação com o 'contexto de produção', com o 'lugar social ocupado pelo autor', suas 'leituras' e sua 'formação'. Com isso, o estilo "por vezes, é menos do que o homem; com frequência é mais que ele". Mas:

> O que faz da ciência ciência é sua incessante pressão pela objetividade e suas proposições verificáveis; o que a define não é sua capacidade de criar leis, mas sua fundamentação em leis ao apresentar suas explicações, leis estas que, na verdade, podem ser tomadas de empréstimo a outras disciplinas [...]. Em todas essas características definidoras, a história é – quase – uma ciência. Para empregar a definição de Lévi-Strauss, ela é uma ciência do concreto (GAY, 1990, p. 193).

Neste ponto, o autor indicava a importância das obras de Carl Gustav Hempel (1905-1997) e Ernest Nagel (1901-1985) para a elaboração de sua interpretação, ainda que as considerassem criticamente em sua análise. Além disso, é "o estilo do historiador que confere a seu mapa sua forma própria", já que "a arte desse estilo é de um tipo muito especial", porque afora "alguns floreios, ele não deve interferir na ciência do historiador" (GAY, 1990, p. 194-195). Para ele:

> A relação entre o estilo e a verdade foi obscurecida pelo flagrantíssimo fato de que uma obra não é uma cópia do mundo real. A natureza linear da literatura escrita obriga o historiador a apresentar sequencialmente estruturas que existem simultaneamente. Mas é uma inconveniência que o historiador partilha com o astrônomo e o sociólogo. Embora a mão modeladora do estilista apresente-se impondo ordem a realidades passadas díspares, muitas vezes avulsas em aparência, seu gesto de ordenamento é formal, exigido pelos requisitos da exposição. A ordem em si, não é o historiador que faz: ele a encontra. Uma atividade tão controversa como a demarcação de um período histórico não é uma construção, e sim uma descoberta. A ordem, o período estão lá (GAY, 1990, p. 195).

Por isso também, que o estilo "é a arte da ciência do historiador". Não foi por acaso, nesse sentido, que a continuidade de seus estudos, neste campo, o levasse a analisar a 'causalidade na história', não na maneira com que se apresentava na escrita, mas tendo em vista seus contornos em 'artistas', e não, neste caso, em 'historiadores', como mostrou em seu livro: *Arte e ação: as causas na história – Manet, Gropius, Mondrian* (de 1976). No início dos anos de 1980, o autor prolongava tal esforço metodológico, apresentando sua proposta de aproximar a escrita da história, com a análise do 'inconsciente', exposta pela psicanálise entre o final do século XIX e as décadas iniciais do XX – tendo em vista a obra de Sigmund Freud (1856-1939), de seus seguidores e intérpretes (GAY, 1989b). Ao explicar essa trajetória, ele diz que: "a arte do historiador constitui parte da sua ciência; sua forma não é nem a de um enfeite nem idiossincrática, mas está indissoluvelmente ligada à sua matéria", pois, "o estilo ajuda a sustentar o peso e a definir a natureza da substância", e isso "naturalmente me conduziu do modo pelo qual o historiador expressa-se para as questões que se inclina a considerar como as mais críticas" (GAY, 1989a, p. 11), e segue no argumento o autor de *Freud para historiadores* indicando que:

> Nessa concepção, o estilo do historiador é um depósito de vieses, e a sua percepção das causas inclina-se a ser comprometida pelo peso das mesmas mutilações ideológicas. Ao discordar, argumentei que o estilo pode ser também uma passagem privilegiada para o conhecimento histórico e que a visão particular do historiador sobre o que fez com que o mundo passado se movesse, não importa quão distorcida ela possa ser pela sua neurose, pelas suas deformações profissionais ou pelos seus preconceitos de classe, pode, ainda assim, ajudá-lo a ter firmes discernimentos sobre o seu material que ele não teria obtido na ausência deles (GAY, 1989a, p. 12).

Assim, a sua "justificativa para a história como uma ciência elegante, razoavelmente rigorosa, apoiava-se fortemente [...] no [s]eu comprometimento com a psicologia, em particular com a psicanálise". Para o autor, a maior contribuição a ser encontrada nesta aproximação, outrora iniciada pelas descobertas de Marc Bloch (1886-1944) e de Lucien Febvre (1878-1956), com o movimento que geraram a partir da revista *Annales*, é que a "história psicanalítica pode entrar para expandir a nossa definição de história total decisivamente ao incluir o inconsciente, e o incessante tráfico entre a mente e o mundo, no território legítimo da pesquisa do historiador" (GAY, 1989a, p. 165). Apesar de não dialogar diretamente, até este momento, com os filósofos franceses dos anos 1960, que contribuíram para desencadear 'a virada linguística', e que nos Estados Unidos trouxe um grande impacto para a escrita da história, ao questionarem a maneira pela qual os estudos históricos eram apresentados em suas formas narrativas; a obra de Peter Gay,[14] nem por isso, deixou de reiterar a incontornável ligação entre a 'arte' e a 'ciência', sobre os 'estilos' de escrita da história apreendidos pelo historiador, na execução de suas pesquisas e apresentação de seus resultados sob a forma de narrativas a respeito do passado das sociedades.

Quase duas décadas depois de concluir sua trilogia sobre o estilo e suas relações com a história e a sua escrita, o autor voltava-se agora com maior atenção para o que até então havia deixado um pouco de lado, o romance e sua representação da 'realidade' extratextual. Porque não só de divergências são constituídos os discursos histórico e literário. E seu livro *Represálias selvagens* (originalmente publicado em 2002), neste caso, não é apenas uma reconciliação do autor com o campo da produção literária, mas também um avanço quanto a suas análises sobre o estilo e a maneira pela qual caracterizava autor e obra, ao abordar o 'princípio de realidade' contido na escrita – tanto da narrativa histórica, quanto na dos romances. Contudo, o estudo da produção literária exige certa cautela, porque o romance encontra-se na "intersecção estratégica entre a cultura e o indivíduo, o macro e o micro, apresentando ideias e práticas políticas, sociais, religiosas, desenvolvimentos portentosos e conflitos memoráveis, num cenário íntimo" (GAY, 2010, p. 16). Em outras palavras: "é um espelho erguido ao mundo", apesar de se lido "de forma correta, promete tornar-se um documento extraordinariamente instrutivo" e, por isso, tem "muito a dizer aos historiadores". Os romances, mesmo "quando apresentam as coisas de modo errado, [...] podem fazê-lo de maneiras instrutivas, lançando luz sobre as atitudes de classe ou preconceitos religiosos típicos" (GAY, 2010, p. 19-20). Além disso:

> [...] quem recruta a ficção para ajudar na busca do conhecimento deve estar sempre alerta ao sectarismo do autor, às perspectivas culturais limitadoras, aos detalhes fragmentários oferecidos como fun-

14 Desde então, o autor tem, cada vez mais, desenvolvido esse 'projeto intelectual' em suas obras (GAY, 2002), sem deixar de lado as questões estilísticas e metodológicas. Em seu livro *Modernismo* (2009), ao procurar expor um painel geral sobre este movimento literário, acentuará que "é obra de historiador [...] porque não me restringi aos limites da análise formal dos romances, esculturas e edificações, mas situei as obras dos modernistas, ainda que rapidamente, no mundo em que viveram" (GAY, 2009, p. 13).

> damentados, para não falar nas obsessões neuróticas. É por isso que o leitor [entenda-se também o pesquisador] que trata um romance como uma obra rica em pistas de compreensões sociais, políticas e psicológicas deve sempre consultar uma segunda opinião (GAY, 2010, p. 20).

Apesar de os leitores quererem confiar "nos escritores de ficção tanto quanto acham que querem confiar nos historiadores", ambos constroem representações peculiares sobre a 'realidade'. Ainda que as aproximações teóricas, sobre os espaços de análise do romancista e do historiador sejam evidentes, há divergências metodológicas significativas na maneira com a qual cada um procede com as fontes e reconstrói o vivido. Com isso, para entender o "que a ficção tem a oferecer ao pesquisador, ele deve apre[e]nder o que a fez acontecer" e é também por isso que "os ensaios que se seguem inserirão as ficções na literatura e na política de seu tempo, bem como no autor que lhes deu existência" (GAY, 2010, p. 24). Mais importante:

> [...] o que deve em última análise ter o maior impacto sobre o romancista não é apenas o que de fato acontece em sua cultura, mas como ele a elabora; não é apenas o que sua profissão exige dele, mas como ele recebe ou remodela seus procedimentos canônicos. Isso talvez pareça de minha parte uma tentativa de impor uma leitura psicanalítica da obra de um escritor. Mas, embora eu simpatize, e na verdade esteja comprometido, com essa linha de interpretação, reconheço plenamente que ela não deixa de ter seus perigos. A possibilidade de promover ou obstruir a compreensão literária depende das reivindicações feitas em seu nome (GAY, 2010, p. 25).

Para realizar seu estudo, o autor pautou-se na trajetória de três romancistas representativos do século XIX e início do XX: Charles Dickens (1812-1870), Gustave Flaubert (1821-1880) e Thomas Mann (1875-1955), dando destaque, respectivamente, aos seus romances: *Casa sombria* (de 1852-1853), *Madame Bovary* (de 1857), e *Os Buddenbrook* (de 1900). Poderíamos resumir seus objetivos, neste livro, em três questionamentos principais, a saber: 1 – De que maneira a Literatura (e a História) (re)constrói uma representação peculiar da 'realidade'?; 2 – Como uma 'visão de mundo' molda uma linguagem e forja uma 'prática discursiva'?; 3 – E de que modo a linguagem é perpassada por 'ideologias' (ou por 'componentes ideológicos')? Para ele, Dickens teria sido um 'anarquista zangado' (ao criticar e satirizar a sociedade inglesa da 'Era Vitoriana'); Flaubert um 'anatomista fóbico' (por ver os pormenores das relações sexuais e ironizar a maneira pela qual a sociedade francesa da 'Belle Époque' viam-nas como um 'tabu'); e Mann um 'aristocrata rebelde' (ao viver silenciosamente sua homossexualidade e expor o cotidiano da aristocracia alemã oitocentista), em suas formas específicas de apreenderem o 'princípio de realidade' nos seus 'romances históricos'. Mais ainda:

> Para o estudioso do realismo em Dickens, Flaubert e Thomas Mann, esse sensato planejamento é um alívio: podemos nos perguntar se Dickens, um dos maiores caricaturistas de toda literatura, é tão perspicaz em relação à realidade humana quanto pensava ser. [...] essa é uma questão difícil, pois no exagero há caminhos para a verdade. [...] Bem como Dickens, eles [Flaubert e Mann] dão muito trabalho ao historiador, em especial ao historiador que não tem medo de Freud (GAY, 2010, p. 28).

Ao acompanhar esse exercício é bem provável que o leitor se dê conta de como esses romancistas representaram a 'Era Vitoriana', a 'Belle Époque' (a bela época) francesa e a cultura alemã oitocentistas; e a maneira pela qual um estudioso do tema analisou as interpretações construídas por eles – e de que modo um romance pode servir como um documento importante para o historiador pensar as sociedades do passado – voltaremos a essa questão na terceira parte deste livro. Para ele, quando pensamos "nos realistas da ficção do século XIX, não pensamos primeiro em Dickens", muito embora, conforme argumenta, "ele queria que todos soubessem que tinha a realidade firmemente presa nas mãos" (GAY, 2010, p. 32). O que não foi diferente para Flaubert, já que ele "servia ao princípio de realidade, desejoso de captar fielmente os gostos românticos degradados que ajudariam a cercar a ruína da jovem Emma Rouault, sua desafortunada heroína"; ele "continuou fiel à busca erudita da realidade durante toda sua vida de escritor" (GAY, 2010, p. 67). Contudo, ao "contrário de Charles Dickens e Gustave Flaubert, que procuravam escrever uma literatura esteticamente louvável, aproveitando para se deleitarem com a descarga de agressividade política, Thomas Mann tentou a profundidade, uma qualidade que há muito tempo perturba os críticos da psique alemã" (GAY, 2010, p. 107). Mas ele procurava "algo maior do que escrever 'meramente' uma narrativa realista de família" (GAY, 2010, p. 112). No entanto:

> [...] há um tema elementar que ele mal deixa aflorar ou o faz apenas indiretamente: o amor erótico.

> Com essa reserva, Thomas Mann estava muito mais próximo de Dickens que de Flaubert e em consonância com outros realistas alemães (GAY, 2010, p. 116).

O mais importante, além do fato de ver na música um momento de extravasamento erótico (não indiferente a sua homossexualidade inibida), "e o central é que Thomas Mann não escreveu [aos 25 anos] essa saga familiar [tendo em vista sua própria experiência] a partir de um ponto de vista neutro" (GAY, 2010, p. 140). Se voltarmos ao Dickens de *Casa sombria*, este "formou sua personagem principal [...] a partir de experiências profundamente sentidas, ornadas por fantasias imaginativas" (GAY, 2010, p. 51), porque era "sentimental, mas não radical". Mas sua hostilidade a autoridade nunca cedeu: "como as qualidades de tais modelos lhe pareciam demasiado raras e longe de ser poderosas o bastante, Dickens, o anarquista zangado, só podia exagerar a bondade [de seus personagens] [...] tanto quanto exagerava os vícios de seu país tão imperfeito" (GAY, 2010, p. 63). De igual modo, a "busca implacável de Flaubert pela verdade na ficção ia além dos detalhes mundanos da vida íntima de seus personagens. Não foi, é claro, o primeiro romancista a explorar a mente de suas criações. Mas [...] o fez com uma intensidade sem precedentes" (GAY, 2010, p. 71). Em sua narrativa, contudo, não era ao 'princípio de realidade' que dava maior atenção, tal "lugar estava reservado para a arte ou, como ele às vezes dizia, para o estilo, com a verdade ocupando um honroso segundo lugar" (GAY, 2010, p. 75). Do mesmo modo que "Dickens, Flaubert alimentava rancores contra qualquer alvo à mão – realmente contra toda sociedade" (GAY, 2010, p. 101), e queria "deixar perfeitamente claro: não importava quem tivesse perdido, a vitória era da burguesia" (GAY, 2010, p. 104).

Apesar das evidentes contribuições que estes romances, e seus autores, possam trazer para a pesquisa histórica, o historiador deve ter claro que seu uso "é severamente limitado"; ainda que o "mundo que o romancista realista cria [seja] o mesmo do historiador, apenas alcançado por seus próprios caminhos" (GAY, 2010, p. 141), e que ambos tenham também em comum "o estudo das mentes individuais e das mentalidades coletivas" (GAY, 2010, p. 144), há diferenças contundentes entre ambas.

Dito isto, o autor passava a verificar porque a crítica 'pós-moderna', ao delinear o espaço de produção da história e do romance, estabeleceu uma fronteira tênue quanto ao significado da 'verdade', e seu alcance entre esses diferentes discursos narrativos. Se Jacques Derrida (1930-2004) foi o 'guru' do movimento, Hayden White foi, sem dúvida, "o mais influente entre os historiadores pós-modernistas", e "levou a perspectiva relativista a seus limites" (GAY, 2010, p. 145-46), pois, ao ver indistintamente o 'discurso histórico' e o 'discurso literário': "ele converte a história num tipo de romance (geralmente não reconhecido) sobre o passado" (GAY, 2010, p. 176). Para dar maior consistência aos seus argumentos, Peter Gay demonstra porque foi importante para Hayden White alinhar sua trajetória com os apontamentos centrais da 'virada linguística', estabelecendo uma relação direta com as obras de Michel Foucault e Friedrich Nietzsche. O que, em suas palavras, se constituiria como o 'mestre' deste autor, "como de outros pós-modernistas, é (além de Friedrich Nietzsche, o favorito de todo mundo nesta escola de pensamento) Michel Foucault". Mas, o "principal problema com as excursões pós-modernistas de Foucault na história é que sua psicologia é irremediavelmente reducionista: para ele, é tudo uma questão de poder, de uma conspiração meio involuntária dos que têm contra os que não têm [o poder em suas mãos]" (GAY, 2010, p. 176-77). Para ele, as mesmas ressalvas seriam válidas para outros pós-modernistas (como: Jacques Lacan, Jacques Derrida, Jean-François Lyotard, Jean Baudrillard). De acordo com ele:

> Para os pós-modernistas, os fatos não são descobertos, mas criados; seus ancestrais intelectuais, remontando ao menos até Goethe, insistiram por muito tempo que todo fato já é uma interpretação. Como uma interpretação social, é inerentemente modelado pelos mitos dominantes que mantêm o historiador (bem como o romancista) preso em sua garra de ferro. Vieses, antolhos, estreiteza de visão, pontos cegos, toda espécie de impedimentos à objetividade são essenciais na própria natureza de todos os esforços humanos para conhecer; o estudioso do passado é o prisioneiro de sua própria história pessoal. Nessa visão, *escrever história é apenas outra maneira de escrever ficção* (GAY, 2010, p. 146, grifo meu).

Postura frágil, o 'pós-modernismo', para o autor estabeleceria sutilmente:

> À parte seu absurdo inerente, a tentativa pós-modernista de reduzir à irrelevância a busca da verdade empreendida pelo historiador tem consequências práticas. Forçaria os escritores de fatos e os escritores de ficção a um casamento indesejado sob a mira de uma arma. [...] O que significa que os historiadores não precisam dos pós-modernistas para lhes dizer que o ponto de vista de profissionais individuais, em parte inconsciente, pode impedir um tratamento objetivo do passado. Eles assim afirmariam ao desmascarar alegremente a parcialidade dos

> outros. Mas tratariam essas armadilhas no caminho para a verdade antes como obstáculos a ser superados do que como leis da natureza humana a ser humildemente seguidas (GAY, 2010, p. 146 e 147-8).

O que significa que os "debates dos historiadores (sem os quais a profissão seria reduzida a um tedioso relato de fatos universalmente aceitos) fazem parte de um interminável empreendimento coletivo que tenta se aproximar do exato ideal de lorde Acton: um acordo inteiramente bem informado sobre o passado". Além disso, nenhuma "das objeções propostas contra esse ideal é válida", porque para "falar sem rodeios: pode haver história na ficção, mas não haver ficção na história" (GAY, 2010, p. 150).

É interessante notar que neste mesmo período do final dos anos 1970 nos Estados Unidos, já vinculada na universidade de Princeton desde 1978, Natalie Zemon Davis procurava reter quais os tipos de imaginação controlada poderiam fazer parte da narrativa histórica, em seu *O retorno de Martin Guerre* (de 1982), que "surgiu da aventura entre um historiador e uma forma diferente de falar sobre o passado". (DAVIS, 1987, p. 9). Como não teve acesso direto ao processo judicial em que esteve envolvido seu protagonista da história, acusado de ter se passado por Guerre em seu retorno a sua aldeia, cujo papel teria sido tão bem encenado que mesmo sua esposa não teria percebido a diferença de início, por parte do impostor, Davis teve que recorrer a todo tipo de discurso indireto (de jornais as correspondências, biografias e autobiografias, memórias e histórias de famílias, além de fontes literárias), e o "que aqui ofereço ao leitor é, em parte, uma invenção minha, mas uma invenção construída pela atenta escuta das vozes do passado" (DAVIS, 1987, p. 21). Ao fazer tal exercício, Davis nos mostrou os caminhos que levaram:

> A estória de Martin Guerre é contada e recontada porque nos lembra que as coisas assombrosas são possíveis. Mesmo para a historiadora que a decifrou, ela mantém uma validade obstinada. Creio ter desvendado o verdadeiro rosto do passado – ou Pansette terá voltado a agir? (DAVIS, 1987, p. 151).

Mas, essa não é a única história instigante que Davis nos apresentou a respeito da sociedade francesa do início do período moderno do século XVI. Já em meados dos anos 1970, a autora de *Culturas do povo* nos mostrava a composição da sociedade francesa, esmiuçando o formato das greves, a ajuda aos pobres, os ritos de violência, o povo e a palavra impressa, e:

> Na interpretação desse material, e na análise da direção das transformações na França do início da época moderna, guiei-me por poucas regras. Em primeiro lugar, tentei prestar particular atenção ao contexto de uma mudança, de um evento, de uma decisão. [...] Mas, em segundo lugar, não supus que o contexto, ou qualquer atributo singular desses camponeses e do povo das cidades – fosse seu sexo ou sua relação com a propriedade e a produção –, determinasse por si só seu comportamento. Imaginei, em vez disso, que essas características de suas vidas moldavam suas condições e seus objetivos e limitavam ou ampliavam suas opções; vi-os como atores que, utilizando os recursos físicos, sociais e culturais de que dispunham, agiam no sentido de sobreviver, resistir e, às vezes, mudar as coisas (DAVIS, 2001a, p. 8-9).

No final dos anos 1980, Davis nos cantava os percursos dos narradores da França do século XVI, que estavam incumbidos de encaminharem cartas com pedidos de perdão ao rei, em suas *Histórias de perdão* (de 1987). Com sua experiência investigativa de ler durante anos cartas de remissão de crimes do século XVI, desde a formulação de seu *O retorno de Martin Guerre*, a historiadora se colocava no papel de desvendar as intrigas na época em que se contavam histórias, na encruzilhada entre a raiva e a legítima defesa, que estavam nos arredores do derramamento de sangue, silenciosamente camuflados pela voz sutil e intrigante de mulheres. Aqui estavam muito presentes as fronteiras tênues entre o ocorrido e o inventado, a verdade e a falsidade, tudo com o objetivo de se safarem da culpa, ou alcançarem sua inocência de um crime que não haviam cometido, e:

> [...] espero que tenham constatado com a carta de remissão, embora se trate de um esforço coletivo entre o notário, responsável pela fórmula, o advogado conselheiro (eventualmente) e o requerente, pode ser usada como fonte aproximada para o talento narrativo e para os estilos das pessoas do século XVI. A história de perdão limitava-se, evidentemente, às tramas que eram remissíveis, mas sem dúvida mostra as habilidades narrativas agindo com persuasão realista e a favor de interesses próprios (DAVIS, 2001b, p. 161).

A mesma desenvoltura e elegância se encontram no seu livro *Nas margens* (de 1995), ao contar a história de três mulheres do século XVII: Glikl bas Judah Leib e suas interlocuções com Deus; o novo mundo visto por Marie de l'Incarnation; e as metamorfoses experimentadas por Maria Sibylla Merian. Em suas palavras:

> Vidas distintas mas que transcorreram num campo comum. Os azares da peste, os sofrimentos da enfermidade e a morte prematura de parentes [...]. As três conheceram a efervescência das vozes urbanas e da palavra impressa. As três vivenciaram as estruturas hierárquicas que acrescentavam mais peso ao fardo das mulheres. As três receberam um repentino chamado espiritual que prometia um futuro melhor. A trajetória de sua existência apresenta alguns aspectos comuns, como a felicidade de possuir muita energia e longevidade. As diferenças se devem ao acaso, ao temperamento e sobretudo aos padrões estabelecidos pelas culturas religiosas e expectativas vocacionais do século XVII (DAVIS, 1997, p. 189).

O percurso de Natalie Zemon Davis foi sem dúvida alguma crucial para o desenvolvimento da "nova história cultural", a partir do final dos anos 1970. (SERNA, PONS, 2005). As suas pesquisas davam novos contornos às fronteiras entre ciência e arte na escrita da história. O percurso de Robert Darnton, que também foi professor na universidade de Princeton,[15] esteve diretamente inspirado nas pesquisas de Davis (SERNA, PONS, 2005), e revelava-se nas suas experimentações de *O grande massacre de gatos* (de 1984), apesar de estar ali fortemente marcado pela antropologia de Clifford Geertz (1926-2006) com a sua "descrição densa", na qual aliava antropologia e história para desvendar os caminhos da história cultural francesa do século XVIII, por meio de episódios estranhos, anedóticos e pouco comuns.[16] Ao situarmos como Davis notava as questões relativas às ficções e as histórias, em comparação com o olhar de Gay, vê-se a complexidade com que os debates foram seguindo seus caminhos e peculiaridades nos Estados Unidos nas décadas de 1970 e 1980.

15 A Universidade de Princeton foi um centro importante de debates nos Estados Unidos, que fundamentou o desenvolvimento da nova história cultural, com as obras de Clifford Geertz, Natalie Zemon Davis, Robert Darnton e tantos outros pesquisadores locais e do exterior, que por lá passavam em congressos, cursos e fomentavam o desenvolvimento dos debates. Para maior detalhamento, ver: SERNA, PONS, 2005; CUSSET, 2008.

16 Evidentemente, depois do amplo debate que Darnton estabeleceu com Roger Chartier, após o lançamento de *O grande massacre de gatos*, no qual Chartier expressava suas dúvidas sobre a possibilidade de usos da categoria "descrição densa" para o campo da pesquisa histórica, fez com que Darnton procurasse repensar seus procedimentos metológicos, e ver com maior precisão as limitações dos preceitos pensados na antropologia de Clifford Geertz, para a execução de pesquisas históricas.

Após resumirmos os principais pontos da discussão de Peter Gay nos anos de 1970 e 1980, e o modo como avançou sobre eles a partir do final dos anos 1990 (ainda que nos aspectos fundamentais não tenha mudado sua perspectiva de análise), podemos passar a algumas constatações: a) mesmo não considerando todos os argumentos provenientes da 'virada linguística' nos anos de 1970 e 1980, o autor não deixou de lado tal questão, e ao voltar sobre ela, além de resumir as principais fragilidades desta postura, e do empreendimento 'pós-moderno' (que lhe deu continuidade), também demonstrou a importância dos 'romances' para a 'pesquisa histórica'; b) ao indicar as especificidades metodológicas do 'discurso histórico' e do 'discurso literário', o autor também mostrou que os caminhos como cada um chegava, ou pensava, a 'verdade' são diversos, peculiares e específicos; c) como diversos são ainda os recursos que ambos têm a disposição para, a partir do 'princípio de realidade', construir suas narrativas e projetar suas expectativas para as sociedades.

A miséria do discurso e as sutilezas do passado: as digressões de Thompson e Hobsbawm

As discussões presentes na historiografia norte-americana, como vimos a partir da obra de Peter Gay, teve outros contornos na historiografia inglesa, como veremos com Thompson e Hobsbawm, apesar de em ambos os casos, a manifestação por uma escrita da história articulada com as fontes, os resquícios e evidências deixados pelo passado, de modo a identificar uma realidade extratextual de outrora (que deu base ao que se passou no passado) ter sido um dos pontos em comum entre os dois espaços historiográficos, que tiveram discussões teóricas igualmente peculiares aos seus contextos de produção de obras, eventos e debates.

Os lugares da miséria nas discussões intelectuais (da condição socioeconômica, do pensamento, da consciência ou mesmo do saber) estiveram presentes em muitos textos importantes produzidos a partir do século XIX. Quando, em 1846, Proudhon lançou *A filosofia da miséria*, causando um verdadeiro impacto sobre as interpretações a respeito da condição socioeconômica dos miseráveis nos processos de subsistência e explorações, inclusive, trabalhistas, no ano seguinte, Karl Marx, se lançou na produção de uma crítica mordaz em *A miséria da filosofia*, que como discurso interpretativo da realidade, dos sujeitos e do mundo, não alcançava mais alternativas práticas as situações dadas às sociedades e aos seres humanos, mas se perdia em uma guerra de narrativas puramente abstrata e sem resultados práticos que interferissem diretamente na realidade social dos sujeitos. Em 1957, Karl Popper lançou *A miséria do Historicismo*, lembrando as discussões do século

XIX, para mostrar as limitações das projeções teleológicas de futuro, ambientadas pelas filosofias da história, sob as quais o historicismo se projetava como uma delas entre as universidades européias nas décadas iniciais do século XX. Nesse ambiente, Popper projetou sua crença na ciência e demonstração dos fatos mediante a análise circunstanciada dos dados oferecidos pelo passado ao estudioso. Em 1978, foi à vez de E. P. Thompson lançar sua obra mais polêmica e aguda, *A miséria da teoria*, buscando refutar as críticas do estruturalismo a respeito das possibilidades do agir humano no tempo, especialmente, no que dizia respeito à rebeldia, contestação social de sistemas opressores e as condições de se projetarem as revoluções. Em todos esses textos os lugares da miséria, seja da condição humana, seja do próprio pensamento, estiveram no centro de suas interpretações teóricas e projetos sociais.

De certa forma, os debates que culminaram nas críticas ao estruturalismo e ao pós-estruturalismo nos anos 1960 e 1970 deram vazão à observação de outras misérias, isto é, a dos discursos que se distinguiam das realidades sociais (rompendo com as possibilidades de se ver aquilo que estaria 'fora do texto', para dar ênfase apenas sobre o que estaria disposto somente 'dentro do texto'), ou mesmo daqueles que informavam que só havia discursos, portanto, interpretações, jamais se trazendo ou mesmo alcançando o que foi o passado no presente (ou mesmo um traço deste na forma de um discurso), a partir da palavra escrita, em uma narrativa. E, no limite, questionavam a própria existência do passado, ou de uma realidade extratextual, tal qual exposto nas construções interpretativas dos historiadores e cientistas sociais, desde meados do século XIX. A obra de Thompson foi, sem dúvida alguma, uma reação direta a tais dilemas epistemológicos. Como já havia enunciado sua esposa Dorothy Thompson, ao prefaciar o livro *Os românticos*, a cada dez anos ele produziu um livro de grande impacto, a saber: nos anos 1950 ele concluiu *William Morris*; nos anos 1960, *A formação da classe operária inglesa* (em três volumes: 1. A árvore da liberdade, 2. A maldição de Adão, e 3. A força dos trabalhadores); nos anos 1970, *Senhores e caçadores* (assim como *A miséria da teoria*, em 1978); e, por intermédio de uma segunda fase da guerra fria nos anos 1980, Thompson só apresentaria os resultados dos textos que formariam *Costumes em comum* no início dos anos 1990, e *Os românticos* ficaria a cargo de sua esposa organizar e publicar (postumamente) em 1997.

Ao menos desde os anos 1960, Thompson mostrava cristalinamente sua percepção da pesquisa histórica no processo do seu "fazer-se", que se encontram apresentadas, especialmente no prefácio ao primeiro volume de *A formação* e de *Senhores e Caçadores*. Como ele demonstrou, no primeiro caso, ao ver a classe como um fenômeno histórico no processo do seu fazer-se no tempo, "que unifica uma série de acontecimentos díspares e aparentemente desconectados, tanto na matéria-prima da experiência como na consciência", e justamente por isso não "vejo a classe como uma 'estrutura', nem mesmo como uma 'categoria', mas como algo que ocorre efetivamente (e cuja ocorrência pode ser demonstrada) nas relações humanas" (THOMPSON, 2004, p. 9, v.1), dava todo sentido a sua interpretação de uma realidade passada, vasculhada pelos resquícios textuais e iconográficos deixados pelo tempo, cuja base foi ambientada em um espaço extratextual, sem o qual os próprios resquícios, as evidências a respeito do passado, jamais poderiam ser produzidos e depois averiguados e interpretados pelo historiador. O movimento do contar bem uma história, nesse caso, se cruzava com a percepção do encadeamento das inter-relações humanas, no processo de organização de uma classe social no transcurso do tempo. A vivacidade com a qual Thompson procurava relatar diferentes situações que plasmaram a formação da classe operária inglesa, entre 1780 e 1832, no ato do seu "fazer-se" revela as tensões, divergências e contradições que fizeram parte da dialética entre classe e consciência (de classe) no período formativo da classe operária inglesa.

Com ênfase ainda maior, em *Senhores e Caçadores*, Thompson dará destaque à realidade extratextual vislumbrada pelos resquícios deixados pelo passado, no qual "a pessoa, conforme sempre espera, afinal monta um relato que, em muitos pontos, é inferior ao conhecimento contemporâneo [ou sobre a realidade de outrora], mas, sob algumas outras formas, é superior", e por essa razão tentei "escrever o livro de modo muito semelhante à realização da pesquisa", indo do "contexto da Floresta de Windsor, os episódios, a análise", até um processo semelhante em outras florestas, conformando costumes e leis, "dos homens que fizeram a Lei Negra e da lei que eles fizeram". (THOMPSON, 1997, p. 18).

Nos dois livros, Thompson buscou muito mais a demonstração empírica do que a teorização abstrata – e em muitas situações vazia (conforme constatou em *A miséria da teoria*, de 1978). Foi com *A miséria da teoria* (2021), em que buscava dialogar, especialmente com a obra de Louis Althusser e Karl Popper, que ele nos apresentou os princípios que fariam parte do materialismo histórico, e, portanto, do processo de escrita da história, no seu "fazer-se" cotidiano: "1. O objeto imediato do conhecimento histórico [...] compreende 'fatos' ou evidências por certo dotados de existência real, mas que só se tornam cognoscíveis de maneiras que são, e devem ser, a preocupação de métodos históricos vigilantes"; "2. O conhecimento histórico é, por sua natureza, (a) provisório e incompleto [...], (b) seletivo (mas nem por isso inverídico), (c) limitado e definido pelas perguntas feitas às evidências [...] e, portanto, 'verdadeiros'"; "3. As evidências históricas têm propriedades específicas, [porque ainda] que várias questões possam lhe ser feitas, somente algumas são adequadas"; "4. Segue-se dessas proposições que a relação entre o conhecimento histórico e seu objeto não pode ser compreendida em nenhum termo que suponha que um deles seja função [...] do outro"; "5. O objeto do conhecimento histórico é a história 'real', cujas evidências devem ser necessariamente incompletas e imperfeitas" (THOMPSON, 2021, p. 74-75).

Note-se que cada um desses princípios aparece fartamente demonstrado na prática de pesquisa que levou Thompson a escrever *A formação da classe operária inglesa* e *Senhores e caçadores*; melhor dizendo, a condução da argumentação, a exposição dos dados, a vivacidade da narrativa, a vibração ou não presente no enredo do texto, dependiam diretamente das evidências encontradas no processo de execução da pesquisa, em função dos resquícios deixados pelo passado, sem os quais não havia como avançar em determinados caminhos de análise dos grupos sociais e suas dinâmicas no tempo e espaço, definindo as condições pelas quais certas interpretações poderiam ou não serem elaboradas pelo historiador.

Para chegar a tais princípios, ele fez de sua prática social os ingredientes para se chegar a uma teoria das práticas sociais dos sujeitos que viveram no passado; isto é, para estudar os grupos humanos no tempo, Thompson fez de sua vida uma *práxis* com as vivências e experiências que teve com a classe operária e a formação e alfabetização de adultos. Fez de seu engajamento político por uma causa a condição de sua existência. Ele teve a sensibilidade de conseguir colocar em movimento, no seu "fazer-se" como prática diária e como produção de uma obra, o *lócus* para se analisar a formação de uma classe, sem se amparar em nenhum tipo de elo determinante, especialmente econômico. Quando, em 1994, Bryan Palmer procurou fazer uma avaliação minuciosa da obra de Thompson, em *Edward Palmer Thompson: objeções e oposições* (1996), este pôs em evidência os momentos decisivos da vida e da produção da obra deste autor e notava que:

> O sucesso de *A formação da classe operária inglesa* não reside neste ou naquele determinado argumento, tampouco no fato deles estarem, a rigor *certos* ou *errados*. Ao invés disso, seu significado, e a grande virtude daí decorrente, se encontram na irrefutável ruptura a que forçou a literatura histórica, em que não mais se poderia impor a formação das classes, tanto por radicais como por reacionários, com[o] um re-

flexo mecânico a mudanças de ordem econômica. (PALMER, 1996, p. 127).

A projeção da obra de Thompson, depois de o sucesso alcançado com a publicação de *A formação da classe operária inglesa* nos anos 1960, gerou a produção de um conjunto de críticas e objeções que eram tanto feitos pela esquerda como da direita político-partidária e intelectual. Apesar do imenso apreço de Hobsbawm para com sua obra, esta não passaria ilesa em *Trabalhadores*, e mais especificamente em *Mundos do trabalho*. No entanto, se em pontos da periodização, exemplificação das circunstâncias, funções dos partidos e sindicatos no processo de construção da consciente e da cultura da classe operária havia neles certas divergências, no que dizia respeito à forma como interpretavam o processo histórico e analisavam a configuração de uma classe no tempo, ainda que isso viesse a resultar em conclusões peculiares, eles tiveram muitos pontos em comum em suas maneiras de entenderem a escrita e a função da História para as sociedades. Em outras palavras, para ambos a escrita da história é forjada por meio de uma acurada análise das evidencias deixadas pelo passado na forma de resquícios materiais ou imateriais, a partir dos quais os historiadores elaboram as suas narrativas, por meio de uma pesquisa acurada das fontes documentais.

No entanto, enquanto Thompson se baseava em trabalhos sistemáticos em arquivos para a produção de textos monográficos (aventurando-se em poucas ocasiões a escrita de ensaios), e, por isso, a partir de micro configurações sociais procurava esmiuçar suas conexões com a totalidade, tal como pode ser aferível em *Senhores e caçadores*; Hobsbawm fez muito mais uma história global conectada, com perfil temático, cuja meta era circunstanciar a formação das sociedades contemporâneas. Melhor dizendo, os traços dessa interpretação de caráter temático, para projetar uma história global conectada, foi o que fez da obra de Hobsbawm um marco para se pensar a formação das sociedades contemporâneas, como podemos observar em *A era das revoluções*, *A era do capital* e *A era dos impérios*, em cuja trilogia demonstrou minuciosamente a formação do "longo século XIX". Essa trilogia foi posteriormente complementada com *A era dos extremos*, que lastreou o "curto século XX", em função de seu eixo temático estar na análise dos projetos de tentativa de implantação do "socialismo real" em diferentes espaços sociais, especialmente da revolução de 1917 que deu origem a união soviética até sua dissolução no início dos anos 1990. Depois de ter elaborado esses quatro livros, tanto sua autobiografia *Tempos interessantes*, quanto o conjunto de ensaios que formaram *Tempos fratura-*

dos, mostraram outros contornos das mutações socioculturais, políticas e econômicas vividas pelas sociedades ao longo do século XX.

Note-se que em *Tempos interessantes*, além de frisar a importância dos historiadores não escreverem apenas para os pares de ofício, Hobsbawm asseverava que mais "do que nunca a história é atualmente revista ou inventada por gente que não deseja o passado real, mas somente um passado que sirva a seus objetivos" (HOBSBAWM, 2002, p. 326), porque estamos rodeados por uma época de mitologias históricas nas quais aquilo que foi um dia é moldado de acordo com o grande capital financeiro, de modo a celebrar certos tipos de passados e não outros, quando não inventar certos passados para formularem certos usos destes mesmos passados. Além de os historiadores serem necessários em uma época como essa, Hobsbawm notava que mais do que nunca era fundamental mostrar as sutilezas com que as diferentes formas de interpretação do passado eram construídas e alicerçadas por relações de poder e de acordo com o interesse de certos grupos políticos e econômicos.

As interpretações de Thompson e Hobsbawm, em muitos aspectos, dialogam com as evidencias encontradas por Peter Gay a respeito das formas pelas quais deveriam ser escritas as histórias a respeito do passado, com base nas evidências documentais. Na Alemanha, a partir do final dos anos 1960, Koselleck e depois Rüsen se preocuparam em harmonizar uma forma coerente de indagar o passado e escreverem a história, por meio de uma teoria a respeito da história. Como as teorias da história passaram a ser refletidas pelos historiadores com as indagações lançadas pelo estruturalismo e o pós-estruturalismo? De que forma as teorias passaram a embasar as escrituras da história? Esses são os pontos que passaremos a refletir, a partir das obras de Koselleck e Rüsen.

De volta a 'Teoria', para uma sistematização do conhecimento histórico: o diagnóstico de Reinhart Koselleck e Jörn Rusen

> Creio [...] que as experiências vão além da sua interpretação linguística, mas é certo que para os que reduzem tudo à linguagem, a concentração exclusiva do estudo de certos conceitos básicos [...] poderia provocar o silêncio de outras experiências. Essa abordagem poderia limitar indiretamente a implicação social daquilo que poderíamos descobrir através de qualquer série de conceitos básicos e daquilo que seria silenciado ou oculto por eles (KOSELLECK in FERES; JASMIN, 2006, p. 167).

Assim Reinhart Koselleck (1923-2006) resumiria sua divergência com a 'virada linguística' norte-americana, e quanto ao tipo de hermenêutica praticada por Hans-Georg Gadamer (1900-2002) na Alemanha[17], numa entrevista concedida em 5 de abril de 2005 a Javier Fernández Sebastián e Juan Francisco Fuentes, na cidade de Madri, Espanha. De acordo com ele:

> [...] a linguagem é sempre ambígua, ao mesmo tempo receptiva e reprodutiva, porque por um lado indica as mudanças sociais e, por outro, a própria linguagem é um fator essencial que permite tomar consciência dessas mudanças na realidade. Gadamer não aceitava esta ambiguidade da linguagem. Para ele, que seguia os passos de Heidegger, a linguagem trazia com ela, implícita, a totalidade da experiência. É indubitável que, ao traduzir muitos conceitos da língua grega à linguagem filosófica alemã, a filosofia hermenêutica de Gadamer fez da linguagem a chave de toda a realidade humana; um argumento muito forte, mas, para mim, como historiador, impossível de aceitar como a única e exclusiva verdade. Como historiador, não posso manter-me apenas no nível linguístico; preciso me ocupar também do que (linguisticamente) poderia ser dito (KOSELLECK In FERES; JASMIN, 2006, p. 169).

Os próprios entrevistadores, naquela ocasião disseram que a maior contribuição do autor, com a 'história dos conceitos', foi investigar exaustivamente "a história como sucessão de acontecimentos, a história como atividade intelectual inerente ao ser humano, e, sobretudo, a história como experiência existencial e dimensão iniludível, constitutiva da modernidade" (KOSELLECK In FERES; JASMIN, 2006, p. 135). Esta entrevista foi acrescentada ao livro *História dos conceitos*, que foi organizado por Marcelo Gantus Jasmin e João Feres Júnior, com vistas a divulgar esta abordagem no Brasil (e as suas diferenças e aproximações com o enfoque *collingwoodiano*, da interpretação 'contextualista' inglesa, que tem em Quentin Skinner e John Pocock seus principais praticantes), justamente num momento em que se expande para várias partes do mundo (FERES; JASMIN, 2007). Esse sucesso teve

17 Neste texto, não há como detalhar adequadamente o debate entre Koselleck e Gadamer, sobre o campo de estudos e as características da análise hermenêutica, que foi fundamental para o desenvolvimento da história dos conceitos. Para maior detalhamento da questão, ver: KOSELLECK; GADAMER, 1997; KOSELLECK, 2002; KOSELLECK, 2004; HABERMAS, 2004.

origem num empreendimento editorial iniciado na década de 1970, entre Koselleck e Werner Conze (1910-1986) e Otto Brunner (1898-1982), em que procuraram elaborar um dicionário de *Conceitos Históricos Fundamentais. Léxico Histórico da Língua Política e Social na Alemanha* (que, aliás, ainda não foi traduzido para o português), cobrindo, especialmente, o período de 1750 a 1850, no qual Koselleck dirá que será o momento em que se formaram as principais mudanças léxicas e conceituais que darão forma à modernidade europeia. Entre outras coisas, porque "a linguagem europeia (nas suas diversas expressões) sofreu um processo radical de transformação que revela e configura a ultrapassagem dos fundamentos da sociedade aristocrática", como bem lembrará Jasmin (KOSELLECK 2006, p. 10). Iniciada em 1972, com a publicação do primeiro volume, de uma série de nove, que será concluída em 1992, a obra será verdadeiramente um marco teórico na história da historiografia mundial (Cf. BENTIVOGLIO, 2010).

A obra de Koselleck, nesse sentido, se apresentará como uma das bases, e também como um complemento, àquele empreendimento editorial coletivo. Já em 1959, ao lançar sua (famosa) tese *Crítica e crise: uma contribuição a protogênese do mundo burguês* (1999), o autor irá demonstrar "como a formação da 'crítica' ilustrada e da 'sociedade civil' provocariam a 'crise' final do Antigo Regime e a derrocada do Absolutismo como forma legítima de poder político" (KOSELLECK, 2006, p. 9), nas palavras de Marcelo Jasmin (à apresentação brasileira de seu livro *Futuro Passado*). Em 1965, ao estudar a reforma e a revolução no período de 1791 a 1848, em sua tese de habilitação (publicada em 1967), este dará continuidade, e maior densidade, aos seus trabalhos dos anos 1950. Com a publicação de: *Futuro passado: contribuição a semântica dos tempos históricos*, em 1979, demonstrará teoricamente as principais características da 'história conceitual' (e que justificavam o empreendimento editorial coletivo iniciado, poucos anos antes), por meio da análise semântica das diferentes formas de apreensão do tempo e da história, na historiografia europeia (REIS, 2003). Foi tendo em vista que a "hipótese que se apresenta aqui é a de que, no processo de determinação da distinção entre passado e futuro, ou, usando-se a terminologia antropológica, entre experiência e expectativa, constitui-se algo como um 'tempo histórico'", e as "análises semânticas aqui apresentadas não têm por objetivo primeiro um estudo de caráter linguístico-histórico", mas sim "elas pretendem investigar a constituição linguística das experiências temporais, ali onde elas se manifestam" (KOSELLECK, 2006, p. 16-17).

Com objetivos semelhantes, em parte dando continuidade a algumas das teses de Koselleck, a obra de Jörn Rusen (2001, 2007a, 2007b) também procurará rever algumas questões lançadas pelo 'movimento revisionista' da historiografia alemã sobre o Holocausto, que, aliás, não esteve limitado apenas na Alemanha. (Cf. WIKLUND, 2008, p. 19-44; RUSEN 2001; 2009, p. 163-209). Para ele:

> Um dos pontos mais decisivos da crítica pós-moderna ao pensamento histórico moderno é o seguinte: uma entidade como 'a história' nem existiria. Haveria apenas representações do passado, que os historiadores teriam criado por meio das estratégias poéticas e retóricas do discurso narrativo. A concepção pós-moderna da história nega radical e totalmente a ideia de que existiria algo como um único e abrangente processo histórico de evolução da humanidade. A história nem seria uma entidade de fato; ela não seria nada mais do que uma imaginação ficcional. Correspondentemente, a concepção pós-moderna descreve os princípios do pensamento histórico em termos completamente distintos: o que estaria em jogo não seria justamente o método na forma de argumentação racional e das regras da pesquisa empírica, mas sobretudo a poética e a retórica da narrativa. Com isso a concepção do pensamento histórico pós-moderno seria o oposto da ciência da história em sua forma moderna [originada a partir do século XIX]. [...] [por isso] a pós-modernidade oferece uma função de orientação na história, embora de natureza muito específica: trata-se de uma espécie de orientação da vida humana que pode ser comparada com os sonhos. [...] De certo modo trata-se aqui de uma compensação dos resultados negativos da ação contemporânea; trata-se de um consolo estético produzido pela memória histórica diante da crise do progresso e da ameaça pela catástrofe, na qual nosso mundo será precipitado pela escala ininterrupta do processo de modernização (RUSEN, 1997a, p. 89-90).

É precisamente neste contexto que, segundo ele, foram tão importantes as obras de Nietzsche e de Heidegger para a interpretação 'revisionista alemã', normalmente, inseridas no movimento pós-moderno de '(re)figuração do passado' histórico. (RUSEN 1997b, p. 116-131; 2009, p. 163-209). Mas como destacou Wiklund (2008, p. 19-44), além de não estarem limitados a esse tipo de leitura, no caso de Heidegger, este foi um dos responsáveis pela formação de uma 'tradição intelectual' na Alemanha do pós-guerra, articulada em torno da interpretação hermenêutica. Por outro lado, Rusen informa que também foram muito comuns críticas a obra de Leopold von Ranke (1795-1886), que inauguraria o historicismo alemão no século XIX (RUSEN 1997b, p. 116-31; MARTINS 2007, p. 45-68; GERTZ 2007; MALERBA 2006).

A partir do conceito de 'matriz disciplinar' desenvolvido (no posfácio de 1969) por Thomas Kuhn (1922-1996), em seu livro *A estrutura das revoluções científicas* (2003), de 1962, em que complementaria seu conceito de 'paradigma', que Rusen irá colher seus frutos, ao retrabalhar tal conceito, e propor uma 'nova' compreensão do conhecimento histórico. De forma muito resumida, a 'história como ciência' estaria inserida dentro de um quadro sóciocultural, articulando as 'predisposições científicas' com as 'demandas sociais de sentido', em que tanto o historiador, quanto a sua obra, percorreriam cinco elementos formadores e articulados: passar-se-ia dos *interesses* (que orientam o fluxo do tempo e a maneira como os indivíduos definem seu agir), para as *ideias* (as perspectivas orientadoras da experiência sobre o passado, no presente histórico), e destas para os *métodos* (as regras da pesquisa empírica), que almejariam em seguida *formas* de apresentação do conhecimento histórico, que teria como *funções* regularem a orientação existencial dos indivíduos no tempo, ao lhes proporem 'novos' sentidos ao agir humano, e lhes permitir tomadas de decisões em seu presente histórico. Para ele, a crítica pós-moderna (em que estaria inserida a 'virada linguística') se resumiria apenas a análise das *formas* de apresentação do conhecimento histórico, e, por isso, reduziria 'toda ação humana', a códigos simbólicos formados 'culturalmente' e sintetizados pela 'linguagem'. Em resumo, o que estaria em oposição é "uma qualidade estética da história [...] contraposta à racionalidade metódica de seu conhecimento" (RUSEN, 2001, p. 150).

Desse modo, vimos que, enquanto para Hayden White a narrativa constituiria 'uma estrutura verbal', mediada por 'urdiduras de enredo', amplamente verificáveis numa análise 'tropológica', que demonstraria (na composição do conhecimento histórico) a sua inevitável correspondência com a 'arte', e não com a 'ciência'; para Rusen é possível se apreender outros aspectos cruciais desta questão. Ele entende por 'narrativa' um 'paradigma', no qual haveria uma correspondência de valores em cada 'comunidade científica', porque a narrativa daria "sentido a experiência do passado", por torná-lo histórico com um 'enredo'. Assim, ao ser adequadamente conduzido por meio de 'métodos' e 'técnicas de análise' das fontes, que são assegurados metodicamente na pesquisa e na sua forma de apresentação, o conhecimento histórico pode também ser 'científico' e cientificamente conduzido no processo de pesquisa.

Por isso mesmo, não se deve deixar de lado, que justamente em função desta divergência teórica, que foi metodologicamente possível repensar a própria função das 'teorias' na escrita da história, a partir dos anos 1970 (RICOEUR 2008, p. 247-96).

Considerações finais

> Defendo vigorosamente a opinião de que aquilo que os historiadores investigam é real. O ponto do qual os historiadores devem partir, por mais longe dele que possam chegar, é a distinção fundamental e, para eles, absolutamente central, entre fato comprovável e ficção, entre declarações históricas baseadas em evidências e sujeitas a evidenciação e aquelas que não o são (HOBSBAWM, 1998, p. 8).

Nestes termos, o eminente historiador inglês, Eric Hobsbawm (1917-2012) se posicionava sobre essa questão, ao prefaciar sua obra *Sobre história* em 1997, que pode ser também tomada como a síntese de um posicionamento adotado pela grande maioria dos historiadores nos séculos XIX e XX. Não foi por acaso, portanto, que quando a 'linguagem' e a 'cultura' entraram em cena, nas discussões da Filosofia, das Ciências Sociais e da Teoria Literária francesa (a partir da década de 1950) e norte-americana (a partir da década de 1960), com o 'estruturalismo' e, depois, o 'pós-estruturalismo', os *princípios do conhecimento histórico*, mais uma vez, passaram a ser veementemente questionados. (CHARTIER 2009; RICOEUR 2008). Como quase sempre acontece, os historiadores, de início, mantiveram-se avessos a questão lançada pela 'virada linguística' (e pela 'pós-modernidade') ao seu ofício profissional, avaliando e respondendo aos desdobramentos daquele debate tardiamente, a partir da década de 1980 – se deixarmos de considerar alguns poucos exemplos esparsos, que inauguraram esse debate já nos anos 1960, como foi o caso de Arnaldo Momigliano (1908-1987), na Itália, ou de Moses Finley (1912-1986), na Inglaterra (GINZBURG 1991, 2002, 2007).

A tese subjacente a sobreposição da 'linguagem' as 'atitudes humanas', mostrou-se, com o impacto das críticas ao 'estruturalismo' e ao 'pós-estruturalismo', cada vez mais, insuficiente para contornar a existência de um espaço 'extratextual', que media a elaboração da linguagem e de seus significados, no tempo e no espaço. A evidência de que a linguagem não é puramente um reflexo, ou um simples espelho, da 'realidade', nem tampouco a sua exclusiva produtora, tem tornado cada vez mais complexa a percepção da relação e da produção do 'texto' e do 'contexto'. Que a linguagem não traz em si a 'totalidade do vivido', nem que permite que se reconheçam todas as transformações que as palavras e os conceitos ganham ao longo do tempo, em função das mudanças políticas e culturais; primeiro, porque as 'experiências humanas' carregam uma complexidade maior do que a linguagem escrita pode representar, depois, porque as mudanças são algumas vezes tão sutis, que sentidos são esquecidos, significados são deixados de lado, e mesmo a melhor pesquisa, ou interpretação, não alcançam uma reconstituição plena, tornou-se um indício melhor circunstanciado graças às querelas entre o estruturalismo francês, a 'virada linguística' norte-americana, a 'história conceitual' alemã, e ao 'contextualismo' inglês, produzidas a partir da década de 1960 (CHARTIER 2002; FERES; JASMIN 2006; DARNTON 2005; REIS 2010).

No caso da escrita da história, além de se dar maior atenção à 'retórica' e ao 'estilo' utilizado pelo historiador, ao expor os resultados de sua pesquisa; notou-se também que as relações da história com a 'ciência' e a 'arte' não se tratavam meramente de um mau entendimento destes profissionais, desde o século XIX, sobre a 'ciência' e a 'arte', mas da própria complexidade inerente a 'escritura da história', ao apresentar o 'agir humano' e seus 'desdobramentos no tempo' (REIS, 2003; JENKINS 2004; ALBUQUERQUE Jr. 2007). Contudo, de acordo com o que vimos, os historiadores só foram se dar conta da importância destas questões tardiamente, e mesmo assim não apreendendo a sua totalidade, mas caracterizando pontos e momentos do debate mais em função do lugar de onde estavam sendo produzidas àquelas críticas, e a maneira com que os atingiam (direta ou indiretamente), do que propriamente apresentando seus contornos internacionais, ou os seus desdobramentos ao longo das últimas décadas (CARDOSO 2005; LIMA 2006; RICOEUR 2008; PROST 2008; MUNSLOW 2009).

A partir dos anos 1970 os debates se acirram ainda mais, exigindo que os historiadores de ofício começassem a pensar alternativas para a escrita de suas histórias, além de verem a necessidade de terem que começar a responder as críticas que lhes eram feitas pelo estruturalismo, pelo pós-estruturalismo e, especialmente, pela virada linguística. Esse é o ponto de que nos deteremos no próximo capítulo. Especialmente indagando: de que maneira os historiadores procuraram responder as críticas que lhe foram endereçadas pela virada linguística? Quais as alternativas que foram definidas para se proceder a pesquisa e a escrita da história? Como a História passou a ser escrita?

4. A reconstituição do passado e o texto literário: a resposta dos historiadores à 'virada linguística'[1]

Para Ivan Aparecido Manoel, estudioso das religiões e das filosofias da história.

No sistema das belas-letras, a poesia e a eloquência são irmãs inimigas aos olhos da história. [...] A história, contrariamente, nada tem de um absoluto literário: sua vocação é precisamente a de dar conta de um fora-do-texto (JABLONKA, 2020, p. 57 e 63).

A delimitação das discussões que foram feitas a respeito das interligações da escrita da história com a ciência e a arte, ou ainda pior, as suas incontornáveis fragilidades, por não ser nem uma pesquisa científica plena, nem tampouco uma produção artística e literária completa, mostrou-nos alguns dos caminhos que conduziram as contendas entre historiadores e críticos literários e filósofos, ou ainda entre os próprios historiadores de ofício. Os desafios lançados pelo estruturalismo, pelo pós-estruturalismo, pela virada linguística e pelo pós-modernismo conduziram a elaboração de críticas externas, mas também internas, aos fundamentos e princípios do ofício dos historiadores, assim como as etapas de produção de suas pesquisas e os meios pelos quais elaboravam suas interpretações, com base em formas narrativas de apresentações de seus dados, pautadas nas regras do método histórico, para poderem inquirir e analisar as fontes documentais e por meio delas elaborarem a escrita de uma história plausível a respeito do passado. A compreensão que os historiadores fizeram a respeito dos debates e suas tentativas de responderem as críticas que lhes eram dirigidas de todas as partes é uma etapa fundamental para

1 Versão inicial deste capítulo foi publicada em: ROIZ, 2009a.

tentarmos verificar em que medida as questões lançadas por estes movimentos intelectuais, a partir dos anos 1960, conduziram as metamorfoses da escrita da história experimentadas a partir dos anos 1980 e 1990. Note-se que, essas discussões, não se limitaram a historiografia francesa, mas foram palco de amplos debates em vários locais na Europa e nos Estados Unidos, na África e na América Latina. Na Itália, o movimento vinculado à micro-história sentiu diretamente os efeitos daquelas contendas, tanto é que o historiador Carlo Ginzburg, em sua estada nos Estados Unidos, viu a necessidade de historiá-la na "longa duração":

> Valeria a pena fazê-lo, mostrando como resumos de fatos de crônica mais ou menos extraordinários e livros de viagens a países distantes contribuíram para o nascimento do romance e – por esse intermediário decisivo – da historiografia moderna. [...] [mas] a mistura de realidade e ficção, de verdade e possibilidade está no cerne das elaborações artísticas deste século [XX] (GINZBURG, 2007, p. 319 e 334).

Com essas palavras, que foram escritas em meados da década de 1980, Carlo Ginzburg dava os primeiros contornos de um projeto intelectual que iria ganhar corpo nos anos de 1990. De certo modo, elas resumem uma discórdia entre historiadores profissionais e teóricos (e críticos) literários, que também ganhou envergadura nas últimas décadas do século passado. Seu recomeço (pois, seu verdadeiro início não se deu no século XX), provavelmente, foi arrefecido pelas cismas deixadas pela "virada linguística", que nos anos de 1960 deixaria raízes profundas sobre as formas de escrita da história, na medida em que tornou a linguagem e a cultura os aspectos centrais para o entendimento de homens e mulheres e das sociedades do passado e do presente – como vimos no segundo e terceiro capítulos. Tal assertiva, no entanto, também continha uma crítica contundente ao ofício dos historiadores, uma vez que colocava em dúvida a sua função na sociedade, por presumir que esse ofício não teria formas adequadas de expressar suas indagações e pesquisas em moldes especificamente "científicos", por meio de uma narrativa, mesmo que peculiar – como detalhamos no capítulo anterior. O desafio cético proporcionou, por isso mesmo, tanto a elaboração de críticas *externas*, como também a de críticas *internas* ao ofício e a escrita da História até então praticada pelos historiadores profissionais.

Não foi por acaso, portanto, que vários historiadores de ofício não apenas aceitaram o desafio "cético", dito "pós-moderno" (GINZBURG, 2002; EAGLETON, 2005) de demonstrar suas fissuras metodológicas e fragilidades teóricas, e de destacar a importância do conhecimento histórico sobre o passado, para a compreensão das sociedades, mas também reagiram as tentativas de fragilização de seu ofício, incutindo incertezas de estar sua prática entre a ciência e a arte (MALERBA, 2011, 2018). Neste sentido, o objetivo deste capítulo é apresentar como os historiadores Carlo Ginzburg, Jörn Rusen, Josep Fontana, Roger Chartier e François Dosse responderam às teses céticas ou "pós-modernas" sobre a elaboração do texto histórico, as quais foram produzidas desde, pelo menos, o século XIX[2], mas ganharam novos contornos a partir da década de 1960, com a "virada linguística", especialmente na obra de Hayden White. Note-se que este autor é, aliás, tratado mais como teórico literário, do que como historiador, no interior dos debates.[3] Para o historiador John Tosh (2011), por exemplo, "Hayden White" é um teórico literário americano, e suas "visões sobre a artificialidade da narrativa construída estão muito baseadas no trabalho de Jacques Derrida (1930-2004) e a escola desconstrutivista, que considerava que o texto e a própria linguagem estão carregados com suposições escondidas e com prejuízos do autor e de seu ambiente cultural" (TOSH, 2011, p. 163). Além disso, para este autor, White "tem enfatizado as escolhas retóricas feitas por todo historiador que apela à narrativa, e identificou alguns dos principais estratagemas retóricos encontrados em seus trabalhos" (TOSH, 2011, p. 163-64, negrito no original). Mas, se um dos pontos da crítica foi começar por desqualificar o oponente, quais teriam sido então os resultados deste debate para a feitura das pesquisas e a escrita das histórias?

A tese "cética": o ofício dos historiadores em questão

No século XX houve uma verdadeira revolução sobre o que se entende por documento, permitindo ampliar e diversificar a definição de *fonte* na pesquisa históri-

2 Para uma discussão sistemática do tema, ver: EAGLETON, 1997; DOSSE, 2007; MALERBA, 2011.

3 Veja-se a respeito: DOMANSKA, ANKERSMIT, KELLNER, 2009. Refexões pertinentes e interessantes a esse respeito também se encontram na coletânea organizada por Julio Bentivoglio e Verónica Tozzi (2017), intitulada: *Do passado histórico ao passado prático: 40 anos de Meta-história.* Nela, além dos autores e autoras reconhecerem a importânica de *Meta-história* (desde seu lançamento em 1973) para um amplo processo de renovação dos estudos históricos, também apreciavam as diferentes leituras que, desde então, foi feita deste livro e de toda a obra de White. Apreciam os diferentes impactos que sua obra causou nas práticas de pesquisa e escrita da história, a partir dos anos 1970, e refletem seus diferentes impactos, seja nos Estados Unidos, onde foi originalmente produzida, ou em outras partes do mundo, com seus diferentes processos de crítica, leitura, recepção e análise deste rico e complexo autor.

ca e na historiografia, o que contribuiu para o estudo de temas até então pouco ou nada investigados pelos historiadores de ofício. Da Inglaterra, Peter Burke (1992) já havia constatado isso na apresentação da obra: *A escrita da história: novas perspectivas*; na qual ressaltava que a historiografia no século XX (a começar pela francesa, ligada ao movimento dos *Annales*, que, segundo ele, causou uma verdadeira revolução na historiografia) questionou o caráter e a limitação das fontes "oficiais", a imputação de uma objetividade que lhes era creditada pelo simples fato de se constatar a sua autenticidade, a ideia de "grandes homens" na História, de uma história "vista de cima", o conceito de acontecimento e a ideia de narrativa, características típicas da historiografia "metódica" do século XIX. A percepção dessas possíveis fragilidades analíticas foi o resultado da recepção das críticas que vieram das ciências sociais no início do século XX, e deram base ao movimento dos *Annales* fazerem também críticas *internas* ao ofício e a escrita da história, reduzindo a percepção a serem feitas sobre a historiografia oitocentista, em que haviam sido formados, para darem maior ênfase as suas inovações teórico-metodológicas. Para Burke, o resultado desses questionamentos não poderia ser outro e acarretou um significativo aumento no número de possíveis fontes e temas a serem investigados pelo historiador. A partir daí se passou a observar a diversidade de fontes possíveis de serem inquiridas pelo historiador, houve o reconhecimento da "subjetividade" inerente à "escrita da história" e se notou que existe também a história das "massas", a história "vista de baixo", e se constatou a importância da "longa duração" e da ideia de "estrutura" para se "pensar e escrever a história", em novas formas narrativas de apresentação dos dados da pesquisa.[4] Contudo, ao se distanciar das questões políticas e diplomáticas, assim como da ação política, os historiadores dos *Annales* contribuíram, mesmo que indiretamente, para a produção das críticas que foram feitas a partir dos anos 1960, a respeito das formas que os historiadores escreviam suas histórias, além de verem suas recorrentes aproximações e distanciamentos entre a ciência e a arte, de acordo com as necessidades de cada momento histórico, incutindo a ideia de que a História não tem função social alguma.

Diante dessa constatação, a passagem do existencialismo de Jean-Paul Sartre (1905-1980) para o estruturalismo preconizado por Louis Althusser (1918-1990) na França nos anos de 1960, representou mais do que uma alteração de preferências por estilos e teorias no campo da Filosofia e das Ciências Sociais. Essa mudança indicava uma crítica muito sutil e intensa ao marxismo e à possibilidade de

4 Para um maior detalhamento desta questão, ver: PINSKY, 2005; GUIMARÃES, 2006; HARTOG, 2003a.

constituição de uma revolução socialista no mundo, pondo verdadeiramente em xeque a possibilidade de transformação na História, uma vez que o indivíduo estaria "preso" às amarras de "estruturas" que congelariam a sua capacidade de ação coletiva. (COSTA, 1994; PALTI, 2010). Revelava ainda certo avanço do que depois ficou conhecido como a 'virada linguística', avanço este que nos anos de 1970 tornou a linguagem e a cultura objetos de destaque em vários campos de pesquisa, como verdadeiros marcos na interpretação de homens e mulheres e das sociedades do passado e do presente (EAGLETON, 1997, 2005; BURKE, 2005; PALTI, 2012) – como vimos no segundo capítulo. Como sempre que ocorrem mudanças drásticas na sociedade se desencadeiam significativas alterações na forma de se conceber e de se escrever a História, de Friedrich Nietzsche (1844-1900) a Ferdinand de Saussure (1857-1913), Martin Heidegger (1889-1976), Roland Barthes (1915-1980), Gilles Deleuze (1925-1995), Jacques Derrida (1930-2004), Jacques-Marie Émile Lacan (1901-1981) e Michel Foucault (1926-1984), também a História e as suas escrituras foram repensadas e revistas, mas, neste caso específico, de modo a destacar, de um lado, suas aproximações com a Literatura (e o romance), e de outro, sua incapacidade de se constituir plenamente em 'moldes científicos' (DOSSE, 2007; EAGLETON, 2005; MALERBA, 2006b).

Já não é recente a ambiguidade do termo *História*, que ao mesmo tempo define um processo em constante movimento, comumente chamado de "a história vivida", e a sua interpretação, ou seja, "a história conhecimento", conforme a definiria a historiografia francesa no século passado. Também não é inócua a questão indicada por Nietzsche (2005a), no século XIX, de que a *história* não passaria de um jogo de palavras e de interpretações nas quais a *História* jamais seria "realmente" alcançada (como vimos no capítulo anterior); ou a de que, como diria, em outras palavras, Paul Veyne (1998) no início da década de 1970, em seu livro: *Como se escreve a história*, de que sempre se fazem "histórias de..." alguma coisa, quer dizer, de determinados processos e assuntos, mas nunca a *História* em sua plenitude e totalidade.

Não obstante, a importância dos questionamentos que foram feitos aos fundamentos da escrita da história entre os séculos XIX e XX, talvez o maior impacto da "virada linguística" para o ofício dos historiadores e para a sua escrita tenha sido proporcionado pela obra de Hayden White (MELLO, 2009a, 2009b; KERN, 2010); que aos poucos desencadeou uma verdadeira revisão sobre as teorias e as metodologias da História, quanto à possibilidade de ela se efetivar enquanto uma *ciência* – como vimos no terceiro capítulo. Isso se deve, em parte, ao fato de que os comentários e as críticas de autores como Frank Ankersmit (2001, 2012), Dominick La

Capra (1992) e Keith Jenkins (2014, 2004, 1995) à obra de Hayden White acabaram complementando sua análise sobre a "teoria literária" e a "escrita da história"; e, em parte, também a forma pela qual os historiadores, em geral, leram e interpretaram sua obra, de modo a desconsiderar, na maioria dos casos, a propriedade de suas críticas ao ofício dos historiadores (TOZZI, 2008; PALTI, 2012) – feita, aliás, por outro historiador, White, mas visto, quase sempre, como crítico (ou teórico) literário no interior dos debates.[5] De acordo com Josep Fontana:

> [...] a reviravolta culturalista expressou-se principalmente [...] nos Estados Unidos [...] [e] na Grã-Bretanha, através do abandono da velha história social em favor da cultura e da reviravolta linguística. Um dos principais protagonistas da reviravolta cultural nos Estados Unidos foi Hayden White [...] que elaboraria uma combinação entre teoria da história e teoria literária para chegar a uma "teoria tropológica" do discurso que levava a considerar a obra histórica como 'uma estrutura verbal em forma de discurso em prosa narrativa' que, para além dos dados que possa conter, tem um componente estrutural profundo, de natureza poética e linguística, que serve como paradigma pré-criticamente aceito da interpretação. [...] Na mesma linha, F. R. Ankersmith fez um ataque sistemático à história, acusando os historiadores de não fazerem caso de 'teóricos', como White ou ele... (FONTANA, 2004, p. 400-401).

Quanto a esse ponto, acrescentaria Lloyd S. Kramer que:

> A dimensão fictícia e imaginária de todos os relatos de acontecimentos não significa que eles não tenham realmente acontecido, mas, sim, que qualquer tentativa de *descrever* os acontecimentos (mesmo enquanto estão acontecendo) deve levar em conta diferentes formas de imaginação. Além do mais, todos os relatos de realidades históricas devem, inevitavelmente, levar em conta uma filosofia da história. Em outras palavras, ao se escrever história é impossível prescindir de uma narrativa ficcional e filosófica, e não se pode simplesmente sancionar a distinção disciplinar que os historiadores usam para se distinguir

5 Para uma análise das conexões das obras de Ankersmit, La Capra e Jenkins, com a obra de White, ver: VASCONCELOS, 2005; TOZZI, 2008; BERBERT Jr., 2012; PALTI, 2012. Para uma análise das relações entre a virada linguística e a obra de White, ver: TOZZI, 2008; MUNSLOW, 2009; AURELL, 2010; PALTI, 2012.

> dos filósofos e dos autores de obras literárias. [...] White sugere que o reconhecimento do componente filosófico na 'história propriamente dita' e do elemento fictício nas narrativas históricas só se constituíra em ameaça aos historiadores se eles insistirem numa definição rígida da história segundo a teoria científica do século XIX, que estabelece uma distinção radical entre fato e filosofia, ou entre fato e ficção. Ao contestarem essa distinção, porém, os historiadores podem ampliar a definição daquilo que fazem e, desse modo, ajudar a transformar a disciplina numa iniciativa mais criativa, autoconsciente e crítica (KRAMER, 1992, p. 136-137).

Quando Hayden White (1994) publicou, em 1966, o ensaio *O fardo da história* (depois acrescentado ao seu livro de ensaios: *Trópicos do discurso,* de 1978), o questionamento sobre um nível médio e epistemologicamente neutro de os historiadores estarem entre a arte e a ciência, no plano de sua prática e de sua escrita, estas críticas e questionamentos ainda não eram tão contundentes como viriam a se tornar depois de "Maio de 1968" (FERRY; RENAUT, 1988) e das duras análises de Michel Foucault (1997) em seu livro *Arqueologia do saber*, de 1969, e mais ainda após a queda do "Muro de Berlim" em 1989 e o fim da URSS no início da década de 1990. Tais debates, permeados por esses acontecimentos, que vieram, aliás, a estilhaçar os "projetos políticos" marxistas, embora sua herança teórica ainda hoje seja bastante profícua, que fizeram com que tanto a escrita, como o ofício dos historiadores, fossem continuamente repensados nestas últimas décadas (EAGLETON, 2005; HOBSBAWM, 2011; WOOLF, 2014; MARTINS, 2021).

Não obstante, a propriedade desta observação, já naquela época e nos anos de 1970, quando publicaria o livro *Meta-história*, Hayden White (1995) indicava que a História era um tipo específico de discurso, um "artefato verbal em prosa" sobre o passado, em que não haveria nenhum controle experimental por parte dos historiadores (e dos filósofos da história). A História seria uma representação do passado, assim como já o seriam as fontes utilizadas pelo historiador; por isso ela não seria uma "ciência" plena, mas estaria muito mais próxima da "arte", uma vez que seu discurso não era "realista" e o que os historiadores faziam era uma "construção de versões", que se diversificavam de acordo com as "circunstâncias da época" e de suas respectivas "urdiduras de enredo" (MEDEIROS, 2006; MELLO, 2009b). Ou ainda, de acordo com os "lugares sociais" de onde estivessem falando e com os problemas que levantavam e os instigavam em suas pesquisas. Para ele, a "história vivida" não traria um "sentido", uma lógica interna no seu desenrolar, nem mesmo uma racionalidade, questões que seriam elaboradas e reconstruídas (somente) pelo historiador através de sua escrita, e de forma retrospectiva ao acontecido de outrora. Os historiadores, ao escreverem sobre as sociedades do passado, é que produziriam um "efeito explicativo", ao darem um "efeito de realismo" em suas tramas, e os acontecimentos seriam convertidos dentro de *um sentido apenas retrospectivamente elaborado*, de acordo com as "urdiduras de enredo" que eles montavam e nas quais se baseavam para imprimir em seus relatos um "efeito teleológico", no qual acreditavam circunstanciar "realisticamente" o que foi o passado (WHITE, 2010a, 2010b, 2017).

Para Hayden White (1994, 1995), a "realidade concreta" não estaria nos eventos agrupados e inquiridos pelo historiador, mas seria uma "construção da linguagem", mediada pelas elaborações simbólicas de cada cultura, as quais o historiador fizesse parte. Assim, a narrativa histórica não seria simplesmente uma apreensão de "dados exteriores", daquilo que está "fora-do-texto", mas sim, a construção de "visões de mundo" do próprio historiador. A historiografia, neste sentido, não passaria de uma reconstrução de "enredos" já conhecidos, por meio de uma "linguagem figurativa", e não meramente "técnica", ou mesmo "racional" e "científica" (MEDEIROS, 2006; LIMA, 2006). Desse modo, os questionamentos de Hayden White ao ofício dos historiadores, entre as décadas de 1960 e 1970, impunham uma reelaboração, ou pelo menos um questionamento e uma revisão das "teorias sobre a história"; fato que se tornaria ainda mais patente nas últimas décadas do século passado (RUSEN, 2001; TOSH, 2011).

Além disso, a causa dessa "realidade" é que, de acordo com a interpretação cética, dita "pós-moderna", estaria cerceada sobre uma construção linguística e imaginativa, ainda que os documentos lhe sirvam de base (MUNSLOW, 2009; AURELL, 2010). Por outro lado, segundo indicam, os historiadores sempre teriam se utilizado de metáforas para darem sentido a seus discursos sobre as sociedades do passado. (WHITE, 1995). Esse argumento, várias vezes reiterado por Hayden White a partir dos anos de 1960 (WHITE, 2010a), foi também a base de severas críticas a respeito da possibilidade de reconstituição do conhecimento histórico em moldes "científicos" (JENKINS, 2004, 2014). Mesmo se utilizando de um denso "artefato verbal em prosa", como diz White, os historiadores não reconstituiriam a História na sua totalidade, além de ser um tipo específico de arte. Como argumenta Paul Veyne (1998), eles apenas atingiriam fragmentos, pequenas frações de um passado remoto, com os quais procuravam dar um "sentido" para escreverem "histórias de" um ou outro ponto do passado, mas nunca alcançariam verdadeiramente a História em sua plenitude. White (1994) completaria essa argumentação dizendo: *de um passado apenas retrospectivamente elaborado, de acordo com certas 'urdiduras de enredo', com as quais os historiadores lhe dariam um 'sentido prévio'*. Antes deles, Roland Barthes (1991) já havia dado ênfase à forma como os historiadores empregavam certas metáforas na construção de suas narrativas, principalmente com o célebre exemplo de Jules Michelet (1798-1874).

Neste sentido, os historiadores estariam elaborando o seu espaço com base em "práticas discursivas" que almejariam o "poder", de modo a restringir críticas que viessem a demonstrar as fissuras de sua narrativa histórica, de um lado, por esta não ser "científica", e, de outro, por não ser (também completamente) "poética"; características que autores como Friedrich Nietzsche (2005), Roland Barthes (2004), Hayden White (1994, 1995, 2010a), Michel Foucault (1997, 2002), Paul Veyne (1998) e outros vieram gentilmente a atribuir-lhes! Nesse caso, de acordo com esses autores, todas as escolas historiográficas "pecaram" ao imporem alternativas aos problemas de sua época, com o inadequado argumento de que iriam lhe definir um passado e relações de proximidade e distanciamento, quando na verdade os historiadores não têm como atingir nem as sutilezas do presente, nem tampouco o "realismo" do que se passou no passado! White diz ainda sobre isso, que não haveria diferença entre as "narrativas históricas" e as "narrativas literárias", a não serem pequenos desvios estilísticos! Desse modo, perguntas como: o que fazem os historiadores; para que serve a história que escrevem e que função ela tem na sociedade são talvez mais cruciais nesses últimos decênios do que o foram no século XIX – quando a "historiografia oitocentista" procurou tornar a História também uma "ciência" na academia (FREITA, 2020; JABLONKA, 2020).

As tensões de um ofício: a resposta dos historiadores

Durante esse período os historiadores não ficaram em silêncio e muitos deles deram respostas aos argumentos acima rapidamente resumidos, como o fizeram Arnaldo Momigliano (2004), na Itália, e Moses Finley (1989), Edward Palmer Thompson (1990) e Eric Hobsbawm (1998), na Inglaterra, nos anos de 1960 e 1970, e mais recentemente, Peter Gay (1990), Jörn Rusen (2001), Perry Anderson (2004), Peter Burke (2002; 2005), Carlo Ginzburg (2002, 2007), Josep Fontana (2004), Roger Chartier (2002, 2009) e Robert Darnton (2005).[6] Não cabe aqui reproduzir

6 Após desenvolvermos interinstitucionalmente a pesquisa que deu base aos livros sobre *As historiadoras e o(s) gênero(s) na escrita da história* (ROIZ, GONTIJO, ZIMMER-

na íntegra as circunstâncias e os argumentos das respostas. De forma muito resumida, pode-se dizer que: a) White acabou criando um '"novo positivismo", o da verdade do texto, o qual, além disso, ainda é visto a partir de uma hierarquia de "urdiduras de enredo"; b) dá-se ênfase apenas ao produto final, sem verificar as diferentes etapas de elaboração do texto histórico (e do literário), que está intimamente relacionado ao processo de pesquisa das fontes e à sua interpretação dos dados; c) indica-se a "visão de mundo" criada no texto pelo historiador, não se percebendo que essa visão foi produzida a partir de uma realidade "extratextual" e com base nessa realidade; d) destacam-se a forma, a linguagem, a eficácia e o convencimento retóricos, deixando-se de lado os agentes, os testemunhos, os resquícios, os indícios e as provas documentais; e) presume-se que o texto e a própria interpretação da história é um deleite de profissionais, sem com isso se verificarem as circunstâncias e os problemas que possibilitaram a sua elaboração, nem tampouco os processos que mediaram à produção, manutenção e armazenamento das fontes e indícios do passado; f) priorizam-se o discurso, as interpretações e a verdade posta a prova nos textos, quando de fato se deve dar maior atenção à pesquisa, as provas documentais, à análise das fontes e à precisão da narrativa.

A crítica destes historiadores demonstrou também que, embora fosse passível de muitas revisões e comentários, a obra de Hayden White mereceria a atenção dos historiadores de ofício (DOMANSKA, ANKERSMIT, KELLNER, 2009) – ele próprio também um historiador de ofício, ainda que não destacado em muitas destas querelas. Para Lloyd S. Kramer:

> A crítica mais comum dos historiadores profissionais a White e LaCapra diz respeito à suposta tendência desses autores ao relativismo histórico. Ao enfatizar o papel decisivo da linguagem e dos códigos literários em todos os relatos do mundo, a abordagem crítico-literária parece transformar a compreensão histórica numa mera projeção

---

MANN, 2021a, 2021b, 2021c) vimos como essa visão naturalizava a participação masculina, em um debate que também teve a participação ativa das mulheres, as historiadoras. Basta para isso se observar os estudos de Natalie Zemon Davis, Lynn Hunt, Mona Ozouf ou Michelle Perrot; apesar de nelas os confrontos serem muito mais sutis, isso não quer dizer que não tenham participado ativamente das discussões. Não seria possível corrigir essa imprecisão no texto, sem ter que ao mesmo tempo reescrevê-lo completamente. Mas fica aqui ao menos a ressalva, um ato de humildade intelectual, diante da percepção da complexidade das intrigas que fizeram parte destes diálogos ao longo de todo o século XX.

> de pesquisadores que, ingenuamente, veem suas próprias categorias como a coisa-em-si (KRAMER, 1992, p. 165).

Quanto a isso, Peter Burke assim se expressa:

> Como deve o historiador reagir às afirmações de White? Minha reação, após um período inicial de deslumbramento, foi e é uma combinação de crítica e de admiração. Primeiramente, acredito que [...] White mostrou a validade de se examinar a retórica dos escritores de um gênero que os bibliotecários britânicos consideram 'não-ficção'. Por se mostrar útil e até indispensável, sua expressão 'elaboração de enredo' [...] entrou na língua inglesa. [...] Contudo, existem também fragilidades na estrutura de "Meta-história" [...] a ideia de 'sátira' é bem mais vaga que a de comédia ou a de tragédia [...] é, sem dúvida, esquemático demais [...] parece um pouco arbitrário associar enredos específicos e mais ainda tropos específicos com figuras individuais de historiadores [...] os historiadores discutidos teriam ou não consciência da elaboração de seus enredos? [...] categorias básicas como tragédia, comédia e outras são universais ou meramente acidentais? [...] Seria a historiografia simplesmente uma forma de ficção ou trata-se de um gênero com regras próprias, inclusive as regras da evidência? [...] o acusam de ignorar a distinção entre verdade e falsidade, vale lembrar as condições restritivas de suas teses, que, apesar de explícitas no texto, os [...] críticos não conseguem ou não querem enxergar. White não nega que os historiadores se preocupem com dados e fontes, nem que as controvérsias presentes nas páginas de revistas especializadas, redundem com frequência em questões referentes ao acontecimento. Ele apenas afirma que, 'além disso', historiadores levam em conta a retórica (BURKE, 2001, p. 111-2).

Mais radical em suas críticas, Josep Fontana assim se refere à questão:

> Os efeitos da "reviravolta linguística" na história foram tardios e apareceram nos Estados Unidos como consequência da crise da história intelectual, com a participação direta de Hayden White e de LaCapra e com a colaboração, desde o primeiro momento, de Roger Chartier. De fato, os partidários da reviravolta eram muito menos inovadores do que pretendiam. [...] Uma das principais utilidades da análise de texto consiste na possibilidade de examinar como os textos legitima-

> dores são elaborados, começando pelos próprios relatos históricos. A verdade é que a retórica dos historiadores não tem nada de excepcional, já que não é, em essência, outra coisa do que a manifestação daquela "retórica da ciência" que Alan Gross estudou, construída de maneira que consiga persuadir àqueles a quem se destina de que não é retórica, mas demonstração. Boa parte das reiteradas elucubrações em torno da história como narração – Hayden White, [Paul] Ricoeur etc. –, que parecem colocar a questão como se fosse um problema específico da história, ameaçando-a de se ver expulsa do terreno da ciência para cair no da literatura, não consideram que a narração é a forma habitual com que o homem organiza os conhecimentos, inclusive os das ciências naturais (FONTANA, 2004, p. 406 e 408).

Diante dos dilemas resumidamente apontados acima, parece se tornar crucial para os historiadores, de tempos em tempos, justificar o seu ofício e definir a sua função na sociedade. De Heródoto a Tucídides (HARTOG, 2003b), de Lorenzo Valla a Leopoldo von Ranke (GINZBURG, 2002), de Lucien Febvre (1989) e Marc Bloch (2002) a Fernand Braudel (1992), e destes ao presente (HARTOG, 2003a, 2017), o ofício de historiador e a escrita da história, ao mesmo tempo em que ganhavam um caráter cada vez mais profissionalizado (CHARLE, 2018; DUMOULIN, 2017), também foi indicando a complexidade do que "era" e "é" escrever a História, a começar pela própria complexidade do termo "História", que em muitos países refere-se tanto "ao vivido", "ao acontecido", quanto a "sua(s) interpretação(ões)" (LE GOFF, 1996). Quanto a esse aspecto nos diz Julio Aróstegui Sánchez que:

> A palavra *História* é objeto de usos anfibológicos entre os quais o mais comum é sua aplicação a duas entidades diferentes: uma, a *realidade do histórico*, e outra, *a disciplina* que estuda a História. Praticamente, nenhum historiador que tenha dedicado algumas linhas para comentar os problemas inerentes à sua prática deixou de destacar essa questão (AROSTEGUI SANCHEZ, 2006, p. 25-6).

Não por acaso, argumenta Patrick Gardiner (2004) que uma teoria da História deve necessariamente possuir, pelo menos: a) uma *Filosofia da história*, isto é, uma interpretação do processo histórico segundo um fim previamente estabelecido, ainda que em um tempo "futuro" não programado nem conhecido antecipadamente, com vistas a se inquirir o "sentido" e as "leis" que diagnosticariam e proporcionariam o movimento de transformações e permanências entre as sociedades do passado e as sociedades do presente; b) um *estilo*, quer dizer, uma forma específica de os historiadores se referirem aos "pares" e ao público num nível de articulação possível entre o "lugar social" de onde falam, sua "prática" de pesquisa e a sua "escrita", que corresponderiam à "operação historiográfica" definida por Michel de Certeau (2002); c) e um *método*, ou mais precisamente, procedimentos de pesquisa que lhe permitam inquirir e interpretar as sociedades do passado e as do presente. Contudo, se os três componentes (*filosofia da história*, *estilo* e *método*) eram fundamentais, para pensar uma teoria da história e as questões postas acima, preponderava em sua análise às *filosofias da história*, por permitirem reconstituir os componentes da análise e do discurso, que levariam os autores a empreenderem uma interpretação do processo histórico e não outra. Não por acaso, sua antologia de textos sobre o assunto elaborada nos anos 1950, guiava-se pela exposição de textos que perscrutavam uma interpretação do processo histórico, para aqueles que inquiriam a natureza do conhecimento histórico, até os que criticavam as teorias clássicas da história, bem como a possibilidade de explicação e/ou de fundação de leis gerais na História e em suas escrituras do passado.

Neste sentido, pelo menos duas perguntas seriam fundamentais: 1) qual a utilidade da(s) Teoria(s) da História para os historiadores?; 2) e qual a importância das teorias, para os historiadores comporem a sua escrita, mesmo que sob a forma de uma narrativa?

A importância desses questionamentos se encontra na observação de que existe um consenso relativo entre vários autores (entre eles: Michel Vovelle, Pierre Vilar, E. P. Thompson, Perry Anderson e Eric Hobsbawm) de que as questões teóricas seriam pouco discutidas e enfrentadas pelo historiador e às vezes demasiadamente discutidas por filósofos e cientistas sociais – como: Condorcet, Voltaire, Hegel, Marx, Durkheim, Weber e, mais recentemente, L. Althusser, M. Foucault, C. Castoriadis, P. Bourdieu – ocasionando, desse modo, mais uma "apropriação" de modelos teóricos dos historiadores, entre os filósofos e cientistas sociais, do que a produção de teorias por parte dos próprios historiadores (DOSSE, 2003; 2007a, 2007b; KOSELLECK, 2006; LIMA, 2006; GADDIS, 2003).

Além disso, após o movimento estudantil de "Maio de 1968" (na França e em outros países), supõe-se que teriam aumentado o descrédito e a não viabilidade dos principais modelos teóricos herdados dos séculos XVIII e XIX (FERRY; RENAUT, 1988), tais como: o(s) Iluminismo(s), o(s) Positivismo(s) e o(s) Marxismo(s), e isso resultaria em um distanciamento ainda maior dos historiadores, em relação às questões teóricas e metodológicas de seu ofício profissional. Em parte, isso se explicaria pelo fato de aqueles modelos teóricos consagrados e herdados dos séculos XVIII e XIX, os quais almejaram atingir por meio de suas *filosofias da história* a realização de seus *projetos políticos*, terem se revelado no século XX sem a mesma força explicativa e sem a mesma capacidade de realização na prática.[7] Como também, principalmente, pelo fato de o projeto de uma sociedade globalizada e harmonizada pelas luzes do saber, no Iluminismo; de uma sociedade humanizada pelo saber científico, no Positivismo; e de uma sociedade justa e sem divisões de classes, no Marxismo, terem-se mostrado ineficientes quanto ao próprio movimento histórico, que veio a tornar (talvez até) irrealizáveis, na prática, todos aqueles projetos específicos.[8]

Por outro lado, supõe-se também que os desdobramentos do movimento dos *Annales* na França após a década de 1960, segundo autores como François Dosse (2003), teriam sofrido uma mudança significativa com relação aos projetos das duas primeiras gerações, ao desconsiderarem o conceito de "progresso" e de "racionalidade" e ao rejeitarem a questão do "sentido" na História e se aproximarem muito do irracionalismo pós-estruturalista e da interpretação "circular" da história

7 Veja-se ainda sobre esta questão: NOVAES, 1996, 2004, 2006. Note-se que essa é uma questão muito mais complexa do que se apresenta em um primeiro momento. É de se salientar os caminhos que tomaram a fé revolucionária entre os séculos XIX e XX, como destaca Billington (2020); ou ainda a curiosa história do movimento tradicionalista, cuja meta era ir não somente contra o mundo moderno, mas traçar alternativas para suas concepções de mundo e de sociedade, como nos indica Sedgwick (2020); assim como é digno de nota a análise esboçada por Manoel (2004), ao demonstrar a cruzada do ultramontanismo religioso, com sua reação ao progresso material, ao tempo linear e retilíneo do iluminismo e ao mundo moderno, propondo como alternativa um retorno à Idade Média, onde o pendulo da história está em direção a religião, ao espírito e a fé, não a carne, a matéria e ao capital. Destaque-se ainda o estudo de Juan Cruz (2007) sobre a história das Filosofias da História, e as críticas que passaram a receber entre os séculos XIX e XX. Contribuição importante também é trazida por Koselleck (1999, 2006), que em *Crítica e crise* e em *Futuro passado*, mostrou os caminhos que levaram ao desenvolvimento das filosofias seculares da história ao longo dos séculos XVIII e XIX. Em todas essas circunstâncias vemos um ambiente mais denso e complexo se formar em torno das críticas que foram feitas as filosofias da história ao longo do século passado. E é o que nos mostra Henry Rousso (2016), em seu livro *A última catástrofe*, ao se deter no impacto dos eventos do tempo presente após a queda do muro de Berlim, em 1989, e avaliar seus resultados para a compreensão da história, do presente e do contemporâneo. Ver ainda a respeito da "crise de paradigmas": BERBERT Jr., 2012.

8 Para maior detalhamento desta questão, ver: NOVAES, 1996; KOSELLECK, 1999; 2006; MANOEL, 2004; CRUZ, 2007.

produzida desde a Antiguidade Clássica; e cujos remanescentes seriam perceptíveis mesmo após as críticas que foram efetuadas sobre *a história como mestra da vida*, porque fornecedora de exemplos do passado para a orientação dos sujeitos históricos no seu presente, em meados do século XVIII, em função das consequências da Revolução Francesa (KOSELLECK, 2006). Daí sua coexistência, mesmo que em proporções variáveis, com outras formas de pensar as categorias: passado, presente e futuro, e por meio delas serem elaboradas interpretações do processo histórico.

Destarte, não é por acaso que nos últimos decênios se tornaram tão evidentes ao ofício dos historiadores questionamentos como: a) qual a função da retórica no discurso histórico?; b) o historiador pode provar alguma coisa, já que, diferentemente de outros tipos de ciência, a História não permitiria o mesmo tipo de validação, de experimentação, portanto, de confirmação (ou reprodução laboratorial)?; c) não seria mais adequada a constatação de que o que os historiadores fazem é evidenciar os indícios do passado e a partir disso elaborar o seu testemunho na forma de uma narrativa?

A resposta de Carlo Ginzburg: a precisão metodológica a serviço das provas

O historiador italiano Carlo Ginzburg[9], que nos anos 1950 e 1960 iniciou sua carreira profissional no interior daquelas discussões, pesquisando processos judiciais da Inquisição dos séculos XV e XVI, principalmente da região do Friuli, na Itália, das quais se originaram as obras *Os andarilhos do bem* e *O queijo e os vermes*, é um excelente exemplo da forma como, nas últimas décadas, aquelas discussões foram conduzidas (PALLARES-BURKE, 2000). Ele assim se expressa:

> Comecei a praticar o ofício de historiador examinando textos não literários (sobretudo processos da Inquisição) com auxílio dos instrumentos interpretativos desenvolvidos por estudiosos como Leo Spitzer, Erich Auerbach, Gianfranco Contini [...] [e] com o moleiro friulano Domenico Scandela, dito Menocchio, condenado à morte pela Inquisição por causa de suas ideias, aprendi que o modo como um ser humano reelabora os livros que lê é muitas vezes imprevisível (GINZBURG, 2004, p. 14).

9 Para um panorama sobre essa questão na historiografia italiana, ver: MALERBA; AGUIRRE ROJAS (2007); FONTANA (2004); LIMA (2006).

Em obras como *História noturna*, *O juiz e o historiador*, ou mesmo em *Mitos, emblemas e sinais* (livro que reúne alguns de seus principais ensaios), Ginzburg se deparou com a questão da interpretação das fontes, da viabilidade das provas e do uso da narrativa. Além disso, também se viu obrigado a revisar o estatuto teórico da "história das mentalidades" e da "interpretação marxista da História", para desenvolver seus procedimentos de análise das fontes e o próprio estilo de sua escrita.

No início dos anos de 1970, quando lançou seu famoso e polêmico ensaio: *Sinais: raízes de um paradigma indiciário* (que anos depois foi reunido no seu livro *Mitos, emblemas e sinais*), no qual procurou historiar as origens de seu procedimento investigativo das sociedades e de homens e mulheres no tempo, por meio da micro-análise dos espaços sociais, com vistas a verificar as mudanças e as permanências das sociedades do passado e das sociedades do presente, Ginzburg (1999) já indicava a forma como estava tomando partido naquelas polêmicas historiográficas. Diz ele:

> Retorno àquele ensaio, que desde então tem continuado a alimentar subterraneamente o meu trabalho, porque a hipótese sobre a origem da narração ali formulada também pode lançar luz sobre as narrativas voltadas, ao contrário das outras, para a busca da verdade, e contudo modeladas, em cada uma de suas fases, por perguntas e respostas elaboradas de forma narrativa. Ler a realidade às avessas, partindo de sua opacidade, para não permanecer prisioneiro dos esquemas da inteligência: essa ideia, cara a Proust, parece-me exprimir um ideal de pesquisa (GINZBURG, 2004, p. 14).

Mas foi juntamente com Edoardo Grendi, Carlo Poni e Giovanni Levi, no início da década de 1980 – quando começaram a contribuir com artigos e na administração e editoria da revista *Quaderni Storici* e dirigiram a coleção de estudos (reunindo trabalhos de intelectuais italianos, franceses e ingleses) denominada *Microstoria*, publicada pela Editora Einaudi, entre 1981 e 1988 (VAINFAS, 2002) – que, de fato, Ginzburg demonstrou suas insatisfações, com relação às interpretações macrossociais, indicando como alternativa necessária à alteração da escala de análise do historiador em suas pesquisas, os estudos microssociais (LIMA, 2006).

Na década de 1990, por outro lado, ao se voltar mais para o gênero ensaístico e para a análise de romances, quando se encontrava lecionando em universidades dos Estados Unidos e de lá observava a maneira pela qual os debates da "virada linguística", da "pós-modernidade", do "novo historicismo" e da "nova crítica" se desenrolavam, que Ginzburg (2001, 2002) indicaria de maneira mais direta sua polêmica com a historiografia "pós-moderna" e seus livros *Olhos de madeira* e *Relações de força* formariam suas primeiras incursões nesse debate sobre a história estar ou não entre a *arte* e a *ciência* – como vimos no segundo capítulo. Para ele:

> As teses cépticas baseadas na redução da historiografia à sua dimensão narrativa ou retórica circulam já há alguns decênios, ainda que as suas raízes sejam, como se verá, mais antigas. Como de costume, os teóricos da historiografia que as propõem pouco se preocupam com o trabalho concreto dos historiadores. Mas estes, também, depois de fazerem uma homenagem convencional à *tendência linguística* ou *retórica* em voga, se mostram bem pouco inclinados a refletir sobre as implicações teóricas da sua profissão. Raramente a distância entre reflexão metodológica e prática historiográfica efetiva foi tão grande quanto nos últimos decênios. Parece-me que o único modo de superá-la é tomar a sério o desafio céptico, procurando expressar o ponto de vista de quem trabalha com os documentos, no sentido mais amplo do termo. A solução que proponho transfere para o âmago da pesquisa as tensões entre narração e documentação. Mas não é meu intuito pôr de acordo teóricos e historiadores e, provavelmente, descontentarei a todos (GINZBURG, 2002, p. 13-14).

Para o autor, o primeiro passo para se apontar a origem das "teses cépticas" é constatar a convivência e as relações entre as culturas, que acabaram elaborando posturas teóricas, com desdobramentos políticos que resultaram numa "ideia de retórica não apenas estranha mas também contraposta à prova". Essa ideia, para o autor, remontaria a Friedrich Nietzsche, que viveu entre 1844 e 1900. Detendo-se, de modo particular, no seu texto *Acerca da verdade e da mentira*, o autor esclarece as influências que este recebeu de Gustav Gerber em seu livro *A linguagem como arte*, de 1871, e de Martinho Lutero, com a sua tradução da Bíblia para o alemão – apenas para ficarmos aqui nos principais. Para Ginzburg, "a existência de diversas línguas é citada como prova do abismo que separa palavras e coisas: a linguagem não pode dar uma imagem adequada da realidade", e a "observação de Gerber vinha inserida numa argumentação destinada a demonstrar a fragilidade da chamada ciência" (GINZBURG, 2002, p. 28). Por outro lado, em sua leitura da Bíblia de Lutero, alguns dos temas discutidos no *Novo Testamento* "foram recuperados e desviados por Nietzsche para uma direção radicalmente céptica", pois, se "tudo na linguagem é tropo, se a própria gramática não passa de um produto das figuras do discurso, as pretensões de conhecer o mundo por meio do idioma são disparatadas" (GINZBURG, 2002, p. 31).

Provavelmente, Nietzsche jamais imaginaria a maneira como sua obra seria lida e apropriada ao longo do século XX (JOANILHO, 2008), mesmo se considerarmos que muitos estudiosos observaram retrospectivamente ter sido ele um dos precursores da virada linguística dos anos de 1960, quando esta iniciou, coexistindo depois com o relativismo da corrente (dita) "pós-moderna". Isso muitas vezes ocorre porque as formas como a "herança intelectual" da obra de um autor é recebida dificilmente são adequadamente mensuradas e avaliadas, muito menos previstas, quando ainda esta obra se encontra em processo de elaboração e produção – como vimos no primeiro capítulo, ao discutir o pensamento de Skinner, e como ele abordou a obra de Hobbes. Desse modo, analisar como Nietzsche foi lido e interpretado no século XX foi o passo seguinte, dando continuidade a sua interpretação. De acordo com a exposição de Ginzburg, a forma como Nietzsche e sua obra foram apropriados deu base às "teses cépticas", a exemplo das ideias que vão de Paul de Man a Jacques Derrida. Constata o mesmo autor que o "limite do relativismo [...] é o de escamotear a distinção entre juízo de fato e juízo de valor, suprimindo conforme o caso um ou outro dos dois termos" (GINZBURG, 2002, p. 38).

Assim, a tese que o autor procura elaborar consiste, em poucas palavras, em demonstrar, com base nos principais argumentos "cépticos", sobre a inviabilidade das provas para o discurso histórico e, por extensão, a sua inevitável oposição à retórica, as quais de fato são insustentáveis, quando se colige todas as etapas de produção de um texto, que não somente é possível mensurar a existência de uma "realidade extratextual", em função das diferentes etapas da pesquisa, como também visualizar tal ponto em meio aos questionamentos e indícios relidos a contrapelo das fontes e de seus produtores. Ou mesmo, se rever a obra de um autor como Aristóteles, contrapondo seus tratados da *Poética* com a *Retórica*. Na verdade, para ele, o sucesso alcançado pela interpretação "céptica" (dita também "pós-moderna") se deve não apenas à certeza da afirmação da impossibilidade de o historiador provar qualquer coisa (sobre os homens e as mulheres, ou sobre as sociedades do passado), mas também, e principalmente, ao esquecimento a que se chegou à contemporaneidade, quanto a ser a "prova" parte integrante da retórica no processo de elaboração da "escrita da história".

De acordo com essa argumentação, ao se questionar a que tipo de retórica estes autores se referem, Ginzburg destaca que em nada ela se refere à retórica pensada e praticada por Aristóteles. Afirma que o texto em que "Aristóteles tratou mais amplamente da historiografia (ou, pelo menos, do seu núcleo fundamental), no sentido que nos é familiar, não é a *Poética*, mas sim a *Retórica*" (GINZBURG, 2002, p. 47). Para ele, Aristóteles indicaria neste texto, de forma consistente, que prova e retórica estão intimamente relacionadas quando se apresentam sob a forma de uma narrativa histórica, ou mesmo jurídica; assertiva que corresponderia, pelo menos, ao núcleo fundamental do que entendemos hoje por historiografia. Nesse caso, a "redução, hoje em voga, da história à retórica não pode ser repelida sustentando-se que a relação entre uma e outra sempre foi fraca e pouco relevante", e "essa redução pode e deve ser rechaçada pela reavaliação da riqueza intelectual da tradição que remonta a Aristóteles e à sua tese central: as provas, longe de serem incompatíveis com a retórica, constituem o seu núcleo fundamental" (GINZBURG, 2002, p. 63). No entanto, a "visão da retórica como técnica de convencimento emotivo na qual o exame das provas tem um lugar marginal prevaleceu graças à imensa autoridade de Cícero" (GINZBURG, 2002, p. 75). Neste sentido, foi graças à posição anticiceroniana de Lorenzo Valla e à sua admiração por Quintiliano que este "redescobriu o núcleo fundamental da *Retórica* de Aristóteles".

Por esta razão o autor atribui à viragem linguística da década de 1960, a qual entende mais como uma "viragem retórica", a contraposição entre retórica e prova, enfatizando-a como uma dimensão da historiografia positivista. E sob variados aspectos sua genealogia perpassaria pelas obras de Cícero, Nietzsche, até as de Roland Barthes e Hayden White. Esta corrente interpretativa se afastaria da tradição que observa as implicações da relação entre retórica e prova, sobre o núcleo central da historiografia; e que remontaria, por sua vez, a Aristóteles, Quintiliano e Lorenzo Valla, depois, aos antiquários dos séculos XVII e XVIII, e a autores como Arnaldo Momigliano, que redescobriria, aliás, a importância dos antiquários no século XX (MOMIGLIANO, 2004). Desse modo, é possível perceber como Carlo Ginzburg constrói sua crítica às teses cépticas e ao mesmo tempo mostra sua posição nesta "querela", indicando a "herança intelectual" de que ela faz parte. Não é por acaso, portanto, que o autor tenha chegado à seguinte conclusão:

> A postura, hoje difundida, em relação às narrativas historiográficas me parece simplista porque examina, normalmente, só o produto literário final sem levar em conta as pesquisas (arquivísticas, filológicas, estatísticas etc.) que o tornaram possível. Devemos, pelo contrário,

> deslocar a atenção do produto literário final para as fases preparatórias, para investigar a interação recíproca, *no interior do processo de pesquisa*, dos dados empíricos com os vínculos narrativos. Há muitos anos, Lucien Febvre observou que as fontes históricas não falam sozinhas, mas só se interrogadas de maneira apropriada. Hoje isso nos parece óbvio. Menos óbvia é a observação de que as perguntas do historiador são colocadas sempre, direta ou indiretamente, em form*as* (destaco o plural) narrativas. Essas narrações provisórias delimitam um âmbito de possibilidades que, frequentemente, são modificados ou até descartadas no curso do processo de pesquisa. Podemos comparar essas narrativas a instâncias mediadoras entre questões e fontes, as quais influem profundamente (ainda que não de maneira exclusiva) sobre os modos pelos quais os dados históricos são recolhidos, eliminados, interpretados – e, por fim, naturalmente, narrados (GINZBURG, 2002, p. 114).

É natural que pelo que até aqui foi dito, muitos poderão acusar Carlo Ginzburg de ser um (mero) atualizador dos antiquários dos séculos XVII e XVIII e dizer que seu método expositivo é impreciso, às vezes exagerado, ao apontar continuidades e descontinuidades milenares entre diferentes posturas teóricas, ou entre certos costumes e diferentes tipos de culturas, formas de agir e pensar dos homens e das mulheres de outrora; como já indicou Perry Anderson, ressaltando que a "explicação que ele oferece é convencional e descuidada – pouco mais do que referências genéricas" (ANDERSON, 1996, p. 88). No entanto, a questão é muito mais complexa do que esta simples verificação, embora, em certo sentido, ela não seja errada.[10] Deve-se desde já valorizar pelo menos a sua preocupação e a sua demonstração do papel exercido pelo historiador, tanto no passado quanto no presente, na construção do conhecimento histórico – que é fundamental para qualquer sociedade.[11] Evidentemente, como qualquer intelectual engajado e apaixonado pelo que faz, pode-se observar que, ao fazer isso (assim como em seu hoje clássico ensaio: *Sinais: raízes de um paradigma indiciário*), novamente justificou, ainda que de forma muito erudita, o quanto suas posições políticas e intelectuais são coerentes e historicamente verificáveis (PALLARES-BURKE, 2000). Diz ele ainda que: "Ao avaliar as provas, os historiadores deveriam recordar que todo ponto de vista sobre a realidade, além

10 Veja-se, por exemplo, a análise de Albuquerque Jr. (2019) em *O tecelão dos tempos*.

11 Ginzburg retoma e aprofunda tal evidência em seu livro *O fio e os rastros* (GINZBURG, 2007). Para uma discussão do tema, ver: (ROIZ, 2009b).

de ser intrinsecamente seletivo e parcial, depende das relações de força que condicionam, por meio da possibilidade de acesso a documentação, a imagem total que uma sociedade deixa de si" (GINZBURG, 2002, p. 43). Afinal, qual "o pecado mortal" de mesmo o conhecimento histórico ser possível? Para os céticos, segundo o autor, o incômodo (não apenas político e cultural) de constatar que os países ditos mais "civilizados" e "desenvolvidos" acabaram cometendo os maiores atos de barbárie, como o Holocausto ou o extermínio de civilizações inteiras, ditas "primitivas", na África e na(s) América(s). Por isso mesmo, para "'escovar a história ao contrário [até mesmo a produzida pela maré pós-moderna], como Walter Benjamin exortava a fazer, é preciso aprender a ler os testemunhos às avessas, contra as intenções de quem os produziu", pois, só "dessa maneira será possível levar em conta tanto as relações de força quanto aquilo que é irredutível a elas" (GINZBURG, 2002, p. 43). O que, muitas vezes, pode implicar na (re)descoberta de uma verdade (ou de verdades históricas) até inesperada, que é a de que por trás de toda narrativa, principalmente a histórica, houve uma "realidade extratextual" que lhe deu base e a tornou possível de ser verificada, analisada e escrita pelo historiador.[12]

De forma ainda mais direta, Ginzburg (2007) quer demonstrar a importância dos historiadores para as sociedades, na construção de suas identidades, talvez até mais no período atual do que no passado. Para isso, indo contra a maré "pós-moderna", indica que o discurso literário, quando bem analisado o seu processo de elaboração e cotejadas as suas provas, pode também ser um caminho para se escrever um discurso histórico verdadeiro (entre outros possíveis) sobre as sociedades e os homens e as mulheres no tempo, pois a história é constantemente reescrita, fazendo com que nenhuma *história seja a 'História', mas que nem por isso não seja uma história (verdadeira)* – questão, aliás, que retomaremos na terceira parte deste livro. É justamente nesse ponto – aclamado pela crítica "pós-moderna" como *o inevitável relativismo do discurso e da verdade* (a ponto de alguns estudiosos acreditarem que ou ela não existe ou é apenas uma construção retórica e discursiva) – que, de acordo com Ginzburg (2002; 2004; 2007), seriam encontradas a função e a importância dos historiadores, ao preocuparem efetuar pesquisas mais precisas, inquirindo as fontes e agrupando as provas para se definir *níveis mais aproximados de verdade*, com métodos mais precisos de investigação, ao 'escrevem a(s) (suas) história(s)'. (GINZBURG, 2004; 2007).

12 Para um maior detalhamento a respeito da posição de Walter Benjamin, ver: (LÖWY, 2005).

A resposta de Jörn Rusen: a teoria a serviço da escrita da história

No campo específico da teoria da história não foi diferente. No momento de "crises" do discurso histórico e das teorias da história, que teve início a partir dos anos 1980, o historiador alemão Jörn Rusen[13], com seu livro: *Razão histórica* (que faz parte de seu estudo sobre as teorias da história, organizado em três volumes, na década de 1980), quis, ao mesmo tempo, responder às críticas de autores como Hayden White, Paul Veyne e Michel Foucault às teorias da história e ao discurso do historiador; e operar uma reconstrução das teorias da história com vistas a delimitar suas características e o seu papel no ofício dos historiadores, quando recortam seus objetos de pesquisa, definem suas fontes e suas abordagens, assimilam um estilo à sua escrita da história e buscam inquirir e interpretar as sociedades do passado. Assim os questionamentos sobre definir a questão do sentido na história, como definir um estatuto de cientificidade e de racionalidade no discurso histórico, e como pensar a questão do progresso no processo histórico foram os problemas levantados por esse historiador, aos quais em sua obra ele intentou oferecer possíveis respostas. (ASSIS, 2010).

Quanto a esse aspecto, visou enfrentar um duplo dilema: o das críticas internas e externas à História e o da função das teorias na escrita da História. Procurou assim rastrear as características e a função de uma teoria da História. Para Rusen, a "teoria não é mais que uma elaboração especial dessa constante reflexão do sujeito cognoscente sobre si mesmo", e "essa reflexão se efetiva, em correlação com o objeto primário do pensamento: a 'história'", assim a "teoria da história articula-se com a autorreflexão do pensamento histórico, que se processa no trabalho quotidiano da pesquisa histórica" (RUSEN, 2001, p. 25-26). Neste sentido, buscou demonstrar "que o olhar dos historiadores passa dos objetos de seu conhecimento científico a seus princípios, como eles surgem e para que são tematizados" e, assim, o que a teoria "analisa, como fundamento da ciência da história, não pode ser tratado independentemente das razões e das finalidades dessa atividade" (RUSEN, 2001, p. 26). Portanto, a teoria da História "tem de apreender [...] os fatores determinantes do conhecimento histórico que delimitam o campo inteiro da pesquisa histórica e da historiografia, identificá-los um a um e demonstrar sua interdependência sistemática" e "como a pesquisa e a historiografia nada têm de estático, cabe a teoria mostrar como esse sistema é um processo dinâmico" (RUSEN, 2001, p. 29).

---

13 Para um panorama sobre essa questão na historiografia alemã, ver: Koselleck (2006, 2014, 2020); Martins (2007); Gertz (2007).

Foi com esse objetivo que Jörn Rusen se preocupou em circunstanciar uma teoria sistemática da história. Para articulá-la tomou como base o conceito de "matriz disciplinar"[14] desenvolvido por Thomas Kuhn (2003) – como vimos no capítulo anterior. Com esse propósito, que Jörn Rusen procurou definir como matriz disciplinar o conjunto sistemático de fatores que prescrevem um processo dinâmico com vista a determinar os princípios constitutivos da ciência da história. Neste sentido, *interesses, ideias, métodos, funções* e *formas*, "articulados na matriz disciplinar da ciência da história, [...] adquirem a especificidade que permite distinguir o pensamento histórico constituído cientificamente do pensamento histórico comum" (RUSEN, 2001, p. 35). O que implicaria em reconhecer a especificidade do conhecimento histórico em moldes científicos sem negar a sua correspondente ligação com a criação artística e literária, em função de seus resultados serem expostos, via de regra, por meio de narrativas.

Por isso, sua argumentação se pauta na historiografia alemã e em autores como J. Burckhardt, J. Droysen, J. Habermas, R. Koselleck, E. Carr e A. Schaff, por acreditar que existe uma racionalidade, um sentido, um progresso que delimita as características do processo histórico quando os historiadores buscam analisar os homens e as sociedades no tempo, e nesse sentido, talvez se agrupe ao que é hoje denominado como "neopositivismo" (WIKLUND, 2008). Assim, critica a análise "irracionalista" de Michel Foucault (1997) sobre a História, bem como as restrições apontadas por Paul Veyne (1998) quanto ao nível de sentido da escrita, à possibilidade de interpretação do passado e o questionamento de Hayden White (1994; 1995) sobre o nível de verdade e de cientificidade na escrita da história, enquadrando-a em um tipo de arte. Mais do que Marc Bloch (2002), Lucien Febvre (1989) e Fernand Braudel (1992), que acreditaram que a História não era propriamente uma ciência, mas sim "uma pesquisa cientificamente conduzida", o autor leva ao extremo a afirmação, procurando demonstrar os níveis de "cientificidade" da pesquisa histórica e provar que a História também é uma *ciência*, ainda que peculiar. Para ele,

14 Para tanto, Rusen indica que o historiador articula essas reflexões dentro do que definiu como 'matriz disciplinar', onde estariam agrupados cinco elementos: ideias, métodos, formas, funções e interesses. Segundo ele "uma 'matriz disciplinar' é uma explicação teórica do tipo de racionalidade da constituição histórica de sentido" (RUSEN, 2001, p. 161). Portanto, a história segundo ele seria científica porque "ciência é método" (RUSEN, 2001, p. 98).

> [...] a cientificidade da ciência da história deve ser estabelecida e descrita justamente no que tem de peculiar, que produz o constructo significativo chamado história [...]. *História como ciência é a forma peculiar de garantir a validade que as histórias, em geral, pretendem ter.* Histórias narradas com especificidade científica são histórias cuja validade está garantida mediante uma fundamentação particularmente bem feita (RUSEN, 2001, p. 96-97).

Para ele, "narrar é uma prática cultural de interpretação do tempo, antropologicamente universal" (RUSEN, 2001, p. 149). Com a publicação de *História Viva*, o terceiro volume da trilogia sobre teoria da História, Jörn Rusen comentou com especial destaque a obra de Hayden White.[15] Do primeiro ao terceiro volume, a crítica tanto à "virada linguística" quanto à obra de Hayden White aparece ora com maior, ora com menor destaque e profundidade de análise. Isto é, a sua crítica a White é feita especialmente no terceiro volume, ao procurar evidenciar as formas de apresentação da historiografia e analisar os fundamentos didáticos do saber histórico.

De fato, o autor argumentará mais especificamente que:

> Na tradição retórica da teoria da história cuidava-se, sobretudo, das regras da escrita historiográfica, da poética normativa da historiografia. Tal poética ensinaria aos historiadores como escrever obras 'fáceis de ler', ou seja: de boa repercussão. A obra deveria dirigir-se ao 'coração' do leitor. A historiografia deveria habituá-lo a agir praticamente. Com a cientificização da historiografia, o núcleo das reflexões metódicas dos historiadores mudou. Ele passou da formatação da historiografia para as regras da pesquisa histórica. O aspecto da forma e da repercussão deslocou-se para a margem da profissionalização, quando não para fora dela, como mero acessório, externo à especialização. Assim, por exemplo, a didática da história, por muito tempo, não era considerada parte integrante da disciplina especializada 'história', mas apenas como aplicação pedagógica, referente apenas ao uso externo do saber histórico (RUSEN, 2007b, p. 11).

15 Publicada originalmente nos anos de 1980, a obra de Rusen foi impressa no Brasil entre os anos de 2001 e 2007, pela editora da Universidade de Brasília (RUSEN, 2001; 2007a; 2007b).

Por isso dirá o autor que "escrever a história é a tarefa dos historiadores", mas como "fazê-lo, é [sempre] um problema"; o que, não por acaso, o fez se apoiar, em muitos momentos, também na obra *Futuro passado* (de 1979) de Reinhart Koselleck (1923-2006) – como vimos no capítulo anterior. Foi neste sentido que retomou, principalmente, as interpretações de Johann Gustav Droysen (1808-1884), de Leopoldo von Ranke (1795-1886), de Numa Denis Fustel de Coulanges (1830-1889), de Theodor Mommsen (1817-1903) e de Max Weber (1864-1920), para empreender sua análise da historiografia oitocentista. Esta análise visava detalhar a maneira como esses autores se preocuparam em organizar a pesquisa histórica em "moldes científicos". A esses autores normalmente se voltavam às críticas, por exemplo, de Roland Barthes (2004), Paul Veyne (1998) e Hayden White (1994; 1995). Em oposição a essas percepções, Rusen argumenta que diversamente "de Hayden White, não cuido da forma literária da história" e sim "busco sistematizar os critérios que determinam o manejo interpretativo do passado humano como especificamente histórico" (RUSEN, 2015, p. 206). Não por acaso, o autor resumirá as teses céticas destes autores da seguinte forma:

> [...] cresce a aceitação de que não se tem como abandonar os elementos narrativos na apresentação da história [...]. Além disso, ao se examinar mais de perto essa questão, encontra-se que um significado especial é atribuído à estrutura narrativa do saber histórico. Essa estrutura diz respeito à peculiaridade lógica do conhecimento histórico. Acresce que um olhar mais detido sobre as operações narrativas da consciência histórica traz à luz fatores do conhecimento histórico que dificilmente podem ser reduzidos à concepção corriqueira de racionalidade científica (desenvolvida obviamente a partir do paradigma das ciências naturais matematizadas). Os critérios de sentido decisivos para o pensamento histórico, com os quais acontecimentos passados são ordenados em um contexto especificamente histórico [...], possuem uma qualidade especial. Hayden White os descreveu como 'poéticos' e alcançou, com isso, uma influência altamente benéfica sobre o debate na teoria da história. Com essa peculiaridade narrativa ou até poética, o pensamento histórico protege-se de sua subsunção a uma concepção unitária de ciência, dependente de uma racionalidade nomológica. O ângulo linguístico dessa concepção de (meta)teoria da ciência histórica vale para os procedimentos linguísticos mediante os quais os fatos obtidos das fontes pela pesquisa adquirem seu sentido histórico específico. Esse sentido se constitui na conexão narrativa

> que os articula, transformando assim 'passado' em 'história'. Tais procedimentos constituem uma profunda dimensão da historiografia, na qual são evidentes surpreendentes pontos em comum com as formas literárias da constituição de sentido. Na interpretação e apresentação, pela ciência da história, dos contextos históricos, consolidam-se os modos fundamentais de atribuição de sentido, pela linguagem, a fatos que vinham sendo consignados praticamente só em textos literários (RUSEN, 2007b, p. 25).

Apresentada a tese, diz o autor que esta "abalou fortemente o estatuto científico da história", que tinha seus fundamentos na pesquisa histórica oitocentista, da qual a ciência da história se utilizou para distinguir-se da sua tradição pré-científica, que é retórica. E acrescenta:

> Esse limite não pode ser caracterizado pela distinção entre facticidade e ficcionalidade, pois a articulação entre sentido e significado dos fatos do passado vai além de sua facticidade. [...] A pressão do passado sobre os pressupostos e as circunstâncias da vida humana prática atual é tão real quanto o são os elementos intencionais dessa práxis, com os quais os indivíduos buscam transformar tal pressão em impulsos de seu agir autônomo. Essa realidade atravessa a distinção entre facticidade e ficcionalidade no processo de memória da consciência histórica. O limite das possibilidades estéticas da apresentação histórica está no ponto em que a imaginação simbólica da interpretação do mundo, da autocompreensão e da autoconcepção descole dessa realidade e introduza uma dimensão utópica do tempo na determinação do sentido do agir e o transforme em simulação. Naturalmente, esse limite separa, do potencial estético da constituição histórica de sentido, todos os campos da constituição estética de sentido, na medida em que estes se subtraiam à pressão experiencial dos processos temporais reais, liberando a imaginação. [...] A formatação historiográfica é coerente esteticamente se apresenta o saber histórico com as expressões linguísticas significativas que satisfaçam à carência de sentido e à capacidade de constituir sentido dos destinatários. Algo semelhante vale para o critério historiográfico da coerência retórica: ele é satisfeito por formações que respondam aos sujeitos interpelados justamente no ponto em que agem praticamente por referência à constituição histórica de sentido (RUSEN, 2007b, p. 33-34 e 36).

Semelhantemente às tipologias de interpretação das diferentes formas de apresentação da historiografia para se escrever a história efetuadas por, Georg Wilhelm Friedrich Hegel (1770-1830), Friedrich Nietzsche (1844-1900) e Hayden White (1995), Jörn Rusen procurou estabelecer quatro princípios de diferenciação das formas de apresentação da historiografia: 1) a constituição tradicional de sentido; 2) a constituição exemplar de sentido; 3) a constituição crítica de sentido; 4) e a constituição genética de sentido. Hegel, em seu curso de *Filosofia da História* (1999), abordaria a *história original*, a *história refletida* e a *história filosófica*; Nietzsche, em seu manuscrito sobre a *II Consideração intempestiva sobre a utilidade e os inconvenientes da História para a vida* (2005), apresentaria a escrita da história como uma mistura de gêneros (Cf. JOANILHO, 2008), em especial, o da *história tradicional*, o da *história monumental* e o da *história crítica*, para superar, em sua opinião, a decadência que pairava sobre a história científica então praticada. Hayden White (1995), em seu livro *Meta-história*, elaborou uma tipologia com a qual visava descortinar as diferentes "urdiduras de enredo", utilizadas tanto por filósofos (da história) quanto por historiadores para constituírem suas narrativas, apoiando-se basicamente em Northrop Frye em seu livro *Anatomia do criticismo* para identificar quatro modos de elaboração de enredo – o *romântico*, o *trágico*, a *comédia* e a *sátira* –; em Karl Mannheim no seu texto *Ideologia e Utopia*, em que indicava quatro posições ideológicas básicas – *anarquismo*, *conservadorismo*, *radicalismo* e *liberalismo* –; e em vários outros autores, para identificar quatro modos de argumentação – *formista*, *mecanicista*, *organicista* e *contextualista* –, aos quais acrescentaria quatro tropos básicos para a análise da linguagem poética ou figurada: a *metáfora*, a *metonímia*, a *sinédoque* e a *ironia*.[16] Foi revendo estas tipologias, que Rusen procurou definir a sua, também para tentar sanar as crises do "fazer história", da prática de pesquisa e da elaboração do texto narrativo.

De acordo com Rusen, a "tipologia esboçada" por ele "pode servir para entender a historiografia a partir dos pontos de vista regulativos, que dizem respeito especificamente ao histórico no processo de formatação linguística", e evidentemente, há uma interação entre cada um dos quatro princípios de identificação das formas de apresentação da historiografia referidos no parágrafo anterior. Para ele:

16 Jörn Rusen retoma essa questão em *Teoria da História: uma teoria da história como ciência*, obra que procura não somente revisitar sua teoria dos anos 1980, mas também em avançar com suas críticas à "virada linguística", ao "pós-estruturalismo" e a "pós-modernidade". Além disso, retoma as tipologias de Nietzsche e White, com o objetivo de demonstrar suas limitações, ao pensarem a escrita da história (RUSEN, 2015, p. 189-216).

> A regulação de uma reflexão desse tipo, sobre os princípios organizacionais e formadores do saber histórico, determinantes da historiografia, não está em contradição com a "liberdade artística" do historiador. Decisivo é que essa liberdade encontre seu limite nas pretensões de verdade específicas da ciência. Isso quer dizer mais do que a mera regra anti-retórica, que o historiador não deve afirmar quaisquer fatos que estejam em contradição com as informações das fontes. O que se afirma é que a historiografia não pode produzir a aparência de um contexto narrativo de sentido que esteja em contradição com as regras metódicas da interpretação histórica. Por mais tentador que possa ser preencher os déficits de sentido deixados em aberto pela fundamentação da pesquisa histórica, a título de compensação, com os meios estético-retóricos da historiografia, a função orientadora do saber histórico, para cuja efetivação se faz pesquisa, nada ganha com isso. No final das contas, os destinatários seriam enganados, pela aparência de uma harmonia estética do mundo histórico, quanto à realidade em que desejam orientar-se por meio da memória histórica (RUSEN, 2007b, p. 66).

A crítica sutil do autor ao desafio cético lançado pela virada linguística, e em muitos pontos encabeçada pela obra de Hayden White, pode, à primeira vista, parecer um retorno conservador aos princípios do método histórico, primeiramente esboçados pela historiografia oitocentista, que se preocupou em elaborar a escrita e a pesquisa histórica em "moldes científicos". Mas, sob outros aspectos, é um avanço significativo em relação aos fundamentos estabelecidos no século XIX, aos quais o autor em nenhum momento deixou de ser crítico, ao demonstrar também as suas fissuras e fragilidades – de composição e de formas de apresentação dos dados (WIKLUND, 2008). Não foi sem razão, portanto, que este se preocupasse notoriamente com a precisão da apresentação e composição do método, ressaltando que as pesquisas históricas devem se pautar sempre em procedimentos que permitam conduzir "cientificamente" a demonstração analítica dos dados encontrados nas fontes documentais, e informados por meio de interpretações presentes em suas narrativas.

Por isso, para ele, é tão importante a apresentação didática dos princípios de composição da historiografia, sendo que "a relação do saber histórico aos seus destinatários consiste sempre numa relação a processos de aprendizado no meio social da ciência da história"; em que a formação do aprendizado histórico corresponderia ao aumento da *experiência* "no quadro de orientação da vida prática", ao aumento da *competência interpretativa* e ao aumento da *capacidade de orientação*, cada um dos quais, evidentemente, intimamente interligados no processo complexo e contínuo de formação dos profissionais na ciência da História. Isso quer dizer que a formação histórica, nesse sentido, "aumenta as chances de racionalidade da cultura histórica pela abertura à experiência, pela sensibilidade estética, pela reflexão política e pelas fundamentações discursivas". Para o autor:

> É nessa transposição das expectativas e intenções quanto ao futuro para a experiência do passado que consiste, afinal, a função orientadora da história. Para tanto são necessários, todavia, modelos de interpretação da experiência do tempo, que o pensamento histórico não tem como extrair somente das expectativas e intenções do tempo presente, ao qual reage. Isso mostra mais do que suficientemente sua função de crítica da utopia. Tais modelos de interpretação têm de ser construídos no seio dos complicados processos de constituição histórica de sentido. É nesses processos que atua [a] argumentação racional, forma constitutiva, por sua vez, da história como ciência. [...] [Mas] a história necessita, por sua parte, [d]a utopia, a fim de poder produzir seu equivalente à utopia, sua alteração da experiência do tempo, e cumprir eficientemente sua função de orientação existencial. [...] [Portanto, uma] narrativa historiográfica, que torna presente a experiência do tempo de um *kairos*, reúne, pois, a alteridade histórica e a utopia que transcende a história. Ela as amealha na unidade de um momento histórico dotado de duas propriedades: de um lado, pode ser rememorado como experiência real do tempo, lastreado pelas condições do agir que a história evidencia na crítica da utopia. De outro lado, ele vai além desse horizonte experiencial da memória histórica, pois nele se realizam, sob as condições particulares do agir, intenções que as ultrapassam (RUSEN, 2007b, p. 144; 146; 150).

A demonstração, quanto a esse aspecto, de como proceder à elaboração de uma teoria sistemática da ciência da história ao longo dos três volumes dessa importante obra do autor constitui, talvez, a maior contribuição do texto, que, escrito nos anos de 1980, ainda mantém uma enorme atualidade no que diz respeito aos debates, às interpretações e funções da pesquisa histórica, e às tensões do ofício de historiador na constituição da história em "moldes científicos". É importante ainda salientar que a obra demonstra criticamente a herança deixada pela "virada linguística" à teoria literária e à escrita da história, produzindo importantes revisões sobre a compreensão da teoria e da metodologia da História.[17]

Por outro lado, destaca ainda que, embora as fronteiras entre a História e a Literatura tenham se tornado, desde então, mais tênues, não é por isso que ambas as áreas ganham ao manterem um total "relativismo" quanto às suas formas de apresentação narrativa, o que daria "a falsa impressão" de elas figurarem (na complexa trama entre 'fato' e 'ficção') como idênticas em suas formas de apresentação do "vivido" de outrora. Pelo contrário, nesse caso seria importante destacar as proximidades, contanto que não se deixe de se visualizar as especificidades de cada uma e as funções que cada uma impõe como suas metas básicas de demarcação de pertinência tanto para a sociedade quanto para a manutenção de sua própria existência, enquanto áreas autônomas do conhecimento humano. Evidentemente, a demonstração de Jörn Rusen em relação a cada uma dessas questões é, em certos momentos, demasiadamente esquemática, o que não implica em dizer que ele seja "ineficaz" ou "inconsistente" ao apresentá-las, mas sim, que elas são mais difíceis de serem adequadamente compreendidas (WIKLUND, 2008).

Nesse sentido, diferentemente de Hayden White, que almejou, entre as décadas de 1960 e 70 (e mesmo em pesquisas mais recentes), demonstrar que a História é um "artefato verbal" (discursivo) em prosa, sendo um tipo específico de literatura (MUNSLOW, 2009); Jörn Rusen objetivou, nas décadas de 1980 e 1990, estabelecer que a História, quando ""cientificamente" conduzida por meio de procedimentos empíricos e teóricos adequados, também pode vir a se tornar um tipo específico de "ciência". E a teoria da História teria uma função primordial, pois, "no estudo de história, a teoria desempenha um papel importante na *profissionalização didática* dos historiadores" e esse "papel consistiria em transmitir aos historiadores em formação uma concepção sólida da especificidade profissional de sua ciência" (RUSEN, 2001, p. 38). Destarte, a instigante interpretação feita por Jörn Rusen revelava, antes que uma crise da História e das Ciências Sociais, um período de definição do que eram a "ciência" e a "arte" no âmbito específico daquelas áreas do saber.

---

17 Cabe ainda salientar as importantes revisões e os acréscimos que Rusen (2015) procedeu em sua obra: *Teoria da História: uma teoria da história como ciência*, no que diz respeito à história como ciência, suas críticas ao pós-modernismo e a virada linguística, e a importância dos procedimentos para assegurar a condução científica das pesquisas históricas.

A resposta de Josep Fontana: o projeto político a serviço do intelectual

O historiador espanhol Josep Fontana (1931-2018)[18], no decorrer de sua trajetória se viu sempre instado por esses dilemas, com os quais procurou enfrentar, ao demonstrar a importância do trabalho dos historiadores quando escrevem suas histórias. Ao mesmo tempo em que justificava seu embasamento teórico e metodológico no marxismo, referia-se constantemente à importância das escolhas políticas dos indivíduos. Nesse sentido, o seu livro: *A Europa diante do espelho* (2005) dá continuidade, ou prepara o terreno para as reflexões que foram desenvolvidas em seus livros: *História: análise do passado e projeto social* (1998); *Introdução ao estudo da história geral* (2000); *História depois do fim da história* (1998) e *A história dos homens* (2004).

Já em *A História dos homens*, que foi a reformulação e total ampliação de *História: análise do passado e projeto social* (publicado originalmente nos anos de 1970), em função das demandas e características de um 'novo' contexto, ele indicava a importância de se pensar a história de todos os homens e mulheres do planeta. Além disso, discordava veementemente dos argumentos 'céticos' e 'narrativistas', pois:

> Os argumentos de White, como o de todos os que pretendem desqualificar a história, reduzindo-a a narração, são irrelevantes. É evidente que a complexidade da tarefa do historiador, enfrentando a diversidade inalcançável do mundo real, obriga-o a fazer seleções – ninguém pode fazer a história 'completa', no sentido que exige White, do que aconteceu numa só cidade num só dia do passado – e isso condiciona a perspectiva. Mas estas limitações são um reflexo das vividas pelo homem comum na vida cotidiana. Também ele escolhe os aspectos da realidade que o envolve, considerados de acordo com as necessidades da vida. Também a memória do passado é seletiva e influenciada por preferências diversas, incluindo as políticas, que filtram a percepção do que acontece ao redor. Ao receber as notícias dos acontecimentos imediatos que podem ser importantes para ele, o mais provável é que escolha a fonte de informação de acordo com suas preferências e é certo que nela selecionará notícias determinadas. [...] A vida real é assim, não somente a história. Este é o contraste que se estabelece entre o trabalho do historiador e o do teórico de disciplinas culturais que funcionam fabricando pequenos universos delimitados que podem ser manejados com ferramentas elementares. Com isto, o teórico

18 Para um maior detalhamento dessa questão na historiografia espanhola, ver: ARÓSTEGUI SÁNCHEZ (2006); COHEN; CONGOST; LUNA (2007).

> pode alcançar êxito na carreira acadêmica, mas suas ferramentas não servem para nada quando tiver de sair do recinto universitário e enfrentar a realidade exterior, que é matizada e confusa como o panorama do passado em que o historiador se move, guiando-se pelo sentido da utilidade social do trabalho, que é um critério essencial para suas escolhas (FONTANA, 2004, p. 402).

Em *A Europa diante do espelho*, que foi escrito quando corrigia o texto dos anos de 1970, que daria base ao seu livro *A história dos homens*, volta-se mais a reflexão do processo histórico, do que a forma como é escrita a História. O texto foi originalmente publicado em 1994, como um dos volumes da coleção *A construção da Europa*, coordenada por Jacques Le Goff. Traduzido em 2005 para o português, o livro permaneceu dividido em dez capítulos, nos quais o autor se debruçou sobre o que definiu como os diferentes espelhos pelos quais perpassou a história europeia. Ao passar em revista a forma como a história europeia havia sido escrita – segundo ele, na maioria das vezes sob um viés tradicional, no qual o uso de metáforas serviu de base para melhor definir as diferentes maneiras com as quais a história havia sido abordada, a saber: o espelho *bárbaro*, o *cristão*, o *feudal*, o do *diabo*, o *rústico*, o *cortês*, o *selvagem*, o do *progresso* e o do *povo* –, vale-se de uma argumentação sofisticada para ressaltar a forma como em diferentes momentos ocorreu, mesmo que em muitos deles de modo sutil e indireto, a imposição de uma escrita da história que dá ênfase a ação de certas camadas, ao mesmo tempo em que a isenta das 'injustiças', da 'dominação' e das 'explorações' que cometeu diante das massas 'anônimas', das quais só agora a história tem sido escrita, ao mesmo tempo, em que nesse processo, visava sempre subjugá-las e submetê-las aos seus comandos. Cada um desses espelhos demonstra como, em diferentes momentos, sob variadas alegorias, foi sendo construída a "identidade europeia", por meio de diferentes processos de dominação sociocultural dos indivíduos.

De imediato, cabe notar que tais espelhos, são metáforas que representam uma realidade que é apresentada desfocadamente para conduzir a vontade das massas segundo as orientações de grupos no poder, paralelo ao que as ideologias efetuam sobre as 'visões de mundo', e a maneira pela qual são impostas pelas classes dirigentes. Cada um deles, embora pareçam serem substituídos no tempo de maneira linear, em certas ocasiões, coexistem num mesmo espaço e tempo. A ideia que se fazia do bárbaro, por exemplo, em comparação com o cidadão grego ou romano, servia no passado mais para contornar problemas de ordem política e social, porque é mais fácil indicar que as causas de um problema são externas do que internas. Mas a ideia de bárbaro no período contemporâneo teve usos também diversos, porque está intimamente articulada a uma contraposição com o civilizado – estratégia a qual, aliás, os europeus se serviriam para justificarem seus projetos de dominação, diante dos povos nativos do Novo Mundo, ou durante o processo de colonização da África durante o imperialismo europeu no século XIX. E que igualmente seria articulado junto com o ideário cristão. Desse modo, se há uma sucessão de espelhos no tempo, também existe uma coexistência, e até usos diferenciados de uma ou mais dessas metáforas ao mesmo tempo, para justificar determinados tipos de ação e formas de dominação. Isso porque, como nos informa, ao se sucederem no tempo, esses espelhos permitem aos grupos no poder se apropriarem de experiências do passado para realçarem, dinamizarem e melhorarem seus sistemas de dominação das massas, ao mesmo tempo em que definem novas formas de usar também o passado em seus projetos políticos e em suas práticas sociais.

Do mesmo modo, permitiriam definir que tipo de passado deve ou não ser rememorado, como nos informa a respeito do espelho feudal, no qual o "preconceito eurocentrista, que reduz a ciência islâmica a uma mera 'tradução' da velha ciência grega, esquece que a cultura helenística era originariamente algo mestiço, que fundia elementos gregos e orientais, e que os árabes participavam nela desde muito antes" (FONTANA, 2005, p. 47). Ou de que a ideia do Diabo, além de figurar como o mal, em oposição ao bem representado por Deus, também servia para designar, em alguns casos, a figura monstruosa do 'outro', na qual o "espírito da cruzada deformou não somente nossa percepção do islã, mas também da cristandade oriental e nos levou a excluir Bizâncio da história da Europa", além de excluirmos "também a Rússia, nascida da assombrosa fusão de escandinavos, eslavos e mongóis e, sobretudo, o cristianismo 'asiático'" (FONTANA, 2005, p. 58). Nesse aspecto, o judeu também apareceria de maneira deformante, muito embora "não se necessitava de tanto para provar a culpa de alguns judeus que eram percebidos [...] de acordo com a imagem diabólica que refletia o novo espelho deformante" (FONTANA, 2005, p. 71).

Além de servirem para justificarem projetos de dominação e forjarem certos usos do passado, tais espelhos também poderiam fornecer exemplos do passado para auxiliar na orientação das ações no presente. No século XVI, por exemplo, quando esteve no auge o que definiu como *espelho rústico*, "a imagem do inimigo a ser combatido era agora a do 'rústico', que agrega todos os matizes da barbárie, ignorância e baixeza que caracterizam o 'vilão' frente ao 'nobre'" (FONTANA, 2005, p. 88). No caso da imagem que se fez do 'selvagem' no Novo Mundo, o "racismo continuou instalado em nossas sociedades, apesar de que a investigação científica lhe arrebatou qualquer pretensão de legitimidade"; dado que não "importa que tenha ou não fundamento, porque não se baseia em ideias raciocinadas, mas em temores inconfessados", pois, não "é mais do que o rosto que toma o medo irracional ao 'outro'" (FONTANA, 2005, p. 117). Por sua vez, a "história da revolução agrícola costuma ser contada de modo que faz aparecer a destruição das formas comunais de cultivo como uma condição necessária" (FONTANA, 2005, p. 138), para o progresso de toda sociedade, quando muitas vezes o que ocorre é justamente o inverso. Foi seguindo esse tipo de modelo, que para "justificar sua superioridade, os europeus especularam acerca do 'milagre' de sua história e das razões – isto é, dos méritos – que podiam explicá-lo", e a primeira "das causas aduzidas é a que associa seu sucesso às qualidades de uma 'raça' de homens superiores" (FONTANA, 2005, p. 147). Para ele:

> Não basta condenar estes fatos pelo que eles têm de injustiça, reclamando igualdade de tratamento para os excluídos. Essa será uma tarefa inútil, se ao mesmo tempo não se desmontar a trama das ideias que justifica a exclusão. Uma trama da qual é peça essencial essa visão da história que legitima a superioridade dos europeus em nome de seu papel como artífices de um progresso universal, e que pretende converter-nos a todos em cúmplices 'natos' de todos os seus abusos, sobre a base de nos ocultar que este suposto progresso se fez às custas, também, da maior parte dos próprios europeus. Porque não se trata somente de que esta visão 'eurocêntrica' prive os povos não europeus de sua história (o que é verdade). Seu objetivo mais importante é seguramente arrebatá-la de grandes camadas da própria população europeia, ocultando destas que existem outros passados além daqueles que se canonizou na 'história oficial', e que neles podemos encontrar um caudal de esperanças e possibilidades não realizadas, e que muito do que se apresentou como progresso não é mais do que disfarces para formas diversas de apropriação econômica e controle social. Ao retirar das classes populares sua história e sua consciência, reduzimo-las ao papel de selvagens internos (FONTANA, 2005, p. 144-145).

Nesse sentido, o último capítulo, intitulado *Fora da galeria dos espelhos*, faz uma avaliação sobre as consequências produzidas na História e na sua(s) escritura(s), em função dos usos decorrentes daquelas estratégias metafóricas, associadas ao uso variado de espelhos deformantes das realidades de outrora. De acordo com ele:

> A primeira coisa que precisamos saber é que nossos problemas e os do mundo subdesenvolvido devem ser solucionados conjuntamente. Se nos empenharmos em nos fechar atrás dos muros, pereceremos nas mãos dos assaltantes de dentro e de fora. Os europeus e sua civilização desapareceriam então, como desapareceram todas as comunidades que perderam sua capacidade de adaptar-se a um entorno mutante. Se isto acontecer, terá se concluído um capítulo da história do homem e outro começará (FONTANA, 2005, p. 154).

E a posição dos historiadores no enfrentamento dessas questões é um ponto crucial para se "sair da galeria de espelhos deformantes em que nossa cultura está preza"; pois, com isso, "poderemos começar a estudar as sociedades humanas [...] e empreender a tarefa de demonstrar essa visão linear do curso da história que interpreta mecanicamente cada mudança como uma melhora, cada nova etapa como um progresso". Caso contrário:

> Os historiadores ler[ão] estas e outras advertências semelhantes [...] sem querer perceber os problemas de fundo que delineavam. E quando o presente veio confirmá-las e jogou por terra seus artifícios interpretativos, abandonaram o enfrentamento com a realidade e se dedicaram a fazer discursos sobre o discurso, porque é mais cômodo ocupar-se das palavras do que dos homens (FONTANA, 2005, p. 152).

Esse livro, portanto, tal como seus textos anteriores e posteriores a ele, é um convite à reflexão e ao engajamento dos historiadores nas questões políticas e culturais de seu tempo. Pode-se, evidentemente, argumentar que em certas ocasiões o autor é tão severo em suas críticas que nem os historiadores de ofício (extremamente engajados com as discussões dos problemas de sua época) conseguem escapar. Pode-se ainda indicar que por ser um historiador marxista muito 'fiel' aos seus ideais, em alguns momentos se atribui mais o papel de 'juiz' do processo do que de intérprete – que seria mais adequado ao historiador. No entanto, é necessário reconhecer que hoje há poucos historiadores em nosso meio que têm a coragem e a determinação de Josep Fontana (1931-2018) de enfrentar diretamente esses dilemas.

Em todas as suas obras há sempre a preocupação com a totalidade do processo histórico, com a história de todos e com o enfretamento e a demonstração das desigualdades e dos dogmatismos teóricos e metodológicos. Com esse livro, o autor evidencia que o uso adequado de metáforas, articulado com uma interpretação bem fundamentada do processo histórico e das fontes documentais, permite que o historiador construa uma "bela" narrativa sem que com isso deixe de lado a "realidade extratextual" que lhe deu origem, e ainda demonstre aos "céticos" e pós--modernos que nem tudo é só "discurso"[19], ao se fixar a análise nas palavras, seus usos e significados.

Uma nova trama de tensões: as respostas de Roger Chartier e François Dosse

Depois de passarmos por uma rápida análise da percepção de historiadores italianos, alemães e espanhóis, com as visões de Ginzburg, Rusen e Fontana, a respeito das críticas e observações feitas por movimentos intelectuais, como o da "virada linguística" e da "pós-modernidade", ao seu ofício profissional e a escrita da história, é importante retomar a percepção que tiveram os historiadores franceses, que estiveram no meio do furacão de "Maio de 1968".[20] As obras de Roger Chartier e de François Dosse, além de discutirem tais questões, avançaram em muitos pontos nessas contendas. Por procurar fazer uma história cultural do social, ao estudar a história do escrito e dos processos de leitura, Roger Chartier se aproximou sutil e criticamente das questões lançadas pelo estruturalismo e o pós-estruturalismo (ou outros movimentos intelectuais, como a virada linguística); enquanto François Dosse se distanciou criticamente deles, como um pária no campo intelectual francês, por tentar propor o estudo da história social dos intelectuais e dos movimentos culturais. É claro que uma distinção como essa, não evidencia as polêmicas que participaram, nem tampouco informa às respostas que construíram, nem muito menos as tramas que foram se formando em suas obras. Para fazer isso é preciso, mesmo que muito resumidamente, avançar na interpretação de seus itinerários intelectuais, por meio da análise sucinta de alguns de seus livros.

A partir do final dos anos 1970, Roger Chartier começava a publicar seus primeiros textos, indagando a questão dos códigos simbólicos que mediavam os processos de leitura e escrita, dando realce as formações culturais dos grupos e indivíduos nas sociedades modernas, por meio do questionamento de suas formas de

19 Além dos autores arrolados e discutidos, muitos outros na França, na Inglaterra, nos Estados Unidos, e mesmo em outros países, têm se preocupado com tais questões, a exemplo de: CHARTIER (2002); DARNTON (2005); HOBSBAWM (1998); GAY (1990); REIS (2003); ALBUQUERQUE JR. (2007, 2019) – e que procuramos discutir nos capítulos anteriores.

20 Para maior detalhamento desta questão, ver: CUSSET, 2008; BADIOU, 2015; MIDDELAAR, 2015; NASCIMENTO, 2015; ROSS, 2018; BARING, 2019; ARANTES, 2021.

representação. Mas foi a partir do final dos anos 1980 que ele passou a evidenciar com maior acuidade a "crise epistemológica" que passava pela escrita da história. Para ele:

> A narração não podia ter uma condição própria, pois, conforme os casos, estava submetida às disposições e às figuras da arte retórica, ou seja, era considerada como o lugar onde se revelava o sentido dos próprios fatos ou era percebida como um obstáculo importante para o conhecimento verdadeiro. [...] Só o questionamento dessa epistemologia da coincidência e a tomada de consciência sobre a brecha existente entre o passado e sua representação, entre o que foi e o que não é mais e as construções narrativas que se propõem ocupar o lugar desse passado permitiram o desenvolvimento de uma reflexão sobre a história, entendida como uma escritura sempre construída a partir de figuras retóricas e de estruturas narrativas que também são as da ficção (CHARTIER, 2009a, p. 12).

Assim, Chartier (2009a), em seu livro *A história ou a leitura do tempo*, resumia as contendas entre historiadores, críticos literários e filósofos nos anos de 1960 e 1970, e que se desdobraria na "crise da história" dos anos de 1980 e 1990. No entanto, para compreender como este autor chegou a tais posições é preciso se debruçar em sua produção intelectual dos anos 1980. Quando, em 1988, foi lançado seu livro *A história cultural*, Chartier já apresentava ali sua proposta de estudar a história cultural do social evidenciando que "*existe uma permanente interrogação sobre a possibilidade de ir do discurso ao facto, o que obriga a pôr em causa a ideia da fonte enquanto testemunho de uma* realidade *de que esta seria mero instrumento de mediação*", tendo em vista "*a dupla tendência para analisar a* realidade *através das suas representações e para considerar as representações como uma* realidade *de múltiplos sentidos*" (CHARTIER, 1990, p. 11, itálico no original). Embora essa perspectiva se distanciasse dos estudos de história social e econômica que eram praticados na França,[21] Chartier justificava seu projeto informando que as "lutas de representações têm tanta importância como as lutas económicas para compreender os meca-

21 É de se salientar que neste ponto Chartier já começava a se distanciar da abordagem de Daniel Roche (seu orientador do doutorado), que buscava fazer uma história social da cultura, por meio do estudo sistemático de inventários *post-mortem*, testamentos, diários e correspondências, de que fazem parte seus livros: *A cultura das aparências*, *História das coisas banais*, ou mesmo *O povo de Paris*.

nismos pelos quais um grupo impõe, ou tenta impor, a sua concepção de mundo social, aos valores que são os seus, e o seu domínio" (CHARTIER, 1990, p. 17). Para alcançar essas metas, a sua estratégia de análise era entender as articulações entre representações, práticas e apropriações, uma vez que as apropriações "tem por objectivo uma história social das interpretações, remetidas para as suas determinações fundamentais (que são sociais, institucionais, culturais) e inscritas nas práticas específicas que as produzem" (CHARTIER, 1990, p. 26), e por meio das quais são feitas as representações da realidade, e lhe dão múltiplos sentidos.

Com as *Origens intelectuais da Revolução Francesa* (de 1991), Chartier delimitava o campo de análise do historiador para entender as contendas intelectuais do século XVIII, que coadunaram na constituição de movimentos sociais insurgindo contra o poder constituído e dando ensejo a revolução. O que causa uma revolução? Como crises ininterruptas da economia e a formulação do conhecimento, a partir dos livros, poderiam fomentar a emergência de um movimento revolucionário? Detendo-se na análise do impresso e suas repercussões em diferentes públicos, Chartier mostrava como tais situações eram formadas de uma maneira muito mais sutil do que se imaginava na pesquisa histórica:

> A história se tornou mais circunspecta na designação da causalidade, e os historiadores aprenderam prudência e ceticismo a partir da difícil tarefa de sujeitar a emergência brutal do evento revolucionário a categorias racionais, bem como de sua inabilidade de conceber o desenvolvimento histórico como exigido e comandado por um fio discernível (CHARTIER, 2009b, p. 10).

A organização dos textos que fariam parte do livro À beira da falésia, publicado no final dos anos 1990, fez Chartier repensar a escrita da história entre certezas e inquietudes, a partir da análise pormenorizada dos autores que mais contribuíram com a formulação de suas ideias. As obras de Michel de Certeau (1925-1986), Michel Foucault (1926-1984) e Louis Marin (1931-1992) foram, para ele, de fundamental importância para começar a observar os mecanismos de controle social, de instituição do saber e manutenção do poder, que centravam suas ações a partir da constituição de uma linguagem, cujos significados, objetivos e símbolos inviabilizavam a rebeldia, a oposição política e a revolução social e cultural. No ensaio "o mundo como representação", incluído no volume, Chartier apontava o caminho para o qual seguiam suas pesquisas, com uma tripla renuncia: 1. Da descrição da totalidade social e do modelo braudeliano; 2. A considerar as diferenciações territoriais como os âmbitos obrigatórios de sua pesquisa; e 3. Renunciando ao primado tirânico do recorte social para dar conta das variações culturais. (CHARTIER, 2002, p. 65-67).

Com esses princípios, Chartier procurou indagar a ordem que se estabelecia entre os livros, a partir da análise de leitores, autores e bibliotecas na Europa entre os séculos XIV e XVIII; os caminhos da cultura escrita e da literatura entre os séculos XI e XVIII; as leituras e os leitores na França do Antigo Regime; a relação entre a produção literária e o papel do editor na produção de livros; os desafios da escrita em um mundo que passava da cultura escrita para a cultura digital; e os percalços de uma cultura digital no inexorável movimento para que não se consolide a perspectiva de um mundo sem livros e livrarias (CHARTIER, 1999, 2002b, 2004, 2007, 2014, 2020). Em todos esses momentos e reflexões, a indagação da formulação de uma história cultural das sociedades esteve presente em sua obra. Daí sua crítica ao estruturalismo, ao pós-estruturalismo, a virada linguística e a pós-modernidade ser sempre muito sutil. Tome-se, como exemplo, seu diálogo com White e Ginzburg:

> Para White, dado que o discurso histórico é uma forma de "operação criadora de ficção", o conhecimento que ela propõe é da mesma ordem que o conhecimento do mundo e do passado propiciado por mitos e ficções. É contra essa dissolução do *status* especial do conhecimento histórico que alguns reafirmaram enfaticamente a capacidade da disciplina de História para o conhecimento crítico, respaldada por técnicas e operações específicas para isso. Em sua feroz resistência às "teses céticas" pós-modernistas da "virada linguística" ou "virada retórica", Carlo Ginzburg recordou em muitas ocasiões que, depois da retórica aristotélica, prova e retórica não são antinômicas, mas inseparavelmente ligadas, e que, desde a Renascença, a História encontrou meios de criar técnicas eruditas para separar o verdadeiro do falso. Isso leva Ginzburg a uma firme conclusão: reconhecer as dimensões retórica ou narrativa do escrito da História de forma alguma implica negar-lhe o *status* de conhecimento verdadeiro, construído sobre a base de provas e controles (CHARTIER, 2014, p. 55-56).

A importância de sua obra para o desenvolvimento da "nova história cultural" é inegável (LOPES, VELLOSO, PESAVENTO, 2006). Todavia, sua situação confortável no interior de um cânone estabelecido na historiografia francesa, não lhe instava a pensar criticamente outros caminhos para a escrita da história. Situação, evidentemente, análoga a que enfrentou François Dosse, desde meados dos anos 1980, quando publicou *A história em migalhas*. (DOSSE, 2003, p. 7-16). Versão revista de sua tese, *a história em migalhas* se tornou a síntese interpretativa da terceira e quarta geração de historiadores do movimento dos *Annales*, em que Chartier fazia parte (DOSSE, 2004). Desde então considerado um pária na história da historiografia francesa pelos seus principais expoentes, também eles representantes dos *Annales*, fez com que o olhar crítico de Dosse sobre a historigrafia francesa se desenvolvesse já a partir de seus primeiros textos, também em função da censura e exclusão que recebeu do cânone historiográfico francês, desde os anos 1980. Ainda que considere sua discussão sobre a "nova história" francesa, que surgiu a partir do final dos anos 1960, como a parte mais polêmica de seu livro, nem por isso há que se deixar de observar que:

> Além da conjuntura memorial atual [do final dos anos 1990], sintomática da crise de uma das duas categorias metahistóricas – o horizonte de expectativa, a ausência de projeto de nossa sociedade moderna [com a falência da civilização europeia] –, a disciplina histórica se reengaja com uma função relacionada ao agir, à divida ética para com o passado. O regime de historicidade, sempre aberto ao devir, certamente não é mais a projeção de um projeto plenamente pensado, fechado sobre si mesmo. A lógica mesma da ação mantém aberto o campo dos possíveis, em uma reabertura de possibilidades do presente, alimentada pelos possíveis não averiguados do passado. A função da história continua portanto viva e o luto das visões teleológicas pode se tornar uma chance para se repensar o mundo do amanhã (DOSSE, 2003, p. 16).

A abertura de caminhos visualizada sobre o olhar crítico a respeito do esmigalhamento dos objetos de estudo do historiador serviam também para situar sua interpretação da história do "estruturalismo francês" (DOSSE, 2007a, 2007b, 2v.). Ao se debruçar especialmente sobre as obras de Claude Lévi-Strauss, Roland Barthes, Michel Foucault e Jacques Derrida, Dosse mostrava a importância de se ver aquilo que estava "fora do texto", ainda que inexpressivo, mas que escapava do culto de olhar as palavras pelas palavras, em seus usos e significados, e se esquecer da ação coletiva e do agir humano no tempo entre os homens e as mulheres que culminavam em nosso estar no mundo, assim como nos processos revolucionários.[22] Mais do que isso, para ele:

> O nível interpretativo ou hermenêutico permite deixar sempre aberta a perspectiva do trabalho crítico e favorece os novos impulsos que se manifestam a cada vez numa intersubjetividade, para além das distâncias espaciais e temporais. Permite promover uma comunicação dialógica entre mundos que recusam deixar-se arrastar para uma situação de segregados. O diálogo como modo de viver o universal na era do relativo; a dialógica como expressão da razão na era do retorno vigoroso do fundamentalismo; esse programa, tanto social quanto científico, deve realizar uma saída do estruturalismo, mas sem esquecer que este nos ensinou em definitivo que a comunicação jamais é inteiramente transparente para si mesma. Voltar a alimentar esta ilusão seria a melhor maneira de preparar *Farenheit 451* (DOSSE, 2007b, p. 554, v.2).

Foi nesse duplo movimento, de uma ruptura restauradora que se definiu a partir de 1968, tirando nossa inocência dos sentidos prescritos entre as palavras, e de uma abertura hermenêutica para se entender seus sentidos também para aquilo que está "fora do texto", conduziu Dosse a pensar a importância da obra de Paul Ricoeur (1913-2005) no processo de sua virada hermenêutica (DOSSE, 2004, 2017a). Nesse percurso, viu-se instado a observar criticamente o diálogo entre as obras de Ricoeur e White, por que:

> O domínio do enunciado implica já duas posições diferentes: a do acontecimento descrito e a do acontecimento em função do qual é descrito. Deve se acrescentar ainda o plano da enunciação que representa outra posição temporal, a do narrador. A consequência epistemológica de tal diferenciação temporal figura como paradoxo da causalidade, uma vez que um acontecimento ulterior pode fazer surgir um acontecimento anterior em situação causal. Por outra parte, a demonstração de [Arthur] Danto equivale a considerar como indistintas explicação e

22 Veja-se ainda deste autor: *O império dos sentidos* (2003b); *La marcha de las ideas* (2007c); e *Gilles Deleuze & Félix Guattari: biografia cruzada* (2010), nos quais ele aprofunda sua análise da herança deixada pelo estruturalismo e pelo pós-estruturalismo dos anos 1960 e 1970 na historiografia francesa.

> descrição, e a história sendo sem interrupção, de acordo com sua expressão. Outros foram ainda mais longe, como Hayden White, na perspectiva de construção de uma poética da história, pressupondo que o registro do historiador não é fundamentalmente diferente da ficção no plano de sua estrutura narrativa. Portanto, a história seria primeiramente escritura, artifício literário. A transição entre a narrativa e a argumentação se efetua na noção de composição da trama [...] segundo Hayden White (DOSSE, 2017b, p. 444).

Não há dúvida que o percurso seguido por Dosse o tenha conduzido a pensar criticamente o renascimento do acontecimento na pesquisa histórica; assim como a formular estudos sistemáticos e contínuos a respeito do desenvolvimento da história da historiografia francesa entre os séculos XIX e XX; a pensar o papel dos intelectuais e dos movimentos culturais na produção de ações e pensamentos, conduzindo a rebeldia e até a revolução, como também na condução das mudanças históricas; e o deixasse instado a refletir os impactos de "Maio de 1968" até "Maio de 1988", para se debruçar nas artimanhas da razão, que levavam as metamorfoses da escrita da história a partir dos anos 1970 (DOSSE, 2001, 2007, 2013; DELACROIX, DOSSE, GARCIA, 2012).

Ao situarmos os percursos e as interpretações de Chartier e Dosse, ainda que muito resumidamente, buscou-se indagar diferentes formas de recepção e análise do estruturalismo, do pós-estruturalismo e da virada linguística na história da historiografia francesa. Com isso, intentou-se averiguar os vários caminhos possíveis em que intelectuais assegurados por um cânone, e instados a serem párias à margem dos estudos históricos hegemônicos, conectava suas leituras desses movimentos e os instigavam a repensar a escrita da história entre os anos 1980 e 1990. Certamente, eles não representavam o conjunto da história da historiografia francesa, mas permitem que observemos como a escrita da história foi (re)pensada a partir dos anos 1960 na França.

Discurso histórico e texto literário: uma síntese possível?

Embora a "virada linguística" seja veementemente crítica quanto à função do historiador e aos critérios de sua escrita da história, os avanços que ela trouxe para o campo dos estudos históricos são inegáveis. Conquanto tal avanço se dê por meio de uma "querela" entre historiadores profissionais e teóricos literários, vimos que em muitos pontos ainda persiste a negação recíproca de um e outro lados quanto às suas respectivas contribuições para o estudo e o entendimento das sociedades do passado e das sociedades do presente. Mas, a construção das verdades também não faz parte de disputas recorrentes sob a forma de querelas permanentes no transcorrer do tempo?

Ao empreender sua resposta ao desafio "cético", dito "pós-moderno", Carlo Ginzburg alerta para a necessidade de maior precisão do método e das pesquisas documentais, os quais favoreceriam a elaboração das "provas" quando expostas em uma narrativa. Talvez seja o que ele indica ao dizer que "sabendo menos, estreitando o escopo de nossa investigação, nós esperamos compreender mais" (GINZBURG, 2007b, p. 86). Contudo, seu método não passou ileso, mesmo entre os historiadores profissionais (ANDERSON, 1996; ALBUQUERQUE Jr., 2019), o que não quer dizer que sua contribuição tenha sido irrelevante (LIMA, 2006; 2007), quer para a renovação dos estudos históricos, quer ainda para o desafio lançado pela "virada linguística" nos anos de 1960 e 1970.

Do mesmo modo, Jörn Rusen tentou mostrar que a teoria da história deveria ser revista pelos historiadores, até para melhor direcionar o caminho da pesquisa e da escrita da história. Ao enfatizar os critérios de elaboração da pesquisa histórica para que esta seja "cientificamente" conduzida e articulada em uma "matriz disciplinar", talvez o autor tenha estreitado o campo das possibilidades de pesquisa e escrita da história, justamente por limitá-la demasiadamente ao campo científico, na medida em que respondia ao desafio da "virada linguística", principalmente a expressa pela obra de Hayden White, na qual a história havia sido agrupada ao campo "artístico" e "literário", e não ao "científico".

O que Josep Fontana (1931-2018) fez ao criticar as teorias céticas e narrativistas por desvalorizarem o compromisso social do historiador ao fazer e escrever as (suas) histórias não foi diferente do que fizeram os autores arrolados acima. No entanto, provavelmente em função da maneira como o autor demonstrou suas estreitas ligações com o marxismo, ele se tornava ainda mais radical, ao ponto de até menosprezar os avanços trazidos pela "virada linguística" para o campo dos estudos históricos.

Ao compararmos as análises de Roger Chartier e François Dosse, vimos como estar no interior do cânone estabelecido na historiografia francesa, ou ser um pária em suas margens, contribuiu diretamente para a interpretação construída em suas obras. Com Chartier vimos como a meta de se escrever uma história cultural do social, passava pela compreensão e apreensão de alguns dos princípios do estruturalismo e do pós-estruturalismo; assim como definir uma história social dos intelectuais e dos movimentos culturais como pretendeu Dosse, levou-o a uma virada hermenêutica, tendo por base a obra de Paul Ricoeur.

Assim, vimos como a resposta dos historiadores de ofício aos desafios postos à pesquisa e à escrita da história, especialmente pela "virada linguística" dos anos de 1960 e 1970, contribuiu diretamente para a renovação e a expansão dos campos da pesquisa histórica nestes últimos decênios – e que procuraremos refletir melhor na terceira parte deste livro.

Diante de tais constatações é provável que talvez até passe despercebida a questão crucial que estava em jogo naquela época: a História era a força mais poderosa das civilizações, isto é, a forma pela qual as histórias eram escritas pelos vencedores determinavam a maneira pela qual as pessoas comuns construíam suas próprias identidades sociais no transcurso do tempo e davam sentido as suas vidas. Qualquer sociedade sem história era como uma árvore sem raízes. Quando os europeus passaram a dar sentido às histórias dos povos ameríndios e africanos, a partir do século XVI, porque eram considerados povos sem história, o quadro que se ressaltava era de um circuito de poder que emanava da Europa para o restante do mundo. A fórmula desta *história única* era reduzir a pluralidade dos processos e das culturas, em função do domínio e persuasão de um único povo: o europeu. Por determinar os "regimes de verdade" que eram aceitos, os europeus situavam os tipos de poder, saber e ser a serem prescritos para as outras nações, assim como as formas de se conceber a ciência, a filosofia e a fé, em uma construção imponente, tanto quanto dominadora, por favorecer a compreensão linear dos sentidos que eram dados ao progresso material e imaterial, como também ao transcurso do tempo. Não obstante, as estratégias de sobrevivência das outras nações, todas elas se amparavam em um tipo único de escrita da história que condicionavam todos os feitos, vitórias e derrotas, sob a perspectiva europeia de conceber o mundo, os seres e o tempo. Mais do que isso, desterrados em sua própria terra, aqueles povos viam-se sempre a si mesmos a partir dos olhares estrangeiros, de modo a coibir sua própria originalidade e peculiaridades socioculturais e históricas. Quando as formas de escrita da história foram postas em xeque ao longo do século passado, outras oportunidades apareceram para a escrita da história de todas as nações, de acordo com suas próprias perspectivas e visões de mundo. Apesar dos percalços em que se encontram os "regimes de verdade", outras verdades foram colocadas em cena.

Nesse sentido, após esmiuçarmos alguns dos debates que foram feitos pelos historiadores de ofício, de modo a tentarem responder aos desafios "céticos" que lhe eram lançados, de "dentro" e de "fora" de seu ofício profissional pelos mais diversos tipos de estudiosos, igualmente é preciso indagar como filósofos e críticos literários começaram a se posicionar em torno destas questões, fortemente encampadas pelo estruturalismo, pelo pós-estruturalismo, pela virada linguística e também pela pós-modernidade. Mas, como a escrita da história e o enredo dos romances foram avaliados?

5. A reconstituição do passado no texto literário: a resposta de filósofos e críticos literários à "virada linguística" e ao "pós-modernismo"

Para Teresa Malatian, mestra da arte de ensinar o ofício de historiador aos iniciantes.

No século XIX, o advento do método correspondeu a uma estratégia institucional bem compreensível, mas também a uma divisão do trabalho profundamente sexuada. À ciência, cabia a verdade dificultosa; à literatura, cabiam os encantos da vida. Os cientistas, exclusivamente masculinos na época, romperam com a literatura, da mesma forma como um asceta se proíbe olhar para as mulheres (JABLONKA, 2020, p. 387-388).

Depois de serem situadas as questões e as respostas lançadas pelos historiadores profissionais, as teses "céticas" sobre seu ofício profissional e a escrita da história, cabe-nos indagar a partir de agora de que forma filósofos e críticos literários se posicionaram nos debates.[1] A partir daí, de que forma a História deveria ser escrita?

1 Não há dúvida que, assim como nos capítulos anteriores, certamente não veremos a totalidade de filósofos e teóricos e críticos literários que participaram dessas discussões, o que, aliás, nem seria possível em um texto introdutório desta natureza. É provável, inclusive, que as escolhas feitas possam ser vistas como deterministas, ou, ainda pior, aleatórias diante de um cenário tão complexo. Mas, entre esses dois extremos, o que se espera é que a interpretação proposta possa instigar outras análises, fomentar o debate e enriquecer as discussões, sugerir caminhos e formas de se ver a questão e, quem sabe, possibilitar o levantamento de problemas ainda não averiguados a respeito da trama de tensões inauguradas no final do século XIX, reformulada e ampliada pelas ciências sociais nas décadas iniciais do século XX, e cristalizada com as críticas do estruturalismo, do pós-estruturalismo, da virada linguística e da pós-modernidade ao ofício dos historiadores e a escrita da história, depois dos anos 1960 e 1970.

As proposições trazidas com a "virada linguística" e a "pós-modernidade" tornaram incontornável a necessidade de (re)pensar a reconstituição do passado, inclusive, entre os textos literários, cujos fundamentos não lhe atrelavam a se fixar nos resquícios do passado em sua composição narrativa, por meio de um tipo de realismo controlado e mediado pela documentação, uma vez que não tinha como "aporia a verdade dos fatos", como ocorria com a escrita da história. (LIMA, 2006). No caso das narrativas históricas – tal como vimos nos capítulos anteriores – as questões foram ainda mais impactantes para o processo de "fazer história" entre os pesquisadores no ofício de historiador, porque sua ambição com o verossímil lhe distanciava cada vez mais do imaginativo, ainda que sua aproximação com a ciência tampouco tenha sido duradoura e de total sucesso, como antes o havia sido em relação à retórica e o literário. E o desencaixe com a ciência, a partir dos anos 1960, que vinha amparando o discurso histórico desde o final do século XIX, arrefeceu ainda mais as críticas que lhe eram dirigidas pelo estruturalismo, pelo pós-estruturalismo e a virada linguística.

A partir dos anos 1960, pelo menos, os fundamentos da escrita da história tiveram que ser completamente repensados. Como resultado, as questões culturais se tornaram um campo fértil, e os historiadores das culturas passaram a se deter nas questões simbólicas e interpretativas, por meio do estudo da reconstituição dos processos linguísticos entre os grupos humanos – daí também o retorno recorrente a Nietzsche. Para Peter Burke um "dos aspectos mais característicos da prática da história cultural entre as décadas de 1960 e 1990 foi à virada em direção à antropologia" (BURKE, 2005, p. 44), além de recorrentemente se voltarem para o estudo das práticas, representações e apropriações – tal como ficou cristalizada esta abordagem nos textos de Roger Chartier (1990, 2002). Até então, os estudos históricos refletiam apenas a temporalidade das narrativas, mas não seus modelos, formas, critérios, alterações e fundamentos teóricos e metodológicos – como já faziam de longa data os romancistas nas escrituras de seus romances (GINZBURG, 2002, 2007; JABLONKA, 2020).

O impacto dessas questões foi sentido nos mais distintos locais do mundo acadêmico – e mesmo fora dele, uma vez que os desdobramentos de "Maio de 1968" resultaram na criação de novos tipos de controle social e do imaginário (ROSS, 2018). Da Europa às Américas, das Américas à África, da África até a Ásia. Com formas e proporções variadas é facilmente perceptível a multiplicação dos debates na Itália (como demonstraram as análises de Arnaldo Momigliano, Carlo Ginzburg e Giovanni Levi), na Alemanha (como indicaram os estudos de Reinhart Koselleck e Jörn Rusen), na Inglaterra (como observaram Moses Finley, E. P. Thompson, Eric Hobsbawm, Perry Anderson, John Pocock, Quentin Skinner, ou mesmo Keith Jenkins), na França (como viram Georges Duby, Jacques Le Goff, Jacques Revel, Michelle Perrot, Roger Chartier ou Pierre Vilar), ou nos Estados Unidos (como revelaram Natalie Zemon Davis, Robert Darnton e Peter Gay).[2]

As discussões não se limitaram, porém, apenas as críticas levantadas pelos historiadores de ofício às questões que lhe foram lançadas pela "virada linguística" ou pela "pós-modernidade", por meio da teoria e da crítica literária, da filosofia e da antropologia cultural, e deram ênfase as teses "céticas". Entre filósofos (como Paul Ricoeur, Cornelius Castoriadis, Slavoj Zizek, Giorgio Agamben, Gilles Lipovetsky, Luc Ferry, ou Alain Renaut) e teóricos e críticos literários (a exemplo de Harold Bloom, Edward Said, Franco Moretti, Umberto Eco, Homi Bhabha, Stuart Hall, Paul Gilroy, ou Achille Mbembe) não tem sido menos efervescente as reações e questões apresentadas para o debate e as discussões teóricas que daí tiveram prosseguimento desde então.[3]

Com o objetivo de avançar nas questões apresentadas por filósofos e críticos literários tomaremos como base as análises formuladas por Domenico Losurdo, Jacques Rancière e Terry Eagleton a respeito do impacto da "virada linguística" e da "pós-modernidade" sobre a construção da narrativa histórica e da narrativa literária.[4] Nossa intenção é mostrar que para Domenico Losurdo, na medida em que os

2 Para maior detalhamento da questão, ver: VASCONCELOS, 2005; MUNSLOW, 2009; AURELL, 2010; TOSH, 2011; BERBERT Jr., 2012; WOOLF, 2014.

3 Para maior detalhamento desta questão, ver: FERRY, RENAUT, 1988; CUSSET, 2008; NASCIMENTO, 2015; MIDDELAAR, 2015; BARING, 2019; ARANTES, 2021.

4 Convêm desde já salientar que a participação de filósofas, cientistas sociais e críticas e teóricas da literatura nestas discussões também foram importantes, ainda que, em muitos casos, não fosse possível distinguir com precisão a quem, ou a quais movimentos, eram dirigidas as suas ressalvas. As obras de Ellen Wood, Aleida Assmann, Judith Butler, Claudine Haroche, Gertrude Himmelfarb, ou de Lynn Hunt, mostram um pouco das contribuições que trouxeram para as discussões. Com base na obra de Foucault, Butler mostrou as fragilidades das designições binárias, até mesmo o caráter das relações de gênero, imprecisas e inconstantes por se pautarem ainda na simplificação e mera distinção entre feminino e masculino. Igualmente se situando nas contribuições trazidas por Foucault, mas não se limitando a este, uma vez que seu maior avanço foi resultado da interpretação crítica que fez da obra de Jacques Lacan e a maneira pela qual ele via como a linguagem moldava as atitudes humanas desde as fases iniciais de aprendizagem, Haroche mostrava as condições de produção das sensibilidades no transcurso do tempo, da mesma forma como as palavras silenciavam os gestos, em meio às tiranias da visibilidade (das imagens, formas, línguas e palavras). Ou ainda, como Hunt se apro-

critérios de verdade e reconstituição do passado passaram a ser severamente questionados, era preciso reconsiderar os próprios critérios de verdade, por meio do estudo pormenorizado de filósofos e movimentos sociais do passado, embasando-se em provas documentais mais sólidas; enquanto para Jacques Rancière, abria-se espaço importante para o estudo das ficções, de modo a demonstrar que também elas eram canteiros férteis para o estudo do passado, inclusive, do literário; e Terry Eagleton que, em sua crítica mordaz, demonstraria que nem só de ideologias vive o mundo, mas a "pós-modernidade" e a "virada linguística" não eram nada sem elas ao seu favor.

A narrativa histórica e a narrativa literária como problema

As metáforas rapidamente se multiplicam quando conceitos e teorias a disposição perdem sua capacidade explicativa das ações humanas e do funcionamento das sociedades.[5] Foi um pouco o que fizeram Jacques Le Goff (1924-2014) e Pierre Nora, ao organizarem os três volumes de *Fazer História*, em 1974, conjecturando a possibilidade de eleger novos problemas, novos objetos e novas abordagens para a oficina de pesquisa do historiador, e novamente aproximarem história e literatura. Com essas questões em mente, os organizadores da iniciativa assim a explicavam:

> A novidade parece-nos estar ligada a três processos: *novos problemas* colocam em causa a própria história; *novas abordagens* modificam, enriquecem, subvertem os setores tradicionais da história; *novos objetos*, enfim, aparecem no campo epistemológico da história.
> O que obriga a história a se redefinir é, de imediato, a tomada de consciência dos historiadores do relativismo da ciência. A história não é o absoluto dos historiadores do passado, providencialistas ou positivistas, mas o produto de uma situação, de uma história. Esse caráter singular de uma ciência que possui apenas um único termo para seu objeto e para si própria, que oscila entre a história vivida e a história construída, sofrida e fabricada, obriga os historiadores, já conscientes dessa relação

---

priou criticamente da obra de Freud, para pensar de que maneira a psicologia poderia mostrar caminhos para interpretar a produção literária, especialmente em momentos revolucionários para o pensamento e a sociedade, como se viu a partir do século XVIII, e deu base a "invenção dos direitos humanos". Em todos esses casos, a contribuição das cientistas sociais, críticas literárias e filósofas é evidente para o debate que se formou a partir dos anos 1960 e 1970.

5 Veja-se a respeito: LIMA, 2015, 2019.

> original, a se interrogarem novamente sobre os fundamentos epistemológicos da disciplina (LE GOFF, NORA, 1995b, p. 12).

Além disso, os desdobramentos do movimento operário e estudantil no final dos anos 1960 haviam coadunado em críticas viscerais as filosofias da história em geral, e ao marxismo em particular, assim como sobre as práticas da ciência da história, pautadas em evidências documentais, típicas do historicismo alemão e da escola metódica francesa no Oitocentos. E era por isso que a "história nova" se "recusa mais do que nunca a filosofia da história e que se nega a reconhecer-se em Vico, em Hegel, em Croce, e muito mais em Toynbee, não se contenta mais, portanto, com as ilusões da história positivista e, para além da crítica decisiva do fato ou do acontecimento histórico", a "historia nova" se voltava "para uma tendência conceitual que pode arrastá-la em direção a outra coisa que não ela própria, quer se trate das finalidades marxistas, das abstrações weberianas ou das intemporalidades estruturalistas" (LE GOFF, NORA, 1995b, p. 13), então presentes sobre o estudo das mentalidades, dos imaginários sociais e do inconsciente coletivo. A saída de Fernand Braudel (1902-1985), no emblemático ano de 1968, de cargos, da direção do periódico e da chefia do movimento dos *Annales*, somando-se as reformas universitárias do período, especialmente na Sorbonne, deu base a nova geração de historiadores (formada por, dentre outros, Le Goff, Nora, Emmanuel Le Roy Ladurie, André Burguière, Pierre Chaunu, Michel de Certeau, Jacques Revel, Roger Chartier, Daniel Roche e Marc Ferro), a proporem um conjunto de alterações substanciais aos canteiros de pesquisa e da escrita da História (REIS, 2000; ROIZ, SANTOS, 2012).

Eles mostraram, no conjunto de textos que compõe os volumes de *Fazer História*, a importância de se estudar o clima, o inconsciente, os mitos, as mentalidades, as línguas e os símbolos, os livros e a formação dos processos de leitura, os jovens, o corpo, a cozinha, a opinião pública, os filmes, as festas e suas representações do passado. Até aquele momento, as massas anônimas estavam começando a ser incluídas nos processos de análise feitas em "longa duração" pelo historiador, mas a linguagem, os símbolos e os componentes das culturas ainda não haviam sido incluídos entre os canteiros centrais de pesquisa – com as evidentes ressalvas, nas quais as exceções fazem parte das regras (BURKE, 2005). É certo que, dos três volumes, o que apresentava os novos objetos se destacava pela sua originalidade, porque a "história se afirma como nova ao anexar novos objetos que até agora [1974] lhe escapavam e se situavam fora de seu território" (LE GOFF, NORA, 1995b, p. 13), ao passo que os outros dois recolocavam novas questões para problemas já antigos do ofício, como: as relações da escrita da história com a economia, a arqueologia, a demografia, a religião, as ciências e a política, e em não menor importância com a arte e a literatura. Eram esses pontos que fundamentavam as reflexões a respeito da operação histórica, da história conceitual, do retorno ao fato, ao marxismo, as ideologias e a história social, ou em inquirir o quantitativo e o serial na pesquisa histórica, os processos de aculturação, a história dos povos sem história, ou os caminhos da história antes da escrita (LE GOFF, NORA, 1995a, 1995b, 1995c).

Note-se que o próprio "retorno ao fato", esboçado por Pierre Nora em sua análise, indicava que na "medida em que efetivamente o acontecimento se tornou intimamente ligado à sua expressão, sua significação intelectual, próximo de uma primeira forma de elaboração histórica, esvaziou-se a favor de suas virtualidades emocionais" (NORA, 1995b, p. 184). E aí, para Nora, estavam os paradoxos dos acontecimentos, uma vez que o "deslocamento da mensagem narrativa nas suas virtualidades imaginárias, espetaculares, parasitárias, tem como efeito assinalar, no acontecimento a parte do não factual", isto é, "de fazer do acontecimento o lugar temporal e neutro da emergência brutal, isolável, de um conjunto de fenômenos sociais surgidos das profundezas e que, sem ele, continuariam enterrados nas rugas do mental coletivo" (NORA, 1995b, p. 188). A necessidade de se conhecer os abismos causados pelos acontecimentos imediatos, arredios e fora de controle, inclusive, o da ação policial e estatal dos anos 1960, fez com que os historiadores percebessem a necessidade de se aproximarem também de seu presente histórico, com as pessoas ainda vivas e em ação:

> É pela incapacidade de dominar o acontecimento contemporâneo, cujas consequências não conhecemos, que na época em que os positivistas registravam inconscientemente seu advento para fundar uma ciência da história, eles assinalavam o presente com uma imperfeição de princípio. Hoje [1974], quando toda a historiografia conquistou sua modernidade a partir do apagamento do acontecimento, a negação de sua importância e sua dissolução, o acontecimento nos volta – um outro acontecimento –, e com ele, talvez, a possibilidade mesma de uma história propriamente contemporânea (NORA, 1995b, p. 192).

O impacto causado pelos novos problemas, objetos e abordagens, assim como a necessidade de pensar o momento atual, com as pessoas presentes no desenrolar dos processos, foi sentido em várias partes do mundo, e na França em particular. Para autores como Gilles Lipovetsky, contribuiu diretamente para enriquecer nossos olhares sobre as formações culturais, e entender as mutações subterrâneas da moda, nas roupas, nas relações de gênero, no mercado de trabalho e nas formas de consumo, agindo diretamente na formação das subjetividades humanas na hipermodernidade da "sociedade de consumo", e a se mundializar a partir dos anos 1970 – em certa medida, até como uma saída para a crise do petróleo de 1973. Mas, as mesmas circunstâncias que favoreceram as investigações massivas sobre as formações culturais, desviavam nas mesmas proporções a preocupação quanto à política, aos políticos e aos processos de decisão, ou até mesmo sobre os ambientes de trabalho e a classe operária. Se tal atitude havia sido também reflexo de "Maio de 1968", ao campo das ciências humanas e sociais, e trouxe consigo o "silêncio dos intelectuais" públicos, é um ponto ainda a se questionar.[6] Mas, seguindo tal atitude, historiadores e cientistas sociais nunca haviam sido tão solicitados pela mídia para opinarem sobre as questões cotidianas e publicizarem os resultados de seus trabalhos de pesquisa, como aconteceu a partir dos anos 1970. Para Lipovetsky, tais mudanças também foram o resultado de uma tripla metamorfose social em nossos hábitos de consumo, valores morais e condutas sexuais e religiosas, que vieram a resultar em uma sociedade da decepção, pós-moralista e seduzida pelo fascínio narcisista do "eu" (LIPOVETSKY, 2005, 2005b, 2007, 2020). Em um ambiente social, cujo peso do cotidiano espremia as paixões humanas e as expectativas individuais, não espantou para o autor, a necessidade de leveza que todos buscavam, porque a leveza "que era um ideal estilístico ou um defeito moral, tornou-se uma dinâmica global, um paradigma transversal, um 'fato social total' carregado de valor tecnológico e econômico, funcional e psicológico, estético e existencial" (LIPOVETSKY, 2016, p. 24).

Evidentemente, tanto a escrita da história, quanto a produção literária, viram-se no meio desse turbilhão. E sobre esses sobressaltos a história e a literatura foram mais uma vez questionadas no transcorrer desse processo, em meio as suas novas mudanças de rumos a seguir. É o que nos mostra, em vários momentos de sua obra, Tzvetan Todorov (1939-2017). Nada como um estrangeiro, com a experiência do formalismo russo, que chegou a França no início dos anos 1960, para expressar suas impressões imediatas a respeito dos acontecimentos que varriam as ruas de Paris.[7] Sensibilizado pelas interpretações de Maurice Blanchot (1907-2003) e, prin-

6 Como demonstram os autores de *O silêncio dos intelectuais* (NOVAES, 2006). Para maior detalhamento desta questão, ver: DOSSE, 2010, 2021; EVANS, 2021; WGNER, 2020.

7 E foi nessa mesma condição de "homem despaisado", vivendo entre mundos e se adaptando a cada um deles, que ele nos apresentou, muitos anos depois, a condição em que

cipalmente, de Roland Barthes (1915-1980) – que foi seu orientador no doutorado –, que vemos aparecerem os primeiros textos de Todorov a respeito da semiologia, do formalismo russo e sobre crítica literária, além de indicar suas impressões imediatas a respeito daqueles acontecimentos cotidianos na imprensa periódica. É o autor de *Crítica da crítica*, que nos fala de como via Blanchot, cuja obra crítica "é tão brilhante que acaba causando problema" para sua devida apreensão, e Barthes, bem mais próximo para o autor, mais íntimo e pessoal, e "no plano dos princípios mais gerais, com os quais raramente Barthes se preocupa, não ficaremos surpresos em encontrar, junto ao relativismo, uma reivindicação explícita do individualismo, mesmo que contestável, no plano histórico" (TODOROV, 2015, p. 102). A herança crítica que Todorov recebeu desses autores aparece em *Poética da prosa*, quanto em *Os gêneros do discurso*, publicadas nos anos 1970, nas quais apresenta sua proposta de crítica literária (TODOROV, 2018a, 2018b).

Ele mostra ainda que foi em meio ao processo de naturalização, casamentos e paternidade, ao longo dos anos 1960, que foi escrevendo seus primeiros textos de crítica na França, tendo em vista que "meu pensamento não deve ignorar os prazeres de meus sentidos", pois, do "contrário, corre-se o risco de produzir, no trabalho, uma imagem do mundo sem relação com o mundo em que se habita" (TODOROV, 2019, p. 213). O choque entre o mundo das letras e seu ambiente privado (e familiar) lhe conduziu a repensar os caminhos e os objetos de suas pesquisas:

> Antes dessa dupla mudança – naturalização e paternidade – eu flutuava num mundo abstrato e imaginário, o de meu trabalho, ou então

viviam os artistas na Rússia stalinista. Curioso notar a esse respeito o que o autor nos oferece como preceito metodológico para a investigação: "Os conceitos vindos da herança de Nietzsche parecem mais apropriados para descrever a ideologia subjacente dos revolucionários, envolvidos tanto na ação política com na criação artística. Esta sugestão pode surpreender: na época soviética, o nome de Nietzsche é associado às doutrinas fascista e nazi, que, de resto, não hesitam em inspirar-se no filósofo, e qualquer aproximação às práticas saídas da Revolução de Outubro é totalmente proibida. A situação inverte-se na Europa Ocidental, após a Segunda Guerra Mundial: já não é a evocação de Nietzsche que é comprometedora para os adoradores de Estaline, mas é a de Estaline que é rejeitada com indignação pelos admiradores de Nietzsche. Diga-se desde já que, em nenhum dos casos, se trata de uma exegese atenta às pequenas diferenças: tal como os fascistas e os nazis, os comunistas inspiram-se numa imagem popular das ideias nietzschianas, que não procura a fidelidade de pormenor e que lhe oculta a origem" (TODOROV, 2017, p. 19).

> deixava minhas diversas existências evoluírem paralelamente, sem nenhuma interação. Sem me dar conta, continuava a ser condicionado por meu passado búlgaro. [...] O conteúdo do meu trabalho mudou no dia em que passei a levar em consideração o mundo que existia em torno de mim. [...] Tomei consciência de que a reprovação que dirigia (silenciosamente) aos camaradas militantes franceses ou à vida política em geral, essa maneira de se contentar com palavras, essa inadequação entre falas e atos, eu também a merecia de uma outra maneira, por causa da distância que havia deixado se instalar entre meu trabalho profissional e a pessoa que eu era na esfera privada (TODOROV, 2019, p. 214).

A onda de mudanças que cobria as ruas e as universidades era gigantesca (BLANCHOT, 2013) – deixando até a sociedade bloqueada (CRUZIER, 1982). É certo que as alterações institucionais na Sorbonne foram muito maiores que na École des Hautes Études, e a criação da universidade de Vincennes foi um projeto muito bem arquitetado para agrupar em um mesmo ambiente toda onda de universitários de esquerda, que pudessem ali projetar suas expectativas, e serem ao mesmo tempo controlados sem se darem conta. O sucesso da iniciativa demonstrava um pouco dos meios pelos quais a ação da direita política planejava, senão silenciar completamente aquelas vozes dissonantes, ao menos poder controlar os processos de insurgência e as manifestações organizadas pelos movimentos de esquerda. Quando começou a observar esses resultados:

> [...] Maio de 1968 me confirmou meu desgosto pelos engajamentos políticos. Mais uma vez não falo da transformação dos modos: esta me alegrava e eu tirava proveito dela. Na universidade, as relações humanas haviam perdido seu lado cerimonioso e engomado, tornando-se mais simples e cordiais. Também no mundo privado era possível sentir em torno de si um pouco mais de franqueza: um antigo conformismo havia desmoronado, e o novo ainda não havia se instalado (TODOROV, 2019, p. 189).

Ao mesmo tempo os preconceitos em relação ao imigrante ainda permaneciam sedimentados na sociedade francesa dos anos 1960 e 1970.[8] Daí sua permanente sen-

---

8 Não surpreende que esses tenham sido alguns dos ingredientes que lhe fizeram rever *O espírito das Luzes*, ou analisar *Os inimigos íntimos da democracia*, ou mesmo refletir

sação em ser um "homem despaisado", que "entendo ao mesmo tempo a partida do país de origem e o olhar novo, diferente, surpreso, que dirigimos ao país de acolhimento" e "vivo essa condição como uma riqueza, não como um empobrecimento" (TODOROV, 2019, p. 202-203). Com essa condição, de "homem despaisado", que passou a explorar tanto as percepções dos povos nativos diante da conquista do europeu ao Novo Mundo, quanto os estranhamentos que se chocavam diante dos judeus no Holocausto, na dupla tensão entre civilização e barbárie. (TODOROV, 2010b, 2019). As relações entre o próximo e o distante, ou entre o "eu" e o "outro", é um pouco como "aquela entre conhecimento e verdade, sendo que a pesquisa da segunda exige esta implicação total: é preciso pagar com sua própria pessoa" e o "pensamento é um combate contra seus próprios hábitos mentais; sua transformação modifica a própria identidade de nosso ser" (TODOROV, 2019, p. 217). Note-se ainda que:

> [...] Cortés é um filho espiritual de Maquiavel e absorveu a grande lição: a ação política se emancipou da tutela religiosa e moral, e não deve permanecer em conformidade com uma regra anterior, mas se adaptar às circunstâncias para garantir seu sucesso. Sua maneira de comunicar é a ilustração disso: ele aprende a interpretar os signos para poder manejá-los e atingir assim suas finalidades. A vitória de Cortés foi então a da comunicação eficaz, da capacidade de compreender o outro, o estrangeiro, para melhor conduzi-lo aonde ele quiser. Uma arte consumada, na qual se encontra algo de nossas estratégias de comunicação modernas! (TODOROV, 2019, p. 224).

A plasticidade e a abertura cultural para se entender melhor o "outro", o nativo ou o estrangeiro, era como Todorov definia a forma pela qual se deveria investigar o passado e entender melhor o presente. Era um pouco o que o discurso literário e a narrativa histórica estavam vivenciando, entre seus paradoxos, nos anos 1960 e 1970. E Todorov nos mostra um pouco do resultado dessas divergências teóricas e percalços metodológicos, no que tange ao campo literário, em seu livro *A literatura em perigo*. Ao observar a herança deixada pelo "estruturalismo" e pelo "pós-estruturalismo" para o ensino da literatura nas escolas e universidades francesas, observará que não "apenas estudamos mal o sentido de um texto se nos atemos a uma abordagem interna estrita, enquanto as obras existem sempre dentro e em diálogo com um

---

O medo dos bárbaros, ou ainda pensar os itinerários do pensamento humanista em *O jardim imperfeito*, ou mesmo se deter na obra artística de um pintor em *Goya à sombra das Luzes* (TODOROV, 2005, 2008, 2010a, 2012, 2014).

contexto; não apenas os meios não devem se tornar o fim, nem a técnica nos deve fazer esquecer o objetivo do exercício" (TODOROV, 2020, p. 32). Por isso é preciso se inquirir a respeito de suas finalidades, porque quem as lê não o faz "para melhor dominar um método de ensino, tampouco para retirar informações sobre as sociedades a partir das quais foram criadas, mas para nelas encontrar um sentido que lhe permita compreender melhor o homem e o mundo, para nelas descobrir uma beleza que enriqueça sua existência", e ao fazer isso "ele compreende melhor a si mesmo" (TODOROV, 2020, p. 33). A redução sobre a percepção do literário provocado por esses movimentos intelectuais se propagou ainda para outros campos do saber:

> Diversamente do estruturalismo clássico, que afastava a questão da verdade dos textos, o pós-estruturalismo quer de fato examinar essa questão, mas seu comentário invariável é que ela nunca receberá qualquer resposta. O texto só pode dizer uma única verdade, a saber: que a verdade não existe ou que ela se mantém para sempre inacessível. Essa concepção de linguagem estende-se para além da literatura e concerne, sobretudo nas universidades americanas, a disciplinas nas quais, anteriormente, a relação com o mundo não era contestada. Assim, a história, o direito e mesmo as ciências naturais serão também descritas como gêneros literários, com suas regras e convenções; assimilados à literatura que supostamente só deveria obedecer às suas próprias exigências, essas disciplinas se tornaram, por sua vez, objetos fechados e auto-suficientes (TODOROV, 2020, p. 40-41).

O resultado, obviamente, não poderia ser outro: a indistinção entre o histórico e o literário, entre o real e o imaginado, entre o sujeito e o objeto do conhecimento. No entanto, o "horizonte no qual se inscreve a obra literária é a verdade comum do desvelamento ou, se preferirmos, o universo ampliado ao qual se chega por ocasião do encontro com um texto narrativo ou poético" (TODOROV, 2020, p. 83). A sua autenticidade está em criar um universo literário, que se enriquece dos mundos esquecidos ou abertamente canonizados do passado, mas tem uma vida independente deles. Esse é o desenlace para o qual a pesquisa histórica, com sua aporia fixada sobre o verdadeiro, não pode seguir diante da plena liberdade alcançada pelo literário. A escrita da história, em meio aos processos de controle imaginativo em sua narrativa, jamais deixará seu nexo com a realidade extratextual de outrora, que lhe chegou por meio de resquícios documentais, a darem vida as suas interpretações, com base nas provas auferidas com as fontes, sem, com isso, desfazer os nexos de uma identidade disciplinar construída a partir do século XIX com a verdade dos fatos. Mas, como essas questões foram pensadas com os desdobramentos de "Maio de 1968" na França e pelo mundo?

A resposta de Domenico Losurdo: a investigação filosófica do passado a serviço de novos critérios de verdade

Antes mesmo de se firmar, nos anos 1960, as críticas vorazes sobre a obra de Benedetto Croce (1866-1952)[9], no que dizia respeito a sua interpretação da história e da produção literária, a obra intelectual de Antonio Gramsci (1891-1937), feita no cárcere ao longo dos anos 1920 e 1930, já procurava investigar minuciosamente as limitações das interpretações desse autor, para pensar a história italiana, a emancipação social e a mudança cultural. A riqueza das observações feitas por Gramsci no cárcere, não precisam ser aqui rediscutidas.[10] Ele fez anotações variadas, de diversos tipos, que projetavam a sistematização de alguns estudos em um futuro próximo – para um momento pós-cárcere que não veio a ocorrer; com a saúde debilitada, veio há falecer pouco tempo depois de conseguir sua liberdade. Para ele, pela "própria concepção de mundo, pertencemos sempre a um determinado grupo, precisamente o de todos os elementos sociais que compartilham um mesmo modo de pensar e de agir" (GRAMSCI, 2006, p. 94), mas essas mesmas circunstâncias faziam proliferar as ideologias, no sentido de assegurar a hegemonia das classes dirigentes no poder, sem que as massas anônimas percebessem os sistemas de submissão aos quais estavam presas. Apesar da filosofia e da religião agirem muito mais para efetivarem a manutenção dessas relações de dominação, a filosofia da práxis (e o pensamento marxiano) era crítica as posições assumidas pela religião e a filosofia idealista (inclusive a de Croce). Em certo sentido:

> O senso comum é um agregado caótico de concepções disparatadas e nele se pode encontrar tudo o que se queira. Por outro lado, esta atitude de Croce em face do senso comum não conduziu a uma concepção

---

9 Não é preciso acrescentar que, as observações de Gramsci, também se estendiam para as obras de Antonio Labriola (1843-1904) e Giovanni Gentile (1875-1944) (GRAMSCI, 2006, p. 83-223).

10 Como já o faz com maestria Carlos Nelson Coutinho na sua introdução geral aos *Cadernos do Cárcere* (GRAMSCI, 2006). Vale ainda destacar deste autor seus estudos sobre Gramsci, em: COUTINHO, 1999. Vejam-se ainda as interpretações propostas por Giuseppe Vacca (2012, 2016), Leonardo Rapone (2014) e Marcos del Roio (2018).

> da cultura fecunda do ponto de vista nacional-popular, isto é, a uma concepção mais concretamente historicista da filosofia, o que, de resto, só pode ocorrer na filosofia da práxis (GRAMSCI, 2006, p. 117).

A posição crítica de Gramsci em relação às filosofias de seu tempo marcou desde o início a produção intelectual de Domenico Losurdo (1941-2018). Combativa desde os primeiros livros, sua obra buscava analisar os pontos obscuros dos discursos filosóficos, as estratégias de subversão da ordem, os caminhos que as palavras buscavam para contornar a censura e desfazerem os "silenciamentos" e os "não-ditos". Muitas vezes rastreando as margens do pensamento, ele encontrava outras formas de investigar uma obra filosófica, as classes sociais ou as revoluções, a rebeldia e as formas de insubmissão. Para ele, o "Hegel do qual Gramsci se vale é o Hegel combatido pelo conservadorismo enquanto liberal e moderno, enquanto expressão da consciência histórica, da possibilidade de mudança e da possível iniciativa transformadora do sujeito humano" (LOSURDO, 2011a, p. 16). Além disso, por "sua tenaz defesa da 'nova ordem', nas configurações pouco a pouco assumidas no curso do processo histórico, Gramsci poderia ser considerado o antagonista de Nietzsche", entre outras razões, porque este, "ao perseguir até nas mais remotas origens a modernidade e a revolução, contrapõe a cada etapa desta desastrosa parábola a maior riqueza cultural e o maior equilíbrio do Antigo Regime pouco a pouco subvertido" (LOSURDO, 2011a, p. 281-282).

Foi com essa mesma perspectiva libertária e insubmissa que Losurdo passava a estudar a Revolução Russa e a Revolução Chinesa. Conquanto se veja as limitações de seus projetos emancipatórios, ou mesmo os pressupostos autoritários que estiveram por detrás destas iniciativas, para o autor não há como negar que geraram forças de oposição direta ao capitalismo e ao (neo)liberalismo,[11] e fizeram com que o sistema estivesse preso a certos limites para ampliar seu controle mundial. Mesmo com o decretado fim do "socialismo real" no início dos anos 1990,[12] a "derrota" não é a "falência", porque "enquanto esta última categoria implica um juízo negativo total, a primeira configura-se como um juízo negativo parcial, que faz referência a um contexto histórico determinado e que recusa destituir de realidade alguns

---

11 Veja-se ainda a esse respeito, as análises que o autor faz sobre o mito da não violência, e a necessidade de elaboração de uma contra-história do Liberalismo: LOSURDO, 2006, 2012.

12 Para maior detalhamento desta questão, ver: PONS, 2014.

países e até mesmo um país-continente, que continuam a reivindicar o socialismo" (LOSURDO, 2004, p. 129). Além disso, deve-se notar ainda que:

> A tragédia infligida ao povo chinês a partir da guerra do ópio é um episódio particularmente repugnante nos anais do colonialismo e do imperialismo e é um episódio cuja conclusão é reposta em questão por obra dos Estados Unidos, que claramente identificaram na República Popular da China o seu inimigo principal, o obstáculo principal à realização do seu objetivo de domínio e homologação mundial (LOSURDO, 2004, p. 198).

As estratégias que fazem parte da "linguagem do império" formam o léxico da ideologia estadunidense, que procura sobrepujar qualquer tipo de concorrência, com a suposta criação de inimigos internos e externos ao país e a democracia. Após os desdobramentos do "11 de setembro de 2001", certas palavras novamente passaram a estar no centro das atenções mundiais, e terrorismo, fundamentalismo, antissemitismo, antissionismo, filoislamismo, antiamericanismo e o ódio contra o Ocidente, condicionaram os caminhos pelos quais se seguiam os debates. Mas não apenas isso, para Losurdo desde "sempre acostumada a sancionar suas 'doutrinas' (a linguagem teológica não é nova), agora, mais do que nunca, prega uma cruzada, às vezes no sentido literal do termo, e pretende ter a própria Igreja católica subalterna a ele", porque as "categorias centrais da atual ideologia da guerra são ao mesmo tempo as proclamações de excomunhão do império que aspira a ser mundial" (LOSURDO, 2010, p. 284). Daí a relevância de se voltar criticamente ao passado e ver as raízes desses problemas, que não estiveram apenas ligados aos desdobramentos do movimento operário e estudantil dos anos 1960.[13] Para Losurdo, é preciso

13 Razão pela qual se tornava tão importante estudar o marxismo ocidental nesse ínterim e averiguar como surgiu, como se definhou e possíveis caminhos para poder renascer e ser ainda uma alternativa viável para os problemas de nosso tempo. Além do mais, consistia em se observar ainda as contradições internas, os debates e as críticas internas e externas aos vários tipos e formas que tomou os marxismos ao longo do século XX. Note-se, por exemplo, que depois "de deslegitimar o movimento anticolonialista e terceiro-mundista no plano psicológico como expressão de *ressentiment*, sempre lançando mão da polêmica de Nietzsche com o movimento socialista, a teoria crítica agora o condena também no plano ético e político: a agitação não é promovida pelo desejo de justiça nas relações internacionais, mas pela aspiração a participar pessoalmente do banquete imperialista. Nesse quadro, não há espaço para a revolução anticolonialista; os adversários são apenas imperialistas satisfeitos, já tranquilos, e imperialistas potenciais,

voltar nossa atenção para o pensamento ilustrado do século XVIII, e a forma pela qual foi reapropriado e redefinido no século XIX pelo liberalismo e pelo marxismo. De acordo com Losurdo, Immanuel Kant teve que se impor uma autocensura para poder desenvolver seu pensamento, que procurava delinear caminhos para o homem chegar ao seu estado de maturidade intelectual; assim como, de certa forma, Hegel teve que cumprir papel semelhante para desenvolver seu sistema de pensamento dialético (LOSURDO, 2015a, 2019).[14]

Entender como esses dois filósofos, em seu tempo, procuraram desenvolver seu pensamento contornando as barreiras da censura, para definir como deveria ser imaginada a liberdade dos modernos, também não deixa de ser um caminho para pensarmos formas de contornar os sistemas de controle social e do imaginário desenvolvidos a partir dos anos 1960. De acordo com seu raciocínio, "podemos dizer que Hegel tornou mais problemática e incerta a fronteira entre liberdade e opressão, e assim bem se compreende a obsessão, em especial por parte dos neoliberais, em confinar esse grande intérprete da liberdade, positiva e negativa, na história do totalitarismo ou, na melhor das hipóteses, da democracia totalitária" (LOSURDO, 2019, p. 440). Por sua vez:

> É significativo que, mesmo ao frisar o rigor incondicional do imperativo da veracidade, Kant deixa aberta para si, de certo modo, uma via de saída. Sem dúvida, não há circunstância que possa justificar o recurso à mentira. Todavia, uma verdade que corra o risco de ser perigosa deve ser dita obrigatoriamente só quando não se pode "evitar sua confissão" e no que se refere às "declarações" a que é impossível subtrair-se: também um princípio absoluto, no momento de se passar à sua aplicação aos casos concretos, abre um problema "político". O rigor moral não exclui a prudência política (LOSURDO, 2015a, p. 204).

Da mesma forma com que era preciso se reavaliar o itinerário, os silenciamentos e os não-ditos, além de os segredos deixados por filósofos como Kant e Hegel, entre os seus vários escritos (livros, artigos e correspondências), também era preci-

muito mais agressivos e perigosos" (LOSURDO, 2018a, p. 99).

14 Assunto, aliás, em que Losurdo (2014) retoma em *A hipocondria da antipolítica*, que procura verificar a atualidade na análise histórica de Hegel, além de possíveis caminhos para sua reconstrução no presente.

so se observar o daqueles que tiveram sua abra apropriada para as finalidades mais diversas, a exemplo de Nietzsche. Em suas palavras:

> De um ponto de vista estritamente metodológico, não é tão relevante a diferença entre aquele que interpreta a filosofia de Nietzsche como a metáfora ou a profecia do universo concentracionário hitleriano e aquele que a interpreta como metáfora ou profecia do indivíduo pós-moderno, já livre das cepas da religião, da moral e da filosofia da história (LOSURDO, 2016, p. 82).

Ainda que não seja incorreto se verificar que a "liquidação do conceito de homem como tal desencadeia a mesma dissolução do sujeito feita por Nietzsche", ou que este proceda a afirmar "a impossibilidade de declinar a moral no singular", ou ainda dê fundamentos a certos tipos de servidão, escravização e submissão dos indivíduos, também é preciso escavar na contramão de suas atitudes e perspectivas, porque só assim é possível avançar em direções que nos permitam reavaliar suas intenções e analises dos homens e das sociedades no seu tempo.[15]

Não há dúvida que ao se empreender um exercício intelectual dessa natureza, deve-se ter em mente perscrutar ainda mais detidamente as fontes documentais deixadas pelo período, como forma de se reconstituir os regimes de verdade e os códigos simbólicos que prefiguravam as ações e os pensamentos dos sujeitos no tempo, e definiam os significados e os usos que faziam das palavras. Quando, em 2017, buscou pensar criticamente o centenário da revolução russa, não foi senão para repensar as insurgências sociais, o que as causavam, como se organizavam, de que maneira tomavam o poder e como eram suplantadas pelas forças conservadoras. (LOSURDO, 2017). Ao buscar refletir os caminhos das lutas de classe, não é por outra razão, senão observar de que maneira as classes dominantes submetiam seu poder, reafirmavam suas ações e dissolviam os movimentos sociais, por meio do controle de todos os tipos de sistemas ideológicos e dos meios de produção e comunicação (LOSURDO, 2015b). Dedicando-se na análise dos condicionantes da barbárie e da civilidade, que faziam parte do discurso liberal desde o século XIX, a sua principal preocupação foi delinear como as vontades revolucionárias em seus processos de tomada do poder foram sendo paulatinamente controladas, quando não totalmente silenciadas, uma vez que a "passagem de uma época para outra é

15 Veja-se a análise que Losurdo (2009) se dedicou a fazer em *Nietzsche: o rebelde aristocrata*.

intermediada pela contradição entre novas forças produtivas e relações de produção antigas". (LOSURDO, 2020a, p. 121). Além de questionar as formas pelas quais se construiu um discurso no qual um mundo sem guerras era também a justificativa para um mundo sem revoltas populares, mas as promessas de paz vindas do passado vieram a se tornar as tragédias de nosso presente histórico; e repensar criticamente a "lenda negra" por traz das ações de Stalin, revelava que o problema não estava em criar condutas diferenciais para pensar os antagonismos da direita e da esquerda no poder, mas sim avaliar de que maneira são construídos os sistemas de opressão e as formas pelas quais as revoluções são controladas, a rebeldia é silenciada e os movimentos sociais são atomizados, de tal forma que perdem a percepção do que lhes é "comum" em seu estado de desapropriação dos meios de produção e dos sistemas ideológicos (LOSURDO, 2018b, 2011b).

Em cada uma dessas pesquisas, Losurdo era movido pela vontade de dissipar as nevoas consolidadas pelo tempo sobre os movimentos sociais, as insurgências populares e as revoluções políticas e teóricas da esquerda. Mais do que simplesmente criticar os caminhos que se seguiram na filosofia e nas ciências sociais após os desdobramentos de "Maio de 1968", Losurdo estava igualmente preocupado em repensar o estatuto da verdade e suas várias formas de expressão no tempo e no espaço de uma obra, em um movimento intelectual ou de massas. Definir meios, portanto, para contornar o afastamento da política, da revolução, da ação social, da rebeldia, que foram lançados depois dos anos 1960, em função dos caminhos teóricos que foram levados a cabo pelo estruturalismo, pelo pós-estruturalismo, a virada linguística e a pós-modernidade, a revelia de muitos intelectuais, é certo, mas mesmo assim fazendo com que as classes sociais dessem lugar as reivindicações de identidade e gênero; a revolução passasse a ser a busca por direitos humanos; a rebeldia desse lugar a submissão; o desejo de mudança social ao de estabilidade financeira; o compromisso com a política acabou virando o apego pela luxuria, o desejo e o sucesso imediato. Não que cada um desses pontos não tenham a sua devida importância, o problema para Losurdo é que eles nos fizeram deixar de lado o que há de "comum" em tudo isso, que é um sistema de controle e dominação de nossa vontade e de nossos desejos mais íntimos.

Com o progressivo distanciamento das atitudes em prol das palavras, a linguagem além de passar a informar os sentidos múltiplos da realidade, fez com que a própria ação social e o compromisso intelectual estivessem limitados a interpretar as palavras pelas palavras, reduzindo a vida ao discurso, e os projetos sociais aos sonhos possíveis de lucro para o sistema financeiro. O efeito imediato dessas atitudes, para Losurdo, não poderia ser outro: as palavras tomaram as formas dos protestos sociais, e o confronto cotidiano por direitos e mudanças sociais, fixou-se em uma miragem de usos infinitos aos significados que eram dados a fala e as palavras. Ao se fechar os olhos para a realidade nos tornamos menos atentos aos processos de dominação, que, por sua vez, tornaram-se muito mais eficientes e sofisticados, desde os anos 1960. Quando se silencia a crença na verdade, em oposição ao culto do efêmero e da falsidade, dá-se lugar a um mundo feito por mentiras que se proliferam livremente em nosso cotidiano, nos fazendo acreditar naquilo em quem mantém o domínio dos sistemas políticos e culturais, assegurados pelo controle do dinheiro, nos diz e nos faz aceitar.[16]

Evidentemente, como toda postura crítica, a de Losurdo também é passível de fragilidades, o que permite a produção de críticas, observações e comentários – especialmente pertinentes a sua postura favorável, ou no mínimo próxima, as ações de Stalin. Para Mário Maestri (2017), Losurdo seria um farsante na terra dos papagaios, uma vez que teria sido impreciso em seus apontamentos sobre Stalin, para não dizer extremamente parcial em suas interpretações, deixando de adentrar em vários arquivos, e, por isso mesmo, ampliando confusões, inclusive, sobre conceitos básicos, como: classe social, burguesia, nacionalismo, marxismo, revolução, ou classe operária. Para ele, não deixa de ser enigmático que um intelectual pouco conhecido até em seu meio de origem, a Itália, alcançasse tamanha recepção entre a esquerda brasileira.[17] A imprecisão, contudo, não se fixaria apenas nas análises de sujeitos e conceitos, mas se estenderia também para o estudo de períodos históricos, especialmente os processos revolucionários na Rússia e na China. Ainda que a postura irônica e contumaz de Maestri (2017) tenha, de fato, certa coerência, não há como negar que a revelia de seus apontamentos, a obra de Losurdo marcou um espaço fundamental nos debates da historiografia nacional (e até internacional), além de nortear observações importantes a respeito de temas fundamentais

16 Para melhor detalhamento desta questão, ver: NOVAES, 1996; BARBOSA, 2019.

17 No entanto, também neste caso é preciso relativizar a observação, até porque como indica Jones Manoel, na apresentação ao livro *Colonialismo e luta anticolonial*, em seu texto *Revolução e rebeldia intelectual: o legado de Domenico Losurdo*, este teria sido amplamente conhecido e discutido em seu país de origem e sua obra, além de ser traduzida em vários países, contribuiu para a revisão de muitas temáticas (LOSURDO, 2020b, p. 9-18). Evidentemente, uma vez que neste caso também a apreciação é muito mais especulativa, do que demonstrativa, o legado de Losurdo permanece ainda em uma disputa acirrada no campo político e intelectual brasileiro e internacional.

para a percepção das questões sociais de nosso tempo (LOSURDO, 2020b, p. 9-18). Poderíamos ainda acrescentar que, se Maestri (2017) procurou revelar as farsas de um possível farsante em suas pesquisas e interpretações, este teria revelado antes as próprias farsas do sistema político e financeiro de seu tempo.

A resposta de Jacques Rancière: as ficções também são canteiros férteis para a reconstituição do passado

Diferente dos caminhos experimentados pela filosofia italiana, as sementes de "Maio de 1968" haviam sido lançadas sobre os corações e as mentes das novas gerações de estudantes franceses. A forma pela qual Michel Onfray, em diversos momentos de sua obra filosófica retomava a questão, mostra um pouco do impacto daqueles eventos na criança de 10 anos de idade (havia nascido em 1959) que os assistia, ou os escutava, por intermédio das falas de outros, entre orfanatos e internatos em que teve que passar em sua infância e início da adolescência – e cujo impacto resplandecia plenamente em sua obra. Como ele mesmo retomará em *A potência do existir*, assistiu-se a aglutinação de um pensamento libertário, mesclando-se e unindo-se ao redor de um objetivo em comum, que deixou raízes profundas em toda sociedade, mas cujo eixo norteador parecia que havia se perdido após as reações advindas contra as manifestações operárias e estudantis depois de junho de 1968:

> Porque o espírito de Maio possibilitou um momento negador considerável e necessário: essa revolução metafísica – e não política... – modificou radicalmente as relações entre os seres. Onde a hierarquia estorvava toda intersubjetividade, tudo foi varrido: entre os pais e os filhos, o marido e a esposa, o professor e seus alunos, os jovens e os velhos, o patrão e os empregados, os homens e as mulheres, o chefe de Estado e os cidadãos, o poder de direito divino desmoronou. Todos se encontravam ontologicamente em pé de igualdade (ONFRAY, 2010, p. 135).

A verdade, para ele, era que tudo que havia sido produzido de consistente fora anterior aos eventos que levaram as manifestações de 1968, ainda mais quando se direcionava para um fio anárquico de pensamento e ação. A sua aproximação direta com a obra de Nietzsche, e indireta a de Foucault, traz um pouco desse anarquismo intelectual, embora tal aproximação não fosse fortuita, nem tampouco aleatória. Veja-se que, em suas palavras:

> Eu conheço minha fibra anarquista desde os meus tenros anos, indistintamente, de modo confuso e desordenado, sem que eu tenha podido colocar um nome nessa sensibilidade proveniente das vísceras da alma. Desde o orfanato salesiano, para onde fui mandado pelos meus pais quando tinha dez anos, desde a primeira mão levantada contra mim, desde os primeiros vexames infligidos pelos padres, desde as humilhações contemporâneas de minha infância, mais tarde, na fábrica onde trabalhei por algumas semanas, depois na escola e no quartel, eu encontrei a revolta, conheci a insubmissão. A autoridade me é insuportável; a dependência, intolerável; a submissão, impossível. As ordens, as chamadas, os conselhos, as solicitações, as exigências, as proposições, as orientações, as injunções me infeccionam, me apertam a garganta, me contraem o ventre. Diante de qualquer comando, sinto-me na pele da criança que fui, devastado por dever retomar a estrada do pensionato a cada quinze dias, que se tornaram a medida de meus encarceramentos e de minhas liberações (ONFRAY, 2001, p. 13).

A própria relação com a obra de Nietzsche, seguiu-se igualmente um percurso anárquico, até fugidio. Tome-se a aceitação/negação a respeito em seu livro *A sabedoria trágica: sobre o bom uso de Nietzsche*, cujo manuscrito havia sido concluído em 1988, quando o autor estava com 29 anos de idade. Concluído, mas não imediatamente publicado. Deixado engavetado, apenas próximo aos 50 anos, com mais de 20 livros publicados, foi que seu autor retomou o manuscrito para ser, enfim, publicado. O que explicaria tamanha hesitação? Para Onfray, as leituras da obra de Nietzsche ficaram preponderantemente voltadas para questões estéticas e literárias até meados do século passado, e após os desdobramentos da II Guerra Mundial (1939-1945), ele começava a ser redescoberto como filósofo, na própria filosofia francesa. Além disso, a própria introspecção de Nietzsche em relação a qualquer tipo de servilismo, ou de seguidor de templo de uma obra, fazia imediatamente que quem quer se presumir nietzschiano deveria ter total autonomia para o discernimento, o afastamento e a rebeldia, em relação a sua obra: "ser nietzschiano supõe pensar a partir dele, na própria medida em que a empreitada da filosofia foi transfigurada por sua passagem", nos diz Onfray (2014b, p. 23), em seu *Tratado de ateologia*. Somente com esse tipo de atitude, que se formariam verdadeiramente adeptos e continuadores críticos de sua obra. Mas isso não diz tudo. Para Carla Rodrigues, que assina o posfácio de *A sabedoria trágica*, em *O eterno retorno de Nietzsche* – na historiografia filosófica francesa –, demonstrava como esse autor havia impregnado irremediavelmente a filosofia e os filósofos franceses ao longo de todo o século XX. E, para ela, é na efervescência dos anos 1960 que a obra de Nietzsche (re)aparece plenamente nas releituras feitas por Deleuze, Foucault, ou Lyotard, que "privilegiaram outros temas também importantes para a filosofia francesa do final do século XX, como a ênfase na interpretação, a crítica ao pensamento binário, a ligação entre poder e conhecimento, e a necessidade de julgar diante da ausência de critério." (ONFRAY, 2014a, p. 152).

Essas foram às circunstâncias em que Onfray começaria a publicar sua séria de textos a respeito da *Contra-história da filosofia*, em vários volumes. Talvez tenha sido por isso que tomava a historiografia filosófica como um palco de guerras ininterruptas. Para ele, a "historiografia é do âmbito da arte da guerra", e não "é de espantar, então, que nos arredores reine o ambiente dos segredos-defesa", porque a "história mostra que é complacente com os ganhadores e impiedosa com os perdedores." (ONFRAY, 2008, p. 11).

É nesse ambiente intelectual, rico em desafios e complexo nos detalhes, que temos de começar a pensar a obra de Jacques Rancière.[18] Nascido em 1940, ele viu os desdobramentos de "Maio de 1968" diretamente de seu epicentro, na universidade de Paris, cuja fragmentação será um dos desenlaces do processo nas reformas feitas na Sorbonne – e a qual o autor permanecerá entre 1969 e 2000. Talvez por isso, o impacto desses eventos em sua escrita, e que aparece plenamente desde *A noite dos proletários: arquivos do sonho operário* (publicado originalmente em 1981), estivesse justamente em refletir a questão operária dos anos 1960, por meio de seu retorno ao passado operário no século XIX. No entanto, não espanta que seu autor deixe de lado periodizações fixas, ou a ideia de época, para fazer sua análise, e se detenha no significado e usos que eram dados as palavras. É no exercício de averiguar os diferentes regimes de verdade que são daí construídos que Rancière parte para fazer sua análise da condição operária. Não apenas para "rememorar as dores dos escravos da manufatura, a insalubridade dos pardieiros operários ou a miséria dos corpos esgotados por uma exploração sem" nenhum tipo de controle, mas sim ver "a história das noites arrancadas à sucessão normal do trabalho e do descanso", noites de estudos, de embriaguez, de planejamento político, de solidão e extravasamento fugaz, e a "maioria passará a vida nesse anonimato, de onde por vezes emerge o nome de um poeta operário ou do dirigente de uma greve, do organizador de uma efêmera associação ou do redactor de um jornal logo desaparecido." (RANCIERE, 2012a, p. 7-8).

---

18 Para uma análise pormenorizada do itinerário intelectual de Jacques Rancière, ver: VOIGT, 2019.

A história que foi escrita durante o século XIX, só oferecia suas palavras aos nobres e ao rei, ou a burguesia em ascensão, cuja ação não se reduzia a economia e a cultura, mas já se desdobrava plenamente nas instâncias políticas. O processo de democratização que teve início no período, apenas repercutiu no aparecimento de novos sujeitos históricos, dignos de terem suas memórias e vestígios redescobertos pela pesquisa histórica; entretanto, só vieram a ter lugar entre as palavras do historiador no século seguinte. O campo literário, ao contrário, em pleno processo de especialização ao longo do século XIX (BOURDIEU, 1996b), igualmente iniciava mudanças substanciais, mas ainda assim subterrâneas, quanto ao olhar que fazia a respeito de suas personagens, o ritmo de seus enredos e o tempo de suas narrativas, conjecturando as pessoas comuns, os anônimos da História. Ao se deter sobre a questão operária nos anos 1960 e 1970, Rancière começava a notar não apenas certo entrelaçamento entre as questões históricas e literárias, no que dizia respeito aos sujeitos, as narrativas, a temporalidade, ao significado expresso nas palavras em determinados "regimes de verdade", a percepção sobre o ocorrido, mas também as mudanças lentas e silenciosas a quê ambas estavam experienciando no século XIX, e cujos rastros se seguiram nas décadas iniciais do século passado (RANCIERE, 2014a, 2017b, 2021a).

A desfaçatez dos acontecimentos imediatos e a irreverência das atitudes humanas no cotidiano lhe chamava a atenção também, em função dos desdobramentos inesperados que causavam as novas formas de representação discursiva entre a filosofia, a literatura e a história, seja a produzida ao longo do século XIX – como sinalizaram as obras de Marx e Nietzsche em suas extremidades –, seja mesmo a que se firmou ao longo do século passado – nos textos de Foucault, Deleuze, Guattari, Derrida, ou Lyotard. As drásticas relações, e incontáveis distanciamentos, que daí resultaram, especialmente, entre a história e a literatura, torna-se um dos pontos centrais em suas análises. (RANCIERE, 2014a, 2017a, 2021a). Ao descortinar as falácias oitocentistas a respeito das distinções inerentes entre o discurso histórico e a narrativa dos romances, ele tenta indicar as fronteiras móveis, muitas vezes incertas, que plasmaram a herança crítica da ciência da história e dos enredos dos romances (RANCIERE, 2017b, 2020, 2021b). Com isso vai ampliar sua percepção a respeito das representações deixadas pelo passado, em formas escritas, cinematográficas, pictóricas, ou mesmo arquitetônicas, e seu *lócus* de investigação vai paulatinamente averiguando diferentes formas em que o agir humano fora representado no passado ou no presente, e onde as linhas figurativas e fronteiriças entre realidade e ficção eram suplantadas nas representações que se formavam a respeito do vivido de outrora (RANCIERE, 2009a, 2009b, 2013a, 2013b).

É de se notar que essas análises viam simultaneamente o compasso das mudanças das subjetividades humanas, que resultavam não somente na "partilha do sensível", ou ao "inconsciente estético" que daí se firmava entre as representações, feitas sob ângulos distintos do real, mas também sobre os meios pelos quais os indivíduos se relacionavam, e nesse processo iam se formando e também formavam novos olhares sobre a realidade, em um processo de abertura democrática que viu nascerem os homens e as mulheres comuns, isto é, os anônimos, nos palcos da pesquisa histórica ou entre os enredos dos romances (RANCIERE, 2011, 2012b, 2014a, 2018a). Não é de se estranhar, por essa via de acesso a sua obra, a sua preocupação com as "figuras da história" representadas em formas pictóricas, às constantes indagações a respeito do "destino das imagens" ou sobre as "distâncias do cinema"; ou a respeito do "desentendimento" constante no campo político das tomadas de decisão, que passou a fazer parte dos "tempos modernos", com a participação democrática do cidadão; ou mesmo o "ódio à democracia" que essas transformações viram se espalhar; ou ainda o "mal estar na estética" que se formou com as mudanças políticas do século passado (RANCIERE, 2014b, 2012c, 2012d, 2018b). Em todas essas situações é a busca pelo obsoleto e fugidio, pelas "cenas" deixadas de lado,[19] pelas assimetrias que causam as "ignorâncias" abissais, pela conexão entre o aparente e o inerente, entre o próximo e o distante, entre o real e o imaginado, e no processo em andamento que formavam os diferentes regimes de verdade fazem com que a sua obra mantivesse um "fio condutor" subterrâneo, para buscar as tramas dos "fios perdidos" do passado, e (re)conectar as percepções rarefeitas que nos deixavam aturdidos ao vermos o entrelaçamento entre a história e a literatura, em sua incrível aventura de contar as variadas formas de agir de nossos antepassados. (RANCIERE, 2011, 2012e, 2017b, 2018a).

De acordo com o autor de *O fio perdido*, foi a partir dos anos 1860 que começou a se impor uma mudança sutil no ato de narrar vidas então presentes nos enredos dos romances. Os romances de Flaubert e de Conrad, *A educação sentimental* e *Lord Jim*, que se tornaram obras primas da literatura, iniciaram seu percurso, contrabalançando o modelo clássico da literatura ocidental que havia sido estabelecido desde Aristóteles. O peregrinar frívolo em circunstâncias banais, com personagens comuns e até anônimas aos olhares incrédulos da sociedade, até quase sem rumo aos olhos de seus leitores, chocou seu maiores críticos. Para estes, não havia neces-

19 As quais ele acrescentou novos indícios em seu livro entrevista: RANCIERE, 2021c. E que começaram a ser averiguados em *Aisthesis* (RANCIERE, 2021d). Veja-se ainda: SÉRGIO; CARVALHO, 2022.

sidade de se gastar tanta tinta, páginas, suor e lágrimas, simplesmente para adornar meras circunstâncias cotidianas, e a primeira vista sem importância alguma para o desenlace do drama, cujo início e fim pareciam desconhecidos para seus intérpretes e críticos. Em verdade, tanto um quanto o outro, deveriam entender que "deve enfrentar a resposta aceita desde Aristóteles: o que separa a ficção da vida ordinária é a existência de um começo, de um meio e de um fim" (RANCIERE, 2017b, p. 9). Foi justamente para:

> [...] pensar em algumas das transformações e alguns dos paradoxos que fundam a ficção moderna sobre a destruição daquilo que parecia – daquilo que ainda muitas vezes parece – fundamentar toda a ficção: a coluna vertebral que faz dela um corpo que se mantém de pé por si mesmo; o regulamento interno que subordinou os detalhes à perfeição do conjunto; os encadeamentos de causas e de efeitos que asseguram a inteligibilidade da narrativa por meio de seu desenvolvimento temporal (RANCIERE, 2017b, p. 10).

Além disso, o autor ainda pretendia "mostrar que essa ficção da política focalizada no devir-coisa das relações humanas – alienação, reificação, espetáculo – não parou de encobrir a verdadeira importância política que influencia a própria natureza dessas 'relações humanas'" (RANCIERE, 2017b, p. 13). Vale destacar, que sua incursão pela literatura do século XIX, foi amplamente favorecida pelos dilemas e contradições da crítica literária do século XX. Note-se como o autor tece sua análise:

> [...] toda tradição crítica do século XX denunciou as descrições minuciosas do romance realista do século anterior como o produto de uma burguesia ao mesmo tempo atravancada com seus objetos e ansiosa por afirmar a eternidade de seu mundo ameaçado pelas revoltas dos oprimidos.
>
> No entanto, essas análises talvez se enganem em relação ao âmago do problema. Vamos tentar demonstrar aqui que a inflação da descrição em detrimento da ação que faz a singularidade do romance realista não é a exibição das riquezas de um mundo burguês preocupado em afirmar sua perenidade. Ela não é, tampouco, esse triunfo da lógica representativa que se descreve de bom grado. Ela marca, pelo contrário, a ruptura da ordem representativa e do que era seu cerne, a hierarquia da ação. E essa ruptura está ligada ao que é o centro das intrigas roma-

> nescas do século dezenove: a descoberta de uma capacidade inédita dos homens e das mulheres do povo de obter formas de experiência que lhes eram, até então, recusadas (RANCIERE, 2017b, p. 18-19).

Com esse princípio de análise, que caracterizou o "fio perdido" da ficção moderna a partir do final do século XIX, que seu autor procurou demonstrar os caminhos que ligavam Flaubert, Conrad, Keats, Baudelaire e Buchner, até Virgínia Woolf. Em certa media, seu livro *As margens da ficção* deu continuidade a esse empreendimento, ao averiguar outros caminhos e literatos. Ao buscar reconstituir os itinerários de Stendhal, Balzac, Flaubert, Proust e Rilke, e entre eles Marx, até Edgar Allan Poe, ou situando-os entre os percursos de Conrad, Sebald, Faulkner e Virgínia Woolf, foi que Rancière nos mostrou de que forma a ficção caminhava também pelas margens, pelas beiradas e pelas vias inesperadas e distantes dos cânones então aceitos (RANCIERE, 2021a). Até meados do século XIX, a produção romanesca se pautava em um princípio: o "que distingue a ficção da experiência corriqueira não é um *déficit* de realidade, mas um acréscimo de racionalidade", essa era a tese que vinha a fundamentar a produção literária desde Aristóteles, pelo menos, e a partir dela se formaram os cânones literários do Ocidente cristão e moderno. Ao mesmo tempo era também certo que a escrita da história se fundamentava tendo por base que "a boa ciência das ações e dos comportamentos humanos pode ser reconhecida por sua fidelidade às estruturas fundamentais da racionalidade ficcional: a distinção das temporalidades; a relação entre o sabido e o não sabido; e o encadeamento paradoxal das causas e dos efeitos." (RANCIERE, 2021a, p. 8). Daí o inevitável paradoxo entre ambas:

> A opinião dominante professa que a idade moderna é a de uma clara separação: de um lado, a ciência das relações reais, finalmente liberada dos artifícios da ficção; de outro, a literatura e a arte, finalmente liberadas dos servilhismos do real e de sua imitação. Porém, o contrário é que é verdadeiro: o processo essencial que funda ao mesmo tempo a literatura e a ciência social modernas é a abolição da divisão que opunha a racionalidade ficcional das intrigas à sucessão empírica dos fatos. Ambas recusam a separação entre a razão das ficções e a dos fatos corriqueiros. Mas fazem isso de duas maneiras opostas. De um lado, a ciência social endossou os princípios aristotélicos da racionalidade ficcional ao mesmo tempo que aboliu as fronteiras que delimitavam seu campo de validação. [...] Já a literatura tomou o ca-

> minho inverso. Em vez de democratizar a razão ficcional aristotélica para incluir toda atividade humana no mundo do saber racional, ela destruiu os seus princípios para abolir os limites que circunscreviam um real próprio à ficção (RANCIERE, 2021a, p. 10-11).

A abolição dos fatos corriqueiros que entrelaçam a sucessão do tempo feita pela escrita da história, em prol da análise das estruturas profundas de "longa duração"; e da inclusão de personagens anônimas, participantes de enredos banais, notabilizou-se entre as alterações efetuadas pela narrativa romanesca do Oitocentos. Mas, enquanto a escrita da história fez tal movimento se amparando ainda aos pressupostos aristotélicos, com sua estreita ligação ao verdadeiro de outrora, como prova de sua cientificidade, a narrativa romanesca rompeu diretamente com seus princípios norteadores. Para Rancière:

> O que Lukács renega, o que Auerbach encontra sem tematizar, é a cisão da racionalidade ficcional. O indivíduo engajado na realidade global de uma história em plena evolução e o indivíduo qualquer capaz dos sentimentos mais intensos e mais complexos não formam um único e mesmo tema. A ciência social se apoderou do primeiro, ainda que reconstituindo de outro modo a hierarquia das temporalidades e a lógica do encadeamento paradoxal. A literatura se dedicou ao segundo. Rompeu a barreira que separava as vidas sem histórias das vidas capazes de encontrar as vicissitudes da fortuna e as incertezas do saber. Recusou assim as grandes formas de articulação entre temporalidade e causalidade que estruturavam a ficção aristotélica e estruturam a narrativa científica sobre a sociedade. Fez isso para aprofundar a potência do "momento qualquer", esse momento vazio que oscila entre a reprodução do mesmo e a possível emergência do novo, que é também um momento pleno em que uma vida inteira se condensa, em que várias temporalidades se misturam e em que a inatividade de um devaneio entre em harmonia com a atividade do universo. Construiu sobre essa trama temporal outras maneiras de identificar acontecimentos e atores; e outras maneiras de entrelaçá-los para construir mundos comuns e histórias comuns (RANCIERE, 2021a, p. 12-13).

Ainda que sem os mesmos artifícios, ou encantos, ou sortilégios, a escrita da história também passou por intensas transformações nas décadas iniciais do século

XX, como nos mostra o autor de *Os nomes da história*. Para ele, os historiadores "que quiseram romper com a velha crônica para dar, na medida do possível, à história o rigor de uma ciência tiveram de brigar com os pressupostos e os equívocos ligados ao próprio nome história", até então ligada à sucessão dos acontecimentos, cujos sujeitos apareciam com nomes próprios, para "a revolução da ciência histórica" que "quis justamente revogar o primado dos acontecimentos e dos nomes próprios em benefício dos longos períodos e da vida dos anônimos" (RANCIERE, 2014a, p. 1). Com essa estratégia a "construção historiadora" pretendia afastar os artifícios da literatura e as fábulas de opinião, mas crentes de que "os objetos e os métodos que eles preconizavam para ajustar a história por meio da ciência e das massas apenas tornavam mais indetermináveis as regras da referência e mais inverificáveis as da inferência" (RANCIERE, 2014a, p. 3). E esse era o paradoxo: "a ciência histórica nova não deveria mais ser uma história e ainda assim ser uma", porque a "diferença da história-ciência para a história-narrativa deveria ser produzida no interior da narrativa, com suas palavras e com seu uso das palavras" (RANCIERE, 2014a, p. 5). Mas foi entre esses percalços, que mesmo os historiadores dos *Annales*, vieram a construir a história nova:

> Compreenderam o que lhes propunham, sob a aparência de elixir da juventude, os médicos da era cientificista: os meios de uma eutanásia. Convidar a ciência histórica a substituir a linguagem enganadora das histórias pela linguagem universal da matemática era convidá-la a morrer sem dor, sem se dar conta. O que as estatísticas dos longos períodos forneceriam ao futuro seriam os elementos de uma sociologia comparada. A história não seria mais do que a dimensão diacrônica útil em certos casos para a explicação de fenômenos sociais residuais. A história promovida ao *status* científico era, na verdade, uma história dissipada na grande ciência do social, que determinava seu objeto e prescrevia os meios de seu conhecimento. Assim pensavam, no fundo, não só seus sarcásticos inimigos, mas também seus bondosos conselheiros, os economistas e os sociólogos da escola durkheimiana (RANCIERE, 2014a, p. 9).

Ao se distanciar da crônica e da literatura, e romper com seu apego ao rei, ou aos "grandes homens", por preferir se aventurar pelas massas anônimas na "longa duração" para torná-la a ciência histórica (também ciente das necessidades de estar ligada ao tempo presente), inesperadamente à escrita da história viu-se enredada em novos paradoxos ao longo do século XX. No entanto, para Rancière, a "história não precisa proteger-se contra invasões estrangeiras", mas sim precisa "apenas reconciliar-se com seu próprio nome" (RANCIERE, 2014a, p. 158). Por procurar esmiuçar as tramas da experiência literária e, nesse processo, vislumbrar os nexos que formavam "fios perdidos", com a criação de novos enredos a partir de meados do século XIX, que vieram a afastar os princípios aristotélicos da construção narrativa dos romances, Rancière igualmente veio a mostrar alguns dos caminhos que a escrita da história escolheu, ao permanecer fiel a aporia que a ligava ao verdadeiro de outrora, cujo pacto aristotélico foi mantido, quando preferiu escolher fazer parte do ramo das ciências e se afastar da crônica e da literatura, assim como das estratégias retóricas do discurso. E esse é um desafio e um dilema que ainda atormenta os historiadores de oficio...

Consciente da difícil tarefa que é esmiuçar o itinerário de Rancière, para se pensar a escrita da história, André Voigt (2019) buscou delinear como este autor veio a articular palavras, regimes e cenas em sua obra. Para ele é possível observar quatro questões que são essenciais em toda sua obra: 1 – "não entende sua pesquisa como inseridas em uma disciplina específica"; 2 – "sua preocupação sempre foi em torno das palavras, da importância de investigar o uso das palavras em vez de pensar em outras formas de generalização – como contextos, épocas, discursos"; 3 – "sua pesquisa sobre a história nunca teve o intuito de ser uma análise epistemológica, mas sim, uma busca em tentar compreender o que os historiadores escreviam, que palavras empregavam para chegar a suas conclusões"; 4 – e "que sua forma de investigar qualquer tema ainda segue o parâmetro dado por Jacotot" (VOIGT, 2019, p. 12), isto é, de tudo que se estudar, seja qual assunto for, aprender a relacioná-lo com todo o resto das coisas.

De acordo com Voigt, por seguir tais princípios Rancière "diverge do raciocínio mais comum entre historiadores, principalmente os da Nova História francesa", porque em "vez de pensar em *fatos* e sua concatenação em durações sobrepostas como critérios para pensar historicamente [...] focaliza sua atenção nas *palavras* utilizadas, as racionalidades inscritas nelas e, com isso, questionar a tradicional teleologia da modernidade – ainda defendida por muitos historiadores, entre a pequena e a longa durações, entre a macro e a micro-história" (VOIGT, 2019, p. 13, itálicos no original). Para Voigt, desde *A noite dos proletários*, que não se prende a datas ou contextos, mas no estudo minucioso dos significados atribuídos pelos sujeitos históricos ao uso que fazem das palavras, Rancière observa criticamente a moldura das pesquisas históricas "que colocam o 'quadro social' e o 'contexto' de maneira aprioristica em vez das palavras e de sua racionalidade" (VOIGT, 2019, p. 47). Em certa medida, Voigt observa que Rancière viu no afastamento da escrita da história ao longo do século XIX, com os pressupostos da retórica, aproximando-a da literatura, um "fio perdido" pelo fato de a memória disciplinar informar apenas seus nexos com a ciência, o método e a objetividade da análise dos fatos. É por isso que, para Rancière, seria muito mais coerente pensar as palavras e suas racionalidades, dentro dos regimes de verdades ao quais estão ligadas, por meio da análise de cenas específicas no oceano da História. Certamente, para "reconciliar com seu próprio nome", a escrita da história deverá se desprender das prisões da disciplinaridade, porque "a história, como área específica do conhecimento na atualidade, continua a se 'proteger' em sua suposta 'especificidade' como forma de rechaçar sua polissemia", mas para atingir a mesma "potência da linguagem" deverá não somente romper com os laços da autoridade conceitual e metodológica, como também ser capaz de "pensar fora dos critérios associados a 'disciplinas' ou a 'saberes' específicos para poder analisar com maior liberdade a complexidade de um evento passado" (VOIGT, 2019, p. 167-168). E este modo de "pensar" e de "fazer história" continua sendo um desafio lançado para os historiadores de ofício...

A resposta de Terry Eagleton: nem só de ideologias vive o mundo

De volta para a Inglaterra e ao empirismo de Eric Hobsbawm (1917-2012) e Edward Palmer Thompson (1924-1993), típicos das terras de David Hume (1711-1776). A preocupação com a empiricidade da investigação histórica, típicas da escola inglesa de formação de historiadores, não recebeu com bons olhos o vendaval de mudanças e questionamentos vindos com os resultados de "Maio de 1968" para as escritas das histórias.[20] A evidente negação da credibilidade das provas documentais e de um espaço extratextual a dar base e vida às experiências humanas no tempo, relativizando a escrita da história como mais uma *interpretação* possível sobre o passado, mas nunca o passado vivido pelos homens e mulheres de outrora,

20 É lugar comum demarcar a história da historiografia inglesa, cujo empirismo de suas investigações sempre esteve a respaldar os resultados de suas pesquisas, como contrária as teses céticas lançadas pela virada linguística e pela pós-modernidade. Para maior detalhamento desta questão, ver: MATTOS, 2012; MULLER, DUARTE, 2012; HOBSBAWM, 1998, 2002, 2011; ANDERSON, 2018; EVANS, 2021. Destaque-se ainda que essas questões não estiveram apenas limitadas a Cambrigde e Oxford, mas foram palcos de intensos debates também em outras instituições universitárias inglesas, como Leeds. (WAGNER, 2020).

fez com que os historiadores ingleses, a começar por Moses Finley (1912-1986), respondessem ao desafio cético em relação ao seu ofício, a pesquisa e a escrita da história (FINLEY, 1989; PALMEIRA, 2018), que foi depois seguido de perto pelas análises penetrantes de Thompson (1990), em *A miséria da teoria*, e Hobsbawm (1998), nos ensaios que compõe seu livro *Sobre história*. Mas, se no campo dos estudos históricos, os desafios lançados pela onda cética de críticas a escrita da história foi intensa entre os historiadores, como teria sido percebida pelos críticos e teóricos da literatura?

O crítico e teórico literário marxista Terry Eagleton, não somente se posicionou criticamente a respeito destas contendas, mas também buscou caminhos para a sua superação desde os anos 1970. O autor de *A função da crítica* destacava no final dos anos 1970, que um "crítico só pode escrever com segurança enquanto a instituição crítica, em si, estiver acima de questionamentos", mas quanto ela própria é colocada em xeque, pois, uma "vez que essa instituição seja radicalmente questionada, é de se esperar que os atos críticos individuais se tornem perturbados e duvidosos de si próprios" (EAGLETON, 1991, p. 1), e o fato desta instituição ainda se manter, naquele período, seguindo suas mesmas diretrizes estava em que tal crítica não havia sido situada, ou muito menos apreendida entre os seus praticantes. Não apenas isso:

> O solapamento da objetividade foi, quase que obrigatoriamente, uma subversão daquela reificação correlata, a autonomia da Literatura: foi nos anos [19]60, igualitários, pluralistas e anti-hierárquicos, que nasceu a preocupação atual de desconstruir as distinções entre cultura de elite e cultura popular, discurso fictício e não-fictício, tragédia e televisão. A percepção estruturalista dos códigos que permeavam quase indistintamente esses objetos compartimentalizados proporcionou uma base racional teórica para esse projeto democratizante (EAGLETON, 1991, p. 85).

Em certa medida, a crítica ao mundo burguês na Inglaterra aproximou a crítica literária do cidadão comum, a partir dos anos 1950, como evidenciou a obra de Raymond Williams (1921-1988). Essa é uma das razões de a crítica mordaz de Terry Eagleton sobre as transformações e os redirecionamentos da teoria e da crítica literária estarem intimamente alinhadas com a conjuntura provocada nos anos 1960 e serem evidentes em sua trajetória desde então. No livro *A tarefa do crítico*, uma longa entrevista oferecida por Eagleton para Matthew Beaumont, mostra-nos alguns desses caminhos. Para o entrevistador, "Eagleton apropriou-se de alguns dos *insights* mais profundos do próprio pós-estruturalismo, mas não comprometeu sua aderência ao materialismo histórico em nenhum momento" (EAGLETON, BEAUMONT, 2010, p. 13). Quando começou a lecionar em Oxford no final dos anos 1960, Eagleton revelava, com esta entrevista, um pouco de suas escolhas para ministrar seus cursos:

> Seguimos a história política mais ampla. No começo, como sempre digo, era um negócio quase exclusivamente marxista. Então, cada vez mais, outros corpos teóricos foram incluídos, em especial o pós-estruturalismo e o feminismo, e houve como consequência debates e conflitos entre essas posições. A classe era absolutamente enraizada em seu movimento político. Aqueles foram os anos de empolgação de Althusser, do periódico *Screen* e do início do pós-estruturalismo [que começava a ser introduzido nas universidades inglesas no início dos anos 1970]. Cris Norris, nosso contato em Paris, transmitia as novidades de Barthes, e essas ideias circulavam gradualmente. Alguém fazia uma busca pelo trabalho de Derrida, que era pouco mais do que um boato, e fazia uma apresentação sobre ele. Debatíamo-nos com as primeiras obras de Julia Kristeva. Tudo era conduzido em um nível intelectual formidavelmente alto – alto demais no sentido de ser bastante rigoroso, sem humor. Mais ainda me lembro de alunos de graduação – não de pós-graduação – cuja habilidade de dissecar o terceiro volume de *O capital* era impressionante (EAGLETON, BEAUMONT, 2010, p. 130).

As obras de Michel Foucault e Gilles Deleuze, porém, eram menos lidas e debatidas nos cursos, mas amplamente analisadas e discutidas em livros, resenhas e artigos de periódicos, em especial no *Screen*. A ideia "da 'morte do autor' certamente estava no ar" para usar aqui "uma expressão de Derrida", nos diz Eagleton. Para ele, as discussões sobre o pós-estruturalismo se tornaram comuns nas universidades inglesas, porque essa era uma questão em evidência a várias outras partes do mundo.[21] Naquele contexto inicial de recepção do pós-estruturalismo havia muitas aproximações, não se dava muita atenção às distinções evidentes entre Edward Said, Roland Barthes, Harold Bloom, Michel Foucault ou Fredric Jameson, porque todos estavam muito engajados em questões comuns: as revoltas populares, as revoluções, o poder, a produção do saber e a constituição dos imaginários sociais. Era naquela conjuntura específica, onde tudo parecia novidade, a necessidade imediata da crítica obstinada e consciente:

21 Como mostrou Izabela Wagner (2020), em sua biografia sobre Bauman.

> Eu mesmo sentia que era necessário ter pelo menos duas leituras de Foucault. A primeira deveria ser relacionada ao seu apreço profundo por um marxismo que havia, em alguns dos seus desenvolvimentos, se tornando tão preocupado com as teorias gerais que não possuía uma teoria da conjuntura de verdade. A segunda (e simultânea) leitura deveria ser uma visão das obras de Foucault como consistente e silenciosamente antimarxista (EAGLETON, BEAUMONT, 2010, p. 186).

É certo que a teoria cultural dos anos 1960 e 1970 surgiu como uma crítica direta ao marxismo clássico, assim como a partir desse momento cultura passava a representar praticamente todas as ações, códigos e símbolos forjados pelos seres humanos em seus processos de sociabilidade e técnicas de produção, consumo e comunicação. (EAGLETON, 2005a, 2005b). A ousadia e irreverência das teorias sociais produzidas nesse período deram maior evidência a questões até então secundárias, como: o corpo, a moralidade, os sentimentos, as emoções, o prazer, a sexualidade, o poder, o saber e os processos de controle social e do imaginário. Para Eagleton, depois dos anos 1960 não se produziu com o mesmo afinco e influência teorias sociais de grande envergadura e alcance. No entanto, o autor de *Depois da teoria* procura relativizar a questão:

> O período de 1965 a 1980 não foi, de forma alguma, a primeira eclosão de ideias culturais revolucionárias na Europa do século XX. Com toda sua agitação, não passa de uma sombra comparado com a grande corrente de modernismo que varreu o continente no início do século. Se quiséssemos selecionar outra década e meia notável que tenha transformado a cultura europeia, o melhor seria escolher de 1910 a 1925. Foi a época de Proust, Joyce, Pound, Kafka, Rilke, Mann, Eliot, Futurismo, Surrealismo e uma boa quantidade mais. Como na década de 1960, era também um tempo de mudança social tumultuada – embora nada no último período se compare, em escala, às guerras, revoluções e levantes sociais do primeiro. Se os anos 60 e 70 testemunharam fases de insurgência esquerdista, o período anterior viu o nascimento do primeiro Estado operário da história. Se os anos 60 e 70 foram uma idade de revoluções coloniais, o período de 1910 a 1925 teve em seu centro a maior conflagração imperialista jamais testemunhada pela história (EAGLETON, 2005a, p. 96-97).

Essa é uma das razões que levaram Eagleton a se deter na análise do pós-modernismo, com a preocupação de apresentar suas "ilusões".[22] Para ele, o pós-modernismo surge com a diminuição do alcance dos movimentos políticos de massa, que ao longo dos anos 1940 e 1950, desiludidos com os resultados das guerras e levantes sociais, assim como em relação ao progresso e as filosofias da história (inclusive, com o marxismo), abriram caminho para as críticas que foram sendo feitas a respeito da Modernidade. E exatamente "como o modernismo artístico mais tarde migraria para a teoria cultural de vanguarda, a tragédia, de Hegel a Nietzsche, também é deslocada para dentro do campo da especulação teórica" (EAGLETON, 2013, p. 45), porque tudo passa a ser produto de uma interpretação fomentada pelos códigos simbólico da linguagem e das culturas, onde o centro são as palavras não o agir humano no tempo. Além disso, é preciso assinalar que o "culto do texto preencheria assim a função ambivalente de toda utopia: prover-nos de uma imagem frágil de uma liberdade que de outra forma deixaríamos de comemorar, mas, ao fazê-lo, confiscar algumas das energias que poderíamos ter investido na sua efetiva realização" (EAGLETON, 1998, p. 26). E, por isso, o "que o pós-modernismo recusa não é história mas a História – a ideia de que existe uma entidade chamada História, dotada de propósito e sentido imanentes, que se vai desdobrando furtivamente à nossa volta até quando falamos" (EAGLETON, 1998, p. 38). O pensamento pós-moderno, nesse sentido, com sua fluidez de abranger vários outros movimentos intelectuais, recusava-se a ver a história enquanto um processo contínuo em direção ao futuro, ou que conjecture lições e exemplos para o agir humano no tempo; o "sujeito pós-moderno, diferentemente de seu ancestral cartesiano", tipicamente essencialista em suas atribuições, "é aquele cujo corpo se integra na sua identidade" (EAGLETON, 1998, p. 72) étnica, de gênero e grupal; razão pela qual é contrário a todo tipo de hierarquias solidificadas pelo tempo, ao essencialismo dos conceitos e atribuições humanas, a heteronormatividade, as projeções teleológicas, universalistas e metaistóricas. Como observa o autor, o "pensamento derridiano deixa transparecer uma aversão quase patológica ao determinado, assim como a obra de Michel Foucault abriga uma aversão quase patológica à subjetividade" (EAGLETON, 2010, p. 281).

Não é por acaso que Nietzsche é sempre retomado, entre pós-modernos e pós-estruturalistas, porque além de ver que "o verdadeiro sentido da vida é terrível demais para que possamos aceitá-la, o que explica as ilusões das quais necessitamos para continuar vivendo", segue, que para este, é justamente por isso que o "que

22 Sobre essa questão, vejam-se ainda os apontamentos do historiador inglês Perry Anderson (1992, 1999), em seus livros: *O fim da história* e *As origens da pós-modernidade*.

chamamos de 'vida' é apenas uma ficção necessária; sem uma boa dose de fantasia, a realidade seria impalatável" (EAGLETON, 2021, p. 23). Mais ainda, acrescenta Eagleton, para Nietzsche "só podemos agir intencionalmente por intermédio de certos mitos salutares que, mascarando o caos obsceno da existência, emprestam ao eu uma ilusão de propósito que sustenta a vida" (EAGLETON, 2013, p. 90). As falácias e contradições que seriam inerentes ao pós-modernismo, resultam de sua negação a todas as coisas fixas no tempo, o que daí também o aproximava diretamente da virada linguística e do pós-estruturalismo, em suas estreitas ligações com a linguagem e as culturas, para darem fundamentos as suas interpretações a respeito do vivido de outrora, com a finalidade de reduzir a realidade aos múltiplos significados presentes entre a fala e as palavras, em um conflito ininterrupto de interpretações. Não é de estranhar, para ele, que para o pós-estruturalismo:

> Escrever parece ser um ato que me rouba de meu ser: é um modo de comunicação alternativo, uma transcrição pálida e mecânica da fala e, portanto, sempre a uma certa distância de minha consciência. É por isso que a tradição filosófica ocidental, de Platão a Lévi-Strauss, sempre criticou a escrita como uma forma de expressão sem vida, alienada, e sempre elogiou a voz viva. Atrás desse preconceito está uma visão específica do "homem": o homem é capaz de criar espontaneamente e de expressar suas próprias significações, de estar em plena posse de si mesmo, e de dominar a linguagem como um veículo transparente de seu ser mais íntimo (EAGLETON, 2006, p. 196).

E, não é sem razão, que a "linguagem é o tema de Barthes, do princípio ao fim, e em particular a interpretação saussuriana de que o signo é sempre uma questão de convenção histórica e cultural" (EAGLETON, 2006, p. 203). Apesar da estrutura constituída pela filosofia da linguagem ao longo do século XX, com as proposições de Heidegger e Wittgenstein, o pós-estruturalismo se liga umbilicalmente a obra de Nietzsche, em função de sua oposição as verdades estabelecidas, as estruturas solidificadas pelo tempo e a história como discurso cientificamente estabelecido, factível de todas as verdades de outrora. Para Eagleton, além disso:

> O que é verdade da consciência como tal, na visão extremamente nominalista de Nietzsche, é para Marx, o efeito da mercadoria, pelo qual uma riqueza complexa de valor de uso é reduzido a um pobre motivo de troca. Mas para ambos os filósofos, a história se realiza pelo seu

> lado mau: se para Marx, o processo de mercantilização emancipa a humanidade dos privilégios e do paroquialismo da sociedade tradicional, abrindo espaço para as trocas livres, iguais e universais, para Nietzsche o movimento da humanidade "torna-se calculável" é uma necessidade de seu ser-de-espécie, pois sem calculabilidade ela não sobreviveria. A lógica é uma ficção aos olhos de Nietzsche, pois duas coisas nunca poderão ser idênticas; mas como o tornar equivalente do valor de troca, ela é ao mesmo tempo repressiva e potencialmente emancipatória (EAGLETON, 1993, p. 176).

A evasão de Nietzsche as saídas pretensamente planejadas, amparadas por um sentido prévio criado pelas análises teleológicas da história, observadas pelos filósofos franceses, coincide também com as críticas do pós-estruturalismo ao marxismo nos anos 1960 e 1970. Para Eagleton, o pós-estruturalismo indicava as ligações ideológicas de todos os projetos sociais, mas ao ver que "a ideologia não pode ser divorciada do signo, então o signo também não pode ser isolado das formas concretas de intercâmbio social" (EAGLETON, 1997b, p. 172), e, quase sempre, o segundo momento se distanciava do primeiro em suas propostas de análise do vivido, razão pela qual o pós-estruturalismo era facilmente criticado em sua postura limitadora de analisar a realidade social (presente ou passada). Com a meta de averiguar com maior precisão esse pressuposto, Eagleton passava a analisar como foi feito o "debate sobre Deus", articulando razão, fé e revolução em sua interpretação, ou ainda o impacto da "morte de Deus na cultura", ou mesmo qual "o papel do humor e do riso para a cultura" e os "significados do mal para a sociedade europeia". (EAGLETON, 2022, 2020, 2016, 2011a). Ao mesmo tempo, Eagleton via a necessidade de buscar caminhos para amparar a herança positiva da "crítica literária marxista" e da "obra de Marx" (EAGLETON, 2012, 2011b), por que:

> Há duas razões importantes para que ela [a crítica literária marxista] deva fazer isso [conectar a análise dos modos de produção, com as formas de expressão humana]. Em primeiro lugar, porque a não ser que possamos relacionar a literatura do passado, por mais indiretamente que seja, à luta dos homens e mulheres contra a exploração, não entenderemos de modo completo nosso próprio presente e seremos menos capazes de modificá-lo efetivamente. Em segundo lugar, porque seremos menos capazes de *ler* textos, ou produzir formas de arte que possam ajudar na criação de uma arte e sociedade melhor. A crítica marxista não é apenas uma técnica alternativa para interpretar

> *Paraíso perdido* [...]. Ela faz parte da nossa libertação da opressão [...]. (EAGLETON, 2011b, p. 135-136).

Evidentemente, Eagleton não nos oferece todas as respostas, mas nos dá indicações instigantes para pensarmos criticamente o uso das ideologias e do passado, que foram à base da crítica do pós-estruturalismo e da pós-modernidade ao marxismo e a todas as heranças intelectuais do passado; e, por isso, é possível ver que estes também se fundamentavam em ideologias para dar credibilidade aos seus repertórios discursivos e maior veracidade aos seus enunciados. No entanto, quando se esmiúçam suas estratégias analíticas, a base de seu projeto também se esfacela no ar, porque nesse caso *o que já não era tão sólido, mais facilmente se desmanchava no ar*. Essa foi uma das tarefas que se colocou o crítico literário Terry Eagleton, ao mergulhar profundamente sobre os fundamentos e os princípios teóricos do pós-estruturalismo e da pós-modernidade, e passar a pensar criticamente o marxismo, ao mesmo tempo em que, nesse percurso, demonstrava as fissuras e fragilidades desses movimentos intelectuais, assim como de suas propostas de interpretação das sociedades, dos homens e das mulheres, a partir de seus "atos de fala" e os significados que davam ao "uso das palavras".

Considerações finais

A análise proposta neste texto, que da França foi para a Itália, da Itália retornou para a França, e de lá para a Inglaterra, serviu-nos para indicar que as interrogações sobre a história e a literatura não estiveram reduzidas as histórias da historiografia de um único local institucional ou país, mas estiveram ao redor de todo um continente, e de lá seguiram para todo mundo. Se as circunstâncias nos impediram de avançar para outros locais, ou estudiosos e estudiosas, certamente os indícios encontrados poderão subsidiar outras investigações e análises.

Ao vermos como Lipovetsky e Todorov observaram as mudanças da escrita da história na França dos anos 1970, e como essas alterações tornavam mais dinâmicas as percepções a respeito dos diálogos entre história e literatura, deu-nos base para refletir essas questões entre a Itália, a França e a Inglaterra, por meio da análise de alguns de seus autores. Com Losurdo, vimos o quanto os indícios do passado podem auxiliar a desvendar silenciamentos, seja do discurso filosófico, seja mesmo das narrativas revolucionárias ou dos movimentos sociais. Em Rancière, o debate entre história e literatura se tornou ainda mais fluído, dinâmico e complexo. Para ele, a fluidez das cenas que compõe o processo histórico poderiam muito bem serem representadas na história ou na literatura, e essas representações, em suas peculiaridades, demonstrariam um pouco da dinâmica do vivido, ou até mesmo do inventado, por homens e mulheres do passado, assim como de seus intérpretes no presente, em um jogo complexo no qual as fronteiras entre realidade e imaginação, verdade e falsidade, tornavam-se extremamente híbridas em suas imagens fugidias daquilo que poderia estar "fora do texto". Ao observarmos as indagações de Eagleton a respeito da "virada linguística" e sobre a "pós-modernidade" vimos como as ideologias do poder favoreciam um discurso distante da política, da rebeldia e da ação social para se fixar apenas nas questões simbólicas, linguísticas e culturais, e procurarem nesse ínterim reduzirem, senão silenciarem totalmente, as heranças teóricas e intelectuais do passado. A crítica aos sistemas ideológicos, na verdade não passava de uma estratégia pertinente para obscurecer a percepção dos mecanismos ideológicos presentes nesses movimentos intelectuais, para os quais a ausência dos sortilégios ideológicos exibidos em suas representações retiravam inevitavelmente os significados presente em seus enunciados. Em outras palavras, além de seus jogos discursivos e o amparo das ideologias do poder, esses movimentos intelectuais, de fato, tinham muito pouco a oferecer "fora dos textos".

Se tais discussões tiveram esse percurso na Europa (e nos Estados Unidos), que caminhos teriam seguido na "periferia do capitalismo", como era então compreendido o Brasil entre os anos 1930 e 1970? Quais debates teriam sido produzidos sobre as relações entre história e literatura, e como a crítica literária e as teorias sociais teriam se aclimatado nos Trópicos? Como o mercado editorial brasileiro estaria reagindo, a partir dos anos 1990, diante desses embates corriqueiros sobre história, literatura e biografias? Esses são alguns dos caminhos que tomaram os próximos capítulos, ao pensar criticamente essas questões e se deslocar do Norte global, para repensar epistemologicamente o Sul global e suas interpretações da "realidade" (SANTOS, 2019).

Parte II

Da História à Literatura?

6. A "verdade histórica": ou a produção literária como paradigma na reconstituição do "princípio de realidade" no Brasil dos anos 1930[1]

Para Sérgio Buarque de Holanda (1902-1982), mestre de ofício, que fez escola na profissionalização do ofício de historiador.

A discussão sobre o impacto da virada linguística para a escrita da história não se reduziu a diálogos europeus ou norte-americanos. Assim como o estruturalismo, o pós-estruturalismo e a pós-modernidade foram amplamente analisadas e refletidas na América Latina, ou mesmo na África, esses movimentos (aliados à virada linguística) também foram sentidos na produção histórica e historiográfica brasileira a partir dos anos 1970 (ROIZ, SANTOS, 2012). Para entender como se acentaram na história da historiografia nacional, bem como na crítica literária, é preciso pensar a percepção inicial que tiveram os historiadores, no processo de profissionalização da área, ao longo dos anos 1930 até os anos 1960, para que se possa observar com mais detalhamento o impacto causado por aqueles movimentos intelectuais no "fazer história" dos historiadores brasileiros, depois dos anos 1970 (ROIZ, SANTOS, 2012).

As trajetórias de Alfredo Ellis Jr. (1896-1974) e de Sérgio Buarque de Holanda (1902-1982) são representativas porque ilustram um momento crucial da passagem do autodidatismo para a profissionalização do trabalho intelectual do historiador no Brasil, além de vivenciarem a constituição da história como ciência, em um momento de questionamento inicial de suas ligações com a crônica, a retórica e a literatura (especialmente os romances) nos estudos históricos brasileiros (ROIZ, 2020,

1 Este texto fez parte originalmente de nossa tese de doutorado (ROIZ, 2013, 2020), e reaparece aqui consideravelmente reformulado.

2021). De início, tomemos o apontamento esboçado por Machado de Assis (1839-1908), em uma de suas crônicas elaborada no final do século XIX:

> Se, ao menos, o punhal de Lucrécia tivesse existido, vá; mas tal arma, nem tal ação, nem tal injúria, existiram jamais, é tudo uma pura lenda, que a história meteu nos seus livros. A mentira usurpa assim a coroa da verdade, e o punhal de Martinha, que existitu e existe, não logrará ocupar um lugarzinho ao pé do de Lucrécia, pura ficção. Não quero mal às ficções, amo-as, acredito nelas, acho-as preferíveis às realidades; nem por isso deixo de filosofar sobre o destino das cousas tangíveis em comparação com as imaginárias. Grande sabedoria é inventar um pássaro sem asas, descrevê-lo, fazê-lo ver a todos, e acabar acreditando que não há pássaros com asas... (Machado de Assis. O punhal de Martinha. In: SCHWARZ, 2012, p. 309-310).[2]

Foi assim que o escritor Machado de Assis, ao publicar em *A semana*, a 5 de agosto de 1894, a crônica *O punhal de Martinha*, demonstrava as complexas relações entre verdade e ficção, real e imaginado, num movimento onde a farsa bem tramada e deixada a posteridade, poderia até ganhar maior visibilidade e tinha talvez maior impacto do que o ocorrido, o "verdadeiro" de outrora, mas não eternizado em uma narrativa. Narrativa, aliás, que deveria ser produzida por um perito, um especialista, reconhecido em seu meio. Para ele, não foi por outra razão que o drama eternizado na pena de Tito Lívio (59 a.C. – 17 d.C.), no qual Lucrécia, ultrajada por Sexto Tarquínio, resolveu *não* sobreviver a desonra do que lhe havia ocorrido, até que numa noite tira sua vida com um punhal, e tal evento viria a ganhar tamanha repercussão na posteridade, dados os desdobramentos orquestrados na trama. Porque além de ter sido narrado por um perito, o drama também mantinha o registro no qual Lucrécia teria feito tal ação, mas não sem antes denunciar ao marido e ao pai o ocorrido, para que se vingassem por ela do ultraje que tirou a sua honra.

Já Martinha não é uma nobre romana, nem tampouco seu drama foi contado – mas nisso, talvez, o narrador tente nos enganar, com suas estratégias narrativas, pois, ele, Machado, nos conta o drama de Martinha. Era uma rapariga franzina, natural de Cachoeira, onde era muito conhecida. Ao contrário de Lucrécia, não hos-

2 O texto original de Machado de Assis pode ser encontrado em suas obras completas publicadas em 4 volumes, no v. 4, p. 1017-1019, edição revista publicada em 2015 pela editora Nova Aguilar; ou em: http://www.cronicas.uerj.br/home/cronicas/machado/rio_de_janeiro/ano1894/05ago1894.html. Acesso julho de 2019.

pedava nenhum moço de sangue régio em sua casa, mas fora agredida e insultada, por um tal João, "com o sobrenome Limeira", em função dos desdéns da moça. Nova agressão se deu à porta de sua casa, mas com precaução a moça pedira ao sujeito para não se aproximar. Mas desrespeitando o pedido da moça, o rapaz vai em sua direção, ao passo que sua reação a aproximação do moço a fez desferir-lhe uma apunhalada "que o matou instantaneamente".[3] Nesse caso, a diferença das duas ações, é ainda o que nos fala Machado, "é justamente a que vai do suicídio ao homicídio" – e poderíamos acrescentar, ao que fará o narrador na sequência: do que poderia ter acontecido, para o quê, de fato, aconteceu.[4] Contudo, será apenas isso que distingue História e Literatura?

Mas, voltemos a Martinha e Lucrécia, pintadas pela (pena) narrativa de Machado de Assis. Ao aproximar, diferenciar e analisar as relações entre "real" e "imaginado", "verdade" e "ficção", Machado em fins do século XIX (Cf. SCHWARZ, 1999, 2000, 2001; GLEDSON, 1991, 2006; CHALHOUB, 2003), nos dá conta de uma contenda, que naquela época estava apenas começando a se aflorar na crítica literária moderna e na pesquisa histórica (Cf. ROCHA, 2013; GUIMARÃES, 2011), então entendida como "científica", especialmente, no Ocidente.[5]

No Brasil, como indicaremos abaixo, essas questões estavam apenas começando a se adensar no interior do Instituto Histórico e Geográfico Brasileiro (IHGB), cuja fundação em 1838 deu maior envergadura ao levantamento documental e a pesquisa histórica nacional (GUIMARÃES, 2011), e na Academia Brasileira de Letras (ABL), fundada em 1897, na qual Machado foi seu primeiro presidente. Essas duas instituições foram tendo tamanha importância no Oitocentos brasileiro, tanto

3 Mesmo nesse caso as fronteiras entre real e imaginado são muito tênues, em vista de Martinha, no limite, também ter sido uma criação de Machado de Assis. Agradeço a José Vasconcelos por sua observação na defesa da tese.

4 Portanto, assim como Aristóteles (1963), em seu *Tratado da poética*, havia dado maior realce e importância à Poesia Épica do que a narrativa histórica, dado que esta se estenderia ao geral (e, como a Filosofia, poderia dar simultaneamente lições morais), ao passo que a História tão somente se fixaria ao particular. Também nesse caso, certa versão ganharia respaldo na posteridade, donde o silenciamento de seu *Tratado da retórica*, onde Aristóteles (2012) retoma a questão, ao comparar o discurso histórico com o jurídico, e dar a devida importância a cada um deles, especialmente ao histórico (Cf. AUERBACH, 2007; ARISTÓTELES, 2010; GINZBURG, 2002; ROIZ, 2012b).

5 Para maiores detalhes sobre essa questão, ver: GAY, 1990, 2010; WHITE, 1992, 1994; MALERBA, 2011; PESAVENTO, 2000, 2003, 2004, 2005; VASCONCELOS, 2005; MUNSLOW, 2009; REIS, 2003a, 2003b, 2010, 2011, 2012.

no cerceamento da pesquisa histórica e na consagração dos "homens de letras", inclusive, dos "historiadores por vocação" (GLEZER, 1976), que vieram a amparar e a justificar a criação de instituições similares em vários estados da jovem República brasileira – mesmo se considerarmos que, em muitos casos, as instituições estaduais eram contrárias as diretrizes do IHGB e da ABL; seja no direcionamento de suas pesquisas, seja na consagração de seus sócios, seja ainda no(s) tipo(s) de história(s) que procuravam construir para suas regiões (FERREIRA, 2002) –, quanto ao direcionamento de parte da produção literária do país, pois, romancistas e poetas tinham em mente se tornarem imortais da academia.

Com a criação das primeiras universidades do país, a partir dos anos 1920, e das primeiras Faculdade de Filosofia, Ciências e Letras, a partir dos anos 1930, o palco desses debates foi se tornando mais complexo, pois, o jogo em torno da institucionalização de cursos e da profissionalização de ofícios, como o de historiador e de crítico literário, fez com que estivesse em discussão à formulação tanto de regras do método, como a de procedimentos de pesquisa, que assegurassem a essas áreas a sua fundamentação "científica", além de formar as bases para o desenvolvimento do profissional em crítica literária no Brasil.[6]

Antes, porém, de avançarmos nessa direção devemos desenvolver melhor nossa discussão sobre Lucrécia e Martinha. É salutar, neste caso, o modo como Roberto Schwarz (2012), no início do século XXI, recolheu aquela crônica para embasar e dar consistência a mais uma coletânea de ensaios e entrevistas que organizou para seu livro *Martinha versus Lucrécia: ensaios e entrevistas*. Com muita lucidez, Schwarz retoma a discussão de seu ensaio, *As ideias fora do lugar*, de 1973, e que foi, depois, reunido em seu livro *Ao vencedor as batatas* (2000b), de 1977, no qual analisa a gênese dos primeiros romances de Machado de Assis. Com vistas a rebater as críticas que lhe foram feitas, especialmente, por Maria Sylvia de Carvalho Franco, em *As ideias estão no lugar* (de 1976), e de Alfredo Bosi, em *A escravidão entre dois liberalismos* (depois reunido em seu livro: *Dialética da colonização*, de 1992), o autor começava por esclarecer que o maior problema do ensaio fora o título, não seus pressupostos[7] – voltaremos a essa questão no próximo capítulo. Quer dizer, para ele, as ideias "funcionam diferentemente segundo as circunstâncias", e mesmo "aquelas que parecem mais deslocadas, não deixam de estar no lugar segundo outro ponto de vista" (SCHWARZ, 2012, p. 165).

6 Para detalhamento da questão, ver: GOMES, 1996, 2009; FERREIRA, 2002; ROIZ, 2012a; LUCA, 1999, 2011; ROCHA, 2011; FALCON, 2011, 2015.

7 Para uma análise da trajetória deste autor, ver: CEVASCO, OHATA, 2007.

Desse modo, o "propósito do ensaio não foi de afirmar [...] que as instituições e ideias progressistas do Ocidente são estrangeiras e postiças em nossos países, mas sim de discutir as razões pelas quais parecem que seja assim". Mais precisamente, tratava-se de "esclarecer as razões históricas pelas quais as ideias e as formas novas, indispensáveis à modernização do país, causavam não obstante uma irrecusável sensação de estranheza e artificialidade, mesmo entre seus admiradores e adeptos" (SCHWARZ, 2012, p. 167). Donde a dialética entre Martinha e Lucrécia, ao longo dos textos, visar demonstrar que também nesse caso, real e imaginado, verdade e ficção, articulavam-se tanto no discurso poético e literário, quanto no discurso histórico, de tal modo que é difícil diferenciá-los, simplesmente porque o primeiro é pautado no que poderia ter acontecido e o segundo de acordo com códigos que visavam reconstituir a "verdade" de outrora. Primeiro, porque o passado não é uma matéria passiva, inclusive, nos discursos que nos são legados e nos restam como resquícios do que foi aquela sociedade de outrora, sob a forma de documentos (escritos ou não). Depois, porque os usos e as interpretações que são feitos em cada contexto social daquele passado, que nos foi legado por meio de vestígios materiais ou imateriais (como os resquícios de uma "memória coletiva" que se mantêm ao longo do tempo, ou por meio de códigos linguísticos e culturais definidos nos costumes e nas tradições), inclusive, os escritos e entendidos como documentais, são mediados pelas questões que lhe são postas, pelos meios que são usados para respondê-las, pelas fontes que ampararam as afirmações cerceadas nas narrativas, entendidas como "verdadeiras", e pelos critérios de plausibilidade fornecidos pelo(a) autor(a) (R*USEN*, 2001, 2007a, 2007b). E, tudo isso, ainda é pautado pelas posições políticas e teórico-metodológicas do(a) pesquisador(a).

Com base nesses pressupostos é que devemos indagar: como Sérgio Buarque de Holanda e Alfredo Ellis Júnior pensaram a "verdade histórica" na década de 1930? Quais as diferenças e as aproximações que se estabeleceriam entre a produção literária e a pesquisa histórica na obra desses autores? Quais as conexões que os romances efetivamente produziam com a realidade de outrora, em comparação com a efetuada pelos textos históricos? Essas são as indagações que balizaram a interpretação que procuraremos fazer neste capítulo.

Ao longo dos anos de 1920 e 1930 tanto Sérgio Buarque quanto Ellis Jr. escreveram obras históricas, artigos para a imprensa periódica, pesquisaram em arquivos e coletaram dados. Mas, igualmente escreveram romances (mais Ellis Jr. do que Sérgio) e fizeram crítica literária (mais Sérgio do que Ellis Jr.). Com base nessas questões, que procuraremos inquirir como: pensaram a verdade; que função a davam para a confecção do texto histórico e para o literário; como poderia ser apreendida e o que poderia comprovar. Ao mesmo tempo, não se deve deixar de lado que indagações não menos instigantes também pairavam sobre a produção literária, como vimos acima, e muito bem salientaria *Sérgio* em seus artigos do período (HOLANDA, 1989, 1996a, 2011a). De tal modo que a "verdade" não era apenas um modo de provar (com a comprovação dos testemunhos orais e/ou documentais), a serventia e a propriedade da pesquisa e do discurso histórico, como pretendeu Ellis Jr., ao mesmo tempo em que produzia seus romances históricos sobre as jornadas dos bandeirantes e das bandeiras paulistas. Mas sim que já naquele período a fronteira entre História e Literatura parecia ser tão tênue, que o simples amparo em documentos, com o objetivo de fornecer uma narrativa "verdadeira" sobre os acontecimentos do passado, não era efetivamente um diferencial seguro para distinguir a pesquisa histórica da produção literária.

E, não por acaso, este momento foi um canteiro fértil que deu embasamento as críticas das Ciências Sociais (então em formação) sobre a pesquisa histórica oitocentista e das primeiras décadas do Novecentos, e essas indagações favoreceram o aparecimento de alternativas, como as mediadas pelo movimento dos *Annales* (REIS, 2000; ROIZ, SANTOS, 2012). Foi na França do final dos anos 1920, que procuraram demonstrar que a propriedade da pesquisa histórica se encontrava antes nas perguntas que eram feitas ao passado, do que pelo modo que se indicava tão somente a autenticidade documental ou se analisava as fontes, e por meio delas se estabelecia um discurso "verdadeiro" sobre o passado, no qual a pesquisa histórica era entendida como "cientificamente conduzida no processo de análise das fontes". Tais questões não limitariam a interpretação dos historiadores apenas numa curta duração acontecimental (REIS, 2000, 2003b, 2012; MALERBA, AGUIRRE ROJAS, 2007), mas sim começaria a dar ensejo à produção de análises estruturais dos processos históricos, numa dialética entre a curta e a longa duração, além de procurar estabelecer relações (de aproximação e de diferenciação) entre o passado e o presente (DOSSE, 2003; DELACROIX, DOSSE, GARCIA, 2012).

Os anos de 1930 no Brasil favoreceram não somente tais debates, em função da criação dos primeiros cursos de Geografia e História no país, que contou com a vinda de professores franceses para cercearem o desenvolvimento dessas áreas, como *a história das civilizações* (FERREIRA, 2013; ROIZ, 2021). Mas também foi o momento em que se deu o desenvolvimento e a cristalização do movimento e do discurso modernista em São Paulo, Rio de Janeiro e Minas Gerais (CANDIDO, 2011; ROCHA, 2011; LUCA, 2011). Daí a *batalha subterrânea* que foi se formando em torno da "verdade histórica", por meio da profissionalização das áreas do saber, a partir dos anos 1930 (ROCHA, 2011; ROIZ, 2021), na qual a produção literária não deixava de ser um paradigma na reconstituição do "princípio de realidade". Inclusive, para justificar a pesquisa histórica e indicar suas peculiaridades em relação à produção artística e literária do período, na qual os embates entre "passadistas" e "futuristas" (FABRIS, 1994, 2010) se tornaram ainda mais acirrados do que o foram nos anos de 1920. Especialmente, porque foi o momento em que o "projeto estético" modernista daqueles anos dava fundamentos a sua reestruturação nos moldes de um "projeto ideológico", apontando a diluição da vanguarda modernista, em função da cristalização do discurso e da memória do movimento (LAFETÁ, 2000). Ao falar d'*A revolução de 1930 e a cultura* como contemporâneo e como estudioso do período, Antonio Candido nos informa que:

> Quem viveu nos anos de 1930 sabe qual foi a atmosfera de fervor que os caracterizou no plano da cultura, sem falar de outros. O movimento de outubro não foi um começo absoluto nem uma causa primeira e mecânica, porque na história não há dessas coisas. Mas foi um eixo e um catalisador: um eixo em torno do qual girou de certo modo a cultura brasileira, catalisando elementos dispersos para dispô-los numa configuração nova. Nesse sentido foi um marco histórico, daqueles que fazem sentir vivamente que houve um "antes" diferente de um "depois" (CANDIDO, 2011, p. 219).

E no plano específico do modernismo, Candido indica que a "incorporação das inovações formais e temáticas do Modernismo ocorreu em dois níveis: um nível específico, no qual elas foram adotadas, alterando essencialmente a fisionomia da obra; e um nível genérico, no qual elas estimulavam a rejeição dos velhos padrões", e, justamente por isso, prossegue o autor, "no decênio de 1930 o inconformismo e o anticonvencionalismo se tornaram um direito, não uma transgressão, fato notório mesmo nos que ignoravam, repeliam ou passavam longe do Modernismo" (CANDIDO, 2011, p. 225). Apesar de notar a multiplicidade de fatores que favoreciam a recomposição dos movimentos literários nos anos 1920 e 1930, Candido o faz dando ensejo a leitura do processo, mas tendo em vista o Modernismo como fator aglutinador de tais iniciativas.

Para João Cezar de Castro Rocha (2011) há que se notar que isso se revelaria perspicaz para a maioria dos intérpretes dos movimentos literários do período, porque durante a disputa entre a cátedra e o rodapé, isto é, o crítico literário profissional, formado nas universidades, e o autodidata, contribuinte dos rodapés dos jornais (e que se tornou mais acalorada a partir dos anos 1940), a cátedra teve ao seu lado o discurso modernista, que foi fundamental para sua vitória, como modelo para cercear suas críticas aos rodapés e aos críticos literários autodidatas do período – e foi justamente durante este período que Antonio Candido se formou na USP, em Ciências Sociais e Políticas (voltaremos criticamente a questão no próximo capítulo) (PONTES, 1998).

Ao estudar as vangardas modernistas no Brasil e na Argentina, Sérgio Miceli (2012) nos fornece mais subsídios para indagar o perfil conservador por trás das iniciativas vistas como inovadoras dos "agentes sociais" envolvidos nos movimentos literários nos dois países. Para ele, enquanto "a maioria dos modernistas brasileiros continuava dependente das oportunidades de inserção no serviço público", ocasionando e buscando "na medida do factível, resguardar a obra literária do acesso de injunções políticas, um percentual expressivo dos escritores argentinos da geração vanguardista buscou abrigo institucional e lastro financeiro junto aos figurões do mecenato privado" (MICELI, 2012, p. 29). Nesse sentido, segundo indica, as "condições de emergência das vanguardas não resistiram à mudança drástica das circunstâncias políticas, direcionadas pela coalizão conservadora vitoriosa no rio da Prata e no Rio de Janeiro" (MICELI, 2012, p. 43), em meados da década de 1930. Por outro lado, nota ainda que:

> O fato de o espanhol e o português serem os idiomas expressivos dessas vanguardas periféricas barrou naquela conjuntura a difusão internacional de seus autores e obras, mas, em compensação, dilatou as margens de explosão criativa por conta dos reajustes e reciclagens a que tiveram de submeter os empréstimos feitos junto aos modelos europeus. Dito de outro modo, o mercado confinado pelos idiomas ibéricos foi também revertido em trunfo nada desprezível ao alcance dos vanguardistas, ainda que disso não tivessem então plena consciência, em pedágio capaz de preservar certo tônus de riscos e ousadias de fatura, hoje alicerce irrecusável de um mercado avantajado de bens culturais (MICELI, 2012, p. 21).

Nesse sentido, é que procuraremos pensar como Ellis Jr. e *Sérgio Buarque* entenderam e responderam a essas indagações, e como se posicionaram nesta *batalha sobre a verdade histórica*, tendo em vista que a produção literária também não deixava de ser um paradigma para a reconstituição do "princípio de realidade" naquela época, tanto no Brasil como em outros países (LIMA, 1989, 2006). E para fazer tal incursão devemos questionar a possibilidade de utilizar a crônica de Machado de Assis, sintetizada há pouco, para interpretar as estratégias deles, no que tange as suas produções históricas e literárias do período. Mais precisamente, teria Ellis Jr. feito como Lucrécia, e aproveitado os efeitos da "epopeia bandeirante" construída no período (ABUD, 1985; FERREIRA, 1999, 2002), para escrever uma história dos bandeirantes, além de circunstanciar igualmente suas jornadas por meio de romances históricos, nos quais, não por acaso, os bandeirantes eram os "grandes homens", além de "herois" de seu tempo? Enquanto *Sérgio Buarque,* muito mais próximo de Martinha, ao contrário de descrever esta epopeia, buscou justamente demonstrar as suas fragilidades, mesmo no que dizia respeito a narrativa sobre os bandeirantes, seus trajes, suas ações, seus percursos e suas estratégias de sobrevivência, além de suas inevitáveis dependências diante das populações nativas?

Nesse caso veremos como Ellis Jr. forjou suas estratégias de ação também por meio de suas incursões históricas e literárias, nas quais o passado não era um mero artefato de pesquisa, mas um componente dinâmico a ser usado no presente, para dar subsídios tanto as suas acusações sobre o governo provisório liderado por Getúlio Vargas, a partir de 1930, como para proporcionar a recuperação da autonomia política e financeira de São Paulo, por meio das ações e do pensamento dos "novos bandeirantes" de seu tempo (dos quais, não por acaso, ele e seus ancestrais faziam parte diretamente). Enquanto *Sérgio Buarque* perpassou pelo interior da vanguarda modernista no início dos anos 1920, rachando como ela no decorrer deste decênio, e vindo a repensar suas ações e opções entre sua estada em Cachoeiro de Itapemirim, no Espírito Santo, e, depois, na Alemanha, até vir em meados dos anos 1930 sistematizar sua leitura da herança ibérica brasileira, como fator primordial de interrupção do desenvolvimento da democracia nos Trópicos.

Para adentrarmos nessas questões devemos simultaneamente pensar tanto a inserção de Ellis Jr. e de Sérgio Buarque na pesquisa histórica e na crítica literária de seu tempo. Por mais que o primeiro parecesse subjulgar os empecilhos, as limitações e as críticas à historiografia oitocentista, informando sua atualidade teórica e metodológica, ao estruturar suas análises, por meio de interpretações do processo histórico, nas quais a economia e as formações sociais eram as bases fundamentais que direcionavam suas narrativas, nem por isso este deixou de se amparar nos fundamentos da historiografia oitocentista, que lhe eram informadas, especialmente, pelo IHGB e pelo IHGSP (FERREIRA, 2002). Já o segundo por mais que dimensionasse sua crítica aos fundamentos da escrita da história pautados pela historiografia oitocentista, e nesse caso se aproximasse mais do movimento dos *Annales* em ascensão naquele período, em nenhum momento ele deixou de notar a importância de certos princípios desenvolvidos no Oitocentos pelo historicismo alemão, no qual a história tentou se fundamentar metodologicamente para alcançar o *status* de ciência. Em particular, os fornecidos pelo historicismo alemão, no qual a obra de Ranke seria uma das bases principais, por propiciar diálogos favoráveis que ampliavam suas perspectivas, e também contrários, ao criticarem suas premissas e proporem alternativas para se escrever a história.[8]

Por outro lado, enquanto Sérgio desde o início dos anos 1920 fora partícipe do movimento modernista de São Paulo e do Rio de Janeiro (ainda que rachasse com alguns segmentos do movimento em 1926), sendo visto por seus contemporâneos como um dos "futuristas". Ellis Jr. esteve, por sua vez, ao lado dos "verde-amarelos", envolvido num projeto de reconstrução nacional, no qual o estado de São Paulo além de ser a base de uma narrativa de cunho regionalista, que visava dar subsídios a interpretação da Nação e fundamentar a escrita de uma história nacional, também cerceava o modo com que aqueles atores procuravam usar o passado para interpretar o presente, com o objetivo de fazerem a herança do passado ser restaurada no presente, por meio das ações dos "novos bandeirantes", que eles próprios eram herdeiros diretos e, portanto, seus legítimos continuadores. (ABUD, 1985; VELLOSO, 1993, p. 89-112).

Todavia, não estamos aqui circunstanciando uma mera disputa entre historiografia metódica oitocentista e movimento dos *Annales*, "passadistas" *versus* "futuristas", passado paulista *versus* história nacional, como indicam as próprias obras e as trajetórias de Ellis Jr. e de Sérgio, mas sim diante de um processo muito mais complexo, que mediou a passagem do autodidatismo para a profissionalização do trabalho intelectual do historiador e do crítico literário, e mediante estas disputas e contendas que se fundamentaria tanto o ofício de historiador, quanto a imagem que se formaria do *acadêmico* no país, a partir do final dos anos 1930.

Os espaços e os limites da "verdade histórica"

> [...] a História se inclina com simpatia para o específico. [...] ela reivindica o interesse pelo particular; reconhece o existente e o que tem

8 Como viria, muitas décadas depois, em meados dos anos 1970, a dirimir em sua análise da obra de Leopold von Ranke, originalmente publicada em 1974, na *Revista de História* da USP (HOLANDA, 1996c, p. 162-218).

> valor; opõe-se ao mudancismo negador; ela reconhece até mesmo no erro a sua parcela de verdade; eis por que ela vê nas filosofias já abandonadas, anteriormente vigentes, uma parcela do conhecimento eterno (RANKE. *O conceito de história universal.* In: MARTINS, 2010, p. 207).

Com tais palavras, Leopold von Ranke (1795-1886) distinguia o discurso histórico do filosófico, em seu texto: *O conceito de história universal*, de 1831 (Ranke. *O conceito de história universal.* In: MARTINS, 2010, p. 202-215). Nele o autor procurava traçar os princípios que fundamentavam a pesquisa histórica. E o primeiro deles [1] "é o amor à verdade"; depois, esta deveria ser amparada numa [2] "investigação documental, pormenorizada e aprofundada", na qual o [3] "interesse [pelo] universal", mediado por uma [4] "fundamentação do nexo causal" e em um [5] "apartidarismo", com vistas a [6] "compreensão da totalidade", que estabeleciam as bases seguras e essenciais para se proceder a investigação histórica.

Em *Sobre o caráter da ciência histórica*, Ranke (In MALERBA, 2010, p. 141-154) deu continuidade a sua análise (que, aliás, é uma versão revista do texto anterior), começando por sugerir que a "história distingue-se de todas as outras ciências por ser também uma arte", isto é, a "história é uma ciência ao coletar, buscar, investigar; ela é uma arte porque recria e retrata aquilo que encontrou e reconheceu", e porque enquanto outras ciências "satisfazem-se simplesmente registrando o que foi encontrado; a história requer a habilidade para recriar" (RANKE. *Sobre o caráter da ciência histórica.* In MALERBA, 2010, p. 141). Por sua vez, como ciência a história é parecida com a filosofia, e como arte com a poesia. Mas, enquanto a filosofia e a poesia lidam com o reino do ideal e da especulação, a história mantém-se detida sobre a realidade de outrora e em sua comprovação documental, por meio de provas e indícios do que restou sobre aquele passado, através do estudo minucioso das fontes. Além disso, a história também se distinguia dessas áreas, em função do objeto que aborda: os homens, as mulheres e as sociedades no tempo (BLOCH, 2001). Por isso, a "história [...] traz-nos para as condições de existência", e, nesse caso, "volta-se com simpatia para o particular" (MALERBA, 2010, p. 145).

É sabido o quanto os princípios do método definidos por Ranke fundamentaram o historicismo alemão, em sua primeira fase (dadas as críticas que sua obra recebeu no momento seguinte do movimento, a partir do final do século XIX)[9], e

9 Para maior detalhamento da questão, ver: WEHLING, 1994; FALCON, 1997; ARAUJO, 2008.

estes vieram a inspirar a historiografia metódica francesa do último quarto do século XIX, especialmente retratados no manual de Langlois e Seignobos, *Introdução aos estudos históricos*, de 1898 (DELACROIX, DOSSE, GARCIA, 2012). Do mesmo modo é sabido o quanto o historicismo alemão e a historiografia metódica francesa cercearam a fundação do IHGB e a pesquisa histórica brasileira do final do século XIX e das primeiras décadas do XX (WEHLING, 1994; GOMES, 1996, 2009; ANHEZINI, 2011). Mas, em que medida esta herança do Oitocentos esteve pautando a pesquisa histórica brasileira, após as críticas efetuadas pelas Ciências Sociais e pelo movimento dos *Annales*, que começaram a ser feitas nos anos 1930? Como os "historiadores por vocação" (GLEZER, 1976) entenderam essas contendas em meados dos anos 1930 no Brasil? É com base nestes pontos, que devemos analisar de que maneira era compreendida a "verdade histórica" nas primeiras décadas do século passado na historiografia brasileira. Nossa meta foi indicar de que forma tanto Ellis Jr. quanto *Sérgio* vislumbraram tais discussões em suas obras, especialmente, a de cunho romanesco e de crítica literária (que desenvolveremos a seguir). Esta produção estava intimamente articulada as suas análises históricas da sociedade paulista e da brasileira.

Para Ellis Jr., verdade e investigação documental profunda sempre estiveram entre seus principais princípios de método a direcionarem suas investigações históricas. Mas, por mais que viesse a citar a obra de Ranke, este vinha a ser sempre preterido pelo autor, que dava maior importância a obra de Fustel de Coulanges (1830-1889). E nesse caso a razão era mais política do que metodológica, e se complementava tanto com a dificuldade linguística, Ellis Jr. conhecia muito bem o francês, mas tinha dificuldade com o alemão, apesar de não deixar de ler certos autores, com sua paixão pela história antiga, comparando o "espírito espartano" e o "caráter estoicista"[10], com os ideiais paulistas de seu tempo. Além disso, Ranke defendia a unificação da Alemanha, num processo que se extendia desde, pelo menos, os anos 1830, e só viria a se consolidar, de fato, em 1870, e sua perspectiva era por uma história mundial. Por sua vez, Coulanges havia estudado as cidades-estados da Antiguidade Clássica em meados dos anos 1850 e 1860, e depois disso passou a estudar a história francesa durante o período medieval (HARTOG, 2003a), mas um domínio, ao que tudo indica, que não fora conhecido por Ellis Jr.

Com os desdobramentos do "golpe de 1930", a que muitas vezes Ellis Jr. se referiu (ELLIS Jr., 1933, 1934a, 1934b, 1936), este passou a defender mais ardorosa-

10 Para uma análise mais abrangente do tema, ver: CHAUÍ, 2002, 2010.

mente o estado de São Paulo, e para isso obras como a de Coulanges lhe davam subsídios condizentes, como o ideal separatista que defendeu no período, como opção para São Paulo sair daquela crise política e econômica. Como o autor nos indica em *A evolução da economia paulista e suas causas* (de 1937), Fustel de Coulanges, em um de seus livros dizia que "ao historiador necessita ser tão imparcial que deve sobrepor esse sentimento de imparcialidade mesmo ao do patriotismo", e seria o "que eu faço da maneira a mais rigida possivel" (ELLIS Jr., 1937, p. 29-30). Além disso:

> *Verifico e é facil o fazer que os que passaram pelas paginas do passado do Brasil como historiadores, não souberam observar esse sabio conselho do grande mestre francez. Tudo quanto se tem escripto em materia do passado da colonisação lusa na America sulina está bitolado pelas paginas carcomidas da famosa carta de Pero Vaz de Caminha e das letras amarelecidas de Rocha Pitta. Nada disso aproveita ao estudioso do passado e ainda menos ainda ao estadista contemporaneo, que queira buscar na experiencia do passado elementos para a solução de problemas do presente.*
> *É preciso que os quadros do passado sejam fielmente interpretados pelo cerebro a raciocinar, deixando de lado o coração lyrico a sentir. Isso só é possivel graças a imparcialidade. Sem ella o caminho errado, prenhe de damnosas consequencias conduzirá a lugar diverso do que foi objectivado e consequencias falsas seriam tiradas* (ELLIS Jr., 1937, p. 30).

Além de manter princípios muito próximos aos de Coulanges, porque, entre outras coisas, este mostrara a importância das localidades para a formação das nações, além de também fundamentar todas as suas propostas para se analisar o passado, mediante critérios que estabeleciam a pesquisa histórica em "moldes científicos". E era esse tipo de justificativa que Ellis Jr. buscava para demonstrar a importância de São Paulo para a formação do Brasil, especialmente, depois de 1930, quando o estado perdeu sua autonomia econômica e sua hegemonia política diante da Federação.

Para François Hartog (2003a), a obra de Coulanges é fundamental para se compreender o movimento da historiografia Oitocentista e a prática da história científica, que nela se formou. Para demonstrar o movimento deste autor e de sua obra na historiografia Oitocentista, ao ser também um praticante de seu modelo de história científica, Hartog toma por base não apenas a periodização de nascimento e morte de Coulanges (1830-1889), mas também a de rememoração, ampliação e crítica de seu legado (entre 1905 e a comemoração do centenário de seu nascimento em 1930). Para ele, embora a escolha mais provável fosse estudar a obra de Jules Michelet (1798-1874),[11] não o fez porque estava em uma universidade onde Fustel havia ensinado e esta mantinha uma sala com seu nome, e também porque "Michelet está [mais] do lado da memória [...] [e] Fustel está [mais] do lado da história" (HARTOG, 2003a, p. 19). Além do mais, a "escrita em nome do futuro conheceu no século XIX uma forma dominante e até evidente: a da história nacional", e também "nela, e sobretudo nela, se encontra a dissonância de Fustel, ele que jamais deixou de pensar na história recente da França, mesmo quando elaborou *A cidade antiga*" (HARTOG, 2003a, p. 23). Por outro lado, ao "longo de todo o século, os historiadores tentaram entender esse momento fundador [da Nação], e, portanto, inscrevê-lo e dar-lhe sentido no longo percurso da história da França", pois, daí "adveio, na verdade, o moderno conceito de história e definiu-se a tarefa (ou mesmo a missão) do historiador" (HARTOG, 2003a, p. 24).

Ao se tornar também leitor dos historiadores do século XIX, Fustel, nas últimas décadas de sua vida, efetuou certa "operação historiográfica", como a definiu Michel de Certeau (2002) de acordo com a articulação de um *lugar*, uma *prática* e uma *escrita*, mas dando ênfase apenas a conduta da *prática* de pesquisa, como notará Hartog. De acordo com Hartog, Fustel teria como "objeto privilegiado do historiador" o estudo (do que amplamente definiria) das *instituições*. Assim:

> Nesses avatares da história nacional de um século ao outro, Fustel de Coulanges propôs uma apreensão do nacional no tempo: rejeitada naquele momento, ela não deixou de avançar, com a sua série de equívocos (HARTOG, 2003a, p. 30).

Como o próprio Fustel indicará – no acervo de textos reunidos na segunda parte desta obra (HARTOG, 2003a) – minha "única preocupação será buscar a verdade, e, por muito cruel que esta possa ser, vou enunciá-la de acordo com minha convicção", visto que quando "*escrevo a história, já não sou um francês, sou um ser humano*" (HARTOG, 2003a, p. 185, itálico no original). De seu prefácio a respeito da discussão sobre a França e a Prússia entre 1815 e 1866, Fustel ainda acrescentará que: imparcial "*entre os dois povos, terei mais facilidade em sê-lo em relação aos*

11 Jules Michelet foi historiador francês, e é reconhecido por suas inovações no campo dos estudos históricos, pelos seus estudos sobre o povo, as mulheres, além de ter escrito uma extensa história da França.

governos e aos partidos" (HARTOG, 2003a, p. 186, itálico no original). Além do mais, ao circunstanciar as regras do método, em "A história, ciência pura" (de 1875), notou que:

> A história é uma ciência pura, uma ciência como a física ou como a geologia. Ela visa apenas encontrar fatos, descobrir verdades. Estuda o ser humano, em suas inúmeras diversidades, em suas incessantes modificações, como a fisiologia estuda o corpo humano, ou como a geologia observa e conta as revoluções do globo.
>
> Ela é tão imparcial, tão independente e tão impessoal quanto todas as demais ciências. Acrescento que ela nem sequer tem um objetivo prático.
>
> Ouço por vezes dizer que a história do passado deve ajudar-nos a entender o presente e a advinhar o futuro, e que pode, portanto, ser útil ao homem de Estado. Não nego isso de maneira absoluta, embora me incline a crer que o político fará muito melhor se observar o presente e se o conhecer bem do que se mantiver os olhos fixos no passado. Pode-se contudo tirar da história algum proveito para o presente e para o futuro. É possível que, ao nos mostrar como as sociedades humanas viveram em outras épocas, ela nos permita concluir por indução como devemos viver e como se viverá depois de nós. É possível que, ao nos dizer de que maneira se formaram as instituições sociais e políticas e de que modo duraram, ela [a História] nos ensine indiretamente em que condição um governo se institui e dura (HARTOG, 2003a, p. 305-6).

Destarte, que não "é preciso dizer que a verdade histórica só se encontra nos documentos", assim como também "não é preciso acrescentar que é pela análise correta de cada documento que o historiador deve iniciar seu trabalho", e que isso "consiste em examinar cuidadosamente cada elemento desse texto, em estabelecer o sentido de cada palavra e em apurar o verdadeiro pensamento de quem escreveu" (HARTOG, 2003a, p. 313). Porque, entre outras coisas, a "verdade não consiste em pensar de acordo com os textos, mas em pensar como eles" (HARTOG, 2003a, p. 338), mesmo que se admita que exista "a parcialidade que se reconhece e se confessa", e aquela "que não se vê e da qual não se escapa" (HARTOG, 2003a, p. 331). Por isso, ele mencionaria que a "história muda de acordo com as ideias que fazemos de cada época" (HARTOG, 2003a, p. 333).

Nessa incursão, apesar de não termos subsídios suficientes para aferir se Ellis Jr. teve contato direto com este texto de 1875, não há dúvida sobre o quanto se inspirou nos enunciados de *A cidade antiga* (de 1864), para compor parte de seus procedimentos e demonstrar a importância da verdade e da imparcialidade para se formular uma narrativa histórica com "caráter científico", pois, pautada em provas documentais. Não cabe aqui destacar as diferenças entre a obra de Coulanges e a de Ellis Jr., nem tampouco esmiuçar pormenorizadamente neste espaço o modo como esta foi sendo apropriada, de forma a também justificar certas posições de Ellis Jr. sobre a História e como deveria ser escrita, assim como a respeito de sua época.[12]

Já Sérgio viu em Ranke uma fonte de inspiração em suas pesquisas, ao lhe tomar o que ainda era *atual* em seus procedimentos para guiá-lo pelas veredas obscuras da documentação, e lhe criticar sua *inatualidade*, para pontuar sua interpretação do processo histórico, questão que será sistematizada em texto célebre dos anos 1970. (Cf. Holanda, 1996c, p. 162-218). Ao que tudo indica, Sérgio passou a ter contato direto com a obra de Ranke em sua estada na Alemanha em fins dos anos 1920 e começo de 1930, especialmente, por meio das críticas que então lhe eram feitas por Dilthey, Weber, Burckhardt e Meinecke,[13] ou mesmo na crítica arrasadora de Nietzsche sobre o historicismo alemão (MONTEIRO, EUGÊNIO, 2008; EUGÊNIO, 2011).

---

12 Evidentemente estamos aqui procurando dimensionar mais a aproximação de Ellis Jr. com o pensamento de Coulanges e Sérgio com o de Ranke. Mas é claro que em muitos pontos Ranke pensou o particular, ao passo que Coulanges o geral. No entanto, as escolhas dos autores em pauta estiveram atreladas ao contexto brasileiro dos anos 1930, assim como as suas predisposições políticas e teóricas. Agradeço a observação de José Vasconcelos, para que eu procurasse relativizar melhor esses pontos ao leitor.

13 Note-se que boa parte das obras que Sérgio possuía sobre esses autores foram adquiridas durante sua estadia em Berlim entre 1929 e 1930. Esse material pode ser pesquisado no setor de obras raras da Biblioteca Central da Unicamp, onde se encontra a biblioteca de SBH, com cerca de 10.000 títulos. Os relativos a esses autores são quase todas elas edições dos anos 1920, inclusive as relativas à obra de Ranke. Todos esses títulos encontram-se anotados, alguns deles com muitas anotações e comentários sugestivos. Infelizmente não temos como adentrar nestas questões neste espaço. Sergio da Mata, em seu artigo "Tentativas de desmitologia: a revolução conservadora em Raízes do Brasil", demonstrou como estas anotações são pertinentes para se avançar no conhecimento e na interpretação da obra de Sérgio Buarque de Holanda (Mata, 2016, p. 1-25). Link para acesso do texto: http://www.scielo.br/pdf/rbh/2016nahead/1806-9347-rbh-2016v36n73-005.pdf.

Contudo, não será nos anos 1930, nem tampouco na década de 1940, que apareceram as análises mais consistentes de Sérgio sobre a obra de Ranke. Durante esse período ele foi mais um apreciador das críticas sobre o momento inicial do historicismo alemão, do qual Ranke foi um de seus inauguradores. Detendo-se nas críticas que foram produzidas na Alemanha e na França, e, nesse caso, especialmente, aquelas provenientes do movimento dos *Annales*, do qual Sérgio procurou conhecer com as leituras que fez das obras de Marc Bloch, Lucien Febvre e Fernand Braudel (HOLANDA, 2004, 2011a, 2011b). Foi no início dos anos 1950 que Sérgio se voltou com maior propriedade para interpretar a obra de Ranke (e que se estenderá até os anos 1970), o que não quer dizer que, mesmo sem o referir, ao visualizar as críticas que lhe eram dirigidas, ele não estivesse a manter seu débito com a obra de Ranke, mesmo em suas pesquisas iniciais dos anos 1930 e 1940 (MONTEIRO, EUGÊNIO, 2008).

Em *A lenda negra*, texto publicado no *Diário Carioca* em 6 de abril de 1952, Sérgio ironicamente começa por observar que sem "documentos é impossível se escrever a história", mas desde o "declínio de certa historiografia simploriamente positivista, essa observação, que ainda em começo de nosso século [XX] tinha valor quase axiomático, perdeu aos poucos uma parte de sua força de atração" (HOLANDA, 2011b, v. 2, p. 178). No entanto, ao se ir abandonando o fetichismo dos "fatos", e no caso "o dos 'fatos históricos', não hesitaram muitos em abandonar igualmente, e creio que injusta e perigosamente, a noção de que os estudos históricos se hão de fundar sobre uma base largamente documental" (HOLANDA, 2011b, p. 178). Para ele:

> [...] havia uma coerência indissimulável entre essa tácita admissão e o conjunto dos seus propósitos e ideias. O princípio dominante, a própria razão de ser do método crítico, estribava-se, em realidade, na ambição de ver apagar-se o historiador em face de seu objeto, que fora a ambição de um Ranke antes de se tornar a dos positivistas (HOLANDA, 2011b, p. 178-179).

Ao voltar a discutir essa questão em *Verdade e ideologia III* (HOLANDA, 2011b, p. 205-210), publicado no *Diário Carioca* em 25 de maio de 1952, no qual discutia a obra de Caio Prado Júnior, *Dialética do conhecimento*, Sérgio retomou a discussão do historicismo alemão e as críticas que Meinecke dirigira a obra de Ranke. Neste período, apesar das análises empreendidas por Sérgio não deixarem de esboçar a fortuna crítica deixada pela obra de Ranke, só será nos anos 1970, que procurará, de fato, efetuar uma interpretação mais sistemática da obra deste autor.

Em *O atual e o inatual na obra de Leopold von Ranke* (de 1974), Sérgio começou por demonstrar que apesar das várias críticas feitas desde o último quarto do século XIX irem cada vez mais se estendendo sobre a obra deste autor, nem por isso esta deixava de ter certa *atualidade*. Entre esses pontos teria, para ele, que ser considerado que:

> Foi esse ideal [de neutralidade nos estudos históricos] que, ainda no pórtico de sua carreira de historiador, ele [Ranke] exprimiu numa fórmula que logo se celebrizaria. Disse então que o verdadeiro mister do historiador não consiste, como outros presumiam, no querer fazê-lo juiz supremo do passado, a fim de instruir os contemporâneos em benefício de vindouras gerações. Quem quer que se ocupe da história, ajuntou, em vez de se propor tão alta missão, deve contentar-se com ambições mais modestas (HOLANDA, 1996c, p. 168).

Apesar das várias críticas que Dilthey lhe dirigiu, observava Sérgio, e "que foi historiador, mas foi sobretudo filósofo, pode ver em Ranke, por esse motivo, o incomparável mestre da história encarada com objetividade e universalidade" (HOLANDA, 1996c, p. 170). Além disso, do mesmo modo que não cabia ao historiador tentar ser juiz do processo histórico, este também não devia fazer o papel de filósofo. Em suas aulas, Ranke "criou para os estudos históricos o sistema dos seminários, que aos poucos iriam proliferar em outros países" (HOLANDA, 1996c, p. 171), inclusive, no curso de Geografia e História da FFCL/USP (ROIZ, 2021). Na sua análise, Sérgio também mostra as aproximações entre as premissas de Ranke e as de Marc Bloch e de Lucien Febvre, apesar de o primeiro ser preterido pelos segundos em suas obras, em função das críticas que lhe dirigiam, assim como o faziam em relação aos historiadores metódicos de seu país. (DOSSE, 2003, 2004, 2009). Com relação às limitações de Ranke, uma nos parece de particular importância, quando se refere que "não está em que para ele o tempo histórico pode comportar um ontem, quando muito um hoje, cujo conhecimento nos é acessível através de pesquisas ou de experiências, mas sem abranger o amanhã, de contornos ainda esquivos", ou, mais precisamente, estaria "antes em sua insensibilidade para o que possa haver de virtualidade, de promessa, de agouro no hoje, para a parte do futuro contida no presente" (HOLANDA, 1996c, p. 186). E aqui parece estar alguns dos lampejos que apareceram nitidamente em *Raízes do Brasil*, em 1936, ao pensar caminhos para se subjugar o "caráter cordial" das relações sociais estabelecidas no

Brasil, em prol de um "espírito democrático", de viés americanista, apesar de tal pressuposto só estar desenvolvido substancialmente na edição de 1948.[14]

Evidentemente, tanto Ellis Jr. quanto Sérgio não reduziram suas premissas teórico-metodológicas apenas as leituras críticas que fizeram das obras de Coulanges e de Ranke, mas com base nelas foram construindo os fundamentos pelos quais lhe propiciaram atingir a "verdade" dos "fatos", ou ao menos tê-la como meta, em suas investigações históricas nas décadas de 1930 e 1940.

As fronteiras e as possibilidades da produção literária

> [...] mas se hoje parece óbvio que a cultura produzida no Brasil seja brasileira, ou possa ser entendida como tal, isso se deve também à atuação dos modernistas. Eles deram visibilidade, colocaram em discussão e problematizaram os tradicionais mecanismos sociais de transplante cultural numa sociedade de matriz colonial como a brasileira, sempre em busca dos últimos modismos europeus ou norte-americanos. E cuja adoção, ou macaqueação como então se dizia, porém, nunca alcançou êxito, dadas as muitas e incontornáveis particularidades e complexidades da sociedade brasileira. Mas os modernistas também contribuíram para evidenciar e problematizar os mecanismos de segmentação regional na sociedade brasileira [...] (BOTELHO, 2012, p. 106).

Ao analisar a trajetória de Mário de Andrade (1893-1945), André Botelho (2012) demonstrou a importância de seu papel no desenvolvimento do movimento modernista não só em São Paulo, onde cumpriu papel de destaque (MONTEIRO, 2012), mas também em outras partes do país, como articulador das perspectivas do movimento no Rio de Janeiro e em Minas Gerais.[15] Além disso, informava quais foram os méritos do movimento modernista na "redescoberta do Brasil pelos brasileiros", nos anos 1920 e 1930. Essa questão será o norte fundamental da "missão francesa" de professores que vieram para São Paulo lecionar na recém-criada Faculdade de Filosofia, Ciências e Letras da Universidade de São Paulo (FFCL/

14 Em muitos pontos de sua obra Sérigo não deixa esclarecido seu entendimento do termo, democracia, como esta poderia ser plenamente introduzida no país, ou como as barreiras "cordiais" seriam ultrapassadas na edição de 1936 (MATA, 2016; FELDMAN, 2016).

15 Para uma análise do surgimento do movimento modernista fora do Brasil, ver: GAY, 2009.

USP), em meados dos anos 1930, e da qual Ellis Jr. e *Sérgio* iriam fazer parte de seus quadros docentes nos anos 1940 e 1950. (FERREIRA, 2013; ROIZ, 2021). No Rio de Janeiro, primeiro com a Universidade do Distrito Federal (a UDF), criada em 1935, e depois extinta com a fundação da Universidade do Brasil e sua Faculdade Nacional de Filosofia, Ciências e Letras, no início de 1939, formou-se igualmente uma atmosfera propícia a "redescoberta do Brasil", em função do papel exercido pelos professores franceses que lá também estiveram em "missões", durante este momento inicial de formação das instituições e de seus cursos, como o de Geografia e História (FERREIRA, 2013).

No campo da literatura, há muito vem se desenvolvendo a tese de que o Modernismo não criou um *antes* e um *depois*, em função da Semana de Arte Moderna de 1922, que se deu em São Paulo, mas sim que o movimento esteve alicerçado a outras iniciativas que vinham se formando desde o início daquele século, daí a incongruência do termo "pré-modernista". (SEVCENKO, 1992, 1993, 2003; GOMES, 1999; LUCA, 1999, 2011; MICELI, 2001; MARTINS, 2022).[16] O que não quer dizer, evidentemente, que o Modernismo não tivesse sido inovador em vários pontos (ROCHA, 2011; MONTEIRO, 2012). Ao mesmo tempo, o movimento não esteve apenas em São Paulo, de onde surgiu as primeiras manifestações, mas esteve articulado a iniciativas provenientes tanto de Minas Gerais, quanto do próprio estado do Rio de Janeiro (GOMES, 1999; LUCA, 2011).

Para João Cezar de Castro Rocha (2011), os efeitos do modernismo brasileiro não estiveram apenas em manifestar uma extraordinária corrente de sugestões, obras e manifestos, que vinham a compor um painel sobre a história do país, como vieram também a expor uma nítida redescoberta sobre o (próprio) sentido do termo e da história do "povo brasileiro". Para ele, os efeitos do Modernismo se deram conjuntamente com a disputa que se manifestou entre a *cátedra* e o *rodapé*, no momento mesmo em que o discurso e a memória do movimento se cristalizavam em meados dos anos 1940, vindo, por isso, a também estabelecer um arcenal crítico aos

16 Como ressalta ainda Flora Sussekind: "Entre o 'cinematógrafo' de que fala Artur Azevedo, o 'cinematógrafo de letras', de João do Rio, e as montagens de Oswald, operam-se significativas mudanças de perspectiva. Passa-se de uma compreensão, sobretudo, documental do aparelho à noção de que, por trás da câmera, haveria o olhar do seu operador, fixando 'impressões pessoais' na fita, e já na década de [19]20, à compreensão de que o cinematógrafo envolveria uma linguagem própria, de que não apenas *reproduziria* imagens, mas as *produziria* de acordo com uma sintaxe e uma lógica peculiares" (2006, p. 135-136). Ver também: JACKSON, 2002; PESAVENTO, 2003, 2004; NICOLAZZI, 2011.

profissionais, os críticos literários, que começavam a se formar nos cursos de Letras e de Ciências Sociais das récem-criadas Faculdades de Filosofia, Ciências e Letras do país – fundadas a partir dos anos iniciais da década de 1930. Em suas palavras:

> O Modernismo não se impôs em 1922, relegando sumariamente a tradição ao olvido, embora sem dúvida tenha anunciado rumos que se tornaram hegemônicos a partir de 1930, porém [...], com a obrigação paradoxal de condenar o impulso iconoclasta subjacente à Semana de Arte Moderna. De igual modo, a crítica universitária não se impôs em 1948 desterrando sem mais a crítica de rodapé, mas seu projeto foi sem dúvida articulado nesse marco zero de sua modernidade. O paralelismo importa porque o estabelecimento da crítica universitária, quando o curso de Letras começa[va] a ser organizado segundo o modelo atual, foi decisivo para a assimilação plena do legado modernista, especialmente de suas ousadias formais e linguísticas, pois, tanto a arte de vanguarda quanto a crítica universitária valoriza[va]m o caráter autotélico da linguagem litarária, em geral, e da linguagem poética, em particular. Portanto, a cátedra e o Modernismo compartilha[va]m afinidades eletivas fundamentais e, na formulação do projeto institucional da cátedra, os ideais estéticos modernistas desempenharam um papel de grande relevância (ROCHA, 2011, p. 293-294).

Muito embora, somente em longo prazo a cátedra tivesse vencido a disputa com os rodapés, e criado meios para os críticos literários profissionais se articularem as iniciativas da imprensa periódica brasileira, por estarem também municiados pelo discurso modernista, nem por isso o rodapé deixou de coexistir no momento preciso da disputa entre os anos 1940 e 1950. Apesar de esta intempestiva situação ter sido inicialmente centrada pelo debate travado, a partir de 1948, entre Afrânio Coutinho (1911-2000) e Álvaro Lins (1912-1970), os seus efeitos foram sentidos para muito além de seus lugares de ação, como os jornais e a universidade. Para ele, a "disputa pela hegemonia linguística, com a consequente substituição do francês pelo inglês, é inseparável da polêmica da catedrá com o rodapé" (ROCHA, 2011, p. 185), e, naturalmente, "Lins lutava para preservar a trincheira do rodapé, ou seja, da imprensa, e, para tanto, relativizava o meio considerado por Coutinho como o único adequado para a produção de crítica literária propriamente dita: revistas especializadas e livros" (ROCHA, 2011, p. 194).

Ao mesmo tempo em que se dava esta disputa, "a avaliação do legado da Semana de 1922 enfrentou uma hostilidade inicial que se prolongou por algumas décadas" e a "maior novidade da crítica universitária residiu na aceitação", desde meados dos anos 1930 (quando começava a se cristalizar o discurso e a memória do movimento modernista), e "em princípio incondicional, das conquistas do Modernismo", e esse "aspecto é mais importante do que o pretendido abismo entre rigor científico e impressionismo diletante, em tese o fundamento da batalha da cátedra contra o rodapé" (ROCHA, 2011, p. 272). E foi justamente no interior dessas contendas que se moveram Ellis Jr. e Sérgio, entre os "verde-amarelos" e os "futuristas" de São Paulo nos anos 1920 e 1930. Como nos informa o próprio João Cezar de Castro Rocha:

> [...] a trajetória de Sérgio Buarque de Holanda é exemplar. Jovem aliado dos modernistas, editor, junto com Prudente de Moraes Neto, da revista *Estética*, em 1936 publicou seu primeiro livro, o ensaio *Raízes do Brasil*, cujo título anunciava o novo norte a ser seguido pelas gerações pós-1922: investigar o passado, a fim de intervir com propriedade na definição do futuro. Não se confunda, porém, esse elã com a noção clássica de "*Historia magistra vitae*"; afinal, o propósito não era aproveitar as lições do passado, a fim de aplicá-las, sem modificações, num presente estável, mas, muito pelo contrário, transformar esse estudo num instrumento de transformação social (ROCHA, 2011, p. 278-279).

Já Ellis Jr., como nos indica Antonio Celso Ferreira:

> [...] ficaria conhecido como um dos principais ideólogos do regionalismo paulista, manteve contatos políticos estreitos com os verde-amarelos, apesar de não ter participado das experiências estéticas do modernismo. As suas ligações com o grupo iniciaram-se em 1923, quando ingressou na redação do jornal *Correio Paulistano*, sob indicação do mestre Taunay, então se juntando a Menotti, Cassiano Ricardo e Plínio Salgado, também colaboradores do jornal e líderes da corrente. Foi o último e mais radical expoente de uma safra de intelectuais dispostos a cantar as glórias de São Paulo, e com ele se encerra este capítulo (FERREIRA, 2002, p. 331).

Com base na análise do item anterior e nos pontos que começamos a destrinchar neste é que procuraremos refletir nesse momento de que maneira era então concebida a produção literária nos anos de 1920 e 1930, dando especial destaque ao grupo "modernista" e aos "verde-amarelos" (que se desdobrou daquele movimento), os quais, respectivamente, Sérgio e Ellis Jr. foram partícipes. Não é nosso objetivo refazer a história desses movimentos (sabidamente conhecida), mas tão somente elencar os meios pelos quais os autores em pauta participaram deles, tirando o que de útil lhes parecesse para efetuarem suas investigações históricas e suas investidas pela crítica e pela produção literária.

Não há dúvida de que o contexto no qual se moviam aquelas iniciativas cruzavam-se com os debates então em voga sobre a propriedade do uso do termo "raça", e a aparente novidade com que se apresentava a noção de "cultura", para se interpretar os grupos étnicos brasileiros. (VENTURA, 1991; SCHWARCZ, 1993; SKIDMORE, 2012). Para Thomas Skidmore:

> No final de 1921, os artistas rebeldes tinham se tornado revolucionários em seus ataques ao establishment cultural liderado por Olavo Bilac, Coelho Neto e Rui Barbosa. Declararam guerra total contra a fraseologia gramaticalmente impecável da literatura abençoada pela Academia Brasileira de Letras e apregoaram uma nova estética baseada no impulso e na contemporaneidade. [...] A Semana de Arte Moderna marcou de fato a transição entre uma fase destrutiva e uma fase construtiva, à medida que os escritores tradicionalistas começaram a ser obscurecidos pela avalanche modernista (SKIDMORE, 2012, p. 249-250).

E a aproximação de Sérgio com os modernistas paulistas, especialmente as obras de Mário e Oswald de Andrade, e com os textos iniciais de Gilberto Freyre (1979, 2v.), que se desdobrariam em seu *Casa-grande & senzala* (de 1933), foram-lhe aguçando uma atitude crítica com relação ao uso do termo "raça" no interior daquelas contendas, ao passo que a noção de "cultura" vinha a servir de *lócus* analítico promissor para pensar a história do país, como pode ser visto em seus primeiros escritos para a imprensa periódica do Rio de Janeiro e de São Paulo nos anos 1920 e 1930 (HOLANDA, 1989, 1996a, 2011a; PRADO, 2004). Depois se reafirmaria na primeira edição de *Raízes do Brasil* (em 1936). Evidentemente, não há dúvida sobre o quanto Sérgio procurou rever suas posições nos anos 1940, inclusive, sobre a obra de Gilberto Freyre, Carl Schmidt e outros (ROCHA, 2008; MATA, 2016), sendo ao mesmo tempo autocrítico em relação a sua produção anterior (NICODEMO, 2008, 2011), quando então avançava em suas análises, com seu livro *Monções*, de 1945, e com os primeiros textos que dariam forma a *Caminhos e Fronteiras*, que foi publicado em 1957. (WEGNER, 2000). Mas, as afinidades e as críticas de Sérgio sobre os modernistas, além de poderem ser vistas em seus textos dos anos 1920 (HOLANDA, 1996a, p. 141-270), também podem ser igualmente apreciadas nas missivas trocadas entre ele e Mário, durante o período de 1922 a 1944 (MONTEIRO, 2012) – como veremos abaixo.

Para formularem suas interpretações, por outro lado, os modernistas, os "futuristas" de São Paulo, se punham a tarefa de repensar os cânones da história literária, de modo a romperem certas barreiras, nas quais o discurso literário se encontrava então enclausurado (CANDIDO, 2011; LUCA, 2011). Apesar de não deixarem de embeber-se nos ventos que sopravam dos Estados Unidos e da Europa (GAY, 2009), os modernistas de São Paulo não se limitavam a uma mera cópia de técnicas e valores, antes se reapropriavam delas para pensarem as especificidades da formação histórica e cultural brasileira, dando-lhes ao mesmo tempo novas feições e usos locais (PRADO, 2004; LUCA, 2011; ROCHA, 2011). Para o Gilberto Freyre (1900-1987) de *Tempo de aprendiz* (1979, 2v.), que nos anos 1920 se encontrava municiado na produção de manifestos regionalistas no Nordeste brasileiro, após seu retorno dos Estados Unidos, onde fazia estudos na Universidade de Columbia (PALLARES-BURKE, 2005), viu em *A propósito de Guilherme de Almeida*, publicado no *Diário de Pernambuco* em 15 de Novembro de 1925, que:

> O chamado "futurismo" de certos poetas e artistas jovens do Brasil tem mais de "primitivismo" ou "instintivismo" que de "futurismo" ou "modernismo". E sendo uma volta contra o passado imediato não é, nos melhores novos, uma volta total. Eu poderia sobre este ponto recordar o muito que deve o traço, hoje deliciosamente brasileiro, do Sr. Vicente do Rego Monteiro – um modernista à sua maneira: nada a la Semana de Arte Moderna – à influência dos primitivos e dos pré-rafaelitas (FREYRE, 1979, v. 2, p. 226).

Mas não ficaram apenas aí as ressalvas sobre o Modernismo e aos modernistas de São Paulo. Surgindo no interior do movimento modernista, mas ao longo dos anos 1920, e, principalmente, depois dos anos 1930, começando a destoar de algumas de suas premissas, os "verde-amarelos" constituíram um grupo importante de "agentes sociais" a pensarem a formação histórica e cultural do Brasil, por meio de uma maior pormenorização da de São Paulo (VELLOSO, 1993, p. 89-112). Mas, as dissidências não se reduziram apenas aos "verde-amarelos", como nos lembra Antonio Arnoni Prado (2010), mas igualmente se prolongaram por outros agentes, setores e movimentos, cuja safra conservadora impregnada em suas formações, revelava-se cristalinamente quando os líderes do movimento modernista, especialmente, Oswald e Mário de Andrade passaram a acentuar cada vez mais suas posições nos debates políticos e culturais de seu tempo presente. E isso ocorreu simultaneamente com o processo de cristalização de certas obras, autores e eventos no interior do movimento modernista, a partir da década de 1930, e o que vinha a causar a recusa de outros "agentes sociais" em relação às posições defendidas por Mário e Oswald.

Para Mônica Pimenta Velloso (1993), se a princípio poderiam ser encontradas premissas comuns entre os "modernistas" e os "verde-amarelos", como: a vontade de encontrar uma "identidade nacional, rompendo com um passado de dependência cultural" com o exterior, especialmente sobre os meios pelos quais a realidade brasileira era analisada com base em modelos analíticos vindos da Europa; preocupavam-se em reformular "a função da literatura na sociedade"; questionavam o papel que deveria ser exercido pelo "intelectual" na sociedade; colocavam-se diante de uma "função eminentemente pedagógica na sociedade"; ao mesmo tempo em que visavam "combater seus adversários passadistas para realizar a revolução literária" (VELLOSO, 1993, p. 90 e 93). E, nesse processo, "o manejo de recursos simbólicos destinados a 'ideologizar' a superioridade paulista", atingiu ao longo dos anos 1920, e, depois, com ainda maior envergadura nos anos 1930, "dimensões surpreendentes" (VELLOSO, 1993, p. 94). Contudo, enquanto para Oswald e Mário de Andrade a incorporação da modernidade se fazia por meio de uma leitura crítica do passado, tendo em vista o desenvolvimento urbano e industrial de São Paulo e o cosmopolitismo do Rio de Janeiro. Para Menotti del Picchia, tal leitura se fez com um ataque direto ao Romantismo, por meio de uma expressiva tentativa de restauração de uma "herança cabocla" e "rural".[17] Para ela:

> [...] o que está em primeiro plano [para o grupo verde-amarelo] é o culto das nossas tradições, ameaçadas pelas influências alienígenas, tornando-se, por isso, urgente a criação de uma "política de defesa do espírito nacional". Assim, a valorização do regionalismo coloca[va]-se como imprescindível porque possibilitava "delimitar fronteiras, ambiente e língua local". E mais: só o regionalismo é capaz de dar sentido real no tempo e no espaço, já que o ritmo da terra é *local*. Assim, o

17 Não temos como detalhar aqui com a devida consistência e exemplificação essa questão, que mereceria atenção a parte, e pode ser vista com maior propriedade em: VELLOSO, 1996; FERREIRA, 1996, 2002; LUCA, 1999, 2011; MONTEIRO, 2012.

> brasileiro não deve acompanhar o ritmo da vida universal, pois este é abstrato, genérico e exterior. A alma nacional tem um ritmo próprio que deve ser respeitado custe o que custar. É este senso de extremado localismo que marca a doutrina verde-amarela, diferenciando-a do ideário modernista (VELLOSO, 1993, p. 97).

Em sua defesa do "caipirismo como elemento definidor da brasilidade", os "verde-amarelos" acabaram se indispondo com o grupo antropofágico e com a corrente lidarada por Mário de Andrade, com a justificativa de que os antropofágicos se mantinham ligados estreitamente a correntes europeias para interpretarem a realidade nacional, e a corrente de Mário limitava-se a mero intelectualismo, e não conseguia perceber o genuinamente nacional (VELLOSO, 1993, p. 96-97). Além disso, as ideias "do particular, da fronteira e da guarda do primitivo" passavam, entre eles, a "constituir as bases do seu nacionalismo cultural" (VELLOSO, 1993, p. 97), onde, não por acaso:

> Para os verde-amarelos, São Paulo se apresenta[va] como o cerne da nacionalidade brasileira, justamente pela sua configuração geográfica. A originalidade da geografia paulista investiu a região de um destino especial: ser o guia da nacionalidade brasileira. O argumento se desenvolve da seguinte forma: diferentemente das demais regiões do país, em São Paulo os rios correm em direção ao interior. Este fato teria obrigado os paulistas a caminharem em direção ao sertão, abandonando o litoral. Por uma questão de fatalidade do meio ambiente, eles se tornaram, então, bandeirantes e desbravadores. Ao se internarem nos sertões, os bandeirantes teriam abdicado dos falsos valores do litoral-alienígena para encontrar os filões do Brasil-autêntico, que é o rural. [...] [e] Na formação da cultura brasileira, o litoral representaria a parte falsa e enganadora do Brasil por reproduzir os valores estrangeiros (VELLOSO, 1993, p. 100).

Daí as ressalvas que foram construindo contra os modernistas de São Paulo e do Rio de Janeiro. Com a perspectiva de demonstrarem a propriedade de seus pontos de vista, viam que as cidades encarnavam a noção de *tempo*, da velocidade e da rapidez desenfreável, ao passo que o campo estava impregnado com a noção de *espaço*, na qual os homens se ligavam diretamente com a terra e a natureza, formando vínculos duradouros entre eles e seu meio ambiente local. Daí, por conseguinte, a defesa que faziam das raízes rurais do passado nacional, que davam a autenticidade do Brasil aos brasileiros. Por isso o "espírito citadino" era um dos grandes males do país a serem resolvidos (VELLOSO, 1993, p. 102-103). Também nesse caso, para os "verde-amarelos" foi "São Paulo que deu início ao processo nacionalizador", por meio da "epopeia das Bandeiras", e "em pleno século XVI, o estado partiu para a conquista do território", o que lhes justificava, de certo modo, que caberia, portanto, a São Paulo a função de "coordenar todas as vozes regionais, assegurando a comunhão brasileira" (VELLOSO, 1993, p. 104).

Foi no início dos anos 1920, quando Menotti del Picchia assumiu o cargo de crítico literário e de redator de *O Correio Paulistano*, com a participação constante de Cassiano Ricardo, Plínio Salgado, Cândido Motta Filho e Afonso de Taunay, e a partir de 1923 viriam a contar também com a participação de Alfredo Ellis Jr., que este seria o grupo que cercearia os ideais do movimento "verde-amarelo" (VELLOSO, 1993; FERREIRA, 2002; ANHEZINI, 2011). Apesar de os laços de Ellis Jr. serem estreitos com Menotti (com quem publicou em 1928 o romance *O thesouro de Cavendish*), seria com Taunay que estes laços (profissionais e de amizade) se manteriam mais profundamente ao longo do tempo. Tome-se como exemplo, que já em 24 de setembro de 1922, ao responder ao pedido de auxilio financeiro de Taunay, para o Museu Paulista onde era seu atual diretor, assim se colocava Ellis Jr.:

> Conversei com meu Pae, sobre o pedido de auxilio ao Museu, tendo meu Pae, abraçado a idéa com effusão, pedindo apenas uma exposição minuciosa, do Museu Histórico, e a carencia do auxilio, afim de o habilitar a defender um projecto que apresente nesse sentido.
> Estou certo que meu presado mestre enviará com prestesa esta exposição, pois esforço-me para que seja apresentado a medida ainda este anno, para figurar no orçamento para 1923. Meu Pae lembrou, a formula de subvenção annual, como mais viavel.[18]

18 *Carta de Alfredo Ellis Júnior a Afonso de Taunay, Rio de Janeiro, de 24 de setembro de 1922.* Arquivo Permanente Museu Paulista/Fundo Museu Paulista (APMP/FMP), 1ª entrada, pasta 117. Em 29 de Setembro de 1922, Taunay responde a AEJ, sobre seu pedido de auxilio para o Museu Paulista. *Carta de Afonso de Taunay a Alfredo Ellis Júnior, de 29 de setembro de 1922.* Arquivo Permanente Museu Paulista/Fundo Museu Paulista (APMP/FMP), 1ª entrada, pasta 117. E em 26 de Novembro daquele ano, Taunay entraria em contato com o senador Alfredo Ellis, para lhe esmiuçar, como lhe fora solicitado, o pedido de subvenção para o Museu. *Carta de Afonso de Taunay ao senador Alfredo Ellis, de 26 de novembro de 1922.* Arquivo Permanente Museu Paulista/Fundo Museu Paulista (APMP/FMP), 1ª entrada, pasta 117. Agradeço a gentileza de Karina Anhezini

A amizade que se formou entre ambos, desde o tempo em que Ellis Jr. fora seu aluno no Colégio São Bento, na década anterior, manteve-se numa rotina de missivas, nas quais se apresentava tanto questões políticas, como as indicadas acima, como questões profissionais, nas quais Ellis Jr. expunha o andamento de seu trabalho para o antigo mestre, como o fez em carta de 23 de novembro de 1923, na qual lhe mostrava o andamento de sua obra *O Bandeirismo paulista e o recuo do meridiano.*[19]

Assim, após indicarmos sinteticamente o percurso de Ellis Jr. e de Sérgio por entre os "verde-amarelos" e os "modernistas", respectivamente, e mostrarmos algumas de suas discussões sobre como deveria ser escrita a história, devemos a seguir inquirir melhor como pensaram a "verdade" e as relações desta com suas obras literárias e históricas do período.

A "verdade histórica" em Alfredo Ellis Jr.

> A revolução venceu. O presidente Washington Luis, homem de uma probidade e de uma rigidez de caracter admiráveis, não tinha, entretanto, o senso preciso na escolha de seus auxiliares. Fez-se rodear por uma turma de ineptos que o traziam mal informado. E o presidente tinha uma idéa erronea da situação. Dest'arte, não tomou as providencias necessarias, a tempo, e deixou cégamente que os companheiros do presidente Vargas se armassem e depois desferissem a rebeldia, que, afinal, venceu por varias coincidencias que, conjugadas, tornaram ineficaz a acção energica do presidente Washingtou[20], sempre sincero e de estremada boa-fé no seu proceder.
> Sempre fôra assim! Minas, São Paulo e Rio Grande representaram sempre, os tres trunfos na politica brasileira. Sǫ com esses elementos a politica se vem fazendo desde que o Imperio baqueou em 1889. São os unicos Estados que representam, pelo seu poder economico, os factores de importancia no taboleiro politico do Brasil. O resto de nada vale ou, antes, é um factor desprezivel. Não tem poder economi-

(da UNESP/Franca) por ter me cedido às missivas trocadas entre Ellis Jr. e Afonso de Taunay, que usou em suas pesquisas.

19 *Carta de Alfredo Ellis Júnior a Afonso de Taunay, São Paulo, 23 de novembro de 1923.* Arquivo Permanente Museu Paulista/Fundo Museu Paulista (APMP/FMP), 1ª entrada, pasta 120.

20 Grafia errada no original.

> co, não tem poderio, enfim, não tem influenciado na politica nacional brasileira.
> Eis que se apresenta o problema da sucessão do presidente Washington. Minas, mais experta, depressa ligou-se ao Rio Grande do Sul, deixando São Paulo isolado. E por força tinha que vencer (ELLIS Jr., 1936b, p. 192-193).

Foi assim que o coronel Villela expôs a situação do estado de São Paulo em meados da década de 1930, para seu interlocutor Arlindo Silveira, como nos conta Ellis Jr., em seu: *Jaraguá: romance de penetração bandeirante*, no quarto capítulo de sua narrativa, não por acaso, intitulado *Os parasitas*, e que fora publicado pela primeira vez em 1936. A mesma explicação apareceu, quase com as mesmas palavras em *A nossa guerra* (de 1933), que Ellis Jr. havia escrito em 1932, logo após os desdobramentos da "Revolução Constitucionalista", da qual havia participado no *front* de guerra. Esse romance histórico estava ligado a outros. Desde meados dos anos 1920, Ellis Jr. estava praticando a escrita de textos literários, ao lado de sua produção histórica, e uma parte destes textos começava a aparecer com maior regularidade no *Correio Paulistano*, onde após 1923, Ellis Jr. estreitava suas relações com o redator do jornal, Menotti del Picchia (1892-1988), e com autores como Cassiano Ricardo, Plínio Salgado, Cândido Motta Filho e, particularmente, Afonso de Taunay, como vimos acima.

Em 1928 havia publicado *O thesouro de Cavendish* (1928), em parceria com Menotti del Picchia, e *Pedras lascadas* (1928). Com as alterações do contexto, que se deram entre 1929 e 1932, Ellis Jr. ocupou-se de narrar ao mesmo tempo à história dos bandeirantes, por meio de suas pesquisas históricas, que haviam sido iniciadas na década anterior, e contar as "aventuras" destes "desbravadores" em seus romances: *O tigre ruivo* (1934g) e *A madrugada paulista – lendas de Piratininga* (1934h), publicados em 1934, *Amador Bueno o rei de São Paulo* (1935i), editado no ano seguinte, e cujo desfecho, de certo modo, se daria em *Jaraguá: romance de penetração bandeirante*, de 1936. Para Antonio Celso Ferreira, o "leitor preferencial de *Jaraguá* pode ter sido o velho paulista, talvez um tanto ressentido com os reveses de 1932, e por isso mesmo identificado com as glórias locais do antanho e suas personagens heroicas" (FERREIRA, 2002, p. 337). Além disso:

> Não há nada no livro que lembre a experimentação estética modernista, apesar do contato que o autor manteve com a vanguarda literária verde-amarela. Ao contrário, Ellis Jr. procurou montar sua narrativa

> nos moldes dos romances históricos do século XIX. Algumas personagens de *Jaguará* podem, até mesmo, prestar-se a leituras intertextuais, se cotejadas às páginas de José de Alencar, mestre do gênero, ou de Júlio Ribeiro, pioneiro na temática do sertanismo paulista. A proximidade com este último autor é flagrante, não só pelo assunto comum, como também pelo enredo rocambolesco e excessivamente maniqueísta (FERREIRA, 2002, p. 337-338).

Se no estilo e na experimentação não havia nos textos de Ellis Jr. evidências de uma aproximação com a vanguarda literária "verde-amarela", havia sim em relação aos projetos de escrever a história de São Paulo, como o fundamento para o desenvolvimento da própria história do país – como vimos no item anterior. Mas, mais importante do que formarmos tais conjecturas, é o de destacar que apesar das temáticas estarem articulas entre seus textos literários e suas narrativas históricas, nem por isso Ellis Jr. viria a aproximar História e Literatura. Em vista das diferenças para as quais o autor via entre ambas, especialmente, no que dizia respeito ao caráter "verossímil" e "realista" das narrativas históricas, amplamente pautadas em "fontes documentais", que além de lhe creditarem um patamar "verdadeiro" em suas afirmações e interpretações sobre as sociedades de outrora, tais premissas ainda favoreciam a compreensão dos estudos históricos em "moldes científicos" (ELLIS Jr., 1934b, 1934c, 1936a, 1937). Contrariamente, porém, as suas assertivas, o que vemos são nítidas experimentações em seus textos literários, que mais que estarem voltados para um público específico de leitores ressentidos com os "efeitos de 1932" (sobre o estado de São Paulo), parecia justamente o de querer educar e preparar as "novas gerações" para exercerem o papel de "novos bandeirantes" em seu Estado. Daí o tom igualmente "realista" que cerceava suas narrativas literárias, nas quais muito embora não tivessem diretamente o cotejamento com as fontes documentais do período a que se referiam, estas nitidamente traziam a experiência de pesquisa de seu autor, juntamente com as suas memórias sobre os eventos de 1932, que então eram habilmente articuladas nas falas de seus personagens em *Jaguará*. É justamente com esta perspectiva, que procuramos discutir neste item os romances históricos de Ellis Jr. e como eles estiveram articulados a sua produção histórica dos anos 1930.

Ao compararmos seus livros didáticos de *História* e de *Geografia* da 1ª a 5ª série do ensino secundário, publicados entre 1934 e 1935, com os seus romances históricos sobre as jornadas bandeirantes, publicados entre 1934 e 1936, observa-se justamente o sentido pedagógico expresso em ambos. Há entre eles um nítido objetivo de *formação*, não só de leitores e apreciadores da história regional, mas principalmente de "novos cidadãos", com o intuíto de que incorporassem o sentido "desbravador" genuíno dos "velhos bandeirandes", para que pudessem exercer seu papel no estado de São Paulo, como os "novos bandeirantes" do século XX. Tome-se o exemplo de "bravura" oferecido por Ellis Jr. em seu romance histórico, *Jaguará*, quando em 1932, durante as investidas do exército paulista contra os da Federação, assim se posicionavam no *front* de guerra:

> Poucos delles são paulistas, mas eu me reverencio deante das suas figuras que se agiganta[va]m projectadas no meu espirito, pelo que fizeram e eu assisti, quando a batalha fervilhante nos collocava deante da morte possivel, atravessando juntos, hombro a hombro, todos os perigos e vencendo lado a lado todos os obstaculos (ELLIS Jr., 1936b, p. 249).

Aliás, esse será também o papel que Ellis Jr. tomará para si, ao narrar a história de sua família, nos anos 1940 e 1950, destacando, especialmente, as atitudes e as funções exercidas, primeiro, pelo avô, o tenente-coronel Francisco da Cunha Bueno, que no século XIX teria sido um pioneiro do café, e, depois, de seu pai, Alfredo Ellis, como político *exemplar* da Primeira República (ELLIS Jr., 1949, 1950, 1960), para culminar em suas próprias ações como advogado, político, professor e historiador das "coisas" e das "causas" paulistas.

Note-se ainda que neste período Ellis Jr. *já havia escrito O bandeirismo paulista e o recuo do meridiano* (1924), nos anos 1920, no qual conjecturava sobre as primeiras bandeiras de 1599 até 1690, onde destacava: João Pereira de Souza Botafogo, Domingos Rodrigues, André de Lião, Nicolau Barreto Croquis, Belchior Dias Carneiro, Martin Rodrigues, Lazaro da Costa, Antonio Pedroso de Alvarenga, Henrique da Cunha Gago, o velho, Sebastião e Manuel Preto, Fernão Dias Paes, João Correa de Sá, Amador Bueno, dentre outros – e que retomou, em 1939, na sua tese de cátedra *Meio século de bandeirismo (1590-1650)*, na qual se ocupou com "novas pesquisas na documentação arquival paulista, de publicação oficial, comparadas com conhecimentos anteriores" (ELLIS Jr., 1939, p. 2 e 3), tal como apareceu no subtítulo da tese. Esses estudos lhe deram base para enveredar em outras investigações sobre os "velhos" e os "novos" bandeirantes de sua terra. O processo de pesquisa e, depois, de escrita da história desses "pioneiros", os bandeirantes, em suas obras dos anos iniciais da década de 1930, favoreceu-lhe ainda na elaboração de seus enredos literários, como podemos notar em muitas passagens de *A madru-*

gada paulista – lendas de Piratininga (1934h) e de *Amador Bueno o rei de São Paulo* (1935i).

Em 1926, com seu livro, *Raça de gigantes* (1926), Ellis Jr. destacava a peculiaridade "étnica" e "racial" do povo planaltino, cujo cruzamento do português com o indígena da terra, deu origem ao "mameluco paulista", e como mostrou em seu *Populações Paulistas*:

> A gente paulista que se vem formando depois da immigração de 1888 para os nossos dias [anos 1920 e 1930], poderá ter variado na sua composição racial. A marcha evolutiva está porem fatalisada. O mesmo "berço esplendido" que produziu o bandeirismo ou a formação da lavoura de café é o que impera. Eis a mesma mesologia geographica, com a mesma climatologia, o mesmo solo, a mesma configuração etc. a servir de ambiente externo para a nossa gente. Seja qual fôr, ella terá de ser sempre superior; ella terá sempre que produzir phenomenos humanos-sociaes ofuscantes (ELLIS Jr., 1934c, p. 10).

Era justamente por isso, que nos anos iniciais da década de 1930, as duas obras (*O bandeirismo paulista e o recuo do meridiano* e *Raça de gigantes*) estavam sendo revistas, além de vir elaborando outros estudos sobre as *Populações Paulistas*, que foram publicados em 1934, mas cujos originais já se encontravam prontos bem antes. Esses também deveriam ser publicados no *Correio Paulistano*, mas enquanto "*Populações Paulistas* estava na redacção desse jornal, quando, sobrevindo o movimento de [19]30, foi ella vandalicamente destruida", e os "originaes do '*Populações Paulistas*' acompanharam a desdita da redacção do *Correio Paulistano*, victima innocente da voragem destruidora dos alliados do Sr. Getulio Vargas, esses que, confessam hoje, tiveram a boa fé de abrir as portas de Itararé ao invasor da nossa terra" (ELLIS Jr., 1934c, p. 7).

Apesar de o trabalho não ser perfeito, como relatou, ele deveria abrir "novos horizontes e novas buscas que se irão fazer", em vista de ser um "livro baseado '*na verdade, em toda a verdade, e só na verdade*'" (ELLIS Jr., 1934c, p. 8, itálico do original). Como em outros estudos, baseou-se nos trabalhos "monumentaes" de Pedro Taques de Almeida Pais Leme (1714-1777), com sua *Nobiliarquia paulistana histórica e genealógica* (em 3 volumes), e Luís Gonzaga da Silva Leme (1852-1919), no seu *Genealogia paulistana*. Foi com esses recursos bibliográficos e a pesquisa sobre novas fontes documentais, há pouco publicadas pelo governo do estado de São Paulo, durante a administração de Washington Luis, que Ellis Jr. fez seu livro, *Populações*

Paulistas, e como antes "tentei fazer com o meu '*Raça de gigantes*' no qual aproveitei os recursos bebidos nos trabalhos dos dois immortaes genealogistas [...], os quaes são dignos de a elles, os paulistas erigirem estatuas, em ouro massiço, que mostrem aos habitantes da terra o muito que lhes devemos" (ELLIS Jr., 1934c, p. 9).

O painel, que como queria, deveria aparecer ricamente documentado em suas pesquisas, dava-lhe a oportunidade de também incluí-lo sinteticamente em seus livros didáticos de *História*, no qual o voltado para a 5ª série do ensino secundário, e feito, segundo ele, de acordo com as normas da reforma do ensino, regulamentadas pelo decreto n.º 19.890 de 18 de abril de 1931, procurava destacar entre os problemas mais importantes nas Américas e do Brasil dos anos 1920 e 1930, que:

> Os problemas do Brasil são completamente diferentes dos norte-americanos. O Brasil não tem o problema de uma expectativa guerreira com qualquer outro país e as suas lutas são ùnicamente internas, tendo tido depois de 1930 constantes periodos de lutas [como o de 1932]. O Brasil não tem ainda o problema dos sem trabalho, pelo contrário é um país de vastidão territorial imensa e de uma população pequena que apenas se adensa na parte perifèrica que pode e deve ainda procurar braço alienígena onde êste se ofereça em melhores condições sob pena de graves consequências serem resultantes para o trabalho nas várias regiões dêsse país, especialmente em S. Paulo, região onde abundam os esforços agrícolas e industriais em diversas ramificações do trabalho humano. S. Paulo tem grandes necessidades braçais e portanto precisa imperiosamente da imigração [de europeus e asiáticos] com o que o problema paulista está na questão da imigração. Além disso, o Brasil tem um problema dificílimo de resolver consistente no pagamento das dívidas externas, por lhe faltarem as condições necessárias para êsse fim (ELLIS Jr., 1935h, p. 636-637).

Aliado a correção destes problemas, especialmente os inerentes a São Paulo, foi que Ellis Jr. esboçou suas propostas de interpretação do passado, e como Lucrécia, tomava para si o punhal da História, de modo a construir uma narrativa adequada para seus fins, e a ser exposta para a população de São Paulo tomar as rédeas do processo, tal como o pai e o marido de Lucrécia, vingando-se, mas nesse caso, dos inimigos do estado de São Paulo, como um juiz que toma partido de uma causa a seu favor. E como "novos bandeirantes" que eram no processo, ao mesmo tempo, eles deveriam incentivar a recuperação da autonomia ecônomica e da hegemonia política deste estado junto a Federação. Como vimos, o papel dos romances históricos que escreveu nos anos iniciais da década de 1930 era crucial para articular seu projeto e fornecer subsídios literários, como o papel exercido pelos "herois", com a finalidade de propiciar a construção de "novas práticas", por meio de "revigoradas atitudes" a serem expressas pela "população paulista" em suas ações cotidianas.

Produção literária e "princípio de realidade" em Sérgio Buarque de Holanda

Enquanto Ellis Jr. procurava apresentar alternativas para os problemas antevistos por ele e pelos agentes dos locais por onde estava passando entre os anos 1920 e 1930, como aqueles inscritos no jornal *Correio Paulistano*, escolas da capital paulista, o IHGSP, a APL e na Assembleia Legislativa de São Paulo, de modo a corriguir como um "medico a, não só testemunhar o estado de facto do paciente diagnosticando e apresentando a situação exata do mesmo", porque "eu tratei de conhecer e fazer conhecidas as causas desse estado", e o "util disso está em fornecer ao estadista elementos para que elle saiba porque isso aconteceu assim a S. Paulo, fazendo-o ministrar com facilidade a terapeutica se houver algum mal, ou a persistir na linha traçada se houver beneficios" (ELLIS Jr., 1937, p. 28-29), como nos indicaria em seu *A evolução da economia paulista e suas causas*, em 1937. E ainda que:

> *O livro presente não* [seja] *um grito regionalista. Não* [seja] *uma obra de puro paulistanismo, em que eu reivindicaria justiça unicamente para S. Paulo, cuja situação na União Brasileira, está reclamando uma revisão.*
> *É antes, uma exposição em que a justiça para todos vem sendo advogada* (ELLIS Jr., 1937, p. 18, itálico no original).

Sendo, por isso, um dos representantes daquela elite letrada a tentar encontrar mecanismos para intervir em sua "realidade", para que a justiça seja *advogada a todos eles*, por meio de um *elogio sobre as tradições do passado*, na qual a "raça de gigantes" daria o norte do sentido "empreendedor" e "desbravador" de São Paulo para as "gerações vindouras", ao longo dos anos 1930 e 1940.

Por sua vez, *Sérgio se* encontrava no inicio dos anos 1920 imerso nas iniciativas do grupo modernista de São Paulo, ao qual representava no Rio de Janeiro, especialmente, nas vendas e aquisição de assinaturas para a revista *Klaxon* (MONTEIRO, 2012).[21] Apesar da vida curta do periódico, que circulou entre março de 1922 e

21 Veja-se ainda a *carta de Nico D. Horigutchi a SBH, de 18 de março de 1922*, na qual informa sobre a leitura que fez do artigo que Sérgio publicou na "Rio-Journal". Siarq/Uni-

janeiro de 1923 (LUCA, 2011), tal experiência havia rendido para ele maior estreitamento de relações com o grupo, e, particularmente, com Mário de Andrade. Nesse sentido, tentaremos analisar neste item a crítica literária produzida por *Sérgio* nos anos 1920 e como ele procurou se debruçar sobre a produção histórica, num período em que transitava entre a crítica literária e a análise sociológica, para o ofício de historiador, em meados dos anos 1930, e do qual passaria a se dedicar com maior afinco a partir dos anos 1940. Em 8 de maio de 1922, Mário de Andrade, falando de São Paulo, para o colega de iniciativa *Sérgio*, que se encontrava no Rio de Janeiro, assim dava o tom do empreendimento:

> Sei que *Klaxon* saíra no dia 15 sem falta. É preciso que não te esqueças de que fazes parte dela. Trabalha pela nossa Ideia, que é uma causa universal e bela, muito alta. Estou à espera dos artigos e dos poemas que prometeste. E não te esqueças do teu conto. Desejo conhecer-te na ficção.[22]

Como nos indica Pedro Meira Monteiro, ao interpretar a lembrança de Mário na sua carta a *Sérgio*, que "instava o destinatário a uma atividade que, de fato, ele nunca chegou a desenvolver a fundo", uma vez que o "campo da imaginação ficaria reservado, então, para a atividade crítica e para uma narrativa em outro registro, quando mais tarde Sérgio se notabilizaria como historiador e, ao mesmo tempo, escritor de pulso" (MONTEIRO, 2012, p. 22, nota 5). Pouco tempo depois, em junho de 1922, Sérgio dá notícias a Mário do modo que a revista estava sendo então recebida no Rio de Janeiro:

> Mando-lhe os dois jornais [o ataque e a resposta em defesa de *Klaxon*]. Além desses saíram mais dois artigos, dois ataques a *Klaxon*, um no *Fon-Fon*, do Gustavo Barroso e outro no *Mundo Literário*, creio que

camp, Cp13 P5. Ou a de Murilo Mendes, na qual informa a remessa do soneto atendendo a solicitação. *Carta de Murillo Mendes a SBH, 29 de março de 1922*, Siarq/Unicamp, Cp14 P5. Ou mesmo a de Tácito de Almeida, informando futuras colaborações, incluive com a revista *Klaxon*. *Carta de Tácito de Almeida a SBH, 27 de junho de 1922*, Siarq/Unicamp, Cp15 P5. Todas essas missivas indicam o quanto SBH estava se aplicando no projeto coletivo que representava a revista *Klaxon*, na qual ele começava a exprimir seus ideais junto com o grupo dos modernistas de São Paulo.

22 *Carta de Mário de Andrade a Sérgio Buarque de Holanda, São Paulo, 8 de maio de 1922*. In: Monteiro, 2012, p. 20-21. A original se encontra arquivada no Siarq/Unicamp, Cp19 P5.

> do Eneias Ferraz. Não respondi ao do *Fon-Fon* por ser uma nota sem importância. Quanto ao do *Mundo Literário* espero responder por essa mesma revista se me permitirem. Se não, estou na dúvida se deixo de fazer a seção paulista ou se continuarei a pregar as ideias klaxistas que são as minhas nessa mesma seção. Convidaram-me para fazê-la por estar o Ribeiro Couto doente em Campos do Jordão. Com a ida dele para Marselha para onde foi nomeado auxiliar de consulado ficarei com ela definitivamente.[23]

Nota-se pelas palavras de *Sérgio* seu entusiamo pelo empreendimento, cuja rebeldia literária ia contra o "campo literário" (BOURDIEU, 1996b) então definido no Rio de Janeiro, no qual suas regras estavam sendo parcialmente quebradas por um grupo de "novatos" de São Paulo, no mundo literário então cristalizado no Rio, o que justificava o tamanho de críticas que a iniciativa recebeu na imprensa periódica do Rio de Janeiro. (LUCA, 2011; MONTEIRO, 2012). Se, de um lado, isso valeu a *Sérgio* certa experiência com o mundo das letras e o círculo dos letrados de São Paulo e do Rio de Janeiro, inclusive, com a parceria que fez com Prudente de Morais, neto, quando tentaram empreender um projeto semelhante, com a criação da revista *Estética*, em 1924, surpreendendo até o silêncio (ou a falta de entusiasmo) de Mário de Andrade[24] pela iniciativa. De outro, o entusiasmo inicial de *Sérgio* pelas iniciativas do movimento modernista de São Paulo – que foi cada vez mais dando o norte de seus objetivos, por meio da "aura" (BENJAMIN, 1996) que estava sendo criada sobre a Semana de Arte Moderna de 1922 (PRADO, 2004, 2010; ROCHA, 2011; LUCA, 2011; MONTEIRO, 2012) – e estava progressivamente arrefecendo, na mesma medida em que começava a se formar os contornos de um novo "cânone

23 *Carta de SBH a Mário de Andrade, junho de 1922*. In: MONTEIRO, 2012, p. 37-38. Os originais se encontram no Instituto de Estudos Brasileiros (IEB), no fundo Mário de Andrade.

24 Como vemos nas cartas que SBH enviou neste período, e cujas respostas tardaram a chegar, e quando chegaram surpreenderam a SBH, pelas notas que expressava o amigo Mário. *Carta de SBH a Mário de Andrade, Rio de Janeiro, maio de 1924*; *Carta de SBH a Mário de Andrade, Rio de Janeiro, após abril de 1925*; *Carta de SBH a Mário de Andrade, Rio de Janeiro, 2 de dezembro de 1925*; *Carta de SBH a Mário de Andrade, Rio de Janeiro, 12 de janeiro de 1926*; *Carta de SBH a Mário de Andrade, Rio de Janeiro, 26 de fevereiro de 1926*. E cuja reposta Mário de Andrade apresentaria em *carta enviada a SBH, em 13 de fevereiro de 1926*. In: MONTEIRO, 2012, p. 65-89. Os originais das cartas de SBH a Mário, encontram-se no fundo Mário de Andrade do IEB; a de Mário a Sérgio, no Siarq/Unicamp, Cp26 P5.

literário". (KOTHE, 2003; 2004). E vê-se justamente o começo dessa mudança de expectativas, com relação ao movimento modernista em São Paulo e no Rio de Janeiro, em seu artigo *Perspectivas*, publicado na revista *Estética*, em 1925, no qual *Sérgio* diria que:

> Paralela a essa tendência que não é um privilégio do homem primitivo, a necessidade de *confissão*, essa doença moderna que condena à morte, pela palavra e pela sintaxe, todos os sentimentos que nos oprimem, toda *manifestação* de vida inoportuna correspondente a essa mesma lei de aspiração ao inerte (HOLANDA, 1996a, p. 217-218).

E a "mesma lei de aspiração ao inerte" era o rumo que parecia estar tomando o movimento modernista, que, cada vez mais, fragmentava suas iniciativas, como expressou de forma mais contundente ainda em seu artigo *O lado oposto e outros lados*, onde ressaltava que:

> *É indispensável para esse efeito romper com todas as diplomacias nocivas, mandar pro diabo qualquer forma de hipocrisia, suprimir as políticas literárias e conquistar uma profunda sinceridade pra com os outros e pra consigo mesmo. A convicção dessa urgência foi pra mim a melhor conquista até hoje do movimento que chamam de "modernismo".* Foi ela que nos permitiu a intuição de que carecemos, sob pena de morte, de procurar uma arte de expressão nacional (HOLANDA, 1996a, p. 224).

Daí a necessidade de combater todas as formas de expressão fossilizadas pelo tempo, ainda que viessem a se inssurgir sobre a bandeira do "cânone" que fundaram no passado. Dos fantasmas a serem combatidos, o "academicismo [...] em todas as suas várias modalidades [...] já não é mais um inimigo, porque ele se agita num vazio e vive à custa de heranças", e seus autores se "acham situados positivamente *do lado oposto* e [...] fazem todo o possível para sentirem um pouco a inquietação da gente da vanguarda" (HOLANDA, 1996a, p. 225). E o que idealizavam, "em suma, é a criação de uma elite de homens, inteligentes e sábios, embora sem grande contato com a terra e com o povo", e por sua vontade de "nos impor uma hierarquia, uma ordem, uma experiência que estrangulem de vez esse nosso maldito estouvamento de povo moço e sem juízo" (HOLANDA, 1996a, p. 226). Aqui Sérgio demonstrava sua posição diante da situação a que se encontrava o movimento modernista entre São Paulo, Rio de Janeiro e Minas Gerais, fragmentando suas intenções e seus objetivos, na mesma medida em que começava a se formar um certo "cânone" em torno de suas iniciativas. Nesse ponto o autor é categórico:

> [...] prefiro homens como Oswald de Andrade, que é um dos sujeitos mais extraordinários do modernismo brasileiro; como Prudente de Moraes Neto; Couto de Barros e Antônio de Alcântara Machado. Acho que esses sobretudo representam o ponto de resistência necessário, indispensável contra as ideologias do construtivismo. Esses e alguns outros. Manuel Bandeira, por exemplo, que seria para mim o melhor poeta brasileiro se não existisse Mário de Andrade. E Ribeiro Couto que com *Um homem na multidão* acaba de publicar um dos três mais belos livros do *modernismo* brasileiro. Os outros dois são *Losango cáqui* e *Pau-Brasil* (HOLANDA, 1996a, p. 227-228).

Sabe-se o desenrolar dessas questões: as críticas que *Sérgio* recebeu por suas avaliações do modernismo, resultaram em sua ida para Cachoeiro de Itapemirim, no estado do Espírito Santo, em 1927, onde no exercício do jornalismo, entremeado pela defesa de causas jurídicas (onde praticou por pouco tempo, a profissão a que havia sido formado em Direito), e que lhe renderam a alcunha de "Doutor progresso" (SALIBA, 2009). Do mesmo modo é conhecido seu retorno para o Rio de Janeiro no ano seguinte, onde viria a representar os periódicos do estado, vindo depois a ser correspondente na Alemanha[25], local que passaria de 1929 até o início dos anos 1930. (MONTEIRO, 1996, 1999, 2012). É muito interessante notar como *Sérgio* veria da Alemanha as reviravoltas sobre o preço do café, com a crise das bolsas em Nova York, e, em 1930, a sua percepção dos eventos que se seguiram após as reviravoltas das eleições daquele ano e que conduziram Getúlio Vargas ao poder (HOLANDA, 2011a, p. 37-42). Ao mesmo tempo em que o é sua avaliação da literatura brasileira, onde enfatizava que entre "os incentivadores da inesperada iniciativa [que foi o modernismo, no país] encontramos nomes respeitados, como os de Guilherme de Almeida e de Menotti del Picchia, e ao lado deles apareciam os de Mário e Oswald de Andrade, então ainda quase desconhecidos do grande público, mas que eram na realidade os líderes do movimento" (HOLANDA, 2011a, p. 43). Note-se aqui a articulação desses argumentos com a sua avaliação de 1926, em *O lado oposto e outros lados*, no qual Guilherme de Almeida representava o "academi-

25 Não temos como aprofundar, com a devida atenção, as condições socioculturais e intelectuais da Alemanha, quando Sérgio lá esteve no final dos anos 1920. Para uma apreciação dessa questão, ver: RINGER, 2000.

cismo retrógrado". E neste Menotti del Picchia, então um representante direto dos "verde-amarelos", como vimos acima, e ambos sendo preteridos em prol dos nomes de Mário e Oswald de Andrade.

Mas, muito mais incisiva seria a avaliação que expressou em 1936, em seu *Raízes do Brasil*, no qual sintetizava a questão dizendo que o "essencial de todas as manifestações, das creações originaes como das cousas fabricadas, é a *forma*" (HOLANDA, 1936, p. 160), com que são concebidas e, depois, postas em "prática". E ao aplicar tal premissa para pensar a história do país, dava-se que para "nós é [...] a rigidez, a impermeabilidade, a perfeita homogeneidade da legislação [e poderíamos acrescentar do pensamento] que nos parece ser o requisito [...] de toda disciplina social" (HOLANDA, 1936, p. 145-146). Instado por essas questões, é que *Sérgio* viria a expor em 1939, no seu artigo *Caminhos e fronteiras*, publicado na *Revista do Brasil*, que:

> Todo o sentido da história paulista prende-se por muito tempo aos caminhos, atalhados de pé posto ou estradas seguidas, sobretudo às vias de penetração criadoras de cidades e disciplinadoras do povoamento. O estudo desses caminhos detém-nos justamente no processo através do qual a plasticidade admirável dos colonizadores procura imprimir a um mundo novo desconhecido estilos de vida que lhes são mais familiares e aplica-se nisso com extraordinária consistência. A consistência do couro – não a do ferro e do bronze – dobrando-se, adaptando-se, amoldando-se a todas as asperezas e peculiaridades da terra (HOLANDA, 2011a, p. 84).

E cujo papel do "gentil da terra", dos índios acostumados com tais caminhos, foi fundamental para o sucesso da empresa levada a cabo pelo colonizador. Assim vemos como, aos poucos, vai se formando a sensibilidade do historiador, que a experiência pela crítica literária ajudou a moldar, com a preocupação não só de investigar o passado, mas antes de inquirir modos de como compreendê-lo e ao mesmo tempo superá-lo em seu presente histórico. Mas aqui ainda não estava plenamente definido o historiador, porque sua análise do processo histórico continuava permeada pela crítica literária e a análise sociológica. A primeira edição de *Raízes do Brasil* revelava isso muito bem. (HOLANDA, 1936). O Sérgio historiador se estabeleceria a partir dos anos 1940 (CARVALHO, 2003; NICODEMO, 2014), quando passou a rever criticamente suas posições estabelecidas nos anos 1930, inclusive com relação a autores como Gilberto Freyre (MATA, 2016; FELDMAN, 2016).

Ao circunstanciar, portanto, as mutações que tanto no passado, quanto em seu presente histórico, vinham a propiciar possibilidades de transformação social, *Sérgio* faria como Martinha, que a revelia das possibilidades de seu contexto, utilizou-se do punhal do processo histórico, não para desferir um golpe mortal em seu algoz, o "passado ibérico", mas para expor a seus leitores e leitoras, as "raízes" que se encontravam "ocultadas" no passado. Mais precisamente, não se fixando nas tradições literárias de sua época, muito embora estas viessem a lhe inspirar diretamente, *Sérgio* procurou "exorcizar o passado" dos "corações" e "mentes" de seus interlocutores diretos e de seus leitores e leitoras. Com base em um jogo de metáforas, onde o estudo dos "pares antitéticos" (CANDIDO, 2006), fundamentaria suas narrativas sobre o passado brasileiro, nas quais mais importante do que conhecer este passado, era antes saber se desvencilhar dele (HOLANDA, 1936), para que novas expectativas sobre o presente e sobre o futuro pudessem ser criadas. Na medida em que os processos democráticos fossem apreendidos com maior regularidade na sociedade civil, e esta viessa a interferir diretamente sobre as decisões políticas.

Considerações Finais

Por mais que fosse crítico das *tradições*, e em relação ao modo como estavam sendo usadas em sua época, inclusive, no que dizia respeito ao campo histórico e historiográfico (e, particularmente, nas narrativas de caráter ufanista), Ellis Jr. *não deixava de se pautar nelas em suas obras históricas, assim como em seus roman*ces históricos, nos quais a apresentação de certa rotina bandeirante, suas cruzadas, iniciativas, intempestividades, lutas e aventuras, apareciam de forma intensa e apaixonada. Muito embora, durante este período, o autor procurasse efetivamente demonstrar a distância entre criação artística e literária e produção e pesquisa histórica, vimos como seus romances e suas obras históricas estavam intimamente relacionadas, inclusive, com seus manuais didáticos, para destacar a história dos bandeirantes, seus desdobramentos nas lavouras de café e no processo de industrialização a que se encontrava o estado de São Paulo, nos anos iniciais da década de 1930.

Nesse percurso vimos também como foi importante para Ellis Jr., pautar-se nas premissas indicadas por Fustel de Coulanges, no que se referia ao trato das fontes, para ser construído um discurso de cunho verdadeiro, imparcial, objetivo e científico. Assim como suas ligações com os "verde-amarelos" lhe rendeu além de amizades no interior daquela confraria de "homens de letras", caminhos para começar a divulgar sua produção no *Correio Paulistano*, antes de publicá-la na forma de livros (fato, aliás, que se alteraria com a tomada do poder efetuada por Getúlio

Vargas no final de 1930, e entre seus desdobramentos estaria a censura a períodicos e jornais, como o *Correio Paulistano*). Daí, com esses recursos, almejar dar maior substrato e densidade as suas afirmações sobre os caminhos que seguiam o estado de São Paulo e a Federação, nos anos iniciais da década de 1930. Assim como começar a rever seus princípios teórico-metodológicos e suas interpretações sobre a escrita da história de São Paulo e do Brasil, construídas em seus primeiros textos, que foram publicados nos anos 1920, como *Raça de gigantes* de 1926. E nisso também está sua apreciação do termo "raça", ao passo que *Sérgio* se voltaria para as questões "culturais" do passado e de seu próprio tempo.

Como isso, vimos como *Sérgio* esteve ligado inicialmente aos "futuristas" de São Paulo, como um de seus representantes no Rio de Janeiro; de que maneira ele rachou com alguns seguimentos do movimento, ainda que mantivesse laços estreitos com Mário de Andrade (e que duraram até sua morte em fevereiro de 1945). E nesse percurso, de uma cidade para a outra e de um país para o outro, o crítico literário foi se aproximando dos estudos históricos. Mas sua primeira tentativa sistemática de interpretação da história do Brasil, em seu livro de estreia: *Raízes do Brasil*, de 1936, ainda estaria carregada de uma interpretação sociológica, que somente a partir da segunda edição de 1948 começaria a ser relativizada, em prol de uma análise histórica circunstanciada a respeito da formação da sociedade brasileira (GUSMÃO, 2012; MATA, 2016; FELDMAN, 2016).

Além disso, vimos como ele se aventurou pelo campo da poesia e da crônica, mas como revelaria a Mário, não conseguia formular uma escrita tão livre e descompromissada, o que o fez se distanciar da produção literária, mas não de sua crítica e interpretação dos textos literários. Foi justamente nesse trabalho como jornalista que rendeu a *Sérgio* acumular certo "capital cultural" (BOURDIEU, PASSERON, 2008, 2009), que depois seria revertido em suas incursões pelos estudos históricos, nos quais sua sensibilidade literária, aliada a sua interpretação das fontes documentais, inclusive, a complementando com a análise de cronistas de época, lhe assegurou condições para começar a produzir suas primeiras interpretações sobre a história do país, ainda que enraizadas em premissas sociológicas. Mesmo considerando que não estivesse limitado aos princípios esboçados primeiramente por Ranke, e que inauguraram o historicismo alemão em meados do século XIX, *Sérgio não os deix*ou de lado, assim como sua experiência de crítico literário, que foram consignadas na maioria de seus textos históricos dos anos 1940 e 1950 (HOLANDA, 1996a, 1996b, 2011a, 2011b).

A forma sutil pela qual a literatura adentrava no campo dos estudos históricos demonstrava a conformação de outro entrelaçamento, mas diferente do que até então havia se processado entre escrita da história e narrativa dos romances, até o final do século XVIII. O literário não era mais o norte para uma escrita vivaz, segura, bela e dinâmica entre os praticantes da pesquisa histórica, senão que ela mesma, a Literatura, começava a ser foco dos próprios estudos históricos, como uma possível fonte para as pesquisas a serem realizadas pelos historiadores. Melhor dizendo, vizualizava-se o potencial do literário também como fonte documental de pesquisa entre os historiadores de ofício. No Brasil, Sérgio teve a sensibilidade de perceber, ao lado de Gilberto Freyre e outros, o uso promissor do literário para a composição da pesquisa histórica, como mostrou em *Caminhos e fronteiras* (de 1957), ou em *Visão do paraíso* (de 1959). Não há dúvida que foi somente depois dos anos 1960, que se observou o uso em potencial do literário como fonte para a pesquisa histórica; porém, nas décadas iniciais do século XX, com as críticas que sobrepunham as narrativas tradicionais de cunho eminentemente político e diplomatico, cerceadas nos fatos, no verdadeiro e objetivo, nos "grandes homens" e nos documentos oficiais, abriu caminho para a ampliação do *corpus* documental usado pelo historiador, e, nesse processo, viu-se o potencial uso do literário como fonte para a pesquisa histórica. E da qual Sérgio começou a vislumbrar seu potencial uso na pesquisa histórica, a partir dos anos 1930, na escrita de seus textos.

Nesse sentido, ao vermos as discussões destes dois autores a respeito do alcance e dos usos que se faziam da produção literária nos anos 1930 no Brasil, nota-se como a construção da nação ainda estava fortemente amparada com a elaboração de um tipo de povo, a se agrupar nas raízes que formavam a história do Estado nacional, que se inaugurou a partir do século XIX. Adentrar nas premissas que passaram a ser feitas pelos novos críticos literários, formados pelas universidades, é o que nos aguarda o próximo capítulo, para vermos como o literário foi assumindo novas feições, inclusive, conjecturando outros caminhos para a produção da crítica literária profissional.

7. A tradição redescoberta: a reinvenção da crítica literária entre Antonio Candido, Roberto Schwarz e Luiz Costa Lima

Em homenagem a Antonio Candido (1918-2017), mestre de ofício, que fez escola na profissionalização do ofício de crítico literário.

Algumas das maiores conquistas da humanidade aconteceram no século XX, e alguns de seus piores excessos também. Foi um século de avanço na qualidade de vida para milhões de pessoas e, não obstante, um século de decadência em muitas partes do globo (GILBERT, 2016, p. 11).

O século das promessas infinitas de progresso técnico e material ilimitado (e porque não também espiritual) foi também o das mais inesperadas formas de destruição em massa: tanto dos sonhos longamente esperados para serem concretizados pela humanidade, antecipadas por intermédio de projeções utópicas; quanto de seres humanos, em seus milhões, dizimados pelas guerras, pandemias, fome, pobreza, doenças e armas de destruição em massa. Os seus efeitos foram sentidos diretamente na pena dos romancistas e dos poetas, assim como na analise de filósofos e historiadores, perplexos com a nova "condição humana", que desumanizava a maioria dos seres humanos ao redor de todo o planeta. A Europa e os Estados Unidos viviam um verdadeiro caos social nas décadas iniciais do século XX, especialmente durante os anos 1930, que cobriram os conflitos bélicos e as flutuações econômicas, entre meados dos anos 1910 até o início dos anos 1940 (HOBSBAWM, 1997; GILBERT, 2016).

O Brasil que tentava sair da crise econômica causada, em 1929, pelas bolsas de valores internacionais, buscava com o governo provisório de Getúlio Vargas (1930-1934) regularizar a economia, por meio de um intenso processo de "substituição de importações" e centralização do poder, no qual procurava incentivar a industrialização do país, o crescimento do comércio e das transações econômicas, movida pela efervescência de alguns centros urbanos em franco crescimento, como São Paulo e Rio de Janeiro, com a construção de prédios e casas, o desenvolvimento de seguimentos comerciais e de entretenimento, início da formação de um precário, mas ainda assim, importante sistema de ensino, comércio e indústrias, que progressivamente foi mudando a fisionomia de uma sociedade tipicamente rural, a partir dos anos 1940 (SUZIGAN, 2000). A escrita da história e a produção literária brasileira se desenvolviam no meio desse turbilhão de mudanças econômicas, políticas e sociais, e viu plasmarem expectativas culturais para uma alteração de atitudes éticas, morais e ideológicas, que visavam rearticular a compreensão da formação histórica e cultural da sociedade brasileira, ao inquirir o papel exercido por "brancos, negros e indígenas" (CANDIDO, 2010). Nessas condições que a crítica literária foi renovada a partir dos anos 1930, em meio ao desenvolvimento das premissas do movimento modernista (LAFETÁ, 2000).

No capitulo anterior vimos como Sérgio Buarque de Holanda e Alfredo Ellis Jr se posicionaram em relação à ciência e a arte, a pesquisa e a imaginação, a verdade e a falsidade no campo dos estudos históricos, constituindo-se entre os dilemas centrais das relações entre história e literatura nas décadas iniciais do século passado na história da historiografia brasileira dos anos 1920 e 1930, no processo de formação do ofício do historiador profissional no país. Ao passarem de uma formação jurídica e sociológica, para a escrita de textos literários e de crítica social, até se consolidarem como historiadores, formadores de outros profissionais em um curso universitário de Geografia e História, a trajetória destes dois autores mostraram um pouco das circunstâncias específicas que levaram a formação de um campo disciplinar para a escrita da história no Brasil, a partir dos anos 1930. Mas aquele também foi o momento em que as ciências humanas e sociais foram organizando seus arcabouços teóricos e metodológicos, assim como conceituais, por meio dos cursos que foram criados nas Faculdades de Filosofia, Ciências e Letras. Com base em tais premissas é preciso se questionar qual o impacto dessas mudanças teóricas e institucionais para a formação do crítico literário no Brasil, a partir dos anos 1930? Como a escrita da história da literatura brasileira passou a ser feita e investigada pelos profissionais formados nas universidades? De que forma passou a ser feita a crítica literária no Brasil e como as publicações periódicas passaram a agrupar seus profissionais, textos e críticas?

Para tentar discutir um pouco dessas questões tomaremos como base as trajetórias de Antonio Candido, Roberto Schwarz e Luiz Costa Lima. Certamente

Antonio Candido é tido como o grande pioneiro na reformulação e profissionalização da crítica literária brasileira, fundando verdadeiramente uma escola na Universidade de São Paulo (USP), a partir dos anos 1940 e 1950, ao promover a formação de profissionais, a organização de fontes e documentos públicos e privados de poetas e romancistas do início do século passado, e estabelecer os padrões para os quais a crítica literária brasileira passou a ser feita a partir daí, e cujo impacto começou a ser percebido diretamente com o seu retorno ao curso de Letras no início dos anos 1960 na USP (SUSSEKIND, 2003; NINA, 2007). Em verdade, se entre os anos 1930 e 1940, Antonio Candido começava a se destacar com a produção de seus primeiros textos de crítica literária na imprensa periódica mineira e paulista, sob novas perspectivas de análise do poético e do literário, certamente foi nos anos 1960 que tais iniciativas passaram a reverberar diretamente nos cursos de Letras da USP. Por sua vez, entre os anos 1960 e 1970, Roberto Schwarz iniciava seu questionamento a respeito da formação da sociedade brasileira, cuja ótica de observação e aclimatação de teorias estrangeiras faziam com que as ideias estivessem sendo postas "fora do lugar" entre nós, ou, melhor dizendo, assim pareciam estar aos olhos de seus contemporâneos, ao promover a formulação de uma crítica literária pautada no marxismo, por meio do estudo pormenorizado da obra de Machado de Assis, e das tensões entre liberalismo e escravidão no século XIX. A partir dos anos 1980, despontava-se uma obra extremamente original, com as indagações e pressupostos teóricos de Luiz Costa Lima em relação ao literário, por meio da investigação dos processos de controle social e do imaginário, e suas intersecções com os circuitos de constituição da *mímeses* na obra literária. Os dois últimos, no entanto, partiram de um mesmo ponto para a promoção de seus estudos teóricos e literários: a obra de Antonio Candido (1918-2017).

Tudo isso começou a ocorrer em um momento muito específico dos anos 1930, para a cultura e a formação universitária no país; fato este incontornavelmente canonizado nas interpretações de Candido nos anos 1970, a respeito da escrita da história, da cultura e da crítica literária (MICELI, 2001; CANDIDO, 2019, 2017, 2011, 2004). Enquanto na Europa começava a despontar um circuito de obras que visavam dar centralidade ao testemunho, as emoções e aos sentimentos, em um espaço social de distribuição de bens simbólicos até então tomados pelas histórias gerais, de cunho nacionalizador e eurocêntrico, cujo enfoque político e diplomático era evidente (ARIÈS, 2013), estas obras, que começaram a aparecer nos anos 1920, se aproximavam do realismo literário do século XIX, com as suas estratégias retóricas de darem vivacidade às ações das "pessoas comuns". Já no Brasil tal produção só ganharia envergadura nas décadas seguintes, isto é, a partir dos anos 1940, com a inserção do movimento dos *Annales* no país, a partir das universidades e suas Faculdades de Filosofia, Ciências e Letras (ROIZ, SANTOS, 2012).

Por sua vez, o governo federal incentivava a formulação de um discurso unificador, mediando às contendas regionais e a diversidade étnica e cultural da sociedade brasileira, com a meta de construir uma história em comum acordo de participação cultural e social entre "negros, índios e brancos", embora tal circuito de mediações se desse visivelmente com base em relações de poder e dominação de certos grupos sociais sobre outros. A universidade se colocava nesse momento como o lugar central para a produção desse saber, apesar de as obras mais representativas do período terem sido feitas fora de seus muros e espaços institucionais, editoriais e de consagração (SUSSEKIND, 2003; CANDIDO, 2011; FISCHER, 2021, 2022). Ao mesmo tempo, a instituição buscava revisar as tradições do passado, para ela própria ser a construtora de novas tradições literárias e historiográficas. Essas disputas se deram em meio às tensões de estados e federação, especialmente por parte de São Paulo e o governo federal, no Rio de Janeiro, estabelecidas entre a Universidade de São Paulo e a Universidade do Brasil, a partir do final dos anos 1930 (FERREIRA, 2013).

O discurso bandeirante, nesse mesmo ínterim, que impregnou fortemente as narrativas históricas das décadas iniciais do século XX, não se reduziu apenas a pesquisa histórica, mas também esteve ligado a produção literária, educacional e nas ciências sociais e políticas, ao longo dos anos 1930 e 1940, nos vários cursos e disciplinas oferecidos pela Universidade de São Paulo. É certo que as interpretações de Katia Abud (1985) e Antonio Celso Ferreira (2002), conjecturando o auge destes estudos entre os anos de 1910 e 1940 vislumbraram um momento fundamental na produção de tais análises, porém, durante os anos 1950 e 1960 as visões e os olhares a respeito das bandeiras, dos bandeirantes e do pioneirismo de São Paulo não arrefeceram; e, pelo contrário, foram ganhando outros contornos depois da comemoração do quarto centenário de fundação da cidade de São Paulo (em 1954), especialmente por estar articulada com os resultados alcançados pelo *Curso de bandeirologia* de 1946, o fim do Estado Novo getulista (1937-1945) e a deposição de Getúlio Vargas do poder em meados dos anos 1940 (ROIZ, 2020).

Além de uma "retórica bandeirante" seguir em processo de elaboração, muitas vezes renovada com o novo contexto socioeconômico e cultural do período nos anos 1940, como ressaltou Karina Anhezini (2021), houve também projetos políticos de implantação de uma prática educacional para a formação de profissionais, conduzidas pelos "novos bandeirantes", agrupados às iniciativas da "escola nova" e do grupo ao redor de o jornal *O Estado de S. Paulo*, que a partir da Universidade de São Paulo (a USP), com a sua Faculdade de Filosofia, Letras e Ciências Humanas (FFLCH), destinava-se para seus protagonistas a ser o centro formativo do conhecimento da nação brasileira, desde os anos 1930, quando foi fundada.[1] E pelo conhecimento, não mais pela força, pelas armas e pela ação coercitiva, nem tampouco pelo poder político e econômico, se tracejaria as novas fronteiras a serem estabelecidas no país, como os bandeirantes do passado o fizeram ao resguardarem, segundo seus intérpretes, as fronteiras geográficas do que se tornaria o Brasil no início do século XIX.[2] Não por acaso, a localização da universidade, após passar por diversas mudanças de prédios e bairros, até se estabelecer como uma cidade universitária no início dos anos 1960, em um bairro histórico de povos originários, os "negros da terra", que veio a se tornar um bairro de classe média alta, a partir dos anos 1960, no qual procuraram dar sentido ao seu passado retornando as heranças dos bandeirantes, em Pinheiros, na grande São Paulo. Para isso, o passado e a memória foram refeitos, esquecimentos e silenciamentos mantidos, com as novas interpretações que eram estabelecidas. Além disso, todo espaço urbano era redefinido, com as suas ruas repletas de nomes de bandeirantes, assim como de estátuas, construções e símbolos para memorizar os "feitos" e os "fatos" dos bandeirantes e das bandeiras do passado em diversos "lugares de memória", enfeixando os patrimônios materiais e imateriais, que tornavam, dessa forma, a universidade o lugar que centrava agora suas ações, suas conquistas e seus feitos, por meio de um centro de produção do saber e formação de profissionais no campo das ciências humanas e sociais, onde tais interpretações eram construídas e os usos do passado estabelecidos.[3]

Embora aqui não seja o momento adequado de estudar minuciosamente essas questões e lugares geográficos e de produção do saber, e de construção da memória e do imaginário social, assim como de um discurso historiográfico que marcou a formação dos historiadores até o final dos anos 1960, cabe-nos salientar suas peculiaridades,

---

1 Nesse caminho, o trabalho de Armelle Enders (2014), examina como são fabricados os heróis no processo de formação da sociedade brasileira, em *Os vultos da Nação*. Ver também: ROIZ, 2020, 2021.

2 Ver: ABUD, 1985; MESGRAVIS, 1997; FERREIRA, 2002; ANHEZINI, 2011; ROIZ, 2020, 2021.

3 Começamos a refletir tais questões em: ROIZ, 2020, 2021. Mas foi Laima Mesgravis e Jonas dos Santos que nos chamaram a atenção para essa temática, que aguarda ainda pesquisas mais sistemáticas.

mesmo que de uma forma muito sintética, para podermos compreender com maior precisão o que significou a produção de uma crítica literária, feita por profissionais formados pela universidade, nos anos 1930 e 1940, provenientes da Faculdade de Filosofia, Ciências e Letras da Universidade de São Paulo (FFCL/USP).[4]

A crítica literária brasileira passou por significativas transformações, entre as décadas de 1930 e 1940, em função do início do processo de profissionalização do trabalho do crítico literário e dos teóricos da literatura no Brasil – tal como vimos um pouco dessas tensões no capítulo anterior, especialmente para o caso dos estudos históricos. O movimento não era aleatório, ou muito menos reduzido ao campo das Letras, mas fazia parte de um movimento geral que foi iniciado com a criação das primeiras universidades no país, a partir das décadas de 1910 e 1920. Certamente, maior impulso a iniciativa veio a ter quando começou a ocorrer a criação das primeiras Faculdades de Filosofia, Ciências e Letras, a partir dos anos 1930. (MICELI, 1989, 1995; PONTES, 1998). Foram nas Faculdades de Filosofia, com seus cursos de Letras e Ciência Sociais e Políticas, que nortearam significativamente o processo de transição do autodidatismo, presente ainda na produção jornalística do período, para o início da profissionalização da crítica literária brasileira, com a formação dos primeiros profissionais na área entre as universidades (SUSSEKIND, 2003; NINA, 2007). Em um movimento complexo, as Faculdades de Filosofia, presentes em São Paulo, Rio de Janeiro, Paraná e Minas Gerais, criadas ao longo dos anos 1930, participaram diretamente do que ficou conhecido como a disputa entre a cátedra e o rodapé (das publicações sequenciais, presentes em jornais de ampla circulação, especialmente produzidos entre São Paulo e Rio de Janeiro), e cujos contornos se desdobraram, inclusive, entre as décadas de 1940 e 1950 (SUSSEKIND, 2003; ROCHA, 2011).

É de se notar que Antonio Candido já havia circunstanciado outro momento rico em debates para a crítica literária brasileira, que se definiu entre os anos de 1870 e 1880, quando um novo tipo de crítico literário e de crítica literária começaria ali a aparecer, e cuja obra de Sílvio Romero (1851-1914) teria sido uma das catalisadoras desse processo (CANDIDO, 1988). Mas, não é menos certo, que a geração de Antonio Candido, formada nos anos 1930 e 1940, nos cursos de Ciências Sociais e Políticas, Filosofia, Letras Clássicas e Português, Geografia e História, na Faculdade de Filosofia, Ciências e Letras da Universidade de São Paulo (FFCL/USP), também passou por um processo de renovação na crítica literária, onde eles próprios foram

4 Para o caso do curso de Geografia e História é possível ver certos pontos em: ROIZ, 2021.

os catalisadores do processo, e cujos contornos se deram na transição do autodidatismo, ainda presente nas publicações sequenciais, e jornalísticas por natureza, para a profissionalização da crítica literária, por meio de uma formação universitária específica para o cumprimento de tal ofício, quer dizer, as tensões se deram entre as páginas dos jornais e nas cadeiras das universidades (PONTES, 1998; SUSSEKIND, 2003; ROCHA, 2011; ROIZ, 2021).

Com o objetivo de adensar as discussões presentes nesse livro, o presente capítulo pretende destacar um pouco da "redescoberta da tradição" da crítica literária, com a renovação produzida na formação universitária pelos "novos críticos literários". Para averiguar um pouco desse processo nos deteremos nas trajetórias de Antonio Candido, Roberto Schwarz e Luiz Costa Lima. Talvez, uma forma de acesso para a análise do tema fosse conjecturar como estudaram a obra de Machado de Assis, mas ela só foi central nas interpretações feitas por Roberto Schwarz, e tanto Antonio Candido como Luiz Costa Lima escreveram apenas uns poucos ensaios sobre o romancista, nosso maior literato;[5] ainda que no caso de Candido, não seja demasiado salientar, que seu ensaio "Esquema de Machado de Assis" continue a ser considerado a melhor síntese sobre a obra do romancista – e tenha inspirado diretamente Schwarz na composição de sua obra, a partir do início dos anos 1970 (JACKSON, 2018, p. 193-210). Mas, nem por isso a ideia perde a sua pertinência, como veremos na sequência. É certo que um outro caminho seria averiguar como a obra de Antonio Candido impactou a produção de Schwarz e Costa Lima, assim como a de outros estudiosos e estudiosas, para os quais o pioneirismo de Candido foi lembrado em vários momentos de suas respectivas obras.[6] Nesse caso também, o pormenor teria que dar lugar para as sínteses, o que faria com que este texto tivesse que ter outro caráter e dimensões. Ambas as entradas podem ser úteis, como veremos, mas os rastros deixados pelo processo que firmou a profissionalização da crítica literária no país são muito mais complexos do que uma análise como esta pode

5 Conforme será consagrado a partir do final do Estado Novo, de acordo com a interpretação proposta por Helio Guimarães (2012, 2017), ao estudar os leitores e as leituras que foram feitas ao longo do tempo da obra do romancista, cujo processo de canonização começou a ocorrer nos anos 1950 e a internacionalização de sua obra a partir dos anos 1970, com as primeiras traduções norte-americanas.

6 Como outros estudiosos já viram o pioneirismo de Candido: ARANTES, ARANTES, 2005; NINA, 2007; CASTRO, 2014; RODRIGUES, 2018; JACKSON, 2018.

expor em seus pormenores.[7] Mas, ao menos, tentaremos reconstituir alguns de seus rastros, com a meta de formular um primeiro painel para a apreciação da questão.

Note-se ainda que ao fazermos esse movimento de análise entre as obras dos autores veremos uma dialética nas tensões produzidas entre a narrativa histórica e a narrativa literária. Melhor dizendo, como mostrou Phillipe Ariès (2013), em *O tempo da história*, na França da primeira metade do século XX, a frieza da narrativa dos fatos históricos foi gradativamente dando espaço à sensibilidade do testemunho, condição para a qual o olhar de um indivíduo dava novos contornos ao entendimento de uma época. Essa percepção narrativa que derivava de uma aproximação direta com a produção literária dos romancistas esteve em sintonia com a compreensão que autores como Marc Bloch e Lucien Febvre passaram a ter em relação à narrativa histórica, cujo contar bem uma história, não diminuía a propriedade de conduzir cientificamente uma pesquisa histórica. Não há dúvida que autores como Jean-Paul Sartre (1905-1980) deram outras conotações às relações entre literatura e filosofia, que transparecem em *A náusea*, *A idade da razão* e, mesmo, em *As palavras*, seu texto autobiográfico. Mas, foi sem dúvida alguma, em *Saint-Genet* e, depois, em *O idiota da família*, que Sartre evidenciou toda a riqueza do literário para a reconstituição das histórias individuais e coletivas. É nesse ambiente rico em experimentações que irá florescer a obra de Antonio Candido, a partir dos anos 1940, em meio a tensões entre a crítica social e a literatura.

De certa forma, arrefecida com os dilemas trazidos pelo estruturalismo e pelo pós-estruturalismo, a condição humana e as liberdades de ações dos indivíduos foram novamente postas em questão, em função da projeção das estruturas sociais sobre as quais as mudanças culturais e o alcance das escolhas e da liberdade do agir humano no tempo ficavam condicionados. Em meio a tais embates, que vieram a silenciar relativamente à obra de Sartre, e suas projeções para as liberdades individuais e de decisão, com as críticas de Foucault, Lacan, Deleuze, Derrida e outros, foi que apareceu a produção de Schwarcz, como uma resposta radical aos pressupostos dos regimes ditatoriais, e os silenciamentos e esquecimentos daí provenientes pelos negacionismos sistemáticos, para os quais toda sua obra é uma contraposição direta, como um chamado para despertar as ações individuais e as liberdades coletivas. Produto de uma época em constante mudança, a escrita da história ao longo de

7 Como já foi destacado nas análises feitas por diversos autores e autoras nos textos comemorativos as obras de Candido, Schwarz e Costa Lima, que podem ser encontrados em: CEVASCO, OHATA, 2007; FONSECA, SCHWARZ, 2018; BASTOS, 2010; PINTO, OLIVEIRA, BASTOS, 2019.

todo século XX foi mediada por tensões entre o individuo e a estrutura, a curta e a longa duração, o verdadeiro e o falso, a história e a literatura, fazendo o campo literário novamente se aproximar do histórico.

A obra de Costa Lima, a partir dos anos 1980, constituía-se como um olhar atento e minucioso para todo tipo de alteração brusca, mudança repentina, impacto certeiro que um movimento social e novas teorias traziam para a escrita da história e para a produção literária, nas quais as ficções eram um contraponto necessário. É um pouco dessa "trama de tensões" que vamos averiguar na sequência de nossa análise.

A tese do crítico profissional e as antíteses de Antonio Candido

A obra de Antonio Candido, semelhante à de Sérgio Buarque de Holanda (1902-1982) para o caso dos estudos históricos, constituiu-se num dos marcos mais cultuados e representativos no campo da produção dos estudos literários brasileiros. Por isso mesmo, não é nada fácil adentrar na análise da obra de Antonio Candido. Os processos de "construção de si" impregnados direta ou indiretamente nos textos de Candido e nas diferentes edições de seus livros, e recomposição de seus textos, até ser quase toda ela editada pela Editora *Ouro sobre Azul*, no Rio de Janeiro, que deu novos contornos ao seu processo de "canonização" na historiografia literária, bem como os processos de "monumentalização" do autor e da sua obra, iniciados a partir do final dos anos 1980, e intensificados após seu desaparecimento em 2017 (aos 98 anos de idade), delimitam apenas alguns dos desafios e percalços para qualquer interessado no exame detido de seus escritos e na análise de sua trajetória profissional.[8] Além disso, o seu pioneirismo na renovação dos estudos literários brasileiros, desde sua produção inicial no início dos anos 1940 na imprensa periódica,[9] até a sua consagração com a publicação de *Formação da literatura brasileira*, no final dos anos 1950, e dos ensaios "Dialética da malandragem" e "De cortiço a cortiço" no início dos anos 1970, revelando-se verdadeiramente em textos que revolucionaram a prática da crítica literária brasileira, marcando com precisão

8 Sobre a questão, ver: MELLO E SOUZA, 2021; ESCOREL, 2020; FONSECA, SCHWARZ, 2018.

9 É de se destacar que boa parte destes estudos foram reunidos em *Brigada Ligeira* (de 1945), com 10 textos, e *O observador Literário* (de 1959), com outros 14 textos. Em 2002, Vinicius Dantas procedeu a reunião de outros 39 textos, destacando a impressionante produção de Candido, ao longo da carreira. (DANTAS, 2002). Em 2004, Candido procedeu à reunião de seus textos, produzidos nos anos 1990, com *O albatroz e o chinês*, em que estão outros 21 textos. Ver ainda: FONSECA, SCHWARZ, 2018.

o formato da "abordagem dialética" sobre o literário, mostram o quanto a produção deste autor impactou os estudos literários brasileiros, desde a primeira metade do século passado (SCHWARZ, 1987, 1999, 2019). Com uma produção intensa e regular por mais de 70 anos de atividades acadêmicas e literárias, Candido, ao lado de Otto Maria Carpeaux (1900-1978) e Afrânio Coutinho (1911-2000),[10] destaca-se como um de nossos maiores críticos literários, que o século XX e a universidade revelaram para a sociedade brasileira (FONSECA, SCHWARZ, 2018).

Note-se que, como Sérgio Buarque, Antonio Candido passou por vários locais e cidades do Brasil e do exterior em seu processo formativo. As cidades do Rio de Janeiro, Santa Rita de Cássia, Poços de Caldas e São Paulo no Brasil, até Paris, na França, onde permaneceu com a família por um ano no final dos anos 1920, marcaram a formação do autor indelevelmente. Esses locais fizeram Candido descobrir as letras, iniciar seu amor pela literatura e sua paixão pela história, pela sociologia e pela filosofia. Mas como expressa em seu depoimento, *Como e porque sou crítico*, ele nos diz: "O meu impulso incoercível foi sempre ler, ler sem parar a partir dos meus seis ou sete anos, inclusive textos sobre obras e autores, chegando a folhear desde cedo com prazer a *História da literatura brasileira* de Sílvio Romero, o que talvez indique a predisposição misteriosa para a crítica..." (FONSECA, SCHWARZ, 2018, p. 481), desde tenra idade, mas isso, evidentemente, não deixa de ser uma forma de expressar uma "construção de si" retrospectivamente, fixando um retrato de seu perfil profissional para a leitura de sua obra na posteridade. O que nos leva a ver uma primeira grande *tensão*: o histórico familiar da formação de médicos do lado

10 As conexões e similitudes observadas entre os dois autores, como os maiores críticos literários do século XX no Brasil, transparecem em diferentes perspectivas de análise nas obras de Alfredo Bosi, Walnice Nogueira Galvão, Leyla Perrone-Moisés, Roberto Schwarz, Luiz Costa Lima, José Aderaldo Castelo, ou até em historiadores como Sérgio Buarque de Holanda, que teve uma produção crítica extremamente rica e diversificada até o final dos anos 1970. Sobre a questão, ver: VENTURA, 2002; FONSECA, SCHWARZ, 2018; ESCOREL, 2020. Além disso, note-se que as conexões feitas sobre a obra de Antonio Candido, com outros críticos latino-americanos, foi muito comum no decorrer de sua carreira profissional, a exemplo das aproximações que eram buscadas com a obra de Angel Rama (1926-1983), especialmente na imprensa periódica (RODRIGUES, 2018). Por outro lado, a busca das ligações entre História e Literatura, que entrelaçavam os dois campos disciplinares no processo de descortinar o agir humano no tempo, fez com que Candido fosse muitas vezes alinhado com a perspectiva e a produção crítica de Walter Benjamin (1892-1940), no percurso de suas aprendizagens críticas (CASTRO, 2014).

paterno e materno *versus* o encontro com as belas letras, o literário e a profissão docente, desde a sua infância.

Quando em meados dos anos 1930, por duas vezes foram mal sucedidas suas tentativas de ingresso na Faculdade de Medicina, levaram o pai a aceitar que ingressasse no curso de Direito, bem como no de Ciências Sociais e Políticas, cursados simultaneamente no final dos anos 1930 na USP. O caminho das leis inevitavelmente foi um percurso de mediação para contornar as exigências familiares até progressivamente se firmar no campo da análise sociológica e da crítica literária, áreas para as quais esteve umbilicalmente ligada toda sua obra. E eis aí uma segunda *tensão* marcante: as relações entre sociologia e literatura na produção de seus textos, e cujo ápice talvez tenha sido a elaboração de *Os parceiros do Rio Bonito* (de 1954) e *Literatura e Sociedade* (de 1965), nos quais os encontros entre crítica social e literária são evidentes.[11] Daí a questão: como ensaio e monografia foram mediados na obra?

No início dos anos 1940, com o falecimento do pai, Candido ainda impactado com a situação familiar teve, por outro lado, as condições necessárias para a sua guinada para as Letras, da crítica social e o estudo do literário. O casamento com Gilda de Mello e Souza (1919-2005), a sua aproximação com o grupo que formou a revista *Clima* (que durou entre 1941 e 1944, com a publicação de 16 números), a apresentação de sua tese para concorrer a cadeira de *Literatura brasileira* e seu ingresso na imprensa periódica foram cruciais para o início dessa guinada crítica em sua trajetória profissional (PONTES, 1998, 2011; ESCOREL, 2020). Os desdobramentos dessas relações pessoais e profissionais marcaram uma terceira *tensão* em sua vida e produção intelectual: o cuidado de pensar a época (e o contexto sociocultural), o *mercado* (de produção de livros, revistas e textos jornalísticos), o *autor* (e seus textos e práticas sociais) e o *público* (com seus inevitáveis processos de leitura e recepção dos textos), que Candido sintetizava na intrínseca articulação entre *autor*, *texto* e *público*, em um jogo dinâmico que dava sentido e forma a constituição de um "sistema", e com ele de uma literatura, de um mercado de bens simbólicos e de uma nação, com os seus leitores e críticos, como demonstrou em vários momentos de sua produção intelectual. Pode-se muito bem notar que se esta perspectiva começou a se firmar com maior sistematicidade em 1945 com a sua tese a respeito d'*O método crítico de Silvio Romero*, ela já estava plenamente consolidada com a publicação de *Formação da literatura brasileira* em 1959.

11 Ver a respeito: JACKSON, 2018; ESCOREL, 2020.

Não deixa de ser verdade, porém, que todas essas expectativas foram, contudo, arrefecidas quando não ganhou o posto de catedrático em literatura brasileira, em função de sua idade (27 anos na ocasião) e ser desconhecido nos meios intelectuais, assim como institucionais da universidade, o que lhe conferiu, entretanto, o título de livre-docente. O prévio afastamento do literário na instituição, porém, não lhe afastou do campo da crítica na imprensa periódica paulista, nem tampouco das análises sociais. A sua permanência na assistência da cadeira de *Sociologia II*, cujo catedrático era então Fernando de Azevedo (1894-1974), e na qual havia começado esses trabalhos em 1942, mantiveram a *tensão* de sua produção entre a análise do social e do literário, em seus estudos a respeito das comunidades rurais, das escolas e dos movimentos sociais e literários. Entre 1945 e 1957, quando se manteve na assistência desta cadeira, Candido procedeu à elaboração de outra tese, apresentada em 1954, que foi *Os parceiros do Rio Bonito* (publicada em 1964), conferindo-lhe o título de doutor em Ciências (Sociologia). É bem provável que tenha sido sua estada na Faculdade de Filosofia, Ciências e Letras na cidade de Assis no estado de São Paulo, entre 1958 e 1961, que lhe possibilitaram seguir definitivamente para o campo dos estudos literários, muito embora jamais tenha se desgarrado completamente da crítica social engajada. Foi neste período que publicou *Formação da literatura brasileira* e *Os parceiros do Rio Bonito* (em pequena tiragem), em 1959 (e cuja primeira edição, de fato, foi publicada pela Editora José Olympio em 1964), e começou a elaborar seus cadernos de análise literária (que começaram a ser publicados no início dos anos 1980).[12] Na cidade de Assis e no curso de Letras de sua Faculdade de Filosofia, Candido não somente se afinou definitivamente com o campo da literatura brasileira, em suas aulas e pesquisas, mas também foi o momento em que ele e Gilda começaram a ter um lugar específico para a família morar – deixando de dividir o espaço do lar com outros membros da família (mãe e irmão). Foi nesse momento que se deu a formação definitiva de Candido e de suas predisposições para a crítica literária, formulando verdadeiramente procedimentos para o estudo de romances e poesias, em um percurso que marcou a história da literatura brasileira e a crítica literária nacional e latino-americana. (ESCOREL, 2020). Mas, antes de avançar nesses pontos, todavia, é preciso inquirir qual o tipo de curso de Ciências

12 Tome-se como exemplo: *Na sala de aula: caderno de análise literária* (de 1984); *Iniciação à literatura brasileira* (escrito em 1987 e publicado em 2004); *O estudo analítico do poema* (produzido no final dos anos 1980 e publicado em 1999); e *O romantismo no Brasil* (elaborado no início dos anos 1990 e publicado em 2002).

Sociais e Políticas que Candido encontrou na Faculdade de Filosofia da USP no final dos anos 1930.

Note-se que no início dos anos 1930, os cursos de Ciências Sociais e Políticas e de Letras Clássicas e Português, assim como outros cursos na época (BONTEMPI Jr., 2001; MEUCCI, 2011; ROIZ, 2021), estavam começando a se organizar na Faculdade de Filosofia, Ciências e Letras da Universidade de São Paulo – conforme podemos observar pelos quadros 2 e 3[13], que mostram cursos em um processo ainda insipiente de organização curricular. O curso de Ciências Sociais e Políticas começava a definir qual o perfil de alunos que buscava formar, com base em um rol de disciplinas que pudessem prepará-los para pensarem as mudanças sociais e as dinâmicas políticas e econômicas de um dado momento histórico, além de ainda estar formulando os princípios teóricos e metodológicos para os campos da sociologia e da ciência política, assim como da antropologia e da economia.

Quadro n. 2: Distribuição das disciplinas do curso de Ciências Sociais e Políticas da FFCL/USP em 1934-1935

Primeiro Ano	*Segundo Ano*	*Terceiro Ano*
Sociologia Geral	Sociologia mental e inter-mental	Direito Político
Filosofia Geral e Psicologia	Sociologia Econômica	Sociologia especial
Economia Política e Finanças	História da civilização brasileira	Estatística
	História das doutrinas econômicas	Filosofia Geral e História da Filosofia
	Filosofia Geral e História da Filosofia	História da Civilização Brasileira

Fonte: *Anuário da FFCL/USP*, 1934-1935.

Quadro n. 3: Distribuição das disciplinas do curso de Letras Clássicas e Português da FFCL/USP em 1934-1935

Primeiro Ano	*Segundo Ano*	*Terceiro Ano*
Filologia Portuguesa	Língua e Literatura Grega	Língua e Literatura Grega
Língua e Literatura Grega	Língua e Literatura Latina	Língua e Literatura Latina
Língua e Literatura Latina	Filologia Portuguesa	Literatura Luso-brasileira

Fonte: *Anuário da FFCL/USP*, 1934-1935.

Para apreciar com maior cuidado essa situação institucional e curricular é preciso verificar como os docentes avaliavam a questão. No relatório para a cadei-

13 Para maior detalhamento da questão, ver: ROIZ, 2020, 2021.

ra de *Análise Matemática*, ministrada por Luigi Fantappiè (*Anuário da FFCL/USP*, 1934-1935, 1937, p. 34-42), demonstrava a importância de um ensino voltado para questões práticas, dando ensejo à formação de uma personalidade preparada para a organicidade, o planejamento e a resolução de problemas. Para Paul Abrousse-Bastide (*Anuário da FFCL/USP*, 1934-1935, 1937, p. 149-166), responsável pela cadeira de *Sociologia*, alertava, para além das questões postas por Fantappiè, que a Sociologia cabia "mais um esforço sistemático de informação social e uma documentação destinada ao *Serviço Social* que um estudo geral das sociedades humanas" (1937, p. 149), isto é, uma finalidade igualmente prática para seus futuros profissionais, sem a qual não há como uma sociedade crescer e prosperar. Como os alunos já estavam em contato, ao longo dos três anos de curso, "com as cátedras de Filosofia, Psicologia, Economia Política, História do Brasil, História das Doutrinas Econômicas, de Estatística e de Geografia econômica e física" (1937, p. 156), todas elas deveriam estar alinhadas em um trabalho conjunto e articulado, com as cadeiras de Sociologia e Sociologia educacional, de modo a preparem os estudantes para a difícil tarefa de entenderem os processos históricos e sociais, que definem no transcurso do tempo as formas socioculturais de uma dada civilização. Na cadeira de *Sociologia II* (ainda sob a nomenclatura de Sociologia educacional, alterada formalmente por decreto somente em 1942), Claude Lévi-Strauss (*Anuário da FFCL/USP*, 1934-1935, 1937, p. 167-176), avaliava a *sociologia cultural e seu ensino*, demonstrando que o próprio campo da Sociologia estava ainda mais instado a saber o que deveria ser esta área do saber, do que em estudar propriamente as sociedades. Daí a importância de preparar os alunos não com prescrições abstratas, generalistas e meramente conceituais, mas fundamentalmente com trabalhos práticos, pesquisas detidas sobre seu meio social, correlacionando livros e documentos, teorias e práticas sociais. Essa era uma das razões de levá-lo a ver que o objeto central da sociologia não seria o social, mas as formações culturais de uma dada sociedade no tempo. Por isso era categórico em seu diagnóstico:

> A importância dos conhecimentos filosóficos para os estudantes de Sociologia não pode ser posta em dúvida. Conviria, porém, precisá-los para o fim a que se destinam: a história da filosofia deve ter por função desembaraçar o programa propriamente sociológico do estudo, anacrônico em tal lugar, da filosofia social. O ensino psicológico deveria estar inteiramente "centrado" em torno do problema, fundamental para a sociologia cultural, de saber em que medida a cultura exprime estruturas mentais inatas no homem, em que medida é ela

adquirida, e quais são os processos neuro-psicológicos desta aquisição; enfim, a lógica, ausente atualmente no programa, permitiria aos estudantes conceberem a importância da evolução metodológica atual da sociologia (1937, p. 175-176).

Em certa medida, as impressões de Edgar Otto Götthsch (*Anuário da FFCL/USP*, 1934-1935, 1937, p. 177-184), responsável pela cadeira de *Economia Política, Finanças e História das doutrinas econômicas*, não fugiam as procedentes. Para ele, o campo econômico era uma área ainda mais prática, do que as anteriores, porque estava responsável com os movimentos de trocas, comercialização, lucros e produção de bens e serviços. Ao longo dos anos 1930, portanto, o curso de Ciências Sociais e Políticas começava a construir as bases sobre as quais seus quadros docentes e disciplinares iriam se desenvolver, assim como conjecturar maneiras para se estudar a política, a sociedade e a economia. No final de 1938, quando Roger Bastide (*Anuário da FFCL/USP*, 1937-1938, 1939, p. 13-14) passou a ocupar a cadeira de *Sociologia I*, nas suas *Considerações sobre o curso de Sociologia*, ainda julgava que no primeiro ano do curso "deve ser reservado a uma espécie de introdução geral, que permita a esse estudante revisar o que já sabe e passar dessas considerações forçosamente um tanto sumárias, para um estudo mais aprofundado dos problemas sociológicos" (1939, p. 13), enquanto no segundo ano já seria possível tratar de forma temática a sociologia econômica e a dos costumes, de modo a se chegar ao terceiro ano do curso com os alunos em condições não somente de apresentarem seminários e trabalhos práticos consistentes, mas também considerarem tópicos específicos como a sociologia religiosa, e a sua relação com a magia, preparando-se para estudar a "vida religiosa de São Paulo que tão magnífico campo de pesquisa oferece à sua atividade" (1939, p. 13). Nesse mesmo período, René Courtin (*Anuário da FFCL/USP*, 1937-1938, 1939, p. 18-21), encarregado a partir do ano letivo de 1937 das ciências econômicas, em sua *Nota sobre o lugar concedido ao ensino econômico na seção das Ciências Sociais*, mostrava-se otimista com o espaço que começava a ser ocupado pela economia no ensino do curso, de tal forma que "*o lugar conferido na Seção das Ciências Sociais à Filosofia seria reduzido de maneira importante, ao mesmo tempo que seria aumentado o lugar reservado à Economia Política que se situaria em condições de igualdade com a Sociologia e a Estatística*" (1939, p. 20, itálico no original), possibilitando o aprofundamento de temáticas e discussões mais pormenorizadas em relação a produção, a teoria do valor e dos preços, a distribuição, a moeda e o câmbio, além das flutuações das atividades econômicas. Por sua vez, quando, a partir de 1938, Pierre Fromont (*Anuário da FFCL/USP*, 1937-1938, 1939, p. 25-27) esteve encarregado da área, em suas *Considerações sobre o curso de Economia política e História das doutrinas econômicas*, deu continuidade as observações procedentes de Courtin, acrescentando a necessidade de o estudante conhecer profundamente as movimentações do mercado e as oscilações da economia contemporânea, após terem uma iniciação no segundo ano do curso sobre as questões econômicas e filosóficas de seu tempo.

A situação vivida pelos outros cursos da Faculdade de Filosofia não era diferente, como mostrava Fidelino de Figueiredo (*Anuário da FFCL/USP*, 1937-1938, 1939, p. 22-24), responsável pela cadeira de *Literatura Luso-brasileira*, do curso de Letras Clássicas e Português, que em suas *Considerações sobre o curso de Literatura luso-brasileira*, indicava que após os alunos serem introduzidos à literatura Greco-romana e latina do ocidente cristão, durante os séculos derradeiros da Idade Média, e terem noções básicas de filosofia, geografia e história, seria possível depois "da demonstração da crítica de ideias, para iniciar os estudantes no mundo da filosofia da literatura e lhes abrir horizontes sobre a alta crítica, farei uma exemplificação de crítica fundada diretamente sobre a leitura dos textos, na aula e em comum acordo com os estudantes" (1939, p. 22-23). Ordinariamente, abria-se no final dos anos 1930 caminhos para a consolidação dos cursos na Faculdade de Filosofia, com o ingresso dos primeiros catedráticos, além de se começar a fixar certas metas para as disciplinas definirem seus campos de pesquisa, ensino e extensão para os alunos e as alunas (ROIZ, 2021).

Foi no início dos anos 1940, contudo, que houve um conjunto de mudanças de ordem institucional e curricular, que fez com que os cursos de Ciências Sociais e Políticas e de Letras Clássicas e Português passassem a ter uma nova fisionomia e estrutura curricular, além de uma formação didática que era oferecida no quarto ano dos respectivos cursos, para a preparação de licenciados para o exercício da docência, juntamente com cursos especializados aos alunos que pretendessem seguir em uma área do saber. A maior organicidade e especialização das disciplinas dos cursos oferecidos pela Faculdade de Filosofia, com o ingresso dos primeiros catedráticos, fez com que as áreas e disciplinas passassem a ter o contorno não somente do catedrático ligado a cadeira, mas expressando os objetivos e metas a serem cumpridos na pesquisa e no ensino. A cadeira de *Sociologia I*, desde 1939 era regida por Paul Abrousse-Bastide e Roger Bastide, esteve a partir de 1942 a cargo de Roger Bastide que passou a organizar todos os trabalhos, disciplinas e pesquisas oferecidas pela área – já que Abrousse-Bastide passou a ser responsável pela cadeira de *Política*. Com oferta regular de disciplinas nos quatro anos do curso, Bastide junto com os seus assistentes e auxiliares também se ocupavam de apresentar resultados de suas pesquisas de campo. Em 1942, com a extinção da cadeira de Sociologia Educacional foi criada definitivamente a cadeira de *Sociologia II*, que passou a ser regida por Fernando de Azevedo, que contava com assistentes e auxiliares, entre os quais, Antonio Candido de Mello e Souza. Ele havia se formado no ano anterior, em 1941, com uma turma de 18 alunos, 16 homens e 2 mulheres; e experienciava as mudanças ocasionadas com o ingresso dos primeiros catedráticos do curso. Entre 1943 e 1949, Candido, junto com Florestan Fernandes, eram os responsáveis pelos seminários oferecidos aos alunos do curso de Ciências Sociais e Políticas, mas também trabalhavam essas questões com os alunos do curso de Pedagogia, criado em 1939. Nesse mesmo período, o autor de *O método crítico de Sílvio Romero* apresentou 9 trabalhos, circunstanciando a sociologia de Euclides da Cunha, a sociologia rural, a estrutura de comunidades rurais paulistas e o estudo sociológico da educação e da escola; mas sempre com o autor de *Os sertões* e a sociologia rural como centro de suas investigações nesse momento. Nota-se, desde essa época, a preocupação de Candido com o que seria a base de todos seus estudos: a crítica social e o estudo do literário – percepção a qual já foi alvo de diferentes interpretações na historiografia literária (JACKSON, 2018; FONSECA, SCHWARZ, 2018).

É interessante notar ainda como se encontrava o curso de Letras Clássicas e Português nessa mesma época. Assim como o curso de Ciências Sociais e Políticas, este demandava transformações expressivas em sua base curricular, assim como o acréscimo de seus primeiros catedráticos – conforme pode ser aferido nos quadros n. 4 e 5. Enquanto nos anos 1930 funcionavam os cursos de Letras Clássicas e Português, junto com o de Línguas estrangeiras, o segundo desdobrava-se no início dos anos 1940, para dar base a fundação dos cursos de Letras Neolatinas e Letras Anglo-germânicas. No curso de Letras Clássicas e Português, a cadeira de *Literatura Luso-brasileira*, igualmente desdobrava-se no início dos anos 1940, para dar base às cadeiras de *Literatura Portuguesa* e *Literatura Brasileira* (*Anuário da FFCL*, 1939-1949, 1953).

Quadro n. 4: Distribuição das disciplinas do curso de Ciências Sociais e Políticas da FFCL/USP em 1940-1943

Primeiro Ano	*Segundo Ano*	*Terceiro Ano**
Metodologia	Sociologia Estética	Sociologia Econômica
Introdução à Sociologia	Sociologia Mental e Inter-mental	Sociologia Política
Teorias Sociológicas	História da Sociologia	Sociologia e Psicanálise
Direito Político	Antropologia e Língua Tupi-guarani	Antropologia Física e Cultural
Introdução à Antropologia	Ciência Política I	História da Civilização Moderna e Contemporânea
Introdução a Ciência Política	Antropologia Física e Cultural	História da Civilização Brasileira
História da Filosofia	Economia Política	Ciência Política II

Fonte: *Anuário da FFCL/USP*, 1939-1949, 2 v.
* No quarto ano do curso era oferecida formação didática e cursos especializados.

Quadro n. 5: Distribuição das disciplinas do curso de Letras Clássicas e Português da FFCL/USP em 1940-1943

Primeiro Ano	*Segundo Ano*	*Terceiro Ano**
Literatura e Filologia Clássica	Literatura Latina	Literatura Portuguesa
Filologia Românica	Literatura Portuguesa	Literatura Brasileira
Literatura Latina	Literatura Brasileira	Letras Neolatinas
Letras Clássicas	Letras Clássicas e Neolatinas	História da Civilização Brasileira

Fonte: *Anuário da FFCL/USP*, 1939-1949, 2 v.
* No quarto ano do curso era oferecida formação didática e cursos especializados.

O responsável pela cadeira de *Literatura Brasileira* nos anos 1940 foi Mário Pereira de Souza Lima, que teve entre seus assistentes José Aderaldo Castello (1921-2011). Enquanto o primeiro traçava grandes panoramas a respeito do parnasianismo até o início do movimento modernista (que foi sua tese para assumir a cadeira em 1945), o segundo começava a fazer seus primeiros estudos a respeito de Gonçalves de Magalhães, Araripe Júnior, José de Alencar e Maciel Monteiro. (*Anuário da FFCL/USP*, 1939-1949, 1953, 2 v.). Nem a história do modernismo ou a semana de arte moderna de 1922 apareciam em destaque nas pesquisas, nem nos programas das disciplinas ou mesmo nos roteiros dos seminários durante os anos 1940. As próprias circunstâncias levavam os catedráticos e seus assistentes e auxiliares a observarem a formação da literatura brasileira, especialmente ao longo do século XIX, quando o estado nacional brasileiro era fundado e suas premissas literárias definidas para a nação (*Anuário da FFCL/USP*, 1939-1949, 1953, 2 v.). Com a pretensão de fazer um balanço a respeito do centenário da semana de arte moderna de 1922, Luís Augusto Fischer (2022, p. 244-246) procurava mostrar que esta só foi consagrada na universidade nos anos 1970. Para ele, mesmo Candido que era um dos mais destacados críticos na imprensa periódica, com o zelo de apresentar as inovações trazidas pelo romance e a poesia modernista, a partir do início dos anos 1940, teve intensas contendas com os modernistas, em função de sua crítica literária. (FISCHER, 2022, p. 126-129).

Em linhas gerais esse foi o panorama do curso e dos estudos literários no início dos anos 1940, quando Candido assumiu a assistência da cadeira de *Sociologia II*. Contudo, vale destacar ainda como, a partir dos anos 1950, se estruturavam os cursos de Ciências Sociais e Letras Clássicas e Português. Em 1950, José Aderaldo Castello defendeu tese de doutorado estudando o romantismo, além de publicar textos a respeito do simbolismo, e Mário Pereira de Souza Lima permanecia como catedrático da cadeira de *Literatura Brasileira* (*Anuário da FFCL/USP, 1950*, 1953, p. 247-248). Nesse mesmo período começava a ocorrer a estruturação do Departamento de Sociologia e Política, no qual passaria a responder pelas questões burocráticas do agora reformulado curso de Ciências Sociais, que possuía a seguinte distribuição de cadeiras: *Sociologia I*, com Roger Bastide e Gilda de Mello e Souza como sua assistente; *Sociologia II*, com Fernando de Azevedo e Antonio Candido e Florestan Fernandes, como primeiro e segundo assistentes da cadeira; *Política* com Charles Morazé (1913-2003) e Lourival Gomes Machado, como seu assistente, e Paula Beiguelmann, como sua auxiliar; e *Antropologia*, com Emilio Willems (1905-1997) e Egon Shaden, como seu assistente, e Gioconda Mussolini, como sua auxiliar (*Anuário da FFCL/USP, 1950*, 1953, p. 307-316). O processo de burocratização institucional e especialização científica pode ser aferível com a movimentação de trabalhos informados, como na cadeira de *Economia Política*, que apresentava 7 doutoramentos e 2 livres-docências nesse ano letivo, em seus relatórios (*Anuário da FFCL/USP, 1950*, 1953, p. 197-199). Mas também pode ser observada essa dinâmica nos processos de ensino, que eram experimentados entre os cursos, como podemos notar em relação à cadeira de *Literatura Brasileira*, na qual:

> [...] para o 2º ano, além do ponto de Introdução, que consistiu numa visão geral de nossa historiografia literária, programou-se o estudo dos principais aspectos da literatura colonial e da do início da era autonômica, com o romance romântico. No 3º ano, além da poesia romântica, com Gonçalves Dias, e do romance igualmente romântico, com José de Alencar, programou-se o estudo da estética parnasiana e simbolista, e o do romance realista, colocando-se em posição de destaque a figura de Machado de Assis. Para o 4º e 5º anos, reservavam-se alguns aspectos do modernismo (*Anuário da FFCL/USP, 1951*, 1953, p. 259).

Obviamente, a programação dos planos de aula e dos relatórios das cadeiras muitas vezes não convergiam com o que era, de fato, ensinado no cotidiano escolar, como se viu ao longo deste ano letivo, surpreendido pelas greves das Faculdades de Filosofia, que resultaram em totais revisões e alterações do planejamento programado no início do ano letivo de 1951 (*Anuário da FFCL/USP, 1951*, 1953, p. 259-260). Para além dessas questões, sem dúvida alguma fundamentais, deve-se notar ainda que as determinações dos "currículos oficiais" nem sempre se tornavam práticas didáticas cotidianas, porque se cruzavam com o "currículo oculto", muito mais dinâmico, mas bem mais difícil de ser apreendido pelas fontes que foram preservadas do período. Tome-se como exemplo o ano letivo seguinte, no qual a programação da cadeira estava assim disposta para o oferecimento das disciplinas aos alunos do curso:

> Da forma que funcionou no decorrer de 1952, reservou-se, para o 2º ano de bacharelado, o estudo da literatura colonial, em visão panorâmica, do século XVI ao XVIII, precedido de uma introdução sobre nossa historiografia literária; para o 3º ano, o século XIX; para o 4ª ano e 1º e 2º ano de especialização, o século XX e o modernismo literário. Procurou-se sempre apresentar, ao lado do panorama de movimento ou de época, o estudo aprofundado de um ou mais autores significativos. Quanto aos trabalhos de aproveitamento, são exigidos dois: um no primeiro semestre, outro no segundo. Dos alunos do 2º e 3º anos, pedem-se, sobretudo, fichas de leitura de obras em que se consideram principalmente a análise da técnica de construção e a da expressão, e a interpretação do conteúdo; quanto aos alunos do 4º e 1º e 2º anos de especialização, os trabalhos devem apresentar um caráter monográfico, do ponto de vista crítico e histórico (*Anuário da FFCL/USP, 1952*, 1954, p. 281).

O ano de 1952 também deve ser observado com certo simbolismo para o período, porque marcava os 30 anos da semana de arte moderna de 1922. (FISCHER, 2022). Vimos muito rapidamente que somente no início dos anos 1950 começava a ser rotineiramente inserido nos programas de ensino, a análise do movimento modernista nos últimos anos do curso de Letras Clássicas e Português. É nesse período que também começava a ocorrer o desenvolvimento dos primeiros trabalhos de José Aderaldo Castello a respeito do tema, após ter estudado de forma sistemática o romantismo e o simbolismo brasileiro do século XIX.[14] É interessante, como décadas depois, Castello sistematizou o percurso de seus estudos em *A literatura brasileira* (de 1999), dando ênfase a sua unidade e origens. Obra publicada em dois alentados volumes, Castello entendia que a "contar de princípios do século XVI, a literatura que se cultivava no Brasil Colônia vem progressivamente conquistando sua auto-identificação" e esse "processo começa desde que se estabelece a relação homem – terra com a presença do colonizador", mas essa mesma relação será "revigorada pelo pensamento crítico do século XIX e proporcionará a progressiva conscientização da relação indivíduo/pátria, do sentido local ao nacional." (CASTELLO, 2004a, v.1, p. 17-18). Com essa perspectiva em mente, dividia a história da literatura brasileira em três grandes momentos: 1. O das fundações no período colonial; 2. O da identidade debatida no período nacional no século XIX; 3. E o modernismo como reformulação em um segundo período nacional no século XX. As características de uma história linear, naturalizando certo sentido na apreciação dos movimentos literários, constituía-se em um ponto bastante questionável na interpretação proposta pelo autor (mantida desde os anos 1930 na formação dos alunos do curso de literatura brasileira; primeiro por Mário Pereira e, depois, continuada, sob outras perspectivas, por Castello), que se debruçava sobre os dois primeiros momentos no primeiro volume e deixava o terceiro momento inteiramente para o segundo volume, igualmente assegurando um espaço privilegiado para o movimento modernista, que no final dos anos 1990, já havia sido rotinizado nos programas de ensino das universidades brasileiras (FISCHER, 2022). Ainda assim, o autor não deixava de indagar que:

> As manifestações vanguardistas dos anos [19]20 e algumas anteriores foram propostas renovadoras, que prevaleceram em harmonia com a nossa herança interna. Para melhor compreendê-las, é preciso supe-

14 Desde o início dos anos 1950, José Aderaldo Castello vinha se dedicando a publicar, em vários volumes, *A literatura no Brasil*, coleção dirigida por Afrânio Coutinho.

> rar limitações decorrentes da exaltação da "Semana de Arte Moderna", de 1922 e avaliar contribuições das duas primeiras décadas do século (CASTELLO, 2004b, v.2, p. 15).

Ao longo dos anos 1940, Candido estaria focado na imprensa periódica apreciando o surgimento de novos romancistas, romances e poesias, com o movimento modernista das décadas iniciais do século XX, e se preparando para se efetivar em uma vaga na universidade. Em 1945, não alcançou a tão almejada cátedra de *Literatura Brasileira*, mas permaneceu na assistência da cadeira de *Sociologia II*. Com *o método crítico de Sílvio Romero*, Candido se detinha no processo de formação do crítico literário e de sua crítica, analisada em três movimentos de sua marcha de ideias (1870 a 1880, 1880 a 1888 e 1888 até 1914). De modo geral, ele começava a esboçar a sua percepção da literatura, conforme o andamento de três aspectos correlacionados: "a criação artística, o público e, entre ambos, uma série de intermediários cuja função é esclarecer e sistematizar", e esse era o papel "que compete às diferentes modalidades de crítica, desde a história literária até a resenha de jornal, e delas depende em boa parte a formação e o desenvolvimento da consciência literária", por isso, o "ensino da literatura pode e deve ser considerado um aspecto da crítica, e por isso os problemas desta são para ele [o crítico] de importância capital." (CANDIDO, 1988, p. 9). Não era gratuita tal concepção, Candido dava essa definição para embasar um possível comando da cadeira, como seu novo catedrático, caso fosse aprovado no concurso.[15] Mas, quais as consequências de ter sido preterido no concurso para a cátedra em 1945?

15 O concurso para a cadeira de Literatura Brasileira ocorreu entre 23 de julho e 4 de agosto de 1945 e contou com a participação dos professores José Americano, Gabriel de Rezende Filho, Afonso Arinos de Mello Franco, Leonel Vaz de Barros e Guilherme de Almeida para comporem a banca examinadora, tendo se inscrito os seguintes candidatos: 1. Antonio Candido, com a tese *Introdução ao método crítico de Sílvio Romero*; 2. Antonio Salles Campos, com *Origem e evolução dos temas da primeira geração de poetas românticos brasileiros*; 3. Manuel Cerqueira Leite, com *Do fato literário, do ponto de vista funcional*; 4. Mário Pereira de Souza Lima, com *Os problemas estéticos na poesia brasileira do parnasianismo ao modernismo*; 5. José Oswald de Souza Andrade, com *A Arcádia e a Inconfidência*; 6. Jamil Almansur Haddad, com *O romantismo brasileiro e as sociedades secretas do tempo*. Entre 1939 e 1949 ocorreram 14 concursos para cátedras da Faculdade de Filosofia. O concurso que Candido participou foi o mais concorrido no período e, muitas vezes, se esquece que até Oswald de Andrade foi preterido. (*Anuário da FFCL/USP, 1939-1949*, 1953, p. 384). A idade de Candido sem dúvida pesou na decisão final da banca examinadora, mas não foi o único fator responsável pelo ingresso de Mário

A persistência de um trabalho cotidiano envolvendo os cursos de Ciências Sociais e Políticas, assim como o de Pedagogia, para os quais Candido se dedicava como assistente da cadeira de *Sociologia II*, em estudos sobre a família, as comunidades rurais e a organização política e cultural das escolas, não arrefeceu suas pretensões de se dedicar integralmente ao estudo da literatura brasileira, procurando desenvolver conjuntamente, a análise sociológica e a crítica literária, no que se tornaria no final dos anos 1950 sua *Formação da literatura brasileira*. A obra que teve origem em um pedido editorial, para a escrita de uma nova história da literatura brasileira, transformou-se ao longo dos anos de sua preparação, entre os anos 1940 e início dos anos 1950, em uma revisão crítica dos momentos decisivos a respeito da formação da literatura brasileira. Essa foi uma das razões que o levaram a observar que cada "literatura requer tratamento peculiar, em virtude dos seus problemas específicos ou da relação que mantém com outras", e como a brasileira nasceu por intermédio de seus vínculos com a portuguesa e outras, a sua "formação tem, assim, caracteres próprios e não pode ser estudada como as demais, mormente numa perspectiva histórica, como é o caso deste livro, que procura definir ao mesmo tempo o valor e a função das obras" (CANDIDO, 2013, p. 11). Com base no estudo pormenorizado de obras, e mantendo sua dívida intelectual com Sílvio Romero (que havia tratado na tese de 1945) e José Veríssimo (redescoberto depois), Candido iria avançar no estudo das relações "autor-obra-público" em sua análise do tema. Ao ver a literatura como uma síntese de condições universalistas e particularistas, que dariam base a formação de um "sistema literário", ele pretendeu ver os momentos decisivos para a formação da literatura brasileira, na qual poderia diferenciar as manifestações literárias, da literatura propriamente dita, onde um sistema fosse aí constituído com "a existência de um conjunto de produtores literários, mais ou menos conscientes do seu papel; um conjunto de receptores, formando os diferentes tipos de público, sem os quais a obra não vive; um mecanismo transmissor (de modo geral, uma linguagem, trazida em estilos), que liga uns a outros" (CANDIDO, 2013, p. 25). Nesse movimento interpretativo vemos se projetar uma outra tensão na obra de Candido: o desafio de estar entre o estudo monográfico amplamente documentado e o ensaio que buscava formular ideias e síntese de um tema ainda em processo de análise e investigação. Essa tensão não passou despercebida a muitos assistentes nos anos 1940, como Alice Canabrava que viam em Candido mais um ensaísta, do

Pereira. Afinal, para o período, a sua abordagem trazia inovações na periodização e no tratamento do tema, além de avançar em sua crítica à história da literatura brasileira até o estudo do tempo presente.

que um cientista social (CARDOSO, 2021). Para Fernando Henrique Cardoso, que foi aluno do curso de Ciências Sociais e Políticas no período:

> O que distinguia meus professores, sobretudo os mais jovens, era a paixão pela pesquisa. Entre eles, havia sempre o temor de que nos transformássemos em ensaístas. Ora, o que se ensinava na USP, era que nas ciências o raciocínio deveria ser indutivo, não dedutivo. Sem dados e sem investigação sobre eles continuaríamos a ser cultores do improviso, do talento e das interpretações sem base. Até a postura e a roupa que usávamos, um guarda-pó branco, como se fôssemos médicos, tudo em nós apontava para o fazer científico (CARDOSO, 2021, p. 43).

E como Candido, por sua crítica na imprensa periódica, era sempre visto como crítico literário e não como cientista social, foi-lhe rotinizado o apego pelo ensaio, não pelo fazer científico e monográfico amplamente documentado – tal como ressaltará Cardoso (2021) em suas memórias: *Um intelectual na política*. Talvez essa tenha sido uma das principais razões que levaram *Os parceiros do Rio Bonito* a ser mais visto como uma análise ensaística, não como uma pesquisa social amplamente documentada, a partir do final dos anos 1950 (JACKSON, 2018). Mas foi justamente em meio a essa diversificada e multifacetada trama de tensões, que Candido conseguiu reinventar a crítica literária e o estudo da literatura brasileira a partir dos anos 1940.

Com as dificuldades encontradas no meio do caminho, tais quais as pedras de Drummond, que permitiram ao autor: 1. Deslindar por entre a crítica social e a interpretação da literatura brasileira; 2. Fazer uma leitura extremamente original do marxismo, do formalismo russo, da filosofia da linguagem e do estruturalismo, para alcançar sua "crítica dialética", mediando às tensões entre autor, obra e público; 3. Conseguir relacionar o percurso de sua vida, com a construção da obra, em que texto e contexto, história e memória, literatura e realidade se mesclavam nas tramas construídas pela obra do autor; 4. Fez de seu engajamento político uma conduta ética para a construção da democracia, de modo a ter na literatura uma ação fundamental para a transformação da vida das pessoas, alinhando-a como um direito universal tão importante como comer e beber; 5. Enfim, conseguiu fazer com que as adversidades do percurso dessem novos sentidos aos seus textos e leituras, e nesse processo conseguiu dar novas guinadas em sua própria obra, a partir dos anos 1960, quando se consolidou na cadeira de *Teoria literária e literatura comparada* no curso de Letras da USP.[16]

Nesse sentido, fez das experiências de sua vida, os principais traços para sua obra, até porque "da leitura de um romance fica a impressão duma série de fatos, organizados em enredo, e de personagens que vivem esses fatos" (CANDIDO, 2014b, p. 53), como se tudo ali fosse impregnado de sentidos, enquanto a vida é cheia de caos, onde o fascínio pelos romances, por fazerem com que o caos inerente a vida seja coberto de sentidos nas tramas narrativas em que se encontram suas personagens, mantivesse sempre a atenção de seus leitores. A arte imitava a vida sob outras formas, mesmo a vida sendo rica em detalhes, a busca por sentidos era sempre um dilema social e humano. Foi assim que refez o percurso de Graciliano Ramos, a partir de suas memórias do cárcere, em *Ficção e confissão* (2012); ou a vida de amigos e intelectuais em seus *Recortes* (2004); ou mesmo a incrível e turbulenta vida de Teresina Carini Rocchi (1863-1951), no seu *Teresina etc.* (2007); ou ainda, o percurso de um funcionário de segundo escalão durante o império do Brasil, ao visitar a trajetória de Antonio Nicolau Tolentino, em *Um funcionário da monarquia* (2002). Em todos esses casos, sobressai a sensibilidade do crítico que conecta a vida com a arte, e faz da história um canteiro fértil para a literatura, e da literatura roteiros inovadores para a escrita de novas histórias. E como sua "crítica dialética" ficava nessa história?

Evidentemente, só é possível sintetizar em poucas linhas alguns de seus traços principais. Nas suas análises, Candido demonstrou a importância da entrega do crítico literário de corpo e alma na leitura e na escrita de seus textos, sem a qual não se alcançava o âmago do literário, ou de qualquer outro tipo de texto. Longe de parecer uma simples prescrição, as suas interpretações mostravam o êxtase ao qual se encontrava um autor ou autora no processo de elaboração do texto no ato da escrita, em função de crises existenciais, socioeconômicas, psicológicas, ou até amorosas, que lhe davam o ingrediente inesperado para uma narrativa reveladora da sociedade, da época em que viveu, dos relacionamentos amorosos do passado e até dos processos de sociabilidade do período. E era muitas vezes na desolação

16 Note-se que atualmente estão esquecidos os nomes de Mário Pereira, Alfredo Ellis Jr. e Astrogildo Rodrigues de Mello, que ocuparam respectivamente as cátedras de *Literatura Brasileira, História da Civilização Brasileira* e *História da Civilização Americana*, ao passo que Antonio Candido, Sérgio Buarque de Holanda e Alice Canabrava, todos eles preteridos em suas tentativas iniciais de ocuparem cátedras, em função das dificuldades e de todos os dilemas que tiveram que transpor foi que se tornaram verdadeiramente marcos para se pensar a história e a literatura brasileira, ao longo do século XX.

plena, na solidão indesejada, sob uma intensa crise de expectativas, que se possibilitava o surgimento do "novo" no processo literário da escrita. Como intérpretes, os críticos literários, não poderiam ser indiferentes em suas expectativas, emoções e sensibilidades no ato da leitura e interpretação dos textos literários. Se não cultivassem sua sensibilidade literária, seu talento para a escrita, além do detalhamento detetivesco que faz parte de qualquer investigação, ao se deter nos mais singelos e ínfimos vestígios deixados por um texto, não seria possível ao crítico literário avançar em seus processos de leitura e análise do texto literário, muito menos se atingir uma interpretação dialética do processo, da obra, ou mesmo do autor, sem a qual a relação autor, obra e público se tornava limitada.

Além de serem esses os ingredientes fundamentais para que o crítico literário profissional se encarregasse de fazer uma análise promissora das obras, como Candido pacientemente demonstrava em suas interpretações da obra de Machado de Assis, Mário de Andrade, Lima Barreto, Manuel Antônio de Almeida, Aluízio de Azevedo, Cláudio Manuel da Costa, Murilo Mendes, Pedro Nava, Carlos Drummond de Andrade, ou até dos europeus: Eça de Queirós, Franz Kafka, Émile Zola ou Charles Baudelaire; cujo norte de análise acontecia primeiro em sala de aula, demonstrando toda sua didaticidade professoral aos iniciantes ao ofício, e depois sistematizando suas leituras em seus textos. A desenvoltura e multiplicidade de sugestões e pistas deixadas pelas análises de Candido impressionam qualquer leitor de sua obra. Obviamente, isso não passou despercebido de seus alunos, que procuravam seguir o mestre em seu processo de aprendizado do ofício de crítico literário. Até hoje impressiona a atualidade de suas interpretações e como desde os anos 1940 fez a leitura do que se tornariam autores e autoras canonizados do modernismo brasileiro, na análise de seus primeiros romances, contos e poesias. A chave interpretativa de sempre observar atentamente: autor, texto, época, mercado editorial e público, consagrou um modelo de análise até hoje fundamental para a construção das avaliações críticas de romances, contos, crônicas e poesias. E é tendo em vista tais apontamentos que devemos avançar na sequência de nossa discussão e ver como Candido foi retomado por Schwarz e relido por Costa Lima.

As insurgências da crítica dialética aos processos de dominação sociocultural: o momento Roberto Schwarz

Os anos 1930 e 1940 foram cruciais para o início da produção intelectual de Antonio Candido, ao passo que os anos 1960 e 1970 o foram para Roberto Schwarz. Os dois momentos, no entanto, caracterizaram-se por terem plasmado situações ditatoriais e autoritárias, com governos centralizadores e repressivos, onde o jogo de poder era sempre o centro das atenções políticas e econômicas, distribuídas entre uma de cunho mais civil e a outra mais militar. Mas em ambos os casos, porém, as circunstâncias levaram a uma forte ação política e militar contra os movimentos sociais, partidos de esquerda e os intelectuais, alvos diretos de perseguições, mortes e desaparecimentos, censuras e prisões. Os dois momentos, no entanto, com as suas ações restritivas, por intermédio da polícia-política, possibilitaram a revelia daquelas ações repressivas a elaboração de ideais e interpretações críticas sobre a formação da sociedade brasileira, buscando alternativas para seus principais dilemas e problemas sociais. A rebeldia do pensamento se coadunava com a irreverência da ação social, incentivando e incendiando-se na produção de peças, músicas, obras históricas, literárias, filosóficas e artísticas, com quadros, pinturas, esculturas e até pichações nas ruas e nos muros das grandes cidades, cujo norte comum em todas elas era a produção de análises sobre a sociedade e o agir humano no tempo, como resposta as ações ditatoriais. A contestação irreverente se sintonizava com o clima negacionista, obscurantista e restritivo. Quanto maior foi à proibição iminente contra a rebeldia e a possível revolução sociocultural, mais forte se tornava a insurgência de ideias, propostas e alternativas, contra a repressão, a censura e o controle social e do imaginário, onde os sonhos eram criados e as utopias eram produzidas. Qual o lugar da obra de Schwarz nesse contexto específico?

A obra de Roberto Schwarz, não somente por ter começado a ser feita em um momento ditatorial, repressivo e de forte perseguição, com proibições e censuras evidentes no cotidiano das "pessoas comuns", tornou-se extremamente original, em função das alternativas que buscou por meio da análise da produção literária e cultural de seu tempo. Foi em meio aquelas circunstâncias específicas que o autor conseguiu agregar o estudo da literatura, em um forte engajamento político e intelectual (inspirado por Candido), com o que havia de mais criativo na teoria crítica e nos marxismos dos séculos XIX e XX, tendo por meta problematizar a formação da cultura e da sociedade brasileira, a partir das questões e formulações lançadas pela produção literária feita desde o século XIX. Constituindo-se desde os anos 1960, como uma análise dialética da formação da cultura e da sociedade brasileira, a partir de sua interpretação da obra de Machado de Assis, revelou-se como um caminho promissor para se pensar o Brasil nos anos de chumbo no final dos anos 1960 e início dos anos 1970. Para Fabio Querino:

> A abrangência temática, passando por diferentes esferas da vida cultural, assim como a originalidade de sua filiação dialética, fizeram da obra de Roberto Schwarz um testemunho ativo das transformações e reviravoltas do pensamento crítico brasileiro, em suas diversas tentativas de se reinventar à luz das condições de possibilidade de um presente determinado (QUERINO, 2013, p. 227).

A desenvoltura com que procurou pensar o Brasil se revelou especialmente na concepção de que aqui as "ideias estariam fora do lugar", meio que postiças e superficialmente introduzidas em solo local, dadas as percepções que conduziam aos sujeitos históricos a seu respeito e a função de suas propostas para as práticas sociais parecerem nessas terras distorcerem seu sentido original, dando-lhes um ar de artificialidade nos seus mais diversos usos. Mais do que isso, em ambiente formado pela escravidão, para o autor de *Ao vencedor as batatas* (de 1977), a introdução das ideias liberais nessas terras constituía um verdadeiro paradoxo, ou ao menos davam essa sensação de superficialidade, artificialidade e de certa forma algo postiço sob os olhares de seus contemporâneos no século XIX. Evidentemente, a sua posição teórica lhe valeu várias disputas, embates e críticas, que deram novos contornos para a produção de análises históricas e de crítica literária no país, a partir dos anos 1970. De acordo com Maria Arminda do Nascimento Arruda:

> [...] a recente fortuna crítica da obra de Roberto Schwarz caracteriza-se por mirar outros horizontes, mais consoantes às questões atuais das pesquisas sobre a cultura e a vida intelectual. Alguns traços persistentes podem ser, todavia, notados. [...] A teoria crítica, especialmente na vertente adorniana, serviu tanto para evidenciar o tributo de Schwarz a essa corrente intelectual, quanto para frisar o rendimento derivado dessa escolha analítica. Surpreende a discreta presença de Pierre Bourdieu, reconhecidamente o autor preponderante no campo das pesquisas atuais sobre a cultura. Confirma-se, por fim, a importância da obra de Roberto Schwarz na compreensão dos impasses do Brasil contemporâneo, desvelados neste momento francamente regressivo da sociedade brasileira. Por esse e outros relevantes motivos, a visão crítica de Schwarz tem resistido ao tempo, continuando a inspirar os jovens pesquisadores que a ela recorrem, motivados pelo desejo de esclarecer os nossos dilemas e se elevarem intelectualmente (ARRUDA, 2019, p. 31-32).

Com o olhar centrado sobre as mudanças sociais, mesmo aquelas apagadas e esquecidas pelo tempo, à obra de Schwarz tem recorrentemente se voltado para o passado brasileiro, a luz da produção literária do período, questionando-se a maneira pela qual formas de pensamento e teorias se aclimataram no país, a partir do século XIX, quando a nação se tornou independente e nesse processo se começava a inserir nessas terras o liberalismo europeu, em local onde ainda prosperava o sistema escravista e não o trabalho livre. As relações sociais no país por serem sedimentadas no "favor" e no "paternalismo", mas não no "reconhecimento", na "redistribuição" e na "liberdade de ação"; na falsa "erudição" e não na "ação engajada", não via no trabalho manual algo de valor, mas de total desprestígio econômico e cultural, de tal modo que parecia paradoxal os princípios calcados no trabalho livre, expressos pelo liberalismo, serem aqui ambientados, onde ainda se mantinha o apego pelo trabalho escravo, por parte de uma elite que esnobava totalmente o trabalho manual (SOUZA, 2019, p. 147-161). Mas, como Schwarz definiu essa forma peculiar de pensar o país? Como construiu sua crítica literária pautada nos pressupostos da teoria crítica e marxistas da dialética e do materialismo histórico? Por que centrou seus estudos na obra de Machado de Assis?

Desde o seu nascimento (em 1938), a trajetória de Schwarz é marcada pela perseguição, censura e controle social e do imaginário; primeiro do nazismo, que obrigou sua família de judeus austríacos a sair de Viena e migrar para o Brasil em 1939; depois com o Regime Militar que, em função de sua produção artística e de crítica literária, o obrigou a sair do país e ficar exilado na França em 1969, de onde só retornou em 1978. Formado em ciências sociais pela Universidade de São Paulo em 1960, em um momento inicial dos seminários sobre *O capital*, de Karl Marx (RODRIGUES, 2012), e do retorno definitivo de Candido para as Letras na USP, veio ainda a lhe aguçar mais sua sensibilidade para todo tipo de exploração e formas de dominação social que eram aqui projetadas no passado, mas ainda se mantinham em seu presente histórico. A especificidade de sua trajetória familiar, assim como as peculiaridades do curso e das especificidades do contexto sociocultural do período, deram a Schwarz os fundamentos iniciais para a produção de sua crítica literária de perfil dialético. Em certo sentido, assim como os anos 1930 marcaram a produção intelectual de Antonio Candido, os anos 1960 tiveram um efeito semelhante na de Roberto Schwarz. Em ambos os casos, as restrições da época geraram os ingredientes perfeitos para a produção de uma obra inovadora, cuja promessa era a reconquista dos direitos, das liberdades e do agir humano, restringido pelas censuras, e tendo no literário seu maior local de inspiração para a produção de suas ideias. Não há, como no caso anterior, meios e espaço aqui apropriado para aprofundarmos o que o tema permite, mas apenas uma primeira aproximação. E é com esse intuito que seguimos nossa análise.

A produção literária deste autor, com *A lata de lixo da História* (de 1974) e a *Rainha Lira: peça teatral* (de 2022), mostrava-se diretamente relacionada com as questões de seu tempo, coadunando-se, em ambos os casos, com indagações ligadas a repressão, a ditadura, ao estado de exceção, as perseguições políticas, aos negacionismos e omissões, o que resultava no questionamento dos próprios direitos humanos. No primeiro caso, com base em *O príncipe* (de Maquiavel) e de *O alienista* (de Machado de Assis), o autor segue pela encenação de um tal Simão Bacamarte próximo ao rei, saindo de Portugal no início do XIX, para buscarem abrigo em uma de suas colônias. O apoio em uma peça, não em um romance, situava-se no fato de o Teatro ser um local de forte contestação social no período, com peças, atores e públicos engajados politicamente, cujo norte era a reconquista das liberdades de ação e a emancipação social – felizmente não era o mesmo teatro que conheceremos a partir dos anos 1980, submisso as pressões do mercado e do capital. Até o final dos anos 1960 e início dos anos 1970, os Teatros eram uma forma de insurgência, de crítica e ação marcantes contra os sistemas de poder e dominação social. Foi com esse tipo de Teatro, atores e públicos, que nosso autor se rebelava contra a ditadura, porque no "final da década de 1960, a 'lata de lixo da história' era uma expressão difundida, livremente fanfarrona", que significava "o depósito de velharias ao qual, com sorte, seriam jogados políticos, as práticas e as teorias responsáveis por formas caducas de opressão" (SCHWARZ, 2014, p. 7). E para conduzir tal ação, por meio da escrita engajada e a encenação nos palcos, o "que todos procurávamos era o respaldo de um clássico nacional acima de qualquer suspeita, além de remoto no tempo, que deixasse desarmada a censura e possibilitasse a crítica ao Estado policial" (SCHWARZ, 2014, p. 8). Com isso em mente, o exercício da crítica sobre a chegada da corte portuguesa no Brasil do início do século XIX, afigurava-se como pretensão ideal para forjar as armas da contestação contra o regime militar dos anos 1960. Quando escreveu a *Rainha Lira*, décadas depois, o país em pretenso exercício de sua democracia, depõe uma presidente inocente, para dar caminho a outro tipo de "estado de exceção", fortemente arraigado as estratégias do regime militar do final dos anos 1960, a partir da vitória de Jair Bolsonaro nas disputas eleitorais de 2018. Não era fortuito, que o Teatro já não sendo o mesmo, nem tampouco a sociedade brasileira, nosso autor recorresse novamente a uma peça, para ser encenada nos palcos, dando-lhe o norte para seu exame crítico do momento atual. Nas duas situações, o Teatro foi o caminho encontrado para dimensionar a situação vivida no país, onde o exercício da crítica era vista como sinal de criminalidade, vandalismo e subversão da ordem, e a violência legítima do Estado o corretivo para tal "estado de coisas" – veremos nos capítulos 10 e 11, não somente a importância que tiveram os Teatros para as sociedades lusitana e brasileira entre os séculos XIX e início do XX, mas também como era nos palcos que havia a crítica mais contundente, direta e sofisticada a respeito dos problemas do período e das ações empreendidas por homens e mulheres, a exemplo da conversão do "favor" e do "paternalismo" na relação entre senhores e escravos, com a indicação de prêmios ou castigos aos cativos. Nos dois momentos, nosso autor indica como "favor" e "paternalismo" ainda eram a moeda de troca mais usada nas relações sociais e nos processos de sociabilidade dos brasileiros. Com raízes firmadas profundamente na história do país, favor e paternalismo foram o produto de uma sociedade escravocrata, que em pleno século XXI, os grupos no poder ainda reivindicavam tais posições de mando para a submissão das massas, em um jogo onde exclusão e preconceito se revestiam com os trajes da democracia e da liberdade de expressão. Mas quais as alternativas que Schwarz buscava para contornar tais problemas? Como a literatura poderia mediar às tensões que marcavam a sociedade brasileira?

Nesse momento, não há como evitarmos indagar de que maneira nosso autor chegou a tais princípios de análise em sua crítica e produção literária. Evidentemente, sempre coerente em suas análises, Antonio Candido esboçaria um painel a respeito das peculiaridades da crítica e da produção literária de Schwarz, em *Um crítico na periferia do capitalismo*, coletânea de textos organizada por Maria Cevasco e Milton Ohata (2007), em homenagem a obra de Roberto. Em seu texto *sobre Roberto Schwarz*, Candido indica que:

> Todo crítico precisa fazer opções teóricas e opções práticas. No nível teórico é possível ser coerente e eficaz com certa facilidade, porque se trata de *propor*, sem compromisso imediato com o texto. No nível prático a coerência e a eficácia são mais difíceis, porque se trata de *demonstrar*, e aí surgem os afastamentos entre intenção e realização. Nada mais admirável, em nosso tempo cheio de teoria, do que o rigor conceitual de muitos críticos quando formulam os seus intuitos e as suas convicções. E nada mais melancólico do que vê-los fazer coisa diversa, não raro oposta, quando abordam concretamente os textos, como se houvesse uma vala comum na qual todos acabam caindo (CEVASCO, OHATA, 2007, p. 13).

A busca da "coerência é difícil e qualquer posição teórica importa em perdas, porque não é possível atender todos os problemas suscitados por uma obra"; e aqui um ponto crucial, pois, o "estruturalismo, apesar dos seus méritos, foi uma tendência que ocasionou perdas, na medida em que descarnou o texto a fim de desvendar o modelo, com uma espécie de atração pelo arquétipo universal supremamente abstrato, que no limite explicaria todos os textos", ao passo que Schwarz se situaria de modo adverso a tal teoria, "porque é capaz de situar-se de várias maneiras e em vários níveis dentro e fora do texto, percebendo tanto a sua autonomia como construção específica quanto a sua dependência como produto cultural, além de possuir a capacidade de elaborar o estilo adequado para sugerir sua posição" (CEVASCO, OHATA, 2007, p. 15). Muito embora, esteja como qualquer autor latino-americano, tendo que estar "dentro" das peculiaridades americanas e ao mesmo tempo "fora" com as teorias europeias para interpretar o seu meio social, para Candido ele teria a "peculiaridade de ser assim de maneira constitucional, porque teve desde sempre como próprias as línguas e a cultura alternativas que precisamos adquirir com esforço", o que lhe permitiu "ver o Brasil como quem é de dentro e de fora por natureza, o que produz uma combinação *sui generis* de estranhamento e familiaridade, a qual deve ter contribuído para o cunho singular da sua lucidez analítica" (CEVASCO, OHATA, 2007, p. 16).

E é essa versatilidade analítica que aparece fortemente arraigada em sua crítica literária de perfil eminentemente dialético, inspirando-se diretamente em Candido, em sua perspectiva de indagação a respeito da produção literária de uma época, obra ou autor. Não deixa de ser instigante notar que da mesma forma com que Candido foi avaliando a produção de Schwarz, este o fez para a de Candido, em um duplo processo de consagração e construção de retratos de si e de suas respectivas obras. Em sua coletânea de ensaios, que fazem parte de *Que horas são?*, Schwarz mobiliza um conjunto de argumentos para demonstrar como "Dialética da malandragem" de Candido se tornou um marco para a crítica dialética praticada no Brasil, porque em "literatura, o básico da crítica marxista está na dialética de forma literária e processo social" e esta é "uma palavra de ordem fácil de lançar e difícil de cumprir" (SCHWARZ, 1987, p. 129). Nos anos 1960, com o início do regime militar, mais do que nunca a crítica dialética era de fundamental importância para construir as armas da crítica engajada e libertária, e dar ensejo a perspectivas de emancipação social, a partir da qual Candido assim o fazia:

> [...] [com] uma análise de composição, que renova a leitura do romance e o valoriza extraordinariamente; uma síntese original de conhecimentos dispersos a respeito do Brasil, obtida à luz heurística da unidade do livro; a descoberta, isto é, a identificação de uma grande linha que não figura na historiografia literária do país, cujo mapa este ensaio modifica; e a sondagem da cena contemporânea, a partir do modo de ser social delineado nas *Memórias [de um sargento de milícias]* (SCHWARZ, 1987, p.130).

Ao dar especial atenção às aproximações e distinções entre Candido e Marx, dando destaque as formulações presentes no ensaio, Schwarz conclui que em "dialética da malandragem", está presente o que há de mais original no autor, porque "colaboram forças e objetivos que comumente andam separados, o que assinala talvez o término de um período ingrato em nossa crítica" e é "como se a acumulação universitária e científica tivesse chegado a um ponto em que não há mais porque ser inseguro deste lado"; além disso, sem "ostentação terminológica, e com notável liberdade de método, o Autor se volta para o interesse literário tal como a vida o põe" (SCHWARZ, 1987, p. 154-155). Essa não era a primeira vez que Schwarz observava a obra de Candido. Em várias ocasiões, mostrou as peculiaridades da crítica nacional até a publicação de *Formação da literatura brasileira*, que recompôs o palco da crítica literária, até então impregnada pelo positivismo, o naturalismo e o marxismo vulgar, que não viam nem a especificidade da obra, nem tampouco sua inerente articulação com a época que deu base ao seu surgimento, correlacionando autor, obra, época, mercado e público, e se:

> [...] Antonio Candido costuma ser citado entre os primeiros críticos brasileiros a se beneficiar de uma formação atualizada em ciências humanas, a salvo do autodidatismo tradicional e em sintonia com a dinâmica intelectual nova – o que certamente é verdade. Mas, passados os anos, o valor de seus escritos – que melhoraram e ganharam em saliência com o tempo – parece trocar de origem: interessam justamente por não esgotarem no universalismo [...] do debate teórico atual, ou melhor, por terem continuidade refletida com as posições, noções e contradições sustentadas pela experiência histórica do país, dentro, fora e antes da universidade, experiência cujo andamento é outro e possivelmente mais real (SCHWARZ, 1999, p. 33).

Ao fazer o exercício da crítica, mostrando o itinerário de Candido na historiografia literária, Schwarz recompõe os próprios caminhos para os quais foi (re) fazendo suas escolhas em direção a "crítica dialética", dando ênfase a forma literária e ao processo social, ao investigar pormenorizadamente a obra de Machado de Assis, sob os mais diversos ângulos, conectando contradições lógicas, indagando tensões presentes entre escravidão e liberalismo, intelectuais e política, sociedade e produção literária. De acordo com a interpretação de Luís Fischer:

> Não é fortuito o fato de Roberto Schwarz ter escrito preponderantemente sobre Machado de Assis, ao longo de sua longa trajetória intelectual: essa grande concentração de energia, correspondendo a uma elogiável (e aqui elogiada) pertinácia teórica, se explica pela extrema afinidade entre objeto e método, organizados e postos em relação sob mediação de um ponto de vista filosófico e político, a crítica dialética (FISCHER, 2021, p. 163).

Evidentemente, a proposição deste tipo de crítica foi se consolidando em meio a análises circunstanciadas a respeito do passado, mas também sobre o presente, por mostrar como uma sociedade colonial, de perfil patriarcal, herdou certo iberismo latino, mas o conectou as especificidades dos Trópicos. Razão pela qual, o estudo do passado literário e também da produção recente nas ciências humanas e sociais, assim como na literatura brasileira e latino-americana, fazia parte do rol de seus estudos, conectando desde *O pai de família e outros estudos* (1978), *Que horas são?* (1987), *Duas meninas* (1997), *Sequências brasileiras* (1999), até *Martinha versus Lucrécia* (2012) e *Seja como for* (2019). Ainda que tudo isso tenha tido seu início com a sua produção poética e literária, em *Pássaro na gaveta* (1959) e *Corações veteranos* (1974), passando pela sua produção teatral em *A lata de lixo da História* (1977) e a *Rainha Lira* (2022), não há dúvida que todo centro de sua produção crítica foi permeada pelo impacto causado com a publicação de *Ao vencedor as batatas* (1977) e, depois, continuado com *Um mestre na periferia do capitalismo* (1990). Destarte, a presença inigualável do ensaio "As ideias fora do lugar", publicado em 1973 e, depois, rearticulado em *Ao vencedor as batatas*, de 1977, casou um verdadeiro furor na crítica literária e na pesquisa social brasileira.[17] Sendo seu ensaio mais

17 Semelhante ao caso de outros autores, como Hayden White, a maioria dos críticos da obra de Schwarz, especialmente de seu ensaio "As ideias fora do lugar", desconsideraram as revisões que o autor foi fazendo do texto entre *Que horas são?* (1987), *Sequências brasileiras* (1999), até *Martinha versus Lucrécia* (2012) e *Seja como for* (2019). Daí a per-

lido, discutido, criticado e comentado na historiografia literária e histórica, desde os anos 1970, quando foi originalmente publicado, seguiu com uma fortuna crítica cheia de controvérsias, mudando definitivamente os rumos de nossa crítica social e literária, em função da aceitação elogiosa ou da crítica voraz.[18]

Contudo, se a crítica dialética foi sendo sua matriz analítica da literatura brasileira, toda ela esteve articulada com as suas visões a respeito da ditadura militar. Do olhar atento para a obra de um autor, até seu engajamento político, ou a percepção de um movimento social ou literário, os textos de Schwarz se revestiam de extensas críticas as posições e censuras do governo militar. Com isso, não é nada causal a forma pela qual Fischer (2021) conecta a obra de Candido a de Schwarz, como modelos de crítica dialética, que inspiraram a formação de críticos literários e a renovação da própria crítica literária brasileira. Mas, para o autor de *A ideologia modernista*, se Candido foi figura central na promoção e inserção do modernismo na critica literária praticada na imprensa periódica, desde os anos 1940, e sua realocação nas discussões universitárias:

> Um nome de primeiro plano da crítica nacional brilha até aqui por sua ausência, nesta cronologia: Roberto Schwarz. Discípulo reconhecido de Antonio Candido, analista de sua obra e notável intérprete de Machado de Assis, sobre cuja obra ergueu um edifício conceitual de impressionante força e grande alcance, professor da Unicamp e referência de sua geração, Schwarz tem papel predominante no cenário da crítica literária brasileira no campo da crítica dialética. Mas é um ausente do debate modernista (FISCHER, 2022, p. 325).

---

cepção, muitas vezes errônea, de que o diálogo se concluía na crítica esboçada por Maria Sylvia de Carvalho Franco, Alfredo Bosi, Fernando Henrique Cardoso, ou Luís Fischer, a partir dos anos 1970.

18 Não há como dimensionar neste texto a imensa trama de tensões que se produziu a partir do texto de Schwarz, "As ideias fora do lugar". Iniciada com Maria Sylvia de Carvalho Franco, em "As ideias estão no lugar", de 1976, passando pelas discussões de Fernando Henrique Cardoso, com seu texto *As ideias e seu lugar* (no qual discutia principalmente as teorias da dependência), de 1980, e as críticas de Alfredo Bosi (1992), em *Dialética da colonização*, até as reconsiderações feitas recentemente por Luís Fischer (2021), em *Duas formações, uma história*, além de marcar época na historiografia literária e nos estudos históricos, o texto de Schwarz consagrou toda uma gama de estudos para reconsiderar a escravidão, o liberalismo, a obra de Machado de Assis e a história da literatura brasileira do século XIX.

O reconhecimento de sua coerência teórica e política perpassa mesmo entre seus maiores críticos, como Alfredo Bosi (2006, 1999, 1992). A observação de Otília e Paulo Arantes (2005), em *Sentido de formação*, conectando as obras de Candido e Schwarz, mostram como vida e obra, teoria e prática, texto e época passaram a ser um dos dilemas mais rotinizados na crítica literária brasileira, de perfil dialético, com as contribuições desses dois autores, que deram sentido as suas obras a partir do percurso e das escolhas de suas vidas.[19] Não é por acaso, que em *Sentimento da dialética*, Arantes (1992) se volte mais uma vez para a obra de Candido e Schwarz e busque traçar caminhos para os dilemas da experiência intelectual brasileira. Novamente em *O fio da meada*, Paulo Arantes (1996) retoma pontos a respeito da história da filosofia e das ideias no Brasil, mostrando como esses dois autores foram incontornáveis para os caminhos seguidos pela crítica literária e pelos estudos históricos e sociais brasileiros, a partir dos anos 1970. Pensar historicamente era a trama que ligava a crítica dialética.

A obra de Schwarz marcou, portanto, a historiografia literária com as insurgências da crítica dialética aos processos de dominação sociocultural. Com a abertura do regime militar no início dos anos 1980, viu-se novamente a possibilidade de construção da democracia no país, mas a partir daí estando estreitas as relações institucionais com o estruturalismo, o pós-estruturalismo, a virada linguística e a pós-modernidade. Mas, de que maneira a crítica literária brasileira passou a pensar o país?

As tensões da crítica literária nos Trópicos: a teoria de Luiz Costa Lima

Foi a partir dos anos 1980 que houve uma guinada crítica na produção intelectual de Luiz Costa Lima, também um ato de "construção de si" para a sua obra, ao começar a apresentar suas indagações a respeito da constituição da *mímeses*, em um intenso processo de tensões junto aos controles do imaginário, que revelavam, de um lado, as sutilezas de uma realidade "fora dos textos", mas também, de outro, as fortes estratégias de demarcar suas principais características no "interior do texto", no qual as fronteiras entre realidade e imaginação, ciência e arte, verdade e falsidade eram sempre muito mais tênues no processo de escrita e apresentação dos dados de uma pesquisa.

---

19 Apesar deste não ser o mote principal do texto que conecta duas vidas, a de Antonio Candido e Gilda, para mostrar que o encontro inesperado de duas vidas deu todo sentido à formação de um amor em comum pela poesia, pelo romance e a crítica, entrelaçadas pelo estudo do literário, e com ele vida e obra se unia permanentemente perfazendo seus textos, suas falas, suas aulas e suas críticas literárias.

Talvez por isso, Costa Lima viesse a refletir que "a história molda, não determina; pode até inspirar, mas não se repete", e esse já era o caminho que traçava para suas indagações teóricas, cujo sentido foi direcionado, a partir de sua produção dos anos 1980. Melhor dizendo, as circunstâncias da vida e seu processo de formação intelectual o teriam levado a pensar especialmente dois temas em sua trajetória: 1. O que é a *mímeses* e qual a sua relação com a realidade que lhe deu base para existir sob a forma de um texto?; e 2. Como são formados os sistemas de controle político e do imaginário, e como agem sobre a produção literária de diferentes períodos históricos, movimentos intelectuais, entre poetas e romancistas, em um determinado tempo e espaço? A tentativa de construção de respostas pertinentes para tais indagações deu sentido à obra que foi sendo feita ao longo da vida; e a vida, por sua vez, amparou-se sob a época em que foi feita a obra, em um jogo muito sutil entre autor, obra e público.

Ainda que os nexos de sua produção intelectual estejam fortemente ligados a um momento de abertura política, a partir dos anos 1980, assim como de inflexão em sua produção intelectual, sem dúvida alguma, as situações ditatoriais, a censura e a perseguição política, marcaram-lhe tanto quanto o fizeram com a produção intelectual de Antonio Candido e de Roberto Schwarz. E esse é outro aspecto que faz parte da "construção de si" do autor para com sua obra. Mas, como tudo isso foi sendo articulado e ganhando sentido no percurso intelectual do autor e na produção dc sua obra?

Traço indelével que se formou a partir dos anos 1990, em sintonia com a sua crítica social e teoria literária, a obra de Costa Lima foi paulatinamente revisitada: 1. Primeiro, no conjunto de ensaios que formam *Máscaras da Mímeses*: a *obra de Luiz Costa Lima*, organizada por João Cezar de Castro Rocha (1999) no final dos anos 1990; 2. Em seguida, com *Luiz Costa Lima: uma obra em questão*, organizada por Dau Bastos, em 2010; 3. Por fim, com *Luiz Costa Lima: um teórico nos trópicos* (que reviram os ensaios da coletânea de 2010), organizada por Aline Magalhães Pinto, Ana Lúcia de Oliveira e Dau Bastos, em 2019. Não há dúvida, que entre as três coletâneas foi se formando um sentido retrospectivo na obra de Costa Lima, onde os anos 1980 se situavam como "grande paradigma", pois, em função do regime militar e de sua revisão do estruturalismo, especialmente o praticado por Claude Lévi-Strauss, Costa Lima traça ali sua guinada crítica e teórica, na qual o estudo da mímeses e dos controles do imaginário são definidos como seus principais temas de estudo. A partir desse momento toda sua obra ganha certa lógica em seu processo produtivo: 1. Começa por definir o problema em *Mímeses e modernidade* (1980), no início dos anos 1980; 2. Amplia seu escopo com a sua *Trilogia do controle* (1997), produzidos ao longo dos anos 1980; 3. Ganha novos contornos com *Vida e mímesis* (de 1995), no início dos anos 1990; 4. Retorna em *Mímeses: desafio ao pensamento* (de 2000), no final daquela década; 5. Tem desdobramentos em *O controle do imaginário & a afirmação do romance* (de 2007); 6. Reaparece em *Mímeses e arredores* (de 2017); 7. E, ao que tudo indica, chega ao seu clímax com *Limite* (de 2019), que perfaz uma síntese e ao mesmo tempo novos direcionamentos para o estudo do tema, que depois de mais de três décadas de pesquisas sistemáticas, parece que chegou ao seu limite.[20] O que de certa forma compõe uma tensão indissociável entre sua postura crítica e análises teóricas, combinando o movimento fugidio da(s) mímesis, com as estruturas estruturadas e estruturantes dos controles do imaginário, em uma dialética entre a curta e a longa duração, literatura e história, fato e ficção, verdade e falsidade, que articulavam a obra e o autor a sua época.

Ordinariamente, esse primeiro movimento alinhado para a obra, complementava-se a um segundo articulado com a sua crítica literária, local onde se situavam: 1. Desde seus textos iniciais, produzidos nos anos 1960, nos quais buscava pensar o estruturalismo e o pós-estruturalismo; 2. Passando pela interpretação da mímeses e do controle do imaginário, a partir dos anos 1980; 3. E se desdobrando em suas análises da história, da literatura e da ficção, a partir dos anos 1990. Nesse caso também vale observar as tramas que foram construídas pelo autor, ao recompor sua obra como um ato de rebeldia política e inovação crítica: 1. Que teve seu início com *Por que literatura* (em 1966), já que tudo lhe condicionava ser outra coisa profissionalmente – o que o interligaria sutilmente a Candido – passando por *Lira e antilira: Mário, Drummond, Cabral* (de 1968), em um primeiro exercício de crítica, e culminando com *A metamorfose do silêncio* (de 1974) e *A perversão do trapezista: o romance em Cornélio Penna* (de 1976), sua tese de doutorado, na qual "estava convencido de que meu caminho como teórico e crítico consistia em acentuar o lado histórico-sociológico da matriz analítica lévi-straussiana" (LIMA, 2005, p. 7), orientada por Candido após ficar impedido de a fazer no Rio de Janeiro, pelos atos intitucionais do regime militar; 2. Até aí a marca do estruturalismo lhe seria indelével no processo de produção da obra, instigada por leituras sistemáticas de Claude Lévi-Strauss e outros, que deram base a elaboração de *O estruturalismo de Lévi-Strauss* (de 1970) – que curiosamente deixa de fazer parte da lista de seus tex-

20 Desnecessário acrescentar ao leitor atento, e conhecedor da obra de Costa Lima, que sequer tocamos nas bordas de sua obra, onde se situam textos que seguem alinhados com os temas principais.

tos depois dos anos 1990, com a publicação de seus novos livros – e *Estruturalismo e teoria literária* (de 1973); e 3. A partir dos anos 1980, em sua guinada crítica e teórica, que é apresentada em diversas coletâneas, como: *Dispersa demanda* (1981), *Pensando nos trópicos* (de 1991), *Intervenções* (de 2002) e *A ousadia do poema: ensaios sobre a poesia moderna e contemporânea brasileira* (de 2022); ou em textos de perfil monográfico, a exemplo de: *Limites da voz: Montaigne, Schlegel, Kafka* (de 1993), *Terra ignota. A construção de Os sertões* (de 1997), *O redemunho do horror. As margens do Ocidente* (de 2003), *A ficção e o poema* e *Sebastião Uchoa Leite* (ambos de 2012), *Os eixos da linguagem: Blumenberg e a questão da metáfora* (de 2015) e *Melancolia. Literatura* (de 2017). De que maneira sua crítica se revela ao ser?

Existe certamente um cuidado impressionante de o autor articular todos seus livros em uma obra coerente em sua carreira profissional, na qual silenciamentos e óbvios esquecimentos eram parte das estratégias de construção do retrato de si, para a obra. Difícil não indagar a complexidade inerente a tal percurso, que formou uma obra tão extensa e versátil ao longo do tempo. A sua coerência crítica e teórica não está apenas no conjunto, mas circunscreve também nos detalhes, que interligam, por exemplo, *A aguarrás do tempo* (de 1989), com *História. Ficção. Literatura* (de 2006), *O instante inacabado* (de 2018) e *O chão da mente: a pergunta pela ficção* (de 2021), livros nos quais a questão da narrativa e da ficção, assim como das relações entre história e literatura, estiveram sempre presentes na construção de suas interpretações.

A definição de uma lógica interna presente na obra, especialmente a partir dos anos 1980 e consagrada pelo autor em todas as suas publicações posteriores, define-se como um dos pontos do debate presente em *Luiz Costa Lima: uma obra em questão* (BASTOS, 2010, p. 7-46). Como traço marcante de sua análise da crítica literária e da produção romanesca, com base em uma teorização da mímeses e dos controles do imaginário, vê-se como, de certa forma, dá continuidade a Candido (com sua "crítica dialética", em função da correlação disposta entre autor, obra e público) e Schwarz (que deu novos contornos para a "crítica dialética", ao apreciar exaustivamente a relação entre forma literária e processo social). No entanto, a rebeldia intelectual e a orginalidade crítica dos três autores parece que paulatinamente começava a esbarrar nas sutilezas de um sistema de dominação social, mediado pelo neoliberalismo, que fragilizava a formação universitária e a produção de novas críticas sociais e literárias. É o que observa Costa Lima, ao constatar que a "política acadêmica que entre nós se tem estabelecido parece destinada a socializar o mediano e não dar vez para que nada de muito bom saia da arena acadêmica" (BASTOS,

2010, p. 394). A dinâmica dos modismos estreitos fossilizava permanentemente a produção da inovação crítica. Em meados dos anos 1970, José Guilherme Merquior com o seu *O estruturalismo dos pobres e outras questões* (de 1975), já prescentia essa situação lamentável no processo de formação dos alunos dos cursos de Letras. Situação ainda mais precária, a partir dos anos 1990, começou a destacar João Cezar de Castro Rocha em *Por uma esquizofronia produtiva* (2015) e *Leituras desauratizadas: tempos precários, ensaios provisórios* (de 2017). Em um meio onde prosperava o marasmo e a apologia sobre a ignorância, Costa Lima (2013) se mantinha em constante perplexidade, quanto às adversidades de se produzir a teorização sobre o literário e as sociedades em um país periférico.

E, talvez por isso, seja tão pertinente a proposta de Dau Bastos, junto com Aline Pinto e Ana Oliveira, de rever a obra de Costa Lima, como um teórico nos trópicos (BASTOS, PINTO, OLIVEIRA, 2019, p. 9-17). Para isso, os organizadores da obra, situaram sua produção em: 1. Ensaios seminais; 2. Tetralogia da mímesis; 3. Coletâneas; 4. Trilogia do controle; 5. Narrativa; 6. Poesia; e 7. A crise como condição. Ao passarem em revista 28 livros de Costa Lima, os profissionais que participaram da iniciativa revelavam as formas pelas quais a ousadia, a coragem, a dedicação e a meditação paciente fazem parte da elaboração de uma obra marcante na historiografia e na teoria literária brasileira e latino-americana. E mesmo quando parece chegar aos seus limites irremediáveis, Costa Lima nos provoca dizendo que todo "o meu esforço de questionamento da ideia de mímeses visa mostrar como ela tem um fundo básico de invenção" e por isso possui um fundo poiético, mas o "poiético é mais amplo que a mímeses" e "diz respeito à capacidade de invenção, que está tanto na teoria da relatividade quanto num poema de Dante" (BASTOS, PINTO, OLIVEIRA, 2019, p. 195-196). Quanto maior era a densidade da análise, mais superficial se tornava a sociedade brasileira, em um processo constante de precarização de suas instituições.

A desolação que chegava o autor de *A ousadia do poema* (de 2022), mostrava-nos como é preciso voltar a sonhar novos rumos para nossa existência em comum com outras pessoas que, deixando de ver outros mundos possíveis, focam-se em redes sociais fúteis e efêmeras, ao mesmo tempo em que deixam de lado a literatura, a história e a filosofia, como partes constitutivas de suas vidas cotidianas. Não fosse por Machado de Assis ver as especificidades da sociedade brasileira no século XIX, ele possivelmente teria caído no ostracismo como outros grandes escritores do período. Para Costa Lima, a "iniciativa de criar a Academia Brasileira de Letras permitiu que firmasse relações cordiais com os letrados e os compadres dos 'donos do poder'", que repercutiu em uma troca direta, isto é, "a salvação editorial de Machado se deu pela estabilização das linhas fixadas com a política cultural de Pedro II" (LIMA, 2022, p. 38). A versatilidade da obra de Machado, mostrava-se amplamente em uma "terceira leitura" proposta por Costa Lima (ampliando os roteiros de Candido e Schwarz), na qual o ângulo da mímeses e dos controles do imaginário se revestem em caminhos teóricos para se interpretar a especificidade da sociedade brasileira e a originalidade de uma obra, no seu ensaio "sob a face de um bruxo" (LIMA, 1981, p. 57-111). Com isso, vemos três olhares sobre Machado, que se revelaram em leituras extremamente originais de sua obra: 1. Com Candido dando destaque a "autor, obra e público" em uma síntese lapidar proposta em "Esquema de Machado de Assis"; 2. A partir da qual Schwarz irá dar centralidade a forma literária e processos sociais na sua crítica dialética, especialmente contida em *Ao vencedor as batatas* e *Um mestre na periferia do capitalismo*; 3. E ganhará outros contornos na teorização de Costa Lima, ao ver o potencial inerente em Machado, para se rebelar contra os condicionantes dos controles do imaginário.[21]

De atualidade inigualável em nossa produção literária, a teoria de Costa Lima nos faz pensar caminhos alternativos em uma sociedade periférica. Ao lado de Candido e Schwarz, as suas proposições mudaram a fisionomia da nossa crítica literária, com a proposição de uma teoria extremamente original feita nos trópicos. O que resta dizer?

A crítica dialética nas sínteses de possibilidades

A obra de Antonio Candido foi, de fato, fundamental para a constituição da nova crítica literária brasileira, a partir dos anos 1940, ao formar verdadeiramente uma escola na universidade, a partir dos anos 1960, com toda uma nova geração de críticos, que por ele passaram ou foram orientados; e, despertando das formas mais variadas e complexas as suas sensibilidades de críticos e as suas perícias de pesquisadores, atentos aos mínimos detalhes, para expressarem suas interpretações a respeito da produção literária, de autores e autoras conhecidos ou não. Com base no entrelaçamento entre autor, obra, mercado e circuito de leitores, a crítica literária

21 Para uma apreciação da questão, ver também: ROCHA, 2013. Outro ponto em comum entre os autores está em relacionarem a história como componente básico para pensar as tramas do literário e pensarem historicamente as sociedades e a formulação dos romances. De certa forma, aproximavam-se de Pierre Vilar, para quem "pensar historicamente" era fundamental para correlacionar teoria e prática e estudar as sociedades humanas. Ver: COHEN, CONGOST, LUNA, 2007.

profissional passou a proceder a seus estudos a respeito da produção literária de um dado período histórico.

Com a sua formação inicial em Ciências Sociais e Políticas no início dos anos 1940, Antonio Candido defenderia uma tese sobre a *introdução ao método crítico de Sílvio Romero* para alcançar a livre-docência em 1945 na cadeira de *Literatura Brasileira*. Desde o início dos anos 1940, projetou-se com a publicação de textos na imprensa periódica de São Paulo, aproximando-se, desde então, do movimento modernista, especialmente de Mário e Oswald de Andrade, a partir do parentesco deles com sua esposa e da rebeldia de sua crítica mordaz. No início dos anos 1950 defendeu uma tese de doutorado para a cadeira de *Sociologia II*, *Os parceiros do Rio Bonito* (de 1954), tornando-se seu primeiro assistente, que o direcionou para esta cadeira no curso de Ciências Sociais, ao lado de Fernando de Azevedo que era seu catedrático. Dirigiu-se para a cidade de Assis em meados da década de 1950, onde auxiliou na formação do curso de Letras, da Faculdade de Filosofia, Ciências e Letras do local (que nos anos 1970 foi reunida a outras faculdades isoladas para formar a UNESP). A partir dos anos 1960 foi que retornou para a USP e lá se fixou definitivamente no curso de Letras, e na área de *Teoria literária e literatura comparada*.

Até o final dos anos 1940, as cadeiras dos cursos de Letras da USP, não direcionaram seus estudos para os integrantes do movimento modernista, com a exceção de alguns assistentes das cadeiras, como foi o caso de José Aderaldo Castello (1921-2011). Esse direcionamento fez com que a tese de Rocha (2011), a respeito da disputa entre a cátedra e o rodapé, assim como a inserção do modernismo na universidade para a constituição do crítico literário, com a profissionalização deste ofício na USP, tivesse que ser certamente relativizada. Antonio Candido, apesar de discorrer sobre o modernismo desde o início dos anos 1940, e formar fortes laços de amizade com os futuristas de São Paulo e os jovens Mário e Oswald de Andrade, somente nos anos 1960 que ele se dedicou a organização destes trabalhos dispersos em jornais e revistas para formarem livros, já quando se fixava no curso de Letras da USP. Até então os catedráticos das cadeiras do curso de Letras vinculavam seus estudos a respeito da história da literatura, com foco no Romantismo, no Simbolismo e no Parnasianismo, tendo como limite temporal o final do século XIX, com a rara exceção da tese de Mário Lima de 1945, mas cuja abordagem não serviu de retrato para aquela geração de estudantes – que tiveram em Candido e Castello sua base para interrogar a história da literatura e formular seus procedimentos para a crítica literária engajada e comprometida com a sociedade. Ao mesmo tempo, Candido esteve presente na formação de toda uma nova geração de críticos literários profissionais, fazendo parte inclusive do momento formativo inicial de Schwarz e de Costa Lima.[22]

O momento vivido por Schwarz, em pleno Regime Militar (1964-1985), levou-o a pensar criticamente o marxismo e a usar esse arcabouço teórico e metodológico para refletir a obra de Machado de Assis. Seu diálogo com Candido não arrefeceu, como faz crer em vários textos que lhe dedicou, mas sua posição estava em pensar criticamente a formação da sociedade brasileira, por meio dos desajustes na aclimatação de ideias e pensamentos, teorias e conceitos no território nacional desde o Oitocentos, a partir da análise da obra deste romancista, e das tensões entre liberalismo e escravidão.

No começo dos anos 1980, a obra de Costa Lima começava a se integrar na historiografia e na teoria literária brasileira, com base em sua análise dos sistemas de dominação, por intermédio da análise dos processos de controle social e do imaginário e sua inserção na percepção das *mímeses* que se constituíam nos processos de escrita e divulgação das obras literárias, bem como nos textos dos críticos literários, filósofos e historiadores. Mas, como tudo isso se interliga com as tramas da história e da literatura?

Enquanto no capítulo anterior nosso olhar se deteve na escrita da história, neste capítulo nos ocupamos da formação de uma crítica literária profissional, feita especialmente por pessoas formadas na universidade, para mostrar um pouco do movimento dinâmico entre as discussões sobre história e literatura que se deram no período. Em ambos os casos, a USP foi estratégica na formação destes novos profissionais. O momento também era muito peculiar. Além de ser a base para a formação de profissionais, com sua Faculdade de Filosofia, centralizou entre os anos 1960 e 1980, a produção de um saber, no campo das ciências humanas e sociais, vindo a se destacar ainda na formação de mestres e principalmente de doutores nas humanidades. A função que a USP exerceu até o final dos anos 1990, constituiu-se em um *lócus* fundamental no processo de distribuição de profissionais entre universidades

22 A importância e o impacto da obra de Antonio Candido suplantam o espaço dos estudos literários, por inspirar pesquisas em todos os campos das ciências humanas e sociais. Foi, inclusive, como contador de histórias para as filhas e, depois, com a sua obra, que inspirou vários estudos de Laura de Mello e Souza e Marina de Mello e Souza, que desbravaram temas como os desclassificados do ouro, a bruxaria, a história e cultura africana e afro-brasileira (ROIZ, GONTIJO, ZIMMERMANN, 2021b, 2021c). Para a compreensão do papel de Candido na crítica literária, ver: PERRONE-MOISES, 2007, 2016, 2021.

federais e estaduais, uma vez que era uma das poucas universidades que tinham programas de doutorado nas humanidades neste período[23], sendo seu papel, por isso mesmo, praticamente inquestionável na época.

Com seus fundamentos de pesquisa e princípios formativos, desde a sua fundação, aprimorados a partir de um saber produzido na Europa, especialmente na França, que veio aqui a se aclimatar, a USP se tornou o local primordial na centralização de um saber eurocêntrico, cujas raízes e impactos ainda estão presentes em nossas instituições universitárias e na historiografia e produção literária e de crítica social. Os estudos históricos e os literários tiveram essa mesma base formativa, desde os anos 1930, focando-se centralmente na USP até meados dos anos 1990. Só a partir deste período foi que tivemos maior descentralização de locais de formação de novos doutores nas humanidades, fazendo com que o saber eurocêntrico da USP, também viesse a dar a possibilidade de construção de outras tradições literárias e historiográficas; e a própria Universidade de São Paulo viesse a repensar sua função e procedimentos teóricos, metodológicos e conceituais. Certamente, os fundamentos de um saber eurocêntrico (agora não somente limitado a França, mas conectado a outras tradições historiográficas, como: a inglesa, a alemã, a italiana e a espanhola) ainda perdurou, mas a partir dos anos iniciais do século XXI, igualmente esse saber, de cunho eurocêntrico, passou a coexistir com um saber produzido nos Estados Unidos e o refluxo de ideias, teorias e propostas vindas com o feminismo, o pós-colonialismo e o pensamento decolonial latino-americano. Desse modo, formou-se uma outra tensão para a produção do saber, isto é, ao lado de uma produção europeia tradicional, inclinou-se os questionamentos efetuados por autores africanos, asiáticos e latino-americanos.

A partir dos anos 1930, portanto, a universidade passou a ser o novo *lócus* de produção do saber, e a USP procurou centralizar esse papel no período. Essa tese tomou conta dos estudos de história da historiografia brasileira, a partir dos anos 1950, quando a instituição passava a construir as suas próprias tradições historiográficas. (ROIZ, SANTOS, 2012). Os professores da USP a iniciaram com Eurípedes Simões de Paula, Eduardo d'Oliveira França e Sérgio Buarque de Holanda, cujas indagações estiveram pioneiramente presentes na obra de José Honório Rodrigues. (GLEZER, 1976; ROIZ, 2020). Foi nos anos 1980, porém, que José Roberto do Amaral Lapa, em *Historiografia brasileira contemporânea* e *História e historiografia: Brasil pós-64*, amparando-se em dados quantitativos e em evidencias documentais consolidou

23 Para maior detalhamento da questão, ver: LAPA, 1980, 1981; FICO, POLITO, 1993; GLEZER, 2011.

esta tese na historiografia brasileira e, ainda que fosse a revelia de sua interpretação, incutiu a imagem de que a universidade era a "herança bandeirante" deixada pelo movimento da "escola nova" para a construção dos saberes no país. Mesmo nos anos 1990, a imagem que se fez da USP não foi diluída, mas cristalizada na historiografia, com os trabalhos de Ronald Polito e Carlos Fico, que em *A história no Brasil (1980-1989)*, obra publicada em dois volumes (em 1993), os autores discutiam, a partir de dados quantitativos, a consolidação dos estudos históricos no país, com o papel crucial desempenhado pelas universidades, especialmente a USP; painel ao qual foi completado com as indagações e dados apresentados por Maria Helena Capelato, Raquel Glezer e Vera Lucia do Amaral Ferlini, em *A produção histórica no Brasil (1985-1994)*, obra em 3 volumes (de 1995) que organizava um catálogo das dissertações e teses defendidas nos programas de pós-graduação em História do país, e evidenciavam a constituição de uma "escola uspiana" de estudos históricos; assim como, Marcos Cezar de Freitas, na coletânea de estudos que organizou em *Historiografia brasileira em perspectiva* (de 1998), seus autores e autoras dariam outras evidencias do papel desempenhado pela USP na formação da historiografia brasileira e na renovação dos estudos históricos, a partir dos anos 1930.

No início do século XXI, a base sobre a qual aquela tese prosperou, não foi arrefecida, tampouco questionada, como se nota em obras como: *Do passado para o futuro*, organizada por Raquel Glezer (em 2011), que comemorando os 50 anos da Anpuh, associação criada por professores universitários no início dos anos 1960, especialmente vinculados a USP, dava novos contornos sobre a questão, ao mostrar como foi se consolidando os estudos históricos nos mais distintos locais e estados brasileiros, em que a presença da universidade na formação de seus quadros esteve sempre presente; ou pelo painel da historiografia brasileira que nos ofereceu Thiago Nicodemo, Pedro dos Santos e Mateus Pereira, em *Uma introdução à história da historiografia brasileira*, no qual retratavam o período de 1870 até 1970, cujo norte a partir dos anos 1930 foi todo ele irradiado pela USP, na definição dos rumos da história da historiografia brasileira e das pesquisas históricas que passaram a ser produzidas.

No campo da produção crítica e literária não foi diferente. Antonio Candido cumpriu aí também um papel essencial. Com ele houve a consolidação da produção dos estudos literários em moldes profissionais feitos na universidade, assim fazendo com que nela fosse formada uma tradição de pesquisa. Ao tornar a universidade um espaço crucial para a formação de novos profissionais, Candido também contribuiu diretamente para a delimitação do tipo de produção crítica e historiográfica a fazer parte desse rol a partir dos anos 1930. O corte estabelecido por Candido levou em consideração os textos de Gilberto Freyre, Sérgio Buarque de Holanda e Caio Prado Jr. Ao lado de José Aderaldo Castello, formaram juntos uma parceria e uma dobradinha, na formação de toda uma geração de estudiosos da literatura brasileira, dando ênfase a profissionalização do crítico e do historiador literário da sociedade brasileira, a partir do final dos anos 1950. Com eles, a partir dos anos 1960, o estudo sobre os modernistas e o modernismo ganharam novas feições, junto com a integração da semana de arte moderna de 1922, como marco de consagração de um novo período na história da literatura brasileira. As obras de Alfredo Bosi (1936-2021), Leyla Perrone-Moisés (2021), Marlyse Meyer (1924-2010) e Walnice Nogueira Galvão (2019) consolidaram aquela periodização, como marcos para o estudo do modernismo no país, apesar de todo um senso crítico que se formou sobre a questão (MICELI, 2001; LUCA, 2011).

Dessa forma tanto os estudos históricos, quanto os literários, revelaram-se extremamente pertinentes para conjecturarem a formação da sociedade brasileira, e a universidade passou a ser seu espaço por excelência, na formulação deste saber.

A "força da tradição" construída pela USP e depois na própria história da historiografia brasileira e na produção crítica e literária, no entanto, não se perdeu completamente, mas ainda se mantém especialmente focada em seu papel de permanecer como o centro formador do conhecimento, alinhada a um "passado bandeirante", cujos "novos bandeirantes" ela própria passou a agregar nesse papel, focalizando como deveriam ser feitos seus estudos: a) na centralidade de pesquisas que foram feitas sobre os bandeirantes e as bandeiras paulistas até o final dos anos 1980; b) na formação de mestres e doutores nas humanidades; c) na produção de um saber especializado, ainda que focado na Europa (em especial na França), para a produção dos estudos sobre a formação da sociedade brasileira; d) congregando, portanto, ideias e pensamentos, teorias e conceitos, assim como os principais procedimentos a serem utilizados nas execuções dos estudos das ciências humanas e sociais do período. Mesmo com a dispersão da produção do saber no país, especialmente a partir do final dos anos 1990, São Paulo e Rio de Janeiro ainda são o circuito principal, e somente em São Paulo as universidades estaduais (USP, UNESP e Unicamp) produzem quase 50% de todos os trabalhos (livros, artigos e teses) feitos nas áreas das ciências humanas e sociais,[24] o que demonstra que apesar de toda a mudança que temos presenciado, a USP não deixou de cumprir seu papel "bandeirante", sediada em um "bairro bandeirante", em Pinheiros na grande São Paulo, com tradições e símbolos ainda voltados

24 Evidencias a respeito são apresentadas por: GLEZER, 2002, 2011; ROIZ, SANTOS, 2012.

para as bandeiras e os bandeirantes; mas que vive certamente os dilemas de enfrentar um mundo que clama pela pluralidade e pela inclusão sociocultural e econômica dos anônimos do passado, marginalizados pelos processos de exclusão em que eram cotidianamente submetidos e que ficaram, por isso, à margem da sociedade de então e ainda buscam serem verdadeiramente ouvidos e lembrados nos estudos históricos e literários brasileiros. Se nesse processo a "crítica dialética" exerceu um papel fundamental, uma questão ainda paira sobre a sutil projeção masculina, como "novos bandeirantes" na história da historiografia e nos estudos literários brasileiros: qual o papel ocupado pelas mulheres no processo de escrita e elaboração de novas histórias para a sociedade brasileira?

Quando vimos o processo de aclimatação de teorias e procedimentos europeus, especialmente franceses, na história da historiografia brasileira, com *As transferências culturais na historiografia brasileira* (ROIZ, SANTOS, 2012), notou-se ali de que forma ocorria a passagem de uma história econômica e social, para uma abordagem centrada no estudo da história quantitativa, serial e econômica, entre os anos 1960 e 1980, e daí para as mentalidades e o imaginário social, até passar a se deter quase que exclusivamente na "nova história cultural", a partir do final dos anos 1990. Com a trilogia a respeito do ingresso das mulheres nas universidades, *As historiadoras e o(s) gênero(s) na escrita da história* (ROIZ, GONTIJO, ZIMMERMANN, 2021a, 2021b, 2021c), vimos como as mulheres estiveram, a partir dos anos 1930, com base no detalhamento de quase 70 perfis de estudiosas, contribuindo diretamente na produção dos estudos históricos brasileiros, relativizando o papel atribuído até então apenas aos homens, "os novos bandeirantes", como a própria história da historiografia trilhou caminhos inusitados em direção ao estudo sistemático das "pessoas comuns". Apesar de até então serem situadas as novas abordagens, objetos e problemas, como uma aclimatação feita por pesquisadores, foram elas, as historiadoras, que diretamente avançaram no estudo dos excluídos, marginalizados e esquecidos, outrora silenciados sistematicamente em nossa História. As mulheres foram às responsáveis diretas por darem voz às crianças, jovens, mulheres, idosos, enfim, as "pessoas comuns". As historiadoras, desde os trabalhos pioneiros de Alice Canabrava, Olga Pantaleão, Eulália Lobo, Maria Yedda Linhares e Emília Viotti da Costa, entre os anos 1930 e 1950, continuados por Maria Thereza Petrone, Maria Sylvia de Carvalho Franco, Kátia Mattoso, Laima Mesgravis, Maria Luiza Marcílio, Suely Robles, Maria Odila Dias, Sandra Pesavento, Eni de Mesquita Samara, Lilia Schwarcz, Laura de Mello e Souza, Mary Del Priori, e tantas outras, que a partir dos anos 1960, colocaram em questão a importância de traçar a história das "pessoas comuns", ao lado dos chamados "grandes homens", até então simbolizados na figura dos bandeirantes.[25] Elas que com a sensibilidade de sentirem na pele os processos de exclusão deram vida aos esquecidos e silenciados do passado brasileiro, recompondo os olhares que se faziam sobre o negro, os indígenas e os brancos, nos quais homens e mulheres comuns eram partícipes de uma história processual, mais densa e complexa, a respeito de nosso passado. Melhor dizendo, rever esses marcos históricos, historiográficos e de gênero, também é uma forma de questionar os processos de consolidação de nossas tradições historiográficas, de gênero e de estudos a respeito da formação da cultura e da sociedade brasileira. E, nesse processo, as tramas entre história e literatura foram fundamentais, por recolocarem a "pena dos poetas", isto é, as sensibilidades na escrita da história, para compor os painéis que traziam consigo estudos sistemáticos sobre as "pessoas comuns".

Não há dúvida que quando foi criada a Editora Companhia das Letras, em 1986 na cidade de São Paulo, por Luiz Schwarcz (que ainda é o editor do grupo), com a participação intensa de Lilia Schwarcz (também professora de antropologia na USP), viu-se formar ali um local de divulgação extremamente promissor de muitos dos trabalhos produzidos por professores e professoras da USP. Nada como indagar algumas dessas questões, estudando uma coleção, a "Perfis brasileiros", desta editora, e como foi tratado nela a história e a biografia, em um mercado editorial, cuja inclusão de profissionais formados nas universidades ainda era um imenso

25 Não só tivemos trabalhos pioneiros feitos pelos historiadores: ao menos, de Capistrano de Abreu, até Gilberto Freyre, Caio Prado Jr. e Sérgio Buarque; mas foram as historiadoras que, especialmente a partir dos anos 1960, verdadeiramente fizeram um trabalho sistemático de pesquisa, orientação e publicação de obras, dando novos direcionamentos ao estudo das "pessoas comuns" em nossa história da historiografia. Note-se ainda que até o final dos anos 1950, as historiadoras encontravam enorme dificuldade de se colocarem como catedráticas e terem seus trabalhos reconhecidos pelos historiadores. (ROIZ, 2020, 2021). Paradoxalmente, a FFCL/USP que foi criada nos anos 1930 para marcar uma renovação institucional na formação de novos profissionais para os mais diversos níveis de ensino, no que se referia a escrita da história e a participação direta de mulheres nas cadeiras dos cursos, os marcos dessa inovação institucional se ressentiam diante da "força da tradição", plasmada por um conservadorismo, que tinha no patriarcalismo, no paternalismo e no favor, em nossa formação católica e raízes ibéricas, nos traumas deixados por nosso sistema escravista e nas especificidades de nossa colonização, a sua origem; e mesmo naquele momento, ainda emperrava os processos de inovação na formação de "novos profissionais" em nossas universidades, porque o atraso e o arcaísmo ainda eram os nexos fundamentais que ligavam nosso passado ao nosso presente histórico. (FRAGOSO, FLORENTINO, 2001; ROIZ, SANTOS, 2012).

desafio a ser enfrentado no final dos anos 1990. Ao mesmo tempo é importante entender quem eram os brasileiros retratados na coleção, cuja meta era mostrar uma fisionomia a respeito da cultura e da sociedade brasileira. Esse é o ponto que nos deterá o próximo capítulo.

8. A coleção "Perfis Brasileiros": um estudo da biografia no mercado editorial brasileiro[1]

Para Maria de Lourdes Janotti, pioneira no estudo de nossa história da historiografia.

Construir uma biografia [...], remete à necessidade de não apenas instaurar um diálogo entre o indivíduo e a sociedade de sua época, mas também de dar voz aos diálogos que atuam na própria constituição do indivíduo que vai sendo biografado (BARROS, 2004, p. 203).

Após nos determos nas discussões da escrita da história e da produção da crítica literária brasileira, especialmente formulada entre os anos de 1930 e 1970, cabe-nos a partir de agora refletir com maior precisão um pouco do movimento do mercado editorial brasileiro em relação à produção de histórias e biografias – cujos enlaces se aproximaram muito das tensões entre história e literatura. Nesse sentido, o objetivo deste capítulo é estudar de que maneira passou-se a produzir biografias no mercado editorial brasileiro no início do século XXI, tendo por base a coleção *Perfis Brasileiros*, publicada pela Editora Companhia das Letras, de São Paulo,[2] a

---

1 A primeira versão deste capítulo foi apresentada como trabalho de conclusão da disciplina: *Tópicos especiais em História Contemporânea*, ministrada pela Prof.ª Dr.ª Joseli Maria Nunes de Mendonça, no curso de doutorado em História da UFPR. Em seguida, o trabalho foi apresentado na VII Semana de História - Seminário de Estudos Étnico-Raciais, *Regiões, Etnias: dimensões simbólicas e sociabilidades*, em 19 de novembro de 2011, na Unicentro, unidade de Irati; e aqui aparece revisto. Versão inicial deste texto foi publicada em: ROIZ, 2011b.

2 Que veio a se tornar o Grupo Companhia das Letras, com a incorporação das editoras: Objetiva, Zahar, Alfaguara, dentre outros selos. Além disso, o Grupo Companhia das

partir de 2006, e que conta atualmente com 12 títulos, dos quais 10 foram escritos por historiadores profissionais.[3] Procura-se analisar de que maneira os autores dos textos procuraram apreender as discussões sobre história e biografia, e história e literatura, por meio do estudo das biografias de *D. Pedro II*, escrita por José Murilo de Carvalho, e de *Getúlio Vargas*, escrita por Boris Fausto.

A escolha desta coleção, e não de outra, deve-se, principalmente, a dois pontos: primeiro, a maioria dos textos foram escritos por historiadores profissionais, fato, aliás, digno de nota, visto que a maioria das biografias publicadas no mercado editorial brasileiro até então foram escritas por jornalistas (BORGES, 2005, p. 203-34); segundo, a coleção é coordenada por um jornalista, Elio Gaspari, e uma historiadora, Lilia M. Schwarcz, e é publicada por uma Editora de ampla circulação nacional, com um significativo histórico de publicação de biografias, além de ser voltada tanto para o público especializado, quanto para o geral. Além disso, a coleção retomava um tema caro a historiografia oitocentista: o estudo de estadistas, homens públicos que deliberavam suas ações nas linhas de frente do comando de um Estado, ou instituição religiosa, ou até militar.[4] Em um momento de ampla divulgação da "nova história cultural" por que se deter em uma coleção que dava notoriedade as histórias políticas e diplomáticas? Ainda que consideremos a renovação das abordagens e os estudos das "culturas políticas" por que entre os perfis brasileiros não havia indígenas, afrodescendentes ou mulheres negras dignas de serem estudadas? Qual a relação entre as biografias produzidas nesta coleção, com as produzidas por jornalistas (ou mesmo outros profissionais) em outras editoras e coleções? Por que entre os *perfis brasileiros* não se poderia estudar os personagens anônimos de nossa história?

A importância desse tipo de trabalho está não apenas em circunstanciar de que modo os estudos biográficos estiveram recentemente inseridos no mercado

---

Letras pode ser comparado com o Grupo Record, que igualmente agrupa um conjunto de selos editoriais no Rio de Janeiro. Por isso, entender o movimento editorial de um grande grupo no país é importante para compreendermos um pouco do dinamismo de nosso mercado editorial em relação à produção de textos históricos e biográficos.

3 O último título da coleção foi lançado em 2012 e desde então não houve nenhum outro título publicado até 2021, quando no segundo semestre foi lançado o décimo terceiro volume da coleção – esse acréscimo foi feito quando o manuscrito já se encontrava em processo de editoração.

4 Até aqui a única exceção foi o estudo da trajetória de Leila Diniz, igualmente a única mulher incluída na coleção.

editorial brasileiro, mas também em indicar de que maneira os personagens estudados são analisados, por meio do exemplo, da peculiaridade, isto é, das anedotas que configuravam a personalidade e davam sentido à trajetória do biografado, e do contexto histórico no qual viveram e fizeram suas escolhas, deixando suas marcas, enquanto moviam suas ações, em busca de possíveis *mudanças* ou *continuidades* em relação aos sistemas políticos, econômicos e socioculturais, dos quais fizeram parte em suas épocas, e que possibilitaram a constituição de seus *perfis* para a posteridade. Nesse sentido, podemos nos questionar: quais os traços da narrativa contidos nessas biografias? Como foram feitas e que preocupações tiveram? De que maneira trataram seus personagens?

Por outro lado, o exemplo indicado por François Dosse (2009, p. 19-54), ao estudar o mercado editorial francês e suas peculiaridades em relação ao estudo e a produção de biografias, demonstra como esse tipo de estudo pode ser promissor. Primeiro, porque indica de que maneira estão distribuídas as coleções, editores e autores, e a forma com que tratam os estudos biográficos e produzem suas biografias. Segundo, porque fornece subsídios para se vislumbrar a variedade do mercado editorial no trato com o tema (identificando o número das tiragens, o número médio de edições e de vendas por título, o público alvo, os aspectos teóricos e metodológicos dos textos etc.), visando abranger determinados públicos, com vistas à captação de maior lucratividade. Terceiro, por fornecer indicadores de como o mercado pensa os públicos especializados (de nível universitário) e o público em geral de leitores e leitoras de biografias. Quarto, indica a variedade de formas de se escrever uma biografia, e como o mercado editorial definia suas escolhas, de acordo com os públicos visados; indo dos modelos clássicos de abordar a vida, de forma cronológica e linear, por meio de anedotas que definiam o caráter e a conduta dos biografados, até textos mais complexos, nos quais se evidenciavam as contradições na personalidade, e em suas escolhas, em função dos dilemas vividos pelos indivíduos, que os tornavam multifacetados ao longo do tempo. Ao mesmo tempo, o autor também procura evidenciar quais as razões que fizeram com que os estudos biográficos recebessem tamanha atenção do mercado editorial francês (quanto de outros países), depois dos anos de 1980, principalmente, em função da renovação da história política e dos estudos biográficos.

A biografia na História, a história na biografia

Contudo, se os estudos biográficos voltaram a chamar a atenção dos estudiosos, em função do aumento considerável da produção de biografias nas últimas décadas, é preciso se questionar quais os caminhos e descaminhos que a própria biografia seguiu na História, e quais os distanciamentos e as aproximações que se deram entre história e biografia (MALATIAN, 2008, p. 16-32). Ao mesmo tempo, é necessário ainda ter em conta de que maneira os estudos biográficos foram pensados, criticados, negados e praticados ao longo do tempo (DOSSE, 2009). Na impossibilidade de pormenorizar todos os momentos decisivos desse tenso debate, apenas procuraremos esboçar um rápido resumo, e que nos servirá para observar como tais modelos foram úteis para os homens de letras no Oitocentos brasileiro se inspirarem para escreverem suas biografias.

Para Arnaldo Momigliano (1993) a biografia nasceu no século V antes de Cristo; mas não há evidências seguras para informar se não foram praticadas anteriormente, em vista da falta de documentos. A biografia apareceria tanto inscrita em pinturas de vasos, em tragédias, comédias e dramas, como nos relatos de viagens, que esboçariam fragmentos biográficos. No entanto, foi no século IV aC. que o gênero teria se difundido pelo Ocidente, apesar de sua prática não ser tão comum na Grécia. Para ele, a principal função das biografias na Antiguidade Clássica era a de construir modelos de conduta, códigos morais para serem seguidos, além de propiciarem a elaboração de uma memória, em geral, exemplar para a posteridade. Para ele ainda, a biografia grega estaria amparada em diversos modelos. Dosse (2009, p. 123-51) não terá tamanha preocupação com o surgimento do gênero, mas sim com sua difusão pelo Ocidente Cristão e durante o período moderno e contemporâneo. Ao fazer isso, contudo, observou que a noção de indivíduo só apareceu na Antiguidade para desenhar o retrato do modelo a ser seguido pelos homens. O referencial é o 'típico', o modelo, e não o homem e suas singularidades. Para exemplificar os procedimentos que foram utilizados na Antiguidade, ele toma como base as obras de Plutarco, *Vidas paralelas*, de Suetônio, *Vida dos doze Césares*, e de Diógenes Laércio, *Vidas, doutrinas e sentenças de filósofos ilustres*. De que maneira os estudos biográficos foram se desenvolvendo no Ocidente?

Mas, para ambos, haveria certas características que aproximariam história e biografia, e outras que as distanciariam. Para eles, ambas surgem no mesmo período, visariam fazer com que o passado dos homens não caísse no esquecimento, além de procurarem fornecer exemplos para serem seguidos ou evitados. Ao fazerem isso, entretanto, a história procurava se amparar num discurso pautado na verdade, enquanto a biografia não se amparava em tal estratégia; ela se detinha sobre o ocorrido, enquanto a biografia se estenderia também para o imaginado; apoiava-se exclusivamente em documentos, enquanto a biografia ampliava seus horizontes com o uso da imaginação.

Para Dosse (2009, p. 151-93), no período medieval, assim como na Antiguidade, a biografia também se apresentará como um gênero distinto da história, dando-se o mesmo com a escrita da vida de santos, isto é, as hagiografias, que foram se firmando ao longo deste período. No século XII ocorreria uma transformação no modo de narrar à vida dos santos, em função de um movimento geral em busca da individualização. Para ele, essa mutação terá seu auge nos séculos XV e XVI.[5] A partir do século XVI, ampliava-se o processo de individualização, porque também viria a se afastar das "biografias cavaleirescas e das hagiografias para consagrar-se à paixão pelas biografias antigas". Nesse ínterim, a "escrita mantida entre a exemplaridade moral e a anedota singular tornar-se-á o modelo constitutivo do gênero biográfico nos tempos modernos" (DOSSE, 2009, p. 155). No século XVII, o movimento em torno da individualização prossegue. No XVIII, o herói passaria a ser tratado como simples personagem de uma narrativa (foi o momento formativo dos romances, cujo enredo se centravam em seus respectivos heróis), onde suas qualidades não seriam mais vistas em bloco, mas sim como uma série de qualidades distribuídas entre certos indivíduos, além de sua acepção carregar também certo tão irônico. Mas, nem por isso, o "herói" desapareceu do horizonte, visto que passará a ser cogitado na configuração de uma identidade patriótica, em geral, representada pelo "grande homem"[6], cujo processo se consolidará no século XIX (DEL PRIORE, 2009,

5 Em sua análise dos usos da biografia no Renascimento europeu, Peter Burke (1997, p. 83-98) procurou analisar de que maneira a ideia de indivíduo teria sido pensada no período. Igualmente observa como a historiografia oitocentista, com base na obra de Jacob Burckhardt (1818-1897), teria pensado a questão. Para ele, não seria a especificidade do indivíduo que prevaleceria nas narrativas, mas sim sua relação com a coletividade. É mais na coletividade que os indivíduos apareceriam. Apesar de construir um painel sobre a época do reinado de Luís XIV, o rei sol, seu objetivo foi justamente o de apreender de que maneira o rei, indivíduo, foi fabricado pelas coletividades, e essa imagem perdurou para a posteridade, principalmente, em função da manutenção da "memória coletiva" e dos "lugares de memória" (BURKE, 1994). Desse modo, sua análise permite que verifiquemos as metamorfoses sobre a ideia de indivíduo, as quais o texto de Dosse (2009) procuraria pormenorizar, desde o surgimento do gênero biográfico no Ocidente.

6 Por sua vez, o texto de Sabina Loriga (1998, p. 225-49; 2011) nos informa a multiplicidade de formas de pensar o indivíduo no século XIX (como herói, homem patológico,

p. 7-16). Num outro horizonte, *a história como mestra da vida*, porque fornecedora de exemplos do passado para a orientação dos homens no presente, vai dando lugar progressivamente a uma história processual, que se volta para o futuro (e não para o passado), com vistas à constituição de um projeto de cunho universalizador, delineado pelas "filosofias da história" (KOSELLECK, 2006). Nesse sentido, o texto resume a ascensão e o desenvolvimento do que ele definiu como a *idade heroica* da narrativa biográfica; e suas principais características e diferenças com relação à pesquisa histórica. E, conforme indica, o século XIX continuou sendo um período fértil para a prática dos estudos biográficos entre amadores e historiadores profissionais - ainda que estes não deixassem de demonstrar suas críticas ao gênero (MALATIAN, 2008, p. 16-32).

Não obstante, a pluralidade de formas de se narrar a vida de um indivíduo que poderiam ser agrupadas nas biografias, as décadas iniciais do século passado vislumbrou, com maior regularidade, os modelos de biografias que se cerceavam em narrativas cronológicas e lineares, nas quais se circunstanciava a vida de um indivíduo como começo, meio e fim previamente definidos, além de procurar deduzir dos exemplos morais, das especificidades físicas e emocionais, e das anedotas singulares, o conjunto de qualidades (e defeitos) que faziam parte do caráter e da personalidade do biografado.[7] Para Dosse (2009, p. 195-228), esse tipo de biografia era a mais comum encontrada no mercado editorial do período (especialmente na França), continuava sendo praticada por amadores (e, mesmo depois desse momento áureo, continuará coexistindo com outros modelos nos mercados editoriais), e a aversão dos historiadores por esse tipo de abordagem se tornava ainda mais severa do que o fora no século anterior.

---

homem-partícula, nos quais o 'eu' do indivíduo seria cotejado em sua variedade de papéis sociais, evidenciando que este não é uniforme no tempo); multiplicidade que não derivaria apenas da transposição do indivíduo em 'herói' e, depois, em 'grande homem' como observou Dosse (2009), mas também pelo fato de que não se olhava para o passado para elencar exemplos para o presente, e sim para deduzir as leis do movimento histórico. Nesse processo, o indivíduo cumpriria um papel, e o 'grande homem' do XIX tomaria para si os encargos, o desafio de agir em prol do desenvolvimento. Daí a preocupação da autora em nos informar as relações entre contexto e indivíduos, indivíduos e mudança social. Ver também: LORIGA, 2011; AVELAR; SCHMIDT, 2018.

7 Modelo, aliás, que terá uma fortuna crítica garantida por todo aquele século, não apenas por que fora praticado por autodidatas e especialistas em outras áreas do conhecimento, mas também por suas curiosidades e anedotas continuarem a chamar a atenção de diversos públicos leitores de várias partes do mundo (SCHMIDT, 2000; DOSSE, 2009; BORGES, 2009, p. 225-38; AVELAR, 2010, p. 157-72).

Segundo ele, em função da crítica das Ciências Sociais e, depois, do movimento dos *Annales*[8] ao ídolo dos 'grandes homens' e a ideia de acontecimento, a possibilidade de reconstituição de uma vida e suas críticas as biografias produzidas no período, fez com que a renovação do gênero e a maior aproximação entre história e biografia só ocorresse depois dos anos de 1960, em função da reorientação do próprio movimento dos *Annales* e das alterações do mercado editorial francês – como vimos na primeira parte deste livro.

Não por acaso, com certa razão, em meados dos anos de 1970, Pierre Bourdieu (1996, p. 183-191) expressaria seu descontentamento por esse tipo de abordagem. Para ele, é questionável o tipo de biografia puramente cronológica e linear, que estabelece um sentido teleológico para o indivíduo, pois, as peculiaridades do contexto e a especificidade da trajetória do indivíduo tornariam suas escolhas, suas ações e sua personalidade, múltiplas, plurais, e, não sem razão, em dadas circunstâncias, também contraditórias. Por essa razão, critica o tipo de biografia voltada para a história de vida, com curso e caminho orientado, e definida desde o começo, com início, meio e fim, antecipadamente estabelecidos. Em vista disso, propõe que se aborde o indivíduo de acordo com sua ação e representatividade (na constituição, organização e manutenção) nos diferentes campos (o que, evidentemente, pode proporcionar certo aprisionamento com o modelo interpretativo). Nesse sentido, o indivíduo deve ser analisado por meio de sua trajetória socioprofissional, e essa trajetória deve ser vis-

8 Mesmo se aqui considerarmos alguns casos emblemáticos do movimento, como é o caso de Lucien Febvre (1878-1956), que teria praticado o gênero ao estudar as trajetórias de Martinho Lutero, Felipe II e François Rabelais, ou de Fernand Braudel (1902-1985), que teria feito uso do gênero ao estudar o Mediterrâneo e a época de Felipe II, ainda que ambos o fizessem sob perspectivas diferentes daquelas em que a biografia havia sido praticada nos Oitocentos e nas primeiras décadas do século passado, o movimento geral do grupo dos *Annales* foi um misto de crítica e de recusa de praticar o gênero biográfico, em função das distinções que estes viam entre a biografia e os estudos históricos (REIS, 2000, 2003; BARROS, 2004; MATOS, 2006; AVELAR, 2010; MOTTA, 2010). Além disso, não se deve perder de vista que 'o problema' era o que definia como deviam ser estudadas as fontes, perscrutados os documentos e ser elaborada a narrativa. E esse tipo de perspectiva terá uma fortuna crítica garantida, mesmo sobre o modo como as biografias passaram a ser produzidas depois dos anos de 1960, quando houve um movimento geral de revisão da temática, inclusive no próprio interior do movimento dos *Annales*, onde os estudos biográficos passariam a ter um lugar garantido depois dos anos 1980, com sugestivas biografias, como as produzidas por Jacques Le Goff, sobre *São Luís*, ou a respeito de *São Francisco de Assis*, ou até a reunião de biografias em *Homens e mulheres da Idade Média*.

ta de acordo com a movimentação dos indivíduos pelos campos (político, religioso, econômico, intelectual, literário), em meio às tensões e debates proporcionados pelos *habitus* e pelo capital cultural adquirido pelos agentes sociais. Apesar da coerência de sua postura teórica, e dos cuidados metodológicos esboçados neste texto, ao compor uma auto-análise de sua trajetória profissional, o próprio autor (BOURDIEU, 2005) não escaparia dos riscos da linearidade e da projeção de sentido, fomentada por uma perspectiva teleológica de interpretação da vida de um indivíduo.

Nos anos de 1980, desse modo, parecia fundamental refletir quais as estratégias de ação dos indivíduos, em meio à constante coação que lhes submetiam a racionalidade dos sistemas (indicada pelo estruturalismo e, depois, também pelo pós-estruturalismo), e esse problema foi fundamental para a pesquisa e para a formulação das hipóteses de Giovanni Levi, em seus textos *A herança imaterial* (de 1985) e *Os usos da biografia* (de 1989). Como indicaria neste último texto (LEVI, 1996, p. 167-182), naquelas circunstâncias a biografia estaria no centro das preocupações dos historiadores, porque se recorria a ela para demonstrar a irredutibilidade dos comportamentos dos indivíduos, diante dos sistemas normativos gerais, ou então, era usada para provar hipóteses concernentes às leis e regras sociais, que dirigiam qual o tipo de ação a ser adotada pelos indivíduos. Para ele, o mais importante seria refletir os jogos de escala, os esquemas de racionalidade social e as relações entre regras e práticas, com vistas a demonstrar qual o espaço de liberdade de ação dos atores em seu(s) contexto(s). Se Bourdieu havia notado a inevitável *ilusão biográfica*, nas tentativas de se descrever uma vida de modo cronológico e linear, e em vista disso propor o estudo das trajetórias dos indivíduos em meio aos campos que percorreriam, Levi quer pensar a biografia enquanto um espaço, lugar de tomada de decisões, onde transparecem as tensões entre a racionalidade dos sistemas sociais e a possibilidade (relativa) de liberdade de ação dos indivíduos. Nesse caso, para além dos campos que prescreveriam um modo de agir, em função do *habitus* adquirido pelo indivíduo e o grupo, propõe que também seria possível "uma considerável margem de liberdade que se origina precisamente das incoerências dos confins sociais e que suscita a mudança social" (LEVI, 1996, p. 182), como já havia procurado demonstrar com o estudo da trajetória de Giovan Battista Chiesa, em *A herança imaterial* (2000).

Não seria sem razão, portanto, que, a partir dos anos de 1990, haveria um meticuloso cuidado metodológico dos pesquisadores e pesquisadoras, ao indicarem a maneira com que abordariam a vida de um indivíduo. A preocupação de Jacques Le Goff (1999, 2001) em expressar os caminhos e as escolhas que efetuou ao abordar a vida de São Luís e de São Francisco de Assis é apenas um exemplo, entre vários possíveis. Evidentemente, não se pode deixar de lado, que a necessidade deste autor de justificar o objeto pesquisado nos moldes de uma biografia, também se devia ao fato de pertencer a um movimento (o dos *Annales*), que desde sua origem havia criticado (e negado) os estudos biográficos, para o campo dos estudos históricos – com a exceção, também exemplar, da trajetória de Lucien Febvre no movimento, ao produzir vários trabalhos biográficos, mas com a evidente preocupação de adentrar nos confins dos inconscientes coletivos. Além do mais, como ressaltaria Dosse (2009, p. 55-122), muitos autores no final do século passado já não viam razão para terem que justificar a pesquisa e a confecção de uma biografia. Se até o final dos anos de 1980 o gênero biográfico era objeto de críticas e reticências, mesmo entre historiadores não vinculados ao movimento dos *Annales*, na década seguinte, "os historiadores eruditos, autores de biografias, já não precisam se justificar junto a seus pares por ter escolhido esse gênero, que não constitui mais objeto de depreciação"; mas, ao contrário, "tendem a aumentar-lhe o valor" (DOSSE, 2009, p. 104).

Mesmo assim, não se pode perder de vista, como nos lembra Jacques Revel (2010, p. 235-48), que a biografia nunca deixou de ser um problema historiográfico, apesar do tratamento sobre o tema ser diferenciado no tempo, assim como os debates sobre a questão. Semelhante ao que fez Levi[9], Revel indica uma tipologia na

9 Apesar da variedade de possibilidades que foram propostas no período para se pensar uma vida, o autor propõe uma tipologia em que se inscreve: a) a *prosopografia e biografia modal*; b) a *biografia e contexto*, em que a vida de um indivíduo é inscrita no período em que viveu, o que explicaria a singularidade de sua trajetória, como fez Davis com Martin Guerre ou Roche com Ménétra; mas nesse caso o contexto serve para preencher lacunas documentais; c) *biografia e os casos extremos*, nas quais a escolha dos casos a serem estudados se devem basicamente para esclarecer o contexto, pois se inscrevem em suas margens, como no estudo de Ginzburg sobre Menocchio; d) e a *biografia e hermenêutica*, que se inscreve num espaço dialógico entre caso, pesquisador, fontes e depoimentos; nessa perspectiva o mais importante é o próprio ato interpretativo. Mais do que inscrever aleatoriamente essa tipologia, Levi quer indicar "que deveríamos indagar mais sobre a verdadeira amplitude da liberdade de escolha", que não é absoluta, nem "culturalmente e socialmente determinada, limitada, pacientemente conquistada, ela continua sendo no entanto uma liberdade consciente, que os interstícios inerentes aos sistemas gerais de normas deixam aos atores" (LEVI, 1996, p. 179). E a biografia seria o campo ideal para propor esse tipo de análise, como fez ao "estudar um minúsculo fragmento do Piemonte do século XVII, utilizando uma técnica intensiva de reconstrução das vicissitudes biográficas de cada habitante do lugarejo de Santena que tenha deixado vestígios documentados" (LEVI, 2000, p. 45). Esse tipo de estratégia de pesquisa, para

qual se encontraria: a *biografia serial* (da qual a prosopografia é o exemplo clássico); a *biografia reconstruída em contexto*; e a *biografia reconstruída a partir de um texto*. Para ele, independente da escolha do tipo de biografia a ser feita, o pesquisador não poderia deixar de lado dois cuidados metodológicos: o risco de pensar uma vida enquanto uma trajetória linear, com sentido previamente estabelecido; e essa trajetória ser definida como uma experiência coerente e sem contradições do início ao fim.

Daí, como já havia indicado Dosse (2009), a importância de se estudar o movimento do mercado editorial e as escolhas que são feitas pelos autores de biografias, ao abordarem a vida de um indivíduo. Ao que poderíamos complementar: pois, com esse tipo de estudo, também é possível inquirir quais as relações que se estabeleceriam entre história e biografia (MALATIAN, 2008, p. 16-32; LORIGA, 2011), neste tipo de produção praticada no mercado editorial nestas últimas décadas.

A biografia no mercado editorial brasileiro

Os estudos biográficos sempre contaram com um público leitor, ávido pelas curiosidades, as quais o mercado editorial brasileiro soube atender desde meados do século XIX, quando o gênero passou a ser tratado com maior detalhamento e sistematicidade entre nós. Desde o século XIX, pelo menos, quando se deu a criação do Instituto Histórico e Geográfico Brasileiro (IHGB), em 1838, no ano seguinte o de sua revista, e desdobrando-se suas iniciativas na criação de congêneres estaduais – mesmo que estes em muitas situações fossem (no todo ou na parte) até contrários a ele –, o estudo de "homens ilustres" foi um dos componentes de estudo a serem pesquisados, mais destacados nas páginas da revista e no trabalho de seus associados (OLIVEIRA, 2007, 2010, 2010b). Servindo-se, em grande parte, dos modelos construídos na Antiguidade Clássica, como indicado acima, os homens de letras do Oitocentos, reunidos nessas instituições – alguns deles também ministrando aulas no *Colégio Pedro II* (criado nesse mesmo período) –, elaboravam os esboços de seus biografados, contando com as lições de Plutarco e Suetônio, mas sem, com isso, esquecerem-se das orientações de Heródoto, Tucídides, Políbio, Cícero, dentre outros. Ao lado desses modelos e autores, os homens de letras do período souberam perscrutar a produção histórica europeia do período, de modo a refletir as contribuições dos antigos e as inovações dos modernos, como, dentre outros: Voltaire, Thomas Carlyle,

---

ele, que seria eficiente para demonstrar quais os espaços de liberdade de ação dos indivíduos, em meio aos sistemas sociais que os circunscreveriam e os limitariam em cada contexto.

François Guizot e Augustin Thierry (ENDERS, 2000; OLIVEIRA, 2010b, 2012), conferindo aos estudos biográficos um lugar de destaque naquele momento. (OLIVEIRA, 2007, 2010).

No entanto, a publicação de livros ainda era incipiente no país, vindo à grande maioria deles da Europa, inclusive os produzidos pelos autores brasileiros, que eram editados no exterior. Essa situação só iria começar a se alterar nas primeiras décadas do século passado, quando várias iniciativas nesse gênero seriam feitas, criando as primeiras Editoras no país – muitas de origem estrangeira, e/ou se desdobrando da iniciativa de livreiros, que acumularam certo capital com seus empreendimentos e livrarias (HALLEWELL, 2005; DEAECTO, 2011) –; e que, nas décadas seguintes, vir-se-iam a se multiplicar ainda mais, concentrando-se, particularmente, pela região Sudeste e, especialmente, entre São Paulo e Rio de Janeiro.[10] Nesse processo, o gênero biográfico não perdeu força, muito embora tenha passado a coexistir com maior regularidade com outros gêneros, como a história dos costumes, a história política e a militar, a história religiosa e a diplomática, e uma história social e econômica ainda insipiente – mas que, a partir do final dos anos 1930, ganharia maior fôlego, com a criação das primeiras universidades e cursos de Geografia e História no país (ROIZ, 2021). Evidentemente, os estudos biográficos conviveram com outros gêneros no Oitocentos, como indica a produção dos homens de letras associados ao IHGB (OLIVEIRA, 2012). O que se ressalta aqui é apenas o modo como houve gradativamente maior diversidade de análises sobre os homens e as sociedades, a partir das primeiras décadas do século passado, e que tornariam mais complexas as relações entre história e biografia, e o modo como as biografias passariam a ser elaboradas em nossa história da historiografia nacional (GONÇALVES, 2010).

Assim, com altos e baixos, a produção de biografias se manteve ao longo de todo o século passado no país, muito embora a grande maioria delas estivessem sendo feitas por amadores (homens de letras, muitas vezes formados em outras áreas; por jornalistas, médicos ou advogados; ou mesmo por aqueles sem nenhuma formação universitária, que a praticavam como autodidatas), e não por (pesquisadores) profissionais (SCHMIDT, 1996, p. 165-92, 2004, p. 131-42; BORGES, 2005, p. 203-34).

Como destaca Benito Schmidt (1997, p. 3-21), com base no *Catálogo de publicações brasileiras*, em 1994, o gênero biográfico havia tido um crescimento de 55% em relação ao período de 1987, igualando-se até "as vendagens dos manuais de auto-ajuda e dos livros escritos por magos, anjos e esotéricos em geral" (SCHMIDT,

10 Para uma análise pormenorizada da questão, ver: MICELI, 1989, 2001; FRANZINI, 2010; VILLAS BÔAS, 2006, 2007; BRAGANÇA, ABREU, 2010.

1997, p. 3). Desde aquele período, o gênero biográfico não deixou de ter destaque no mercado editorial brasileiro, como indicam as várias coleções criadas sobre esta temática (como veremos algumas delas abaixo). Além da publicação constante de biografias, feitas por amadores quanto por profissionais (elaboradas por jornalistas, cientistas sociais e historiadores), que dimensionariam não apenas a renovação do gênero e sua maior aproximação com os estudos históricos (com o uso regular de fontes, para se inquirir a trajetória de vida de um indivíduo), também houve o crescimento do público especializado, que viria a se complementar com o geral.

Não é tarefa fácil a de circunstanciar todos os momentos e a representatividade que tiveram percentualmente os estudos biográficos no mercado editorial brasileiro (SCHMIDT, 1997, p. 3-21). Tampouco é com o que nos ocuparemos aqui. Nosso objetivo é apenas o de indicar algumas *coleções*, que a partir dos anos de 1990, representariam uma onda de ascensão dos estudos biográficos no país, cujo foco estaria voltado tanto para o público especializado quanto o geral, além de serem escritas por especialistas na área. Sem aqui averiguar o conjunto das Editoras que têm se dedicado a esse tema, como no caso do grupo Record (em que se encontram agrupadas as editoras Record, Civilização Brasileira, José Olympio, Difel, Bertrand Brasil, dentre outras), do Rio de Janeiro, ou da Editora Paz e Terra (que conta com mais de 25 títulos em seu catálogo do gênero biográfico) – e que também passou a fazer parte do grupo Record –, passamos a exemplificar os casos das Editoras: da Fundação Getúlio Vargas; da Unicamp e da Companhia das Letras, visto que elas tiveram a preocupação de organizarem coleções tanto para o publico especializado, quanto o geral, além de suas biografias terem sido escritas por especialistas na área de Ciências Humanas e Sociais.[11]

A Editora da Fundação Getúlio Vargas, além da publicação periódica de biografias, lançaria nos anos iniciais da década de 1990 a coleção *Os que fazem a história*, e que conta até aqui com doze títulos publicados, na qual se apresentariam textos sobre: *Henrique Morize*, *Ezequiel Correia dos Santos*, *Frei Caneca*, *Anchieta*, *Antônio Vieira*, *José de Alencar*, *João do Rio*, *Nair de Teffé*, dentre outros. A coleção estava voltada para o grande público, apesar das tiragens de 500 a mil exemplares por edição, e de não deixar o perfil acadêmico dos textos (com notas, indicações bibliográficas, análise das fontes e formas de confecção da narrativa). No caso da

11 Desnecessário acrescentar que outras Editoras, universitárias ou particulares, também têm participado de tal empreendimento, com a publicação de biografias em coleções ou não. Para uma análise das políticas editoriais desenvolvidas pelas editoras universitárias do país, ver: BUFREM, 2001.

Editora da Unicamp, destaque-se a coleção *Várias Histórias*, inaugurada em 1999, e que conta com mais de 40 títulos já publicados, dos quais pelo menos 5 são do gênero biográfico, onde se analisa as trajetórias de: *Luiz Gama*, *Diogo Antônio Feijó*, *Evaristo de Moraes*, *Debret* e *Angelo Agostini*.[12] Diferente da coleção *Os que fazem a história*, a *Várias Histórias* tem perfil eminentemente acadêmico. Seus textos têm base em pesquisas originalmente apresentadas como dissertações ou teses, o que justificaria suas tiragens médias de 500 exemplares por edição, porque eminentemente voltada para um público restrito (de universitários e especialistas na área).[13]

Por sua vez, a Companhia das Letras já tem um histórico no gênero biográfico, com textos de ampla circulação e repercussão no mercado editorial, como o sobre: *Mauá – empresário do império*, do jornalista e cientista político Jorge Caldeira, que foi lançado em 1995 (e, em 2010, encontrava-se em sua trigésima primeira reimpressão). Ao lado deste título poderiam ser elecandos muitos outros,[14] mas nossa

12 Textos como o de Daniela Magalhães da Silveira, *Fábrica de contos: ciência e literatura em Machado de Assis*, e o de Fernando Antonio Mencarelli, *Cena aberta: a absolvição de um bilontra e o teatro de revista em Arthur Azevedo*, apesar de circunstanciarem o perfil desses autores, não se circunscrevem diretamente no gênero biográfico, mas não devem ser aqui deixados de lado, em função da preocupação que tem com o indivíduo e sua relação com a construção do social.

13 De igual modo, a editora da Universidade Federal de Minas Gerais (UFMG) tem participado desse movimento no mercado editorial brasileiro, e em 2008 lançou a coleção: *Intelectuais do Brasil*, na qual visava traçar o perfil dos autores escolhidos, por meio de ensaios sobre suas obras e de entrevistas para circunstanciar suas características biográficas. A coleção conta com 7 títulos, com leituras críticas sobre *Boris Fausto*, *Evaldo Cabral de Mello*, *Silviano Santiago*, *Leonardo Boff*, *Wanderley Guilherme dos Santos*, *Gabriel Cohn* e *Maria da Conceição Tavares*. Desnecessário discorrer a participação ínfima de mulheres, como intelectuais repretantativas do Brasil. Seu público alvo também é de universitários e as tiragens variam entre 500 e mil e quinhentos exemplares por edição. Como seu perfil não é o de escrever biografias propriamente ditas fica aqui sua referência, em função da importância que dá a trajetória do entrevistado, bem como a forma como sua obra é avaliada criteriosamente em seu enquadramento junto à história da historiografia brasileira.

14 De ampla circulação, como a biografia sobre *Olga* (de 1993), ou *Chatô – o rei do Brasil* (de 1994), ambas escritas pelo jornalista Fernando Morais, quanto de circulação mais restrita, por que voltadas para um público mais especializado, como as sobre: *O Dom Oba II D'África príncipe do povo* (de 1997), que conta a história de Cândido da Fonseca Galvão, escrita por Eduardo Silva; *Xica da Silva e o contratador dos diamantes: o outro lado do mito* (de 2003), escrita por Júnia Ferreira Furtado; *Domingos Sodré, um sacerdote africano* (de 2008), escrita por João José Reis; *Traição* (de 2008), que conta a trajetória de

atenção se voltará para a coleção: *Perfis Brasileiros*, inaugurada em 2006, e que é coordenada pelo jornalista Elio Gaspari e pela historiadora Lilia M. Schwarcz.

Apesar de ser voltada para o grande público, suas tiragens variarem entre mil e quinhentos e três mil exemplares por edição, primar por textos enxutos, que dispensem o uso de notas de rodapé, nem por isso os textos deixam de ter um perfil acadêmico. Por terem sido escritos por profissionais, cuja faixa etária estava entre os 40 e 75 anos de idade (ao escreverem seus textos), ter a maioria deles feito uma parte da sua formação na USP, e possuírem ampla experiência em pesquisa (e, na maioria dos casos, na área de História e de Ciências Sociais), os textos têm o cuidado de visualizar o biografado em seu contexto; preocupando-se também em averiguar suas ações, de que maneira foi construído seu retrato para a posteridade, ou o "retrato de si" que construiu, assim como foi interpretado pela historiografia e quais documentos (públicos ou privados) guardaram seu registro.

Além disso, todos os textos trazem cronologias a respeito do indivíduo e do contexto nacional e internacional em que viveu; índice remissivo; e indicações e comentários a respeito da bibliografia e das fontes primárias utilizadas para a pesquisa. O texto sobre *Cláudio Manuel da Costa*, escrito por Laura de Mello e Souza ainda traz um glossário; o sobre *Antônio Vieira* de Ronaldo Vainfas é o primeiro que apresenta os outros dez títulos da coleção nas páginas iniciais, além de comentar todas as biografias anteriores a sua, que foram feitas do século XVIII para cá, sobre o seu biografado; e os sobre *Getúlio Vargas* e *Castro Alves* todas as referências bibliográficas utilizadas – estratégia de citação, aliás, que não aparecerá nos textos seguintes da coleção, provavelmente, porque os editores e coordenadores dela teriam visto neste referencial, uma projeção deliberadamente acadêmica nos textos, o que tornaria mais difícil, e menos didático, o acesso de um público menos especializado.[15] Todos os textos ainda contam com um caderno de imagens, com 25 a 50 imagens do biografado, de pessoas próximas a ele, com ele, de lugares e feitos.

Manoel de Moraes, escrita por Ronaldo Vainfas; ou *O alufá Rufino* (de 2010), que conta a história de Rufino José Maria, escrita por João José Reis, Flávio dos Santos Gomes e Marcus Joaquim de Carvalho.

15 Todos esses pontos fazem parte das estratégias editoriais de comporem certos padrões de práticas de leitura, nas quais apresentação gráfica, prefácios, notas, gráficos, imagens fazem parte do rol de técnicas e mecanismos utilizados para regularem a leitura; e, muito embora, apareçam no texto, são pouco percebidos por seus leitores, que, em geral, desconhecem a sua função. Para maior detalhamento desta questão, ver: TSCHICHOLD, 2007; GENETTE, 2009.

No entanto, na maioria dos casos, as imagens são meras ilustrações, com pouca ou nenhuma conexão direta com a narrativa – o que é uma pena, pois, muitos cadernos de imagens são riquíssimos em detalhes.[16]

Todas as coleções, como vimos, possuem em comum estarem voltadas para públicos gerais e especializados, serem seus textos escritos por especialistas na área, a maioria deles feitos por homens, assim como seus biografados.[17] Nesse sentido, o quadro abaixo demonstra a distribuição de autores e autoras da coleção *Perfis Brasileiros*, da Editora Companhia das Letras, tendo em vista sua formação e atuação, assim como a dos seus biografados e biografada.[18]

16 Além do mais, os livros encontram-se distribuídos tanto em capítulos mais longos, variando de 5 a 8, quanto em curtos e curtíssimos, variando de 19 a 58.

17 É de se destacar a ausência contundente entre as coleções de mulheres e de afro-descendentes ou de indígenas. Como se mulheres, negros e indígenas tivessem um papel menor, ou no mínimo secundário na formação da sociedade brasileira. Nos últimos anos, felizmente, esse quadro arrebatador tem sido repensado e vários textos têm sido publicados com essa perspectiva. A coletânea, em três volumes, sobre *As historiadoras e o(s) gênero(s) na escrita da histórica*, traz um novo panorama da história da historiografia brasileira, ao retratar o perfil de 66 mulheres (em biografias, autobiografias, memoriais e entrevistas) que, a partir dos anos 1930, contribuíram diretamente com a produção do conhecimento histórico nacional, renovando as análises sobre a formação da sociedade brasileira (ROIZ, GONTIJO, ZIMMERMANN, 2021a, 2021b, 2021c). Ao mesmo tempo, o número de estudos sobre negros e indígenas tem crescido consideravelmente nos últimos 10 anos. As organizações dos principais textos de Lélia Gonzalez (1935-1994) e de Sueli Carneiro (1950 -) é um reflexo do um novo contexto sociocultural, mais aberto e democrático – apesar das mudanças subtas e das reviravoltas que tivemos, a partir de 2013, no campo político e social (GONZALEZ, 2020; CARNEIRO, 2020). A análise sobre a trajetória de Beatriz Nascimento, com a organização de seus principais textos, ou a biografia a respeito da vida e da obra de Sueli Carneiro, são também frutos desse momento (NASCIMENTO, 2021; SANTANA, THEODORO, 2021) – que não estão limitados apenas as fronteiras nacionais, mas faz parte de um debate mundial. Como também tem feito parte de um debate global à relação entre raça, sexo e classe social, com vistas a se observar os processos de intersseccionalidades presentes não somente nas relações de gênero, mas igualmente na própria composição e distribuição dos papeis socioculturais em uma sociedade, seja ela qual for, do passado ou do presente. Destaque-se ainda a produção de Ailton Krenak (2020, 2021), que vem mostrando o legado do conhecimento dos povos indígenas para nossa sociedade.

18 Quando este texto estava indo para a edição foi lançado pela Companhia das Letras o décimo terceiro título da coleção. Com o sugestivo título: *Roberto Marinho: um jornalista e seu boneco imaginário* (2021), Eugênio Bucci nos apresenta um dos maiores ícones

Quadro – 6: Distribuição de autores da coleção Perfis Brasileiros de acordo com formação, área de atuação e biografado:

Autor	*Formação*	**Área de atuação**	*Biografado*	*Págs*	*Função*	*Lançamento*
Angela Alonso	Socióloga	Ciências Sociais	Joaquim Nabuco	400	Diplomata; Historiador	30/11/2007
Alberto da Costa e Silva	Diplomata	Romancista; Historiador	Castro Alves	224	Poeta	20/04/2006
Boris Fausto	Advogado Historiador	Historiador; Advogado	Getúlio Vargas	264	Político	20/04/2006
Evaldo Cabral de Mello	Diplomata	Diplomata; Historiador	Nassau	320	Político	20/04/2006
Isabel Lustosa	Cientista Política	Historiadora; Ensaísta	D. Pedro I	368	Imperador	20/04/2006
José Murilo de Carvalho	Cientista Político	Historiador; Cientista Político	D. Pedro II	296	Imperador	30/04/2007
Laura de Mello e Souza	Historiadora	Historiadora	Cláudio Manuel da Costa	272	Poeta	09/03/2011
Francisco Doratioto	Historiador	Historiador	General Osório	280	Militar	05/05/2008
Joaquim Ferreira dos Santos	Jornalista	Jornalista	Leila Diniz	312	Atriz; Modelo	24/10/2008
Todd A. Diacon	Historiador	Historiador	Rondon	240	Militar	11/12/2006
Ronaldo Vainfas	Historiador	Historiador	Antônio Vieira	330	Padre; Jesuíta	25/10/2011
Miriam Dolhnikoff	Historiadora	Historiadora	José Bonifácio	360	Político	29/08/2012

Fonte: Coleção *Perfis Brasileiros* da Editora Companhia das Letras: ALONSO, A. *Joaquim Nabuco:* os salões e as ruas. São Paulo: Companhia das Letras, 2007; CARVALHO, J. M. *D. Pedro II:* ser ou não ser. 3ª reimpressão. São Paulo: Companhia das Letras, 2007; COSTA E SILVA, A. *Castro Alves:* um poeta sempre jovem. São Paulo: Companhia das Letras, 2006; DIACON, T. A. *Rondon:* o marechal da floresta. São Paulo: Companhia das Letras, 2006;

do sistema televisivo brasileiro. O título não foi incluído na análise, porque suas características também não alteravam a interpretação que foi feita sobre a coleção. O perfil dos brasileiros estudados seguia os mesmos critérios e direcionamentos.

DORATIOTO, F. *General Osório:* a espada liberal do Império. São Paulo: Companhia das Letras, 2008; FAUSTO, B. *Getúlio Vargas:* o poder e o sorriso. São Paulo: Companhia das Letras, 2006; LUSTOSA, I. *D. Pedro I:* um herói sem nenhum caráter. 1ª reimpressão. São Paulo: Companhia das Letras, 2006; MELLO, E. C. *Nassau:* governador do Brasil holandês. São Paulo: Companhia das Letras, 2006; MELLO E SOUZA, L. *Cláudio Manuel da Costa:* o letrado dividido. São Paulo: Companhia das Letras, 2011; SANTOS, J. F. *Leila Diniz:* uma revolução na praia. São Paulo: Companhia das Letras, 2008; VAINFAS, R. *Antônio Vieira: jesuíta do rei.* São Paulo: Companhia das Letras, 2011; DOLHNIKOFF, M. *José Bonifácio.* São Paulo: Companhia das Letras, 2012.

Com base no quadro acima, podemos verificar que a maioria dos textos da coleção *Perfis Brasileiros* foram escritos por historiadores (10 dos 12, até aqui publicados). Os textos estão distribuídos entre 220 e 400 páginas; sendo que 5 foram lançados em 2006, 2 em 2007, 2 em 2008, 2 em 2011 e 1 em 2012. A maioria dos biografados exercia a função de político (6 dos 12, aqui incluímos Bonifácio, Nabuco e os dois imperadores), 2 foram militares, 2 poetas, 1 clérigo e 1 atriz/modelo. A maioria dos biografados também era do sexo masculino, 11 dos 12, assim como seus autores, 8 dos 12. Além disso, dois viveram no século XVII (Nassau; Vieira), um no XVIII (Cláudio Manuel da Costa), cinco no XIX (D. Pedro I, D. Pedro II, Castro Alves e Joaquim Nabuco, José Bonifácio) e quatro no XX (Rondon, General Osório, Leila Diniz e Getúlio Vargas). O que talvez venha a surpreender mais o leitor seja a ausência total de negros e indígenas, assim como de personagens anônimas em nossa história, que pudessem fazer parte destes "perfis brasileiros".[19] Afinal, com este tipo de seleção, pode-se facilmente inquirir: quem são os brasileiros dignos de serem estudados? O que é ser brasileiro? Porque indígenas, afrodescentes e mulheres negras estão totalmente ausentes desta lista? Por que o perfil de brasileiros (e brasileira) apresentados na coleção é eminentemente branco, masculino, pertencentes aos grupos no poder e fazendo parte de instituições políticas, religiosas, militares ou literárias? Por que as "pessoas comuns", e os pobres em geral, não podem fazer parte do perfil dos brasileiros?

19 Ainda que não tivéssemos conseguido responder a todas essas indagações é provável que essas características tenham levado ao progressivo desinteresse do público pela coleção, fazendo com que um de seus últimos títulos tenha sido publicado em 2012, a maioria deles esteja hoje (2021) esgotados, e somente em 2021 fosse lançado o décimo terceiro número da coleção. Note-se, para além deste aspecto, que de 2015 para cá a editora Companhia das Letras tem procurado dar maior destaque a produção indígena, afrodescente e feita por mulheres negras, o que é digno de nota, muito embora esta produção não esteja numericamente em destaque em seu catálogo de títulos publicados.

A primeira vista, as biografias parecem dar maior ênfase ao exemplo, ao anedótico, para construir o *perfil* dos biografados, como podemos ver no caso de Castro Alves, visto como *um poeta sempre jovem* (morrera com pouco mais de 20 anos e seus versos permaneceriam atuais até hoje); de D. Pedro I, como *um herói sem nenhum caráter* (por sua promiscuidade, vícios e descuidos com a coisa pública); do General Osório, como *a espada liberal do Império*; de Rondon, como *o marechal da floresta*; de Nassau, como *governador do Brasil holandês*; de José Bonifácio como *o reformista que construiu um projeto de nação para o Brasil*; de Antônio Vieira, como *jesuíta do rei*; pelo *sorriso enigmático* de Getúlio Vargas; ou pela tensão vivida por D. Pedro II, entre *ser o imperador Pedro II ou apenas o cidadão comum Pedro d'Alcântara*. Mas, como veremos, elas não se limitariam apenas a isso, pois, também tiveram a preocupação de identificar as contradições da personalidade, os dilemas pessoais e profissionais, assim como o retrato que 'fizeram de si', e outros fizeram deles. Além disso, há que se ressaltar que seus autores procuraram escrever suas biografias pautados em anos de pesquisas sobre o período em que viveram seus respectivos biografados, e tal experiência lhes propiciou inquirir tanto a época, quanto seus biografados, com base em certos problemas. Desse modo, a experiência com os objetos e a importância que tiveram os atores sociais em seus respectivos contextos (escolhidos para serem biografados), além de ser um dos indicadores de suas escolhas para a coleção, também reflete o modo como o gênero biográfico vem se alterando nas últimas décadas. Por sua vez, além da escolha do biografado estar pautada sobre anos de pesquisa de seus autores, que utilizariam do procedimento biográfico para problematizarem tanto o contexto quanto as ações de seus atores sociais, a própria escolha dos autores da coleção também não tem sido casual, como demonstra o perfil profissional de cada um, minuciosamente selecionado pelos coordenadores da coleção.[20]

20 É de se salientar que embora a coleção *Perfis brasileiros* tenha publicado seu último título em 2012, tivemos a entrada em cena de várias outras coleções, seja as com o perfil clássico de introduzir filósofos, políticos e teóricos no cenário das discussões acadêmicas, sejam aquelas com perfil inovador ao apresentar indígenas, negros e afrodescendentes, assim como mulheres (negras), ou personagens anônimos desconhecidos para a compreensão da formação histórica da sociedade e da cultura brasileira. Tome-se como exemplo a coleção *Figuras do Saber*, da Editora Estação Liberdade, que publicou até aqui 36 títulos, e surpreendentemente em nenhuma dessas figuras do saber fazem parte as mulheres, apesar de termos tido várias delas com destaque nos mais diversos campos do saber, inclusive na Filosofia. Ressente-se desse mesmo problema a coleção *Companions & companions*, da Editora Ideias & Letras, com 22 títulos; ou a coleção *Pensamento dinâmico*, da mesma editora, com 15 títulos, e cuja única exceção foi à inclusão de Edith

Evidentemente, a análise do conjunto de características aqui elencadas sobre os autores e seus biografados não nos permite visualizar de que maneira apreenderam as discussões sobre história e biografia em seus textos. Na impossibilidade de verificá-las em todos eles, procuraremos estudá-las nas biografias de *D. Pedro II*, escrita por José Murilo de Carvalho, e de *Getúlio Vargas*, escrita por Boris Fausto.

Perfis brasileiros: os casos de D. Pedro II e de Getúlio Vargas

A escolha das biografias se deve não apenas pela importância que tiveram os biografados na época em que viveram (D. Pedro II reinou por quase 50 anos, e Vargas esteve na presidência do país por 18), mas também pelo 'retrato que fizeram de si', e daquele que foi construído por letrados, pela imprensa, por biógrafos, e que se fixaram na 'memória coletiva' e perduraram pela posteridade: a exemplo de um

Stein. A coleção *Educação e conhecimento*, da Editora Vozes, com 16 títulos segue o mesmo caminho, tenho publicado até aqui apenas um perfil da obra da filósofa Agnes Heller. A coleção *10 Lições*, da mesma editora, com mais de 30 títulos publicados segue caminho semelhante, com a exclusão de perfis femininos entre suas análises e apresentações; o mesmo valendo para a coleção *Conceitos fundamentais*, da mesma editora, com 7 títulos, cuja única exceção é a apresentação da obra da filósofa Hannah Arendt; assim como a coleção *Sociologia: pontos de referência*, da mesma editora, com mais de 10 títulos lançados, sem que nenhuma socióloga fosse digna de análise até aqui. A coleção *Grandes filósofos*, da Editora UNESP, com 26 títulos publicados, sequer cogita a ausência total de mulheres, como se nenhuma delas fosse digna de ser reconhecida como grande filósofa. Por sua vez, a coleção *Feminismos plurais*, da Editora Jandaíra, conta com 10 títulos publicados, tendo a participação de autoras e autores negros, dando enfoque as questões étnicorraciais e culturais de nosso tempo, como: empoderamento, interseccionalidade, encarceramento, lugar de fala, transfeminismo, racismo estrutural e recreativo, colorismo ou intolerância religiosa. De forma semelhante, ainda que não em coleções específicas, tem sido o trabalho da Editora Malê, do Rio de Janeiro, ao apresentar as questões étnicorraciais ao grande público. O que talvez seja uma observação digna de nota é que apesar de suplantarem uma ausência injustificável em nosso mercado editorial, dando voz, lugar e ação a personagens anônimos e anônimas de nossa história, com o ingresso de autores negros e indígenas, essas mesmas editoras tem construído certo distanciamento no trato de temas, limitados a certos "lugares de fala", cuja fronteira estaria no sexo e na cor, e não na preocupação em se tratar da questão (com a mesma seriedade e cuidado), mas feita por qualquer um e não somente por alguns grupos delimitados. Até por que será que um tratamente deste tipo não produzirá outros tipos de segregações, exclusões e racismos? Isso somente o tempo poderá nos mostrar. Mas, o fato é que, não se resolve um problema trocando um tipo de reducionismo intelectual e cultural por outro, ainda que este seja mais palatável para o momento em que vivemos.

D. Pedro II como o "imperador letrado", ou de um Getúlio Vargas como o "pai dos pobres". Por outro lado, os autores dos textos possuem uma extensa experiência em pesquisa, com décadas de prática. Boris Fausto[21] escreveu seu texto com mais de 70 anos, e José Murilo de Carvalho,[22] com mais de 60. Ambos têm experiência em pesquisa em História e em Ciências Sociais, e ambos possuem uma sólida produção historiográfica, notadamente reconhecida pelos pares. Por certo, isso também vale para outros autores da coleção, como já indicamos acima. E o que justificou nossa escolha dos textos em pauta, além da importância que tiveram os biografados em seus respectivos contextos, sendo modelos de estadistas, e considerados os políticos mais importantes do período Imperial, quanto do Republicano, esteve ligada as estreitas rupturas que causaram e as continuidades e descontinuidades que houve entre um e outro governo, na delimitação dos "destinos da nação".

Em ambos os textos, os biografados percorrem caminhos parecidos: como 'heróis' da nação, *D. Pedro II* por garantir a unidade nacional e *Vargas* pela centralização do Estado, conduta com os trabalhadores urbanos e aprovação de leis (como a CLT, em 1943, ou para a fundação do sistema educacional de ensino no país, com suas primeiras leis orgânicas); e como 'grandes homens', pela habilidade com que trataram da coisa pública, e se fizeram estadistas modelos para o Estado. Mas, ao lado dos homens públicos *exemplares*, estaria coexistindo personalidades contraditórias, frágeis e enigmáticas, que se manifestariam amplamente no espaço privado, entre os mais próximos, e em seus diários e correspondências. Assim, para

21 É autor de: *A revolução de 1930*; *Trabalho urbano e conflito social*; *Crime e cotidiano*; *Historiografia da imigração para São Paulo*; *História do Brasil*; *História concisa do Brasil*; *Negócios e ócios*; *O pensamento nacionalista autoritário (1920-1945)*; *Memória e história*; *O crime do restaurante chinês*; *Memórias de um historiador de domingo*, entre outros. Além de ter coordenado a publicação da *História Geral da Civilização Brasileira*, para o período Republicano; e de ter organizado os livros: *Imigração e política em São Paulo* e *Fazer América*. Publicou ainda com Fernando Devoto: *Brasil e Argentina:* um ensaio de história comparada (1850-2002). Sua obra já foi alvo de estudo crítico em: *Leituras críticas sobre Boris Fausto* (de 2008). Alguns de seus livros encontram-se traduzidos para o espanhol e o inglês.

22 É autor de: *Teatro das sombras*; *A construção da ordem*; *Os bestializados*; *A formação das almas*; *Pontos e bordados*; *Cidadania no Brasil:* o longo caminho; *A escola de minas de Ouro Preto*; *Forças Armadas e política no Brasil*, entre outros. Além de ter organizado os livros: *Nação e cidadania no Império*; *Repensando o Brasil dos Oitocentos*; e as edições sobre *Visconde do Uruguai* e sobre *Bernardo Pereira de Vasconcelos*. Publicou ainda com Leslie Bethell: *Joaquim Nabuco e os abolicionistas britânicos*. Alguns de seus textos encontram-se traduzidos para o espanhol e para o inglês.

os autores, a exposição de detalhes da vida íntima, de anedotas, de características físicas e emocionais, ao lado da análise do contexto em que viveram e fizeram suas escolhas, lhes serviria para identificar a multiplicidade de ações, a pluralidade dos gestos e as contradições de suas personalidades. O vívido retrato que ambos procuraram elaborar de seus biografados, evidentemente, também expressa à empatia que os autores têm por eles, apesar de, em ambos os casos, os autores terem sido críticos, quanto a seus biografados, em obras anteriores.

Para José Murilo de Carvalho, D. Pedro II foi educado para ser o monarca perfeito, cuidar com zelo da coisa pública, amar o Brasil, ser leal a Nação, e, em todas essas questões, este teria sido um exímio praticante. Para Boris Fausto, Vargas trouxe uma conduta mais ética para a presidência, lidando com maior transparência o orçamento do Estado, e contribuiu diretamente para a promoção da industrialização, para a aprovação de leis e a criação de novos Ministérios. Apesar dos 'defeitos' não deixarem de serem retratados (as relações amorosas de D. Pedro II, em especial, com a Condessa de Barral, e as ações ditatoriais de Vargas), em ambos os casos prevaleceriam às qualidades dos biografados. Para Carvalho, D. Pedro II "incorporou os hábitos de disciplina e pontualidade"; tinha paixão pelos livros, viagens e pelas culturas; foi apaixonado pelo país, demonstrando tal afeto nos momentos decisivos em que teve de defender a Nação contra conflitos internos ou externos; foi contra o trabalho escravo, apesar da aversão que lhe demonstravam o Senado e a Câmara dos Deputados sobre a questão; sendo, por isso para Carvalho, verdadeiramente um exemplo de estadista e de cidadão. Para Fausto, Vargas soube conduzir o país com austeridade, apesar do autoritarismo; "inaugurou no Brasil as presidências carismáticas"; fez de si a imagem de uma época, a era Vargas, e de seu estilo de governar uma marca, o populismo; fez o país entrar em novo patamar de desenvolvimento econômico, educacional e social; e foi figura central mesmo quando não esteve no poder, por propiciar a criação de partidos, 'pró' e 'contra' ele entre os anos 1930 e 1950.

Depois de feito este rápido painel das obras é necessário nos voltarmos para a maneira com que cada um deles tratou o tema. José Murilo de Carvalho refez a trajetória de D. Pedro II perscrutando as tensões vividas pelo personagem, entre *ser o imperador Pedro II ou apenas o cidadão comum Pedro d'Alcântara*, ao longo de 31 capítulos curtos. Boris Fausto abordou a trajetória de Getúlio Vargas, tendo em vista seu *sorriso enigmático*, que, aliás, mais o era na medida em que o biografado se adentrava e se apropriava dos mecanismos de exercício do poder político, ao longo de 5 longos capítulos. A primeira vista poderá parecer trivial a aproximação do texto de Carvalho, com a abordagem de Carlo Ginzburg (1987), ao tratar de Domenico

Scandella, dito Menocchio, em *O queijo e os vermes*, e o de Fausto, com a análise de Giovanni Levi (2000), ao perscrutar a trajetória de Giovan Battista Chiesa, em *A herança imaterial*. No entanto, tal aproximação apenas é perceptível no que diz respeito a algumas semelhanças com o trato que deram ao indivíduo e ao contexto, e com a divisão dos capítulos, pois, fora isso, as obras em pauta têm significativas diferenças. Carvalho não deixa de lado o uso intenso do contexto para aventar hipóteses sobre as ações e as decisões tomadas por D. Pedro II, em determinados contextos políticos ou em momentos decisivos de sua vida privada. Apesar de Fausto procurar reconstituir a trajetória de Vargas, ao lado da de outros indivíduos do período, sua preocupação foi mais a de demonstrar como o biografado conseguiu juntar diferentes projetos políticos e culturais, numa plataforma em "comum" para a construção de um estado centralizador, notadamente, durante o período do Estado Novo (1937-1945). Por outro lado, em nenhum momento Carvalho expressa sua aproximação com a micro-história italiana e a obra de Ginzburg, enquanto Fausto o fez apenas quando abordou *O crime do restaurante chinês*, em 2009, e indicou sua inspiração na obra de Ginzburg para tratar do tema. Saliente-se, entretanto, que neste caso o autor conferiu destaque aos procedimentos da micro-história, por estudar o processo-crime do restaurante, porque, de fato, em sua proposta não fez uma biografia a respeito dos sujeitos envolvidos na questão, até descortinar as tramas que levaram ao crime.

No que diz respeito à historiografia, ambos procuraram detalhar como os biografados foram tratados em outros textos, inclusive, elencando que outras biografias foram feitas sobre eles. Ambos também se preocuparam em detalhar como se utilizaram das fontes documentais e as articularam com a historiografia. Carvalho demonstraria a originalidade com que trataria do tema, ao fazer amplo uso das correspondências públicas e privadas de D. Pedro II, e que expressariam as tensões vividas pelo indivíduo, ao longo de toda a sua regência. Fausto nos indicaria as peculiaridades de Vargas, ao reconstituir de modo muito original o contexto em que viveu o biografado, atentando para suas decisões, escolhas, e a própria alteração que este promoveu sobre o contexto em que viveu. Apesar de ambos terem a preocupação de indicarem como os biografados se relacionaram, conviveram e até mudaram seus contextos, identificando a formação de seus perfis e as complexidades e contradições de suas personalidades, não há como deixar de lado certo tão teleológico em ambos: ao ser pontuada a tensão de D. Pedro II, em *ser ou não ser*, por Carvalho, e ao ser indicado o *enigmático sorriso* de Vargas, na medida em que adentrava pelos meandros do poder, rastreado por Fausto.

Isso não quer dizer que os textos tenham um mérito menor por fazerem isso, mas sim que mesmo às aproximações entre história e biografia, que possibilitaram um uso mais sistemático da documentação para se elaborar a análise da trajetória de um indivíduo, não resultaram, ao mesmo tempo, em riscos menores de isso ser feito sem que se visualize, quase que automaticamente, um sentido prévio a vida do biografado. Pois, como podemos ver em toda coleção, aqui analisada, a escolha de seus personagens se deveu mais ao lugar que ocuparam no interior do Estado (mesmo que fazendo parte de uma instituição militar, religiosa ou literária) – a exceção do caso de Leila Diniz –, que os tornaram "grandes homens" em suas respectivas épocas, do que personagens anônimas. Ainda que procurem caracterizar as relações que os biografados exerceram com as massas em suas respectivas épocas, nem por isso deixam de ter em pauta, que o movimento da história, se fazia pela maneira como estes definiam suas ações e escolhas, quando muito com o auxílio das massas, mas mesmo a revelia delas o processo manteria seu ritmo regular (ao menos na maioria dos casos analisados nas biografias).

Por isso, a problemática circunstanciada no caso das biografias de Pedro II e Vargas, demonstram como seus autores procuraram além de rever apontamentos feitos em obras anteriores, também se preocuparam em inquirir o contexto em que viveram seus biografados. Como Pedro II pôde ser um "estadista letrado", como Vargas veio a se tornar um "estadista carismático", são as questões chave a que ambos os autores se dedicaram a responder em suas obras. De certo modo, isso também vale para as outras obras da coleção, pois, foi o problema, mais que o contexto ou o indivíduo, que justificou a escolha do biografado, que se fez também em função da experiência acumulada de cada um de seus respectivos autores e autoras. Além disso, a coleção expressa o amadurecimento da pesquisa histórica no país. Enquanto entre o final do século XIX e nas primeiras décadas do XX estas eram feitas, em sua grande maioria, por autodidatas, amadores, ou por profissionais formados em outras áreas, as biografias produzidas depois dos anos de 1980 foram, cada vez mais, produzidas por pesquisadores profissionais (apesar do amadorismo não ter deixado de coexistir no mercado editorial brasileiro). Nesse sentido, a coleção reflete o movimento em torno da profissionalização das Ciências Humanas e Sociais que ocorreu no país, a partir dos anos de 1930, e seus textos representam um momento de avaliação dos autores não só das relações entre história e biografia, mas antes de seus próprios objetos de pesquisa e das problemáticas que nortearam seus trabalhos ao longo do tempo.

Considerações Finais

Portanto, vimos como os estudos biográficos voltaram a ser alvo do interesse do mercado editorial nacional e internacional, como se desenvolveram, sua variedade e inserção no mercado editorial, e de que maneira história e biografia foram apreendidas pelos autores e autoras das biografias da coleção: *Perfis Brasileiros*, da Editora Companhia das Letras, de São Paulo. Vimos ainda, como à biografia surgiu, senão oposta, ao menos consideravelmente afastada da história, e foi, aos poucos, se aproximando desta, ao intercalar a elaboração do perfil do biografado, por meio dos detalhes ínfimos, dos exemplos, das peculiaridades e anedotas, até suas relações com o contexto em que viveu, a partir da análise dos documentos que deixaram seu registro. Donde exemplos anedóticos e análise histórica aproximar-se-iam para compor as biografias, principalmente, as produzidas a partir das décadas finais do século passado. Vimos também como as biografias de cunho cronológico e linear, apesar de fortemente criticadas pela historiografia, não deixaram de ser praticadas; além disso, coexistem com outras formas e modalidades de biografia.[23]

Nesse sentido, a coleção selecionada para este estudo reflete o movimento e as alterações tanto do mercado editorial e de trabalho, quanto da profissionalização das Ciências Humanas e Sociais no país. Enquanto no Oitocentos, tal movimento se dava em função do empreendimento dos homens de letras reunidos ao redor do Instituto Histórico e Geográfico Brasileiro (IHGB), que então centralizava as iniciativas e as pesquisas nessas áreas; ao longo do século passado os espaços de produção da pesquisa histórica foram ao mesmo tempo sendo diversificadas (para outros locais de produção e associações) e centralizadas nas universidades, que passaram a se colocar o papel de formar esses profissionais para o exercício do ofício, fixando o que deveria ou não ser a prática de uma história cientificamente conduzida no processo de pesquisa e apresentação dos dados alcançados na execução da análise em uma narrativa. O caso estudado não manifesta o conjunto do mercado editorial brasileiro, mas indica algumas das características presentes nas coleções voltadas para públicos especializados e gerais, como é o caso da: *Perfis Brasileiros*. Na qual, espaço público e privado, exemplo anedótico e perspectiva histórica, contexto e personagem, imaginação (controlada e regulada pelas fontes) e análise documental, linearidade do percurso e contradições, convivem, ainda que numa tensão dialética, para

23 É o caso da curiosa *Biografia da televisão brasileira*, de autoria de Flávio Ricco e José Armando Vannucci (2017); ou da interessantíssima *Uma biografia da depressão*, de Christian Dunker (2021).

construírem o *perfil* de seus biografados. Em semelhança a outras iniciativas do período, os *perfis* dos brasileiros construídos pela coleção, ajustava-se a apresentar uma sociedade branca, majoritariamente masculina, cujos líderes se encontravam em postos de comando de instituições governamentais, religiosas, militares ou até mesmo literárias. Talvez por essa limitação irremediável um de seus últimos títulos tenha sido lançado em 2012.

Surpreendentemente, em função das manifestações de junho de 2013 sobre o aumento dos preços das tarifas de circulares, trens e metros, viu-se subterraneamente reaparecer na sociedade brasileira um movimento de ultradireita, próximo ao fascismo e ao nazismo, cujos objetivos passaram a se alastrar mais eficazmente após a deposição de Dilma Rousseff da presidência da república em 2016. Com a vitória de Jair Bolsonaro nas eleições de 2018, a agenda política da extrema-direita paulatinamente buscava soterrar os avanços alcançados pelos movimentos sociais, pela cultura e educação, junto à esfera pública governamental (LACERDA, 2019; NOBRE, 2020; AVRITZER, KERCHE, MARONA, 2021; ROCHA, 2021; AVELAR, 2021). Com a publicização da explosão de casos explícitos de racismo contra o negro e o indígena, a mulher e todo tipo de excluído da sociedade, assiste-se a uma alteração significativa no mercado editorial brasileiro (mas também mundial), com o acréscimo de publicações sobre o papel das mulheres na formação das sociedades e na elaboração do conhecimento cultural e científico; relembrando a participação ativa de negros, afrodescendentes e indígenas na história do país; além de muitos desses livros serem feitos por integrantes destes segmentos da sociedade (PINSKY, PINSKY, 2021; MIRANDA, 2019). Cientes de tal processo devemos nos questionar, com base nas relações entre história e biografia, como a produção literária refazia a realidade vivida, de forma que a própria História estava contida de maneira peculiar nas tramas desenvolvidas nos romances

9. A História nos romances: ou como a literatura refaz a realidade[1]

Em memória de Nicolau Sevcenko (1952-2014), que pioneiramente viu as relações entre história e literatura em nosso país.

Historiadores assalariados que ganham a vida traficando história – geralmente no ensino superior – costumam ter orgulho de se chamar profissionais, distinguindo-se, assim, de antiquários e amadores por força dos predicados habitualmente atribuídos a "profissionais", como métodos rigorosos, práticas acadêmicas e erudição, de modo a constituir uma espécie de clube ou guilda [...] (JENKINS, 2014, p. 55).

A construção da "verdade histórica" passou a estar intimamente relacionada com a constituição do "princípio de realidade" no processo de escrita da história e foi, ao longo do século passado, em muitas circunstâncias, igualmente conjecturada pela criação imaginativa nos enredos dos romances – semelhante à forma pela qual os romancistas já haviam feito isso a partir do século XVII, para contornar os controles do imaginário político e religioso, e consolidar a produção romanesca

1 Esse capítulo foi pensado para enriquecer a discussão, com base nos apontamentos dos próprios romancistas, muitos deles também críticos literários, mas, evidentemente, esse foi apenas a ponta de um imenso *iceberg* que não temos como visualizar completamente nesse momento. Primeiro, porque na impossibilidade de recorrer ao estudo sistemático de arquivos nacionais e/ou estrangeiros tivemos que nos limitar ao estudo das obras; depois, porque não sendo possível a realização dessa pesquisa foi necessário certo recorte que privou a análise da literatura nacional, ainda que sejam dadas as devidas justificativas para tal restrição. Se, ao menos, conseguirmos mostrar a importância de saber observar um tema como esse, nossos objetivos já terão sido plenamente alcançados, com a análise que é aqui proposta.

enquanto um campo de produção autônoma de "mundos literários" e em relação as outras áreas do saber humano (LIMA, 2006, 2009).

O olhar que Sérgio Buarque de Holanda e Alfredo Ellis Jr. esboçaram em seus textos nos anos 1930 e 1940, apenas demonstrava que esta contenda fazia parte de um debate muito mais amplo, que envolvia diversas tradições historiográficas e literárias em vários espaços e temporalidades. Notadamente, entre os anos 1940 e 1990, o espaço de discussão destas questões também sobrevoava a crítica literária, que estava em processo de profissionalização no período, principalmente até o final dos anos 1970 (ROCHA, 2011; SUSSEKIND, 2003). As obras de Antonio Candido, Roberto Schwarz e Luiz Costa Lima se mostravam extremamente atentas as demandas de seu tempo, vindo eles próprios a contribuírem diretamente com a renovação da crítica literária brasileira, ao situarem formas e maneiras de apresentarem criticamente obras e autores.

Evidentemente, o mercado editorial que se formou em meio a tais peculiaridades profissionais, literárias e historiográficas fizeram com que a pesquisa histórica e o enredo dos romances participassem intensamente deste processo, uma vez que profissionais das mais diversas áreas acreditavam que faziam parte desse rol de discussões, com as suas contribuições singulares. A produção de obras históricas e biográficas, de certo modo sempre constantes em sua representatividade percentual e numérica no mercado editorial brasileiro, consagrou-se especialmente nas mãos de jornalistas, escritores, médicos e advogados, cuja liberdade de expressão do vivido e da condução de suas pesquisas possibilitavam maior acesso a construção de "mundos históricos", com perfil abertamente literário, dando mais vivacidade à elaboração dos contextos socioculturais de cada período analisado em suas histórias biográficas.[2]

Na literatura, obviamente, não era muito diferente.[3] O realismo que o escritor e jornalista Graciliano Ramos (1892-1953) fazia emergir quando contava as mazelas políticas e sociais em que vivíamos no início do século passado, em livros como: *Caetés* (de 1933), *São Bernardo* (de 1934), ou *Angústia* (de 1936), que junto com a sua participação no comunismo, rendeu-lhe a prisão, e com ela a produção de um dos relatos mais vívidos de que temos notícia em suas *Memórias do Cárcere* (publicadas postumamente, em 1953).[4] No entanto, foi sem dúvida em *Vidas secas*

2 Para maior detalhamento desta questão, ver: DEAECTO, MOLLIER, 2013; SECCO, 2017.

3 Como demonstram os estudos de Davi Arrigucci Jr.: *Outros achados e perdidos* (1999), *O cacto e as ruínas* (2000), *Enigma e comentário* (2001) e *O guardador de segredos* (2010).

4 O impacto da obra de Graciliano Ramos para a produção literária foi notada por diferentes autores e autoras. Silviano Santiago (2013) a procurou pensar em um texto híbrido, entre romance e ensaio, no qual refletia as memórias de Ramos entre dois tempos

(de 1938), nas jornadas pelo sertão árido do nordeste brasileiro, percorridas por retirantes, Fabiano e Vitória, sua esposa, dois filhos e a sagaz cachorra "baleia", que o escritor mais liricamente esboçou a crueldade e voracidade de nossas elites políticas e econômicas, com a história de pobreza, falsas esperanças, dias de lutas e sofrimentos, angústias e ressentimentos, vividos por uma família nordestina em busca de dias melhores em sua tentativa frustrada de migração para o centro sul do país. O caminho tomado pelo poeta pernambucano João Cabral de Melo Neto (1920-1999) em sua obra-prima *Vida e morte Severina* (produzida entre 1954 e 1955), também segue de perto o exemplo nordestino, presente em Severino, personagem central do enredo, para nos apresentar a aridez da terra, as injustiças, a opressão e os sofrimentos diários dos povos do sertão nordestino, pobres em sua grande maioria, que a revelia de suas vontades, presos as desilusões ou a falsas esperanças, não tinha como fugir desta dura "realidade" socioeconômica em que viviam e estavam inexoravelmente submetidos pelos "donos do poder". A expressividade com que o médico e diplomata João Guimarães Rosa (1908-1967) narrava o cotidiano citadino, em 1946, no seu livro de contos, *Sagarana*, ou as coisas de nosso sertão, eternizadas nas aventuras de Riobaldo e Diadorim, em *Grande Sertão: Veredas*, de 1956,[5] nos dá ainda mais indícios a respeito destas questões, que a literatura do período consagrou ao analisar as regiões Nordeste e Sudeste do país, na criação de seus "mundos literários", que buscaram exprimir de formas variadas as ações humanas no transcorrer do tempo, em suas inexoráveis relações com a terra, a natureza e a sociedade das quais faziam parte tais personagens, nas suas sagas pelos sertões do Brasil.[6]

e dois autores, o Estado Novo e o Regime Militar, e entre Claudio Manuel da Costa (século XVIII) e Vladimir Herzog (nos anos 1960), no seu livro *Em liberdade*. Ao lado de Santiago, Antonio Candido e José Aderaldo Castello apresentaram indagações interessantes sobre a produção literária de Graciliano Ramos.

5 A obra de Guimarães Rosa já foi alvo das mais variadas interpretações, tendo inclusive sido estudada por Jacques Rancière, em *João Guimarães Rosa: a ficção à beira do nada*, no qual compara sua obra com a de Flaubert, cuja meta era construir um livro sobre o nada, ao passo que Rosa estava à beira do nada quando projetou a reconstrução das lendas e tradições dos sertões do Brasil. Cumpre ainda salientar o tratamento dado por Josué de Castro (2022) para analisar o dilema brasileiro, em seu *Geografia da fome*, clássico originalmente publicado em 1946, que mostra as relações entre fome, geografia, política e cultura, não como um fenômeno isolado, mas sim como uma construção sociocultural das elites no poder.

6 Para maior detalhamento desta questão, ver os importantíssimos trabalhos de Walnice Nogueira Galvão (2019, 2009, 2008, 1998), nos quais além de fazer análises originalíssimas sobre as obras de Guimarães Rosa e Euclides da Cunha, o modernismo e a crítica

Com o objetivo de esmiuçar as peculiaridades da literatura brasileira foi que Pedro Chagas (2020), em *Todos eles romances*, procurou traçar uma história sobre as variações do gênero no Brasil dos anos 1960 até 1980. Como quase sempre acontece em obras deste tipo, o autor inicia indagando a própria existência do gênero romanesco ao longo do tempo, e em vista da qual se seria possível reconstituir a sua história para o caso brasileiro. Talvez por isso pareça, em várias situações, sintomática a observação de que ao "romance não interessa 'representar o real' [...], mas representar aquilo que lhe interessar representar, da maneira como ele souber e quiser fazê-lo" (CHAGAS, 2020, p. 30-31), e, não por acaso, "é a mistura da consistência e da flexibilidade do gênero que tem possibilitado sua permanência no tempo, em meio a sua constante variação" (CHAGAS, 2020, p. 37). É um pouco o que destacou Julián Fuks (2021), ao pensar a história das ideias que se formaram a respeito do que deveria ou não ser um romance; ideia, aliás, muito mais peculiar aos próprios romancistas, do que aos movimentos literários ou as histórias da literatura. Para Chagas, entre os anos 1960 e 1970 houve uma inflexão na produção literária brasileira, rompendo com as amarras das tradições que condicionavam até então seus enredos. Ao recuperar a tradição brasileira, o *Grande sertão: veredas*, de Guimarães Rosa, teria criado também uma tradição literária, ao abrir novas possibilidades narrativas a respeito das tradições brasileiras. Os elementos tradicionais convergiam, para Chagas, na forma em que homens e mulheres eram representados, geralmente em um universo de ação masculino, na saga de violência rotineira do "mundo dos jagunços". Essa visão da "história do Brasil se dava numa relação complexa, em *Grande sertão: veredas*, com a história da literatura brasileira, num misto de inovação e conciliação" (CHAGAS, 2020, p. 70). Nos anos 1960, são refeitas as tramas e a atmosfera narrativa dos romances dos anos 1930, ainda presentes na produção literária, que se acelera em função do Regime Militar (1964-1985) e a revelia de suas censuras e ações autoritárias, mas também por causa das mudanças vividas pela sociedade brasileira, em rápido processo de urbanização e alteração da população dos campos para as cidades, passava por intensas metamorfoses no seu fazer.[7]

---

literária brasileira nas obras de Antonio Candido e Gilda de Mello e Souza; também se preocupou em caracterizar as várias formas em que o sertão, o nordeste, a seca, os homens e as mulheres, o espaço e as cidades foram caracterizados pela nossa literatura e entre os nossos romancistas, assim como na história da literatura brasileira.

7 Enquanto no Brasil a produção literária até meados dos anos 1960 se concentrou em representar das formas mais variadas as áreas rurais do país, em função de uma população predominantemente rural que até então concentravam as grandes e pequenas

Mais ainda, os crivos de tempo dos romances se deparavam com um país difícil de ser apreendido, como o autor nota ao analisar os enredos de *Quarup*, *Incidente em Antares*, *Zero* e *Romance da pedra do reino*; e, nesse processo, firmava-se a tentativa de formação de consensos nos quais uma "narrativa que traz 'da realidade' algo que impõe a sua verdade à representação; um tom de enunciação que aparenta neutralidade", mas cujo foco estava justamente em formular "mundos literários", ensaiados nas vivências cotidianas, ao mesclarem crítica e aceitação conformista, porque a "narrativa se assume como ficção e seduz pelo encanto da estória contada, entendido como fim em si mesmo" (CHAGAS, 2020, p. 246). Rompendo-se nas margens, essa produção literária, acabava por formular diversas maneiras de representar o Brasil (e não apenas algumas de suas regiões), e, com isso, essas representações "oscilava[m] da tentativa de totalização à total dissolução do sujeito observador e do conhecimento produzido" (CHAGAS, 2020, p. 309). É óbvio que para a história do romance interessavam muito mais os resultados macroscópicos dos movimentos literários, não suas peculiaridades microscópicas. Mas, foi em meio a essas mudanças, que a variação do gênero possibilitou, a partir dos anos 1980, o aparecimento de outros sujeitos e atores sociais nas intrigas, assim como de escritores e escritoras, como foi o caso da literatura afro-brasileira, indígena e feminista que surgiu no interior desse processo.[8]

propriedades, na Europa no mesmo período a produção literária se deteve ao redor dos espaços urbanos. Não era meramente uma simples distinção entre representações de uma população eminentemente rural, para uma acentuadamente urbana. A ênfase dada pelo romance europeu também destacava criticamente uma revisão das histórias do romance burguês, cuja centralidade dada ao herói não era mais o tema central dos enredos dos romancistas, ainda que várias formas convivessem e coexistissem em um mesmo espaço de produção literária local, regional, ou até nacional. Evidentemente, tais questões não eram apenas representações de formulações brasileiras ou européias, mas se coadunavam em outros espaços e romancistas. Como demonstra Fernando Savater (2015), diferentes lugares produziram seus gênios, o que lhe possibilitou pensar os escritores e suas cidades, em um intenso diálogo entre norte e latino-americanos e os europeus. Para ele, Kafka foi um dos responsáveis pelas representações construídas a respeito da cidade de Praga, Borges o foi para Buenos Aires, Pablo Neruda para Santiago, Virgínia Woolf para Londres, Fernando Pessoa para Lisboa, Dante para Florença, Octávio Paz para o México, Robert Louis Stevenson para Edimburgo, os existencialistas para Paris, ou mesmo Yeats para Dublin. Em todos esses casos, as cidades eram o palco de inspiração para os enredos e as tramas produzidas por esses romancistas.

8 As tramas que formam essas histórias ainda estão para serem escritas com maior detalhamento, como nos mostram os estudos de Mirian dos Santos (2018) e Fernanda Miranda

A análise apresentada por Chico Buarque de Holanda nas letras de suas músicas e nos enredos de seus romances nos dá um pouco do direcionamento assumido pela produção literária brasileira, a partir do final dos anos 1980, crítica aos percalços causados pela ditadura militar e em busca da democratização das instituições governamentais e da própria sociedade civil.[9] Mas há certas peculiaridades na pro-

---

(2019). Mas é certo que o pioneirismo de Carolina Maria de Jesus (1914-1977), em sua vontade de ser escritora e retratar seu mundo e sua vida cotidiana, nos revela um pouco de como a favela era vista pelos olhos de uma mulher negras nos anos 1960 e 1970, como revelou em *Quarto de despejo: diário de uma favela*, *Pedaços da fome* e principalmente nos dois volumes de *Casa de alvenaria*. Essa questão também pode ser facilmente aferível no romance *Um defeito de cor* de Ana Maria Gonçalves, ou em *Quarto de despejo* de Carolina Maria de Jesus, ou até mesmo em *Becos da memória*, de Conceição Evaristo, formulado originalmente nos anos 1980 (mas só publicado em 2006, o que em si já expressava a condição do afrodescendente, ainda mais de mulheres negras, na sociedade brasileira); ou ainda nas análises críticas sobre a condição dos afrodescendentes efetuadas por Djamila Ribeiro em *Pequeno manual antirracista*, ou pioneiramente por Lélia Gonzalez em *Por um feminismo afro-latino-americano*, ou mesmo em Beatriz Nascimento com *Uma história feita por mãos negras*. Destaquem-se ainda os *Escritos de uma vida* de Sueli Carneiro, que mostram o olhar atento da autora sobre a história e a literatura brasileira. Em todos esses casos, são os processos de interseccionalidade inerentes as relações entre raça, sexo e classe social, que aparecem cristalinamente nas obras dessas autoras. Para Mirian dos Santos (2018) e Fernanda Miranda (2019), as representações construídas pelas escritoras negras durante o século XX, inspiravam-se em suas vivencias, convertidas imaginativamente para a elaboração de mundos literários, nos quais escravidão e liberdade, senzalas e favelas, negros e brancos, homens e mulheres, violências (físicas e simbólicas) e mortes, faziam parte dos enredos e das tramas de seus romances. O mundo das favelas não se reduzia apenas as representações construídas em *A cidade de Deus* de Paulo Lins, mas se tornava muito mais complexas, arredias, dinâmicas e plurais na pena dessas romancistas. Com o que Evaristo Conceição consagrou no seu: *Becos da memória* como "escrevivências", isto é, o ato de converter os resíduos da memória, muitas vezes traumáticas, na criação de novos mundos literários, cuja chama libertária era sempre uma das expressões buscadas, apesar das sementes da maldade humana se instalarem nos interstícios das narrativas, como uma forma de expressar os processos de dominação humana, da violência incontida, de homens contra mulheres, perfazendo os complexos dilemas de estar no mundo, ainda que escrito, das senzalas tornadas favelas, habilmente vivenciadas e emocionalmente rememoradas em suas narrativas. Para detalhamento desta questão, ver: SANTOS, 2018; MIRANDA, 2019.

9 Para maior detalhamento desta questão, especialmente destrinchando as relações entre a Ditadura Militar e o governo francês, do golpe de 1964 até a Anistia, ver: GOMES, 2019.

dução literária de Chico Buarque, a começar com seu romance de estreia *Estorvo* (de 1991), no qual o enredo é construído com base no olhar minucioso de suas personagens, que fazem usos expressivos de suas memórias para darem fluidez aos seus pensamentos e retratarem suas experiências cotidianas. O olhar atento, a memória recorrente e o detalhe aparente, às vezes insignificante, que fizeram da arte de escrever romances deste autor, também uma crítica a todo tipo de ação autoritária, a vida sem sentido, a sociedade fragmentada em identidades dispersas e a crise do modelo civilizatório europeu, cuja alternativa mais viável seria dar maior atenção a nossa própria história, de modo a pensá-la criticamente no transcurso do tempo, sob novos referenciais e conceitos, estão presentes nas tramas de seus romances. É um pouco o que observa Tânia Perez:

> O olhar estorvado do narrador, aos poucos, revela um mal-estar, um conflito diante de uma crise identitária dupla: do personagem-anônimo e do outro, um desconhecido. O protagonista do romance vê, mas não identifica o homem de barba e de cabelos escorridos do outro lado do olho mágico da porta, e que, por sua vez, também o observa como um espelho. Ele se sente perseguido (não se sabe o porquê) e descreve, de forma meio delirante, o que pensa ou imagina ser o estranho – um sujeito de terno e gravata incomum ao seu viver. O romance Estorvo é uma narrativa curta, porém, densa, complexa e dúbia. Suspense, violência, erotismo, degradação social e morte perfazem também a escrita buarquiana, com ares de romance policial. O enredo gira em torno da fuga alucinada do protagonista-anônimo do outro ou de si mesmo. Ele perambula por ruas e becos da zona urbana carioca e pelo sítio da família na serra fluminense e tenta, em vão, um refúgio para algo que talvez cometera. A narrativa descreve o pesadelo deste sujeito, que embora de família rica, não trabalha, é um vadio que acaba se envolvendo com o mundo violento e marginal. Um herói às avessas, pervertido, cuja errância sem rumo nos remete ao sujeito melancólico do barroco em diálogo com o homem em desassossego do mundo contemporâneo. E, também, do eu-pessoano do início do século XX (PEREZ, 2011, p. 4).

Ao retratar a "melancolia da história-destino do homem em sua errância cega", seu autor nos mostraria "uma alegoria do vazio da contemporaneidade, do viver individualista e paranóico imposto pela violência, pelo capitalismo selvagem, alimentados pela sociedade de consumo e do espetáculo". (PEREZ, 2011, p. 7). Em

Benjamin (de 1995), Chico Buarque segue demonstrando os percalços da memória e do tempo. A ideia do não-lugar, tão cara a Marc Augé (2012), é facilmente aferível em *Budapeste* (de 2004), nas errâncias de seus personagens entre aeroportos, hotéis e restaurantes. A conversão da memória em conciliação com o vivido retorna em *Leite derramado* (de 2009). Em *Irmão alemão* (de 2014), volta-se para uma história familiar, longamente mantida em segredo, para criar um "mundo literário", quase de reconciliação e aprendizagens com as suas próprias memórias, em que o autor quase se confunde com o protagonista. Quando, em 2019, lançou *Essa gente*, a temática do escritor em crise é retomada (haja vista as próprias crises literárias e produtivas de seu autor), na existência fugidia e inconstante do protagonista, Manuel Duarte, também ele escritor. Em todas essas circunstâncias, a voz que busca a liberdade de expressão, seja na escrita ou mesmo na ação diária, negando-se a todo tipo de persuasão, censura ou arbitrariedade fazem parte dos enredos construídos em seus romances. É a própria sociedade brasileira que é repensada na construção de seus "mundos literários", semelhante ao que seu pai, Sérgio Buarque de Holanda, fez em seu livro *Raízes do Brasil*, ao repensar a história do país. A experiência traumática da ditadura militar é o foco, mesmo que indireto, das tramas de seus enredos literários, que buscam a libertação dos traumas, por meio da (re)construção democrática de novas expectativas para a existência humana, onde as memórias e os processos de rememoração não são meramente uma válvula de escape para o escritor, ou para seus personagens.[10]

De certo modo, a condição de permanente procura, em função de algum tipo de vazio existencial, ou trauma causado por uma condição adversa plasmada por uma memória recorrente, em função das cismas deixadas pelo sistema político ou econômico, tomou a forma do romance, ou ao menos de um tipo de romance, como pode ser visto nas narrativas de Julián Fuks.[11] Com a *Procura do romance* (de 2011)

10 Mesmo nos contos presentes em *Anos de chumbo e outros contos* (2021), a escrita de Chico Buarque se detém recorrentemente sobre nossa herança autoritária, ainda presente entre nós, especialmente devido aos resultados que nos foram legados pelo Regime Militar (1965-1985). Temática igualmente cara a Sérgio Buarque de Holanda, em relação ao Estado Novo (1937-1945) e a Ditadura civil-militar (1964-1985), conforme destacou Nicodemo (2016) em *Para além de um prefácio: ditadura e democracia no diálogo entre Antonio Candido e Sérgio Buarque de Holanda*.

11 Mas também podem muito bem serem observadas na produção literária de Lydia Davis, como em seu romance *O fim da história* (de 1995), no qual desafia seu leitor a seguir os rastros de uma memória fugidia, que buscava retraçar os caminhos tortuosos que levavam ao desenlace de uma relação amorosa. A escritora argentina, Pola Oloixarac, com

somos colocados diante dos dilemas enfrentados por um escritor que busca, mesmo em sua crise literária, produzir um romance. Aqui também as memórias se chocam, as histórias se cruzam, os dilemas se estendem pelos caminhos trilhados pelos personagens em busca de liberdade para formularem novas expressões sobre o vivido, eles próprios a procura de alguma coisa, que leva o narrador a se questionar – se até a existência do ser é tão fugidia, como seria possível a permanência do romance neste tipo de sociedade:

> Existe uma história? Se a inefável instância da experiência tão logo se dilui em nada, turva lágrima e densa névoa, antes mesmo de se deixar perceber, compreender, concatenar a outros domínios igualmente evanescentes. Existe uma história? Se o tempo, com tal empenho e desfaçatez, cuida de dissolver também as marcas físicas dos acontecimentos antológicos ou corriqueiros, legando ao universo um passado rarefeito e a imutabilidade paradoxal das coisas sempiternas. Existe uma história? Se não há conflito, não há enredo, se a realidade concede apenas uma linhagem vaga de eventos, sem sucessões lógicas a cerzir ou ema-

o seu romance *As teorias selvagens* (de 2008), retomava em tenso diálogo o pensamento filosófico francês dos anos 1960 e 1970, especialmente com o estruturalismo e o pós-estruturalismo, para mostrar em uma narrativa híbrida, misto de romance filosófico com comédia e sátira, e esmiuçar os debates teóricos que circunstanciaram as universidades. Da mesma forma, a presença das dúvidas, hesitações e dilemas que perfazem os relacionamentos amorosos fazem do fluxo do romance, uma constante permanência de intrigas, recuos e retornos. E é a permanente procura, não se sabe ao certo de quê (se do amor, de um significado para a existência, ou se de uma nova filosofia para a vida), que dão os traços mais marcantes neste romance. As cenas se passam entre o deslumbramento e a opacidade, sem a racionalidade que as sequências de início, meio e fim demarcam, mas em uma constante construção de tensões cotidianas, que embalam as discussões do grupo, ou mesmo de si próprio, isto é, dos personagens em suas sondagens de uma existência fugidia e até banal. Veja-se um desses deslumbramentos: "Teria notado que a idéia de pessoa se encontra indubitavelmente vinculada à idéia de propriedade, na medida em que a noção de *meu* enquanto *valor* entra em relação com o mundo. *Os atos são próprios na medida em que a subjetividade estabelece contratos de propriedade com as situações e os fatos.* Lançou-se a correr, esquivando os troncos dos bosques de Palermo em direção a Libertador. Ao ver os carros, foi invadido por uma estranha certeza: a única propriedade possível se entrelaçava ontologicamente com a responsabilidade moral. Teve calafrios. Não era uma idéia particularmente sagaz nem bonita e, no entanto, brilhava dentro de si como se, de repente, tivesse recebido um banho reluzente, verossímil, peculiar." (OLOIXARAC, 2011, p. 216).

> ranhados míticos a descosturar. Existe uma história, se toda metáfora e toda memória são insatisfatórias? (FUKS, 2011, p. 77).

Os exemplos poderiam, evidentemente, serem ampliados, mas o ponto central é mostrar que apesar de nossa literatura estar comprometida com a apresentação de uma realidade social, fortemente ligada aos processos de opressão, submissão e controle do pensamento e das ações sociais definidos por nossas elites políticas e econômicas no transcurso do tempo, por meio de seus "mundos literários", conectada com os debates europeus e latino-americanos, seus autores e autoras não se preocuparam em esmiuçar, na maioria dos casos, de que forma suas tramas e enredos se associavam ou não a outros movimentos sociais e intelectuais estrangeiros. (CHAGAS, 2020; SECCO, 2017; REIMÃO, 2016; MOTTA, 2002). Em outras palavras, a produção literária tinha muito mais "um fim em si mesma", não apreendendo, por isso também, a variação entre crítica e elaboração romanesca, como esteve presente em muitos escritores europeus e norte-americanos desde o final do século XIX.[12] Certamente a formação tardia de nosso "sistema literário" no século XIX, assim como de nosso mercado editorial, de uma crítica especializada e de um público potencial de leitores (reduzidíssimo até o início dos anos 1930), como muitas vezes indicava Antonio Candido (2012), condicionaram tais peculiaridades em nossa produção crítica e literária até o final dos anos 1970 (HALLEWELL, 2012; DEAECTO, MOLLIER, 2013; CHAGAS, 2020).

---

12 A partir do final do século XIX passava a ser muito comum os romancistas apresentarem apontamentos críticos a respeito de sua produção literária, ou a de colegas norte-americanos e europeus. No início do século XX, Henry James (1843-1916) fez isso em *A arte do romance*, para deixar a posteridade uma apresentação crítica de seus romances; em 1923 D. H. Lawrence (1885-1930) fez tal exercício nos seus *Estudos sobre a literatura clássica americana*; em 1927, E. M. Forster (1879-1970) fez isso em *Aspectos do romance*; no final dos anos 1940 George Orwell (1903-1950) fez o mesmo em seu: *Literatura e política: jornalismo em tempos de guerra*. Nota-se a mesma desenvoltura e irreverência nos textos de Thomas Mann (1875-1955), como: *Ouvintes alemães* (de 1942), *Travessia marítima com Dom Quixote*, *O escritor e sua missão*, ou mesmo em *Pensadores modernos*; ou na crítica de Susan Sontag (1933-2004), em textos como: *Contra a interpretação*, *Questão de ênfase*, *A vontade radical*, *Ao mesmo tempo*, ou até em *Diante da dor dos outros*. Para maior detalhamento desta questão, ver: BLOOM, 2010, 2017. Na Inglaterra, o crítico literário e escritor, professor de Oxford desde 1954, Clive Staples Lewis (1898-1963), ou simplesmente C. S. Lewis, teve papel importante na divulgação de escritores e obras, como destacam especialmente seus textos: *Sobre histórias* (de 1966) e *Um experimento de crítica literária* (de 1961).

Não há dúvida que a análise da produção literária brasileira viria a acrescentar a interpretação até aqui esboçada, mas (por falta de dados sistematizados a respeito do tema) iremos inferir com maior acuidade a produção literária européia, em função da ligação direta que teve com o estruturalismo, o pós-estruturalismo, a virada linguística e a pós-modernidade.[13] Esse também é um movimento de retorno para o Norte global, depois de termos circunstanciado algumas das peculiaridades do Sul global, no que se refere a sua produção histórica e a formação de sua crítica literária profissional. A produção nacional, sem dúvida alguma, viu-se ao redor destes dilemas na construção de seus enredos, mas poucos textos de romancistas expressavam essas questões diretamente em suas obras, achando-se, em várias situações, até desnecessária a produção de uma crítica literária demarcando esses pontos. Fato análogo ao que se observará, em seguida, na produção crítica e literária de Italo Calvino, Umberto Eco e Milan Kundera, que participaram diretamente destes debates durante o século XX.[14]

A forma pela qual as histórias vividas passaram a se entrelaçar com a produção dos romances no século XX, ainda é um ponto rico a ser mais bem investigado (e que não temos aqui como desenvolver). Assim como os estudos históricos começaram a enveredar para a análise da produção literária, em meados do século passado, a Literatura se enriqueceu com o uso da história em suas narrativas – como já o fizera entre os séculos XVIII e XIX, ao repensar suas tramas e enredos (LIMA, 2009; RANCIERE, 2017b, 2021d; MANZANO, 2020). O uso da história na literatura, evidentemente não é novo, mas no século XX a inspiração dos romancistas em "histórias reais" aumentou consideravelmente, mesmo quando a mesclavam com "histórias imaginadas" – e tais experimentações estiveram presentes na literatura brasileira, norte e latino-americana, européia e africana.[15] Há pouco tempo, Carlo Ginzburg observou que enquanto a história procurava experimentar os diversos ritmos do tempo para compor suas interpretações do passado, a literatura preocupou-se mais em averiguar diferentes maneiras de narrar o vivido de outrora, ou

---

13 Igualmente se poderia conjecturar a necessidade de pensar comparativamente essas questões com a produção literária norte-americana, mas a sugestão do tema não poderá ser feita dentro dos limites deste texto. Para uma apresentação da questão nos Estados Unidos, ver: BLOOM, 2010, 2013, 2017.

14 Evidentemente, poderiam também ser elencados outros romancistas, e para maior detalhamento da questão, ver: MORETTI, 2003, 2007, 2009, 2014, 2019; BLOOM, 2013, 2017.

15 Veja-se ainda sobre tal questão: EAGLETON, 2006; BLOOM, 2013; MACEDO, 2016; PERRONE-MOISÉS, 2016; SANTOS, 2018; MIRANDA, 2019; TODOROV, 2019; BRUGIONI, 2019; CHAGAS, 2020.

até de exprimir o inventado, ao criar seus "mundos literários" (GINZBURG, 2007). Mas poderíamos acrescentar que não foi apenas no estilo que os literatos procuravam inovar em suas narrativas; o espaço e o tempo reflexivo da narrativa literária foram igualmente fatores que marcaram os empreendimentos literários ao redor do mundo, a partir dos anos 1960.

Para observar como estilo, espaço e tempo foram experimentados na produção literária, não há como empreendermos neste texto uma análise exaustiva da questão (o que valeria a pena ser feito), mas tentaremos fazer algumas observações notando como três estudiosos, todos eles também escritores de romances, pensaram esta questão. Partimos do pressuposto de que Italo Calvino procurou experimentar diferentes tipos de estilos literários para escrever seus romances, em um momento de indagações sobre a produção literária e a crise que levou ao questionamento da própria existência do romance na sociedade contemporânea, criando dessa forma novas maneiras de se pensar a função e o papel do leitor(a), assim como do escritor(a), em um mundo onde o romance parecia estar literalmente estilhaçado, em pedaços, por causa das consequências das guerras que deixaram as sociedades européias em cacos, para serem recolhidos e refeitos, e esse era um pouco o papel que se colocava o romancista; que Umberto Eco baseou-se no planejamento minucioso do espaço geográfico e da escrita, de modo a criar novos ritmos e formas de se narrar o vivido, ou o imaginado, mesclando a história vivida de outrora, com as histórias imaginadas; e Milan Kundera procurou pensar o tempo na narrativa para refletir a fluidez das ações humanas, propiciando novos olhares sobre o papel dos relacionamentos amorosos nos enredos literários.

1. O estilo no/do romance: as experimentações de Italo Calvino

O romance não representou todo tipo de produção literária, mas no século passado ele centrou os olhares que eram feitos a respeito do que se entendia por Literatura (JABLONKA, 2020). O caminho da experimentação narrativa percorrido por Italo Calvino (1923-1985), desde os anos 1940, revelou-se apenas aos poucos entre seus romances e em sua crítica literária.[16] A busca pela reconstrução da humanidade depois dos resultados causados pelas guerras mundiais das décadas iniciais do século XX, assim como a perplexidade de poetas e romancistas as suas

---

16 Mas também cabe destacar a importância que tiveram seus contos em sua produção literária, boa parte deles reunidos em seu livro *Um general na biblioteca* (de 1993), no qual há 19 para o período de 1943 a 1958, e outros 13 para o período de 1968 até 1984.

formas mais brutais de barbaridades, sofrimentos e angústias, causaram verdadeiramente um imenso vazio em muitos escritores e escritoras, por causa do caos social deixados pelos conflitos.[17]

Foi também o momento de reunir os cacos da humanidade; cacos, aliás, que não estavam limitados ao desconsolo de homens e mulheres, cujas perdas eram incomparáveis e irreparáveis, mas também sobre todas as formas de expressar o vivido em mundos históricos ou literários.[18] Todos esses sentimentos aparecem

---

17 É de se notar que, ainda que as guerras trouxessem o caos e a destruição, inesperadamente elas também favoreceram o cruzamento de tradições históricas, literárias e filosóficas, com o intercâmbio de agentes, recrutados para a guerra, mas em seu retorno vinham acrescidos de novas experiências humanas e intelectuais. Daniel Schönpflug (2018) observou tais percalços na vida das pessoas que viveram o fim da primeira guerra e estavam no limiar de um novo mundo; enquanto Wolfram Eilenberger (2019) inquiriu esses dilemas nas vidas de quatro filósofos: Cassirer, Heidegger, Wittgenstein e Benjamin. Keith Lowe (2017), em *Continente selvagem*, procurava observar o caos que se proliferou na Europa depois da Segunda Guerra Mundial, na forma de vinganças, disputas pelo poder, limpeza étnica e guerras civis. Todos esses fatores estiveram, direta ou indiretamente, focados na produção literária da maioria dos romancistas europeus durante os anos 1940 e 1950.

18 Quando Ester Calvino reuniu nos anos 1990 textos memorialísticos que Calvino preparava para um futuro livro, que ficou inacabado, assim ele nos destacava em *O caminho de San Giovanni* (nome dado por Ester ao texto póstumo que ela reuniu), alguns desses percalços: "Cresci numa cidadezinha bastante diferente do resto da Itália à época em que eu era criança: San Remo, naquele tempo ainda habitada por velhos ingleses, grão-duques russos, gente excêntrica e cosmopolita. E minha família era bastante insólita, quer para San Remo, quer para a Itália daqueles tempos: meus pais eram pessoas já não tão jovens, cientistas, amantes da natureza, livres-pensadores, personalidades diferentes entre si e ambas em oposição ao clima do país. [...] O fascismo inseria-se nesse quadro como um caminho entre tantos outros, mas um caminho errado, conduzido por ignorantes e desonestos. Do fascismo, minha família criticava a violência e, além disso, a incompetência, a cobiça insaciável, a supressão da liberdade de crítica, a agressividade na política externa; particularmente acirrada era a crítica a dois pecados capitais: a aliança com a monarquia e a conciliação com o Vaticano" (CALVINO, 2000b, p. 7-8), e "Não posso deixar aqui de lembrar [...] o lugar que minha mãe teve naqueles meses, como exemplo de tenacidade e coragem numa Resistência concebida como justiça natural e virtude familiar, ao exortar os dois filhos a participarem da luta armada, e em seu comportamento digno e firme diante das SS e dos militares, e na longa detenção como refém, e quando a brigada fascista por três vezes fingiu fuzilar meu pai diante dos olhos dela. Os fatos históricos dos quais as mães participam adquirem a grandeza e a invencibilidade dos fenômenos naturais. [...] O cinema foi uma das fontes principais

em uma forma rememorativa, crítica e sentimental no romance de estreia de Italo Calvino, *A trilha dos ninhos de aranha*, publicado em 1947. O papel da memória social, assim como do protagonismo do próprio romancista, foi fundamental para a elaboração deste romance, porque como destaca Cintia Moraes (2016) ele foi "fruto do exercício de rememoração de suas experiências enquanto *partigiano* nas montanhas da Ligúria", durante a segunda Guerra Mundial. Para ela, o texto também seria um reflexo crítico do papel que teve a participação do autor na resistência contra o fascismo italiano. Mas, vale ressaltar, que o próprio Calvino notou que "o livro foi lido simplesmente como romance, e não como elemento de discussão sobre um julgamento histórico" (CALVINO, 2004, p.13). O que não quer dizer que os ecos dos conflitos e das resistências, dos sofrimentos e arrependimentos, da angústia e arrebatamentos, não estivessem sendo ali reconvertidos na trama criada pelo romancista, em cujos caminhos tortuosos de sua memória lhe inspiravam uma forma de expressão para os arrebatamentos contidos, extravasados no seu romance de estreia. Com certa sutileza e sensibilidade, Moraes também observava:

> Além do caos político e econômico, a sociedade estava dominada pelas imposições da ideologia fascista que tolhia a liberdade das organizações sociais como partidos políticos e sindicatos, monopolizava o ensino em todos os níveis escolares, assim como o trabalho dos intelectuais, da imprensa e do rádio, ditava as regras de conduta social, amedrontando a todos com o apoio dos camisas-negras. Contudo, internamente o regime começava a perder força, pois parte da população já percebia que os problemas pelos quais passavam eram resultados das decisões de Mussolini, somados às sucessivas derrotas da Itália na Segunda Guerra Mundial e à árdua convivência com a invasão alemã, já tornados inimigos da Itália (MORAES, 2016, p. 120).

Por essa e outras razões, o seu romance de estreia, nas palavras de Moraes, "condensa todo esse contexto da realidade italiana em sua narrativa: a partir do cenário devastado pela guerra, Italo Calvino insere as histórias das pessoas que se dedicaram na luta pela libertação da Itália do nazifascismo." (MORAES, 2016, p. 121). Os cacos deixados pela guerra começavam a serem aqui convertidos em um

---

de minha formação. [...] O cinema era tema de diálogo e discussão, muito mais que os livros, muito mais que a literatura." (CALVINO, 2000b, p. 10-11).

"mundo literário".[19] E nesse caso, a história de Pin, também se misturava com a da resistência italiana, que contribuiu diretamente para revelar as atrocidades do fascismo, dando bases e fundamentos para a reconstrução da nação italiana, fora dos julgamentos, censura e opressão dos regimes totalitários. Note-se ainda que a história de Pin se confundia, muitas vezes, com a história do movimento de resistência italiano, por quê:

> Pin foge, é capturado pelos soldados e, na prisão, conhece Lobo Vermelho, um adolescente que possui certa influência política e que o auxilia a fugir da prisão. Após a fuga, Pin conhece Primo, um partigiano que o leva para o acampamento de Esperto, responsável pelo destacamento de partigianos da Resistência. Lá, são descritos vários outros personagens, como o comissário Kim (estudante), o comandante Ferriera (operário), Zena, rapaz que passa os dias a ler um grande romance policial. Todos têm suas histórias de vida antes da Guerra ou sobre os motivos que os levam a estarem ali e, principalmente, sobre as inúmeras dificuldades que enfrentam como partigianos. Além do movimento da resistência italiana ao fascismo e à dominação alemã, um dos aspectos de cunho histórico-social retratados no romance é o exercício da leitura. As práticas leitoras têm relevância na configuração do personagem Zena, sobretudo se considerada a sua relação com outros personagens não leitores. No contexto da guerra, a leitura é situada no universo do combatente ao qual o livro faz companhia, dá alento e esperança (MORAES, 2013, p. 9).

19 As guerras em geral e o nazismo em particular se tornaram temas recorrentes na produção literária ao longo do século XX. Foi o tema central da produção literária de Primo Levi (1919-1987), de É isto um homem? (de 1947) até *A trégua* (de 1963), reaparece em suas novelas *A chave estrela* (de 1978) e *Se não agora, quando?* (de 1982), assim como em seus contos *A tabela periódica* (1975), ou até em parte da sua produção crítica: *O ofício alheio* (de 1985), *O afogado e os sobreviventes* (de 1986), ou ainda em seu póstumo: *A assimetria e a vida*. Note-se, por outro lado, que o romancista chileno Roberto Bolaño, radicado na Espanha depois do golpe que depôs Salvador Allende nos anos 1970, autor de romances impactantes como: *2666*, *Os detetives selvagens*, *Estrela distante*, *Chamadas telefônicas*, *O espírito da ficção científica*, ou as poesias reunidas em *A universidade desconhecida*, igualmente se preocupou com as guerras em sua produção literária. Tanto em *O terceiro Reich* quanto em *A literatura nazista na América*, o autor nos mostra como a História era refeita pela arte criativa das tramas e enredos dos romances, em "mundos literários" que não serviam apenas para o entretenimento de seus leitores, mas também para nos lembrar das atrocidades que poderiam ser cometidas pela humanidade.

No início dos anos 1950, quando publicou *O visconde partido ao meio*, Calvino retomava com a fábula para adultos os sortilégios que fizeram do homem e da mulher modernos um ser fragmentado, alienado, inconsistente, falho, atormentado, confuso e dividido entre suas vontades e seus temores. Escrito durante os anos iniciais da guerra fria, o visconde será ao mesmo tempo uma tensão entre o mal (vinculado a direita política) e o bem (à esquerda), mas mesmo essa duplicidade não se apresentava como um mero maniqueísmo, pois, no movimento das ações e das escolhas se revelava também suas misturas, contradições, aproximações e inconstâncias. Ao recriar a forma cômica das antigas fábulas, Calvino dá um tom irônico a sua narrativa sobre o visconde, não fosse à sensibilidade de seu sobrinho ao contar um pouco de sua história, sequer teria tido uma sobrevida na narrativa. A duplicidade de valores agrupadas as tensões vividas por homens e mulheres no século XX é feita ainda uma análise a respeito da perda de certezas, do estilhaçamento de valores arraigados, das sombras deixadas pelas guerras; mas também é um ponto de ligação com o passado literário, especialmente *O médico e o monstro*, de Robert Louis Stevenson (1850-1894), que já teria observado no século XIX (conforme revelará Gramsci depois) a atmosfera trazida irremediavelmente entre a morte do velho (mundo) e a revelação do novo (despertar das sociedades), onde se escondiam os espaços mais obscuros das sementes da maldade humana, para a formação dos maiores monstros e monstruosidades da humanidade.[20] Quando escreveu o texto, nos diz Calvino:

> [...] queria sobretudo escrever uma história divertida para divertir a mim mesmo, e possivelmente para divertir os outros; tinha essa imagem de um homem cortado em dois, do homem partido ao meio fosse um tema significativo, tivesse um significado contemporâneo; todos nos sentimos de algum modo incompletos, todos realizamos uma parte de nós mesmos e não a outra. [...] O importante numa coisa do gênero é fazer uma história que funcione justamente como técnica narrativa, enquanto captura do leitor. Ao mesmo tempo, tam-

20 *O dia de um escrutinador* de 1963, mas escrito nos anos 1950, também faz parte desse repensar crítico a respeito das guerras e de suas consequências para a existência humana; mas, como sempre nos lembra Calvino, em sua Nota do Autor ao romance: "A essência do que contei é real: mas as personagens são, todas elas, completamente imaginárias [...] sempre tentei me basear nas coisas que vi com meus próprios olhos [...], admitindo-se que isto possa importar, num conto que é mais de reflexões do que de fatos." (CALVINO, 2002, p. 7).

> bém estou sempre muito atento aos significados: tomo cuidado para que uma história não acabe por ser interpretada de modo contrário ao que penso; assim, também os significados são muito importantes, mas numa narrativa como esta o aspecto de funcionalidade narrativa e, digamos, de diversão é muito importante. Creio que divertir seja uma função social, corresponde à minha moral; penso sempre no leitor que deve absorver todas estas páginas, é preciso que ele se divirta, é preciso que ele tenha também uma gratificação; está é a minha moral: alguém comprou o livro, despendeu dinheiro, investe parte de seu tempo nele, deve divertir-se (CALVINO, 2020a, p. 5 e 6-7).

Certo apego ao neo-realismo italiano e as realidades extratextuais, isto é, naquilo que também estava "fora do texto", especialmente as guerras mundiais, não explicavam todas as razões que levaram Calvino a explorar com tamanha sagacidade e persistência a questão dos conflitos humanos. Mais provável poderia ser a tentativa de esboçar respostas para as crises existenciais de sua época, onde a busca crítica pelo passado se revelava extremamente pertinente para a construção das tomadas de decisão no presente (RUSEN, 2001, 2015). Além disso, de não deixar se apagar no tempo, as memórias silenciadas nos guetos e campos de concentração, para os quais os extremismos humanos pareciam não ter limites, e cujo fim da guerra não representava o fim irremediável dessas atrocidades, mas apenas um momento de adormecimento das maldades. Talvez por isso, a leitura de *O barão nas árvores* (de 1957), possa ser tão reveladora. Ao contar a história de Cosme que é o herdeiro do barão de Rondó, que por sua vez queria ser duque, revelava uma sociedade presa as suas hierarquias sociais e formas de tratamento entre os "iguais". Quando Cosme se rebelou contra esse mundo de culto aos títulos nobiliárquicos, fugindo entre os galhos das árvores, um novo mundo se abria para sua percepção, no qual romances, amizades e o repensar que o conhecimento propagava entre os seres vivos, tornava-se seu horizonte de expectativas.

A história que é narrada pelo irmão Biágio, não deixa de observar a importância que tiveram Viola, João do Mato e Úrsula, para Cosme seguir seus novos caminhos pela vida, pelos sonhos e pela imaginação criativa. A descoberta dos valores pregados pelos filósofos da ilustração francesa, durante o iluminismo do século XVIII é um momento de inflexão para Cosme repensar todo seu passado e traçar um novo horizonte de expectativas para sua existência. O mais interessante é como nesse processo o "barão das árvores", que a revelia de sua vontade recebeu o título com a morte do pai, irá apoiar a Revolução Francesa. Em meio aos tensos processos revolucionário, proporcionados no período, entre os revolucionários e Napoleão, a França e a Rússia, Cosme parte em busca de novas descobertas, em suas aventuras com piratas, passando por incêndios, não se reduziu a ser visto como louco, ou filósofo, ou até aventureiro, porque todas essas impressões fragmentárias e incompletas faziam parte de um mesmo ser humano, em seu infindável caminho de descobrir qual o seu destino e seu lugar no mundo, assim como as razões que o levaram a estar no mundo, naquele instante preciso e não em outro qualquer.

O passar do realismo nostálgico das guerras, para as histórias fantásticas, que se completará com *O cavaleiro inexistente* (de 1959), foi para Calvino um momento de inflexão, especialmente em função do trabalho que realizou, em 1956, com as *Fábulas italianas*.[21] Contudo, se o realismo não se apresentava como um ingrediente direto para as intrigas matizadas em seus romances de então, as fábulas simplesmente passaram a ser sua inspiração? Para Rafael Souza (2006, p. 1591-1600), Calvino esteve entre o realismo e a fabulação neste rico período de produção literária. Foi, para ele, com o trabalho de reunião das fábulas italianas, até então dispersas, que fez Calvino observar "que elas eram verdadeiras, e que a sua lógica perdida aplicava-se, também, ao seu mundo." Em outras palavras, com esse trabalho Calvino percebeu uma via ainda mais sutil de acesso a uma realidade passada, com o objetivo de pensar criticamente a formação do presente histórico dos indivíduos, a partir de suas escolhas, dúvidas e crises existenciais. A fábula ensinava pelo exemplo distante do passado, uma lição que poderia servir no presente. Em um mundo alijado pelas guerras, nada como ensinar a pensar criticamente, sem ter que tocar nas feridas ainda abertas deixadas pelos conflitos, em situações profundamente marcantes na vida de seus leitores, mas sim por meio de situações aparentemente adversas e distantes, lúdicas e delirantes, cômicas e alegres. Mas não era apenas isso que ligava Calvino as fábulas italianas do passado, ou aos conflitos mundiais das décadas iniciais do século XX.

21 Nos anos 1960, Calvino reuniu os três romances (*O barão nas árvores*, *O cavaleiro inexistente* e *O visconde partido ao meio*) para formar: *Os nossos antepassados*. Calvino nos diz ainda, ao prefaciar *Os nossos antepassados*, que antes: "eu escrevia contos 'neorrealistas', como se dizia então. Isto é, contava histórias que aconteceram não comigo mas com outros, ou que imaginava terem acontecido ou poderem acontecer, e esses outros eram pessoas, como se diz, 'do povo', porém sempre algo irregulares, no mínimo pessoas curiosas, as quais fosse possível representar só pelas palavras que usam e pelos gestos que fazem, sem se perder muito atrás de ideias e sentimentos." (CALVINO, 2014, p. 7).

O desenlace de *O cavaleiro inexistente* (de 1959) pode ser instigante para pensar *O castelo dos destinos cruzados* (de 1969). Expliquemos a razão. A história que nos conta a irmã Teodora – que vivia em um convento, no qual ouvia histórias a respeito de um cavaleiro, de cuja possível existência só restava uma armadura vazia – nos fala de um tal Agilulfo, que teria estado presente nas guerras travadas por Carlos Magno, mas há muito havia sumido, não se sabia ao certo como. A ironia não estava apenas na exemplaridade do cavaleiro que não dormia e seguia a risca as ordens que lhe eram dadas, nem tampouco da presença de uma mulher, cansada com a presença dos homens existentes, por conhecer todos eles, fixava-se apaixonadamente sobre aquele que não existiria, mas sim nos ideais inalcançáveis que ainda assim moviam as vontades humanas, até com certa insensatez, por se seduzir com o distante, ao invés do que lhe era sempre próximo e tão presente. Em *O castelo dos destinos cruzados*, não se sabe ao certo se em um castelo ou numa taverna, reuniam-se uma multiplicidade de pessoas, cujas vidas só poderiam ser contadas a partir das cartas aleatoriamente sorteadas de um baralho de tarô. Ali se cruzavam as histórias do ingrato punido, do alquimista que vendeu a alma, da esposa danada, de um ladrão de sepulcros, de um tal Rolando louco de amor, e um Astolfo na lua, que se mesclam e se cruzam entre o castelo e a taverna. Vidas aparentemente vazias de sentido ganhavam outros contornos a partir do encadeamento de histórias que eram proporcionadas pelas cartas sorteadas aleatoriamente de um baralho de tarô. Curiosamente, Calvino nos conta que a "idéia de utilizar o tarô como máquina narrativa combinatória" lhe veio através de um seminário oferecido por Paolo Fabbri, em 1968 na cidade de Urbino, com o título: "O conto da cartomancia e a linguagem dos emblemas". Depois de vasta pesquisa sobre a bibliografia, pôs-se a rascunhar as histórias e formar os quebra-cabeças; primeiro, com a taverna, depois, com o castelo, mas sem que ainda tivesse constituído os cruzamentos entre as histórias, para lhe dar o acabamento final e o refinamento, uma vez que:

> Para sair do impasse, abandonava os esquemas e me punha a escrever histórias que já haviam tomado forma, sem me preocupar se elas iriam ou não encontrar um lugar na malha das outras histórias, mas sentia que o jogo só tinha sentido se submetido à imposição de regras ferrenhas: ou arranjava uma necessidade geral de construção que condicionasse o encaixe de cada história no conjunto das outras, ou então era tudo gratuito. Junte-se a isso o fato de que nem todas as histórias que conseguia compor visualmente pondo as cartas em fila davam bom resultado quando me punha a escrevê-las; havia algumas

> que não comunicavam qualquer impulso à narrativa e que eu tinha de abandonar para não comprometer a qualidade do texto; e havia outras que, ao contrário, superavam a prova e logo adquiriam a força de coesão da palavra escrita que uma vez escrita não há como demovê-la. Assim, quando tentava recomeçar a dispor as cartas em função de novos textos que havia escrito, as constrições e os impedimentos com que me devia afrontar haviam aumentado ainda mais (CALVINO, 2008, p. 155).

Não eram apenas vidas que se cruzavam no interior de histórias que só tinham sentido por intermédios das cartas do tarô a serem sorteadas, senão que a própria definição das histórias no ato da escrita (mesmo depois de prontas) e composição da obra estavam embaralhadas em um difícil processo de seleção e escolha das histórias que deveriam ou não compor as tramas da narrativa.

Em 1970, Calvino publicou *Os amores difíceis*. Com misturas sutis de realidade e imaginação, o autor nos colocava diante de vidas complexas, em um jogo furtivo diante das dificuldades de se conviver com o amor, e "dividir uma vida a dois". Os pequenos contos se entrelaçavam em suas histórias de amor, para contar as aventuras de um soldado, um banhista, um bandido, um empregado, um fotógrafo, um viajante, um leitor, um míope, uma mulher casada, um casal, um poeta, um esquiador e até um automobilista. Os ambientes esboçados, sob outras perspectivas, podem até parecer se conectar com *O castelo dos destinos cruzados*, publicado no ano anterior. Não só é possível que tenham sido escritos em sintonia, como ainda as histórias que não se conectavam em um romance possam ter sido rearranjadas e até reescritas para servirem nas tramas do outro. O certo é que questionando a natureza do ser, Calvino refletia as combinações de informações, experiências, leituras e imaginação que poderiam dar sentido a uma vida. Até porque cada "vida é uma enciclopédia, uma biblioteca, um inventário de objetos, uma amostragem de estilos, onde tudo pode ser completamente remexido e reordenado de todas as maneiras possíveis", tal como nos lembrará o autor. Por isso, o próprio romancista deveria ter a capacidade de se recolocar continuamente questões de um ponto de vista crítico e também autocrítico, em relação as suas posições anteriores, de modo à até poder inspirar os novos projetos de escrita de outras histórias.

Talvez por isso, o ângulo de análise de *As cidades invisíveis* (de 1972) tenha passado a ser as coisas inanimadas, ao invés das coisas vivas; mas, surpreendentemente, Calvino nos mostra que a produção e reprodução dos espaços urbanos, em função das sociabilidades humanas que interagiam constantemente com estes, também tornavam as cidades vivas e dinâmicas no transcurso do tempo e da imaginação do narrador. E é o que tentava mostrar o explorador Marco Pólo para Kublai Kan, ao contar as suas histórias e aventuras pelas mais diversas cidades reais, como também inventadas. Até por causa disso, um novo quebra-cabeça ia sendo construído entre as cidades e a memória, as cidades e o desejo, as cidades e os símbolos, as cidades e as trocas, as cidades e os olhos, as cidades e o nome, as cidades e os mortos, a cidade e o céu, até as cidades delgadas, as cidades contínuas e as cidades ocultas. Mas de nada valeria a aventura se todos esses portos nos levarem no final para uma cidade infernal. Por isso, o atlas de Kan, que continha "os mapas de terras prometidas visitadas na imaginação mas ainda não descobertas ou fundadas: a Nova Atlântida, Utopia, a cidade do sol, Oceana, Tamoé, Harmonia, New-Lanark, Icária", e nesse jogo descontínuo de realidade e imaginação, todas as cidades não chegavam a formar uma cidade perfeita, que dava todo sentido ao questionamento do Grande Kan para Marco Pólo:

> *– Você, que explora em profundidade e é capaz de interpretar os símbolos, saberia me dizer em direção a qual desses futuros nos levam os ventos propícios?*
> *– Por esses portos eu não saberia traçar a rota nos mapas nem fixar a data da atracação. Às vezes, basta-me uma partícula que se abre no meio de uma paisagem incongruente, um aflorar de luzes na neblina, o diálogo de dois passantes que se encontram no vaivém, para pensar que partindo dali construirei pedaço por pedaço a cidade perfeita, feita de fragmentos misturados com o resto, de instantes separados por intervalos, de sinais que alguém envia e não sabe quem capta. Se digo que a cidade para a qual tende a minha viagem é descontínua no espaço e no tempo, ora mais rala, ora mais densa, você não deve crer que pode parar de procurá-la. Pode ser que enquanto falamos ela esteja aflorando dispersa dentro dos confins do seu império; é possível encontrá-la, mas da maneira que eu disse (CALVINO, 1999, p. 149, itálico no original).*

E o mais instigante, entre as histórias contadas por Marco Pólo ao Grande Kan, era que nesse processo o próprio Pólo foi se reencontrando com o seu passado, não com um retorno nostálgico, sem sentido, ao acaso, mas justamente para, revendo seus percalços, reinterpretá-lo e até mudar a rota de seu destino, pois:

> *Tudo isso para que Marco Pólo pudesse explicar ou imaginar explicar ou ser imaginado explicando ou finalmente conseguir explicar a si*

> *mesmo que aquilo que ele procurava estava diante de si, e, mesmo que se tratasse do passado, era um passado que mudava à medida que ele prosseguia a sua viagem, porque o passado do viajante muda de acordo com o itinerário realizado, não o passado recente ao qual cada dia que passa acrescenta um dia, mas um passado mais remoto. Ao chegar a uma nova cidade, o viajante reencontra um passado que não lembrava existir: a surpresa daquilo que você deixou de ser ou deixou de possuir revela-se nos lugares estranhos, não nos conhecidos (CALVINO, 1999, p. 28, itálico no original).*

A experimentação de camadas, formas, paisagens e pessoas que se agregavam para dar feição ao movimento da narrativa reapareceria, em 1979, com *Se um viajante numa noite de inverno*, no qual o experimento passava a ser fazer um romance, com os fragmentos de romances inacabados, que se perderam nas falhas de uma impressora, durante o processo de impressão, costura e encadernação dos exemplares, e fazer o destino de um leitor e de uma leitora se cruzarem, para juntos procurarem os fragmentos perdidos de um romance, cuja rota não se sabia onde iria inicialmente os levar, mas na jornada eles próprios irem construindo, mesmo sem saber, o seu próprio romance a dois.

Alguns anos depois, em 1983, Calvino lançou *Palomar*, que traz um misto de embaralhamento dos pensamentos, em meio a sua profundidade de observação detida de objetos físicos e imaginários, e com sensibilidade e persuasão tocar em pontos obscuros da consciência humana, nas suas dúvidas infindáveis em relação ao sentido da vida e da existência humana; assim como iluminados como o brilho das estrelas, a formação das constelações, a eternidade de um olhar na finitude inescapável de um instante passageiro.[22] Mas, se a questão é pensar de quem são os olhos que vêem o desconhecido, o aparente e até mesmo aquilo que é comum, para lhe dar novos significados, talvez seja porque nada se revela facilmente para ninguém; a profundidade só é alcançada com a perseverança de que apenas os anos trazem, mas quando ela chega o tempo já é curto, e pouco há para apreciar como é preciso! É interessante como *Palomar* nos convida a profundidade que só é alcançada pelo tempo da experiência do estudo paciente e da observação minuciosa; enquanto *Marcovaldo ou as estações da cidade* (de 1963) nos chamava para ver a rapi-

22 Não deixa de ser intrigante como Palomar tem paralelos com Qfwfq, nome impronunciável do protagonista de *Todas as cosmicômicas*, no cuidado de interpretar as estrelas e as constelações, no olhar minucioso para ver o mundo e as coisas.

dez das estações, que tão rapidamente terminavam, elas novamente se reacendiam metamorfoseando os espaços com seu retorno frenético, porque as quatro estações se repetem cinco vezes no livro, e cada retorno era brindado com novas possibilidades.[23] O personagem central "é uma alma simples", nos diz Calvino, e talvez por isso seja apenas esboçado, para que as estações estejam no centro da atenção de seus leitores. Se as estações mudam a cidade, esta, no entanto, até parece inerte, quase sem vida – muito diferente do que nos apresentará o autor de *As cidades invisíveis* no início dos anos 1970. Contudo, se na sua origem esteve em ser um livro juvenil, voltado para os jovens:

> Podemos agora definir melhor a posição deste livro frente ao mundo que nos cerca. É a nostalgia, a saudade de um idílico mundo perdido? Uma leitura nessa chave, comum a tanta literatura contemporânea que condena a desumanização da "civilização industrial" em nome de um sentimento nostálgico do passado, certamente é a mais fácil. Mas, observando com maior atenção, vemos que aqui a crítica à "civilização industrial" é acompanhada de uma crítica igualmente decidida a todo sonho de "paraíso perdido". O idílio "industrial" é alvejado tanto quanto o idílio "campestre"; não apenas uma "volta atrás" na história é impossível, mas também aquele "atrás" nunca existiu, é uma ilusão. O amor de Marcovaldo pela natureza é aquele que pode nascer apenas num homem da cidade; por isso não podemos saber nada da sua origem extraurbana; esse estranho à cidade é o cidadão por excelência (CALVINO, 2020, p. 142).

A produção literária de Calvino combina todos esses pontos sinteticamente apresentados: a rapidez e a lentidão, o efêmero e a profundidade, a razão e os sentimentos, a cidade e o campo, o corpo e a mente, o material e o imaterial. As *seis propostas para o próximo milênio* condensavam um pouco dessa vastidão de temas e personagens, detalhando um pouco dos dilemas enfrentados pelo romancista na

23 A mente analítica de Calvino é igualmente posta em ação em *Sob o sol-jaguar* (de 1986), no qual o olfato, o paladar e a audição são colocados em justaposição para intercalar os três contos do livro que articulam espaços e temporalidades, situações banais e complexas, para demonstrar os jogos por traz dos processos de sociabilidade desenvolvidos no transcurso do tempo. Também publicado postumamente, em 1990, *O caminho de San Giovanni* reunia cinco contos que foram escritos entre 1962 e 1977, em que seu autor buscava pensar os caminhos que formam as memórias humanas.

difícil tarefa de escrever entre a leveza e o peso, a rapidez e a lentidão, a exatidão e a aproximação, a visibilidade e a invisibilidade, a multiplicidade e o particular. A sexta conferência que trataria da consistência não foi concluída, apenas planejada. (CALVINO, 1998). Mas elas não falam apenas do escritor, essas conferências se referem também a nossa condição de passageiros, em um mundo repleto de incongruências e, ainda assim, sem igual para cada um e todos nós.

Com a mesma multiplicidade se vê em *Por que ler os clássicos?* a grande variedade de autores que teriam lhe inspirado em seus projetos críticos e literários. De Homero, Xenofonte e Ovídio, passando por Diderot, Balzac, Dickens e Flaubert, até Henry James, Stevenson, Conrad, Hemingway, Kafka, Borges e Queneau, todos eles em sua polissemia expressavam a variedade do que era e é ser um clássico, mas também dos vários locais para os quais Calvino buscou inspiração. E é o autor de *Assunto encerrado* que nos mostra na "natureza e história no romance", como partindo de *Guerra e paz* de Tolstói, ele chegava até a percepção, depois de passar por um emaranhado de autores e obras, de que:

> Uma rendição da individualidade e da vontade humana diante do mar da objetividade, do magma indiferenciado do ser só não pode deixar de corresponder a uma renúncia do homem a conduzir o curso da história, a uma aceitação passiva do mundo como ele é. Por isso, queremos nos remeter a uma linha da obstinação *apesar de tudo* o que liga as mais árduas posturas em relação ao mundo que fomos delineando, como na aula mais desprovida de ilusões e ainda mais carregada de uma força positiva, que podemos hoje tirar dos livros e da vida (CALVINO, 2009, p. 49, itálico no original).

A importância de refletir os vários níveis da realidade em literatura se fazia necessária porque "a literatura é regida por essa distinção de diversos níveis de realidade e ela seria impensável sem a consciência dessa distinção", pelo fato de a "obra literária [...] ser definida como a operação da linguagem escrita [...] que mais implica níveis de realidade" (CALVINO, 2009, p. 368). Mas, ainda assim:

> [...] a literatura não conhece *a* realidade, mas somente *níveis*. Se existe *a* realidade da qual os vários níveis nada mais são que aspectos parciais, ou se só os níveis existem, é algo que a literatura não pode decidir. A literatura conhece a *realidade dos níveis* e essa é uma realidade que ela conhece melhor, talvez, do que já se chegou a conhe-

> cer por meio de outros procedimentos cognoscitivos. E já é muito (CALVINO, 2009, p. 384, itálico no original).

É bem provável que, talvez, isso tenha o levado a pensar, desde os anos 1950, em quais seriam os destinos do romance, porque o "hábito de cobrar da narrativa que diga isso ou aquilo depende do fato de se acreditar que, quando se narra, é possível dizer tudo, diferentemente do que ocorre, por exemplo, com a poesia ou a pintura" (CALVINO, 2015, p. 20). Se isso já era o efeito de uma cultura que não sabia distinguir funções adequadas para cada área, nem por isso deixava de existir "na história do teatro todas as razões religiosas, estéticas, éticas, sociais, mas com a condição de que divirta as pessoas", e para "a narrativa também vale o mesmo" e "quase sempre se esquece disso" (CALVINO, 2015, p. 21). Apesar de sua temporada em Paris (CALVINO, 2006), quase nada nos diz a respeito das formas pelas quais leu e interpretou o estruturalismo e o pós-estruturalismo. Muitas vezes, de passagem, registra seu encontro com autores e o impacto que lhe causaram.[24] Em sua homenagem a Barthes, ele nos fala de relance de suas obras, da figura de Foucault, reconhecível na multidão por sua careca, nada mais. (CALVINO, 2010, p. 81-86). Mas, se nos indícios deixados o panorama é ainda incerto para a construção de uma moldura completa, o registro de sua obra não deixa de manter um diálogo em aberto. Nos vários perfis construídos para suas personagens, a feição de um registro sempre em construção, de níveis e camadas incompletas, sob a certeza de que o incerto era também um horizonte de chegada para cada um e todos nós, como incerta é a própria vida, que inevitavelmente se encontra também "fora dos textos".

2. O espaço no/do romance: o planejamento de Umberto Eco

A jornada enfrentada pelo crítico literário, teórico social e romancista italiano Umberto Eco (1932-2016), na Itália do pós-guerra no final dos anos 1940 e início dos anos 1950, durante o planejamento de seus primeiros textos nos mostra a importância que o espaço geográfico e os lugares imaginários foram ter muitos anos depois entre seus diferentes romances e em sua produção memorialística (ECO, 2009, 2010, 2013a).

Com uma produção intelectual imponente, em seus mais de 37 livros (de ensaios teóricos e de crítica) e 7 romances, Eco está entre os escritores mais repre-

24 Para maior detalhamento, ver: CASTRO, 2007; KLEIN, MOREIRA, 2012; VILLA-FORTE, 2019.

sentativos de nosso tempo. (HEIMER, 2010; LOPES, 2010). Sua obra revigorou os estudos da semiologia, da linguística e da crítica social e literária, além de demarcar regras e técnicas para a escrita de trabalhos acadêmicos. Seus romances, especialmente *O nome da rosa*, deram outras percepções à formação da cristandade latina no Ocidente Cristão da Idade Média Central. É certo que já pesquisava o período desde seus estudos do doutoramento, mas foi a partir de suas indagações literárias, que partiu para o estudo minucioso da época, em quatro volumes dirigidos pelo autor, nos quais, cada um, debruçou-se a pensar a Idade Média a partir de uma imagem tripartida de sociedade, do mundo e dos próprios homens. De início, conjecturam-se as distribuições espaciais e étnicas dos indivíduos, com o estudo de bárbaros, cristãos e mulçumanos; em seguida, tomam-se as imagens deixadas pelas catedrais, pelos cavaleiros e pelas cidades; depois, os castelos, os mercadores e os poetas; e, por fim, as explorações, o comércio e as utopias (ECO, 2012, 2013c, 2014, 2015). Ao mesmo tempo, questionou a percepção que se fazia a respeito do conhecimento produzido pelos antigos, e a apropriação e usos que fizeram os modernos, a partir do século XV; pensou a história das terras e lugares lendários e sua função social para a constituição de identidades para homens e mulheres; o papel exercido pelas listas para a organização de um dado saber; a formulação de uma história da beleza, em comparação a uma história da feiúra, e também em relação a uma história da felicidade; a formação de uma Idade Média de bárbaros, cristãos e muçulmanos, e suas relações com os que oravam, os que trabalhavam e os que guerreavam, tensões comuns em uma sociedade que se vê e interpreta os sujeitos de forma tripartida, institucional e espacialmente distribuídos por intermédio de critérios socioculturais definidos, indo das questões materiais até as expressões do espírito; ou até mesmo a busca por uma língua perfeita, em oposição às contradições dos atos de fala e da multiplicidade dos usos e significados das palavras (ECO, 2004, 2007, 2010a, 2010b, 2012, 2013b, 2018).

Em certa medida, semelhante a Calvino, Eco sempre esteve instado a pensar o papel do leitor no exercício da leitura de textos literários, históricos e teóricos, cuja abertura dos anos 1960 foi sem dúvida alguma progressivamente revista nos anos 1970 e 1980, ao pensar os limites da interpretação.[25] Na opinião de Haroldo Reimer

25 Cabe aqui enfatizar o caminho complexo que levou Umberto Eco de a *Obra aberta* (de 1962), passando por *Apocalípticos e integrados* (de 1964), para suas análises contidas em *A estrutura ausente* (de 1968) e, depois, em *As formas do conteúdo* (de 1971), até *O conceito de texto* e *Semiótica e filosofia da linguagem* (ambos de 1984), para chegar, enfim, as conjecturas de *Os limites da interpretação* (de 1990). Os debates promovidos por Eco,

(2010, p. 68-74), Eco "é um dos semiólogos mais destacados na atualidade". Para Marcos Carvalho Lopes (2010, p. 1-17) a obra de Eco é multifacetada, polissêmica, dinâmica, e é, por isso mesmo, difícil de ser analisada. De acordo com este autor, a obra de Eco passaria por um "giro pragmático" entre a publicação de *Obra aberta* (de 1962) e até a edição de *Os limites da interpretação* (de 1990), na qual a abertura interpretativa ganharia um fundo pragmático em suas análises, isto é:

> [...] as interpretações, para conseguirem êxito, devem ser verificáveis, tomando por base o texto e o que esse propõe: o interesse do leitor não deve se sobrepor ao que a obra permite inferir, caso contrário teríamos o que Peirce chamaria de deboche do pensamento, ou seja, um uso que não tem por fim compreender a textualidade e sim promover um jogo de imaginação. A distinção que Eco faz entre uso e interpretação funciona como uma maneira de separar o pensamento que tem por fim compreender o texto gerando uma crença sobre ele e o que age de forma fortuita, como deboche sem um fim em vista (LOPES, 2010, p. 14).

Naquela ocasião, em certo sentido, Eco tomaria como base as posições de Charles Peirce (1839-1914) para conjecturar os processos de interpretação, porque a "posição do detetive, como aquele que detecta e descobre a partir de certos indícios uma realidade inteligível, é comparável ao método de investigação proposto por Charles S. Peirce" (LOPES, 2010, p. 9), e do qual Eco se deterá especialmente

---

no interior destes livros, com o estruturalismo e o pós-estruturalismo, assim como seus principais representantes russos, franceses e ingleses, fazem desse percurso teórico e intelectual um movimento rico e diversificado em direção as tensões externas e internas a leitura e interpretação de textos teóricos, históricos e literários: ao repensar o papel do leitor e a função do autor na produção de textos; ao refletir o que está no texto, passível de ser interpretado, como também aquilo que se encontra "fora do texto", e ainda assim foi fundamental para sua produção; e no interior desse processo, os caminhos que levaram Eco a começar a escrever também romances. Não há como aprofundar tais pontos em um texto dessa natureza, apenas sugerir possíveis hipóteses. O leitor interessado poderá ainda encontrar material na própria obra de Eco, ao rever seu itinerário como teórico e crítico social e literário, em ao menos quatro livros: *Sobre literatura*, *A memória vegetal*, *Confissões de um jovem romancista* e *Da árvore ao labirinto*. A variedade de preocupações levou Eco, inclusive, a pensar a conformação dos padrões e valores morais até virem a se esfacelar na sociedade líquida em que vivemos hoje, tal como sintetiza em seu livro: *Pape Satàn Aleppe: crônicas de uma sociedade líquida*.

em *O signo de três* (2008), onde observou Arthur Conan Doyle (1859-1930) em sua perícia de construir o hábito de investigação, por meio de sua construção literária, a partir da análise dos mínimos detalhes contidas nas técnicas de observação do detetive Sherlock Holmes. No entanto:

> É tomando por base as ideias de Peirce que Umberto Eco desenvolve sua teoria da interpretação. Se a preocupação de Roland Barthes se voltava para explicar o prazer que o texto proporciona, o questionamento do filósofo italiano se direciona à tentativa de entender qual é a razão que leva o texto a dar prazer, ou seja, entre a "morte do autor" e o "nascimento do leitor", Eco quer relembrar a importância do texto e como este regula suas possibilidades de fruição. A dialética entre a abertura da obra para a liberdade interpretativa do leitor e a estruturação do texto como "organismo" que estimula e regula sua fruição continuou sendo questão central para Eco desde a publicação de seu *Obra Aberta* em 1962 (LOPES, 2010, p. 12).

A redução da abertura criativa para a estrutura tangível de se ler os textos teria significado certa limitação de Eco, ao incorporar os princípios do estruturalismo e do pós-estruturalismo em suas interpretações? De acordo com a análise de Lopes:

> Acreditamos que com o percurso que fizemos podemos ter alguma resposta sobre o que motiva, "de quem é a culpa?", pela mudança de ênfase na investigação de Umberto Eco, da abertura para os limites do ato de interpretação. Considerando a analogia construída entre o cientista/filósofo e o detetive Sherlock Holmes, é difícil separar quando o primeiro simplesmente "exerce seu vício" e quando está investigando um problema pertinente. A grande distinção entre descoberta e invenção torna-se problemática e o representacionismo, comum a Peirce e Eco, surge como um provável vício de valorização de meios e jargões epistemológicos. Ainda que abandone a ideia de estrutura em sentido ontológico, Eco toma sua miragem como norma cognitiva, uma epifania que faz mais pela religião do método do que pela abertura para a imaginação (LOPES, 2010, p. 14-15).

Ainda que em um norte de análise mais próximo a interpretação da obra de Eco, com base em um eixo mais internalista, Heimer acrescenta que "ao lidar com a interpretação de textos estamos lidando com 'interpretações anteriores de mundo'".

(HEIMER, 2010, p. 71). Não obstante a importância dessas questões é possível se notar ainda como os contextos das guerras permearam a formação do imaginário e das indagações de Eco, a partir do final dos anos 1950, não somente como resíduos daquilo que inevitavelmente estava "fora do texto", mas também como memórias recorrentes de um estado de coisas que ainda estavam presentes aos contemporâneos. Na conferência que pronunciou em meados dos anos 1990, com o título *O fascismo eterno* (2020a), ele destacou a recorrência dos conflitos bélicos em suas memórias, que já nos anos 1940 havia experimentado os pressupostos fascistas na escola onde estudou e se lembrava de como o fascismo ia se introduzindo nos processos de ensino das escolas italianas, e ele próprio apreendeu inicialmente tais ensinamentos, sem saber ao certo seus fundamentos e objetivos. De modo semelhante a Calvino viu na ação dos *partigiani* uma força de resistência, mas cuja voz era ainda silenciada nas cidades pequenas e nos vilarejos distantes dos centros urbanos da Itália.[26] Para ele, o "fascismo foi certamente uma ditadura, mas não era completamente totalitário, nem tanto por sua brandura, mas antes pela debilidade filosófica de sua ideologia" (ECO, 2020a, p. 26-27). Além disso, o "fascismo italiano foi o primeiro a criar uma liturgia militar, um folclore e até mesmo um modo de vestir" (ECO, 2020a, p. 29), que acabaram por impregnar os corações e as mentes do povo italiano, de tal modo que o "fascismo italiano convenceu muitos líderes liberais europeus de que o novo regime estava realizando interessantes reformas sociais, capazes de fornecer uma alternativa moderadamente revolucionária à ameaça comunista" (ECO, 2020a, p. 30-31). Os resultados, ainda que subterrâneos, deixados pelo fascismo na Itália, e em grande parte da Europa, foram, entre outras coisas, a intolerância aos processos migratórios, ao diferente, ao "outro", o desconhecido e

---

26 Além da percepção de Calvino e Eco a respeito do impacto dos conflitos bélicos causados pela primeira Guerra Mundial (1914-1918), assim como do fascismo e da segunda guerra mundial, para a produção de suas respectivas obras, porque mudaram o panorama da existência humana e dos processos de sociabilidade, é de se salientar que Norberto Bobbio também destacou o movimento das guerras para a construção de sua obra, especialmente em sua *Autobiografia*. Para ele: "Em dado momento de nossa vida [...] fomos envolvidos em eventos maiores do que nós. Da total falta de participação na vida política italiana, a que nos forçara o fascismo, encontramo-nos, por assim dizer, moralmente obrigados a nos ocupar de política em circunstâncias excepcionais, que eram as da ocupação alemã e da guerra de Libertação. Nossa vida foi posta de ponta-cabeça. Todos nós conhecemos vicissitudes dolorosas: medo, fugas, detenções, prisões e perda de pessoas queridas. Por isso, *depois* não fomos mais como éramos *antes*. Nossa vida dividiu-se em duas partes, um 'antes' e um 'depois' [...]. (BOBBIO, 2017, p. 7).

ainda não totalmente submetido aos ditames do sistema socioeconômico. (ECO, 2020b). Uma das heranças mais imponentes deixadas pelo fascismo, de acordo com a sua constatação, foram os modelos implícitos de como "construir o inimigo". A construção de inimigos imaginários, muitas vezes se confundia com a existência de inimigos reais, de tal modo que até aquilo que era inicialmente imaginado, ou mesmo até inventado, vinha a ganhar também imensa força na realidade cotidiana de várias pessoas, porque ali o falso sempre tomava o lugar do verdadeiro, dando novas formas ao estar no mundo. (ECO, 2021).

É interessante como a ignorância e o medo do conhecimento fizeram parte das tramas investigativas presentes em *O nome da rosa* no início dos anos 1980. Talvez não como uma imersão direta aos efeitos do fascismo, mas certamente como uma forma de lembrar todos os tipos de obscurantismo (e negação do conhecimento e da ciência), de inflexão dos valores morais e culto as tradições do passado, em função do pressentimento das mudanças sociais (e, portanto, dos valores morais estabelecidos e das tradições até então cultuadas). Um mundo em mudança, logo, a necessidade de um novo homem e de uma nova mulher, para uma nova sociedade? Certamente essa era uma das expectativas daqueles que viviam sob a alcunha do velho mundo, sempre revigorado com o culto das tradições do passado. O peso do Novo testamento sobre o Velho testamente da Bíblia cristã, que a partir do século XVI conjecturou e possibilitou a emergência da reforma protestante, podem também terem servido de ingredientes para aclimatar a busca de uma obra perdida de Aristóteles, que poria em cheque as leituras canonizadas deste autor, durante a Idade Média, e tão bem aclimatadas no seu romance. A geografia dos espaços dos mosteiros, assim como dos espaços que separavam aqueles que oravam nas abadias, daqueles que trabalhavam e guerreavam, com o espaço dos campos de produção e o da circulação de pessoas e produtos nas cidades, fizeram de *O nome da rosa*, um canteiro de lugares reais e imaginários a serem experimentados por seus leitores e leitoras no mundo todo.

No final dos anos 1980, Eco publicou *O pêndulo de Foucault*. O romance seguia de perto as ações de três amigos (Belbo, Diotallevi e Casaubon) em seus trabalhos numa pequena editora, a Garamond, localizada em Milão. Com o aumento de suas tarefas diárias e cansados com a rotina de leitura de manuscritos, inclusive de ciências ocultas, acabam se deparando inesperadamente com indícios de um manuscrito datado do início do século XIV, quando Felipe, o Belo, supriu a ordem dos templários. Com a ação régia, o manuscrito teria passado despercebido até o final do século XX. O manuscrito seria o alvo de um complô possivelmente tramado pelos templários junto com os rosas cruzes. Nesse ambiente, os três editores teriam, de início, criado variações do manuscrito como uma brincadeira até para saírem da monotonia dos dias de trabalho, elaborado enredos imaginários, procurando conjecturar situações fantasiosas para suas histórias, a partir de reformulações contemporâneas daquele manuscrito. O problema, contudo, foi que alguém começou a levar a sério (o que era apenas imaginado) e muda todo o jogo presente na brincadeira editorial. A situação do complô, ainda que em nada possa ser aproximado com o fascismo e o nazismo, traz implicitamente o poder que as mentiras, o embuste e a falsidade têm quando são usadas com objetivos políticos e culturais, para tramarem situações inusitadas perante as sociedades e as pessoas.

Quando publicou, no início dos anos 1990, *A ilha do dia anterior*, Eco buscava contar a história do jovem piemontês Roberto Pozzo de San Patrizio, que depois de se aventurar pelos mares, acabou tendo seu navio Amarilli naufragado por uma forte tempestade nos mares do sul, durante uma missão secreta a serviço do cardeal Mazarino. Depois de dias tentando sobreviver em uma tábua em alto mar, depara-se com um navio deserto, mas cheio de objetos antigos, metais e obras de arte, o que dá início a uma instigante jornada pelo barroco e outros momentos decisivos da história moderna, entre aventuras inesperadas e conexões com a sua própria imaginação. Um jovem nobre começava por redescobrir inesperadamente as obras de cientistas e estudiosos do passado, e com eles passava por uma aventura individual e cheia de conexões com as memórias que tinha de sua terra e de seu povo. Os lugares da memória se cruzavam com os lugares das paixões, da política, da cultura e dos patrimônios materiais e imateriais. Embora o amor de Roberto por Lilia, fique secundária na trama, nem por isso o enredo se desgasta, em função da articulação de temas filosóficos e políticos que vão encandeando as ações do protagonista. Para alguns, até poderá parecer haver certa aproximação com o *Mundo de Sofia*, a intersecção de temas filosóficos entre as aventuras de Roberto. Mas, a grande questão, é o cuidado com a descrição minuciosa dos espaços geográficos, como também dos espaços da memória, que fazem parte do romance. Os espaços da memória, muitas vezes até em oposição aos espaços geográficos, filtram apenas certas imagens que marcaram as emoções imediatas, mas quando são depois reconvertidas por nosso inconsciente, revolvendo as escolhas que deixamos para traz, novamente ressurgem como lugares impulsivos, presentes no entorno de nosso agir, no compasso de nossas decisões atuais. Evidentemente, seria muito fácil alinhar tais perspectivas, com a experiência de pessoas que viveram as guerras do início do século XX, e como os sobreviventes tinham dificuldades de se desgarrarem de seu passado, mas como o próprio Eco indicava, nem tudo poderia ser encontrado naquilo que estava "fora do texto".[27]

Com *Baudolino*, publicado em 2000, Eco retoma as questões ligadas à cristandade latina ocidental do período da Idade Média central. A voz do protagonista, que conta sua história, como homem do campo, instado a participar das Cruzadas, de onde refaz seu conhecimento do mundo e dos lugares, sempre sob o comando de Frederico, está no centro da narrativa. Aqui também os lugares imaginários, se misturavam com os lugares reais, nos interstícios de uma memória em transformação na construção da narrativa. De certa forma, ridicularizado até o momento em que ingressa nas Cruzadas, junto com Frederico, Baudolino (que se tornou seu protegido desde os 13 anos de idade) começava a notar a mudança de seu percurso, como também da forma pela qual é a partir de então tratado pelas outras pessoas. De origem humilde, após ser adotado por Frederico Barba Ruiva, imperador do sacro império romano germânico, vê sua vida mudar completamente. A partir daí duas tramas se cruzavam entre a história que se apresentava sob a alcunha do império romano, em sua ação civilizatória durante as cruzadas, e alinhado a esta história, uma outra história que tinha como ponto central as cidades, os espaços de sociabilidade e as interações humanas (SCHERER, 2009). Se nos ingredientes, as guerras do passado nos faziam repensar as guerras do século XX, o papel dos soldados (alinhavado ao dos guerreiros das cruzadas) em busca de um ideal patriótico de proteção a sua Nação, ou o itinerário de histórias contadas por vencedores (a revelia das vontades dos vencidos e excluídos de seu papel) institucionalmente reverenciados por suas ações, nem por isso, há uma relação direta entre texto e contexto na produção literária, inclusive, no "mundo literário" construído pelo autor no romance.

No entanto, foi em *A misteriosa chama da rainha Loana* (de 2004), que Eco procurou recontar a história da Itália dos anos 1930 e 1940, por meio de seu protagonista Giambattista Bodoni, vulgo Yambo, que teria sido um colecionador e vendedor de livros antigos em Milão, local em que se passou a maior parte do enredo do romance. Aqui vemos Eco usar da literatura, para recontar a história, a partir de suas rememorações do que teria sido o fascismo italiano, mas reconvertidas de acordo com o olhar e as perspectivas de suas personagens. A prática medieval de sobrepor textos, e escrever um texto sobre o outro, cuja estratégia literária Eco tem usado desde *O nome da rosa*, reaparece aqui, para mostrar as várias formas em que

27 Ver também a respeito, os vários textos reflexivos de Primo Levi (2015, 2016, 2016b, 2016c), cujo tema central eram os campos de concentração, mas também se voltava para a arte de se escrever histórias.

o fascismo teria se proliferado até se expandir para toda a sociedade italiana. De acordo com Paulo Rosa (2019, p. 156-170), Eco fez uso recorrente da memória e da experiência de sua geração para delinear os principais traços do fascismo italiano, e:

> O processo criativo usado por Eco no romance em questão parece ser o mesmo. Porém, ao invés de discutir grandes temas da filosofia europeia e de usar a semiologia para desvendar mistérios e assassinatos como fez em outras obras, em A misteriosa chama da rainha Loana o escritor discute a questão da memória, usando os signos como forma de resgatar a identidade de seu protagonista (como também a de sua geração) e, para isso, faz uso dos ecos da literatura impregnados em sua mente, ressignificando-os (ROSA, 2019, p. 159).

A construção imaginativa, em muitos momentos se confundia com a própria autobiografia do autor, de modo a repensar a sua história de vida e a história italiana, em seu mundo literário. Na análise proposta por Paulo Rosa, nota-se que "além da inclusão de ilustrações, um dos recursos mais recorrentes utilizados por Eco para a construção da obra, trata-se da citação de referências e intertextos que apresentam uma relação com a trama narrada", e aliando a essas estratégias os recursos "dialógicos são os que norteiam e auxiliam o personagem Yambo a lutar pela recuperação de sua memória perdida" (ROSA, 2019, p. 162). Mas não apenas isso, por que:

> No fim das contas, o que Eco parece nos dizer, através de *A misteriosa chama da rainha Loana*, é que a memória pode ser um instrumento de dominação, tal qual o esquecimento. Arquivar todos os registros do que ocorre conosco durante um dia apenas seria impossível, fato que é ironicamente reconhecido, como vimos, no conto "Funes, o memorioso", de Borges. Em última instância, o que parece realmente importar aqui, não é tanto a perda da memória, considerada irremediável, mas o fato de que o esquecimento é também fundamental e que sem ele a vida não é possível (ROSA, 2019, p. 168).

Além de dar atenção para alguns desses aspectos, Déborah Cabral (2016, p. 145-160) procurou indicar a importância dos espaços sociais e geográficos para a construção dos processos rememorativos, no enredo de *A misteriosa chama da rainha Loana*. Para ela, ao recorrer à descrição minuciosa dos espaços geográficos, Eco se prontificava em situar os lugares de construção das memórias, seja na inter-relação dos espaços com os processos de sociabilidade, seja ainda no olhar retrospectivo do local inerte que recompõe os fragmentos de uma memória perdida no tempo, ou até mesmo os caminhos que levam aos processos de esquecimento do passado, e seus silenciamentos.

De forma semelhante, em *O cemitério de Praga* (de 2010), Eco buscava com o recurso a história e a memória vir a recontar a conformação do antigo espaço do cemitério de judeus de Praga, tendo por base as intrigas permeadas em *Os protocolos dos sábios de Sião*, que teria sido a peça chave para a formulação da conspiração dos judeus para dominarem o mundo. Com desenvoltura e elegância, Eco vai demonstrando como a farsa tomava o lugar do verdadeiro, e no limite justificava o extermínio de um povo. A maneira pela qual o verdadeiro e o falso do passado, iam ganhando novos contornos na narrativa literária, não deixa de ser também um outro movimento ousado para pensar o verdadeiro e o falso na escrita da história e no enredo dos romances.[28] Senão vejamos o que nos diz o autor de *Confissões de um jovem romancista*:

> Todavia, não consideramos mentirosas as asserções ficcionais. De início, quando lemos ficção, entabulamos um acordo tácito com seu autor, que *finge* ser verdadeiro aquilo que escreveu e nos pede que finjamos que levamos a sério. Ao fazê-lo, todo romancista projeta um mundo possível, e todo o nosso juízo sobre a verdade e a falsidade se relaciona com esse mundo (ECO, 2013a, p. 72, itálico no original).

As cenas e os cenários minuciosamente reconstruídos nos romances de Eco são como as veredas de um bosque que foi pormenorizadamente apreendido em nossa memória, porque em uma "história sempre há um leitor, e esse leitor é um ingrediente fundamental não só do processo de contar uma história, como também da própria história" (ECO, 2009b, p. 7). E aqui também sempre próximo de Calvino, Eco estende suas reflexões, indicando que "qualquer narrativa de ficção é necessária e fatalmente rápida porque, ao construir um mundo que inclui uma multiplicidade de acontecimentos e de personagens, não pode dizer tudo sobre esse mundo" (ECO, 2009b, p. 9). Mas o mais instigante em tudo isso é que:

---

28 Em seu último romance, *Número Zero* (de 2015), Umberto Eco se volta para os anos 1990 em Milão, para contar as peripécias de um grupo de redatores de um jornal que se reuniriam com a meta de chantagear , tirar proveito das circunstâncias e difamar, prestando, por isso mesmo, serviços duvidosos para o seu Editor Chefe.

> Talvez eu tivesse encontrado a história que todos nós procuramos nas páginas dos livros e nas telas do cinema: uma história na qual as estrelas e eu éramos os protagonistas. Era ficção porque a história fora reinventada pelo curador; era História porque recontava o que acontecera no cosmos num momento do passado; era vida real porque eu era real e não uma personagem de romance. Por um instante, fui o leitor-modelo do Livro dos Livros (ECO, 2009b, p. 146-147).

Assim o autor de *Seis passeios pelos bosques da ficção* nos dá alguns indícios de sua compreensão do fazer literário, em suas incontáveis e imprescindíveis articulações com a História, e, portanto, com aquilo que também se encontra "fora do texto". Mas foi, certamente, em *Confissões de um jovem romancista*, que Eco mostrou os caminhos que o levaram a escrita de seus primeiros romances, intimamente ligados ao seu percurso histórico e intelectual, já muito próximo de completar os 50 anos de idade, daí o substantivo "jovem" ser múltiplo de significados. Ele nos fala, por exemplo, que levou "apenas dois anos para escrever *O nome da rosa*, pela simples razão de que não precisei fazer nenhuma pesquisa sobre a Idade Média", porque "minha tese de doutorado foi sobre estética medieval, e dediquei estudos posteriores à Idade Média", além de ter visitado "muitas abadias românicas, catedrais góticas, e assim por diante"; quando decidiu escrever o romance "foi como se abrisse um grande armário no qual, durante décadas, vinha depositando meus arquivos medievais" (ECO, 2013a, p. 15). O uso intensivo da História em sua produção literária, além de fazer parte de seu próprio trabalho de pesquisa para ambientar os lugares e situar as personagens, também constitui uma forma de luta e resistência diante de um passado que não é mais, mas ainda assim permanecia presente no inconsciente coletivo das pessoas e individual do autor. Apreciar a crítica, os comentários e as observações de seus leitores contribuía igualmente com o processo criativo de formulação de novos mundos literários, por que:

> A narrativa é, para início de conversa, uma questão cosmológica. Para narrar algo, você começa como uma espécie de demiurgo criador de um mundo – um mundo que precisa ser o mais fiel possível, de modo que você possa locomover-se nele com total segurança. [...] Obedeço a essa regra com tanto rigor que em *O pêndulo de Foucault* [...] quando disse que as editoras Manuzio e Garamond ficavam em dois prédios adjacentes, entre os quais se construíra uma passagem, passei muito tempo desenhando várias plantas para determinar o aspecto da

> passagem e se haveria degraus para compensar a diferença de altura entre os dois edifícios (ECO, 2013a, p. 18).

Além disso, todos os pressupostos contidos na escrita literária dependem fortemente daquilo que está também "fora do texto", muito embora esses caminhos se percam, muitas vezes, naquilo que só se encontra "dentro do texto". Mais precisamente, toda "asserção relativa a verdades enciclopédicas pode ser e frequentemente é testada em termos de sua *legitimidade empírica externa*", ao passo que "as afirmações" que levam a reflexão dos mundos literários "se associam a casos de *legitimidade textual interna*" (ECO, 2013a, p. 83, itálico no original). Mas, justamente as relações entre o mundo social e o mundo do autor, parecem que se dissociam no processo criativo e, no mínimo, se desfazem na escrita, desconstruindo as tensões e intermediações que lhe deram sentido e plasmaram sua existência no mundo literário da escrita autoral. Note-se, com tais princípios, que:

> Napoleão pode tornar-se protagonista de uma reconstituição biográfica (ou um romance histórico), que procurará fazê-lo viver de novo a sua época, reconstituindo suas ações e até mesmo seus pensamentos. Nesse caso, Napoleão se assemelharia muito a um personagem de ficção. Sabemos que ele realmente existiu – mas, para observar sua vida e até para participar dela, tentamos imaginar seu mundo passado como se este fosse o mundo possível de um romance (ECO, 2013a, p. 101).

A produção intelectual de Umberto Eco, muito rapidamente resumida, nos oferece um caminho para indagar como escritores de romances representaram em suas narrativas as formas de um mundo contestado pelo estruturalismo, pelo pós-estruturalismo, pela virada linguística e pela pós-modernidade, em um jogo de palavras, que somente eram situadas no mundo das próprias palavras e no significado dado as palavras. A recorrente perspectiva de pensar o mundo do leitor, em comparação com a produção literária no mundo do autor, fez das concepções de Eco uma forma de inquirir as tensões e relações entre aquilo que se encontrava somente "dentro do texto", em relação aquilo que só poderia estar "fora do texto". Em um mundo onde as mentiras do passado, com outras feições se tornavam as mentiras do presente, por intermédio das *fake news*, fazia com que as aparências daquilo outrora visto como sólido, ainda mais rapidamente se desmanchava no ar das falsas impressões, em uma modernidade líquida, na qual nenhuma estrutura tem mais sua solidez do passado, nem mesmo as formas artísticas fogem de seu encalço

(ECO, 2016, 2017). Daí o apego pelas formas esquecidas pelo tempo, como as listas de um colecionar fora de sua própria época, pudessem apaziguar os sortilégios de um mundo passageiro, cada vez mais fugaz com o transcorrer de um tempo extremamente acelerado. Talvez por isso, o autor de *Confissões de um jovem romancista*, sutilmente mantivesse em sua (in)consciência que:

> Eu provavelmente estava pensando em listas como essas quando incluí, em *O nome da rosa*, uma sequência interrompida de livros mantidos na biblioteca da abadia. E o fato de que mencionei obras reais (em circulação na época em coleções monásticas), ao invés de títulos inventados como os de Rabelais, não altera a impressão de oração, de mantra e litania que um inventário bibliográfico pode sugerir. Pois o gosto pelas listas de livros fascinou muitos escritores, de Cervantes a Huysmans e Calvino. Os bibliófilos lêem os catálogos de livreiros especializados em obras antigas (que certamente pretendem ser listas práticas) como quadros fascinantes de uma Terra da Cocanha, um reino do desejo, e podem ter tanto prazer com essa atividade quanto um leitor de Júlio Verne obtém ao explorar as silenciosas profundezas dos oceanos e encontrar fabulosos monstros marinhos (ECO, 2013a, p. 179).

Como em uma aspiral de inflexões recorrentes na sua produção literária, Eco nos dava motivos para ver a multiplicidade de lugares que os "mundos literários" não tocavam, mas ainda assim estavam "fora do texto", sutilmente cifrados na narrativa.

3. O tempo reflexivo no/do romance: a fluidez das ações humanas em Milan Kundera

A análise da fluidez das ações humanas expressa nos textos de Milan Kundera, desde o início de sua produção literária, fez parte da compreensão de um tempo reflexivo que passou a estar presente nas tramas de seus romances. Mas, como em um enredo kafkiano, ao que tudo indica, o romancista teve que percorrer um caminho extremamente tortuoso para atingir seus anseios literários (MERRILL, 2016).

De origem tcheca, Kundera adentrou cedo no realismo socialista até meados dos anos 1950, quanto então teve que interromper seus estudos, em função de seus posicionamentos políticos e intelectuais começarem a divergir dos cânones estabelecidos para a sociedade socialista.[29] É certo que suas posições já estavam se consolidando no final dos anos 1950, em seus primeiros textos, mas sua crítica começou a ser mais diretamente focada contra o sistema político a partir do começo dos anos 1970, quando passou a viver na França. Nascido em 1 de abril de 1929 completou no ano de 2019 seus 90 anos de idade, com uma produção literária bastante rica e diversificada. Apesar de ter recuperado sua cidadania e nacionalidade Tcheca neste processo, ele preferiu permanecer na França. É interessante notar que desde sua estréia em 1953, com o livro de poesias *Homem jardim claro*, até seu maior sucesso, *A insustentável leveza do ser* (de 1983), adaptado para o cinema e que tornou o autor uma estrela literária em ascensão, parecia que a ideia do "eterno retorno" ia se fixando nas experiências cotidianas de Kundera, com a obsessividade trazida por perseguições reais e imaginárias, fez com que desse vivacidade novamente ao niilismo de Nietzsche em suas narrativas literárias.

A presença constante da história na constituição dos "mundos literários" de Kundera mostra um pouco como a literatura refazia a realidade extratextual para dar novos sentidos ao vivido de outrora, com inspiração naquilo que estava certamente "fora do texto", mas somente no que estava "dentro do texto" poderia lhe dar a liga e o sentido adequado para ser lido e entendido pelos leitores. Em *A brincadeira*, seu primeiro romance publicado em 1967 – após três livros de poemas: *Homem jardim claro* (de 1953), *Maio passado* (de 1955) e *Monólogos* (de 1957) –, Kundera criticava abertamente o partido comunista tcheco, ao contar a história de Jahn Ludvick, que retornava a sua cidade natal na Morávia, após 15 anos. Detalhes autobiográficos se misturavam no enredo do romance, quando ressaltava a interrupção de estudos do protagonista nos anos 1950, em função da crítica contumaz ao regime e os percalços vividos por um rapaz até seu regresso a sua cidade natal. A reflexão existencialista, com um toque de niilismo em suas observações, já se encontrava ali destacado, na construção das tramas do livro. Concluído no final de 1965, mas só

29 Note-se que, em *O triunfo do artista*, Todorov (2017) se questiona como o impacto dos estudos da linguagem e sobre os efeitos das ideologias deu base a formação do realismo socialista na Rússia, após a revolução de 1917. A proposta de servir para a construção da consciência de classe se esbarrou nas prisões do autoritarismo do regime constituído, no qual os artistas em seu processo de formação, ainda que não em sua maioria, passavam-se a dirigir sua obra como uma crítica contumaz ao sistema opressor, em seus trajes de emancipação social. Nesse caso também, os impulsos das guerras proporcionaram a abertura da circulação de intelectuais e o próprio Todorov (2019) fez parte dessa travessia até se estabelecer na França e ser um divulgador e crítico do realismo socialista, assim como do formalismo russo.

publicado dois anos depois, *A brincadeira*, apesar do desconhecimento do público leitor em relação a Kundera, rapidamente vendeu mais de 100 mil exemplares e se tornou um *best-seller* na Tchecoslováquia. Assim como ocorreu com *A insustentável leveza do ser*, nos anos 1980, *A brincadeira* deu base à elaboração de uma trama cinematográfica com um instigante roteiro para os cinemas. Talvez tenha sido o impacto da primavera de Praga em 1968, que tenha potencializado a percepção e a promoção do romance, e depois do filme, mas certamente a veia artística e literária de Kundera já estava ali também muito presente na construção das intrigas literárias contidas no texto.

No início dos anos 1970, Kundera refaz os caminhos da guerra e as ações do nazismo, ao observar a trajetória de Jaromil, em seu romance: *A vida está em outro lugar* (de 1973). Com incrível sensibilidade, Kundera nos mostra como foi se formando a habilidade com a escrita de um garoto que quase não conheceu o pai, preso pela Gestapo, enquanto sua mãe vendo a formação de seus dons artísticos e literários se voltava totalmente para o desenvolvimento do filho, até para esquecer, ou no mínimo ofuscar, os infortúnios que se deram com o pai do garoto. Movido pelo encantamento com a revolução, fez de sua arte uma ferramenta a serviço do partido e da sociedade socialista, redigindo não as falas de contestação à ordem, mas dando ordem à condução das manifestações por meio de suas palavras, e dos significados que eram dados a elas. A vontade de liberdade de ação e da escrita se agregava a um sentimento de constante perseguição e controle de suas vontades, sob formas diferentes do nazismo, mas ainda assim um tipo de ação autoritária, mesmo que por outros meios e fundamentos, lhe era pressentida nas ações do partido socialista na Tchecoslováquia. Com um toque kafkiano, o poeta que queria ser livre, vê-se totalmente preso em um mundo autoritário que ajudou a gestar em suas próprias palavras, nunca será verdadeiramente livre para se emancipar de suas amarras, cujas justificativas ele próprio ajudou a construir em seus textos, panfletos e poesias. O caminho do esclarecimento do poeta, diante do nazismo e depois com o socialismo, expressava, de certo modo, o seu retorno a condição de eterno prisioneiro das artimanhas de um sistema de dominação, cujo controle social e do imaginário eram permanentes, independentemente de sua polarização política (estar alinhado à direita ou à esquerda), mantém-se sempre operando com base na censura, na perseguição, no autoritarismo e na aniquilação das vozes dissonantes, da rebeldia da ação e da liberdade de expressão. Por isso, talvez:

> Não, nada de chamas. Ele vai se afogar na água.
>
> Olhava o seu rosto na superfície da água. Depois, sobre esse rosto, viu subitamente um enorme pavor. E foi a última coisa que viu (KUNDERA, 2012, p. 329).

Quando, em 1976, lança *A valsa dos adeuses*, Kundera começava a pensar a figura feminina – que será eternizada em *A insustentável leveza do ser*, no início dos anos 1980. Em uma pequena cidadezinha termal, local de tratamento de mulheres com problemas de fertilidade, que se dá a história de Ruzena e Klima. Amores fugazes dão um tom enigmático às intrigas sabiamente construídas no romance, que marcavam as sutilezas da vida, e a efemeridade dos relacionamentos humanos. Dois anos depois, em 1978, com *O livro do riso e do esquecimento*, novamente traz a tona questões autobiográficas e históricas, como: a primavera de Praga, a invasão russa a Tchecoslováquia em 1968, os percalços do comunismo e as tensões entre a liberdade de pensamento e de ação, nos inevitáveis caminhos da perseguição, da censura e da autoridade, tão condizentes aos regimes totalitários dos anos 1960.

Nos anos 1990, depois do sucesso de *A insustentável leveza do ser*, Kundera reaparece com *A imortalidade*. E talvez, não por acaso, venha a descortinar os caminhos que levavam a consagração autoral de alguém, com a projeção de sua obra. Se o texto parece seguir o caminho de uma auto-análise, com histórias secundárias que acrescentavam a intriga central, é, certamente, muito curioso que este romance, após sete anos da publicação de seu grande sucesso, apareça com o tema dos caminhos que levavam ao sucesso e os percalços inerentes que traz consigo a quem alcança a consagração (ainda) em vida (MERRILL, 2016).

Cinco anos depois, em 1995, com *A lentidão*, que se passava em várias regiões da França, contam-se histórias que se cruzam entre as personagens: Vincent, Berck, Manchu e Pontevin. Pode parecer curioso, a primeira vista, Kundera procurar refletir as tensões entre lentidão e velocidade, memória e esquecimento, mas o faz para demonstrar que nossa época se entregou ao "demônio da velocidade", e com ele ao domínio do perpétuo esquecimento. Por isso, talvez, a necessidade voraz de retornar a lentidão do pensamento calmamente amadurecido, da ação longamente planejada, para adensar os caminhos que levam a formação de nossas memórias, e não sejam elas próprias fugidias, e tão rápido quanto são formadas, instantaneamente levadas pelo esquecimento, em função da rapidez e confusão em que vivemos o nosso cotidiano. Mais do que nos anos 1980, parece que o "eterno retorno do mesmo", fizeram-se aqui ainda mais presentes em suas reflexões sobre nossos infortúnios diários. Tudo leva a crer que em um mundo fadado a insensatez do aumento contínuo da velocidade das ações humanas, todo tipo de permanência, avivada sobre as memórias, ou ainda eternizada pelo pensamento, estará fadada ao fracasso imediato, pois, toda tentativa se tornou fugaz, passageira, insensata e tão rapidamente se apaga, quanto imediatamente foi feita. Talvez por isso mesmo "administrar um silêncio diante dos olhos dos outros não é coisa fácil" como constatará o autor de *A identidade* (de 1997). Como construir uma identidade social em um mundo onde tudo se dilui antes mesmo de se solidificar? Mas, Kundera acrescenta aqui um toque de leveza, ao ressaltar que a amizade que solidificava os processos de construção das memórias; sem elas estamos desterrados, jogados em nossas próprias ilusões, fadados a vivermos sozinhos no esquecimento fatídico de nossa insignificância banal, que só não é maior por causa das pessoas que passam por nossas vidas (MERRILL, 2016).

Os romances de Milan Kundera parecem ir construindo um tapete de memórias com um novelo de várias intrigas, que ultrapassam certamente a individualidade das tramas, mas se reconfiguram na totalidade da obra, como um caminho para se repensar as escolhas que foram feitas para chegarmos onde estamos: vítimas de um mundo fugidio, não passamos de um conjunto de experiências passageiras, rapidamente esquecidas, tão logo são experimentadas pelos seres humanos. Pode ser por isso que Chantal, a protagonista de *A identidade*, uma mulher bonita de meia idade, sabendo que essa condição é ainda mais passageira que as suas experiências vividas outrora, mesmo às vividas no auge de sua beleza na juventude, vêem-se agarrada as suas amizades, mesmo as mais passageiras, como um caminho para reconstruir suas próprias memórias, e com elas se aproximar da eternidade, em meio à fugacidade da condição humana ainda mais efêmera, do que havia sido antes, em sua juventude. Na medida em que o interesse masculino ia se arrefecendo diante de seu corpo, aquela mulher deixava de ser apenas um corpo bonito, com a chegada quase inesperado do peso que lhe trouxe a idade, para tentar ser algo mais que isso, ainda que construir essa identidade fosse uma verdadeira incógnita para ela, ainda prostrada em suas tensões existenciais.

Com *A ignorância* (de 2000), Kundera retoma o tema da perda, da saída da pátria de origem, do recomeço e dos reencontros. A trajetória de Josef e Irena, que vivem suas maiores aventuras após saírem da República Tcheca e virem a morar na França e na Dinamarca, respectivamente, após saírem de um país conturbado, tornando-se ambos expatriados. Curiosamente, retornam ao país, depois de 1989, quando houve a dissolução do regime socialista, para viverem nostalgias de um passado perdido, solidamente esquecido pela maioria de seus habitantes, envoltos por uma solidão arrebatadora, em função do vazio deixado pelas "ilusões perdidas". É nostálgico, o que foi esquecido, o que está na infantilidade perturbadora da ignorância. As crises de identidades são causadas porque as escolhas cruciais de nossas vidas (profissão, casamento, família, metas e futuro) são feitas quando não estamos ainda preparados para tomá-las com consciência e maturidade. Daí o inevitável retorno ao início de um passado perdido que não volta mais, sem o qual o sentido daquelas escolhas ficavam inevitavelmente esquecidas, abrochando em seu lugar: angústias, desejos, sofrimentos, arrependimentos, vontades e tentativas mal sucedidas de tentar voltar ao início do processo. A nostalgia não intensificava o processo de elaboração das memórias, porque ela se basta a si mesma, assim como se revela imediatamente na dor e no sofrimento que causa nas pessoas. A passagem de *A ignorância*, para *A festa da ignorância* (de 2014) pode ser curiosa em um primeiro olhar. Textos curtos que se entrelaçam por meio de detalhes insignificantes, à primeira vista, como a sensualidade de um umbigo de mulher, o câncer, Stalin, Paris e União Soviética, até uma exposição de Chagall. O que elas teriam em comum? Dar sentido a insensatez do acaso, com os fascínios dos encontros inesperados que fazem do amor, da paixão e dos sentimentos humanos, as emoções mais importantes da vida? Tolher de mistérios as intrigas que formam nosso estar no mundo? Revelar um fio perdido em nossas memórias, que reacende nossa presença no mundo, irradiando com nova luz a nossa vida? Como cinco amigos franceses que se encontram nas festas, que não formam, aliás, o núcleo central da trama do romance, pode ao final servir de exemplos para o autor retomar suas reflexões sobre o comunismo, a existência humana, a censura, a liberdade e o amor? Todas essas questões vão se mesclando no desenrolar das histórias, que culminam em reflexões, embora curtas e rápidas, extremamente instigantes sobre as diferentes escolhas que fazemos para estarmos no mundo, e, ao fazermos isso, construirmos incansavelmente nossas próprias identidades sociais. Tudo caminhava como se as sociedades ocidentais tivessem "se esquecido do ser", do "sentido de sua existência", a "esperança pela vida", condições tão necessárias para se perceber a condição humana de todo ser vivo (MERRILL, 2016; GONÇALVES, 2020).

Dos romances até sua crítica literária, pode ser um caminho interessante para pensar a obra de Kundera nesse momento, com os textos de: *A arte do romance* (de 1986), *Os testamentos traídos* (de 1993), *A cortina* (de 2005) e *Um encontro* (de 2009). Os quatro tipos de romance (romance filosófico, romance histórico, romance psicológico e romance que pensa) que fazem parte da tipologia esboçada em *A arte do romance*, situam, de certo modo, as formas pelas quais Milan Kundera procurou pensar e escrever seus romances. Talvez por essa razão, Kundera chegue a ponderar em *A cortina* que "a obra não é o conjunto do que um romancista escreveu: cartas, anotações, diários, artigos", mas sim a "obra é a realização de um longo trabalho sobre um projeto estético" (KUNDERA, 2006, p. 90). Neste caso, o de refigurar os pontos caóticos de uma realidade adversa as ações humanas, em seu velcro autoritário, que fazia parecer libertário aos seus ocupantes, e são reconstruídos sob novas perspectivas em seus "mundos literários". Em certa medida, é a recusa a forças extra ou sobre-humanas, de um Deus onipotente, retomado de Nietzsche, que indica que o "planeta caminha no vazio sem nenhum senhor", e eis aí "a insustentável leveza do ser" (KUNDERA, 2009, p. 45). O espírito produtivo do romance que facilmente se apega a *complexidade* e a *continuidade*, porque "cada obra é a resposta às obras precedentes; cada obra contém toda a experiência anterior do romance" (KUNDERA, 2009, p. 24). Não apenas isso:

> Realmente, a longa tradição do realismo psicológico criou algumas normas quase invioláveis: 1. é preciso dar o máximo de informações sobre um personagem: sobre sua aparência física, sobre sua maneira de falar e de se comportar; 2. é preciso tornar conhecido o passado de um personagem, pois é nele que se encontram todas as motivações de seu comportamento presente; e 3. o personagem deve ter uma total independência, quer dizer que o autor e suas próprias considerações devem desaparecer para não atrapalhar o leitor que quer ceder à ilusão e tomar a ficção por uma realidade (KUNDERA, 2009, p. 38).

A forma pela qual a história é refeita no processo criativo de construção literária está diretamente presente em seus romances, especialmente quando tomava momentos de uma história particular, autobiográfica, para contar as atrocidades dos sistemas totalitários (do nazismo ou mesmo do socialismo). O médico reverenciado do regime, expulso por suas opiniões expressas em uma publicação periódica, que mostra o palco do autoritarismo ditatorial de um regime comunista em *A insustentável leveza do ser*. O escritor que ajuda a modelar as palavras para dar respaldo ao regime socialista, e se sente totalmente perplexo ao notar suas semelhanças com o nazismo, ao lhe mostrar as mesmas sutilezas no controle das informações, inclusive na promoção de notícias falsas sobre pessoas, associações e sociedades, e delimitar suas estratégias de censura, prisão e tortura física e simbólica, em *A vida está em outro lugar*. As sensações involuntárias, arredias, muitas vezes amedrontadas, que situam as personagens diante da primavera de Praga e os resultados do regime socialista na Tchecoslováquia dos anos 1960, cristalizadas em *A brincadeira*, ou em *O livro do riso e do esquecimento*, ou mesmo em *A insustentável leveza do ser*. Mas, se a "biografia é a principal chave para a compreensão do sentido da obra" (KUNDERA, 2017, p. 49), como nos revela o autor de *Os testamentos traídos*, a trajetória de Kundera, fortemente marcada pelos efeitos e impactos deixados por regimes totalitários, reaparecem totalmente debruçados sob novos ângulos de análise nos enredos de seus romances. A forma como se deu seus encontros com a literatura de Kafka, Borges, Dostoiévski, Céline, Rabelais, Bertold Brecht, Gabriel Garcia Marquez e outros grandes escritores, esmiuçadas em *Um encontro*, igualmente ganham novos sentidos, ao formularem vias emancipatórias, saídas criativas contra a opressão, olhares atentos aos sistemas de controle e de submissão de seu tempo – para ampliar a reprodução do poder no controle das mesmas mãos, isto é, empresas, famílias e indivíduos (KUNDERA, 2013).

Ainda que não demarque explicitamente suas oposições as perspectivas de análise do pós-estruturalismo e da virada linguística, ou até da pós-modernidade, sobre a produção literária, Kundera deixa claro a inevitável limitação de situar as complexidades do vivido apenas ao alcance das palavras e ao uso que se fazia das palavras em um dado momento, ou em um mesmo romance. Por mais que as palavras sejam expressivas, elas não conseguem revelar todas as potencialidades de uma realidade extratextual, ou seja, naquilo que estava inevitavelmente "fora do texto" (JABLONKA, 2020). E o que o romance faz é dar novos enfoques as sutilezas do vivido, ou mesmo do imaginado, de outrora. A arte não imita a vida, mas a reconstrói sob novas perspectivas, muitas vezes a revelia do que foi o vivido, mimetizando suas formas, com a meta de sentir inesperadamente o que poderia ter sido, e, contudo, nunca foi.[30]

Considerações finais

A análise que fizemos da produção romanesca e da crítica literária de Italo Calvino, Umberto Eco e Milan Kundera nos possibilitou adentrar em alguns dos usos que a literatura fez da História, ao nos ocuparmos do tempo, espaço e estilo experimentados por esses autores nos enredos e nas tramas de seus romances. Ao terem em comum os infortúnios das guerras, a reconstrução das sociedades européias no pós-guerra, a guerra fria e as contradições dos regimes socialistas nos anos

30 Para maior detalhamento a respeito dos processos de imitação, mimeses e recriação presentes na obra de Milan Kundera, veja-se, entre outros: MERRILL, 2016.

1950 e 1960, cada um deles, com sua veia artística, refez o vivido nos seus "mundos literários".

Para Italo Calvino, em um momento de questionamentos acirrados sobre a possibilidade de existência dos romances, vividos em um mundo de guerras e conflitos diários, onde o caos prosperava no período do pós-guerra no final dos anos 1940, nada como experimentar construir novos enredos, a partir de escombros, cacos e fragmentos de memórias e pensamentos, e por meio de seus indícios reconciliar leitor e leitora, ao mesmo tempo em que se iam construindo novos romances, como se vê, por exemplo, no enredo de *Se um viajante numa noite de inverno*. Com a percepção minuciosa do espaço geográfico, Umberto Eco procurou repensar o espaço da escrita romanesca, de modo a aproximar seus leitores, com base em contextos históricos, geográficos e culturais que lhes eram próximos, porque "reais" ainda que a trama fosse toda ela "imaginada", ou mesmo totalmente inventada, e, desse modo, fazer com que a percepção que tinham no processo de leitura lhes desse maior proximidade com os enredos e as tramas de seus textos. A nostalgia de um presente plástico e elástico, apreendido muitas vezes como recorrente, e no limite como perpétuo, em oposição há um tempo exemplar ou progressivo em direção ao futuro, dava nova expressão ao "eterno retorno do mesmo" nas relações humanas, de tal forma que Milan Kundera se aproveitava dos princípios de Nietzsche para pensar um tempo reflexivo nos enredos e nas tramas de seus romances.

Em todos esses casos o vivido não se resumia ao escrito, mas o escrito dava novas feições às experiências cotidianas, com seus "mundos literários". Os rastros de uma realidade extratextual de outrora davam todo sentido as mais diversas formas de expressar o vivido, ou mesmo aquilo que era imaginado, nos romances. Nada poderia, com isso, parecer mais inesperado do que a construção de uma rede interligando todos os indivíduos do planeta, por meio da *Internet*, aproximando e distanciando paradoxalmente todas as pessoas do mundo (CASTELLS, 2003, 2013). Com a crise do romance burguês, assim como de outros tipos e formas de romance produzidos ao longo do século XX, a *Internet* foi ganhando feições de um novo tipo de possibilidade narrativa, um "grande romance" da "vida real" num "tempo simultâneo" feito ao mesmo tempo por todos, sem que ninguém pudesse ser seu único autor ou autora – de certa forma semelhante a uma alegoria de *1984*, de George Orwell (LYNSKEY, 2021).

Os estilhaços dos romances do passado, e as crises existenciais do presente vividas pelas pessoas, projetaram formas de representações nas redes sociais, de uma vida sonhada e imaginada, porque impalpável na prática cotidiana, mas ao mesmo tempo inimaginavelmente tão próxima nas conexões processadas pelas interações feitas entre as pessoas por meio da *Internet*. A possibilidade de se (re)fazerem em avatares ilimitados de si próprio, em uma apoteose narcísica do "eu", e com eles viver várias vidas em uma só, revolucionou nossas formas de estar no mundo, por meio de "mundos interativos digitais" (SIBILIA, 2016). Os "mundos digitais", em oposição aos "mundos históricos" ou "literários", são feitos pelos próprios sujeitos em suas errâncias diárias no transcurso da vida. Neles qualquer um pode ser o que quiser, e quanto mais distante da realidade vivida, especialmente quando a pobreza econômica e cultural se manifestava feito um estigma nas entranhas dos sujeitos, mais propício se tornava a evasão digital do ser, como um tipo de entorpecente a suavizar suas aflições diárias no mundo. O problema, como em suas respectivas épocas apontaram Calvino, Eco e Kundera, é que as saídas de escape buscadas pelos leitores com a evasão literária era uma forma de construir novas expectativas para a vida cotidiana; mas, o resultado inimaginável que veio a ser sintomático de um modelo exponencialmente mais perspicaz, de controle (social e do imaginário) e também de evasão subliminar, que se construiu a partir do final dos anos 1990 com a *Internet* e, depois, com as redes sociais e os processos de interação simultânea de indivíduos de várias partes do mundo, conduziu a manifestação de um pensamento único, mundialmente aceito, e não plural como era o fundamento de toda a produção literária e dos romances, que buscavam em sua essência a proliferação de um pensamento crítico entre os indivíduos. No entanto, enquanto a literatura agia como um condutor crítico de formação de posições múltiplas (e até contraditórias entre os sujeitos sociais) e "visões de mundo" as mais variadas possíveis, as redes sociais agem muito mais em favor dos "donos do capital", e, portanto, também do "poder" político e cultural, homogeneizando ações e pensamentos, com o princípio de formular e ao mesmo tempo regulamentar o que pode ou não ser dito, consumido, imaginado, pensado e proliferado (DOWBOR, 2018; LOVELUCK, 2018). Se as redes podem servir para a rebeldia, certamente isso é um meio para projetar sua "propalada" democratização das informações, percebidas simultaneamente nos processos de interações sociais, cujos sistemas de controle fazem soar como uma possível liberdade de expressão, quando, de fato, não é (CASTELLS, 2013; LOVELUCK, 2018).

A vida vazia de sentido, cujo único sentido criado nas redes sociais é um mero paliativo efêmero e imediato, projeta-se no cotidiano como uma expectativa ainda mais individualizada de existência humana (SIBILIA, 2016). A violência assistida em tempo real, maximizada pelas mídias sociais, neutralizou, de certo modo, a nossa empatia diante da violência diária que presenciamos sobre o "outro", como se em nada nos atingisse ou dissesse alguma coisa para "nós" a respeito das aflições vividas pelos "outros". Nesse mundo é preferível ter milhares de seguidores, com suas curtidas digitais, em função da escolha das ações e imagens a serem compartilhadas, do que a construção de laços humanos genuínos com as pessoas reais e presentes em nosso cotidiano (SIBILIA, 2015, 2016). Os usos que a literatura sempre fez da história para a construção de seus mundos romanciados, nem se aproximam da negação que as pessoas preferem fazer de sua própria história, para sentirem uma outra vida, ainda que totalmente imaginada e fugaz, quando não perceptivelmente inventada, nas redes sociais. Quanto maior é a desigualdade, mais eficiente se tornou esse mecanismo; e em países como o Brasil, não é por acaso, que nove em cada dez crianças e jovens preferem estar nas redes sociais, a ficarem brincando nas ruas de seus bairros, ou em suas próprias casas – a não ser quando não tem outra escolha. Temos mais celulares em circulação no território nacional do que habitantes. Não é de se surpreender, portanto, o poder das mídias sociais e digitais, inclusive, para mudarem os resultados eleitorais, mesmo nas vésperas de um pleito eleitoral, em uma sociedade alienada por vontades ilusória de um mundo inalcançável, cuja função é proliferar sonhos, mas não realizações; projetar expectativas, sem que com isso instigue a rebeldia e a contestação sociais e culturais entre os grupos (BUCCI, 2019, 2021).

Os "mundos digitais" estão, na verdade, em quase todas as distopias que nos são projetadas para um futuro sempre alarmante e apocalíptico. Daí o anseio de se viver sonhos efêmeros e passageiros, porque a vida é breve e o tempo é curto demais para ser gasto pensando em outras coisas! A formação de um pensamento único, consumido e propagado eficazmente por diferentes públicos, dá o norte para nossas vidas, cada vez mais distanciadas até mesmo da construção de possíveis utopias (TOURAINE, 2009). Um espaço que certamente as religiões invasivas tentam a todo custo abranger, até para ilusoriamente colocar na mente de seus crentes a falsa ideia de completude. Estabelecer a homogeneidade do pensamento e da ação é uma das feições desse mundo de controles abissais (ZUBOFF, 2020). Mas, a revelia também destas expectativas alarmantes, nota-se, ainda que de forma fragmentada em sua dispersão política e identitária, uma produção literária rica em sua criação de novos mundos literários: 1. Repensando o papel e o lugar das mulheres nas sociedades; 2. Ressaltando a importância dos povos originários, de africanos e afrodescendentes para a construção da sociedade brasileira; 3. Insurgindo-se contra todo tipo de controle, contra todas as formas de preconceito, discriminação e racismo.[31] Apesar da importância inegável que há neste tipo de produção literária é preciso que os "lugares de fala" não estejam limitados a uma agenda puramente identitária (independentemente de sua rotulagem política estar à direita ou à esquerda), mas que façam parte de uma ação global e conectada, senão no direcionamento, ao menos na possibilidade de projeção, de outros caminhos que possam ser seguidos pela humanidade – e não somente para os grupos dos quais fazem parte suas iniciativas politicamente engajadas em suas agendas identitárias (RISÉRIO, 2019; SOUZA, 2021). Naquilo que temos em comum, na "expropriação epistemológica" que sofremos e compactuamos durante séculos de domínio europeu e, depois, norte-americano; no agravamento das desigualdades socioeconômicas e culturais em escala mundial; na escassez de recursos naturais e alimentares; no inevitável desaparecimento de empregos e profissões, e, com isso, de nossas expectativas, sonhos e necessidades diárias.[32]

Por outro lado, tais mudanças sobre a percepção da realidade presente, ou passada, contribuiu para a geração de formas híbridas de produção literária ou até mesmo históricas. A elaboração de obras biográficas, que mesclam o vivido com o imaginado; a produção de textos literários com forte presença de uma experiência extratextual experimentada por seus respectivos autores e autoras, assim como entre seus respectivos leitores e leitoras; a formulação de interpretações e teorias sociais, com forte amparo na literatura para a apresentação de seus resultados de pesquisa sob a forma de uma poética do social. Todas essas obras se projetam no mercado editorial, como caminhos abertos contra o fechamento disciplinar que até então conteve a construção de alternativas narrativas entre as ciências humanas e sociais, em função de seu afastamento com todas as formas de apresentação do vivido através de produções artísticas e literárias.[33] Para Ivan Jablonka:

---

31 Como pode ser facilmente aferível em análises feitas por: MIRANDA, 2019; SANTOS, 2018.

32 Há uma produção intelectual que tem procurado refletir essas questões, como pode ser observado nas interpretações elaboradas por: BEIGUELMAN, 2021; MCKINNON, 2021; HUI, 2020; BERARDI, 2020, 2019, 2005; MAROZOV, 2018.

33 Se esse movimento histórico e literário pode ser facilmente apreendido entre autores e autoras norte-americanos, europeus e mesmo latino-americanos, ou africanos e asiáticos; no Brasil, começa-se a aparecer com maior sistematicidade esse tipo de produção híbrida no mercado editorial, como pode ser observado em produções, como: KOWARICK, 2009; PERRONE-MOISÉS, 2016, 2021; SANTOS, 2008, 2019; HOLANDA, 2014, 2019; CARDOSO, 2021; VILLAVERDE, REGO, 2021. É interessante, em certos casos, como a produção literária reflete a memória e a produção do conhecimento histórico e social,

> Essa automutilação tem quatro causas: a ausência de método que caracteriza as belas-letras; o prestígio da ciência, útil e sólida; a hegemonia do romance, tornando um quase-sinônimo de literatura; a ameaça cética. A história que não é ficção, que repousa sobre um método, que visa enunciar a verdade, funda-se na desconfiança de certa concepção da literatura. Mas, embriagada com seu novo status, acabou se renegando [as suas aproximações com o literário]. Para sair dessa armadilha, é preciso extrair-se do âmbito disciplinar (onde há "historiadores", "literários", "escritores", com suas áreas de especialidade e suas concorrências) e isolar aquilo que, intelectualmente, funda a história enquanto ciência social (JABLONKA, 2020, p. 157).

Com base nessas questões que devemos a partir de agora começar a pensar o histórico e o literário na execução da pesquisa histórica, e de que maneira a literatura poderia contribuir diretamente para a escrita de outras histórias. Como o estudo de peças teatrais poderia contribuir para aguçar nossa percepção a respeito da escravidão e do racismo? De que maneira a trajetória de um empresário teatral possibilitaria ampliar nossa compreensão da sociedade brasileira das décadas iniciais do século XX? Como o estudo da obra de um romancista e a de um historiador poderiam ampliar nossa compreensão da realidade passada e presente? Essas são algumas das questões que os próximos capítulos irão analisar mais de perto. O que isso nos acrescentará? Só você leitor(a) poderá ver e descobrir, caso decida seguir nessa aventura pelo conhecimento...

enquanto em outros a poética literária é tomada como base para explicar o discurso sobre o objeto. (SANTOS, 2008, 2019). Em outras situações ainda, memória e poética do social, história e literatura se cruzam para explicar a vulnerabilidade socioeconômica e civil em locais considerados de alta periculosidade, tal como são vistas muitas favelas (KOWARICK, 2009). Ao comparar as narrativas de Lolita Pille e André Sant'anna, Gilson Vedoin (2017), em sua tese: *Narrativas na cadência da cultura contemporânea*, mostra-nos um pouco das tessituras que compõe algumas narrativas híbridas produzidas no Brasil e na França nos anos iniciais do século XXI. Para maior detalhamento da questão para a América Latina, ver ainda: CANCLINI, 2012, 2013, 2016. No caso da produção literária, vale a pena se destacar o caso de Ricardo Píglia, cuja obra em três volumes (*Anos de formação*, *Anos felizes* e *Um dia na vida*) que compõe *Os diários de Emilio Renzi*, pode-se ver facilmente como a vida do autor até parece se confundir com a de seu protagonista no romance, ao se deparar com suas difíceis escolhas pessoais, afetivas e profissionais, seus diálogos com os movimentos artísticos e literários, assim como os percalços com os movimentos estudantis dos anos 1960, ou com movimentos intelectuais (a exemplo do estruturalismo e do pós-estruturalismo), cuidadosamente registrados em seus diários.

Parte III

Literatura e História

10. Os 'prêmios' e os 'castigos' do cativeiro entre Portugal e Brasil: as relações entre 'senhores' e 'escravos' nas peças teatrais dos séculos XVIII e XIX[1]

Para Suely Robles Reis de Queiroz, que pioneiramente pensou o uso de processos-crime para a análise da história da escravidão no Brasil.

O estudo das relações estabelecidas entre a escrita da história e a narrativa dos romances durante o século XX, tem nos mostrado os contornos de uma contenda que se iniciou muito antes de a história se constituir como uma ciência no século XIX, e procurar paulatinamente se afastar das crônicas, da retórica e da produção literária. A afirmação da história como ciência foi fruto de uma redução arrebatadora em relação as suas origens literárias, pautadas pela retórica do discurso em prosa, para a constitução das regras do método histórico na execução de suas pesquisas. Toda sua aproximação com as emoções e os sentimentos foram silenciados, para sugerir o encontro com a objetividade científica do discurso acadêmico, em função da alegação de a escrita estar pautada em pesquisas minuciosas em fontes documentais (JABLONKA, 2020).

A consagração disciplinar da história entre as universidades, a partir do século XIX, mediante a cristalização dos instrumentos de suas pesquisas em procedimentos metodológicos cientificamente conduzidos, também conduziram a escrita da história a elaboração de um discurso ilusoriamente fixado na imparcialidade, na objetividade dos dados, na neutralidade da ação do(a) pesquisador(a) sobre seu ob-

1 A primeira versão deste capítulo foi apresentada como trabalho de conclusão da disciplina: *História, Imaginário e Representação*, ministrada pelo Prof. Dr. Magnus Pereira, no curso de doutorado em História da UFPR. Em seguida, o trabalho foi apresentado na V Semana de História - Seminário de Estudos Étnico-Raciais, *História: espaços simbólicos*, em 20 de novembro de 2009, na Unicentro, unidade de Irati. Uma primeira versão deste capítulo também foi publicada em: ROIZ, 2010b.

jeto de pesquisa, com a meta de assegurar a plausibilidade de seus resultados apresentados por meio de uma narrativa. No entanto, a formação do(a) pesquisador(a) excluiu inexoravelmente a possibilidade de construção do "escritor-narrador", o que causou certo distanciamento da percepção de diferentes públicos para realçar a importância dos textos históricos produzidos pelos especialistas (JABLONKA, 2020). O período de 1870 até 1980 foi acentuadamente mobilizado para a delimitação disciplinar das áreas do conhecimento, de acordo com critérios científicos até então aceitos como certos, mas o distanciamento da história em relação à literatura acarretou certo empobrecimento na apresentação narrativa de seus dados descobertos durante o processo de pesquisa das fontes documentais. A intensa produção de textos híbridos que se proliferaram acentuadamente depois dos anos 1980, também foi o resultado das críticas generalizadas às formas de "fazer história como ciência" por parte das universidades e dos historiadores de ofício.[2] A partir daí quais os caminhos que tomaram as narrativas históricas?

Talvez seja o caso de a partir deste momento de nossa discussão, pensar com maior propriedade as relações entre literatura e história e refletir como as fontes literárias podem igualmente contribuir com o processo de pesquisa dos historiadores. Como uma peça de teatro poderia ser útil para a execução da pesquisa histórica? Para Richard Sennett, uma "peça não 'simbolizava' a realidade: ela a criava através das convenções da realidade" (SENNET, 1988, p. 106), e essa era uma percepção comum a vários outros estudiosos nos anos 1960 e 1970.

Certamente era por meio deste tipo de afirmação, que em fins da década de 1970, Sennett (1988, p. 88-116), em seu livro *O declínio do homem público*, procurava demonstrar como o Teatro, ainda que fosse uma 'representação' da realidade, também servia para 'moldar' os costumes da sociedade européia do século XVIII. Mesmo no início do século XX, nota Mauro Ventura (2002, p. 24), "o teatro ocupava uma posição central na forma de ver o mundo", porque era do "teatro que todos retiravam seus modelos de vida, desde os modos de falar e de se vestir até os hábitos cotidianos." A realidade e a imaginação pareciam caminhar senão juntas, ao menos em paralelo, para mediar circunstâncias facilmente detectadas em cenas da vida

2 É certo que um número cada vez maior de pesquisadores e pesquisadoras tem procurado experimentar novas formas de apresentação dos dados de suas pesquisas em textos que possuem características híbridas, mesclando história e memória, descrição e análise, história e literatura, biografia e estudo pormenorizado de certos contextos socioculturais. Para maior detalhamento da questão, ver: CANCLINI, 2012, 2013, 2016; SANTOS, 2019; JABLONKA, 2020; SANTIAGO, 2013, 2016, 2021.

cotidiana, sendo sob outras formas encenadas nos palcos dos Teatros europeus e luso-brasileiros. Em muitos casos, a vida se confundia com o teatro, assim como o teatro também inspirava a vida cotidiana, em uma dialética difícil de precisar suas especificidades constitutivas.

Na medida em que mostrava as novidades nas formas de se vestir, falar, representar e se relacionar (em especial, entre 'patrões' e 'empregados'), 'o Teatro era o mundo'. E quando as pessoas se baseavam em 'manequins' e 'bonecas' para mediarem suas escolhas de vestuário e sua moda o 'Mundo (europeu do século XVIII) era também um grande teatro'.[3] Por isso, as peças teatrais escritas naquele período podem, desde que cotejadas adequadamente, servir como fontes de pesquisa para se estudar os modos de agir, pensar e representar 'típicos' daquela sociedade, em função da maneira com a qual os escritores do período a vislumbraram e a representaram em suas peças.

Se o 'típico' era a representação dos 'costumes das cortes' (muitas vezes a parodiando), assim como os padrões de comportamento da 'sociedade burguesa' em ascensão na Europa do século XVIII, em suas relações amorosas, familiares, comerciais e trabalhistas (WILLIAMS, 2002, 2010, 2011); muito menos 'típico' era a encenação de peças nas quais havia a preocupação de se apresentar a relação entre 'senhores' e 'escravos', uma vez que o sistema escravista moderno (de sociedades africanas) fazia parte do comércio transatlântico (de 'almas'), como um negócio lucrativo entre Europa, África e Américas. Contudo, em uma sociedade hierárquica onde cada camada se via entre iguais (nobres, burgueses, brancos), as diferenças deviriam ser camufladas, ou no mínimo abrandadas, seja no cotidiano, seja mesmo nas representações teatrais[4] – o que não quer dizer que não houvesse exceções, como veremos em seguida.

---

3 Por outros caminhos, e com as devidas peculiaridades, Gilles Lipovetsky (2007b, 2009) irá demonstrar como a moda e o vestuário, o consumo e a badalação, o hedonismo e a individualização, serão fortemente associados ao próprio desenvolvimento da sociedade de consumo a partir dos anos 1930 e 1940. Para maior detalhamento da questão, ver: LIPOVETSKY, ROUX, 2005; LIPOVETSKY, SERROY, 2015.

4 Conforme enfatizam: BARATA, 1994; FLORENTINO, 1997; DAVIS, 2001. Para Lynn Hunt: "No século XVIII [...] não se imaginavam todas as 'pessoas' como igualmente capazes de autonomia moral. Duas qualidades relacionadas mas distintas estavam implicadas: a capacidade de raciocinar e a independência de decidir por si mesmo. Ambas tinham de estar presentes para que um indivíduo fosse moralmente autônomo. Às crianças e aos insanos faltava a necessária capacidade de raciocinar, mas eles poderiam algum dia ganhar ou recuperar essa capacidade. Assim como as crianças, os escravos, os

Mesmo em Portugal, local em que o tráfico transatlântico de escravos africanos para a América Portuguesa, além de ser um negócio lucrativo (embora arriscado e perigoso), servia para abastecer suas colônias com mão-de-obra escrava, o comportamento 'típico' encenado nos teatros, e representado pelos escritores em suas peças, não diferia significativamente do resto da Europa (LOPES, 1996). Até porque muitas daquelas peças eram adaptações de peças francesas ou italianas, ou então eram escritas a partir delas – muitas das quais, em que seu autor permanecia anônimo (BARATA, 1994). Mesmo assim é possível vislumbrar algumas peças que colocavam o escravo como personagem 'central', ou então 'secundário', nas encenações que visavam demonstrar parte do relacionamento estabelecido entre 'escravos' e 'senhores', em Portugal e na América Portuguesa (depois Brasil), entre os séculos XVIII e XIX.[5]

Graças ao cuidadoso trabalho efetuado pela *Fundação Calouste Gulbenkian*, em Portugal, catalogando e disponibilizando para o público[6], uma importante coleção de Teatro de Cordel, com 793 espécies (papéis volantes e folhetos), impressas e manuscritas, de 1692 a 1886, com algumas peças anônimas, que o estudioso pode se aplicar a compreender melhor a produção teatral do período, e a sociedade que procurava representar no palco. De um acervo de 595 peças impressas, selecionou-se 13 para esta pesquisa, em que aparecia a figura do 'escravo' como personagem em papéis 'centrais' ou 'secundários', coligindo, portanto, pouco mais de 2,0% da

---

criados, os sem propriedade e as mulheres não tinham a independência de status requerida para serem plenamente autônomos. As crianças, os criados, os sem propriedade e talvez até os escravos poderiam um dia tornar-se autônomos, crescendo, abandonando o serviço, adquirindo uma propriedade ou comprando a sua liberdade. Apenas as mulheres não pareciam ter nenhuma dessas opções: eram definidas como inerentemente dependentes de seus pais ou maridos" (HUNT, 2009, pp. 26-7).

5 De acordo com Silvia Lara: "Certamente, a presença maciça da escravidão diferenciava a experiência colonial da metropolitana, redimensionando e dando novo significado às práticas hierárquicas que ordenavam as sociedades no Antigo Regime. Conhecer o modo como isso se deu e quais as dinâmicas desse processo ao longo do tempo, no entanto, é um caminho que só pode ser trilhado conectando historiografias, indagando sobre o modo como a escravidão e o Antigo Regime estiveram intrinsecamente ligados e conviveram na América portuguesa" (LARA, 2005, p. 38).

6 Na página: www.biblarte.gulbenkian.pt/content.asp?cod=col_lit_cordel&menu=coleccoes&parent=col_especiais&lang=pt. Esta página foi pesquisada entre março e maio de 2009.

amostra total.[7] São elas: *De hum engenho Portuguez* (de 1782); *Os dois amantes em Africa, ou a escrava venturosa* (de 1791); *O escravo em grilhoens de ouro* (de 1782); *Do negro mais bem mandado* (s/d); *Da praça do comércio* (de 1785); *Emendar erros de amor, ou Cosdroas em Africa* (de 1787); *D. Inez de Castro* (de 1790); *O contentamento dos pretos, por terem a sua alforria* (de 1787); *O negociante imprudente* (de 1792); *De dos alcaldes, y el engano de una negra* (s/d); *Elysa, e Luso, ou o templo de Venus, oferecido a sua magestade o senhor D. João VI, rei constitucional do Reino-Unido de Portugal, Brazil, e Algarves* (de 1820); *A rebellião debellada* (de 1823); e *O preto sensível* (de 1836).[8]

As peças selecionadas se constituíam entre a 'entremez' (peças curtas, com 10 a 16 páginas, formadas por apenas um ato, com poucas cenas, na qual figuravam entre 3 e 8 personagens, cuja principal função era o entretenimento via 'farsa', ou 'comédia', de situações cotidianas) e a 'nova comédia' (composta por peças longas, com 30 a 45 páginas, situadas em várias cenas e atos, e composta de 8 a 17 perso-

---

7 Verificou-se que nas outras 198 peças 'manuscritas' da coleção, só apareciam mais duas peças com escravos, que não foram aqui incluídas, por não acrescentarem novas características e evidências a amostra selecionada. O Prof. Dr. Magnus Pereira gentilmente nos cedeu fotocópia de uma coleção manuscrita de teatro de cordel de 1785-86, com 34 peças, e outra com 4 de 1806-7, localizadas na Biblioteca Nacional, no Rio de Janeiro, em que identificamos mais uma peça com escravos, mas pelas mesmas razões, não foi acrescentada a amostra selecionada para a pesquisa. No CEDOPE (Centro de Documentação e Pesquisa de História dos Domínios Portugueses, sec. XV-XIX) de UFPR, encontra-se cópia, em três volumes, de teatro de cordel do século XVIII (décadas de 1780 e 1790), com um total de 78 peças, com duas figurando escravos, e pelas mesmas razões não foi acrescentada a amostra. A coleção original, encontra-se na Biblioteca de Lisboa, cujo registro é de 1989.

8 As peças estão numeradas da seguinte maneira na página da Fundação Colauste Gulbenkian: *De hum engenho Portuguez* (de 1782), n. 41 (com 43 pag.); *Os dois amantes em Africa, ou a escrava venturosa* (de 1791), n. 158 (com 44 pag.); *O escravo em grilhoens de ouro* (de 1782), n. 189 (com 43 pag.); *Do negro mais bem mandado* (s/d) (com 13 pag.); *Da praça do comércio* (de 1785), n. 106 (com 14 pag.); *Emendar erros de amor, ou Cosdroas em Africa* (de 1787), n. 173 (com 16 pag.); *D. Inez de Castro* (de 1790), n. 162 (com 31pag.); *O contentamento dos pretos, por terem a sua alforria* (de 1787), n. 103 (com 16 pag.); *O negociante imprudente* (de 1792), n. 369 (com 14 pag.); *De dos alcaldes, y el engano de una negra* (s/d) (com 12 pag.); *Elysa, e Luso, ou o templo de Venus, oferecido a sua magestade o senhor D. João VI, rei constitucional do Reino-Unido de Portugal, Brazil, e Algarves* (de 1820), n. 172 (com 31 pag.); *A rebellião debellada* (de 1823), n. 435 (com 31pag.); *O preto sensível* (de 1836), n. 422 (com 16 pag.).

nagens, nas quais os dramas cotidianos eram apresentados com maior complexidade, embora o entretenimento fosse o principal objetivo). Essas características da 'entremez' e da 'nova comédia' também aparecem na amostra geral. Ainda que a amostra selecionada seja bastante reduzida é possível verificar a maneira pela qual a relação entre 'escravos' e 'senhores' eram representadas na pena dos escritores das peças (anônimas ou não) do período. A importância deste tipo de trabalho está em demonstrar como a escravidão moderna era percebida pelos autores de peças teatrais, nos séculos XVIII e XIX. O número muito reduzido de peças que a amostra apresenta já é um indício de que o tema, além de pouco debatido pelos escritores do período, também despertava pouca atenção do grande público que apreciava os Teatros na época (WILLIAMS, 2002, 2010).

Nesse sentido, procura-se delinear neste capítulo (seguindo as premissas indicadas na introdução deste livro) como eram 'representadas' as relações estabelecidas entre 'escravos' e 'senhores' em Portugal e na América Portuguesa (depois Brasil), entre os séculos XVIII e XIX, a partir da interpretação das peças teatrais produzidas no período. Evidentemente, não há como negar a distância entre a 'realidade' (extratextual) do sistema escravista moderno e a forma como foi 'representado' pelas peças teatrais, escritas no período. Primeiro, porque, na maioria dos casos, os autores (anônimos ou não) das peças desconheciam parcial ou completamente o funcionamento do 'sistema escravista'; e, depois, porque o representavam a partir da 'casa-grande' e sob o ponto de vista do 'senhor', e não da 'senzala' e sob a perspectiva dos 'escravos'.

Contudo, como já sugeriu Richard Sennett, uma "peça não 'simbolizava' a realidade: ela a criava através das convenções da realidade", servindo também a afirmação, para o caso das peças que se preocuparam em caracterizar, ainda que de um modo bastante peculiar, as relações entre 'escravos' e 'senhores', nas sociedades escravistas dos séculos XVIII e XIX. Sob essa perspectiva foi importante se rastrear sinteticamente as discussões da história da historiografia sobre a escravidão africana, para obter um melhor cotejamento da atmosfera das discussões, em que os autores das peças teatrais representaram 'o universo da escravidão' no 'mundo do teatro'. Até para se verificar adequadamente, em que medida houve distanciamento ou aproximação, com a 'realidade' do cativeiro em Portugal e na América Portuguesa (depois Brasil) nos séculos XVIII e XIX.

Importante notar também, que os estudos antropológicos clássicos, em especial os produzidos por Marcel Mauss (1872-1950) (MAUSS, 2003, pp. 183-314), têm se apresentado de uma forma, cada vez mais contundente (GODELIER, 2001, p. 19-162), às pesquisas históricas sobre o Antigo Regime Europeu, ao mediarem metodologicamente alguns estudos, e por permitirem que se identifique a base de seu funcionamento, a partir das relações entre 'iguais' e 'desiguais', numa sociedade hierárquica, onde o oferecimento de 'dádivas', 'mercês' e 'dons' circunscreviam diretamente àquelas sociedades (LANNA, 2000; PEREIRA, 2007). Ao interpretar o *Ensaio sobre a dádiva*, de Mauss, Marcos Lanna (2000, p. 173-94) observa que enquanto a 'dádiva' institui relações sociais, por mediar o comportamento e as 'regras de conduta' estabelecidas pelos, e entre, indivíduos (em suas 'trocas', e oferecimento de 'presentes' entre si), a relação de 'compra e venda', que se desenvolveu vertiginosamente nas sociedades capitalistas modernas, não o faria. Para Luciana Gandelman (2005) e Fernanda Olival (2001) esta hipótese metodológica permite se inquirir melhor as relações entre 'iguais' e 'desiguais' no Antigo Regime Europeu, porque se pode identificar com ela tanto 'as cadeias de mercê', quanto às 'relações de poder' que foram produzidas a partir delas.

Inspirando-se nesta historiografia, que levantamos a hipótese de que a principal estratégia de 'sobrevivência' dos escravos no 'mundo dos senhores' – vivenciadas nas peças teatrais que são aqui analisadas – era o estabelecimento de uma relação 'desigual', fruto do 'sistema escravista' e do 'Antigo Regime' (LARA, 2005, p. 21-38), na qual o oferecimento de '*prêmios*' (muitas vezes entendidos como 'dádivas') e de '*castigos*' ('físicos' ou 'simbólicos'), dos senhores aos seus escravos, eram a base de seu funcionamento operacional. Para melhor caracterizar essa relação elaboramos o quadro abaixo, que sintetiza o complexo relacionamento que este mecanismo produziu.

Quadro – 7: Distribuição de Prêmios e Castigos, dos senhores para com seus escravos.

Prêmio*	***Castigo****
Alforria (liberdade)	Punição física (às vezes morte)
Presente (material ou promessa)	Punição simbólica (de cunho moral)
Receber por alguns serviços	Venda (separar do grupo) e prisão
Estar em família	Estar só
Falar com o senhor	Não falar com o senhor
Trabalhar na casa-grande	Trabalhar na lavoura

Fonte: Coleção de Teatro de Cordel da *Fundação Calouste Gunbenkian*.

* Para a elaboração do quadro, distribuindo as principais características identificadas tanto para os 'Prêmios', quanto para os 'Castigos', tomou-se basicamente a amostra de 13 peças teatrais, mas observou-se, a partir da amostra geral, que, com as devidas adaptações, o quadro pode servir para sintetizar outros tipos de relações (como, por exemplo, entre 'patrões' e 'empregados').

A distribuição das principais características que foram identificadas entre os 'prêmios' e os 'castigos' oferecidos pelos senhores aos seus escravos, de acordo com a pena dos autores das peças teatrais do período, sintetizavam nesta relação de 'opostos', para o 'bem' e para o 'mal', qual deveria ser o comportamento 'típico' dos escravos, para com seus senhores. Embora representem termos e ações opostas, 'prêmio' e 'castigo' não funcionavam separadamente. Só tinham sentido, se fossem tomados como pares de 'opostos', que ora se complementavam (um somando-se ao outro, ou moldando a ação de acordo com o que se pretendia receber em 'troca'), ora se excluindo (por representarem lados extremos, para o 'bem' do senhor e para o 'mal' do escravo, ou o inverso). De qualquer forma, 'prêmio' tinha sempre o sentido de uma 'dádiva' (MAUSS, 2003) a ser recebida (a alforria, um presente, receber pelos serviços, estar em família, falar com o senhor, trabalhar na 'casa-grande', e coisas assim); enquanto 'castigo' se referia a algum agravo cometido contra o 'senhor', e, por isso, o(s) 'escravo(s)' deveria(m) ser punido(s) (física ou moralmente, ficar só, ser vendido, não poder falar com o senhor, ser preso, ou ainda, ter que trabalhar na 'lavoura', ao invés de na 'casa-grande').

Antes, porém, de avançarmos na discussão dessas características, nos enredos das peças teatrais, é importante identificarmos alguns dos principais contornos da história da historiografia sobre a escravidão africana; para avaliarmos ao final, quais os tipos de aproximação e de distanciamento, que as peças do período estabeleciam com a 'realidade extratextual', que deu base a sua produção, na pena dos autores (anônimos ou não) da época, em comparação com as narrativas históricas que desde então foi feita.

Do universo da escravidão: o escravismo moderno, uma história da historiografia ainda em construção (?)...

A história do escravismo africano moderno[9], embora muito estudada na historiografia norte-americana, caribenha e brasileira, não deixou de ser um tema complexo, e ainda cheio de controvérsias (QUEIROZ, 1977, pp. 35-45; SCHWARTZ, 2001; REIS, 2003, 2008). O escravo africano foi 'passivo' ou 'ativo' diante das condições brutais do cativeiro? Os senhores agiam de forma 'benevolente' ou 'cruel'?

9 A história da escravidão indígena também teve um papel fundamental na configuração dos Trópicos, em seus espaços de sociabilidade e de trabalho, tendo em vista que não apenas houve miscigenação étnica, sincretismos religiosos e culturais, assim como o uso intenso do trabalho escravo dos ditos 'negros da terra', mas que aqui não serão estudados. Para uma análise da questão, ver: MONTEIRO, 1994; MONTEIRO, 2001.

Esses questionamentos, durante décadas, dividiram os pontos de vista e os argumentos levantados pela história da historiografia sobre a escravidão africana. Não há como reconstituir adequadamente essa história da historiografia neste texto.

Muito resumidamente, pode-se dizer que ela está dividida em quatro grandes momentos, que formularam linhas interpretativas influentes sobre a questão: a) a primeira foi produzida no século XIX, e no Brasil auxiliou a considerar o escravo como um agente 'passivo', 'inferior', 'negativo' e 'bárbaro', perante o 'branco' que era o agente 'civilizador', que traria consigo o 'progresso' e o 'desenvolvimento', e tem na obra de Francisco Adolfo de Varnhagen (1816-1878) seu grande modelo, porque em "que se pese a seriedade que ressuma de sua obra [...] nem se refere ao quilombo dos Palmares, o que evidencia o completo desprezo por um possível papel do escravo negro na História e a certeza implícita da passividade do mesmo" (QUEIROZ, 1977, p. 38), considera Suely Robles Reis de Queiroz; b) um segundo momento se formou nas primeiras décadas do século XX, beneficiando-se dos avanços dos estudos antropológicos norte-americanos, e que foi marcado no Brasil com a obra de Gilberto Freyre (1900-1987), ao introduzir o escravo africano na história do país, considerando-o de forma 'positiva', mas ao mesmo tempo enfatizando a sua docilidade perante o 'senhor', em função de estar num 'sistema escravista' bem menos brutal que o norte-americano; c) um terceiro momento, que tem no marxismo, de viés 'economicista', a sua 'onda' de maior inspiração, e no país foi desenvolvido, a partir dos anos de 1950, com as obras de Florestan Fernandes (1920-1995), Fernando Henrique Cardoso (1931-), Octávio Ianni (1926-2004), entre outros, no que ficou, depois, conhecido como a 'Escola Paulista de Sociologia' (CARDOSO, 2003, p. 9-13), crítica severa da obra de Freyre e de sua visão de uma 'democracia racial', ao ver o escravo como 'coisa' e o cativeiro como lugar 'violento' e 'brutal'; d) e, por fim, um quarto momento, que se iniciou nos anos de 1960, e tem na historiografia francesa, norte-america e inglesa, com seus estudos sobre a história cultural a sua base, e se frutificaram no Brasil, a partir dos anos de 1980, ao permitirem uma revisão da obra de Gilberto Freyre e da 'Escola Paulista', e possibilitarem novas leituras sobre o cativeiro, identificando o 'escravo como sujeito histórico', que mesmo num sistema brutal como o cativeiro, vislumbrava espaços de 'negociação' com o 'senhor', ao conseguir, em certas ocasiões, formar famílias e, em alguns casos, também cuidar de sua 'prole'. (SLENES, 1987, 1999; MOTTA, 1999; REIS, GOMES, 1996).

Note-se, desde já, que cada um daqueles momentos demonstrava quais os tipos de interpretação que se consolidaram como as 'hegemônicas', porque coexistiram várias num mesmo momento, e o aparecimento de uma nova linha investigativa, não anulava, ou excluía completamente as anteriores (GORENDER, 1990).

Há muitos estudos sobre o primeiro momento da história da historiografia sobre a escravidão africana no Brasil, produzida no século XIX (LARA, 1988; GORENDER, 1990, 2001). O estudo de Clóvis Moura (1990), *As injustiças de Clio*, mesmo considerando seus exageros, resume bem as suas principais características. Para ele, esta historiografia 'tradicional' (por ser também 'conservadora') foi fruto "de um pensamento que assimila e reflete uma visão desfocada da realidade étnica e social do Brasil [...], tendo como embasamento teórico um conjunto de pensamento elitista, eurocêntrico e racista muitas vezes" e "jamais colocou o negro como agente histórico-social dinâmico, quer como indivíduo, quer como grupo ou segmento" (MOURA, 1990, p. 11). De acordo com ele, seus principais representantes foram: Frei Vicente do Salvador, Rocha Pita, Southey, Armitage, Varnhagen, Handelmann e Oliveira Vianna. As grandes exceções neste momento foram: Euclides da Cunha, Capistrano de Abreu, Manoel Bonfim e Alberto Torres, que abriram novos caminhos, ainda que em muitos pontos, argumenta o autor, mantivessem um cunho 'racista' nas suas interpretações. Por isso haveria:

> [...] um *continuum* ideológico quando abordam a participação das populações não-brancas e do negro em particular na formação e desenvolvimento da nação brasileira. E essa continuidade de pensamento reflete uma ideologia que procura excluir ou minimizar a contribuição dessas populações à dinâmica social. [...] lhes é comum: a visão de que os negros, índios e mestiços em geral são elementos bárbaros, pagãos, gentios sem capacidade civilizadora e os brancos, detentores das estruturas de poder, aqueles elementos que impulsionam a nossa sociedade em direção à civilização (MOURA, 1990, p. 213).

A obra de Gilberto Freyre (1900-1987) surgiria, no início dos anos de 1930, justamente contrariando essa interpretação. No seu, hoje clássico, livro *Casa-grande e senzala*, de 1933, este 'incorporou', de maneira positiva, o negro na história do Brasil. Até aquele momento o negro era 'inferiorizado' e 'desprezado' pela maioria dos 'intelectuais brasileiros'. O responsável por esta situação era o 'ideal' de branqueamento inspirado no evolucionismo importado da Europa, no último quarto do século XIX (ARAUJO, 2005). O autor foi muito marcado pela interpretação 'culturalista' do antropólogo Franz Boas (1858-1942), do qual foi aluno nos Estados Unidos nos anos de 1920. Com esta base antropológica, procurou estudar o Brasil a partir da sua peculiaridade, buscando em nossa origem os elementos constitutivos da formação da sociedade brasileira, por meio da miscigenação proveniente do cruzamento étnico do índio nativo, do negro africano e do branco europeu. A partir dos relatos de viajantes, principal fonte utilizada pelo autor, entendeu que o Estado brasileiro era um transplante do Estado Português. Dessa forma, os senhores de engenho foram os representantes de Portugal, já que nossa colonização não foi realizada por uma empresa 'estatal', ao estilo espanhol, mas sim 'particular'. (FRAGOSO, 2001; FRAGOSO, SAMPAIO, ALMEIDA, 2007; FRAGOSO, GOUVÊA, 2010). Nesse sentido, Freyre daria ênfase e demonstraria a importância da maneira como o português se relacionava com o 'outro', que era diferente de vários outros grupos étnicos europeus, que viam o 'outro' com um olhar de 'repulsa' e 'superioridade'. Segundo Freyre, em seus argumentos em *Casa-grande & senzala* (1963), a experiência de miscigenação dos portugueses com os mouros foi à maior prova dessa característica plástica e adaptativa dos portugueses.

Portanto, isto teria possibilitado a miscigenação entre portugueses, negros e índios na América Portuguesa. Esta aceitação de miscigenação dos portugueses levou Freyre (1963) a afirmar que os negros foram mais bem tratados aqui no Brasil, em relação a qualquer outro lugar do mundo, especialmente em comparação com o sul dos Estados Unidos. Isto foi o que possibilitou a instituição da 'democracia racial', e da definição 'positiva' da escravidão no Brasil, sob a égide do 'patriarcalismo'. O contexto em que a sua obra foi escrita evidencia a necessidade de Freyre de justificar a benevolência do senhor de engenho. Esta camada social estava em decadência e Freyre fazia parte dela como um de seus descendentes. Dessa forma, pode-se explicar a exaltação que o autor fez ao senhor de engenho, não apenas por meio de uma interpretação histórica, mas também evidenciando seus laços afetivos e genealógicos. Além de sua qualidade estilística e interpretativa, tão bem identificada por seus leitores e intérpretes, o que fez com que sua análise obtivesse tamanho êxito no Brasil, está no fato de que no governo de Getúlio Vargas (1930-1945), havia uma necessidade generalizada, em função dos acontecimentos dos anos de 1920 e 30 (CARONE, 1977), de formação de uma 'identidade nacional'. Neste sentido, uma visão que contemplava a inserção do negro e do índio, junto com o branco, na sociedade brasileira era muito bem vinda e bem vista pelo governo e por alguns setores da sociedade (ARAUJO, 2005; GIUCCI, LARRETA, 2007), por contribuir diretamente com uma meta de integração do Estado com a Nação, a partir da história da miscigenação e do cruzamento étnico.

A partir da década de 1950, entretanto, os fundamentos da obra de Gilberto Freyre começaram a ser questionados. (MESQUITA, 2010, pp. 151-72). A modernização e a urbanização do Brasil revelaram a 'nua e crua' realidade de 'discriminação' e 'repulsa ao negro'. (ANDREWS, 1998; GUIMARÃES, 1999; CARVALHO, 2001). Isto ocorria, principalmente, quando o negro ia concorrer a um emprego em fábricas, ou no comércio, e o mesmo era rejeitado em prol de um branco, como demonstraria Florestan Fernandes (2008) em seu trabalho: *A integração do negro na sociedade de classes*, produzido no início dos anos de 1960. Já na década de 1950, Roger Bastide (1898-1974) e Florestan Fernandes (1920-1995), fundadores da 'Escola Paulista de Sociologia' (na USP), com o livro: *Brancos e negros em São Paulo* (2008) procuraram entender, a partir de uma análise marxista economicista, as raízes dessa 'realidade' vivida pelos negros no país, com o estudo da história da escravidão, tendo como norte investigativo não o Nordeste, mas a própria cidade de São Paulo. Vale destacar que, diferente de Gilberto Freyre, vindo da elite nordestina, os autores, principalmente, Florestan Fernandes, provinha de família humilde, da qual sua mãe 'trabalhava como doméstica'. (PONTES, 1998; PEIXOTO, 2000; ARRUDA, GARCIA, 2003). Ao se afastarem da abordagem 'culturalista' e 'paternalista' de Freyre, evidenciaram o processo de 'coisificação', que a escravidão impunha ao escravo. Este processo estava implícito na identificação jurídica do escravo à mercadoria, e na coerção brutal e desumanizadora contra a sua pessoa. (FLORESTAN, 2008; FLORESTAN, BASTIDE, 2008). Para eles, a coerção era necessária para auferir maior lucro do trabalho escravo. Foram elaborados muitos trabalhos baseados nessa abordagem por sociólogos e historiadores, como: Fernando Henrique Cardoso (2003), Octávio Ianni (1988) e Suely Robles Reis de Queiroz (1977). Sobre essa questão, Fernando Henrique Cardoso (2003), em seu livro *Capitalismo e Escravidão no Brasil Meridional*, resume bem esses pontos, ao dizer que:

> Do ponto de vista jurídico é óbvio que, no sul como no resto do país, o escravo era uma *coisa*, sujeita ao poder e à propriedade de outrem, e, como tal, 'havido por *morto*, privado de todos os *direitos*' e sem representação alguma. A condição jurídica de coisa, entretanto, corresponde à própria condição social do escravo (CARDOSO, 2003, p. 161).

Nesta mesma linha investigativa argumentaria Suely Robles Reis de Queiroz (1977), em *Escravidão negra em São Paulo*, que durante muito tempo a historiografia construiu o mito de um 'senhor' benevolente e de 'escravos' submissos e obedientes. E a "idealização que da escravidão fizeram vários historiadores pode ter sido devida, entre outras causas, aos escritos de estrangeiros que visitaram o Brasil durante o século XIX, a começar pelos viajantes das primeiras décadas" (QUEIROZ, 1977, p. 36), com os quais a autora procurou pormenorizar seus olhares sobre a escravidão.[10] Entre os quais, Louis Couty, que em *L'Esclavage au Brésil*, dirá que: "os únicos negros que são verdadeiramente escravizados são os da roça, os que fazem o trabalho agrícola", com o quê a autora completará seu raciocínio dizendo:

> É possível que o suave quadro traçado por esses estrangeiros tenha a motivá-los razões várias, entre as quais o preconceito contra a raça negra que em muitos deles é visivelmente manifesto. Presos às idéias do século, seria natural que achassem bom o tratamento dispensado a uma raça considerada inferior. Para povo tão abaixo do branco, até a satisfação de necessidades básicas como alimentação e vestuário seriam *dádivas*. [...] O negro estaria qual criança a ser conduzida e *castigada* quando necessário [...] (QUEIROZ, 1977, pp. 37-38, grifo meu).

É bem possível, que alguns desses relatos, que foram comuns na Europa do período tenham servido de base para parte dos autores das peças teatrais dessa época, e, por isso, também foi tão forte a ideia de 'prêmio' (como 'dádivas') e de 'castigo' (para correção de 'caráter') nelas contido, mas infelizmente não temos dados suficientes para apurar adequadamente tais referências. Para a autora ainda, "a longa série de opiniões caracterizada pela ideia de um sistema escravista em que o senhor era bondoso, paternal e o escravo resignado, passivo, sedimentar-se-ia com o decorrer do tempo e levaria estudiosos de renome a ratificá-las" (QUEIROZ, 1977, p. 39). Sobre a exceção a esta ação 'passiva' do escravo, o estudo de Suely Robles de Queiroz (1977) demonstra as suas principais características, ao dizer que o cativo

10 Vale aqui destacar a importância do estudo pioneiro de Antonil (pseudônimo de José Antônio Andreoni) *Cultura e Opulência no Brasil* ANTONIL (João Antônio Andreoni). *Cultura e opulência no Brasil: por suas drogas e minas.* São Paulo: Cia. Editora Nacional, 1967). Tal estudo, produzido no século XVIII, permitiu que se vislumbrasse o cotidiano do cativeiro e a organização de seus castigos, de um modo que a maioria dos viajantes que estiveram no Brasil no século XIX desperceberiam quase que completamente. O estudo de Raimundo Pessoa, além de demonstrar a importância do trabalho de Antonil, mostra como eram caracterizados os mulatos no Brasil colonial, como *gente sem sorte* (PESSOA, 2007).

fazia uso de 'suicídios', 'fugas', organizava 'quilombos', cometia 'agressões físicas' e 'insurreições'. Mas:

> Evidentemente também em São Paulo se observou um processo de acomodação, provavelmente restrito aos escravos domésticos e àqueles de pequenas fazendas, passíveis de adquirirem aos olhos do senhor uma individualidade não conferida aos cativos do eito de grandes propriedades (QUEIROZ, 1977, p. 201).

A herança promissora deste tipo de análise de 'processos-crime', para circunstanciar as características da 'escravidão africana' na América Portuguesa (depois Brasil) e das relações entre 'senhores' e 'escravos' se evidenciará no momento seguinte (FERREIRA, 2005, 2011; VASCONCELOS, 2005). No entanto, o interessante é observar que apesar da diversidade nas abordagens destas duas 'tendências', ambas consideraram o escravo como um ser 'passivo'. Freyre mostrou o escravo como um ser protegido pelo 'senhor', submisso as suas vontades. Na interpretação da 'Escola Paulista', também não se via o escravo como um ser 'ativo', já que este era uma mercadoria e estava à mercê da vontade dos senhores, com exceção daqueles que se 'rebelavam', conseguiam fugir e formavam os 'quilombos'.

Contudo, a partir dos anos de 1960, em especial, nos Estados Unidos e na Inglaterra, houve uma crítica generalizada quanto à capacidade interpretativa de um marxismo, fundamentalmente, centrado na análise das questões econômicas. Por outro lado, também foi o início das revelações públicas das atrocidades cometidas nos regimes socialistas, com especial enfoque, para aquelas efetuadas no regime de Stalin na União Soviética. É neste contexto, de crítica teórica e política ao marxismo, que surgirá a obra de Eugene Genovese (1930-), nos Estados Unidos, e de E. P. Thompson (1924-1993)[11], na Inglaterra. Surgidas no interior do próprio marxismo, as obras destes autores não irão sair completamente da abordagem marxista, mas sim irão dar maior ênfase as questões culturais e sociais. Genovese, mais até do que Thompson, procurou rever a história da escravidão no sul dos Estados Unidos, primeiro, estudando *A economia política da escravidão* (1976), depois, revendo *O mundo dos senhores de escravos* (1979), em pesquisas efetuadas na década de 1960. A partir destes trabalhos, Genovese passou a se preocupar com 'o mundo que os

11 Foi historiador marxista inglês dissidente do partido comunista, na década de 1950, após o reconhecimento público, no XX congresso da Internacional, das atrocidades cometidas por Josef Stalin na URSS.

escravos criaram', em seu livro *A terra prometida* (1988), que terá desdobramentos importantes e revelará um espaço pouco estudado, até então, sobre as relações entre 'senhores' e 'escravos'. A obra de Thompson, mesmo não se detendo diretamente no estudo da história da escravidão africana, contribuiu diretamente para o seu avanço, principalmente, com seus trabalhos: *A formação da classe operária inglesa* (1987; 1988); *Senhores e caçadores* (1987); *Costumes em comum* (1998); *A peculiaridade dos ingleses e outros ensaios* (2001) e *Os românticos* (2002).

Esses trabalhos foram fundamentais para o desenvolvimento da historiografia brasileira, em especial, os estudos sobre a escravidão africana, a partir da década de 1980. Naquela década começava a surgir muitas pesquisas inspiradas pela historiografia francesa, inglesa e norte-americana, e, em especial, pela obra de Eugene D. Genovese e de Edward Palmer Thompson – e que naquele momento estavam sendo lidas, utilizadas, traduzidas e interpretadas no país (ROIZ, SANTOS, 2012). Estes estudos incorporaram novas abordagens e documentos até então não utilizados, e outros já explorados, mas com procedimentos metodológicos inovadores e outras problemáticas de análise das fontes. A particularidade desses estudos está no resgate do 'cotidiano' e da 'cultura' do escravo, evidenciando o cativo como 'agente histórico', ao constituir, por meio de vários mecanismos, uma comunidade escrava, que permitia, da melhor maneira possível, procurar diminuir a 'opressão' da escravidão. (FLORENTINO, GÓES, 1997). Estes estudos têm demonstrado que a violência não era o único meio utilizado pelos senhores para auferir melhor rentabilidade do trabalho escravo. A violência constante levaria a destruição mais rápida do que o normal do escravo, e sendo o escravo um ser humano, estes precisavam de motivações para melhorar o desempenho de suas tarefas que lhe eram designadas a executar por seus senhores (MATTOSO, 1982).

Stuart Schwartz (1983, 1988), por exemplo, ao analisar a organização dos engenhos na Bahia, exemplifica essa situação, por demonstrar novas evidências sobre a distribuição do número de escravos, em função do tamanho da propriedade, e a maneira pela qual os escravos reivindicavam seus direitos perante os senhores. Segundo ele, os escravos que trabalhavam na caldeira do engenho podiam sabotar a produção do açúcar a qualquer momento. Dessa forma, os senhores lhes auferiam alguns privilégios, como dias de folga, após o término das tarefas. Nesta perspectiva, Ciro Flamarion Cardoso (1987), nos mostra que os senhores muitas vezes cediam pedaços de terras aos escravos, para seu próprio plantio. Os produtos produzidos eram comercializados no mercado interno. Esta característica da escravidão tem sido chamada de 'brecha camponesa', a qual permitia a compra da liberdade por parte de alguns escravos. Outro aspecto desta relação tem sido discutida por João José Reis (2008), ao demonstrar a forma pela qual os escravos procuravam se organizar em associações, com o objetivo, entre outras coisas, de alcançar a liberdade, com a compra da 'alforria'.

Os estudos realizados nos últimos anos têm demonstrado diversas abordagens sobre a escravidão (MARCONDES, 1998; LARA, 2005, 2007; REIS, GOMES, CARVALHO, 2010), evidenciando o escravo como 'agente histórico', na medida em que revê a organização da 'estrutura da posse de escravos' (SANTOS, 2002), estuda-se a 'história da família escrava' (FLORENTINO, GÓES, 1997; FLORENTINO, 2005), e a maneira com que o escravo vislumbrava os 'significados da liberdade' (CHALHOUB, 1990; MATTOS, 1998; CARVALHO, 2007; CARVALHO, NEVES, 2009). Até a década de 1980, a historiografia, tanto na linha freyriana, quanto na da 'Escola Paulista de Sociologia', haviam descartado a possibilidade de existência de famílias escravas, no 'sistema escravista', pela falta de evidências e de documentos, e acabaram, com isso, omitindo a sua existência. Desde então, a historiografia tem procurado demonstrar a sua presença no(s) sistema(s) escravista brasileiro, e a sua importância na formação de uma comunidade escrava, que permitia aos escravos sobreviverem à 'dura opressão que foi a escravidão'. (METCALF, 1987; SLENES, 1985, 1987, 1999; MOTTA, 1999).

Neste sentido, verifica-se que a partir da década de 1980, a historiografia, ao resgatar o cotidiano e a cultura escrava, revelou-nos o escravo como um 'agente histórico', que sempre está criando mecanismos diversos para suportar as 'dores do cativeiro'. (SILVA, REIS, 1989). Essa tendência historiográfica, além de reavaliar um amplo e ignorado espaço da escravidão, então limitado pelas atitudes de um escravo 'passivo' (tal como foi evidenciado por Freyre) e do quilombola 'herói' (analisado pela Escola Paulista), ela trouxe à tona o 'cotidiano' e a 'cultura' dos escravos das economias voltadas para o abastecimento do 'mercado interno', que tanto Freyre, quanto os seguidores da 'Escola Paulista' deram pouca ênfase e importância.

Diante do exposto, vale ressaltar, que num certo sentido o desenvolvimento de cada um desses quatro 'grandes' momentos da história da historiografia sobre a escravidão africana (que produziram interpretações também influentes sobre o tema), cada vez mais, usando-se da terminologia 'prêmio' e 'castigo', preocupou-se em circunstanciar não apenas o 'mundo dos senhores' e a maneira pela qual concebiam e administravam o 'universo dos escravos', distribuindo 'prêmios' e 'castigos' como fundamento de sua ação; mas também visualizando a maneira com a qual o 'escravo' agia, em meio às ações e mandos de seus 'senhores'. É sobre essa questão que passaremos a nos deter, nos enredos das peças teatrais dos séculos XVIII e XIX, e a maneira pela qual seus autores visualizaram e compreenderam esta questão.

...Ao mundo do Teatro: senhores 'benévolos', escravos 'submissos'...

A primeira vista, o que as peças teatrais do período nos indicam é um 'mundo' de senhores benévolos, que forneciam 'prêmios' aos seus escravos, quando se comportavam de forma 'submissa' às suas ordens, e só promoviam 'castigos', quando eram obrigados, em função da 'rebeldia' escrava. Deste ponto de vista 'o castigo' era uma correção da postura e do caráter dos 'escravos', e a sua encenação no teatro era um modo 'pedagógico' de ensinar aos 'senhores', de que maneira deveriam empreendê-los (já que desconhecemos totalmente o público de possíveis 'escravos' e/ ou 'alforriados', se é que frequentavam o teatro na época).

O 'entremez' *O contentamento dos pretos, por terem a sua alforria*, impresso em 1787 pela Oficina de Domingos Gonçalves, cuja autoria da peça não aparece, possivelmente por ser uma adaptação de outra, é um belo exemplo desta questão. Nela aparecem figurando: Pantaleão, Mercante e dono da casa; Brazia, sua mulher; Isbella, sua filha; Felisberto, noivo de Isbella; e Catherina e Sebastião, seus escravos. As cenas se passam na casa de Pantaleão. O ponto central da peça diz respeito à discussão da esposa com seu marido, no que tange a concessão da alforria aos seus dois cativos. A principal justificativa de Pantaleão para concedê-la é que:

> [...] detreminei forrar os meus escravos, e hei de pôr em izicução, mizeravel captiveiro, quanto naõ és aborrecível? Basta-lhe o quanto me tem servido, Catherina a comprei em huma pequena idade, Sebastião naõ era taõ rapaz, mas que graças naõ devo dar ao Ceo, de ter incontrado em dois escravos dois fieis zeladores da boa iconomia da minha caza, quantos clamores naõ batem nos meus ouvidos desses Senhores, que naõ tendo a sorte que eu tive, incontraraõ escravos, infiéis, simples, e descuidados, em fim, he tempo de os deixar livres do tiranno jugo da insuportavel escravidaõ (p. 2).

Por isso, após uma vida dedicada de bons serviços e cuidados com a casa deveria alforriá-los. Sua esposa, de início, reprova sua atitude, inquirindo o porquê de libertar os 'pretos'. Pantaleão, além de indicar como eram 'coitados', sujeitos a sina da escravidão, argumenta que Catherina cuidava há mais de trinta anos da casa e também de sua filha, e Sebastião, além do cuidado com os serviços, o protegera dos perigos em vários momentos. Além disso, seus escravos "sem o maldito vicio da bebedeira, do caximbo, ou do joguinho, que qualquer destas coisas he muito própria nesta qualidade de endividuos" (p. 4), propiciou-lhes maior cuidado com os afazeres, de modo que seria injusto não conceder-lhes a tão sonhada 'liberdade'.

Ao mesmo tempo, diz que já é chegada à hora de dispor de todos seus bens em herança, e não tendo nenhuma reclamação de seus escravos, deixá-los entre os 'bens' o faria ficar em 'débito' com eles, principalmente, em função dos serviços tão bem prestados por eles, em todos esses anos. Por perceber que era inútil argumentar desse modo com o marido, Brazia lhe diz que ao fazer isso deixaria sua filha numa situação arriscada, quanto ao futuro. Ao que o marido lhe responde: que já pensando no futuro da filha havia lhe encontrado um noivo adequado. Espantada, a esposa pergunta ao marido se sua filha já sabia disso. Responde que não, mas já irá lhe comunicar. Após comunicar a filha, que não discorda do pai, este prossegue com os preparativos do testamento e das cartas de alforria.

Brazia, ainda descontente, tenta convencer a filha das ideias que não sabe quem colocou na cabeça de seu esposo, para que esta fizesse o pai mudar de opinião sobre a alforria. Ela, por sua vez, triste por poder perder a escrava que cuidou dela desde que era um bebê, diz: "Ao Ceo agradeço esta ventura, mas eu [re]conheço, que elle premeia a solida obediencia com que reverenceio a meus Pais" (p. 7).

Ao perceber que seria inevitável a ação do marido, Brazia decide conhecer o noivo que este escolheu para a filha. Rapaz 'rico', de 'boa família', lhe dirá Pantaleão. Após conhecer Felisberto, Brazia fica ainda mais satisfeita com o noivado, embora permanecesse descontente quanto à alforria dos escravos. Depois, em conversa com sua filha, Pantaleão lhe aconselha sobre o futuro casamento, ressaltando que: "isto de cazamento devem ter trez coizas, a primeira, he boa escolha, a segunda, ser falado, a terceira, logo feito" (p. 10).

Após dar as boas novas aos escravos, lhes diz que as cartas estão prontas "e quero que fiquem em caza" depois de as concederem, e seria de seu gosto se Sebastião e Catherina se casassem, pois via entre eles uma grande cumplicidade. Momentos depois, chama-os para nova conversa, em que diz:

> Quero-lhe dar o maior alegraõ, que vossês já mais tiveraõ em toda a sua vida, quero dar-lhe a carta da sua alforria. [...] Hora pois, aqui tem a sua carta, que em tempo algum terá a minima duvida, podem até á morte ficarem nesta caza, passando de serem escravos, a serem fieis servos (p. 14).

Ao que ambos respondem-lhe: "Oh que felliza arforria, Que bero, e lindo plezente" (p. 15). Com isso, o senhor se sente em paz, e com todas as suas 'dívidas morais' pagas. Nesse sentido, pode-se bem perceber a importância em que permeava a ideia de 'prêmio', sem a necessidade de 'castigos', do 'senhor' para os seus 'escravos', que após cumprirem por anos suas ordens, receberam o 'presente' tão desejado (ainda que se mantivessem como 'servos', e não mais como 'escravos' em sua casa).

Na peça *Do negro mais bem mandado*, sem uma data provável de impressão, mas por certo do mesmo período, em função de suas características, nos indicará o outro lado deste extremo na encenação. Nela figuram como personagens: um Escudeiro, seu escravo, uma negra, dois soldados e a mulher do Escudeiro. As cenas se passam nas ruas, provavelmente da cidade de Lisboa (como aconteceu na peça anterior). O enredo transcorre sobre o dilema do 'preto' seguir ou não as ordens de seu senhor. Ao se dirigir a seu escravo, diz o Escudeiro:

> O mais mal afortunado, Escudeiro que ha na terra, com hum Negro, que tenho tam bruto, bucal, & besta, que nem para me levar, a hua minha parenta, (he assi verdade) hum recado, o pobre do preto presta, quero chamalo Lourenço? (p. 54-55).

As circunstâncias de suas 'repreensões morais' ao escravo transcorriam nas mais diversas situações, porque não obedecia as suas ordens, e, por isso, deveria ser 'castigado', seja com palavras: "vem qua preto, passa aqui negro" (p. 55), seja nos gestos: "Eu que sou teu amo, besta" (p. 57), é que 'obrigavam' ao 'senhor' ser mais severo com o cativo. Mesmo assim, o senhor 'paciente' solicitava a seu cativo que levasse uma cesta sua ao Convento. Mas o 'escravo' assim o respondeu: "Mia forga, como verudo, farta, baira, [...] que as frera dar hum docia por o servicio que reva" (p. 59). No caminho, o escravo encontra dois soldados. Um lhe diz:

> Mandao seu amo ao Convento d'Almeida, com hua cesta de camoezas, diremos que he corpus Christi, elle he tonto, & dara por estar tangendo, num tambor muita fazenda, que tem graça o bom do negro, vôs lho aveis de pór às costas, em quanto a cesta lhe pesco, parecevos bem? (p. 60)

O cativo, mesmo na dúvida, faz o sugerido, e: "Mia sioro me manda, que reve essos camoeza as frera mas mia vai, tamen comendo ra cesta" (p. 61). Ao descobrir a maneira com que o escravo seguiu sua ordem, diz o senhor: "Preto infame" (p.

64). O escravo tenta se desculpar, e lhe diz quem o mandou fazer isso. O senhor, por sua vez, lhe manda levar outra cesta, maior e melhor, ao mesmo local para se desculpar do ocorrido. Outra vez, o escravo 'desajeitado' deixa de cumprir as ordens do senhor. Seu senhor ao vê-lo novamente diz: "Si perdoo, mas por estas" (p. 65). E o escravo: "Nò ha medo, a esse juramento [de fidelidade e serventia], nem as tua barba, escudera" (p. 65). O senhor irritado, novamente lhe sugere punição severa, mas 'em sua bondade' deixa de cumprir com o prometido, e o 'negro' desobediente, continua a ser assim com seu senhor. O enredo desta peça demonstra como o senhor 'benevolente', mesmo diante de um escravo 'desobediente', não é cruel em seus 'castigos', que não passam de 'promessas' a serem cumpridas, mais de forma 'simbólica', do que 'física'.

Situações semelhantes se passam nas peças: *De hum engenho Portuguez* (de 1782); *Os dois amantes em Africa, ou a escrava venturosa* (de 1791); *O escravo em grilhoens de ouro* (de 1782); *Da praça do comércio* (de 1785); *Emendar erros de amor, ou Cosdroas em Africa* (de 1787); *De dos alcaldes, y el engano de una negra* (s/d); e *O negociante imprudente* (de 1792). Ora se apresentam senhores (e senhoras) 'benevolentes', prontos para concederem 'prêmios' aos seus escravos 'obedientes e submissos'; ora aparecem escravos 'rebeldes e desobedientes', que deveriam ser corrigidos pelos seus senhores, por apresentarem falhas tão graves de conduta, ao desobedecerem as suas ordens. Por isso, nesses casos eram tão necessários os castigos, e que nas peças do último quartel do século XVIII, não passavam de ações simbólicas, quando muito a sugestão de venda, ou a mudança de local de trabalho. Até aqui o local em que se passam as peças foi em Portugal. A América Portuguesa (depois Brasil) passa a ter importância, e ser um bom roteiro para as peças, quando a família real portuguesa, junto com parte dos nobres portugueses foram obrigados a seguirem para sua colônia em fins de 1807 (HESPANHA, 1984; LOPES, 1996; FLORENTINO, FRAGOSO, 2001).

As peças: *D. Inez de Castro* (de 1790, refeita em 1814); *Elysa, e Luso, ou o templo de Venus, oferecido a sua magestade o senhor D. João VI, rei constitucional do Reino-Unido de Portugal, Brazil, e Algarves* (de 1820); e *A rebellião debellada* (de 1823); indicam muito bem essa situação, e a forma pela qual a coroa portuguesa se portou em sua Colônia. Mesmo assim, a maneira com que a 'escravidão' é representada pelas peças acima, não seriam diferentes daquelas produzidas em Portugal. Sobressai a figura de um 'senhor' generoso, benevolente e honrado, para com seus 'escravos' obedientes, submissos e fiéis. Apenas nos casos de desobediência é que 'o senhor' se colocava de forma mais severa, para procurar corrigir o caráter dos cativos, por meio de 'castigos'. Poderíamos, assim, nos questionar se esse tipo de peça se limitava apenas a mostrar uma boa conduta por parte de 'senhores', seguido de obediência por parte de seus 'cativos', ou se havia ocasiões em que os 'escravos' também se rebelavam de forma mais consistente, diante das atitudes 'brutais' de seus 'senhores', tal como a historiografia sobre a escravidão africana tem demonstrado nas últimas décadas.

... ou escravos 'rebeldes', e senhores 'brutais'?

De um modo bem mais sutil, as peças teatrais também nos indicam que nem sempre os escravos estavam 'passivos' aos mandos do senhor, mas sim 'negociavam' com ele o modo como iriam ou não seguir as suas ordens, como já se indicou anteriormente. Evidentemente, também neste caso, os autores das peças teatrais do período se limitavam a falar mais do ângulo do 'senhor' e da 'casa-grande', do que do 'escravo' e da 'senzala', até pelo seu, senão total, ao menos 'grande' desconhecimento do funcionamento do 'universo dos escravos' no 'mundo dos senhores'.

Contudo, a peça de José Agostinho de Macedo (1761-1831), *O preto sensível*, que foi escrita em fins dos anos de 1820, mas apenas publicada postumamente na revista *Minerva*, em 1836, nos oferece um cenário significativamente distinto dos das peças até aqui analisadas. Talvez, justamente por suas características, esta peça tenha passado quase despercebida no período, com poucos exemplos semelhantes ao seu. Ela surge num período em que o movimento 'abolicionista' começava a se organizar tanto em Portugal, quanto no Brasil, entre as décadas de 1820 e 1830. (MACHADO, 1994; LOPES, 1996; MARQUESE, 1999, 2004; ALBUQUERQUE, 2009; BARROS, 2009). Seu autor, o padre jesuíta José de Macedo foi bastante produtivo no período, e escreveu além de peças, cartas, odes e poemas, também alguns livros como: *Morais dos pedreiros livres e iluminados*, que foi publicado em 1816, e circunstanciava sua aproximação aos ideais 'absolutistas' e 'maçons'.

Na peça *O preto sensível*, cuja "scena finge-se no Brazil", José de Macedo procurou demonstrar como a escravidão africana também tinha aspectos brutais, embora, como se verá, não irá romper completamente com as características das peças analisadas acima. Nela aparecem como personagens: Catul, preto escravo, Marçal, senhor de engenho, Ignacia, Senhora rica, e mãe de Lucio, Vicente, seu criado, um menino preto, filho de Catul, e outros escravos 'mudos' na peça. O ponto central da peça diz respeito à possível venda do filho de Catul, a qual este discorda veementemente de seu senhor. Em especial, porque Catul acreditava que seu filho teria o mesmo destino que o seu (caso fosse vendido): o de ter que trabalhar na 'grande lavoura', ser castigado brutalmente por seu senhor, e, em certas ocasiões, até sem saber o porquê. Para ele, todos os senhores de escravos, assim como os europeus, eram pessoas 'insensíveis', desprezavam os 'negros', eram desumanos e cruéis. Por isso dirá, indignado: "Ah! deixa, deixa de existir, meu filho! Poupa-te á immensa dôr de ser escravo!" (p. 101). Na cena seguinte, ao procurar acordar seus escravos para o trabalho, diz Marçal abruptamente: "Sahi do somno, Escravos indolentes, De vós não he o somno, he só trabalho: Se a vós não me escuteis, senti meus golpes" (p. 102). Nesse momento indaga Catul, porque estava tão 'pensativo' e 'distante', que nem os golpes o faziam dar atenção. O escravo responde que pensa no destino do filho, e este lhe diz que o "império d'hum senhor he mais que hum filho", já o de um escravo não passaria de seu espaço de trabalho. Daí a importância do diálogo que se segue:

> Cat. E quem tão feio tráfico authorisa,
> Que desta arte insulteis o Ceo, e a Terra?
> Març. A força; esta he a Lei, e está só basta.
> Cat. Ah! se da Libya os tristes habitantes
> Fossem todos qual sou, livre serião.
> Març. Basta, basta Catul....
> Cat. ... Tambem sou homem.
> Març. Fez-te a Fortuna, e a Natureza escravo.
> Cat. Assaz o vejo. Oh justos Ceos!....
> Març. ... Pois soffre.
> Cat. Arrastro, e soffro a barbara corrente;
> Tudo supporto em fim; soffrer não pode
> Meu nobre coração vendido a Espoza. [...]
> Cat. ... Insupportavel ferro!
> Oh! Dura escravidão, cruel destino!
> E nem vingar-me deste aggravo posso! (p. 102-3).

Na cena seguinte, Marçal passa a avaliar o cativeiro, e a maneira de conduzi-lo: "He preciso rigor, feroz soberba, Domina sempre o coração dos negros; Só lavados em sangue ás Leis se curvão... [...] Todos os Escravos são; este o commercio, Que me opulenta nos Sertões tão vastos; E em quanto tão viz sêres eu não vendo, Os faço trabalhar..." (p. 103). Neste momento, aproxima-se Ignacia, e o ouvindo falar desta maneira sobre o cativeiro, o responde:

> São mortaes como nós, são desgraçados;
> Das honras, e poder fortuna os priva;
> Quem nada pode ser, a nada aspira,
> E tem sem força a liberdade em ferros;
> Mas eu não venho a defendellos, venho
> Gozar da vista dos risonhos campos,
> Formosa solidão, e hoje vos peço
> Que os dispenseis do misero trabalho
> Sem prejuizo vosso ... Eia, infelizes,
> Folgai hum dia, e recebei contentes
> Este signal da compaixão que eu sinto...(p. 105).

Após alguns pequenos desentendimentos, Ignacia diz a Marçal que quer comprar Catul e seu filho, para os levarem para Portugal. O negócio é efetuado, sem que Catul saiba. Ao ser comunicado, fica irado, procura ficar sozinho. Pensa em suicídio, depois em matar seu senhor, matar o seu próprio filho, para que não tenha o mesmo destino. Ao saber quem comprou seu filho, ainda assim, continua zangado e pensa em matar o filho de Ignacia. Na cena seguinte, próximo de cometer o ato, ao se aproximar da criança coberta, Ignacia o vê e lhe pede para não fazer isso, e ver quem está dormindo antes. Ao abrir o lençol que cobria o menino, percebe que é seu filho e o abraça longamente. Após o ocorrido, Ignacia lhe diz que comprou o filho e ele também, mas não para permanecerem como escravos, e sim para serem livres. Além disso, Ignacia também comprou sua esposa 'Bunga', para, com isso, conceder a liberdade a toda 'família escrava', e poder acompanhar sua nova 'senhora', "que em meu peito, Tereis peito de mãi, não de Senhora; E pois sensivel foste entre teus ferros, Vem sensivel gozar da Espoza, e filho" (p. 115).

Em alguns pontos, como vimos, esta peça se assemelha ao 'entremez' *O contentamento dos pretos, por terem a sua alforria*, na medida em que apresenta dois senhores: um justo e outro não, um pensando na liberdade dos cativos, outro na permanecia da escravização dos negros. Mas diferente desta, e das outras, porque *O preto sensível* mostra o cativeiro como local 'cruel' e, em muitos momentos, 'violento' e 'desumano'. Por isso, também neste caso, os pares 'prêmio' e 'castigo' nos auxiliam para percebermos as estratégias utilizadas pelos 'senhores' para controlarem, corrigirem e moldarem o 'coração' e as 'mentes' de seus 'escravos'.

Considerações finais

> Assim como a *persona* e suas máscaras, na teatralidade quotidiana, a socialidade é estruturalmente ardilosa, inapreensível [...] (MAFFESOLI, 2006, p. 30).

O que Michel Maffesoli (2006) constatou, em seu livro *O tempo das tribos*, no final dos anos de 1980, como um fenômeno de declínio do individualismo moderno, em função da ascensão de uma 'sociedade de massas', na qual a 'tribalização' seria a forma característica de organização dos indivíduos por meio de grupos, uma vez que a "massa, ou o povo, diferentemente do proletariado ou de outras classes, não se apóiam em uma lógica de identidade", por não terem um fim preciso em suas ações "eles não são os sujeitos de uma história em marcha", por isso a "metáfora da tribo [...] permite dar conta do processo de desindividualização, da saturação da *função* que lhe é inerente, e da valorização do *papel* que cada pessoa (*persona*) é chamada a representar dentro dela" (MAFFESOLI, 2006, p. 31), convergiria com o que, neste aspecto, Richard Sennett (1988), em fins dos anos 1970, interpretou como o 'declínio do homem público'. Em ambos os casos, os autores se voltaram para a herança do século XVIII, que inauguraria uma 'nova' época, quando o 'movimento iluminista' e a 'sociedade burguesa' marcaram uma verdadeira ruptura com a 'sociedade aristocrática' e com o Antigo Regime Europeu, ao criticarem seu funcionamento, modos de agir e pensar. (BALANDIER, 1982; SENNETT, 1988; KOSELLECK, 1999; MAFFESOLI, 2006). Mas neste caso, o fizeram para demonstrar que no século XX houve um fenômeno semelhante, marcado pelas críticas 'pós-modernas' ao(s) fundamento(s) da 'Modernidade' européia, que teve a sua base na própria ascensão da 'sociedade burguesa'.

Para o quê nos interessou mais de perto, tanto Sennett, quanto Maffesoli, indicam a importância dos tipos de 'papéis sociais' que foram produzidos pela 'sociedade burguesa', a partir do século XVIII, definindo um comportamento 'típico' de um segmento da sociedade, ao qual, aos poucos, passou a ser seguido também por outros segmentos, inclusive pela 'aristocracia'. (BURKE, 1992b). Esse comportamento, como se deteve mais atentamente Richard Sennett, teve nas peças e nos palcos do Teatro Europeu dos séculos XVIII e XIX, locais muito propícios para a encenação daqueles tipos de comportamento. Justamente por isso, pode-se argumentar que a encenação de peças, cujo conteúdo destoavam desse padrão, não eram muito apreciadas, o que marcou a sua escassa produção no período, como foi o caso das peças que indicavam uma sociedade retratada pela 'escravidão' e pelas principais características do 'Antigo Regime' na Europa, tanto quanto nos Trópicos.

Mas nem por isso, àquelas peças deixaram de ter a sua importância, ao circunstanciarem, algumas vezes até pormenorizadamente, a maneira como os escritores (e em menor proporção, a própria sociedade da época) percebia o 'sistema escravista', e as relações entre 'senhores' e 'escravos' em Portugal e no Brasil (LOTT, 1987; LOPES, 1996). Conforme ressaltamos, não se identificava a 'realidade como tal', mas sob o ponto de vista da pena dos escritores, que em suas peças (algumas vezes contornando certas situações cotidianas, até por desconhecê-las) procuravam 'parodiar' àquelas relações, satirizando momentos do cotidiano, ou ironizando realações de sociabilidade e centralizando seu funcionamento num jogo de 'prêmios' e de 'castigos', dos 'senhores' para com seus 'escravos'.

Mesmo considerando que uma peça "não 'simbolizava' a realidade", mas "a criava através das convenções da realidade", como sugeriu Sennett, em alguns aspectos, àquelas 'representações' marcadamente se aproximavam do que era(m) àquela(s) sociedade(s). Comparando as características daquelas peças sobre a escravidão e o papel que desempenhavam os escravos, com a história da historiografia sobre a escravidão africana, pode-se argumentar que o 'modelo tradicional' elaborado no século XIX, próximo àquela(s) sociedade(s), praticamente deixou de lado o 'negro' (o 'índio' e o 'mestiço'), como 'personagem' importante no desencadeamento dos processos sociais. Com Gilberto Freyre, o 'negro' aparece 'positivamente' na historiografia brasileira, mas utilizando dos pares 'prêmio' e 'castigo', com o qual trabalhamos as peças, o autor supôs apenas um senhor 'benevolente', com escravos 'submissos' que recebiam 'prêmios', em função de seu comportamento dócil. Já para a 'Escola Paulista' houve justamente o inverso, um sistema escravista brutal, no qual os 'senhores' faziam de seus 'escravos' meras 'mercadorias', e, como tais, eram tratados de qualquer maneira, de modo a maximizar a produção e os lucros. E o que o 'escravo' fazia, em função dos 'castigos' físicos diários que recebia, era justamente se rebelar, tal como demonstrou Suely Robles Reis de Queiroz (1977). Por sua vez, o que a historiografia produzida a partir dos anos de 1980 tem procurado fazer é justamente mostrar quais os possíveis comportamentos e meios de ação que os 'escravos' possuíam, para sobreviverem em um sistema brutal como foi à escravidão.[12]

12 Convém ainda chamar a atenção para os textos de Natalie Zamon Davis, como *O retorno de Martin Guerre*, no qual a autora demonstrava como a imaginação controlada servia para arrefecer as lacunas deixadas pela documentação, no que dizia respeito à trajetória do personagem, ou as especificidades da época. A riqueza de detalhes que Davis (1997, 2001, 2001b) nos convida a pensar sobre a relação entre história e literatura, não seria possível sintetizar em uma nota como essa. Além disso, sua preocupação com as histórias de vida, os marginalizados e esquecidos da lei, a ação feminina no início do período moderno, também são dignos de nota, entre outras coisas, porque foram fundamentais para o desen-

Desse modo, ao invés de simplesmente vê-los de forma 'negativa', ou então 'passivo', dentro daquele 'sistema opressor', tal como o fizeram os modelos historiográficos anteriores, esta vem procurando caracterizá-lo como 'sujeitos históricos', que tiveram uma função 'ativa' no interior do sistema; e, em alguns casos, 'negociando', e, às vezes, entrando em 'conflito' (SILVA, REIS, 1989) com os 'senhores', ao gerenciarem seus 'prêmios' e 'castigos' aos cativos.[13]

Portanto, mesmo retratando o sistema escravista sob o ponto de vista da 'casa-grande' e do 'senhor', os escritores das peças teatrais dos séculos XVIII e XIX tiveram a sensibilidade de visualizar formas de comportamento entre 'senhores' e 'escravos', que não apenas se aproximavam do que foi o 'sistema escravista', como ainda convergiriam com alguns apontamentos da história da historiografia sobre a escravidão que viria, cada vez mais, pormenorizar as atitudes e os comportamentos dos 'escravos', diante das 'ações' de seus senhores, ao distribuírem seus 'prêmios' e 'castigos'.

Mas, com o fim do sistema escravista em 1888, como passou a ser representada as antigas relações entre senhores e escravos nas peças e nos palcos dos teatros? A partir do início do período republicano como foi estabelecido o comércio de bens culturais nas cidades que tinham no café a base de sua economia? Como era o funcionamento dos teatros durante a Primeira República e de que maneira eram administrados os teatros? Como o teatro passou a conviver com o cinema? Esses são alguns dos pontos que discutiremos a seguir, ao passarmos a estudar a trajetória de François Cassoulet (1864-1919) em Ribeirão Preto/SP nas décadas iniciais do século XX.

---

volvimento da Nova História Cultural, a partir dos anos 1970, e demonstrar a importância da análise das subjetividades humanas e o impacto das emoções humanas para o "fazer história"; para a compreensão da produção documental e para aguçar melhor a sensibilidade do próprio pesquisador(a) a respeito das inevitáveis tramas, por mais singelas que sejam, para a definição de nosso estar no mundo, assim como o de nossos antepassados, nas incríveis cenas da vida cotidiana (SERNA, PONS, 2005).

13 Silvia Lara observa ainda sobre essa questão que: "não deixa de ser interessante como os temas da escravidão (indígena ou africana) têm sido abordados a partir de uma perspectiva que busca mais examinar o encaminhamento do pensamento antiescravista do que estabelecer a relação entre esses debates e os modos como a legitimidade do próprio poder era concebida naquele período. Inversamente, a análise sobre as idéias políticas do Antigo Regime português deixa de lado frequentemente o tema da escravidão, como se sua existência no reino e nas conquistas não fosse fundamental para a dinâmica das relações sociais no Império português. Não seria o caso de tentar aproximar essas duas perspectivas de análise?" (LARA, 2005, p. 36).

11. François Cassoulet (1864-1919): um empresário teatral nas terras do café (Ribeirão Preto, SP)[1]

À memória de José Evaldo de Mello Doin, pioneiro no estudo da "Belle Époque caipira".

A história do Brasil moderno é a história dessas máscaras [do preconceito e dos racismos]. [...] Além disso, é fundamental explicar que, se o racismo racial pode assumir outras máscaras, então existem, obviamente, manifestações não raciais, que produzem o mesmo efeito destruidor e deletério nas pessoas. (SOUZA, 2021, p. 8).

1. No capítulo anterior vimos como certas peças teatrais dos séculos XVIII e XIX procuraram representar nos palcos a situação imaginativamente formulada pelos escritores, sobre a maneira em que viviam os escravos e os escravizados no mundo de seus senhores no espaço lusitano e luso-brasileiro, cujas tensões poderiam ter permitido a formulação de estratégias de sobrevivência nas quais o uso de prêmios e castigos teria sido o caminho pensado pelos senhores para auferir a manutenção e o controle de seus cativos e manter a ordem social vigente intacta, por

1 Esse texto é um experimento acadêmico: como ficariam os dados de uma pesquisa empírica, densamente ambientada em arquivos judiciários, com documentos cartorários, portanto, de ações cíveis, serem apresentados em forma de um enredo policial, típicos dos romances do século XIX? Teríamos como resultado, mais um romance histórico, do que uma análise histórica, se toda ela foi pautada em dados "reais", alcançados em pesquisa empírica detida em arquivos e "cientificamente conduzida"? Ou o resultado seria a produção de um texto híbrido, de início não planejado? Aqui também as relações entre Literatura e História não deixaram de servir de base para esse tipo de experimentação – que acrescenta ainda mais aos problemas e reflexões lançados nos outros capítulos.

causa de situações aparentemente inusitadas em seu meio sociocultural. Apesar das evidentes peculiaridades, as representações literárias das peças teatrais se aproximavam em certa medida das interpretações históricas a respeito do regime escravista luso-brasileiro, e, depois, brasileiro do século XIX, especialmente no que tange a historiografia que passou a ser produzida a partir dos anos 1980 – quando se passava a comemorar o centenário da "lei áurea", mas a revelia das próprias comemorações institucionais, a produção acadêmica veio a mostrar os contornos de uma ação escrava até então desconhecida, onde o papel ativo dos sujeitos escravizados passou a ser percebido, de fato, nas histórias que começavam a ser contadas; o que por sua vez permitiu o questionamento da própria "lei áurea", como o auge e a conclusão do processo de emancipação dos escravos e escravizados, que na verdade nada havia sido feito além de lançá-los a sua própria sorte depois de 1888.[2]

2 Nada mais interessante a respeito do que ver o balanço feito por Jacob Gorender (1923-2013), no auge daquelas discussões iniciais, em seu livro *A escravidão reabilitada*, no qual o autor colocava em questão os próprios avanços daquela historiografia que teria deixado de lado a mercantilização de seres vivos nos processos de escravização, tornando mercadorias os próprios sujeitos, de tal forma que passavam a uma condição subumana, porque a condição de humanidade já não fazia mais parte de seu cotidiano. O que por sua vez dava ainda mais espaço para a violência física (e também simbólica), fugas, assassinatos, suicídios e a todos os tipos de atrocidades; e que, para ele, passaram a ser pouco percebidas naquele tipo de escrita da história. Desnecessário acrescentar as diversas correntes de críticas que o seu texto gerou, mas, vale salientar, que foram a partir delas, dos debates que gerou em um movimento dialético, permitiu-se um avanço expressivo nas discussões a respeito da história do escravismo e dos processos de escravização na historiografia brasileira, a partir dos anos 1990. Apenas dois exemplos para fechar: a) Sidney Chalhoub, que havia acabado de defender e publicar sua tese, *Visões da liberdade* (de 1990), avançou na discussão com: *Machado de Assis, historiador* (de 2003) e *A força da escravidão* (de 2012); b) João José Reis, que (junto com Eduardo Silva) lançou em 1989 o livro *Negociação e conflito*, havia lançado depois *A morte é uma festa* (em 1991), e veio a avançar no debate com a versão revista e ampliada de *Rebelião escrava no Brasil* (de 2003), e, depois, com *Domingos Sodré, um sacerdote africano* (de 2008), até *Ganhadores* (de 2019). Os dois pesquisadores, com suas obras, tornaram-se referencias incontornáveis para se discutir a história da escravidão no Brasil. Desnecessário acrescentar que suas contribuições também estiveram em várias coletâneas que participaram ou organizaram. Sem dúvida alguma, Manolo Florentino e João Fragoso, também foram ícones nos anos 1990 para impulsionar o debate, mas aqui já se excedeu o espaço prudente desta nota para um texto dessa natureza; ao leitor ou leitura interessado no assunto peço-te gentilmente para retornar no capítulo anterior para ver um pouco mais dessa questão.

Depois de vermos como essas representações teatrais mostravam todas as sutilezas de uma realidade que estava também "fora do texto", mas ainda assim se apresentava oculta e silenciada pelos vencedores das lutas concorrências pelo direito de deixar registrado o reconhecimento do que devia ou não se tornar parte da escrita da história, inclusive a literária, nada mais conveniente e complementar do que inquirir como era o funcionamento das casas de espetáculo nas décadas iniciais do século XX, onde estavam localizados também os teatros e os cinemas, durante a Primeira República (1889-1930), quando então se procurava construir uma sociedade livre e pretensamente democrática para os brasileiros. A possibilidade de investigar como os teatros, cassinos e cinemas funcionavam e eram, por sua vez, gerenciados e administrados nos permite ver outros aspectos de uma sociedade em mudanças, advindas com a economia cafeeira, dando ensejo a proliferação de benfeitorias no espaço urbano de muitas cidades da capital e do interior dos estados brasileiros, especialmente, entre São Paulo e Rio de Janeiro (e no Amazonas pelo efeito da manufatura e comercialização da borracha).

As benfeitorias, no entanto, vividas em uma pretensa "bela época", ou "Belle Époque" (como muitos preferem)[3], eram saboreadas apenas por uma pequena parte

3 O período é entendido como uma época de paz e otimismo entre as nações européias, situado de 1871 até 1914, antes da eclosão da primeira Guerra Mundial (1914-1918). Para o caso brasileiro, muitos estudiosos a situam no período da Primeira República, durante o auge da produção e venda das safras de café, no Vale do Paraíba paulista, entre 1889 e 1930. Há quem considere o período como um momento de formulação de uma "Belle Époque caipira", como destacou José Evaldo Doin (et. al.), em *A Belle Époque caipira*, no qual seus autores articulam o processo junto aos conceitos de modernização conservadora, capitalismo bucaneiro e cordialidade. Para eles: "A Belle Époque caipira era constituída especialmente pela ação de uma elite desejosa de modernizar-se. Desobrigados de qualquer ética, derribavam as matas, levando destruição, morte e grilagem às terras férteis do sertão. Tal qual verdadeiros flibusteiros, adentravam a hinterlândia e agiam com violência, amparados na legitimidade de um discurso constituído a partir da significação social positiva atribuída ao moderno. Assim, o café seguia impávido, ladrilhando as localidades outrora semeadas e levando os trilhos e silvos das locomotivas em seu rastro. Rápido, então, lugarejos cresciam e tomavam forma de cidades, tornando-se, assim, centros bafejados pela força da grana que construía e destruía coisas belas, um verdadeiro admirável mundo, que mesclava sem possibilidades de separação o arcaico e o novo. Era nesse contexto que as ambivalências da própria modernidade se somavam às contradições de um país e de um povo forjado sob o sopro da bricolagem e da imposição do poder público." (DOIN, 2007, p. 95). O texto pode ser acessado em: https://www.scielo.br/j/rbh/a/RmdDfyx3GHhqJV7M58r6Lvr/?format=pdf. Ver também: DOIN, J.

da sociedade, na qual imigrantes e afrodecendentes lutavam acirradamente para serem, a todo custo, nela incluídos de alguma maneira, ainda que em um jogo desigual de conflitos e negociações, em uma certa condição subalterna, ou até marginalizada no processo. E é por termos acesso aos documentos relativos a processos-crime, autos de falências, roubos, incêndios e cobranças de dívidas, que sabemos como era um pouco do interior daquelas casas de diversão noturnas; quanto custavam as apresentações teatrais e cinematográficas; como eram as festividades, os cassinos e os restaurantes; como as diversões noturnas também davam espaço a prostituição, a exclusão e ao abuso de poder de certos sujeitos sobre outros, mas também das autoridades; o que as pessoas assistiam, o que comiam e como se vestiam. Ao nos determos um pouco na trajetória de François (então mais conhecido como Francisco) Cassoulet, empresário teatral nas "terras do café" da cidade de Ribeirão Preto, no estado de São Paulo, entre o final do século XIX (quando começou seu empreendimento em 1896) e as décadas iniciais do século XX (quando foi decretada a sua falência no final de 1917) é que poderemos começar a entender um pouco mais como era aquela sociedade, que parecia se encantar com os benefícios trazidos com as safras de café, em função dos resultados diretos que traziam para a remodelação do espaço urbano e na dinamização dos processos de sociabilidade experimentados pelos sujeitos, com as mais diversas formas de diversões do período – ainda que ao custo de maiores exclusões dos indesejados e das indesejadas.

Mas, ao fazermos esse movimento, a nossa meta é muito precisa, pois, espera-se com isso dar prosseguimento a nossa análise a respeito das relações entre literatura e história nos processos de construção e representação da realidade extratextual, por meio da "escrita criativa", posta pelos indivíduos em suas narrativas sobre os homens e as mulheres e seu agir humano nas sociedades no transcorrer do tempo. E como poderíamos fazer isso? Por que não se apresentando o período por meio de uma narrativa híbrida? Que tipo de resultados se poderia alcançar com essa estratégia?

E. M. *Capitalismo bucaneiro: dívida externa, materialidade e cultura na saga do café (1889-1930).* Tese (Livre docência em História) — Faculdade de História, Direito e Serviço Social, UNESP, Franca, 2001; PAZIANI, R. R. *Construindo a 'Petit Paris': Joaquim Macedo Bittencourt e a Belle Époque em Ribeirão Preto (1911-1920).* Tese (Doutorado em História) — FHDSS, UNESP, Franca, 2004; NEEDELL, J. *Belle Époque tropical: sociedade e cultura de elite no Rio de Janeiro na virada do século.* (Trad. Celso Nogueira). São Paulo: Companhia das Letras, 1993. A diversidade de posições, entretanto, é gigantesca, como pode ser facilmente aferível pelas análises de Capelli (2015), Daou (1999), ou Cánovas (2017).

E assim eu vos digo prezado leitor, caríssima leitora, a história que passo a lhe contar foi real, realmente aconteceu, e não em um passado distante de nós. As pessoas que são aí retratadas realmente existiram. O local que serve de base para o enredo ainda permanece (mesmo que seus habitantes já sejam outros, e o próprio espaço urbano tenha mudado completamente desde então), muito embora seus personagens e o espaço e o tempo que serviram para ambientar a narrativa parecessem, de fato, sair de um enredo de romance policial do século XIX – e o leitor e a leitora atentos a esta suposta intriga, certamente entenderão a aproximação com o romance policial no final do texto.[4] Entenda-se desde já: *isto aqui não é o fragmento de um romance póstumo* deixado em uma gaveta qualquer, e como os inéditos de Kafka, encontrados e publicados por um amigo! (como veremos no próximo capítulo, ao destacar as mutações da arte de se escrever contos e romances nas décadas iniciais do século passado); nem tampouco uma tentativa de representação desfocada da realidade, querendo se passar pela realidade, como fez o artista belga René Magritte (1898-1967), entre 1927 e 1928, quando produziu uma sequência de pinturas intituladas *A traição das imagens*, nas quais sobressaiu seu quadro *Isto não é um Cachimbo* – mas que belo romance, com uma representação artística da realidade, não poderia igualmente se tornar nas mãos certas de um escritor, ou escritora, com grande imaginação; ou que interessante pesquisa histórica não poderia vir a ser nas mãos habilidosas de um(a) paciente historiador(a).[5]

---

4 O autor se inspirou no texto de Nelson Schapochnik, que fez uma experimentação igualmente rica e complexa ao demonstrar os resultados de sua pesquisa a respeito dos gabinetes de leitura da biblioteca nacional da Corte Imperial. O seu texto pode ser encontrado em: SCHAPOCHNIK, N. Das ficções do arquivo: ordem dos livros e práticas de leitura na Biblioteca Pública da Corte Imperial. In: ABREU, M. (org.). *Leitura, História e história da leitura*. São Paulo: Mercado de Letras, 1999, p. 273-312.

5 Evidentemente, isto aqui não é uma ode à humildade intelectual, simplesmente porque o autor já reconhecia nos anos 1990 que dificilmente alcançaria o talento e a profundidade dos autores que começava a ler, especialmente, os livros de Evaldo Cabral de Mello, Laura de Mello e Souza, Ronaldo Vainfas, Lilia Schwarcz, José Murilo de Carvalho, Boris Fausto, Maria Thereza Petrone, Alice Canabrava, Nicolau Sevcenko, Antonio Candido, Sérgio Buarque de Holanda, Maria Odila Leite da Silva Dias, Margareth Rago, Silvia Lara, Hebe Mattos, Sidney Chalhoub, João José Reis, Mary Del Priore, Walnice Nogueira Galvão e Leyla Perrone-Moisés. Mas, já naquela época, o jovem pesquisador tinha a clareza de que o que unia a chamada "velha" e a "nova" geração de historiadores e historiadoras era o talento que todos eles demonstravam na perícia de análise dos documentos e na primorosidade da narrativa que construíam para apresentarem os dados das suas pesquisas históricas.

De imediato, é preciso esclarecer que foi pesquisa histórica em arquivos, mas, obviamente, vai se parecer muito mais com a criação imaginária que é própria a um romance, em função da escolha do estilo narrativo que o precedeu – justamente para dar esse "efeito de realidade" para quem o ler, e mostrar que ainda que as fronteiras entre Literatura e História existam, de fato, elas são sempre muito arredias, tênues e mutáveis; ainda mais depois da projeção que passaram a ter as produções de narrativas híbridas.[6] O que diferencia as narrativas presentes nos romances, das narrativas usadas pelo historiador na apresentação de suas pesquisas históricas, pode até ser o ponto que unirá as indagações remanescentes nesse experimento – embora não tenha sido apenas isso.[7]

Não que isto seja um experimento científico, de tipo laboratorial e sincronizado com resultados objetivos, imparciais e inquestionáveis, mas experimentação livre de estilos e pensamentos, problemas e questões, que fazem parte de qualquer pesquisa histórica, ao fazer buscas pormenorizadas em arquivos e com o uso controlado da imaginação; ou mesmo de qualquer romance, inspirado na realidade, ainda que totalmente criado pela imaginação artística do(a) escritor(a), esboçando seus próprios "mundos literários". Sua ousadia talvez não esteja na intenção, nem mesmo no experimento, mas na tentativa de ampliar outros tipos de narrativa na pesquisa histórica, até para inquirir as formas híbridas de apresentação do vivido

6 A interpretação proposta por Ivan Jablonka (2020), em *A história é uma literatura contemporânea*, demonstrou como houve a formação de narrativas híbridas ao longo do tempo, e de que forma proliferaram, sob novas perspectivas analíticas, a partir dos anos 1980, entre a escrita da história e a narrativa dos romances, transpondo as fronteiras disciplinares até então estabelecidas como perenes, ou no mínimo invioláveis; o que fez as fronteiras entre ciência e artes serem novamente questionadas.

7 Procuramos deixar o texto sem referências em seu corpo, para não interromper a "vivacidade da narrativa" e dar o tom de seu "efeito de realidade", ou mesmo de fragilizar nosso experimento narrativo. Todas as referências bibliográficas ou documentais, o leitor e a leitora, interessados no tema, irão encontrar entre as notas de pé de página. Não é preciso dizer que elas não são meros adereços, ou adornos de um texto (acadêmico ou meramente informativo). A instigante pesquisa que levou Anthony Grafton a escrever *As origens trágicas da erudição: pequeno tratado sobre a nota de rodapé*, já mostrava o incrível jogo de reviravoltas, debates e tentativas de precisão, que as notas de rodapé foram alvo desde a sua origem no século XVIII, ainda que como todo início "a nota de rodapé das obras históricas constituía uma forma nobre de arte literária" (GRAFTON, 1998, p. 13), e só ao longo do século XIX foi que ganhou os ares e os contornos da erudição, com a ciência histórica em formação. Mas isso, é claro, diz respeito a outra história, e nada melhor do que sugerir ao nosso intrigado(a) leitor(a) a leitura deste livro.

(ou do inventado), ao invés de ficar tão somente preso as amarras da demonstração disciplinar e do tempo (e refletir diferentes tipos de temporalidade e suas intersecções e conexões entre sujeitos e sociedades), e sim focar sua atenção nos níveis e formas da narrativa, como o fizeram os romancistas mais criativos e talentosos durante todo o século XX; e o que veio, aliás, a inspirar muitos historiadores e cientistas sociais em suas investigações e formas de apresentação de seus dados, por meio de uma narrativa híbrida e criativa, especialmente a partir dos anos 1980, quando então as formas de apresentação do vivido e do imaginado passaram por grandes mutações conceituais e experimentais.

Não sou eu também um romancista, nem tenho essa pretensão, ou o talento necessário, ou mesmo uma riqueza imaginativa fundamental a qualquer escritor(a), a começar pela escrita pouco criativa, sedutora, ou rica em detalhes, que você leitor(a), facilmente irá perceber, se até aqui, ao menos, conseguir aguçar sua curiosidade para ler esse texto. Sou um humilde historiador de ofício, formado em universidades públicas, e me tornei também professor de uma universidade pública no interior de Mato Grosso do Sul. Apenas isso. Nada mais. Se o experimento será ou não promissor, só você leitor(a) poderá avaliar e me dizer – quem sabe um dia! Mas, por que pensar, e ao mesmo tempo indagar, as formas híbridas de formulação de narrativas que expressam o vivido (ou até mesmo o imaginado) de outrora? Por que as narrativas híbridas tem se expandido tanto nas últimas décadas e, desde o final dos anos 1990, estão comovendo diferentes tipos de leitores e leitoras no mundo todo? Como as formas híbridas de apresentação narrativa podem contribuir para reconstituir o agir humano no tempo? É certo que se o texto que segue não responderá a essas perguntas, ao menos ele instigará a procura delas...

2. Não sei como devo começar esse relato, se pelo princípio (adequado a qualquer pesquisa histórica), ou pelo fim (comum a alguns romances, como o fez Machado de Assis em seu: *Memórias póstumas de Brás Cubas*, no final do século XIX). Eu sei perfeitamente que a moda fixada a partir do final do século XIX na escrita criativa dos romancistas era iniciar pelo meio, deixando dúvidas sobre o início e o fim, como se o alfa e o ômega fossem ainda presságios divinos para deixarem os mistérios da vida, também cerceando a produção literária, até para lhe dar maior alcance, realce e vivacidade entre os seus leitores e leitoras, em função de suas sutilezas em relação ao que foi um dia, mas não é mais. Mas não sou muito contagiado pelas modas, sejam elas quais forem, e elas também não ajudariam muito

aqui. E como já disse não tenho o talento necessário ou mesmo a pretensão para ser um romancista, pois, sou apenas um historiador e não aprendi como ser um "bom escritor" no meu processo formativo, nem tenho um talento inato para isso, como você mesmo irá comprovar na leitura.

A história que irei contar se passa em dois momentos, e nenhum deles foi no "tempo do Rei"[8], como era comum nos séculos XVIII e XIX, mas ambos se passaram no século XX. O primeiro deles se passou no final dos anos 1990 e anos iniciais do século XXI, quando um jovem pesquisador começava a adentrar no mundo da pesquisa acadêmica, revirando jornais antigos em uma biblioteca empoeirada, não porque seus funcionários fossem aí descuidados com a limpeza, mas porque os próprios documentos e livros ali armazenados se impregnavam de poeira e ácaros pela ação do tempo em que foram produzidos (há mais de cem anos) e do tempo em que já estavam ali armazenados – e em função de sua fragilidade, quase que se desmanchando no ar, inviabilizava certos tipos de limpeza, ou até a sua consulta e investigação. O segundo momento, mais rico que o primeiro, mas sem este não haveria a presença daquele, foi o de juntar um grande e ainda assim incompleto quebra-cabeça, de uma verdadeira trama policial, que circunstanciou os momentos finais da vida de François Cassoulet (1864-1919) na década de 1910, na cidade de Ribeirão Preto, no Estado de São Paulo, então conhecida como a "capital do café" do interior paulista, *La Petit Paris*, forma pela qual era propagandeada pelos contemporâneos, principalmente na imprensa local, em função das estratégias de embelezamento do espaço urbano e dos entretenimentos culturais;[9] assim como das pequenas e grandes plantações de café (que iam de 1 mil a 10 mil pés de café,

---

8 Como muitas crônicas do século XVIII e XIX o faziam, até satirizando suas ações e relacionamentos, mas também foi da inspiração de alguns romancistas, como ficou emblemático em um romance nacional do século XIX. O romance, *Memórias de um sargento de milícias*, de Manuel Antônio de Almeida (1830-1861), publicado em folhetim entre 1852 e 1853 no jornal *Correio Mercantil*, apareceu pela primeira vez em livro no ano seguinte. Sua frase inicial, "Era no tempo do rei", destacava o período em que o romance se passava, no início do século XIX, referindo-se ao rei português Dom João VI. A análise proposta por Antonio Candido (2010, p. 17-48), em "A dialética da malandragem", artigo agrupado em seu livro *O discurso e a cidade*, continua rico em sugestões e proposições para a análise da produção literária do período.

9 Para maior detalhamento da questão, ver: PAZIANI, R. R. *Construindo a 'Petit Paris': Joaquim Macedo Bittencourt e a Belle Époque em Ribeirão Preto (1911-1920)*. Tese (Doutorado em História) — FHDSS, UNESP, Franca, 2004.

até aquelas propriedades que agrupavam milhões de cafezais em suas plantações),[10] que rodeavam por todas as direções a cidade, e, por isso mesmo, mais parecia ter se tornado uma pequena ilha urbana rodeada por todos os lados com oceanos de cafezais, com pouco mais de 60 mil habitantes no período em que esta história ocorreu um dia (como se vê pelos dados apresentados nas tabelas abaixo de número 1 e 2).[11]

Tabela n. 1 – População por Municípios (Estado de São Paulo)

Cidades	1886	1900
Batatais	7.809	21.480
Ribeirão Preto	10.420	59.195
Campinas	41.253	67.694
Santos	15.605	50.389
São Paulo	47.697	239.820

Fonte: Zélia Cardoso de Mello & Flávio A. M. Saes, "Características dos núcleos urbanos em São Paulo" In: *Revista de Estudos Econômicos* 15(2), maio/agosto de 1985. São Paulo, IPE, 1985.

Tabela n. 2 – População por Municípios (Estado de São Paulo)

Cidades	1920	1923
São Carlos	54.225	55.575
Ribeirão Preto	68.838	69.983
Campinas	115.602	149.745
Santos	102.589	141.368
Botucatu	33.405	55.860

10 Como pode ser facilmente observado no inventário da esposa de Francisco Schmidt (1850-1924), Albertina Kolh Schmidt (1856-1917). Ver: Inventário de Albertina Schmidt. *Arquivo do Fórum de Justiça de Ribeirão Preto.* 3º Ofício, cx. 05, de 1917. Para uma apreciação da questão, o texto de Larissa Forner, *Francisco Schmidt: o colono que se tornou o "rei do café" (1890-1924)*, pode ser muito útil. Link: https://www.teses.usp.br/teses/disponiveis/8/8137/tde-09012018-190830/publico/2017_LarissaAparecidaForner_VCorr.pdf.

11 Para maiores dados, ver: ROIZ, 2000. É de se notar, até pela movimentação de imigranes no período, que Santos, cidade portuária, e Ribeirão Preto, considerada a capital do café, tiveram os saltos mais expressivos de crescimento populacional, o que veio a dinamizar as transformações de seu espaço urbano.

Fonte: Boletim mensal de Estatística Domographo-sanitaria de São Paulo e dos municípios de Santos, Campinas, Ribeirão Preto, São Carlos, Guaratinguetá e Botucatu. Ano VIII, nº 5 maio de 1925.

A dúvida, entretanto, se estendia pelo tempo e com os documentos espalhados pelo chão, como era de seu costume na execução de suas pesquisas, quando o narrador que vos fala foi surpreendido por seu filho de 4 anos de idade, que entra gritando no escritório de estudos dizendo que sua irmã mais velha (de 11 anos de idade) não lhe deixava assistir a televisão. O pai atônito, subitamente perdia o fio da meada, levanta-se e vai conversar com os filhos. Sua filha gentilmente lhe abraça, conforta-o porquê sabe que está trabalhando muito, e lhe diz: pode deixar que eu cuido dele e o deixo assistir a TV papai! Mas o pai já havia perdido a concentração. Sua filha percebe sua aflição; ela sempre foi muito atenta e gentil com ele, e lhe pergunta:

> — O que houve papai?
> — Nada filha, só perdi a concentração e não sei mais por onde começar (ele responde).
> — Pai, como sempre faz, comece por onde seu coração mandar e deixe fluir. Lembra que sempre me fala da inspiração que lhe deu o filme *Encontrando Forrester*, com o Sean Connery fazendo o papel principal, em que o escritor que ele interpretava diz ao aprendiz: "a primeira versão deve ser sempre feita com o coração, deixando-a fluir livremente entre os pensamentos e a imaginação; e a segunda, pelo contrário, você usa a razão e lhe dá a forma necessária".

Subitamente, não mais que isso, volta-se novamente ao que estava fazendo, agora revigorado pela inspiração que lhe trouxe a filha, e a dúvida de por onde iniciar vai levemente desaparecendo, em meio aos parágrafos que iam sendo escritos...

3. Foi no final dos anos 1990 que um jovem aspirante a ser historiador começava a pensar em um tema de pesquisa para o seu trabalho de conclusão de curso – o famigerado e tão temido TCC. Como sempre acontece nesse tipo de situação, muita leitura, pouca inspiração e nenhuma definição. Até que seu professor, mais objetivo e direto, em uma de suas orientações, sugere-lhe um tema: como era o funcionamento dos teatros na cidade de Ribeirão Preto no início do século XX? Muita gente já estudou a questão, mas pouco se avançou, porque é difícil saber como era o

funcionamento e quem frequentava os teatros no período: esse é um tema que merece ser estudado! E Ribeirão Preto ficava nas rotas de produção e distribuição do café e lá se formou uma elite urbana "endinheirada", com o capital acumulado com a produção e venda do café, e passou a investir na remodelação do centro urbano, na cultura e em festividades! O jovem, encantado com a sugestão do mestre, começou então a buscar indícios, entre as várias viagens que fez de Franca até Ribeirão Preto, cidades do interior do estado de São Paulo. As circunstâncias também favoreciam o empreendimento: estudava na UNESP, cujo campus fazia parte de um antigo e imponente prédio, no centro da cidade, que fora um colégio de Freiras no início do século XX.[12] Nada poderia ser mais propício a um jovem estudante de História, do que fazer o curso em um prédio antigo, rico em detalhes arquitetônicos e em histórias, e que viria a ser tombado como patrimônio municipal (nos anos que se seguiram). Mas voltando a história que nos interessa, embora esta, por si só, não deixe de ser menos atraente e importante. Entre as idas e vindas às bibliotecas que pesquisou, encontrou um significativo acervo de jornais, séries incompletas, evidentemente desgastadas pelo tempo, mas ainda assim muito ricas para a pesquisa histórica – e não só a respeito da temática que lhe interessava naquele momento imediato. As notícias, pretensamente reais, se misturavam com as crônicas, poesias, e histórias densamente imaginativas, com o faro especulativo dos escritores e até cheias de "mexericos e fofocas", e que era ainda uma estratégia muito comum, fundamental e necessária para atrair seus leitores e leitoras. O jornal também se detinha nas vendas, falências, propagandas de secos e molhados, distribuidoras de bebidas e cigarros, teatros e cinematógrafos, além das festividades e comemorações, porque essas propagandas eram fundamentais para as suas receitas e manutenção da empresa.[13] Tudo isso se misturava a um defloramento aqui[14], um incêndio ali,

12 Como tão vivamente o havia estudado seu professor, Ivan Ap. Manoel, em sua tese de doutorado. Ver: MANOEL, I. A. *Igreja e educação feminina: os colégios das Irmãs de São José de Chamberry (1859-1919).* Doutorado em História Social, FFLCH/USP, 1989; MANOEL, I. A. Igreja e educação feminina do conservadorismo (1859-1919). 2. Ed. Maringá: Editora da UEM, 2008.

13 Para uma história da imprensa no século XX, ver: Marinalva Barbosa (2007). *História cultural da imprensa, Brasil – 1900-2000.*

14 O defloramento, aliás, era também um tema rico junto aos romances oitocentistas e nas encenações teatrais. Mas também fazia parte de uma sociedade patriarcal, violenta e sexista, cujos preconceitos sobre a mulher eram tão inerentes e naturalizados, como já o eram aos afrodescendentes (e indígenas), há pouco libertos pela lei, mas ainda assim escravizados na prática, sem justiça social garantida, ou direitos políticos, civis e sociais

um roubo aqui e acolá, notícias de nascimentos, casamentos e óbitos, e ainda festas e comemorações cívicas e religiosas, se misturavam entre as páginas, colunas e notícias. Isso era o que tirava momentaneamente a atenção do jovem pesquisador, de seu objeto de pesquisa, para ler algumas delas e se inteirar dos "fatos e acontecimentos" do cotidiano daquela cidade, por meio deste jornal; e que era também intitulado de *A cidade*, no duplo sentido de ser seu título, assim como promover as representações daquele local, em amplo processo de mudanças, advindas com os lucros do café e investimentos no espaço urbano – mas cujos processos de exclusão e exploração socioeconômica eram amplamente silenciadas pelas notícias, depois esquecidas pelas pessoas.[15]

Os dias foram se passando mais rapidamente que o planejado, até que bingo, ele começava a encontrar um grande número de notícias a respeito dos teatros da cidade. Mas a alegria do primeiro encontro foi arrefecida pela necessidade de reduzir melhor o objeto de investigação, para aguçar ainda mais o norte da análise. Semelhante as circunstâncias descritas por José Saramago, em *Todos os nomes*, era preciso aqui também se deter em um "nome", presente em um local muito bem delimitado. Entre as dúvidas e inseguranças de qualquer iniciante de ofício em sua primeira pesquisa, decide-se por aprofundar os indícios que estava encontrando a respeito do Teatro Carlos Gomes, fundado em 1897, na Praça XV de Novembro, no centro da cidade.[16] A interrupção das séries de notícias, e dos anos do jornal,

---

plenos. Outra de suas professoras, Alzira Lobo de Arruda Campos, estudou os defloramentos presentes em processos-crime da cidade de São Paulo e de Franca, do final do século XIX e décadas iniciais do XX. Tudo isso se fazia presente na mente do jovem pesquisador enquanto folheava aqueles jornais velhos. Ver especialmente: CAMPOS, A. L. A. Coabitação e tálamo em São Paulo Colonial. *Estudos de História*, São Paulo, v. 1, p. 1-42, 1994; CAMPOS, A. L. A. Crianças estupradas na São Paulo oitocentista. Relação de gênero. *História*, São Paulo, v. 14, p. 139-152, 1995; CAMPOS, A. L. A. Casamento e Família em São Paulo colonial. 1. Ed. São Paulo: Paz e Terra, 2003.

15 Note-se que neste período a cidade de Ribeirão Preto possuía vários jornais em circulação, como demonstram, em suas pesquisas: PAZIANI, R. R. *Construindo a 'Petit Paris': Joaquim Macedo Bittencourt e a Belle Époque em Ribeirão Preto (1911-1920)*. Tese (Doutorado em História) — FHDSS, UNESP, Franca, 2004; e FRANÇA, J. L. *Mulheres, imprensa e sociedade em Ribeirão Preto (1930-1940)*. Dissertação de mestrado em Educação, UFU, 2013.

16 O teatro foi autorizado por ata municipal no ano de 1895, construído entre 1896/67com o dinheiro de grandes cafeicultores, dentre os quais Francisco Schmidt, na Praça 15 de Novembro. A obra foi projetada e construída pela companhia Ramos de Azevedo. O Teatro foi inaugurado em 1897 com a ópera "O Guarani" de Antônio Carlos Gomes e

armazenados nas salas da biblioteca municipal Mário de Andrade, criava-lhe outra dúvida: como analisar um teatro? As notícias pouco diziam a respeito do público que frequentava os teatros do período (famílias inteiras? Jovens e crianças? Idosos? Brancos e afrodescendentes? Brasileiros e imigrantes? Homens e mulheres... amantes?); quase nada se falava a respeito de seu interior (como estavam distribuídas as cadeiras, ou os camarotes, por exemplo).

Aos poucos o jovem pesquisador foi notando as repetições e continuidades das notícias, entre a propaganda e as festividades do espetáculo encenado nos palcos, em ressaltar as companhias teatrais que ali se apresentavam de tempos em tempos, vindas da Itália, da França, da Espanha ou mesmo de outras partes da Europa e do mundo. Quem noticiava queria que parecesse um verdadeiro arrebatamento; quem poderia perder aquilo! Só se fosse louco e fora de moda! Esse era o pensamento que deveria ficar martelando nos leitores e nas leitoras do jornal, até para se tornarem frequentadores assíduos dos espetáculos. Além disso, a cidade despontava como local que captava a vinda de imigrantes de várias partes do mundo, especialmente, da Itália, Portugal, Espanha, França, Japão e Líbano – até do império formado por Áustria e Hungria, como também da Turquia e da Rússia facilmente se encontravam na multidão de transeuntes da cidade em ampla expansão. Mas entre os meses e os anos em que eram noticiados os espetáculos, as companhias e suas apresentações, as lacunas se aprofundavam, os cortes eram, muitas vezes, abruptos e até aparentemente sem sentido, mas implicitamente havia um norte em cada um deles, mas ainda não perceptíveis aos olhos do investigador iniciante em seu ofício de estudar o passado das sociedades.

Até que lhe apareceu de relance, entre o final de 1908 e o início de 1909 (não dava para precisar o momento exato, até em função da imprecisão da própria série documental disponível), a notícia de um tal aparelho, cujo nome ficou em sua memória: o cinematógrafo – o que deveria ser aquilo? Por isso, a leitura que fez do

derrubado no ano de 1944. Durante esse período, foi palco de diversas representações teatrais, bailes, exposições artísticas, festas, banquetes, reuniões da Câmara Municipal e, também, foi local de reuniões de grupos políticos de esquerda e direita da época. Também passou por momentos de grande repercussão no cenário regional e estadual, enquanto em outros, de quase total abandono e esquecimento, como foi se intensificando nas décadas de 1930 e 40. Em todo esse período, ainda que em alguns momentos menos que em outros, o Teatro Carlos Gomes manteve as suas apresentações teatrais. Como no período havia vários jornais na cidade, mas na maioria efêmeros, selecionou-se o material publicado no jornal *A Cidade*, entre os anos 1905 e 1909, quando várias companhias teatrais se apresentaram e tiveram início as seções de cinema do cinematógrafo.

livro de Flora Sussekind, *O cinematógrafo de letras*, foi tão importante no período de realização da sua pesquisa.[17] O jovem pesquisador não sabia ao certo quando aquele aparelho começava a ser usado nas casas de espetáculo da cidade, mas uma coisa parecia certa, entre 1905 e 1909, a mudança de apresentações, com seu foco até então nas companhias teatrais passava a ser nas seções de cinema do cinematógrafo, por serem muito mais rotineiras entre as notícias de jornal; jornal cujo título *A cidade*, como já foi dito, demonstrava um pouco sua meta de conquistar os corações e as mentes de seus consumidores.

17 "Entre o "cinematógrafo" de que fala Artur Azevedo, o "cinematógrafo de letras", de João do Rio, e as montagens de Oswald, operam-se significativas mudanças de perspectiva. Passa-se de uma compreensão, sobretudo, documental do aparelho à noção de que, por trás da câmera, haveria o olhar do seu operador, fixando "impressões pessoais" na fita, e já na década de 20, à compreensão de que o cinematógrafo envolveria uma linguagem própria, de que não apenas reproduziria imagens, mas as produziria de acordo com uma sintaxe e uma lógica peculiares" (SUSSEKIND, 1987, p. 135-136). Com essas palavras, Flora Sussekind sintetiza o complexo processo de introdução de modernas técnicas de produção e reprodução de imagens em movimento no Brasil nas primeiras décadas do século XX. Das máquinas fotográficas ao gramofone e aos cinematógrafos, tais aparelhos invadiram as capitais e as cidades do interior dos estados, e o efeito de suas técnicas mudaria comportamentos e atitudes no cotidiano e formas narrativas de alguns dos romances (pré)modernistas do período. Primando pela análise da produção narrativa e da maneira como esta assimilou aquelas mudanças técnicas, pouca atenção foi dada pela autora aos agentes sociais que estavam desencadeando essas transformações. Do Amazonas (SANTOS Jr., 2005) até São Paulo (RAGO, 1991; DOIN, 2000) e Rio de Janeiro (SEVCENKO, 2003), os teatros e seus administradores estiveram entre os principais locais e agentes que desencadeavam e promoviam tais novidades técnicas. Em função da escassez de fontes, esse é um tema ainda pouco estudado no país, não permitindo ainda comparações de um local para o outro, a propósito da introdução e assimilação daquelas novas técnicas. É neste contexto sócio-cultural específico que analisaremos a prática administrativa de François Cassoulet em Ribeirão Preto, no estado de São Paulo, nas primeiras décadas do século XX. Primeiro, porque ele foi administrador de teatros e cassinos por quase vinte anos, sendo o único nesta cidade a permanecer por tanto tempo neste empreendimento. Segundo, porque sendo este arriscado, em que os investidores permaneciam geralmente entre um e três anos, Cassoulet conseguiu permanecer nesse ramo de negócios por ter sido em geral considerado como um permanente modernizador de suas técnicas de produção artística e teatral, mudando e inovando suas atrações, com a produção nacional e internacional do período.

A pesquisa foi concluída em um ano, que para ele, jovem pesquisador, fora emblemático: o ano 2000[18] – e trouxe como título: *Casas de espetáculos: a trajetória do Teatro Carlos Gomes em Ribeirão Preto/SP, entre 1905 e 1909*. Seu avô materno sempre lhe dizia para aproveitar bem a vida até porque de 2000 não passaríamos! Dizia ele: "óia meu fi, de a 2000 nois vamu chega sim, como tão bem certo é que não vamu passa!" e, "pois, então aproveita, que o tempo corre e a vida é breve". O presságio escatológico do avô felizmente não se concretizou com a vinda messiânica do salvador (já que este texto está sendo feito), cuja segunda vinda iria vir julgar os vivos e os mortos, como estava profetizado nas escrituras sagradas, no livro do Apocalipse no Novo Testamento da Bíblia sagrada, e o jovem pesquisador de pouco mais de 20 anos seguiu sua vida, como tinha que ser para qualquer um (religioso ou não).[19] Mas uma indagação não lhe saia da cabeça: quem era François Cassoulet? O "nome" deixava o enigma ainda para ser um dia, quem sabe, desvendado pelo pesquisador...

4. O término do curso lhe trazia alegrias, mas também desesperos e preocupações. O que fazer a partir de agora? Essa é a dúvida mais comum de qualquer jovem formado em um curso universitário, seja aqui ou em qualquer outro lugar do mundo – assim como décadas antes já havia deixado Lênin (o teórico da prática) perplexo diante da situação inédita que o povo russo estava então vivendo: que era o "que fazer" após a concretização da revolução bolchevique de 1917? Evidentemente, muito mais modesta era a dúvida do jovem pesquisador, que sem emprego fixo garantido, e sem editais de concursos próximos, decide-se acertadamente por auxiliar um amigo em suas pesquisas para o doutoramento, a respeito dos mecanismos de acúmulo e investimento de capital da riqueza pessoal dos indivíduos na cidade de Ribeirão Preto entre os anos de 1920 e 1950.

---

18 E seu trabalho de conclusão de curso, já também empoeirado pela ação do tempo, ainda pode ser consultado nas prateleiras da biblioteca da universidade em que se formou, na UNESP, Campus de Franca.

19 A leitura da tese de livre-docência de seu professor, Ivan Ap. Manoel, foi fundamental para entender melhor as razões que levavam as pessoas a terem aquelas expectativas a respeito do final dos tempos. Em 2004, quando foi lançada a versão revista do texto, com o título: *O pêndulo da história*, o jovem pesquisador manteve o mesmo entusiasmo e descobertas, em sua nova leitura do texto.

Em Ribeirão Preto, assiduamente iam diariamente pesquisar as caixas no arquivo do Fórum de Justiça, das 8 horas da manhã até as 17 horas da tarde, como faziam seus funcionários. Aliás, eram quatro pessoas muito gentis, que tudo faziam para tentar ajudar, sempre solícitos para tirarem qualquer dúvida a respeito da documentação ali armazenada. O arquivo ficava em um gigantesco armazém, um grande galpão, alto e arejado, perfazendo um labirinto de estantes metálicas, com caixas, pó e ácaros, por todos os lados, em que os olhos alcançavam, o que já indicava o quanto a tarefa seria árdua, difícil e demorada, como é a pesquisa histórica. Com o tempo, a poeira das caixas, os espirros rotineiros, certa sensação de ardência no peito durante as respirações, em função da densidade da poeira e os ácaros que faziam as unhas coçarem, mesmo que estivessem protegidas com luvas, foi se tornando muito comum naquele cotidiano, em que os dias aos poucos se transformaram em meses, desde o início da pesquisa.

Os quatro ofícios de documentos cartorários foram sendo aos poucos observados e minuciosamente averiguados pelos pesquisadores. As unidades de caixas davam lugar às dezenas, e as dezenas as centenas de caixas reviradas e minuciosamente mexidas, em busca de inventários *post-mortem* e testamentos (com a doação de pequenos pecúlios, ínfimos até para os olhos de muitos na época, mas também de grandes fortunas em dinheiro, terras, produtos e bens materiais) do período de 1920 até 1950.[20] Subitamente, em meio à rotina, o jovem pesquisador se deparou com a súmula de um pedido de agregação para ser habilitada junto à massa falida de François Cassoulet, em uma das caixas presentes no 3º Ofício, datado do final de 1917. Curioso, o jovem perguntou aos funcionários se já haviam se deparado com aquele "nome".[21] E agora não estava apenas com o José Saramago de *Todos os nomes*, no encalço deste "nome", mas também com Carlo Ginzburg e seu ensaio "O nome e o como", em que seu autor traçava uma troca desigual no mercado historiográfico europeu, para demonstrar a pertinência da abordagem micro-analítica

20 A tese de doutorado de Jonas Rafael dos Santos pode ser facilmente encontrada nos registros da biblioteca da UNESP, Campus de Franca, local em que se encontra armazenada, desde a sua defesa em 2004. Ao leitor(a) interessado(a) no tema, este poderá encontrar partes da pesquisa em revistas especializadas e em vários anais de eventos em que o pesquisador participou.

21 Que semelhante ao romance: *Todos os nomes*, de José Saramago, começava a lhe deixar com a idéia fixa de um nome. Nesse caso, não de uma mulher, mas o nome de um homem. É também o que indica o historiador Carlo Ginzburg, em um de seus textos dos anos 1970, ao demonstrar a importância do indício, do rastro rarefeito, que se torna menos arredio quando se começa a buscar o indivíduo pelo "nome".

para rastrear um "nome". Os funcionários informaram que o nome de imigrantes não era incomum nos registros do arquivo, mas não se lembravam daquele nome em particular.

É certo que o jovem pesquisador saiu contente, anotando cada detalhe da peça judicial de um processo que ainda não havia encontrado, e ao mesmo tempo desanimado e cansado, porque as dúvidas só aumentavam, no final de mais um dia de trabalho árduo no arquivo. Mas não esmoreceu. Nem tampouco desistiu. Na manhã do dia seguinte, e sempre que aparecia oportunidade, passou também a embrenhar-se nas páginas dos catálogos de registros do arquivo. O sacrifício da busca lhe valeu o esforço. Ao final de algumas semanas conseguiu ver o "nome" que era buscado com afinco, distribuído em mais cinco caixas distintas e distribuídas pelo 1º, 2º e 4º Ofício, todas elas relativas a pedidos de agregação e habilitação para serem juntadas a massa falida de Francisco (François) Cassoulet. Por que as peças judiciais estavam tão mal agrupadas e distribuídas desse jeito? Ao olhar uma a uma, e fazer indicações em seus cadernos de anotações manuscritas, todas elas diziam respeito a uma massa falida, mas cuja localização do processo era até aquele momento desconhecida. Não estaria ali no arquivo? Foi extraviado, ou se perdeu no tempo? Teria desaparecido no processo de arquivamento, após o encerramento do caso na justiça? Ainda insatisfeito com o resultado da busca, o jovem pesquisador, em sua teimosia também juvenil, decidiu não esmorecer e persistiu em suas investigações, semelhante a um detetive do século XIX, nas histórias de Arthur Conan Doyle (1859-1930), cujo personagem Sherlock Holmes tanto lhe fascinava, dando-lhe aqui ainda mais ensejo para ser ávido por resolver um crime enigmático e aparentemente sem solução, que nesse caso se centrava na figura sutil de Cassoulet e o seu processo de falência.[22] Foi aí que percebeu que as caixas de 1A a 373A do 1º Ofício Cível estavam ali corretamente armazenadas, mas não se achavam registradas minuciosamente, entre os catálogos de registros, como as outras caixas do local, entre os diferentes ofícios.[23] Os

22 Em parte, ele buscava a mesma inspiração em que viu nos textos de Carlo Ginzburg – *Os andarilhos do bem* e *O queijo e os vermes*, produzidos entre os anos 1960 e 1970 –, que mostravam a persistência do pesquisador, em averiguar todos os indícios dos documentos e, ao mesmo tempo, anotar tudo aquilo que fosse interessante em seus pormenores, mas que não poderia pesquisar mais a fundo naquele momento.

23 Como um romance de Kafka, a exemplo de *O castelo* ou *O processo*, parte do arquivo do fórum de justiça de Ribeirão Preto foi transferido para Limeira (também no estado de São Paulo), entre o final de 2007 e o começo de 2009, quando se encerraram as mudanças. Não sabemos ao certo o que foi transferido, nem se houve alteração na catalogação das caixas. E na falta de uma outra alternativa possível continuaremos a usar o registro que encontramos quando averiguamos pela primeira vez as peças dos processo, que

funcionários sabiam que se tratava do ofício mais antigo, mas não sabiam ao certo as razões que levaram aquela situação de imprecisão, e como ali ninguém pesquisava aquelas caixas, a persistência do fato se manteve intacto com o tempo.

Com a autorização para ver o que continha entre aquelas caixas, o jovem pesquisador ia abrindo, vasculhando e anotando o que achava em cada uma delas. A mesma rotina de sempre: um inventário ou testamento aqui, uma falência ali, um crime acolá, um incêndio em um armazém de secos e molhados, ou em um cinema, ou ainda outro defloramento, mas nada que lhe pudesse tirar o foco sobre aquele "nome". O registro que daí foi sendo feito, evidentemente, serviu depois para o arquivo. Passadas mais de cem caixas, o jovem pesquisador começava a achar que tudo aquilo seria inútil, porque meses já haviam passado e nada do paradeiro daquele "nome". Afinal, tanto tempo dedicado a resolução do enigma daquele "nome", mas sem nada mais sugestivo conseguir encontrar no processo de pesquisa, bateu-lhe um desânimo comum nesse tipo de situação, além da indecisão: continuar ou desistir, eis a questão que sempre abate um(a) pesquisador(a)! Muito provavelmente a teimosia, mais que a certeza, moveu-lhe a continuar sua busca. Até que, enfim, depois da caixa 167A, eis que começava a se deparar com várias peças de um mesmo e enorme processo de uma massa falida de um tal Francisco Cassoulet, o abrasileiramento que se deu a François, por soar muito melhor aos ouvidos de seus contemporâneos. Quando então, finalmente alcançou as caixas de 181A até 197A, e as seguintes, ali ele se deparava com o imenso processo da massa falida de François Cassoulet, nomeado nos autos como Francisco Cassoulet – como foi dito há pouco. Ainda nesse mesmo ínterim, encontrou a massa falida de outros dois (2) empresários teatrais do período, assim como o inventário de Fanny Blummenfeldt (que iremos falar a seguir, pois, tudo deve ser dito no seu tempo). Ao todo, o processo beirava cerca de 3 mil páginas! Pouco mais de mil folhas processuais – mas isso não seria tudo como veremos depois, no tempo devido a qualquer narrativa. Mas, aquele não seria ainda o momento em que o jovem pesquisador iria se debruçar sobre aquela massa documental, que lhe deu tanto trabalho para encontrar os indícios daquele "nome", cujo enigma ainda não estava totalmente solucionado. Descobrir o processo, no entanto, não resultava imediatamente em resolver o problema e executar a pesquisa. Isso é apenas o início de uma pesquisa, nem o meio e muito menos o fim!

Os anos se passaram. Mesmo que volta e meia voltasse a se deparar com o processo que havia anotado minuciosamente, outros afazeres imediatos o distanciavam

fizeram parte da massa falida de François Cassoulet.

daquela pesquisa. Fez o mestrado, mas não pôde estudar o processo na pesquisa. Fez também o doutorado, e igualmente não voltou naquele "nome" na pesquisa. Fez ainda um estágio de pós-doutorado, mas em nenhum desses distintos momentos retornou ao processo – muitas vezes as especificidades de programas e linhas de pesquisa inviabilizam certos tipos de investigação, mas também é verdade que, às vezes, há pesquisas em que os prazos institucionais impedem de serem realizadas, em curto espaço de tempo já previamente definido, para a aquisição de títulos acadêmicos.

E como os caminhos (até) caóticos da vida lhe foram conduzindo a situações inesperadas, muito embora estivessem sendo minuciosamente planejadas para a sua trajetória, sem que tivesse total controle, evidentemente, foi lhe colocando nos locais adequados, no momento certo. Tornou-se professor universitário como sempre sonhou. Casou-se e tiveram filhos, coisa que lhe despertou um sentimento paterno inimaginável até então, porque nunca tinha planejado ser pai, mas tudo aquilo lhe tocou, ao despertar nele um amor incondicional pelos filhos. Quinze anos depois se separou, mas com os filhos sempre ao seu lado. E como fruto do destino, ou até mesmo do puro acaso, eis que limpando suas caixas (e organizando os entulhos), agora igualmente empoeiradas pelo tempo, deparava-se novamente com o processo de Francisco (François) Cassoulet, de cujo "nome" ainda não deixava de ser um enigma a ser solucionado pelo pesquisador, agora já não tão jovem assim. O simples exagero das coincidências já seria peça para o questionamento da escrita de uma história para "ser conduzida cientificamente", mas o exagero de situações, como as até aqui relatadas rapidamente, poderiam ser igualmente o avesso da própria imaginação de qualquer romancista, mesmo que bem intencionado, para esboçar as tramas e os enredos de um romance. Mas eis que foi assim que se deram os "fatos" – e essa é uma verdade que não tenho aqui como lhe provar leitor(a) amigo(a), só relatar como foi e nada mais! Ou isso tudo foi meramente uma artimanha do narrador para prender sua atenção e fazer você seguir com a leitura? Só você poderá dizer no final do percurso. Até aqui, no entanto, falamos apenas do jovem pesquisador, agora não tão jovem assim, mas que em sua teimosia juvenil, deparou-se com um imenso processo de uma massa falida de um tal François Cassoulet, mais conhecido como Francisco: mas quem teria sido ele? O que fez ao longo de sua vida? Como foi parar em Ribeirão Preto? Por que se tornou um empresário teatral e de entretenimentos noturnos?

5. Do final dos anos 1990 e anos iniciais do século XXI, voltamo-nos agora para o início do século passado, quando ocorreu o começo dessa intriga. E nada mais adequado, para tentar solucioná-la (como faria um bom detetive, mas nesse caso de arquivos históricos), do que mostrar as tramas que levaram inicialmente a composição do processo, de acordo com a ordem, ou melhor, a desordem em que os pedidos de agregação e habilitação de crédito eram feitos na justiça (tal como foram aleatoriamente arquivados com o fim do processo), junto à massa falida de Francisco (François) Cassoulet, pelo medo em que os credores estavam de perder seu dinheiro ou produtos vendidos ao falido. É bem provável que tudo isso aconteceu dessa forma, porque nem mesmo a justiça esperava que o caso tivesse tantas reviravoltas. Isso porque, antes mesmo de ser decretada a falência em meados de novembro de 1917, o Real consulado do império da Áustria e Hungria, em ofício n. 356 despachado em 7 de junho de 1917, transmitido ao Sr. Dr. Delegado Geral de Polícia do Estado de São Paulo, uma denúncia vinda daquele consulado, contra Cassoulet que teria abusado do estado de demência de Fanny Blummenfeldt (sua cidadã), ao que as autoridades competentes da cidade de Ribeirão Preto, recebendo o despacho, tomaram as devidas providencias legais e abriram um inquérito policial para apurar a denúncia.[24] O processo ocorria em segredo de justiça, enquanto a saúde física e emocional de Cassoulet declinava, e talvez em função dessa pressão (judicial, como também aquelas advindas com o estado físico e mental de Fanny e as acrobacias que já tinha que fazer para manter os seus negócios de pé), ele tenha achado conveniente deixar o gerenciamento de seus negócios com o maestro da orquestra de suas casas de espetáculo (e com quem já tinha certa amizade), Giovanni Gemme, a partir do final do mês de junho daquele ano, que para ele Cassoulet foi tão conturbado, de 1917 – se houve aí influência direta de Marcelle Carlosca, francesa e artista nas casas de espetáculo de Cassoulet, e que ao que tudo indica, já vivia amigavelmente (ou até mesmo "amaciada") com Cassoulet e Fanny (que já estava paralítica, não falava sequer uma única palavra e em processo inicial de demência) na casa em que residiam na rua Américo Brasiliense n. 27, esse é um ponto que nunca saberemos ao certo, mas não deixaremos de mostrar alguns indícios.

Alguns meses depois, um negócio aparentemente lucrativo, declinava de tal forma que foi inevitável conter o processo de falência no final de novembro de 1917. Tudo começou com o atraso no pagamento dos funcionários da Empresa Cassoulet, então administrada pelo maestro Giovanni Gemme, cujo atraso se estendeu também para

24 Inquérito policial contra François ou Francisco Cassoulet. *Arquivo do Fórum de Justiça de Ribeirão Preto*. 3º Ofício, cx. 42, de 10 de junho de 1917.

o pagamento de aluguéis dos estabelecimentos dos teatros e do Cassino Antarctica, aos fornecedores de bebidas e alimentos e ao pagamento do fornecimento de energia para a empresa responsável pelo serviço. A condição financeira da empresa se agravou mais ainda a partir de setembro de 1917, quando os pedidos de pagamento de contas atrasadas chegaram até a Companhia Antarctica de bebidas de Ribeirão Preto, por ser a dona do Cassino Antarctica, um dos locais de que faziam parte da Empresa de Cassoulet de entretenimentos e diversões noturnas, e o gerente da companhia, pressionado pela empresa, igualmente passou a pressionar Giovanni Gemme a tomar as providências necessárias para o pagamento dos alugueis e das dívidas que começavam a se acumular. O processo acabou levando ao pedido de falência no início de novembro daquele ano; mas com a análise dos credores feita pelo sindico responsável em gerir a massa falida, seu início foi reajustado retrospectivamente para outubro de 1917.

A falência foi requerida inicialmente por Alexandre Bucchianeri, empregado na Empresa Cassoulet havia alguns anos, que por falta de pagamentos de seu salário há mais de três meses, como o de outros funcionários da empresa, achava-se sem outra solução, a não ser recorrer perante a justiça para ter os seus direitos garantidos. O seu descontentamento não era único, ao que tudo indica todos os funcionários começavam a se rebelar exigindo o pagamento de seus salários, e junto com Pedro Micelli expediram outra ação na justiça. A empresa responsável pelo fornecimento de energia entrou, inclusive, em contato com a Companhia Antarctica, dona do Cassino, para que tomasse as devidas providências legais e administrativas. Os credores de letras de câmbio e apólices de empréstimos assustados com tudo aquilo passaram a cobrá-las na justiça. Os donos de secos e molhados, assim como os fornecedores de bebidas, igualmente passaram a cobrar as dívidas da Empresa Cassoulet na justiça.[25] Até mesmo Marcelle Carlosca, para muitos (como se mostrará a seguir) "amaciada" com Cassoulet no período, quis fazer parte dos credores, cobrando uma dívida de que se achava ter todo o direito no valor de 2:350$000 dois contos e trezentos e cinquenta mil réis, acumuladas entre julho e novembro daquele ano, por seus serviços prestados na Empresa Cassoulet, asseguradas por letras promissórias assinadas por Francisco Cassoulet, ou até mesmo de empréstimos por ela feitos a Cassoulet no período, pois, nada estava muito claro e evidente em seu pedido – mas tudo isso ficou sem muita explicação.[26] Os empregados da empresa

25 Massa Falida de Francisco Cassoulet. *Arquivo do Fórum de Justiça de Ribeirão Preto.* 1º Ofício, cx. 197ª, de 17 de novembro de 1917.

26 Habilitação de crédito. Requerente: Marcelle Carlosca. Requerido: Falência de Francisco Cassoulet. *Arquivo do Fórum de Justiça de Ribeirão Preto.* 1º Ofício, cx. 197A, proc. N. 132,

de Francisco Cassoulet, com medo de sequer serem pagos pelos serviços prestados, durante os meses de agosto até novembro daquele ano, recorreram prontamente na justiça para não serem prejudicados, com o processo da falência dos negócios de seu dono. O mesmo se deu em relação aos outros credores do falido.[27]

Depois das tramitações iniciais feitas na justiça, o caso ficou sob a responsabilidade do excelentíssimo senhor juiz da segunda vara, o Dr. Eliseu Guilherme Christiano, auxiliado de perto pelo primeiro escrivão Antonio Salviano e outros.

---

de 12 de dezembro de 1917. Ver também seus desdobramentos na: Massa Falida de Francisco Cassoulet. *Arquivo do Fórum de Justiça de Ribeirão Preto.* 1º Ofício, cx. 197ª, 1917.

27 Habilitação de crédito. Requerente: Pedro Micelli e outros. Requerido: Falência de Francisco Cassoulet. *Arquivo do Fórum de Justiça de Ribeirão Preto.* 1º Ofício, cx. 197A, proc. N. 112, de 12 de dezembro de 1917; Habilitação de crédito. Requerente: Herm Stoltz & Cia. Requerido: Falência de Francisco Cassoulet. *Arquivo do Fórum de Justiça de Ribeirão Preto.* 1º Ofício, cx. 197A, proc. N. 93, de 12 de dezembro de 1917; Habilitação de crédito. Requerente: Giovanni Gemme. Requerido: Falência de Francisco Cassoulet. *Arquivo do Fórum de Justiça de Ribeirão Preto.* 1º Ofício, cx. 197A, proc. N. 115, de 12 de dezembro de 1917; Habilitação de crédito. Requerente: Henrique Palloci. Requerido: Falência de Francisco Cassoulet. *Arquivo do Fórum de Justiça de Ribeirão Preto.* 1º Ofício, cx. 197A, proc. N. 119, de 12 de dezembro de 1917; Habilitação de crédito. Requerente: Hugo Martini. Requerido: Falência de Francisco Cassoulet. *Arquivo do Fórum de Justiça de Ribeirão Preto.* 1º Ofício, cx. 197A, proc. N. 92, de 12 de dezembro de 1917; Habilitação de crédito. Requerente: Alexandre Bucchianeri. Requerido: Falência de Francisco Cassoulet. *Arquivo do Fórum de Justiça de Ribeirão Preto.* 1º Ofício, cx. 197A, proc. N. 121, de 12 de dezembro de 1917; Habilitação de crédito. Requerente: Giuseppe Napoleão Malferrari. Requerido: Falência de Francisco Cassoulet. *Arquivo do Fórum de Justiça de Ribeirão Preto.* 1º Ofício, cx. 197A, proc. N. 117, de 12 de dezembro de 1917; Habilitação de crédito. Requerente: Francisco Fratelli & Cia. Requerido: Falência de Francisco Cassoulet. *Arquivo do Fórum de Justiça de Ribeirão Preto.* 1º Ofício, cx. 197A, proc. N. 91, de 12 de dezembro de 1917; Habilitação de crédito. Requerente: Giacomo Macaferri. Requerido: Falência de Francisco Cassoulet. *Arquivo do Fórum de Justiça de Ribeirão Preto.* 1º Ofício, cx. 197A, proc. N. 99, de 12 de dezembro de 1917; Habilitação de crédito. Requerente: Abílio Sampaio. Requerido: Falência de Francisco Cassoulet. *Arquivo do Fórum de Justiça de Ribeirão Preto.* 1º Ofício, cx. 197A, proc. N. 101, de 12 de dezembro de 1917; Reclamação Reivindicatória. Requerente: P. C. Silveira. Requerido: Falência de Francisco Cassoulet. *Arquivo do Fórum de Justiça de Ribeirão Preto.* 1º Ofício, cx. 197A, proc. N. 96, de 1 de dezembro de 1917; Executivo Hipotecário. Requerente: Abílio Sampaio. Requerido: Fanny Blummefeldt. *Arquivo do Fórum de Justiça de Ribeirão Preto.* 1º Ofício, cx. 197A, proc. N. 71, de 20 de julho de 1917.

A massa falida teve como liquidatário inicial o advogado Dr. Herculano Mendes.[28] Tudo se passava dentro do esperado, até que o sindico responsável por gerir a massa falida da Empresa de Francisco Cassoulet começou a achar inconsistências em certos pedidos de crédito, para os quais começou a indeferir: a) foi o caso do pedido de Marcelle Carlosca, que não comprovava como havia feito aqueles serviços ou empréstimos a Cassoulet, porque seus ganhos vinham apenas de seu trabalho na mesma empresa, cujo salário girava em torno de 350$000 trezentos e cinquenta mil réis, fora seus gastos com comida e pensão, e não de 500$000 quinhentos mil réis como estava em cada promissória, e ao que tudo indica não veio a recorrer depois da decisão tomada pelo sindico; b) o mesmo se deu com Ammeris Gemme, esposa de Giovanni Gemme, cujo pedido de pagamento da dívida de 7:500$000 sete contos e quinhentos mil réis, auferida por Cassoulet antes de decretada a falência de sua empresa de entretenimentos e diversões, quando seu esposo gerenciava os negócios, e tinha como garantia a penhora dos bens de Cassoulet, também pareceu aos olhos do sindico suspeita, pois, que além de a indeferir, comunicou imediatamente ao advogado, Dr. Herculano Mendes, liquidatário da massa falida a questão, e ele prontamente procurou tomar as devidas providências legais; e c) outras intercorrências foram ocorrendo, com indeferimentos do síndico, mas que não cabem aqui serem esmiuçadas detalhadamente.[29]

Enquanto corria o processo da massa falida da Empresa Cassoulet, aberto no final de 1917, o liquidatário da massa falida entrou simultaneamente com um pedido de Ação revocatória de crédito, em que era autor o liquidatário da massa falida de Francisco Cassoulet e – Ré – Ammeris Gemme, no início de janeiro de 1918.[30]

28 Massa Falida de Francisco Cassoulet. *Arquivo do Fórum de Justiça de Ribeirão Preto.* 1° Ofício, cx. 197ª, de 17 de novembro de 1917.

29 Conforme se constata no processo da Massa Falida de Francisco Cassoulet. *Arquivo do Fórum de Justiça de Ribeirão Preto.* 1° Ofício, cx. 197ª, de 17 de novembro de 1917.

30 Ação revocatória de crédito, em que é autor o liquidatário da massa falida de Francisco Cassoulet e – Ré – Ammeris Gemme. *Arquivo do Fórum de Justiça de Ribeirão Preto.* 1° Ofício, cx. 194A, 1918; Ação Revocatória. Requerente: Liquidatário da massa falida de Francisco Cassoulet. Requerida: Ammeris Gemme. *Arquivo do Fórum de Justiça de Ribeirão Preto.* 1° Ofício, cx. 205A, proc. N. 47, de 19 de janeiro de 1918; Translado dos autos de habilitação da massa falida de Francisco Cassoulet. Requerente 4ª Ofício cível, *Arquivo do Fórum de Justiça de Ribeirão Preto.* 4° Ofício, cx. 15, proc. N. 436, de 10 de março de 1919; Autos de habilitação. Requerente liquidatário da massa falida de Francisco Cassoulet. *Arquivo do Fórum de Justiça de Ribeirão Preto.* 4° Ofício, cx. 15, proc. N. 435, de 10 de março de 1919; Autos de habilitação. Requerente liquidatário da massa

Dadas tais circunstâncias, Ammeris Gemme, esposa do maestro Giovanni Gemme, inicialmente solicitante de habilitação de crédito junto à massa falida, pelo desdobramento do caso veio a se tornar Ré – mas isso só se verá na sequência, com o desdobramento do caso na justiça. Antes mesmo de ocorrer à formalização da falência na justiça, não há como saber ao certo, se sob orientação ou não do esposo, não tendo alternativa, até para se precaver na justiça, Ammeris Gemme entra com uma ação contra Cassoulet, quando o seu marido ainda era gerente da Empresa para obter o pagamento de sua promissória.[31] No mesmo período em que se dava início ao decreto da falência da Empresa Cassoulet, com o início da ação sendo processada na justiça, vendo a possibilidade de perder seu crédito, Amélia Gregori, capitalista, tomou as devidas providências na justiça para reaver seu empréstimo junto a Empresa Cassoulet.[32] Como as dívidas não se resumiam apenas aos credores, mas também se prolongavam para quitação de impostos atrasados, tanto a Fazenda do Estado de São Paulo, em função de impostos não pagos pela Empresa Cassoulet, no corrente ano, entra na justiça para ter a quitação desses débitos atrasados, como também o fez a Câmara Municipal da cidade de Ribeirão Preto, estado de São Paulo, em relação a impostos municipais.[33]

Um processo tão complexo como esse, não poderia transcorrer rapidamente, e seus desdobramentos chegaram até o final de 1922, com muita coisa sem total solução, como foi o caso da dívida a ser paga aos empregados da Empresa Cassoulet, que por alguma razão não muito bem explicada, até meados de 1921, sequer haviam

falida de Francisco Cassoulet. *Arquivo do Fórum de Justiça de Ribeirão Preto.* 4º Ofício, cx. 15, proc. N. 435, de 10 de março de 1919.

31 Habilitação de crédito. Requerente: Ammeris Gemme. Requerido: Falência de Francisco Cassoulet. *Arquivo do Fórum de Justiça de Ribeirão Preto.* 1º Ofício, cx. 483A, proc. N. 92, de 12 de dezembro de 1917.

32 Executiva central. Autora: Amélia Gregori. Réu: Giovanni Gemme. *Arquivo do Fórum de Justiça de Ribeirão Preto.* 3º Ofício, cx. 13, proc. N. 007, de 28 de novembro de 1917.

33 Executivo. Autora: A Fazenda do Estado. Requerido: Francisco Cassoulet. *Arquivo do Fórum de Justiça de Ribeirão Preto.* 3º Ofício, cx. 04, proc. N. 294, de 14 de março de 1918; Justificação de crédito. Autor: A fazenda do Estado. Requerido: Falência de Francisco Cassoulet. Habilitação de crédito. Requerente: Marcelle Carlosca. Requerido: Falência de Francisco Cassoulet. *Arquivo do Fórum de Justiça de Ribeirão Preto.* 1º Ofício, cx. 206A, proc. N. 118, de 15 de abril de 1919; Autos de Habilitação de crédito. Requerente: Câmara Municipal de Ribeirão Preto. Requerido: Falência de Francisco Cassoulet. *Arquivo do Fórum de Justiça de Ribeirão Preto.* 1º Ofício, cx. 483A, proc. N. 93, de 12 de dezembro de 1917.

recebido participação no rateio dos bens da massa falida, que teve seu início de forma extrajudicial, causando descontentamento por parte dos funcionários, que não haviam sido consultados e entravam com pedido de revisão do caso, por estarem entre os credores prioritários no processo. Nesse ínterim, tanto Fanny Blummenfeldt (em 1918), quanto Francisco Cassoulet (em 1919) tinham falecido no percurso do caso na justiça. O liquidatário da massa falida da Empresa de Francisco Cassoulet fez o que tinha que fazer e solicitou na justiça as devidas providências para que pudesse vender os bens deixados pelo casal, em leilões previamente agendados, para o pagamento das dívidas deixadas pela empresa, que prontamente foi tomando as providências para a venda dos bens e efetuar o pagamento dos credores.[34]

6. Com a apresentação do caso na justiça e seus desdobramentos legais sendo processados na ocasião, nada mais adequado agora do que pensar qual a saída, nos interstícios de uma existência fugaz, como assim era então percebida pelos contemporâneos e os pósteros ao ocorrido, nos poderia oferecer *os fragmentos do enredo de um romance*, para a trama que nos prendeu até aqui nesse instante?

Tudo poderia ter começado pelo inesperado sumiço dos livros de contabilidade, livros burocráticos reduzidos aos números evidentemente de entradas e saídas de bens, serviços e capital, mas a eles completados pelos diários de receitas de entradas e saídas de dinheiros, produtos e pagamentos, bem como de dois volumes de anotações de que F. Cassoulet fazia, quase diariamente, até o início de 1917, quando sua saúde física e mental começou a se debilitar, tal como já estava debilitada a saúde de sua companheira, que se encontrava paralítica, sem falar uma só palavra e no início do processo de demência. O sumiço não foi planejado, mas totalmente inesperado. Após os peritos analisarem a situação da Empresa de Cassoulet, e o que teria levado ao pedido de falência no final daquele ano de 1917, os documentos sob a guarda da justiça foram solicitados pelo advogado responsável pelo acompanhamento da massa falida que, sem se dar conta, em função dos vários processos simultâneos que representava no período, manteve-se sob a guarda dos referidos documentos, e com a finalização do processo em meados de 1922 foram parar em seu arquivo pessoal de causas concluídas, ficando ali armazenados por um longo tempo.

34 Autos de arrecadação de bens. Requerente: o doutor curador geral. Requerida: Fanny Blummenfeldt. *Arquivo do Fórum de Justiça de Ribeirão Preto*. 4º Ofício, cx. 15A, proc. N. 426, de 4 de janeiro de 1919.

Não fosse pela atenção e carinho de um de seus filhos, após a morte do pai em 1967, em se preocupar por organizar o que seu pai havia ali armazenado durante as várias décadas em que atuou profissionalmente, nossa história teria chegado aqui no seu final, sem sabermos sequer o seu início provável. Ainda abalado com o ocorrido, o filho não conseguiu revirar as caixas, apenas as guardou em sua casa para que não fossem sorrateiramente extraviadas ou mesmo roubadas, até sem que pudesse ser avisado, pararem no lixo, ou pior, serem usados para outras finalidades, adversas as dadas por seu pai, ou até mesmo ilícitas. Ali esses documentos adormeceram por outros 27 anos, quando então outra morte, nesse caso a desse filho, ocorrida em 1994, levou agora outro filho tomado pela comoção, meses depois do improvável ataque cardíaco que levou subitamente seu pai, em ter a coragem devida para ver o que seu pai teria deixado armazenado em seu arquivo pessoal de trabalho.

Como o avô, seu pai seguiu seus passos e também se tornou advogado, mas a vida o levou a ser juiz, situação a qual inspirou o filho a também ser advogado na família, agora na terceira geração de advogados. Talvez até sem saber ele estivesse seguindo uma tradição de cunho bacharelesca que se formou no Brasil no século XIX, quando se fundaram as primeiras faculdades de direito, de medicina e de engenharia, três áreas práticas e necessárias à época para a consolidação do estado nacional, independente em 1822, mas com tudo ainda por ser feito, o que talvez, por isso mesmo, lhes deixassem o estigma, ou pior a louvação do próprio ego, de se crerem como doutores, quando eram somente bacharéis, ainda que isso não fosse pouco à época – embora D. Pedro II, em gratidão aos feitos e como estrategista para manter as elites sob a sua guarda e controle de suas ações, nomeava como doutores, por meio de decreto-lei imperial, todos aqueles que concluíssem sua formação inicial na graduação como bacharéis.[35] Um fato relevante, sem dúvida alguma, mas após 1934 com a criação e delimitação institucional do que deveria ser a partir daí uma universidade, e a fundação dos primeiros programas de pós-graduação (ainda em um funcionamento meio que improvisado, como quase tudo nesse país, só plenamente institucionalizado com a reforma de 1968), extinguiu a lei imperial naquele mesmo ano, como resíduo de um antigo regime já deposto, e definiu como norma que só seriam doutores aqueles que concluíssem cursos especializados de pós-graduação, passassem por uma formação específica, regular e pelos estágios necessários, e ao final defendessem uma tese perante uma banca composta por, ao

35 O estudo de Edmundo Campos Coelho, *As profissões imperiais: medicina, engenharia e advocacia no Rio de Janeiro, 1822-1930*, continua sendo uma referência para a apreciação desta questão.

menos, cinco especialistas; só aí, depois de aprovado e feito todo esse processo, é que o(a) candidato(a) poderia se denominar doutor(a) em uma área do saber. Mas, como quase sempre acontece em nosso país, prefere-se o dito pelo desdito, sem que se comprove ou apure direito os "fatos", porque é melhor viver de ilusões, com a falsa sensação de poder, do que seguir pelo trabalho e dedicação todos os três ciclos de formação (graduação, mestrado e doutorado) para poder, de fato e de direito, crer-se doutor(a) – mas, "em terra de ninguém, onde quem tem um olho é rei", afinal não é isso que diz o dito popular, porque alguém haveria de se preocupar com esses meros detalhes formais! E nosso personagem, aqui sutilmente apresentado, desconhecendo também esses "fatos", seguiu-se naturalmente os passos dos familiares e as tradições do passado; mas tudo o que viria a ocorrer, pela sua aguçada imaginação, vir-lhe-iam a fazer questionar toda a sua história e formação familiar e profissional.

E é bem provável que, curiosamente, o que ele não esperava, era encontrar ali junto com os documentos pessoais e profissionais de seu pai, os arquivos de seu avô. Como sequer ele o havia conhecido em vida, mais intrigado ele ficou em ver a possibilidade de conhecer o morto; ou melhor, as memórias que ele deixou para os familiares através daqueles documentos e registros públicos e particulares, intactos que estavam, mas cuja ausência de quem os fez ou participou diretamente de sua elaboração já não se encontravam mais ali presentes. É claro que para ele, a voz já soava distante, coisa que os resquícios deixados pelo pai ainda lhe era muito próxima, o que lhe permitiu ver sem dificuldades as coisas do avô, mas não a do próprio pai, naquele instante preciso, cuja dor da perda ainda lhe era tão próxima. Depois de dias enfurnado nos documentos distantes, aos poucos tornados muito próximos dele, este viu se formar uma imagem do avô tão vivaz como aquela que seu pai lhe formou em sua memória, ao longo dos anos, com as suas histórias e feitos a respeito de seu pai. Quando se deparou com as anotações do caso de Cassoulet, e, depois, mais ainda quando encontrou os livros caixa, diários e anotações pessoais do falido, lembrou-se, como se seu pai estivesse do seu lado, ele lhe contando à importância que o caso teve para o início da carreira de seu avô, que sempre havia lhe falado que aquele teria sido seu caso mais importante, pois, havia descoberto uma fraude no meio do processo da falência, e isto teria lhe feito toda diferença na forma pela qual passou a atuar profissionalmente desde o início dos anos 1920 – e, talvez por isso, feito seu pai vir a se tornar juiz.

Mas, surpreso, notou que mais do que apenas livros de registros de entradas e saídas, ou pagamentos, receitas e gastos diários com pessoal, equipamentos, produtos e divulgação/propaganda na imprensa local, a presença de dois diários íntimos e pessoais escritos em francês, do próprio punho de Cassoulet, levou-o a aprender o idioma para saber o que continha naquelas anotações pessoais, tal era a marca que as imagens deixadas pelo pai, agora totalmente reavivadas pelos feitos do avô, faziam-lhe se lembrar de um avô que não teve sequer a oportunidade de conhecer pessoalmente. Mais ainda, a situação lhe causou certa comoção porque Cassoulet sequer era mencionado na cidade, fora enterrado praticamente como indigente,[36] como lhe contou certa vez seu pai, e quase nada havia sido escrito sobre ele.[37] A

36 Apreciação que se manteve inclusive em parte da historiografia, como avaliam em seus estudos: TUON, Liamar Izilda. *O cotidiano cultural em Ribeirão Preto (1880-1920)*. Dissertação (mestrado) FHDSS/Franca – São Paulo: Franca/UNESP, 1997; VALADÃO, Valéria. *Memória arquitetônica em Ribeirão Preto*. Dissertação (mestrado) FHDSS/Franca – São Paulo: Franca/UNESP, 1997.

37 De início, impressiona o quase total desconhecimento da figura de Francisco Cassoulet por parte de seus contemporâneos, perpassando os cronistas e estudiosos do período. Entre os que deixaram alguns fragmentos esparsos sobre o assunto se encontra Plínio T. dos Santos, com *Ribeirão Preto histórico e para a história* (de 1948), que na década de 1940 foi um dos primeiros a deixar registradas suas impressões a respeito de Francisco Cassoulet e do Teatro Carlos Gomes. Basicamente, Plínio T. dos Santos manteve-se fiel aos documentos oficiais, tomando por base as atas da Câmara Municipal. Sua discussão versou quase literalmente esses documentos, que se constituíam para ele numa das fontes mais pertinentes para se registrar o que 'houve no passado'. O autor pensou a história como uma narrativa objetiva, fruto da ação de 'grandes homens', redigida a partir do que os documentos podem trazer, à cena do presente, as luzes sobre o passado. Sobre seus comentários a respeito das atas, ele se referiu da seguinte maneira: "Nada mais encontramos nas atas [se refere ao fragmento por ele copiado, que relata a inauguração do teatro pela companhia Lyrica da Matta] da Câmara sobre os primórdios do TEATRO CARLOS GOMES, não se podendo por elas determinar as condições da empresa, companhia ou sociedade que o construiu, tempo e condições precisas da concessão (...) Sabemos entretanto, que foi feita uma subscrição para a construção do 'CARLOS GOMES', tendo nosso pai DIONÍSIO JOSÉ DOS SANTOS, então fazendeiro (...) entrado com 2:000$000 (...) não foi levantada a importância necessária, tendo, por isso, o Cel. FRANCISCO SCHMIDT completado o total reclamado, pois era ele o maior entusiasta pela construção ..." (SANTOS, 1948, p. 94). Nada mais foi comentado pelo autor sobre esse período a respeito do teatro. Não explicou as razões pelas quais F. Schmidt tornou-se o maior entusiasta pela construção do teatro, nem quanto ele pagou para completar o que faltava, nem se, além de seu pai, outros teriam contribuído para levantar a quantia necessária à construção. Prisco da Cruz Prates, em *Ribeirão Preto de outrora* (de 1956), escrevendo sobre Ribeirão Preto na década de 1950, fez alguns comentários a respeito do teatro. Entretanto, não disse onde se apoiou para elaborar o seu texto. Mas, ao que

oportunidade de ver em primeira mão quem teria sido aquela pessoa lhe motivou ainda mais em se dedicar aos estudos do francês, que ao final não se viu com muitas dificuldades com a nova língua, até porque já falava fluentemente o italiano e o inglês. Ainda maior foi a sua felicidade, quando não contendo suas emoções, começava a ler quase sem o apoio de dicionários os rascunhos das anotações e ideias contidas ali há décadas, sem que ninguém sequer soubesse de sua existência – aquilo ainda lhe tocou ainda mais, porque pensou: será que meu avô chegou a ler essas anotações? Provavelmente não! (Ele pensou inicialmente).

---

parece, foi basicamente por meio das memórias da época e crônicas sobre o período. Não aprofundou comentários sobre um momento específico do teatro, nem precisou datas de funcionamento ou administradores (equivocando-se até mesmo quanto à data de inauguração do teatro). Apesar disso, deve-se lembrar que o seu trabalho não se propôs a uma pesquisa acadêmica, mas caracterizou-se como uma obra literária, ou talvez seja melhor dizer, uma crônica sobre o período. Não obstante, construiu um painel sobre a época, que circunscreveu o final do século XIX e primeiras décadas do XX, com o objetivo de reconstituir as características culturais da cidade no início do século, versando sobre diversos temas, a saber: a música, os cassinos, os teatros, o lazer e os costumes. O historiador Rubem Cione, em *História de Ribeirão Preto* (de 1995), embora não tendo saído totalmente desse modelo narrativo, contribuiu para que se tivesse uma visão mais detalhada sobre o teatro e o período. Apoiou-se principalmente em relatos orais e fontes oficiais. Segundo esse autor, a família Prado foi à pioneira na época a trazer o cinema para a cidade, diretamente da França, no final do século XIX, fazendo-o funcionar com a eletricidade da própria fazenda, antes mesmo que esse entretenimento aparecesse nas capitais do Rio de Janeiro e de São Paulo. Para o autor, parece ter sido a companhia Carrara a primeira a dar espetáculos teatrais em Ribeirão Preto. Sobre o teatro e seu administrador o autor nos fornece o seguinte relato: "[...] a aristocracia fundiária do café local, com a ajuda de capitalistas de boa vontade, fez uma 'combinação' bairrista: construir um teatro moderno que projet[aria] a cidade. Seria o teatro Carlos Gomes! (...) Iniciada a obra, de vez em vez, a comissão solicitava uma ajuda monetária aos participantes para a sua continuação (...) Os doadores espontâneos, sem qualquer lucro direto, cansados com tantas 'facadas', foram se encolhendo. Ao final, Cel. Schmidt, tendo ficado sozinho, concluiu a majestosa obra, com aquele espírito de grande incentivador e amando esta terra como se sua fosse (...) Iniciado em 1894, com obras paralisadas depois, por falta de verbas (...) fora constituída uma sociedade para dar a Ribeirão Preto um local adequado para a recreação de companhias e que se denominaria Teatro Carlos Gomes (...) foi inaugurado 3 anos depois o famoso teatro ..." (CIONE, 1995, p. 50). A obra de Rubem Cione amplia o relato de Plínio T. dos Santos a respeito da construção, do tempo que tomou o acabamento da obra, embora não esclareça quais foram os partícipes da empreitada.

Ele se lembrou, porém, que o pai não falava e nem escrevia em francês; mas, depois, pensando melhor notou que isso não queria dizer que seu avô não soubesse, até porque era a língua estrangeira comum no processo formativo daquela época, ao invés do inglês (que se tornou o latim moderno, só depois da segunda Guerra Mundial, como bem recordou depois as falas de seu pai da importância de aprender outra língua, além da italiana que já era herança imaterial da família). No entanto, teve ainda maior certeza do fato quando não encontrou nenhuma anotação nem nos diários, nem em nenhum outro lugar que pudesse lhe dar maiores indícios que seu avô teria os lido em primeira mão. Além disso, pensou ainda, como se encerravam no início de 1917, talvez sequer tivessem sido relevantes para o andamento de uma falência que só veio a ocorrer no final daquele ano – e o próprio falido também falava o português (ou melhor, um "portufrês", uma mistura das duas línguas no dia a dia, como dizia risonho o pai ao seu filho, nas poucas vezes que lhe viu sair dos trajes e posturas de juiz).

Em pouco mais de um ano e meio, ele já tinha todos os dois volumes integralmente traduzidos. No final de 1995, ainda sem saber o que fazer com aquele material, leu-os para a esposa e os filhos, sem dizer a eles de quem se tratava, e pensaram que fosse um caso em que o pai queria dividir com eles, do qual estava representando seus clientes. Só depois sua esposa se lembrou da relação entre advogado e cliente, e como tal aquilo deveria se referir a outra coisa, mas não quis interromper o marido em sua leitura. Aqui, sem avisar, o marido não mais lia os diários brutos, mas sim uma primeira tentativa de interpretação e reconstrução narrativa, como se quisesse escrever um romance sobre o personagem, ainda que sem o saber, e assim teve início:

> Nascido no século XIX, F. C. (preferiu não dizer o nome, para acabar com o suspense inicial, e talvez também para copiar um estilo de Kafka, de quê se apaixonou desde o período em que fez o curso de Direito e leu pela primeira vez *O processo*) fazia parte de uma geração que começava a perder seus referenciais religiosos e filosóficos na Europa. Da região da Occitânia, nos Altos Pirineus, na cidade de Tarbes foi que F. C. nasceu e começou a crescer na década de 1860. As anotações que deixou em seu diário íntimo revelaram (após sua morte e descoberta de nosso narrador) não ser muito próximo dos pais, razão pela qual poderia lhe ter feito decidir vir para o Brasil na última década do século XIX, em função das várias propagandas que

via sobre aquele país e a América Latina. Mas não sem antes se apaixonar pela primeira vez, como assim relatou:
Tudo começou naturalmente e sem percebermos. Divididos por uma cerca, real e imaginária, a proibição inicial verdadeiramente começou a nos aproximar, e aos poucos nos fez querer conhecer um ao outro. Como o tempo em que vivíamos não ajudava muito, a força das tradições, ao invés de fazer tudo fluir naturalmente, obrigava a fazer se tomar decisões apressadas. Se isso contribuiu para minha decisão de sair da França, só o tempo igualmente poderá dizer. Mas de lá eu só não sairia sem ela jamais... (início de 1894, sem maior precisão de data, anotou o narrador).
É pouco preciso em suas anotações. Quase nada nos diz sobre seus amores, assim como seus desamores e desilusões amorosas. Não nos revela se trouxe ou não dinheiro para começar a nova vida. Há algumas rasuras que não nos permite dizer se passou ou não em outros países latino-americanos, antes de chegar ao Brasil pelo porto de Santos, no estado de São Paulo no final de 1896. Parece que foi na pousada dos imigrantes que ele se inteirou de algumas cidades ricas na produção de grãos de café e plantação de cafezais. Nos bares, em algumas conversas que teve com outros imigrantes e a população local, ouviu dizer que Ribeirão Preto era uma cidade bem localizada, com oportunidades abertas para todos, bastava trabalho, ideias e imaginação. E imaginação parecia que ele tinha de sobra. Ao chegar à cidade real, diferente da imaginada, as coisas não foram tão fáceis como pareciam que poderiam ser. Ele não conhecia ninguém, ainda falava mal a língua local, tudo parecia agir contra ele. Mas sabia que tinha que conhecer o quanto antes as pessoas certas, isto é, "quem mandava e tinha dinheiro por ali". As suas anotações não são precisas a respeito de como começou a investir em entretenimentos, nem tampouco como juntou capital para dar início a sua empresa. O certo é que tudo indica que foi sendo muito bem aceito pelos figurões locais, que passaram a investir nele e em sua empresa. Se o pacto firmado era concretizado e consagrado a base de serviços especializados de prostituição, talvez nunca venhamos a saber ao certo, porque não se acham evidencias precisas sobre isso. É difícil dizer como alcançou o sucesso, pois, ele se fixava na luxuria pessoal, nas festas, na diversão e também nas mulheres, que rodearam a sua vida e suas anotações pessoais. Pareciam que eram verdadeiros ímãs para ele, empresário de casas teatrais e diversões noturnas, que tinha mulheres lhe rodeando

diariamente nas festas e festivais locais, assim como nas apresentações teatrais e cinematográficas. No café concerto que passou a instalar no Cassino Antarctica, no início do século XX, fazendo do local também um restaurante noturno e uma pousada para as artistas das companhias teatrais, mais parecia um motel improvisado para ele e seus anfitriões "endinheirados", mas se assim o era, tudo se fazia sob enorme sigilo e se manteve no mais restrito segredo e condescendência geral dos empregados e dos consumidores exclusivos. Ainda mais porque perto dali havia uma casa noturna, isto é, um Bordel, onde conheceu F. B., e nunca mais a deixou – embora não seja possível dizer se foi ou não sua maior paixão. Infelizmente, as circunstâncias nos privaram de conhecer melhor M. C., com quem seguiu da França para os Trópicos, e aqui dela se despediu para iniciar sua nova paixão, ou ela desnorteada simplesmente o deixou, como bem relatou em uma de suas anotações a sua fixação por F. B.:

Eles estavam presos em seus labirintos. Ela de seu passado. Ele em sua vergonha. Mas quanto mais se envolviam, mais se prendiam um no outro. Ela em sua solidão, ele em sua nostalgia. Ele olhava sempre para frente, tentando sair do labirinto que criou para si, e do qual tentava desesperadamente se desvencilhar completamente com dinheiro e poder, coisas que nunca tinha tido em mãos. Ela olhava para traz com a sensação de que com ele ganhava no amor, mas se perdia em si mesma, por causa da sensação ainda presente dos traumas que carregava consigo de seu passado. Ele a desejava, e perdendo-se nela, prendia-se naquilo que mais tinha medo, em si próprio. A única coisa verdadeira que os unia eram suas próprias fraquezas, porque juntos pareciam ser mais fortes, até para superarem suas angústias, indecisões e incertezas da vida. De dois mundos diferentes da Europa vieram a se encontrar em terras distantes, cuja distância da língua e também de culturas, não lhe foram nenhum problema maior. Ela com medo de seu passado, tristemente concretizado em sua carne, cujas marcas ainda carregava em sua pele macia; ele de seu futuro, incerto ainda, pois, tudo poderia desmoronar a qualquer momento e fortemente irrompendo em sua alma, com o medo de o concretizar sem ela do seu lado, que naquele instante fugidio tudo parecia significar. Mas, ambos com a mesma convicção, de que quando duas almas se uniam, descobrindo-se em suas fragilidades, seus corações jamais se separariam, pois, o que o destino unia os homens jamais romperiam ou poderiam distanciar. (anotação do final de 1897, sem precisão e com algumas rasuras e riscos, deixou mencionado nosso narrador).

A presença de F. B. na vida intensa de F. C. parece que lhe deu um sentido, que procurava vivamente, em toda sua trajetória até ali vivida. Ao unirem-se no amor, uniram-se igualmente nos negócios, que fizeram prosperar, porque o conhecimento de um do mundo dos entretenimentos se juntou ao outro com o conhecimento íntimo a respeito das mulheres, suas fraquezas, desejos e vontades mais íntimas. Ela conhecia de perto suas mais guardadas emoções; ele sabia como convencer figurões, articular companhias e fazer propaganda na imprensa local. E tudo foi bem até o final de 1908, quando um suicídio causou remorso e comoção em F. B. Uma artista muito nova, não se sabe bem o porquê, tirou sua própria vida durante o andamento de um entretenimento. F. B. que já havia sido acometida de febre amarela em 1903, com aquele desenlace fatídico nunca mais foi à mesma. Deixou de falar, deixou também de sorrir. Não mais andou, porque paralítica parecia já estar, ao menos da cintura para baixo, e daí então não mais andou. Apenas de gestos com as mãos e a cabeça passou a se comunicar. E assim desolado deixou F. C. sem saber o que fazer, pois, mesmo F. B. ainda do seu lado, já não sendo mais a mesma, como se não estivesse ali foi o que lhe pareceu, feito um espectro lhe rondando diuturnamente.

Se ambos pareciam estar unidos na vida e na morte, com testamentos registrados em cartório para os proteger de inconvenientes ou até de adversidades, tudo indicava que já tão bem não estavam nos negócios e no amor. Se foi isso que levou F. C. a se amancebar com M. C. jamais saberemos ao certo. Mas assim como F. C. deixou M. C. para poder ficar com F. B, o mesmo parecia ocorrer, como em um "eterno retorno do mesmo", tão caro a Nietzsche, quando pareceu que F. C. se distanciou de F. B. para poder ficar mais com M. C., e com ela ter a ilusão de viver um novo amor. Mas assim ele registrou em seu diário:

Só eu sei as coisas que tive que fazer desde quando aqui cheguei. Ninguém mais. As coisas que fiz por necessidade, necessidade de me aproximar de quem manda, têm dinheiro e faz o mundo rodar; necessidade de me aproximar de quem dita às normas, pela lei, e impõe o que pode ou não ser feito aos outros; necessidade ainda de usar as mulheres, seu sexo e suas vontades, para alcançar as minhas vontades, à custa de seus próprios sonhos. Só eu sei! Como tive que me fazer de discreto, em uma sociedade do silêncio inaudito, para poder fazer parte dela, ou ao menos sentir o gostinho de parecer estar. Só eu sei! Como era difícil estampar um sorrido, depois de ver o cinismo estampado no rosto deles, rindo de nós, que chegávamos de fora, querendo ser como eles, muitos deles que como nós chegaram sem nada, e agora achavam que tinham tudo e podiam tudo, e nós éramos seus rivais em querer ser iguais a eles em tudo. Só eu sei! À custa de tanto amor, desejei ter um pouco de amor, e misturado com o meu narcisismo, às vezes sem até querer, deixava de dar o amor merecido a quem estava, de fato, do meu lado. Só eu sei! As noites mal dormidas que vivi, com medo de tudo perder depois de tudo que fiz, de não pagar as contas, de ter credores batendo em minha porta e cobrando dívidas que não conseguia quitar, de ver tudo que fiz nascer a custa de tanto sangue, suor e muitas lágrimas ser esfacelado no ar, como se sequer nunca tivesse existido, e ninguém saber que um dia eu existi. Só eu sei! O império do luxo e da luxuria, que escondia o pecado, o amor proibido, as vontades reprimidas, dos endinheirados que lá iam para poderem extravasar suas emoções contidas e realizar seus desejos mais secretos. Só eu sei! O preço a ser pago por tudo isso e que um dia virão para me cobrar nessa terra, com essa vida ou no além vida, e espero que seja pelos meus inimigos, não pelos amores que ofendi, pelas mulheres que usei, pelos trabalhadores que corrompi, pelas damas da noite, que se fazendo de artistas, serviram-me completamente, nos planos e nas astúcias, para construir esse falso império de diversões, que mais se parecia com um rico reino do sexo, de amor e de luxuria. Só eu sei! Ninguém mais... (anotações do final de 1914, ou início de 1915, com muitas rasuras e rabiscos, pontuou o narrador, que teve que fazer emendas e costuras para dar liga e sentido as suas palavras, que agora também faziam parte das palavras do narrador e do significado que ele lhes deu).

Quando a grande guerra teve início em 1914, tudo ficou ainda mais difícil: os negócios, o amor e a própria vida de todos. As companhias desapareceram, ou no mínimo ficavam muito difíceis de serem contactadas e encontradas para serem contratados os seus serviços, e o mesmo valia para os filmes para os cinematógrafos, que à custa de começar a ver também os nacionais, ou cujos direitos estavam com companhias nacionais, fez empobrecer a variedade da língua, do som, das imagens e das próprias cenas que ali eram registradas nas fitas. Com a economia em recessão, os públicos foram se reduzindo nas casas de espetáculo, e as rixas e as disputas entre os empresários teatrais ficaram cada vez mais evidentes, tendo que as próprias diversões terem que ali serem reinventadas constantemente para poderem oportunizar novas demandas e públicos. Anúncios reduziam subitamente os preços dos ingressos do dia para a noite para as apresentações, em uma evidente guerra de anúncios no jornal e nos panfletos que eram distribuídos no comércio e ruas principais do centro da cidade; cada um lutava como podia para ter a artista mais aclamada, o musical mais emotivo, o filme mais comovente em suas empresas e casas de diversões! Nada parecia os fazer parar! Nada parecia mesmo dizer que eles próprios queriam parar! Era como se no ensejo de se manterem vivos nos negócios, aquilo os fazia estarem mais vivos até para desfrutarem o que até ali tinham escondido nos mais recônditos lugares de suas almas. Mesmo um roubo nas imediações de seus respectivos negócios era rapidamente contornado; ou um incêndio era facilmente controlado e tudo era resolvido ali mesmo. Mas, em uma coisa todos pareciam ter o mesmo medo, o risco iminente de ter que decretar a falência. Até nisso F. C. parecia ser cauteloso, pois, havia deixado as duas casas que comprou no nome de F. B., para o caso de uma tragédia se abater sobre ele ou nos negócios. Até com todas as adversidades, F. C. e F. B. pareciam mesmo ser uma mistura perfeita na vida, como depois também se mostrou na morte, pois, o que tudo que construíram juntos para eles nada ficou, e no fim da vida sem nada ter, no início da morte como indigentes, feitos dementes, incapazes mesmo de o que dizer, de o que fazer, de o que querer ou sentir, ou até do que reclamar, silenciados assim ficaram e para toda a sociedade que alimentaram no corpo e na alma, deixando eles padecerem no silencio foi o que verdadeiramente lhes restou de herança imaterial sobre tudo o que fizeram, ou pretendiam fazer para serem iguais, nas terras das desigualdades sórdidas, onde você vale tanto pelo que tem, não pelo que é! Mas, pelo menos até o início de 1917, as ilusões ainda pareciam ser reais, e nada, ou quase nada, poderia anunciar o fim de tudo aquilo que fizeram juntos, que construíram juntos, que queriam talvez até poderem terminar suas vidas ali juntos; quando a verdadeira tragédia, de fato, começou a abater todos eles de uma só vez!

O que acharam? (perguntou o marido a esposa e aos filhos). Os filhos saíram de lá sem muitas formalidades, sem nada dizer; a esposa, mais atenciosa, ficou lá para ver o que ele iria dizer e o que ela poderia falar ao seu marido. No silêncio que ele deixou no ar, ela dispersou-o lhe perguntado de que se tratava aquilo: é uma forma inusitada de me dizer que se cansou de advogar e agora quer ser escritor? E ele, cauteloso começou a explicar: não, não me cansei, e nem sei *se isso aqui é um romance*, será? Acho que não é nem sequer um fragmento, o que dirá um romance! Mas não é isso. Não sei se viu que andei meio distante, e era porque achei as anotações deixadas pelo meu pai, mas me surpreendeu mais ainda achar ali junto às dele as do meu avô. E lá eu encontrei as anotações que ele deixou de um caso de falência, e junto a elas um diário desse Cassoulet. O que relatei há pouco foi uma parte de sua história, misturando minhas palavras com as dele e o significado que tentei dar a elas. O mais estranho foi que descobrindo esse personagem, inesperadamente eu passei a conhecer meu avô, que só sabia das histórias deixadas em minha memória pelo meu pai. Foi como se a partir de um desconhecido eu pudesse conhecer meus familiares, e, talvez por isso, aproximei-me com tanto empenho daquelas anotações, fazendo delas parte de mim. Não sei se você se lembra, mas foi por isso também que fiz o curso de francês e me empenhei tanto para conhecer a língua: era para traduzir o diário e tentar entender suas anotações. O que eu não esperava era que no final desse percurso eu começaria a ver como a vida é breve, e como é importante ter você e as crianças do meu lado! E com um beijo afetuoso, um abraço apertado e tudo mais que a noite lhes reservaria, que o narrador, sem nem mesmo nos dizer, despediu-se, sem nada mais falar, ou pensar, ou mesmo querer, pois, nesse instante tudo que lhe importava era estar com a família...!

7. Ao que tudo indica os livros-caixa de entradas e saídas da Empresa de Cassoulet realmente desapareceram na poeira dos arquivos e do tempo. Ao que se sabe, nunca deixou nenhum diário escrito, que permitisse adentrar melhor em sua vida íntima e em seus pensamentos, a não ser rápidas anotações para empregados, mulheres, ou até mesmo amantes, que também se perderam no tempo – e apenas nos restaram resíduos esparsos e fugidios, para tentar alguma reconstituição destes fragmentos. Até nos depoimentos que nos deixou é reticente em dizer como foi sua vida na França e, depois, no Brasil. É claro que o agravamento de sua saúde física e mental, assim como seu estado emocional já afetado pelas adversidades que estava vivendo na vida íntima e nos negócios, ajudou a deixar impreciso o seu depoimento, ou até as impressões que algumas testemunhas faziam dele e só os mais íntimos sabiam distinguir algumas coisas, ou ao menos é o que pareciam deixar, no rastro mantido pelas fontes documentais, nos testemunhos que ali eram registrados (em certos casos até minuciosamente) pelo escrivão. A sensação deixada no item

anterior é o da liberdade que só o literato, o escritor de romances, possui, mas o historiador de ofício não! Não há maneira melhor de explicitar esses pontos do que tentar reconstruir essa mesma história, com os fragmentos deixados pelo inquérito e processos seguintes, quando foi decretada a falência da Empresa de Cassoulet no final de 1917.

Para fazer isso, deve-se exagerar no uso de uma narrativa, muito comum antes dos anos 1930, quando o movimento dos *Annales* começou suas inovações narrativas para a escrita da história, alargando a percepção que até então se fazia do tempo histórico e suas relações com o agir humano, em uma dialética entre o acontecimento e as estruturas, para contar um pouco da vida de uma personagem histórica, até pouco tempo atrás anônima, que nos servirá ao final para vermos melhor as nuances entre História e Literatura nos processos de escrita e interpretação dos dados. Isso também não é nenhuma novidade; entre os anos 1960 e 1970 muitos historiadores e historiadoras vasculharam as salas inóspitas e quase inexpugnáveis de arquivos antigos, com fontes documentais ainda mais antigas, no faro de documentos que lhes viessem a dar indícios de pessoas esquecidas pelo tempo, muitas vezes deixadas a margem da sociedade, para construírem novas narrativas e histórias sobre o passado de homens e mulheres.

É certo que Natalie Zemon Davis fez isso com maestria para se debruçar sobre a impostura do retorno de Martin Guerre, na França do século XVI, em *O retorno de Martin Guerre*; Carlo Ginzburg fez isso para nos contar à história do moleiro Domenico Scandella, mais conhecido como Menocchio, cuja cosmogonia e visões da criação chocaram até o clero religioso, ao perscrutar os processos da Inquisição que lhe foram abertos, em *O queijo e os vermes*; Giovanni Levi também fez isso, ao mostrar a constituição de uma herança imaterial, com o estudo da trajetória do padre exorcista Guiovan Batista Chiesa, em *A herança imaterial*; por sua vez, Emmanuel Le Roy Ladurie fez esse tipo de análise, ao se deter na trajetória de Thomas Platter (1499-1582), dito o Velho, para mostrar a saga de uma família no século XVI, em *O mendigo e o professor*; assim como Adriano Prosperi teve a sensibilidade de se debruçar sobre as fontes documentais para nos contar a história de um infanticídio, por meio das ações de Lucia Cremonini, moça pobre e solteira, que em 1709 matou seu filho recém-nascido com uma faca de cozinha, em *Dar a alma*. Trazer, portanto, a cena do processo histórico esses esquecidos de outrora para a escrita de novas histórias, com as ações e os feitos de personagens anônimas, apagadas pelo tempo, tornou-se um ingrediente sedutor para dar charme e realce as narrativas a respeito de homens e mulheres, assim como das sociedades, do passado. Tanto é que todos os pesquisadores buscavam reaver seus méritos, com a escrita de suas próprias histórias, na ânsia de encontrar seus próprios anônimos. Foi o caso, por exemplo, de Plínio Freire Gomes que procurou estudar a cosmogonia de um ex-colono condenado pela Inquisição, por meio da análise da trajetória de Pedro de Hates Renequim (1680-1744), em *Um herege vai ao paraíso*; ou o que nos mostrou Charlotte de Castelnau-L'Estoile, ao estudar a trajetória de Páscoa Vieira, a escrava que se tornou forra e foi parar na Inquisição, pela denuncia de bigamia que lhe foi conferida, e nesse percurso vermos o trilhar das relações de gênero do período, por meio da trajetória de uma escrava entre três mundos no século XVII: Angola, Portugal e Brasil, em *Páscoa Vieira diante da Inquisição*; ou mesmo, Boris Fausto que, depois de ter esmiuçado o mundo da criminalidade em São Paulo entre o final do século XIX e as décadas iniciais do século XX, em *Crime e cotidiano*, debruçou-se no universo microssocial dos crimes, ao estudar *O crime do restaurante chinês* e *O crime da galeria de cristal*; ou ainda, de Juremir Machado da Silva, ao nos mostrar os bastidores do poder, com a análise da trajetória de Wamba Guimarães, então oficial de gabinete do governo João Goulart, que teria protegido um acervo documental que registrava as ações de Jango entre 1961 e 1964, momentos antes de se dar o "golpe de estado" que deu início a ditadura militar, em *A memória e o guardião*. Se parecer que estamos também nesse encalço, não se engane querida leitora ou meu prezado leitor com essa trama, porque não é apenas isso que se espera encontrar no final desse enredo.

Talvez, agora, em sentido inverso seja o caso de nos questionarmos como a *narrativa expressa pelos dados auferidos em uma pesquisa histórica e documental em arquivos* poderia dar os contornos dessa mesma trama na escrita de uma história?

A história de nosso personagem, de início, talvez até possa parecer insólita e incomum para a sociedade em que viveu seus sonhos e temores mais íntimos. Mas, de fato, ela aconteceu. Seu percurso é fugidio até o início de 1917, não fosse pelos processos que lhe moveram a justiça, praticamente nada saberíamos a seu respeito, além de fragmentos circunstanciais de propagandas em jornais feitas a respeito das apresentações de suas casas de entretenimentos noturnos, negócios para os quais foi empresário por mais de duas décadas na cidade de Ribeirão Preto, no estado de São Paulo, nas décadas iniciais do século XX. Note-se que François Cassoulet era mais conhecido como Francisco Cassoulet (inclusive no registro de sua massa falida e do inquérito policial do qual foi réu). Sabemos pelo seu depoimento que nasceu em 1864 (quando do inquérito policial que lhe foi movido pelo consulado do império da Áustria e Hungria, ocorrido em junho de 1917, declarou ter 53 anos) em Tarbes, então uma cidadezinha dos Altos Pirineus, na França.[38] Aos 53 anos de idade declarou ser ainda solteiro, de origem francesa, empresário de casas de espetáculos, residente na cidade há mais de vinte anos, além de saber ler e escrever – em francês e algumas coisas em português, como se deparou em alguns dos vestígios que deixou escrito. Foi ainda na França que ali estudou durante alguns anos, aprendeu a ler e escrever, e trabalhou com o pai, Lourenço Cassoulet. Nada mais sabemos sobre sua família e sua infância.

Aos 31 anos de idade, em fins de 1895, resolveu vir para as Américas, tentar a sorte, e desembarcou em Santos no início de 1896, acompanhado de Marie Cassoulet. Os indícios são imprecisos se chegou a passar em Buenos Aires, na Argentina, antes de chegar ao porto de Santos. Nem tampouco ele dá indícios sobre isso em seus depoimentos.[39] Após curta estada na capital do estado de São Paulo decidiu se transferir para uma cidade no interior, da qual diziam ser a "Califórnia do Café", confundindo-se pelo seu dinamismo inclusive com a capital do estado,[40] que ele reconheceu como a sua *Petit Paris* (isto é, a cidade havia se tornado a sua "pequena Paris"). Chegaram a Ribeirão Preto alguns meses depois. Foi lá que Cassoulet, arriscando-se como empresário de entretenimentos, ao abrir ainda no ano de 1896 um Café Concerto com o "Eldorado Paulista",[41] feito aos poucos dos parcos recursos que ia acumulando mensalmente, como mensalmente era erguido seu "primeiro palácio", do qual faria parte e auxiliaria a formar o seu "império de diversões", em sua "pequena Paris". É bem provável que chegou ao Brasil sem nenhum capital acumulado para investir nos negócios – como indicam alguns testemunhos do período. Foi com aquele estabelecimento, o Eldorado Paulista, que o fez ver a possibilidade de enriquecimento e poder, e sonhar com uma vida melhor. A partir do Eldorado, conseguiu agregar o Cassino Antarctica, o Teatro Polytheama, o Paris Theatre e o Teatro Carlos Gomes em seus negócios, e fez seu império do entretenimento na ci-

38 Inquérito policial contra François ou Francisco Cassoulet. *Arquivo do Fórum de Justiça de Ribeirão Preto*. 3º Ofício, cx. 42, de 10 de junho de 1917.

39 Inquérito policial contra François ou Francisco Cassoulet. *Arquivo do Fórum de Justiça de Ribeirão Preto*. 3º Ofício, cx. 42, de 10 de junho de 1917.

40 Para maior detalhamento da questão, ver: PAZIANI, R. R. *Construindo a 'Petit Paris': Joaquim Macedo Bittencourt e a Belle Époque em Ribeirão Preto (1911-1920)*. Tese (Doutorado em História) — FHDSS, UNESP, Franca, 2004.

41 Título igualmente emblemático por trazer a tona o imaginário da conquista, da riqueza e da fartura; e era essa a impressão que, possivelmente, queria deixar na memória de seus frequentadores, como o paraíso terreal. Para maior detalhamento da questão, veja-se o clássico: *Visão do Paraíso* de Sérgio Buarque de Holanda.

dade começar a ganhar dimensões realmente significativas, a partir dos anos iniciais do século XX. Era comum o jornal *A cidade* noticiar os feitos da empresa Cassoulet em suas manchetes, como em 17 de janeiro de 1905, sugestivamente depois de uma crônica sobre o formigueiro (de que falava de formigas prodigiosas para formarem suas sociedades), debruçar-se sobre o baile de sábado:

> Há muitos anos não vemos um baile com tanta animação. Está esplêndido. Era esta a frase obrigada de sábado à noite nos soberbos salões do nosso [Teatro] "Carlos Gomes". Desde as 9 horas da noite começou a afluir aquele teatro o que a nossa sociedade tem de mais seleto. [...] Às 10 horas começaram as danças que sempre animadíssimas se prolongaram até as 5 horas da manhã quando se retiraram todos satisfeitos pela boa ordem que reinou. O serviço de buffet e buvette foi organizado e servido com perfeição e esmero pela rotisserie Cassoulet.[42]

A festa, como parecia ser comum, agregava coronéis e advogados, fazendeiros e comerciantes, brasileiros e estrangeiros (imigrantes que desembarcavam para tentar um futuro melhor nos Trópicos), muitos dos quais haviam chegado à cidade e foram trabalhar nas fazendas para serem colonos no final do século XIX, mas vieram a se tornar coronéis, enriquecidos com as produções de café que colhiam em suas fazendas, como foi o caso de Francisco Schmidt, que de colono veio a se tornar o "rei do café" de Ribeirão Preto, nas décadas iniciais do século XX.[43] Evidentemente, o início do sucesso no começo do novo século (o XX) também trouxe consigo dividendos, como a concorrência vinda de outros empresários teatrais e de cinemas, perseguições e até intrigas em sua própria Empresa – mas chegaremos a esse ponto no devido tempo.

A situação de Marie Cassoulet não melhorou com a chegada do casal em Ribeirão Preto, pois, aquilo foi o início do fim; já que, ela, francesa, na época chamada Maria, não era casada formalmente com F. Cassoulet (como disse em seu testemunho ser ainda solteiro aos 53 anos de idade), mas viveram juntos nos primeiros anos em que estiveram em Ribeirão Preto, quando ele iniciava os negócios com suas casas teatrais, com a criação do "Eldorado Paulista". Bem próximo dali, na mesma

---

42 O baile de sábado. Jornal *A cidade*, ano I, n. 14, p. 1, de 17 de janeiro de 1905.

43 Para apreciação da questão, ver o texto de Larissa Forner: *Francisco Schmidt: o colono que se tornou o "rei do café" (1890-1924)*.

Rua e em um prédio anexo ao Eldorado, nos arredores do Cassino Antarctica, estava instalado um Cabaré, um pequeno Bordel, dirigido por Fanny Blummenfeldt, austríaca, "dama da noite" e empresária, residente há alguns anos em Ribeirão Preto. Fanny abrira seu negócio depois de acumular um pequeno capital atuando como "dama da noite", segundo expressão usada comumente na época, como nos sugeriu os dois depoimentos prestados por Cassoulet e seus empregados na segunda metade do ano de 1917, para tentar resolver o inquérito que lhe moveu o império Austro-Húngaro.[44] Não apresentava detalhes sobre o acúmulo desse capital nos parcos depoimentos que nos restaram. Em pouco tempo, F. Cassoulet a conheceu, por frequentar seu Cabaré – mas não deixou indícios sobre o que mais fazia lá. Foi isso que disse a maioria das testemunhas, quando foram inquiridas pela justiça; isto é, que os dois viviam juntos e "amancebados" há vários anos. Não há como precisar quando iniciaram um relacionamento amoroso, causando o descontentamento de Marie, que em fins de 1898 ou início de 1899 partiu para São Paulo. Ao que tudo indica, a partir de alguns depoimentos do inquérito, ela vivia em dificuldades financeiras na cidade de São Paulo.[45] Dela nada mais sabemos. Mas é provável que o silêncio taciturno da noite a tenha feito calar subitamente e no anonimato, como alguns anos depois aconteceria com Fanny e, depois, com Cassoulet, ainda que a revelia de suas expectativas iniciais, quando começaram a tocar os negócios juntos, sem saber, evidentemente, o que o destino lhes reservava; pois, tinham ainda o sonho de viverem tudo juntos, com um grande amor, na cidade que escolheram para ser o seu paraíso terreal, sua *Petit Paris*.

Quando Marie Cassoulet foi embora, Francisco Cassoulet resolveu "amancebar-se" definitivamente com Fanny, com quem nos anos seguintes passou a dividir o mesmo teto. Em 1899, Fanny possuía algumas jóias de valor, compradas quando fora "dama da noite";[46] mas, o certo é que não se sabe direito e com precisão o que

44 Inquérito policial contra François ou Francisco Cassoulet. *Arquivo do Fórum de Justiça de Ribeirão Preto*. 3º Ofício, cx. 42, de 10 de junho de 1917.

45 Inquérito policial contra François ou Francisco Cassoulet. *Arquivo do Fórum de Justiça de Ribeirão Preto*. 3º Ofício, cx. 42, de 10 de junho de 1917.

46 A história da prostituição no Brasil é um tema que tem ganhado estudos sistemáticos, desde os textos pioneiros de Margareth Rago, com *Do cabaré ao lar* e *Os prazeres da noite*; assim como da obra de Magali Gouveia Engel, com *Meretrizes e doutores: saber médico e prostituição no Rio de Janeiro, 1840-1890*. Ao lado destes importantes trabalhos, as coletâneas organizadas por Mary Del Priore, *História das mulheres no Brasil* e *História das crianças no Brasil*, e Carla Pinsky e Joana Pedro, com *Nova história das mulheres no Brasil*, igualmente lançaram bases para a renovação dos estudos sobre a mulher, os

foi comprado por ela e o que havia sido presente de Cassoulet, ao seu novo amor – porque sequer tivemos a oportunidade de ouvi-la no inquérito, por já não expressar uma só palavra.[47] Seus bens se constituíam, além dessas jóias (como: brincos, anéis, relógios e colares, com rubis, diamantes, feitos de ouro, ou com outras pedras preciosas), parte das quais presenteadas por F. Cassoulet, como disse no inquérito – cujo valor não ultrapassou a cifra dos 5:000$000 contos de réis, quando tiveram que ser leiloadas para quitar parte das dívidas da massa falida deixada pela Empresa Cassoulet no início de 1919[48] –, de duas casas compradas entre 1901 e 1904, em parceria com ela, Fanny, ambas situadas à Rua Américo Brasiliense, números 25 e 27, cujo local passou a ser conhecido como "Villa Fanny" – e que foram avaliadas, em 1917, no valor de 20 contos de réis cada uma. Residiriam desde aquele momento na casa de número 27. A de número 25 ficava alugada ao valor médio de 250$000 a 300$000 trezentos mil réis mensais, além de servir de garantia aos empréstimos feitos por Cassoulet, para manter o capital circulante de suas casas de entretenimentos – e cada casa estava avaliada em 20 contos de réis, como dito, por sua localização, valor ao qual pretendeu vender uma delas e já tinha comprador, mas a transação não ocorreu por causa da denúncia que deu início ao inquérito policial.[49] As duas casas se encontravam em nome de Fanny, razão pela qual Cassoulet veio a ter problemas na justiça com a tentativa de venda (e Fanny já se encontrava debilitada e incapaz de responder qualquer coisa que lhe fosse perguntado), mas que o acusado justificava a situação, como uma estratégia previamente acordada por ambos, para o caso de uma tragédia nos negócios vir a acontecer e ambos não ficarem sem teto para morar.[50] Só próximos de falecer foi que deixaram o local, Fanny (no final de

---

marginalizados e excluídos, da prostituição e da vida cultural ao longo da história do Brasil. Não há dúvida que o trabalho de Maria Odila Leite da Silva Dias, *Quotidiano e poder em São Paulo no século XIX*, foi um divisor de águas desde quando foi lançado em meados dos anos 1990. Desde então os estudos sobre os marginalizados, as mulheres e a prostituição tem ganhado uma variedade enorme de enfoques e estudos em nossa história da historiografia brasileira.

47 Inquérito policial contra François ou Francisco Cassoulet. *Arquivo do Fórum de Justiça de Ribeirão Preto*. 3º Ofício, cx. 42, de 10 de junho de 1917.

48 Autos de arrecadação de bens. Requerente: o doutor curador geral. Requerida: Fanny Blummenfeldt. *Arquivo do Fórum de Justiça de Ribeirão Preto*. 4º Ofício, cx. 15A, proc. N. 426, de 4 de jan. de 1919.

49 Inquérito policial contra François ou Francisco Cassoulet. *Arquivo do Fórum de Justiça de Ribeirão Preto*. 3º Ofício, cx. 42, de 10 de junho de 1917.

50 Inquérito policial contra François ou Francisco Cassoulet. *Arquivo do Fórum de Justiça*

1917, e veio a falecer no início de 1918) já estava sob os cuidados de terceiros e François (em 1919) estava internado desde o dia 2 de fevereiro de 1919, no Hospital da Beneficência Portuguesa, porque já não tinha dinheiro para nada, com um quadro grave de demência, declarado incapaz em 12 de fevereiro do mesmo ano, por "amolecimento cerebral, não tendo ele capacidade de administrar seus negócios", naquela altura todos já embargados pela justiça para venda e quitação de credores.[51]

Mas, ao iniciarem a vida em comum, Fanny e Cassoulet pareciam desfrutar um paraíso terreal em sua *Petit Paris* e nada fazia crer que teriam um final como aquele. De início Fanny deixou seus negócios sob o controle de Cassoulet, apesar de àquela altura já não andarem muito bem, dado que Cassoulet decidiu fechar o Bordel (ou ao menos foi isso que relatou a justiça quando foi questionado) e Fanny passou a auxiliar ele na administração de suas casas teatrais e de entretenimentos noturnos. Há poucos indícios para precisar se Cassoulet usava os teatros e o cassino de fachada para um comércio ilícito de prostituição, com os "donos do poder" local, ou como estratégia para se aproximar dos "endinheirados" da região, fazendo dali o lugar do extravasamento, de realização de sonhos e vontades íntimas, sempre deixadas em segredo.[52] Se havia, de fato, foi silenciado nas fontes que nos restaram, tudo para ser esquecido, mas certamente esse silenciamento era típico daquele tipo de sociedade, que vivia de seus ocultamentos e até de negócios ilícitos, muitas vezes, até para maximizar seus ganhos e capital.[53]

---

de Ribeirão Preto. 3º Ofício, cx. 42, de 10 de junho de 1917.

51 Autos de arrecadação de bens. Requerente: o doutor curador geral. Requerida: Fanny Blummenfeldt. *Arquivo do Fórum de Justiça de Ribeirão Preto*. 4º Ofício, cx. 15A, proc. N. 426, de 4 de janeiro de 1919.

52 Inquérito policial contra François ou Francisco Cassoulet. *Arquivo do Fórum de Justiça de Ribeirão Preto*. 3º Ofício, cx. 42, de 10 de junho de 1917.

53 Por isso cumpre salientar a proposição implausível, ou no mínimo duvidosa, de alguns pesquisadores, que apressadamente concluíam de forma meramente especulativa que Cassoulet "era alcoviteiro de luxo da cidade. A única concorrência que sofria era da casa da baiana Etelvina, ou Gata Preta" (PERINELLI NETO, FRANÇA, 2009, p. 6, nota 12). Se havia tais possibilidades infelizmente os pesquisadores não procuraram mostrar isso empiricamente. Apesar de trazerem pontos interessantes para o debate a respeito da prostituição, o texto: "SEDUÇÃO, DISCIPLINA E MARGINALIZAÇÃO: a prostituição na Ribeirão Preto da Belle Époque Caipira (1883-1919)", é muito pouco convincente nessas inferências. Link para acesso: http://www.historica.arquivoestado.sp.gov.br/materias/anteriores/edicao38/materia02/texto02.pdf. No trabalho de Jorge Luiz de França, *Mulheres, imprensa e sociedade em Ribeirão Preto (1930-1940)*, igualmente se ressente de conjecturar

Quando, em 1903, passou por Ribeirão Preto uma forte onda de febre amarela, Fanny debilitou-se ainda mais, por sua saúde frágil, em consequência desta enfermidade que, mesmo depois de resolvida, afetava ainda mais a sua saúde. Apesar das adversidades, os dois conseguiram durante algum tempo proporcionar ao local a vinda de cantoras, artistas, companhias de teatro e orquestras musicais, que foram à sensação do local durante muitos anos. O que tornava muito comum a rotatividade de funcionários e companhias teatrais em seus empreendimentos, assim como de maestros para a orquestra musical do Cassino e do Eldorado. Ao menos essa é a sensação que tenta transmitir o jornal *A cidade*, ao noticiar os entretenimentos da empresa de Cassoulet. Estrategicamente, as apresentações eram planejadas para ocorrerem no Cassino Antarctica, no Teatro Carlos Gomes, no Paris Theatre, no Polytheama e no Eldorado Paulista. As diversões iam desde o simples e costumeiro, com "espetáculo familiar com a trupe do Eldorado" e seus atores e atrizes, com apresentações que eram densamente armazenadas nas memórias dos imigrantes italianos, espanhóis, franceses e alemães, dos quais as companhias teatrais buscavam reavivar seu tempo na Europa, cuja saudade era evidente em alguns; mas também não deixava de lado a sofisticação, o requinte e a elegância ao apresentar em 2 de fevereiro de 1905 peças como: Otelo, de William Shakespeare, ou preparar o espaço dos salões do Teatro Carlos Gomes para comemorar o aniversário do coronel Joaquim da Cunha Diniz Junqueira,[54] realizado em 4 de fevereiro de 1905.[55] A variação de artistas, também fazia parte das estratégias do casal, para manter seu

situações a respeito do papel de Cassoulet na cidade de Ribeirão Preto, sem com isso apresentar indícios documentais que corroborassem com as suas afirmações, a dar plausibilidade as suas interpretações a respeito do personagem histórico. O texto pode ser acessado em: http://repositorio.ufu.br/bitstream/123456789/13909/1/JorgeLuiz.pdf.

54 Para uma apreciação do papel exercido pelos coronéis na cidade de Ribeirão Preto, assim como do dinamismo do poder local e sua constituição a partir do século XIX, ver: PERINELLI NETO, H.; PAZIANI, R. R.; MELLO, R. C. (org.). *No tempo das cidades - história, cultura e modernidade em Ribeirão Preto, SP (1883-1930).* 1ª Ed. Jundiaí: Paco Editorial, 2014; WALKER, T. W. *Dos coronéis à metrópole: fios e tramas da sociedade e da política em Ribeirão Preto no século XX*. Ribeirão Preto, SP: Palavra Mágica, 2000; SANTOS, J. R. *As transformações da riqueza em Ribeirão Preto entre 1920 e 1951.* Tese de doutorado em História, UNESP, Franca, 2004.

55 Diversões públicas. Jornal *A cidade*, ano I, n. 28, p. 1, de 2 de fevereiro de 1905; Baile. Jornal *A cidade*, ano I, n. 30, p. 1, de 4 de fevereiro de 1905; Theatro Carlos Gomes. Jornal *A cidade*, ano I, n. 42, p. 1, de 18 de fevereiro de 1905.

público sempre cativado com as novidades, como faz parecer o jornal *A cidade* em 27 de junho de 1905, ao destacar no Teatro Carlos Gomes que:

> No domingo realizou mais um animado espetáculo familiar, no "Carlos Gomes", a trupe do Eldorado da qual fazem parte as Irmãs Contreras, que foram muito aplaudidas [pelo público].[56]

Nesse mesmo ano, faziam-se ainda festejos com o cinematógrafo, que era apresentado no salão de novidades, com as seções de cinema na Praça 15 de Novembro; ou então no Eldorado com as seções neste "theatrinho" que sempre conta com seus espetáculos e filmes.[57] Mas nem tudo era feito de festejos, pois, quando:

> A companhia Fausta Polloni deu-nos anteontem a 'Tosca'. Somente a impertinente chuva que caía à hora do espetáculo podemos atribuir a pouca concorrência a representação do esplêndido e popular drama [...].
> De fato: na platéia não houvessem [sic] 50 cadeiras ocupadas, camarotes apenas os de baixo tomados [...].
> A companhia é boa [...].
> Como explicar pois esse abandono em que a nossa população, na maioria italianos, tem deixado a companhia?
> Em falta de melhor, a explicação será a chuva, mas não serve porque, lá diz o refrão, chuva não quebra os ossos... (*Diversões*. A cidade, 04/02/1905, p. 1)

Por que a população, sendo na maioria italiana ou descendente de italianos, deixava de comparecer aos espetáculos encenados por uma companhia italiana? O estranhamento do cronista sobre o desinteresse do público, mesmo os de italianos, revelava seu descontentamento. A sua dificuldade em explicar o ocorrido ficou não apenas sugerida, mas explícita quando seus argumentos procuravam encontrar alguma resposta para aquela situação. E mesmo a chuva não serviu como o melhor pretexto para uma resposta condizente. Mas esse fato mudou na apresentação do dia 9 de fevereiro:

56 Theatro Carlos Gomes. Jornal *A cidade*, ano I, n. 150, p. 1, de 27 de junho de 1905.

57 Cinematographo. Jornal *A cidade*, ano I, n. 90, p. 1, de 16 de abril de 1905; Cinema. Jornal *A cidade*, ano I, n. 84, p. 1, de 9 de abril de 1905; Cinema Falante. Jornal *A cidade*, ano I, n. 100, p. 1, de 29 de abril de 1905.

> Uma satisfação geral. O Carlos Gomes regurgitava: todos os camarotes de primeira e segunda ordem, todas as cadeiras e as galerias completamente cheias... (*Diversões*. A cidade, 09/02/1905, p. 1)

Se, por um lado, o fato de as cadeiras estarem todas tomadas deixou o cronista eufórico ao noticiá-lo, outra notícia deixaria o leitor abismado. Quase concomitantemente, ocorreu na cidade um caso de assassinato por ciúme que chocou o redator da notícia, publicada logo abaixo do comentário feito sob o pseudônimo de D. Bias, sobre a peça "Otelo", apresentada no palco do Teatro Carlos Gomes:

> Por mera gentileza para com a beneficiada aceitei desta uma cadeira para o espetáculo de anteontem no Carlos Gomes.
> Em matéria de teatro prefiro os mais reles dos vaudevilles ao mais meditado dos dramas. Entendo que ao teatro vai quem quer se divertir, e isto da gente sair de sua casa para passar duas ou três horas agoniadas, sentado numa cadeira, retendo a custo as lágrimas [...] não é comigo.
> Em todo caso resolvi assistir a representação da Morte Civil não só para não perder os meus ricos três mil réis, como para avaliar o mérito de Cuneo, da [Companhia Fausta] Polloni, da Marini e *tuti quanti*, aos quais a imprensa [...] tem tecido os maiores elogios. Lá fui [...] às nove e meia deu-se o começo ao espetáculo com a diminuta concorrência.
> A finalizar do terceiro ato retirei-me; afligiam-me por demais as infelicidades do pobre Conrado, e não minto se lhes disser que mais me afligia ainda não poder eu apreciar devidamente o magistral drama de Giacometti [...]. Pouco compreendia da bela língua de Dante apesar da esplêndida dicção dos atores... (*Diversões*. A cidade, 11/02/1905, p.1)

O cronista deixou claro que sua preferência era por outras formas, mais ligeiras de espetáculo, e não pelos dramas. Suas considerações sobre a peça ocorrem na forma de um diálogo entre dois amigos, que percorrem os caminhos mais diversos, manifestando suas opiniões sobre vários assuntos, a semelhança de um diálogo de Platão. Mas o que mais se destacava no diálogo foi à maneira como discordavam da forma que eram noticiadas as matérias a respeito do teatro, que davam uma imagem, daquilo que ele não era de fato. Uma frase a este respeito parece ser devidamente importante para se ter uma ideia dos comentários sobre o teatro, por parte do cronista:

> A estudantada berrava lá das torrinhas: 'esse grude não presta, o grude não gruda! Fora o grude... (*Diversões*. A cidade, 11/02/1905, p. 1).

Assim, as formas civilizadas formuladas para o Teatro, a partir da imprensa foram, pouco a pouco, sendo desconstruídas pelo cronista D. Bias. Mas não podemos ir ao outro extremo do discurso. Necessário parece uma tentativa de relativização do alcance e eficácia do discurso produzido pela imprensa, tentando elaborar uma imagem sobre o Teatro. Há que se levar também em conta que o dono do jornal *A cidade* era um assíduo frequentador dos bailes e banquetes que se faziam no local, onde se reuniam cafeicultores e políticos da região.

Entre janeiro de 1905 e março de 1906 foram apresentadas as seguintes peças, encenadas pela companhia italiana Fausta Polloni: "A morte civil"; "Luiza San Felice"; "O sargento Simão"; "Otelo"; "Tosca"; "Romeu e Julieta". A julgar pela crônica de D. Bias, que explicitava seu descontentamento acerca das apresentações do Teatro pelo preço, em geral de 2$000 dois a 3$000 três mil réis, e que o deixava quase sem público; igualmente porque as pessoas falavam muito, não se comportavam, nem prestavam atenção na peça. E o desempenho dos atores, para ele, também era ruim. Pelas rápidas menções feitas, no ano de 1909, tais peças se tornaram muito mais esparsas, sendo substituídas por 'cenas em movimento' do cinematógrafo, que vai se espalhando pela região, desde 1903, e vindo a ser no ano de 1909 um espetáculo rentável. Os dados do jornal indicavam a casa cheia em quase todas as seções dos cinemas. Entre elas: "Punhal trágico"; "Nossos amigos, os cães"; "Formoso cliente"; "O amigo de colégio"; "Prisão de menores"; "Artista de chapéus"; "Uma boa criada"; "Cão desenfreado"; "É o pintor". Os títulos referidos sugerem filmes ao alcance de um contingente maior da sociedade, já que o sistema escolar de Ribeirão Preto, no período, abrangia apenas uma pequena parcela da população.[58] Esta é uma das hipóteses para a diminuição do circuito de apresentação das Companhias Teatrais. Os temas e a forma de apresentação das seções do cinema permitiam, segundo os comentaristas do periódico, uma compreensão direta da mensagem, enquanto um gênero teatral presumia uma cultura, senão prévia, devidamente cultivada no âmbito familiar. Além disso, o cinematógrafo trazia o "novo", na forma de sua reprodução de imagens, que por si só já era um forte mecanismo para aumentar

---

58 Ver a respeito: Jorge Luiz de França, *Mulheres, imprensa e sociedade em Ribeirão Preto (1930-1940)*. Dissertação de mestrado em Educação, UFU, 2013.

a curiosidade do público e aproximá-lo dos salões dos Teatros, transformados também em cinemas, devido às circunstâncias e necessidades de seus empresários.[59]

Com o funcionamento do cinema, diversificando as recreações, e com preços que variavam de $500 quinhentos a 1$000 mil réis – o que favorecia a hipótese de um forte aumento do público –, as casas teatrais passariam a aumentar suas arrecadações, como indicariam os montantes da massa falida de Cassoulet em 1917, nos balanços efetuados pelos peritos e pelo síndico da massa falida da empresa de Cassoulet – apesar do agravante que trouxe a primeira Guerra Mundial, a partir de 1914. Aqui, estaria um projeto para os teatros serem o local de divulgação de um processo de novas 'atitudes mentais' provenientes da Europa e dos Estados Unidos. Ao mesmo tempo, o Teatro Carlos Gomes procurava sintonizar-se com as transformações sociais e tecnológicas, o que foi desgastando seu processo de repetição e formatação de um modo de ser da sociedade, cujo dinamismo exigia mudanças igualmente rápidas nos palcos. Em 1908, isso já se tornaria rotineiro nos jornais, que muito pouco a noticiaram acerca das apresentações de peças, no Teatro Carlos Gomes, embora elas não tenham desaparecido por completo. No ano de 1909, esse fato se tornou ainda mais latente na medida em que mesmo as notícias sobre o teatro, que no ano anterior versavam sobre a introdução dos espetáculos do cinematógrafo, deram lugar a comentários destacando as apresentações de outros teatros que foram aparecendo nos anos de 1908 e 1909.[60] As notícias circunstanciavam a

59 Note-se que nas últimas décadas tivemos avanços consideráveis nos estudos a respeito da história do cinema e do teatro no Brasil. O trabalho organizado por José Inácio de Melo Souza e Alice Dubina Trusz, *Nova história do cinema brasileiro*, em dois volumes, fazem uma radiografia interessantíssima sobre o desenvolvimento da sétima arte no país. Igualmente relevante e digno de nota é o trabalho de Laurent Desbois, *A odisséia do cinema brasileiro: da Atlântida a Cidade de Deus*, mostra-nos as incríveis proezas que teve que passar a indústria cinematográfica brasileira ao longo do século XX. Em certa medida, o trabalho de Jean-Claude Bernardet, acrescenta a análise de Desbois, especialmente com: *Brasil em tempo de cinema* e *Cinema brasileiro.* No caso do teatro há também uma historiografia em franco desenvolvimento. A começar pelo trabalho pioneiro de Sábato Magaldi, *Panorama do teatro brasileiro*, e Paulo Emílio Sales Gomes, com *Uma situação colonial?* e *O cinema no século*, nos quais focaliza o desenvolvimento dos teatros e dos cinemas no país. Seguindo tais trilhas, João Roberto Farias publicou os dois volumes de seu: *História do teatro brasileiro*. De igual importância foi ainda o trabalho de Décio de Almeida Prado, com o seu: *História concisa do teatro brasileiro*. Desde o final dos anos 1990, portanto, houve uma grande guinada nas pesquisas sobre a história do teatro e do cinema brasileiros.

60 Para Maria Elisa Borges: "Francisco Cassoulet era empresário tanto do Eldorado como do teatro Carlos Gomes. O primeiro apresentava *shows* diários e o segundo promovia

expansão dos cinematógrafos pela região, na zona urbana e rural do município. Cassoulet dirigia outras casas de espetáculo, mas ao que parece o destaque do teatro Carlos Gomes, nos noticiários desse período havia diminuído.

De acordo com as fontes analisadas, o Teatro Carlos Gomes teria expressado ideias de civilidade, muitas das quais, embora não fossem diretamente circunstanciadas nos espetáculos, foram sendo construídas para impactar a sociedade. E coube à imprensa local "inventar uma tradição"[61] para o Teatro, na medida em que a sua função, enquanto palco de representações e debates, lentamente se esvaziava junto ao público da região, sendo propício então a criação de uma memória a partir do lugar social que foi o Teatro. Mas o teatro produziu outras imagens de barbárie, mostrando a divisão da sociedade, seja na forma como as pessoas estavam vestidas, seja nos lugares em que se sentavam, ou ainda, a partir da maneira como se comportavam durante os espetáculos teatrais. Por isso, ao inovar padrões de sociabilidade anteriores, formou outras posturas vistas como bárbaras, rudes, incivilizadas, e até selvagens, por permitir diversas apreensões de seus conteúdos transmitidos e recebidos por seus públicos. Porque as seções do Teatro inovavam as relações de sociabilidade, as formas como eram cultuadas, tanto pela Igreja, como pelas famílias da época, certos códigos morais que eram reencenados nos palcos, dando novas formas para o agir humano no tempo. Desse modo, as fronteiras entre o 'real' e o 'imaginário', o 'certo' e o 'errado', a 'tradição' e o 'progresso', vistas sob esse prisma, afiguravam-se muito tênues para àquela sociedade e para os espectadores dos filmes e das peças teatrais.

Todas essas questões revelavam as tensões vividas nos palcos e na própria sociedade, demonstrando a flutuação dos públicos presentes nos teatros e nos cine-

---

atividades diversas, como conferências, reuniões, comemorações cívicas, cinematógrafos e espetáculos variados. Ocorria, às vezes, de os artistas apresentarem-se nos dois locais, variando o tipo de espetáculo [...]. O aparecimento do cinema denota o surgimento de um público frequentador: surgiram salas para exibições regulares promovidas pelas empresas proprietárias dos cinematógrafos, as quais normalmente eram usadas com outras finalidades, tais como bailes e patinações, muito frequentes no início do século. Foram construídos o Theatro High-Life, em 1908, cujo palco é decorado em estilo art-nouveau, o Bijou Teatro e o Paris Teatro, em 1909. Este lazer importado traz novos conhecimentos a uma população com valores provindos da tradição rural." BORGES, Maria Eliza. *A pintura na 'capital do café' sua história e evolução no período da primeira República* – Franca: UNESP/Franca, 1999, p. 32.

61 Cf. HOBSBAWM, Eric & RANGER, T. (org.) *A invenção das tradições.* Tradução de Celina Cardim Cavalcante – 2ª edição – Rio de Janeiro: Paz e Terra, 1997.

mas, assim como os malabarismos empreendidos pelos empresários teatrais, para manterem a atenção do público aos seus empreendimentos, além de constantemente disputarem suas clientelas com os seus concorrentes. Era uma verdadeira "guerra cultural": pelo que assistir e o que consumir; a respeito de como se vestir, falar, comer e beber. Com os negócios de Cassoulet não era diferente. Além das questões ligadas ao movimento dinâmico e arredio de seus frequentadores, ele ainda convivia com questões internas aos seus negócios. Em 1908, quando uma tragédia ocorreu em uma das casas de entretenimento, com o suicídio de uma jovem artista, Fanny não mais se recuperou e ficou sem falar e andar, em estado de total paralisia da cintura para baixo. A sua luz parecia começar a se apagar, e com ela as casas de entretenimento de Cassoulet a declinar a partir daí, inclusive, em suas arrecadações diárias. Mesmo assim não parou de gerenciar os negócios junto com Cassoulet. E ao verem o aumento da concorrência eles procuravam se adequar as novas demandas, com seções promocionais a $500 quinhentos réis o ingresso.[62] Ao longo de 1909, motivou-se o público com as mais diversas formas de entretenimento e espetáculos teatrais e cinematográficos, como em 8 de maio, quando:

> Não sabemos se a qualidade magnífica do programa de ontem se ao fim caridoso a que se destinou o espetáculo, deveu o Bijou-Theatre a extraordinária concorrência ao cinematographo. Supomos que uma e outra cousa. O certo é que o salão mais uma vez foi pequeno para conter o público que disputava uma cadeira por qualquer preço. Agradou francamente. A orquestra como sempre postou-se na altura de seus méritos. A esplêndida banda "União Progressista da Mogyana" prestou-se gentilmente para abrilhantar o espetáculo recebendo calorosos aplausos. No espetáculo de hoje será exibida a sensacional fita "Força de vontade de uma creança". É em largos traços a história de um filho cujo pai escravizado pelo vício da embriagez o maltrata e o [faz] fugir do lar. O rapaz mancebo de coração bem formado, resoluto e enérgico, atira-se a vida no mar e consegue após alguns anos de perseverança no trabalho, conquistar os galões de tenente de marinha e voltar ao lar onde já não existe o pai, mas vive ainda sua velha mãe. É emocionante o encontro da velhinha com o filho: fundem-se nas lágrimas abraçando-se estridentemente.
> [E no] Eldorado:

62 Theatros. Jornal *A cidade*, ano V, n. 1335, p. 1, de 2 de maio de 1909.

> Bom, ótimo o espetáculo de ontem. Melhor que ótimo será o de hoje, pois, estréia a afamada cantora italiana Juanita Many que vem precedida de real fama e carregada de louros que vem colhendo das platéias em que se tem feito apreciar. Segunda-feira benefício da inteligente atriz Kety Campos que para este fim esta organizando escolhido programa [para sua apresentação]. Continuam muito aplaudidos os duetistas brasileiros, *Os Sylvas*.[63]

Cabe notar o empenho do casal com a organização dos espetáculos a serem apresentados em suas casas de entretenimentos noturnos, assim como de seu restaurante e festas no cassino ou mesmo nos próprios teatros.[64] Era comum Cassoulet não somente publicizar as apresentações em notícias de jornal (ao valor de 10$000 a 15$000 mil réis cada)[65] e em panfletos distribuídos no comércio e nas ruas centrais da cidade. A situação, no entanto, começou a se agravar a partir de 1914, quando teve início a grande guerra na Europa e aos poucos Fanny deixou inclusive de

63 Theatros. Jornal *A cidade*, ano V, n. 1340, p. 1, de 8 de maio de 1909.

64 "[...] a primeira impressão que se tem ao enfrentar com a Rua General Osório, sempre movimentada, vista da porta da Estação Mogyana, é a de se ter diante dos olhos um trecho da Paulista [...] cidade feita às pressas, há pouco mais de 20 anos [...] nota uma vida expansiva, pujante de contínuo movimento de transeuntes a se cruzarem pelas ruas centrais, numa agitação de homens de negócios [...]. Aos domingos o movimento aumenta, há grande burburinho nas ruas centrais durante o dia e à noite o belo jardim público acolhe os apreciadores da arte, que vão ouvir as esplêndidas peças de música de uma excelente euterpe. O Cassoulet, no teatrinho da Rua São Sebastião, fez bem boas férias com a freguesia diária dos seus *habitués*. O Eldorado e o Polytheama ou o Moulin-Rouge de Ribeirão Preto. O que é notável é que os artistas do Eldorado têm serviços todas as noites, tanto que Cassoulet, certo de que *Varietas delectat*, reforma constantemente o seu pessoal artístico despedindo uns e mandando vir outros." (Apócrifo) *Ribeirão Preto. Impressões de um excursionista*. O Diário da Manhã, Ribeirão Preto, 7 de abril de 1907. *Apud*: BORGES, Maria Eliza. *Op. cit.*

65 Pouco mais de dez anos depois, entre 1916 e 1918, com os desdobramentos da Primeira Guerra Mundial, e os processos de desvalorização da moeda nacional, fizeram com que essas mesmas notícias passassem a custar entre 25$000 vinte cinco e 50$000 cinquenta mil réis; mas os ingressos das bilheterias dos espetáculos teatrais e cinematográficos mantivessem os mesmo preços, ou preços semelhantes ao cobrado dez anos antes, para poder manter as suas casas sempre lotadas, ou ao menos com um público pagante que pudesse quitar as contas de manutenção das empresas. Ver: Massa Falida de Francisco Cassoulet. *Arquivo do Fórum de Justiça de Ribeirão Preto*. 1º Ofício, cx. 197ª, fls. 109-110, de 17 de novembro de 1917.

colaborar com Cassoulet na administração de sua empresa de entretenimentos noturnos; e por sua condição piorar ainda mais, até que em 1916, ela passa a se manter totalmente reclusa, foi que Cassoulet teve que pensar a condução do gerenciamento de suas empresas. Com Fanny debilitada e a Europa em guerra, parecia que Cassoulet começava a estar diante de uma encruzilhada para seus negócios, e sem uma saída aparente para auxiliá-lo com a administração de suas casas, inevitavelmente se viu na nacessidade de recorrer a terceiros, como foi o caso de aceitar Giovanni Gemme como seu gerente.

Nesse período, Fanny era gerente das casas de entretenimentos de Cassoulet, mas como dito, mesmo sem o querer, foi paulatinamente se afastando dessas funções administrativas, que ao que tudo indica Cassoulet detestava fazer. Se isso ocorreu pela aproximação de Cassoulet com Marcelle Carlosca, francesa e artista de suas casas de entretenimento, talvez jamais venhamos a saber ao certo. O fato é que assim como Cassoulet deixou Marie para ficar com Fanny, não era impossível que este tenha feito algo similar ao se afastar de Fanny para poder se aproximar de Marcelle (e quem sabe até poder ficar com ela e viver um novo amor). Sabemos, no entanto, que ele continuou cuidando de Fanny, mesmo quando seu estado de saúde física e mental se agravou ainda mais, ao iniciar seu processo progressivo de demência – que se confundia com seu estado de espírito, já aniquilada, paralítica e sem dizer uma só palavra, por tudo aquilo que tinha vivido, tudo aquilo que tinha visto, as coisas que teve que fazer, as mortes que presenciou, e tudo mais que sequer poderemos vir a saber um dia.[66]

Não era apenas o início da guerra, em 1914, que colocou em risco os negócios da Empresa de Cassoulet e de outros empresários teatrais.[67] Era muito comum os casos de roubo nos arredores, enquanto as pessoas iam até os teatros e aos cinemas. Foi o que se depreendeu, por exemplo, do translado de processo-crime aberto contra Marius Bénas e outros, acusados de roubo, e sua tentativa de apelação pelos autos de 24 de setembro de 1914. A denúncia feita pelo promotor de justiça da comarca de Ribeirão Preto notificava as autoridades competentes que Marius

66 Inquérito policial contra François ou Francisco Cassoulet. *Arquivo do Fórum de Justiça de Ribeirão Preto.* 3º Ofício, cx. 42, de 10 de junho de 1917.

67 Para maior detalhamento a respeito do impacto da primeira Guerra Mundial na Europa e nas Américas, ver: MAYER, Arno J. *A força da tradição. A persistência do antigo regime (1848-1914).* Tradução de Denise Bottmann. São Paulo: Companhia das Letras, 1987. Para uma análise dos lugares de entretenimentos noturnos, ver: ADLER, T. *Os bordéis franceses 1830-1930.* Tradução de Kátia M. Orberg e Eliana F. Pereira – São Paulo: Companhia das letras, 1991. Para uma caracterização da França no final do século XIX, ver: WEBER, E. *França fin-de-siècle.* São Paulo: Companhia das Letras, 1988.

Bénas, de 34 anos de idade, francês, dizendo-se agrônomo, juntamente com Pillox Jean, francês, de 31 anos de idade, carniceiro, Jean Lachant, de 37 anos de idade, nickelador, francês, Delaye Leon Felix, de 26 anos, francês, salsicheiro (e o único do grupo residente na cidade de São Paulo, capital, assim como depois declarou também Ernest), Chauvert Abel Ernest, de 38 anos de idade, francês, cabeleireiro, e Louis Goetzebouer, de 32 anos de idade, belga, comerciante (e residente na cidade de Santos), que teriam cometido o seguinte roubo:

> [...] na noite de dez para onze de fevereiro do corrente ano quando os joalheiros d'esta Praça João Ramos Junior e Affonso Basílio do Nascimento, estabelecidos a rua General Osório , encontravam-se no teatro Carlos Gomes, assistindo a um espetáculo que ali se realizava, foi a sua joalheria assaltada e roubada em várias jóias, no valor de 4:792$000 (quatro contos e setecentos e noventa e dois mil réis). Após várias pesquisas e diligências, habilmente conduzidas, conseguiu o esforçado Doutor Delegado de Polícia, Joaquim Mamede da Silva, descobrir que os assaltantes da joalheria Ramos & Nascimento, constituíam uma audaciosa e bem organizada quadrilha de ladrões, alguns deles residentes nesta cidade e outros fora, todos porém ajustados e associados entre si para o ataque a propriedade nesta cidade e para a divisão dos produtos do roubo praticado. Daquelas pesquisas e diligências, resultaram provas insofismáveis, claras, concludentes que os responsáveis pelo roubo de que foram vítimas Ramos & Nascimento, foram precisamente os denunciados supra referidos [...]. Enquanto Jean Lachant praticava o roubo, ficavam fora, nas proximidades da joalheria, Marius Bénas e Pillox Jean [...] em um automóvel a fim de darem aviso de buzina daquele veículo [...] Delaye Leon Fellix, que então morava nesta cidade, emprestava sua casa para as reuniões do grupo [...]. Chauvet Abel Marie Ernest e Louis Goetzebouer, incumbiram-se de comprar o produto do mesmo [roubo], sabendo que as jóias compradas tinham sido obtidas por meios criminosos.[68]

Os réus, evidentemente, tentaram apelar da decisão judicial, mas não tiveram êxito em seu pedido.[69] Além dos roubos, obviamente, as falências eram um problema muito sério para os empresários teatrais no período, como foi o caso de Aristides

68 Apelação crime de Marius Bénas e outros à justiça. *Arquivo do Fórum de Justiça de Ribeirão Preto*. 1º Ofício, cx. 184ª, proc. N. 7090, de 24 de setembro de 1914.

69 Apelação crime de Marius Bénas e outros à justiça. *Arquivo do Fórum de Justiça de Ribeirão Preto*. 1º Ofício, cx. 184ª, proc. N. 7090, de 24 de setembro de 1914.

Motta, empresário teatral, que veio a solicitar a falência de seu negócio, o "Grande Cinema Odeon", no final de 1914. Apesar de iniciar bem o ano, com arrecadações médias diárias de 550$000 mil réis entre venda de ingressos e consumo do público, após o início dos conflitos armados na Europa, especialmente a partir de agosto daquele ano, sua arrecadação média diária já não passava da cifra de 265$000 mil réis entre venda de ingressos e consumo dos frequentadores de seu cinema. Mesmo tentando inovar com a apresentação de filmes com maior variedade de cenas e tramas em seus enredos, ou até reduzindo o valor da taxa de ingressos para $900 novecentos ou até $600 seiscentos réis, então muito abaixo dos preços médios cobrados pela empresa de Cassoulet, que giravam em torno de 1$500 mil e quinhentos a 4$500 quatro mil e quinhentos réis as apresentações e seções de cinema e teatro, ou os musicais e jantares feitos no Cassino Antarctica – a não ser nos momentos em que Cassoulet também fazia suas promoções –, nem assim Aristides Motta conseguiu reerguer seu negócio. No final de outubro seu passivo já beirava a cifra dos 5:000$000 cinco contos de réis; ao que decidiu decretar falência, visto ser ele um homem "sério e de caráter, cumpridor da lei e dos bons costumes" e não queria faltar com os seus distribuidores e credores.[70] Obviamente, seu exemplo não foi o único.

Não há como dizer ao certo se veio dele, Aristides Motta, a denúncia anônima ao consulado do império Austro-Húngaro em junho de 1917, contra Cassoulet (que até então mantinha muito bem seus negócios), por maus tratos a Fanny – afinal, durante o tempo em que já estava na cidade, provavelmente havia acumulado muitos "inimigos".[71] O certo é que não foi apenas Aristides Motta que sentiu o baque

70 Massa Falida de Aristides Motta. *Arquivo do Fórum de Justiça de Ribeirão Preto.* 1º Ofício, cx. 164A, de 10 de novembro de 1914; Autos da falência de Aristides Motta. *Arquivo do Fórum de Justiça de Ribeirão Preto.* 1º Ofício, cx. 167A, de 15 de janeiro de 1915; Autos de ação executiva. Requerente: A Câmara Municipal de Ribeirão Preto. Requerido: Aristides Motta. *Arquivo do Fórum de Justiça de Ribeirão Preto.* 3º Ofício, cx. 04, proc. N. 351, de 26 de julho de 1918; Executiva. Requerente: A Fazenda do Estado. Requerido: Aristides Motta. *Arquivo do Fórum de Justiça de Ribeirão Preto.* 3º Ofício, cx. 04, proc. N. 280, de 14 de março de 1918.

71 Mas também é certo dizer, com base em outras fontes, que Aristides Motta lucrou com a falência da Empresa de Cassoulet, porque ele passou a comandar o Teatro Carlos Gomes em 1918, como indica o processo de indenização que lhe moveu a Companhia Cinematográfica Brasileira, por uso indevido do filme "Civilização", de Thomas H. Inces, e de propriedade da companhia, mas ao qual Motta havia passado em seu cinema, ao menos nas seções do dia 17 de janeiro de 1918, cujo uso indevido a companhia lhe cobrava o pagamento de indenização no valor de 2 contos de réis, aos quais pedia deferimento da

em seu negócio, com o início da guerra; Cassoulet também viu, a partir de 1914, diminuir acentuadamente a arrecadação proveniente de suas casas de espetáculos – mesmo com o aumento das seções de cinema, com a diminuição das companhias teatrais e as apresentações da empresa de Cassoulet. Não fosse pelo fato de também manter o Cassino Antarctica, com o seu café concerto e outras apresentações e novidades, com o restaurante noturno e a pensão anexa ao cassino, certamente teria sentido ainda mais. Ao mesmo tempo, Fanny fazia o trabalho com afinco, mas já apresentava sinais de aumento de seu quadro depressivo, agravado com o início de sua demência e paralisia parcial. Ainda assim, como se viu pelo quadro de análise de seus balanços de entradas e saídas, até o início de 1917 as casas de teatro e entretenimentos funcionavam perfeitamente no azul, com um lucro médio líquido, a cada semestre, de 8:000$000 oito até 13:500$000 treze contos e quinhentos mil réis até o final de 1915, reduzindo-se acentuadamente para 6:450$000 seis contos e quatrocentos e cinquenta mil réis nos dois semestres de 1916, como apresentaram os peritos para compararem a situação que levou a falência no final daquele ano de 1917.[72] Mas antes de chegarmos a falência é preciso dirimir a denúncia que foi feita contra Cassoulet pelo consulado da Áustria e Hungria. Assim que recebeu a denúncia do consulado a delegacia geral de polícia do estado de São Paulo, em 7 de

causa junto a justiça, apresentando provas da propriedade do filme, propagandas locais sobre sua apresentação no jornal A cidade, folhetos com propaganda do filme e da seção ao custo de $600 réis a cadeira, isto é, o ingresso. O caso foi encerado por não terem os oficiais de justiça, ao procederem a busca e apreensão do filme, no Teatro Carlos Gomes não terem ali encontrado filme com o título "Civilização", sob posse indevida de Aristides Motta. Autos de pedido de Indenização. Requerente: Companhia Cinematográfica Brasileira. Requerido Aristides Motta. *Arquivo do Fórum de Justiça de Ribeirão Preto.* 3º Ofício, cx. 02, proc. N. 189, de 14 de janeiro de 1918.

72 Ação revocatória de crédito, em que é autor o liquidatário da massa falida de Francisco Cassoulet e – Ré – Ammeris Gemme. *Arquivo do Fórum de Justiça de Ribeirão Preto.* 1º Ofício, cx. 194A, 1918; Ação Revocatória. Requerente: Liquidatário da massa falida de Francisco Cassoulet. Requerida: Ammeris Gemme. *Arquivo do Fórum de Justiça de Ribeirão Preto.* 1º Ofício, cx. 205A, proc. N. 47, de 19 de janeiro de 1918; Translado dos autos de habilitação da massa falida de Francisco Cassoulet. Requerente 4ª Ofício cível, *Arquivo do Fórum de Justiça de Ribeirão Preto.* 4º Ofício, cx. 15, proc. N. 436, de 10 de março de 1919; Autos de habilitação. Requerente liquidatário da massa falida de Francisco Cassoulet. *Arquivo do Fórum de Justiça de Ribeirão Preto.* 4º Ofício, cx. 15, proc. N. 435, de 10 de março de 1919; Autos de habilitação. Requerente liquidatário da massa falida de Francisco Cassoulet. *Arquivo do Fórum de Justiça de Ribeirão Preto.* 4º Ofício, cx. 15, proc. N. 435, de 10 de março de 1919.

junho de 1917, o excelentíssimo Sr. Dr. Thyrso Martins, delegado geral, a expediu ao delegado regional de Ribeirão Preto, o Dr. Antonio da Silva Carvalho, que prontamente, como cumpre o figurino, tomou as devidas providências legais cabíveis, abrindo um inquérito policial contra o Réu, Cassoulet. Como de costume, abriu-se o inquérito procedendo ao levantamento de testemunhas para prestarem esclarecimentos, assim como do réu, para averiguação da ocorrência, e, por fim, ao exame da condição geral em que se encontrava Fanny no período, averiguação esta que levou a solicitação de documentos junto aos cartórios para verificação e comprovação dos testemunhos prestados nas audiências do caso.

Quadro n. 8: Distribuição de testemunhas no processo-crime movido contra François Cassoulet em 1917

Nome	*Idade*	*Estado Civil*	*Naturalidade*	*Profissão*	*Residência*
1) Hypolito Costa	60	Casado	Português	Ator	Ribeirão Preto
2) Henriqueta Costa	50	Casada	Portuguesa	Atriz	Ribeirão Preto
3) Rosa (ou Resina) Ressi	35	Solteira	Italiana	Serviços domésticos	Ribeirão Preto
4) Pedro Micelli	37	Solteiro	Italiano	Serviços domésticos	Ribeirão Preto
5) Francisco Pandolphi	33	Solteiro	Italiano	Operário de cinema	Ribeirão Preto
6) Dr. Luiz Ferreira Gomes	25	Solteiro	Brasileiro	Advogado	Ribeirão Preto
7) Augusto Gonçalves	40	Viúvo	Brasileiro	Corretor	Ribeirão Preto
8) Herman Rosenthal	32	Casado	Russo	Comerciante	Ribeirão Preto
9) Domingos Baccaro	38	Solteiro	Italiano	Empresário teatral	Ribeirão Preto
10) Tette Rosy	28	Solteira	Francesa	Artista	Ribeirão Preto
11) Antonio Collina	49	Solteiro	Italiano	Garçom e copeiro	Ribeirão Preto
12) Francisco Cassoulet	53	Solteiro	Francês	Comerciante e empresário	Ribeirão Preto

Fonte: Inquérito policial contra François ou Francisco Cassoulet. *Arquivo do Fórum de Justiça de Ribeirão Preto.* 3º Ofício, cx. 42, fls. 1 a 43, de 7 de junho de 1917.

Aos dezesseis dias do mês de junho "do nascimento de nosso senhor Jesus Cristo" de 1917 (como rezava o figurino) teve início à inquirição das testemunhas arroladas no caso, perante o excelentíssimo senhor juiz, o Dr. Antonio da Costa Carvalho, com Joaquim Cleto, como seu escrivão, que passou a detalhadamente transcrever os testemunhos prestados. Teve início a audiência com o depoimento de Hyppolito Costa, de 60 anos de idade, português, ator, residente na Rua Américo Brasiliense, n. 16, próximo a residência do réu e da vítima. Sabendo ler e escrever, o seu depoimento começou por informar que conhecia o casal há mais ou menos 6 anos, porque aqui passou a companhia do ator Alves da Silva, que se apresentou na Empresa Cassoulet; sabia que Fanny era dona das casas, mas não sabia precisar ao certo como foram compradas, mas acreditava que tinha sido com o trabalho da vítima; disse ainda que mesmo debilitada ela ainda trabalhava no gerenciamento das casas de entretenimento de Cassoulet, uma vez que ambos dividiam o mesmo teto, ainda que pelas condições da vítima, não mais maritalmente, mas apenas como bons amigos.

Na sequência que seguiu os trabalhos, a sua esposa, Henriqueta Costa, de 50 anos de idade, portuguesa, atriz e residente no mesmo endereço, sabendo ler e escrever, e após proferir seu juramento de dizer a verdade, passou a expor o caso. Disse que sabia, por ouvir dizer, que Fanny possuía duas casas, uma delas de aluguel, que lhe rendia mensalmente certo dinheiro; e que pela localização as duas casas valiam muito dinheiro. Soube que Cassoulet tentou vender uma delas, mas não conseguiu porque Fanny estava incapaz de assinar qualquer documento. Disse ainda que Fanny estava doente, paralítica, inválida mesmo, até sem dizer uma só palavra, e por isso vivia afastada dos negócios que se achavam entregues totalmente a Cassoulet. Por sua vez, este, segundo a depoente, amaciou-se há uns dois ou três anos, não sabia precisar, com "Madame Marcelle Carlosca", francesa, cantora e artista na empresa, e que hoje reside na mesma casa com Fanny e Cassoulet, na Rua Américo Brasiliense de número 27. Fez constar ainda nos autos do inquérito que por imposição de Carlosca foi que Fanny deixou de frequentar o Cassino e os outros negócios da empresa. E por imposição ainda da mesma Carlosca, a depoente junto com Fanny foram morar na Rua Visconde do Rio Branco, número 12, deixando-a assim Cassoulet a sua inteira disposição, "mandos e desmandos", fez questão de frisar. Havia certamente ressentimentos em seu depoimento, mas não era isso que a justiça estava procurando saber, e sim as condições em que se encontrava a vítima perante o réu, e como ele "realmente" a tratava no dia a dia.

Na sequência dos trabalhos foi chamada para prestar seu depoimento Rosa (ou Resina) Ressi, de 35 anos de idade, solteira, italiana, responsável por parte dos serviços domésticos e de limpeza em geral prestados na Empresa de Cassoulet, e residente na Rua Consuelo Siqueira, de número 6, sabendo ler e escrever. De início, disse que trabalhava há 16 ou 17 anos, mais ou menos, para a Empresa Cassoulet, quando este tinha sob sua administração o "Eldorado Paulista", ali tendo a depoente conhecido de perto Fanny. Sabia que há muito tempo Fanny dividia o mesmo teto com Cassoulet, e os dois viviam bem juntos. Sabia que Fanny tinha duas casas em seu nome, além de algumas jóias de valor. Disse ainda saber que seu estado de saúde havia agravado muito nos últimos tempos, mas Cassoulet estava sempre ao seu lado. Relatou ainda que sabia, por ouvir dizer, que Carlosca e outra amiga residiam na mesma casa de Cassoulet e Fanny, e esta "exercia certo poder moral sobre o réu", mas não sabia precisar como fazia aquilo com o réu.

O depoimento prestado por Pedro Micelli, com 37 anos de idade, solteiro, italiano, também responsável por serviços domésticos na empresa, residindo na Avenida Saudade n. 13, e sabendo ler e escrever, foi seguido do mesmo ritual. Começou por informar que trabalhava na Empresa Cassoulet há cerca de 10 anos, tendo estado no Eldorado Paulista e ali conhecido Fanny, austríaca, amiga de Cassoulet e gerente do aludido estabelecimento. Disse ainda que há uns 7 ou 8 anos, mais ou menos, devido a uma moléstia grave Fanny ficou paralítica, e em função de uma tragédia deixou também de falar, e hoje é uma mulher inválida. Sabia que Cassoulet gastava dinheiro com Fanny para o tratamento médico, mas não sabia precisar quanto. Nada mais disse e nem foi questionado. Em seu depoimento, Francisco Pandolphi (ou Pandolpho), de 33 anos de idade, italiano, operário de cinema, solteiro e residente na Rua Álvares Cabral n. 64, sabendo ler e escrever, pouco acrescentou ao que já haviam relatado os outros depoentes. Disse que conhecia Fanny há cerca de 10 anos, e há mais ou menos 8 estava debilitada e paralítica, e somente por gestos expressava suas opiniões e respondia assim também ao que lhe era perguntado, com as mãos ou um simples gesto com a cabeça. Informou que sabia, por ouvir dizer, que as casas eram de Cassoulet. Nada mais disse e nem lhe foi perguntado. E assim se encerrava aquela primeira audiência preliminar.

No dia 19 de junho de 1917 foi feito o auto de qualificação para que Cassoulet pudesse prestar esclarecimentos sobre as acusações que lhe eram feitas pelo consulado. Então com 53 anos de idade, solteiro, francês, comerciante e empresário, disse que morava na cidade desde 1896, e residia em companhia de Fanny há cerca de 14 anos. Disse que a moléstia de Fanny agravou-se há cerca de 10 anos, mas ela não tinha perdido a lucidez e até há um ano atrás era o caixa do Cassino, fazendo ali toda movimentação da casa em suas mais "complicadas transações financeiras e comerciais". Disse que havia comprado as duas casas, mas ambas estavam em nome de Fanny, para o caso de alguma tragédia financeira com os negócios da empresa não deixarem os dois sem teto e terem onde morar. Nada mais disse naquele dia, nem lhe foi questionado. No dia 20 de junho de 1917 foi solicitado um laudo médico aos peritos, que o apresentaram quatro dias depois, informando à justiça que: Fanny não "falava nada", e se encontrava em "um estado deplorável", "possivelmente com início de demência", pois, nem sequer "gesticulava nada com lucidez", além de se mostrar "paralítica da cintura para baixo".

No dia 24 de junho, continuou-se a proceder com a coleta de depoimentos. Foi chamado ali para prestar esclarecimentos do caso, o Dr. Luiz Ferreira Gomes, de 25 anos de idade, solteiro, brasileiro, advogado e residente na Rua Cerqueira Cesar n. 45. Informou que conhecia Fanny e Cassoulet há vários anos, e sabia, por ouvir dizer que Cassoulet tentou vender uma casa. Os dois residiam juntos há muitos anos. Sabia que Cassoulet era o procurador de Fanny para todos os assuntos ligados aos seus bens e aos negócios da empresa. Nada mais disse ou foi questionado. Augusto Gonçalves, de 40 anos de idade, viúvo, brasileiro, corretor e residente na Rua Campos Salles n. 13, disse que conhecia há cerca de 14 anos Cassoulet e Fanny, e sabia que ambos dividiam o mesmo teto; que Cassoulet nos últimos anos estava a frente dos negócios e era o procurador de Fanny, para quem ficou responsável de zelar pelos seus cuidados e tratamentos médicos. Disse que era de seu conhecimento a tentativa de venda de um dos imóveis do casal, mas que ele não tinha conseguido, por desistência do comprador, que orientado por seu advogado, soube da incapacidade de Fanny de assinar qualquer documento. Foi o que confirmou em seu depoimento, Herman Rosenthal, de 32 anos de idade, casado, comerciante, russo, residente na Rua São Sebastião n. 20, que estava interessado na compra do imóvel por 20 contos de réis, mas desistiu do negócio por saber das condições de Fanny, incapaz sequer de assinar qualquer documento.

O depoimento de Domingos Baccaro, de 38 anos de idade, solteiro, italiano, empresário teatral, residente na Rua São Sebastião n. 21, fez constar nos autos que veio para Ribeirão Preto em 1903, contratado para reger a orquestra musical do "Eldorado Paulista", de propriedade de Cassoulet, e lá conheceu também Fanny. Sabia, por ouvir dizer, que os dois dividiam o mesmo teto e faziam quase tudo juntos, inclusive os negócios, e só pelo agravamento do estado de saúde de Fanny, que ela se encontrava reclusa e quase ninguém mais a via, nem tampouco vai mais às casas de espetáculo que fazem parte da Empresa de Cassoulet. Tette Rosy, de 28 anos de idade, solteira, francesa, artista, residente nesta cidade no Eldorado Paulista, disse conhecer o casal há cerca de 6 anos, quando veio para a cidade como artista, e que Fanny já era doente quando a conheceu, mas mesmo assim geria os negócios no Eldorado, para o Cassoulet.

O depoimento de Antonio Collina trouxe novas evidências para o caso. Ele de 49 anos de idade, solteiro, italiano, garçom e copeiro (mas não mais prestando serviços na empresa de Cassoulet), residente na Rua Amador Bueno n. 88, sabendo ler e escrever, disse nos autos conhecer Cassoulet há cerca de 20 anos desde a abertura do Eldorado Paulista, ao qual há esse tempo ainda residia na companhia de Marie Cassoulet, francesa, e com quem veio para esta cidade. Nessa mesma época Fanny era dona de um Bordel, anexo ao Eldorado, ou a antiga *Rotisserie*, como muitos haveriam de se lembrar. Dois anos depois, mais ou menos, Marie se retirou para a cidade de São Paulo e Cassoulet passou a conviver com Fanny. O Cassoulet vivia em dificuldades nesse período, construindo o Eldorado em pequenas partes e em prestações, e Fanny não tinha mais que um pequeno Bordel. Algum tempo depois, Cassoulet disse ao depoente "compramos uma casa", com muita alegria e satisfação, que recebeu o nome de "Villa Fanny" na Rua Américo Brasiliense. Não soube informar de quem era o dinheiro da compra do imóvel, se de Cassoulet ou Fanny, ou mesmo de ambos; ou em quais condições a compra foi efetuada pelo casal. Apenas que o imóvel ficava no nome de Fanny, por uma questão de segurança. Tempos mais tarde, quando o depoente já havia se retirado dos serviços de Cassoulet, veio a saber de Cassoulet que outra casa havia sido comprada na mesma rua, esquina com a Amador Bueno, e se encontrava alugada.

Nessa mesma época, segue o depoente, Fanny era a gerente do Eldorado Paulista e ali se empenhava até mais que o próprio Cassoulet, de modo a orientar todos os negócios da casa, inclusive as compras, para não deixar faltar nada. Tempos depois, um dos tabeliães dessa cidade levou ao Eldorado Paulista escrituras de um testamento em que Cassoulet e Fanny se acordavam deixar seus bens depois que um falecesse ao outro; e esse documento, digo testamento, foi assinado por ambos na presença do depoente, que serviu de testemunha junto com outros dois garçons da casa. Não sabia, como disse antes, com que dinheiro as casas foram compradas, mas já tinha visto Cassoulet levantar dinheiro hipotecando uma delas. Já tinha visto também Cassoulet levantar dinheiro com terceiros colocando o imóvel como garantia nos empréstimos, para quitar dívidas correntes das casas de espetáculo e pagar funcionários e fornecedores. Ao que pode dizer, Cassoulet nunca tratou mal Fanny e sempre pagou suas dívidas. Sabia há pouco tempo da tentativa de venda de um dos imóveis das ditas casas, e que Fanny havia dado amplos poderes para Cassoulet efetuar negócios em seu nome, mas que a venda não tinha dado certo por alguma razão, provavelmente pelo estado em que se encontrava a vítima. Disse ainda que Fanny está assim inválida há cerca de onze anos, ou dois anos após a epidemia de febre amarela que aqui grassou no ano de 1903, mas que mesmo assim ela continuava trabalhando normalmente. Quando a enfermidade se manifestou ela não tinha perdido a fala, isso só aconteceu depois; mas quando ela perdeu a fala, ou parou de falar, ainda mantinha a lucidez de espírito, manifestando seus pensamentos por meio de gestos com as mãos ou com a cabeça. Quando a dita escritura de testamento havia sido assinada por Fanny, ela já manifestava os primeiros sintomas de sua doença, com alguns ataques, e sem uso da fala; mas, sendo-lhe lido todo documento, Cassoulet lhe perguntou se havia entendido e se estava de acordo, respondendo ela com um sinal afirmativo com a cabeça. Ela sempre manifestava satisfação na presença de Cassoulet e não tinha nenhum temor dele; parecendo mesmo aos olhos do depoente "ser este dominado por ela". Nada mais declarou ou lhe foi questionado.

A par dessas questões, o delegado requereu no tabelionato certificação dos documentos em 25 de junho de 1917, que lhe foi expedido alguns dias depois. Nos documentos enviados, além da comprovação de todos os documentos, havia a movimentação de Cassoulet, dando a garantia do imóvel para o não pagamento de seus empréstimos, quitados dentro do prazo, ou com a solicitação de extensão do prazo de pagamento. Detectou ainda pelos documentos enviados pelo tabelião que somente a partir de 1915 que Cassoulet começava a ter maiores dificuldades, e condições financeiras mais precárias, para quitar os empréstimos, e ao tempo da análise havia ainda dois deles em aberto, sem quitação firmada pelo tabelião. O caso foi dado por encerrado em 21 de agosto de 1917, e concluído em 27 de setembro do mesmo ano, sendo feito o pedido para o seu arquivamento, dadas as faltas de provas que comprovassem "os maus tratos com a vítima".[73]

Não sabemos ao certo o tamanho do desgaste físico e emocional em que se encontrava Cassoulet nesse período, mas o fato é que foi um conjunto de questões e circunstâncias que o levou a deixar a gerência de suas casas a cargo do maestro Giovanni Gemme: a) a impossibilidade de Fanny se manter na gerência dos negócios, em função do agravamento de sua saúde física e mental, a partir de 1916; b) possivelmente as imposições de "Madame Marcelle Carlosca", que ao que tudo indica pelas fontes analisadas e pelos testemunhos, já se encontrava "amancebada"

73 Inquérito policial contra François ou Francisco Cassoulet. *Arquivo do Fórum de Justiça de Ribeirão Preto*. 3º Ofício, cx. 42, fls. 1 a 43, de 10 de junho de 1917.

com Cassoulet no período e exigia seu afastamento de Fanny e a entrega do gerenciamento dos negócios a alguém de sua confiança; c) provavelmente essa pessoa foi o maestro Gemme, mas não temos todas as peças do quebra-cabeça para afirmar com precisão; d) até porque, a partir de setembro de 1917, pouco tempo antes de a falência ser decretada, Gemme estava descontente com Marcelle (e esta com aquele), inclusive com suspeita de desvios de caixa, além de estar comendo e bebendo com amigas sem pagar as contas do restaurante, ou mesmo embolsando o dinheiro quando estas pagavam as contas diretamente para Marcelle, e exigindo pagamentos indevidos por serviços que não havia prestado, conforme veio a falar para o gerente da Companhia Antarctica, quando Gemme foi por ele questionado a respeito do atraso no pagamento das contas e dos alugueis, e este confirmou o ocorrido no testemunho que prestou na ação de revogação de crédito em favor de Ammeris Gemme; e) que o próprio estado de saúde física e mental de Cassoulet começava a declinar ao longo de 1917, como fazem supor suas várias viagens até Poços de Caldas e Araxá, em Minas Gerais, para descanso e provavelmente também para tratamento médico; f) ou senão, sobre a imposição de Gemme e Marcelle, ou ainda por parte de Gemme e Arthur Fescaro, para que sempre Cassoulet se ausentasse dos negócios, para que eles tivessem maior liberdade para cometerem ilicitudes, senão no mínimo gerirem tudo ao seu bel prazer. Tudo isso gerou a soma perfeita para que Cassoulet deixasse nas mãos do maestro Giovanni Gemme, a administração de seus negócios a partir do final do mês de junho de 1917.

Para se entender melhor as razões que levaram a falência da Empresa de Cassoulet no final de 1917,[74] depois de mais de vinte anos de funcionamento re-

74 Para os autos do processo da massa falida da Empresa Cassoulet, constava que este havia administrado além do Eldorado, local em que teve início seus negócios, de um Restaurante e Café Concerto no Cassino Antarctica, o Teatro Carlos Gomes entre 1905 e 1917, o Paris Théatre e o Polytheama entre 1903 e 1917 e o Cassino Antarctica entre 1909 e 1917 (com a renovação do contrato). Declarou em 1917, quando de sua falência, ser comerciante e empresário teatral, e residir havia vários anos à Rua Américo Brasiliense n. 27, em frente ao Cassino Antarctica. Morava perto do local de trabalho porque se dedicava nele integralmente de corpo e alma, como muitas vezes ressaltou, sob juramento. Sabemos que fez isso quando foi ouvido no inquérito do qual havia sido réu alguns meses antes de ser decretada a falência, no qual disse ao escrivão de justiça Joaquim Cleto e ao delegado, doutor Antônio da Silva Carvalho que "sempre contrib[uiu] não só com grandes somas de dinheiro para o [...] incremento [de suas casas teatrais], como arc[ou] com grande responsabilidade e com sacrifício de sua saúde para a sua manutenção". Conforme consta em: Inquérito policial contra François ou Francisco Cassoulet.

gular, desde 1896, não basta apresentarmos o posicionamento de Cassoulet, ainda que rarefeito como se viu há pouco, porque já estava debilitado física e mentalmente quando foi aberto o processo de falência, que se alongou pelo ano seguinte, em 1918, quando perde sua companheira Fanny; mas também é preciso circunstanciar o próprio andamento do processo, para se notar a dinâmica de análise dos dados efetuados nos trâmites judiciários da época. E comecemos não pelo processo do andamento da massa falida, mas pelos autos abertos pelo liquidatário da massa falida, procurando cancelar o crédito de Ammeris Gemme, do qual ele suspeitava de fraude na empresa do falido.

Quadro n. 9: Distribuição de testemunhas do processo de falência e revogação de crédito da Empresa de Cassoulet

Nome	*Idade*	*Naturalidade*	*Estado Civil*	*Profissão*	*Residência*
Testemunhas de acusação	--	--	--	--	--
1 - Adolpho Wurgler	43	Russo	Casado	Gerente	Ribeirão Preto
2 - Max Hotszant	40	Austríaco	--	Copeiro	Ribeirão Preto
3 - Luiz Fagoni	34	Italiano	Solteiro	Agente	Ribeirão Preto
4 - Alexandre Geni	42	Turco	Solteiro	Viajante/ Vendas	Ribeirão Preto
Testemunhas de defesa	--	--	--	--	--
1 - Arthur Fescaro	30	Italiano	Solteiro	Garçom	São Paulo
2 - Aristides Finotti	33	Italiano	Casado	Construtor	Ribeirão Preto
3 - Teodósio Fedulllo	40	Italiano	Casado	Farmacêutico	Ribeirão Preto

Fonte: Massa Falida de Francisco Cassoulet. *Arquivo do Fórum de Justiça de Ribeirão Preto.* 1º Ofício, cx. 197ª, 1917; Ação revocatória de crédito, em que é autor o liquidatário da massa falida de Francisco Cassoulet e – Ré – Ammeris Gemme. *Arquivo do Fórum de Justiça de Ribeirão Preto.* 1º Ofício, cx. 194A, 1918; Ação Revocatória. Requerente: Liquidatário da massa falida de Francisco Cassoulet. Requerida: Ammeris Gemme. *Arquivo do Fórum de Justiça de Ribeirão Preto.* 1º Ofício, cx. 205A, proc. N. 47, de 19 de janeiro de 1918; Translado dos autos de habilitação da massa falida de Francisco Cassoulet. Requerente 4ª Ofício cível, *Arquivo do Fórum de Justiça de Ribeirão Preto.* 4º Ofício, cx. 15, proc. N. 436, de 10 de março de 1919.

Após justificar a abertura dos autos de revogação de crédito de que se encontrava ali como ré, Ammeris Gemme, o advogado responsável como liquidatário da

---

Arquivo do Fórum de Justiça de Ribeirão Preto. 3º Ofício, cx. 42, de 10 de junho de 1917.

massa falida de Cassoulet, dizia ter a intenção de provar no devido tempo a fraude cometida pela ré contra a empresa da vítima, o falido em questão. O quadro n. 9 nos mostra a distribuição das testemunhas chamadas para prestar seu testemunho nas audiências para a composição das provas do caso, em função das circunstâncias que levaram Ammeris Gemme, esposa do maestro Giovanni Gemme, a se tornar Ré, durante o processo de execução da massa falida da Empresa de Cassoulet. Antes, porém, de se chegar a esse ponto, nada mais adequado do que ouvir as testemunhas.[75] Foi com base nos questionamentos levantados pelo liquidatário da massa falida, para justificar a revogação de crédito em sua ação, que o advogado da massa falida tanto quanto o da ré se amparavam para perscrutar e inquirir as testemunhas, na presença do juiz e de seu escrivão nas audiências públicas do Fórum de Justiça de Ribeirão Preto.

O primeiro a depor foi Adolpho Wurgler, de 43 anos de idade, casado, russo, gerente da Companhia Antarctica Paulista, domiciliado nesta cidade e sabendo ler e escrever, como regia os protocolos judiciais, jurou dizer apenas a verdade ao que lhe fosse perguntado. Disse que a ré veio em companhia de seu marido para esta cidade há mais ou menos dois anos, para o maestro Gemme reger a orquestra musical da empresa de Cassoulet, no Cassino Antarctica, uma das casas de diversões do falido e foi contratado com um salário mensal de 450$000 quatrocentos e cinquenta mil réis. Diz que os dois viviam com certo conforto na cidade, mas não sabia se vieram com dinheiro para cá. Sabia, por ouvir dizer, que quando chegou à cidade Gemme pediu dinheiro emprestado ao Domingos Baccaro, que também é empresário teatral e capitalista. Sabia que Gemme e Arthur Fescaro tomavam conta como gerentes dos negócios de Cassoulet, quando este se afastou dos negócios por problemas de saúde no final de junho de 1917, para ir até Araxá e Poços de Caldas para se tratar. Gemme e Fescaro também faziam questão de sempre fazer com que Cassoulet não estive nos negócios para poderem gerenciá-los sozinhos. Sempre que vinha para a Companhia Antarctica tratar de negócios, Gemme trazia Cassoulet, mas este só respondia sim ou não, ao que lhe era perguntado. Que é convicção do depoente que o maestro Gemme, Arthur Fescaro e Marcelle Carlosca exerceram durante todo o tempo em que o maestro foi gerente dos negócios de Cassoulet, "grande força moral sobre ele", fazendo este tudo que eles queriam; e que é verdade que o falido não pagou três meses de aluguel do Cassino para a Companhia Antarctica durante o tempo em que Gemme administrou os negócios.

75 Todos os depoimentos se encontram registrados no processo: Massa Falida de Francisco Cassoulet. *Arquivo do Fórum de Justiça de Ribeirão Preto*. 1º Ofício, cx. 197ª, 1917.

Sabia ainda, por ouvir dos empregados da empresa de Cassoulet, que era Gemme, algumas vezes na companhia de Fescaro, que passava em todas as casas para arrecadar o dinheiro dos caixas do dia. Não sabia dizer se Gemme tinha alguma amaciada durante o período em que foi o gerente dos negócios de Cassoulet, mas sabia que sua esposa trabalhava em casa. Mas, em várias ocasiões, o depoente ouviu da boca de Gemme reclamações sobre o comportamento de Marcelle Carlosca, que levava rotineiramente amigas para comer no restaurante, onde comiam e bebiam sem pagar nada, e muitas vezes suas amigas ainda dormiam na pensão do Cassino, também sem pagar as diárias, ou quando pagavam era sempre a Carlosca que recebia todo dinheiro. Sabia, por ouvir de Gemme, diversas vezes ele ter reclamado do funcionamento financeiro das casas, e que pela diminuição das arrecadações, tendo que pagar fornecedores, empresa de fornecimento de energia e alugueis das casas de diversões, ele teve que contrair vários empréstimos no período em que foi o gerente dos negócios de Cassoulet, a partir de procuração da qual Cassoulet havia lhe dado amplos direitos de agir em seu nome, após seu regresso de Araxá em meados de julho. Sabia também que Arthur Fescaro era também um dos gerentes de suas casas de diversões, porque por várias vezes viu seu nome nos panfletos e programas das casas, assim o denominando. Disse ainda que procurou ter conhecimento dos credores dos negócios de Cassoulet, por ser gerente da Companhia e ter a responsabilidade de receber os alugueis do Cassino, na cifra de 1:250$000 um conto e duzentos e cinquenta mil réis mensais. O depoente relata ainda que por várias vezes ouviu Cassoulet se referir a Gemme e Fescaro como "os meus patrões", e que quando lhe disse isso estava em perfeito estado mental e muito lúcido. Disse ainda que Cassoulet frequentava rotineiramente seus negócios, especialmente indo no Cassino, porque o Paris Theatre esteve fechado nos últimos tempos da administração de Gemme, e o Polytheama não pertencia mais a Cassoulet. O depoente, por frequentar assiduamente o Cassino, notou que havia aumentado o público de frequentadores depois que passou a ser administrado por Gemme, porque ele conseguiu fazer com que no Cassino funcionasse uma outra casa de espetáculos. Nas vésperas de ser decretada a falência dos negócios de Cassoulet, o depoente como procurador da Companhia Antarctica havia assinado um contrato de rescisão do uso do Cassino com Gemme e Cassoulet. Que o depoente também firmou com o falido, não sabendo precisar se antes ou depois de aberto o processo de falência, um contrato para a venda dos imóveis do Cassino, de posse do falido, para pagamentos dos alugueis atrasados à Companhia Antarctica. Que enquanto Gemme foi o gerente das casas, o depoente só recebeu 1 conto de réis das mãos do maestro para pagamento de aluguel do Cassino, parecendo-lhe que esse pagamento foi efetuado em fins de setembro. Quando o falido firmou os dois contratos com a Companhia diz o depoente que se encontrava em perfeito estado mental. Diz ainda que:

> [...] quando Gemme em companhia de Cassoulet e Fescaro lhe contou que Carlosca fazia comer no Cassino várias mulheres, recebendo as respectivas importâncias da comida, pode ser que Gemme ao lhe contar isso tivesse a intenção de censurar a Carlosca, ou de censurar a Cassoulet, ou de frisar que a renda dessas despesas das mulheres que deviam entrar para a empresa de Cassoulet estavam sendo desviadas; que o depoente, porém, não tem convicção de qual tivesse sido realmente as intenções de Gemme ao lhe fazer essa narrativa.[76]

Sabia ainda da existência de dívidas que estavam se acumulando na empresa e alguns credores começavam a fazer cobranças. Em algumas ocasiões Gemme lhe disse que queria deixar a gerência das casas de diversões, mas pelos pedidos constantes de Cassoulet que recusava a sua saída, este permanecia. Mas, quando o depoente pôde inquirir diretamente a Cassoulet, diz que: "quando o depoente aconselhou a Cassoulet o consentimento da retirada de Gemme ignorava o mau estado financeiro [de seus negócios], bem como a existência do penhor constante da escritura de setembro..."[77], em favor da esposa de Gemme. Não sabia dizer se os títulos em mãos de Gemme, empréstimos tomados de sua esposa pelo falido, foram ou não pagos durante o período em que administrou os negócios de Cassoulet. Nada mais tinha a falar ou lhe foi perguntado.

Quando foi chamado a prestar testemunho sob juramento, Max Hotszant, de 40 anos de idade, austríaco, copeiro e residente nesta cidade, informou ao juiz que

76 Cópias do depoimento constam nas duas ações: Ação revocatória de crédito, em que é autor o liquidatário da massa falida de Francisco Cassoulet e – Ré – Ammeris Gemme. *Arquivo do Fórum de Justiça de Ribeirão Preto.* 1º Ofício, cx. 194A, 1918; Ação Revocatória. Requerente: Liquidatário da massa falida de Francisco Cassoulet. Requerida: Ammeris Gemme. *Arquivo do Fórum de Justiça de Ribeirão Preto.* 1º Ofício, cx. 205A, proc. N. 47, de 19 de janeiro de 1918.

77 Ação revocatória de crédito, em que é autor o liquidatário da massa falida de Francisco Cassoulet e – Ré – Ammeris Gemme. *Arquivo do Fórum de Justiça de Ribeirão Preto.* 1º Ofício, cx. 194A, 1918; Ação Revocatória. Requerente: Liquidatário da massa falida de Francisco Cassoulet. Requerida: Ammeris Gemme. *Arquivo do Fórum de Justiça de Ribeirão Preto.* 1º Ofício, cx. 205A, proc. N. 47, de 19 de janeiro de 1918.

trabalhava há muitos anos como garçom no Cassino Antarctica e sabia que tinha sido regente da orquestra desse cassino o maestro Gemme. Não sabia dizer se ele veio para a cidade com dinheiro ou não, nem quanto ganhava como gerente. Sabia que o casal se vestia bem, pelo modo como frequentavam o cassino e se apresentavam para a sociedade. Sabia, por ouvir dizer de outros, que a esposa do maestro tinha uma casa de costura, mas não sabia como era e nem onde funcionava. Sabia ainda que o maestro além de gerente da empresa, também era procurador de Cassoulet, nos últimos quatro meses, antes da falência e era ele que guardava toda a receita das casas. Não sabia se ele havia deixado de pagar os últimos três meses de aluguel do Cassino e das outras casas, além das contas de energia, mas era fato que havia atrasado o pagamento dos funcionários que já estavam muito descontentes. Sabia também que Cassoulet esteve por duas vezes fora da cidade nesse período para tratamento, não sabia de quê, em Poços de Caldas e Araxá, em Minas Gerais. Não sabia dizer se havia sido mandado por Gemme para se ausentar da cidade, mas era fato, pelo que via no trabalho, que Gemme e Marcelle Carlosca "exerciam forte força moral sobre o falido", em todas as suas decisões, fazendo-lhe inclusive se retirar todas as noites do cassino antes das 22 horas, sempre bem antes de fecharem o caixa do dia. Ele disse que também sabia que na casa do falido estava residindo uma amiga, Bianca Sauri, cantora do Cassino, e lá também morava Carlosca. Não sabia se Carlosca levava outras mulheres para comer no restaurante do falido, ou se iam até sua casa, mas sabia dizer que as artistas que se hospedavam no cassino e comiam no restaurante a noite recebiam mensalmente e depois seus gastos eram descontados no ato do pagamento.

Com o mesmo procedimento foi inquirida outra testemunha. Luiz Fagoni era solteiro, tinha 34 anos de idade, italiano, agente e residia na cidade. Ele contou que sabia que o casal Gemme veio para a cidade há dois anos; sabia disso porque antes havia passado em Poços de Caldas, daí para Santos, onde trabalhou dois meses no Parque Balneário e dali veio para Ribeirão Preto. O ordenado de Gemme era de 450$000 mil réis por mês, na gerência dos negócios de Cassoulet, mas não sabia se tinha outros rendimentos. Eles vieram para a cidade de Ribeirão Preto sem dinheiro, e sabia disso porque Gemme esteve na casa do depoente em São Paulo e lhe contou que tanto em Santos, como em Poços de Caldas, tinha sido "uma verdadeira desgraça". Sabia ainda que o maestro Gemme e sua esposa Ammeris Gemme não trabalhavam fora nesse período, porque havia sido credor de 2:000$000 dois contos de réis do casal. Não sabia dizer se o maestro Gemme "exercia força moral sobre o falido porque não morava nesta cidade", mas na cidade de São Paulo, quando se deram esses fatos. Sabe que Gemme era credor de duas letras de câmbio, ou de empréstimos particulares feitos com o falido, uma de 4:500$000 quatro contos e quinhentos mil réis e a outra de 2:000$000 dois contos, e ele se pagou essas importâncias entre setembro e novembro, antes de ser decretada a falência da empresa de Cassoulet, e de seus devidos vencimentos. Nada mais tinha a declarar sob juramento à justiça, nem lhe foi questionado.

O depoimento de Alexandre Geni de 42 anos de idade à época, solteiro, turco, viajante comissionista e residente na cidade, não divergiu dos anteriores. Começou informando a justiça de que sabia que a mulher do maestro tinha oficinas de costura, porque lhe vendeu oito metros de seda, mas não sabia ao certo quantos funcionários trabalhavam no local, nem em quais condições ocorriam os serviços, ou se havia remuneração aos serviços prestados pelos funcionários ou se estavam apenas em formação para o trabalho. Sabia, por ouvir dizer, que Cassoulet havia ficado oito dias ausente desta cidade, para ir até Poços de Caldas e retornou por causa de um telegrama enviado por Gemme, em função da pressão de alguns credores e solicitação de esclarecimentos do gerente da Companhia Antarctica. Pelo que pode dizer "o maestro Gemme mandava em tudo por ali". Sabia ainda que Bianca Sauri e Carlosca comiam e bebiam no restaurante do Cassino Antarctica, e a primeira estava hospedada ali mesmo. Não sabia dizer se pagavam pensão ou as refeições. Lembrou-se depois, da rápida visita que fez a casa da Ré, que lá estava funcionando precariamente sua empresa, com duas ou três costureiras. Não sabia dizer se o maestro fazia outros serviços fora, além dos administrativos na empresa de Cassoulet, mas quando ocorriam "cancionetas" ele recebia 10$000 dez mil réis de diária. Não sabia dizer se quando Cassoulet foi para Caldas ou para Araxá estava doente ou não, ou se foi para passeio ou para tratamento médico. Nada mais disse, e assim se findava aquela primeira audiência.

O escrevente José Fellipe de Souza deixou ainda registrado que não haviam comparecido a justiça para prestarem depoimentos: Alexandre Bucchianeri, Francisco Pandolpho, Rosina Rossi, Pedro Micelli, Henrique Poloci e Domingos Baccaro.[78] Na mesma ocasião foram ainda intimados para depor para a defesa da Ré as seguintes testemunhas: Dr. Julio Gallo, Theodoro Fedullo, Antonio Ferreri, Arthur Fescaro e Aristides Finotti. Deixou-se de intimar Maria Bredarioli, por não ter sido encontrada a mesma residindo nesta cidade. Foi aos 28 dias do mês de fe-

78 Atualizamos a grafia, mas mantivemos as pequenas divergências nas grafias dos nomes, para acentuar as sutilezas do período e como isso era muito comum, inclusive, na justiça.

vereiro de 1918, na sala deste Fórum de Ribeirão Preto, em audiência pública, que começaram a prestar seus depoimentos, as pessoas subscritas há pouco.

Tudo começou com Arthur Fescaro de 30 anos de idade, solteiro, garçom, italiano e residiu por muitos anos nesta cidade, mas havia se mudado recentemente para a capital do estado de São Paulo – declarou ser funcionário da empresa, mas não especificou sua função, além de dizer que exercia outras atividades além de ser garçom. Disse à justiça que conhecia o casal, e foi exatamente quando chegaram à cidade com a intenção de comprar um terreno e construir uma pequena casa, mas desistiram da ideia porque queriam retornar para a Europa depois de terminar a guerra. Depois de dizer que era garçom, voltou atrás e disse que como era gerente dos cinematógrafos da Empresa de Cassoulet, além de exercer outras atividades, mantinha contato rotineiro com o maestro Gemme. Foi, inclusive, algumas vezes em sua casa e pode afirmar que a sua esposa, Ré, mantinha uma oficina de bordados improvisada em sua casa, digo em um cômodo da casa, onde trabalhavam seis ou sete mulheres, todas elas operárias pelo jeito com que trabalhavam no local, mas não sabia dizer se recebiam pelo trabalho prestado ou se eram apenas aprendizes do ofício. Sabia que o casal veio da Itália e lá haviam se casado, mas não sabia se com separação de bens ou não. O maestro Giovanni Gemme lhe contou que quando deixou a administração das casas estava em más condições financeiras, e sabia disso porque havia lhe pedido um empréstimo de 200$000 duzentos mil réis para poder sair da cidade. Não pôde lhe arrumar a soma, mas sabe que pediu também ao barbeiro Nicolau Percio e ao farmacêutico Teodosio Fedullo. Ouviu do casal que haviam trazido recursos para comprarem um terreno e construir uma casa. Sabia ainda que havia oito bailes por mês no cassino no valor de 40$000 quarenta mil réis cada, mas não sabia dizer ao certo quanto o maestro recebia em cada apresentação. Disse ainda a testemunha, que em conversa com o próprio Cassoulet, após a saída de Gemme da gerência de suas casas e da empresa, se havia sido desonesto, retirando caixas de vinho e outras coisas do cassino, ou desviado caixa, ao que já exaltado Cassoulet lhe "respondeu em protestos em favor do maestro" e até chegou a "proferir palavras obscenas contra os acusadores".

Não satisfeito com o depoimento prestado, em função da conduta da testemunha ao que lhe era perguntado, o advogado liquidatário responsável pela condução da massa falida da empresa de Cassoulet passou a inquirir a testemunha, que assim seguiu seu depoimento, mas pouco acrescentou ao que já havia dito a justiça. Ao que o advogado contestou seu testemunho por sua aproximação com o maestro, em amizade e negócios, para que fosse cancelado e desconsiderado na apuração dos autos. Quando se passou para o testemunho de Teodosio Fedullo, um clima semelhante de suspeita se prostou no advogado que ouvia atentamente a fala da testemunha, mas por este já ser "alguém muito reconhecido na sociedade", suas suspeitas não tiveram muito alcance, ou o resultado que ele esperava, pelo que ao final do processo auferiu o juiz responsável pelo caso, lembrando-se deste testemunho para tomar sua decisão – mas trataremos disso depois.

O testemunho de Teodosio Fedullo, com 40 anos de idade, casado, italiano, farmacêutico e residente na cidade, assim começou a relatar a situação: sabia que o maestro recebia em torno de 40$000 quarenta mil réis por dia, quando se apresentava no cassino. Além disso, ele era gerente de uma banda de música, mas não sabia dizer quanto ganhava com ela por mês. O maestro trabalhava com a orquestra em bailes e banquetes fora do Cassino algumas vezes, mas não sabia dizer quanto ganhava nessas apresentações. Sabia ainda que ao se retirar para Poços de Caldas, o maestro se encontrava em situação financeira ruim, tanto é que lhe pediu dinheiro emprestado, no valor de 1:000$000 um conto de réis para a viagem e outros gastos, que a testemunha não lhe pôde arrumar, mas sabe que ele conseguiu algum dinheiro com o Sr. Nicolau Percio, ou algum outro amigo. A oficina de bordados funcionava numa sala da casa da Ré, localizada na Rua Álvares Cabral, entre as ruas Florêncio de Abreu e Lafayette. O depoente diz não haver nada na casa que informe alguma coisa a respeito da empresa de bordados, nem nunca chegou a ver nada na imprensa local. Disse ainda que a empresa Cassoulet era composta pelo Paris Theatre e o Polytheama, além do Cassino Antarctica, que funcionava como café concerto e nele se hospedavam as artistas que lá se apresentavam, como ainda sabia que ali também funcionava um restaurante a noite, onde muitos artistas também comiam e bebiam, além do público frequentador do restaurante. Disse ainda em seu depoimento que conhecia o maestro há doze anos e fez junto com ele o pagamento de empréstimos a Amélia Gregori e ao Dr. José de Toffoli. Conheceu o maestro na primeira vez que veio nesta cidade, e ficou fora por uns sete ou oito anos. Na primeira vez que veio o depoente não fez nenhum negócio com ele. Durante o período em que esteve fora sabe que "fez um giro pela Itália", mas sempre mantinha contato com o Dr. Gallo, de quem era muito próximo e amigo. Sabia ainda, porque ultimamente frequentava muito a sua farmácia e lá soube, da boca do maestro, de que os negócios na empresa de Cassoulet não andavam muito bem. Disse ainda que mandou ontem a importância de 500$000 quinhentos mil réis para o maestro, que estava em condições financeiras ruins em Poços de Caldas, Minas Gerais.

Após ouvir atentamente os testemunhos prestados por Arthur Fescaro, e, depois Teodosio Fedullo, o advogado Dr. Herculano Mendes, liquidatário da massa falida, contestou novamente os depoimentos por sua imensa parcialidade em favor de Gemme, afirmando fatos, inclusive, que não são verdadeiros para o benefício do maestro e da Ré. O advogado da Ré, o Dr. Plínio Travassos dos Santos dizia se tratar de um mal entendido e que o depoente simplesmente estava informando a justiça o ocorrido, apenas isso; e por ser muito conhecido e respeitado na sociedade não haveria razões para ele mentir ali em seu depoimento. Com a terceira testemunha, Aristides Finotti, as suspeitas do advogado liquidatário da massa falida só pareciam crescer ainda mais.

Doravante chamado para prestar seu testemunho, Aristides Finotti, de 33 anos de idade, casado, italiano, construtor e residente na cidade, sob juramento, assim começou a relatar o que sabia do caso. Disse à justiça que a Ré lhe havia procurado para ver com ela um terreno para a construção de uma pequena casa e lhe mostrou um terreno de sua propriedade na Rua Liberdade, esquina com a Américo Brasiliense. A Ré, por sua vez, não havia gostado do local, por sua distancia em relação ao centro da cidade. Em seguida lhe mostrou outro terreno de propriedade do Dr. Julio Gallo na Rua Álvares Cabral, esquina da Rua Campos Salles. Depois disso a Ré se entendeu diretamente com o Dr. Gallo. A Ré lhe pediu ainda um orçamento para a construção, pelo qual a testemunha rascunhou um totalizando de 7 a 8 contos de réis a depender do material a ser utilizado na construção. A Ré não disse como iria pagar o terreno, nem tampouco como iria fazer para pagar a construção. Mas o depoente disse ainda que, sabia por ouvir dizer, que a Ré tinha 15 mil liras em letras, compradas com o dinheiro que trouxeram da Itália, e empréstimos em bancos locais, mas não sabia precisar quanto valiam em réis. Nada mais disse nos autos, nem lhe foi questionado.

Com o encerramento dos testemunhos prestados foram convocados os peritos Joaquim Cleto, Arlindo Machado de Oliveira e Abel Conceição para procederem à análise dos registros de entradas e saídas na Empresa de Cassoulet, a partir dos livros de registros e diários coligidos pela justiça – serviço este que receberam 150$000 cento e cinquenta mil réis cada um para executar. Da convocação dos peritos em 11 de março de 1918, até procederem aos seus pareceres técnicos dez dias depois, o transcurso do processo não teve nenhum outro acréscimo de dados ou intercorrências, até as informações dos peritos chegarem aos autos. Os três foram muito enfáticos em relação à imprecisão de informações prestadas nos livros de registros e nos diários, inclusive com dados incoerentes, rabiscos e imprecisões de informações, e como um livro caixa deve ser formalmente protocolado para ter início a partir de seu protocolo, um desses livros com protocolo de setembro, nele constava informações prestadas de gastos a partir de julho, pelo punho do novo administrador, que justificava no cabeçalho se tratar de uma situação incomum, mas necessária, em função da forma desordenada que o falido tratava de administrar sua empresa; e ao colocar tudo em dia, até para não mudar a ordem cronológica dos dados ali informados, teve que começar o novo livro com data anterior ao que foi registrado. Em função desta questão, os peritos acharam prudente analisar a movimentação da empresa entre 26 de dezembro de 1916 e 8 de novembro de 1917, quando se formalizou a falência, cujo pedido foi feito em 20 de novembro daquele mesmo ano. Após periciarem todos os livros, além das imprecisões, notaram rasuras em locais inadequados, registros suspeitos, especialmente os registros de empréstimos feitos a Ré, principalmente por terem sido os únicos pagos antes dos vencimentos, ao passo que o dos outros credores ficaram todos por serem pagos; mas ao final da verificação, mesmo após ter sido efetuado o pagamento de 6:500$000 seis contos e quinhentos mil réis em favor do maestro Gemme, a Ré ainda constava como credora de 7:500$000 sete contos e quinhentos mil réis, o que era no mínimo suspeito. Por outro lado, ao fazerem a análise dos dois períodos de movimentação da empresa notaram que apesar de se tratar de um saldo irrisório, no primeiro período, em que o falido esteve à frente dos negócios, a empresa não funcionou com maiores saídas do que entradas, e ainda ficou com um saldo positivo de pouco mais de 113$000 cento e treze mil réis; ao passo que no segundo momento, deu-se a falência, pelo que já haviam informado a justiça os dividendos, credores e instituições estadual e municipal em suas cobranças, para o recebimento de suas dívidas da massa falida de Cassoulet.

Com tais provas em mãos, o advogado responsável pela liquidação da massa falida, assim como o de defesa da ré, passaram a expor as razões finais que os levavam a crer na justificativa ou não a respeito da revogação do crédito, a que Ammeris Gemme dizia ter todo o direito. Alguns dias depois, a par dos argumentos finais dos dois advogados, o juiz responsável pelo veredicto do caso, passou a expor seus argumentos para embasar sua decisão. Toda ela esteve o tempo todo pautada na lei, e apesar de depoimentos que sugeriam possível fraude na administração dos negócios de Cassoulet, assim como os livros de contabilidade davam indícios do "fato", o juiz se ateve ao andamento do processo de falência para o qual todos os trâmites legais ocorreram dentro da lei, cumprindo todos os prazos e protocolos legais, sem que nenhuma oposição fosse feita no ato, além de haver testemunhos que comprovavam a idoneidade da ré, como o de Teodosio Fedullo, farmacêutico e representante de grandes empresas em nossa cidade. Nesses termos, julgava improcedente a solicitação de revogação de crédito da ré.

O encerramento desse processo se manteve concomitantemente com o andamento da liquidação da massa falida da empresa de Cassoulet. Os credores prioritários, dos quais faziam parte os funcionários da empresa (cozinheiros, criados, serventes e garçons) estavam assim distribuídos: Pedro Micelli tinha um crédito no valor de 1:625$000 um conto seiscentos e vinte e cinco mil réis a receber de salários atrasados como cozinheiro na empresa; Julio Benedetti tinha 46$000 quarenta e seis mil réis; Resina Ressi, 275$000 duzentos e setenta e cinco mil réis; Giuseppi Celi, 291$000 duzentos e noventa e um mil réis; Felice Meanti, 81$500 oitenta e um mil e quinhentos réis; Francisco Pandolfi (ou Pandolpho), 91$000 noventa e um mil réis; Giacomina Barbani, 223$000 duzentos e vinte e três mil réis; Francisco Sellini, 70$000 setenta mil réis; André Potenzza, 225$000 duzentos e vinte e cinco mil réis; Rabino Rotteta, 125$000 cento e vinte e cinco mil réis; e Gumercindo Alem, 81$500 oitenta e um mil e quinhentos réis.[79] Além dos credores prioritários estavam arrolados junto a massa falida outros 25 credores habilitados ao crédito requerido, no montante de 21:985$500 vinte e um contos, novecentos e oitenta e cinco mil e quinhentos réis, aos quais se juntavam outro 8 credores habilitados em parte do crédito. Ao lado destes credores, ainda constavam o Dr. Abílio Sampaio que solicitava o valor de 200$000 duzentos mil réis; Francisco Schmidt, o valor de 3:250$000 três contos e duzentos e cinquenta mil réis; Carlos Franchi, o valor de 262$000 duzentos e sessenta e dois mil réis; Ammeris Gemme, o valor de 7:620$000 sete contos e seiscentos e vinte mil réis; e Hugo Martini, o valor de 120$000 cento e vinte mil réis, que foram impugnados pelos síndico da massa falida juntamente com o falido. O sindico ainda impugnava os valores solicitados por Marcelle Carlosca (2:350$000), Henrique Palloci (658$000) e Giovanni Gemme (6:900$000).[80] Com o montante to-

79 Todos esses dados constam da Habilitação de crédito. Requerente: Pedro Micelli e outros. Requerido: Falência de Francisco Cassoulet. *Arquivo do Fórum de Justiça de Ribeirão Preto*. 1° Ofício, cx. 197A, proc. N. 112, de 12 de dezembro de 1917.

80 A justificativa do síndico para a impugnação do crédito de Marcelle Carlosca estava em que: "Segundo as informações precisas chegou o abaixo assinado a convicção de que esse crédito é fantástico; isto porque a requerente vivia amaciada com o falido, sendo certo ainda que fora artista no "Cassino" ser notório não possuir quantia alguma a não ser as fornecidas pelo falido. Acresce ainda que a mesma comia e bebia no restaurante do falido, não constando nos livros debito algum da mesma." In: Massa Falida de Francisco Cassoulet. *Arquivo do Fórum de Justiça de Ribeirão Preto*. 1° Ofício, cx. 197ª, fl. 128,

tal das dívidas somadas, incluindo as impugnações e os credores prioritários (junto com a Câmara Municipal de Ribeirão Preto que solicitava o valor de 1:698$000), a massa falida alcançava a cifra de 54:951$490 cinquenta e quatro contos, novecentos e cinquenta e um mil e quatrocentos e noventa réis.[81]

Nessa mesma ocasião, ao proceder à análise dos livros da empresa de Cassoulet, o sindico verificou, procedendo a um balanço geral, no período de janeiro a julho de 1915, que o falido tinha naquela ocasião um ativo de 59:847$226 para um passivo de 35:549$960, restando-lhe um saldo de quase 25 contos. Deste período até 30 de junho de 1916, o falido devia aproximadamente 30 contos, sendo destes 6 contos em títulos. Considerando a movimentação total de dinheiro para todo o período de 1915 até o final de 1917, o síndico verificou a entrada de 604:527$800 para uma saída de 584:576$100, o que perfazia um saldo positivo de quase 20 contos. Para o síndico, depois de seu exame dos livros, nos seis primeiros meses do ano de 1917, a entrada foi de 156:393$400 para uma saída de 147:589$900, tendo um saldo de 8:803$500, que divergia da análise dos peritos aos livros da empresa de Cassoulet, feita alguns meses depois, em meados de 1918. Para o segundo período, de julho a novembro de 1917, o síndico verificou que o rendimento bruto das casas de espetáculo e suas dependências foi de 50:015$700, que somados as outras entradas perfaziam um montante de 81:617$300; para uma saída de 18:158$400 de pagamento a credores, 38:531$000 de custeio das casas de espetáculo, 4:451$400 de despesas diversas, 7:004$000 de títulos e 467$600 de custeio de tipografia, totalizando 68:612$400 de saídas, o que perfazia um saldo de 13:004$900 treze contos e quatro mil e novecentos réis. O que divergia completamente do que haveria de ser apurado inicialmente pelos peritos em seus exames dos balanços da empresa. A situação percebida pelo síndico levou o liquidatário da massa falida a tomar providências, o que desencadeou a solicitação de revogação de crédito em favor de Ammeris Gemme, por parte do advogado responsável pela condução da liquidação da massa falida de Francisco Cassoulet, o Dr. Herculano Mendes, cujo pedido foi indeferido pelo juiz ao final daquele processo – como vimos há pouco.[82] Com base no trabalho efetuado pelo síndico sabemos minuciosamente o que havia no Cassino Antarctica e no Teatro Carlos Gomes no final de novembro de 1917, com

---

de 17 de novembro de 1917.

81 Massa Falida de Francisco Cassoulet. *Arquivo do Fórum de Justiça de Ribeirão Preto*. 1º Ofício, cx. 197ª, fls. 40 a 123, de 17 de novembro de 1917.

82 Massa Falida de Francisco Cassoulet. *Arquivo do Fórum de Justiça de Ribeirão Preto*. 1º Ofício, cx. 197ª, fls. 128 a 143, de 17 de novembro de 1917.

o decreto da falência, bens esses que totalizavam o valor de 21:088$700, entre mercadorias, imobiliários e aparelhos no cassino e no teatro. Temos com isso uma idéia do que comiam, do que bebiam, assim como os talheres, pratos, taças e copos que usavam, ou os tipos de vinhos e champanhes que tomavam, os frutos do mar que degustavam e as sobremesas que apreciavam depois das refeições. Sabemos ainda da quantidade de livros comerciais que se encontraram no ato da falência, dispostos da seguinte forma: 3 livros de diários, devidamente rubricados; 1 livro de balanços; 2 livros de razões; 2 livros de contas correntes; 6 livros borradores; 1 livro de alugueis de fitas [para cinematógrafos]; 2 livros caixas; 1 livro de recibos de artistas; 2 livros copiadores, sendo um rubricado; e 4 colecionadores de cartas e faturas.[83] Durante esse período o Paris Theatre estava fechado para reparos, mas o palco só ficou pronto em novembro, quando a empresa entrava em processo de falência e sequer havia sido reinaugurado no período. Alceste Rossi, responsável pela reforma entrava na justiça para que fosse ressarcido dos gastos que teve com pessoal e material na reforma do teatro, cujos bens foram incluídos na massa falida de Cassoulet, sem que o suplicante pudesse reaver seu investimento, ao qual buscava na justiça a deliberação do caso.[84] Após a deliberação favorável ao suplicante, deu-se início ao processo de venda dos bens do falido para o início do pagamento dos credores, mas cujo desenlace chegou até o final de 1919, quando Fanny e Cassoulet já haviam falecido. Nesse período, Alexandre Bucchiani (ou Bucchianeri), junto com outros credores, recorriam na justiça para fazerem parte da arrecadação dos bens de Fanny Blummenfeldt, em um rateio para o qual sequer estavam inicialmente incluídos, pois, faziam parte da massa da empresa de Cassoulet, como credores prioritários. Não satisfeitos com a forma pela qual estava sendo deliberada a liquidação da massa falida da empresa de Cassoulet extra-judicialmente, estes representados por seu advogado assim recorreram:

> Os suplicantes não se conformando com este meio de liquidação extrajudicial, mesmo porque são todos representados neste processo de falência pelo advogado abaixo assinado e que de ciência do caso, vem insistir novamente perante vossa excelência para que, no prazo de três dias que correrão em cartório, seja pelo respectivo liquidatário de-

83 Massa Falida de Francisco Cassoulet. *Arquivo do Fórum de Justiça de Ribeirão Preto*. 1º Ofício, cx. 197ª, fls. 144 a 149, de 17 de novembro de 1917.

84 Massa Falida de Francisco Cassoulet. *Arquivo do Fórum de Justiça de Ribeirão Preto*. 1º Ofício, cx. 197ª, fls. 152 a 173, de 17 de novembro de 1917.

> clarado, nos mesmos autos qual a importância arrecadada, indo em seguida os autos ao contador para judicialmente fazer-se a conta de custas e o rateio devido a fim de encerrar-se o dito processo, e em seguida prestar o liquidatário as suas contas.[85]

O advogado, o Dr. Carlos de B. Sampaio, representando seus clientes, entrava em 23 de fevereiro de 1921, com o pedido para o deferimento do senhor juiz da segunda vara responsável pelo caso na justiça. A partir de 3 de março, dava-se início a prestação de contas por parte do liquidatário da massa falida, informando as arrecadações e o processo de vendas e rateio com os credores. Como se vê, o caso demandava ainda atenção, apesar de todo o tempo despendido pela justiça, para que seu fim fosse alcançado a bom termo. E ao que tudo indica, muita coisa permaneceu no ar e sem solução.

Destarte, mesmo com o andamento do caso ainda na justiça, notava-se que em 27 de agosto de 1918, ainda sob andamento do transcurso do processo da massa falida de Cassoulet, dava-se nota a respeito do funcionamento de suas casas de espetáculo na imprensa local, mas já sem a sua participação. O Teatro Carlos Gomes estava sob a administração de Aristides Motta, que noticiava que 20% porcento das arrecadações dos espetáculos daquele dia até as apresentações do dia 4 de setembro de 1918 seriam destinados a Sociedade de Assistência e Proteção a Infância.[86] O Teatro Polytheama estava sob a administração de Evaristo Silva "que organizou" para aquele dia "um magnífico programa, constituído das mais palpitantes novidades cinematográficas" e "já está anunciado para breve o início da exibição do sensacional filme 'As sete pérolas'".[87] E o Eldorado Paulista:

85 Massa Falida de Francisco Cassoulet. *Arquivo do Fórum de Justiça de Ribeirão Preto*. 1º Ofício, cx. 197ª, fl. 210, de 17 de novembro de 1917.

86 O mesmo Aristides Motta que havia decretado a falência de seu negócio o Cinema Odeon em 1914, e voltou a ter problemas na justiça com a apresentação indevida de filme sob posse de direitos da Companhia nacional de cinema em 1918, mas cuja fita não fora encontrada no estabelecimento administrado pelo réu. In: Massa Falida de Aristides Motta. *Arquivo do Fórum de Justiça de Ribeirão Preto*. 1º Ofício, cx. 164A, de 10 de novembro de 1914; Inquérito. Requerente: Companhia Cinematográfica Brasileira. Requerido: Aristides Motta. *Arquivo do Fórum de Justiça de Ribeirão Preto*. 1º Ofício, cx. 208A, de 02 de janeiro de 1918.

87 Mas que, em 1921, sofreria um incêndio, do qual ao que tudo indica levou seu dono, Evaristo Silva, a deixar os negócios relativos a entretenimentos e diversões. In: Incêndio do Cinema Polytheama, de Evaristo Silva. *Arquivo do Fórum de Justiça de Ribeirão Preto*. 2º Ofício, cx. 146, de 16 de maio de 1921.

> Reabriu-se ontem, completamente reformado, sob a direção do conhecido e reputado maestro Giovanni Gemme, o antigo Eldorado Paulista, aqui fundado pelo empresário Francisco Cassoulet, cujo nome repercutiu em todos os pontos do país. Instalado com o maior conforto e grande elegância e cantando boas artistas do gênero novidades, o Eldorado Paulista [também] está apto para preencher [com] os seus [melhores] filmes. A competência do referido maestro do futuro do referido estabelecimento de diversões. Hoje efetuar-se-á novo e belo espetáculo.[88]

Apesar dos trâmites legais do processo ainda estarem em andamento, às diversões noturnas da cidade de Ribeirão Preto seguiam seu curso, com seus novos gerentes e empresários teatrais e dos cinemas. Como se pode observar pelo quadro abaixo, assim estavam distribuídos os empresários de casas de espetáculo em Ribeirão Preto entre os anos de 1910 e início dos anos 1920. É claro que se nos determos aos índices de profissões e impostos da cidade de Ribeirão Preto veremos maior variedade de empresários no período, mas como essa era uma profissão arriscada e muito flutuante no tempo, os que mantiveram maior permanência nos negócios, além de Cassoulet, evidentemente, foram Aristides Motta, Domingos Baccaro, Evaristo Silva e o obscuro Arthur Fescaro, que após o período em que o maestro Giovanni Gemme administrou os negócios de Cassoulet, passava a morar na cidade de São Paulo. Não temos indícios que mostrem que lá na cidade de São Paulo, Arthur Fescaro manteve o mesmo ofício profissional. Até o final de 1918, notava-se a participação de Giovanni Gemme em empreendimentos teatrais e cinematográficos na cidade, mantendo-se ainda como maestro em bailes e "jantares cantantes". A partir do início de 1919, já não o encontramos desempenhando mais esse papel na cidade, em função de sua mudança, ao que tudo indicava definitiva para a cidade de Poços de Caldas, em Minas Gerais.[89] Dele e de sua esposa nada mais sabemos.

88 Pelos Theatros. Jornal *A cidade*, ano XV, n. 4.580, p. 3, Terça-feira, de 28 de agosto de 1918.

89 Como vemos pelas notícias do jornal em: Pelos Theatros. Jornal *A cidade*, ano XVI, n. 4.859, p. 2, Domingo, de 10 de agosto de 1919.

Quadro n. 10: Distribuição de empresários de casas de espetáculos em Ribeirão Preto entre 1910 e 1920

Nome	Idade	Naturalidade	Estado Civil	Profissão
François Cassoulet	53	Francês	Solteiro	Empresário de casas de espetáculos
Aristides Motta	43	--	--	Empresário de casas de espetáculos
Domingos Baccaro	38	Italiano	Casado	Empresário de casas de espetáculos
Evaristo Silva	43	Brasileiro	Casado	Empresário de casas de espetáculos
Arthur Fescaro	30	Italiano	Solteiro	Empresário de casas de espetáculos

Fonte: Massa Falida de Aristides Motta. *Arquivo do Fórum de Justiça de Ribeirão Preto.* 1° Ofício, cx. 164A, de 10 de novembro de 1914; Inquérito policial contra François ou Francisco Cassoulet. *Arquivo do Fórum de Justiça de Ribeirão Preto.* 3° Ofício, cx. 42, de 10 de junho de 1917; Ação revocatória de crédito, em que é autor o liquidatário da massa falida de Francisco Cassoulet e – Ré – Ammeris Gemme. *Arquivo do Fórum de Justiça de Ribeirão Preto.* 1° Ofício, cx. 194A, 1918; Ação Revocatória. Requerente: Liquidatário da massa falida de Francisco Cassoulet. Requerida: Ammeris Gemme. *Arquivo do Fórum de Justiça de Ribeirão Preto.* 1° Ofício, cx. 205A, proc. N. 47, de 19 de janeiro de 1918.

A sensação que se tem após todo esse processo ter sido aqui sintetizado é o de que muita coisa ainda ficava mal resolvida. Nada mais soubemos a respeito do paradeiro de Marcelle Carlosca, depois do início do processo de falência da empresa de Cassoulet e da revogação de seu crédito por parte do síndico da massa falida. Apesar de sabermos para onde haviam ido parar o maestro Giovanni Gemme e sua esposa, Ammeris Gemme, a partir de 1919, em Poços de Caldas, depois desse período, nada mais soubemos a respeito deles.[90] Não foi possível verificar o que Arthur Fescaro passou a fazer quando foi morar na cidade de São Paulo, a partir de 1918. Apesar de as casas de espetáculo manterem seu funcionamento, mesmo durante o andamento do processo de falência da empresa de Cassoulet, certamente as noites da cidade já não eram mais as mesmas. O dinamismo dado por Fanny e Cassoulet até o final de 1916, obviamente, passou a ser distinto a partir de 1919; em

90 É bem provável que as recorrentes tentativas de se fixar em Minas Gerais, por parte do maestro Gemme, deviam-se a forte tradição de o estado manter bandas, inclusive com maestros afrodescendentes, mantendo a chama das comemorações cívicas e as festividades locais, com as atrações musicais; além de servirem, evidentemente, de amparo aos debates e as propostas políticas, como demonstra Manuela Areias Costa (2012, 2016) em seus estudos. Para além dessas questões, não conseguimos identificar se o maestro Gemme também chegou a ser compositor; nem tampouco o destino que seguiu a sua banda, quando esteve em Ribeirão Preto. O fato é que muita coisa permaneceu imprecisa no caso e, com isso, se perdeu na história.

certa medida, em função do fracionamento de um império de diversões, que passou a ser administrado de forma atomizada por vários empresários, o que deixava as casas de espetáculos desprovidas de certas articulações, que Cassoulet ao lado de Fanny souberam em seu tempo efetuar, mas não voltariam mais a serem gerenciadas da mesma forma, com seus novos donos e empresários.

8. A narrativa histórica e as tramas de um romance parecem, à primeira vista, mundos totalmente opostos, mas que, obviamente, não deixam de dialogar como irmãos siameses. É certo que nosso experimento serviu para destacar aproximações e distanciamentos, que são comuns a escrita da História e da Literatura. Mas também em vislumbrar que a frieza mantida no recalque assegurado sobre o controle da imaginação, mediada pelas evidências documentais, que amparam as provas demonstrativas a respeito dos eventos históricos, são ainda comuns a narrativa histórica, com seus males e grandezas desde sua origem no Oitocentos, quando a escrita da história se tornou também a história como ciência; assim como a criação de novos mundos via sempre dar o tom de lirismo, expressos na liberdade de fala e ambientação dos contextos socioculturais de cada época, em que os enredos dos romances eram plasmados, na construção dos mundos imaginários dos romancistas. Não se deixe levar, entretanto, leitor(a) amigo(a), com essa leve encenação de resultados, até porque como mostraram Natalie Zemon Davis e Luiz Costa Lima em outro momento, assim como o romance se serviu abundantemente da história para se firmar a partir do século XVIII, nunca havia sido tão presente as trocas da pesquisa histórica, com a riqueza das narrativas dos romances e suas criações imaginativas, cujas experimentações estiveram presentes entre os historiadores e as historiadoras ao longo da segunda metade do século XX e nas décadas iniciais do XXI.[91]

Com a meta de apresentar um pouco dessas tensões, aparentemente incontornáveis, entre a História e a Literatura foi que procuramos mostrar a trajetória de François Cassoulet, abrasileirado como Francisco. A liberdade de ambientar a época em que viveu com o lirismo da narrativa literária, mostrou-se pertinente especialmente para revelar a liberdade com o trato do vivido (ou do simplesmente imaginado) que o ato narrativo presente nos romances nos possibilitava para re-

91 Além dos textos de Natalie Davis e Luiz Costa Lima, o leitor ou a leitora interessados podem consultar ainda as obras de Carlos Ginzburg, Lynn Hunt, Robert Darnton, Roger Chartier, Jacques Rancière, Nicolau Sevcenko, Hayden White, Michelle Perrot e Margareth Rago.

pensar a vida desta personagem anônima da história nacional. O controle imaginativo, porém, do qual o discurso histórico é feito, revelou-nos igualmente sua aporia incansável com a verdade de outrora, amparando-se nos resquícios deixados pelos documentos produzidos no passado, silenciados ou até esquecidos em caixas empoeiradas de arquivos judiciais. Ao mesclar os caminhos possíveis entre as duas narrativas, não foi apenas para vislumbrar a criação de uma narrativa híbrida que procuramos fazer esse texto, mas para repensar possibilidades para a própria construção de narrativas a respeito do passado de homens e mulheres, em meio ao seu agir humano no tempo, tencionados pelas tensões que viveram nas sociedades em que habitaram e se relacionaram com outros sujeitos.

Formular uma narrativa que seduza no processo de leitura, ao ponto de comover seu leitor ou leitora, na mesma medida em que demonstre e comprove suas afirmações, tem sido uma meta a ser alcançada no processo de escrita da história por parte de muitos pesquisadores. E, talvez com essa percepção, foi que Benjamin Balint, em seu *O último processo de Kafka*, quisesse ambientar seus leitores para instigá-los a ver a disputa por um legado literário, como se estivessem no interior de um romance do próprio Kafka, a exemplo de *O processo*; é provável que Wolfram Eilenberger, com *Tempo de mágicos*, pretendesse apresentar a grande década da filosofia no século XX, com as trajetórias de Cassirer, Benjamin, Heidegger e Wittgenstein, como se eles fizessem parte de uma criação imaginativa de um romance, quando na verdade cerceavam a demonstração de uma pesquisa histórica minuciosa em arquivos públicos e privados; não há dúvida que Daniel Schönpflug, em *A era do cometa*, também pretendesse ousar em sua narrativa, com feição literária, para dar maior vivacidade ao percurso trilhado pelos sobreviventes da Primeira Guerra Mundial (1914-1918), que se encontravam no limiar de um novo mundo, nas décadas iniciais do século XX.

Assim, dar o norte para que os leitores possam sentir a vida e os tormentos, as decisões e os arrependimentos dos sujeitos do passado, não deixavam também de ser um caminho para orientar, ou até dar subsídios adequados, as tomadas de decisões dos atores sociais em seu presente histórico. Mas não apenas isso. Dar indícios a respeito dos locais pesquisados, com detalhes sobre as estruturas físicas e documentais; estabelecer os marcos e os nexos de análise das fontes, com amparo na apresentação de suas principais características e informações; até chegar ao próprio processo de escrita do texto, com todas as suas dificuldades criativas e escolhas, tensões e indecisões, do que fazer, do que dizer, em como narrar, também tem sido momentos de uma escrita, muito mais criativa e empolgante, para qualquer leitor ou leitora se debruçar sobre ela. É bem provável que foi com essa intenção que Nelson Schapochnik quisesse comover seus leitores, ambientando-os as especificidades dos processos de leitura, em *Das ficções do arquivo: ordem dos livros e práticas de leitura na Biblioteca Pública da Corte Imperial*, no qual visava dar indícios dos detalhes presentes no local da pesquisa, bem como informar todas as razões que levaram a chegar a certas conclusões a respeito dos tipos de leituras e de leitores presentes no Oitocentos, em um processo tenso de escrita, cujo final surpreenderá qualquer leitor ou leitora incautos.[92]

O presente texto foi construído seguindo as pistas e os traços de outros textos. Não só para tentar comover e empolgar seus leitores nos processos de suas respectivas leituras, mas também para lhes dar indícios a respeito de uma sociedade, cujos traços ainda nos são muito claros, por estarem presentes em nossas tomadas de decisão, na forma como pensamos, consumimos, construímos (apesar de encenarmos não termos) nossos preconceitos, fingimos nossas discriminações, até com a finalidade de ocultar nossos racismos. Vimos no capitulo anterior que a presença da escravidão e dos processos de escravização estavam sutilmente presentes em pouco mais de 2% porcento de uma amostra considerável de peças teatrais dos séculos XVIII e XIX no espaço lusitano e luso-brasileiro. Após a proclamação da República em 1889 e as tentativas de branqueamento da sociedade brasileira com o processo em larga escala de imigrações, notou-se que sequer a escravidão de mais de três séculos aparecia nos discursos ou nas encenações das peças teatrais das décadas iniciais do século XX.[93] O silenciamento sobre o estigma da escravidão, não se limitava ao discurso presente nas falas das peças, ou nos filmes apresentados nos cinematógrafos, mas estavam diluídos em todos os espaços daquela sociedade em rápido processo de modernização de suas cidades.

A tão sonhada "bela época", nada mais era do que uma divisora de espaços e locais de coabitação, distribuindo seus habitantes de acordo com a sua cor, gênero e condição socioeconômica. As pessoas eram sempre apresentadas pelo que elas

92 O texto pode ser encontrado em: SCHAPOCHNIK, N. Das ficções do arquivo: ordem dos livros e práticas de leitura na Biblioteca Pública da Corte Imperial. In: ABREU, M. (org.). *Leitura, História e história da leitura*. São Paulo: Mercado de Letras, 1999, p. 273-312.

93 As discussões a respeito do projeto de branqueamento da sociedade brasileira formulado em fins do século XIX, que ganhou maior relevo após o fim da escravidão em 1888, já possuí um número substancial de estudos e interpretações. Para uma apreciação da questão, ver: LOTIERZO, 2017.

tinham, nunca pelo que elas eram, pois, o "ter" sempre valia mais que o "ser";[94] e se valia tanto pelo que se podia acumular ou não em bens, serviços e capital. Não foi por acaso, que pessoas desesperadas, muitas vezes desabrigadas na Europa, tentavam fugir de seu destino aparentemente catastrófico, para tentar a sorte nos Trópicos. Mas, assim como poderiam ascender econômica e socialmente, e assim o queriam, de colonos para grandes donos de terras e de fortunas, igualmente construíam espaços para cercear e até estreitar as possibilidades de outros ascenderem socialmente, utilizando-se das mesmas estratégias de acumulação de bens e capital, para nunca serem "iguais" aos pioneiros no processo, mas sempre subalternos a eles, ainda que detivessem as mesmas condições socioeconômicas. A sociedade que procurava ocultar seus temores, medos e angústias, fazia-se também com base no silenciamento e na ocultação de suas maiores atrocidades.

A moralidade ética e punitiva do "dia" contra as impunidades em relação às atitudes consideradas inadequadas para o agir humano em público (de homens e mulheres) dava assim espaço para o extravasamento, a impunidade e a luxuria de uma "noite" intensa de pecados, mas permitida apenas para uma pequena cúpula de homens brancos enriquecidos pelo trabalho alheio de trabalhadores desesperados em suas fazendas de café, assim como em suas indústrias e em seus comércios. François Cassoulet foi o francês que se abrasileirou para construir seu império de sonhos e diversões noturnas, mas no final se dissolveu no ar, assim como os sonhos que tentou vender para aquela sociedade. A trajetória de Cassoulet, deu-nos alguns indícios para visualizarmos um pouco desse processo, amplamente ocultado nas fontes e silenciados na sociedade, especialmente entre as pessoas consideradas subalternas, que apenas viviam para servirem seus senhores, escravizados por formas análogas a escravidão do Oitocentos, mas ainda assim submetidos as mais diversas formas de subjugação de seus corações e de suas mentes, para poderem ao menos sentirem o gosto das migalhas que lhes eram lançadas, por uma sociedade que não queria de forma alguma incluí-los em seus lugares de sociabilidade, diversão, riqueza, ostentação e luxuria.[95]

94 Nesse aspecto o texto de Erich Fromm, *Ter ou ser?*, continua sendo um marco ainda instigante para pensar essas questões; como também vale a pena a leitura de seu *Rever Freud*, pois, nos mostra aspectos importantes do que se tornaram aquelas sociedades a partir dos anos 1960.

95 Há um conjunto significativo de textos que tem procurado analisar essas questões. Nessa linha vale à pena a consulta aos textos de: Jessé Souza, *Como o racismo construiu o Brasil*; e Tiago Cavalcante, *Sub-humanos: o capitalismo e a metamorfose da escravidão*. Mais

Desde quando chegou a Ribeirão Preto, no final do século XIX, Cassoulet soube que para sentir fazer parte daquela sociedade teria que se submeter aos mais diversos tipos de mandos e desmandos, e foi o que fez para construir seu império de diversões noturnas, na sua *Petit Paris*, um sonho dourado que durou pouco, quase nada restou para a posteridade, mas que por alguns anos ele sentiu que seria possível, inclusive para viver junto com seu grande amor, ainda que um amor muito mais idealizado por mulheres ao seu redor, mas não com uma única mulher. O desenlace ninguém poderia prever. Em um império construído ao longo de mais de vinte anos, rentável até fins de 1916, subitamente reduz-se as cinzas num processo intenso de fraudes e armações que resultaram na falência da empresa de Cassoulet no final de 1917, cujos desdobramentos sequer foram totalmente resolvidos pela justiça do período. À medida que seu império ruía, toda sua fama, toda a sua glória, todo seu poder e imaginação, esfacelaram-se junto deixando ele a sua própria sorte, despejado e na miséria, sem ter sequer um teto para morar, aquele que por longo tempo guardou os segredos mais íntimos de uma sociedade que vivia de seus silenciamentos, ocultando seus pecados mais sórdidos. E como tal, assim também Cassoulet se silenciou, como esfacelado ficou todo o seu império dos sonhos, ele também ficou todo esfacelado no íntimo, dado como louco, em um processo de demência progressiva como seus laudos médicos o diagnosticaram no início de 1919, e como indigente que foi tido no final da vida, assim também sua voz se calou para sempre, guardando consigo os segredos daquela sociedade, da qual ele sempre quis fazer parte, mas, de fato, nunca fez.[96]

---

ligados as questões étnicorraciais: Franz Fanon, *Pele negra, máscaras brancas*; Achille Mbembe, *Crítica da razão negra*; Neusa Santos Souza, *Tornar-se negro*; Frank Wilderson III, *Afropessimismo*; Adilson Moreira, *Pensando como um negro*; e Lélia Gonzalez, *Por um feminismo afro-latino-americano.*

96 O cruzamento dos dados no espaço e tempo microssocial que nos detivemos neste estudo mostrou um pouco dos percalços vividos pela sociedade brasileira nos anos iniciais do século XX, quando se procurava consolidar um novo regime político, o republicano, em meio às tensões dos poderes local, regional e nacional; num período em que a herança da escravidão era vista como repugnante aos olhos daquela sociedade "endineirada" pelo café, que a todo custo buscava esquecê-la, no embalo dos processos de modernização do espaço urbano, nos fluxos migratórios com a meta de suprir a falta de mão de obra especializada para as indústrias e o comércio, mas cujo fundamento era a tentativa de branqueamento da sociedade; e a partir do desenvolvimento de uma indústria cultural voltada para os entretenimentos noturnos, nos quais o teatro e o cinema eram seus veículos principais para a distribuição desse imaginário.

Certamente esse "novo mundo", das promessas ilusórias da "Belle Époque", já não era construído no "tempo do Rei" do Oitocentos, mas se passava no momento de criação dos "cortiços" e das "favelas" no início do século XX. E como da passagem de "dialética da malandragem" para "de cortiço a cortiço" de Antonio Candido, o destino de Cassoulet se assemelhava ao de João Romão, em seu microcosmo de exploração, racismos e segregações sutis, que marcaram desde a origem, no século XVI, a formação da sociedade brasileira. Mas, como em uma verdadeira metamorfose, a riqueza de Romão (auferida com a exploração massiva da miséria alheia) deu lugar à miséria de Cassoulet, com a falência de seus negócios (causada pela ação direta daqueles que eram até então seus explorados). Aqui também os mundos do passado se apresentam tão ricos como os mundos imaginários construídos pelos romancistas. E a trajetória de Cassoulet se mostra ainda mais enigmática do que a saga de Romão no final das contas. A vida pode até imitar a arte em certas circunstâncias, porém, quando aquilo que se passou é ainda mais inusitado do que a arte, expressas na pena dos romancistas vêem-se como esses mundos interagem mutuamente, em um processo complexo que conecta os mundos do passado, estudados pelo historiador, aos mundos imaginados, criados pelos romancistas. Ninguém imaginaria, a princípio, que a história de Cassoulet havia passado por tantos altos e baixos, intrigas e mentiras, em um jogo no qual até a própria justiça se perdeu no meio dos "fatos" e circunstâncias que possibilitaram a construção de tais intrigas, a partir dos testemunhos e provas que foram alferidas pela justiça, ao longo de 1918 e 1919. Se fosse uma história inventada, talvez não alcançasse tal riqueza de detalhes, nem um destino tão trágico em seu desenlace final. No entanto, como toda vida é rica em detalhes, como Sartre observou em *O idiota da família*, vimos aqui um pouco da riqueza (na imensa pobreza no final) da vida de Cassoulet e suas mulheres. Em um "mundo de ponta cabeça" vimos que a História também pode tomar o lugar do literário, e o passado pode ser ainda mais "autêntico" e "verossímil" do que a construção imaginativa de um romancista, o quê nos faz pensar como os passados ainda presentes guardam muitos segredos, mistérios e até sutilezas para serem (re) descobertos pelos pesquisadores! Porque toda vida, passada ou presente, pode ser tão preciosa como uma obra de arte, uma pedra preciosa, ou um bem material, basta saber ver os detalhes, cujo espelho desfocado do passado, nos faz sempre deixar despercebido e esquecer...!

O teatro não era o único *lócus* para se ver tais questões. A produção literária viu plasmar a "sociedade de consumo" em seu berço na Europa nas décadas iniciais do século XX. Somente uma obra em escombros, deixada inacabada, poderia ter as sutilezas para identificar os arrebatamentos e as desilusões dos sonhos de um progresso material contínuo e ilimitado ainda presente no inconsciente dos indivíduos do período. Nenhum outro autor – pelo menos foi isso o que se fez sentir com a sua consagração póstuma – atingiu as sutilezas e os mais recônditos espaços ocultados daquela sociedade do que Franz Kafka, personagem de que fará parte nosso próximo capítulo.

12. As metamorfoses de uma obra: leitores e leituras dos textos de Franz Kafka (1883-1924)[1]

Para Jurandir Malerba, estudioso das tensões entre história e literatura.

Se existe um 'significado inteligente' a ser encontrado em 'O veredicto', Na colônia penal, A metamorfose, Amerika, O processo ou O castelo é a reação que essas obras provocam no leitor. (BEGLEY, 2010, p. 240).

"Kafka é inimitável" (CARPEAUX, 1966, v. 7, p. 3.469)

1. A produção crítica e literária dos romancistas durante o século XX foi de vital importância não somente para se pensar as transformações rápidas que passavam pelas sociedades, aliadas as revisões sobre os papeis sociais, sexuais e profissionais de homens e mulheres, ou as mudanças dos sistemas políticos e econômicos, mas também por demonstrarem o papel dos anônimos, que em seus percursos arredios, muitas vezes as margens destas mesmas sociedades, igualmente indicavam os caminhos para os quais os "donos do poder" estavam conduzindo em uma trajetória de pobreza, insensatez e descasos a grande maioria da humanidade. (BERARDI, 2019; DOWBOR, 2017, 2020). As obras de Italo Calvino, Umberto Eco, Milan Kundera, assim como tantos outros romancistas fundamentais que apareceram durante o século passado, mostraram-se extremamente sensíveis a essas e outras questões, mas tais obras, assim como seus romancistas, mantinham-se diretamente

---

1 A primeira versão deste capítulo foi apresentada como trabalho de conclusão da disciplina: *Tópicos especiais em História das Ideias*, ministrada pelo Prof. Dr. José Roberto Braga Portella, no curso de doutorado em História da UFPR; e, depois, foi publicada em: ROIZ, 2011a.

em débito com a obra de Franz Kafka,[2] que teria sido precursora ao indicar os percalços vividos pelos indivíduos, cerceados pelos sistemas de controle social e também do imaginário em seus processos cotidianos de sociablidade – como tantas vezes destacou Jorge Luis Borges (1899-1986) ao pensar a obra deste autor em seus textos.[3]

A morte prematura de Franz Kafka (por uma insuficiência cardíaca, em decorrência do agravamento de sua tuberculose) e a organização e publicação dos inéditos de seu espólio efetuados por Max Brod (1884-1968)[4] – a quem Kafka pediu, em seu leito de morte, em dois pequenos textos, para que o amigo os

---

2 Muitos autores salientam ainda a importância da obra de George Orwell (1903-1950), que teria, como Kafka, sido pioneiro em suas observações a respeito dos sistemas de controle social e do imaginário, alastrando-se pelas sociedades especialmente depois de 1970, como observou sagasmente o autor de *1984*, já em 1949, quando o romance foi lançado pela primeira vez. Além disso, teria tido a sensibilidade de ver como o falso tomava o lugar do verdadeiro; e na primeira metade do século XX, a verdade, assim como a produção do verdadeiro, passaram a ser severamente questionadas (ORWELL, 2020) – e de certa forma antecipando o que se tornariam, de uma forma muito mais sofisticada, a produção das notícias falsas, das *fake news*, no início do século XXI. Para maior detalhamento do tema, ver: LYNSKEY, 2021. Note-se ainda que Reiner Stach (2022) nos oferece em sua trilogia biográfica sobre a trajetória de Kafka, os momentos decisivos de sua produção criativa, assim como sua sagacidade em ver os percalços sociais que obstruíam as transformações, inibindo a revolta, a crítica e até os processos revolucionários.

3 Como se encontra nos 4 volumes de sua obra completa, na qual esboça em vários ensaios a importância de Kafka, para a sua própria produção literária. Note-se ainda que Otto Maria Carpeaux, em sua iminente *História da Literatura Ocidental*, publicada em vários volumes, debruçou-se sobre a herança literária deixada pela obra de Kafka na produção da literatura ocidental do século XX. Em vários momentos, nos seus ensaios e artigos para jornais e revistas, o autor retoma sua análise da obra de Kafka, e em sua *História concisa da literatura alemã* ressaltaria que: "Franz Kafka (1883-1924) é, ao lado de Rilke e Thomas Mann, o autor alemão moderno mais lido e mais imitado no mundo inteiro" (CARPEAUX, 2013, p. 235).

4 Após a morte de Brod em 1968, mais um capítulo se abria na história da posse, armazenamento e guarda do espólio de textos (inclusive, originais de seus principais contos e romances), cartas, diários e fragmentos da obra de Kafka. A disputa jurídica entre herdeiros e instituições governamentais, cultura e religião, Alemanha e Israel, além de perdurar por mais de 50 anos, em dois processos, refez a revelia dos envolvidos um novo enredo, tão rico e complexo como o que apareceu em *O processo*. Para uma análise pormenorizada dessa questão, ver: BALINT, 2021.

incinerasse, pois, "Kafka queria que seus manuscritos fossem queimados porque haviam sido escritos para ferir", comentaria Stuart Kelly (2007, p. 385) – contribuíram para que se formasse em sua obra, toda uma gama de possibilidades de leituras, que geraram diversas interpretações ao longo do tempo, não somente canonizando sua obra na posteridade, mas contribuindo para a formação do mito "kafkiano" ao redor de seu autor.

Em vista disso, propõe-se estudar neste capítulo quais as leituras que foram feitas sobre a obra de Franz Kafka (1883-1924).[5] Evidentemente, o tema não é novo, e, apenas como exemplo, Michel Löwy (2005) procurou articulá-las de acordo com questões *literárias*, *biográficas*, *teológicas*, *sociopolíticas*, *pós-modernas* e do ângulo de uma identidade judaica, perfazendo seis modalidades de leituras e interpretações possíveis de sua obra. Mais complementando, do que criticando ou negando seu esquema analítico, procuramos esboçar outra tipologia de leitura, dando ênfase as limitações dos contextos de leitura da obra e as predisposições sociopolíticas dos autores que as propuseram, que de acordo com suas especificidades teriam formulado leituras *históricas*, *historiográficas*, *conservadoras* ou *revolucionárias* de sua obra.

A seleção dos autores decorreu em função de vários motivos, dentre os quais: a) importância da interpretação que fizeram da obra, no momento que a formularam e a herança crítica que deixou na história da historiografia literária; b) buscou-se, na medida do possível, reunir tanto autores nacionais quanto estrangeiros; c) tendo em vista as relações de leituras que foram construídas entre eles, no tempo e no espaço; d) e perfazendo uma rede de debates, onde continuidades e rupturas, inspiração e crítica, foram primordiais para fundamentar suas escolhas e definir suas leituras da obra. Com isso, buscou-se formular um novo esquema de organização da fortuna crítica deixada pela obra de Kafka, com vistas a fazer valer tanto os pormenores de sua trajetória, quanto os destaques, comentários, críticas, revisões, valorações e diferenças interpretativas entre as leituras que foram feitas sobre a sua obra e as inevitáveis controvérsias que geraram ao longo do tempo.

Assim como Löwy (2005) já havia ressaltado em sua proposta, que teria um cunho 'típico ideal' weberiano, porque sem dúvida alguma os leitores de sua obra

5 Roger Chartier (1999, 2004, 2014) em vários artigos e livros apontou a necessidade de se estudar os processos de leitura efetuados pelos leitores na formação da cultura escrita das sociedades europeias modernas. A importância do estudo de leitores e leituras feitas sobre a obra de um romancista foi amplamente demonstrada nas pesquisas de Hélio de Seixas Guimarães (2012, 2017), ao estudar a obra, os leitores e as leituras que foram feitas dos romances de Machado de Assis a partir do século XIX.

vieram a produzir textos, que embora se identificassem aos esquemas propostos, não se reduziriam a eles; veremos no esquema que propomos situações semelhantes, como demonstraremos abaixo. Para selecionar os leitores[6], intérpretes da obra de Kafka, tivemos o cuidado de situá-los no tempo e no espaço, de acordo com a relevância de suas propostas. Desse modo, identificamos que, apesar da complexidade de sua interpretação, Otto Maria Carpeaux (1900-1978) teria produzido uma leitura *histórica* da obra de Kafka, entre os anos de 1930 e 1960, assim como Sérgio Buarque de Holanda (1902-1982) nos anos de 1950 teria feito uma leitura *historiográfica* da mesma. Ao mesmo tempo em que situamos esses dois exemplos de leitura da obra de Kafka, nos preocupamos em articulá-las com as discussões historiográficas que então eram feitas sobre sua obra.[7]

Após os anos de 1960, com o início da publicação de edições críticas da obra de Franz Kafka, as leituras de sua obra se adensaram, diversificaram e se multiplicaram ainda mais (STACH, 2022). A produção de edições críticas, ao lado das reviravoltas provocadas pelas manifestações operárias, estudantis, feministas e do movimento negro dos anos 1960, pela igualdade de direitos, o respeito às diferenças étnicorraciais, de gênero e culturais, e que resultaram na formulação de novas utopias e alternativas ao sistema socioeconômico, igualmente foram fundamentais nos desdobramentos de novas leituras da obra deste autor.[8] As reflexões sobre a formação e as mudanças das subjetividades humanas, com o impacto causado pelas alterações brutais do Capitalismo, feitas por Gilles Deleuze (1925-1995) e Félix Guattari (1930-1992), em *Anti-Édipo* e *Mil Platôs*, ou as interpretações propostas por Deleuze e Guattari, em *Kafka: por uma literatura menor* (2014), indica-nos como o autor de *O processo* foi fundamental para o desenvolvimento de algumas das ideias desses autores, em relação à sociedade, ao capitalismo e ao Estado-nação e suas intrínsecas estratégias de controle e dominação de corpos e mentes humanas. Mesmo que não tenham escrito textos de maior fôlego sobre Kafka, tanto Jacques Lacan (1901-1981) quanto Jacques Derrida (1930-2004) foram leitores da obra de Kafka, sendo inclusive importante para as reflexões que estes autores propuseram

6 Entende-se por leitor neste texto, o *leitor intérprete*, isto é, aquele que não apenas efetua uma leitura e interage com a obra, mas igualmente produz uma análise sobre ela.

7 José Aderaldo Castello (1999, p. 418-19, v. 2) aponta que Kafka (além de outros romancistas europeus e americanos) estava entre as leituras preferidas dos participantes do movimento modernista brasileiro dos anos de 1930 e 1940.

8 Para uma análise do período, ver: FERRY; RENAULT, 1988; CUSSET, 2008; MIDDELAAR, 2015; KIRSTIN, 2018; BARING, 2019, STACH, 2022.

sobre a lei, a linguagem, o inconsciente, a imaginação e os traumas.[9] Não há dúvida que o autor de *Na colônia penal* (1914) impactou Michel Foucault, especialmente quando se debruçou na documentação que deu base a elaboração de *Vigiar e punir* (1974), em todo aparato burocrático que fundamentou a formação da sociedade disciplinar a partir do final do século XVIII. Semelhante a Nietzsche, Kafka não deixou de rondar os filósofos franceses dos anos 1960 e 1970, como: Deleuze, Guattari, Derrida, ou mesmo Foucault. Suas leituras de Kafka demonstraram um pouco de como seus textos foram sendo retomados sob novos ângulos, a partir dos anos 1960.[10] Nesse aspecto, mais importante do que situar apenas questões *históricas* e *historiográficas* entre as leituras propostas pelos autores, pareceu ser identificar as predisposições políticas e sociais na obra de Kafka, que teriam igualmente inspirado seus leitores e intérpretes em seus textos e em suas ações políticas e sociais. Entre uma grande possibilidade de casos, selecionamos as interpretações de Louis Begley (2010), que teria feito uma leitura *conservadora* da obra, e de Michel Löwy (2005), que teria feito uma *revolucionária*.

Em todos os casos, para darmos maior coerência às escolhas que fizemos dos leitores da obra de Kafka, procuramos dar maior ênfase aqueles que situaram em suas interpretações da obra, preferencialmente os textos: *Na colônia penal* (de 1915), *O processo* (publicado em 1925) e *O castelo* (em 1926).[11] Essa escolha de textos também se apoia na interpretação de Reiner Stach (2022), que demonstrou que o momento mais rico e produtivo da obra de Kafka, além de ser o mais bem

9 Para Evando Nascimento (2015), a "ligação intrínseca do literário com o jurídico tem como base a configuração atual das democracias ocidentais" (2015, p. 308), e a "escritura derridiana se converte num 'julgamento' encenado da obra de Kafka [...] tanto quanto num 'julgamento' da obra literária em geral" (NASCIMENTO, 2015, p. 317).

10 Constatação que aparece semelhantemente na análise proposta por Maurice Blanchot (1907-2003), que em vários momentos procurou estudar a obra de Kafka. Sua inserção no campo literário europeu e a forma pela qual foi lido e pensado pelos críticos (BLANCHOT, 2011b, p. 9-34). A peculiaridade de sua obra e de seu processo de elaboração e publicação (BLANCHOT, 2011c, p. 45-86).

11 Note-se ainda que não é nada fácil situar a produção literária de Kafka nas tradições literárias de seu tempo, apesar de suas relações com o judaísmo serem sempre situadas como centrais, desde a contundente interpretação de Otto Maria Carpeaux em *História da literatura ocidenta*l, que já nos anos 1970, data da última revisão da obra feita pelo autor, notava a pertinência da produção de outras interpretações sobre a obra de Kafka, apesar das "muitas interpretações [existentes] e até em demasia" (CARPEAUX, 2021, p. 337, v. 3).

documentado, situava-se entre 1910 e 1915, quando sua produção literária entra em um período extremamente criativo, sendo tais momentos eternizados nos esboçados deixados em seus diários e correspondências. Nesse período foi produzido *Na colônia penal* e *O processo* (ainda que deixado inacabado), e tudo indica, pelos seus diários e correspondências, que foi nessa época que começou a refletir possibilidades narrativas do que se tornaria no início dos anos 1920, outra de suas obras-primas inacabadas: *O castelo*. Além disso, *Na colônia penal* projetou-se como obra antecipadora dos sistemas brutais de extermínio experimentados nos anos 1930 e 1940, particularmente durante a segunda guerra mundial; e *O processo* e *O castelo*, cujos personagens Josef K. e K., ambos na faixa dos 30 anos, assim como seu autor no início dos anos 1910, geraram conotações sociopsicológicas em várias leituras e interpretações, como projeções de *alter egos* do autor em seus personagens, tal qual haviam sido observadas por muitos de seus leitores e intérpretes. Evidentemente, a obra de Kafka também foi eternizada, em função de sua habilidade inigualável de projetar sínteses brilhantes em seus contos breves. Com a capacidade de brevidade em suas indagações, os seus contos davam tiradas certeiras, como seus apontamentos a respeito de Ulisses (em *O silêncio das sereias*), ou sobre Sancho Pança (em *A verdade sobre Sancho Pança*). É óbvio que o traço de sua narrativa invariavelmente rica em questionamentos não se encontrava apenas na brevidade de seus contos curtos, mas também em suas narrativas mais longos, como *Blumfeld*, *Josefine* ou em *O guarda da cripta*.[12] Todos esses traços, presentes em sua narrativa, cruzavam-se com a formação de um "inconsciente jurídico" nas tramas literárias, para as quais Shoshana Felman (2014) via que trauma e leis se coadunavam no processo formativo das narrativas literárias a partir das décadas iniciais do século XX, com as quais Kafka foi um dos pioneiros em seus usos e experimentações literárias. Curiosamente, isso se dava ao mesmo tempo em que a paixão pela igualdade, presente no indivíduo moral, observada por Vinícius de Figueiredo (2021), coexistia com a racionalização da perversão e da imoralidade, de acordo com Michael Jones (2021), em um tenso processo de recorrentes paradoxos, que vieram a dilacerar os sentidos que os sujeitos davam as suas próprias ações. Mas, como Kafka encontrou um ambiente adequado para produzir suas narrativas? De que maneira soube transformar suas experiências diárias em narrativas originais e genuínas? Todo esse clima enigmático formou projeções múltiplas sobre seus textos e a produção inte-

12 Tais textos podem ser encontrados nas *Narrativas do Espólio*, traduzidas por Modesto Carono (2020), e em *Blumfeld, um solterão de mais idade e outras histórias*, traduzido por Marcelo Backes (2022).

lectual de Kafka se tornou uma das mais visitadas desde então por leitores e leitoras do mundo todo.

2. Mas, antes de adentrarmos diretamente no tema dos leitores e das leituras que foram feitas sobre a obra de Kafka, devemos nos questionar: de que modo um romancista traduz sua 'experiência de vida' para a 'criação literária'? Como compreender o movimento entre realidade, imaginação e romance? Por que ao reconstruir imaginativamente a realidade o romancista proporciona a possibilidade de refazer a própria experiência do vivido no leitor? Como os "mundos literários" possibilitavam a reconstrução dos "mundos sociais", reais, vividos pela humanidade? Se essas perguntas são enigmáticas e instigantes para a grande maioria dos intérpretes dos romancistas modernos, para o caso da obra de Franz Kafka (1883-1924) elas parecem ainda mais pertinentes, na medida em que seus livros se tornaram uma das chaves interpretativas dos 'regimes totalitários', das engrenagens dos sistemas burocráticos, e da própria Modernidade, no que diz respeito à verdade e as utopias (MORETTI, 2007).

Contudo, quando à questão é entender sua obra, seu pensamento e quem a produziu não existe nenhum tipo de consenso (ADORNO, 1998; ANDERS, 2007). Pelo contrário: ora se atribui a autor e obra uma mera reprodução dos sistemas culturais e burocráticos, numa extensão global, de modo a fazer com que todos estejam encobertos por uma rede interconectada de controles e ideologias,[13] e que imporiam um efeito alienante constante sobre os indivíduos (KOKIS, 1967); ora um delírio enigmático, formado por labirintos que em nada se aproximam da 'realidade', ou se o fazem é sempre de forma indireta (COSTA, 1983); ora manifestando a experiência traumática do autor, refeita em seus personagens (CALASSO, 2006); ora demonstrando a 'visão de mundo' teológico-metafísica, produto do judaísmo de sua época (LE RIDER, 1992; MANDELBAUM, 2003); ora criando a figura de um 'anti-herói', prisioneiro das organizações estatais e da burocracia, para as quais este não teria saída, muito menos o que poder fazer sobre elas (NUNES, 1974); ora se reduzindo a análise do léxico e de seus significados na obra (ROSENFELD, 1969, p. 225-262); ou

13 Entendendo por *ideologia* a formulação de um pensamento sistemático, com vistas à produção de 'visões de mundo', nas quais um indivíduo, grupo ou movimento sociocultural procura impor tais preceitos ao resto da sociedade. Para uma análise historiográfica consistente deste tema, ver: EAGLETON, 1997b.

ainda, produtor de um projeto inconformista, ao mesmo tempo crítico da modernidade e de suas instituições, e insubmisso a elas. (KONDER, 1979; LOWY, 2005).[14]

Não por acaso, a obra de Kafka vem despertando, cada vez mais, a atenção de leitores e estudiosos. E a cada mudança drástica no contexto sociocultural, político e econômico, a exemplo do final da segunda Guerra Mundial em 1945, o impacto do movimento estudantil em 1968, a derrubada do muro de Berlim em 1989 ou o fim da União Soviética no início dos anos 1990, ou mesmo a crise econômica global vivida a partir de 2008 e o ressurgimento dos movimentos ultraconservadores no mundo, ou até mesmo o início da Pandemia do novo corona vírus, a Covid-19, no início de 2020, foram plasmando novos itinerários e contextos para a recepção e leitura da obra desse autor. No Teatro[15] e em artigos de jornal, em livros e em revistas especializadas, de momento em momentos o crescimento do culto e da crítica ao autor e a sua obra é vertiginoso. Desde o início da década de 1930, após ocorrer à publicação dos manuscritos originais e inacabados, sob a supervisão de Max Brod (1884-1968), é possível observar tal fenômeno, mesmo considerando que seu grande impacto foi gerado a partir dos anos de 1960 (LOWY, 2005, CARONE, 2009). Em vida, Kafka apenas publicou: *Contemplação* (1912), *O foguista* (1913), *O veredicto* (1913), *Na colônia penal* (1915), *A metamorfose* (1915), *Um médico rural* (1919) e *Um artista da fome* (1924), em "sete magros volumes", conforme dirá Modesto Carone (2009), tradutor de sua obra no Brasil.[16] Foi por Max Brod (1991) negar

14 Daí também decorre alguns cuidados metodológicos importantes para se analisar a obra de Franz Kafka, quais sejam: a) a distinção entre a obra publicada e a obra póstuma e inacabada (que não deveria ser publicada, e sim destruída, de acordo com o autor); b) as mudanças entre os originais publicados por Max Brod entre os anos de 1920 e 1930, após a morte do autor em 1924, e as versões críticas que começaram a ser organizadas a partir da década de 1950 e 60; c) os níveis de análise e de interpretação da obra, que perpassam pelo viés religioso (teológico-metafísico), psicológico, sociológico, estético, lexical etc.; d) quem foram os precursores de Kafka, e qual foi seu impacto para a produção literária posterior; e) a recepção da obra após a Segunda Guerra Mundial, que lhe deu um contorno mais 'realista'; f) e as permanências, ainda que implícitas, de certos níveis de análise na história da historiografia literária sobre Kafka, como o viés 'religioso' (teológico-metafísico, de cunho judaico e messiânico) e seus desdobramentos.

15 Entre os dias 6 e 30 de maio de 2010, por exemplo, esteve em cartaz no Teatro José Maria Santos, na cidade de Curitiba (Paraná), a peça *Kafka: escrever é um sono mais profundo do que a morte*, cujo texto e a direção foram de Edson Bueno.

16 Num trabalho de mais de vinte anos de tradutor na Companhia das Letras, Modesto Carone já traduziu quase toda a obra de Franz Kafka: *A metamorfose* (de 1997), *O processo* (de 1997), *Carta ao pai* (de 1997), *Um artista da fome/A construção* (de 1998), *O vere-*

compreensivelmente ao pedido de Kafka de 'incinerar' os rascunhos manuscritos do que não havia publicado (e que faz "parte da comoção que cerca a obra de Kafka a circunstância de ela não ter sido destruída por Max Brod", ressaltará Modesto Carone), é que temos o conhecimento da existência de, entre outros: *O processo* (1925), *O castelo* (1926), *O desaparecido ou Amérika* (1927), *A construção*, *Durante a construção da muralha da China*, de seus *Diários* e de suas *Correspondências*.[17]

Desde quando foi publicada por Max Brod, a obra de Kafka tem gerado comoção, revolta, inspiração, ambiguidades e seguidores. Um misto de alegria e tristeza, aproximação e distanciamento, estranhamento e devoção irrestrita. O que produziu uma verdadeira *metamorfose* na obra, gerando dúvidas sobre a maneira como Brod publicou os originais, e questionamentos sobre a vontade de Kafka por trás do pedido de 'destruir os originais' (feito ao amigo perto de seu leito de morte). Com isso, as *interpretações* (no Brasil e no mundo) sobre o autor e sua obra crescem nas mesmas proporções que os caminhos sugeridos para sua 'verdadeira' compreensão.[18] Nesse sentido, procura-se nesse capítulo analisar alguns de seus leitores, e suas leituras sobre a obra (*Na colônia penal*, *O processo* e *O castelo*) de Kafka.

De Marthe Robert (1914-1996), que foi uma de suas principais intérpretes na França, já nos anos de 1940 (com a publicação de *Introduction à la lecture de Kafka*, em 1946), a Gunther Anders (1902-1992), que nos anos de 1930 e 1940, com *Kafka: pró & contra* (2007), esboçou as atitudes ambíguas que estavam sendo geradas so-

dicto/Na colônia penal (de 1998), *Contemplação/O foguista* (de 1999), *Um médico rural: pequenas narrativas* (de 1999), *O castelo* (de 2000) e *Narrativas do espólio (1914-1924)* (de 2002). Para maior detalhamento desta questão, isto é, dos momentos de produção dos textos de Kafka, ver: STACH, 2022.

17 Fragmentos dos diários e parte das cartas foram traduzidos para o português e se encontram em: KAFKA, 2008. Recentemente uma tradução completa dos diários apareceu em português: KAFKA, 2021.

18 Situação a qual Antonio Candido, em *Teresina etc.*, ainda nos acrescenta: "Mas foi Kafka, n'*O processo*, quem viu o aspecto por assim dizer essencial e ao mesmo tempo profundamente social. Viu a polícia como algo inseparável da justiça, e esta assumindo cada vez mais um aspecto de polícia. Viu de que maneira a função de reprimir (mostrada por Balzac como função normal da sociedade) adquire um sentido transcedente, ao ponto de acabar se tornando a sua própria finalidade. Quando isso ocorre, ela desvenda aspectos básicos do homem, repressor e reprimido. Para entrar em funcionamento, a polícia-justiça de Kafka não tem necessidade de motivos, mas apenas de estímulos. E uma vez em funcionamento não pode mais parar, porque a sua finalidade é ela própria." (CANDIDO, 2007, p. 106).

bre autor e obra, até as análises mais recentes, como a de Roberto Calasso (2006) e de Louis Begley (2010), apresenta-se um verdadeiro turbilhão de informações, comentários, interpretações e até 'juízos de valor'. No Brasil, já nos anos de 1940, Otto Maria Carpeaux (1966), pseudônimo de Otto Karpfen, foi quem introduziu pela primeira vez Kafka no país em 1942, com seu artigo *Franz Kafka e o mundo invisível*, onde então ressaltava que seu estilo era 'inimitável'. Nos anos de 1950, foi à vez de Sérgio Buarque de Holanda (1996, v. 2, p. 604-620), também se manifestar em artigos publicados na imprensa periódica brasileira, nos quais constatava a variedade de caminhos que sua obra sugeria, e, por sua vez, a enorme diversidade de interpretações que eram, já naquela época, produzidas.[19]

3. Em todos esses casos, deve-se problematizar: o que faz com que a obra de Franz Kafka seja tão cultuada e, ao mesmo tempo, tão ambígua e fugaz? O que ela pode nos oferecer? O que o autor procurou interpretar? Que 'lição' sua obra poderia nos oferecer? Para muitos intérpretes, ele foi um dos mais 'importantes' e 'enigmáticos' escritores do século XX (ANDERS, 2007; COUTINHO, 2005; PIGLIA, 2006, p. 38-73), entre outras coisas, por ter "usado uma linguagem desafetada, que mimetiza a impessoalidade seca desta 'fala de ninguém' que é a linguagem burocrática, demonstra claramente como" a arte refazia a realidade que lhe deu base (às vezes a reinventando), como notará Vladimir Safatle (2009, p. 211-212). Sua narrativa conformaria a *realidade* em um número quase infindável de *labirintos*, ao lhe reconstruir *imaginativamente*. (CRUZ, 2007).

Além do mais, este teria transposto sua experiência pessoal e profissional para sua obra, ao analisar as instituições, as leis, os processos, os crimes, os delírios e os inconformismos que seriam gestados em um mundo 'alienado', permeado pelo individualismo e pela impessoalidade das relações pessoais, jurídicas e sociais (KOKIS, 1967; COSTA, 1983; MANDELBAUM, 2003; BEGLEY, 2010). De acordo com Luiz Costa Lima, "a questão da Lei que privilegia o sujeito psicologicamente

19 Para além da grande variedade de caminhos interpretativos que a obra de Kafka permite adentrar, Shoshana Felman (2014), em *O inconsciente jurídico*, buscou mostrar a partir dos julgamentos e traumas do século XX, como a literatura, a história e a psicologia social deram atenção as questões relacionadas à formulação e uso das leis nas sociedades. Para ela, não há dúvida, que a obra de Kafka além de possuir certo pioneirismo no estudo da questão jurídica inspirou todo um conjunto de estudos e romances, que em suas trilhas, analisavam os percalços da Lei nas sociedades.

orientado [...] começa a se instituir com Montaigne e a se desmanchar com Kafka" (LIMA, 2005, p. 15). Enquanto em Montaigne (1533-1592) e em Kant (1724-1804) a 'Modernidade', respectivamente, iniciava e se consolidava dentro de um sistema, com Kafka "a questão se converte em mostrar que tal ordem se tornara questionável" (LIMA, 2005, p. 16). De igual modo, Michel Löwy (2005) e Carlos Nelson Coutinho (2005, p. 125-195) retomaram a questão 'trágica' na obra de Kafka, que permanecendo inacabada (o autor falece precocemente, vítima de tuberculose, com 40 anos de idade) foi severamente crítica aos fundamentos que constituem a 'Modernidade', ao lhe conferir um conjunto de simulacros, em que os indivíduos (personagens) representavam reações de estranhamento, descontentamento, alienação e incompreensão, diante de situações cotidianas, que em certos momentos se tornavam também inesperadas e brutais.

Sem dúvida, na imensidão de interpretações que procuraram reconstituir os significados da obra e o lugar do autor na produção literária do século XX, Modesto Carone (2009) ofereceu um caminho didático e singular, ao apresentar a obra de Kafka – e as 'lições' que ela pode oferecer (ao leitor interessado em conhecê-la). De imediato, apresenta-se a experiência do tradutor que, homenageando o autor traduzido, refaz os caminhos de produção da obra, sua herança crítica, e as leituras e interpretações que foram feitas sobre ela. E o faz ao longo de 14 ensaios (produzidos entre 1986 e 2008), dos quais três são inéditos, e 2 se dividem em dois momentos. Talvez possa surpreender a ausência de discussão das interpretações produzidas sobre a obra de Kafka, a partir dos anos de 1990, ainda que seja quase exaustiva sua tentativa de pinçar as principais interpretações da obra até a década de 1970 – principalmente, esmiuçando a de Gunther Anders, em *Kafka: pró & contra* (2007), publicada em 1951, e traduzida no Brasil em 1969, também pelo autor. Evidentemente, o trabalho empreendido por Modesto Carone (1937-2019) evidencia a importância do conjunto dos textos do autor, mas acaba investindo com maior profundidade, nos seus ensaios, em: *A metamorfose*, *O processo* e *O castelo*. Nos comentários que efetua ao longo dos ensaios é interessante destacar o debate que faz com comentaristas da obra (como: Max Brod, Walter Benjamin, Theodor Adorno, Jorge Luis Borges e Gunther Anders), e que tornam seus próprios comentários mais densos e esclarecedores. Para ele:

> Sua ficção – seja como for nem um pouco lírica – tem como alvo fazer o leitor contemporâneo, alienado em si mesmo e da realidade que o cerca, ficar mareado em terra firme, infligindo-lhe angústia e sofrimento, como um machado que golpeia sem parar o mar conge-

> lado que existe em cada um de nós. [...] A matéria-prima para essa lúcida elaboração de estilo é o alemão de Praga, mais exatamente o alemão cartorial da burocracia na época em que o escritor viveu e escreveu e que coincide, em linhas gerais, com o declínio e a queda do império austro-húngaro e os anos de consolidação da ex-república da Tchecoslováquia (CARONE, 2009, p. 80-1).

De igual modo, não se esquiva em observar que "todo esse trançado corre paralelo à tensão entre as três culturas - alemã, tcheca e judaica - que conviviam e colidiam umas com as outras em Praga" (CARONE, 2009, p. 96), o que implicaria que dificilmente "a obra de Kafka teria sido o que foi sem as feridas que ele recebeu dessa bela cidade [que passou quase toda sua vida]" (CARONE, 2009, p. 99). Sem contar que, no caso da obra de Kafka, deve-se notar ainda que:

> É comum dizer que 'kafkiano' é tudo aquilo que parece estranho, inusual, impenetrável e absurdo - o que descaracterizaria o realismo de base da prosa desse autor. Pois a rigor é kafkiana a situação de impotência do indivíduo moderno que se vê às voltas com um superpoder [...] que controla sua vida sem que ele ache uma saída para essa versão *planetária* da alienação - a impossibilidade de moldar seu destino segundo uma vontade livre de constrangimentos, o que transforma todos os esforços que faz num padrão de iniciativas inúteis. [...] Trocando em miúdos, se for possível, é o ângulo pessoal de inclinação do herói ou anti-herói inventado por Kafka[20] que o impede de ter clareza sobre o que o rodeia ou o que o invade por dentro (CARONE, 2009, p. 100-101).

Em resumo, são esses vários labirintos nos quais Kafka circunstancia cada personagem e situação cotidiana, reconstruindo imaginativamente a 'realidade extratextual' e dando um efeito de profundo estranhamento em quem o lê, que torna complexo o ofício da tradução de sua obra, bem como o exercício do leitor em tentar compreendê-la adequadamente. Disto resultariam também os diferentes momentos de sua recepção e tentativas de interpretação no Brasil (e no mundo), caso com que

20 Embora não se refira à interpretação de Danilo Nunes (1974), que em 1974, lançou um livro em que argumentava essa questão e sua inserção na obra de Franz Kafka, e o modo como ele construiu esse tipo de enredo em que se cruzam, numa fronteira bastante tênue, herói e anti-herói, inclusive na trajetória do próprio autor, Modesto Carone (2009) tomou um caminho semelhante ao analisar essa questão.

o autor se estende, ao demarcar que: a) um primeiro momento se abriria com a tentativa de Otto Maria Carpeaux (1900-1978), que introduziu Kafka no país, a partir de 1942, com uma interpretação que "manifesta[va] a exegese teológica-metafísica reinante na Europa da época" (CARONE, 2009, p. 104); b) um segundo momento se iniciaria com os ensaios de Sérgio Buarque de Holanda (1902-1982), publicados em 1952 no jornal *Diário Carioca*, cuja característica estava em tentar compreender a obra, revendo as análises de Carpeaux e Anders (cujo livro havia sido publicado um ano antes); c) e um terceiro momento que começaria com a análise de Anatol Rosenfeld (1912-1973), que em seu livro *Texto/Contexto* de 1969, cujo ensaio 'Kafka e kafkianos' (1969, p. 225-262), nele reunido, após constatar as leituras teológicas, psicológicas e sociológicas efetuadas sobre autor e obra, analisaria algumas das categorias literárias usadas pelo autor, principalmente em *O processo*, para oferecer uma introdução à sua obra, para o leitor brasileiro. Obviamente, poder-se-ia acrescentar a estes momentos, um quarto que teria início na década de 1980, quando a obra do autor passava a ser traduzida no país em maior proporção, começava-se a reunir e a se traduzir edições críticas da obra em outros países e um volume, cada vez maior, de comentários e interpretações eram elaborados. Neste momento que estaria inserido o próprio autor, que curiosamente não se detém nele – o que não deixa de ter certa justificativa ética, na qual Modesto Carone não quis nem se enquadrar, ou supervalorizar seu papel –; e se a fôssemos articular em nosso esquema de análise, por suas características, teria feito uma leitura *historiográfica* da obra de Kafka, além de tê-la traduzido a partir dos anos 1980.

4. Depois de sintetizarmos a variedade de interpretações que foram produzidas sobre a obra de Kafka, desde o momento em que foi publicada entre os anos de 1910 e 1920, e de identificarmos parte das problemáticas que a obra situou, tornando-a clássica, devemos justamente pensar que tipo de *clássico* ela é, ou melhor, veio a ser tornar com o transcorrer do tempo. Em 1981, Italo Calvino (1923-1985), em uma de suas várias conferências, intitulada *Por que ler os clássicos?* (CALVINO, 1993, p. 9-16), apresentou 14 definições do que seja um 'clássico'. Em sua terceira definição dirá que: "Os clássicos são livros que exercem uma influência particular quando se impõem como inesquecíveis e também quando se ocultam nas dobras da memória, mimetizando-se como inconsciente coletivo ou individual" (CALVINO, 1993, p. 10-11). Talvez essa formulação possa se aplicar ao caso de Franz Kafka. Na medida em que os caminhos percorridos tanto pela obra, quanto por seu autor, con-

formariam recepções que se "oculta[ria]m nas dobras da memória, mimetizando-se como inconsciente coletivo ou individual", como já vimos em alguns casos. O entendimento desse processo é uma das chaves importantes para a compreensão dos leitores da obra de Kafka. Por isso, devemos pensar com mais atenção essa questão, e de início indagando: quem foi Franz Kafka?

5. Kafka teve uma vida curta, ainda que muito produtiva, se considerarmos que falecera um mês antes de completar 41 anos de idade, em 3 de junho de 1924. Ele nascera em 3 de julho de 1883 e foi filho de Julie (1856-1934) e Herrmann Kafka (1852-1932), a quem sempre temeu, e irmão de Elli (1889-1941), Valli (1890-1942) e Ottla (1892-1943), sua preferida. Recatado e introvertido, sempre teve uma relação amistosa com os pais e distanciada com os parentes (a excessão de sua irmã). Se teve contatos com a política (e o movimento anarquista), nunca chegou a ser verdadeiramente partidário. Por certo, o judaísmo foi profundo para ele, judeu, que viveu em um clima de antissemitismo na Europa, cujo teor talvez tivessem lhe sido profundos, incidindo, mesmo que indiretamente, em seus personagens. Seus estudos foram importantes, e os fez em Praga, do secundário ao superior, onde conheceu Max Brod, amigo que terá pelo resto de sua vida. Para Louis Begley:

> Depois de mais uma sessão intensa de estudos no ano acadêmico de 1905-6, Kafka passou raspando nos exames de qualificação e em 16 de junho de 1906 recebeu o grau de doutor em direito. Já fizera um estágio não remunerado de dois meses no escritório de um advogado em Praga, e foi então estagiar durante o ano acadêmico de 1906-7 no tribunal de Praga, primeiro na área civil, em seguida na criminal. Esse treinamento era pré-requisito apenas para o ingresso no funcionalismo público da Áustria, e portanto desnecessário no caso de Kafka. No entanto, revelou-se uma dádiva, pois deu-lhe acesso a material que ele aproveitou quando escreveu sobre o tribunal em *O processo*. Ele adquiriria mais material valioso – a experiência pessoal no funcionamento da burocracia estatal – trabalhando para a empresa que o empregaria por toda a vida, uma seguradora semiestatal, de meados de 1908 até meados de 1922, e o usaria em *O castelo* e *O processo* (BEGLEY, 2010, p. 36).

Além disso, cabe ainda destacar que:

> É bem comum que filhos incompreendidos de pais filisteus deixem a casa paterna, especialmente depois de, como Kafka, obterem um emprego que lhes permita um grau razoável de independência financeira. Escritores pobres demitiram-se de empregos seguros para atender ao chamado da Musa, enfrentando com bravura a penúria e coisas piores. Kafka não era desse feitio. Ele não abriu mão do Instituto de Seguro antes de seu médico declará-lo incapaz para o trabalho. Quando deixou Praga em setembro de 1923 e foi para Berlim, era um homem desesperadamente doente, e mesmo então manteve a ficção de que era apenas uma mudança temporária e de que logo retornaria (BEGLEY, 2010, p. 51).

A experiência profissional, assim como a religiosa (com o judaísmo e o messianismo) e a amorosa (com seus vários romances e rompimentos), poderiam ter tido o impacto que vários intérpretes sugerem em sua produção literária? Como ele escreveu seus contos e romances? De que modo concebeu seus personagens?

6. Com base nessas questões, e não deixando de lado o conjunto de sua obra, impõem-se aqui a difícil tarefa de resumir os enredos de *Na colônia penal*, *O processo* e *O castelo*, em função da escolha dos leitores que efetuamos; e tendo em vista, principalmente, a interpretação que fizeram da obra, a partir desses textos. E não por que sejam os textos mais importantes, aliás, os dois últimos foram abandonados pelo autor, que não conseguiu concluí-los e pediu para que fossem destruídos. Mas tão somente porque a maioria dos leitores (intérpretes) aqui selecionados, tomaram-nos como base para sua crítica e análise do autor e de sua obra. *Na colônia penal* (1998) foi escrito em 1914, *O processo* entre 1914 e 1915, quando Kafka abandona o manuscrito, e *O castelo* em 1922, igualmente abandonado pelo autor, que não conseguiu concluí-los. Como aqui não há espaço para um longo resumo, destaque-se a síntese de Begley:

> *Na colônia penal* foi interpretado como uma alegoria na qual o Velho Comandante é o Jeová do Antigo Testamento, os mandamentos escritos no corpo dos condenados são os Dez Mandamentos e o oficial é Moisés, porque em sua carteira de couro ele traz a lista das sentenças a serem gravadas nas costas dos condenados. Consequentemente, julga-se que o novo comandante subverte a dura lei antiga. Deve-se então arriscar a suposição de que a autoimolação do oficial no Rastelo é análoga à Crucificação e que o explorador representa Pôncio Pilatos?

> É muito improvável que Kafka tivesse em mente essa paródia do judaísmo e do cristianismo. Com muito mais razões, *Na colônia penal* também foi interpretado como um paralelo com a degradação do capitão Alfred Dreyfus [judeu, condenado na França no final do século XIX] e seu confinamento em condições que foram brutais e em grande medida ilegais, incluindo-se entre elas ter as pernas agrilhoadas à cama (BEGLEY, 2010, p. 186-87).

Da descrição da prisão, da administração e da análise dos presos e de seus delitos, Kafka enfocará em *O processo* (1997) de que modo Josef K. foi indiciado e culpado por um crime que não teria cometido. Quanto mais próximo da verdade ele chegava, mais o personagem central se encontrava envolvido com a culpa pelo crime. Sem saída, todos a sua volta pareciam conhecer a lei e o seu funcionamento, menos ele. Mesmo os personagens secundários pareciam ter uma resposta, que para Josef K. era desconhecida, ou desoladora (VÁZQUEZ, 2011, p. 129-44). Igualmente, em *O castelo* (2000) um estranho chega a uma aldeia, e no enredo estará sempre entre a aldeia, sem nome, e os arredores de um castelo, cujo senhor Westwest é o soberano do local. O objetivo desse estranho, que só temos a inicial K., era a de ser um mero agricultor da aldeia (e se possível passando também despercebido por ela), acaba sendo frustrado, haja vista que não se sabe se foi ou não nomeado para ser o agrimensor do local, pelos responsáveis no castelo. Se foi nomeado meramente por acidente, o fato é que ocupa o cargo, ao mesmo tempo em que teme, a todo momento, que perca o emprego, e, em decorrência disso, qual será seu destino.

Nos três textos há a preocupação de demonstrar a circunscrição da lei, da justiça, da administração, que regiriam os destinos das pessoas, sem que estas saibam ao certo (pelo menos explicitamente) seu verdadeiro funcionamento. Nos três, os indivíduos parecem ser incapazes de se libertar, ou de encontrarem caminhos alternativos, muito menos de serem protagonistas de seus próprios destinos.

Ao contrário dos enredos 'típicos' do romance moderno (ROBERT, 2007; LIMA, 2006; 2009; MORETTI, 2009), os de Kafka tencionam entre os labirintos da 'razão burocrática' e os 'mistérios das instituições', que criariam espaços insólitos e alienantes aos personagens, cujo alcance global, impediria qualquer tipo de ação ou alternativa possível. Justamente por isso, Kafka é rotineiramente interpretado como um crítico contundente da Modernidade (LIMA, 2005; 2007; CALVINO, 2009).

7. Resumidas as trajetórias de Kafka e o enredo de seus textos, cumpre agora nos voltarmos propriamente aos seus leitores. Definir em que medida variaram os tipos de leituras produzidas sobre a obra de Franz Kafka não é algo novo, ainda mais no que diz respeito a ele, pelas razões que já indicamos acima. Para Michel Löwy (2005, p. 7-18), muitas leituras da obra já foram propostas, a exemplo das que prescrevem:

> 1. Leituras estritamente literárias, que, deliberadamente, se limitam ao texto, ignorando o 'contexto';
> 2. Leituras biográficas, psicológicas, e psicanalíticas;
> 3. Leituras teológicas, metafísicas e religiosas;
> 4. Leituras pelo ângulo da identidade judaica;
> 5. Leituras sociopolíticas;
> 6. Leituras pós-modernas, que desembocam, em geral, na conclusão de que a significação dos escritos de Kafka é 'indecidível' (LÖWY, 2005, p. 8).

Ainda que venhamos a considerar coerente e consistente o esquema proposto pelo autor, procuramos senão partir de um diferente, ao menos complementar, situando: a) em *leituras históricas* aquelas que se limitam a circunstanciar a época, a 'visão de mundo' e as características socioculturais do momento, e estando também imersas a essas situações; b) *leituras historiográficas* as que são produzidas de acordo com as linhas investigativas que se pautam seus autores, e por meio da contraposição a outras leituras, dimensionando períodos de recepção, tempo e espaço das interpretações; c) *leituras conservadoras* aquelas que se limitam a discorrer sobre a alienação e aos processos de dominação a que a obra e seu autor estariam também submetidos; d) e *leituras revolucionárias* as que denunciam os processos de dominação a partir da interpretação da obra e da trajetória do autor, eles próprios sendo insubmissos, seja ao processo como um todo, seja ainda quanto a suas escalas de dominação, por meio da força da lei e da alienação das vontades e do imaginário social em suas vítimas.

Como indicado acima, o esquema proposto é mais complementar, do que diferente, ao empregado por Löwy (2005). Por certo, cada uma dessas leituras acabam se mesclando, entre as análises propostas pelos autores que veremos abaixo. O esquema, por si só, é meramente didático e serve apenas para situar a problemática, não sendo apreendido na 'realidade' (e na prática de nenhum dos autores), porque a complexidade dos textos, ainda que possam ser apreendidos em um tipo de *leitura*, não deixam de formar certas *relações com as outras leituras e interpretações da obra*.

8. Nos anos de 1930, Jorge Luis Borges (1998) já se preocupava em circunstanciar os precursores de Kafka. Algum tempo depois, ao prefaciar uma edição argentina de *A metamorfose*, Borges (1999; 2010) voltaria a analisar as questões centrais que estariam plasmando as ideias de Kafka, sugerindo as condições de produção de seus textos e de seus personagens. Nos anos de 1960, Otto Maria Carpeaux, em sua *História da Literatura Ocidental*, notará que:

> Os labirintos circulares, as mentempsicoses através de milênios e as trocas de personalidade de Borges, são expressões de uma filosofia [...] mais misteriosa que os mistérios de romance policial. Demonstram que aquêle Universo de Wallace, com seus céus e infernos de rotina moralística, também pode servir de modelo, ou pelo menos, de andaime de uma construção muito diferente do mundo: substitui-se a polícia por autoridades administrativas misteriosas e os culpados pelos inocentes, e temos o Universo de um escritor que exerce influência avassaladora sôbre tôda a literatura contemporânea, de Sartre até Graham e de Ítalo Calvino até Truman Capote, e inclusive sôbre Jorge Luis Borges: é o mundo de Kafka (CARPEAUX, 1966, v. 7, p. 3.468).

A ida de Borges à Kafka efetuada por Carpeaux, definindo seus contextos de produção, e a aproximação entre os autores não será casual. Seu objetivo, além de indicar a enorme 'influência' de Kafka sobre a produção literária do século XX, era também de mostrar que, em função dos caminhos insólitos e dos personagens enigmáticos que sua literatura conforma e projeta sobre seus apreciadores, Kafka havia sido alvo de uma gigantesca variedade de interpretações. Para ele:

> Sabe-se que *O processo*, *O castelo*, *A metamorfose*, *A colônia penitenciária* já foram interpretados como documentos de religiosidade pessoal, como manifestações do subconsciente, como espécie de grandes sátiras contra a burocracia e a organização da sociedade. Dessas interpretações, a religiosa foi aceita pela maioria dos críticos. Mas foi tacitamente rejeitada pela maior parte dos ficcionistas, que preferem empregar a 'maneira' de Kafka para outros fins. Talvez seja esta a me-

> lhor prova do fato de que Kafka é inimitável (CARPEAUX, 1966, v. 7, p. 3.469).

Mas, antes de efetuar este tipo de avaliação crítica e *historiográfica* de Kafka e de sua obra, o próprio Carpeaux, nos anos de 1940, havia feito uma incursão mais *histórica* sobre sua obra, interpretando-a pelo viés teológico-metafísico; viés, aliás, que permanecerá em seu roteiro de leitura nas décadas seguintes – o que, apesar de suas análises *historiográficas* evidentes, a circunscreveriam numa leitura *histórica* da obra. Reagrupado em seu livro *As cinzas do purgatório* (de 1942), o ensaio 'Franz Kafka e o mundo invisível', antes publicado na imprensa periódica, refletia (juntamente com outros textos do livro) quais as 'filosofias da história' que permeavam a sua construção narrativa, também presente em outros autores europeus do final do século XIX e início do XX. Para ele:

> Franz Kafka não é um poeta religioso: não trata nunca de religião nas suas obras. Mas é um espírito profundamente angustiado; e o seu mundo é cheio de seres sobrenaturais, donde emana uma impressão inquietante, como o encontro com uma mitologia desconhecida, que aparecesse, de repente, na nossa vida quotidiana. Esta irrupção do sobrenatural no mundo não o salva: enche o homem de terrores desconhecidos (CARPEAUX, 1999, p. 154).

Por isso também, não se pode "dizer a respeito de nenhuma obra de Kafka em que século decorre a ação dela. A era dos deuses e a vida quotidiana dos nossos dias se confundem. Não existe tempo, há unicamente uma data: a da irrupção do divino no mundo, acontecimento que se repete todos os dias, todas as horas" (CARPEAUX, 1999, p. 158). Não por acaso, insiste que a posição de Kafka é "a posição do judaísmo perante o Messias encarnado", mas, igualmente, é "também a posição atual do mundo apóstata, que renúncia à graça e se declara pagão, cheio de orgulho e de angústia", porque "a velha inocência desapareceu" (CARPEAUX, 1999, p. 159). Apesar de em seu ensaio 'Fragmentos sobre Kafka', publicado em *O jornal* de 14 de julho de 1946, constatar que:

> É fato importantíssimo para a compreensão de sua obra: Kafka foi cidadão dum Império de tradições arquivelhas, sacudido por terremotos revolucionários; dum mundo em agonia; a língua de Kafka exprime 'ironias da decadência'. As duas expressões 'austríacas', em língua

> alemã, servem-lhe de instrumento para simbolizar a ambiguidade da 'situação austríaca': fachada importante, com a face hipócrita olhando pelas janelas imperiais (CARPEAUX, 2005, p. 73).

Carpeaux não deixaria de observar que a "agonia perpétua do mundo é o tema de sua obra", e a "incomensurabilidade do mundo material e do mundo espiritual – eis a atmosfera de Kafka" (CARPEAUX, 2005, p. 75). Em 12 de fevereiro de 1966, n'*O Estado de S. Paulo*, com o artigo 'O silêncio de Kafka', Carpeaux voltaria a essa questão, observando que: "Essa posição de Julgamento sem Graça é exatamente a do mundo moderno, e porque Kafka a descreveu, com tanta precisão, é ele não o poeta ou o romancista, mas o porta-voz do mundo moderno" (CARPEAUX, 2005, p. 736).

Portanto, mesmo efetuando uma *avaliação historiográfica* do autor e da obra, de seus leitores e suas interpretações em sua *História da Literatura Ocidental*, Carpeaux manteria uma raiz profunda, de estreita ligação com sua interpretação teológico-metafísica da obra, estabelecida na década de 1940. Contudo, não é porque se fixe numa leitura *histórica* de Kafka, evidentemente, que Carpeaux se resumiria a ela, como vimos acima. Sua interpretação é um belo exemplo de como o contexto e as condições de produção de leitura de uma obra interferem diretamente sobre os apontamentos que são feitos sobre ela, fincando raízes profundas em todos os momentos em que o autor a interpretou – e, por isso, a identificamos como uma leitura *histórica*.

9. Em 1951, Gunther Anders (1902-1992) publicaria seu livro *Kafka: pró & contra*, cuja repercussão seria imediata, não apenas por suas proposições e qualidade analítica, mas devido à maneira igualmente ambígua que o autor apresentava Kafka. Ele parte de premissa semelhante à de muitos intérpretes do período, ao refletir que "o único acesso ao seu mundo trancado – assegura-se – é o religioso" (ANDERS, 2007, p. 97), visto que "Kafka está longe de procurar de volta uma religião real", porque ele "supera a psicologização e estetização costumeiras da religião *'ocupando' esteticamente* não só os *conteúdos* religiosos, mas também aquilo que distingue, de uma vez por todas, a *atitude religiosa* da estética" (ANDERS, 2007, p. 108). Todavia, este não é um radicalismo de início, mas "sim o encerramento radical daquele processo que ele supostamente combate", e sua "sede de salvação tem tão pouco a ver com o socialismo quanto com a religião judaica" (ANDERS, 2007, p.

124). Sérgio Buarque de Holanda, já em 1952, não deixaria de notar esse fato, em seus artigos 'Kafkiana I, II, III' publicados no jornal *Diário Carioca*, do Estado do Rio de Janeiro, entre os dias 14, 21 e 28 de setembro daquele ano. Não se limitando a essa questão, o autor constatará que:

> Na realidade a arte de Kafka desafia com insistência os que, afoitamente, cuidam de reduzi-la a formulações lapidares. Seu alcance universal provém, de fato, da intensidade com que padeceu e pôde exprimi-la, dando-lhe por isso mesmo valor simbólico, uma experiência singular; mas esses mesmos motivos tornaram-na irredutível a explicações e interpretações universalmente válidas. Chegamos, em outras palavras, ao que, só na aparência, constitui um paradoxo: de sua singularidade depende sua universalidade; mas, por outro lado, essa mesma singularidade só pode fazer-se geralmente inteligível na forma oblíqua e enigmática de que o próprio autor se vale para manifestá-la (HOLANDA, 1996, v. 2, p. 543).

A leitura *historiográfica* que Sérgio Buarque de Holanda faz da obra de Franz Kafka, cuja interpretação de seus leitores não deixa de ser também surpreendente, apresentava-se como uma maneira de avaliar de que modo seus livros repercutiram com tamanho impacto 'nos corações e nas mentes' de tantas pessoas, em épocas e lugares tão distintos. Não apenas isso. Sua leitura a confronta com a produção literária do período, demarcando suas aproximações e singularidades.

Contudo, num ponto há uma aproximação significativa com as leituras de Carpeaux e Anders, na qual ele diz que:

> A intensidade com que Kafka chegou a ressentir e exprimir a inconsistência de sua vinculação a um mundo, a uma sociedade e mesmo a uma família que lhe eram profundamente estranhos e, por isso, intoleravelmente opressivos, pode provir em parte considerável – seria absurdo querer contestá-lo – da herança israelita. Contudo, pensava ele, não entraria um perigoso equívoco no intento dos que procuram uma solução para tais contrariedades desatando-se de todos os vínculos e emancipando-se de qualquer sujeição?
>
> Ao prisioneiro são impostos os regulamentos da penitenciária. Ao jogador as regras do jogo. Ao dançarino segue os compassos da música. O homem livre, ou pretensamente livre, esse acha-se, no entanto, mais sujeito do que o prisioneiro, o jogador e o dançarino. Apenas terá de

> obedecer a leis que desconhece, a regras do jogo que ignora, a comando que inutilmente procurará interpretar. De modo que a liberdade do homem livre é ao cabo mais dura de sofrer do que a prisão do prisioneiro. Em verdade ele acabará condenando-se como a toupeira do conto, a fabricar sua própria prisão ou, como o solteirão Blumfeld, a impor-se uma rotina impessoal e mecânica (HOLANDA, 1996, p. 549).

Mas, tal aproximação, limita-se a dar certo destaque ao aspecto teológico-metafíco presente na narrativa de Kafka. Como dito, sua *leitura*, por sugerir o agrupamento das interpretações e a análise dos diferentes contextos em que foram produzidas, além de não se limitar a chave de leitura de tipo teológico-metafísica estabelecida pelos autores de sua época, especialmente nos anos 1930 e 1940, apresenta-se fortemente ligada a uma análise *historiográfica*, ao confrontá-las e sugerir caminhos alternativos para a interpretação da obra de Kafka, em meados dos anos 1950.

10. Em 2006, Ricardo Piglia propôs que a leitura é ao mesmo tempo "uma arte da microscopia, da perspectiva e do espaço", como também "coisa de óptica, de luz, uma dimensão da física" (PIGLIA, 2006, p. 20). Ao perscrutar a narrativa produzida por Kafka (PIGLIA, 2006, p. 38-73), este notou que ela teve forte inspiração em seus relacionamentos amorosos, a partir da análise de sua correspondência. Ao "mesmo tempo ela [Felice Bauer] é a construção de uma das figuras de leitor mais persistentes e extraordinárias que se possam imaginar, presente, como todo leitor, em sua ausência". Isso porque, a "figura da leitura, de uma mulher que espera, é a chave da história" (PIGLIA, 2006, p. 39). A estratégia de Kafka era se "dá a ler não *apenas* para seduzir, mas também para guardar distância" (PIGLIA, 2006, p. 40). Por outro lado, ele "utiliza a guerra para descrever sua relação com a literatura", tendo em vista que "a literatura dá forma à experiência vivida, constrói-a como tal e a antecipa" (PIGLIA, 2006, p. 50). Para ele:

> Essa é a maneira como Kafka lê a literatura: primeiro concentra a história num ponto, em seguida inverte a motivação e estabelece novas correlações; logo depois narra sua versão da história (narra o que o narrador original não viu). [...] Uma grande rede é condensada ao máximo numa imagem que estabelece novas relações (PIGLIA, 2006, p. 54).

Não sendo indiferente a essas observações, mesmo considerando que não analise várias delas, Louis Begley (2010) tentou circunstanciar de que modo Kafka elaborou em suas narrativas 'o mundo prodigioso que tinha na cabeça'. Para isso, o autor reviu a trajetória problemática do romancista com o pai; quais as relações que teria mantido com os judeus (em certas ocasiões, (re)interpretado suas próprias histórias); de que modo viveu seus relacionamentos amorosos; como essa experiência é refeita na obra, produzindo uma nova experiência artística e imaginativa; e porque seus romances fincaram raízes profundas no Ocidente, ao conseguir pormenorizar as consequências da burocracia, das instituições e dos regimes totalitários, antes mesmo que estes alcançassem seu auge nos anos de 1930 e 1940.[21]

Para alcançar esses objetivos, Begley toma como base as correspondências, os diários e os textos produzidos pelo autor, com o intento de analisar como essa documentação foi produzida, como foi sendo articulada e que relações estabeleceram com a obra. A mesma sensibilidade foi dedicada ao examinar como Kafka interpretou as práticas religiosas judaicas, e como elas serviram para que este pudesse pensar seu mundo. Para ele, "Kafka era um mestre da dialética e raramente se punha

21 Em suas palavras: "O *processo*, com sua célebre primeira sentença – 'Alguém certamente havia caluniado Josef K., pois uma manhã ele foi detido sem ter feito mal algum' – e os trâmites movidos contra K. por um sistema judicial secreto, parecem prefigurar tão claramente a vida sob os regimes totalitários no século XX, com suas leis secretas e seu terror de Estado policial, que inevitavelmente os leitores se admiraram do descortino que Kafka teve da história e da política. Poderia esse romance, publicado em 1925 mas escrito entre o outono de 1914 e janeiro de 1915, portanto antes dos eventos seminais dos regimes bolchevique, fascista e nazista, ter sido uma profecia velada? Esse autor apolítico e reservado teria antevisto a chegada de uma catástrofe que ainda era invisível para grandes estadistas? Nada nos diários de Kafka, em sua correspondência ou nas recordações de seus amigos sugere isso. A resposta há de ser que a visão de Kafka, que consistia tão somente nas coisas tais como elas eram, revelou-se misteriosamente congruente com a realidade do futuro próximo. O amplo material que a formou incluiu: a experiência de Kafka como um súdito Habsburgo e, como estagiário no Tribunal de Praga, com a esclerosada mas ainda toda-poderosa burocracia do império e seus procedimentos labirínticos, 'kafkianos'; o íntimo conhecimento da burocracia e da arcana regulamentação do Instituto de Seguro; o trato com vítimas de acidente de trabalho cujas reivindicações chegavam às suas mãos, e contra às quais ele às vezes era obrigado a litigar; o virulento e onipresente antissemitismo tcheco, que lhe ensinou lições inesquecíveis sobre o significado de ser rejeitado e desprezado por seus vizinhos; e, obviamente, tudo aquilo que ele censurava em seu pai: brutalidade, veleidade e injustiça" (BEGLEY, 2010, p. 213-14).

apenas de um lado em uma argumentação" (BEGLEY, 2010, p. 80). Mas, o "purismo do alto alemão da prosa de Kafka, a austeridade de sua linguagem e as ocasionais singularidades de sua grafia e uso da língua também são produtos de sua educação praguense" (BEGLEY, 2010, p. 78). De igual modo, aplicou-se a investigar como foram seus relacionamentos amorosos e que experiências ele absorveu deles, convertendo-as em sua criação literária.[22] Além disso, ainda demonstra a importância que as correspondências tinham para o autor, principalmente, quando não obtinha resposta de suas cartas, e transparecer uma reação histérica e compulsiva ao escrever outras cartas, procurando saber por que as anteriores não haviam sido respondidas. Preocupa-se em deixar claro quais as aproximações e os distanciamentos, entre seus relacionamentos amorosos e a sua produção literária, em especial, no momento em que compôs partes de *O processo*, entre 1914 e 1915. Para ele:

> A vida de Kafka comanda tão imperativamente o nosso interesse porque seus textos curtos e novelas estão entre as mais originais e magistrais obras da literatura do século XX. Sem eles, pouco restaria para que nos lembrássemos dele: esse homem reservadíssimo e introvertido teria sido apenas mais um judeu germanófono entre os 146. 098 cristãos e judeus falantes do tcheco e do alemão que morreram na Tchecoslováquia em 1924, no mesmo ano que ele (BEGLEY, 2010, p. 159).

Mas, ao se voltar mais diretamente para a obra, o autor indica: primeiro, de que modo Kafka a pensou e a articulou; em seguida, quais suas principais características e objetivos. No primeiro caso, detêm-se sobre 'O foguista', *A metamorfose* e

22 Em suas palavras: "Com exceção dos momentos de triunfo nos quais ele escreveu suas melhores obras e, a partir de 1917, dos momentos que marcaram o avanço de sua doença, os eventos que se destacam na vida de Kafka são suas peripécias atrás de mulheres seguidas por frenéticas tentativas de escapar delas. Duas de suas amadas, Felice Bauer e Milena Jensenská, foram imortalizadas em cartas que ele lhes escreveu e quis que fossem destruídas. Outras foram importantes: Dora Diamant, a moça judia polonesa que se amasiou com Kafka no fim do verão de 1923; a pequena Julie Wohryzek, sua noiva durante um breve período que se seguiu ao término definitivo do relacionamento com Felice e se encerrou com a entrada em cena de Milena, em 1920; a jovem cristã por quem ele esteve brevemente enamorado durante uma temporada de duas semanas em um sanatório de Riva no outono de 1913; Hedwig Weiler, jovem estudante de Viena, que ele conheceu em Triesch no verão de 1907; e uma misteriosa e nunca identificada mulher madura que foi paciente no mesmo sanatório em que ele esteve internado em 1905 em Zuckmantel" (BEGLEY, 2010, p. 88).

'O veredicto', indicando que um tema em comum entre esses textos diz respeito à maneira como os filhos, de uma forma ou de outra, além de estarem dependentes dos pais, sendo submissos as suas vontades, também seriam impotentes ao tentarem se rebelar ou procurar mudar o exercício dessas relações de dominação; as quais o autor pensou em até publicá-las em conjunto, sob o título de *Os filhos*. Para o segundo ponto, vale indicar alguns pequenos exemplos. Para ele:

> A família Samsa de *A metamorfose* fica horrorizada e em choque ao ver que Gregor transformou-se num gigantesco inseto, mas nem o pai nem a irmã evidenciam algo parecido com espanto. Na história de *Na colônia penal*, o explorador acha repugnante o sistema judiciário, mas nunca lhe ocorre indagar se poderia estar no meio de um pesadelo. Em *O processo*, a truculência de Josef K. segue o ritmo de sua crescente compreensão do bizarro funcionamento dos trâmites jurídicos, mas ele não contesta sua realidade. Em vez disso, diz ao Inspetor que não está 'de modo algum muito surpreso' com as estranhas circunstâncias de sua prisão. No mundo de Kafka, a história é o que é: a realidade é como é retratada (BEGLEY, 2010, p. 178).

O universo argumentativo de Kafka se moveria formando diversos labirintos, em que, quase sempre, ninguém "houve e ninguém responde", porque os "circundantes, se houver algum, se mostrarão tão indiferentes quanto o explorador de *Na colônia penal*, e igualmente pouco propensos a ajudar" (BEGLEY, 2010, p. 202). E

> Semelhante nesse aspecto a 'O veredicto', *O processo* é um romance com um pé na tradição realista do século XIX. Lendo pela primeira vez o primeiro capítulo, poderíamos pensar que estamos entrando em um mundo ficcional aparentado com os de Gogol, Dostoievski e Flaubert. Essa impressão dissipa-se com o prosseguimento da leitura: percebemos que por trás dos cenários e eventos minuciosamente descritos opera uma força que os distorce e cria uma contrarrealidade. No centro da contrarrealidade estão os tribunais especiais, desconhecidos por K., e a constituição e a lei vigentes em seu país. Entretanto, praticamente todos os demais parecem estar a par do segredo: a sra. Grubach e a srta. Burstner, os três funcionários que trabalham no banco de K., o tio de K. e o industrial, cliente do banco de K., que o encaminha ao pintor Titorelli. Isso sem contar os que são empregados periféricos dos tribunais, como a lavadeira e seu marido, e os

> que estão envolvidos nos trâmites da justiça: o advogado Huld e sua enfermeira e criada, Leni, e o comerciante Block, que também tem um caso pendente no tribunal. A ingenuidade e ignorância de K. são verdadeiramente espantosas (BEGLEY, 2010, p. 218-19).

Assim, "cada pessoa está completamente só", e é "possível que Josef K. descubra essa verdade em seu último instante de consciência, e que o mesmo se dê com outras grandes vítimas da ficção de Kafka"; esse talvez "seja o segredo por trás da anomia do explorador" (BEGLEY, 2010, p. 241). Em todo caso, para ele:

> O *castelo* é um romance mais rico do que *O processo* na amplitude da narrativa, no desenvolvimento de personagens secundários cativantes e inesquecíveis (Frieda, Olga, Amália, as duas albergueiras da aldeia, Pepi e Burgel, entre outros) e nas descrições da aldeia sem nome coberta de neve e dos interiores de estalagens e cabanas de camponeses que fazem lembrar as pinturas de Peter Bruegel. [...] No centro do romance há uma busca incansável e inquietante: a de K., um andarilho, um estranho, cuja identidade limita-se a uma inicial. Ele deixou uma terra distante de nome não mencionado, à qual talvez não lhe seja possível retornar. Ostensivamente, K. procura assumir o cargo de agrimensor da aldeia, para o qual as autoridades do castelo podem ou não tê-lo contratado. O castelo domina sobranceiro a aldeia aonde K. chegou, e abriga a toda-poderosa administração a serviço de seu senhor, o conde Westwest. Se K. realmente foi contratado pelo castelo, pode ter sido por engano. Entretanto, há uma versão diferente para a busca de K., que ele revela quando o romance está a meio caminho: K. gostaria de ter chegado à aldeia sem ser notado, sem alarde, para poder encontrar um bom trabalho estável como agricultor. Essa questão nunca é esclarecida, e as intenções de K. não se tornam claras. Mesmo o desejo mais modesto, porém, muito provavelmente teria sido negado (BEGLEY, 2010, p. 229).

Ainda que esta seja a obra de Kafka que menos desafie "a credulidade do leitor":

> Há muitas ligações temáticas entre *O processo* e *O castelo*, o complexo, atravancado e comovente belo último romance de Kafka. Os dois protagonistas – Josef K. no primeiro, K. no segundo – lutam em um

> labirinto que às vezes parece ter sido concebido de propósito para frustrá-los e derrotá-los. Mais frequentemente, o oposto parece valer: não há um propósito; o labirinto simplesmente existe. Josef K. busca justiça, absolvição de um crime que ele desconhece e do qual o acusam. O objetivo de K. é menos certo (BEGLEY, 2010, p. 228-29).

Portanto, movendo-se pela vida e a obra de Kafka, pelas circunstâncias que a deram origem, e embora Begley refaça seus caminhos e estabeleça nexos de identificação plausíveis com outras *leituras*, como a de Hannah Arendt (2008, p. 96-108) e de Walter Benjamin (1994, p. 137-164), não há como negar que, para ele, autor e obra estariam imersos num círculo de submissões ao sistema institucional e burocrático, cerceado por labirintos e efeitos alienadores – o que o alocaria numa leitura *conservadora* do autor e da obra. Kafka seria apolítico, o que talvez pareça ingênuo, dadas as suas ligações estreitas com o anarquismo, o judaísmo e a imprensa periódica de sua época, mesmo que não diretamente partidárias (KONDER, 1979; LÖWY, 2005). Ainda assim, seus méritos são evidentes, porque permite que o leitor sobrevoe e reencontre o 'mundo prodigioso que' Kafka tinha 'na cabeça'.

11. Foi com o objetivo de descortinar o 'poder de insubmissão' presente nos textos de Kafka, que Michel Löwy (2005) empreendeu sua pesquisa. Foi seguindo as pistas lançadas pelas obras de Walter Benjamin (para o qual Kafka deve ser lido aos poucos, com atenção e sem nenhuma pressa, em função dos labirintos que esta pode conter, ao mesmo tempo em que não se limita a eles); de Theodor Adorno (que percebeu nela um '*tom* libertário'); de Leandro Konder (por destacar sua dimensão política e filosófica); de Maurício Tragtenberg (por perceber sua crítica aos sistemas burocráticos) e de Milan Kundera (ao apontar os fios de uma possível ligação de um 'íntimo totalitarismo familiar' presente em sua construção narrativa), juntamente com os apontamentos de Hannah Arendt, Marthe Robert, Rosemarie Ferenczi e Marina Cavarocci-Arbib (que, para ele, propuseram leituras mais criativas e interessantes de sua obra, do que muitos 'homens'), que este, na contramão da literatura 'secundária' e 'terciária', do autor e de sua obra, propôs uma interpretação atenta aos momentos e as circunstâncias que o ligariam ao anarquismo e à crítica a toda burocracia, de cunho estatal, que oprimiria os indivíduos e os 'trabalhadores' em geral de sua época. Para Olgária Matos, a "perda de sentido do trabalho e a experiência do absurdo encontram-se, em particular, nas obras literárias, roman-

ces e contos, como os de Kafka, na identificação entre o homem e sua profissão" (MATOS, 2008, p. 250).

Tendo em vista que a maioria das leituras que foram propostas sobre autor e obra, num nível 'secundário' e 'terciário', desperceberam, ou descartaram, o seu caráter 'libertário', 'insubmisso' e 'anárquico', ele partiu de uma leitura ligada à corrente 'sociopolítica' para apreender e demonstrar que esta questão, ao contrário de aparecer apenas de forma secundária na obra, ela fundamenta "um *fio vermelho*" sobre o qual o autor lançou a sua crítica aos sistemas; e "que permite ligar a revolta contra o pai, a religião da liberdade (de inspiração judaica heterodoxa) e o protesto (de inspiração libertária) contra o poder moral dos aparelhos burocráticos: o *antiautoritarismo*" (LÖWY, 2005, p. 11). Mas, que poderá parecer irrelevante se nos limitarmos apenas às questões teológicas, psicológicas, edipianas, que apesar de aparecerem como 'negadas-conservadas-ultrapassadas', num sentido dialético, aprisionar-se-iam sob um olhar de submissão, ao qual o autor teria se aprisionado em sua existência. Não é sem razão, portanto, que ele se questiona: se não seria o momento de propor 'leituras quaternárias' do autor e da obra. Para ele:

> Kafka não produz *discursos*, ele cria personagens e situações e exprime, em sua obra, sentimentos, atitudes [...]. O mundo simbólico da literatura é irredutível ao mundo discursivo das ideologias; a obra literária não é um *sistema conceitual abstrato*, na trilha das doutrinas filosóficas e políticas, mas criação de um *universo imaginário concreto* de personagens e coisas (LÖWY, 2005, p. 19).

O que não nos impede de inquirir seus elos subterrâneos com a realidade que lhe deu base, e a fez surgir, e aos questionamentos que ela tenta refletir. Não é por acaso, que Löwy procurará reconstruir as leituras e os encontros de Kafka com o anarquismo e os movimentos de esquerda na Praga do final do século XIX e início do XX, e de que modo essas leituras e encontros, incentivados por Max Brod, lhe serviram como uma inspiração para pensar os dilemas de sua época. Por isso, para ele, existia uma "*sede infinita de liberdade em todas as direções*: não haveria modo melhor de descrever o *fio vermelho* que atravessa tanto a vida quanto a obra – tragicamente inacabada – de Kafka – sobretudo a do período que se inicia em 1912 – e lhes confere uma extraordinária coerência" (LÖWY, 2005, p. 55). Mesmo se considerarmos que "Kafka estava longe de ser um 'anarquista', mas o antiautoritarismo – de origem romântica e libertária – atravessa o conjunto de sua obra romântica e libertária, *num movimento de universalização e de abstração crescente do poder*: da autoridade paterna e pessoal até a autoridade administrativa e anônima" (LÖWY, 2005, p. 59). Por outro lado, os "romances de Kafka não são, evidentemente, portadores de qualquer 'mensagem' política ou doutrinária, mas exprimem um certo estado de espírito antiautoritário, uma distância crítica e irônica das hierarquias de poder burocrático e jurídicas" (LÖWY, 2005, p. 119).

Nesse sentido, que Michel Löwy defende uma leitura *revolucionária* de Kafka e de sua obra, abordando os fios subterrâneos que a ligariam a movimentos de esquerda, com forte expressão no anarquismo, aos quais fundamentariam uma reação de insubmissão em sua 'criação literária' e em seus 'personagens' (em maior ou menor proporção). Por esse motivo, a "contribuição de Kafka, pelos meios da literatura, é um universo imaginário singular, que não 'reflete' a realidade, mas a ilumina com uma luz nova, incomparavelmente poderosa" (LÖWY, 2005, p. 93). Em "*O processo* e *O castelo*, é a autoridade impessoal e hierárquica do aparelho de Estado – jurídico ou administrativo – que ocupa a posição central", tendo em vista que o "conflito com a tirania paterna não é esquecida, mas [...] suprimido-conservado-superado – nesse novo enfoque" (LÖWY, 2005, p. 94). Neste aspecto, Kafka teria a "sensibilidade do pária-rebelde na história da cultura judaica moderna" (LÖWY, 2005, p. 103), ainda mais que ele "jamais escondeu sua admiração pelos personagens que têm a coragem de seguir seu próprio caminho, ultrapassando as interdições convencionais" (LÖWY, 2005, p. 149), e:

> [...] ele vivenciou esse processo não simplesmente como judeu, mas também como espírito universal, *descobrindo na experiência judaica a quintessência da experiência humana na época moderna.* Em *O processo*, o herói Joseph K. não tem nacionalidade ou religião determinada: a própria escolha de uma simples inicial no lugar do nome do personagem reforça sua identidade universal: ele é o representante por excelência das vítimas da máquina legal do Estado (LÖWY, 2005, p. 117).

Para ele, a própria "redenção messiânica será obra dos [...] seres humanos, no momento em que, seguindo sua própria lei interna, eles fizerem ruir os constrangimentos e autoridades exteriores; a vinda do Messias seria somente a sanção religiosa de uma auto-redenção humana – ou pelo menos esta seria a preparação, a pré-condição da era messiânica da liberdade absoluta" (LÖWY, 2005, p. 154). Portanto:

> O que ele põe em questão (como os anarquistas) são os fundamentos despóticos do Estado moderno, com seu aparelho democrático, hie-

> rárquico e impessoal, autoritário e alienado. E faz isso com sua arma preferida: a ironia. Ou, mais precisamente, o *humor negro*, no sentido em que o entendiam os surrealistas, que é uma das dimensões essenciais dessa obra inacabada (LÖWY, 2005, p. 163).

Assim, "o universo 'kafkiano' desvelado em seus romances compartilha [...] a transformação, na civilização ocidental moderna, da racionalidade em seu contrário" (LÖWY, 2005, p. 207). A tentativa, desse modo, de Löwy apresentar um Kafka 'insubmisso', um 'pária-rebelde' que não se limitava a propor uma saída messiânica para a humanidade, dado que esta saída se conformaria no interior de uma atitude de 'emancipação' para a liberdade, pois, efetuada pelos indivíduos (personagens), viria a recompor os nexos subterrâneos, e muitas vezes despercebidos, de um projeto complexo, ambíguo, tenso e confuso, formulado pelo autor em sua obra, com um forte viés *revolucionário* em mente.

12. Em 1994, Georges Balandier lançou um livro intitulado: *O Dédalo*. Nele o autor argumentava a eficácia da metáfora sobre o labirinto, o minotauro e o fio de Ariadne para compreendermos nossa própria contemporaneidade, e podermos sair adequadamente do século XX, para entrarmos no XXI. Do labirinto de que nos fala o mito (em que Teseu recebe de Ariadne um fio que o orienta pelo labirinto, onde encontrou e matou o minotauro) aos labirintos da realidade, que nos conduz a História e a sua escrita (em função da condição sempre fragmentária dos documentos e dos relatos), as distâncias (a)parecem, até certo ponto, intransponíveis para se determinar o 'princípio de realidade' que deu base e originou cada uma daquelas diferentes narrativas (míticas e históricas) – como chegamos a analisar na primeira parte deste livro. Mas essa condição de distanciamento entre o mito e a história talvez seja apenas aparente. É o que indicou o próprio Balandier, ao avaliar o processo de elaboração e manutenção de um mito no tempo, e interpretar as mudanças drásticas, rápidas e sutis das sociedades (em especial, as contemporâneas), que lhe foi ensejada por meio da análise do mito do labirinto; além de não deixar de demonstrar as relações e as trocas complexas que se estabeleceriam entre o mito e a história ao longo do tempo.

Sem ser indiferente a essa questão, Carlo Ginzburg (2007), em 2005, com seu livro *O fio e os rastros*, pautou-se no discurso do mito do labirinto, ao apreender a rica metáfora do "fio do relato, que ajuda a nos orientarmos no labirinto da realidade" (2007, p. 7), e sua relação com os infindáveis rastros, que as sociedades do passado nos legam em formas (definidas como) documentais (ROIZ, 2009b). Alguns anos depois, Joshua Cooper Ramo (2010) definiu o período contemporâneo, como a 'era do inconcebível', em função da condição de constante imprevisibilidade sobre que tipos de mudanças podem ocorrer na cultura, na política, na economia, na sociedade, na natureza, ao mesmo tempo em que estas mesmas transformações não nos têm surpreendido mais; e, justamente por isso, a 'teoria do caos' pode contribuir para que possamos nos preparar para viver nesse novo ambiente sociocultural (ROIZ, 2011c).

Em 2001 os ataques terroristas aos EUA provocaram uma enorme discussão a respeito dos meios pelos quais se deve ou não controlar as informações dos indivíduos armazenadas nas redes sociais, pela *Internet*, celulares e computadores. Para Shoshana Zuboff (2020) esse processo provocou o início da era do "capitalismo de vigilância", cujo norte foi favorecer o acumulo de dinheiro e poder entre os grandes coglomerados: Google, Apple e Facebook, e que teve início em meados dos anos 1990. O controle das sociedades que se dá por meio da observação e análise da circulação das informações pessoais, também veio a desencadear novas formas de manipulação das redes sociais, das informações ao público, delimitando uma cultura do consumo que visa maximizar ainda mais lucros, acúmulo de capitais e vendas (SOUZA, AVELINO, SILVEIRA, 2018). O controle das informações e dos dados pessoais que circulam diarimente nas redes sociais e na Internet se tornou um bem, um valor inexorável nessa metamorfose do capitalismo financeiro e do neoliberalismo, e o "valor da informação" só pode ser verificada plenamente se notarmos como o capital se apropria do trabalho social na era do espetáculo e da internet, cujas performances pessoais e coletivas dominam o cotidiano (DANTAS, MOURA, RAULINO, ORMAY, 2022). A crise mundial do capitalismo, que teve início em 2008, e repercutiu em uma reavaliação das categorias trabalho, capital e riqueza, contribuiu diretamente para arrefecer o controle e análise dos dados pessoais de indivíduos, que passou a ser um bem tão importante como foi o petróleo a partir dos anos 1970. No momento em que se anuncia que a liberdade está ao alcance de qualquer um, tem sido justamente o período em que parece que somos ainda mais controlados em relação ao que queremos, ao que pensamos e ao que consumimos no cotidiano: um mundo kafkiano, quase imperceptível, será o nosso destino "comum"?

Quase um século antes dessas avaliações (que não são as únicas) sobre o momento que temos vivido, neste início de século XXI, Kafka, por meio de suas narrativas, vistas como fantásticas, alegóricas, teológicas, labirínticas, circunscritas em parábolas ou cobertas por enigmas quase impenetráveis (SANT'ANNA, 2010), teve profunda sensibilidade ao interpretar sua época e projetar uma visão eminentemente serena sobre a nossa, mesmo sem saber que faria isso, ou ter total clareza deste ponto em seus textos (inclusive os inacabados). Nada mais labiríntico em nossa época do que a *Internet*, o sistema de controle de dados pessoais, ou a globalização da economia e a mundialização e homogeneização das culturas! Nada tão alegórico como a condição das leis e dos direitos humanos, orquestrados pelas relações internacionais hoje! Se as reservas são óbvias, as aproximações também não deixam de ser verdadeiras.

De fato, Kafka foi ao mesmo tempo capaz de demonstrar as fragilidades da Modernidade e as suas recomposições, a racionalidade da Lei e os labirintos da justiça, a alienação do mundo e as ideologias dos sistemas institucionais e burocráticos, sendo ao mesmo tempo realista e enigmático; submisso a sua condição existencial e insubmisso às regras do mundo em sua literatura, projetando a dependência total dos indivíduos diante de um mundo amplamente formado por labirintos, mas não deixando de ter a esperança de que estes pudessem reconstruir suas próprias opções e reivindicar (porque não, também um) 'novo mundo' (onde pudessem reencontrar a liberdade!). Se virmos a sua obra, bem como seu autor, nestes termos, não surpreende a quantidade de leitores e de leituras que seus contos, parábolas e romances despertaram desde então.[23]

E foi justamente procurando perceber tal complexidade, que nos preocupamos em formular um esquema operacional para a interpretação dos leitores de Kafka. Como vimos, o empreendimento não é novo, mas sim o esquema proposto. Obviamente, os leitores selecionados não demonstram a totalidade de *leituras* que foram feitas sobre a obra de Kafka, fato, aliás, já notado por Löwy em seu esquema; nem tampouco são os únicos que poderiam ser escolhidos para tal empreendimento. Mas, como tentamos indicar, no momento em que foram elaboradas, as leituras que foram propostas por esses autores deram base a outras, configurando uma verdadeira rede de relações, ao mesmo tempo propiciando aproximações e rupturas, inspiração e crítica. Borges inspirou Carpeaux, Carpeaux e Anders a Sérgio Buarque de Holanda. No primeiro caso, Carpeaux aproveitou-se das circunstâncias de sua época, em pleno início da II Guerra Mundial, para introduzir a leitura de um autor ainda desconhecido no Brasil, e indicar "a exegese teológica-metafísica reinante na Europa da época" (CARONE, 2009, p. 104), ao produzir uma leitura

23 Neste aspecto, como propôs Löwy (2005), o momento das 'leituras quaternárias' de Franz Kafka e de sua obra deverão ser tão complexas, ricas, esclarecedoras e produtivas quanto às anteriores.

histórica da obra de Kafka. No segundo caso, fazendo uso de sua experiência na imprensa periódica, de suas leituras e cosmopolitismo, Sérgio Buarque iria avançar sobre as interpretações de Carpeaux e Anders, ao não se limitar a centrar sua análise da obra, de acordo com seus possíveis nexos teológicos e metafísicos, mas sim relacionar os diversos contextos de produção da obra, bem como das leituras que então estavam sendo feitas sobre ela, de modo a proporcionar uma leitura *historiográfica* da obra deste autor.

Com o início da produção de edições críticas feitas sobre a obra de Kafka, a partir dos anos de 1950 e 1960, houve um significativo acréscimo sobre as interpretações que foram propostas aos seus textos. Em razão da Guerra Fria dos anos de 1950 até o final dos anos 1980, e, depois, do fim da União Soviética nos anos iniciais da década de 1990 (HOBSBAWM, 1997, 2011), mais do que se concentrarem em situar *histórica* e *historiograficamente* a obra de Kafka e as interpretações que foram feitas sobre ela, os autores e autoras se propuseram a vislumbrar suas ligações políticas e sociais, e a maneira com que o autor as converteria em sua obra. Desse modo, leituras *conservadoras*, como a de Begley, ou *revolucionárias*, como a de Löwy, mais do que apenas situar as contendas, os debates e o posicionamento político, religioso e intelectual de Kafka, visariam ilustrar o próprio projeto político de seus produtores, ao se utilizarem de um autor rico e controvertido, complexo e enigmático, para indicarem possibilidades de *manutenção* ou de *ruptura* com o sistema político, econômico e burocrático em vigor na(s) sociedade(s).

Portanto, o esquema proposto para se analisar quais os tipos de *leituras* que foram produzidas sobre a obra de Kafka, além de ser operacional para relacioná-las no tempo e no espaço e situar suas especificidades, também contribui para se analisar os próprios vínculos teóricos e metodológicos, assim como políticos e sociais, de seus produtores – e que demonstra que se cotejada adequadamente a Literatura também pode ser um fértil canteiro para os estudos históricos. Ao lado de esquemas como o de Löwy (2005), pode muito bem ser aplicado para se efetuar uma interpretação da história da historiografia literária, não apenas da obra de Kafka, mas sendo cotejados adequadamente, também de outros autores, sejam eles romancistas ou não.

Depois de pensarmos o pioneirismo de Franz Kafka na elaboração de um novo tipo de trama e narrativa literária, entre os anos 1910 e 1920, não seria o caso de indagar como os historiadores de ofício pensaram os usos da literatura como fontes para a elaboração de possíveis interpretações a respeito de homens e mulheres e seu agir humano no tempo?

13. Literatura e leituras do milenarismo em Georges Duby (1919-1996)[1]

Em memória de Eurípedes Simões de Paula (1910-1977), pioneiro no estudo da história antiga e medieval no Brasil.

Por muito tempo os historiadores imaginaram o ano mil como um momento de terror, trevas e torpor, em que os cristãos do Ocidente, persuadidos da iminência do fim do mundo, viviam trânsidos de pavor e incapazes de qualquer empreendimento. Sem dúvida tudo leva a crer que, em ambas camadas da sociedade, a expectativa do fim dos tempos, nutrida pela assídua meditação sobre o Apocalipse, tornou-se mais ansiosa ao cabo do primeiro milênio da era cristã: mas não é menos certo que os dirigentes mais esclarecidos da Igreja combateram tais crenças, que a maioria dos homens sobrepujou seu medo e seguiu adiante. Na realidade, o ano mil não surge absolutamente como um acabrunhado crepúsculo, mas como uma brilhante aurora: é então que a nova primavera da Europa, preparada de longa data, se afirma em todos os domínios (DUBY, 1994b, p. 15).

1. Depois de estudar a obra e a trajetória de um romancista, por que não fazer o mesmo movimento com a obra de um historiador de ofício, que se utilizou pioneiramente de fontes literárias, para a confecção de suas interpretações dos homens e das mulheres, assim como das sociedades do passado da cristandade ocidental?

---

1 A primeira versão deste capítulo foi apresentada como trabalho de conclusão da disciplina: *Teoria da História e Historiografia*, ministrada pela Prof.ª Dr.ª Marcella Lopes Guimarães, no curso de doutorado em História da UFPR; e, depois, foi publicada em: ROIZ, 2010c.

O texto de Georges Duby (1919-1996),[2] *A nova primavera da Europa (séculos XI e XII)*, situado na epígrafe, foi escrito nos anos iniciais da década de 1950 e incluído no sétimo volume da *História Geral das Civilizações*, sob a direção de Maurice Crouzet (1897-1973), já sintetizava algumas das principais ideias que o autor viria a desenvolver nas décadas seguintes, em seus principais livros e artigos. Não sem razão, a obra de Georges Duby é considerada rica e instigante, das mais expressivas do século passado (COSTA, 2010). Em especial, por questionar e interpretar o que foi a 'sociedade medieval' (e sua estruturação clerical, cavaleiresca e feudal), e a partir deste problema conferir novos ângulos de análise sobre o tema. Daí resultaria algumas de suas principais contribuições, ao pensar: a) como determinados momentos e acontecimentos são construídos e permanecem na 'memória coletiva' ao longo do tempo, do espaço e das gerações?; b) de que maneira a fonte literária atribui sentido ao passado e vem a formar também indícios de uma 'memória coletiva'?; c) por que a ideia de 'milenarismo' foi fundamental para a consolidação de uma sociedade tripartite, onde as 'três ordens' (os que 'rezam', os que 'guerreiam' e os que 'trabalham') sintetizavam o funcionamento da sociedade cristã do ocidente medieval, e que relações manteria com a contemporânea?; d) em que medida as mulheres participavam desta sociedade, como agiam e como se representavam e eram representadas?; e) e qual a função da representação da morte, dos funerais e do clero para o funcionamento desta sociedade?[3]

---

2 Não há dúvida que o estudo das trajetórias de Lucien Febvre (1878-1956) e Marc Bloch (1886-1944), ou de Phillipe Ariès (1914-1984), seriam pertinentes para uma investigação como essa, por terem sido igualmente pioneiros no uso de fontes literárias para a execução das pesquisas históricas, mas a centralidade que lhe deu Duby em suas interpretações é um ponto incontestável e muito original em suas análises, além de incontornável, como já destacaram vários autores (COSTA, 2010).

3 Essas indagações são facilmente encontradas em seus livros: *Idade Média. Idade dos homens, do amor e outros ensaios.* São Paulo, Companhia das Letras, 1990; *O ano Mil.* 2ª Edição. Lisboa/Portugal: Edições 70, 1993 (1ª ed. 967); *Ano 1000, ano 2000: na pista de nossos medos.* Tradução de Eugênio Michel da Silva. São Paulo: Edunep, 1997a (1ª ed. 1995); *A história continua.* Tradução de Clóvis Marques. Rio de Janeiro: Jorge Zahar Editor, 1997b; *O tempo das catedrais. Arte e sociedade, 980-1420.* Lisboa/Portugal: Estampa, 1978; *As três ordens, ou o imaginário do Feudalismo.* Lisboa/Portugal: Estampa, 1994; *Guerreiros e camponeses.* Lisboa/Portugal: Estampa, 1993; *A Europa na Idade* Média. São Paulo: Martins Fontes, 1988; *As damas do século XII: Heloisa, Leonor e muitas outras.* Portugal: Teorema, 1995; *As damas do século XII: lembranças das antepassadas.* Portugal: Teorema, 1996; *As damas do século XII: Eva e os padres.* São Paulo: Companhia das Letras, 2001; *Guilherme marechal ou o maior cavaleiro do mundo.* Rio de Janeiro:

Numa primeira aproximação poderíamos sintetizar alguns problemas em comum entre os textos do autor, que aparecem, explícita ou implicitamente, em seus enunciados:

1 – Agrupam-se no interior de uma mutação nos estudos históricos que vieram, no século passado, a ampliar o *corpus documental*, a ideia de fonte e de acontecimento, a abordagem e os tipos de enfoque a serem dados sobre os objetos, repercutindo diretamente na transformação seja da narrativa, seja da problemática, seja ainda dos resultados das pesquisas – como vimos na primeira parte deste livro;

2 – Alinham-se num campo de estudos sobre a cultura, que buscam articulá-la as outras esferas sociais, econômicas e políticas das sociedades de outrora;

3 – Visam problematizar o que é cultura, de que maneira contribui para circunstanciar o agir humano no tempo, e como se fixa entre os grupos, em certos casos, dividindo a sociedade, nos de cima e nos de baixo, ricos e pobres, cujo enfoque entre uma cultura erudita e uma popular nem sempre apreende adequadamente a questão, ou seus desdobramentos;

4 – Procuram abordar a tensão entre mudança e conservação na cultura, nos valores, nas regras, nos ofícios e nos espaços de sociabilidade dos indivíduos;

5 – Questionam como é construída a memória e os documentos, de que maneira se conformam os testemunhos, a fim de construir e reconstruir os nexos entre passado e presente e rever como se escreveu a história;

6 – Propiciaram uma ampliação do uso das fontes literárias na pesquisa histórica.

Ao mesmo tempo, tais estudos proporcionaram um intenso debate historiográfico, na medida em que autor e obra eram questionados sob os seguintes aspectos: a) por que aproxima História e Literatura, justamente em um momento de questionamento dos fundamentos da 'escritura da história' e de sua representação da 'realidade'?; b) para quem o historiador deve escrever?; c) em que medida sua obra perpassou da globalidade do objeto, da abordagem e da época, para a globalidade do público, da linguagem e da apresentação das fontes?

Tendo em vista esses pontos, o principal objetivo deste capítulo é analisar de que maneira o medievalista francês Georges Duby procurou pensar a 'literatura' e o 'milenarismo', principalmente, entre seus livros: *O ano mil*, de 1967, e *Ano 1000, ano 2000*, de 1995.

Graal, 1987; *O Domingo de Bouvines*. Rio de Janeiro: Paz e Terra, 1993.

2. No início da década de 1990, Nilo Odália (1994) procurou demonstrar de que maneira o pensamento historiográfico de Georges Duby estaria intimamente ligado ao próprio desenvolvimento do movimento dos *Annales*, entre os anos de 1950 e 1980, quando as ideias de 'mentalidade', 'imaginário' e 'representações coletivas' vieram a se tornar os pontos centrais da discussão do movimento e das publicações, inclusive, as da revista. De modo semelhante, Luiz Alberto Sant'Anna (2001) constatou que o "território intelectual e científico de Georges Duby é a 'Nova História', como se costuma identificar [n]a produção historiográfica, as orientações teóricas e os procedimentos metodológicos presentes na terceira geração dos Annales" (SANT'ANNA, 2001, p. 12). Para François Dosse (2001, p. 103-110), herdeiro "de Marc Bloch no que se refere à preocupação constante de delimitar bem as categorias sociais que estuda, Georges Duby também é herdeiro direto de Lucien Febvre, no que tange à atenção dada aos fenômenos das mentalidades, bem como de Fernand Braudel, que ele conhece em 1956 e cuja ambição de globalidade adotará, rejeitando a fragmentação do campo de estudo do historiador" (DOSSE, 2001, p. 102). De acordo com ele:

> Como se pode verificar do itinerário de Georges Duby, a história global se enriquece cada vez mais com novos aspectos sem que seja possível encontrar injunções que a delimitam. Seu horizonte é indefinido, o que fundamenta a sua riqueza e o seu caráter sempre mais promissor. A característica da história global é a incompletude; no entanto, é tendendo para a sua realização que o historiador nos completa (DOSSE, 2001, p. 110).

Aliás, retomando parte desse itinerário, Maria Eurydice de Barros Ribeiro (2002) procurará reconstituir de que maneira ele irá rever o uso das 'fontes literárias', não apenas para visitar novos temas, com base em novas abordagens, para recompor os mosaicos a respeito da 'sociedade medieval', e que também será fundamental para o próprio movimento dos *Annales* avançarem sobre os estudos das sociedades do passado; mas ainda lhe serviram de base para rever seus estudos sobre a sociedade cavaleiresca, as representações da morte e as imagens construídas sobre as mulheres. Para Felipe Brandi, a "consequência desta tomada de consciência é uma construção textual original, que contém grande parte dos desafios lançados pelo chamado 'narrativismo', antecipando porém várias respostas às provocações que, sob este rótulo, fizeram furor nos últimos anos" (BRANDI, 2010, p. 131). De acordo com Patrick Boucheron, fiel "a seu método, Duby acompanha o estudo dessa mutação das estruturas sociais pela análise da ideologia que a justifica: o impulso da literatura genealógica e da consciência de estirpe na aristocracia do século XII" (BOUCHERON, 2011, p. 278). Georges Duby também deixou registro dessa questão. Para ele:

> O itinerário a que chamo braudeliano tem o seu início muito mais cedo, nos anos que precederam a guerra. Estava então na escola dos *Annales*. Situada deste modo na frase, associação dessas três palavras tem um sentido. Terá sentido isolado? Dito de outro modo, existe uma 'escola dos *Annales*?' Hoje em dia, certamente que não. Veem-se ainda instituições e herdeiros que as ocupam. Essas instituições desempenharam agora plenamente as suas funções, sei que elas espalharam por todo o lado, liberal e obstinadamente, essas ideias, esses métodos, essas interrogações que formaram, enriqueceram, desenvolveram no seu seio, estimulando assim, renovando a investigação histórica no mundo inteiro, mas em primeiro lugar, não nos esqueçamos, na própria França, e por todo lado, até nas cidadelas mais diminutas onde as rotinas arrogantes resistiram durante muito tempo (DUBY, 1989, p. 132).

Essa constatação não é, aliás, diferente da que fora apresentada pelo grupo nesta época. Destacadamente por Jacques Le Goff (1980, 1994, 1998), que percebia na obra de Georges Duby, uma via precursora de temas e problemas, que viriam inovar e agitar os estudos históricos nos anos de 1960 e 1970, e dos quais iriam instigar o movimento, naquele momento, com a direção colegiada da revista e das instituições, que alicerçavam a ação dos *Annales* na França.

3. Não é uma tarefa simples a de sintetizar a trajetória intelectual de Georges Duby, tampouco a sua contribuição para os estudos sobre a 'sociedade feudal', exercício a quê o próprio autor, em momentos distintos (1989, p. 109-38; 1997b), percebeu a dificuldade, mesmo que o fazendo em meio a uma auto-análise de 'ego-história'.[4] Em seu texto *O prazer do historiador* destacava que sua predisposição para os estudos históricos foi formada mais ao 'acaso', e pelo gosto que foi tendo pela área

4 De acordo com Pierre Nora: "Um género novo, para uma nova idade da consciência histórica, que nasce do cruzamento de dois grandes movimentos: por um lado, o abalo das referências clássicas da objectividade histórica, por outro, a investigação do presente pelo olhar do historiador" (NORA, 1989, p. 9).

ao longo de anos de pesquisa, do que propriamente por uma predisposição de infância, por leituras ou por professores. É bem provável que foi seduzido pela 'cultura camponesa' da França do final do século XIX, a qual estava ligado por meio de seus avós, dos quais corriqueiramente relembrará em sua obra. Por outro lado, ressaltará a importância de sua experiência em universidades do interior do país, que lhe deram liberdade para efetuar suas pesquisas, abordagens e análises das fontes, antes de seguir para Paris, e lecionar no *Collège de France*. De acordo com ele:

> Desde a minha entrada no ensino superior, sofri a acção dessa ciência de ar livre. Ela modelou imperativamente os modos como pratiquei a minha profissão. O que se vê em dois níveis. Primeiro, por me ter assiduamente interrogado diante dos mapas, das cartas contraí a necessidade de dar, desde que possível, consistência visual aos fenômenos de sociabilidade situando-os, inscrevendo-os exactamente no espaço. Segundo, de consequência muito mais profunda, fundamental, foi aquela certeza que me veio à força de analisar as paisagens e de interpretar as transcrições cartográficas: em toda a actividade humana encontram-se indissociavelmente ligados o que vem do material e o que não vem, aquilo que é da natureza e o que é da cultura (DUBY, 1989, p. 117).

A isso acrescenta quatro momentos, que se cruzam e se articulam, em seu itinerário. O primeiro situado na formação universitária, e suas leituras, pesquisas e indagações iniciais, no campo dos estudos históricos. Um segundo, em 'Aix', universidade em que inicia sua carreira profissional, na qual propõe seminários e discussões, em meio à liberdade de pesquisa que ela dispõe para o autor. O terceiro, de reconhecimento profissional, "mas igualmente pela preocupação de acentuar o essencial, como braudeliano" (DUBY, 1989, p. 123). Por fim, o momento que começou em 1958, com Albert Skira e, depois, com Pierre Nora e a editora Gallimard, com seus pedidos de livros e pesquisas ao autor.

Foi seguindo esses mesmos passos, que em *A história continua*, ele retomará pontos de sua biografia acadêmica, a partir de 1942. Nela articula os momentos em que a historiografia francesa se desenvolveu, e questionou a produção Oitocentista. E demonstra de que maneira os estudos medievais se apresentavam, nesta época, na França e em outros lugares. Dá atenção especial a discussão efetuada pela historiografia dos anos de 1930 e 1940 sobre os estudos medievais, com destaque para a forma como o período era então apresentado por esses trabalhos. Demonstra quais leituras foram feitas sobre a Idade Média, aliás, sendo vista como época de trevas, de resignação, de opressão, obscurantismo, negações e de subdesenvolvimento da civilização do Ocidente Cristão. Mas, se esse era o clima, e essas eram as circunstâncias em meio às quais se desenvolveu o percurso intelectual do autor, em que medida sua obra contribuiu para revisitar o tema? Em parte, o próprio autor responde tal indagação, ao articular os livros que publicou, e as respostas que apontava para rever o período, com as discussões da historiografia francesa e europeia. No entanto, convêm nos determos mais atentamente em alguns traços que destacam seus textos.

4. Para Duby (1990), a relação da pesquisa histórica com as outras áreas resultou no encontro de objetos, documentos e questões, que contribuíram para pensar os homens e as sociedades do passado. Para ele, Marc Bloch contribui, ao pensar uma história comparada, para ele chegar a uma tipologia das sociedades medievais. Isso contribuiu para o estudo da sociedade cavaleiresca dos séculos XI e XII. Inclusive, aliás, com o desenvolvimento de suas próprias pesquisas. Visto que "importa ligar estreitamente o estudo dos fatos econômicos ao das mentalidades e observar as coerências e as distorções entre as duas séries de fatos". Ao pensar a vulgarização dos modelos culturais na sociedade feudal, volta a refletir a tensão entre uma cultura erudita e outra popular, suas aproximações e diferenças, assim como a coerência de tal definição. Segundo ele, "a tendência das formas culturais construídas para as categorias superiores da sociedade a vulgarizar-se, a difundir-se a partir de seus picos, a descer de grau em grau até as camadas cada vez mais inferiores", apesar de inferir parte de um movimento, que é constante, não visualiza toda sua complexidade, em função dos possíveis resultados que a cultura popular pode oferecer à erudita; das contradições e tensões inerentes entre ambas; e dessas categorias, apesar de dividirem a sociedade, também não alcançarem toda sua complexidade. Mesmo enfocando a centralidade das cortes principescas na sociedade medieval dos séculos XI e XII, e a maneira com que se davam os processos de vulgarização da cultura, "o quadro dos movimentos de vulgarização, desses fenômenos complexos de empréstimos, de trocas em todos os níveis do que se pode chamar, na falta de outra palavra, cultura", só em parte seria circunstanciado.

Ao se voltar para os problemas e métodos da história cultural, em *Idade Média, idade dos homens* (1990), ele notava a excessiva separação entre as disciplinas e a insuficiência dos instrumentais de análise, a começar pela própria definição de cultura. Como Le Goff, questiona os processos que se vincularam a um possível renascimento das sociedades no século XII, no Ocidente Cristão. Para ele, se "houve 'Renascimento' do século XII é que a escola foi vivificada nesse momento, e especialmente pelas doações dos patronos leigos que decidiram fundar de preferência colegiadas e não mosteiros, e especialmente também pela maior mobilidade dos mestres e dos ouvintes facilitada pela intensificação de todas as circulações" (1990, p.127-8). Fato, aliás, também destacado por Le Goff (1992), em seu texto *O apogeu da cidade medieval.*

Visando descortinar a história dos sistemas de valores, por sua não predisposição as mudanças bruscas, ele indica que no Ocidente Cristão: "os obstáculos às inovações se revelam de vigor muito variável de acordo com os meios culturais, que se justapõem e se interpenetram no seio de toda sociedade" (DUBY, 1990, p. 133), visto que o espírito conservador aparece com maior vivacidade nas sociedades camponesas, e a sua predisposição no espaço urbano circunscrevia "as tendências de longe mais poderosas [...] pela conservação". Para ele, "num meio cultural como este" dos séculos XII e XIII, "tão penetrado pela exigência de verdade, pela sede de compreender e pelo gosto do moderno, não parece que tais alterações tenham sensivelmente modificado o sistema de valores" (DUBY, 1990, p. 136) então vigente. Não por acaso, a tarefa do historiador "é propor explicações para o que passou – isto é, ordenar os fatos que se oferecem a sua observação, pô-los em relação e introduzir assim, no desenrolar de um tempo linear, uma lógica", um sentido, presente na narrativa. (DUBY, 1990, p. 139).

Ao abordar o 'Renascimento' do século XII, novamente volta à questão da relação entre infra-estrutura econômica e superestrutura cultural, de modo a indicar suas íntimas e inevitáveis relações recíprocas. Novamente suas relações com o texto de Le Goff (1992) são evidentes, apesar de tocar na questão do patrocínio e da audiência. Mas, para fazê-lo demonstra as alterações do espaço urbano, do comércio e do trabalho. Inicialmente vinculado ao rei, o patrocínio, aos poucos, desdobra-se no próprio interior do espaço urbano, cujas camadas em enriquecimento se diversificam, e elas próprias buscam conformar certas formas de representar seus gostos, seus valores e suas ações no mercado de bens e culturas que se formava naquela sociedade. Nesse aspecto, a arte e os artistas ocupariam lugar de destaque. Para ele, no século XII são mais comuns os cruzamentos entre cultura profana e escola, mesmo na alta nobreza e em seus lugares de encontro. Para ele, "esse monumento da dinastia, através do qual seus descendentes aprenderão, seguindo seu próprio exemplo, a proteger as letras, ele o quer em latim, no latim mais clássico, mais 'renascente'" (DUBY, 1990, p. 160).

Por fim, indica a herança do movimento dos *Annales* para a elaboração de seus problemas de pesquisa, tanto quanto da própria historiografia do século passado.[5] Para ele, o "que rejuvenesceu na concepção de história, na maneira de escolher as fontes de informação e de servir-se delas está indissociavelmente ligado à renovação das questões colocadas pelo historiador" (DUBY, 1990, p. 197). De acordo com ele, o "estudo das ideologias ensina que, em toda sociedade com um mínimo de complexidade, existem vários sistemas ideológicos, e que um conflito permanente os opõe". Além disso, todo "conjunto cultural é heterogêneo", e cabe aos historiadores estudarem os diferentes níveis de cultura plasmados no passado. Não por acaso, "meio século após a fundação dos *Annales*, continuam o combate" (DUBY, 1990, p. 208) pela maneira que o passado deve ser estudado; sobre as fontes a serem inquiridas e perscrutadas, em relação à maneira como deve ser abordado o objeto, de acordo com certas questões e preocupações, e em função de certas expectativas se chegar a um tipo de escritura.

Além disso, os textos de Duby (1993d, v. 1, 1997d, v. 1), ao contrário dos de Le Goff (1980), parecem ser menos esquemáticos, e mais fluídos, dinâmicos, poéticos em sua construção, o que os torna mais agradáveis, mas nem por isso mais simples de serem entendidos e analisados. A erudição apenas é apresentada de um modo mais sutil. Como se vê ao tratar do 'modelo cortês', no qual a figura feminina ocupa o centro de uma disputa, pois, sendo casada, tal disputa se desenvolve em função de um cortejo, que aos poucos ganha maior intensidade, ação, até vir a ser consumado, caso o jovem cavaleiro e a dama sigam adequadamente as regras desse jogo. Para ele:

> O historiador que se interroga sobre qual era nesta época a situação real da mulher não deve esquecer que o fino amor, tal como ele se mostra aos seus olhos, é uma criação literária, um objecto cultural cuja evolução prosseguiu de maneira autônoma, assim se enriquecendo as suas formas, bem como os valores que nelas se encontravam incorporados, e diversificando-se no decurso das gerações segundo o seu próprio ritmo, ao sabor das flutuações do gosto e pela contribuição de múltiplas trocas (1993d, v. 1, p. 334).

A par desses aspectos, Duby informa como "as vidas de santos, as canções e os romances punham em cena seres exemplares para que eles fossem imitados; estes heróis praticavam certas virtudes na perfeição, mas não deviam parecer totalmen-

5 Sobre essa questão, veja-se ainda: REIS, 2000; ROIZ, SANTOS, 2012.

te inimitáveis"; e em "virtude de um tal acordo, evidente, entre poesia e verdade, é forçoso procurar o que, nas estruturas da sociedade feudal, pôde favorecer na França do século XII a eclosão da 'neurose cortês' e o seu rápido desenvolvimento" (1993d, v. 1, p. 336). Entre outras coisas, o amor cortês favoreceu a consolidação da ordem, "incluindo uma moral fundada em duas virtudes, a moderação e a amizade" (1993d, v. 1, p. 344), ainda que consideremos que os "exercícios do fino amor visavam, antes de mais, evidentemente, realçar os valores da virilidade" (1993d, v. 1, p. 345). Além do mais, deve-se considerar o modo como ele se agrupava junto aos preceitos da Igreja, aos seus ensinamentos, e a maneira como concebia os papeis masculino e feminino na sociedade.

Ao se debruçar sobre a arte e a produção artística da Idade Média, ele nos informa como ocorreu esse desenvolvimento, no qual as estruturas mentais e socioeconômicas se articulavam, dando ensejo a uma produção cultural, que tinha na ordem do sagrado a sua base comum. (DUBY, 1997d, v. 1, p. 15-125). Não sem razão, as imagens para aquela sociedade serviam como meio de integrar o visível e o invisível, o mundo dos vivos e dos mortos, a condição humana e a divina. Dos séculos V ao X, essas estruturas não estavam totalmente gestadas; nem tão pouco a arte tinha essa percepção ou tema tão constante, pois, "a cultura das cidades romanas na sua recente evolução, as culturas nativas de base e as culturas bárbaras de importação em parte alguma confluem mais intimamente do que no culto aos mortos, e desses mortos especiais que são os santos" (DUBY, 1997d, v. 1, p. 27). Todas as partes da Europa, territórios ainda dispersos evidentemente, se ligavam a Roma, o que inevitavelmente confluía com os gostos, inclusive, artísticos do período.

Para ele, no "exato momento – meados do século IX – em que a renascença artística carolíngia atingiu o seu apogeu", iniciada no século anterior, com Carlos Magno, "a cristandade latina foi mais uma vez atacada, e de forma muito dura, por invasores", mas "não se tratava, como quatrocentos anos antes, de povos em migração, mas de banditismo" (DUBY, 1997d, v. 1, p. 36). E a esses "estragos veio somar-se a dispersão dos centros de poder", confluindo com a "dos núcleos de criação artística", e o "choque dessas incursões revelou a fragilidade do edifício político" (DUBY, 1997d, v. 1, p. 38).

Durante o período de 960 a 1160, houve momentos de ampliação do poder, da religião, que coexistiriam com aqueles de previsão de um fim inevitável, cuja função seria a de julgar todos os homens, de acordo com suas ações – voltaremos a essa questão adiante. Nesse mesmo período houve a consolidação de uma sociedade tripartida, tendo em vista os que oram, os que guerreiam e os que trabalham – e que retomaremos na sequência deste texto. Mas, passado "o ano 1000, o monge Raul viu se multiplicarem" os milagres, em função das relíquias, "como um notável favor do céu, depois de aplacada a cólera divina" (DUBY, 1997d, v. 1, p. 50). Por certo, a arte do período não estaria distante dessas questões. É nesse momento que "o papel de protagonista coube à mais vigorosa de todas, a ordem de Cluny" (DUBY, 1997d, v. 1, p. 54), que tomaria para si a função de prosseguir a renascença iniciada com a carolíngia, e retomada pela otomana.

No período de 1160 a 1320, o autor vê a Europa encher de homens, como resultado da melhoria do clima, da produção, da retomada de expectativas positivas sobre a vida e a morte. O que dará coesão a produção artística desse momento serão as peregrinações, sendo também "um resultado da concentração do poder", dado que após "três séculos de desintegração, de desagregação feudal, a animação das trocas, a fluidez do instrumento monetário, a consolidação das regras do direito e a difusão da escrita tornavam-na de novo possível" (DUBY, 1997d, v. 1, p. 75). Nesse ponto, o autor indica os projetos artísticos que ganhavam destaque com o Românico e, depois, com o Gótico. De 1320 a 1400, houve um "despontar de forma imperceptível da autonomia do artista dentro de uma sociedade toda ela impregnada pela ascensão do individualismo" (DUBY, 1997d, v. 1, p. 106). O que demonstraria a variedade e a complexidade em que, neste período, se daria o desenvolvimento da produção artística, do papel do artista, da arte, da Igreja, e das representações que então se faziam sobre as escrituras, os vivos e os mortos, os homens e os santos, os evangelhos, sobre Deus e o Cristo, o céu e o inferno.

Por certo, as características da documentação, em muitas situações, indicaram a forma mais adequada de proceder ao recorte do tema e do espaço da análise. Com essa perspectiva, não deixou de observar a 'mobilidade' do homem medieval em todos os 'estratos sociais'. Além de primar que as fontes indicam mais 'revelações' sobre as situações em ação, do que propriamente 'revoluções', para as pessoas do período, e para aquelas que as produziram, e quando não a elas, porque se perdem ou não são conhecidas na época, o faz com o historiador, ao indagá-las adequadamente. Por sua vez, o distanciamento com as fontes é sempre móvel e dinâmico, quando cotejadas corretamente.

Esses cuidados metodológicos podem ser aferidos com maior sistematização em sua aula inaugural, *Sociedades Medievais* (1999), apresentada em 4 de dezembro de 1970 no *Collège de France*, na qual Georges Duby ressaltará que: 1 – "a história social é, de fato, toda a história"; 2 – "procurar captar, no seio de uma globalidade, as verdadeiras articulações"; 3 – e vislumbrar "a necessidade de, ao analisar com a maior minúcia possível a interacção entre resistências e pulsões entrecruzadas, as aparentes rupturas que essa interacção provoca e as contradições que aviva, a necessidade, dizíamos, de dissipar, em cada um dos momentos que o historiador decide observar, a ilusão de uma diacronia" (DUBY, 1999, p. 12, 15, 20). Não há dúvida de que dos três princípios metodológicos elencados pelo autor, o terceiro foi o que fincou raízes mais profundas, ao longo de sua trajetória profissional. Evidentemente, não só de cuidados metodológicos foi matizada a obra do autor, haja vista o aparente uso livre de termos como: 'ideologia', 'mentalidade', 'imaginário', 'representação', 'sistemas ideológicos', 'consciência histórica', 'realidade', 'acontecimento', 'gerações', 'memória coletiva', 'estrutura' etc. O que não vale para toda obra, e mesmo onde a observação é válida, não diminui a contribuição do texto. Mas de que maneira ocorreu esse movimento na obra do autor?

5. Ao sintetizar no início dos anos de 1950 sua interpretação da 'sociedade medieval', num texto agrupado em um dos 17 volumes da *História Geral das Civilizações*, Georges Duby dirá que:

> Assim, a distribuição dos poderes após o desmoronamento da autoridade monárquica comanda a disposição da sociedade. Os homens deste tempo, conforme a sua disposição com respeito às forças de repressão, dividem-se em três ordens. Estendamo-las como categorias muito nitidamente delimitadas, estáveis, estabelecidas por Deus mesmo e, todos o creem, desde a criação, para assegurar a ordem do mundo, e cada qual corresponde a um estado particular, a uma missão especial. Na primeira classe situam-se os que rezam, e sua missão é cantar a glória de Deus e obter a salvação de todos; seguem-se os que combatem, encarregados de defender os fracos e impor a paz divina; enfim, abaixo destas duas elites, figuram os trabalhadores, que, segundo o plano providencial, devem contribuir, pelo seu labor, para o sustento dos especialistas da prece e do combate. Tal é o esquema que, penetrando a consciência coletiva por volta do ano mil, se expressa, doravante, em toda parte, tanto nos tratados didáticos ou nos sermões, como nas cerimônias mais banais, e que, transmitido de geração em geração, se converterá durante séculos na estrutura básica da sociedade ocidental (DUBY, 1994b, p. 19).

Esse problema percorrerá, entre idas e vindas, quase toda obra do autor. Em 1967, quando foi lançado seu livro *Guerreiros e camponeses* (1993b) perscrutou de que modo as duas ordens, dos que 'guerreiam' e dos que 'trabalham', que foi a base da civilização do Ocidente Medieval, a partir do século V, também contribuirá, após o ano mil, para o aparecimento de uma terceira ordem, a dos que 'rezam', cuja base estará na Igreja; instituição a qual mediará os conflitos destas duas, e as tensões entre o 'mundo dos vivos' e o 'mundo dos mortos'. Demonstra como os guerreiros se tornam cavaleiros no interior desse processo, e de saqueadores passam a ser senhores, cuja proteção dos camponeses será uma de suas funções. Igualmente ressalta de que modo os camponeses e os servos, cujas funções se encontravam distribuídas distintamente no início deste período, aproximam-se aos poucos. Por mais que a Igreja agregue poder ao longo dessa época, sua ação permanecerá esparsa, e na maioria dos castelos seus códigos serão consideravelmente flexíveis, quando não totalmente desrespeitados (DUBY, 1987, 1995, 1997c, 2001). Neste livro, Duby dedica-se a apresentar a fragilidade dos procedimentos quantitativos, seriais e econométricos para pensar a Idade Média, primeiro, por causa da escassez de fontes do período ou de séries completas para análise da mobilidade das populações; segundo, em função da distribuição geográfica dos povoados e dos homens que inviabilizava estatísticas minimamente aceitáveis e confiáveis ao pesquisador. Não por acaso, procurará avançar sobre tais procedimentos, ao apoiar-se na antropologia e na arqueologia, tendo em vista fontes literárias e meteriológicas – ainda que se pautasse também no marxismo para estudar as estruturas sociais do período.

De modo semelhante, em seu livro *As três ordens* (1994a), de 1978, o autor demonstrará como ao longo dos séculos XIV e XVI se conformará a esse imaginário, uma quarta 'ordem', formada nas cidades. Destacadamente se distanciando do marxismo e se apoiando numa abordagem antropológica, ao perceber a história cultural do período, e centrando sua análise sobre o imaginário, então construído sobre as 'três ordens'. Mas, diferente de *Guerreiros e camponeses*, a estrutura teórica e metodológica de *As três ordens* é explicitada pelo autor desde o início do texto. Para ele:

> A ideologia [...] não é reflexo do vivido, mas um projecto de agir sobre ele. Para que a acção tenha qualquer possibilidade de eficácia, é preciso que não seja demasiado grande a disparidade entre a representação imaginária e as 'realidades' da vida. Mas a partir daí, se o que se diz e o que se escreve é entendido, novas atitudes cristalizam e vêm

> modificar a forma pela qual os homens compreendem a sociedade de que fazem parte (DUBY, 1994a, p. 21).

Deste modo, Georges Duby distinguia o que estaria entendendo por 'ideologia' (e 'sistemas ideológicos') em sua pesquisa, ao mesmo tempo em que tomava certa distância quanto à maneira pela qual o termo fora definido no marxismo, como 'uma falsa consciência da realidade', fruto da vontade das 'classes dominantes', que impunham suas formas de agir e pensar as massas, sem que estas ao mesmo tempo tivessem vontade ou decisão, pois, se encontravam apáticas no interior do sistema, em função do efeito das ideologias em suas mentes. Adiante, o autor indicará ainda que: "Os sistemas ideológicos não se inventam. Existem, difusos, aflorando apenas a consciência dos homens. Nunca imóveis. Elaborados na memória dos homens, intrinsecamente, através de uma lenta evolução, imperceptível, mas cujos efeitos se descobrem de longe em longe, efeitos que no conjunto se deslocam e que podemos reconstruir" (DUBY, 1994a, p. 81). Dado que as ideologias só se conformam na realidade, quando se assemelham a ela, e na medida em que sua repetição, sobre os corações e as mentes das pessoas, estabeleça-se mediante uma relação entre grupos e indivíduos, e essas relações se cristalizem em novas atitudes na sociedade, esta não seria apenas um reflexo deste vivido, mas uma ação direta sobre ele.

Para ele, o esquema trifuncional aparece nas Gestas e em obras literárias. As Gestas são um gênero literário, que se assemelham a epopeia (mas sem a presença de deuses). Os poemas seguem características semelhantes, quanto à cobrança de ordem, como 'arma doutrinária'. Desse modo, não é por acaso, que sua reflexão tem base na obra de Georges Dumézil (1898-1986), com sua análise das organizações das sociedades indo-europeias, que entre seus vários esquemas funcionais, haveria predominância do trifuncional, ainda que suas representações fossem diversas. Aliás, ao planejar a obra em seus seminários, ministrados junto com Jacques Le Goff, Duby fez questão de contar com a participação de Dumézil.

Neles, Duby se questionava se esse modelo analítico pode ser aplicado para pensar a 'sociedade medieval' (que não se limitou a um esquema trifuncional, mas também se pautou, em certas ocasiões, a esquemas binários, entre monges e não-monges, e quaternários: clérigos, guerreiros, camponeses e aqueles que não se alocam a nenhuma dessas camadas, uma distinta, mas ainda pouco definida como uma classe, a burguesia). Mesmo que se detenha sobre a França do norte nos séculos XI e XII, não deixa de observar esses esquemas em outros locais e períodos. O momento do *Eclipse* do esquema trifuncional, para ele, coincidirá com o sucesso da sociedade feudal, porque será um período de enfraquecimento e fragmentação do poder, inclusive, o monárquico.

Como esse esquema ressurge? Em muitos personagens, que serão identificados como 'típicos' da representação desse ordenamento tripartite. Ele ressurge, portanto, nas cortes. E por que nas cortes? Porque nelas se discutirá a distribuição de funções entre os homens. Porque em algumas houve uma produção significativa de poemas e obras que, notadamente, voltavam a representar a ordem, por meio de um esquema trifuncional. E essas cortes, redescobrem esse esquema trifuncional, que antes serviram de base a Adalberão de Laon e a Gerardo de Cambrai, ao se utilizarem dos mesmos textos, num momento de crise do monacato, servindo para as cortes recomporem a ordem daquela sociedade.

Mas, em muitas ocasiões, também não deixará de haver uma coexistência de sistemas funcionais: binários, terciários e quaternários. Mesmo se considerarmos sua viabilidade ao representar as funções sociais, do imaginário construído para as relações sociais estabelecidas entre os homens e os grupos em suas práticas sociais cotidianas, esses esquemas explicativos eram parciais e não conseguiam sintetizar a movimentação e as complexas redes de relações mantidas entre eles. Embora o juramento fosse uma maneira de manter o esquema trifuncional, em função das consequências de sua recusa ser a morte, havia certamente o desrespeito do juramento, seja pela hierarquia, opressão e rebelião, seja ainda, pela simples discordância entre servos e senhores – discordância, aliás, que com as devidas especificidades espaciais e temporais, vimos no nono capítulo, com relação ao regime escravista moderno de africanos entre Portugal e Brasil nos séculos XVIII e XIX, as relações que cerceavam senhores e escravos.

Desse modo, da dialética entre relações sociais e conformação do imaginário, exposta em *Guerreiros e camponeses*, para a tensão entre imaginário fundado num ordenamento tripartite da sociedade e sua mediação nos modos de agir e pensar vinculados as relações materiais dos grupos e das pessoas, apresentado em *As três ordens*, é justamente no interior desse processo de viragem analítica e historiográfica do tema, que abordou de que modo se formou a 'sociedade feudal'. E é possível observar de que maneira o autor dá destaque ao estudo da 'literatura', para analisar o 'milenarismo' e criticar as 'filosofias da história'.

6. As 'fontes literárias' demonstraram ser um campo fértil para a pesquisa histórica, após a década de 1960 – como vimos na primeira parte deste estudo. Ao

longo de sua trajetória, Georges Duby notou sua contribuição e as reviravoltas que produziu em sua obra. Para ele:

> Eu estava mudando de material, mais ou menos como um escultor que troca a madeira pelo mármore. Desviava minha atenção das cartas, inventários, dos testamentos breves fornecidos pelas fontes abruptas, ásperas, sem preparo sobre as quais se baseava toda minha tese de doutorado. Dali para a frente, eu leria sobretudo narrativas, poemas, em latim ou outras línguas, escritos que refletiam de maneira menos direta, menos ingênua, a vida em sociedade, deformados, complicados que são pela preocupação de agradar, de disseminar determinada doutrina, mas também menos secos, mais loquazes, e em todo caso de interpretação mais difícil. Para extrair-lhes o sentido, prevalecia-me da experiência récem-adquirida, quando me interroguei sobre a obra de arte para situá-la em seu contexto (DUBY, 1997b, p. 99).

Com isso, "me apego, retendo de suas palavras, para começar, o que revelam sobre sua própria cultura, suas esperanças, seus temores, a maneira como pensa o mundo e a si mesmo". Em vista disso, sua maior preocupação, sobretudo quando se debruçou sobre as fontes literárias, é interrogar a "imagem que tem de si mesmo" e é isso "o que procuro reconstituir" (DUBY, 1997b, p. 100). Avançando nesta análise, em seu livro *As damas do século XII: a lembrança das ancestrais*, notará ainda que:

> Os historiadores positivistas o desprezaram e desprezam, cumulando de sarcasmo Dudon [uma fonte literária], o fantasista, Dudon, o manipulador. Tenho essa obra por um documento de primeiríssimo valor. Também eu sou positivista. À minha maneira. Para mim, o positivo não está na realidade dos 'pequenos fatos verdadeiros': bem sei que não a apreenderei jamais. O positivo é esse objeto concreto, esse texto que conserva um eco, um reflexo, palavras, gestos irremediavelmente perdidos. Para mim o que conta é esse testemunho, imagem que um homem de grande inteligência propôs do passado, seus esquecimentos, seus silêncios, como ele trata a lembrança para ajustá-la ao que pensa, ao que crê verdadeiro, justo, ao que querem crer justo e verdadeiro aqueles que o escutam. Assim Dudon, quando evoca a mãe de Guilherme Longa Espada ou a de Richard, talvez não diga delas a verdade exata. Tenho consciência disso. E, não obstante, retenho preciosamente as palavras que ele emprega. Elas revelam como se gos-

tava de representar as ancestrais em uma corte principesca emergindo pouco a pouco da selvageria do ano 1000 (DUBY, 1997c, p. 55-56).

Para ele, as "mulheres têm na verdade muito pouco lugar nessa história de guerreiros, de furiosos pouco a pouco acalmados", e sempre "em segundo plano, são joguetes nas mãos desses brutos". Ainda assim, as "mulheres se fazem muito mais presentes a partir do século XII" (DUBY, 1997c, p. 57-58). Como indicaria em *A história continua*, após concluir a sua tese, na década de 1940, teve duas preocupações centrais: 1 – com a morte e sua representação; 2 – e com o papel das mulheres nesse momento. E é por isso que houve certas alterações significativas quanto à própria maneira como o autor entendeu as mulheres na história da sociedade medieval, entre seus livros *Guilherme Marechal* e a trilogia sobre *As damas do século XII*.[6] Para que esse entendimento fosse possível foram fundamentais as pesquisas que empreendeu para compreender de que modo o passado era usado como forma de conformar um tipo de 'memória coletiva' e não outro. No percurso que se seguiu a essa virada historiográfica, o uso das fontes literárias balizaram parte essencial de suas revisões do tema. Daí não surpreende seu questionamento constante do que é a literatura medieval e de que maneira foi produzida, usada e consumida pelas pessoas. (DUBY, 1990). É seguindo esse rastro deixado pela documentação que irá inquirir tanto como se forjou a memória sobre o *Domingo de Bouvines*, quanto sobre as visões do ano mil.

Ao tratar da maneira como um acontecimento é rememorado, em *O Domingo de Bouvines*, de 1973, que reconstitui a batalha de 27 de julho de 1214 e a forma como esta se tornou um marco para o povo francês pensar a constituição de sua nação, o autor também demonstra como o passado é usado para determinados fins, em diferentes momentos, por diferentes pessoas e instituições. Nesse processo, de que modo a 'memória coletiva' de certos momentos, pessoas e acontecimentos é transmitida de uma época para outra, de uma geração para outra, e de que forma o próprio passado e o presente são também resignificados? Como um acontecimento é usado para justificar um passado comum a pessoas que não o viveram, e a partir dele definir a própria maneira como um sentimento de pátria, nação, tradições, linguagens e histórias em comum são construídos ao longo do tempo?

São essas as questões fundamentais que o autor se propõe em *O domingo de Bouvines*. Com base em anais, crônicas e relatos literários, visando 'observar como

6 Vale destacar que Duby (2022) ainda retoma tais questões em seu livro: *O cavaleiro, a mulher e o padre*.

antropólogo' o movimento da história, e a maneira como a realidade é balizada por ideologias, o autor passa a reconstituir o acontecimento e suas várias rememorações, no tempo e no espaço. Para ele, entre os séculos XII e XIII, os relatos monásticos, amparados na ideologia cavaleiresca, convertem o evento em momento simbólico da ação divina sobre o povo francês. No século XIV, seriam produzidos os primeiros relatos profanos, cujo objetivo principal era o de exaltar o rei. A partir do século XVII, em meio ao desenvolvimento da pesquisa antiquaria e erudita, visa-se reconstituir todos os traços do passado, em busca de um sentido comum para a história do povo francês. No século XIX, com o Romantismo, primou-se pela descoberta da 'verdadeira revivecência do passado'. No final daquele século, buscar-se-ia analisar a 'história verdadeira', a partir dos documentos oficiais, de resquícios do passado deixados pela batalha. Depois de 1945, Bouvines será totalmente esquecida, e em seu lugar serão rememoradas, nos livros e manuais didáticos, as batalhas de Crécy e de Marignan. Portanto, ao demonstrar que aquela batalha não era apenas de homens, mas também entre religiões greco-romanas e cristãs, *Atenas* versus *Deus*, e a maneira como se daria o processo de rememorações e esquecimentos, silenciamentos e rupturas, o autor visava rever a importância de tal acontecimento, num momento em que ele próprio estava sendo esquecido pelo povo francês, ao longo do século XX. Donde, a importância de reconstituir os momentos decisivos do processo, revisitar criticamente suas principais fontes e demonstrar as disputas pelo poder que mediavam os usos do passado, ao forjar a 'memória coletiva' sobre o acontecimento, a batalha do *Domingo de Bouvines* (1993a), que deveria ficar a posteridade.

7. Em 1952 foi lançado postumamente o livro *O ano mil* pela editora e livraria Armand Colin, na França, de Henri Focillon (1881-1943), resultado de seus cursos ministrados na França e nos Estados Unidos, entre os anos de 1930 e 1940. Nele o autor propôs estudar o problema dos terrores provenientes do 'milenarismo', cujos estudos apocalípticos representavam parte significativa dos testemunhos da época, para os quais o autor se deteve com maior atenção aos oferecidos por Raul Glaber (980/985-1047).[7] Dedicou-se a mostrar de que maneira estava sendo construída a paisagem e a imagem histórica do Ocidente durante esse período, circunstanciando o pontificado de Gerberto de Aurillac, bem como o império de Otão III. Para ele:

7 Para maior detalhamento a respeito da fundação e desenvolvimento da mística ocidental, e seus desdobramentos e alterações no tempo, ver: McGinn, 2012, 2017a, 2017b.

> A história não é o devir hegeliano. Não se assemelha a um rio que transportasse à mesma velocidade e na mesma direcção os acontecimentos e os resíduos de acontecimentos. É até a diversidade e a desigualdade das correntes que constituem propriamente o que chamamos História. Deveríamos antes pensar numa sobreposição de camadas geológicas, diversamente inclinadas, por vezes interrompidas por fendas bruscas, e que num mesmo lugar e num mesmo momento nos permitem distinguir várias idades da Terra, de modo que cada fracção do tempo decorrido é simultaneamente passado, presente e futuro (FOCILLON, 1977, p. 11-12).

A esse aspecto, completa informando que: "é muito raro a História ser absoluta e rigorosamente contemporânea de si mesma, pois como mostrei é sem dúvida sobreposição de correntes muito desiguais em intensidade, velocidade e duração". Parte da constatação de que a "ideia do fim do Mundo aparece em quase todos os povos antigos como elemento fundamental da sua religião ou da sua filosofia, bem como a ideia do renascimento glorioso e o tema da periodicidade milenária". Por sua vez, a paisagem histórica deste período é ainda "uma paisagem florestal, como no século X", e os "acontecimentos políticos que se verificam no Ocidente no ano 1000 não têm menor influência no futuro da Europa" (FOCILLON, 1977, p. 13, 45, 75, 98). Nesse sentido, progresso e regressão, linearidade e circularidade histórica, agrupavam-se dialeticamente ora em tensão, ora se complementando, em sua interpretação.

Em 1967, em um livro de mesmo título, Georges Duby (1993c), apoiando-se em parte dos argumentos de Focillon, demonstrará, com um mosaico de fontes documentais e literárias, como as pessoas que viveram pouco antes, pouco depois, do ano mil criaram certas expectativas sobre o fim dos tempos, preveniram os homens sobre sua conduta na Terra e prescreveram caminhos para que a humanidade se reencontrasse com Deus. Ainda que a obra traga apenas uma fonte apocalíptica, e as outras indiquem mais expectativas "entre os anos vizinhos de 980 e os de 1040" (1993c, p. 10), o autor traz toda a paisagem mental que permeou aquela época, constituindo-se num momento de reestruturação da cristandade ocidental, tanto como da política e da economia que dariam base a 'sociedade feudal', nos séculos XI e XII. Para ele:

> Santo Agostinho, Dionísio o Areopagita e Gregório Magno são, de facto, os autores fundamentais em que se baseia, nos claustros do Ano

> Mil, o esforço de elucidação do mistério, e o que leva a meditação a atingir as iluminações divinas. Adalberão refere-se a eles para definir as duas características mais importantes da Jerusalém Celeste, essa morada radiosa que, no fim do mundo, a humanidade ressuscitada contemplará: ela está disposta em hierarquia como a cidade terrestre; 'morada dos anjos', está completamente aberta aos mortais que caminham para ela, porque, no plano divino a comunicação deve finalmente estabelecer-se entre as duas partes do universo (DUBY, 1993c, p. 69-70).

Por sua vez, "os esquemas milenaristas ainda não perderam completamente, na nossa época, o seu poder de sedução na consciência colectiva" (DUBY, 1993c, p. 9), o que também justificava tal empreendimento, circunstanciando relações entre passado e presente, 'sociedade feudal' e 'sociedade contemporânea'.[8] Essa questão é igualmente aferível ao nos deslocarmos para a virada do ano 1000 para o ano 2000, no qual o ano de 1999 instigou a publicação de várias obras sobre o tema. (FRANCO Jr., 1999; LACEY, DANZIGER, 1999). Em vista de tal ensejo, também Georges Duby (1997a), em meados da década de 1990, aproveitaria a circunstancia, a convite de Michel Faure e François Clauss, para livremente, por meio de uma entrevista, retomar o tema do 'milenarismo', e comparar os medos do ano 1000, com os do ano 2000. Para ele, ainda que destaquemos as diferenças e as especificidades de cada momento, assemelham-se grandemente na forma como pensaram os medos: da miséria, do outro, das epidemias, da violencia, do temor a Deus e a esperança em Cristo, e do além. Contudo:

> Estou certo de que existia, ao término do Primeiro Milênio, uma espera permanente, inquieta, do fim do mundo, porque o Evangelho anuncia que Cristo voltará um dia, que os mortos ressuscitarão e que ele fará a escolha entre os bons e os maus. Todo o mundo acreditava nisso e aguardava o dia da cólera que provocaria, evidentemente, o tumulto e a destruição de todas as coisas visíveis. No Apocalipse, lia-se

8 Para maior detalhamento desta questão, ver: DOBRORUKA, 2004. Para ele: "Ainda que se possa estender a genealogia das concepções ocidentais sobre o sentido da história até muito longe, no antigo Oriente Próximo, em termos mais imediatos nossa concepção da história como processo tem origem medieval, na obra de um abade calabrês que se tornaria famoso pela agudeza das suas reflexões sobre o sentido da história" (2004, p. 77), que foi Joaquim de Fiore (1132-1202).

> que, quando mil anos tivessem decorrido, Satã seria libertado de suas correntes e viria, então, o Anticristo (DUBY, 1997a, p. 20).

A ideia de 'solidariedade', sobrepunha naquela sociedade, ao nosso 'individualismo'. Os homens viviam em bandos. Além disso:

> A grande diferença com relação à Idade Média é que a Europa da época feudal não era como hoje uma região pouco povoada, cercada de espaços exteriores muito cheios, suscetíveis de precipitar-se sobre ela. Era o inverso. A Europa estava em plena progressão demográfica, em plena expansão; era ela que transbordava. De fato, muito rapidamente a Europa estendeu-se para o leste, até os confins do Báltico, pela cristianização das tribos eslavas, pagãs. Ela estendeu-se em direção ao sul, pela reconquista da Espanha, a liberação do sul da Itália, da Sicília, a instalação, por um momento, no Magrebe. Houve, até mesmo, uma tentativa de expansão mais longínqua, para Constantinopla, que foi conquistada, e para a Terra Santa, a Síria e a Palestina. Os europeus daquele tempo jamais se sentiram em situação de ser submersos por uma onda demográfica vinda de outro lugar, exceto diante das hordas mongóis que vinham dos confins da Ásia e traziam consigo o terror (DUBY, 1997a, p. 68).

O essencial naquela época era, para o autor:

> [...] garantir a graça de Deus. Isso explica o poder extraordinário da Igreja, dos servidores de Deus na terra, pois o Estado, tal como o concebemos hoje, não existia. O direito de comandar, fazer justiça, proteger, explorar o povo dispersava-se entre vários pequenos núcleos locais. [...] O que diferencia mais claramente a civilização europeia das outras é que ela é essencialmente historicizante, ela se concebe como estando em processo. O homem do Ocidente tem o sentimento de que progride em direção ao futuro e, assim, ele é muito naturalmente levado a considerar o passado. O cristianismo, que impregnou fundamentalmente a sociedade medieval, é uma religião da história. Proclama que o mundo foi criado num dado momento e que, num outro, Deus fez-se homem para salvar a humanidade. A partir disso, a história continua e é Deus quem a dirige. Para conhecer as intenções divinas é necessário, portanto, estudar o desenrolar dos acontecimentos. É isso o que pensavam os homens cultos, os intelectuais

> daquela época, ou seja, os membros da Igreja. Todo o saber estava em suas mãos. Um monopólio exorbitante. [...] Somente os servidores de Deus sabiam escrever e ler, e consideravam como seu dever explicar a história, de maneira a nela detectar os sinais de Deus. Estavam convencidos de que não há barreiras estanques entre o mundo real e o sobrenatural, que existem sempre passagens entre ambos e que Deus se revela naquilo que Ele criou, na natureza, mas também na maneira pela qual orientou o destino da humanidade (DUBY, 1997a, p. 15-17).

Por intermédio dessas comparações, o autor demonstrava que, ainda que o progresso material e espiritual, assim como considerar a história em proceso contínuo em direção ao futuro, fosse a marca da civilização ocidental, tanto no período medieval quanto no contemporâneo, este não era totalmente linear, constante e ascendente. Em linhas gerais, esse foi o contexto social no qual a obra de Georges Duby procurou repensar as ideias de progresso, linearidade, desenvolvimento e leis gerais, as quais as 'filosofias da história' procuravam prescrever de que maneira se desenrolariam os processos históricos entre o passado, o presente e o futuro.[9] Como vimos, na medida em que se distanciava criticamente do marxismo, e se aproximava de uma abordagem antropológica das estruturas mentais e culturais dos homens e dos grupos do passado, mais o autor também se afastava de um entendimento que

---

9 No início dos anos de 1940 foi publicado postumamente o livro: *A ideia de História* de Robin George Collingwood (1889-1943). Nele o autor destacaria que: "A expressão 'filosofia da história' foi inventada, no século XVIII, por Voltaire, que entendia por tal nada mais do que a história crítica ou científica, um tipo de pensamento histórico em que o historiador resolvia por si próprio, em vez de repetir quaisquer histórias encontradas em alfarrábios. A mesma expressão foi usada por Hegel e outros escritores, em fins do século XVIII, dando-lhes eles, porém, um sentido diferente, ao considerá-la simplesmente como história universal. Encontra-se um terceiro emprego dessa expressão em vários positivistas do século XIX, para quem a filosofia da história era a descoberta das leis gerais que regem o curso dos acontecimentos que devem ser referidos pela história" (COLLINGWOOD, 1981, p. 9). As três definições, mesmo que consideremos suas especificidades, entendem por 'filosofia da história' uma interpretação do processo histórico a partir de um fim previamente estabelecido, embora em um tempo não determinado, quer dizer, "como demonstração de um sentido, de uma direção única e inexorável do trajeto da humanidade ao longo do tempo em direção a um fim [...], seja ela religiosa ou materialista [...] [e] opera com a ideia de término do processo histórico em um ponto ideal de chegada para a humanidade" (MANOEL, 2004, p. 13).

prescrevia somente o progresso na história, vendo-o mais em constante tensão com retrocessos, redefinições e alteração de caminhos e ritmos de seu movimento.

8. Se "a principal função do discurso histórico sempre foi divertir" e a "maioria das pessoas lê história para relaxar e sonhar" (DUBT, 1997b, p. 107), como indicará o autor em *A história continua*, vale destacar que o próprio caminho que o levou a tal constatação, não foi nem simples, nem tampouco linear. Foi justamente a partir do momento em que passou a se debruçar com maior atenção nas fontes literárias, e com elas reconstituir a história da 'sociedade cavaleiresca', que ele iniciaria sua crítica aos fundamentos da escrita da história, em fins dos anos de 1960 – em compasso com as indagações provenientes da "virada linguística", que vimos na primeira parte deste livro. Contudo, apenas quando verificou os principais aspectos do milenarismo, no ano 1000 e, depois, entre o ano 1000 e o ano 2000, que sua interpretação do processo histórico destacaria de modo mais sistemático a inevitável relação entre linearidade, retrocesso e circularidade nas ações dos grupos e dos indivíduos no tempo. Vale, neste aspecto, apresentar sua análise da exploração do medo da violência, entre o período medieval e o contemporâneo:

> A sociedade medieval vive, morre e se diverte com uma grande brutalidade. Os camponeses preferem ver os cavaleiros partirem em cruzada ou matarem-se nos torneios a vê-los saquear as colheitas e espoliar os vilarejos. Pois a grande insegurança no ano 1000 é sustentada por esses bandos de cavaleiros [...]. Violências, no entanto, menos destruidoras do que as carnificinas contemporâneas de Verdun a Stalingrado (DUBY, 1997a, p. 98-99).

As fontes literárias que estiveram em *O ano 1000*, *Domingo de Bouvines*, *Guilherme Marechal* e na trilogia sobre *As damas do século XII*, como os principais documentos analisados pelo autor, foram interpretados não porque constituíssem uma fonte fidedigna sobre a 'realidade do passado', nem tampouco pela sua racionalidade, imparcialidade e objetividade, ou pelo tipo de verdade que esboçavam, mas porque restaram como o 'melhor testemunho'[10] a respeito daquele passado irreme-

10 Sobre história biográfica, e a importância de se estudar a trajetória de indivíduos, que foram vistas neste e no capítulo anterior; bem como o modo como biografia e história se relacionaram ao longo do tempo e no mercado editorial, foi elaborado o Apêndice ao

diavelmente perdido. Evidentemente, eles mesclavam realidade e imaginação, o acontecido e o imaginado, o verdadeiro e o falso, mas não era menos certo que o próprio período, envolvido pelas questões terrenas e divinas, também se fazia em meio a tais dilemas e paradoxos. Por outro lado, para o autor, uma coisa é a literatura cavaleiresca e outra totalmente distinta será a literatura burguesa, que passará a ser produzida a partir do final do século XVI, seja em função dos temas e da descrição das cenas, seja em função da escolha e caracterização das personagens envolvidas no drama. (LIMA, 2009). Se por suas escolhas, as obras do autor podem ser lidas como um romance, sem dúvida, não são nem romance histórico, cujas regras o autor não deixará de lado, nem tampouco um romance de cavalaria, haja vista que a pesquisa histórica tem suas próprias regras e especificidades narrativas.

Mesmo discordando de parte dos fundamentos que se tornaram canônicos, a partir do final do século XIX, na pesquisa histórica, em sua obra Georges Duby procurou demonstrar que tanto o discurso quanto a pesquisa histórica só ganhariam ao não se limitarem a essas regras, que deixavam de lado uma questão crucial, que era os fundamentos da própria escrita da história. Ou, melhor dizendo: a retórica, a estilística, a gramática, ficavam sempre em segundo plano, em função da objetividade, da imparcialidade e da cientificidade a que o discurso deveria atingir, mas, de fato, não alcançava. O que o autor demonstrou em seus livros é que o historiador nada perde ao dar maior atenção a essas questões, já que uma das principais funções do historiador, além de reconstituir a 'memória coletiva' das sociedades, está em analisar, (re)construir e efetuar uma constante manutenção e análise crítica da formação das identidades coletivas do passado e do presente.

Ao nos debruçarmos em seu *Guilherme Marechal*, o autor destaca que o "principal é que ele [Guilherme] não se esqueça de nada" (DUBY, 1987, p. 26), porque deve "restituir tudo o que tomou, as presas que fez por cobiça, se quer escapar, na outra vida, dos tormentos" (DUBY, 1987, p. 27). Assim como Guilherme, a escrita da história e também o historiador carregam um pouco desse traço, pois, na medida em que cala, o historiador reproduz a memória do vencedor, e deixa de lado o testemunho daqueles que foram silenciados no passado pelas inevitáveis disputas pelo poder. E, muitas vezes, nas lacunas deixadas pelas fontes oficiais, que as literárias podem ser cotejadas, inquiridas e utilizadas pelo historiador, até a contrapelo de seus produtores, como cogitava Walter Benjamin (GINZBURG, 2002; LÖWY,

final deste livro, que trata especificamente dessas questões, dada sua importância para a compreensão da história da historiografia contemporânea, mesmo a relativa às tensões entre História e Literatura.

2005), para fazer ressurgir os silenciamentos, os esquecimentos e os excluídos, e retomar as relações de força, averiguar as tensões dos testemunhos, a elaboração da memória coletiva e as circunstâncias em que aqueles discursos foram produzidos, controlados, disputados e canonizados no tempo. Por que:

> Dentre seus mais altos méritos, o texto que utilizo tem o de lançar viva luz sobre o jogo dos poderes nesse estágio superior da sociedade que chamamos feudal. No final do século XII, sabe-se que os homens dados à reflexão pensavam essa sociedade tal como pensavam o conjunto do universo visível e invisível. Isto é: cimentada pelo que os clérigos chamavam de *caritas*, e a língua das cortes de 'amizade', sustentada pela 'fé', outra palavra-chave a evocar uma combinação de confiança e fidelidade. Nessa relação efetiva, geradora de deveres e direitos, assentava a coesão de um edifício hierarquizado, construído de finíssimas folhas superpostas; tudo estava em ordem e tudo se conformava às intenções de Deus, quando os homens (ninguém prestava muita atenção às mulheres, as quais constituíam uma outra espécie, subordinada por definição), estabelecidos em tal ou qual nível, viviam juntos na concórdia, serviam fiel e lealmente os que estavam logo acima deles e recebiam serviço adequado por parte dos seus inferiores imediatos. A ordem assim se mostrava fundada numa combinação de desigualdade, serviço e lealdade. Se ela situava em um bloco acima de todos os outros leigos essa parte da sociedade formada pelos fidalgos, por outro lado distinguia na classe dominante múltiplas estratificações, simultaneamente determinadas pelas relações de domesticidade, que garantiam a autoridade do chefe de família sobre toda a gente de sua casa, pelas relações de parentesco, que subordinavam os caçulas aos mais velhos e a geração dos moços a dos anciãos, pelas relações de vassalagem, que alçavam o senhor sobre quem lhe prestava homenagem, pelas relações políticas, finalmente, pregadas sobre a hierarquia das homenagens, formando uma pirâmide cuja base eram os meros cavaleiros; o ápice, o rei; e os barões, o nível mediano. Esses diferentes sistemas de dependência interferiam muitas vezes uns nos outros, suas disposições chegavam a se contradizer, mas sempre a amizade obrigava (com rigor maior ou menor, dependendo da proximidade dos homens e da qualidade de sua relação) ao serviço mútuo, ao auxílio, ao conselho, se traduzia em dois eixos perpendiculares: num plano horizontal, ela mantinha a paz entre os pares; num vertical, ela

> forçava à reverência face aos superiores, à benevolência pelos inferiores (DUBY, 1987, p. 182-84).

Mas, se a fonte literária dá vividez, suavidade e lucidez ao discurso e conserva os traços da mentalidade da época[11], o historiador não pode deixar de lado os outros testemunhos. Somente o cruzamento das fontes é que permite um melhor cotejamento do passado. E esse era o objetivo do autor ao incluir a fonte literária no *corpus* documental possível de ser utilizado pelo historiador.[12]

9. No final da década de 1970, Alain Guerreau (1980) pensou a estruturação de uma 'longa Idade Média' na civilização ocidental. De início, apresentando certo distanciamento crítico de tal definição, Jacques Le Goff (1995, 1996) aos poucos foi se aproximando e concordando com a avaliação de Guerreau sobre esse período, e as raízes profundas que fincou sobre a Europa contemporânea (LE GOFF, 2007). Já nos anos de 1950 e 1960, embora com um jargão distinto, Georges Duby, pautando-se em Marc Bloch, Lucien Febvre e Fernand Braudel, teve a mesma sensibilidade ao interpretar à 'sociedade medieval', e destacar quais os laços que a aproximaria e as rupturas que a distanciaria das sociedades contemporâneas.

Ao perceber a importância da literatura, como fonte primordial para a compreensão das sociedades do passado, tendo em vista que esta não reproduz a 'realidade' extratextual, nem é um mero reflexo daquilo que se encontrava fora do texto, mas era produzida a partir dela, isto é, de um passado e realidades peculiares, o autor demonstraria quais os canteiros da pesquisa histórica que poderiam ser abertos com esse tipo de documentação. Ao mesmo tempo, essa fonte documental também permitia que fossem repensadas as representações da morte, o papel da mulher e a organização da ordem cavaleiresca na sociedade medieval. Ao inquirir as mudanças

11 Como indica a passagem: "A intenção era a de manter o defunto presente através de palavras. Mas não, como nas imagens associadas ao culto funerário, apresentando-o em retrato estático, descrevendo com exatidão e minúcia os traços peculiares de sua fisionomia, de sua silhueta, representando o herói através de sua pessoa física" (DUBY, 1987, p. 40-41).

12 Se não se encontra uma discussão direta nos texto do autor sobre o impacto da 'virada linguística' sobre a 'escrita da história', em vários momentos de sua obra procurou responder aos dilemas colocados por aquele movimento, em especial, no que diz respeito a texto e contexto, realidade e ficção, história e romance (COSTA, 2010; ODÁLIA, 1994; RIBEIRO, 2002).

do ano 1000 e, depois, do ano 2000, além de comparar diferentes projeções quanto às representações e as apropriações do 'milenarismo', este ainda perscrutaria de que maneira cada momento reviu seus valores, se aproximaram e se distanciaram, na constituição de seus medos. Ao rever o papel das 'filosofias da história' demonstrou que o progresso não poderia ser apenas interpretado como um movimento linear, inexorável em direção ao futuro, que sua estrutura mantinha uma tensão constante com formas alternativas, inclusive, de regressão, seja no aspecto material quanto no espiritual.[13]

Portanto, seja questionando a estrutura funcional (os que 'rezam', os que 'guerreiam' e os que 'trabalham'); a organização dos papeis (inclusive, os sexuais, nas disputas entre as relações de gênero); o estabelecimento da ordem, a produção da arte e os rituais de representação do além e da morte, a obra de Georges Duby foi um marco para os estudos medievais no século passado, contribuindo de modo definitivo para que fossem identificadas a sociedade cavaleiresca, o papel da Igreja e a função dos servos e camponeses, que formaram a 'sociedade medieval' da civilização do Ocidente Cristão; ao mesmo tempo em que constatou a propriedade das 'fontes literárias' para o estudo das sociedades do passado, como parte integrante do *corpus documental* do historiador.

A riqueza da obra de Georges Duby ainda está em circunstanciar um tipo de narrativa que se aproximava do gênero literário, para dar maior vivacidade em sua análise histórica. É certo que não chegou ao ponto de construir uma narrativa híbrida como se encontra facilmente nos textos de Natalie Zemon Davis, especialmente em seu *O retorno de Martin Guerre*, no qual explora a construção imaginativa em uma obra histórica, cuja narrativa encantou leitores do mundo todo, mas a obra de Duby também procurou fazer certas experimentações narrativas, com o uso do literário em suas pesquisas e interpretações. Certamente, muitas de suas obras, em função da fluidez e versatilidade de sua narrativa podem muito bem ser lidas como um romance de época, e talvez fosse até essa a sensação que o autor quissesse passar aos seus leitores enquanto liam seus livros, mas as suas construções interpretativas controlavam os usos da imaginação no processo de elaboração de suas narrativas históricas.

Em meados dos anos 1990, quando Duby nos deixou, começava-se a proliferar em várias áreas do saber a produção de narrativas híbridas, que procuravam não

13 Sobre esse tema, vejam-se também as importantes análises contidas em: COLLINGWOOD, 1981; LÖWITH, 1991; KOSELLECK, 1999, 2006; MANOEL, 2004; LOWY, 2005.

somente refletir o vivido, ou até mesmo o imaginado de outrora, mas também como esse tipo de estratégia argumentativa proporcionaria maior vivacidade, comoção, entretenimento, aprendizado e curiosidade nos mais diversos perfis de leitores e de leitoras ao redor do mundo.[14] Como poderíamos aguçar leitores e leitoras a pensar as variações e as contribuições das narrativas híbridas para a escrita de novas histórias e tramas literárias? Isso é um pouco do que nos aguarda o próximo capítulo...!

---

14 O número de obras que tratam dessas questões tem aumentado consideravelmente, como demonstra Ivan Jablonka (2020) em seus estudos. Não há dúvida que essas mudanças teóricas, metodológicas, conceituais e narrativas são consequência direta das indagações deixadas pelo estruturalismo, pelo pós-estruturalismo, pela virada linguística e pela pós-modernidade as ciências humanas e sociais, em geral, e a escrita das histórias, em particular. (VASCONCELOS, 2005; SALOMON, 2011; CHARTIER, 2011; BERBERT Jr., 2012; JABLONKA, 2020). É inegável como autores e autoras das mais variadas tendências teóricas e metodológicas têm prestado atenção a essas questões. Wanderley Guilherme dos Santos (2019), observou-a na condução de uma análise poética para repensar a execução das pesquisas sociais, em *Discurso sobre o objeto*. A percepção de Boris Fausto, ao historiar a trajetória de sua família e construir sua autobiografia, em *Negócios e ócios* e *Memórias de um historiador de domingo*, assim como a noção de Fernando Henrique Cardoso, em *Um intelectual na política*, da importância da narrativa para a construção de suas memórias, demonstra o quanto textos que buscam se aproximar das tramas e enredos dos romances, ainda que feitos no âmbito das ciências humanas e sociais, tem cativado a formação de novos públicos de leitores e leitoras pelo Brasil e o mundo todo. Foi também o que procurou fazer Néstor Canclini, ao ver a formação de culturas híbridas na (re)constituição de toda história da América Latina, mas igualmente sentir as transformações epistemológicas nas ciências sociais, especialmente em *O mundo inteiro como lugar estranho*, *Pistas falsas* e *Sociedade sem relato*. Silviano Santiago, debruçou-se na experimentação de outros tipos de narrativa, todas elas híbridas em seu alcance ao aproximar história e literatura, para refletir a história do Brasil republicano, em *Mil rosas roubadas* (2014), ou até voltar-se para o século XIX e repensar a trajetória de Machado de Assis, em *Machado* (2016), ou mesmo para reconstruir sua trajetória autobiográfica, em *Menino sem passado* (2021). Em certa medida, a mesma estratégia narrativa se encontra no texto *Falso mineiro* (2021), de Simon Schwartzman, no qual traça sua autobiografia com o intuito de construir memórias a respeito da política, da ciência, da educação e da sociedade brasileira. Nas ciências sociais, como nos estudos literários, o avanço de narrativas híbridas é cada vez mais sentido na produção intelectual. Na escrita da história, evidentemente, os avanços são mais incipientes, mas sem dúvida alguma constitue um dos pontos centrais para se repensar a construção das narrativas e as interpretações a respeito de homens e mulheres no tempo, assim como sobre as sociedades do passado (JABLONKA, 2020).

14. O diário de cada um: 1999 e o prelúdio de produções híbridas?[1]

Para Maria Célia que sempre acreditou em seus alunos, mesmo quando eles sequer acreditavam em si mesmos...

Toda mudança causa transtornos, mesmo a que se passa aparentemente na mais pura tranquilidade. Porque toda tranquilidade é aparente em mudanças: seja a de locais de moradia, seja a de estados de espírito ou de posses materiais (e imateriais), seja mesmo a de toda uma nação, sociedade ou grupo étnicorracial. Foi no entrecruzamento dessas três mudanças que essa história ocorreu, não mais que inesperadamente...!

No começo uma mudança de localidade, que por um descuido repentino da empresa fez com que uma das caixas permanecesse no caminhão; e na pressa de

1 Nos anos 1990, no Brasil e no mundo todo, viveu-se intensamente a "crise de paradigmas" explicativos da realidade social. O produto de tais dúvidas gerou o ambiente perfeito para a experimentação de "novos" tipos de narrativas nas escrituras da história, que já eram comuns no campo do literário desde o final do século XIX. No entanto, quem se formou neste período nas ciências humanas e sociais não teve toda a dimensão das mudanças estruturais no contexto de produção das obras históricas, e por isso mesmo viveu o período sem ter apreendido todas as marcas que deixaram as "narrativas híbridas", que conjecturavam entre a história e a literatura, as formas mais adequadas para expressar o vivido de outrora. O texto que o leitor começa a ler busca mostrar, sendo ele próprio uma experimentação de narração híbrida, o palco que geraram tais indagações para a escrita das histórias, por meio de um exemplo preciso, no qual um jovem pesquisador se viu instado nas dúvidas que o contexto deixava em aberto para a escrita da história e para a análise do agir humano no tempo, entre a História e a Literatura.

fazer outra mudança a empresa seguiu com a caixa, junto com a outra mudança para a localidade de destino. Não fosse o dono dessa mudança, um professor assumindo um concurso em uma universidade, esta história teria chegado aqui ao seu fim súbito e repentino, sem sequer poder mostrar um pouco de sua trama de tensões insólitas...

Mas a caixa desgarrada não foi rapidamente descoberta. O seu dono original, pela quantidade enorme de caixas, muitas delas com livros, não sentiu sua falta, embora tivesse construído uma tipologia numérica e alfabética para rastreá-la, para o caso de necessidade de buscar alguma delas em particular, ou até ter sumido uma delas na multidão das outras caixas. A outra família, com a motivação de chegar ao novo local para o trabalho, deixou-se levar pelas emoções, e sequer percebeu a caixa desgarrada em sua mudança. A empresa de mudança, tampouco soube do ocorrido, já que nenhuma das partes a comunicou da caixa fugidia que se desgarrou de seu lugar de origem.

Depois que a família arrumou sua nova residência e depositou os entulhos e caixas não abertas no quarto das quinquilharias, ali ela permaneceu por cinco longos anos! Era então o início de 2016, e como num piscar de olhos, como é toda narrativa, voávamos para 2021. E como caótico já estava o mundo, pior ainda ficou para os brasileiros, que além de uma tragédia sanitária sem precedentes estavam passando também por uma crise política e institucional inesperada em sua história recente...

Dito desse modo pode até parecer estranho que uma caixa tenha passado despercebida dessa forma e ficado silenciada pelo tempo durante todo esse período! Mas foi assim. E espero que entenda, caro leitor, cara leitora, como se passou os "fatos".

Não fosse a necessidade de encontrar anotações antigas, igualmente guardadas em caixas depositadas no cômodo para os objetos esquecidos e não utilizados de imediato, quem sabe o tempo que esta caixa teria ficado ainda intocada e esquecida, não fosse ainda maior! A pandemia reformulou o cotidiano das famílias, especialmente daquelas em que, ao menos um de seus integrantes, é professor(a). Por isso falei há pouco da importância desta caixa ter parado nas mãos de um professor. Só um professor sabe valorizar o conhecimento como um bem intocável, adquirido com o esforço diário, sem o qual nada muda, nem há crescimento pessoal; e tudo fica no mesmo lugar que estava antes. E só um professor e pesquisador teria tido a sensibilidade para observar minuciosamente os segredos que uma caixa como esta poderia guardar em seu interior.

Depois de remexer quase tudo, não encontrou as anotações que buscava, mas sem perceber abriu a caixa que não fazia parte de sua mudança, e sequer viu o código que estava estampado em sua borda. Notou que havia vários cadernos com anotações, organizados cuidadosamente para serem armazenados naquela caixa, inclusive embalados em sacolas plásticas para serem protegidos, imaginando que a sua esposa tivesse tido todo esse cuidado, mas o que lhe espantou ainda mais foi quando descobriu que a letra não era nem sua, nem tampouco de sua esposa ou dos dois filhos, e pensou: de quem seria então? Por que aquele material estaria ali? Como veio parar aqui?

O mais curioso é que, pertencente a um departamento de Teoria Literária e Literatura Comparada, sem que percebesse a leitura daquelas anotações, que de início lhe eram totalmente estranhas, foi-lhe tomando a atenção e a curiosidade completamente, aguçando-lhe o faro investigativo de pesquisador e escritor.

Apesar de as anotações estarem, em muitos casos, cifradas, como lembrou imediatamente de *Os cadernos do cárcere*, de Gramsci (para fugir da censura policial da prisão sempre usava códigos em suas anotações), que lhe haviam sido tão úteis em seu doutorado com os conceitos de hegemonia e revolução passiva, pareciam ser de alguém, que como ele, tornou-se professor em alguma universidade, ou no mínimo estudava muitos livros. Comovido com tudo aquilo, esqueceu-se do que tinha que fazer, e ficou o restante do dia sentado no chão lendo aquelas anotações, saindo dali apenas para tomar água e ir ao banheiro. Nem a chamada do almoço feita pelos filhos tirou a sua atenção. Nem tampouco o chamado carinhoso da esposa para o café da tarde lhe comoveu. Estava totalmente dedicado a ver o que guardava aqueles onze cadernos, todos datados, mas em nenhum informava seu dono, apenas as iniciais: D. R., e nada mais! Os cadernos estavam numerados, mas não paginados; não havia nem índice, nem indicação de conteúdo, como se tudo tivesse sido feito conforme as circunstâncias, sem um prévio planejamento – mas até nisso viu depois que não era comum em todos os cadernos, pois, alguns pareciam ser o exercício de reescrita de textos mais antigos. O formato da grafia já lhe intuía que não era de um aluno ou aluna de medicina, das engenharias ou agrárias, até pela característica dos enunciados e interpretações, e só poderia ser da área de humanidades. Parecia ser de alguém que se dedicava aos estudos históricos e literários. Persuadido, por puro instinto, em continuar a sua busca, dedicou-se a ver minuciosamente o conteúdo dos cadernos. De início, uma anotação, ao abrir aleatoriamente um dos cadernos, logo lhe chamou a atenção:

Verdades duras demais para serem ditas em público
(versão parcial do início de 1998)

1. A dualidade partidária do império e de boa parte da república, ou a fragmentação que tomou conta do país depois dos anos 1980, não resolverá nosso problema partidário. Dualidade e fragmentação não nos conforta, nem muito menos fracionamento atomizados de partidos, mas quem sabe a chave trinitária tão cara para nós não nos seja mais útil? Religiosos vazios que somos, cantamos a trindade desde o início da colonização para adornar o processo de dominação dos povos nativos originários, assim como da escravização dos africanos e de africanas; quem sabe ela agora não nos sirva *positivamente* para distinguir posições de esquerda, centro e direita – coisas que aqui nunca tivemos e sempre foram mal resolvidas entre nós;

2. A forma trinitária se for útil para a distribuição partidária, não tem sido a chave mais feliz para separar os três poderes: executivo, legislativo e judiciário. Mas, e se aqui a chave não for trinitária, mas sim quaternária, necessitando da criação de um Conselho Federal das Regiões, Gênero e Etnias, justamente para intermediar as tensões, com representantes da sociedade civil e não de partidos políticos: 1 de cada região, 1 dos povos originários, 1 dos povos afrodescendentes, 1 do MST e 1 das comunidades LGBT, com 9 no total. Mas as mulheres não podem ser minorias aqui também, elas devem fazer parte dos integrantes de todos os seguimentos, entre os membros titulares e suplentes;

3. Enquanto não tornarmos a educação, a saúde e a cultura projetos de Estado e não meros artefatos, promessas vazias de governos ou de partidos políticos, as duas possibilidades iniciais jamais se concretizarão na prática, como respostas aos problemas de nosso tempo.

Como a pessoa que escreveu isso chegou a essas propostas? Em que se formou? Por que está pensando assim o país no final dos anos 1990? Mas, a fascinação inicial sugerida por esse registro aleatório lhe foi ainda maior quando começou a ver fragmentos de romances, contos, poesias, crônicas, aparentemente todos eles projetos inacabados de escrita, em outros cadernos de anotações, enumerados do número três ao cinco. Em um deles, no de número quatro, até parecia haver correlação com os ditos anteriores, apesar de terem sido feitas em momentos distintos, ao do caderno número dois, em que se encontrava o texto que vimos há pouco. Ao ler os fragmentos, aquilo lhe tomou de súbito, pelo potencial não alcançado, de uma escrita parcial e incompleta:

1. Fragmentos soltos de um diário
(terceira versão, de 1999, ainda ruim...)

Quando Phillipe soube que seria liberto do cativeiro que lhe parecia aquela prisão, recusou-se a aceitar a decisão do juiz. Perplexos, os advogados foram ao seu encalço averiguar o porquê de uma decisão tão repentina. Absolutamente calado, o Sr. P., como preferia que o chamassem, permaneceu durante o tempo que ficaram lhe questionando a atitude. Resignado em seu silêncio, aquele lhe pareceu o melhor gesto. Quando novamente estava só, lembrou-se que estava velho. Já estava preso há mais de três décadas, prezo com pouco mais de 30 anos estava agora próximo aos setenta. Imaginava que não restava quase nada de seu mundo. O mundo que conheceu ao nascer em 1911. Alegre, vivo e constante, para todo aquele que está ao lado dos pais, pouco antes de iniciar o caos das guerras. O mundo que viveu seu primeiro e seu último amor. Porque o que os separavam era o espaço de 11 anos. O mesmo espaço de tempo que demorou em iniciar seus estudos formais. Dos onze anos até os vinte dois foi o tempo que demorou a cumprir todos os níveis de ensino. Como indiretamente foi dito não fez o primário. Embora não dito, também não fez o secundário. Seus pais, que foram professores universitários, ensinaram-lhe bem, ainda que como uma cobaia, maneiras de cruzar e transpor etapas da alfabetização. Foi reconhecido como gênio, ao se tornar doutor em Letras pela Sorbonne, na cidade de Paris no ano de 1933. Ficou lá até 1943, ou 44 (porque não se soube ao certo), quando próximo de completar 33 anos declarava que vivia a mesma sina que Jesus Cristo, com o que viu, ouviu e presenciou a respeito da segunda guerra mundial.
(conectar os pontos... falta ideias!)

...

Samanta era uma jovem de 16 anos quando conheceu P. Não se sabe muito sobre ela. Quase tudo que se conhece vem do diário inacabado do Sr. P. Diz várias vezes que é bela, mas de uma beleza singular. Pois, a peculiaridade da beleza está mais no olhar de quem vê, do que na forma como o é definida a cada momento pela moda, pelo corpo ou a idade, já que:

Outrora pensava que quando dois corações se unissem às almas jamais se separariam. Talvez um engano vivido em tenra idade, enquanto a existência procura caminhos e a experiência estava em construção. Mas já não era tão jovem e, portanto, impressão tão ingênua não era perdoável. Não aparentava ter mais de 30, quando observado fisicamente, mas os cabelos um pouco grisalhos denunciavam, senão a idade madura, um avanço inesperado no metabolismo que tornava mais facilmente denunciável a chegada aos 40. Nesta idade os sonhos já não são tão vívidos, porque a aparente facilidade de realizá-los se dispersavam frente às possibilidades, aquela altura limitadas, de ter novos sonhos. Todos os amores felizes são iguais entre si porque imaginados em comum, ao passo que todos os amores infelizes são infelizes cada um a sua maneira, porque sempre vividos particularmente pelas pessoas.

Assim se encerrava o diário encontrado embaixo do colchão de uma cama, provavelmente pouco usada, porque ainda estava em bom estado, anos depois de visitarem a casa do sr. Filippe, viúvo, morto não se sabe como, e que se descobriu ter como inquilino no quarto onde foi encontrado o diário, um tal Sr. P. Muito tempo depois se soube que o Sr. P. do diário era o mesmo que estava na prisão. Mais intrigante foi a passagem abaixo, riscada no diário, não se sabe bem o por quê:

Jesus disse: O reino de Deus está dentro de você e em todo lugar, não em prédios de madeira e pedra. Corte um pedaço de madeira e lá eu estarei. Levante uma pedra e lá me encontrarás.

A... (pensar a intriga, a trama está pouco convincente)

...

Mas, ainda assim, se não gostar, você pode ter várias alternativas úteis. Como um bom papo com os amigos, ou a leitura de um bom livro. Mas, se entre tuas coisas não houver um Italo Calvino, um Jorge Luiz Borges, um Franz Kafka, um Milan Kundera, ou até um Machado de Assis; ou, se tampouco, os novos amigos não lhe forem suficiente para apaziguar a falta que lhe faça a TV, afinal sempre passa programas tão interessantes (não é?), ainda lhe resta falar com os velhos amigos, até por que poderão ter uma nova história para lhe contar, assim como você a eles... (falta conexão, não será melhor colocar isso em outro lugar?)

Para onde quer me levar esse escritor ou escritora foi o que ele pensou. Como crítico e teórico literário, nada mais enigmático e emocionante do que ler coisas de um escritor ou escritora totalmente desconhecidos, mas ainda assim promissor, aos seus olhos. E o resultado não poderia ser outro, com aquela determinação: tentar saber quem era esse escritor ou escritora! Para isso, não havia outra opção, além de continuar a investigação e prosseguir com a leitura. Ao ir para o caderno de número sete, com o título na capa de *pensamentos improvisados*, novamente um ponto lhe chamou a atenção, no meio aparente de toda aquela dispersão dissonante de ideias e indagações:

Fragmento inacabado (ainda sem título, de outubro de 1999)

Uma sociedade que não tem a leitura como seu norte e os livros como seu maior valor coletivo, não pensa.
Uma sociedade que não tem no pensamento o fundamento para suas críticas, não age.
Uma sociedade que não tem no seu agir humano os princípios para a sua ação, não faz nada.
Uma sociedade que não faz exigências, não muda e fica sempre onde está, e não cresce.
Uma sociedade que não muda porque se habituou a cultuar suas falsas tradições do passado, deixa de ser e nunca é.
Uma sociedade que deixar de ser, o que poderia se tornar, é sempre aquilo que os outros ditam o que ela deve ser.
Uma sociedade que é sempre ditada para o que ela deve ser, nunca é nada, apenas o que outros – os que ditam e mandam pelo poder, pelo dinheiro e pela política – impõe o que esta sociedade deve sempre ser.
E se ela é sempre assim, nunca será possível saber tudo aquilo que ela poderia se tornar...!

Quanto mais se impregnava pela leitura, mais entusiasmado ficava, na mesma medida em que aumentavam suas dúvidas e suas perguntas: quem era esse autor ou autora! A fascinação do pesquisador não diminuía, porém, como sempre fazia estendeu suas fontes pelo chão e viu que não havia conexões muito lógicas, só uma coisa era certa: do caderno de número um até o de número onze, estendiam-se de 1993 até o ano 2000. Mas vendo com mais calma, ele começou a notar que alguns textos pareciam ter sido reescritos, com base em rascunhos mais antigos: terá relação com outras caixas? Provavelmente. Vendo a caixa, nada além de: Doc. 07/DR/16. Isso significava que tinha outras seis caixas antes dessa, com conteúdos próximos ou semelhantes a estes, mas vai saber quantas teriam depois, ou se encerrava nesta! Sem que esperasse, a sua esposa chega sorrateiramente para ver o que estava fazendo e lhe pergunta:

_ O que está fazendo que nem o chamado de seus filhos lhe fez parar?

_ Olha aqui, essa caixa não é nossa! Só pode ter parado aqui na mudança? Mas já faz tanto tempo que nem vale a pena ligar para a transportadora.

_ Por que não? (pergunta sua esposa).

_ Acho que nem devem ter anotações das mudanças que fizeram antes da nossa – diz o marido.

_ Espere um pouco – disse sua esposa – enquanto se levantava, depois de lhe dar um afetuoso beijo, e foi buscar seu celular.

Ligou para a transportadora e nada. Fez uma busca na *Internet* e viu que haviam fechado. Foi até seu marido, ainda vidrado nas anotações, e lhe disse:

_ Sabia que a transportadora fechou!

_ Também com essa pandemia e esse (des)governo o que vai ficar de pé! Mas, o mais importante é que no meio de tudo isso, mais de um ano nessa Pandemia, e estamos bem e todos com saúde, eu e você, nossos filhos e nossa família e amigos.

_ O que você vai fazer agora? – ela, intrigada, lhe pergunta.

Sua resposta foi direta: continuar a leitura para ver se descubro a quem pertence essa caixa! Ainda insatisfeita, como toda mulher persuasiva e curiosa, pergunta-lhe novamente: mas você está preocupado em saber de quem é a caixa, ou quem escreveu esses cadernos velhos? Óbvio: as duas coisas, principalmente a última! Está tão interessante assim o que você está lendo? E ele lhe diz: mais do que você imagina! Quer ver aqui comigo? Mas ela diz: já está quase na hora do jantar e os meninos precisam comer...Venha depois, assim que você puder, assim vemos juntos o que descobrimos, pode ser? E ela: quem sabe, depois eu vejo. Tudo bem – ele diz.

O que começou como uma procura simples de anotações às 6 horas da manhã acabou por se tornar uma busca, como a dos detetives dos romances policiais de que tanto gostava de ler, e já perto das 18 horas da tarde, nem havia se dado conta de que tinha passado 12 horas, e com esse tempo o dia todo! Parou para ir ao banheiro, tomar água outra vez, ver os filhos e aproveitar para jantar com a família. Perto das 19h30min, com o gesto de afeto pelos filhos e a família, voltou para a caixa junto com sua esposa, e como casal, unidos como sempre foram, irem juntos procurarem mais pistas. Ele com sua mente geométrica, com a habilidade de um teórico; ela com a sensibilidade de uma boa médica psiquiatra, e juntos foram pacientemente passando de um caderno para o outro, vendo se as peças do quebra-cabeça se encaixariam em algum momento. De repente sua esposa lhe interrompe e indaga:

_ Viu esse caderno?

_ Ele: qual a numeração?

_ É o dez, por quê?

E ele novamente: parece que eles têm uma lógica, mas ainda não descobri qual é! Mas por que me perguntou se vi esse em especial?

E sua esposa: venha aqui ver isso!

De fato, ele havia passado rapidamente pelo caderno, mas como tinha sido um dos primeiros que viu, não tinha dado muita atenção. O caderno continha aparentemente dois grandes textos, que pareciam dispersos, mas depois percebeu que estavam muito bem conectados. Ele percebeu que não tinha se dado conta disso. Olha carinhoso para a esposa e lhe pergunta: vamos ler juntos? E ela: só se você me aguardar para lermos isso tomando um vinho; mas vamos fazer isso na sala, lá no sofá sentados juntinhos é muito mais confortável do que fazer isso sentados no chão, não acha? E ele: verdade, nem tinha me dado conta de ter passado o dia todo assim. E ela mais uma vez: enquanto eu pego o vinho, você arruma tudo na sala, assim me dá tempo de ver nossos filhos e colocá-los para dormir. E ela: o que acha de partirmos aquele queijo. E ela: claro!

Depois de alguns minutos, os dois, juntinhos, tomando vinho e sentados no sofá, começaram a ler o caderno, muito atentos a cada detalhe, a começar pelo próprio título, tão enigmático como se mostrou depois o próprio texto:

Uma carta para um(a) leitor(a) ideal, de um(a) escritor(a) qualquer...

"Isso é um labirinto, não uma metáfora, como a vida, mas a vida não é também uma metáfora, mais que isso, um processo: não seria, às vezes, também um labirinto?"

O que seria um(a) leitor(a) ideal para ler a carta de um(a) escritor(a) desconhecido(a), e, por isso, sem importância. Sem dúvida alguma é você prezado(a) desconhecido(a)! Você mesmo é meu/minha leitor(a) ideal e peço-te apenas paciência deste seu também desconhecido(a) para saber ouvir as suas lamentações; o questionamento de uma vida vazia vivida em um mundo também vazio do calor humano.

O tempo passa, as coisas mudam, entretanto, algumas não desaparecem totalmente. Dias com raiva – pois, detesto(a) promessas desfeitas, confio(a), apesar da cautela, na palavra das pessoas –, sob a leve brisa da saudade, quando não de esperança, fatigada, sôfrega, não sem razão, vazia e sem expectativas. Entretanto, presumo, já é hora de encerar os disfarces, da fala e da escrita, mantidas por longos anos, em função de algumas marcas que não esqueci, mas aprendi a conviver com elas.

O reviver sutil, quase sem razão, desse detalhe, nada mais foi que um depoimento, agora sem tantas mágoas, da maneira como tratei todos que estavam ao meu redor sem exceção.

Não por acaso vi brotar, sob um ar opaco, ano a ano, cristalizando-se, em cada momento, a frieza do olhar, o silêncio da palavra, à distância com as pessoas em mim. Ainda não mudei completamente, no que diz respeito ao comportamento rascunhado acima; processo lento, aparentemente paradoxal, com o qual me protegi durante anos, para voltar a debruçar sob o movimento arriscado de viver o inesperado, sem a certeza, mas apenas a expectativa, não da derrota ou da vitória, só da continuidade – expressão aberta, que necessita de uma explicação, mas não darei aqui – de viver o inédito.

Não tenho mais medo de ultrapassar obstáculos, sejam eles: românticos, profissionais, cotidianos, intelectuais. Viver é uma aventura, conjugada sob várias dúvidas e apenas uma única certeza, nunca desistir! Isto é, parar de acreditar, não em sonhos ou utopias, sim nos projetos que se cultivam nos instantes de cada dia, cotidianamente florescendo a custa do tempo que não se vê mais voltar. Só a persistência, ou até a teimosia, irá mostrar se valerão ou não a pena.

As experiências se multiplicam, aprofundam a percepção e a maneira de se viver cada momento como o último, tomar dele cada possibilidade de ingressar além daquilo que fora apenas imaginado e receber como maior prêmio, mais um espaço de tempo, viver mais um minuto, hora, dia, ano, década… e quem sabe mais o quê!

Quando estava vivendo a juventude, não foi nas pessoas que vi despertar em mim esse otimismo, mas entre os livros. Houve, contudo, um vazio, ingênuo por vezes, de acreditar que as pessoas presentes fossem tão parecidas com àquelas que vi nascerem, viverem e morrerem entre as palavras escritas no papel; e, ficarem alegres ou então tristes, serem sinceras e algumas vezes previsíveis, como nos livros. Mas a vida não imita a arte, nem a arte é como a vida...

Para o meu total estranhamento a distancia parecia intransponível. Ficando uma impressão atormentada de desconhecer completamente até as pessoas mais próximas, vivendo cada momento, como um novo disfarce. Por estranho que pareça, odiando qualquer disfarce, infringi o que acreditava ser impossível: tornando-me, sem nem mesmo notar, o meu maior disfarce! O de não saber viver sobre esse dilema: entre os mundos "reais" e os mundos "imaginados". E o passado visto agora de relance não diz tão pouco. A vida é sempre uma aventura inesperada, que mesmo a experiência acumulada, inclusive nos romances, sequer se aproximam do que é o instante presente, as pessoas presentes, o viver o agora.

Nesse tempo rapidamente citado desenvolvi uma lógica, sem dúvida e por certo racional, nunca tendo levado, até há pouco tempo, em consideração as paixões, segundo as quais o inesperado, desfaz o possível. Um pouco dessa experiência guardei naquilo que ficou registrado no papel, como nas poesias, crônicas, contos, romances que escrevi, ou melhor, tentei rascunhar. Todos esses escritos eram apenas indícios e fragmentos de uma obra fragmentada, sem acabamento, e toda ela depois abandonada. Antes de prosseguir devo esclarecer uma coisa: *ao escrever esta carta feita por um(a) desconhecido(a) e encaminhada para outro(a), três coisas ainda ficaram obscuras, das quais duas vou responder.*

A primeira diz respeito ao título. Ele diz muito, principalmente, quando for lido com o auxílio do fragmento do Drummond, no qual nos diz que há sempre uma pedra no meio do caminho, conquanto não deixa de haver situações e pessoas que nos auxiliem em remover cada uma delas. Mas não falei como interpretá-lo. O título foi uma resposta pessoal, objetivando deslocar os limites que permearam aquela trajetória até então insegura, mas de forma alguma tímida, pois, talvez o melhor termo seja: intimidada pela realidade, pois, vivia mais em conformidade com "os mundos literários", do quê com os "mundos reais".

A segunda obscuridade acentuou-se nas poesias, que falam muito, por incrível que pareça, e em poucas palavras. E agora vou dizer a melhor maneira de compreender o que estou falando: você deve procurar ler cada uma delas na ordem que foram impressas sem dar atenção ao resto do conteúdo; pois, ele foi apenas um disfarce para descentralizar sua atenção, mas deve ficar atenta a três coisas, que obcecadamente tentava responder: a) o significado da vida, com o que pareceu disfarçado na palavra *enigma*; b) a tentativa de entender melhor as pessoas, ao perpassar do plano abstrato para o material, onde a última poesia diz muito e; c) o mais importante, diante das decepções, reencontrar o sentido, camuflado nas dúvidas, de voltar a ter aquele desejo maravilhoso de gostar de viver, em um novo patamar, onde coexistiria com a razão todas as outras às paixões, emoções e sentimentos.

Sobra uma pergunta: e o terceiro? Esse apenas responderei pessoalmente, quando nos encontrarmos, porque essa mensagem congela o que as vezes é mais importante: o dinamismo de um diálogo, que um monólogo como esse jamais possibilitaria.

Antes que prosseguisse gostaria que fizesse um breve exercício. É claro que ele só é viável se desejar me conhecer melhor; caso contrário, não há porque prosseguir nem mesmo lendo essa mensagem, pois, nesse caso, seria melhor deixá-la se dissolver no ar, não imperceptível da imaginação, mas na fumaça que conduz as chamas no vento, que só o tempo produz...

Nossa! E o que vamos fazer? (Pergunta sua esposa). E ele: vamos continuar é claro! E ela: você percebeu que já tomamos a garrafa de vinho e comemos todo queijo! E ele: sim, que tal tomarmos outra para continuarmos a leitura e ver até onde ela nos conduz? E ela: com esse entusiasmo, como não continuar, mas você viu que o queijo acabou não é!? E ele: não importa... Quem sabe o que nos aguarda...

Não mais que alguns minutos depois, os dois seguiram, agora ambos entusiasmados, com a leitura do manuscrito:

Não sei o que escolheu fazer. Se decidiu parar não há razão para continuar escrevendo, já que qualquer registro se dissolverá. Evidentemente, como pode perceber, não desisto tão facilmente e independentemente de sua escolha vou escrever essa mensagem até o fim…

Se por um lado experimentei muito pouco a vida na juventude, não porque não quisesse apenas, não quer dizer que fiz poucas coisas. O que foi raro foi vivê-las com paixão, com verdadeira emoção. Posso dizer que me senti livre para fazer o que quisesse e cheguei a fazer com essa meta, em breves momentos: a sensibilidade do toque, o beijo, um carinho, isso realmente foi pouco, tendo em vista a maneira como expressei que compreendo essa completude; pois, a maioria das vezes eu curti isso com extrema frieza, como fria pareceu se tornar a vida, as pessoas e os encontros. Não sabia o que era, necessariamente, um sentimento. Nossa sociedade, infelizmente, caminha rapidamente nessa direção, e, ao que tudo indica, sem volta. Eu fui apenas mais uma peça em seu imenso laboratório. Nada mais…

E me disfarçava, fingia de várias formas prazer, alegria, desejo, sem saber, ao certo, na verdade, como deveriam ser esses sentimentos. É engraçado! Às vezes acho isso um absurdo! Mas mesmo na mais profunda intimidade, fingia tão completamente o que fazia, que o disfarce, tomava os trajes de que pode significar a verdade, pois, na falta dela, era a própria. E de tanto fingir a falsidade, mesmo a odiando de todas as formas possíveis, foi ela que se tornou a minha verdade. Fui um(a) camaleão (camaleoa), eu sei e hoje recordo isso não como uma forma de punição; nada disso, tudo o que passou foi um grande aprendizado. E talvez tenha sido por isso que deva ter tido a feliz surpresa de me permitir mudar, sem ter medo de expressar o que queria, sentia, gostava, pensava e acreditava (e algumas coisas continuo acreditando). Não foi fácil. Como qualquer escolha, houve os desafios que deveriam ser ultrapassados.

Mais uma coisa: *não se esqueça daquela relação entre as idades, nem da metáfora entre o movimento dialético (tese, antítese, síntese)*. Não tenha pressa vou explicar se tiver paciência…

Quando volto a falar algumas coisas antes de prosseguir é porque ao esclarecer o que já foi feito, preocupo-me em tornar o que virá não apenas novo, como realmente é, pois, o novo quando não vem a ser algo, ou uma experiência, mais profunda, pouco diz e às vezes inverte o significado sobre o incrível processo de cada um e todos nós, que é nascer, viver e inevitavelmente morrer, por um conjunto disperso de experiências que dariam sentido apenas em uma continuidade perpétua do presente.

O que não é verdade! Nunca vivemos completamente o presente. Uma vez que ele é extremamente efêmero; captamos, por outro lado, isso sim, aquilo que vivemos mediante um processo que não é lento, no presente, sob vários instantes, diferentes, que se completam nesse conjunto compacto que formam nossas memórias. Isso que permanece: *a lembrança do que foi e a expectativa do que virá...* como já dizia Santo Agostinho há muitos séculos atrás!

Não consigo, até o presente momento, captar esse processo como circular, apenas como retilíneo – entenda que muitas vezes há também um sarcasmo disfarçado nessas afirmações! Até porque elas se prendem em uma falsa esperança, ligadas as certezas do passado, que já não existem mais. A circularidade eu só consigo perceber no entremear dos momentos, que mesmo nas continuidades, aparentes, vicejadas a cada instante, há rupturas. Nada é igual como antes, seja o dia, ou a natureza, ou mesmo nós. Muda-se tanto teórica como na prática a ação concreta no cotidiano. Os homens fazem sua própria história, mesmo quando desconhecem que a estão fazendo, sob o manto e a força da presença dos mortos e das tradições do passado recente ou remoto, dependendo do uso a lhe ser feito, já dizia um grande pensador do século XIX (Karl Marx, em *O dezoito Brumário de Luís Bonaparte*). E complementava seu raciocínio, quando disse que a História ocorre, por assim dizer, duas vezes: a primeira como tragédia e a segunda como farsa. Na rápida citação que me apoiei procurei indicar que os homens, e também as mulheres, mesmo quando desconhecem seus referenciais, expressam por meio deles seu suporte interpretativo da realidade, segundo a qual procuram filtrar a percepção da realidade vivida, de modo a darem sentido ao seu agir humano no tempo. Não só isso, o que se presume como uma crise de referências, não é uma crise da realidade em que se vive, mas sim uma crise de como procuramos interpretar e intervir na nossa realidade, que durante muito tempo esteve ligada ao modelo civilizacional europeu, quer dizer, os instrumentos segundo os quais aprendemos a captar a realidade para dar sentido ao nosso agir no tempo, sempre veio de fora. Por isso, talvez, todos aqui estejam com medo: do "espectro que ronda a América Latina", o "espectro da decolonialidade"! Da decolonialidade do pensamento, e, com isso, também das ações. Mas aqui não é mais um "manifesto comunista" de caráter plenamente revolucionário, como havia sido pensado no século XIX, tampouco um mero chamamento das massas, embora esteja se referindo diretamente ao esfacelamento do "projeto civilizador europeu" e aos seus mecanismos de dominação, por meio de um racismo de cunho racial, aos povos originários e aos africanos e afrodescendentes, que nortearam o desenvolvimento de economias-mundo no transcurso do tempo, para começarmos a olhar para nós mesmos e construirmos nossos próprios referenciais. A minha crise existencial se misturou, ou antes, foi o produto de toda uma crise civilizacional, a do projeto europeu de dominação, e do qual até então nos baseávamos para existir, para definir nosso agir e todas as nossas formas de ser e estar no mundo, assim como de pensar.

Fruto de um momento, portanto, esses referenciais não possuem a capacidade de elucidar a complexidade das experiências sociais, das relações, sejam elas econômicas, culturais ou políticas, próprias de nossa terra – porque o produto de suas análises era todo ele matizado por teorias, conceitos e procedimentos externos a terra e as pessoas que vivem aqui. Na verdade, na medida em que escolhemos certos padrões de leitura, como suporte interpretativo, deslocamos nossa atenção apenas para algumas possibilidades de olhar o vivido, imaginado ou esperado, inviabilizando, em consequência outras formas de ver o mesmo conjunto complexo de acontecimentos nas sociedades, que perfaz o agir humano de homens e mulheres no transcorrer do tempo. Para estarmos em movimento é necessário que revolucionemos constantemente nossos modos de pensar, de ser, ver e estar no mundo. E é claro que aprendemos a conviver com a experiência adquirida, mas é também necessário que nos refaçamos, amadurecendo nossa relação com as pessoas e o mundo a nossa volta, sem com isso ter que congelar a maneira com a qual fazemos esses olhares sobre os homens, às mulheres e as coisas do nosso mundo.

O presente é *essa assustadora e inestimável fronteira de possuirmos uma metade esfacelada, pelo que é efêmero e está sempre em movimento, enquanto na outra parte, naquilo que é mais profundo, entre as experiências e as marcar que delas registramos, na escrita ou na memória de pessoas ou mesmo na nossa, guardamos algo de eterno* (como de outra maneira Charles Baudelaire descreveu sobre o pintor e a obra de arte moderna, ao interpretá-los).

No percurso que foi dando o movimento dessa mensagem, algumas coisas devem ser agora melhor elucidadas e por várias razões. Não é tão simples para eu ser sincero(a) com o que digo porque preciso ter segurança diante da pessoa que converso; sinto poucas vezes isso entre as pessoas, de tal modo que mesmo tendo segurança, ainda me sinto inseguro(a) em dizer isso, até porque não sei como pode interpretar tais palavras. Por isso falar para um(a) leitor(a) ideal, não real, possa ser o caminho mais promissor para se estabelecer esse diálogo, enrustido em monólogo forçado pelas circunstâncias da vida. Confesso que muitas vezes fui preconceituoso(a) com as pessoas, julgando-as antecipadamente, ora despercebendo a distancia que estava cristalizando entre elas, até para conversar ou me aconselhar sobre coisas simples, que vi sempre como difíceis de serem resolvidas e na maioria dos casos preferi o silêncio ou à distância, para ironicamente não resolvê-las, mas escapar das possíveis decisões a serem tomadas.

É certo que outras vezes, isso foi se enraizando, pois, sempre que fora fiel com as palavras, ao expressar minha sinceridade, percebia entre aqueles e aquelas que a escutavam uma maneira de se aproveitar da situação. Não estou mentindo sobre isso! O preço que paguei foi ficar ainda mais frio(a) com as pessoas; tanto familiares, amigos e amigas, e mesmo em relacionamentos! Havia me limitado muito ao viver, ou talvez seja mais justo falar, deixar de viver essas situações e, em consequência, ir amadurecendo forçadamente sem elas.

Não foram poucas pessoas que *me chamaram a atenção sobre a frieza que tenho no julgamento, que posso expressar agora, ou melhor, nesses últimos anos, como escolhas que fiz, como tratava as pessoas, não permitindo nenhum tipo de aproximação.* Em outros casos, porém, *ainda cheguei a me colocar de maneira vil no que diz respeito à arrogância que tinha mediante algumas situações.* Como produto de um mundo de pessoas que deveriam ser descartáveis, eu próprio comecei, sem mesmo perceber, a descartar todas elas...

Não pense que mesmo falando desse jeito, seja fácil para mim dizer essas coisas. Muito pelo contrário. Você não é a primeira pessoa que eu falo sobre isso, mas é a primeira que falo sem usar nenhum de meus disfarces, as antigas cautelas contra qualquer risco. Se hoje, apesar das dúvidas em estar contando essas coisas, estar ainda assim dizendo, será porque terei feito uma escolha – a de viver novamente sem medo de me arriscar. O que, por outro lado, também se relaciona com a contribuição de diversos amigos e amigas, com que tive a oportunidade de conversar e me relacionar, para reavaliar com bastante calma tais posicionamentos.

O ser humano às vezes pode cometer os piores erros, sem nunca olhar para traz ou falar sobre eles. A frase é drástica! Entretanto, seu efeito não é assim tão sem sentido. Ao mesmo tempo em que via as coisas como sendo extremamente complexas, fingia ser possível simplificar ao máximo as pessoas – que são sempre ainda mais complexas e difíceis de entender. Demorei para perceber o efeito do movimento contínuo do tempo físico e psicológico. Daí a metáfora inicial do labirinto, que talvez seja a melhor forma de exemplificar as situações contraditórias que vivi. Não vou fazer isso contando apenas coisas a meu respeito, você já me conhece, até mais do que imagina (será?).

Dessa forma, tornando essa leitura mais intrigante, não como os romances policiais do século XIX, com um detetive meticuloso pelos mínimos detalhes, mas como a comédia do dia-a-dia, e em certa medida como aquelas histórias contadas por Balzac, desenvolverei esse diálogo com você elaborando um labirinto, tendo como base a *Internet*. É a *Internet*, esse novo romance da vida de todos e de nenhum de nós, porque querendo viver todas as vidas possíveis, não vivemos plenamente nenhuma delas...

O ponto chato é que não posso conversar com você para saber o que acha, o que pensa, ou como vê ou entende cada palavra, e os usos que são feitos de cada uma delas nesse texto. Nesse caso acabo por decidir por ambos, continuando com essa ideia. Já por outro lado, não pense que estou também curtindo muito a ideia, de escrever sem saber ao certo suas reações. Não posso ver quando está sorrindo, olhando fixamente para descobrir todos os detalhes – nisso somos muito parecidos (como pode saber isso você deve estar se perguntando e, talvez, eu nem saiba, apenas estou presumindo, já que você é meu leitor ou minha leitora ideal) –, passando a mão pelos cabelos, se curtos ou longos, sequer eu sei, se chora ou se sorri, se houve ironia ou inocência nas suas lamentações, ao ver as minhas lamentações. E isso, apesar de simples, são as reações mais diversas e complexas de serem percebidas, ou analisadas, nas pessoas.

As pessoas não se mostram facilmente. Tanto eu como você, ainda fazemos isso com muita cautela (e você me diz: por quê?). Na maioria das vezes fomos e às vezes ainda somos muito racionais, deixando nossas sensações, emoções e paixões um pouco de lado. Não que elas sejam tudo, mas são parte constitutivas de nossa personalidade. E a interpretação, as reações, as palavras de um e outro, ora sutilmente faladas, expressam um vínculo, com parte daquilo que foi rapidamente captado, absorvido e enviado novamente em forma de um gesto ou palavra ao outro – mas sequer eu te ouvi ainda, você deve estar se questionando; sim é verdade, mas não se esqueça que esse também é meu mundo imaginário, pensado como ideal, para cada um de nós.

Não se distancie. Nem se perca no caminho de sua leitura. Posso até me perder nesse devaneio. Mas espero que você possa me acompanhar até o final. Vou ir falando no decorrer da mensagem o que estarei fazendo, ou tramando, mas na maior parte elaborando. Espero que goste e não apenas das palavras e da mensagem, mas de sua criação, criação de uma pessoa tensa, perplexa, que constantemente está em combate com as suas próprias emoções, sendo ora racional, romântico(a), indeciso(a), cauteloso(a). Não perca também a sua calma (*não se esqueça das poesias, agora e em seguida elas poderão dizer muitas coisas, sobre aquilo que talvez me esqueça de comentar*). Onde menos perceber estarei falando muito, e se por algum momento se distrair, irá se perder sobre o disfarce de mil letras que quase nada terão para dizer.

Como pode ir percebendo, também lhe deixei com dois indícios para entrar e quem sabe sair do labirinto (*que ironia de minha parte não acha?*). O fio que representa o novelo, ou melhor, aquilo que já sabe sobre mim, mas também o que não sabe. E a luz, isto é, as maneiras de rastrear com os indícios que lhe deixei, as possibilidades de encontrar a saída desse mistério. Cada passo, cada saída que for encontrando, mais saberá sobre mim. A saída do labirinto talvez seja o encontro inesperado com alguém que ainda não conhecia, que na verdade me completa e te completa. E se assim o fizer, quem sabe eu também não mais te reconheça, porque você também terá mudado no processo de leitura e de autoconhecimento. Não se preocupe com as divagações, elas aparecerão do início ao findar do texto, e também fazem parte desse labirinto que nos rodeia. Nos mil disfarces que as redes nos oferece fingimos ser o que não somos.

O recado que acaba de receber tem vários disfarces. Todos eles são meros artifícios para distrair você. Sua fórmula é simples: "há uma ousadia, na medida em que se distancia das coisas reais, das pessoas presentes, ele se torna mais concreto, do que quando perpassa sobre as coisas concretas, pois, existe nesse momento, um longo v sobre as ideias, que pouco ou nada dizem se forem lidas apenas com a experiência adquirida pela vida". Duas coisas explicam esse detalhe: "para entender as palavras da pessoa que está escrevendo é necessário compreender a sua formação, suas leituras, que interagem com o espaço externo das coisas, mas que se dispõem nas suas palavras, ao se completar às suas paixões e inspirações, e comporem o enredo interno de suas palavras, frases, cartas..."

Apesar de sua fórmula, preferencialmente envolver-se sob um alvo fácil de ser interpretado (o dilema dos contrários, por isso a dialética), resigna em suas palavras um segundo aspecto, segundo o qual procura não congelar o efeito do movimento perpetuo do tempo físico. Em resumo, os contrários, mais que metáforas entre o texto, misturar-se-ão na relação entre os tempos físico e psicológico; isto é, "aquele que é medido por meio do movimento na relação entre anterior e posterior, segundo um referencial numérico", de que dizia Aristóteles, e aquele tempo, denominado como psicológico, em função de sua lógica estar na "maneira como o movimento físico é percebido e captado pelos sentidos humanos, que os conectam nas memórias", como mostrou Agostinho.

Começo por deixá-la confuso(a) meu(minha) leitor(a)! Não será esse um dos objetivos principais do recado? Deve estar pensando: *o que ele(a) quer dizer com isso?* Ou então: *estaria tentando captar entre as palavras o movimento dos corpos?* Mas: seria isso possível? *Não seria a dinâmica das coisas mais complexas, já que isso se congela no instante mesmo em que nascem?*

Por outro lado pode estar imaginando: será que ele(a) quer me dizer que isso, o que toda essa rede faz é uma ilusão, para tornar as pessoas menos sensíveis, esvaziando sua ação e suas responsabilidades, e assim fazer de todas elas humanos-descartáveis.

E não apenas isso, meras ilusões de seus próprios sonhos: ao invés de vivê-los na prática, vivê-los apenas enquanto imaginados, isto é, privando-se das experiências do dia-a-dia, na medida em que podem trazer riscos? Melhor simplificar não? Pode ficar então: hoje as pessoas teriam medo de viver as coisas próximas e reais, em troca de uma vida segura na qual seja possível ser calculado todos os riscos e possibilidades, por isso o anonimato das redes lhes dá uma falsa segurança de privacidade e de ações, para viverem ilusoriamente seus sonhos, não concretizados na vida prática. Mas será que isso é possível? Mais que isso: viver completamente não seria justamente arrisca-se a todo instante, errar, errar, acertar, voltar a errar, crescer, aprender com esse movimento? Mas o(a) remetente se cala, não mais participa da conversa: estaria testando sua leitora ou seu leitor e cúmplice nessa jornada? Quem sabe, já que não responde!

Desta vez o recado não está sendo escrito, com sua leitora ou o seu leitor ao lado, observando as palavras irem preenchendo as lacunas do papel, há pouco ainda em branco. Ocorreu uma inversão, como se o recado fosse um enigma em que apenas a leitora ou o leitor tem as respostas (mas será que mesmo você tem as respostas? Não precisaria mais de minha ajuda?), já que a pessoa que o escreveu dissolveu-se entre a névoa dos infindáveis caminhos que a rede permite, sob os mais diversos lugares. E com seu rosto, mas não apenas seu rosto, também seu corpo e olhos e personalidade (teria ele dissolvido seus sentimentos como parece?), ainda sem dono. Não que o dono não exista, as coisas não existam, que somos apenas imagens e nem um pouco reais; ou mesmo que os caminhos não possam ser percorridos, os espaços decifrados e os enigmas resolvidos. A verdade, aparentemente distante, se resolve não no fim do recado (será no início, no meio, ou no final?), ou do parágrafo, mas na palavra e no uso que se faz das palavras, não qualquer palavra, mas nos detalhes que só a leitora ou o leitor paciente *como é* poderia decifrar (mas agora você não está sozinho(a)! Só que quem escreve não explica completamente o que quis dizer e ela ou ele ainda continua só).

Houve alguma coisa errada, alguém entrou na rede, um vírus conectou-se ao programa. Quem estava escrevendo perdeu o controle e alguma coisa está sendo colocada no recado. O que seria? ....

....

Como o teclado não responde, não posso voltar para apagar o que foi colocado no meio do caminho, nem mesmo sugerir sua interpretação. Mas sequer ficou claro o que era.

Você também está se perguntando: será que foi ele(a) que colocou esse recado? A essa pergunta se soma outras como: porque então ele(a) não me disse? Será que há mais que uma pessoa escrevendo a mensagem? Ele(a) está tentando me enganar? Mas por que faria isso?

O(a) escritor(a) é o escrito, ele(a) começa a falar com você (*mas que escritor(a)? Há um escritor(a) aqui? Houve a abertura de outras janelas no programa e não vi, muitas pessoas estão participando da composição da mensagem? Até quem escreve se pergunta: quem está no controle? Há alguém no controle? De repente alguém suavemente responde: sim, sim, apenas a leitora ou o leitor pode parar? E você me pergunta: como? Novamente a pessoa diz: isso é como um livro, ainda está sendo escrito, é uma* História sem Fim, *só você pode saber como parar a leitura, como deve fazê-la la fja afg f fa fdbd - mas um vírus não permite que ela(e) terminasse de responder*). Quem escre ve fica cheio de raiva, pois, perdeu a atenção de sua leitora ou de seu leitor, não sabe mais como chamar a sua atenção (mas será que ele(a) já não tem ela ou ele por inteiro, toda sua atenção agora?). O(a) escritor(a) começa por alertar você: não se esqueça de Sofia, Sofia pode ajudá-laaldjjf b – novamente não consegue prosseguir, como antes, um vírus o impediu de terminar a frase. Veja como termina o *Mundo de Sofia*! Mas o que isso quer dizer, você me pergunta. Só que não consigo mais te responder...

Agora quem escreve também se pergunta: eu me perdi! Quem é Sofia? Um livro? O conhecimento na acepção grega? A leitora ou o leitor sorri, é sorri, pela primeira vez olha para ele(a) e diz: estou aqui! Não se esqueça!! Eu continuo lendo o que você me escreve! Houve algum erro, alguma coisa impediu que ele(a) a ouvisse, ele(a) está nervoso(a) não sabe como prosseguir. Mas espere, é espere, os teclados não respondem – ora mas não é apenas um teclado? – houve outra conexão j fj fjnfjfafjeioeajofbe......... afahposejrrse..............fasfesffas.......

Outra vez os teclados não respondem, não é possível voltar. Por que isso está ocorrendo?! A perplexidade da pessoa que está escrevendo transborda de tal maneira os limites dessa mensagem, todas as suas características foram, estão e serão mostradas, mas tudo está camuflado, não será fácil saber quando é ele(a) que está falando, ou quando é outra pessoa.

Porém, ainda acredita que sua leitora ou seu leitor está começando a ficar sensível a todos esses detalhes, que saiba quando é ele(a) que fala e quando não é. Mas espere. Alguém interrompe sua explicação: como você pode dizer tudo isso se é você quem é o mensageiro(a)? Não é você que está escrevendo? Quem é então? Novamente o silêncio permanece presente...

As dificuldades vão aumentando muito. Vários estilos estão sendo cruzados, várias personalidades postas sobre o papel. Tudo se tornou híbrido, as palavras e a pessoa que as escreve, até mesmo a narrativa. Como pode acreditar em mim. Outrora havia até mesmo duvidado que eu poderia ter escrito a mensagem anterior... Mas qual era mesmo a mensagem? nÃO. Não, outra vez, não consigo mais escrever jfajakgueoitaubgoiçençga...

...

No primeiro momento houve uma palavra*: "E depois das memórias, vem o tempo trazer novo sortimento de memórias, até que, fatigado, te recuses e não saibas se a vida 'é' ou 'foi'". (Carlos Drummond de Andrade)*. Depois das palavras vieram as lembranças e com elas o esquecimento.

A sua resposta indicou-me vários motivos para começar a escrever. O de reviver algumas coisas do passado, apoiando-me ora em certas lembranças, mas também em velhos textos que foram importantes quando os escrevi e tem muito a dizer sobre meu crescimento, em espaços de tempo diversos. Além disso, mostrou-me que o passado foi importante, apesar de estar um tanto distante; todavia, o presente é um ponto para reconciliar, ou melhor, não esquecer o passado e a partir dessas experiências, nele guardadas, tornar o momento vivido no presente, com as pessoas presentes, muito mais rico e ao mesmo tempo profícuo, no sentido de usar esse amadurecimento para construí-lo com perseverança, transparência e melhor... (Mas espere esses fragmentos fazem parte desta ou de outra carta...? Você se pergunta e não tem a resposta!).

Para escrever essa carta, imaginei não usar certas metáforas, como cheguei a fazer em outras oportunidades. Nelas converti o mundo das letras, às vezes ébrio, na voz soberana, para atingir um egotismo, isto é, com essa estratégia representar-me. Fosse utilizando José de Alencar "para criar uma alegoria ao encontro, sob a forma conclusiva do beijo"; refazendo um momento vivido – onde o que desejava não ocorrera, pela falta de ação ou oportunidade –, para torná-lo especial, com base nas elaborações de Machado de Assis; inspirando-me nos contos de Arthur Schnitzler, na sua dupla tensão entre arte e ciência, construindo episódios fantásticos; eferente aos desejos e eludindo decepções, alegrias, com Sthendal, Balzac ou Flaubert; enfim, tornando próximo, estilos, muitas vezes adversos à essas vontades, porque não correspondiam na maior parte dos casos aos meus objetivos e foram, esses devaneios, certamente cansativos – acredito demasiadamente subjetivos. E nessas várias cópias, escondia-se em mim mesmo, expressando outras caras, sem saber, muitas vezes, à própria. Não fingirei com eles, para exprimir meu pensamento. Por isso, mesmo que faça uso de mais de um estilo, não se engane, querida leitora, meu caro leitor, esse modelo será para flexibilizar o texto, suavizar seu conteúdo, tornar mais agradável a sua leitura. Pois, essa instabilidade, há algum tempo está me deixando. No seu lugar uma identidade, na interpretação de uns forte demais, enquanto para outros ainda muito fraca, foi se desenvolvendo, apesar de todas as adversidades da vida.

E, além disso, preservava uma personalidade instável, erradamente interpretada – porque não fez as mesmas coisas que os outros, "xavecando" todas as garotinhas (ou garotinhos?) da Escola, ficando com uma e outra (ou não seriam outros?), depois indicando ao grupinho as conquistas –, ora convencido(a) que o silêncio fora a melhor resposta aos dizeres de familiares, amigos e mesmo estranhos, ora achando que apenas escrevendo estaria respondendo essa lacuna, ou então, não sabendo conciliar o mundo dos livros às experiências cotidiana, entre pessoas, situações reais e não personagens, ficções, teorias. (E, não sem razão, você se pergunta toda essa construção não será para mostrar como cada um se constrói no percurso da vida, nas suas várias performances, como diria Judith Butler, ao questionar a própria formação das relações de gênero – mas isso já seria outra história, e aqui não tempos mais tempo!).

...

Mas espere. Já li essas coisas em uma carta. O que houve? Será que os programas se misturaram? Ele(a) está me confundindo por que? Ao pegar a outra carta estou vendo que poucas coisas foram alteradas, enquanto o resto continua igual. Mas por que está aqui? Quem escreve tenta dizer algumas coisas, mas os teclados não respondem o dfaoe vaeo faa eo afe...

...

Um novo momento se abre, várias possibilidades podem sugerir uma maneira apropriada de formulá-lo. Gêneros, palavras, o canto de um pássaro, o barulho de um carro; os dois primeiros soando suavemente no ar imperceptível da imaginação, enquanto os dois últimos, vez por outra reduzidos pelo ar condicionado, sugerem caminhos. Deve estar se perguntando: de onde eu estou falando enquanto escrevo? Poderia deixar a curiosidade? Provavelmente. Entretanto, acredito que seja mais esclarecedor dizer que me encontro em uma mesa, na sala de estudos da Biblioteca de uma Faculdade, bastante vazia, aliás! E poderia se perguntar: por quê? A respondo dizendo que esse foi o ambiente mais propício para escrever essa parte, já que farei uso de lembranças; e vendo que muitas coisas esqueci, trazendo poucas recordações a minha memória, não hesitei em recorrer a ela (a Biblioteca, mas também aos livros de que dispunha aqui). É claro que isso não é fruto da idade (o esquecimento e nem a escolha), pois estou completando apenas 22 anos. E 22 anos não é o mesmo que fazer 18, ou 15, ou quem sabe 8 anos de idade. Devo ter sugerido outra pergunta: por que a comparação entre essas idades? Calma, querida leitora ou meu caro leitor, lembre-se daqueles velhos ditados: "a pressa é...". Não vamos queimar etapas. Façamos uma descoberta, depois outra, e outra; todas ao mesmo tempo neutralizariam suas singularidades, a sua devida importância: de estar naquele lugar, nesse momento. O primeiro ato que foi levemente anunciado: foram as idades; sem dúvida algo muito complicado. No entanto, as dúvidas persistiam...

...

Não sei o que está acontecendo. O passado, o presente e o futuro se misturaram. Há coisas que ainda não queria dizer, que não sei como foram parar aqui. A cada instante seu sorriso muda a fisionomia de seu rosto, que ainda não vejo, mas já posso imaginar; mas, depois para suas reações, você fica séria(o), depois confusa(o). Quando iniciei essa carta tinha algumas expectativas, que no seu percurso foram sendo acrescidas novas e está começando a ficar difícil não retalhá-las, tornando-as meros estilhaços sem sentido. Mas ainda assim, não se engane, isso pode ser a estratégia de seu autor(a), imaginando como continuar, pensando a maneira mais apropriada de dar fluxo a seus pensamentos, e mostrar que a vida é assim: um estado constante de coisas caóticas e até sem sentido prévio! *Focalizar a importância de um fato e outro, quem sabe até procurando camuflá-lo. Não consigo mexer o teclado. O que está começando a aparecer abaixo? Uma poesia que escrevi faz algum tempo, mas por que está lá agora, e sem perceber você começa a ler:*

...

Uma dúvida

(Há um inseto que interrompe o pensamento: a dúvida!)

Como começar (...) ! (a imaginar o que não existe.)

Pedirei um charuto à gramática que tem a resposta, para me ofuscar com uma fumaça lúcida (o suficiente), que impermeabilize o inconsciente, tornando-o decifrável.

Pedirei as cinzas uma pegada e as conduzirei, pôr entre os dedos, uma passagem até o cinzeiro.

Como ocultar todo silogismo e ordenar o mistério de as palavras não surgirem nos momentos considerados certos e, ou quando aparecem são ociosas e indecifráveis aos olhos tão pequenos (dessa mente tortuosa).

Quando lemos um livro temos uma visão parcial dos fatos nele refletidos, assim figuramos a verdade (mesmo ela, sendo apenas parte de uma totalidade indecifrável).

Ao lermos vários, temos respostas que procuram ser, ou se aproximar da(s) verdade. Então se refletirmos, perguntaríamos: o que é a verdade?

Há uma ingenuidade em toda essa embriaguez.

Já não temos a chave desse simbolismo bucólico.

Parece insensatez crer no homem (a ganância e o poder sempre o dominam e o dilacera).

O pressentimento não é só um aviso, é uma dúvida prestes a ser resolvida, mas ainda não há respostas – nem solução!

A vida é passageira do tempo; uma incógnita.

Mas ainda resta dúvida (...) sentirei os últimos tragos (desejo, querer) – vida, morte ou nada (além de dúvidas) – conheço com esse charuto os limites nos quais preferiria não possuir; essas dúvidas, no final personificam a onipresença de não se sabe o quê, mas ainda assim que se queria presente.

Nem a tinta e a caneta decifram.

Mas onde está o resto de meus dedos?

Será que esqueceram onde foram parar esse resto de nicotina?

Ou a fumaça de meu trago foi pequena e não encontro essas palavras?

Taciturnas, violando o silêncio da imaginação!

As palavras fingem adormecer no verso – sem face e solitário.

Desarmônico e imperfeito, diante de tanta infelicidade.

Já é feito sem estima, vontade e talento.

Que não tem mais cor, não tem mais graça.

É vazio, acabaram as festas; é triste, desfez-se a multidão.

A ela não mais pertence e sem ela agora se faz.

Perdeu regras e leis e ortografia. Nem quer saber mais de riqueza ou pobreza.

Esconde-se? Não existe mais? Desapareceu? Onde foram parar os versos? As poesias? Os contos? Os romances?

Perderam-se na razão e no esquecimento. Entre o pensamento e o sentimento. Ficaram depois do antes. Talvez não seja nada disso. Apenas estão entre a modernidade e a pós-modernidade. Que descarta o homem e inventam e escrevem máquinas, sobre outras máquinas, para darem sentido apenas as palavras e ao uso que se faz das palavras...

(Verão de 1995)

Finalmente voltei a controlar esse teclado. Mas é estranho. Não consigo voltar. Sei que algumas coisas deveriam ser apagadas. Mas não consigo deletá-las. Tudo isso será causa de um poder tão dinâmico como o tempo. Olhe! O que é isso, um novo fragmento? Do que se trata agora? Posso controlar o teclado, mas dessa vez prefiro acompanhar esse fato inesperado e ver sobre o que ele se refere:

Há um enigma no meio do caminho: o tempo!

Não se pode esperar, nem calar, ou falar uma só palavra.

Muitas vezes o passado influenciou essas escolhas e inibiram toda ação.

As coisas não são tão simples e fáceis como se imaginava.

Precisamos ir em frente – como se indica: então pé na estrada, mas onde estão meus pés? – mas o futuro também parece estar muito distante e, não sabemos se chegaremos até ele, com tantas vozes que impelem esse otimismo ao enclausuramento...

O tempo parece ser tão curto, mas as coisas se repetem como se ele fosse sempre o mesmo, que as dúvidas, revolvem qualquer certeza para o seu desgaste completo.

Só a vida tão curta sente seus sinais inesperadamente.

Assim como as paixões, tão breves quanto esse silêncio rotineiro.

E o mundo é muito grande, ainda assim se esconde com tamanha facilidade entre imagens, comunicação, na Internet, que nos finge ser assim tão pequena e palpável.

Há muitos pés seguindo o mesmo caminho (ir sempre em frente!). Mas todos acabam se entrelaçando, e por um momento, esquecem o caminho (por estarem sempre no mesmo lugar).

Todos – e às vezes com mínimas exceções – se perdem na escuridão de suas rotinas.

Não da noite, tão bela. Mas nas e entre as mãos sempre perigosas!

O perigo nos fascina, mas perde-se sob a morte que nos silencia a trajetória sempre – ou quase – igual. E a morte, calma, sem pressa, tão leve, se entrega sobre esse corpo ausente e quase padecido.

Tudo veste os trajes do perigo, se ainda não descobertos, como as coisas e as pessoas aparentam ser!

Existe risco mesmo na ação mais bem planejada, que se entorpece pelo poder imprevisível do movimento.

Até o amor parece chegar tão cedo, indo embora quando ainda estávamos sonhando.

Que desprevenidamente não vemos o quanto envelhecemos!

Não pelas paixões – essas que nos movem –, mas pelo tempo, esse que nos presenteia com rugas, às desilusões e, uma história cheia de memórias, que se disfarçam entre a realidade do possível e àquilo que acreditamos ainda estar vivendo em nossa imaginação!

E mesmo sem querer a gente esquece – não de viver, mas de sonhar – todos esquecem, não só a História, mas da gente,

Que passa, sorri, cresce, namora e não volta jamais! E como em um piscar de olhos, rápido desaparece e ninguém mais vê… (Março de 1996)

As palavras depressa se desgastam quando o movimento é a lei, difícil se torna a referência, oportuna a ruptura; passado e futuro se tornam fluidos e o presente quase imperceptível diante da analogia ao global, perdendo sua ligação nesse *continuo…* O mundo já não é o mesmo de nossos avós, que viveram o drama de ver àquilo que sonhavam esfacelado; ou de nossos pais, que amadureceram sem nenhum suporte referencial, além daquele, agora em pedaços, e já aos cacos se desfaz. As permanências contrapõem-se hoje diante da dinâmica das relações sociais, na metáfora global dos meios de comunicação de massa. Novamente, jogados a nós mesmos, em nossas próprias responsabilidades, evitando as trajetórias conhecidas, por isso desacreditadas, ao serem fechadas em suas conclusões. Esses itinerários que sugerem as fórmulas e as palavras, mas também as ideias provedoras de esquemas fixos, muitas vezes causas de surpresas para o intérprete apressado, enquanto que os universos a descobrir permanecem em constante transformação, que enraizados nesses referenciais já inadequados, nos comovemos em nossa falta de sensatez. Com isso a mídia difunde mitos oportunistas, que não explicam – mas inspiram apenas a cópia, que evidentemente se coloca como transponível apenas para o universo dos sonhos –, e só servem de objeto de consumo, ao invés, como foi outrora, das crenças e, rapidamente desaparecem, entregues ao próprio esquecimento, em um mundo, que por parecer homogêneo, dissolveu as responsabilidades individuais e a pluralidade.

A trajetória que pareceu tão confusa foi uma metáfora que em muito se pareceu comigo e com você – e conosco nesse momento tão incerto em que vivemos nessas últimas décadas. Por isso, dizer passado e presente. O futuro é um sonho, nada além de uma expectativa, caminhos conjuntos que perpassam sobre as possibilidades de nossas escolhas e oportunidades. Não vou escrever outras poesias. E espero que nenhum vírus nos surpreenda aqui. Prefiro mostrá-las pessoalmente e isso não é apenas uma promessa, se assim você também quiser…

Há muito ainda para ser falado. E pouco tempo para dizer. Mas não tem nenhum problema. Haverá outros momentos. Como sabe sou um pouco distraído(a), quando não respondo no dia a mensagem, esqueço de olhar se chegou algum recado, já contei a história, ou será que também aqui me perdi nesse devaneio? Além disso, sou lento(a) para mudar a maneira como escrevo; ser um pouco mais profundo, menos racional, mas só verá isso em mim com o tempo. Pouco sabendo sobre quem eu estou escrevendo, escrevo pouco; outra coisa que mudo apenas com o tempo. Gosto de ser transparente com as coisas e com as pessoas que me relaciono, sou amigo(a), ou colega, ou até nos namoros e relacionamentos…

Como pôde perceber estou mudando a maneira de me comunicar com você porque isso vai ocorrendo aos poucos na medida em que a confiança vai sendo adquirida. Eu considero tudo isso uma construção permanente, um processo, feito a cada momento, dia, palavra… Sou mesmo assim, muito racional com as coisas, outras vezes confuso(a), às vezes romântico(a), talvez até sincero(a), quem sabe?

Se ainda continua a leitura, talvez esteja me entendendo, mas ao dizer essas coisas quero que entenda que não gosto de me colocar como as pessoas às vezes fazem considerando-se e as outras como descartáveis, portando-se como meros objetos da moda, da maneira como se transmite a lógica de consumo entre as coisas, produtos, na *Internet* ou no *comércio local, nacio-*

nal ou internacional, pois, isso não se transpõem entre as pessoas, não as imaginadas, mas as de carne e osso: elas pensam, sentem e agem. E são o que são, nada mais, nada menos...

Somos complicados não acha? Qualquer tentativa de mudar isso é facilmente desfeita, mesmo quando os custos são altos. E, mesmo assim, preferimos os desacertos...

Essa mensagem eu sei que muitas coisas falei pela metade, enquanto outras talvez não tenha entendido completamente porque estão lá ou aqui nesse momento. Às dúvidas deixadas, respondo que apenas com o tempo, voltando aquilo que já escrevi, aquilo que ainda não escrevi, e poderá ir respondendo-as. Considero um recado: "palavras limitadas à dinâmica do movimento social, congelando-as ao refazer a sua materialidade como o registro de um instante; nunca abrangem tudo, apenas partes, leves detalhes sobre impressões de coisas, lugares, pessoas ou palavras e o próprio uso que se faz das palavras..."

Por tudo isso, amiga leitora ou meu caro leitor, as continuidades só o tempo irá preencher, mas desde já saiba que estou começando a conversar com você com mais transparência do que antes, no início dessa mensagem que foi jogada ao vazio e você foi lhe dando todo sentido, mesmo tendo sido tão confuso(a), como devo ter deixado transparecer, nas palavras, nas poesias, na cumplicidade de colocá-la(o) em sintonia comigo, as vezes deixando a impressão de ter desaparecido, mas sem dúvida tendo indicado o que quero ou não? Obviamente, se foi atento(a), como acredito que tenha sido, não deve ter deixado que esses recursos o(a) impedisse de interpretar quem escreveu todas essas coisas, até com mais profundidade do que ele(a) próprio imaginou que fizesse! Ou pudesse ser feito...

Sem mais, por agora; um forte abraço! D. R. (versão feita no final de agosto de 2000).

A carta dirigida para um leitor ou leitora ideal lhes comoveu de tal forma que haviam ficado sem palavras. As palavras que nunca haviam lhes faltado, agora pareciam escassas; e a ela, sempre presente, encantada igualmente com seu momento a dois, junto com o marido, sem perceber se silencia também junto com ele. Não era o efeito do vinho. Em vários outros momentos tomaram juntos muitas outras taças e sequer ficavam em silêncio, pelo efeito do álcool impregnando-se em suas correntes sanguíneas, mas, ao contrário, liberando-os de todos os constrangimentos e lhes permitindo ter o prazer de extravasar, ainda que por um mero instante, todas as suas emoções, com palavras, ditas alto para irem seguir o vento e imediatamente se calarem no sopro do tempo. Naquele momento, porém, não havia palavras, apenas olhares, sentimentos e emoções se aflorando. E com os olhares unidos, os rostos se aproximando, os batimentos de seus corações levemente aumentando, viram-se surpreendentemente, como se estivessem no passado, quando haviam se conhecido, e nesse ensejo principiar o renascimento de uma chama de paixão que parecia ter se apagado com o tempo, vir a se reacender instantaneamente entre eles. Tão rápido, com o leve toque da mão de sua esposa na sua, a conduzindo para sentir seu coração, ao mesmo tempo em que se excitava no toque de seu seio, que sem perceberem já estavam fazendo amor, como só haviam feito quando tinham acabado de se conhecer, de uma forma inusitada e sem precedentes...

As horas se passavam tão rápido, que quando percebeu, sequer havia dormido, e já era novamente 6 horas da manhã. O único ponto até aqui que lhe fazia vibrar era o fato de já ter chegado o final de semana, e como era sábado poder descansar um pouco com a sua família. Ele levantou, tomou rapidamente seu banho, escovou os dentes, e foi fazer o café da manhã para sua família. Lembrou-se de como a sua esposa adorava ser acordada na cama com o café da manhã, e assim o fez, como só tinha feito no início do relacionamento dos dois, antes de terem seu primiero filho. A rotina diária dilacerava os detalhes, que davam todo sentido a vida a dois. E ele, ainda embriagado com as palavras que tinham lido juntos, não pelo vinho, pôs-se a ver, como em um filme, toda a sua vida, as suas escolhas, a sua profissão, e começava a notar que, já perto dos 50 anos de idade, muitas coisas ele ainda queria realizar, em função de tudo aquilo que ainda não tinha feito. Nesse mesmo instante, ele viu que sua esposa abriu os olhos, e com um abraço aconchegante e um beijo ardente lhe desejou: tenha um ótimo dia, meu amor! E ela emocionada com tudo aquilo lhe falou: temos que encontrar outras caixas como essa, não acha? E ele: você tem toda razão, ainda mais se causarem o mesmo efeito!

Os dois juntos riram demoradamente de tudo aquilo. O dia se passou. A felicidade contagiava tanto os dois, que os filhos, ainda encabulados, inquietaram e lhes perguntavam o que estava acontecendo. A mãe docemente lhes dizia: não é nada, o papai que está contente com o emprego, e a mamãe com a nossa família. Sabendo que não era apenas isso, deixaram as razões de lado, e foram brincar, como sempre faziam.

Depois do jantar, assim como todas as refeições do dia que ele havia preparado, deixou os filhos se divertindo no quarto, a esposa descansando na sala, e depois de beijá-la novamente, lhe avisou que iria trabalhar um pouco. Quando, de fato, durante todo o dia, ainda que fazendo tudo com um prazer desconcertante, estava verdadeiramente pensando nas intrigas ainda deixadas naqueles cadernos. Novamente tentou agrupar os cadernos, ver se havia alguma ordem, na aparente desordem. Ele via que tudo aquilo, ainda que distante de sua rotina de trabalho, fazia-lhe todo sentido, uma vez que as formas híbridas de narrar o vivido, ou mesmo o imaginado, estavam tomando conta dos estudos conduzidos em seu departamento e mesmo no programa de pós-graduação do qual estava vinculado como professor permanente. Como em um *flash* de luz se viu no tempo passado e presente, cruzando-se em uma percepção comum, que interligavam seu trabalho, suas pesquisas e orientações, as circunstâncias inesperadas que lhe conduziram a se debruçar sobre a caixa de alguém que lhe era totalmente desconhecido, com textos produzidos nos anos 1990, e tinham muito a lhe dizer vinte anos depois. Ele viu ainda, que aquilo parecia conduzir a uma inflexão para quem os havia escrito, iniciada provavelmente a partir de 1999, na qual a escrita decididamente tentava reter os pensamentos dispersos, no momento mesmo em que eram produzidos por aquela pessoa, que permanecia desconhecida aos seus olhos de pesquisador curioso e meticuloso, em tudo o que fazia. Quando percebeu mais um dia havia terminado e já estava na madrugada do domingo, com todos já descansando.

No domingo, depois de ter descansado algumas horas, ele viu no final do décimo primeiro caderno, um rascunho inicial do que parecia ser a tentativa de escrita de um memorial:

Memorial (primeira versão, inacabado, final de 2000)

Para quem, como eu, ainda está na casa dos 23 anos de idade, o fato de ter que descrever memórias, ainda que sejam de cunho acadêmico, parece uma tarefa quase insana; visto que estas seriam mais bem circunstanciadas quando se chega aos 60, ou seja, quando se passou por todas as etapas de formação, atuou e formou outras pessoas, produziu, foi lido, comentado, discutido, criticado e citado, em resumo, fez um *percurso*. Mesmo que aqui me limite a dizer, com Pierre Bourdieu, que elencar memórias, nesse caso, é demonstrar como se deu o ingresso no *campo*, seja ele qual for; e dizer de que modo adquiriu e incorporou seu(s) *habitus*, ou como, servindo-se de suas regras específicas e de suas disputas pelo poder, e cerceado pelos rituais de consagração, veio a produzir também seus próprios *bens simbólicos* e adquiriu um certo *capital*. É verdade que, também nesse caso, a tarefa de descrever memórias ainda não corresponderá exatamente ao papel que lhe cabe, haja vista que quem a narra ainda não passou por tal *trajetória*. E sequer sabe se passará, pois, tudo ainda está em processo, e, como tal, em um movimento incontrolável.

Tendo em vista essas questões, o que se passa a narrar é mais um percurso em andamento, do que propriamente memórias acadêmicas (ainda que ao iniciar tal percurso, estas já passem a existir).

E nada mais conveniente do que começar esse percurso, não com as origens familiares, mas com o ingresso num curso técnico de formação de professores primários, o Cefam (Centro Específico de Formação e Aperfeiçoamento do Magistério), projeto implantado no Estado de São Paulo, em meados dos anos de 1980. Ao passar por essa formação, entre 1993 e 1996, pude apreender o que era uma formação pedagógica, o que era ser professor, o que era dar aula; ao mesmo tempo em que perscrutava nos estágios os dramas e as dificuldades de quem já estava na carreira docente há mais de 30 anos, era mal remunerado, mal reconhecido, com os sonhos silenciados e toda uma rotina já introjetada nas aulas, fatigados pelos projetos frustrados. A dialética entre *reprodução* do sistema e *transposição* de suas barreiras, por intermédio da educação, como notaram Bourdieu e Passeron, em *A reprodução*, já naquela época, mais parecia um caminho de reprodução do que de avanço. Mas como disse, aprendi muito vendo e convivendo com colegas em final de carreira, e com alunos e alunas em início de formação nas séries iniciais. O alfa e o ômega, o começo e o fim, interligados por um ideal cristalizado de fazer com que as sociedades não se percam, ou se dilacerem e morram no transcorrer do tempo, com a formação das novas gerações.

É bem provável que pela maneira apaixonada com que os meus avós contavam suas histórias de vida, os bons professores que tive (no ensino fundamental e médio) e a experiência que obtive com o magistério, no Cefam, que tenha escolhido continuar meus estudos fazendo um curso de licenciatura e bacharelado em História. De igual maneira, vi que a dialética entre o que se aprendia no ensino fundamental e médio (conhecimento livresco, acontecimental e factual), de nada valeria para o que estava prestes a descobrir na universidade; isto é, um conhecimento em produção permanente, monográfico, e em constante transformação. Quer dizer, as teses do ensino fundamental e médio, esbarravam-se sobre as antíteses do universitário, sem que, com isso, alcançasse, de imediato, uma *síntese*. Síntese, aliás, que se mantém em processo até o momento em que escrevo, porque seu movimento é constante, como o conhecimento é dinâmico. Mas naquela altura da formação, tudo isso ainda estava para ser aprendido. Tudo ainda estava em aberto: das escolhas teóricas até as práticas educacionais.

Por isso mesmo, também é bem provável que tenha escolhido, mesmo que inconscientemente, certos temas de pesquisa, como estudar um teatro, perscrutar jornais, entrar em arquivos, revirar o passado, com vistas a também 'fazer história'. Ao contrário do que meu avô previa, o mundo não acabou em 2000, mas por essa mesma época, já não era uma visão finalista religiosa que povoava os altos muros da universidade, e sim aquilo que se definiu como "crise de paradigmas" – que no fundo não estava tão longe de como meu avô via *o mundo*, pois, as lentes de um paradigma servem justamente para nos oferecer modelos operacionais, senão para entender completamente o mundo, ao menos para viabilizar formas de inquiri-lo melhor. E justamente esses modelos, herdados do século XIX e desenvolvidos no XX, que estavam em questão: como estudar as sociedades? Como inquirir os homens e as mulheres no tempo? Como pesquisar o passado? Como definir instrumentos operacionais e adequados para compor os resultados da pesquisa por meio de uma narrativa, mesmo que peculiar? Mas, o mais importante, o que estava em crise era uma forma de ver o mundo, produto do ideário teórico europeu, cujo projeto civilizador estava se esfacelando rapidamente. E no Brasil, como na América Latina, jogados a nossa própria sorte é que tínhamos que construir novos referenciais para aprender a ver, interpretar e compreender o mundo, as pessoas e as sociedades. Se esse modelo será o produto de uma leitura atenta das premissas do pensamento decolonial, só o tempo dirá. (Pensar como concluir....?)

A leitura do fragmento lhe inquietou pelo resto do dia, mas não o impediu de fazer amor – leve, solto e ardente – novamente com a sua esposa. E ela de tão contente lhe alertou: acho que descobri o remédio perfeito para o nosso amor! Sempre achar uma caixa com um mistério dentro! Já era quase meia noite daquele dia, quando sua esposa lhe lembrou que teria reunião no departamento. Ele se lembrou que aquela seria a primeira tentativa de retorno presencial, depois de mais de um ano e meio de aulas, reuniões e bancas remotas feitas pela universidade. Apenas uma parte do corpo docente estaria lá, e como ele não fazia parte do grupo de risco e com comorbidades, além do quê já havia tomado as duas doses da vacina, não tinha outra coisa senão ir à reunião.

No dia seguinte, pontualmente estava na universidade para a reunião. Como sempre acontecia, um pouco de atraso, muita discussão, pouca decisão. Tudo, porém, começava a entrar nos eixos novamente, apesar dos riscos da doença ainda existirem. Depois da reunião, ele aproveitou para tomar um café com um amigo do departamento.

Após vários assuntos, ele disse ao amigo: você não faz ideia do que me deixou acordado a noite toda e pelo final de semana! O amigo: se não foram seus filhos, ou você junto com sua esposa, só pode ter sido um achado para suas pesquisas; sempre que encontra alguma coisa você fica desse jeito! E ele: sim foi um achado, mas não de pesquisas; eu encontrei uma caixa que não fazia parte de nossa mudança e dentro dela havia onze cadernos cheios de anotações, com rascunhos de romances, crônicas, poesias, cartas. O amigo: sério, que interessante tudo isso, e de quem é? E ele: foi isso que mais me intrigou em todo o final de semana, eu não sei dizer de quem é, apenas encontrei as iniciais: D. R. E com as iniciais e a procura por um "nome" eles foram de José Saramago até Italo Calvino e Roberto Bolano, passando por Borges, Kafka, Sartre, Kundera, Cervantes, Balzac, Flaubert e chegando inesperadamente até *Cem anos de solidão* de Gabriel Garcia Marquez, sem antes não deixar de passarem pelos três volumes dos *Diários de Emílio Renzi* de Ricardo Píglia. A empolgação de um e outro começava a fazer o papo ir se alongando para os mais inusitados lugares, textos e autores. E o amigo atento viu seu colega se por a contar seu achado, suas dúvidas e pretensões:

_ Você não faz ideia de como aquela pessoa vê a política e a sociedade! Em uma carta parece querer questionar as relações binárias e heteronormativas de gênero, mas não chega até as propostas de Judith Butler, provalvemente ainda não teria lido essa autora nos anos 1990. Muita coisa parece ser uma revelação intimista, mas acho mesmo que é para deixar perplexo o leitor desprevenido e fazer com que ele questione a sua própria sociedade, seu mundo e a si próprio. É engraçado como tudo aquilo me fez pensar nas narrativas híbridas que temos estudado junto com os nossos alunos; os romances, biografias, autobiografias e estudos de teorias sociais e literárias que passaram a se impregnar com esse perfil de escrita e exposição de dados. Não acho que quem escreveu estava consciente de tudo isso, mas foi o reflexo das leituras que estava fazendo e da forma pela qual estava tentando articulá-las em seus textos e nos seus pensamentos.

_ Fazia tempo que não te via tão entusiasmado desse jeito! (diz seu amigo).

_ Sim, verdade! Os fragmentos dessas escritas desencontradas me fizeram pensar um pouco na minha própria trajetória profissional e literária. E tudo o que fiz até aqui...

_ Mas no final de tudo isso você só conseguiu descobrir as letras iniciais de um nome?

_ Além de alguns indícios sobre a sua formação, nada mais que aquelas iniciais: D. R.

E o amigo se surpreende: cara, você não faz ideia; eu passei pela livraria da universidade e vi um livro chamado: *A trama das tensões*, de um tal Diogo Roiz, você já ouviu falar? Já pensou se fosse a mesma pessoa! E ele: nunca ouvi falar, mas agora que você disse me deixou curioso para conhecer, quem sabe não ajuda a montar o quebra-cabeça, ou a nos dar novas pistas...!! Será que a livraria já fechou? E o amigo lhe responde: acho que não, como é perto daqui vamos até lá ver! E ele: vamos sim...!

Poucos minutos depois, como dois jovens descobrindo o universo dos livros, viram-se procurando aquele volume. Como não encontravam foram até o balcão perguntar para a atendente, jovem, bonita e atraente, que prontamente foi localizar o livro para eles. Em poucos minutos fez a seguinte afirmação:

_ Chegou essa semana na livraria. Pedimos cinco exemplares, mas parece que só restou um. Com o sistema fora do ar é o que parece! De que trata o livro? Vocês já leram?

_ Um deles toma o volume na mão e diz que não haviam lido ainda, mas que iriam ler sim. Olha saiu pela Alameda, de São Paulo, você viu que essa editora tem lançado muitos títulos discutindo a literatura e suas conexões com a escrita da história; e vários autores tem se detido nessas questões e no estudo da narrativa, como mostra o catálogo!

Prontamente o amigo deixou com o colega o volume em suas mãos. Foram até a mesa para poderem folheá-lo melhor. De início perceberam que as tramas tratadas nos livro não se reduziam as tensões da história e da literatura, mas também tinha muito a dizer sobre a nossa sociedade. Viram as estratégias sutilmente presentes na narrativa, que desde a introdução procurava chamar a atenção de seus possíveis leitores e leitoras. Viram igualmente que havia um quebra-cabeça entre os capítulos e as partes do livro, mas não inviabilizavam outras formas de leitura, até com sugestões inusitadas de passarem diretamente para certos capítulos. Viram ainda, que depois de tudo isso, não daria para resolver o enigma, sem antes ler todo o livro. E foi com esse intuito, o que fez ao chegar no balcão e comprar o exemplar. Como não havia outro, seu amigo lhe pediu emprestado, depois que terminasse de ler. E a vendedora curiosa lhes disse: acho que vou deixar reservado também um para mim, quando pedir mais exemplares para a Editora... – porque a verdade sempre se encontra escondida nos pequenos detalhes![2]

2 Todas as indagações construídas nessa narrativa serviram para nos fazer pensar alguns pontos cruciais: 1. Em que medida as "narrativas híbridas" poderiam definir certo engajamento político e sociocultural, ao expressarem o vivido de outrora, como o fez a narrativa histórica até então, para mostrar o papel social do historiador, seja na construção das identidades sociais, na definição de caminhos para a promoção de políticas públicas, ou até como caminho lúdico para fomentar a construção da consciência crítica do cidadão?; 2. Como o praticante de uma "narrativa híbrida" teria que lidar com fronteiras disciplinares e interdisciplinares, e articular literatura e história, em seu processo de escrita e análise dos dados?; 3. De que forma tais narrativas poderiam nos inspirar na elaboração de "novas" utopias e práticas sociais, na imaginação de outros mundos possíveis, na promoção da rebeldia e até da revolução, na pretensão de gerar outras praticas sociais e experiências cotidianas em nosso tempo presente?

Epílogo: As histórias na Literatura, e/ou as literaturas na História?

A literatura, necessária e perigosa, vive no coração da história (JABLONKA, 2020, p. 53).

É comum a constatação de que no período de 1870 até 1980 a ciência da história viveu um momento de afastamento progressivo em relação às produções literárias, como: a crônica, a retórica e o romance.[1] Esse distanciamento abissal foi o resulta-

1 Ao se debruçar sobre a produção de manuais de introdução aos estudos históricos, especialmente produzidos durante o período de 1870 até 1930, em vários países da Europa ou das Américas, Itamar Freitas (2020) constatou como ocorreu à definição da escrita da história como uma ciência praticada por profissionais formados pelas universidades, que passou a centralizar esse papel, constituindo-se no principal local de produção do saber histórico, no qual a história era cientificamente conduzida nos processos de pesquisa para se tornar também uma ciência, preocupada com o estudo dos homens e das sociedades no tempo, a partir dos resquícios documentais deixados pelo passado. A prática da escrita da história como ciência, como nos mostra o autor de *Uma introdução ao método histórico*, esteve entrelaçada ao processo de institucionalização dos cursos de História nas universidades, particularmente na Alemanha e na França, que mantiveram a produção dos manuais mais influentes e duradouros do período, servindo inclusive de base para a formação de outras historiografias profissionais, como as da América Latina, ou a Norte-americana. Mas, a "experiência colhida em dezessete países das Américas e da Europa, em termos de produção de escrita histórica propedêutica, não nos autoriza a endossar a tese de que, na passagem do século XIX para o século XX, o 'Método Histórico' emergiu em definitivo" (FREITAS, 2020, p. 225), porque só fez arrefecer a "trama de tensões" que já circunstanciava a produção do saber histórico desde o início do Oitocentos, e as rupturas se faziam presentes em meio a continuidades com outras práticas de pesquisa histórica, como as vinculadas a retórica, a arte e a literatura.

do das expectativas de tornar a história também uma ciência, ao fazer com que seu discurso fosse situado com base em uma narrativa objetiva, imparcial, documentada e mediada por procedimentos científicos para amparar a plausibilidade de seus resultados (JABLONKA, 2020). Antes de 1870 as relações entre história e literatura não deixaram de ser tensas, mas foi a partir daquele período que os distanciamentos se tornaram mais inflexíveis, em função das tentativas de a escrita da história se tornar também uma ciência, mesmo que peculiar ao olhar dos pesquisadores das outras ciências humanas e sociais (LOPES, 2021; FREITAS, 2020). Evidentemente, depois de 1980 as possibilidades de reaproximação vieram a ser mais evidenciadas, no embalo de composições de narrativas híbridas, que ainda assim não deixavam de ser disciplinares em sua maioria, porém, as relações interdisciplinares se tornaram a partir daí mais comuns, porque plurais e inovadoras, assim como as experimentações que foram feitas pelos pesquisadores e pesquisadoras.[2] Mas, como tudo é processual, e nada irrompe abruptamente nem no espaço social, muito menos nas tramas culturais, o período de 1870 até 1980 viu plasmar todo um conjunto de circunstâncias que levaram a críticas sobre a escrita da história não ser nem mediada por procedimentos totalmente científicos, com base em teorias, conceitos e interpretações mais precisas sobre o passado, muito menos ser ela parte componente do literário; e não sendo nem uma coisa nem outra, a identidade da história e de suas escrituras a respeito do passado, assim como do trabalho feito pelo historiador foram colocados em xeque, abrindo caminho para outras experimentações narrativas, formas de pesquisa e análise das fontes, bem como maneiras mais eficazes de fazê-la ser também uma ciência social, ainda que bastante peculiar (LIMA, 2006, 2019; WHITE, 2015, 2017; JABLONKA, 2020; RUSEN, 2015). Foi com o objetivo de esmiuçar alguns desses (des)caminhos entre as (in)certezas da escrita da história e das tramas e dos enredos dos romances, em constantes tensões no que dizia respeito a produção narrativa de suas formas de apresentação do vivido, ou do imaginado, ao longo do século XX, que se estenderam as reflexões que foram feitas no decorrer dos capítulos deste livro.

A simples indicação de datas não diz nada, são meras representações de um passado perdido, que pouco ou nada diz aos contemporâneos.[3] Quando se menciona

2 Para maior detalhamento, ver: BRANDÃO, 2005; VASCONCELOS, 2005; LIMA, 2006, 2018; BERBERT Jr., 2012; PERRONE-MOISÉS, 2016; CANCLINI, 2016, 2020; JABLONKA, 2020.

3 Como mostra o importante estudo de Henry Rousso (2016) a respeito da última catástrofe, e das consequências que temos experimentado após os eventos de 1989, com o proclamado fim do "socialismo real", das "filosofias da história" seculares e religiosas, e dos projetos utópicos de mudança social, a exemplo do marxismo.

aleatoriamente os anos de 1870, 1929, 1968, 1989 e 2001 sem que ao mesmo tempo uma explicação seja dada, esses anos são importantes e fugidios como qualquer outro, e nada mais que isso! Mas, quando demonstramos as razões de articular esses momentos, com as transformações sofridas no campo dos estudos históricos (e da produção literária), cada uma dessas datas e eventos históricos vai ganhando outras dimensões e significados para o "fazer história" e suas escrituras no tempo. Isso porque, cada uma delas viu aparecer formas e procedimentos de escrita da história, que repercutiram em novos enquadramentos do processo histórico (passado, presente e futuro); de como problematizar o passado e pensar o presente; de que maneira articular teorias, conceitos, procedimentos metodológicos e fontes em uma interpretação plausível a respeito da realidade extratextual de outrora, inclusive, para se problematizar aquilo que poderia estar "fora do texto"; assim como refletir as diferentes temporalidades (tempos curtos, médios e longos) em formas narrativas adequadas para analisar todo tipo de agir humano (de homens e mulheres) e suas íntimas ligações com as sociedades em suas mudanças e permanências no tempo.[4]

Em 1870, em pleno processo de unificação da Alemanha e da Itália, a ciência da história serviu para prescrever os principais momentos de formação dos Estados-nacionais, dando sentido ao que havia em "comum" (histórias, costumes, tradições, território, linguagem e leis) as pessoas que faziam parte daquele território, como patriotas e cidadãos, tal como aprendiam nas escolas e nas universidades, por que: 1 – revelava-se a história dos "grandes homens" (reis, nobres, religiosos e guerreiros), que teriam contribuído diremente com a formação de suas nações, mas não das pessoas anônimas que a elas estavam ligadas, ou que seus percursos distoavam desses objetivos; 2 – debruçava-se sobre os documentos oficiais para demarcar os principais momentos que levaram a criação do Estado-nação, mas não de outros repertórios documentais, onde se encontravam as massas anônimas (cujos romances começavam a rastrear em meados dos século XIX); 3 – fixava-se nos registros políticos e diplomáticos, de modo a se escrever uma história dos acontecimentos, plausível com aqueles objetivos políticos e institucionais, onde apareciam os "grandes homens", sem se referir as "pessoas comuns"; 4 – afastando-se dos rastros das crônicas e dos romances, assim como da persuasão retórica, para firmar aquele conhecimento como o produto de uma pesquisa científica, neutra, objetiva e imparcial, ao se registrar as críticas internas e externas aos documentos, e selecionando-os de acordo com o grau de autenticidade de cada um deles, para dar maior

4 Para maior detalhamento desta questão, ver: TOSH, 2011; WOOLF, 2014; FREITAS, 2020.

veracidade e cientificidade ao discurso proposto na escrita daquelas histórias.[5] A escrita da história que se ensinava nas escolas e que se produzia nas universidades servia, portanto, para formar os cidadãos de um território, dando significado ao Estado nacional que aí se constituía, em meio aquelas narrativas.

Os efeitos causados pelas regras do método histórico, que amparava uma escrita de cunho científico para os estudos históricos, foi o de agrupar a escrita da história entre as "ciências", na mesma medida em que teve que se afastar de todo tipo de criação imaginativa, que dava até então beleza, persuasão com o uso das estratégias da retórica para o convencimento e a definição de um estilo para a escrita de suas narrativas.[6] É óbvio que Friedrich Nietzsche não foi o único que percebeu as fragilidades da ciência histórica praticada no século XIX, especialmente na Alemanha, como contemporâneo deste processo complexo de mudanças institucionais e disciplinares, mas esteve entre aqueles que firmaram uma herança mais duradoura, ao demonstrar que a história – em toda sua preocupação de se manter objetiva, imparcial, metódica e científica – não conseguia recuperar o "passado tal qual havia sido", mas apenas uma "interpretação" entre outras possíveis. Não tardou para que, nas décadas iniciais do século XX, fossem feitas críticas na sociologia, antropologia, economia e na psicologia social, aos cânones definidos para a escrita de uma história científica.[7]

As consequências das guerras do início do século passado, que culminaram em uma violenta crise econômica que teve como marco a estrondosa desvalorização das bolsas em 1929, apenas tornaram ainda mais evidentes, as limitações de um discurso histórico que procurava simplesmente definir os momentos decisivos para a formação dos Estados-nacionais. A proposta do movimento dos *Annales*, amparando-se entre as ciências sociais, de tornar a história também uma ciência social, ao primar pela análise de todo agir humano no tempo em uma escala de observação temporal baseada na "longa duração", coincidiu com os novos anseios das sociedades; isto é, o de ter os personagens anônimos também inscritos e incluídos

5 Ver a respeito: LOPES, 2021; FREITAS, 2020; LANGLOIS, SEIGNOBOS, 2017; DELACROIX, DOSSE, GARCIA, 2012; TOSH, 2011; WOOLF, 2014.

6 Vale ressaltar as interessantes observações que foram feitas por Marcos Antônio Lopes (2001, 2009a, 2009b, 2021) a respeito da formação da história da historiografia, em que demonstrou as intrincadas relações da escrita da história com a retórica, a crônica e os romances, ao longo dos séculos XVII e XVIII, até vir a se tornar a ciência da história no início do século XIX.

7 Ver a respeito: DELACROIX, DOSSE, GARCIA, 2012.

nos registros das narrativas históricas, como já estava sendo feito, desde meados do século XIX, nos enredos dos romances. Ao se buscar dar voz "aos homens e as mulheres comuns", em meio às circunstâncias sociais e econômicas as quais estavam comprimidos e limitados no tempo e no espaço, a escrita da história novamente mostrou-se promissora para amparar as crises existenciais do presente e dar respaldo às tomadas de decisão (RUSEN, 2001).

O auge desta proposta de escrita da história, marcadamente associada aos nomes de Lucien Febvre e Fernand Braudel, após o fim da II Guerra Mundial em 1945, não tardou igualmente para ser criticada, em função dos novos cânones que oficializava para o estudo do passado. Não foi apenas porque a escrita da história novamente servia ao Estado, agora de bem-estar social, para fundamental a elaboração de políticas públicas, com a matematização da análise quantitativa das fontes seriais, justificando mais uma vez o anseio de a pesquisa histórica ser conduzida científicamente e fundamentar a produção das identidades sociais, com seu ensino nas escolas e a produção do conhecimento nas universidades, mas também porque nesse jogo de poder entre as ciências humanas e sociais, a História se fixava outra vez como a ciência mais adequada para aderir à formulação, análise e sistematização de todos esses processos sociais e mediar à conduta e a formação das pessoas para o exercício pleno da cidadania na sociedade. A presença marcante de Fernand Braudel, junto com os trabalhos de Labrousse e Vilar, ao longo dos anos 1940 e 1950, com a expectativa de projetar pesquisas de cunho serial, quantitativo e econômico, igualmente passou a ser criticada, como um novo cânone fadado ao fracasso, no campo dos estudos históricos. Era o que procurava indicar Claude Lévi-Strauss (1908-2009) em sua mordaz critica aos estudos históricos, em debate marcante no final dos anos 1950 com Braudel.[8] Em meio às reivindicações de movimentos operários e estudantis nos anos 1960, que culminou no "Maio de 1968", avolumaram-se outras críticas a este tipo de escrita da história (impregnadas de dados seriais e quantitativos, mas sem aliar a estas análises as estruturas profundas dos sentimentos humanos, que davam vida aos processos históricos), como as obras de Foucault, Deleuze, Derrida, Lacan, Castoriadis, Guattari e outros procuravam mostrar em seus trabalhos. A proposta de Jacques Le Goff e Pierre Nora, em 1974, de definir novos problemas, objetos e abordagens para a escrita da história, não passava de nova tentativa de renovar caminhos, em um momento de críticas aos cânones em vigor para a produção das escrituras das histórias. Evidentemente, as inovações se

8 Ver a respeito: REIS, 2000; ROIZ, SANTOS, 2012; BENTIVOGLIO, LOPES, 2013.

focilizavam, a criação se metamofoseava em tradição e o novo se solidificava em um cânone a ser novamente seguido. Da história política e diplomática, para a história econômica e social, até a história social do imaginário e das mentalidades, culminando na "nova história cultural", não temos apenas uma passagem de modelos, procedimentos, abordagens e formas de fazer e escrever a História.[9] Há uma cons-

9 É muito comum notarmos um desenvolvimento linear na história da historiografia francesa que iria da escola metódica, ao movimento dos *Annales*, culminando na Nova História dos anos 1960; discurso ao qual cristalizou certa percepção do processo histórico, como: progressivo, linear e contínuo. Esse procedimento deu base à formulação de um relato fundador sobre o surgimento da Nova História (SILVA, 2001). No Brasil, dadas as relações firmadas entre a historiografia brasileira e a francesa, costuma-se associar ainda mais facilmente os ritmos desses processos, como um movimento progressivo em direção a Nova História (ROIZ, SANTOS, 2012). No entanto, os percalços da história da historiografia são muito mais densos, arredios e complexos. E a visualização da passagem: mentalidades, para imaginário, e deste para a cultura, não passa de outra forma simplista de se ver o processo entre nós. Na verdade, história das mentalidades, do imaginário e da cultura coexistiram em um mesmo espaço de disputas pelo poder nas lutas concorrenciais do campo intelectual no interior da história da historiografia francesa. Ao vermos, ainda que parcialmente, parte de seus itinerários, notaremos que o estudo das mentalidades, ou do imaginário e da cultura estiveram, entre o final do século XIX até os anos 1970, cerceados por tramas de tensões em comum. O estudo das mentalidades tem em Lucien Lévi-Bruhl, Lucien Febvre, Marc Bloch, Robert Mandrou, Phillipe Ariès, Michel Vovelle, Emmanuel Le Roy Ladurie e a produção incial de Jacques Le Goff e Georges Duby seus principais expoentes. Ao passo que a história do imaginário social tem em Emile Durkheim, Marcel Mauss, Jean-Paul Sartre, Claude Lévi-Strauss, Gaston Bachelard, Gilbert Durand, Raoul Girardet e Cornelius Castoriadis, culminando nas obras *O nascimento do purgatório*, de Le Goff, e *As três ordens*, de Duby, que davam os contornos de suas viragens críticas em torno do imaginário e da cultura, seus principais expoentes. Por se situar nas estruturas profundas, desconectando-se das mudanças sociais, a história das mentalidades facilmente foi criticada dentro e fora da França (por Ginzburg, Darnton, Davis, Hunt e outros), em função de seu apego com as permanências históricas; o que possibilitou, nas disputas concorrenciais pelo poder no jogo das produções historiográficas, o ganho de espaço por parte da história social do imaginário, muitas vezes associado a disputas classistas. Nem mesmo a tentativa de Michel Vovelle, com *Ideologias e mentalidades*, de associar o estudo das mentalidades com as lutas sociais dos grupos no poder para impor certas ideologias às outras camadas da sociedade, conseguiu dar novo fôlego ao estudo das mentalidades, em sua dialética entre a longa e a curta duração histórica. Por sua vez, a nova história cultural, que começou por uma análise das relações entre cultura popular e cultura erudita, como destacam as obras de Duby e Le Goff, acabou por se deter nas tensões entre

tante sucessão de projetos políticos e intelectuais, que disputando o poder simplificavam os acréscimos vindos de tradições e movimentos intelectuais anteriores, até para dar maior realce e respaldo as suas pretendidas inovações, que ao ocuparem o poder institucional e historiográfico, criavam elas próprias seus cânones e tradições socioculturais.[10] As disputas pelo poder institucional que ocorreram na França até o final dos anos 1960, entre o movimento dos *Annales* e os professores da Sorbonne, mostra cristalinamente como as tensões pela escrita da história foram permanentes, avanços e recuos corriqueiros, nada perfazendo um avanço linear e contínuo, mas muitas inovações dependeram de mudanças cruciais do contexto histórico e cultural para poderem sair das margens e formarem novos cânones interpretativos do passado.

Quando, em 1989, ocorreu o início do fim das propostas de "socialismo real" com a queda do Muro de Berlim na Alemanha, e o fim da União Soviética no início dos anos 1990,[11] passou-se a observar que mesmo em meio a todas aquelas mudanças, a ciência da história não conseguia nem dar "exemplos do passado", nem tampouco projetar "expectativas para o futuro", não servindo sequer aos Estados na produção de identidades sociais e a formação da cidadania, além de suas pretenções a cientificidade parecerem cada vez mais distanciadas de uma efetiva concretização na prática entre as execuções de suas pesquisas.[12] As fragilidades que se notavam sobre a prática de uma "história cientificamente conduzida", reduzindo-a em um tipo de discurso narrativo em prosa, cujas proximidades com o campo artístico e literário pareciam ser agora evidentes, levaram a um conjunto de novas constatações: 1 – o discurso histórico estava sempre em meio a uma constante tensão em seu processo de produção entre a "ciência" e a "arte"; 2 – as fronteiras rígidas entre objetividade e subjetividade, realidade e imaginação, documentação e criação literária, eram, na verdade, muito mais tênues do que até aquele momento se admitia;

práticas, apropriações e representações, tal qual ficou mancante a abordagem na obra de Roger Chartier (1990, 2002). Embora, a nova história cultural tenha ganhado espaço marcante na produção historiográfica, a partir dos anos 1980, isso não quer dizer que a abordagem estivesse isenta de fortes críticas. Para maior detalhamento desta questão, ver: RIOUX, SIRINELLI, 1998; BOUTIER, JULIA, 1998; DOSSE, 2003; BURKE, 2004; ROIZ, SANTOS, 2012.

10 Para maior detalhamento desta questão, ver: REMOND, 2003; RIOUX, SIRINELLI, 1998; BOUTIER, JULIA, 1998.

11 Para maior detalhamento desta questão, ver: PONS, 2014; KOTKIN, 2013; HOBSBAWM, 1997.

12 Ver a respeito: CHARTIER, 2002; ROUSSO, 2016.

3 – apesar da hegemonia de certos cânones, a escrita da história sempre convivia com diferentes tradições de pesquisa e escritura em seu processo de produção no tempo e no espaço; 4 – todo tipo de narrativa histórica poderia estar nos limites do verdadeiro ou do falso, a depender dos critérios de verificação, validação, comprovação, análise e interpretação dos dados; 5 – porque a produção do conhecimento histórico não estava mais sob o simples resguardo de historiadores de ofício, mas era feito de diversas formas, muitas delas híbridas, pelos mais variados tipos de profissionais, cujas regras e métodos de pesquisa eram seguidos segundo uma liberdade que estava no extremo oposto aos princípios seguidos pelos historiadores desde o Oitocentos até o final dos anos 1980.[13]

O início do século XXI foi também o começo da fabricação em massa de notícias falsas, de *fake news*, e a proliferação de novos tipos de controles sociais e do imaginário.[14] Se em 2001 começava essa nova era, em função dos resultados dos atentados aos Estados Unidos, cujo combate ao terrorismo passava a ser a bandeira da democracia contra todo tipo de violência; essa mesma bandeira foi o símbolo que passou a justificar todo tipo de atrossidades, todo tipo de intervenção e barbárie, mortes e violências (físicas e simbólicas), criando, com isso, uma nova forma de guerra, "as guerras híbridas", cujo colorido e intervenção indireta aos países, além de assegurar um certo anonimato na atuação norte-americana, também possibilitava não arregimentar um contingente massivo de tropas mitilares em suas ações. (KORYBKO, 2018). Foi em meio a essas mutações que a escrita da história novamente se aproximou da criação literária, mas sem com isso deixar de lado suas regras metodológicas, seus procedimentos de pesquisa, que caracterizavam uma "pesquisa cientificamente conduzida" desde o Oitocentos. É o que nota, por exemplo, Jurandir Malerba (2011) ao afirmar que:

13 Ver a respeito: DOSSE, 2009, 2013.

14 É óbvio que a produção de notícias falsas, desde ao menos o século XVIII, quando então se forma uma esfera pública burguesa (tão cara a Habermas), que a associação de notícias verdadeiras, ao lado de notícias falsas, disputavam espaço junto as sociedades. Na segunda guerra mundial, em meio ao nazismo, a produção de notícias falsas a respeito dos judeus foi um dos caminhos encontrados pelo partido, para arregimentar a sociedade e submeter os judeus aos seus desígnios. Em certa medida, durante a guerra ao Iraque nos anos 1990, e a ofensiva norte-americana contra o terrorismo, depois de 2001, firmaram-se em notícias falsas para respaldarem suas ações e ataques. Veja-se ainda: LILLA, 2018; SNYDER, 2019.

> Não é o caso de pretender resgatar aqui um processo tão rico e plural, mas apenas indicar que, no campo da história, muito desse sentimento de perda de referenciais se deve ao amplo movimento intelectual do chamado *linguistic turn* (e do *cultural turn*, seu desdobramento), que desde a década de 1960, atingindo todas as ciências sociais e Humanidades, procurou por terra os modos de pensar herdeiros do pensamento racionalista forjados desde o Iluminismo. (MALERBA, 2011, p. 123).

A avaliação de Malerba (2011), ao tratar das mutações conceituais das ficções, memórias, acontecimentos, estruturas, narrativas, historiografias, dos processos e das representações, no campo dos estudos históricos, desencadeadas após os anos de 1960, em função das indagações do estruturalismo, do pós-estruturalismo, da virada linguística e da pós-modernidade ao ofício dos historiadores, demonstraria de que maneira os historiadores, inclusive brasileiros,[15] iriam responder a esses questionamentos. O resultado não poderia ser outro para Malerba: desníveis sobre o "fazer história" que amalgamavam a contribuição dos historiadores profissionais aos estudos históricos, dando ênfase para um tipo de história pública praticada por outros profissionais, especialmente, os jornalistas – no caso brasileiro. (MALERBA, 2018). O problema, evidentemente, não estava no valor de uma história feita por diletantes, mas ao total descaso sobre a produção especializada dos historiadores de ofício. (MALERBA, 2018, p. 123-158). Mais do que isso, se a prática de uma história cientificamente conduzida era vista como inalcançável, o apego dos historiadores profissionais em uma história científica, cujo valor estava diretamente ligado a veracidade dos acontecimentos analisados em suas interpretações, lhes distanciava da necessidade de calcar seus resultados em uma forma de escrita, cujo estilo não apenas fosse do agrado dos leitores, mas também que mantivesse seus critérios de análise e interpretação das fontes ao alcance de qualquer um para demonstrar o seu valor. (MALERBA, 2017, p. 299-333; 2018, p. 159-182).

As relações que vimos tratando ao longo deste livro, entre as tramas das tensões discursivas da História e da Literatura, em uma dialética que se voltava para a Literatura e a História, demonstraram um pouco da riqueza dos debates decorrentes dos desdobramentos das indagações desses movimentos e da virada linguística, em particular, ao ofício dos historiadores, tanto quanto para a produção literária,

15 Ver sobre esse ponto, as análises de: LIMA, 1989; CARDOSO, 1988, 2005; MAIA, 2010; ROIZ, SANTOS, 2012.

desencadeadas a partir dos anos 1960.[16] Primeiro, demonstrando o centro desses debates na Europa e nos Estados Unidos e os meios pelos quais historiadores, cientistas sociais, filósofos e críticos literários se posicionaram a respeito dessas questões. Depois, partindo para um olhar sobre o Sul global, para inquirir de que maneira tais premissas estiveram por traz das indagações feitas por historiadores e críticos literários, ora cerceando o mercado editorial, ora fundamentando as formas pelas quais a história era utilizada pela literatura na criação de seus "mundos literários", feita pelos romancistas, em um movimento entre o Sul e o Norte global, de modo a traçar um pouco de suas tensões epistemológicas, de um Norte global buscando sempre subjugar um Sul global, nos processos de construção do conhecimento, através das demarcações a respeito do ser, do poder e do saber a ser instituído nas sociedades e consumido pelos indivíduos. Por fim, em um tenso movimento dialético, perscrutar como a produção literária, ao lado de outras fontes históricas (materiais e imateriais, oficiais ou não, públicas ou privadas), poderia cercear a elaboração do conhecimento a respeito do passado e contribuir diretamente com a escrita de novas histórias.

Por estarem articuladas a muitas outras iniciativas, as reflexões que vimos fazendo procuraram constatar o movimento arredio de como a história foi se introduzindo nas indagações dos estudos literários (EAGLETON, 1997, 2005; MUNSLOW, 2009), e, por sua vez, como as teorias literárias e sociais instigaram os historiadores a repensarem as regras de seu ofício, após a década de 1960. (REIS, 2003; CHARTIER, 2011; MALERBA, 2011, 2018). Com isso, buscamos demonstrar, ao mesmo tempo, os avanços teórico-metodológicos produzidos nos estudos históricos, vindo a propiciar tanto a elaboração de procedimentos mais operacionais e precisos para a análise de determinadas fontes e objetos, quanto à fundação de modos mais eficazes de inquiri-los. Assim como, nesse percurso, as próprias teorias da história, herdadas dos séculos XVIII e XIX, tiveram que ser revistas, de modo a fazer com que o próprio historiador além de rever as categorias temporais de análise (do passado, presente e futuro), operasse uma drástica reavaliação sobre a função de seu trabalho para as sociedades. (HARTOG, 2003a; REIS, 2011; HOBSBAWM, 2011). Em resumo, vimos mostrando as tensões que foram causadas pelas mudanças de *tripés* que fundamentaram as escrituras da história no Ocidente e a produção do discurso verdadeiro, indo da verdade, utopia e sentido, para o direcionamento do agir humano no tempo, com base na pós-verdade, nas distopias e no caos social.

---

16 Para maior detalhamento da questão, ver: FERREIRA, 1996; REIS, 2003; MUNSLOW, 2009; CHARTIER, 2011; SALOMON, 2011.

Foi tendo em vista essas questões, que passamos em revista os itinerários e as interpretações de Quentin Skinner, Carlo Ginzburg, Jörn Rusen, Josep Fontana, Renhart Koselleck, Eric Hobsbawm, Paul Ricoeur, Peter Gay, Robert Darnton, Roger Chartier, François Dosse, Jacques Rancière, Domenico Losurdo, Terry Eagleton e Tzvetan Todorov.[17] Assim como procuramos demonstrar a pertinência, quando inquiridas e cotejadas adequadamente, das fontes literárias para a pesquisa histórica, ao estudarmos peças teatrais dos séculos XVIII e XIX; pensarmos a trajetória de um empresário teatral pelos caminhos da pesquisa histórica e da criação romanesca; elaborar um esquema de análise para apreciarmos os leitores e as leituras que foram propostas aos textos de Franz Kafka; fazermos um balanço sobre as contribuições da obra de Georges Duby aos estudos históricos, ao inserir sistematicamente em suas pesquisas o estudo das fontes literárias, já em meados dos anos de 1960 e 1970; e, por fim, conjecturar certos caminhos que levaram a produção de narrativas híbridas a partir dos anos 1990.

Em todos esses casos, vimos como os desdobramentos dos diálogos, apesar de constatarem maior fluidez e hibridismo entre a escrita das histórias e a produção literária (MUNSLOW, 2009; CHARTIER, 2011; SALOMON, 2011; BERBERT Jr., 2012), nem por isso desapareceria a especificidade de cada uma como campos do saber autônomos.[18] Mas, ao contrário, se notaria a riqueza que se operou em cada

17 É de se salientar a ausência de historiadoras e cientistas sociais nas análises empreendidas neste livro. Vimos esta lacuna ao concluir a trilogia de estudos que compõe os volumes de *As historiadoras e o(s) gênero(s) na escrita da história* (ROIZ, GONTIJO, ZIMMERMANN, 2021a, 2021b, 2021c). Não há dúvida que estas profissionais foram fundamentais nos processos de debates que se desenrolaram a partir do final dos anos 1960, ainda que sejam extremamente sutis suas observações, como é aferível nas obras de Natalie Z. Davis, Lynn Hunt, Michelle Perrot ou Mona Ozouf. Infelizmente, em um espaço tão curto de tempo, não foi possível incluí-las apropriadamente entre as discussões efetuadas ao longo deste livro.

18 Vale destacar que este tipo de intercâmbio intelectual e interdisciplinar não ficou reduzido apenas a História e a Literatura, mas figurou em vários outros campos do saber. A obra de Fritjof Capra mostra muito bem essas questões para o campo da física teórica, inicialmente expressa em seus livros *O tao da física* e *O ponto de mutação*, depois ampliadas e desenvolvidas em sua obra subsequente. O autor passou a observar os pontos de contato, as conexões ocultas, as teias que se formavam entre as diferentes áreas do saber. Tais diálogos podem ser vistos em livros, como: *A teia da vida*, *A visão sistêmica da vida*, *Sabedoria incomum*, *Alfabetização ecológica*, *Pertencendo ao universo*, *A revolução ecojurídica*, ou em *As conexões ocultas*. Essas observações não se reduziram em esmiuçar as trocas e intercâmbios em diferentes áreas do saber, mas também em ver seu hibridis-

um desses campos, ao serem introduzidas novas indagações, a aquisição de novos procedimentos e a ampliação do *corpus* documental e imaginativo de cada uma dessas áreas do conhecimento. (FERREIRA, 1996; REIS, 2003). Ainda assim, ao que tudo indica, uma possível *síntese* dos desdobramentos dessas discussões parece ser um horizonte a se perseguir tanto nos *estudos históricos*, quanto nos *estudos literários*.[19]

I - 2001: quando o falso quis tomar o lugar do verdadeiro?

> Todo começo é difícil em qualquer *ciência*. (MARX, 2008, v. 1, p. 15, grifo meu).

No prefácio a primeira edição, do livro 1, d'*O Capital*, lançada em 1867, Karl Marx (1818-1883), no intento de explicar suas intenções com a obra, demarcaria as dificuldades quanto à sistematização de um campo do saber, na medida em que fosse entendido como uma *Ciência* – dificuldade, aliás, agravada na medida em que este campo estivesse em seu processo inicial de consolidação teórica e metodológica (BARROS, 2011).

A sua preocupação não era fortuita, devia-se as próprias características de sua época, em procurar a todo custo, criar devidamente as fronteiras de cada campo do saber, em função do processo de institucionalização para o qual cada área estava en-

mo, as mudanças que trazia, ou as alterações que instigava entre os vários paradigmas que figuraram nas ciências no período moderno e contemporâneo. Ao mesmo tempo coube revelar, por meio da obra de Leonardo da Vinci, que questões interdisciplinares, conexões ocultas, visões sistêmicas também eram facilmente detectadas nas obras de alguns dos fundadores da modernidade, como revela em: *A alma de Leonardo da Vinci*, *A ciência de Leonardo da Vinci*, ou em *A botânica de Leonardo da Vinci*, que formam uma trilogia a respeito da obra deste autor. Note-se que semelhante apreciação é feita por Alessandro Barbero (2022), ao estudar a trajetória de Dante Alighieri (1265-1321), e ver nele um conjunto de circunstâncias que fizeram plasmar uma obra multifacetada e plural, seguindo uma trilha transdisciplinar ao revelar as sutilezas a respeito do vivido de outrora. A própria obra de Barbero seguiu por um caminho que o levou a pensar e experimentar narrativas híbridas em seu percurso profissional, como pode ser observado em: *Dante*; *O dia dos bárbaros* e *Boa vida e guerras alheias do fidalgo mr. Pyle* (seu romance histórico).

19 E é o que demonstram em suas análises: EAGLETON, 1997, 2005; CHARTIER, 2009, 2011; GIANNATTACIO, IVANO, 2011.

tão caminhando. Não apenas isso, por se basear na ciência da história, para dar sentido a toda sua teoria, baseada no movimento dinâmico dos modos de produção e nos meios pelos quais poderiam ser revolucionados no transcurso do tempo, Marx tinha que dar todos os fundamentos a sua teoria social para usar a história como uma ciência. Tendo as suas bases nos séculos XVII e XVIII, com o racionalismo clássico e o movimento iluminista, o século XIX será marcado por uma tentativa sistemática de se encontrar padrões adequados para se definir *cientificamente* cada campo do saber, de acordo com procedimentos e técnicas apropriadas à comprovação experimental e a manipulação científica dos dados, bem como as suas formas de exposição, por meio de uma narrativa ou de outras técnicas de apresentação. Com a escrita da história não foi diferente.

Convergindo com as características gerais daquele momento, no campo das (chamadas) Ciências Humanas e Sociais não foi diferente, já que tiveram que seguir aos padrões consolidados, ou em processo de consolidação, das Ciências Exatas (e, em menor proporção, das Ciências Biológicas). Muito embora, as marcas desse processo pairassem sobre todas as áreas, para àquelas cujas origens (milenares) as diferenciavam, sobre proporções variadas, dos novos campos do saber que se desenvolviam no interior daquele processo histórico geral, o preço a ser pago foi ainda maior. Na medida em que, em longo prazo, o processo de sua institucionalização resultou na permanência de fragilidades teóricas nas fronteiras estabelecidas entre cada uma delas, ao serem demarcadas as suas especificidades, para serem agrupadas ao ramo das ciências, estas áreas convergiram com tensões presentes constantemente em seus percursos institucionais no tempo. (PAZ, 1996; REIS, 1999). No caso da História e da Literatura, em pleno século XXI, estas questões continuam sendo cruciais, porque desde as suas origens na antiguidade clássica essas questões circunstanciavam seus itinerários (CARDOSO, 1988, 2005; REIS, 2003; MUNSLOW, 2009; MALERBA, 2011).

É o que nota Luiz Costa Lima (2006), em seu livro: *História. Ficção. Literatura.* Nele o autor procurou rever essas questões, e, em muitos pontos, de forma inovadora.[20] Dito isto, seu principal objetivo com este livro foi demonstrar que desde

20 Em ambos os casos, Luiz Costa Lima, de um modo muito positivo, exige um pouco de seu leitor. Mas o exige, em função da discussão efetuada, que paira sobre um tema 'amplo' e 'complexo'. E é justamente sobre esse aspecto, que o autor define sua 'paixão' como pesquisador, destacando que seu "interesse maior sempre esteve em compreender a temporalidade de um problema teórico, isto é, compreender de que modo era possível verificar a dinâmica das ideias, sem submetê-las ao esquema linear das histórias literá-

que se originaram a Literatura, a História e a Ficção, seus respectivos esquemas verbais pairaram sobre um arcabouço teórico frágil, em meio ao qual se construiu diferenciações, entre cada uma delas, fixadas de modo mais detalhado, a partir do século XIX. Mas sem com isso se corrigir os problemas teóricos, que lhes foram herdados desde a Antiguidade Clássica e Tardia. Como resolver esse problema, ou ainda mais, repensar os caminhos que foram trilhados por cada uma delas, além de ser o ponto alto do livro,[21] constituindo-se numa tarefa árdua e difícil, e permitiu, segundo o autor, que revisse mais detalhadamente as fragilidades teóricas que proporcionaram ainda formas inadequadas para que fossem diferenciados cada um daqueles campos do saber, ao longo dos séculos XIX e XX, não deixava de lançá-lo em outra trama de tensões.

Donde a necessidade de se voltar criticamente às construções teóricas do passado, onde se forjaram os esquemas conceituais de cada uma daquelas áreas, inserindo-as ao mesmo tempo em campos específicos do conhecimento. Daí as idas e vindas do autor, entre os pensamentos e as argumentações de Homero, Heródoto, Tucídides, Cícero, Virgílio, Aristóteles, Santo Agostinho, Vico, Voltaire, Kant, para ficarmos apenas nos principais. Além de uma correspondente comparação, e usos efetuados pelos autores contemporâneos sobre aqueles clássicos, como: François Hartog, Hayden White, Moses Finley, Arnaldo Momigliano, dentre outros. Para ele, enquanto no "discurso ficcional" por não "postular uma verdade, mas a põe entre parênteses" se fixaria num de seus postulados básicos; na "historiografia" há "um projeto peculiar: desde Heródoto e, sobretudo, Tucídides, a escrita da história tem por aporia a verdade do que houve", por isso, torna-se "particularmente difícil ao historiador não considerar prova aporética o que resulta do uso de suas ferra-

---

rias nacionais" (LIMA, 2009, p. 14-15). Mais precisamente, essa abordagem se justificava também, segundo ele, pela dificuldade que o pesquisador brasileiro encontra em ter acesso à bibliografia completa de autores e obras estrangeiras, assim como a abordagem dedicada a certos temas.

21 Contudo, vale destacar desde o início duas dificuldades, que não apenas esse livro, mas quase toda a obra do autor impõe: a) primeiro, o convite a um conhecimento apurado dos clássicos da História, da Filosofia e da Literatura, porque torna necessária a consulta (senão completa, ao menos parcial) de várias passagens que o autor discute ao longo da obra, supondo que o seu leitor esteja acompanhando adequadamente, com as referências dos textos analisados; b) segundo, nitidamente o autor articula cada um de seus livros, dando continuidade a discussões iniciadas em obras anteriores, prolongando raciocínios, ou ainda, avançando com outros argumentos, e, as vezes, até novas interpretações.

mentas operacionais" (LIMA, 2006, p. 21). Desse modo, as "tentativas de Cornford e Hayden White de aproximá-la do poético procuraram conjurar essa dificuldade; terminaram, contudo, por criar um desvio tão grave quanto: converter a escrita da história em uma modalidade de ficção" (LIMA, 2006, p. 21). Apesar dos evidentes pontos de aproximação entre elas, como o "critério de seleção dos acontecimentos também se aplica[r] a uma obra ficcional" (LIMA, 2006, p. 36), não há como deixar de lado o que as separam e as distinguem, mesmo ao abordarem questões ou fontes semelhantes do agir humano no tempo. Além disso:

> Se a história é menos envolvida pela mimeses do que o texto poético é porque [...] nela a imaginação é mera serva do entendimento. Mas, ao contrário do que sucede nas ciências da natureza, a sua é uma submissão incompleta. Submetida à parcialidade, a verdade que a escrita da história demanda é sempre porosa [...] sujeita à retificação, e não só à do erro de julgamento de seu agente. Mas isso não a torna *constitutivamente imaginativa*. Parcial, a verdade na escrita da história não *reduplica* o que já estivesse no fato, mas o submete a uma deliberação judicativa; a verdade é da mesma família do que sucede ao fim de um processo judiciário (LIMA, 2006, p. 65, itálico no original).

Assim, desde o início, quando História e Literatura procuravam se constituir como gêneros específicos na Antiguidade Clássica e Tardia, formar-se-ia o seguinte paradoxo na escrita da história:

> Tudo isso remetia à verdade, à verdade do sucedido. O princípio fundador da história é, ao mesmo tempo, o seu obstáculo. Desde seus primeiros praticantes, uma maneira de afastar o obstáculo consistiu em converter o princípio em aporia. Mas a única aporia indevassável é a da crença, que não se concilia com a própria revisão continuada requerida pela escrita da história. Já a aporia da história há de considerar que seu conteúdo, a verdade, é sempre incerto. A sempre incerta verdade é a meta do historiador. Incerta, ela tem uma face devassável, a leitura que se faça do que houve; e uma face indevassável, a escura verdade que não se esgota na nomeação dos fatos. Pode-se dizer que essa já não interessa ao ofício do historiador, preocupado em distinguir-se dos filósofos. Mas a nós, que pertencemos a outro tempo, ela importa (LIMA, 2006, p. 104).

Ao retirarem da *pura empiricidade dos fatos* os ingredientes fundamentais de seu relato, é que "*essa fonte comum, a radical diferença de seus resultados, e a falta comum de teorização suficiente de ambas, que dão lugar aos equívocos que têm acompanhado a escrita da história e a literatura*" (LIMA, 2006, p. 117, itálico no original). Por sua vez, "se a história é um discurso relativamente tardio, que, desde seu início, teve como aporia destacar as fontes confiáveis de captação do que houve, a poesia não começa a se entender a si mesma", ou a "se pôr como questão, senão tardiamente, pelas palavras com que deuses e homens dizem como veem as ações do herói-poeta, Ulisses"; quer dizer, a "'decadência' que a configuração da obra supõe e o reconhecimento de que sua linguagem implica uma camada de 'graça' sob um fundo de pensamento explicitam a precariedade do estatuto teórico da poesia" (LIMA, 2006, p. 175). Nesse aspecto, os "gêneros literários não estritamente ficcionais mais bem aparecem como modalidades oscilantes, muitas vezes auxiliares da história social, sem contudo aí se esgotarem" (LIMA, 2006, p. 382).

Portanto, ao indagar as aproximações e os distanciamentos conceituais e metodológicos entre História, Ficção e Literatura, o autor nos ofereceu uma releitura do itinerário historiográfico desses campos do saber, além de avançar sobre a interpretação de suas fragilidades teóricas, e propor uma reconstrução teórica e metodológica entre elas, mas sem, com isso, deixar de lado suas especificidades. De modo semelhante, José Carlos Reis (2010) inquiriu os desafios para a história da historiografia, em vista desses novos dilemas. Para abordar quais os principais desafios que a historiografia lançou a escrita da história no século passado, o autor toma como base o método retrospectivo de Marc Bloch, indo de questões próximas no presente, do último quarto do século passado, para aquelas mais distantes no passado, entre o final do XIX e meados do XX. Assim, o faz para abordar a memória e o esquecimento e as tensões entre ciência e arte na escrita da história. Em ambos os casos, detém-se sobre a obra de Paul Ricoeur. Acompanhando a interpretação deste autor em seu livro: *A memória, a história, o esquecimento*, Reis destacaria que a "historiografia está exposta fortemente a esse distúrbio da memória em suas três manifestações", pois, "ela pode decair em uma memorização congelada de datas, personagens e eventos, pode decair em repetição de atitudes políticas, sociais e culturais preconceituosas, que podem levar à repetição da tragédia do passado, pode decair em história oficial, em comemoração oficial de um passado manipulado pelos poderes atuais" (REIS, 2010, p. 39). Ao ampliar as relações entre memória viva e escrita da história em *Tempo e narrativa* e em *A memória, a história, o esquecimento*, esses livros de Ricoeur, para Reis (2010, 2011), viriam a se tornar referências para o campo da teoria da história "pós-1989".

Após demonstrar como Ricoeur articulou suas reflexões sobre a memória, a história e o esquecimento, Reis indica de que maneira refletiu o entrecruzamento entre narrativa histórica e narrativa de ficção em *Tempo e narrativa.* Igualmente sintetiza os principais argumentos do autor. Para fazer isso, efetua certa comparação entre ele e White, que veria que o "historiador [...] não pode ignorar a estreita relação entre história e mito", que a "história não é uma ciência porque não é realista, o discurso histórico não apreende um mundo exterior, porque o real é produzido pelo discurso", e o que o "historiador produz são 'construções poéticas'" (REIS, 2010, p. 64), dado que a história não passaria de uma representação narrativa de um passado já representado nos próprios documentos. Para ele, se "para White, esta é a via única da historiografia, para Ricoeur, é uma via possível e legítima, mas não é a única". Porque além de abordar uma *semiologia estruturalista*, "que aceita a suspensão que o texto faz da realidade e toma o texto como à própria realidade", Ricoeur também se preocuparia com a *semântica hermenêutica*, que não toma o texto apenas em si mesmo, "não se restringe à suspensão que faz do mundo, mas o restitui ao diálogo, à comunicação viva" (REIS, 2010, p. 68). De acordo com ele, para Ricoeur, "a narração é a condição de uma experiência vivida mais humana, porque a narração dá forma e sentido ao tempo vivido, isto é, exterior, real, concreto". Além disso:

> [...] as narrativas histórica e ficcional são heterogêneas e se opõem, porque a primeira produz 'variações interpretativas' e a segunda cria 'variações imaginativas'. A narrativa histórica, mesmo sendo uma construção interpretativa do passado, não se fecha em si mesma, procurando dados exteriores, objetivos, para se sustentar. As construções historiográficas têm uma relação de 'representante' com a realidade abolida e preservada nos arquivos. A narrativa histórica se diferencia da ficcional em seu esforço de inserir os seus eventos e personagens no tempo calendário, que é objetivo e exterior, cósmico e cultural, e se impõe à experiência vivida. A história revela a sua capacidade de configuração do tempo histórico pela utilização de certos instrumentos: o calendário, a sucessão de gerações, o recurso a arquivos, documentos e vestígios. São esses instrumentos que, ao conectarem o tempo vivido ao tempo cósmico e biológico, tornam o conhecimento histórico objetivo. O historiador cria um terceiro tempo, o 'tempo histórico', que faz a mediação entre o tempo cósmico e o tempo da experiência

> vivida, passando a possuir características de um e de outro. (REIS, 2010, p. 71-72).

Por sua vez, nas décadas iniciais do século passado, o movimento dos *Annales*, ao procurar se consolidar no campo dos estudos históricos, respondendo as críticas e os desafios lançados pelas Ciências Sociais a historiografia oitocentista, pautar-se-ia numa história-problema; na ampliação do fato histórico, visto como sendo uma constante construção dos historiadores; em um conceito alargado de fonte histórica, baseando-se em uma história total, ora definida também como global, e em um intenso diálogo interdisciplinar com as Ciências Sociais – como vimos no primeiro capítulo. Mas, ao responderem as Ciências Sociais, igualmente o movimento dos *Annales* foi posto em xeque, em função do desafio lançado pelo(s) marxismo(s). Para ele, não é nada fácil situar o marxismo e os *Annales*, no interior dos paradigmas do século XX, sintetizados pela modernidade e pela pós-modernidade. Não sendo apenas *complementares* ou *antagônicos*, o marxismo e os *Annales* também seriam vistos como propostas *diferenciadas*, pois, nessa leitura, o movimento dos *Annales* seria visto como neoconservador, ao amparar um discurso no poder, razão pela qual seriam situados em campos, senão totalmente opostos, ao menos distintos de propor a mudança social, tal como era enfatizada pelos marxistas (HOBSBAWM, 1998, 2011).

Portanto, ao descortinar os desafios lançados pela memória e pelo esquecimento, assim como pelas tensões entre ciência e arte na escrita da história nas últimas décadas do século passado, situando as respostas de Paul Ricoeur a tais contendas; e, depois, ao vislumbrar de que modo o movimento dos *Annales* responderia aos desafios das Ciências Sociais e do(s) marxismo(s), nas primeiras décadas daquele século, o autor pretendeu demonstrar quais os principais desafios historiográficos que foram lançados à escrita da história ao longo do século XX.

No entanto, o nó ainda não estava desatado (será que algum dia será?), e os paradoxos prosseguiam... E atrelada a esses paradoxos, a escrita da história se via ainda em uma outra encruzilhada nos anos iniciais do século XXI, em função da proliferação incontrolada de notícias falsas, as *fake news*, ao redor do mundo (ROIZ, COMES, SANTANA, 2018; BUCCI, 2019, 2021). Além de desconcertarem a compreensão dos acontecimentos acelerados que temos vivido desde então, as notícias falsas facilmente seduzem as pessoas, inclusive, fazendo com que resultados de eleições possam ser rapidamente alterados as vésperas dos pleitos eleitorais. Foi o que se viu nos Estados Unidos, em grande parte da Europa, e mesmo no Brasil com as eleições de Jair Bolsonaro em 2018 (SNYDER, 2019; TRAVERSO, 2021; AVELAR, 2021; ROCHA, 2021). Como repensar a escrita da história em um momento em que os fatos e acontecimentos até então atrelados a verdade, são permeados por falsificações de todo tipo? Como ultrapassar as complexas relações entre "arte" e "ciência" na definição das narrativas históricas? Como pensar caminhos para a renovação da escrita da história?

II - 2011: dignosticando os desafios a serem superados em nosso próprio tempo

Dez anos após os atentados aos Estados Unidos, vivia-se em uma era de capitalismo de total vigilância, que se propagava dos espaços de sociabilidade na esfera pública até os recantos mais privados nas redes sociais, ou mesmo fora delas, na vida cotidiana das pessoas comuns. A liberdade pretensamente prometida, nada mais era do que uma forma sutil de controle total das ações humanas, por meio de seus dados pessoais de busca nas redes (ZUBOFF, 2020). As manifestações de libertade eram controladas, as críticas ao sistema neoliberal silenciadas e as notícias falsas seguiam projetando situações e simulações na política e na sociedade de modo a manter os "donos do poder" sempre no poder, e a justificar todo tipo de atrossidades cometidas pelos grandes conglomerados transnacionais, ou mesmo por países como os Estados Unidos.[22] Não há dúvida que notícias falsas sempre estiveram presentes em nosso cotidiano, e mesmo no século XVIII, quando começava a se desenvolver uma esfera pública burguesa com os jornais, revistas e associações de letrados, elas já eram muito comuns; da mesma forma que a produção documental sempre foi feita com forte ligação as subjetividades humanas, assim como em dadas circunstâncias a elaboração dos documentos eram eivadas de mentiras e falsificações (DARNTON, 1987, 2016; HIRSCHMAN, 2019). Todavia, a envergadura, sofisticação e representatividade que a falsidade, tomou o lugar do verossímel, não têm precedentes em nossa época (BUCCI, 2019; LACERDA, 2019). Para a escrita da história que desde o século XIX, amparou-se na ciência para projetar sua narrativa ao *status* de reconhecimento institucional e científico (PALTI, 2020), a descaracterização da verdade, das provas documentais e dos acontecimentos, que instrumentalizavam os procedimentos metodológicos das pesquisas, tende a fazer com que o discurso histórico (que sempre esteve atrelado às crônicas, a retórica e a

22 Para maior detalhamento desta questão, ver: LOVELUK, 2018; BUCCI, 2021; CASARA, 2021.

literatura) seja ainda mais questionado e relativizado, porque a própria ideia de verdade e sua busca parecem ser inalcançáveis, pulverizada na imensidão das intrepretações, em um jogo de poder firmado pelas guerras de narrativas. Nos anos de 1930 e 1940, quando as tensões eram outras, Lucien Febvre (1878-1956) já se colocava na posição de combatente por uma "nova história", apta para responder aos dilemas de seu tempo. Ao situar a herança deixada por seus mestres, Febvre realçava os caminhos que deveriam ser trilhados pela pesquisa histórica, mas:

> [...] sozinho na arena, fiz o melhor que pude. Das coisas que fui capaz de fazer, ao longo de cinquenta anos, algumas que pareciam audaciosas quando as formulei pela primeira vez, caíram no domínio comum. Outras continuam a ser postas em questão. A sorte do pioneiro é ilusória: ou a sua geração lhe dá quase logo razão e absorve num grande esforço colectivo o seu esforço isolado de investigador; ou ela lhe resiste e deixa à geração seguinte o encargo de fazer germinar a semente prematuramente lançada nos regos. Esta a razão por que o sucesso prolongado de certos livros surpreende o seu autor: é que eles não encontraram o seu verdadeiro público senão dez, quinze nos após a publicação, e quando lhes chegaram apoios de fora (FEBVRE, 1989, p. 9).

A arena de combates seguida pelo movimento dos *Annales*, com Marc Bloch (1886-1944) e Lucien Febvre, e depois com Fernand Braudel (1902-1985), não somente marcaram uma verdadeira "revolução na história da historiografia francesa" (BURKE, 1997b), mas também colocaram em evidência os estudos históricos para as sociedades europeias e americanas – de forma semelhante ao que ocorreu no século XIX, quando se definiu a "ciência da história", atrelada a escrita de uma história dos Estados-nacionais. No entanto, ao longo dos anos 1960 e 1970, apesar de o movimento dos *Annales*, em sua direção colegiada, primar pela continuidade das inovações, parece que os traços mais notórios que deixaram foram de uma "história em migalhas", arredia aos combates, distante da política e sem conexão com um projeto de "história total", como fora preconizado desde o início do movimento no final dos anos 1920 (DOSSE, 2003; CARDOSO, 1988).

As consequências por essas escolhas foram várias: 1 – de um lado, a dispersão do movimento proporcionou a visualização de outros movimentos intelectuais e a descentralização da Europa e dos Estados Unidos como marcos reguladores das escritas das histórias, em face das expectativas de se escrever uma história mundial conectada sob novas perspectivas, cujas raízes estiveram cerceadas ao feminismo, ao pós-colonialismo e ao decolonialismo latino-americano; 2 – de outro, a ampliação dos questionamentos sobre os estudos históricos proporcionados pelo estruturalismo, pelo pós-estruturalismo, pela virada linguística e pela pós-modernidade, vieram a fazer com que a escrita da história fosse repensada, de modo a refletir os limites da cientificidade, em função de sua estreita ligação com a criação literária; os paradoxos entre objetividade e subjetividade inerentes a escrita de suas histórias; as representações presentes nas fontes documentais, que fundamentava a forma de apresentação dos resultados das pesquisas por parte dos historiadores; e os meios pelos quais se construíam as narrativas, se interpretavam os documentos e se analisava o agir humano no tempo. Esse movimento dava os contornos das consquências da mudança no *tripé*: verdade, utopia e sentido para a pós-verdade, distopia e caos.

Além disso, a centralidade que passaram a ter os estudos culturais e a filosofia da linguagem repercutiu diretamente em todos os avanços que ocorreram nas Ciências Humanas e Sociais, desde os anos 1960. Dos estudos subalternos, reabilitando uma história "vista de baixo" tal como ficou marcada na historiografia inglesa nas obras de Thompson e Hobsbawm, que demonstrou a importância dos esquecidos da história, até as várias ondas do feminismo, destacando a participação das mulheres ao longo da história, a interpretação das "culturas" e da "linguagem" fomentaram as conexões dos debates, os ingredientes das discussões e os pontos de controvérsia.[23]

A incursão que fizemos em torno dos debates circunstanciados entre História e Literatura, em função dos desdobramentos da virada linguística e da pós-modernidade, ao mesmo tempo procurou evidenciar as especificidades de cada uma destas áreas, muito embora a fluidez e o hibridismo de seus discursos definissem mais as semelhanças que cercavam cada uma delas (MUNSLOW, 2009; JABLONKA, 2020), apesar de a História se fundamentar na *verdade*, com base nas *provas documentais*, e a Literatura se basear no *ato criativo* e na *elaboração imaginativa*, como Lima (2006) e Reis (2010) procuraram demonstrar em seus respectivos textos – e que foram acima discutidos.

Destarte, procuramos ainda analisar as respostas que os historiadores, tanto quanto filósofos e teóricos sociais, em espaços e contextos distintos, ofereceram aos mesmos dilemas enfrentados em seu ofício, tanto quanto pelos estudos literários e filosóficos, em especial, após a década de 1960. (MUNSLOW, 2009; TOSH, 2011; LAMBERT; PHILLIPP, 2011). Ao fazermos tal exercício, vimos como as fontes lite-

23 Para maior detalhamento desta questão, ver: HIDDLESTON, 2021; BOWDEN, MUMMERY, 2020.

rárias, desde que inquiridas adequadamente, poderiam contribuir para os historiadores formularem hipóteses mais precisas, elaborarem métodos mais operacionais e alcançarem resultados de pesquisa mais instigantes e promissores, ao inquirirem as sociedades do passado e escreverem as suas histórias.

Contudo, após os desdobramentos da queda do muro de Berlim e da União Soviética, os "combates pela história" passaram a ser não apenas se ainda era possível "crer" em seus resultados e interpretações (ROUSSO, 2016; HARTOG, 2017), mas também se em meio às várias *interpretações* sob as quais o discurso histórico estava condicionado, poderia ainda se ater em sua aporia originária (o compromisso com o verdadeiro de outrora), e conseguir suplantar a maré de notícias falsas que passaram a fazer parte do cotidiano das pessoas no início do século XXI. Esse é apenas um dos desafios que os autores de *Novos combates pela história* (PINSKY, PINSKY, 2021) observam para a escrita da história e para o seu ensino em sala de aula. Para Jaime e Carla Pinsky, organizadores da coletânea:

> A história pode e precisa ser defendida. Especialmente agora, quando as mentiras, que sempre existiram, ganham uma dimensão diferente, com *fake news* vomitadas por atacado, de forma organizada. Querem mudar a História utilizando a técnica do negacionismo, recusando-se a admitir fatos indiscutíveis, como o massacre dos armênios pelos turcos, ou o holocausto, que dizimou a cultura secular do judaísmo europeu. Negacionismo que esquece até da milenar exploração dos camponeses egípcios, sugerindo soluções interplanetárias (deuses astronautas e outras bobagens do gênero) para o problema de transporte de pedras para a construção de monumentos erguidos ao custo da morte de milhares de servos. Negacionismo que tenta apagar da História a repressão violenta e criminosa de regimes autoritários de todas as bandeiras, facistas e stalinistas, de direita e de esquerda (PINSKY, PINSKY, 2021, p. 11-12).

Os novos combates pela história estariam, portanto, ligados a defesa de um ensino de história consistente em sala de aula; a se olhar criticamente os negacionismos, os revisionismos, os anacronismos e as *fake news*; em qualificar e aprimorar a formação dos historiadores e professores de história; para se fazer melhor uso das redes sociais, de podcasts e do YouTube nos processos de ensino-aprendizagem; dando visibilidade histórica para as mulheres, os negros e os indígenas e primando pela escrita de uma história mundial que reflita as peculiaridades culturais, na mesma medida em que procure defender a liberdade de expressão e a democracia. E é justamente por isso que:

> A História pode e precisa ser continuamente reescrita. E não é porque lançamos novos olhares, mas por termos acesso a documentos que ficaram inéditos por muito tempo, a construções que permaneceram escondidas por séculos, a mecanismos que preconceitos sociais ofuscaram por milênios. Reescrevemos a História quando damos a atores históricos que só apareciam como figurantes o protagonismo merecido. Reescrevemos a História quando dispomos de técnicas de pesquisa mais sofisticadas. Mas reescrevemos a História também quando nos damos conta de que a História está mudando. Não podemos continuar ensinando que o Atlântico é o oceano mais importante, como se as relações comerciais entre o Velho e o Novo mundo ainda explicassem toda a história (PINSKY, PINSKY, 2021, p. 18).

No campo dos estudos literários, por outro lado, vimos como Italo Calvino, Milan Kundera e Umberto Eco – muito próximos as interpretações de Franz Kafka e Jorge Luis Borges –, ao observarem o distanciamento do literário com *a aporia aristotélica* (isto é, a lógica de construção racional de um enredo com início, meio e fim), desde meados do século XIX, fizeram com que houvesse uma incrível renovação das tramas e dos enredos dos romances (distanciando-se do culto burguês de ênfase no herói, para incluir as pessoas comuns, em situações cotidianas, ainda que muitas vezes fossem vistas como banais pelos críticos literários), e estes seguiram ao longo do século passado com um amplo processo de experimentação sobre os níveis e formas de exprimir o vivido, ou mesmo o inventado, por meio das tramas e dos enredos de uma narrativa romanesca. Apesar das crises enfrentadas pelo gênero nas últimas décadas, suas constantes formas de expressar o vivido, ou mesmo o imaginado, fizeram da arte de escrever romances, uma construção artística sempre em processo de renovação e reconstrução permanentes. Não seria o caso de o discurso histórico também romper com suas amarras em um passado milenar e procurar trilhar novos caminhos para elaborar as escritas de suas histórias no século XXI?

III – 2021: o prenúncio de novos (re)começos?

Vinte anos após os atentados aos Estados Unidos, vive-se um período de constantes perplexidades, em meio às projeções de desastres climáticos e ambientais batendo em nossas portas, de possibilidades de extinção da espécie humana, com uma nova Pandemia (tão grave como a que se viveu em 1918),[24] crises econômicas e sociais, formando, enfim, um verdadeiro estado de calamidades, até pouco tempo atrás inimagináveis[25] – que, por outras vias, não deixa de ser a consequência direta das ações do *tripé* pós-verdade, distopia e caos, em nossas vidas cotidianas e na produção do conhecimento, inclusive, o filosófico, o histórico e o literário. Mas, é justamente nos momentos de maiores crises existenciais, que o retorno ao passado se torna ainda mais necessário, para a tomada de novas decisões em nosso presente histórico (RUSEN, 2001, 2015). E é o que se nota no consumo de livros de história, literatura e filosofia, como também no próprio aumento deste tipo de produção intelectual no mercado editorial brasileiro, norte e latino-americano, asiático, africano e europeu. No entanto, é importante nos questionarmos: como isso tem sido feito? Que tipo de obras tem sido produzidas e consumidas por leitores e leitoras ao redor do mundo todo? Como estiveram elaborando seus enredos e tramas sob formas narrativas, sejam elas históricas ou literárias? Quais as expectativas e perplexidades que trouxeram para seus leitores?

Na Noruega do início dos anos 1980, um jovem professor de filosofia, com pouco mais de 30 anos de idade estava às voltas com um grande desafio, o de ensinar jovens adolescentes o amor pelo conhecimento, no ato de filosofar e, portanto, aprender a pensar por "si mesmos". Após a publicação de romances magníficos, como: *O pássaro raro* (de 1986), *Viagem a um mundo fantástico* (em 1987), *O castelo do príncipe sapo* (em 1988) e *O dia do coringa* (em 1990), ele ainda estava em meio a jovens pouco interessados com o ensino da Filosofia, assim como a leitura atenta de romances. Foi justamente ao aliar a imaginação artística do romance, com o ensino da história da Filosofia, que ele pôde criar uma das personagens mais icônicas da

24 Ver a respeito: SCHWARCZ, STARLING, 2020.

25 Além do estado de crise permanente em que temos vivido no tempo presente, como indicam as obras de Branko Milanovic (2020a, 2020b) e Grégoire Chamayou (2020), deve-se salientar os desfechos com que as ações norte-americanas tem sido conduzidas no Afeganistão, com o retorno de suas tropas ao longo de 2021, e seus resultados para a população do país, deixada à margem com o governo talibã, após mais de 100 mil mortos entre civis e militares do lado afegão, e cerca de 2.500 soldados do lado norte-americano – além de gastos com o conflito que ficaram em aproximadamente 3 trilhões de dólares. Aqui também se depara com uma retórica de direita, vazia de ações eficazes, e muito mais conduzida por meio de notícias falsas a justificar investidas violentas, cuja única meta era a maximização de lucros e ampliação de mercados financeiros e de consumo bélico, com a incisiva ação de forças militares norte-americanas (KORYBKO, 2018; LILLA, 2018, 2018b; SNYDER, 2019; LACERDA, 2019).

literatura contemporânea, a jovem Sofia. Com o *Mundo de Sofia* (de 1991), Jostein Gaarden ganhou notoriedade internacional, com a venda de mais de 40 milhões de exemplares de seu livro em mais de 60 idiomas, aos quais o romance foi traduzido, e desde então publicou mais outros 15 romances. A façanha de aliar literatura e filosofia mostrou um caminho inovador para o ensino de uma área difícil e arredia para os estudantes, que é o estudo da Filosofia, ao mesmo tempo em que projetou novos caminhos para a escrita literária e a produção de romances, amparados pela reflexão filosófica.

Em meio a perdas, separações e crises financeiras e existenciais no início dos anos 1990, Joanne Rowling criou outro personagem icônico da literatura pop contemporânea, o jovem bruxo Herry Potter. Quando, em 1997, a agora J. K. Rowling lançou na Inglaterra o primeiro livro (dos sete volumes que comporiam a série) de *Herry Potter e a pedra filosofal*, com uma tiragem inicial de 1 mil exemplares (mas que já vendeu milhões de cópias pelo mundo todo desde então), esta não passava de uma professora de literatura muito dedicada aos seus alunos, atenta as suas dificuldades de leitura e a falta de interesse pelos romances, mas cujo anonimato ainda lhe era evidente. Os romances deram origem aos filmes, e com eles a consagração de sua autora. Com essa série de romances a autora proporcionou um gigantesco aumento dos estudos sobre a história da bruxaria, do esoterismo e do misticismo,[26] ao aliar magia, arte e ciência, literatura e história em seus textos. Desde então, J. K. Rowling tem publicado romances para adultos, sob outro pseudônimo, além de investir em desdobramentos de sua série de romances sobre Potter; mas foi sem dúvida alguma com o jovem bruxo, que ela saiu das dívidas, tornando-se uma milionária e escritora renomada da noite para o dia.[27]

26 É o que notam, por exemplo, Jeffrey Russel e Brooks Alexander (2019), em *História da bruxaria: feiticeiras, hereges e pagãs*, ao historiarem os estudos a respeito da bruxaria nas últimas décadas. Com as devidas peculiaridades, Silvia Federice (2019), em *Calibã e a bruxa*, aproveitava o ensejo do momento para destacar as formas pelas quais a exploração capitalista, alicerçou-se a certos mitos ligados a bruxaria feminina, para impor certos condicionamentos comportamentais às mulheres a partir do século XV. Ver também: CLARK, 2020.

27 Note-se que o fenômeno literário causado pelos romances de Harry Potter, igualmente contribuíram com a renovação das leituras que eram feitas sobre os romances de J. R. R. Tolkien, *O senhor dos anéis* e *O Hobbit*, ou de C. S. Lewis, *As crônicas de nárnia*. Os romances e sua adaptação no cinema fizeram com que o consumo deste tipo de literatura crescesse exponencialmente, desde o final dos anos 1990.

O que esses dois autores têm em comum? Aliar temas consagrados sob novas perspectivas!? Não apenas isso. Eles conseguiram fazer com que a vivacidade do discurso romanesco trouxesse temas inusitados e personagens enigmáticas de forma agradável e criativa para diferentes públicos de leitores e leitoras no mundo todo. Eles derem outros sentidos à ideia de herói, não na perfeição das façanhas consagradas desde a antiguidade clássica, mas em meio às dúvidas, medos, insegurança e temor, para atinguirem seus objetivos, em muitas situações até incerto. Essa mesma "escrita com criatividade", ou "escrita criativa" como prefere alguns intérpretes, pode ser constatada no historiador israelense Yuval Noah Harari, ao trazer as mais recentes descobertas da arqueologia, da neurociência e da antropologia para escrever uma nova história da humanidade, em *Sapiens*, lançado em 2011, e desde então um sucesso no mundo todo, com mais de 15 milhões de exemplares vendidos, ao lado dos outros dois livros que o seguiram: *Homo Deus* (de 2015) e *21 lições para o século 21* (de 2018).[28] Em todos os livros, o historiador aliou a perspectiva de análise da "longa duração", para pensar o passado (em *Sapiens*) e o futuro da humanidade (em *Homo Deus*), sempre com os olhos fixados em seu presente (com *21 lições para o século 21*). Note-se que é mais comum a venda de milhões de exemplares no campo da produção artística e literária, especialmente a de auto-ajuda, mas na acadêmica, principalmente entre as ciências Humanas e Sociais, mesmo a que é planejada pensando em diferentes públicos de leitores e leitoras, é um feito bastante inusitado, para não dizer incomum.[29]

---

28 Da mesma forma com que é plausível a crítica a este autor a respeito de suas inovações estarem limitadas ao período "pré-histórico", com uma linguagem coberta de clichês e reduzida ao conhecido quando chega ao período "histórico" da humanidade, também não se pode deixar de lado a contribuição que trouxe para dar nova ênfase aos estudos sobre a humanidade para diferentes leitores e leitoras nos mais diversos países em que seus livros já foram traduzidos.

29 E foi partindo justamente para o campo das probabilidades aritméticas que Nassim Nicholas Taleb ganhou paulatinamente notoriedade com sua obra, ao pensar assimetrias ocultas no cotidiano, a influência da sorte nos mercados e na vida, as coisas que se beneficiam com o caos e o impacto do altamente improvável, nos seus livros: *Arriscando a própria pele*, *Iludidos pelo acaso*, *Anti-frágil* e *A lógica do cisne negro*. Não é apenas se aproveitando de nichos editoriais até então ignorados por autores e autoras, que tem feito a notoriedade de alguns "sortudos", para usar a terminologia crítica de Taleb, mas sim se aventurarem as margens de um cânone estabelecido, pouco afeito as mudanças, e difícil de ser alcançado.

E por mais que possa parecer improvável, ele não tem sido o único a alcançar este feito. O filósofo e jornalista alemão, Wolfram Eilenberger conseguiu fazer isso com seu livro: *Tempo de mágicos: a grande década da filosofia, 1919-1929* (lançado em 2018), tornando-se um *best-seller*, com a venda de milhões de exemplares. O segredo do sucesso não esteve apenas em tornar um tema árido, acessível aos leitores, mas o de conseguir fazer com que o texto pudesse ser lido como um romance, mesmo sendo uma pesquisa apurada e muito bem feita em arquivos públicos e particulares, e nos mostrar a vida e os dilemas cotidianos enfrentados por Cassirer, Benjamin, Wittgenstein e Heiddeger, em meio à produção de suas obras e o compromisso com a profissão e a subsistência de suas famílias. Significativamente, em *As visionarias* (de 2020), o mesmo autor, notando a fragilidade do livro anterior, isto é, seu percurso estritamente heteronormativo, para não dizer machista, volta-se para a análise das trajetórias de Simone de Beauvoir (1908-1986), Simone Weil (1909-1943), Ayn Rand (1905-1982) e Hannah Arendt (1906-1975), quatro mulheres, que para ele, salvaram a filosofia em tempos sombrios.[30] De forma semelhante foi o que tentou fazer o historiador alemão Daniel Schönpflug (2018), ao apresentar os percalços vividos pelas pessoas no final da primeira guerra mundial (1914-1918), quando começavam a adentrar no limiar de um novo mundo, em seu livro *A era do cometa* (de 2017). É o que o autor nos diz:

> As pessoas de quem se fala [...] são todas equilibristas. Sua visão inteiramente subjetiva dos acontecimentos provém das representações que elas fizeram de si mesmas em autobiografias, memórias, diários e cartas. A verdade deste livro é a verdade destes documentos. Ela pode colidir com a verdade dos livros de história, e muitas vezes nossas testemunhas oculares mentem. Elas observam com espanto o surgimento de sonhos no firmamento, mas também sua rápida extinção, assim como o choque com a realidade de pedras cósmicas resfriadas. [...] Ao mesmo tempo, as experiências documentadas e as lembranças dos contemporâneos apontam para a tensão quase insuportável com a qual a época do pós-guerra estava eletrizada. Pois visões, sonhos e anseios não só levam os homens que se encontram no limiar entre os séculos XIX e XX a voar, mas também os dividem. Alguns modelos de futuro são diametralmente opostos, excluem-se mutua-

30 Vale destacar ainda sobre essa questão, a importante contribuição para o debate feita por Ivan Jablonka (2021), em seu livro: *Homens justos: do patriarcado às novas masculinidades.*

> mente [...] e portanto só podem realizar-se por meio de sua mútua destruição. Assim, a luta encarniçada por um futuro melhor cria novas ondas de violência, em vez da tão esperada paz, e exige novas vítimas (SCHÖNPFLUG, 2018, p. 15).

Não surpreende, que por outras vias de acesso aquilo que também estava "fora do texto", à jornalista e escritora ucraniana Svetlana Aleksiévitch, vencedora do prêmio Nobel de literatura em 2015, tenha encontrado uma forma peculiar de contagiar seus leitures com a sua escrita criativa. Foi assim que passou a nos mostrar "o fim do homem soviético"; "as últimas testemunhas", isto é, as crianças que presenciaram a segunda guerra mundial (1939-1945); as "vozes de tchernóbil", por meio de uma história oral do desastre nuclear; ou ainda, de forma extremanente sensível e sutil, como é toda mulher, mostrar como a "guerra não tem rosto de mulher", mas ainda assim muitas mulheres participaram das guerras, além de serem suas principais vítimas no ódio, violência (física e simbólica) e, especialmente, nas atrocidades, inclusive, as sexuais. Foi nas instersecções que formam a memória, a história e os esquecimentos, nos infindáveis circuitos que constituem nosso estar no mundo, tão bem cotejados por Paul Ricoeur, que a autora deu voz aos silenciados e vencidos de outrora: as mulheres e as crianças que viram as guerras, esquecidos do passado, que sequer tinham um rosto definido, reaparecem em suas narrativas cheias de vivacidade, emoção e sensibilidade, e tocam os corações e as mentes de seus leitores e leitoras pelo mundo. Em certa medida, o jornalista e escritor israelense Benjamin Balint (2021) se utilizou de estratégia semelhante para demonstrar as disputas por um legado literário, que se definiu no último processo de Kafka movido pelos estados de Israel e da Alemanha contra a herdeira de Max Brod. Ao mostrar os caminhos que levavam a um verdadeiro labirinto judiciário, aparentando o enredo de *O processo*, Balint nos coloca diante de diferentes tradições históricas e literárias, que vendo a proeminência da obra de Kafka no século passado, buscavam ardentemente se apropriar de seu legado no início do século XXI. E no centro deste palco, o percurso de mulheres que estiveram com a guarda dos originais e textos póstumos inacabados de Kafka durante décadas, e se viam sendo desapropriadas de sua herança imaterial.

Por sua vez, ao procurar definir a maneira pela qual a literatura transformava as civilizações, o crítico literário norte-americano Martin Puchner (2019) viu como o mundo da escrita modelava os corações e as mentes das pessoas em diferentes espaços e temporalidades. Na medida em que os sistemas literários e os circuitos de leitura se desenvolviam entre diferentes civilizações, mais complexos se tornavam os processos de escrita, os níveis e formas de leitura e as ações dos leitores. O processo de globalização nada mais fez do que conectar os leitores do mundo todo, em um circuito de obras, autores e mercados de livros, que foi sendo gestado ao longo dos séculos entre o Ocidente e o Oriente. Foi seguindo tal embalo, com as suas estratégias narrativas, que a chinesa Jung Chang, consagrou-se com a publicação de *Cisnes selvagens* (ao contar a história de sua avó, sua mãe e a dela em uma China comunista), e veio a seguir com planejamento semelhante de análise histórica, que facilmente se passaria por um enredo ou as tramas de um romance, ao contar as histórias de *Mao*, de *A imperatriz de ferro* e as *Três irmãs: as mulheres que definiram a China moderna*. Em certa medida, a escritora e jornalista norte-americana Isabel Wilkerson, no seu livro *Castas*, esmiuçou as origens de nosso mal estar, ao analisar a organização de códigos de conduta e formas de divisão social entre EUA, Índia e Alemanha. Com uma escrita impecável, cujo enredo se confunde facilmente com as tramas de um romance, ela nos mostra como essas distintas formações sociais tiveram em comum construir um sistema de castas, de modo à distingir e separar os indivíduos, não apenas pelos quesitos raça, classe e gênero, mas também em função da condição socioeconômica e cultural. Nota-se, desse modo, que assim como a escrita da história se apropriava do estilo e das tramas e enredos dos romances para dar maior vivacidade ao percurso de suas personagens e dos contextos socioculturais e históricos em que viveram, aproximando os leitores e as leitoras desses mesmos contextos socioculturais de outrora (para eles e elas também fazerem parte destas aventuras);[31] a literatura também se apropriava da história para aproximar

31 Não podemos deixar de observar que as articulações entre história e literatura na produção de textos acadêmicos não é produto exclusivo das experimentações narrativas que foram feitas a partir dos anos 1980. Como tão bem mostrou Phillipe Ariès (2013), em *O tempo da história*, quando a produção de histórias universais começaram a ceder também espaço para a elaboração de estudos regionais, a partir dos anos 1930, os testemunhos históricos passaram igualmente a fazer parte das questões a serem observadas pelo historiador. A partir daí, as pessoas comuns começaram a fazer parte das narrativas históricas junto com os "grandes homens". Nota-se que nesse mesmo período Jean-Paul Sartre começava a refletir essas questões em sua produção filosófica e experimentar novos caminhos narrativos em seus textos literários, como em: *A náusea*, *O muro*, *A idade da razão*, ou mesmo em sua autobiografia, *As palavras*. Com ainda maior envergadura na análise e na experimentação narrativa, nas tramas entre história e literatura, razão e emoção, ciência e arte, verdade e falsidade, foi que Sartre buscou rastrear as trajetórias de Genet e Flaubert, em *Saint-Genet* e *O idiota da família*, ou a traçar o perfil de Alberto Giacometti. É obvio que entre esses trabalhos pioneiros e a produção de narrativas híbridas que ganharam espaço

a criação imaginativa das histórias vivenciadas por seus leitores e leitoras, e assim contornarem as adversidades de suas vidas, em meio a um cotidiano coberto de incertezas e perplexidades, sensivelmente compreendido e refeito pelos romancistas, para aquilo que "estava no texto" se conectar também com o quê não pode "ser encontrado facilmente no texto" histórico ou literário, que é a realidade de outrora.[32]

As novas experimentações que têm sido feitas entre História e Literatura nas últimas décadas, não estão limitadas a esses exemplos, e mesmo no Brasil, notam-se

---

na pesquisa histórica, a partir do final dos anos 1980, há evidentes rupturas, mas também continuidades. Assim como há obras de grande qualidade estilística e de análise, também se encontram aquelas com maior fragilidade interpretativa e de demonstração de seus dados. Tomemos dois rápidos exemplos: José de Souza Martins (2022), com *As duas mortes de Francisca Júlia*, esboça um perfil sociocultural da romancista, conjecturando a relação entre texto e contexto, com seus familiares, especialmente o irmão, que viram as transições da sociedade brasileira, fortemente projetada sob novas perspectivas em sua produção literária, mas cujo impacto da semana de arte moderna de 1922, a teria silenciado pela segunda vez; e *Os europeus*, de Orlando Figes (2022), que buscou mostrar o surgimento de uma cultura cosmopolita na Europa do século XIX, a partir da conexão dos trilhos, com a promoção de concertos, teatro, música, produção literária e artística, mas o faz com base no triângulo amoroso que se deu entre Louis Viardot, Pauline Viardot e o escritor russo Ivan Turgueniev; ainda que tal triângulo amoroso seja importante para o processo, não temos nenhum dado quantitativo ou informação a respeito da construção das ferrovias, números de concertos, exibições de teatros, a geografia dos romances, ou sua produção, comercialização e circuito de leitores; tudo acontece, como em um passe de mágica, onde três pessoas interligaram toda a Europa, para a formação de uma cultura cosmopolita no século XIX. Não há dúvida que o texto tem seus méritos, com um estilo claro, preciso e sugestivo, facilmente se passando por um romance, mas igualmente as fragilidades interpretativas são notórias.

32 Para o caso da literatura contemporânea brasileira, Mirian dos Santos (2018) e Fernanda Miranda (2019) mostraram, em seus respectivos textos, como escritoras negras fizeram suas produções literárias, utilizando-se amplamente de suas experiências diárias. Ao nos apresentar as circunstâncias e especificidades históricas que levaram a produção dos romances de Maria Firmina dos Reis, Ruth Guimarães, Carolina Maria de Jesus, Anajá Caetano, Aline França, Marilene Felinto, Conceição Evaristo e Ana Maria Gonçalves, Miranda (2019) nos indica como escravidão, senzala e favelas não somente provoavam o imaginário criativo destas escritoras, mas também faziam parte dos dilemas dos povos afrodescendentes na história contemporânea do Brasil, para superar o preconceito, a discriminação e o racismo. Daí a forte expressão de Conceição Evaristo, a *escrevivência*, que designa o ato criativo de saber conciliar as experiências vividas, na elaboração de mundos literários, que fez parte de seu romance *Becos da memória* (escrito nos anos 1980, mas somente publicado em 2006), e desde então alargado em sua produção literária.

várias tentativas. É o caso do jornalista e escritor Paulo Coelho, que desde o lançamento de *O alquimista* (em 1988), alçou seu autor a um sucesso meteórico, que lhe possibilitou publicar desde então mais de 20 romances, atingindo a marca de mais de 150 milhões de exemplares vendidos no mundo todo. Foi seguindo o caminho do humor e da irreverência que o comediante e romancista Jô Soares (1938-2022) procurou elaborar uma sequência de romances, cuja base em uma literatura fantástica que tocava em momentos de uma realidade passada (vista de forma inusitada, assim como seus personagens), deu vida *As esganadas*, foi incisivo em *O xangô de Baker Street*, ou mesmo polêmico com *O homem que matou Getúlio Vargas* e *Assassinatos na Academia Brasileira de Letras*. Ao se debruçar com afinco na escrita de sua autobiografia, encontra-se a mesma irreverência narrativa, nos volumes "desautorizados" de *O livro de Jô*. Mas, as experimentações literárias brasileiras não se resumem ao esoterismo de Coelho, ou a irreverência de Jô. Das letras de música para a escrita de romances, a trajetória de Francisco (Chico) Buarque de Holanda, também se destacou por congregar uma escrita sedutora e precisa, aos percalços vividos pela sociedade brasileira durante o Regime Militar (1964-1985), situaçao à qual, direta ou indiretamente, influenciava nas atitudes de suas personagens e em suas escolhas narrativas. O jornalista e crítico literário Julián Fuks tem igualmente procurado associar as inovações do estilo literário criativo, tanto em seus romances *Histórias de literatura e cegueira* (de 2007) e *Procura do romance* (de 2011), quanto em sua produção acadêmica, a exemplo de *Romance: história de uma ideia* (de 2021). Foi sem dúvida alguma a notoriedade de seus textos literários, que deram margem a publicação de sua obra acadêmica. De certa forma foi o que percebeu o geógrafo brasileiro afrodescendente Itamar Vieira Júnior, quando lançou *Torto arado* (em 2019) – que em menos de dois anos estava em sua 12ª reimpressão – e seguir com a mesma estratégia narrativa em *Doramar ou a Odisseia* (de 2021), ao aliar os conhecimentos da história e da geografia para circunstanciar as vidas e as aventuras de africanos e afrodescendentes na história da formação cultural da sociedade brasileira.[33] Ao que parece foi seguindo uma trilha semelhante que o teórico literário

33 Não deixa de ser revelador que este processo trouxe consigo a evidência da importância de uma literatura e de um pensamento afrodescendente, que até então era alijada junto ao mercado editorial, ou no mínimo se encontrava apenas em suas margens. Poderia-se facilmente destacar a produção de Lélia Gonzales, Beatriz Nascimento, Sueli Carneiro, Djamila Ribeiro, Conceição Evaristo, Carolina Maria de Jesus, Ana Maria Gonçalves, ou mesmo os romances de Maya Angelou, Toni Morrison, Chigozie Obioma, Maria Firmina dos Reis e Chimamanda Adichie. A obra *Enciclópedia negra*, com biografias

Jeferson Tenório (2021) escreveu *O avesso da pele*. Também, ao que tudo indica, eles seguiam as pistas deixadas por Carolina Maria de Jesus, Conceição Evaristo e Paulo Lins, que pioneiramente começaram a mostrar os percalços de pessoas comuns, instadas por suas vidas duras e sofridas, a estarem se arriscando diariamente, para terem o direito de viver mais um dia, nos aglomerados que se tornaram as nossas favelas, a partir das décadas iniciais do século XX. Todos esses exemplos nos mostram um movimento criativo, e até certo ponto inusitado, de acadêmicos que se voltaram para o campo literário, para exprimirem seus olhares sobre a sociedade, o gênero, a raça e as etnias, por meio de uma escrita cativante, comovente, emocional e ardente, e não apenas a partir de textos áridos embasados em pesquisas documentais sistemáticas em arquivos.

Se na literatura as experimentações são emergentes, conduzindo muitas vezes a produção de formas narrativas híbridas, no campo dos estudos históricos elas foram mais insipientes entre os historiadores de ofício, com a exceção da historiadora e escritora Mary Del Priore.[34] Coube nesta área mais aos jornalistas ganharem espaço no mercado editorial brasileiro, com a publicação de histórias e biografias. São os casos de *Laurentino Gomes* (que além de descrever momentos decisivos da história do Brasil, em 1808, 1822 e 1889, também procurou repensar a história da escravidão luso-brasileira); *Lira Neto* (com suas biografias sobre Padre Cícero, Castelo ou

de afrodescendentes, organizada por Flávio Gomes, Jaime Lauriano e Lilia Schwarcz (2021), possibilita maior aprofundamento da questão na história do Brasil. Os trabalhos de Fernanda Miranda (2019) e de Mirian dos Santos (2018) igualmente nos revelam a riqueza da produção literária feita especialmente por mulheres afrodescendentes, ao longo do século passado. De modo semelhante, o surgimento de novos romancistas tem se feito com grande apego para as questões vinculadas a formação das identidades étnicorraciais e de gênero. É o caso, por exemplo, da produção da escritora gaúcha Sarah Schmorantz, que em sua obra dá destaque e especial ênfase as protagonistas femininas, como aparece em: *Céu de Gris*, *O mundo por Francine B.*, *Espelho* e *O sopro da Brenha*.

34 Evidentemente, ela não é a única autora que poderíamos destacar, mas certamente é a que alcançou até o momento maior notoriedade no mercado editorial brasileiro, ao aliar um estilo narrativo muito próximo as sutilezas e a sofisticação dos romances, com uma pesquisa pormenorizada em arquivos públicos e particulares. Autora de dezenas de livros, Mary Del Priore se dedica nos últimos anos exclusivamente a arte de ser escritora e pesquisadora. Com livros marcantes, como: *Sobreviventes e guerreiras*, *As vidas de José Bonifácio*, *Condessa de Barral*, *O castelo de papel*, *A carne e o sangue*, *O príncipe maldito*, *Beije-me onde o sol não alcança*, ou sua quadrilogia *Histórias da gente brasileira*, Del Priore se apropria das técnicas da produção literária e da perícia da pesquisa histórica, para produzir uma narrativa sedutora e instigante para seus leitores e leitoras.

a trilogia sobre Getúlio Vargas, além de sua história do samba e dos perseguidos pela Inquisição); *Elio Gaspari* (com sua sequência de estudos, em 5 volumes, sobre a ditadura civil-militar); de *Eduardo Bueno* (com suas narrativas sobre a conquista e colonização do Brasil); ou de *Leandro Narloch*, que se notabilizou no mercado editorial, com as suas histórias politicamente incorretas (do Brasil, da América Latina e do mundo; além de discorrer sobre a economia brasileira, a política imperial, sempre com a mesma irreverência no trato destas questões), adentrando inclusive sobre o universo da história da escravidão.[35] O que eles têm em comum? Além de elaborarem histórias cuja vivacidade traz os leitores para dentro das descrições dos contextos e no limite fazerem eles e elas sentirem até as aflições experimentadas pelos personagens históricos, está em tentar elaborar uma narrativa muito próxima ao enredo e as tramas dos romances.

É certo que ao se firmarem com esse tipo de história, esses autores (jornalistas em sua maioria), definiram formas de história pública que não têm sido apreendidas pelos historiadores de ofício no Brasil, uma vez que seguem livremente todas as etapas da pesquisa e apresentação de seus dados em uma narrativa vivaz, cujos contornos muitas vezes não encontram plausibilidade nas fontes documentais, que raras vezes são estudadas sistematicamente neste tipo de empreendimento literário, ou até com perfil nitidamente histórico, em suas análises e interpretações (MALERBA, 2018). Mas o extremo ainda pior nesse processo foi que em meio à proliferação incontrolada de *fake news* (notícias falsas) houve a criação de histórias paralelas (inclusive com *sites* especializados na fabricação de histórias no mínimo duvidosas, para não dizer totalmente falsas, sem possibilidade de comprovação e plausibilidade aferível pela análise documental e bibliográfica), cuja função programática foi elaborar um conjunto de negacionismos, anacronismos e revisionismos que visavam não apenas deturpar o conhecimento histórico criteriosamente produzido pelas universidades, ao longo de décadas de intenso trabalho de pesquisas em arquivos públicos e privados, mas fazer com que a própria escrita da história se tornasse o produto de disputas inconsequentes e sem nenhum critério de plausibilidade e comprovação (PINSKY, PINSKY, 2021).

A maior ironia, contudo, é que tal estratégia foi firmada logo após a organização de "comissões da verdade", em estados e na federação durante o governo

35 O que certamente causou certo desconforto entre os historiadores de ofício, cuja crítica mais pertinente e comprometida foi feita por Renato Venâncio (2021), em *O incorreto no guia politicamente incorreto da História do Brasil*, no qual faz uma análise contundente das fragilidades da obra de Leandro Narloch.

de Dilma Rousseff (2010-2016), que passou a revisitar as atrossidades cometidas durante o Regime Militar (1964-1985), contra presos políticos, mulheres, crianças, indígenas e afrodescendentes, ou a comunidade LGBTQIA+, e cujos resultados que passaram a ser sistematicamente apresentados nos relatórios das comissões demonstravam um passado ainda mais vexatório e alarmante do que até então se imaginava presente na sociedade brasileira (FRANCO, 2021). Para uma simples apreciação desta questão, basta vermos os resultados alcançados até aqui pela coleção *arquivos da repressão no Brasil*, da Editora Companhia das Letras, que já possuí os seguintes títulos publicados: *Lugar nenhum: militares e civis na ocultação dos documentos da ditadura*, de Lucas Figueiredo; *Tanques e togas: o STF e a ditadura militar*, de Felipe Recondo; *Heroi mutilado: Roque Santeiro e os bastidores da censura à TV na ditadura*, de Laura Mattos; *O Brasil contra a democracia: a ditadura, o golpe no Chile e a Guerra Fria na América do Sul*, de Roberto Simon; *Os fuzis e as flechas: a história de sangue e resistência indígena na ditadura*, de Rubens Valente; e *Contra a moral e os bons costumes: a ditadura e a repressão à comunidade LGBT*, de Renan Quinalha. Mas, *a ironia da ironia*, entretanto, foi que durante a pandemia da Covid-19 (entre 2020 e 2021), o governo de Jair Bolsonaro (2018-2022), em estratégia semelhante à aplicada durante o regime civil-militar, com uma gestão no mínimo imprudente, proporcionou a maximização de mortes pela divulgação de informações falsas sobre medicamentos, tratamentos médicos, falta de leitos e equipamentos, além de alongar o quanto pôde a compra de insumos e vacinas para a contenção da ampliação de casos e óbtos, assim como o processo de vacinação da população em todas as faixas etárias.[36] É o que constatou, ao comparar os dois períodos, Fábio Luís Franco (2021), em *Governar os mortos*, no qual investigou os processos de constituição de necropolíticas, e com elas o desaparecimento de pessoas e de suas subjetividades, sonhos e perspectivas de futuro, a partir da propagação da censura e da perseguição política. Para ele:

> [...] longe de ser uma barreira intransponível diante da qual restaria a resignação ou a paralisia muda, o trabalho do luto coletivo, realiza-

36 Note-se que isso também faz parte de um processo extremamente sutil de ocultamento e silenciamento próprios as escritas das histórias no poder, cujo combate deve ser permanente para a promoção da escrita de outras histórias, em um palco de disputas, que como notou Alain Corbin (2021), em *História do silêncio*, recobriram-se nossas sociedades desde, pelo menos, o Renascimento europeu, cuja proliferação para diferentes espaços e nações começou a se dar a partir do século XVI.

> do por essas mães e familiares dão provas de que esse indizível pode impelir ao ato ético e político. O impossível de dizer pode, assim, impulsionar a invenção de formas de fazer que retornam para o campo social como estratégias inéditas de enfrentamento da melancolização generalizada por meio da elaboração de recursos estéticos e estilísticos, da construção de outros dispositivos de luta (FRANCO, 2021, p. 134).

Por outro lado, vendo-se diante da impossibilidade de censurar, proibir e até queimar livros e expurgar autores como outrora havia sido feito durante o regime civil-militar, esse mesmo governo tentou tributar livros, deixando de tributar a venda de armas, tornando-os inacessíveis para seus leitores e leitoras, e de forma ainda mais eficiente que no período anterior, que na ânsia de proibir o consumo de certos livros e autores contribuiu para a divulgação desses mesmos livros e autores no processo de censura, o atual governo tornou o livro um produto de difícil acesso até para os professores universitários, que têm neles seu material básico de trabalho diário. Como contornar esses paradoxos e fazer com que a escrita da história saia dessa imensa trama de tensões fortalecida e renovada? Além de ser um enorme dilema, uma questão como essa passa pela análise criteriosa de nossa dependência externa com os modismos historiográficos, que focilizam a ousadia de novas experimentações, ao serem edificados cânones institucionais, que devem ser seguidos a risca por seus praticantes (ROIZ, SANTOS, 2012). Aqui também "pensar historicamente", como dizia Vilar, é uma forma de refletir caminhos para contornarmos os problemas e dilemas de nosso tempo.

No início dos anos 1880, Karl Marx (já perto do final de sua vida) ainda se questionava sobre as razões que levaram ao quase completo descaso a respeito de sua grande obra, *O capital*, e esse talvez tenha sido o tipo de dúvida que o levou a ter várias hesitações em como dar o término aos outros volumes – que permaneceram inacabados, e só pelos cuidados de seu amigo de longa data, Engels, que conhecemos os livros II e III; e pelo trabalho de Lênin vimos a conhecer o livro IV sobre as teorias do "mais-valor" – ou da "mais-valia", forma consagrada nos anos 1970 e 1980, nas traduções brasileiras e portuguesas. As dificuldades em ter sua obra publicada (e reconhecida) não era algo recente para Marx, que já carregava esse estigma desde que não conseguiu nos anos 1840 nenhum editor (ou editora) que aceitasse publicar *A ideologia alemã* – que havia escrito em parceria com Engels – e permaneceu desde então engavetada sob a "crítica roedora dos ratos".[37] Não fosse

37 É de se destacar que o fato de a obra de Marx ter se revelado fundamental para a definição e a criação dos vários tipos de marxismos no século XX conduziu igualmente

aos cuidados que se seguiram após a revolução russa de 1917 de se preservar a obra, os manuscritos e as correspondências de Marx e Engels, levando a publicação deste volume em 1932, jamais viríamos a conhecer sua história, ou mesmo o início da incursão teórica e prática desses dois grandes teóricos sociais do século XIX, que com este livro levaram a cabo suas críticas aos hegelianos de esquerda, assim como passaram a descobrir um novo caminho para interpretar as sociedades, e os homens e as mulheres no tempo, com o materialismo histórico e dialético, ao usarem a "ciência da história" para pensarem o movimento e a dinâmica no tempo dos "modos de produção".[38]

Em circunstâncias parecidas, quando havia deixado a universidade pelo agravamento de seus problemas de saúde física e mental, Nietzsche queixava-se em *Ecce Homo* de por que sua abra estava recebendo uma atenção tão limitada até aquele momento. No início dos anos 1920, com sua tuberculose em avanço progressivo no organismo, Franz Kafka (1883-1924) confessava em suas conversas com Max Brod, que seus textos não conquistavam leitores, o quê de certa forma justificava seu desânimo em publicar outros livros – não fosse à persistência de Brod com o mercado editorial e seu zelo em publicar os inéditos de Kafka, jamais conheceríamos *O processo* ou *O castelo* (que se tornaram marcos para a literatura do século XX). É o que constata Benjamin Balint (2021, p. 114-115), ao ver a apreciação de Walter Benjamin sobre Kafka, de que só é possível entendê-lo considerando que foi um verdadeiro fracasso editorial e literário em sua época. Sob condições totalmente adversas, em meio ao cárcere em que se encontrava nos anos 1920 e 1930, Antonio Gramsci (1891-1937) produziu ali seus cadernos, cujas anotações (ainda que em muitas passagens cifradas, para transpor a censura da prisão) vieram a se tornar o registro mais criativo, original e inovador da história do marxismo no século XX. No mesmo período, em suas errâncias e andanças como boêmio sem emprego

a uma leitura raza, quando não desnecessária da obra de Hegel, conforme demonstra os trabalhos de Jesus Ranieri (2001, 2011). Para maior aprofundamento desta questão, veja-se ainda: BAUR, 2021; LOSURDO, 2019; LUKÁCS, 2018; SINNERBRINK, 2016; BOUCHER, 2015; BEISER, 2014. Além disso, somente depois de 1989 que se passou a dar maior atenção aos vários momentos de produção da obra de Marx e suas relações com a liberdade, a democracia, o socialismo e o comunismo. (VIEIRA, 2017).

38 Para uma apreciação a respeito dos vários caminhos que foram tomando as obras de Marx e Engels, as dificudades que encontraram para conseguirem editores, as críticas que fizeram, as ressalvas que receberam já de seus contemporâneos, e os vários percalços e momentos que levaram a produção de suas obras, ver: MACLELLAN, 1990; NETTO, 2020.

fixo, Walter Benjamin (1892-1940) produziu seus textos mais criativos e instigantes (como o sobre as *Passagens*, ou a respeito da obra de Goethe), mas a revelia de suas expectativas, estes só foram consagrados muitos anos após se suicidar, em 1940, diante da possibilidade de ser pego pelos nazistas. Quando, no final dos anos 1930, Norbert Elias (1897-1990) lançou *O processo civilizador*, ninguém poderia imaginar que um texto que passou quase despercebido pela grande crítica especializada, nos meios de comunicação e no mercado editorial alemão nos anos que se seguiram ao seu lançamento, ficando praticamente silenciado durante décadas, viria a se tornar, a partir do final dos anos 1960, uma leitura indispensável para se entender os processos de sociabilidade nas sociedades modernas.

Essas histórias não se limitam a Europa. Elas podem muito bem serem observadas nos Estados Unidos, na América Latina ou mesmo na África e na Asia, mas iremos nos focar apenas ao Brasil. Nas condições peculiares vividas nos Trópicos foi que no final do século XIX, Machado de Assis se via na condição de afrodescendente tentando se inserir no mundo dos senhores e comerciantes do Rio de Janeiro, por meio de sua produção literária, e com todo seu brilhantismo veio a mostrar em sua obra a intolerância, as contradições, o preconceito e o cinismo da sociedade brasileira oitocentista. Ainda que viesse a se tornar o maior escritor nacional que tivemos, nem por isso Machado no final da vida, como presidente da Academia Brasileira de Letras, deixou de prosseguir com suas frustrações diante de um campo literário tão pouco desenvolvido, de um público leitor tão reduzido, da recepção de sua obra tão apagada e das circunstâncias que levavam ainda tantos escritores talentosos a morrerem na miséria, internados em manicômios e até virem a se suicidar.[39] Nos anos 1950, Sérgio Buarque de Holanda ainda se perguntava por que os

39 A obra de Hélio de Seixas Guimarães (2012, 2017) tem demonstrado o complexo e multifacetado processo de canonização da obra de Machado de Assis, por meio da análise dos críticos das primeiras edições de seus romances, assim como dos leitores contemporâneos de sua obra depois de 1908. É o que ele destaca em *Machado de Assis, o escritor que nos lê* (2017), no qual investiga os diferentes momentos de recepção de sua obra na historiografia literária brasileira e norte-americana. Para ele, teria-se passado de um momento de os críticos o verem como um escritor de exceção até meados dos anos 1930, quando então durante o Estado Novo (1937-1945) o escritor foi se tornando um mito nacional, cuja canonização cristalizou certa percepção de sua obra, em função da autoridade na qual havia alcançado o romancista. A interpretação construída pela norte-americana Helen Caldwell, que foi tradutora da obra de Machado nos anos 1950 e 1960, proporcionou uma reviravolta nos estudos machadianos, mas que só foi realmente observada nos estudos literários brasileiros a partir dos anos 1980. Esse movimento

leitores de seu livro *Raízes do Brasil*, não tinham entendido suas principais ideias ali expostas e permaneciam agarrados apenas as proposições a respeito do "homem cordial".[40] A partir dos anos 1960, quando se fixaria definitivamente no campo dos estudos literários, Antonio Candido, com sua humildade intelectual e discrição teórica típicas, passava a elaborar seus ensaios mais marcantes, e até hoje incontornáveis, como foi o caso de *Dialética da malandragem*, ou *De cortiço a cortiço*,[41] que renovaram substancialmente a produção de nossa crítica literária nos decênios seguintes, mas permanecia reticente em como *Os parceiros do Rio Bonito* (de 1954) se encontrava apagado na crítica social brasileira (JACKSON, 2018). No final dos anos 1980, quando estava coordenando a coleção *Grandes Cientistas Sociais*, Florestan Fernandes ainda se perguntava por que o mercado editorial brasileiro permanecia tão cauteloso em relação à publicação de textos e ensaios acadêmicos, cujas edições permaneciam reduzidíssimas, quando existiam, dando lugar apenas a textos literários, jornalísticos e de auto-ajuda. No final do século XX, Luiz Costa Lima já começava a se questionar sobre a nossa condição periférica no mundo da crítica literária e da teoria social em que vivíamos, e após ter publicado mais de 20 livros, sua frustração em relação ao número tão reduzido de leitores, críticos e comentadores de sua obra ainda persistia, em um desalento arrebatador – por ser muito mais reconhecido no exterior do que em seu próprio país.[42] Nos anos iniciais do século XXI, João Cezar de Castro Rocha (2015), em seu livro *Por uma esquizofrenia produtiva*, imaginava possibilidades plausíveis para os novos autores encontrarem seus leitores, ao serem bilíngues de sua própria língua, isto é, serem capazes de um processo de tradutibilidade, entre o simples e o complexo, para tornar suas palavras

---

mostra um pouco das tramas que levaram ao processo de canonização da obra de Machado na história da literatura brasileira.

40 Convém salientar que o próprio Sérgio Buarque, no processo de revisão continuada de sua obra *Raízes do Brasil* nas edições de 1948, 1956, 1963 até a edição definitiva de 1969, ajudou a causar um pouco desses desentendimentos, como mostra Luiz Feldman (2016), em *Clássico por amadurecimento*.

41 Os dois ensaios, em suas formas definitivas, podem ser encontrados em: CANDIDO, A. *O discurso e a cidade*, 2010, p. 17-48 e 107-134.

42 Evidentemente, essa situação tem sido relativamente alterada em relação a este autor (ROCHA, 1999; BASTOS, 2010; BASTOS, PINTO, OLIVEIRA, 2019), mas, no geral, sua apreciação continua sendo válida para a grande maioria dos autores nacionais, especialmente aqueles vinculados as universidades, em cujos textos ainda não conseguiram ultrapassar suas "torres de marfim" e chegar ao grande público.

palatáveis, e "como a arte retórica, deve-se adequar o discurso a diferentes situações e expectativas" (ROCHA, 2015, p. 42), por que:

> [...] em primeiro lugar, alunos de Letras precisam familiarizar-se com a própria literatura. Sem dúvida, a reflexão teórica sobre o fenômeno literário é indispensável, mas se torna coisa ociosa se não estiver associada à leitura cuidadosa dos textos. Em geral, o ensino universitário e a prática analítica reduziram a literatura ao pálido papel de confirmação de teorias (ROCHA, 2015, p. 40).

Por outro lado, apesar de sua evidente percepção classista da mudança social, Fernando de Azevedo (1894-1974) e Anísio Teixeira (1900-1971), representantes de um movimento por uma "nova escola", procuraram pensar caminhos para a transformação da sociedade brasileira nos anos 1930, por meio de um projeto centrado na educação, na criação de escolas e universidades, e a formação de um "novo" profissional: que tinha no professor o papel central de formador das "novas gerações". A partir dos anos 1960, Paulo Freire (1921-1997) deu novos contornos a essas expectativas, ao enfocar em sua teoria educacional: 1. Que a ação docente deve primar sempre por uma prática crítica, e não ingênua ou astuta; 2. Que os processos de ensino passavam por um educador-educando com um educando-educador, formando relações dialógicas e não hierárquicas, de tal modo que quem ensina também aprende no ato de ensinar, e quem aprende pode muito bem também ensinar enquanto aprende; 3. Aliando esses dois princípios, poderia-se gerar a passagem de uma consciência "semi-intransitiva" para uma "transitiva ingênua", até vir a se consolidar uma "consciência crítica" sobre a realidade, e não vir a declinar em consciências do tipo: "mágica", "fanática" ou mesmo "irracional"; 4. Por isso a leitura do mundo era anterior a leitura do texto, e as palavras deveriam ter um sentido concreto e estarem próximas a realidade dos educandos; só assim, os princípios anteriores poderiam ser atingidos, com vistas a formar uma aprendizagem significativa e possibilidades de emancipação social aos sujeitos desse processo de ensino-aprendizagem. No início dos anos 1980, vendo as limitações do projeto da "escola nova" e pensando criticamente os princípios de Paulo Freire – que teve em Franz Fanon seu principal inspirador – foi que Dermerval Saviani começava a formular uma "pedagogia histórico-crítica", ao criticar especialmente o tecnicismo do período em vigor nas escolas brasileiras. Em todas essas circunstâncias, os educadores foram críticos aos modelos educacionais de seu tempo e pensaram alternativas para a promoção de uma educação, que incluísse cada vez mais as camadas populares, de modo a fazer com que o ensino fosse igualmente um direito de todos e de cada um de nós, e não "um patrimônio de uns poucos eleitos", que apenas mantinha o resguardo da reprodução das elites dirigentes, ao mesmo tempo em que promovia os processos distinção, de exclusão social e de dominação física e simbólica dos indivíduos.

Os exemplos até aqui trabalhados poderiam ser multiplicados as dezenas, ou até as centenas (talvez aos milhares se pensarmos essa questão na "longa duração", tão cara a Fernand Braudel), mas talvez seja muito mais frutífero indagarmos o que elas têm em "comum". Até porque situações semelhantes são também perceptíveis na pintura, na fotografia, no cinema e no teatro – com seus grandes autores e produtores, na maioria dos casos, insatisfeitos com as suas produções, mesmo as melhores, e, quase sempre, sendo reconhecidos e reconhecidas apenas *a posteriori*. Todos esses exemplos foram marcados pelas *virtudes do fracasso* – para tomar emprestado o título de uma obra (PÉPIN, 2018) –, isto é, todas essas obras floresceram em meio à constante dúvida, medo, angústia e insatisfação permanente de seus autores e autoras. Na maioria dos casos, elas foram o produto de uma rebeldia intelectual, que as fez nascer nas margens, porque inssurgiam contra todos os tipos de cânones e tradições intelectuais, contrariando seus princípios e demarcando outras fronteiras para a escrita e o conhecimento a serem produzidos. Foi assim que Kafka só veio a encontrar seus leitores décadas após a sua morte; assim como Gramsci se tornou o marxista mais original do século passado, igualmente após sua morte, e a publicação de seus *Cadernos do cárcere* nos anos 1940 e 1950. Foi assim que Walter Benjamin só foi reconhecido décadas após a sua morte, ou Norbert Elias passava a ser reconhecido internacionalmente, a partir dos anos 1990, décadas após o lançamento inicial de sua obra *O processo civilizador* (em 1939). Foi assim também que Gilberto Freyre, Sérgio Buarque de Holanda e Caio Prado Jr. apareceram no mercado editorial brasileiro dos anos 1930 em suas margens, mas ao longo dos anos 1960 e 1970 começavam a prefigurar canonizados na história da historiografia brasileira (FRANZINI, GONTIJO, 2009, p. 141-160).

Em todos esses casos há um acerto de contas com as tradições cristalizadas, os cânones consagrados e os estilos até então aceitos como certos. Ao irem contra os modismos fáceis de então, eles foram construindo suas obras seguindo o caminho mais longo e difícil, em busca de originalidade, da inovação e da criatividade. A abertura de caminhos levava a ampliação das fronteiras disciplinares e interdisciplinares, assim como do conhecimento, e em quase todos esses momentos, os questionamentos que se firmavam a respeito da história e da literatura, vinham a lhes dar novos fôlegos e possibilidades narrativas e interpretativas a respeito do vivido de outrora. O questionamento do que era aceito como certo, levava ao encontro do incerto, que aos poucos vinha a formar novas certezas em seu percurso, demonstrando que ainda que a verdade fosse inalcançável, verdades parciais, muitas vezes até inusitadas e instadas às revisões permanentes, eram sempre possíveis de serem alcançadas no processo de pesquisa e apresentação dos dados na "arte da ciência da história" (GAY, 1990). Mas, como não poderia deixar de ser, ao alcançarem inovações em seus percursos intelectuais, estas mesmas obras davam base a criação de novos cânones e tradições historiográficas, mesmo que a revelia de seus autores e de suas expectativas iniciais.

O historicismo alemão e a escola metódica francesa do século XIX questionaram veementemente as filosofias da história do século anterior, e formaram um novo marco para a pesquisa histórica, ao inaugurarem no processo a ciência da história, com base nas provas e nas evidências documentais – e se afastar da retórica, das crônicas e dos romances (JABLONKA, 2020). O movimento dos *Annales*, a partir dos anos 1930 – embora formados com os princípios da historiografia metódica e do historicismo alemão –, viram nas críticas que lhe eram feitas pelas ciências sociais, a oportundade de trilharem novos caminhos para a escrita da história. No final dos anos 1960, a geração de historiadores que se firmava no movimento dos *Annales*, já aí canonizados na historiografia francesa e mundial, viram entre os aplausos e as críticas recebidas (internas e externamente ao campo das pesquisas históricas) a necessidade de pensarem novos problemas, novos objetos e novas abordagens para o campo dos estudos históricos. Em todas essas situações, gerações em disputa, à procura de espaço e reconhecimento institucional e intelectual brigavam contra os cânones hegemônicos, mas já nesses casos com o evidente objetivo de formarem novos cânones e tradições historiográficas. Michel de Certeau (2002) nas páginas ainda não superadas de *A escrita da história* cristalizou essas disputas como parte do processo da *operação historiográfica*, na qual se definiam lugares institucionais, práticas de pesquisa e formas de escrita, para os processos de reconhecimento e consagração no meio intelectual. Michel Foucault (1997, 2007) também viu nesse processo uma disputa generalizada em relação ao saber, ao poder e ao tipo de discurso que deveria ser proposto para mediar os processos de formação, reconhecimento e propagação dos saberes instituídos.

Ao longo do século XX, enquanto a "escrita da história" era um campo de disputas em torno de como (deveria ou não se) desvenciliar dos paradoxos de ela ser uma pesquisa "cientificamente conduzida", ao mesmo tempo em que prefigurava como uma "construção artística e literária" na apresentação de seus resultados; os "enredos dos romances" estiveram às voltas com as mais diversas experimentações narrativas, para contornar a nostalgia e as limitações das heranças deixadas pelo romance burguês (de formação do herói)[43] - como tão bem mostraram as obras de Franz Kafka, Jorge Luis Borges, Italo Calvino, Milan Kundera, Umberto Eco e tantos outros romancistas.

Em um momento de acirramento de todos os tipos de controle, fundamentados pelas novas metamorfoses do capitalismo e do neoliberalismo que o ampara, os processos de divulgação de informações e a vigilância dos dados pessoais tem se tornado a moeda mais importante para o avanço dos mercados de consumo mundial. A massificação de informações falsas, que tem sobrevoado os processos decisórios e eleitorais, constituem um dos filigramas acessórios dos meios pelos quais os sistemas de dominação fluem entre as grandes corporações (ZUBOFF, 2020). É provável que, mais do que em séculos anteriores, tenhamos que encontrar novas formas de ação, resistência e emancipação social. E talvez por isso, as ciências humanas e sociais, sejam ao mesmo tempo a vidraça a ser quebrada pelos políticos e empresários de *direita*, na mesma medida em que é a esperança a ser realçada pelos movimentos sociais e intelectuais de *esquerda*. Para além dos embróglios, talvez nunca tenha sido tão importante recorrer às heranças teóricas e intelectuais do passado, para podermos trilhar novos caminhos para o presente e até para dar novas perspectivas ao futuro que queremos ter. E nesse processo a história e a literatura (assim como a filosofia) serão sempre canteiros férteis para buscarmos novas inspirações e alternativas aos dilemas e desafios de nosso tempo. Entre outras razões, porque o neoliberalismo subsiste intensificando os processos de esquecimento e apagamento do tempo histórico e da consciência crítica dos sujeitos sociais no mundo, porque quer impor como fato irretorquível ser este o melhor dos mundos possíveis. Mas, ao procurar gerar uma permanente percepção a respeito do presente, como se o passado e o futuro fossem apenas a sua antecâmera, e nada pudesse ser mudado, nada pudesse ser melhor do que já é, ainda que tudo esteja ruim para muitos de nós, o neoliberalismo intensifica os processos sutis de exploração, ao neutralizar a rebeldia e o pensamento crítico, a contestação social e a produção de outras utopias, porque dão base aos processos revolucionários. Enfim, o oposto do que possibilitam a história, a literatura e a filosofia, que constantemente instam os sujeitos a pensarem e a formularem outros caminhos para o seu agir humano no tempo.

43 Para maior detalhamento da questão, ver: FEHÉR, 1997; LIMA, 2007, 2018, 2019; MANZANO, 2020; CARPEAUX, 2021, 3v.

Até porque quando deixamos de lado a Literatura nos tornamos insensíveis para a dor alheia vivida por nossos semelhantes, por nos acharmos asfixiados em um mundo sem alternativas possíveis, iludidos pela fascinação de um "narcisismo eterno do eu", e não sabermos como construir nossas identidades sociais.[44] Quando deixamos de lado a História somos facilmente seduzidos pelas mentiras, falsificações e negacionismos, porque nos acomodamos com uma rotina em que os esquecimentos e a acriticidade com que lidamos com o passado, fez sucumbir nossa procura por verdades e nossa esperança por um mundo melhor, ao vermos indistintamente o passado e o presente.[45] Quando deixamos de lado a Filosofia é porque já aceitamos a submissão, ao invés da rebeldia do pensamento e da ação, e sem isso não somos nada, além de *zumbis* com os olhos fechados em direção a um futuro incerto, fugaz e totalmente obscuro.[46]

Mas, quando nos damos conta, ainda que inesperadamente, da importância que a literatura, a história e a filosofia têm para nossas vidas, a ausência de possibilidades dá lugar a um conjunto renovado de oportunidades e caminhos que talvez nem sequer tenham sido ainda experimentados por homens e mulheres, mas também pelas sociedades. A começar pela sensibilidade com que o discurso histórico e o enredo dos romances (assim como as interpretações filosóficas) vieram a salientar a forte presença do preconceito e da discriminação desde o surgimento do Capitalismo e, depois, com o Liberalismo, até, por fim, ao Neoliberalismo. Primeiro, fortemente arraigado sobre os judeus e os muçulmanos nas cidades italianas, a par-

44 Como mostrou, por exemplo, José Ortega y Casset (1883-1955), em *A desumanização da arte* (2021), as consequências brutais por esse tipo de escolha; ou a incrível função de criação de identidades sociais proposta para a literatura, que este autor imaginou ao converter o *Dom Quixote* de Cervantes nas suas *Meditações do Quixote* (2019) e perquirir a movediça polissemia identitária dos espanhóis.

45 Como diversas vezes alertou Eric Hobsbawm, em livros como: *A era dos extremos*; *Tempos fraturados*; *Como mudar o mundo*; *Viva la revolucion*, ou mesmo em *Tempos interessantes*.

46 Como procuraram mostrar, em suas obras: Achille Mbembe, com *A crítica da razão negra*; Peter Sloterdijk, com *A crítica da razão cínica*; Boaventura de Sousa Santos, com *A crítica da razão indolente*; ou Ricardo Souza, com a *Crítica da razão ildolátrica*. Todos eles em um rastro da obra de Immanuel Kant, de *A crítica da razão pura*, e do Hegel, de *A fenomenologia do espírito*, buscavam se distanciar criticamente de tais autores, ao mesmo tempo em que visavam dar novos contornos a razão, ao mundo, aos homens e as mulheres, de modo a ser possível se encarar os dilemas de nosso próprio tempo histórico contemporâneo.

tir do século XIV, desdobrando-se para grande parte da Europa, nos séculos seguintes.[47] Depois, sobre a mulher e ao trabalho doméstico, no que dizia respeito à transgressão de condutas morais (e sexuais), expressas na famigerada perseguição a todo tipo de bruxaria.[48] Por fim, ao africano (e ao indígena), no processo de colonização do Novo Mundo, nas Américas, a partir do século XV.[49] Em todos esses casos, a construção de um tipo de racismo, fazia com que houvesse a promoção e a progressão do sistema socioeconômico para outras direções e mercados distribuídos pelo mundo. De um racismo étnico (ao judeu e ao muçulmano), ao racismo de gênero (contra a conduta feminina, que transgredisse os valores aceitos), até um racismo de cunho explicitamente racial (contra o africano, afrodescendente e ao indígena), este mecanismo centrou a formação de economias-mundo, e do próprio Capitalismo, fazendo prosperar o sistema socioeconômico ao longo do tempo para todas as partes do mundo, desumanizando sujeitos e os subjugando as vontades de outros "eleitos".[50] O sistema socioeconômico prosperou com a invenção de mentiras

---

47 Como tão bem demonstraram Francisco Bittencourt, em *Racismos: das cruzadas ao século XX*; Peter Demant, em *O mundo muçulmano*; Robert Reilly, em *A mentalidade muçulmana*; e Eugene Rogan, com *Os Árabes*.

48 Tal como havia sido ressaltado por Silvia Federici em sua obra: *Calibã e a bruxa*; *Mulheres e caça às bruxas*; *O ponto zero da revolução*; e *O patriarcado do salário*. Ver também: CLARK, 2020.

49 Não há dúvida que, para Robert Davis (2021), os rastros de uma escravização de homens e mulheres brancos esteve presente no período moderno, dos séculos XV ao XVIII, mas esse movimento nem se compara aos números e representatividade do processo de escravização de africanos para o Novo Mundo.

50 Certamente os efeitos dessa estratégia não se resumiam apenas a formas de tratamento, ou a construção de hierarquias sociais (senhores, agregados e escravos), mas também estavam em sintonia com um tipo de colonização interna (além dos efeitos óbvios da colonização externa de homens, mulheres e mercadorias) que impregnava todas as expressões de saber, formas de "ser" e condutas e controle do poder. Tome-se como exemplo o processo gradual de branqueamento da cor de pele de Machado de Assis, concomitante ao seu processo de canonização na história da literatura brasileira. A sua genialidade não se exprimia em função de sua cor de pele, porém, o fato de fazer com que ela fosse alterada para ser cononizado fez toda diferença para a construção de sua posteridade. Além disso, os meios pelos quais o movimento negro vem buscando contornar e combater esses resíduos de um tipo de "racismo de cunho estrutural" em nossa história e formas de tratamento pessoal foi igualmente importante para que se pudesse repensar a afro-descendência de Machado de Assis, assim como toda a sua obra. Para maior detalhamento da questão, ver: SCHWARZ, 2000a, 2000b; CHALHOUB, 2003, 2012; DUARTE, 2020.

sistemáticas, mas conduzidas por intermédio de um discurso instituído como certo no âmbito da ciência, da religião e da filosofia, e transformou a farsa bem tramada em verdades irretorquíveis, porque no jogo de força e poder, a Europa definia seus princípios, com base em um conhecimento a ser seguido pelo restante do mundo.

A lógica do sistema não estava, portanto, no simples domínio da produção, mas no controle dos processos de acumulação, financeirização e enriquecimento (tidos como legais, ou mesmo ilícitos), que se fazia presente ainda por meio do controle dos sistemas de produção, representação e de decisão políticas, assim como dos imaginários sociais. Certamente a cristalização desses valores foi conduzida pela especificidade de um sistema que tem como norte a acumulação de riquezas e não meramente dos modos de produzir bens e serviços, nas mãos de uma pequena minoria de pessoas e grupos. Para Ellen Wood, de *A origem do Capitalismo*, a especificidade deste sistema socioeconômico não estaria no *mercado* (que existiu em outras sociedades e épocas, com as suas devidas especificidades), nem no *Estado* (que mesmo não existindo enquanto artefato burocrático de organização institucional de todo um território antes da Modernidade, houve as Cidades-Estado, na Antiguidade Clássica, e a Igreja, na Idade Média, que buscavam para si as mesmas prerrogativas), nem no *dinheiro* (que existiu em outras épocas e sociedades), ou ainda, no *trabalho* (que em diferentes modalidades também existiu em outros momentos da História, para não dizer em todos, desde que o ato de existir passou a ser também o ato de subsistir individual e coletivamente) que definem o Capitalismo, ou expressam a sua especificidade. Por ser um sistema econômico e social "historicamente construído" e não meramente "naturalizado no tempo", como muitos fazem crer, o Capitalismo, segundo a autora, seria definido *por tornar todas as ações humanas, inclusive às de cunho sentimental e afetivo, passíveis de um valor expresso no mercado.* Nesse sentido:

> O capitalismo é um sistema em que os bens e serviços, inclusive as necessidades mais básicas da vida, são produzidos para fins de troca lucrativa; em que até a capacidade humana de trabalho é uma mercadoria à venda no mercado; e em que, como todos os agentes econômicos dependem do mercado, os requisitos da competição e da maximização do lucro são as regras fundamentais da vida. Por causa dessas regras, ele é um sistema singularmente voltado para o desenvolvimento das forças produtivas e o aumento da produtividade do trabalho através de recursos técnicos. Acima de tudo, é um sistema em que o grosso do trabalho da sociedade é feito por trabalhadores

> sem posses, obrigados a vender sua mão-de-obra por um salário, a fim de obter acesso aos meios de subsistência. No processo de atender às necessidades e desejos da sociedade, os trabalhadores também geram lucros para os que compram sua força de trabalho. Na verdade, *a produção de bens e serviços está subordinada à produção do capital e do lucro capitalista. O objetivo básico do sistema capitalista*, em outras palavras, é a produção e a auto-expansão do capital [por meio da exploração massiva dos trabalhadores] (WOOD, 2001, p. 12, itálico nosso no original).

A autora procura, em sua proposta de definir a origem e a especificidade do Capitalismo, delinear, por conseguinte, possibilidades para se rever a questão da "naturalidade" do sistema na sociedade contemporânea, em que as heranças intelectuais do passado e os "projetos políticos" de transformação social são "apressadamente" descartados pela crítica dita "pós-moderna".[51] Essa estratégia, fortemente amparada no neoliberalismo, coadunava-se com a perspectiva de incutir nas pessoas a falsa impressão de total liberdade de escolha e de ação, induzindo a sensação de que todas as possibilidades de sucesso ou de fracasso estariam totalmente ao nosso alcance, como se o mérito dependesse exclusivamente de atitudes individuais, mas não estivesse amparado sobre toda uma estrutura hierárquica e classista, previamente constituída, de acordo com a distribuição socioeconômica dos indivíduos na sociedade.[52]

A partir do final do século XX, com a rápida acumulação de bens e riquezas por uma pequenina fração da humanidade, que tornava essas questões ainda mais latentes, nota-se que esses diferentes racismos, esses diferentes mecanismos de exploração e submissão, estrategicamente construídos para subjugar a humanidade (ou ao menos a maior parte dela), aglutinaram-se em um tipo de "necropolítica" e de "racismo multidimensional"[53] que tornava descartável a vida de pessoas não aptas para a manutenção dos lucros do sistema, independentemente de cor, etnia e sexo. Nas palavras de Achille Mbembe (2017), em *Crítica da razão negra*, o pobre em geral (independemente de cor, sexo e etnia) é o que veio a se tornar o

51 Ellen Wood aprofunda essas indagações em: *Democracia contra Capitalismo*; *O império do capital*; ou ainda em seu ensaio presente na coletânea: *Em defesa da História*.

52 Como tão bem demonstrou Michael Sandel em: *A tirania do mérito*; *O que o dinheiro não compra*; *Justiça*; e *Contra a perfeição*.

53 Conforme destacou Jessé Souza (2021), em *Como o racismo criou o Brasil*.

"substantivo negro" no início do século XXI, tão brutalizado como o fora o africano no processo de colonização das Américas, entre os séculos XV e XIX, no qual havia sido escravo ou escravizado, em um intenso processo de desumanização de seu "ser social" e de sua "subjetividade".[54] Da racialidade da cor, para um racismo socioeconômico e multidimensional?[55] Talvez essa seja a condição que nos tornem "comuns", ainda que não "iguais", independemente de sexo, cor e etnia (e mesmo de algumas classes sociais), é a fixação em trabalhos precários, sobre uma vida frágil (e no limite descartável para o sistema socioeconômico), que deve nos unir em prol de objetivos em "comum", diante de um período de tamanhas incertezas, restrições e distopias apocalípticas.[56] É preciso sonhar novos mundos, com outras utopias! Porque, em certa medida, essa condição abissal e aparentemente sem solução, assemelha-se um pouco ao que Antonio Gramsci já asseverava em seus *Cadernos do cárcere*, dos anos 1920 e 1930, ao dizer que enquanto o velho agonizava e morria e o novo ainda não existia, havia abertamente a possibilidade de criação de monstros e monstruosidades por parte dos integrantes da humanidade, antes de serem projetadas novas soluções.

Em verdade, foram nos períodos de maiores censuras e perseguições, que se formularam as alternativas mais eficazes e promissoras. No Brasil, durante a "era Vargas" (1930-1945), e especialmente com o Estado Novo (1937-1945) foi que tivemos a onda mais criativa de nossa literatura, reflexões filosóficas e análises his-

54 Cabe destacar ainda a interessante proposta de análise da questão feita por Jessé Souza (2021), em *Como o racismo criou o Brasil*, destacando a importância de se pensar um racismo multidimensional.

55 Achille Mbembe conjectura com maior propriedade essas questões em seus livros *Necropolítica* (2018), *Politicas da inimizade* (2021a) e *Brutalismo* (2021b). Ver também: BONILLA-SILVA, 2020.

56 Por várias vezes, Maurizio Lazzarato se pôs a refletir a situação de homens e mulheres no período contemporâneo, discorrendo a produção de um governo que tinha no "homem endividado" a formulação de suas principais propostas, para a definição de políticas públicas (mas sempre em favor do capital e não das pessoas), inquirindo a aproximação do neoliberalismo com políticas de exclusão (a exemplo do fascismo), para demonstrar as revoluções que marcaram o Capitalismo, com o governo das desigualdades que se proliferou com a expansão mundial do neoliberalismo (LAZZARATO, 2006, 2011, 2017, 2019). De forma contundente Lazzarato e Éric Alliez (2021), em *Guerras e capital*, viram a necessidade de pensar de que maneira as guerras devam ensejo a produção do capital e a maior concentração das riquezas produzidas no mundo por uma pequena minoria de indivíduos, ao longo do século XX, constituindo-se em uma de suas principais estratégias de expansão e reprodução permanente entre as sociedades.

tóricas, muitas vezes interligando teorias e práticas, com a ação dos movimentos e partidos de esquerda, que se encontravam às margens do sistema e perseguidos pelo governo. Anos depois, durante o Regime Militar (1964-1985) foi que tivemos a maior onda de traduções e discussões das obras de Marx, Engels, Lênin, Lukács, Goldmann, Hobsbawm, Thompson, Althusser, Polantzas, Perry Anderson e, especialmente, de Antonio Gramsci, que serviu de inspiração para muitos cursos de pós-graduação de ciências humanas e sociais, assim como de educação, juntamente com Pierre Bourdieu e Jean-Claude Passeron (e seus livros *Os herdeiros* e *A reprodução*)[57] – situação editorial e historiográfica só continuada e ampliada a partir do início do século XXI, com os governos do PT, com Lula e Dilma na presidência da república no país. Por outras vias, o governo de Jair Bolsonaro é um reencontro com as formas ditatoriais do passado, os severos anos de chumbo do final dos anos 1960, e não fosse pelas ações legais e institucionais do Supremo Tribunal Federal (o STF), e alguns segmentos da imprensa periódica, do congresso e do senado brasileiro, já teria possivelmente se consolidado no país, com o seu "estado de exceção"; mas, como em qualquer processo de *negação da negação*, que faz parte da dialética, este momento histórico também pode ser promissor na elaboração de alternativas viáveis para a sociedade, com novas propostas teóricas de intervenção nas práticas socioculturais de nosso tempo.[58]

Até porque, a rebeldia intelectual pode ser complementada com a rebeldia dos movimentos sociais, em suas diferentes instâncias de reivindicação. Mas, o inverso também é verdadeiro. A obra de Paulo Freire não teve seus picos de recepção, leituras e discussões em nosso país quando se tornou o patrono da educação nos anos 1990, mas quando fora perseguido pelo regime militar e igualmente quando passou a ser o alvo principal do governo de Jair Bolsonaro (cuja raiz, não por acaso, está justamente no regime militar dos anos 1960, em sua fase mais dura e brutal) neste início de século XXI. A negação do Ministério da Educação em comemorar, em 19 de setembro de 2021, o centenário de seu patrono, Paulo Freire, só fez proliferar as comemorações em todo país, seja em escolas e universidades, seja por parte de artistas, ativistas políticos e movimentos sociais, seja mesmo com a publicação de livros e artigos em diversos dossiês de revistas especializadas, ou até com a promoção de congressos e seminá-

57 Para um estudo da recepção e tradução de autores marxistas no Brasil, ver: MORAES, 2007. Para uma análise pormenorizada das traduções e recepção das ideias de Antonio Gramsci especialmente durante o regime militar, ver: AGGIO, 1999, 2015. Para um estudo pormenorizado a respeito do autoritarismo brasileiro, ver: SCHWARCZ, 2019.

58 Ver ainda sobre a questão: ROCHA, 2021; AVELAR, 2021; NOBRE, 2021.

rios. Quanto maior foi a sua negação política e institucional, mais acentuada foi à motivação para se conhecer a obra, a trajetória do autor e se construir um "diálogo" produtivo com ela. Não é diferente com as medidas legais e institucionais, como pode ser facilmente aferível com as Leis n. 10.639/03 e 11.645/08. Enquanto eram meras formalidades, havia sempre certa recusa para implementá-las em sala de aula, apesar de sua obrigatoriedade; quando, porém, passaram a serem alvos diretos da nova Base Nacional Comum Curricular (BNCC), estas duas leis ressurgem como uma estratégia de combate engajado e intelectualmente comprometido com a história dos povos originários e dos afrodescendentes, com base nas premissas do pensamento decolonial latino-americano (ROIZ, SANTOS, 2020).

Em uma atmosfera de questionamentos do que eram "os laços a dois", as "histórias de amor", a "família", os "papeis sociais", advindos com as tensões proporcionadas pelas relações de gênero, que vieram a demarcar as reivindicações das várias ondas do movimento feminista, homossexual e queer, a partir dos anos 1960, mas acirrados a partir dos anos 1990, fez ressurgir uma resposta (neo)conservadora.[59] O desconhecimento do diferente, que se negava a seguir as normas estabelecidas, causaram os maiores "medos" e contribuíam para gerar os mais fortes "preconceitos" em certos grupos sociais (BUTLER, 2020, 2021a, 2021b; DORLIN, 2021). Nos intertícios dessas fronteiras que surgiram as mais horrendas barbaridades, por meio dos discursos acentuadamente comprometidos com a fé, a verdade, a família e os valores morais e cristãos.[60] Tais questões estiveram presentes em vários momentos de nossa história recente. Esse tipo de medo, que no limite justificava os piores tipos de mentiras e ódios, deu base à formação das formas mais vergonhosas de governos no século XX[61] (como o fascismo, o nazismo e até o comunismo, em suas formas totalitárias e abertamente violentas dos anos 1930 e 1940, com Joseph Stalin), e ressurgem sob novos trajes, com vozes sedutoras, abertamente populistas, no início do século XXI.[62]

59 Ver, entre outros: BUTLER, 2003, 2018; SNYDER, 2019; LACERDA, 2019; TRAVERSO, 2021.

60 Ver a respeito: LACERDA, 2019; SOUZA, 2020; ROCHA, 2021; AVELAR, 2021.

61 Tal como se indagam: Mark Lilla (2017, 2018a, 2018b), em *O progressista de ontem e o do amanhã*, *A mente naufragada* e *A mente imprudente*; ou Timothy Snyder (2019), em *Na contramão da liberdade*.

62 Para maior detalhamento desta questão, ver: LILLA, 2018; LACERDA, 2019; HIRSCHMAN, 2019; SNYDER, 2019; BONILLA-SILVA, 2020; BUCCI, 2021; SOUZA, 2021.

Mas é quando parece que nos perdemos completamente dos eixos, mesmo sem saber, que sempre é possível, a partir daí, começarmos a nos reencontrar inesperadamente. Essa é a fluidez da "modernidade líquida" estudada por Zygmunt Bauman (1925-2017), em *A modernidade líquida* (2001), que subverte todos os tipos de valores arraigados, dilui todos os modelos ossificados, comprime as tradições e refaz as compreensões que fazíamos sobre família, amor, relacionamentos, gênero(s) e papeis sociais. Compreender que vivemos em um mundo de incertezas, talvez possa ser agora a nossa única e maior certeza.[63] Porém, o medo do desconhecido não pode mais ser a desculpa, ou mesmo a justificativa, para a construção de preconceitos, discriminações e racismos.[64] Pelo contrário, deve ser o caminho para formularmos abertamente um compromisso com a empatia, o respeito mútuo e a solidariedade. Sem isso, não há como pensarmos em uma sociedade mais justa, igualitária e democrática.[65] Aqui também a história e a literatura, junto com a filosofia, podem nos mostrar caminhos, com seus exemplos reais e imaginários de outrora, e suas interpretações dos homens e das mulheres, com seu agir humano no transcurso do tempo histórico. Mas também instigar reflexões para a construção de alternativas viáveis para o nosso tempo atual.

Nosso compromisso deve ser sempre o de falar para "todes", não somente para alguns, independente de nosso "lugar de fala".[66] Esse é um caminho que deve fazer parte das esquerdas políticas, mas também deve estar presentes nas instituições educacionais e nos locais de preservação de nosso patrimônio cultural material e imaterial. Voltar às bases e dar valor as comunidades, aos povos originários e sua sabedoria milenar, presente em suas tradições orais, que como bem lembra Ailton

---

63 Tal como indica Ilya Prigogine (2011), em *O fim das certezas*, ao estudar os paradoxos presentes na formulação das teorias científicas, mas que podem muito bem serem imaginadas para nossas experiências cotidianas, como salienta Nassim Taleb (2018, 2019, 2020, 2021).

64 Como esteve sempre a justificar as piores ações na história de nosso país, conforme indicam os estudos de: SCHWARCZ, 2010, 2019; LACERDA, 2019; GUIMARÃES, 2021.

65 Ver a respeito: SODRÉ, 2012, 2021.

66 Apesar de polêmicas, as indagações oferecidas por Antonio Risério (2019), em *Sobre o relativismo pós-moderno e a fantasia fascista da esquerda identitária*, e Jessé Souza (2021), em *Como o racismo criou o Brasil*, podem ser muito úteis para pensarmos outros caminhos, quem sabe até mais abertos, e, por isso mesmo, mais democráticos e favoráveis a conscientização e a formulação da criticidade de "todes" nós, como tão bem sonhou um dia Paulo Freire, possibilitando a construção de uma "consciência crítica" sobre a nossa realidade presente, assim como a respeito da formação da cultura e da sociedade brasileira.

Krenak, em *Ideias para adiar o fim do mundo* (2021), mas também em *A vida não é útil* (2020), de que a única forma de adiarmos o "fim do mundo" é começarmos a saber contar "novas histórias", e com elas termos a sabedoria de formar outras atitudes diante da vida, das pessoas e do mundo. Por isso, a relação entre teoria e prática, escola e universidade, sociedade civil e Estado, devem ser novamente palco de nossas discussões, para a formulação de novas práticas socioculturais, dando espaço para outras "subjetividades humanas" e a formulação de estratégias de combate aos processos de "sub-humanização", nas constantes ações de desumanização de homens e mulheres em todo o mundo (SOUZA, 2020, 2021; CAVALCANTI, 2021). Tudo isso não deixa de ser *uma forma de tentar escapar dos riscos e dos perigos de uma história única*, que como nos lembra Chimamanda Ngozi Adichie, por quê:

> As histórias importam. Muitas histórias importam. As histórias foram usadas para espoliar e caluniar, mas também podem ser usadas para empoderar e humanizar. Elas podem despedaçar a dignidade de um povo, mas também podem reparar essa dignidade despedaçada. [...] quando rejeitamos a história única, quando percebemos que nunca existe uma história única sobre lugar nenhum, reavemos uma espécie de paraíso [para indivíduos e sociedades, assim como para todo um povo ou nação] (ADICHIE, 2020, p. 32-33).

Para quebrar essas barreiras, inclusive disciplinares e interdisciplinares, pode ser útil rever o papel exercido pelos "polímatas" do passado (BURKE, 2020). A criatividade e vivacidade de seus pensamentos não estavam condicionadas as fronteiras rígidas de uma área do saber, ou aos limites disciplinares, mas faziam um diálogo aberto, livre e criativo com todas elas. A tentativa de formular um movimento dialético nesta obra foi também para mostrar o que justificou o fechamento das áreas, e particularmente da História (e ainda que em menor proporção também da Literatura), a partir do final do século XIX. Na escrita da história esse período se estendeu especialmente entre 1870 e 1980,[67] quando havia se cristalizado um tipo de fazer história como ciência nas universidades. (JABLONKA, 2020). Não seria o caso de começar a repensarmos novas aberturas nesse início de século XXI? Em que medida as formas híbridas de narrativas históricas e literárias para apresentarem o

67 Cujo auge do processo, de acordo com Itamar Freitas (2020), em *Uma introdução ao método histórico*, estenderia-se pelo período de 1870 até 1930, quando as bases para a produção de uma história científica teriam se cristalizado a partir do método, dos procedimentos e conceitos, presentes na pesquisa histórica, e consagrados nos processos de ensino e formação do ofício nas universidades.

vivido, ou mesmo o imaginado de outrora podem contribuir para os estudos históricos novamente virem a despertar as paixões, dúvidas e motivações de seus leitures e leitoras? Como construir uma narrativa plausível, ao se usar tais estratégias expositivas para se apresentar os dados de uma pesquisa? Ou como Lênin, o "que fazer" a partir de agora?

As ideias que Edgar Morin vem desenvolvendo em suas pesquisas, há mais de setenta anos de dedicação, especialmente em sua obra *O método* (publicada em seis volumes), mostram-se promissoras para pensarmos, ao menos, três questões: 1. A teoria da complexidade veio nos mostrar que todos os saberes estão interligados de uma maneira tão intrínseca, que as formas disciplinares de analisar o mundo e o agir humano no tempo, caso não deem atenção a tais conexões, seus resultados poderão ser reducionistas, passageiros, pouco precisos e até mesmo efêmeros; 2. Por sua vez os fragmentos que nos são legados pelo passado, igualmente são o produto de relações de força e disputas pelo poder, quase sempre deixados pelo vencedor, que propiciaram o firmamento de silenciamentos e esquecimentos, mesmo que a revelia de quem os produziu e, depois, de quem os pesquisou; daí a necessidade de ver suas conexões com outros tipos de resquícios, produções materiais ou imateriais, ao lado das memórias dos esquecidos, outrora silenciados no passado, oportunizando um conhecimento histórico mais complexo, dinâmico, completo e comprometido com todos, não apenas com alguns; 3. Embora todo conhecimento (inclusive o histórico) seja o produto de disputas pelo poder de dizer a verdade (de outrora), nem por isso ele está desgarrado de lutas concorrenciais entre o mundo científico e a vida prática, além de ser firmado em uma íntima tensão, que perfazem as relações entre autor, texto, época e público.

É obvio que na medida em que o discurso verdadeiro foi colocado em xeque, assim como aquilo que o pautava entre verdade, utopia e sentido, as escrituras da história tiveram que repensar todos os fundamentos da pesquisa no seu precesso de execução, assim como os critérios de plausibilidade de um texto histórico, vinculado a teorias, métodos, conceitos e formas de apresentação de seus dados, por meio de uma narrativa. Ao se dedicar no estudo sistemático da formação dos "regimes de verdade" do passado, Jacques Rancière procurou envidenciar que apesar da crise do discurso verdadeiro, em seu alinhamento europeu de creditar aquilo que seria verossímil, ainda era possível conjectuar as formas pelas quais eram construídas as verdades de outrora. Além disso, conforme já destacou Jörn Rusen em vários momentos de sua obra, o conhecimento histórico serve, entre outras coisas, para dar base ao direcionamento do agir humano no tempo, em função das crises existenciais que são experimentadas pelos sujeitos em um dado momento, e não somente para servir ao Estado, como produtor de identidades sociais ou para o planejamento de políticas públicas. Com isso, talvez o problema central não seja se as formas de narrativas híbridas poderiam, de fato, exprimir o vivido de outrora, mas sim se elas seriam uma alternativa plausível para a renovação da escrita da história, e se essas maneiras de expressar o vivido de outrora trariam consigo o compromisso senão com toda a verdade, ao menos com as formas pelas quais eram construídas "as verdades" no passado; se elas conseguiriam ultrapassar as limitações proporcionadas pela pós-verdade, pela distopia e o caos, ao construírem narrativas que conectem o passado e o presente, em suas mudanças, rupturas e distinções com o presente, mas também em suas aproximações, continuidades e prolongamentos no tempo; se a partir delas os historiadores conseguiriam produzir uma história pública próxima a vários tipos de públicos de leitores e leitoras, e conseguiriam concorrer com outras formas de exprimir o vivido de outrora; e se, enfim, com elas a própria escrita da história não perderia sua identidade disciplinar, ao mesmo tempo em que deixe de informar, deixe de possibilitar a construção de um conhecimento plausível a respeito do passado, e já não tendo função alguma para a sociedade, deixe, inclusive, de ser lúdica, comovente, informativa e atrativa para diferentes públicos e gerações, como aludia Marc Bloch, ao lhes possibilitar, nesse processo, a construção de uma consciência crítica a respeito da realidade social do passado e também do presente.

Até pode ser certa a constatação de que os resultados que alcançamos com esses estudos, apesar de uma *síntese* entre os debates ainda ser um horizonte a se encontrar, foi o de visualizar como tanto os *estudos históricos*, quanto os *estudos literários*, após os anos de 1960, ao contrário de perderem suas especificidades teóricas, conceituais e metodológicas, e como campos de saber autônomos, embora intimamente articulados em suas formas de exprimir o vivido (ou o que poderia ter sido o vivido) no passado, sempre em processo de renovação, vieram a se enriquecer mutuamente com os desafios lançados pelo estruturalismo, pelo pós-estruturalismo, pela virada linguística e pela pós-modernidade.[68] Mas, talvez, não sejam justamente

68 Os leitores atentos facilmente constataram que propositadamente não tratamos de estudos feitos por mulheres, afrodescendentes ou indígenas, e o quê talvez seja um dos maiores dilemas de nosso tempo; isto é, o de superar todo tipo de preconceito, discriminação e racismo étnicorracial, de gênero ou condição socioeconômica. Tratar destas questões levariam a adotar outros caminhos na análise proposta no texto, embora, como destacamos, sejam pontos fundamentais para serem debatidos. Para maior detalhamento deste assunto, ver: ROIZ, SANTOS, 2020; ROIZ, GONTIJO, ZIBERMMANN, 2021a, 2021b, 2021c.

esses os limites que devem ser quebrados, ou no mínimo amplamente revistos e repensados, para a reconstrução de novos caminhos para a escrita das histórias e a formulação de outros enredos e tramas para os romances, nas suas constantes e inevitáveis "tramas de tensões", neste início de século XXI? Além disso, a partir dessas questões, como passará a ser escrita a História?

Bibliografia

1 – Fontes impressas:

USP, FFCL. *Anuário da Faculdade de Filosofia, Ciências e Letras, 1934-1935*. USP, São Paulo: Empreza Grafica da "Revista dos Tribunaes", 1937.

USP, FFCL. *Anuário da FFCL.,1936*. USP, São Paulo: Empreza Grafica da "Revista dos Tribunaes", 1937.

USP, FFCL. *Anuário da FFCL., 1937-1938*.USP, São Paulo: Empreza Grafica da "Revista dos Tribunaes", 1939.

USP, FFCL. *Anuário da FFCL., 1939 1949*. USP, São Paulo: Seção Gráfica; Industria Gráfica José Magalhães Ltda., 1953, 2v.

USP, FFCL. *Anuário da FFCL., 1950*. USP, São Paulo: Seção Gráfica; Industria Gráfica José Magalhães Ltda., 1952.

USP, FFCL. *Anuário da FFCL., 1951*. USP, São Paulo: Seção Gráfica; Industria Gráfica José Magalhães Ltda., 1953.

USP, FFCL. *Anuário da FFCL., 1952*. USP, São Paulo: Seção Gráfica; Industria Gráfica José Magalhães Ltda., 1954.

2 – Textos da Coleção Perfis Brasileiros:

ALONSO, A. *Joaquim Nabuco:* os salões e as ruas. São Paulo: Companhia das Letras, 2007.

BUCCI, E. *Roberto Marinho:* um jornalista e seu boneco imaginário. São Paulo: Companhia das Letras, 2021.

CARVALHO, J. M. *D. Pedro II:* ser ou não ser. 3ª reimpressão. São Paulo: Companhia das Letras, 2007.

COSTA E SILVA, A. *Castro Alves:* um poeta sempre jovem. São Paulo: Companhia das Letras, 2006.

DIACON, T. A. *Rondon:* o marechal da floresta. São Paulo: Companhia das Letras, 2006.

DOLHNIKOFF, M. *José Bonifácio.* São Paulo: Companhia das Letras, 2012.

DORATIOTO, F. *General Osório:* a espada liberal do Império. São Paulo: Companhia das Letras, 2008.

FAUSTO, B. *Getúlio Vargas:* o poder e o sorriso. São Paulo: Companhia das Letras, 2006.

LUSTOSA, I. *D. Pedro I:* um herói sem nenhum caráter. 1ª reimpressão. São Paulo: Companhia das Letras, 2006.

MELLO, E. C. *Nassau:* governador do Brasil holandês. São Paulo: Companhia das Letras, 2006.

MELLO E SOUZA, L. *Cláudio Manuel da Costa:* o letrado dividido. São Paulo: Companhia das Letras, 2011.

SANTOS, J. F. *Leila Diniz:* uma revolução na praia. São Paulo: Companhia das Letras, 2008.

VAINFAS, R. *Antônio Vieira:* jesuíta do rei. São Paulo: Companhia das Letras, 2011.

3 – Referências bibliográficas:

ABREU, M. (org.). *Leitura, História e História da Leitura.* São Paulo: Mercado de Letras, 1999.

______. (org.). *As trajetórias do romance: circulação, leitura e escrita nos séculos XVIII e XIX.* São Paulo: Mercado de Letras, 2008.

______.; SCHAPOCHNICK, N. (org.). *Cultura letrada no Brasil: objetos e práticas.* São Paulo: Mercado de Letras, 2005.

ABUD, K. *O sangue intimorato e as nobilíssimas tradições. A construção de um símbolo paulista: o bandeirante.* Tese de Doutorado em História, Faculdade de Filosofia, Letras e Ciências Humanas, USP, 1985.

ACHEBE, C. *A educação de uma criança sob o Protetorado Britânico. Ensaios.* São Paulo: Companhia das Letras, 2012.

ADICHIE, C. N. *O perigo de uma história única.* 4ª Re. São Paulo: Companhia das Letras, 2020.

ADLER, T. *Os bordéis franceses, 1830-1930.* Tradução de Kátia M. Orberg e Eliana F. Pereira – São Paulo: Companhia das letras, 1991.

ADORNO, S. *Os aprendizes do poder. O bacharelismo liberal na política brasileira.* Rio de Janeiro: Paz e Terra, 1988.

ADORNO, T. *Prismas: crítica cultural e sociedade.* São Paulo: Ática, 1998.

AGGIO, A. *Pensamento político e estratégias democráticas na América Latina.* Tese de livre-docência em História, UNESP, Campus de Franca, 1999.

______. *Um lugar no mundo: estudos de história política latino-americana.* Rio de Janeiro: Contraponto, 2015.

ALBUQUERQUE, W. R. *O jogo da dissimulação: abolição e cidadania negra no Brasil.* São Paulo: Companhia das Letras, 2009.

ALBUQUERQUE Jr., D. M. *História: a arte de inventar o passado.* Bauru: Edusc, 2007.

______. *O tecelão dos tempos: novos ensaios de teoria da história.* São Paulo: Intermeios, 2019.

ALEKSIÉVITCH, S. *As últimas testemunhas: crianças na segunda guerra mundial.* São Paulo: Companhia das Letras, 2018.

______. *Vozes de Tchernóbil: a história oral do desastre nuclear.* São Paulo: Companhia das Letras, 2016.

______. *A guerra não tem rosto de mulher.* 17ª Reimpressão. São Paulo: Companhia das Letras, 2021.

______. *O fim do homem soviético.* 7ª Reimpressão. São Paulo: Companhia das Letras, 2022.

ALLIEZ, E.; LAZZARATO, M. *Guerras e capital.* São Paulo: UBU Editora, 2021.

AMADO, G. *Sem máscara: o governo Bolsonaro e a aposta pelo caos.* São Paulo: Companhia das Letras, 2022.

ANDERS, G. *Kafka: pró & contra.* Tradução, posfácio e notas de Modesto Carone. São Paulo: Cosac Naify, 2007 (1ª ed. 1951, e a nacional de 1969).

ANDERSON, P. *Teoria, política e história: um debate com E. P. Thompson.* Campinas, SP: Editora da Unicamp, 2018.

______. *Considerações sobre o marxismo ocidental.* São Paulo: Boitempo Editorial, 2004.

______. *As origens da pós-modernidade.* Rio de Janeiro: Jorge Zahar Editor, 1999.

______. Investigação noturna: Carlo Ginzburg. In: ANDERSON, P. *Zona de compromisso.* Trad. Raul Fiker. São Paulo: Edunesp, 1996. p. 67-98.

______. *O fim da História: de Hegel a Fukuyama.* Rio de Janeiro: Jorge Zahar Editor, 1992.

ANDLER, C. *Nietzsche: vida e pensamento.* Rio de Janeiro: Contraponto, 2016, 3v.

ANDREWS, G. R. *Negros e brancos em São Paulo (1888-1988).* Tradução de Magda Lopes. Bauru/SP: Edusc, 1998.

ANKERSMIT, F. R. Historiografia e pós-modernismo. *Revista Topoi*, UFRJ, n. 2, 2001, p. 113-136.

______. *A escrita da história: a natureza da representação histórica.* Londrina: Eduel, 2012.

ANHEZINI, K. *Um metódico à brasileira: a história da historiografia de Afonso de Taunay (1911-1939).* São Paulo: Editora UNESP, 2011.

______. Entre o imperativo do arquivo e a retórica bandeirante: a constituição de um saber científico para a invenção do paulista. História da Historiografia, Ouro Preto, v. 14, n. 36, p. 349–372, 2021. DOI: 10.15848/hh.v14i36.1708.

ANTONIL (João Antônio Andreoni). *Cultura e opulência no Brasil: por suas drogas e minas.* São Paulo: Cia. Editora Nacional, 1967.

APPADURAI, A. (et. al.). *A grande regressão.* São Paulo: Estação Liberdade, 2019.

ARANTES, P. E. *Formação e desconstrução: uma visita ao Museu da ideologia francesa.* São Paulo: Editora 34, 2021.

______. *O fio da meada.* São Paulo: Paz e Terra, 1996.

______. *Sentimento da dialética.* São Paulo: Paz e Terra, 1992.

______.; ARANTES, O. *Sentido de formação.* 2ª Ed. São Paulo: Paz e Terra, 2005.

ARAUJO, R. B. *Guerra e paz. Casa-grande e senzala e a obra de Gilberto Freyre nos anos 30.* 2ª Edição. São Paulo: Ed. 34, 2005.

ARAUJO, V. L. Sobre o lugar da história da historiografia como disciplina autônoma. *Locus: revista de história*, UFJF, v. 12, n. 1, 2006, p. 79-94.

ARIÈS, Ph. *O tempo da História.* São Paulo: Editora UNESP, 2013.

ARISTÓTELES. *Arte Retórica e Arte Poética.* Rio de Janeiro: Difel, 1959.

______. *Retórica.* Tradução de Edson Bini. Bauru/SP: Edipro, 2010.

______. *Poética.* Tradução de Edson Bini. Bauru/SP: Edipro, 2011.

ARRIGUCCI Jr., D. *O guardador de segredos.* São Paulo: Companhia das Letras, 2010.

______. *Enigma e comentário: ensaios sobre literatura e experiência.* São Paulo: Companhia das Letras, 2001.

______. *O cacto e as ruínas: a poesia entre outras artes.* 2ª Ed. São Paulo: Editora 34, 2000.

______. *Outros achados e perdidos.* São Paulo: Companhia das Letras, 1999.

ARRUDA, J. J. A. Alice Canabrava: história e mito. In: CANABRAVA, A. P. *O desenvolvimento da cultura do algodão na Província de São Paulo (1861-1875).* 2ª Edição. São Paulo: Edusp, 2011, p. 9-70.

ARRUDA, M. A. N. Roberto Schwarz e a interpretação crítica do Brasil. *Revista do Instituto de Estudos Brasileiros,* n. 74, p. 27-32, 2019.

ARTIÈRES, P. Os desconhecidos da Sorbonne: sobre os historiadores e 'os anos' 68. *Estudos Históricos,* Rio de Janeiro, v. 21, n. 42, 2008, p. 133-44.

ARENDT, H. Franz Kafka: uma reavaliação (1944). In. *Idem. Compreender:* formação, exílio e totalitarismo. Tradução de Denise Bottmann. São Paulo: Companhia das Letras; Ed. UFMG, 2008, p. 96-108.

______. *A condição humana.* 13ª Ed. Rio de Janeiro: Forense Universitária, 2016.

ARÓSTEGUI SÁNCHEZ, J. *A pesquisa histórica. Teoria e método.* Tradução de Andréa Dore. Bauru/SP: Edusc, 2006.

ARRUDA, M. A. N.; GARCIA, S. G. *Florestan Fernandes: mestre da sociologia moderna.* Brasília: Paralelo 15; CAPES, 2003.

ASSMANN, J. *O preço do monoteísmo.* Rio de Janeiro: Contraponto, 2021.

ASSIS, A. *A teoria da história de Jörn Rusen: uma introdução.* Goiania: Editora da UFG, 2010.

AVELAR, A. S.; SCHMIDT, B. B. (Org.). *O que pode a biografia.* São Paulo: Letras e Voz, 2018.

AVELAR, A. S. A biografia como escrita da História: possibilidades, limites e tensões. *Revista Dimensões,* UFES, Vitória, v. 24, 2010, p. 157-72.

AVELAR, I. *Eles em nós: retórica e antagonismo político no Brasil do século XXI.* Rio de Janeiro: Record, 2021.

AUERBACH, E. *Mimesis: a representação da realidade na literatura ocidental.* São Paulo: Ed. Perspectiva, 2007.

AUGÉ, M. *Não lugares: introdução a uma antropologia da supermodernidade.* 9ª Ed. Campinas, SP: Papirus, 2012.

______. *Para onde foi o futuro?* Campinas, SP: Papirus, 2012b.

______. *O antropólogo e o mundo global.* Petrópolis, RJ: Vozes, 2014.

AURELL, J. *A escrita da História: dos positivismos aos pós-modernismos.* Tradução de Rafael Ruiz. São Paulo: Instituto Brasileiro de Filosofia e Ciência "Raimundo Lúlio", 2010.

AVRITZER, L.; KERHE, F.; MARONA, M. (org.). *Governo Bolsonaro: retrocesso democrático e degradação política.* Belo Horizonte, MG: Autêntica, 2021.

BALANDIER, G. *O Dédalo: para sair do século XX.* Rio de Janeiro: Bertrand Brasil, 1999.

______. *O poder em cena.* Brasília: Ed. UnB, 1982.

BALINT, B. *O último processo de Kafka: a disputa por um legado literário.* Porto Alegre: Arquipélago, 2021.

BARATA, J. O. *História do Teatro em Portugal (sec. XVIII).* Lisboa: Difel, 1994.

BARBOSA, C. (org.). *Teorias da história e historiografia: debates pós-1968.* Recife: Editora Massangana, 2012.

BARBOSA, M. (org.). *Pós-verdade e fake news: reflexões sobre a guerra de narrativas.* Rio de Janeiro: Cobogó, 2019.

BARBOSA, M. *História cultural da imprensa, Brasil – 1900-2000.* 2ª Ed. Rio de Janeiro: Mauad X, 2010.

BARING. E. *O jovem Derrida e a filosofia francesa, de 1945 a 1968.* Belo Horizonte: Editora da UFMG, 2019.

BARROS, J. C. A. *O campo da História: especialidades e abordagens.* Petrópolis/RJ: Vozes, 2004.

______. A. *A construção social da cor. Diferença e desigualdade na formação da sociedade brasileira.* Petrópolis, RJ: Vozes, 2009.

______. *Teoria da história, volume IV: acordes historiográficos – uma nova proposta para a teoria da história.* Petrópolis/RJ: Vozes, 2011.

BARTHES, R. *Michelet.* Tradução de Paulo Neves. São Paulo: Companhia das Letras, 1991.

______. O discurso da história. In: *Idem. O rumor da língua.* Tradução de Mário Laranjeira. São Paulo: Martins Fontes, 2004a, p. 163-180.

______. *O grau zero da escrita.* Tradução de Mário Laranjeira. São Paulo: Martins Fontes, 2004b.

BASTOS, D. (org.). *Luiz Costa Lima: uma obra em questão.* Rio de Janeiro: Garamond, 2010.

BASTOS, D.; PINTO, A. M.; OLIVEIRA, A. N. (org.). *Luiz Costa Lima: um teórico nos trópicos.* Rio de Janeiro: Garamond, 2019.

BAUER, M. (org.). *G. W. F. Hegel: conceitos fundamentais.* Petrópolis, RJ: Vozes, 2021,

BAUMAN, Z. *Modernidade líquida.* Rio de Janeiro: Zahar, 2001.

BEAUVOIR, S. *O segundo sexo.* 5ª Ed. Rio de Janeiro: Nova Fronteira, 2020.

BEGLEY, L. *O mundo prodigioso que tenho na cabeça* – Franz Kafka: um ensaio biográfico. Tradução de Laura Teixeira Motta. São Paulo: Companhia das Letras, 2010 (1ª ed. 2007).

BEIGUELMAN, G. *Política da imagem: vigilância e resistência na dadosfera.* São Paulo: UBU Editora, 2021.

BEISER, F. C. *Hegel.* Aparecida, SP: Ideias & Letras, 2014.

BENHABIB, S. *Situando o self: gênero, comunidade e pós-modernismo na ética contemporânea.* Brasília, DF: Editora da UnB, 2021.

BENJAMIN, W. Franz Kafka. A propósito do décimo aniversário de sua morte (1934). In. *Idem. Magia e técnica, arte e política*: ensaios sobre literatura e história da cultura. 7ª Edição. São Paulo: Brasiliense, 1994, p. 137-164.

BENTIVOGLIO, J.; TOZZI, V. (org.). *Do passado histórico ao passado prático: 40 anos de Meta-história.* Serra, ES: Milfontes, 2017.

BENTIVOGLIO, J. A história conceitual de Renhart Koselleck. *Revista Dimensões,* UFES, v. 24, 2010, p. 114-34.

______. *História & Distopia: a imaginação histórica no alvorecer do século XXI.* Serra, ES: Milfontes, 2017.

BERARDI, F. *A fábrica da infelicidade: trabalho cognitivo e crise da new economy.* Rio de Janeiro: DP&A, 2005.

______. *Depois do futuro.* São Paulo: UBU Editora, 2019.

______. *Asfixia: capitalismo financeiro e a insurreição da linguagem.* São Paulo: UBU Editora, 2020.

BERBERT Jr., C. O. *A história, a retórica e a crise dos paradigmas.* Goiânia, GO: Editora da UFG, 2012.

BIGNOTTO, N. *Golpe de estado: história de uma idéia.* Rio de Janeiro: Bazar do Tempo, 2021.

______. *O Brasil à procura da democracia: da proclamação da república ao século XXI (1889-2018).* Bazar do Tempo, 2020.

BILLINGTON, J. H. *A fé revolucionária: sua origem e história.* Campinas, SP: Vide Editorial, 2020.

BLACKBURN, S. Nietzsche: o astuto desmascarador. In: *Idem. Verdade: um guia para perplexos.* Tradução de Marilene Tombini. Rio de Janeiro: Civilização Brasileira, 2006, p. 127-74.

BLAJ, I. *A trama das tensões: o processo de mercantilização de São Paulo (1681-1721).* São Paulo: Humanitas; FAPESP, 2002.

BLANCHOT, M. *A comunidade inconfessável.* Brasília: Editora da UnB, 2013.

______. *Uma voz vinda de outro lugar.* Rio de Janeiro: Rocco, 2011a.

______. *A parte do fogo.* Rio de Janeiro: Rocco, 2011b.

______. *O espaço literário.* Rio de Janeiro: Rocco, 2011c.

BLOCH, M. *Apologia da História ou ofício de historiador.* Rio de Janeiro: Jorge Zahar Editor, 2002.

BLOOM, H. *A anatomia da influência: literatura como modo de vida.* Rio de Janeiro: Objetiva, 2013.

______. *O cânone americano: o espírito criativo e a grande literatura.* Rio de Janeiro: Objetiva, 2017.

______. *O cânone ocidental: os livros e a escola do tempo.* Rio de Janeiro: Objetiva, 2010.

______. *Abaixo as verdades sagradas: poesia e cresca desde a Bíblia até nossos dias.* São Paulo: Companhia das Letras, 2012.

BOBBIO, N. *Autobiografia: uma vida política.* São Paulo: Editora UNESP, 2017.

BOLAÑO, R. *O espírito da ficção científica.* São Paulo: Companhia das Letras, 2017.

______. *O terceiro Reich.* São Paulo: Companhia das Letras, 2011.

______. *A literatura nazista na América.* São Paulo: Companhia das Letras, 2019.

BONTEMPI Jr., B. *A cadeira de História e Filosofia da Educação da USP entre os anos 40 e 60: um estudo das relações entre a vida acadêmica e a grande imprensa.* Tese de doutorado em Educação, PUC/SP, 2001.

BONILLA-SILVA, B. *Racismo sem racistas: o racismo de cegueira de cor e a persistência da desigualdade na América.* São Paulo: Perspectiva, 2020.

BORGES, Maria Eliza. *A pintura na 'capital do café' sua história e evolução no período da primeira República* – Franca: UNESP/Franca, 1999. (História Local, 10)

BORGES, V. P. Fontes biográficas: grandezas e misérias da biografia. In: PINSKY, C. B. (Org.). *Fontes históricas.* São Paulo: Contexto, 2005, p. 203-34.

______. O "eu" e o "outro" na relação biográfica: algumas reflexões. In: NAXARA, M., MARSON, I., BREPOHL, M. (Org.). *Figurações do outro.* Uberlândia: EDUFU, 2009, p.225-38.

BORGES, J. L. *Obras completas.* Rio de Janeiro: Editora Globo, 1998, v. 1.

______. *Obras completas.* Rio de Janeiro: Editora Globo, 1999, v. 4.

______. Franz Kafka: *a metamorfose.* In. *Idem. Prólogos com um prólogo de prólogos.* Tradução de Josely V. Baptista. São Paulo: Companhia das Letras, 2010, p. 139-143.

BOSI, A. *Ideologia e contraideologia.* São Paulo: Companhia das Letras, 2010.

______. *História concisa da literatura brasileira.* 47ª Edição. São Paulo: Cultrix, 2006.

______. *O ser e o tempo da poesia.* São Paulo: Companhia das Letras, 2000.

______. *Machado de Assis – o enigma do olhar.* São Paulo: Ática, 1999.

______. *Dialética da colonização.* São Paulo: Companhia das Letras, 1992.

BOUCHER, G. (org.). *Marxismo.* Petrópolis, RJ: Vozes, 2015.

BOUCHERON, P. Georges Duby. In: SALES, V. (org.) *Historiadores.* Tradução de Christiane Gradvohl Colas. São Paulo: Editora UNESP, 2011, p. 263-290.

BOURETZ, P. *Testemunhas do futuro: filosofia e messianismo.* São Paulo: Perspectiva, 2011.

BOURDIEU, P. *Meditações Pascalianas.* Tradução de Sérgio Miceli. Rio de Janeiro: Bertrand Brasil, 2001.

______. A ilusão biográfica. In: FERREIRA, M. M.; AMADO, J. (Org.). *Usos e abusos da história oral.* Rio de Janeiro: Editora FGV, 1996, p. 183-191.

______. *As regras da arte.* São Paulo: Companhia das Letras, 1996b.

______. *Esboço de auto-análise*. São Paulo: Companhia das Letras, 2005.

BOUTIER, J.; JULIA, D. (Org.) *Passados recompostos: campos e canteiros da história*. Tradução de Marcella Mortara e Anamaria Skiner. Rio de Janeiro: UFRJ; FGV, 1998.

BOWDEN, P.; MUMMERY, J. *Feminismo*. Petrópolis, RJ: Vozes, 2020.

BRAGANÇA, A.; ABREU, M. (Org.). *Impresso no Brasil: dois séculos de livros brasileiros*. São Paulo: Editora UNESP, 2010.

BRANDÃO, Gildo M. *Linhagens do pensamento político brasileiro*. São Paulo: Hucitec, 2007.

BRANDÃO, J. L. *Antiga musa – arqueologia da ficção*. Belo Horizonte/MG: Relicário, 2015.

_____. *Biografia literária: Luciano de Samosata*. Belo Horizonte/MG: Editora UFMG, 2015b.

_____. *Em nome da (in)diferença*. Campinas/SP: Editora Unicamp, 2014.

_____. *A invenção do romance*. Brasília: Editora UnB, 2005.

_____. *A poética do hipocentauro*. Belo Horizonte/MG: Editora UFMG, 2001.

BRANDI, F. Georges Duby. In: LOPES, M. A.; MUNHOZ, S. J. (Org.). *Historiadores de nosso tempo*. São Paulo: Alameda, 2010, p. 115-134.

BRAUDEL, F. *Escritos sobre a História*. Equipe de Tradução J. Guinsburg e Tereza Cristina Silveira da Mota (et. al.) – 2ª edição – São Paulo: Perspectiva, 1992.

BRESCIANI, M. S. M. *O charme da ciência e a sedução da objetividade: Oliveira Vianna entre intérpretes do Brasil*. São Paulo: Ed. UNESP, 2005.

BRIGIONI, E. *Literaturas africanas comparadas: paradigmas críticos e representações em contraponto*. Campinas, SP: Editora da Unicamp, 2019.

BROD, M. *Franz Kafka*. Paris: Folio France, 1991.

BUCCI, E. *A superindustria do imaginário: como o capital transformou o olhar em trabalho e se apropriou de tudo que é visível*. Belo Horizonte: Autêntica, 2021.

______. *Existe democracia sem verdade factual?* Barueri, SP: Estação das Letras e Cores, 2019.

BUFREM, L. S. *Editoras universitárias no Brasil:* uma crítica para a reformulação da prática. São Paulo: Edusp; Com-Arte; Curitiba: UFPR, 2001.

BURKE, P. Enredos da história. In: NASCIMENTO, Milton Moreira do (Org.). *Jornal de resenhas*. São Paulo: Discurso Editorial, 2001, v. 1, p. 111-2.

______. *História e teoria social.* São Paulo: Edunesp, 2002

______. *O que é história cultural?* Rio de Janeiro: Jorge Zahar Editor, 2005.

______. A história dos acontecimentos e o renascimento da narrativa. In: *Idem* (Org.). *A escrita da história. Novas perspectivas.* Tradução de Magda Lopes – 4ª reimpressão – São Paulo: Edunesp, 1992, p. 327-348.

______. Abertura: a nova história, seu passado e seu futuro. In: *Idem.* (Org.). *A escrita da história. Novas perspectivas.* Tradução de Magda Lopes – 4ª reimpressão – São Paulo: Edunesp, 1992, p. 7-37.

______. A invenção da Biografia e o Individualismo Renascentista. *Revista Estudos Históricos*, FGV, v. 10, n. 19, 1997, p. 83-98.

______. *A Escola dos Annales 1929-1989. A revolução francesa da historiografia.* Tradução Nilo Odalia – 4ºreimpressão – São Paulo: Edunesp, 1997b.

______. *A fabricação do rei.* A construção da imagem pública de Luís XIV. Tradução de Maria Luiza Borges. Rio de Janeiro: Jorge Zahar Editor, 1994.

______. O mundo como teatro. In: *Idem. O mundo como teatro. Estudos de antropologia histórica.* Tradução de Vanda Maria Anastácia. Lisboa: Difel, 1992b, p. 143-58.

______. *O polímata: uma história cultural de Leonardo da Vinci a Susan Sontag.* São Paulo: Editora UNESP, 2020.

BUTLER, J. *Problemas de gênero: feminismo e subversão da identidade.* Rio de Janeiro: Civilização Brasileira, 2003.

______. *Corpos em aliança e a política das ruas: notas sobre uma política performativa de assembleia.* Rio de Janeiro: Civilização Brasileira, 2018.

______. *Corpos que importam: os limites discursivos do "sexo".* São Paulo: N-1 Edições, 2020.

______. *Discurso do ódio: uma política do performativo.* São Paulo: Editora UNESP, 2021a.

______. *Os sentidos do sujeito.* Belo Horizonte: Autêntica, 2021b.

CABRAL, D. G. O espaço-tempo representado em *A misteriosa chama da rainha Loana*, de Umberto Eco. *Travessias interativas,* v. 6, n. 12, p. 145-160, 2016.

CALASSO, R. *K.* Tradução de Samuel Titan Jr. São Paulo: Companhia das Letras, 2006.

______. *A literatura e os Deuses.* São Paulo: Companhia das Letras, 2004.

______. *Os 49 degraus*. São Paulo: Companhia das Letras, 1997.

CALDEIRA, J. *Mauá* - empresário do Império. 31ª reimpressão. São Paulo: Companhia das Letras, 2010.

CALVINO, I. *Por que ler os clássicos*. Tradução de Nilson Moulin. São Paulo: Companhia das Letras, 1993 (1ª ed. 1991).

______. *O castelo dos destinos cruzados*. São Paulo: Companhia das Letras, 1991 (1ª Ed. 1973).

______. *Sob o sol-jaguar*. São Paulo: Companhia das Letras, 1995 (1ª Ed. 1986).

______. *Seis propostas para o próximo milênio*. 2ª Ed. São Paulo: Companhia das Letras, 1998 (1ª Ed. 1988).

______. *As cidades invisíveis*. São Paulo: Companhia das Letras, 1999 (1ª Ed. 1972).

______. *Se um viajante numa noite de inverno*. São Paulo: Companhia das Letras, 1999.

______. *Fábulas italianas*. 8ª Re. São Paulo: Companhia das Letras, 2000 (1ª Ed. 1990).

______. *O caminho de San Giovanni*. São Paulo: Companhia das Letras, 2000b (1ª Ed. 1995).

______. *O dia de um escrutinador*. São Paulo: Companhia das Letras, 2002 (1ª Ed. 1963).

______. *A trilha dos ninhos de aranha*. 1ª Ed. São Paulo: Companhia das Letras, 2004 (1ª Ed. 1947).

______. *Eremita em Paris - páginas autobiográficas*. São Paulo: Companhia das Letras, 2006 (1ª Ed. 1994).

______. *Todas as cosmicômicas*. São Paulo: Companhia das Letras, 2007 (1ª Ed. 1997).

______. *O castelo dos destinos cruzados*. 2ª Ed. São Paulo: Companhia das Letras, 2008 (1ª Ed. 1969).

______. *Assunto encerrado* - Discursos sobre literatura e sociedade. Tradução de Roberta Barni. São Paulo: Companhia das Letras, 2009 (1ª ed. 1980).

______. *Cadernos de areia*. São Paulo: Companhia das Letras, 2010 (1ª Ed. 1984).

______. *Um general na biblioteca*. São Paulo: Companhia das Letras, 2010b (1ª Ed. 1993).

______. *A especulação imobiliária.* São Paulo: Companhia das Letras, 2011 (1ª Ed. 1957).

______. *Os amores difíceis.* São Paulo: Companhia das Letras, 2013 (1ª Ed. 1990).

______. *Os nossos antepassados.* São Paulo: Companhia das Letras, 2014 (1ª Ed. 1990).

______. *Mundo escrito e mundo não escrito – artigos, conferências e entrevistas.* São Paulo: Companhia das Letras, 2015 (1ª Ed. 2002).

______. *O visconde partido ao meio.* 14ª Re. São Paulo: Companhia das Letras, 2020a.

______. *Marcovaldo ou as estações da cidade.* 2ª Ed. 7ª Re. São Paulo: Companhia das Letras, 2020b (1ª Ed. 1963).

CAMUS, A. *O homem revoltado.* 15ª Ed. Rio de Janeiro: Record, 2021.

CANCLINI, N. G. *Pistas falsas: uma ficção antropológica.* São Paulo: Iluminuras, 2020.

______. *O mundo inteiro como lugar estranho.* São Paulo: Edusp, 2016.

______. *Culturas híbridas: estratégias para entrar e sair da Modernidade.* São Paulo: Edusp, 2013.

______. *Consumidores e cidadãos: conflitos multiculturais da globalização.* 8ª Ed. Rio de Janeiro: Editora da UFRJ, 2010.

______. *A sociedade sem relato: antropologia e estética da iminência.* São Paulo: Edusp, 2012.

______. *Diferentes, desiguais e desconectados.* 3ª Ed. Rio de Janeiro: Editora da UFRJ, 2009.

______. *Culturas híbridas: estratégias para entrar e sair da Modernidade.* 4ª Ed. 4ª Re. São Paulo: Edusp, 2008.

______. *A globalização imaginada.* São Paulo: Iluminuras, 2007.

CANDIDO, A. *Formação da literatura brasileira.* 13ª Edição. Rio de Janeiro: Ouro Sobre Azul, 2012.

______. *Vários escritos.* 6ª Edição. Rio de Janeiro: Ouro Sobre Azul, 2017.

______. *Tese e antítese.* 6ª Edição. Rio de Janeiro: Ouro Sobre Azul, 2017b.

______. *Ficção e confissão.* 4ª Edição. Rio de Janeiro: Ouro Sobre Azul, 2012b.

______. *Um funcionário da monarquia: ensaio sobre o Segundo Escalão.* Rio de Janeiro: Ouro Sobre Azul, 2002.

______. *Textos de intervenção.* Seleção, organização e notas de Vinicius Dantas. São Paulo: Editora 34, 2002b.

______. *O observador literário.* 4ª Edição. Rio de Janeiro: Ouro Sobre Azul, 2008.

______. *O albatroz e o chinês.* 2ª Edição. Rio de Janeiro: Ouro Sobre Azul, 2010b.

______. *A educação pela noite.* 6ª Edição. Rio de Janeiro: Ouro Sobre Azul, 2011.

______. *Literatura e sociedade.* 13ª Edição. Rio de Janeiro: Ouro Sobre Azul, 2019.

______. *O discurso e a cidade.* 4ª Edição. Rio de Janeiro: Ouro Sobre Azul, 2010.

______. *Teresina etc.* 3ª Ed. Rio de Janeiro: Ouro Sobre Azul, 2007.

______. *Recortes.* 2ª Edição. Rio de Janeiro: Ouro Sobre Azul, 2004.

______. A personagem do Romance. In. CANDIDO, A. (et. al.). *A personagem de ficção.* 13ª Ed. São Paulo: Perspectiva, 2014, p. 51-80.

______. *O método crítico de Sílvio Romero.* São Paulo: Edusp, 1988.

CÁNOVAS, M. D. K. *Santos e imigração na Belle Époque.* São Paulo: Edusp, 2017.

CAPELLI, V. *A belle époque italiana no Rio de Janeiro.* Rio de Janeiro: Eduff, 2015.

CARDOSO, C. F. *Um historiador fala de teoria e metodologia – ensaios.* Bauru/SP: Edusc, 2005.

______. *Ensaios racionalistas: Filosofia, Ciência e História.* Rio de Janeiro: Campus, 1988.

______. *Escravos ou camponês? O protocampesinato negro nas Américas.* São Paulo: Brasiliense, 1987.

CARDOSO, C. F. & VAINFAS, R. (Org.). *Domínios da História: ensaios de teoria e metodologia.* – 1ºreimpressão – Rio de Janeiro: Campus, 1997.

______. (Org.) *Novos domínios da história.* Rio de Janeiro: Campus, 2012.

CARDOSO, F. H. *Capitalismo e escravidão no Brasil Meridional. O negro na sociedade escravocrata do Rio Grande do Sul.* 5ª Edição revista. Rio de Janeiro: Civilização Brasileira, 2003.

______. *Um intelectual na política: memórias.* São Paulo: Companhia das Letras, 2021.

CARNEIRO, S. *Escritos de uma vida.* São Paulo: Editora Jandaíra, 2020.

CARONE, E. *Revoluções do Brasil contemporâneo.* 3ª Edição revista. São Paulo: Difel, 1977.

CARONE, M. *Lição de Kafka.* São Paulo: Companhia das Letras, 2009.

CARPEAUX, O. M. Franz Kafka e o mundo invisível. In. *Idem. Ensaios Reunidos, 1942-1978.* De A cinza do Purgatório até Livros na mesa. Rio de Janeiro: Topbooks; Univer Cidade Editora, 1999, p. 153-60, v. 1.

______. Fragmentos sobre Kafka. In. *Idem. Ensaios Reunidos, 1946-1971.* Dispersos (parte I), Prefácios e Introduções (parte I). Rio de Janeiro: Topbooks; Univer Cidade Editora, 2005, p. 72-76, v. 2.

______. O silêncio de Kafka. In. *Idem. Ensaios Reunidos, 1946-1971.* Dispersos (parte I), Prefácios e Introduções (parte I). Rio de Janeiro: Topbooks; Univer Cidade Editora, 2005, p. 733-737, v. 2.

______. *História da Literatura Ocidental.* São Paulo: Edições O Cruzeiro, 1966, v. 7.

______. *História da Literatura Ocidental.* Campinas, SP: Sétimo Selo, 2021, 3v.

______. *A história concisa da literatura alemã.* São Paulo: Faro Editorial, 2013.

CARR, D. *Experiencia e historia.* Buenos Aires: Prometeo Libros, 2017.

CARVALHO, J. M. *Cidadania no Brasil: o longo caminho.* Rio de Janeiro: Civilização Brasileira, 2001.

CARVALHO, J. M. (Org.). *Nação e cidadania no Império:* novos horizontes. Rio de Janeiro: Civilização Brasileira, 2007.

CARVALHO, J. M.; NEVES, L. M. B. P. (Org.). *Repensando o Brasil do Oitocentos:* cidadania, política e liberdade. Rio de Janeiro: Civilização Brasileira, 2009.

CARVALHO, M. V. C. *Outros lados: Sérgio Buarque de Holanda, crítica literária, história e política (1920-1940).* Tese de doutorado. Departamento de História, IFCH, Unicamp, Campinas, 2003.

CASANOVA, P. G. *As novas ciências e as humanidades: da academia à política.* São Paulo: Boitempo, 2006.

CASARA, R. *Contra a miséria neoliberal.* São Paulo: Autonomia Literária, 2021.

CASTELLO, J. A. *A Literatura Brasileira: origens e unidade (1500-1960).* São Paulo: Edusp, 1999, v. 2.

CASTELNAU-L'ESTOILE, C. *Páscoa Vieira diante da Inquisição: uma escrava entre Angola, Brasil e Portugal no século XVII.* Rio de Janeiro: Bazar do Tempo, 2020.

CASTORIADIS, C. *A Instituição Imaginária da Sociedade.* Tradução de Guy Reynaud – 4ª reimpressão. Rio de Janeiro: Paz e Terra, 1995.

CASTRO, E. G. *A aprendizagem da crítica.* São Paulo: Intermeios, 2014.

CASTRO, G. *Italo Calvino: pequena cosmovisão do homem.* Brasília: Editora da UnB, 2007.

CAVALCANTI, T. M. *Sub-humanos: o capitalismo e a metamorfose da escravidão.* São Paulo: Boitempo Editorial, 2021.

CERTEAU, M. *A escrita da História.* Tradução de Maria de Lourdes Menezes – 2a. Ed. – Rio de Janeiro: Florense Universitária, 2002.

CEVASCO, M. E.; OHATA, M. (Org.). *Um crítico na periferia do capitalismo: reflexões sobre a obra de Roberto Schwarz.* São Paulo: Companhia das Letras, 2007.

CHAGAS, P. D. *Todos eles romances: a variação do gênero no Brasil, 1960-1980.* Campinas, SP: Editora da Unicamp, 2020.

CHALHOUB, S. *Visões da liberdade: uma história das últimas décadas da escravidão na Corte.* São Paulo: Companhia das Letras, 1990.

______. *Machado de Assis, historiador.* São Paulo: Companhia das Letras, 2003.

______. *A força da escravidão: ilegalidade e costume no Brasil oitocentista.* São Paulo: Companhia das Letras, 2012.

CHANG, J. *Três irmãs: as mulheres que definiram a China moderna.* São Paulo: Companhia das Letras, 2021.

______. *A imperatriz de ferro: a concubina que criou a China moderna.* São Paulo: Companhia das Letras, 2014.

______. *Mao: a história desconhecida.* São Paulo: Companhia das Letras, 2012.

______. *Cisnes selvagens: três filhas da China.* São Paulo: Companhia das Letras, 2006.

CHARLE, Christophe. *Homo historicus:* reflexões sobre a história, os historiadores e as ciências sociais. Rio de Janeiro: Editora FGV; Editora UFRGS, 2018.

CHARTIER, R. *A história cultural: entre práticas e representações.* Lisboa: Difel, 1990.

______. *A ordem dos livros: leitores, autores e bibliotecas na Europa entre os séculos XIV e XVIII.* Brasília: Editora da UnB, 1999.

______. *À beira da falésia. A história entre certezas e inquietudes.* Tradução de Patrícia Chittoni Ramos. Porto Alegre: Ed. Universidade/UFRGS, 2002.

______. *Os desafios da escrita.* São Paulo: Editora UNESP, 2002b.

______. *Leituras e leitores na França do Antigo Regime.* São Paulo: Editora UNESP, 2004.

______. *Inscrever & apagar: cultura escrita e literatura.* São Paulo: Editora UNESP, 2007.

______. *A história ou a leitura do tempo.* Tradução de Cristina Antunes. Belo Horizonte: Ed. Autêntica, 2009.

______. *Origens culturais da Revolução Francesa.* São Paulo: Editora UNESP, 2009b

______. *A força das representações: História e Ficção.* Organização de João Cezar de Castro Rocha. Chapecó/SC: Argos, 2011.

______. *A mão do autor e a mente do editor.* São Paulo: Editora UNESP, 2014.

______. *Um mundo sem livros e sem livrarias?* São Paulo: Letraviva, 2020.

CHAMAYOU, G. *A sociedade ingovernável: uma genealogía do liberalismo autoritário.* São Paulo: Editora UBU, 2020.

CHIRALDELLI, P. *A filosofia explica Bolsonaro.* São Paulo: LeYa, 2019.

CHOMSKY, N. *Mídia: propaganda política e manipulação.* São Paulo: Martins Fontes, 2013.

CIONE, R. *História de Ribeirão Preto.* Ribeirão Preto: IMAG, 1995. v. 5

CLARK, S. *Pensando com demonios: a ideia de bruxaria no principio da Europa moderna.* São Paulo: Edusp, 2020.

COHEN, A.; CONGOST, R. & LUNA, P. F. (Org.). *Pierre Vilar. Uma história total, uma história em construção.* Bauru/SP: Edusc, 2007.

COLLINGWOOD, R. G. *A idéia de História.* Tradução de Alberto Freire. Portugal: Editorial Presença, 1981.

CORBIN, A. *História do silêncio: do Renascimento aos nossos dias.* Petrópolis, RJ: Vozes, 2021.

COSTA, E. V. A dialética invertida: 1960-1990. *Revista Brasileira de História.* São Paulo, v. 14, n. 27, 1994, p. 9-26.

COSTA, F. M. *Franz Kafka* – o profeta do espanto. São Paulo: Brasiliense, 1983.

COSTA, M. C. *Compreender Georges Duby: introdução à obra de um medievalista dos Annales.* Tese de livre docência em História, FCL, UNESP, Campus de Assis, 2010.

COSTA, M. A. *O "Maestro da Abolição" no Recôncavo baiano: abolicionismo e memória nas músicas e crônicas de Manoel Tranquilino Bastos (Cachoeira - BA, 1884-1920).* Tese de doutorado em História, UFRJ, 2016.

______. *"Vivas à República": representações da banda "União XV de Novembro" em Mariana/MG (1901-1930).* Dissertação de mestrado em História, UFF, 2012.

COSTA, M. A. S. *Biografia histórica: a trajetória intelectual de Sérgio Buarque de Holanda entre os anos de 1930 e 1980.* Tese de doutorado em História, UNESP/ Assis, 2007.

COUTINHO, C. N. *Lukács, Proust e Kafka*: literatura e sociedade no século XX. Rio de Janeiro: Civilização Brasileira, 2005.

______. *Gramsci: um estudo sobre seu pensamento político.* Rio de Janeiro: Civilização Brasileira, 1999.

CROZIER, M. *A sociedade bloqueada.* Brasília: Editora da UnB, 1983.

CRUZ, C. *Metamorfoses de Kafka.* São Paulo: Annablume, 2007.

CRUZ, J. C. *Filosofia da História.* Tradução de Fernando Marquezini. São Paulo: Instituto Brasileiro de Filosofia e Ciência "Raimundo Lúlio", 2007.

CUSSET, F. *Filosofia Francesa. A influência de Foucault, Derrida, Deleuze & Cia.* Porto Alegre: Ed. Artmed, 2008.

D'ANCONA, M. *Pós-verdade.* Barueri, SP: Faro Editorial, 2018.

DAOU, A. M. *A belle époque amazônica.* Rio de Janeiro: Jorge Zahar Editor, 1999.

DANTAS, V. *Bibliografia de Antonio Candido.* São Paulo: Editora 34, 2002.

DARNTON, R. *Censores em ação: como os Estados influenciaram a Literatura.* São Paulo: Companhia das Letras, 2016.

______. *Os dentes falsos de George Washington.* São Paulo: Companhia das Letras, 2005.

______. *Boemia literária e revolução: o submundo das letras no Antigo Regime.* São Paulo: Companhia das Letras, 1987.

DARWIN, J. *Ascensão e queda dos impérios globais, 1400 – 2000.* Lisboa: Edições 70, 2018.

DAVIS, D. B. *O problema da escravidão na cultura ocidental.* Rio de Janeiro: Civilização Brasileira, 2001.

DAVIS, L. *O fim da história.* Rio de Janeiro: José Olympio, 2016.

DAVIS, N. Z. *O retorno de Martin Guerre.* Rio de Janeiro: Paz e Terra, 1987.

______. *Nas margens: três mulheres do século XVII.* São Paulo: Companhia das Letras, 1997.

______. *Culturas do povo: sociedade e cultura no início da França moderna.* 2ª Ed. Rio de Janeiro: Paz e Terra, 2001a.

______. *Histórias de perdão e seus narradores na França do século XVI.* São Paulo: Companhia das Letras, 2001b.

DAVIS, L. *O fim da história.* Rio de Janeiro: José Olympio, 2016.

DAVIS, R. C. *Escravos cristãos, senhores muçulmanos: escravidão branca no Mediterrâneo, na costa da Berbéria e na Itália, de 1500 a 1800.* Campinas, SP: Vide Editorial, 2021.

DAWSON, C. *Criação do Ocidente: a religião e a civilização medieval.* São Paulo: É Realizações, 2016.

______. *A divisão da cristandade: das origens na tradição judaíco-cristã à ascensão e queda da unidade medieval.* São Paulo: É Realizações, 2014a.

______. *A divisão da cristandade: da reforma protestante à era do Iluminismo.* São Paulo: É Realizações, 2014b.

______. *Progresso e religião: uma investigação histórica.* São Paulo: É Realizações, 2012.

______. *Dinâmicas da história do mundo.* São Paulo: É Realizações, 2010.

DEAECTO, M. M. *O império dos livros: instituições e práticas de leitura na São Paulo Oitocentista.* São Paulo: Edusp, 2011.

DEL PRIORE, M. Biografia: quando o indivíduo encontra a história. *Topoi*, v. 10, n. 19, 2009, p. 7-16.

DEL ROIO, M. *Gramsci e a emancipação do subalterno.* São Paulo: Editora da UNESP, 2018.

DELEUZE, G.; GUATTARI, F. *Kafka: por uma literatura menor.* Belo Horizonte: Autêntica, 2014.

DELEUZE, G. *Nietzsche e a filosofia.* São Paulo: N1- Edições, 2018.

DERRIDA, J. *A escritura e a diferença.* 4ª Edição. São Paulo: Perspectiva, 2009.

______. *Esporas: os estilos de Nietzsche.* Rio de Janeiro: Nau, 2013.

DELACROIX, C.; DOSSE, F.; GARCIA, P. (Org.). *Historicités.* Paris: La Découverte, 2009.

DELACROIX, C.; DOSSE, F.; GARCIA, P.; OFFENSTADT, N. (org.). *Historiographies: concepts et débats.* Paris: Éditions Gallimard, 2010, 2v.

DELACROIX, C.; DOSSE, F.; GARCIA, P. *Correntes históricas na França, séculos XIX e XX*. Rio de Janeiro: FGV; São Paulo: Editora da UNESP, 2012.

DOBRORUKA, V. *História e Milenarismo: ensaios sobre tempo, história e o milênio.* Brasília: Ed. UNB, 2004.

DOIN, J. E. M. Olhar, desejo e paixão: lazeres e prazeres nas terras do café (1864-1930). *Revista Artcultura*, v.1, n. 2, p. 40-53, 2000.

DOIN, J. E. M. *Capitalismo bucaneiro: dívida externa, materialidade e cultura na saga do café (1889-1930).* Tese (Livre docência em História) — Faculdade de História, Direito e Serviço Social, UNESP, Franca, 2001.

DOIN, J. E. M. (et. al.). A Belle Époque caipira: problematizações e oportunidades interpretativas da modernidade e urbanização no Mundo do Café (1852-1930) — a proposta do Cemumc. *Revista Brasileira de História, v.* 27, n. 53, p. 91-122, 2007.

DOMANSKA, E.; ANKERSMIT, F.; KELLNER, H. (Org.). *Re-figuring Hayden White.* Estados Unidos: Stanford University, 2009.

DORLIN, E. *Sexo, gênero e sexualidades: introdução à teoria feminista.* São Paulo: UBU Editora, 2021.

DORTIER, J-F. *Dicionário de Ciências Humanas.* Tradução de Márcia Valéria Martinez de Aguiar (et. al.). São Paulo: Martins Fontes, 2010.

______. *Uma história das Ciências Humanas.* Portugal: Texto & Grafia, 2007.

DOSSE, F. *Renascimento do acontecimento: um desafio para o historiador: entre Esfinge e Fênix.* São Paulo: Editora UNESP, 2013.

______. *O desafio biográfico: escrever uma vida.* Tradução de Gilson César Cardoso de Souza. São Paulo: Edusp, 2009.

______. *La marcha de las ideias: historia de los intelectuales, historia intelectual.* Traducción Rafael F. Tomás. Espanha: Universitat de València; PUV, 2007b.

______. *História do Estruturalismo. O campo do signo (v. 1); O canto do cisne (v. 2).* Tradução de Álvaro Cabral. Bauru/SP: Edusc, 2007, 2v.

______. *A História em Migalhas. Dos Annales à Nova História.* Bauru: Edusc, 2003.

______. Georges Duby, o historiador da globalidade. In. *Idem. A história à prova do tempo: da história em migalhas ao resgate do sentido.* Tradução de Ivone Castilho Benedetti. São Paulo: Edunesp, 2001, p.103-110.

______. *A história à prova do tempo: da história em migalhas ao resgate do sentido.* Tradução de Ivone Castilho Benedetti. São Paulo: Editora da UNESP, 2001.

______. *Paul Ricoeur: os sentidos de uma vida (1913-2005).* São Paulo: LiberArts, 2017.

______. *Paul Ricoeur: um filósofo em seu século.* Rio de Janeiro: FGV, 2017b.

______. *História e ciências sociais.* São Paulo: Edusc, 2004.

______. *O império do sentido: a humanização das Ciências Humanas.* São Paulo: Edusc, 2003b.

______. *Gilles Deleuze & Félix Guattari: biografia cruzada.* Porto Alegre, RS: Artmed, 2010.

DOWBOR, L. *A era do capital improdutivo: a nova arquitetura do poder, sob dominação financeira, sequestro da democracia e destruição do planeta.* 2ª Ed. São Paulo: Autonomia Literária, 2018.

______. *O capitalismo se desloca: novas arquiteturas sociais.* São Paulo: Edições Sesc São Paulo, 2020.

DUARTE, E. A. *Machado de Assis afrodescendente: antologia e crítica.* 3ª Ed. Rio de Janeiro: Editora Malê, 2020.

DUBY, G. *Idade Média. Idade dos homens, do amor e outros ensaios.* São Paulo, Companhia das Letras, 1990.

______. *Sociedades Medievais.* Tradução de Augusto Joaquim. Portugal: Terramar, 1999.

______. *O ano Mil.* 2ª Edição. Lisboa/Portugal: Edições 70, 1993c (1ª ed. 967).

______. O modelo cortês. In: DUBY, G.; PERROT, M. (org.) *História das mulheres no Ocidente.* Porto: Afrontamento, 1993d, v. 1, p.331-351.

______. A Idade Média. In: *Idem. História artística da Europa.* Rio de Janeiro: Paz e Terra, 1997d, v. 1, p.15-125.

______. *Ano 1000, ano 2000: na pista de nossos medos.* Tradução de Eugênio Michel da Silva. São Paulo: Edunep, 1997a (1ª ed. 1995).

______. *O Domingo de Bouvines – 27 de julho de 1214.* São Paulo: Paz e Terra, 1993a.

______. *A história continua.* Tradução de Clóvis Marques. Rio de Janeiro: Jorge Zahar Editor, 1997b.

______. *O tempo das catedrais. Arte e sociedade, 980-1420.* Portugal: Estampa, 1978.

______. *Guerreiros e camponeses.* Lisboa/Portugal: Estampa, 1993b.

______. *As três ordens, ou o imaginário do Feudalismo.* Portugal: Estampa, 1994a.

______. *As damas do século XII: Heloisa, Leonor e muitas outras.* Portugal: Teorema, 1995.

______. *As damas do século XII: lembranças das ancestrais.* Tradução de Maria Lúcia Machado. São Paulo: Companhia das Letras, 1997c.

______. *As damas do século XII: Eva e os padres.* São Paulo: Companhia das Letras, 2001.

______. *Guilherme Marechal ou o maior cavaleiro do mundo.* Rio de Janeiro: Graal, 1987.

______. O prazer do historiador. In. NORA, P. (Org.). *Ensaios de ego-história.* Tradução de Ana Cristina Cunha. Lisboa/Portugal: Edições 70, 1989, p.109-138.

______. A nova primavera da Europa (séculos XI e XII). In. PERROY, E. (Org.). *História Geral das Civilizações.* Tradução de J. Guinsburg e Vitor Ramos – Rio de Janeiro: Bertrand Brasil, 1994b, p.15-88 (1ª Ed. 1953).

______. *O cavaleiro, a mulher e o padre.* São Paulo: Editora Unesp, 2022.

DUMOULIN, O. *A função social do historiador: da cátedra ao tribunal.* Belo Horizonte: Autêntica, 2017.

DUNKER, C. (org.). Ética e pós-verdade. Porto Alegre, RS: Dublinense, 2017.

DUNKER, C. *Uma biografia da depressão.* São Paulo: Paidós, 2021.

EAGLETON, T. BEAUMONT, M. *A tarefa do crítico.* São Paulo: Editora UNESP, 2010.

EAGLETON, T. *A função da crítica.* São Paulo: Martins Fontes, 1991.

______. *A ideologia da estética.* Rio de Janeiro: Jorge Zahar Editor, 1993.

______. *Teoria da literatura. Uma introdução.* Tradução de Waltensir Dutra; revisão de João Azereda Jr. – 3ª edição – São Paulo: Martins Fontes, 1997.

______. *Ideologia: uma introdução.* São Paulo: Boitempo; Editora UNESP, 1997b.

______. *As ilusões do pós-modernismo.* Rio de Janeiro: Jorge Zahar Editor, 1998.

______. *Depois da teoria. Um olhar sobre os Estudos Culturais e o modernismo.* Tradução de Maria Lucia Oliveira. Rio de Janeiro: Civilização Brasileira, 2005a.

______. *A idéia de cultura.* São Paulo: Editora UNESP, 2005b.

______. *Teoria da literatura: uma introdução.* 6ª Ed. São Paulo: Martins Fontes, 2006.

______. *O problema dos desconhecidos: um estudo da Ética.* Rio de Janeiro: Civilização Brasileira, 2010.

______. *O debate sobre Deus: razão, fé e revolução.* Rio de Janeiro: Nova Fronteira, 2011a.

______. *Marxismo e crítica literária.* São Paulo: Editora UNESP, 2011b.

______. *Marx estava certo.* Rio de Janeiro: Nova Fronteira, 2012.

______. *Doce violência: a idéia do trágico.* São Paulo: Editora UNESP, 2013.

______. *A morte de Deus na cultura.* Rio de Janeiro: Record, 2016.

______. *Humor: o papel fundamental do riso na cultura.* Rio de Janeiro: Record, 2020.

______. *O sentido da vida: uma brevíssima introdução.* São Paulo: Editora UNESP, 2021.

______. *Sobre o mal.* São Paulo: Editora UNESP, 2022.

ECO, U. *Construir o inimigo e outros escritos ocasionais.* Rio de Janeiro: Record, 2021.

______. *O fascismo eterno.* Rio de Janeiro: Record, 2020a.

______. *Migração e intolerância.* Rio de Janeiro: Record, 2020b.

______. *Nos ombros dos gigantes.* Rio de Janeiro: Record, 2018.

______. *Pape Satàn Aleppe: crônicas de uma sociedade líquida.* Rio de Janeiro: Record, 2017.

______. *A definição da arte.* 4ª Ed. Rio de Janeiro: Record, 2016.

______. *Obra aberta.* Edição revista e ampliada. São Paulo: Perspectiva, 2015.

______. *Confissões de um jovem romancista.* São Paulo: Cosac Naify, 2013a.

______. *Da árvore ao labirinto: estudos históricos sobre o signo e a interpretação.* Rio de Janeiro: Record, 2013.

______. *História das terras e lugares lendários.* Rio de Janeiro: Record, 2013.

______. (org.). *História da feiúra.* Rio de Janeiro: Record, 2014.

______. (org.). *História da beleza.* Rio de Janeiro: Record, 2010.

______. *A vertigem das listas.* Rio de Janeiro: Record, 2010.

______. *A memória vegetal: e outros escritos de bibliofilia.* Rio de Janeiro: Record, 2010.

______. *Os limites da interpretação.* 2ª Ed. São Paulo: Perspectiva, 2010.

______. *Seis passeios pelos bosques da ficção.* 10ª Re. São Paulo: Companhia das Letras, 2009b.

______. (org.). *O signo de três: Dupin, Holmes, Peirce.* 2ª Re. São Paulo: Perspectiva, 2008.

______. *A estrutura ausente.* 2ª Ed. São Paulo: Perspectiva, 2007.

______. *A busca da língua perfeita na cultura europeia.* 2ª Ed. São Paulo: Edusc, 2002.

______. *As formas do conteúdo.* São Paulo: Perspectiva, 1974.

______. (org.). *Idade Média I: bárbaros, cristãos e mulçumanos.* Lisboa: D. Quixote, 2012.

______. (org.). *Idade Média II: catedrais, cavaleiros e cidades.* Lisboa: D. Quixote, 2013.

______. (org.). *Idade Média III: castelos, mercadores e poetas.* Lisboa: D. Quixote, 2014.

______. (org.). *Idade Média IV: explorações, comércio e utopias.* Lisboa: D. Quixote, 2015.

______. *O nome da rosa.* 15ª Ed. Rio de Janeiro: Record, 2019.

______. *O pêndulo de Foucault.* 19ª Ed. Rio de Janeiro: Record, 2018.

______. *A ilha do dia anterior.* São Paulo: BestSeller, 2010.

______. *Baudolino.* São Paulo: BestSeller, 2007.

______. *A misteriosa chama da rainha Loana.* Rio de Janeiro: Record, 2005.

______. *O cemitério de Praga.* 14ª Ed. Rio de Janeiro: Record, 2011.

______. *Número Zero.* 7ª Ed. Rio de Janeiro: Record, 2015.

EILENBERGER, W. *As visionárias: quatro mulheres e a salvação da filosofia em tempos sombrios, 1933-1943.* São Paulo: Todavia, 2022.

______. *Tempos de mágicos: a grande década da filosofia, 1919-1929.* São Paulo: Todavia, 2019.

ELLIS Jr., Alfredo. *Raça de gigantes. – A evolução no Planalto Paulista. Estudos da evolução racial antroposocial e psicológica do paulista dos séculos XVI, XVII, XVII e XIX e das mesologias físicas e social do Planalto Paulista.* 1ª Edição. Com Prefácio de Afonso de Taunay. São Paulo: Editorial Hélios Limitada – Novíssima, 1926.

_____. *A nossa guerra. Estudo de synthese critica político-militar.* 2ª Edição. São Paulo: Editora Piratininga S. A., 1933 (1ª Edição de 1932).

_____. *Confederação ou separação.* 3ª Edição revista e aumentada. São Paulo: Editorial Paulista, 1934a (1ª Edição de 1932).

_____. *O bandeirismo paulista e o recúo do meridiano.* 2ª Edição. São Paulo: Companhia Editora Nacional, 1934b.

_____. *Populações Paulistas.* São Paulo: Editora Companhia Nacional, 1934c.

_____. *Os primeiros troncos paulistas e o cruzamento Euroamericano.* São Paulo: Companhia Editora Nacional, 1936a.

_____. *A evolução da economia paulista e suas causas.* São Paulo: Companhia Editora Nacional, 1937.

_____. *Meio século de bandeirismo (1590-1640).* São Paulo: FFCL/USP, 1939 (Boletim IX, n. 1, da cadeira de *História da Civilização Brasileira*).

_____. *Feijó e sua época.* São Paulo: FFCL/USP, 1940a (Boletim XIX, n. 2, da cadeira de *História da Civilização Brasileira*).

_____. *Feijó e a primeira metade do século XIX.* São Paulo: Companhia Editora Nacional, 1940b (Coleção Brasiliana, n. 189).

_____. *História de São Paulo – Resumo da História de São Paulo.* São Paulo: Tipografia Brasil, 1942.

_____. *Amador Bueno e a evolução da psicologia Planaltina.* São Paulo: FFCL/USP, 1944a (Boletim XLII, n. 4, da cadeira de *História da Civilização Brasileira*).

_____. *Capítulos da História Social de São Paulo.* São Paulo: Companhia Editora Nacional, 1944b.

_____. *Raposo Tavares e sua época.* Rio de Janeiro: José Olympio, 1944c.

_____. *Capítulos da História Psicológica de São Paulo.* São Paulo: FFCL/USP, 1945 (Boletim LIII, n. 5, da cadeira de *História da Civilização Brasileira*).

_____. *Panoramas históricos.* São Paulo: FFCL/USP, 1946 (Boletim LXXIII, n. 6, da cadeira de *História da Civilização Brasileira*).

_____. *O ouro e a Paulistânia.* São Paulo: FFCL/USP, 1948a (Boletim XCVI, n. 8, da cadeira de *História da Civilização Brasileira*).

_____. *Meio século de bandeirantismo.* 2ª Edição. São Paulo: Companhia Editora Nacional, 1948b.

_____. *Amador Bueno e seu tempo*. São Paulo: FFCL/USP, 1948c (Boletim n. 7, da cadeira de *História da Civilização Brasileira*).

_____. *Um parlamentar paulista da República*. São Paulo: FFCL/USP, 1949 (Boletim CII, n. 9, da cadeira de *História da Civilização Brasileira*).

_____. *A economia paulista no século XVIII*. São Paulo: FFCL/USP, 1950a (Boletim 115, n. 11, da cadeira de *História da Civilização Brasileira*).

_____. *Um parlamentar paulista da República: subsídios para a história da República em S. Paulo e subsídios para a história econômica de São Paulo*. São Paulo: João Bentivegna, 1950b.

_____. *O café e a Paulistânia*. São Paulo: FFCL/USP, 1951 (Boletim 141, n. 13, da cadeira de *História da Civilização Brasileira*).

_____. *Tenente-coronel Francisco da Cunha Bueno pioneiro da cafeicultura*. 1ª Edição. São Paulo: Do autor, 1960.

_____.; ELLIS, M. *A economia paulista no século XVIII. O ciclo do açúcar, o ciclo do muar*. 2ª Edição. São Paulo: Academia Paulista de Letras, 1959.

_____.; ELLIS, M. *A economia paulista no século XVIII. O ciclo do açúcar, o ciclo do muar*. 3ª Edição. São Paulo: Academia Paulista de Letras, 1979.

_____. *Feijó e a primeira metade do século XIX*. 2ª Edição. São Paulo: Companhia Editora Nacional, 1980.

_____. *História da Civilização – 4ª série*. São Paulo: Livraria Acadêmica, Saraiva & Cia., 1935g.

_____. *História da Civilização – 5ª série*. São Paulo: Livraria Acadêmica, Saraiva & Cia., 1935h.

_____.; PICCHIA, M. *O thesouro de Cavendish*. 1ª Edição. São Paulo: Editora Companhia Nacional, 1928.

_____. *Pedras lascadas*. 1ª Edição. São Paulo: Hennies Irmãos & Cia., 1928.

_____. *O tigre ruivo*. 1ª Edição. São Paulo: *A Gazeta*, 1934g.

_____. *A madrugada paulista – lendas de Piratininga*. 1ª Edição. São Paulo: Editorial Paulista, 1934h.

_____. *Amador Bueno o rei de São Paulo*. 1ª Edição. São Paulo: J. Fagundes, 1935i.

_____. *Jaraguá (Romance de penetração bandeirante)*. 1ª Edição. São Paulo: Empresa Editora J. Fagundes, 1936b.

ENDERS, A. "O Plutarco brasileiro": a produção dos vultos nacionais no Segundo Reinado. *Estudos Históricos*, v. 14, n. 25, p. 41-62, 2000.

______. *Os vultos da Nação: fábrica de heróis e formação dos brasileiros*. Rio de Janeiro: FGV, 2014.

ESCOREL, A. L. *A formação de Antonio Candido: uma biografia ilustrada*. Rio de Janeiro: Ouro sobre Azul, 2020.

EUGÊNIO, J. K. *Ritmo espontâneo – organicismo em Raízes do Brasil de Sérgio Buarque de Holanda*. São Paulo: Editora João Kennedy, 2011.

EVANS, R. J. *Eric Hobsbawm: uma vida na história*. São Paulo: Planeta; Crítica, 2021.

FEBVRE, L. *Combates pela História*. 3ª edição. Lisboa: Editorial Presença, 1989.

FEDERICI, S. *Calibã e a bruxa: mulheres, corpo e acumulação primitiva*. São Paulo: Elefante, 2017.

FEHÉR, F. *O romance está morrendo?* Rio de Janeiro: Paz e Terra, 1997.

FELDMAN, L. *Clássico por amadurecimento: estudos de Raízes do Brasil*. Rio de Janeiro: Topbooks, 2016.

FELMAN, S. *O inconsciente jurídico: julgamentos e traumas no século XX*. São Paulo: Edipro, 2014.

FERES Jr., J; JASMIN, M. G. (Org.). *História dos conceitos. Debates e perspectivas*. São Paulo: Ed. Loyola, 2006.

FERNÁNDEZ-ARMESTO, F. *Verdade: uma história*. Rio de Janeiro: Record, 2000.

FERREIRA, A. C. *A epopéia bandeirante. Letrados, instituições, invenção histórica (1870-1940)*. São Paulo: Editora UNESP, 2002.

______. *Um eldorado errante: São Paulo na ficção histórica de Oswald de Andrade*. São Paulo: Editora UNESP, 1996a.

______. História e Literatura: fronteiras móveis e desafios disciplinares. *Pós-História*, v. 4, 1996b, p.23-44.

_____. A historiografia profissional paulista: expansão e descentramento. In: GLEZER, Raquel. (Org.) *Do passado ao futuro:* edição comemorativa dos 50 anos da ANPUH. São Paulo: Contexto, 2011, p. 321-41.

FERREIRA, R. A. *Senhores de poucos escravos. Cativeiro e criminalidade num ambiente rural (1830-1888)*. São Paulo: Editora UNESP, 2005.

______. *Crimes em comum: escravidão e liberdade sob a pena do Estado imperial brasileiro (1830-1888)*. São Paulo: Editora UNESP, 2011.

FERRETTI, D. Z. O uso político do passado bandeirante: o debate entre Oliveira Vianna e Alfredo Ellis Jr. (1920-1926). *Estudos Históricos*, FGV, n. 41, 2008, p. 59-78.

FERRY, L. & RENAUT, A. *Pensamento 68: ensaio sobre o anti-humanismo contemporâneo.* Tradução de Roberto Markenson & Nelci do Nascimento Gonçalves. São Paulo: Ed. Ensaio, 1988.

FIGES, O. *Os europeus: o século XIX e o surgimento de uma cultura cosmopolita.* Rio de Janeiro: Record, 2022.

FIGUEIREDO, V. *A paixão da igualdade.* Belo Horizonte, MG: Relicário, 2021.

FINCHELSTEIN, F. *Do fascismo ao populismo na História.* Lisboa: Almedina, 2019.

FINLEY, M. *Usos e abusos da história.* São Paulo: Ed. Martins Fontes, 1989.

FISCHER, L. A. *Duas formações, uma história: das ideias fora do lugar ao perspectivismo ameríndio.* Porto Alegre, RS: Arquipélago, 2021.

______. *A ideologia modernista: a Semana de 22 e sua consagração.* São Paulo: Todavia, 2022.

FISHER, M. *Realismo capitalista.* São Paulo: Autonomia Literária, 2020.

FLORESTAN, F. *A integração do negro na sociedade de classes. Ensaio de interpretação sociológica (v.1).* São Paulo: Editora Globo, 2008, 2v.

FLORESTAN, F. & BASTIDE, R. *Brancos e negros em São Paulo.* 4ª Edição. São Paulo: Editora Global, 2008.

FLORENTINO, M (org.). *Tráfico, cativeiro e liberdade. Rio de Janeiro, séculos XVII-XIX.* Rio de Janeiro: Civilização Brasileira, 2005.

FLORENTINO, M. *Em costas negras. Uma história do tráfico de escravos entre a África e o Rio de Janeiro.* São Paulo: Companhia das Letras, 1997.

FLORENTINO, M. & GÓES, J. R. *A paz das senzalas: famílias escravas e tráfico atlântico, Rio de Janeiro, 1790-1850.* Rio de Janeiro: Civilização Brasileira, 1997.

FLORENTINO, M. & FRAGOSO, J. L. *O arcaísmo como projeto. Mercado atlântico, sociedade agrária e elite mercantil em uma economia colonial tardia (Rio de Janeiro, 1790-1840).* 4ª edição revista e aumentada. Rio de Janeiro: Civilização Brasileira, 2001.

FOCILLON, H. *O ano mil.* Tradução de Adelino dos Santos Rodrigues. Portugal: Edições Mandacaru, 1977.

FONSECA, M. A.; SCHWARZ, R. (Org.). *Antonio Candido 100 anos.* São Paulo: Editora 34, 2018.

FONTANA, J. *História: análise do passado e projeto social.* Bauru/SP: Edusc, 1998.

______. *A história dos homens.* Bauru/SP: Edusc, 2004.

______. *A Europa diante do espelho.* Bauru/SP: Edusc, 2005.

FOSTER, H. *O retorno do real. A vanguarda no final do século XX.* São Paulo: UBU Editora, 2017.

______. *O complexo arte-arquitetura.* São Paulo: UBU Editora, 2017b.

______. *O que vem depois da farsa?* São Paulo: UBU Editora, 2021.

FOUCAULT, M. *A ordem do discurso.* Tradução de Laura Fraga de Almeida Sampaio – 8a Edição – SP: Edições Loyola, 2002.

______. *Arqueologia do saber.* Rio de Janeiro: Florense Universitária, 1997.

______. *Microfísica do poder.* Tradução de Roberto Machado. Rio de Janeiro: Edições Graal, 2005.

______. *As palavras e as coisas.* 10ª Edição. São Paulo: Martins Fontes, 2007.

______. O que são as Luzes? In: *Idem. Ditos e escritos – v. II – Arqueologia das Ciências e História dos Sistemas de Pensamento.* 2ª Edição. Rio de Janeiro: Forense Universitária, 2006, p.335-351.

FRAGOSO, J.; GOUVÊA, M. F. (Org.). *Na trama das redes:* política e negócio no império português, séculos XVI-XVIII. Rio de Janeiro: Civilização Brasileira, 2010.

FRAGOSO, J.; SAMPAIO, A. C. J.; ALMEIDA, C. M. C. (Org.). *Conquistadores e negociantes:* histórias de elites no Antigo Regime nos trópicos. Rio de Janeiro: Civilização Brasileira, 2007.

FRAGOSO, J. L. (et. al.) *O antigo regime nos trópicos: a dinâmica imperial portuguesa (séculos XVI-XVIII).* Rio de Janeiro: Civilização Brasileira, 2001.

FRANCO, F. L. *Governar os mortos: necropolíticas, desaparecimento e subjetividade.* São Paulo: UBU Editora, 2021.

FRANCO Jr., H. *O ano 1000 – Tempo de medo ou esperança?* São Paulo: Companhia das Letras, 1999.

FRANÇOZO, M. O Museu Paulista e a história da antropologia no Brasil entre 1946 e 1956. *Revista de Antropologia,* USP, v. 48, n. 2, 2005, p. 585-612.

_____. Os outros alemães de Sérgio. Etnografia e povos indígenas em *Caminhos e Fronteiras. Revista Brasileira de Ciências Sociais,* v. 22, n. 63, 2007, p. 137-152.

FRANZINI, F. À sombra das palmeiras: a coleção Documentos Brasileiros e as transformações da historiografia nacional (1936-1959). Rio de Janeiro: Edições Casa de Rui Barbosa, 2010.

FRANZINI, F.; GONTIJO, R. Memória e história da historiografia no Brasil: a invenção de uma moderna tradição, anos 1940-1960. In: SOIHET, R.; AZEVEDO, C.; GONTIJO, R.; ALMEIDA, M. R. C. (org.) *Mitos, projetos e práticas políticas: memória e historiografia.* Rio de Janeiro: Civilização Brasileira, 2009, p. 141-160.

FRASER, N. *O velho está morrendo e o novo não pode nascer.* São Paulo: Autonomia Literária, 2020.

______. *Justiça interrompida.* São Paulo: Boitempo Editorial, 2022.

FREITAS, I. *Uma introdução ao método histórico (1870-1930).* São Paulo: Editora LiberArs, 2020.

FREITAS, M. C. (org.) *Historiografia brasileira em perspectiva.* São Paulo: Contexto, 1998.

FREYRE, G. *Casa-grande e senzala.* Brasília: Ed. Universidade de Brasília, 1963.

FUKS, J. *Romance: história de uma ideia.* São Paulo: Companhia das Letras, 2021.

______. *Procura do romance.* Rio de Janeiro: Record, 2011.

______. *Histórias de literatura e cegueira.* Rio de Janeiro: Record, 2007.

FUKUYAMA, F. *O fim da história e o último homem.* Rio de Janeiro: Rocco, 1992.

FURTADO, A. C. *Das fortunas críticas e apropriações ou Sérgio Buarque de Holanda, historiador desterrado.* Tese de doutorado em História, UFF, 2018.

_____. *As edições do cânone: da fase buarqueana na coleção História Geral da Civilização Brasileira (1960-1972).* Rio de Janeiro: Editora da UFF, 2016.

FURET, F. Da história-narrativa à história-problema. In: *Idem. A oficina da história.* Tradução de Felipe Jarro. Lisboa: Gradiva, 1985, p.88-98.

______. *L'Atelier de l'histoire.* Paris: Flammarion, 1982.

FURTADO, J. F. *Xica da Silva e o contratador dos diamantes: o outro lado do mito.* São Paulo: Companhia das Letras, 2003.

GADDIS, J. L. *Paisagens da História. Como os historiadores mapeiam o passado.* Tradução de Marisa Rocha Motta. Rio de Janeiro: Campus, 2003.

GAY, P. *O estilo na História: Gibbon, Ranke, Macaulay, Burckhardt.* Tradução de Denise Bottmann. São Paulo: Companhia das Letras, 1990.

______. *Freud para historiadores.* Tradução de Osmyr Faria Gabbi Junior. Rio de Janeiro: Paz e Terra, 1989a.

______. *A cultura de Weimar.* Rio de Janeiro: Paz e Terra, 1978.

______. *O século de Schnitzler. A formação da cultura da classe média.* São Paulo: Companhia das Letras, 2002.

______. *Freud - uma vida para o nosso tempo.* São Paulo: Companhia das Letras, 1989b.

______. *My german question - growing up in Nazi Berlin.* EUA: Yale University Press, 1998.

______. *Modernismo. O fascínio da heresia. De Baudelaire a Beckett e mais um pouco.* Tradução de Denise Bottmann. São Paulo: Companhia das Letras, 2009.

______. *Represálias selvagens: realidade e ficção na literatura de Charles Dickens, Gustave Flaubert e Thomas Mann.* Tradução de Rosaura Eichenberg. São Paulo: Companhia das Letras, 2010.

GALVÃO, W. N. *Lendo e relendo.* Rio de Janeiro: Ouro sobre Azul, 2019.

______. *Euclidiana: ensaios sobre Euclides da Cunha.* São Paulo: Companhia das Letras, 2009.

______. *Mínima mímica: ensaios sobre Guimarães Rosa.* São Paulo: Companhia das Letras, 2008.

______. *Desconversa: ensaios críticos.* Rio de Janeiro: Editora da UFRJ, 1998.

GANDELMAN, L. "As mercês são cadeias que não se rompem": liberalidade e caridade nas relações de poder do Antigo Regime português. In: SOIHET, R (Org.). *Culturas políticas.* Rio de Janeiro: Mauad, 2005, p.109-126.

GARDINER, P. *Teorias da História.* Tradução de Vítor Matos e Sá. 5ª Edição. Lisboa: Fundação Calouste Gulbenkian, 2004.

GENETTE, G. *Paratextos editoriais.* São Paulo: Ateliê Editorial, 2009.

GENOVESE, E. D. *A terra prometida. O mundo que os escravos criaram.* Rio de Janeiro: Paz e Terra, 1988.

______. *O mundo dos senhores de escravos. Dois ensaios de interpretação.* Rio de Janeiro: Paz e Terra, 1979.

______. *A economia política da escravidão.* Rio de Janeiro: Pallas, 1976.

______. *Da rebelião à revolução.* São Paulo: Global, 1983.

GERTZ, R. E. (Org.). *Historiografia alemã pós-muro: experiências e perspectivas.* Passo Fundo/RS: UPF Editora, 2007.

GERVINUS, G. G. *Fundamentos de Teoria da História.* Apresentação e notas de Júlio Bentivoglio. Petrópolis/RJ: Vozes, 2010.

GIANNATTACIO, G; IVANO, R. (Org.). *Epistemologias da história: verdade, linguagem, realidade, interpretação e sentido na pós-modernidade.* Londrina/PR: Eduel, 2011.

GIANNETTI, E. *O anel de Giges.* São Paulo: Companhia das Letras, 2020.

GIANNOTTI, J. A. *Heidegger/Wittgenstein: confrontos.* São Paulo: Companhia das Letras, 2020.

______. *Lições de filosofia primeira.* São Paulo: Companhia das Letras, 2011.

GILBERT, M. *A história do século XX.* Rio de Janeiro: Planeta, 2016.

GINZBURG, C. *Mitos, emblemas e sinais. Morfologia e história.* Tradução de Frederico Carotti. São Paulo: Companhia das letras, 1999.

______. *História Noturna: decifrando o Sabá.* 2ª Edição. São Paulo: Companhia das Letras, 2001.

______. *A micro-história e outros ensaios.* Tradução de António Narino. RJ: Ed. Bertrand Brasil, 1991.

______. *O queijo e os vermes. O cotidiano e as idéias de um moleiro perseguido pela Inquisição.* Tradução de Maria B. Amoroso. SP: Cia das Letras, 1987.

______. *Olhos de madeira.* São Paulo: Companhia das Letras, 2001.

______. *Relações de Força. História, retórica, prova.* São Paulo: Companhia das Letras, 2002.

______. *Nenhuma ilha é uma ilha. Quatro visões da literatura inglesa.* São Paulo: Cia. das Letras, 2004.

______. *O fio e os rastros. Verdadeiro, falso, fictício.* Tradução de Eduardo Brandão e Rose Freire d'Aguiar. São Paulo: Companhia das Letras, 2007a.

______. Latitudes, escravos e a Bíblia: um experimento em micro-história. *Revista Artcultura*, UFU, v. 9, n. 15, 2007b, p. 85-98.

______. *Medo, reverência, terror: quatro ensaios de iconografia política.* São Paulo: Companhia das Letras, 2014.

GIRARDET, R. *Mitos e mitologias políticas.* São Paulo: Companhia das Letras, 1987.

GIUCCI, G.; LARRETA, E. R. *Gilberto Freyre, uma biografia intelectual.* Rio de Janeiro: Civilização Brasileira, 2007.

GLEDSON, J. *Machado de Assis: impostura e realismo.* São Paulo: Companhia das Letras, 1991.

______. *Por um novo Machado de Assis: ensaios.* São Paulo: Cia. das Letras, 2006.

GLEZER, R. (org.). *Do passado ao futuro:* edição comemorativa dos 50 anos da ANPUH. São Paulo: Contexto, 2011.

GLEZER, R. *O fazer e o saber na obra de José Honório Rodrigues: um modelo de análise historiográfica.* São Paulo, 1976. Tese de doutorado em História, FFLCH\USP, 2v.

______. História da historiografia brasileira: construção e permanências. In: SAMARA, E. M. (org.) *Historiografia brasileira em debate: olhares, recortes e tendências.* São Paulo: Humanitas/FFLCH/USP, 2002, p. 25-46.

GODELIER, M. O legado de Mauss. In. *Idem. O enigma do dom.* Tradução de Eliana Aguiar. Rio de Janeiro: Civilização Brasileira, 2001, p. 19-162.

GOLDSTONE, J. *História global da ascensão do Ocidente, 1500-1850.* Lisboa: Edições 70, 2010

GOODY, J. *O roubo da História: como os europeus se apropriaram das ideias e invenções do Oriente.* São Paulo: Contexto, 2008.

______. *Renascimentos: um ou muitos?* São Paulo: Editora da Unesp, 2011.

GOMES, A. C. (Org.). *Leituras críticas sobre Boris Fausto.* Belo Horizonte/MG: Editora da UFMG, 2008.

GOMES, P. C. *Liberdade vigiada: as relações entre a Ditadura Militar brasileira e o governo francês.* Rio de Janeiro: Record, 2019.

GONÇALVES, L. F. *O kitsch como forma estética do idílio em A Insustentável Leveza do Ser, de Milan Kundera.* Brasília/DF, 2020, 269f. Tese (Doutorado em Literatura e Práticas Sociais) – Universidade de Brasília, Brasília, 2020.

GONÇALVES, M. A. *Em terreno movediço: biografia e história na obra de Octavio Tarquinio de Sousa.* Rio de Janeiro: Eduerj, 2010.

GONZALEZ, L. *Por um feminismo afro-latino-americano.* Rio de Janeiro: Zahar, 2020.

GORENDER, J. *A escravidão reabilitada.* São Paulo: Ática, 1990.

______. *O escravismo colonial.* 6ª edição. São Paulo: Ática, 2001.

GRAEBER, D.; WENGROW, D. *O despertar de tudo.* São Paulo: Companhia das Letras, 2022.

GRAMSCI, A. *Cadernos do cárcere. Introdução ao estudo da filosofia: a filosofia de Benedetto Croce.* 4ª Ed. Rio de Janeiro: Civilização Brasileira, 2006, v. 1.

GUERREAU, A. *O feudalismo. Um horizonte teórico.* Portugal: Edições 70, 1980.

GUIMARÃES, A. S. A. *Racismo e anti-racismo no Brasil.* São Paulo: Ed. 34, 1999.

______. *Modernidades negras: a formação racial brasileira (1930-1970).* São Paulo: Editora 34, 2021.

GUIMARÃES, H. S. *Machado de Assis, o escritor que nos lê.* São Paulo: Editora UNESP, 2017.

______. *Os leitores de Machado de Assis.* 2ª Ed. São Paulo: Edusp, 2012.

GUIMARÃES, M. L. S. (Org.). *Estudos sobre a escrita da história.* Rio de Janeiro: Editora 7 letras, 2006.

GUMBRECHT, H. U. Depois de aprender com a História. In: *Idem. Em 1926: vivendo no limite.* Tradução de Luciano Trigo. Rio de Janeiro: Record, 1999, p. 459-85.

HABERMAS, J. *Verdade e justificação:* ensaios filosóficos. Tradução de Milton Camargo Mota. São Paulo: Edições Loyola, 2004.

HALÉVY, D. *Nietzsche: uma biografia.* Rio de Janeiro: Campus, 1989.

HAN, B-C. *Sociedade paliativa: a dor hoje.* Petrópolis, RJ: Vozes, 2021a.

______. *Capitalismo e impulso de morte: ensaios e entrevistas.* Petrópolis, RJ: Vozes, 2021b.

______. *Sociedade da transparência.*Petrópolis, RJ: Vozes, 2017.

______. *Sociedade do cansaço.* Petrópolis, RJ: Vozes, 2015.

______. *Psicopolítica: o neoliberalismo e as novas técnicas de poder.* 8ª Ed. Belo Horizonte: Editora Âyiné, 2020.

______. *Infocracia: digitalização e a crise da democracia.* Petrópolis, RJ: Vozes, 2022.

HARARI, Y. N. *21 lições para o século 21.* São Paulo: Companhia das Letras, 2018.

______. *Homo Deus: uma breve história do amanhã.* São Paulo: Companhia das Letras, 2016.

______. *Sapiens: uma breve história da humanidade.* Edição comemorativa de 10 anos. São Paulo: Companhia das Letras, 2021.

HARDT, M.; NEGRI, A. *Multidão: guerra e democracia na era do Império.* Rio de Janeiro: Record, 2005.

HARTOG, F. *Régimes d'historicité. Présentisme et expériences du temps.* Paris: Le Seuil, 2003a.

______. *Os antigos, o passado e o presente.* Tradução de José Otávio Guimarães. Brasília: Ed. UNB, 2003b.

______. *Evidência da História: o que os historiadores vêem.* Tradução de Guilherme João de Freitas Teixeira; Jaime Clasen. Belo Horizonte: Autêntica Editora, 2011.

______. *Regimes de historicidade: presentismo e experiências do tempo.* Belo Horizonte, MG: Autêntica, 2013.

______. *Creer em História.* Belo Horizonte: Autêntica, 2017.

HEIDEGGER, M. *Nietzsche.* Rio de Janeiro: Forense Universitária, 2007, v.1.

______. *Nietzsche: seminários de 1937 e 1944.* Rio de Janeiro: Vozes, 2015.

HEGEL, G. W. F. *Filosofia da História.* Brasília: Ed. UnB, 1999.

HALLEWELL, L. *O livro no Brasil: sua história.* 2ª Edição. São Paulo: Edusp, 2005.

HELLER, A.; FEHÉR, F. *A condição política pós-moderna.* Rio de Janeiro: Civilização Brasileira, 1998.

HESPANHA, A. M. *Poder e instituições na Europa do Antigo Regime.* Lisboa: Fundação Calouste Gulbenkian, 1984.

HICKS, S. C. *Guerra cultural: como o pós-modernismo criou uma narrativa de desconstrução do ocidente.* São Paulo: Faro Editorial, 2021.

HIDDLESTON, J. *Pós-colonialismo.* Petrópolis, RJ: Vozes, 2021.

HIRSCHMAN, A. O. *A retórica da intransigência: perversidade, futilidade, ameaça.* 2ª Ed. São Paulo: Companhia das Letras, 2019.

HOBSBAWM, E. J. *Sobre História: ensaios.* Tradução de Cid Knipel Moreira. São Paulo: Cia. das Letras, 1998.

______. Da história social a história da sociedade. In: *Idem. Sobre História: ensaios.* Tradução de Cid Knipel Moreira. São Paulo: Cia. das Letras, 1998, p. 83-105.

______. A volta da narrativa. In: *Idem. Sobre História: ensaios.* Tradução de Cid Knipel Moreira. São Paulo: Cia. das Letras, 1998, p. 201-206.

______. O ressurgimento da narrativa. Alguns comentários. *Revista de História*, Unicamp, n. 2/3, 1991, p. 39-46.

______. *A era dos extremos: o breve século XX (1914-1991)* – São Paulo: Cia das Letras, 1997.

______. *Como mudar o mundo: Marx e o marxismo.* Tradução de Donaldson M. Garschagen. São Paulo: Companhia das Letras, 2011.

______. *Tempos interessantes: uma vida no século XX.* São Paulo: Companhia das Letras, 2002.

HOLANDA, S. B. Kafkiana – I. In. *Idem. O Espírito e a letra:* estudos de Crítica Literária II, 1948-1959. Organização de Antônio Arnoni Prado. São Paulo: Companhia das Letras, 1996, p. 604-610.

______. Kafkiana – II. In. *Idem. O Espírito e a letra:* estudos de Crítica Literária II, 1948-1959. Organização de Antônio Arnoni Prado. São Paulo: Companhia das Letras, 1996, p. 611-615.

______. Kafkiana – III (Conclusão). In. *Idem. O Espírito e a letra:* estudos de Crítica Literária II, 1948-1959. Organização de Antônio Arnoni Prado. São Paulo: Companhia das Letras, 1996, p. 616-620.

______. *Raízes do Brasil.* 1ª Edição. Prefácio de Gilberto Freyre. Rio de Janeiro: José Olympio, 1936.

_____. *Raízes do Brasil.* 2ª Edição revista e ampliada. Rio de Janeiro: José Olympio, 1948.

_____. *Raízes do Brasil.* Edição comemorativa 70 anos. São Paulo: Companhia das Letras, 2006.

_____. *Cobra de vidro.* 2ª Edição. São Paulo: Perspectiva, 1978 (1ª Ed. 1944).

_____. *Tentativas de mitologia.* São Paulo: Perspectiva, 1979.

_____. *O extremo oeste.* Introdução de José Sebastião Witter. São Paulo: Brasiliense, 1986.

_____. *Monções.* 1ª Reimpressão da 3ª Edição ampliada. São Paulo: Brasiliense, 2000 (1ª Ed. 1945).

_____. *Caminhos e fronteiras.* 3ª Edição. São Paulo: Companhia das Letras, 1994 (1ª Ed. 1956).

_____. *Visão do Paraíso: os motivos edênicos no descobrimento e colonização do Brasil.* Posfácio de Ronaldo Vainfas e de Laura de Mello e Souza. São Paulo: Companhia das Letras, 2010.

_____. Do Império à República. In: *História Geral da Civilização Brasileira.* Tomo II, 5º volume; 7º edição. Rio de Janeiro: Difel, 2004b (1ª Ed. 1972).

_____. *Capítulos de literatura colonial.* Organização e introdução de Antônio Candido. São Paulo: Brasiliense, 1991b.

_____. *Livro dos prefácios.* São Paulo: Companhia das Letras, 1996c.

_____. *O espírito e a letra: estudos de crítica literária I (1920-1947).* Organização, introdução e notas de Antônio Arnoni Prado. São Paulo: Companhia das Letras, 1996a, v. 1.

_____. *O espírito e a letra: estudos de crítica literária II (1948-1959).* Organização, introdução e notas de Antônio Arnoni Prado. São Paulo: Companhia das Letras, 1996b, v. 2.

_____. *Para uma nova história.* Organização de Marcos Costa. São Paulo: Editora Fundação Perseu Abramo, 2004a.

_____. *Escritos coligidos, 1920-1949.* Organização de Marcos Costa. São Paulo: Editora Fundação Perseu Abramo; Editora UNESP, 2011a.

_____. *Escritos coligidos, 1950-1979.* Organização de Marcos Costa. São Paulo: Editora Fundação Perseu Abramo; Editora UNESP, 2011b.

HOLLINGDALE, R. J. *Nietzsche: uma biografia.* São Paulo: Edipro, 2015.

HUI, Y. *Tecnodiversidade.* São Paulo: UBU Editora, 2020.

HUNT, L. *A invenção dos direitos humanos: uma história.* Tradução de Rosaura Eichenberg. São Paulo: Companhia das Letras, 2009.

HUSSERL, E. *A crise das ciências européias e a fenomenologia transcendental: uma introdução à filosofia fenomenológica.* Rio de Janeiro: Forense Universitária, 2012.

______. *Meditações cartesianas e conferências de Paris.* Rio de Janeiro: Forense Universitária, 2013.

______. *Europa: crise e renovação.* Rio de Janeiro: Forense Universitária, 2014.

IANNI, O. *As metamorfoses do escravo.* São Paulo: Hucitec, 1988.

JABLONKA, I. *A história é uma literatura contemporânea: manifesto pelas ciências sociais.* Brasília: Editora da UnB, 2020.

______. *Homens justos: do patriarcado às novas masculinidades*. São Paulo: Todavia, 2021.

JACKSON, L. C. *A tradição esquecida: Os parceiros do Rio Bonito e a sociologia de Antonio Candido*. 2ª Ed. Belo Horizonte, MG: Editora da UFMG, 2018.

JAMESON, F. *Marxismo e forma: teorias dialéticas da literatura no século XX*. São Paulo: Hucitec, 1985.

______. *As sementes do tempo*. São Paulo: Ática, 1997.

______. *O inconsciente político: a narrativa como ato socialmente simbólico*. São Paulo: Ática, 1999.

______. *A cultura do dinheiro*. Petrópolis, RJ: Vozes, 2001.

______. *A virada cultural: reflexões sobre o pós-modernismo*. Rio de Janeiro: Civilização Brasileira, 2006a.

______. *Espaço e imagem: teorias do pós-moderno e outros ensaios*. 4ª Ed. Rio de Janeiro: Editora da UFRJ, 2006b.

______. *Pós-modernismo: a lógica cultural do capitalismo tardio*. 2ª Ed. 6ª Re. São Paulo: Ática, 2007.

______. *Arqueologias do futuro: o desejo chamado Utopia e outras ficções científicas*. Belo Horizonte, MG: Autêntica, 2021.

JANZ, C. P. *Friedrich Nietzsche: uma vida*. Petrópolis, RJ: Vozes, 2016, 3v.

JAPPE, A. (et. al.). *Capitalismo em quarentena: notas sobre a crise global*. São Paulo: Elefante, 2020.

JASPERS, K. *Introdução à filosofia de Friedrich Nietzsche*. Rio de Janeiro: Forense Universitária, 2015.

JENKINS, K. *A história repensada*. Tradução de Mário Vilela. 2ª Edição. São Paulo: Contexto, 2004.

______. *On 'What is History'? from Carr and Elton to Rorty and White*. 1ª Edição. Estados Unidos: Routledge-USA, 1995.

______. *A história refigurada: novas reflexões sobre uma antiga disciplina*. São Paulo: Contexto, 2014.

JOANILHO, A. L.; JOANILHO, M. P. G. A genealogia e a história são cinza. *Revista de História Regional*, v. 13, n. 1, 2008, p. 95-108.

JONES, E. M. *Modernos degenerados*. Campinas, SP: Vide Editorial, 2021.

KAFKA, F. *O processo.* Tradução de Modesto Carone. São Paulo: Companhia das Letras, 1997.

______. *O castelo.* Tradução de Modesto Carone. São Paulo: Companhia das Letras, 2000.

______. *O veredicto/Na colônia penal.* Tradução de Modesto Carone. São Paulo: Companhia das Letras, 1998.

______. *Sonhos.* Tradução de Ricardo F. Henrique. 2ª Edição. São Paulo: Iluminuras, 2008.

______. *Diários: 1909-1923.* Tradução de Sergio Tellaroli. Rio de Janeiro: Todavia, 2021.

KANT, I. Resposta a pergunta: Que é 'Esclarecimento'? In: *Idem. Textos seletos.* Tradução de Raimundo Vier (et. al.). Rio de Janeiro: Vozes, 2009, p. 63-71.

KEYES, R. *A era da pós-verdade.* Petrópolis, RJ: Vozes, 2018.

KELLY, S. Franz Kafka. In: *Idem. O livro dos livros perdidos*: uma história das grandes obras que você nunca vai ler. Rio de Janeiro: Record, 2007, p. 381-86.

KERN, D. Hayden White e o pluralismo histórico. *História* (São Paulo), UNESP, v. 29, n. 1, 2010, p. 278-88.

KLEIN, A. I.; MOREIRA, M. I. R. *Escrever também é outra coisa: ensaios sobre Italo Calvino.* São Paulo: Nova Alexandria, 2012.

KOKIS, S. *Franz Kafka e a expressão da realidade.* Rio de Janeiro: Tempo Brasileiro, 1967.

KONDER, L. *Kafka: vida e obra.* 5ª Edição. Rio de Janeiro: Paz e Terra, 1979.

KORYBKO, A. *Guerras híbridas – das revoluções coloridas aos golpes.* São Paulo: Expressão Popular, 2018.

KOSELLECK, R; GADAMER, H. G. *Historia y hermeneutica.* Espanha: Paidos, 1997.

KOSELLECK, R. *Futuro passado: contribuição à semântica dos tempos históricos.* Rio de Janeiro: Contraponto; Ed. PUC-Rio, 2006.

______. *Crítica e crise: contribuição à patogênese do mundo burguês.* Rio de Janeiro: Contraponto; Eduerj, 1999.

______. *Historia.* Espanha: Trotta, 2004.

______. *Los estratos del tiempo: estudios sobre la historia.* Espanha: Paidos, 2002.

______. *Histórias de conceitos: estudos sobre a semântica e a pragmática da linguagem política e social.* Rio de Janeiro: Contraponto, 2020.

______. *Estratos do tempo: estudos sobre história.* Rio de Janeiro: Contraponto; Ed. PUC-Rio, 2014.

KOTKIN, S. *Sociedade incivil: 1989 e a derrota do comunismo.* Rio de Janeiro: Objetiva, 2013.

KOWARICK, L. *Viver em risco: sobre a vulnerabilidade socioeconômica e civil.* São Paulo: Editora 34, 2009.

KRAMER, L. S. Literatura, crítica e imaginação histórica: o desafio literário de Hayden White e Dominick LaCapra. In: HUNT, Lynn (Org.). *A nova história cultural.* São Paulo: Martins Fontes, 1992, p.131-173.

KRENAR, A. *Ideias para adiar o fim do mundo.* 2ª Ed. São Paulo: Companhia das Letras, 2021.

______. *A vida não é útil.* São Paulo: Companhia das Letras, 2020.

KUHN, T. S. *A estrutura das revoluções científicas.* Tradução de Beatriz Vianna Boeira (et. el.). 7ª Edição. São Paulo: Editora Perspectiva, 2003.

KUHN, T. *A revolução copernicana: a astronomia planetária no desenvolvimento do pensamento ocidental.* Portugal: Edições 70, 2017.

______. *A estrutura das revoluções científicas.* 13ª Ed. São Paulo: Perspectiva, 2018.

KUNDERA, M. *Os testamentos traídos: ensaios.* São Paulo: Companhia das Letras, 2017.

______. *Um encontro: ensaios.* São Paulo: Companhia das Letras, 2013.

______. *A arte do romance*. São Paulo: Companhia das Letras, 2009.

______. *A cortina.* São Paulo: Companhia das Letras, 2006.

______. *A vida está em outro lugar*. São Paulo: Companhia das Letras, 2012.

LA CAPRA, D. *History and criticism.* 3ª ed. Ithaca, London: Cornell University Press, 1992.

LACEY, R.; DANZIGER, D. *O ano 1000: a vida no final do primeiro milênio.* Tradução de Alfredo Barcellos Pinheiro de Lemos. Rio de Janeiro: Campus, 1999.

LACERDA, M. B. *O novo conservadorismo brasileiro.* Porto Alegre, RS: Zouk, 2019.

LADURIE, E. L. R. *O mendigo e o professor: a saga da família Platter no século XVI.* Rio de Janeiro: Rocco, 1999.

LAFETÁ, J. L. *1930: a crítica e o modernismo.* 2ª Edição. São Paulo: Editora 34, 2000.

LAMBERT, P.; PHILLIPP, S. (Org.). *História: introdução ao ensino e à pesquisa.* Tradução de Roberto Cataldo Costa. Porto Alegre: Penso, 2011.

LAMOUNIER, B. *Liberais e antiliberais: a luta ideológica do nosso tempo.* São Paulo: Companhia das Letras, 2016.

______. *Tribunos, profetas e sacerdotes: intelectuais e ideologias no século XX.* São Paulo: Companhia das Letras, 2014.

LANNA, M. Nota sobre Marcel Mauss e o *Ensaio sobre a dádiva. Revista de Sociologia e Política*, UFPR, n. 14, 2000, p. 173-94.

LAPA, J. R. A. *Historiografia brasileira contemporânea. A história em questão* – 2ª edição – Petrópolis/São Paulo: Vozes, 1981.

_____. *História e historiografia: Brasil pós 64.* São Paulo: Paz e Terra, 1985.

LARA, S. H. *Campos da violência: escravos e senhores na Capitania do Rio de Janeiro, 1750-1808.* Rio de Janeiro: Paz e Terra, 1988.

______. Conectando historiografias: a escravidão africana e o Antigo Regime na América Portuguesa. In: BICALHO, M. F.; FERLINI, V. L. A. (Org.). *Modos de governar: Idéias e práticas políticas no Império Português, séc. XVI-XIX.* São Paulo: Alameda, 2005, p. 21-38.

______. *Fragmentos setecentistas. Escravidão, cultura e poder na América portuguesa.* São Paulo: Companhia das Letras, 2007.

LASSWELL, H. *A linguagem da política.* 2ª Ed. Brasília: Editora da UnB, 1982.

LAZZARATO, M. *As revoluções do Capitalismo.* Rio de Janeiro: Civilização Brasileira, 2006.

______. *O governo das desigualdades.* São Carlos, SP: EduFSCar, 2011.

______. *O governo do homem endividado.* São Paulo: N-1 Edições, 2017.

______. *Fascismo ou revolução?* São Paulo: N-1 Edições, 2019.

LE GOFF, J.; NORA, P. (org.). *História: novos objetos.* Rio de Janeiro: Francisco Alves, 1995.

______. *História: novos problemas.* Rio de Janeiro: Francisco Alves, 1995b.

______. *História: novas abordagens.* Rio de Janeiro: Francisco Alves, 1995c.

LE GOFF, J. *Memória e História.* Tradução de Bernardo Leitão (*et al.*) – 4ªedição – Campinas. São Paulo: Ed. Unicamp, 1996.

______. *São Luís – biografia*. Tradução de Marcos de Castro. Rio de Janeiro: Record, 1999.

______. *São Francisco de Assis*. Tradução de Marcos de Castro. 2ª Edição. Rio de Janeiro: Record, 2001.

______. *As raízes medievais da Europa*. Petrópolis/RJ: Vozes, 2007.

______. *O imaginário Medieval*. Lisboa/Portugal: Editorial Estampa, 1994.

______. *O apogeu da cidade medieval*. São Paulo: Martins Fontes, 1992.

______. *Para um Novo Conceito de Idade Média: tempo, trabalho e cultura no ocidente*. Lisboa/Portugal: Estampa, 1980.

______. *Uma vida para a História. Conversações com Marc Heurgon*. Tradução de José Aluysio Reis de Andrade. São Paulo: Edunesp, 1998.

______. *A velha Europa e a nossa*. Tradução de Regina Louro. Lisboa/Portugal: Ed. Gradiva, 1995.

LE RIDER, J. *A modernidade vienense e as crises de identidade*. Rio de Janeiro: Civilização Brasileira, 1992.

LEADER, D. *Pé de página para Freud: uma investigação profunda das raízes da psicanálise*. Rio de Janeiro: BestSeller, 2010.

LEVI, G. Usos da biografia. In: FERREIRA, M. M.; AMADO, J. (Org.). *Usos e abusos da história oral*. Rio de Janeiro: Editora FGV, 1996, p. 167-182.

______. *A herança imaterial: trajetória de um exorcista no Piemonte do século XVII*. Rio de Janeiro: Civilização Brasileira, 2000.

LÉVI-BRUHL, L. *A mentalidade primitiva*. São Paulo: Paulus, 2008.

LEWIS, C. S. *Sobre histórias*. Rio de Janeiro: Thomas Nelson Brasil, 2018.

______. *Um experimento em crítica literária*. Rio de Janeiro: Thomas Nelson Brasil, 2019.

LILLA, M. *O progressista de ontem e do amanhã: desafios da democracia liberal no mundo pós-políticas identitárias*. São Paulo: Companhia das Letras, 2018.

______. *A mente naufragada: sobre o espírito reacionário*. Rio de Janeiro: Record, 2018b.

______. *A mente imprudente: os intelectuais na atividade política*. Rio de Janeiro: Record, 2017.

LIMA, L. C. *História. Ficção. Literatura*. São Paulo: Companhia das Letras, 2006.

______. *Limites da voz: Montaigne, Schlegel, Kafka.* 2ª Edição revisada. Rio de Janeiro: Topbooks, 2005. (1ª ed. 1993).

______. *Trilogia do controle:* O controle do Imaginário: razão e imaginação nos tempos modernos; Sociedade e discurso ficcional; O fingidor e o censor. Rio de Janeiro: Topbooks, 2007.

______. *O controle do imaginário & a afirmação do romance.* Dom Quixote, As relações perigosas, Moll Flanders, Tristam Shandy. São Paulo: Companhia das Letras, 2009.

______. *Frestas: a teorização em um país periférico.* Rio de Janeiro: Contraponto, 2013.

______. *Mímeses e arredores.* Curitiba, PR: CRV, 2017.

______. *A aguarrás do tempo: estudos sobre a narrativa.* Rio de Janeiro: Rocco, 1989.

______. *A ficção e o poema.* São Paulo: Companhia das Letras, 2012.

______. *Melancolia. Literatura.* São Paulo: Editora Unesp, 2017b.

______. *O insistente inacabado.* Recife: Cepe, 2018.

______. *Limite.* Rio de Janeiro: PUC-Rio; Minas Gerais: Relicário, 2019.

______. *O chão da mente: a pergunta pela ficção.* São Paulo: Editora Unesp, 2021.

______. *A ousadia do poema: ensaios sobre a poesía moderna e contemporânea brasileira.* São Paulo: Editora Unesp, 2022.

LIMA, H. E. *A micro-história italiana: escalas, indícios e singularidades.* Rio de Janeiro: Civilização Brasileira, 2006.

______. Narrar, pensar o detalhe: notas à margen de um projeto de Carlo Ginzburg. *Revista Artcultura*, UFU, v. 9, n. 15, 2007, p. 99-112.

LIPOVETSKY, G.; ROUX, E. *O luxo eterno: da idade do sagrado ao tempo das marcas.* São Paulo: Companhia das Letras, 2005.

LIPOVETSKY, G.; SERROY, J. *A estetização do mundo: viver na era do capitalismo artista.* São Paulo: Companhia das Letras, 2015.

LIPOVETSKY, G. *A era do vazio: ensaios sobre o individualismo contemporâneo.* Barueri, SP: Manole, 2005.

______. *A sociedade pós-moralista: o crepúsculo do dever e a ética indolor dos novos tempos democráticos.* Barueri, SP: Manole, 2005b.

______. *A sociedade da decepção.* Barueri, SP: Manole, 2007.

______. *A felicidade paradoxal: ensaio sobre a sociedade de hiperconsumo.* São Paulo: Companhia das Letras, 2007b.

______. *O império do efêmero: a moda e seu destino nas sociedades modernas.* São Paulo: Companhia das Letras, 2009.

______. *Da leveza: rumo a uma civilização sem peso.* Barueri, SP: Manole, 2016.

______. *A sociedade da sedução: democracia e narcisismo na hipermodernidade liberal.* Barueri, SP: Manole, 2020.

LYOTARD, J-F. *A condição pós-moderna.* 10ª Ed. Rio de Janeiro: José Olympio, 2008.

LOPES, A. H.; VELLOSO, M. P.; PESAVENTO, S. J. *História e linguagens. Texto, imagem, oralidade e representações.* Rio de Janeiro: Editora 7 Letras; Edições Casa de Rui Barbosa, 2006.

LOPES, C. R. D. B. *Preto em cordel (sec. XVIII). Jogo, subversão, preconceito.* Dissertação de mestrado em Literatura e Cultura Portuguesa apresentada a Faculdade de Ciências Sociais e Humanas, da Universidade Nova de Lisboa, 1996.

LOPES, M. A. *Um guia seguro para a vida bem-sucedida: exemplaridade e arte retórica no pensamento histórico moderno.* São Paulo: Editora UNESP, 2021.

______. *Idades da história: figuras e ideias do pensamento histórico moderno.* Porto Alegre: Edipucrs, 2009a.

______. *Mestres do passado: clássicos da sabedoria política moderna.* Londrina: Eduel, 2009b.

______. *Voltaire historiador: uma introdução ao pensamento histórico na época do Iluminismo.* Campinas: Papirus, 2001.

LOPES, M. C. Umberto Eco: da "Obra Aberta" para "Os Limites da Interpretação". *Revista redescrições*, v. 1, n. 4, p. 1-17, 2010.

LORIGA, S. *O pequeno X: da biografia à história.* Tradução de Fernando Scheibe. Belo Horizonte: Autêntica Editora, 2011.

______. A biografia como problema. In: REVEL, J. (org.) *Jogos de escala:* a experiência da microanálise. Rio de Janeiro: Editora FGV, 1998, p. 225-249.

LOSURDO, D. *Fuga da História? A revolução russa e a revolução chinesa vistas de hoje.* Rio de Janeiro: Revan, 2004.

______. *Contra-história do Liberalismo.* 2ª Ed. Aparecida, SP: Ideias & Letras, 2006.

______. *Nietzsche, o rebelde aristocrata: biografia intelectual e balanço crítico.* Rio de Janeiro: Revan, 2009.

______. *A linguagem do império: léxico da ideologia estadunidense.* São Paulo: Boitempo, 2010.

______. *Antonio Gramsci: do liberalismo ao "comunismo crítico".* Rio de Janeiro: Revan, 2011a.

______. *Stalin: história crítica de uma lenda negra.* 2ª Ed. Rio de Janeiro: Revan, 2011b.

______. *A não violência: uma história fora do mito.* Rio de Janeiro: Revan, 2012.

______. *A hipocondria da antipolítica: história e atualidade na análise de Hegel.* Rio de Janeiro: Revan, 2014.

______. *Autocensura e compromisso no pensamento político de Kant.* Aparecida, SP: Ideias & Letras, 2015a.

______. *A luta de classes: uma história política e filosófica.* São Paulo: Boitempo, 2015b.

______. *Nietzsche e a crítica da Modernidade.* Aparecida, SP: Ideias & Letras, 2016.

______. *Guerra e revolução: o mundo um século após outubro de 1917.* São Paulo: Boitempo, 2017.

______. *O marxismo ocidental: como nasceu, como morreu, como pode renascer.* São Paulo: Boitempo, 2018a.

______. *Um mundo sem guerras: a idéia de paz das promessas do passado as tragédias do presente.* São Paulo: Editora UNESP, 2018b.

______. *Hegel e a liberdade dos modernos.* São Paulo: Boitempo, 2019.

______. *Liberalismo: entre civilização e barbárie.* 2ª Ed. São Paulo: Anita Garibaldi, 2020a.

______. *Colonialismo e luta anticolonial: desafios da revolução no século XXI.* São Paulo: Boitempo, 2020b.

LOTIERZO, T. *Contornos do (in)visível: racismo e estética na pintura brasileira (1850-1940).* São Paulo: Edusp, 2017.

LOTT, A. M. *Teatro em Mato Grosso – veículo da dominação colonial.* Brasília: Brasiliana, 1987.

LOVELUCK, B. *Redes, liberdades e controle: uma genealogia política da internet.* Petrópolis, RJ: Vozes, 2018.

LOWE, K. *Continente Selvagem: o caos na Europa depois da Segunda Guerra Mundial.* Rio de Janeiro: Zahar, 2017.

LÖWITH, K. *O sentido na História: implicações teológicas das filosofias da história.* Portugal: Edições 70, 1991.

LÖWY, M. *Walter Benjamin: aviso de incêndio. Uma leitura das teses 'Sobre o conceito de História'.* Tradução de Wanda N. C. Brant. São Paulo: Boitempo, 2005.

______. *Franz Kafka:* sonhador insubmisso. São Paulo: Azougue Editorial, 2005 (1ª ed. 2003).

LUCA, T. R. *A revista do Brasil: um diagnóstico para a (n)ação.* São Paulo: Editora UNESP, 1999.

_____. *Leituras, projetos e (re)vista(s) do Brasil (1916-1944).* São Paulo: Editora UNESP, 2011.

LUKÁCS, G. *O jovem Hegel: e os problemas da sociedade capitalista.* São Paulo: Boitempo, 2018.

MACHADO, M. H. *O plano e o pânico: os movimentos sociais na década da abolição.* São Paulo: Edusp, 1994.

MACHADO, R. *Impressões de Michel Foucault.* São Paulo: N-1 Edições, 2017.

______. *Deleuze: a arte e a filosofia.* Rio de Janeiro: Jorge Zahar Editor, 2009.

______. *Foucault: a ciência e o saber.* Rio de Janeiro: Jorge Zahar Editor, 2006.

______. *Foucault: a filosofia e a literatura.* 3ª Edição. Rio de Janeiro: Jorge Zahar Editor, 2005.

______. *Nietzsche e a verdade.* 2ª Edição. São Paulo: Graal, 1999.

MACEDO, J. R. (org.). *O pensamento africano no século XX.* São Paulo: Outras expressões, 2016.

MACLELLAN, D. *Karl Marx: vida e pensamento.* Petrópolis, RJ: Vozes, 1990.

MACMILLAN, M. *Usos e abusos da História.* Rio de Janeiro: Record, 2010.

MAESTRI, M. *Domenico Losurdo, um farsante na terra dos papagaios.* Porto Alegre, RS: Clube dos Autores, 2017.

MAFFESOLI, M. *O tempo das tribos. O declínio do individualismo nas sociedades de massa.* Tradução de Maria de Lourdes Menezes. 4ª Edição. Rio de Janeiro: Forense Universitária, 2006.

MAIA, C. A. Crise da História ou crise dos historiadores no linguistic turn, o caso brasileiro. *Projeto História,* PUC/SP, n. 41, 2010, p. 351-382.

MAYER, Arno J. *A força da tradição. A persistência do antigo regime (1848-1914).* Tradução de Denise Bottmann. São Paulo: Companhia das Letras, 1987.

MALATIAN, T. M. A biografia e a história. *Cadernos Cedem*, v. 1, 2008, p. 16-32.

MALERBA, J. & ROJAS, C. A. A. (Org.). *Historiografia contemporânea em perspectiva crítica.* Bauru/SP: Edusc, 2007.

MALERBA, J. *Notas à margen: teoria e crítica historiográfica.* Serra, ES: Editora Milfontes, 2018.

______. *Brasilianos: capítulos avulsos de história da formação brasileira.* São Paulo: Alameda, 2017.

______. (Org.). *História & Narrativa: a ciência e a arte da escrita da história.* Petrópolis/RJ: Vozes, 2016.

______. *Ensaios: teoria, história & ciências sociais.* Londrina/PR: Eduel, 2011.

______. (Org.). *A história escrita. Teoria e história da historiografia.* São Paulo: Contexto, 2006a.

______. A História e os discursos: uma contribuição ao debate sobre o realismo histórico. *Locus: revista de história*, UFJF, v. 12, n. 1, 2006b, p.41-78.

MANDELBAUM, E. *Franz Kafka:* um judaísmo na ponte do impossível. São Paulo: Perspectiva, 2003.

MANOEL, I. A. *O pêndulo da História. Tempo e eternidade no pensamento Católico (1800-1960).* Maringá: Eduem, 2004.

MANZANO, T. R. *Artimanhas da ficção: ensaios de literatura.* São Paulo: Terceiro Nome, 2008.

______. *E se a literatura se calasse? Os impasses do romance da Antiguidade ao século XX.* São Paulo: Terceiro Nome, 2011.

______. *O romance na modernidade.* São Paulo: Terceiro Nome, 2020.

MARCONDES, R. L. *A arte de acumular na economia cafeeira. Vale do Paraíba, século XIX.* Lorena, SP: Stiliano, 1998.

MARX, K. *O capital. Crítica da economia política. Livro Primeiro: o processo de produção do capital.* Tradução de Reginaldo Sant'Anna. 26ª Edição. Rio de Janeiro: Civilização Brasileira, 2008, v.1.

MARQUESE, R. B. *Administração & Escravidão:* ideias sobre a gestão da agricultura escravista brasileira. São Paulo: Hucitec, 1999

______. *Feitores do corpo, missionários da mente:* senhores, letrados e o controle dos escravos nas Américas, 1660-1860. São Paulo: Companhia das Letras, 2004.

MARTINS, A.; SANTIAGO, H.; OLIVA, L. C. (org.). *As ilusões do eu: Spinoza e Nietzsche.* Rio de Janeiro: Civilização Brasileira, 2011.

MARTINS, E. C. R. Historiografia alemã no século 20: encontros e desencontros. In: MALERBA, J. & AGUIRRE ROJAS, C. A. *Historiografia contemporânea em perspectiva crítica.* Bauru/SP: Edusc, 2007, p. 45-68.

MARTINS, J. S. *As duas mortes de Francisca Júlia: a semana antes da semana.* São Paulo: Editora UNESP, 2022.

MARTINS, L. P. L. *Sujeitos de verdade. Foucault e uma genealogia da psicanálise.* Curitiba, PR: Kotter Editorial, 2021.

MATOS, J. S. Lucien Febvre e a quádrupla herança: aspectos teóricos do campo biográfico. *Biblos*, Rio Grande, n. 20, 2006, p. 165-178.

MATOS, O. Mal-estar na temporalidade: o ser sem o tempo. In: NOVAES, A. (Org.). *Mutações:* ensaios sobre as novas configurações do mundo. São Paulo: Edições SESCSP; Agir, 2008, p. 235-268.

MATTOS, H. M. *Das cores do silêncio: os significados da liberdade no Sudeste escravista. Brasil, século XIX.* Rio de Janeiro: Nova Fronteira, 1998.

MATTOS, M. B. *E. P. Thompson e a tradição de crítica ativa do materialismo histórico.* Rio de Janeiro: Editora da UFRJ, 2012.

MATTOSO, K. *Ser escravo no Brasil.* São Paulo: Brasiliense, 1982.

MAUSS, M. Ensaio sobre a dádiva – forma e razão da troca nas sociedades arcaicas. In: *Idem. Sociologia e Antropologia.* Tradução de Paulo Neves. São Paulo: Cosac Naif, 2003, p. 183-314.

MAZZARI, M. V.; MARKS, M. C. (org.). *Romance de formação: caminhos e descaminhos do herói.* Cotia, SP: Ateliê Editorial, 2020.

MBEMBE, A. *Crítica da razão negra.* Lisboa: Antígona, 2017.

______. *Crítica da razão negra.* São Paulo: N-1 Edições, 2018.

______. *Necropolítica.* São Paulo: N-1 Edições, 2018.

______. *Políticas da inimizade.* São Paulo: N-1 Edições, 2021a.

______. *Brutalismo.* Lisboa: Antígona, 2021b.

MCGINN, B. *As fundações da mística.* São Paulo: Paulus, 2012.

MCKINNON, S. *Genética neoliberal: uma crítica antropológica da psicologia evolucionista.* São Paulo: UBU Editora, 2021.

MEDEIROS, P. A. *Pós-Modernidade e Historiografia: Um Estudo Sobre Hayden White.* 2006. Dissertação (Mestrado em História) - UFMG.

MELLO E SOUZA, L. (et. al.). *Antonio Candido: afeto e convicção.* São Paulo: Edições Sesc, 2021.

MELLO, R. M. Da utilidade e desvantagem da história para Hayden White. *Varia História*, UFMG, v. 25, n. 42, 2009a, p. 611-634.

______. Teoria do discurso historiográfico de Hayden White: uma introdução. *OPSIS*, UFG, v. 8, 2009b, p. 120-145.

MERQUIOR, J. G. *O estruturalismo dos pobres e outras questões.* Rio de Janeiro: Tempo Brasileiro, 1975.

______. *Formalismo & tradição moderna: o problema da arte na crise da cultura.* São Paulo: É Realizações, 2015.

______. *Foucault – ou o niilismo de cátedra.* São Paulo: É Realizações, 2021.

MERRILL, T. C. *O livro da imitação e do desejo. Lendo Milan Kundera com René Girard.* São Paulo: É Realizações, 2016.

MESGRAVIS, L. A produção histórica sobre São Paulo de 1960 a 1995. *Revista Estudos de História*, Franca, 4(2): 93-108, 1997.

MESQUITA, G. R. Dissensos em torno da modernização planejada para o Brasil: intelectuais, política e questão racial no *corpus* da revista Anhembi (1950-1962). *Revista de História Social*, Unicamp, n. 19, 2010, p. 151-172.

METSCALF, A. C. Vida familiar dos escravos em São Paulo no século dezoito: o caso de Santana do Parnaíba. *Estudos Econômicos*, São Paulo, IPE/USP, 17 (2), 1987.

MEUCCI, S. *Institucionalização da Sociologia no Brasil: primeiros manuais e cursos.* São Paulo: Hucitec; FAPESP, 2011.

MICELI, S. *Intelectuais à brasileira.* São Paulo: Companhia das Letras, 2001.

______. (Org.). *História das Ciências Sociais no Brasil.* São Paulo: Vértice; Editora Revista dos Tribunais: IDESP, 1989, 2v.

MIDDELAAR, L. V. *Politicídio: o assassinato da política na filosofia francesa.* São Paulo: É Realizações, 2015.

MIGNOLO, W. D. *Histórias locais/projetos globais: colonialidade,saberes subalternos e pensamento liminar.* Belo Horizonte/MG: Editora da UFMG, 2003.

______. *El vuelco de la razão.* Buenos Aires: Del Signo, 2017.

MILANOVIC, B. *Capitalismo sem rivais: o futuro do sistema que domina o mundo.* São Paulo: Todavia, 2020.

______. *A desigualdade do mundo: uma nova abordagem para a era da globalização.* Lisboa: Actual, 2017.

______. *A desigualdade do mundo: uma nova abordagem para a era da globalização.* 2ª Ed. Lisboa: Actual, 2020b.

MIRANDA, F. R. *Silêncios prescritos: estudo de romances de autoras negras brasileiras.* Rio de Janeiro: Malê, 2019.

MOMIGLIANO, A. *As raízes clássicas da historiografia moderna.* Bauru: Edusc, 2004.

______. *The development of greek biography.* Cambridge: Cambridge University, 1993.

MONTEIRO, J. *Negros da terra.* São Paulo: Companhia das Letras, 1994.

______. *Tupis, tapuias e historiadores.* Estudos de história indígena e de indigenismo. Campinas, 2001. Tese de Livre Docência, Unicamp

MONTEIRO, P. M.; EUGÊNIO, J. K. (Org.) *Sérgio Buarque de Holanda: perspectivas.* Campinas/SP: Ed. Unicamp; UERJ, 2008.

MONTEIRO, P. M. *Signo e desterro: Sérgio Buarque de Holanda e a imaginação do Brasil.* São Paulo: Hucitec, 2015.

_____. *A queda do aventureiro: aventura, cordialidade e os novos tempos em Raízes do Brasil.* Campinas/SP: Unicamp, 1999.

_____. Sergio Buarque de Holanda e os atores da nossa revolução. *Cadernos de História Social*, Campinas (SP), n. 4, 1996, p. 59-72.

MONTEIRO, P. M. (Org.) *Mário de Andrade e Sérgio Buarque de Holanda: correspondência.* São Paulo: Companhia das Letras, Edusp, 2012.

MORAES, C. S. *Atrilha dos ninhos de aranha: o romance de Italo Calvino no contexto da Resistência Italiana.* Dissertação de mestrado em estudos literários, Programa de Pós-Graduação em Letras, Universidade Federal do Espírito Santo, Vitória, 2016.

______. Resistência e leitura na Itália de A trilha dos ninhos de aranha, de Italo Calvino. *Litterata*, v. 3, n. 1, p. 8-21, 2013.

MORAES, J. Q. (org.). *História do marxismo no Brasil. Teorias. Interpretações.* Campinas, SP: Editora da Unicamp, 2007, v. 3.

MOREIRA, A. J. *Pensando como um negro: ensaio de hermenêutica jurídica.* São Paulo: Contracorrente, 2019.

MORETTI, F. *Signos e estilos da modernidade: ensaios sobre a sociologia das formas literárias.* Rio de Janeiro: Civilização Brasileira, 2007.

______. *Atlas do romance europeu, 1880-1900.* São Paulo: Boitempo, 2003.

______. *O burguês: entre a História e a Literatura.* São Paulo: Três Estrelas, 2014.

______. *O romance de formação.* São Paulo: Todavia, 2019.

MORETTI, F. (Org.). *A cultura do romance.* Tradução de Denise Bottmann. São Paulo: Cosac Naify, 2009, v.1.

MOSÉ, V. *Nietzsche e a grande política da linguagem.* Rio de Janeiro: Civilização Brasileira, 2005.

______. *Nietzsche hoje.* Petrópolis, RJ: Vozes, 2018.

MOTTA, M. S. O relato biográfico como fonte para a história. *Vidya*, Santa Maria (RS), n. 34, 2010, p. 101-122.

MOTTA, J. F. *Corpos escravos, vontades livres: posse de escravos e família escrava em Bananal (1801-1829).* São Paulo: FAPESP; Annablume, 1999.

MOTTA, R. P. S. *Passados presentes: o golpe de 1964 e a ditadura militar.* Rio de Janeiro: Jorge Zahar Editor, 2021.

MOURA, C. *As injustiças de Clio. O negro na historiografia brasileira.* Belo Horizonte: Oficina de Livros, 1990.

MULLER-LAUTER, W. *Nietzsche: sua filosofia dos antagonismos e os antagonismos de sua filosofia.* São Paulo: Editora da Unifesp, 2009.

MULLER, R. G.; DUARTE, A. L. (org.). *E. P. Thompson: paixão e política.* Chapecó: Argos, 2012.

MUNSLOW, A. *Desconstruindo a História.* Tradução de Renata Gaspar Nascimento. Petrópolis, RJ: Vozes, 2009.

MURICY, K. *Figuras da verdade: Nietzsche, Benjamin e Foucault.* Belo Horizonte, MG: Relicário, 2020.

MUSIL, R. *O homem sem qualidades.* Rio de Janeiro: Nova Fronteira, 2021.

NASCIMENTO, B. *Uma história feita por mãos negras.* Rio de Janeiro: Zahar, 2021.

NASCIMENTO, E. *Derrida e a Literatura.* 3ª Ed. São Paulo: É Realizações, 2015.

NEEDELL, J. *Belle Époque tropical: sociedade e cultura de elite no Rio de Janeiro na virada do século.* (Trad. Celso Nogueira). São Paulo: Companhia das Letras, 1993.

NEGRI, A. *Quando e como eu li Foucault.* São Paulo: N-1 Edições, 2016.

NETTO, J. P. *Karl Marx: uma biografia.* São Paulo: Boitempo, 2020.

NEVES, L. M. B. P.; GUIMARÃES, L. M. P.; GONÇALVES, M. A.; GONTIJO, R. (org.) *Estudos de Historiografia Brasileira.* Rio de Janeiro: FGV; FAPERJ, 2011.

NICODEMO, T. L.; SANTOS, P. A. C.; PEREIRA, M. H. F. *Uma introdução à história da historiografia brasileira (1870-1970).* Rio de Janeiro: FGV, 2018.

NICODEMO, T. L. Para além de um prefácio: ditadura e democracia no diálogo entre Antonio Candido e Sérgio Buarque de Holanda. *Revista Brasileira de História*, v. 36, n. 73, p. 159-180, 2016.

NICODEMO, T. L. *Urdidura do vivido: Visão do paraíso e a obra de Sérgio Buarque de Holanda nos anos 1950.* São Paulo: Edusp, 2008.

_____. *Alegoria moderna: consciência histórica e figuração do passado na crítica literária de Sérgio Buarque de Holanda.* Tese de doutorado em História; FFLCH/USP, 2011.

NICOLAU, J. *O Brasil virou à direita: uma radiografia da eleição de Bolsonaro em 2018.* Rio de Janeiro: Jorge Zahar Editor, 2020.

NIEMEYER, C. (org.). *Léxico de Nietzsche.* São Paulo: Edições Loyola, 2014.

NIETZSCHE, F. *Escritos sobre História.* Tradução de Noéli Correia de Melo Sobrinho. Rio de Janeiro: Edições Loyola; Editora PUC Rio, 2005a.

______. *Aurora. Pensamentos sobre a moral como preconceito.* Tradução de Antônio Carlos Braga. São Paulo: Ed. Escala, 2008a.

______. *Aurora. Pensamentos sobre a moral como preconceito.* Tradução de Paulo César de Souza. São Paulo: Companhia das Letras, 2008b.

______. *Além do bem e do mal. Prelúdio a uma filosofía do futuro.* Tradução de Paulo Cesar de Souza. São Paulo: Companhia das Letras, 2005b.

______. *A genealogia da moral. Uma polémica.* Tradução de Paulo Cesar de Souza. São Paulo: Companhia das Letras, 2006.

______. *A vontade de poder.* Tradução de Marcos Sinésio B. Fernandes e Francisco José D. de Moraes. Rio de Janeiro: Contraponto, 2007.

NOBRE, M. *Limites da democracia: de junho de 2013 ao governo Bolsonaro.* São Paulo: Todavia, 2022.

______. *Ponto-final: a guerra de Bolsonaro contra a democracia.* São Paulo: Todavia, 2020.

______. *Imobilismo em movimento: da abertura democrática ao governo Dilma.* São Paulo: Companhia das Letras, 2013.

NORA, P. (Org.). *Ensaios de ego-história.* Tradução de Ana Cristina Cunha. Lisboa/Portugal: Edições 70, 1989.

NORA, P. O retorno do fato. In: LE GOFF, J.; NORA, P. (org.). *História: novos problemas.* Rio de Janeiro: Francisco Alves, 1995b, p. 179-193.

NOVAES, A. (org.). *O silêncio dos intelectuais.* São Paulo: Companhia das Letras, 2006.

______. (org.). *Civilização e barbárie.* São Paulo: Companhia das Letras, 2004.

______. (org.). *A crise da razão.* São Paulo: Companhia das Letras, 1996.

NUNES, D. *Franz Kafka:* vida heróica de um anti-herói. Rio de Janeiro: Bloch, 1974.

ODALIA, N. *O saber e a história: Georges Duby e o pensamento historiográfico contemporâneo.* São Paulo: Brasiliense, 1994.

OYEWUMI, O. *A invenção das mulheres: construindo um sentido africano para os discursos ocidentais de gênero.* Rio de Janeiro: Bazar do Tempo, 2021.

OLIVAL, F. *As ordens militares e o Estado Moderno. Honra, mercê e venalidade em Portugal (1641-1789).* Lisboa: Estar, 2001.

OLIVEIRA, L. L. *Americanos. Representações da identidade nacional no Brasil e nos EUA.* Belo Horizonte: Ed. UFMG, 2000.

______. *A questão nacional na Primeira República.* São Paulo: Brasiliense, 1990.

OLIVEIRA, M. G. *Escrever vidas, narrar a história: a biografia como problema historiográfico no Brasil oitocentista.* Rio de Janeiro: Editora FGV, 2012.

______. Brasileiros ilustres no tribunal da posteridade: biografia, memória e experiência da história no Brasil oitocentista. *Varia História*, UFMG, v. 26, n. 43, 2010, p. 283-298.

______. Fazer história, escrever a história: sobre as figurações do historiador no Brasil oitocentista. *Revista Brasileira de História*, São Paulo, v. 30, n. 59, 2010b, p. 37-52.

______. Traçando vidas de brasileiros distintos com escrupulosa exatidão: biografia, erudição e escrita da história na *Revista do Instituto Histórico e Geográfico Brasileiro* (1839-1850). *História*, São Paulo, v. 26, n. 1, 2007, p. 154-178.

OLIVEIRA, R. *O homem sem qualidades à espera de Godot*. São Paulo: Hedra, 2020.

ONFRAY, M. *Contra-história da filosofia: as sabedorias antigas*. São Paulo: WMF Martins Fontes, 2008, v.1.

______. *A política do rebelde: tratado de resistência e insubmissão*. Rio de Janeiro: Rocco, 2001.

______. *A potência do existir: manifesto hedonista*. São Paulo: WMF Martins Fontes, 2010.

______. *A sabedoria trágica: sobre o bom uso de Nietzsche*. Belo Horizonte: Autêntica, 2014a.

______. *Tratado de ateologia: física da metafísica*. São Paulo: WMF Martins Fontes, 2014b.

______. *Decadência: o declínio do Ocidente*. Lisboa: Edições 70, 2019.

OLOIXARAC, P. *As teorias selvagens*. São Paulo: Saraiva, 2011.

ORTEGA Y CASSET, J. *Meditações do Quixote*. Campinas, SP: Vide Editorial, 2019.

______. *A desumanização da arte e outros escritos*. Campinas, SP: Vide Editorial, 2021.

______. *A rebelião das massas*. Campinas, SP: Vide Editorial, 2011.

ORWELL, G. *Sobre a verdade*. São Paulo: Companhia das Letras, 2020.

PALLARES-BURKE, M. L. G. *As muitas faces da História. Nove entrevistas*. SP: Editora da Unesp, 2000.

______. *Gilberto Freyre: um vitoriano nos trópicos*. São Paulo: Editora UNESP, 2005.

______. *O triunfo do fracasso: Rudiger Bilden, o amigo esquecido de Gilberto Freyre*. São Paulo: Editora UNESP, 2012.

PALTI, E. J. *O tempo da política: o século XIX reconsiderado*. Belo Horizonte: Autêntica, 2020.

______. *Giro linguístico e historia intelectual*. Bernal: Universidad Nacional de Quilmes, 2012.

______. *Verdades y saberes del marxismo*. Buenos Aires: Fondo de Cultura Econômica, 2010.

PAWEL, E. *O pesadelo da razão: uma biografia de Franz Kafka*. São Paulo: Imago, 1986.

PAZ, F. M. *Na poética da história: a realização da utopia nacional Oitocentista*. Curitiba/PR: Editora UFPR, 1996.

PAZIANI, R. R. *Construindo a 'Petit Paris': Joaquim Macedo Bittencourt e a Belle Époque em Ribeirão Preto (1911-1920)*. Tese (Doutorado em História) — FHDSS, UNESP, Franca, 2004.

PEETERS, B. *Derrida: biografia*. Rio de Janeiro: Civilização Brasileira, 2013.

PEIXOTO, F. A. *Diálogos brasileiros. Uma análise da obra de Roger Bastide*, São Paulo: Edusp, 2000.

PÉPIN, C. *As virtudes do fracasso*. São Paulo: Estação Liberdade, 2018.

PEREIRA, M. H. F. *Lembranças do presente*. Belo Horizonte, MG: Autêntica, 2022.

PEREIRA, M. R. M. Redes de mercê e carreira: O 'desterro d'Angola' de um militar luso-brasileiro (1782-1789). *História: Questões & Debates*, UFPR, n. 45, 2007, p.97-127.

PEREZ, T. M. M. *Estorvo*, de Chico Buarque: uma leitura alegórica. *Anais do XII congresso internacional da ABRALIC*, Curitiba, UFPR, p. 1-8, 2011.

PERRONE-MOISÉS, L. *Mutações da literatura no século XXI*. São Paulo: Companhia das Letras, 2016.

______. *Vivos na memoria*. São Paulo: Companhia das Letras, 2021.

______. *Vira e mexe, nacionalismo: paradoxos do nacionalismo literário*. São Paulo: Companhia das Letras, 2007.

PESAVENTO, S. J. *História & História Cultural*. 2ª Edição. Belo Horizonte: Autêntica, 2005.

______. (Org.). *Escrita, linguagem, objetos. Leituras de história cultural*. Bauru/SP: Edusc, 2004.

______.(Org.). *História cultural: experiências de pesquisa*. Porto Alegre: Ed. Universidade, 2003.

PESSOA, R. A. S. *Gente sem sorte: os mulatos no Brasil colonial*. Tese de Doutorado em História, FHDSS, UNESP/Franca, 2007.

PIGLIA, R. Uma narrativa sobre Kafka. In. *Idem. O último leitor.* Tradução de Heloisa Jahn. São Paulo: Companhia das Letras, 2006, p. 38-73.

PINSKY, C. B. (org.). *Fontes históricas.* São Paulo: Contexto, 2005.

PINSKY, J.; PINSKY, C. B. (org.). *Novos combates pela história.* São Paulo: Contexto, 2021.

PINTO, A. M.; OLIVEIRA, A. L.; BASTOS, D. (org.). *Luiz Costa Lima: um teórico nos trópicos.* Rio de Janeiro: Garamond, 2019.

PIKETTY, T. *Capital e ideologia.* Rio de Janeiro: Intrínseca, 2020.

______. *O capital no século XXI.* Rio de Janeiro: Intrínseca, 2014.

PRIGOGINE, I. *O fim das certezas: tempo, caos e as leis da natureza.* 2ª Ed. São Paulo: Editora UNESP, 2011.

POCOCK, J. C. A. *Linguagens do ideário político.* São Paulo: Edusp, 2003.

______. *Pensamiento político e historia: ensayos sobre teoria y método.* Madri: Akal, 2011.

______. *Cidadania, historiografia e res publica: contextos do pensamento político.* Lisboa: Almedina, 2013.

POMERANZ, K. *A grande divergência: a China, a Europa e a construção da economia mundial moderna.* Lisboa: Edições 70, 2013.

PONS, S. *A revolução global: história do comunismo internacional, 1917-1991.* Rio de Janeiro: Contraponto, 2014.

PONTES, H. *Destinos mistos – os críticos do grupo Clima em São Paulo (1940-1968),* São Paulo: Companhia das Letras, 1998.

_____. *Intérpretes da metrópole: história social e relações de gênero no teatro e no campo intelectual (1940-1968).* São Paulo: Edusp, 2011

PRADO, A. A. *Trincheira, palco e letras.* São Paulo: Cosac Naify, 2004.

_____. *Itinerários de uma falsa vanguarda: os dissidentes, a semana de 1922 e o integralismo.* 2ª Edição. São Paulo: Editora 34, 2010.

_____. *Cenário com retratos: esboços e perfis.* São Paulo: Companhia das Letras, 2015.

_____. *Dois letrados e o Brasil nação: a obra crítica de Oliveira Lima e Sérgio Buarque de Holanda.* São Paulo: Editora 34, 2015b.

PRATES, P. C. *Ribeirão Preto de outrora*: livro comemorativo do centenário da cidade. Ribeirão Preto: s.n., 1956.

PROST, A. *Doze lições sobre a história.* Tradução de Guilherme João de Freitas Teixeira. Belo Horizonte: Ed. Autêntica, 2008.

PUCHNER, M. *O mundo da escrita: como a literatura transforma a civilização.* São Paulo: Companhia das Letras, 2019.

QUEIROZ, S. R. R. *Escravidão negra em São Paulo. Um estudo das tensões provocadas pelo escravismo no século XIX.* Rio de Janeiro: José Olympio, 1977.

QUERINO, F. M. Colapso da modernização: Roberto Schwarz e a atualização da dialética à brasileira. *Novos Estudos CEBRAP*, n. 97, p. 226-233, 2013.

QUIJANO, A. Colonialidade do poder e classificação social. In: SANTOS, B. S.; MENESES, M. P. (Org.). *Epistemologias do Sul.* São Paulo: Cortez, 2010, p. 84-130.

QUIJANO, A. *Ensayos em torno a la colonialidad del poder.* Buenos Aires: Del Signo, 2019.

RAMO, J. C. *A era do inconcebível:* por que a atual desordem no mundo não deixa de nos surpreender e o que podemos fazer. São Paulo: Companhia das Letras, 2010.

RANCIERE, J. *A noite dos proletários: arquivos do sonho operário.* Portugal: Antígona, 2012a.

______. *O espectador emancipado.* São Paulo: WMF Martins Fontes, 2012b.

______. *As distâncias do cinema.* Rio de Janeiro: Contraponto, 2012c.

______. *O destino das imagens.* Rio de Janeiro: Contraponto, 2012d.

______. *El malestar en la estética.* Madri: Clave intelectual, 2012e.

______. *Béla Tar: o tempo do depois.* Lisboa: Orfeu Negro, 2013.

______. *A fábula cinematográfica.* Campinas, SP: Papirus, 2013b.

______. *Os nomes da história: ensaio de política do saber.* São Paulo: Editora UNESP, 2014a.

______. *Nas margens do político.* Lisboa: KKYM, 2014b.

______. *O ódio à democracia.* São Paulo: Boitempo, 2014c.

______. *As margens da ficção.* São Paulo: Editora 34, 2021a.

______. *Tempos modernos: arte, tempo, política.* São Paulo: N1-Edições, 2021b.

______. *O método da cena.* São Paulo: Quixote, 2021c.

______. *Aisthesis: cenas do regime estético da arte.* São Paulo: Editora 34, 2021d.

______. *João Guimarães Rosa: a ficção à beira do nada.* Belo Horizonte: Relicário, 2021e.

______. *O espaço das palavras – de Mallarmé a Broodthaers.* Belo Horizonte: Relicário, 2020.

______. *Políticas da escrita.* 2ª Ed. São Paulo: Editora 34, 2017a.

______. *O fio perdido: ensaios sobre a ficção moderna.* São Paulo: Martins Fontes, 2017b.

______. *Figuras da história.* São Paulo: Editora UNESP, 2018a.

______. *O desentendimento: política e filosofia.* 2ª Ed. São Paulo: Editora 34, 2018b.

______. *O mestre ignorante: cinco lições sobre a emancipação intelectual.* Belo Horizonte: Autêntica, 2011.

______. O efeito de realidade e a política da ficção. *Novos Estudos*, CEBRAP, n. 86, p. 75-90, 2010.

______. *A partilha do sensível: estética e política.* 2ª Ed. São Paulo: Editora 34, 2009a.

______. *O inconsciente estético.* São Paulo: Editora 34, 2009b.

RANIERI, J. *Trabalho e dialética: Hegel, Marx e a teoria social do devir.* São Paulo: Boitempo, 2011.

______. *A câmara escura: alienação e estranhamento em Marx.* São Paulo: Boitempo, 2001.

RAPONE, L. *O jovem Gramsci: cinco anos que parecem séculos, 1914-1919.* Rio de Janeiro: Contraponto, 2014.

REIMER, H. Sobre a intentio operis de Umberto Eco. *Protestantismo em Revista*, São Leopoldo, RS, v. 23, p. 68-74, 2010.

REIS, J. C. *Nouvelle Histoire e tempo histórico. A contribuição de Febvre, Bloch e Braudel.* São Paulo: Ática, 1994.

_______. *A História: entre a filosofia e a ciência* – 2ª edição – São Paulo: Ática, 1999.

______. *História e Teoria. Historicismo, modernidade, temporalidade e verdade.* Rio de Janeiro: FGV, 2003.

______. *Escola dos Annales. A inovação em História.* São Paulo: Paz e Terra, 2000.

______. *O desafio historiográfico.* Rio de Janeiro: Editora FGV, 2010.

______. *História da "consciência histórica" ocidental contemporânea: Hegel, Nietzsche, Ricoeur.* Belo Horizonte/MG: Autêntica, 2011.

REIS, J. J.; GOMES, F. S.; CARVALHO, M. J. M. *O alufá Rufino: tráfico, escravidão e liberdade no Atlântico negro (1822-1853)*. São Paulo: Companhia das Letras, 2010.

REIS, J. J. *Domingos Sodré, um sacerdote africano.* Escravidão, liberdade e candomblé na Bahia do século XIX. São Paulo: Companhia das Letras, 2008.

______. *Rebelião escrava no Brasil: a história do levante dos malês em 1835*. 5ª Edição revista e ampliada, São Paulo: Companhia das Letras, 2003.

______. *Domingos Sodré, um sacerdote africano. Escravidão, liberdade e candomblé na Bahia do século XIX*. São Paulo: Companhia das Letras, 2008

REIS, J. J. & GOMES, F. S. (Org). *Liberdade por um fio: história dos quilombos brasileiros.* São Paulo: Companhia das Letras, 1996.

RÉMOND, R. (Org.) *Por uma história política.* Tradução de Dora Rocha. 2ª Edição. Rio de Janeiro: Ed. FGV, 2003.

REVEL, J. *Proposições: ensaios de história e historiografia.* Tradução de Cláudia O'Connor dos Reis. Rio de Janeiro: Ed. UERJ, 2009.

______. A biografia como problema historiográfico. In. *Idem*. *História e historiografia: exercícios críticos.* Curitiba/PR: Editora UFPR, 2010, p. 235-248.

RIBEIRO, M. E. B. Georges Duby, o prazer da história. *Revista Signum*, n. 4, 2002.

RICCI, M. *Assombrações de um padre regente: Diogo Antonio Feijó (1784-1843).* Campinas/SP: Editora da Unicamp, 2002.

RICCO, F.; VANNUCCI, J. A. *Biografia da televisão brasileira.* São Paulo: Matrix, 2017, 2v.

RICOEUR, P. *A metáfora viva.* Tradução de Dion Davi Macedo. 2ª Edição. São Paulo: Edições Loyola, 2005.

______. *A memória, a história, o esquecimento.* Tradução de Alain François (et. al.). 1ª reimpressão. Campinas, SP: Ed. Unicamp, 2008.

______. *Tempo e narrativa. A intriga e a narrativa histórica.* São Paulo: Martins Fontes, 2010a, v. 1.

______. *Tempo e narrativa. A configuração do tempo na narrativa de ficção.* São Paulo: Martins Fontes, 2010b, v. 2.

______. *Tempo e narrativa. O tempo narrado.* São Paulo: Martins Fontes, 2010c, v. 3.

______. *O conflito das interpretações*. Rio de Janeiro: Imago, 1978.

RIEDEL, D. C. (Org.). *1º Colóquio UERJ: Narrativa: ficção* e história. Rio de Janeiro: Imago, 1988.

RIOUX, J-P.; SIRINELLI, J-F. (org.). *Para uma história cultural.* Lisboa: Editorial Estampa, 1998.

RISÉRIO, A. *Em busca da nação.* Rio de Janeiro: Topbooks Editora, 2020.

______. *Sobre o relativismo pós-moderno e a fantasia facista da esquerda identitária.* Rio de Janeiro: Topbooks Editora, 2019.

ROBERT, M. *Romance das origens, origens do romance.* Tradução de André Telles. São Paulo: Cosac Naify, 2007.

ROCHA, J. C. C. *Guerra cultural e retórica do ódio: crônicas de um Brasil pós-político.* Goiania, GO: Caminhos, 2021.

______. *Leituras desauratizadas: tempos precários, ensaios provisórios.* Chapecó, SC: Argos, 2017.

______. *Por uma esquizofrenia produtiva: da prática à teoria.* Chapecó, SC: Argos, 2015.

______. *Machado de Assis: por uma poética da emulação.* Rio de Janeiro: Civilização Brasileira, 2013.

______. *Crítica literária: em busca do tempo perdido.* Chapecó, SC: Argos, 2011.

______. *Exercícios críticos – leituras do contemporâneo.* Chapecó, SC: Argos, 2008.

______. (Org.) *Cordialidade a brasileira: mito ou realidade?* Rio de Janeiro: Museu da República, 2005.

______. *Literatura e cordialidade.* Rio de Janeiro: Eduerj, 1998.

______. (org.). *Máscaras da Mímeses*: a *obra de Luiz Costa Lima.* Rio de Janeiro: Civilização Brasileira, 1999.

RODRIGUES, J. P. *1932 pela força da tradição: do confronto bélico a batalha pela memória (1932-1934).* São Paulo: Annablume, 2012.

RODRIGUES, J. *Antonio Candido e Ángel Rama.* São Paulo: Unifesp, 2018.

ROGAN, E. *Os Árabes: uma história.* Rio de Janeiro: Jorge Zahar Editor, 2021.

ROIZ, D. S.; GONTIJO, R.; ZIMMERMANN, T. (org.). *As historiadoras e o(s) gênero(s) na escrita da História I: pioneiras nos estudos históricos brasileiros.* São Paulo: Mercado de Letras, 2021a.

ROIZ, D. S.; GONTIJO, R.; ZIMMERMANN, T. (org.). *As historiadoras e o(s) gêne-ro(s) na escrita da História II: uma geração de pesquisadoras que consolidou os estudos históricos no Brasil.* São Paulo: Mercado de Letras, 2021b.

ROIZ, D. S.; GONTIJO, R.; ZIMMERMANN, T. (org.). *As historiadoras e o(s) gêne-ro(s) na escrita da História III: estudiosas da História de nosso tempo.* São Paulo: Mercado de Letras, 2021c.

ROIZ, D. S.; GOMES, G. F.; FERREIRA, I. J. (org.). *A (pós-)verdade em uma época de mutações civilizacionais.* Serra/ES: Milfontes, 2018.

ROIZ, D. S.; SANTOS, J. R. *As transferências culturais na historiografia brasileira: leituras e apropriações do movimento dos Annales no Brasil.* Jundiaí/SP: Paco Editorial, 2012.

ROIZ, D. S.; SANTOS, J. R. *A construção social da cidadania em uma sociedade in-tercultural: o ensino da cultura e da história africana e afro-brasileira em sala de aula.* Campinas/SP: Autores Associados, 2020.

ROIZ, D. S. *Os caminhos (da escrita) da História e os descaminhos de seu ensino.* Curitiba/PR: Editora Appris, 2012.

______. *Para ser historiador no Brasil: a história de um país e o ofício de historia-dor entre Alfredo Ellis Jr.e Sérgio Buarque de Holanda (1929-1959).* São Paulo: Alameda Casa Editorial, 2020.

______. *O curso de Geografia e História da FFCL/USP e a constituição de um campo disciplinar em São Paulo (1934-1968).* São Paulo: Alameda Casa Editorial, 2021.

______. A reconstituição do passado e o texto literário: a resposta dos historiadores à 'virada linguística'. *Revista Diálogos*, UEM, v. 13, n. 3, 2009a, p. 587-624.

______. O labirinto da realidade, os princípios da História e as regras da historio-grafia. *Revista Varia História*, v. 25, n. 41, 2009b, p. 335-344.

______. O ofício de historiador: entre a 'ciência histórica' e a 'arte narrativa'. *História da historiografia*, n. 4, 2010a, p. 255-278.

______. Os 'prêmios' e os 'castigos' do cativeiro entre Portugal e Brasil: as relações entre 'escravos' e 'senhores' nas peças teatrais dos séculos XVIII e XIX. *Esboços*, UFSC, v. 17, n. 24, 2010b, p. 149-175.

______. Literatura e leituras do milenarismo em Georges Duby (1919-1996). *Signum – revista da ABREM*, v. 11, n. 2, 2010c, p. 109-129.

______. Linguagem e cultura: o desafio do 'linguistic turn' ao contextualismo lin-guístico inglês. *Métis: História & Cultura.* UCS, v. 9, n. 18, p.185-212, 2010d.

______. As metamorfoses de uma obra: leitores e leituras dos textos de Franz Kafka (1883-1924). *Revista Diálogos*, UEM, v. 15, n. 2, p. 377-407, 2011a.

______. A coleção Perfis Brasileiros: um estudo da biografia no mercado editorial brasileiro. *História Social*, Unicamp, n. 21, p. 121-150, 2011b.

______. A era do inconcebível, do caos e das incertezas, de J. C. Ramo (Resenha). *Meridiano 47*, UnB, v. 12, n. 126, p. 54-56, 2011c.

ROIZ, D. S.; SANTOS, J. R. Da França para o Brasil: leituras e apropriações do Marxismo e da "Nova História Cultural" num departamento de História. *Revista Territórios e Fronteiras*, UFMT, v. 4, n. 1, p. 152-187, 2011.

ROMANO, R.; CANDIDO, A. (org.). *2º Colóquio UERJ: Interpretação.* Rio de Janeiro: Imago, 1990.

ROSA, P. F. Z. A escrita palimpséstica de Umberto Eco em *A misteriosa chama da rainha Loana. Olho d'água*, São José do Rio Preto, v. 11, n. 1, p. 156–170, 2019.

ROSENFELD, A. Kafka e kafkianos. In. *Idem. Texto/Contexto.* São Paulo: Perspectiva, 1969, p. 225-262.

ROSENZWEIG, R. *Clio conectada: o futuro do passado na era digital.* Belo Horizonte, MG: Autêntica, 2022.

ROSS, K. *Maio de 68 e suas repercussões.* São Paulo: Edições Sesc São Paulo, 2018.

ROUSSO, H. *A última catástrofe: a história, o presente, o contemporâneo.* Rio de Janeiro: FGV, 2016.

RUNCIMAN, D. *Como a democracia chega ao fim.* São Paulo: Todavia, 2018.

RUSEN, J. *Razão histórica. Teoria da História I: os fundamentos da ciência da história.* Tradução de Estevão de Rezende Martins. Brasília: Ed. UnB, 2001.

______. *Reconstrução do passado. Teoria da história II: os principios da pesquisa histórica.* Tradução de Asta-Rose Alcaide. Brasília: Ed. UnB, 2007a.

______. *História viva. Teoria da História III: formas e funções do conhecimento histórico.* Tradução de Estevão de Rezende Martins. Brasília: Ed. UnB, 2007b.

______. Como dar sentido ao passado: questões relevantes de meta-história. *História da historiografia*, n. 2, 2009, p. 163-209.

______. História entre a modernidade e a pós-modernidade. *História: questões e debates*, UFPR, v. 14, n. 26/27, 1997a, p. 80-101.

______. Explicar o holocausto – de que jeito? O livro de Daniel Goldhagen criticado a luz da teoria da história. *História: questões e debates*, UFPR, v. 14, n. 26/27, 1997b, p. 116-131.

______. Conscientização histórica frente a pós-modernidade: a história na era da 'nova intrasparência'. *História: questões e debates*, UFPR, v. 10, n. 18/19, 1989, p. 303-328.

______. *Teoria da história: uma teoria da história como ciência*. Tradução de Estevão Rezende Martins. Curitiba/PR: Editora da UFPR, 2015.

SAFATLE, V. Sobre a potência política do inumano: retornar à crítica ao humanismo. In: NOVAES, A. (Org.). *A condição humana:* as aventuras do homem em tempos de mutações. São Paulo: Edições SESCSP; Agir, 2009, p. 199-220.

SALOMON, M. (Org.). *História, verdade e tempo*. Chapecó/SC: Argos, 2011.

SANTANA, B.; THEODORO, V. *Continuo preta: a vida de Sueli Carneiro*. São Paulo: Companhia das Letras, 2021.

SANT'ANNA, L. A. S. *Georges Duby e a construção do saber histórico*. Dissertação de mestrado em História, Universidade Federal de Pernambuco, 2001.

SANT'ANNA, M. A. D. *O gênero da parábola*. São Paulo: Editora UNESP, 2010.

SANTAELLA, L. *A pós-verdade é verdadeira ou falsa?* Barueri, SP: Estação das Letras e Cores, 2019.

SANTIAGO, S. *Em liberdade*. 5ª Ed. Rio de Janeiro: Rocco, 2013.

______. *Mil rosas roubadas (romance)*. São Paulo: Companhia das Letras, 2014.

______. *Machado (romance)*. São Paulo: Companhia das Letras, 2016.

______. *Menino sem passado (1936-1948)*. São Paulo: Companhia das Letas, 2021.

SANTOS, B. S. *O fim do império cognitivo: afirmação das epistemologias do Sul*. Belo Horizonte/MG: Autêntica, 2019.

SANTOS, B. S.; MENESES, M. P. (org.). *Epistemologias do Sul*. São Paulo: Cortez, 2010.

SANTOS, J. R. Demografia escrava numa economia voltada para o abastecimento do mercado interno: Mogi das Cruzes (1777-1829). *População e Família*, USP, v.2, 2002, p. 53-71.

SANTOS, J. R. *As transformações da riqueza em Ribeirão Preto entre 1920 e 1951*. Tese de doutorado em História, UNESP, Franca, 2004.

SANTOS, Y. L. *Racismo brasileiro: uma história da formação do país.* São Paulo: Todavia, 2022.

SANTOS, M. C. *Intelectuais negras: prosa negro-brasileira contemporânea.* Rio de Janeiro: Malê, 2018.

SANTOS, W. G. *Acervo de maldizer.* Rio de Janeiro: Rocco, 2008.

______. *Discurso sobre o objeto: uma poética do social.* 2ª Ed. Revista e aumentada. Rio de Janeiro: Topbooks, 2019.

SANTOS, P. S. *Ribeirão Preto histórico e para a história.* Ribeirão Preto: s/e, 1948.

SANTOS Jr., P. M. Pobreza e prostituição na Belle Époque manauara: 1890-1917. *Revista de História Regional*, v. 10, n. 2, p. 87-108, 2005.

SAVATER, F. *Lugares mágicos: os escritores e suas cidades.* Porto Alegre, RS: L&PM, 2015.

SCHERER, S. G. *Intertextualidade e paródia: uma leitura de Baudolino.* Trabalho de Conclusão de Curso, Letras, Porto Alegre, UFRGS, 2009.

SCHMIDT, B. B. Grafia da vida: reflexões sobre a narrativa biográfica. *História Unisinos*, v. 8, n. 10, 2004, p. 131-42.

______. (Org.). *O biográfico:* perspectivas interdisciplinares. Santa Cruz do Sul: EDUNISC, 2000.

______. Construindo biografias... Historiadores e Jornalistas: aproximações e afastamentos. *Estudos Históricos*, FGV, v. 10, n. 19, 1997, p. 3-21

______. O gênero biográfico no campo do conhecimento histórico: trajetórias, tendências e impasses atuais e uma proposta de investigação. *Anos 90*, UFRGS, v. 6, 1996, p. 165-192.

SCHMITZ, F. *O círculo de Viena.* Rio de Janeiro: Contraponto, 2019.

SCHÖNPFLUG, D. *A era do cometa: o fim da primeira guerra e o limiar de um novo mundo.* São Paulo: Todavia, 2018.

SCHWARCZ, L. M. *Sobre o autoritarismo brasileiro.* São Paulo: Companhia das Letras, 2019.

______. *Racismo no Brasil.* 2ª Ed. São Paulo: Publifolha, 2010.

SCHWARCZ, L. M.; STARLING, H. M. *A bailarina da morte: a gripe espanhola no Brasil.* São Paulo: Companhia das Letras, 2020.

SCHWARZ, R. *Martinha versus Lucrécia: ensaios e entrevistas.* São Paulo: Companhia das Letras, 2012.

______. *Seja como for: entrevistas, retratos e documentos.* São Paulo: Editora 34, 2019.

______. *O pai de família e outros estudos.* São Paulo: Companhia das Letras, 2008.

______. *Um mestre na periferia do capitalismo: Machado de Assis.* 4ª Edição. São Paulo: Editora 34, 2000a.

______. *Ao vencedor as batatas.* 5ª Edição. São Paulo: Editora 34, 2000b.

______. *Sequências brasileiras.* São Paulo: Companhia das Letras, 1999.

______. *Duas meninas.* São Paulo: Companhia das Letras, 1997.

______. *Que horas são?* 2ª Edição. São Paulo: Companhia das Letras, 1987.

______. *Cultura e política.* São Paulo: Paz e Terra, 2001.

______. *A lata de lixo da História.* 2ª Edição revista e ampliada. São Paulo: Companhia das Letras, 2014.

______. *Rainha Lira: peça teatral.* São Paulo: Editora 34, 2022.

SCHWARTZ, S. B. *Escravos, roceiros e rebeldes.* Tradução Jussara Simões. Bauru, SP: Edusc, 2001.

______. *Segredos internos. Engenhos e escravos na sociedade colonial.* Tradução de Laura Teixeira Mota. São Paulo: Companhia das Letras, 1988.

______. Padrões de propriedade de escravos para as Américas: nova evidência para o Brasil. *Estudos Econômicos*, v. 13, n. 1, 1983, p.259-87.

SCRUTON, R. *A cultura moderna.* Lisboa: Edições 70, 2020.

SEABRA, S. De vizinhas tricoteiras a companheiras distantes? Alguns apontamentos sobre o debate entre História e Literatura. *Locus*, UFJF, v. 17, n. 1, 2011, p. 17-37.

SECCO, L. *A batalha dos livros.* Cotia, SP: Ateliê Editorial, 2017.

SEDGWICK, M. *Contra o mundo moderno: o tradicionalismo e a história intelectual secreta do século XX.* Belo Horizonte: Ayiné, 2020.

SENNETT, R. Papéis públicos. In: *Idem. O declínio do homem público. As tiranias da intimidade.* São Paulo: Companhia das Letras, 1988, p. 88-116.

SÉRGIO, J.; CARVALHO, F. (org.). *Jacques Rancière e a escola: educação, política e emancipação.* Belo Horizonte, MG: Autêntica, 2022.

SERNA, J.; PONS, A. *La historia cultural: autores, obras, lugares.* Madri: Akal, 2005.

SEVCENKO, N. *Literatura como missão: tensões sociais e criação cultural na Primeira República.* 2ª Edição revista e ampliada. São Paulo: Companhia das Letras, 2003.

______. Transformações na linguagem e advento da cultura modernista no Brasil. *Estudos Históricos*, FGV, v. 6, n. 11, 1993, p. 78-88.

______. *Orfeu estático na metrópole: São Paulo, sociedade e cultura nos frementes anos 20.* São Paulo: Companhia das Letras, 1992.

SÉVILLIA, J. *O terrorismo intelectual: de 1945 aos nossos dias.* São Paulo: Peixoto Neto, 2009.

SIBILIA, P. *O show do Eu: a intimidade como espetáculo.* 2ª Ed. Rio de Janeiro: Contraponto, 2016.

_______. *O homem pós-orgânico: a alquimia dos corpos e das almas à luz das tecnologias digitais.* 2ª Ed. Rio de Janeiro: Contraponto, 2015.

SILVA, D. F. *Homo modernus: para uma idéia global de raça.* Rio de Janeiro: Cobogó, 2022.

SILVA, E. & REIS, J. J. *Negociação e conflito: a resistência negra no Brasil escravista.* São Paulo: Companhia das Letras, 1989.

SILVA, E. *O Dom Obá II D'África príncipe do povo:* vida, tempo e pensamento de um homem de cor. São Paulo: Companhia das Letras, 1997.

SILVA, H. R. Transferência de saberes: modalidades e possibilidades. *História: questões e debates*, UFPR, n. 53, 2010, p. 203-228.

______. *Fragmentos da história intelectual.* Campinas: Papirus, 2002.

SILVA, J. M. *A memória e o guardião.* Rio de Janeiro: Civilização Brasileira, 2020.

SIMMS, B. *Europa: a luta pela supremacia.* Lisboa: Edições 70, 2015.

SINGER, A. *O lulismo em crise.* São Paulo: Companhia das Letras, 2018.

______. *Os sentidos do lulismo.* São Paulo: Companhia das Letras, 2012.

SINNERBRINK, R. (org.). *Hegelianismo.* Petrópolis, RJ: Vozes, 2016.

SKIDMORE, T. E. *Preto no Branco: Raça e Nacionalidade no Pensamento Brasileiro (1870-1930).* São Paulo: Companhia das Letras, 2012.

SKINNER, Q. *Hobbes e a liberdade republicana.* Tradução de Modesto Florenzano. São Paulo: Editora UNESP, 2010.

______. *Visões da política: questões metodológicas.* Tradução de João Pedro George. Portugal: Difel, 2005, v. 1.

______. *Visions of politics: renaissance virtues.* Estados Unidos: Cambridge USA, 2002b, v. 2.

______. *Visions of politics: Hobbes and Civil Sciences.* Estados Unidos: Cambridge USA, 2002c, v. 3.

______. *Hobbes e a teoria clássica do riso.* Rio Grande do Sul: Ed. Unisinos, 2002.

______. *Razão e retórica na filosofia política de Hobbes.* São Paulo: Editora UNESP, 1999.

______. *Liberdade antes do liberalismo.* São Paulo: Editora Unesp, 1999b.

______. *El artista y la filosofia política: El buen gobierno de Ambrogio Lorenzetti.* Madri: Editora Trotta, 2009.

______. *As fundações do pensamento político moderno.* São Paulo: Companhia das Letras, 1996.

SLENES, R. W. Os múltiplos de porcos e diamantes: a economia escravista de Minas Gerais no século XIX. *Cadernos do IFCH - Unicamp*, n. 17, 1985.

______. Escravidão e família, padrões de casamento e estabilidade familiar numa comunidade escrava (Campinas, século XIX). *Estudos Econômicos*, São Paulo, IPE, USP, 17 (2), 1987.

______. *Na senzala uma flor: esperanças e recordações na formação da família escrava, Brasil Sudeste, século XIX.* Rio de Janeiro: Nova Fronteira, 1999.

SLOTERDIJK, P. *Crítica da razão cínica.* São Paulo: Estação Liberdade, 2012.

SNELL, B. *A cultura grega e as origens do pensamento europeu.* São Paulo: Perspectiva, 2012.

SNYDER, T. *Na contramão da liberdade: a guinada autoritária nas democracias contemporâneas.* São Paulo: Companhia das Letras, 2019.

SOCHODOLAK, H. *O jovem Nietzsche e a história: como ser intempestivo e duelar com o seu tempo.* São Paulo: Annablume; Editora Unicentro, 2009.

SODRÉ, M. *Reinventando a educação: diversidade, descolonização e redes.* 2ª Ed. Petrópolis, RJ: Vozes, 2012.

______. *A sociedade incivil: mídia, iliberalismo e finanças.* Petrópolis, RJ: Vozes, 2021.

SOKAL, A.; BRICMONT, J. *Imposturas intelectuais: o abuso da ciência pelos filósofos pós-modernos.* 3ª Ed. Rio de Janeiro: Record, 2006.

SOUZA, J. *Como o racismo construiu o Brasil.* Rio de Janeiro: Estação Brasil, 2021.

______. *A guerra contra o Brasil.* Rio de Janeiro: Estação Brasil, 2020.

______. *A herança do golpe.* Rio de Janeiro: Civilização Brasileira, 2022.

SOUZA, J.; AVELINO, R.; SILVEIRA, S. A. (org.). *A sociedade de controle: manipulação e modulação nas redes sociais.* São Paulo: Hedra, 2018.

SOUZA, L. G. C. Usos do reconhecimento em Roberto Schwarz: tentativa de uma aproximação. *Revista do Instituto de Estudos Brasileiros*, n. 74, p. 147-161, 2019.

SOUZA, N. S. *Tornar-se negro. Ou as vicissitudes da identidade do negro brasileiro em ascensão social.* Rio de Janeiro: Jorge Zahar Editor, 2021.

SOUZA, P. H. G. F. *Uma história da desigualdade: a concentração de renda entre os ricos no Brasil (1926-2013).* São Paulo: Hucitec, 2018.

SOUZA, R. T. *Crítica da razão idolátrica.* Porto Alegre, RS: Zouk, 2020.

SPIVAK, G. C. *Crítica da razão pós-colonial.* São Paulo: Politeia, 2022.

______. *Pode o subalterno falar?* Belo Horizonte: Editora da UFMG, 2010.

STACH, R. *Kafka: os anos decisivos.* São Paulo: Todavia, 2022.

STARLING, H. M.; LAGO, M.; BIGNOTTO, N. *Linguagem da destruição: a democracia brasileira em crise.* São Paulo: Companhia das Letras, 2022.

STONE, L. O ressurgimento da narrativa. Reflexões sobre uma Velha História. *Revista de História*, Unicamp, n. 2/3, 1991, p. 13-37.

______. History and post-modernism. *Past and Present*, n. 131, 1991, p. 217-218.

______. History and post-modernism. *Past and Present*, n. 135, 1992, p. 187-194.

SUSSEKIND, F. *Cinematógrafo de letras: literatura, técnica e modernização no Brasil.* 1ª Re. São Paulo: Companhia das Letras, 2006.

______. *Papeis colados.* 2ª Ed. Rio de Janeiro: Editora da UFRJ, 2003.

______. *O Brasil não é longe daqui: o narrador, a viagem.* São Paulo: Companhia das Letras, 1990.

SUZIGAN, W. *Indústria brasileira: origem e desenvolvimento.* São Paulo: Hucitec, 2000.

WAGNER. I. *Bauman: uma biografia.* Rio de Janeiro: Zahar, 2020.

WAIZBORT, L. O mal entendido da democracia – Sérgio Buarque de Holanda, *Raízes do Brasil*, 1936. *Revista Brasileira de Ciências Sociais*, v. 26, n. 76, 2011, p. 39-62.

WEBB, E. *A pomba escura: o sagrado e o secular na literatura moderna*. São Paulo: É Realizações, 2012.

WEBER, E. *França fin-de-siècle*. São Paulo: Companhia das Letras, 1988.

WEGNER, Robert. *A conquista do oeste. A fronteira na obra de Sérgio Buarque de Holanda*. Belo Horizonte: Ed. UFMG, 2000.

WHITE, H. *Trópicos do Discurso*: *ensaios sobre a crítica da cultura*. Tradução de Alípio Correia de Franca Neto. São Paulo: Edusp, 1994.

______. *Meta-História. A Imaginação Histórica do Século XIX*. Tradução de José Laurêncio de Melo. São Paulo: Edusp, 1995.

______. *The fiction of narrative: essays on History, Literature, and Theory, 1957-2007*. Edited and with and introduction by Robert Doran. EUA: Johns Hopkins University, 2010a.

______. Posmodernisme et histoire. In. DELAROIX, C.; DOSSE, F.; GARCIA, P.; OFFENSTADT, N. (org.). *Historiographies: concepts et débats*. Paris: Gallimard, 2010b, p. 839-844, v. 2.

______. A questão da narrativa na teoria contemporânea da história. *Revista de História*, Unicamp, n. 2/3, 1991a, p. 47-89.

______. Teoria literária e escrita da história. *Estudos Históricos*, Rio de Janeiro, v. 7, n. 13, 1994, p. 21-48

______. *La ficción de la narrativa: ensayos sobre historia, literatura y teoria, 1957-2007*. Buenos Aires: Eterna Cadencia, 2011.

______. *El pasado práctico*. Buenos Aires: Prometeo Libros, 2017.

WILKERSON, I. *Castas: as origens de nosso mal-estar*. Rio de Janeiro: Jorge Zahar Editor, 2021.

WILLIAMS, J. *Pós-estruturalismo*. Petrópolis, RJ: Vozes, 2012.

WILLIAMS, R. *Cultura e sociedade: de Coleridge a Orwell*. Petrópolis/RJ: Vozes, 2011.

______. *Drama em cena*. São Paulo: Cosac & Naify, 2010.

______. *Palavras-chave: um vocabulário de Cultura e Sociedade*. São Paulo: Boitempo, 2007.

______. *Tragédia moderna*. São Paulo: Cosac & Naify, 2002.

WIKLUND, M. Além da racionalidade instrumental: sentido histórico e racionalidade na teoria da história de Jörn Rusen. *Rev. História da historiografia*, n. 1, 2008, p. 19-44.

WOOLF, D. *Uma história global da história.* Petrópolis, RJ: Vozes, 2014.

WRIGHT, E. O. *Como ser anticapitalista no século XXI?* São Paulo: Boitempo, 2019.

TALEB, N. N. *A lógica do cisne negro: o impacto do altamente improvável.* Rio de Janeiro: Objetiva, 2021.

______. *Anti-frágil: coisas que se beneficiam com o caos.* Rio de Janeiro: Objetiva, 2020.

______. *Iludidos pelo acaso: a influência da sorte nos mercados e na vida.* Rio de Janeiro: Objetiva, 2019.

______. *Arriscando a própria pele: assimetrias ocultas no cotidiano.* Rio de Janeiro: Objetiva, 2018.

THEODORO, M. *A sociedade desigual: racismo e branquitude na formação do Brasil.* Rio de Janeiro: Jorge Zahar Editor, 2022.

THERBORN, G. *O mundo, um guia para principiantes.* São Paulo: Contexto, 2013.

THOMPSON, E. P. *A miséria da teoria.* Rio de Janeiro: Ed. Zahar, 1990.

______. *A formação da classe operária inglesa.* Rio de Janeiro: Paz e Terra, 1987, 1988, 3v.

______. *Senhores e caçadores.* Rio de Janeiro: Paz e Terra, 1987.

______. *Costumes em comum.* São Paulo: Companhia das Letras, 1998.

______. *A peculiaridade dos ingleses e outros ensaios.* Campinas, SP: Unicamp, 2001.

______. *Os românticos.* Rio de Janeiro: Civilização Brasileira, 2002.

TODOROV, T. *A literatura em perigo.* 10ª Ed. Rio de Janeiro: Difel, 2020.

______. *O jardim imperfeito. O pensamento humanista na França.* São Paulo: Edusp, 2005.

______. *O espírito das Luzes.* São Paulo: Editora Barcarolla, 2008

______. *O medo dos bárbaros: para além do choque de civilizações.* Petrópolis, RJ: Vozes, 2010a.

______. *A conquista da América: a questão do outro.* 4ª Ed. São Paulo: WMF Martins Fontes, 2010b.

______. *Goya à sombra das luzes.* São Paulo: Companhia das Letras, 2014.

______. *Crítica da crítica: um romance de aprendizagem.* São Paulo: Editora UNESP, 2015.

______. *Os inimigos íntimos da democracia.* São Paulo: Companhia das Letras, 2012.

______. *O triunfo do artista: a revolução e os artistas. Russia, 1917-1941.* Lisboa: Edições 70, 2017.

______. *Os gêneros do discurso.* São Paulo: Editora UNESP, 2018a.

______. *Poética da prosa.* São Paulo: Editora UNESP, 2018b.

______. *Deveres e deleites: entrevistas com Catherine Portevin.* São Paulo: Editora UNESP, 2019.

TOSH, J. *A busca da História: objetivos, métodos e as tendências no estudo da história moderna.* Tradução de Jacques A. Wainberg. Petrópolis/RJ: Vozes, 2011.

TOURAINE, A. *Pensar outramente: o discurso interpretativo dominante.* Petrópolis/RJ: Vozes, 2009.

TOZZI, V. *La historia según la nueva filosofia de la historia.*Buenos Aires: Prometeo Libros, 2008.

TRAVERSO, E. *Onde foram parar os intelectuais?* Belo Horizonte, MG: Ayiné, 2020.

______. *As novas faces do fascismo: populismo e a extrema direita.* Belo Horizonte, MG: Ayiné, 2021.

______. *Melancolia de esquerda: marxismo, história e memória.* Belo Horizonte, MG: Editora Ayiné, 2018.

TSCHICHOLD, J. *A forma do livro: ensaios sobre tipografia e estética do livro.* São Paulo: Ateliê Editorial, 2007.

TUON, L. I. *O cotidiano cultural em Ribeirão Preto (1880-1920).* Dissertação (mestrado) FHDSS/Franca – São Paulo: Franca/UNESP, 1997.

VACCA, G. *Vida e pensamento de Antonio Gramsci, 1926-1937.* Rio de Janeiro: Contraponto, 2012.

______. *Modernidades alternativas: o século XX de Antonio Gramsci.* Rio de Janeiro: Contraponto, 2016.

VAINFAS, R. *Os protagonistas anônimos da História. Micro-história.* Rio de Janeiro: Campus, 2002.

______. *Traição: um jesuíta a serviço do Brasil holandês processado pela Inquisição.* São Paulo: Companhia das Letras, 2008.

VALADÃO, V. *Memória arquitetônica em Ribeirão Preto.* Dissertação de Mestrado. FHDSS/Franca – São Paulo: Franca/UNESP, 1997.

VASCONCELOS, J. A. *Quem tem medo de teoria? A ameaça do pós-modernismo na historiografia americana.* São Paulo: Annablume; Fapesp, 2005.

VÁZQUEZ, A. S. Um herói kafkiano: Josef K. In: *Idem. As ideias estéticas de Marx.* Trad. Carlos Nelson Coutinho. 3ª Ed. São Paulo: Expressão Popular, 2011, p.129-44.

VEDOIN, G. *Narrativas na cadência da cultura contemporânea: estatuto representativo e videografia em Bubble Gum, de Lolita Pille e o Paraíso é bem bacana, de André Sant'anna.* Tese de doutorado em estudos literários, UFG, Goiânia, 2017.

VEYNE, P. *Como se escreve a história e Foucault revoluciona a história.* Tradução de Alda Baltar e Maria Auxiliadora Kneip.Brasília: Editora da UnB, 1998.

______. *Foucault: seu pensamento, sua pessoa.* Rio de Janeiro: Civilização Brasileira, 2011.

VELLASCO, I. A. *As seduções da ordem. Violência, criminalidade e administração da justiça. Minas Gerais, século 19.* Bauru/SP: Edusc, 2005.

VELLOSO, M. *Modernismo no Rio de Janeiro: Turunas e Quixotes.* Rio de Janeiro: FGV, 1996.

______. A brasilidade verde-amarela: nacionalismo e regionalismo paulista. *Estudos Históricos*, FGV, v. 6, n. 11, 1993, p. 89-112.

VENTURA, M. S. *De Karpfen a Carpeaux.* Rio de Janeiro: Topbooks, 2002.

VIEIRA Jr., I. *Doramar ou a Odisseia: histórias.* São Paulo: Todavia, 2021.

______. *Torto arado.* 12ª reimpressão. São Paulo: Todavia, 2021.

VIEIRA, J. L. *Caminhos da liberdade no jovem Marx.* São Paulo: Anita Garibaldi, 2017.

VILLAS BÔAS, L. *A República de chinelos: Bolsonaro e o desmonte da representação.* São Paulo: Editora 34, 2022.

VILLAS BÔAS, G. *Mudança provocada: passado e futuro no pensamento sociológico brasileiro.* Rio de Janeiro: FGV, 2006.

______. *A vocação das ciências sociais: um estudo de sua produção em livros do acervo da Biblioteca Nacional.* Rio de Janeiro: Fundação Biblioteca Nacional, 2007.

VILLA-FORTE, L. *Escrever sem escrever: literatura e apropriação no século XXI.* Belo Horizonte, MG: Relicário, 2019.

VOIGT, A. F. *Jacques Rancière e a história: palavras, regimes, cenas.* Uberlândia: Edição do Autor, 2019.

YOUNG, J. *Friedrich Nietzsche: uma biografia filosófica.* Rio de Janeiro: Forense universitária, 2013.

ZUBOFF, S. *A era do Capitalismo de vigilância: a luta por um futuro humano na nova fronteira do poder.* Rio de Janeiro: Intrínseca, 2020.

Por que as portas (do mundo) se fecham para as pessoas?

Castrolomante II

Havia enfim amanhecido, mas meu corpo ainda estava encoberto,
Há tempos a solidão circundava este ambiente vasto e vazio,
Que se faz coberto de mágoas e cinzas pelo ar,
Não imagino a serenidade que já passara adiante – há poucos instantes,
A inquietude não é segredo há séculos, nem tampouco a solidão,
Que encaminho ao silêncio de uma alma amargurada pela angústia de uma existência fugaz,
Com um olhar dadaíco, um frio olhar obsecado e já intolerante,
Se pudesse conversar, mesmo silenciosamente, talvez tentasse,
Se ainda pudesse responder a tudo que já repousava sobre o esquecimento,
O resto dessas lágrimas hábeis, amargas e distantes, talvez fizessem algum sentido agora, e,
Talvez lamentasse as palavras mal ditas,
Aos prazeres mal usufruídos, as tentativas desfeitas,
Que por dizer tudo, altivamente para todos, tenham ido embora,
Contornando a desgarrável felicidade, intransigente e falsa, de amar-se-ir mal;
E amá-las de todas as formas, inovadoras e perfeitas, sem, no entanto, tê-las para si,
Mas ao dizertes tais palavras, o silêncio novamente se aprofundou e tomou conta de tudo,
Enfureceu-se tomando conta do ar e até do emissário do saber,
Que implorava, até suplicava, por mais um pequeno instante,
Para que fosse possível ouvir suas palavras e ignorar o silêncio que se espalhou ao redor,
Mas já era tarde, o tempo o havia levado e consigo todas as suas pronúncias ao vento,
E seus segredos continuaram só para ele não secretos, mas para mim,
Agora completamente só e calado, sem dizer uma só palavra, ficaria o silêncio arrebatador,
Sentado em uma cadeira, folheando livros, com livros por todos os lados, em uma grande biblioteca, mas agora sem poder dizer uma só palavra,
Já padecido sobre esse retrato deixado esquecido nesta sala escura,

Que, enfim, interpretou o silêncio de toda uma vida, sobre essa mesa ainda limpa,
Mas agora eternizado neste quadro deixado sobre o tempo,
Com todas as promessas, agora sobre o pó, do esquecimento humano e eternamente só!
(versão do final dos anos 1990, autor desconhecido, caderno 13b5)[1]

O desfecho se faz através de uma súplica?

---

1 Sugere-se, ao leitor(a) atento(a), que retorne aos capítulos 11 e 14 deste livro.

Oração ao arcanjo Miguel;

Arcanjo Miguel venha nessa hora em que eu mais necessito para trazer a tua proteção. Feche com o teu escudo toda maldade e com a tua espada peço que corte todo mal que foi lançado sobre mim e todos ao meu redor. Acalme todos os pensamentos ruins e expanda todos os bons que há em mim e sobre mim. Arcanjo Miguel abra o contato com Deus pai. Faça de mim seu instrumento em nome de Jesus Cristo. Que a luz se faça sempre presente, quando o abismo e a escuridão estiverem próximos de mim. Permita senhor que a minha palavra seja o teu instrumento. E ela seja o sopro que leve suas consolações a quem mais precisar. Que ela leve a paz onde a maldade tentar prosperar. Que ela leve a luz onde a escuridão tentar chegar. Que ela leve o amor onde o ódio estiver. Que ela leve a união onde a discórdia existir. E a bondade de Deus pai, em nome de Jesus Cristo, há de sempre prevalecer. Que assim seja… Amém![2]

Para L.A. que em sua inocência, crendo apenas na bondade das pessoas e nas coisas desse mundo, quando o mal também coabita em tudo, inspirou-me a ver com maior sensibilidade as escrituras da história e dos romances do passado, porque entre o preto e o branco, também há o cinza, a névoa da dúvida…![3]

2 Palavras de um avô para o seu neto, recebidas de seus antepassados do século XIX, e transmitidas desde então de geração em geração, de pai para filho, de um avô para seus netos.

3 Os labirintos da vida podem se tornar enigmas quando são refeitos nos livros, mas os enigmas formados nos livros também podem ser reconstruídos nos labirintos da vida: Será que leríamos tão entusiasticamente *Dom Casmurro* de Machado de Assis se não houvesse o enigma por trás de Capitu? Será que a obra de Kafka teria o mesmo efeito em seus leitores se *O processo* e *O castelo* não tivessem ficado inacabados e fosse sugerido pelo autor para serem incinerados e destruídos os manuscritos?

Sobre o autor

Diogo da Silva Roiz é Professor Associado na Universidade Estadual de Mato Grosso do Sul (UEMS), nos cursos de Pedagogia e de Ciências Sociais, e do programa de pós-graduação em Educação. Doutor em História pela Universidade Federal do Paraná (UFPR), onde também concluiu estágio de pós-doutorado em 2015. Foi um dos editores da revista *Interfaces da Educação.* Foi coordenador institucional do projeto: *Biografias intelectuais: trajetórias de pesquisadoras pioneiras nos estudos históricos brasileiros,* contemplado pelo Edital n. 013/2015 – Memórias Brasileiras: Biografias, da Capes. Foi coordenador adjunto do programa de pós-graduação em Educação, da especialização em Educação, do curso de História e chefe do núcleo de pós-graduação da Proppi/UEMS. Suas pesquisas tem se preocupado com a constituição do campo disciplinar da História no Brasil, a história de historiadores e historiadoras, a formação do ofício de historiador e a história da historiografia. E-mail: diogosr@uems.br.

É autor de:

ROIZ, D. S. *Os caminhos (da escrita) da História e os descaminhos de seu ensino.* Curitiba/PR: Editora Appris, 2012.

______. *Os historiadores, a história e a construção de identidades I.* 1. ed. Curitiba/PR: Brazil Publishing, 2019.

______. *Os historiadores, a história e a construção de identidades II.* 1. ed. Curitiba/PR: Editora Brazil Publishing, 2019.

______. *Para ser historiador no Brasil: a história de um país e o ofício de historiador entre Alfredo Ellis Jr.e Sérgio Buarque de Holanda (1929-1959).* São Paulo: Alameda Casa Editorial, 2020.

______. *O curso de Geografia e História da FFCL/USP e a constituição de um campo disciplinar em São Paulo (1934-1968)*. São Paulo: Alameda Casa Editorial, 2021.

ROIZ, D. S.; SANTOS, J. R. *As transferências culturais na historiografia brasileira: leituras e apropriações do movimento dos Annales no Brasil.* Jundiaí/SP: Paco Editorial, 2012.

ROIZ, D. S.; SANTOS, J. R. *A construção social da cidadania em uma sociedade intercultural: o ensino da cultura e da história africana e afro-brasileira em sala de aula.* Campinas/SP: Autores Associados, 2020.

ROIZ, D. S.; GONTIJO, R.; ZIMMERMANN, T. (Org.). *As historiadoras e o(s) gênero(s) na escrita da História I: pioneiras nos estudos históricos brasileiros.* São Paulo: Mercado de Letras, 2021a.

ROIZ, D. S.; GONTIJO, R.; ZIMMERMANN, T. (Org.). *As historiadoras e o(s) gênero(s) na escrita da História II: uma geração de pesquisadoras que consolidou os estudos históricos no Brasil.* São Paulo: Mercado de Letras, 2021b.

ROIZ, D. S.; GONTIJO, R.; ZIMMERMANN, T. (Org.). *As historiadoras e o(s) gênero(s) na escrita da História III: estudiosas da História de nosso tempo.* São Paulo: Mercado de Letras, 2021c.

Alameda nas redes sociais:
Site: www.alamedaeditorial.com.br
Facebook.com/alamedaeditorial/
Twitter.com/editoraalameda
Instagram.com/editora_alameda/

Esta obra foi impressa em São Paulo na primavera de 2023. No texto foi utilizada a fonte Minion Pro em corpo 10,5 e entrelinha de 15 pontos.